HACIA EL DERECHO ADMINISTRATIVO GLOBAL: FUNDAMENTOS, PRINCIPIOS Y ÁMBITO DE APLICACIÓN

BENEDICT KINGSBURY y RICHARD B. STEWART

HACIA EL DERECHO ADMINISTRATIVO GLOBAL: FUNDAMENTOS, PRINCIPIOS Y ÁMBITO DE APLICACIÓN

**GLOBAL LAW PRESS
EDITORIAL DERECHO GLOBAL**

INAP
INSTITUTO NACIONAL DE
ADMINISTRACIÓN PÚBLICA

Universidad
Carlos III de Madrid

Instituto
Pascual Madoz
Territorio · Urbanismo · Medio Ambiente

Universidad
Carlos III de Madrid

Instituto
Pascual Madoz
Territorio · Urbanismo · Medio Ambiente

La presente publicación ha sido patrocinada por el Instituto «Pascual Madoz» del Territorio,
Urbanismo y Medio Ambiente y el Departamento de Derecho Público del Estado
de la Universidad Carlos III de Madrid

Esta obra se enmarca dentro del Proyecto del Ministerio
de Economía y Competitividad, Secretaría de Estado de Investigación,
Desarrollo e Innovación DER2012-34652

Serie Albero
(Derecho Administrativo Global)

Diseño y maquetación: Los Papeles del Sitio

ISBN (Global Law Press): 978-84-941426-7-3
ISBN (INAP): 978-84-7351-476-7
ISBN (INAP) ELECTRÓNICO: 978-84-7351-477-7
NIPO: 635-15-051-6
NIPO ELECTRÓNICO: 635-15-052-1

DL: SE-1.968-2015

(Hecho en España)

BENEDICT KINGSBURY Y RICHARD B. STEWART

HACIA EL DERECHO ADMINISTRATIVO GLOBAL: FUNDAMENTOS, PRINCIPIOS Y ÁMBITO DE APLICACIÓN

GLOBAL LAW PRESS
EDITORIAL DERECHO GLOBAL

INAP
INSTITUTO NACIONAL DE
ADMINISTRACIÓN PÚBLICA

Universidad
Carlos III de Madrid

Instituto
Pascual Madoz
Territorio · Urbanismo · Medio Ambiente

Universidad
Carlos III de Madrid

Instituto
Pascual Madoz
Territorio · Urbanismo · Medio Ambiente

La presente publicación ha sido patrocinada por el Instituto «Pascual Madoz» del Territorio,
Urbanismo y Medio Ambiente y el Departamento de Derecho Público del Estado
de la Universidad Carlos III de Madrid

Esta obra se enmarca dentro del Proyecto del Ministerio
de Economía y Competitividad, Secretaría de Estado de Investigación,
Desarrollo e Innovación DER2012-34652

Serie Albero
(Derecho Administrativo Global)

Diseño y maquetación: Los Papeles del Sitio

ISBN (Global Law Press): 978-84-941426-7-3
ISBN (INAP): 978-84-7351-476-7
ISBN (INAP) ELECTRÓNICO: 978-84-7351-477-7
NIPO: 635-15-051-6
NIPO ELECTRÓNICO: 635-15-052-1

DL: SE-1.968-2015

(Hecho en España)

ÍNDICE

SUMARIO

ÍNDICE GENERAL

TERCERA PARTE:
LA APLICACIÓN DEL DERECHO ADMINISTRATIVO GLOBAL: COMERCIO INTERNACIONAL E INSTITUCIONES DE INVERSIÓN

EL DERECHO ADMINISTRATIVO GLOBAL Y EL DERECHO ADMINISTRATIVO NACIONAL, DOS DIMENSIONES CIENTÍFICAS HOY INSEPARABLES

I. SENTIDO Y ALCANCE DEL LIBRO

1. OBJETO

RICHARD B. Stewart y Benedict Kingsbury, dos especialistas de talla mundial en sus respectivas materias (Derecho Administrativo y Derecho Internacional), han sabido aportar, desde la Universidad de Nueva York, lo mejor de su pensamiento para iniciar hace una década[1] un apasionante y sugestivo proyecto en común, la construcción de un nuevo campo –el Derecho Administrativo Global–, abierto a la entera comunidad académica, a los profesionales y a todos los operadores jurídicos relacionados con la gobernanza transnacional, y que pronto encontraría un enorme eco en la teoría y en la práctica, en la ciencia y en la profesión, en todos los continentes.[2]

El título de la presente obra colectiva habla por sí solo. Condensa lo más granado y selecto de los trabajos de los promotores norteamericanos de este nuevo campo, el «Derecho Administrativo Global» (*Global Administrative Law*), o Derecho Administrativo de la gobernanza global. Y lo hace de forma sistemática y coherente: bases conceptuales (i), principios fundamentales (ii), y ámbito de aplicación o sectores especiales (iii). Tal es la estructura tripartita del libro. Los trece capítulos y las tres partes de la presente obra han sido cuidadosamente dispuestos por los propios autores, a fin de seguir un fructífero itinerario intelectual que permita la adecuada comprensión de lo que aquí se propone y somete a debate. El primer capítulo ha sido elaborado para esta obra, con el propósito de hacer balance de los diez años de historia de este movimiento científico –«a la norteamericana» en su impulso inicial, aunque hoy plural y descentralizado, y en el que tienen cabida explícitamente todas las perspectivas científicas y jurídicas, y, desde luego, la europeo-continental–. La construcción y aplicación del Derecho Administrativo Global es obra de todos.

---

[1] Cfr. capítulo segundo.
[2] Cfr. capítulo primero.

Se trata de un trabajo, de primer nivel intelectual, que a nadie dejará indiferente. Las páginas que siguen constituyen expresión de una honesta labor científica, fruto de la fértil y sabia conjunción de métodos y ángulos de visión, y en las que se exponen de modo crítico y con claridad las luces y las sombras, las virtualidades y los límites, de un sistema de Derecho Administrativo Global en su incipiente y evolutiva comprensión actual. El último capítulo –una reflexión sobre la legitimidad democrática–, del mismo modo que el primero –un alto en el camino a los diez años de andadura– y el segundo –el trabajo fundacional–, resultan particularmente ilustrativos en tal sentido. Las dimensiones en que se engasta, y desde la que se edifica, este nuevo campo; su perímetro y contenido; las profundas consecuencias para el propio Derecho nacional; o el cabal conocimiento de lo que significa el mundo de la gobernanza global, son algunas de las enseñanzas que de inmediato se extraen de su lectura.

2. LA SERIE EDITORIAL «DERECHO ADMINISTRATIVO GLOBAL»

No faltan académicos de habla no española que contemplan con sana envidia esta recopilación sistemática y actualizada, cuya gestación se inició hace ya algunos años. Primero, porque son sus propios protagonistas los que realizan la selección de lo más acabado y perenne del trabajo realizado, con la perspectiva que sólo el transcurso del tiempo proporciona; segundo, porque el conjunto del libro conforma un sistema coherente, como se ha notado, que no tiene su correlato en inglés; y, en fin, en tercer lugar, porque, como ha quedado dicho, se introduce la lectura de estos estudios con una panorámica sobre el camino recorrido, en exclusiva para la edición española[3].

Representa un honor, pues, que esta obra figure en la «Colección Albero» (sobre el Derecho Administrativo más allá del Estado) del proyecto académico internacional que auspicia esta editorial, especializada en el debate y la difusión de las vanguardias del Derecho Administrativo[4]. Serie o colección en la que han participado ya otros ilustres juristas, entre los que emerge por su intensa participación y prestigio internacional el nombre de Sabino Cassese[5], fundador asimismo de un centro de investigación sobre el Derecho Administrativo Global en Italia.[6]

---

[3] Cfr. capítulo primero.

[4] *Vid.* http://es.globallawpress.org/presentacion-editorial/.

[5] Autor de varias obras en la misma colección (http://es.globallawpress.org/filter/serie-albero/): *Los tribunales ante la construcción de un sistema jurídico global* (2010), *El Derecho Global. Justicia y democracia más allá del Estado* (2010), y, en formato digital tan sólo, *The Global Polity,* 2012 (http://es.globallawpress. org/portfolio/the-global-polity/). Más recientemente, y en la Colección Blanca o de pensamiento, y con sustanciosos capítulos sobre la materia, es de reseñar su libro *Derecho Administrativo: Historia y futuro,* 2014 (http://es.globallawpress.org/portfolio/derecho-administrativo-historia-futuro-sabino-casesse/).

[6] Me remito al capítulo primero, en el que se da cuenta de esta relevante iniciativa.

3. EL PROYECTO ACADÉMICO DE LA *NEW YORK UNIVERSITY SCHOOL OF LAW*. LA LECTURA Y ESTUDIO DEL CONTENIDO DE LA PRESENTE OBRA COLECTIVA

El Derecho Administrativo Global constituye un movimiento científico, aunque con implicaciones prácticas y propuestas de reforma, que se estructura en torno a un amplio proyecto de investigación, promovido inicialmente, aunque luego extendido y multiplicado, desde la *New York University*[7], y que, con pretensiones de mejorar la gobernanza más allá del Estado desde el legado cultural del Derecho Administrativo y otras ramas y ciencias, aspira a juridificar el espacio global, la «vida inteligente» que se encuentra en el espacio «exterior» (o «interior», con efectos hacia afuera).

El capítulo primero ofrece en apretada síntesis algunas de las coordenadas que enmarcan el estado actual del Derecho Administrativo Global. El capítulo segundo, más extenso, contiene el trabajo «fundacional» e iniciático de este movimiento: ahí se encuentran las bases de lo que se entiende por Derecho Administrativo Global, las premisas y conceptos fundamentales en los que se sustenta, la hoja de ruta y el horizonte que abre para la teoría y la práctica, la investigación y la profesión.

Se trata, por lo demás, de un territorio cuya colonización jurídica, insistimos, se confía a todos, sumando esfuerzos: académicos, altos funcionarios, jueces y tribunales, árbitros, personal al servicio de organizaciones públicas, híbridas o privadas, Administraciones y agencias nacionales, Estados... Aquí, la práctica ha precedido a su teorización[8].

Una vez que la botadura de aquel proyecto se produjera, el debate de la comunidad científica ha quedado abierto, y ya no es una única realidad la que se esconde bajo el rótulo «Derecho Administrativo Global». Resulta ser una noción de anchas espaldas. Con todo, y en la medida en que los propios promotores –del proyecto y de la fórmula– han sugerido conceptos y premisas, coordenadas y dimensiones, y, en definitiva, un ancho marco para la investigación[9], parece oportuno pasar por las esencias de este pensamiento que el volumen recoge, antes de emprender la propia investigación personal.

4. EL MUNDO DE LAS ORGANIZACIONES GLOBALES CONCEBIDAS COMO ADMINISTRACIONES: LA PRIMERA SINGULARIDAD DE ESTE MOVIMIENTO CIENTÍFICO

Las organizaciones públicas, privadas y mixtas (compuestas por conglomerados de actores públicos y privados) que operan en la gobernanza global –afirman los autores– pueden concebirse como Administraciones que regulan y adoptan decisiones a través de múltiples estructuras y aparatos, en ocasiones derivados de, y adheridos a, los tratados; en otras, articulados en forma de red

---

[7] Radicado en el *Institute for International Law and Justice* de la *New York University School of Law*: http://www.iilj.org/gal/.

[8] Cfr. capítulo primero.

[9] *Vid*. http://www.iilj.org/research/default.asp.

que aglutinan a los organismos reguladores nacionales sectoriales; o por medio de las agencias y Administraciones nacionales que hacen de Administración indirecta de las organizaciones globales, entre otras.

La identificación y la clasificación de estas estructuras y organizaciones que se sitúan en el plano de la gobernanza global representa una tarea científica previa, con efectos multiplicadores para la ulterior investigación científica y la construcción del Derecho Administrativo Global[10]. Es necesario, primero, levantar el mapamundi, para, después, determinar cómo han de juridificarse esas organizaciones en singular.[11]

Esa Administración se organiza con frecuencia en torno a principios que poseen una evidente naturaleza administrativa. Desde esas premisas, sostienen, puede advertirse la emergencia de un Derecho Administrativo Global, que se nutre de fuentes diversas[12]. Es el Derecho de la transparencia, de la participación, de la motivación, del control, y, a la postre, de los mecanismos de responsabilidad y dación de cuentas en la gobernanza global, y con la finalidad, que todo lo trasciende, de dotar de una mayor legitimidad a las actividades de esas organizaciones que ejercen alguna forma de poder.[13] Esas funciones administrativas –establecimiento de normas o estándares, implementación y ejecución– se realizan a través de una compleja interrelación entre la esfera estatal y la supraestatal, no en clave jerárquica (de arriba hacia abajo), y en donde se entremezclan las autoridades y organizaciones internas y globales, y el respectivo personal a su servicio.[14] La clásica dicotomía entre el plano estatal y el internacional se ha hecho muy porosa.[15]

Sin duda, representa un audaz envite, académico, profesional y político, concebir buena parte de las organizaciones globales (que pueden ser «externas», o «internas» al propio Estado, aunque en este caso con efectos e implicaciones globales o hacia fuera) como Administraciones. Sirvan de resumen las palabras de los propios autores:

«Repensar la gobernanza global como Administración, para incluir, de un lado, todas las formas de producción normativa distintas de los tratados u otros acuerdos internacionales y, de otro, la resolución de conflictos eventuales, presenta ciertas ventajas de relieve. En primer lugar, nos permite desarrollar un esquema conceptual más riguroso de las diversas estructuras y relaciones institucionales concernidas que la noción notoriamente escurridiza de gobernanza global. En segundo lugar, hace posible reformular la cuestión de la rendición de cuentas en los términos más precisos del Derecho Administrativo, que nos provee de un conjunto de herramientas básicas al servicio de la transparencia, la participación, la motivación y el control, que pueden ser adaptadas para su uso en el contexto global. En tercer lugar, nos facilita el aprovechamiento de las experiencias, tanto del Derecho Administrativo interno, como del Derecho Internacional Público, sin vernos constreñidos por las limitaciones conceptuales y jurisdiccionales que ambos presentan por separado a la hora de abordar la regulación global.

Los instrumentos y técnicas propios del Derecho Administrativo están ciertamente emergiendo en muchas áreas sectoriales de la gobernanza regulatoria global en

---

[10] Imprescindible, en tal sentido y por este orden, el capítulo segundo y el capítulo primero.

[11] *Vid.* capítulos primero y segundo.

[12] Cfr. capítulo tercero.

[13] Capítulo segundo. También en la web oficial: http://www.iilj.org/gal/GALworkingdefinition.asp.

[14] *Ibíd.*

[15] *Ibíd.*

respuesta a los déficits que presentan los mecanismos de rendición de cuentas y a la incapacidad de respuesta y de sensibilidad que experimentan numerosas organizaciones globales a la hora de ponderar y de tener en cuenta todos los intereses que puedan verse afectados por sus decisiones[16]. Estas técnicas se reflejan, por ejemplo, en las decisiones de los tribunales internos que revisan las sanciones del Consejo de Seguridad impuestas directamente contra personas singulares; en el Panel de Inspección creado por el Banco Mundial para asegurar el cumplimiento de sus propias políticas internas; en los procedimientos con audiencias públicas o amplias consultas y de acceso a la información pública disponible, que algunos organismos internacionales de normalización, como el Comité de Basilea o la OCDE, han adoptado; en la inclusión de ONG en el seno de los entes reguladores, como la Comisión del Codex Alimentarius; en las reglas que permiten la participación de extranjeros en los procedimientos administrativos internos, como las que tiene establecidas la Convención de Aarhus en materia de medio ambiente; en la revisión de los procedimientos y resoluciones administrativas nacionales que cursan y adoptan los paneles internacionales en el contexto de la OMC; y en el funcionamiento de los tribunales administrativos internacionales y de otros mecanismos de rendición de cuentas dentro de las organizaciones internacionales».[17]

5. LAS COORDENADAS DEL MOVIMIENTO DEL DERECHO ADMINISTRATIVO GLOBAL

Cuatro son, a nuestro juicio, las coordenadas básicas, en realidad profundamente interrelacionadas, en las que se asienta este movimiento y que conviene destacar desde el principio:

– Primero, la idea de una *gobernanza global* (*global governance*)[18], gobernanza multinivel, distinta y diferente de la noción de *gobierno* tradicional, propia de los Ejecutivos nacionales, tanto por los sujetos que participan y las complejas y constantes relaciones que mantienen entre sí, como por los medios utilizados para la dirección (blandos y duros, e híbridos)[19], y a mitad de camino entre los dominios del Derecho Internacional Público y del Derecho Administrativo nacional tradicional, dando lugar a la existencia –segundo paradigma– de un *espacio administrativo global*[20].

– Este *espacio* ha sido creado en una medida nada despreciable por los propios Estados a través de sus acuerdos y tratados[21]. Se trata de un *espacio*, nótese bien, fluido e interconectado, como si de una web se tratara, en sus distintos niveles (horizontales, verticales y transversales), y no de un «territorio» separado, autónomo o «exterior».

---

[16] *Vid.* capítulo quinto.

[17] Cfr. capítulo octavo, núm. II.3.

[18] De interés, en particular, el capítulo segundo y séptimo.

[19] Sobre el cumplimiento y ejecución de los «productos» de estas organizaciones, *vid.* el capítulo duodécimo.

[20] El capítulo segundo contiene los elementos fundamentales de estos conceptos, luego desarrollados a lo largo de la presente obra colectiva.

[21] Por ejemplo, capítulo undécimo, núm. IV.

Baste pensar para comprender su fisiología, primero, en las remisiones, reconocimiento y recepciones de normas o estándares entre las distintas organizaciones de ese espacio; segundo en el hecho de que la implementación y ejecución de la gobernanza global se realizan con frecuencia a través de las propias Administraciones nacionales, y no sólo por medio de las propias organizaciones internacionales, públicas, privadas y mixtas[22] (fase descendente); y, tercero, en que las redes de los organismos reguladores nacionales constituyen una de las fórmulas más típicas de la Administración global, lo que reclama, entre otras cosas, procedimientos y procesos internos de formación de la voluntad previos, conducidos por tales organismos antes de intervenir en el foro correspondiente (fase ascendente).

Superada la clásica –y reduccionista– dicotomía binaria y excluyente entre la esfera nacional y la internacional, se abre todo un campo intermedio, complementario y entrelazado. La gobernanza global, pese a que carezca de contornos jurídicos precisos (no es un concepto jurídico), se caracteriza por su carácter no vinculante y la búsqueda del consenso y del conocimiento técnico y experto[23], en un espacio donde no imperan las relaciones jerárquicas y en el que las distintas instituciones operan de modo muy fragmentado, en función de sus respectivas responsabilidades y ámbitos sectoriales. El movimiento del Derecho Administrativo Global pretende hacer gravitar la idea de gobernanza en torno al Derecho.[24]

– El tercer paradigma reside en la implantación, ajuste y evolución de toda una serie de mecanismos e instrumentos para asegurar la *rendición de cuentas (accountability)*[25], esto es, la responsabilidad o dación de cuentas de las organizaciones –internas o externas; supraestatales e internacionales; públicas o privadas–, cuando adoptan decisiones, aprueban normas o estándares, sean o no vinculantes, tengan o no efecto directo o requieran de la mediación de aparatos administrativos propios o de las respectivas Administraciones nacionales, ante los afectados por aquéllas.[26] Junto a la rendición de cuentas surge el problema, que atraviesa igualmente todos los capítulos, y este campo en general, de la *legitimidad* democrática de la acción de las organizaciones globales, muy distintas en naturaleza y estructura a las internas de cada Estado.[27]

– El contenido del Derecho Administrativo Global se resuelve esencialmente, no tanto en normas sustantivas (qué hacer), cuanto sobre todo en elementos y mecanismos de carácter *procedimental* (cómo hacer), proyectados sobre los procesos decisorios: transparencia, publicación, motivación y control. Un cuarteto de principios del que se pretenden extraer todas sus consecuencias en esta obra por los valores que encierran. Y en donde la impronta del Derecho Administrativo norteamericano –representada en su Ley federal de Procedimiento Administrativo–, y de otras democracias avanzadas y organizaciones supraestatales como la Unión Europea, resultan evidentes[28]. Se trata de elementos procedimentales que forman parte esencial de la concepción angloameri-

---

[22] *Vid.* capítulo primero y segundo, en particular.

[23] Cfr. capítulo séptimo.

[24] *Ibíd.*

[25] En particular, capítulos segundo, quinto y octavo.

[26] Cfr. nota anterior. Asimismo, en particular, capítulo quinto.

[27] Aunque presente en todos los capítulos, pueden verse en particular el segundo, tercero, cuarto, octavo y decimotercero.

[28] Explícitamente, por ejemplo, en el capítulo décimo, núm. III.

cana de «Estado de Derecho» (*rule of law*). En última instancia, la dimensión procedimental –de estructura variable, en función de cada caso– del Derecho Administrativo Global responde a una doble finalidad: hacer responsables a las organizaciones con efectos globales –o, si se prefiere, que rindan cuentas ante los afectados o interesados, así como ante otras organizaciones– y que aquéllas fortalezcan en alguna medida su legitimidad. Ello no lo es todo, desde luego, pero no es tampoco una aportación en modo alguno despreciable.[29]

Dentro de esas coordenadas, se revisan y debaten cuestiones fundamentales, como el concepto de Derecho y de las fuentes de las que emana, o la condición o carácter de lo «público», como propia e inherente a aquél.[30]

6. UNA MIRADA A LA REALIDAD DE LA GLOBALIZACIÓN

El crecimiento de sistemas jurídicos o aparatos operando más allá del Estado es de carácter exponencial. Se habla de más de 2.000 instituciones internacionales, de cerca de 40.000 ONG. Tan sólo en el ámbito medioambiental, entre otras muchas organizaciones, destacan, por ejemplo, la Comisión Ballenera Internacional; el Secretariado de la Convención Marco de Naciones Unidas sobre el Cambio Climático; la Secretaría del Convenio de Viena para la Protección de la Capa de Ozono y del Protocolo de Montreal relativo a las Sustancias que Agotan la Capa de Ozono; el Secretariado de la Convención sobre Biodeversidad; el Secretariado de Convención sobre el Comercio Internacional de Especies Amenazadas de Fauna y Flora Silvestres; el Secretariado de la Convención de Basilea sobre el control de los movimientos transfronterizos de los desechos peligrosos y su eliminación; el Secretariado de Naciones Unidas de la Convención Internacional de lucha contra la desertificación; el Secretariado del Convenio de Rotterdam sobre el Procedimiento de Consentimiento Fundamentado Previo Aplicable a Ciertos Plaguicidas y Productos Químicos Peligrosos Objeto de Comercio Internacional; el Secretariado para la Convención sobre la conservación de las especies migratorias de animales silvestre; la Organización Internacional de las Maderas Tropicales; etc., por no mencionar un inmenso número de ONG.[31]

Se trata, obvio es decirlo, de organizaciones y sistemas administrativos de muy diversa naturaleza y condición[32]. Algunos se limitan a ofrecer un marco para la acción estatal, mientras que otros establecen recomendaciones para las agencias nacionales; algunos producen efectos directos sobre los actores o sujetos privados, aunque la mayoría requiere de una intermediación administrativa. Unas organizaciones disponen de su propio sistema o mecanismo de implementación, mientras que otras la difieren

---

[29] Sobre el tema, capítulos primero y decimotercero.

[30] Se trata una constante que recorre este estudio. Con todo, hay un capítulo monográfico –el tercero– dedicado a esta temática.

[31] Cfr. *The GAL Casebook*, 3rd edition, 2012, edited by Sabino Cassese, Bruno Carotti, Lorenzo Casini, Eleonora Cavalieri, and Euan MacDonald, with the collaboration of Marco Macchia and Mario Savino, IRPA, Roma, Italia (http://www.irpa.eu/gal-section/global-administrative-law-the-casebook-2/).

[32] Para su clasificación, presente en todos los capítulos, véanse en particular el primero, segundo y el octavo.

a las autoridades regionales o nacionales (o a organizaciones privadas que certifican, acreditan y controlan)[33]. Para resolver las controversias, algunos sistemas crean sus propios órganos de carácter judicial o cuasijudicial, o se remiten a los órganos de otros sistemas, mientras que otros se remiten a fórmulas más blandas, como las negociaciones.[34]

7. EL FENÓMENO DE LA GLOBALIZACIÓN PARA EL JURISTA

El factor emocional explica que la globalización suscite, en el plano político y popular, fuertes sentimientos encontrados, entusiastas defensores y grandes detractores; se habla de globalizadores y de globalizados. Por lo mismo, se tiende a simplificar la globalización: ésta, se dice entre otras cosas, implica desregulación, liberalización y pérdida de la estatalidad, en beneficio del sector privado y de los Estados más poderosos. Las ciencias sociales se muestran también divididas y sujetas a un vívido debate, cuando no desconcertadas. Las metáforas se suceden e impregnan las posiciones científicas (un «mundo plano», el «espacio exterior»...)[35].

Para el jurista, sin embargo, las cosas son más complejas y, desde luego, matizadas. De entrada, la globalización trae consigo un torrente de regulación.

Téngase en cuenta que una parte sustanciosa de las políticas públicas más relevantes emana, o se sitúa, en la gobernanza global: mercados financieros (bolsa, banca, seguros); servicios y comercio internacional; medio ambiente; energía; telecomunicaciones e Internet; sanidad y salud públicas; alimentación; seguridad aérea; protección de datos personales; propiedad intelectual; transporte; emigración; contratación pública; deporte; seguridad pública; etc.

La globalización puede ser entendida aquí, siquiera sea provisionalmente, como un fenómeno de fuerte interdependencia, esto es, de mutua y recíproca necesidad –más que de mera interconexión–, en los ámbitos social, económico, medioambiental, informativo y tecnológico. Y puede ser fruto, bien de una opción política largamente esperada (por ejemplo, la apuesta por la apertura del comercio internacional)[36]; bien de una forzosa coordinación por razones tecnológicas para el funcionamiento mismo del sistema (como sucede con la gobernanza de Internet)[37]; o porque la naturaleza de las

---

[33] *Vid.* capítulo primero y segundo.

[34] Cfr. *The GAL Casebook*, 3rd edition, 2012, edited by Sabino Cassese, Bruno Carotti, Lorenzo Casini, Eleonora Cavalieri, and Euan MacDonald, with the collaboration of Marco Macchia and Mario Savino, IRPA, Roma, Italia (http://www.irpa.eu/gal-section/global-administrative-law-the-casebook-2/).

[35] Véase, por ejemplo, B. Rehbein y H. Schwengel, *Theorien der Globalisierung*, UVK UTB, Konstanz, 2008, pp. 227 y ss., 237 y ss.

[36] Para, a su vez, evitar la discriminación, la práctica desleal, o los daños medioambientales, o favorecer la competencia y a los países en desarrollo, como propugna la OMC.

[37] Por ejemplo, la ICANN o *Internet Corporation for Assigned Names and Numbers* que, según su web, *is the private sector, non-profit corporation created in 1998 to assume responsibility for IP.*

cosas así lo reclama (la lucha contra el cambio climático, contra una pandemia); bien de una deseada cooperación internacional entre agencias regulatorias nacionales, por razones de economía de medios (como propugnan los EE.UU. o la Unión Europea)[38]; o bien de la necesaria aportación de los conocimientos científicos y técnicos del sector privado para la adecuada toma de decisiones; entre tantas razones.

Pues bien, la primera cuestión entonces es otra: ¿cómo hacer para que esa regulación responda a los principios jurídicos fundamentales que la cultura del Derecho Público se ha dado?

¿Cómo conseguir que esa regulación adquiera legitimidad, sea fruto de la participación, pondere todos los intereses afectados, se motive, se pueda controlar, resulte efectiva y eficaz? En otras palabras: ¿cómo juridificar esa regulación desde los valores y principios fundamentales que imperan «puertas adentro» en las democracias nacionales? ¿Qué hacer para que esa gobernanza global sea justa, inclusiva y responsable? ¿Cómo involucrar a las instituciones nacionales en la globalización, y que no la vean como un fenómeno perjudicial *per se* y ante el que poco pueden hacer por hacerla justa y equitativa para todos? Tal es el primer interrogante para el jurista. Y ello con independencia de cuál sea el contenido sustantivo de cada una de las políticas públicas cuya cabecera de un modo u otro se halla más allá del Estado, aun cuando lo sea con su participación mediata o directa de éste.

En segundo lugar, conviene notar que la idea de que la gobernanza global escapa a los Estados, aunque muy extendida, no se corresponde con la realidad.

Esa idea, como recuerda S. Cassese, presenta dos variantes: primero, la globalización económica y los mercados escapan a los Estados; segundo, los poderes globales se organizan en red para eludir a los Estados. La primera variante, concluye, es verdad tan sólo en parte, puesto que los Estados más débiles no controlan, sino que son controlados por los mercados (como ocurre, por ejemplo, con la cotización de la deuda pública). La segunda se desmiente a partir del dato de que lo global abarca e integra a los Estados.[39] A ello cabe añadir que, en ciertos aspectos, la globalización comienza en casa[40], esto es, en el propio Estado, lo que significa que desde el propio Estado cabe hacer no pocas aportaciones por una gobernanza global más justa y equitativa.

---

[38] Con la finalidad de encontrar mejores soluciones, ahorrar costes y evitar diversidades regulatorias innecesarias. Paradigmático, por ejemplo, Executive Order 13609 of May 1, 2012, Promoting International Regulatory Cooperation, del Presidente Obama (disponible en http://www.gpo.gov/fdsys/pkg/FR-2012-05-04/pdf/2012-10968.pdf). Por parte de la Unión Europea, y en relación con EE.UU. en igual sentido, véanse las actividades y documentos destacados en las respectivas webs oficiales: http://www.whitehouse.gov/omb/oira_irc_europe y http://ec.europa.eu/enterprise/policies/international/cooperating-governments/usa/regulatorycooperation/index_en.htm.

[39] *Op. cit.*, p. 18.

[40] *Infra* núm. III.

8. LA INSUFICIENCIA DEL DERECHO INTERNACIONAL PÚBLICO Y DEL DERECHO ADMINISTRATIVO CLÁSICOS PARA AFRONTAR ESTA NUEVA REALIDAD

Todo un caudal de decisiones no discurren ya por los cauces tradicionales del Derecho Administrativo interno (no son gobernados por el Ejecutivo y sus Administraciones), ni por los del Derecho Internacional Público. Un punto de partida parece indiscutible para este movimiento, como ya se ha avanzado, a saber: el Derecho Administrativo estatal y el Derecho Internacional Público clásicos no son capaces de dar respuestas satisfactorias a todo lo que acontece en el espacio (administrativo) global. Cabe hablar en cierto modo de una relativa autonomía de éste, superadora de la mera dicotomía y separación entre ambas esferas, la interna o estatal –dominada por el Derecho Público nacional–, y la internacional –a cargo del Derecho Internacional Público–[41]. Cauces conceptuales, siempre binarios, que devienen hoy un tanto simplificadores: interno-externo; Derecho Público *ad intra* (Constitucional y Administrativo) y *ad extra* (Derecho Internacional Público); Derecho estatal y Derecho de la comunidad internacional; etc. Para empezar porque en sus orígenes el Derecho Internacional Público se funda en el paradigma intergubernamental, de acuerdo con el cual el Estado es el dueño o señor del Tratado (pero ya no del aparato administrativo que a su sombra crece, ni, en tantas ocasiones, de las filiales que la organización primaria crea); y porque el Derecho Administrativo es en su origen «estadocéntrico». Ni una ni otra rama ofrecen mecanismos de control para que la variada multiplicidad de organizaciones públicas, privadas e híbridas, respondan ante los colectivos que se ven afectados por sus decisiones.[42] Es en este contexto, y ante esos déficits, donde nace el proyecto del Derecho Administrativo Global, que pretende ir a la caza y captura de una realidad y de una práctica preexistentes.[43]

9. LA FUNCIÓN DE LA CULTURA DEL DERECHO ADMINISTRATIVO EN LA GOBERNANZA GLOBAL

Todas las ramas del Derecho tienen algo que decir ante el fenómeno de la globalización. El movimiento del Derecho Administrativo Global, que no pretende tampoco convertirse en la panacea de todos los problemas que pueblan la gobernanza global, constituye un enfoque o aproximación, sin duda ambicioso, una realidad poliédrica y de intensidad variable, en la búsqueda de soluciones a partir de la cultura del Derecho Administrativo, según nos consta. Al fin y al cabo, ésta es la rama del Derecho especializada en el gobierno. Y no en un gobierno sin más, de modo neutro y aséptico, sino en un gobierno que satisfaga y organice la prestación de los servicios esenciales, que se nutra de los valores constitucionales en beneficio y en favor de los derechos fundamentales, que eje-

---

[41] Imprescindible el capítulo segundo.

[42] Véase sobre esta problemática, en particular, los capítulos quinto y decimotercero.

[43] *Vid.* capítulo primero.

cute lo que las leyes democráticas hayan programado, y que resulte controlable en su actuación.

De un lado, el Derecho Internacional tiende a constitucionalizarse, lo que no hace sino densificar los parámetros a los que ha de sujetarse la Administración, sea en su actuación con efectos exclusivamente internos, o con consecuencias para otras sociedades, comunidades o Estados. El principio de legalidad o de sujeción de la Administración pública a la Ley y al Derecho se hace más complejo y resulta más denso y complejo, de modo que, para actuar de conformidad con éstos, las Administraciones nacionales han de observar las leyes internas, las normas infralegales internas, la Constitución nacional, el Derecho de los Tratados (señaladamente, en el ámbito de los derechos humanos)[44]. A ello se «superponen» –en una interacción y entrelazamiento dinámicos–, las normas y estándares emanados de las instituciones que conforman la gobernanza global, de las que se ocupa este volumen.

De otro, sin embargo, el Derecho Administrativo rivaliza con el Derecho Internacional Público. Mientras éste crea la Organización Mundial del Comercio, en su seno se establece todo un aparato administrativo, que ya no se gobierna por el Derecho Internacional, sino, desde los postulados de este movimiento, por el Derecho Administrativo, que denominamos global, y que no sólo establece directrices para esa organización, sino para las propias Administraciones nacionales cuando ejecutan ese conglomerado de medidas de todo género que emanan de aquél[45]. Las dimensiones de estos sistemas y el número de normas y decisiones que adoptan sitúan en un segundo plano las normas pactadas –los tratados–, aunque constituyen la primera base para el Derecho Administrativo Global (piénsese, por ejemplo, en los tratados regionales sobre derechos humanos). Ahora bien, se trata de un Derecho Administrativo supraestatal que presenta rasgos y singularidades propios, desconocidos en los sistemas nacionales.[46]

El planteamiento del «Derecho Administrativo Global» resulta audaz y estimulante: concebir una heterogénea y multiforme variedad de organizaciones interestatales y transnacionales como «administrativas», para proyectar de seguido sobre ellas un *nuevo sistema de Derecho Administrativo*, esto es, unos principios generales y un acervo comunes, aunque plásticamente adaptables en múltiples expresiones y modalidades a cada sistema global en particular, extraídos a su vez y sólo en parte del legado del Derecho Administrativo clásico, y sobre una base tendencialmente solidaria y cosmopolita de la ordenación internacional[47], aquí calificada de «gobernanza (administrativa) global», que opera, en justa coherencia, en un «espacio administrativo global».[48]

---

[44] Este fenómeno debilita por su parte la dualidad Derecho interno-Derecho Internacional, y Estado-comunidad internacional. Cfr. S. Cassese, *Derecho Administrativo: historia y futuro*, Global Law Press-Editorial Derecho Global, Sevilla, 2014, p. 375.

[45] En particular, *vid*. el capítulo décimo.

[46] Cfr. la nota 44.

[47] Capítulo segundo.

[48] *Supra* núm. I. 5.

A lo largo de los capítulos que conforman este libro se pone de manifiesto que la construcción de un Derecho Administrativo Global no consiste en una mera operación artesanal y de ingeniería jurídica, menos aún en una traslación analógica de las técnicas jurídico-administrativas de origen estatal hacia el espacio global, sino de algo superior –más innovador y difícil–, y que hunde sus raíces en sólidos postulados de carácter prescriptivo o normativo.[49] El planteamiento de la presente obra, como del movimiento en favor de la creación de un Derecho Administrativo Global, no se agota, en efecto, en describir, sino que aspira a proponer, en función de modelos, valores y principios, cómo ha de articularse esta emergente disciplina.[50]

10. «DOMESTICAR» LA GLOBALIZACIÓN

«Domesticar la globalización», de eso se trata, podría decirse en términos muy simples, o, por mejor decir, domesticar una parte de ésta a través del Derecho, que pretende extenderse tanto a la acción interna, aunque con repercusión en el exterior, de las Administraciones y de las autoridades nacionales, como, también, a la acción de las Administraciones y de otras organizaciones públicas, privadas y mixtas (en determinadas condiciones), cuando operan directamente en el exterior (redes de reguladores nacionales, asociaciones internacionales de normalización, por ejemplo). Y lo hace con las coordenadas y la metodología a que se hace referencia.

II. «DERECHO» «ADMINISTRATIVO» «GLOBAL»

1. UNA NOTA SOBRE SU SENTIDO SEMÁNTICO

Los tres términos que componen el sintagma «Derecho Administrativo Global» pugnan por justificarse, tanto aisladamente, como en su conjunto. Y es que no se explican por sí solos, siquiera sea por su novedosa combinación[51]. Expresan una concepción que sólo al atento lector de esta obra, desde sus primeras páginas, le cabe descubrir. La sucesión ordenada de capítulos aspira, a su término, a explicar, y justificar motivadamente, por qué es Derecho, y cuál su contenido y sus fuentes; por qué es Derecho «Administrativo», y no «Internacional» o «Privado»; y por qué y en qué sentido es «global», y no meramente «internacional» en su sentido clásico.

Una crítica fácil o apresurada bien podría cuestionar la veracidad de cada uno de esos tres componentes, cuando menos ante ciertos escenarios y circunstancias. En tal caso, no sería difícil sostener, en determinados supuestos, que no es, o no siem-

---

[49] En particular, capítulos segundo y tercero. Es decir, ¿bajo qué valores y principios ha de construirse, en el plano del deber ser, el Derecho Administrativo Global?

[50] *Vid.* la nota anterior.

[51] De ello son buena muestra los capítulos primero a tercero.

pre es, «Derecho» –cuando menos en su uso o sentido convencionales[52]–, tampoco «administrativo»[53], y, menos aún, «global».

Las propuestas científicas y metodológicas que alberga este proyecto, sin embargo, devienen más consistentes y coherentes de lo que a primera vista pudiera pensarse, dejando al margen las positivas implicaciones prácticas –y prescriptivas– que de él derivan. Desentrañar su sentido –Derecho Administrativo Global– requiere, como, por lo demás, le ha ocurrido siempre al propio Derecho Administrativo nacional, una paciente labor, que comienza por la descripción, antes que por la definición, menos aún si ésta pretende sustentarse desde la perspectiva de la división de poderes, o sobre un único pilar.

Sea como fuere, y con independencia de la nomenclatura que termine por imponerse, de los fundamentos en que se sustente, de los métodos que se practiquen y del ámbito de aplicación por el que discurra, lo cierto es que hay *mucha actividad administrativa más allá del Estado* (y dentro del Estado con repercusiones *ad extra*) aunque no haya pleno consenso sobre su identificación y tratamiento. El *Derecho (Administrativo) más allá del Estado* constituye una realidad incontestable. Desde esa perspectiva, carece de interés el debate en términos antinómicos, entre lo clásico y lo contemporáneo, y donde lo clásico sería, por ejemplo y entre otras posibles comparaciones, el *Derecho Administrativo Internacional*, y lo contemporáneo, en cambio, el *Derecho Administrativo Global*[54]. Una y otra perspectiva, en rigor, no son excluyentes, ni tampoco intercambiables, sino en realidad, a nuestro juicio, complementarias. Ambas categorías se mueven en distintos planos, con distintas herramientas y ámbito de aplicación. Y, sobre todo, con pretensiones de muy diversa estatura. Mientras el primero se circunscribe a las Administraciones –al personal a su servicio en primer término– de las organizaciones internacionales, el segundo se extiende a toda su actividad, interrelación, y, señaladamente, a los procesos decisorios de esa multiforme variedad de organizaciones de la gobernanza global. El Derecho Administrativo Global, de entrada, es más amplio, tanto en el plano cualitativo como cuantitativo, y bien podría comprender e integrar el contenido del primero. Y no constituyen por ello un adecuado término de comparación: no representan magnitudes comparables. Ahora bien, ambos filones de pensamiento resultan en última instancia reconducibles a un tronco común: la construcción de algo nuevo a partir de la cultura del Derecho Administrativo, no sólo en clave negativa (levantando muros de contención frente al poder), sino en su vertiente positiva o de afirmación (potenciando la legitimidad democrática y la eficacia, la democracia deliberativa y la ponderación de los derechos e intereses de todos los afectados, la maximización de los derechos fundamentales y la rendición de cuentas...).

Este Derecho se describe como «global», y no como «internacional», para evitar la presunción de que el Derecho Administrativo Global forma parte del Derecho reconocido como *lex lata* o *lex ferenda*, y para incluir una mayor diversidad de fuentes del Derecho que las comúnmente comprendidas dentro del concepto tradicional de «Derecho Internacional».[55]

---

[52] El capítulo tercero constituye una clara muestra de la necesidad de revisar el concepto de Derecho y de sus fuentes. *Vid.* asimismo el capítulo noveno, núm. IV.

[53] El Derecho Administrativo que pretende construirse más allá del Estado no es el clásico Derecho Administrativo estadocéntrico, es algo distinto. Véanse los capítulos segundo, tercero y cuarto.

[54] Sobre el tema, véase el capítulo tercero.

[55] Cfr. capítulos tercero y undécimo, entre otros.

2. BREVE DELIMITACIÓN NEGATIVA Y POSITIVA

Parte del debate originado en torno a un Derecho Administrativo Global, a nuestro juicio, obedece, de entrada, a que los términos no son del todo afortunados en la lengua española, siquiera sea, primero, porque no logran dar debida cuenta de la realidad de «allá afuera» y de «aquí dentro», objeto de interés; segundo, porque generan no pocos equívocos (global se entiende a veces como sinónimo de universal, cuando no de un Derecho monolítico y unitario, esto es, como un conjunto de normas uniformes para toda clase de organización); y, tercero, porque requieren con urgencia, como acaba de relatarse, una delimitación negativa, o, cuando menos, una serie de matizaciones, acerca de lo que queda fuera de esta expresión.

Ahora bien, justo es reconocer, por comenzar por esta última observación, que a esa urgida llamada a la aclaración tampoco escapan ramas bien asentadas, como la del propio Derecho Administrativo clásico (esto es, un Derecho estatal, interno, nacional, imperativo), como se ha notado.

Una delimitación negativa –lo que no es el Derecho Administrativo Global–, cuando menos en el sentido de sus originarios promotores, acaso contribuya a un mejor esclarecimiento de lo que se pretende y se busca, al menos desde la perspectiva de la familia jurídica europeo-continental. Pues bien, en nuestra opinión, lo que bajo este movimiento se ha auspiciado no es en primera instancia la formulación de un concepto, ni la proclamación de un método jurídico; como tampoco la creación dogmática de una nueva rama del Derecho; menos aún tomar partido por una concepción subjetiva del Derecho Administrativo (que haga pivotar la disciplina en torno al sujeto Administración pública), o una concepción objetiva (en torno a las actividades o funciones materialmente administrativas), pues en realidad lo quiere todo; no se decanta ni pretende erigirse por una nueva dogmática; no es un sistema jurídico implantado globalmente; no es un movimiento monolítico en punto al concepto de Derecho o de Administración, ni siquiera en la forma en la que hacer realidad la rendición de cuentas de las organizaciones que protagonizan tantas decisiones; no es, ni quiere ser, antes al contrario, el Derecho de los globalizadores frente a los globalizados; no promueve la pérdida de la estatalidad, ni una erosión del Derecho Administrativo nacional (sino más bien su extensión hacia los sujetos privados y hacia el Estado y sus Administraciones cuando actúan en el «exterior»); no cuestiona, al menos la común doctrina administrativa, y en contra de lo que ha podido pensarse, la soberanía nacional, la territorialidad y la estatalidad. La lectura de los capítulos que componen esta obra avalan sobradamente estas negaciones, y a ellos nos remitimos.

Es, en cambio, una forma inteligente de disciplinar fenómenos que desde las tradicionales ramas del Derecho, concernidas de un modo u otro, no son atendibles, porque superan y desbordan con creces los cauces por los que éstas discurren, o han discurrido hasta ahora. Es un análisis mucho más amplio inter– y multidisciplinar, que parte y se sustenta sobre el Derecho, entendido como Derecho positivo, aunque postula una comprensión más expansiva de éste[56]. Es, pues, en otras palabras, el Derecho Administrativo de la gobernanza global, esto es, de las múltiples organizaciones que se sitúan y operan en el espacio administrativo global, en los términos antes indicados.[57]

---

[56] Por todos, *vid.* capítulo tercero.

[57] *Supra* núm. I. 5.

El Derecho Administrativo Global supone, en lo que ahora importa, una «mirada global», una conciencia de la trascendencia global de lo que hacemos a diario. Es, pues, global en la mirada, como sinónimo de impacto y producción de efectos más allá del «ámbito local». El Derecho Administrativo Global, en la construcción originaria que en este libro se recoge, comprende una visión amplia, tanto en lo subjetivo (lo que ha de entenderse por «Administración» como sujeto), cuanto en lo material o, mejor, funcional (lo que ha de considerarse materialmente administrativo, en esencia, actividades regulatorias y actividades de interés general o de servicio público). Lo primero porque incluye a actores privados o no estatales, como ONG, sociedades o asociaciones. Lo segundo porque no reduce la actividad administrativa, ni la actividad de regulación, al clásico y simplista binomio de «producción normativa-acto de aplicación», porque administrativa o «pública» será –o deberá ser– la actividad que guarda relación con la actividad regulatoria y la actividad de servicio público, y, por consiguiente, afectan a la sociedad, o sociedades, en su conjunto[58]. Es, eso sí, una mirada global desde la cultura del Derecho Administrativo, que, aunque producto indiscutiblemente occidental, como lo es el constitucionalismo, no por ello ha de consistir, o traducirse, en la imposición de unos valores o principios «nacionales», o regionales (del Atlántico Norte), al resto[59].

III. CUANDO LA GLOBALIZACIÓN COMIENZA «EN CASA» (DENTRO DEL PROPIO ESTADO)

La globalización y, más en concreto, la gobernanza global, no se sitúa en una capa superpuesta, a la que tan sólo pocos Estados tienen acceso, y de la que emanan, a modo de cascada, normas y estándares imparables hacia los Estados. Ésa es una visión parcial e inexacta. Conviene notar, a nuestro limitado propósito, que los Estados, también los más débiles, tienen no pocas tareas que cumplir en punto a la construcción de un Derecho Administrativo Global. Desde el Estado son muchas las aportaciones que se pueden llevar a cabo. Los Estados participan en la celebración de tratados o acuerdos, sobre los que cabe proyectar normas, valores y principios de Derecho Administrativo Global. Los Estados participan en la formación de redes de organismos reguladores. Los Estados participan en la creación, sin intermediación de tratados o acuerdos internacionales, de organizaciones globales, públicas, privadas y mixtas. Los Estados son los dueños y señores de los procedimientos, administrativos, legislativos y judiciales, en lo que a la fase ascendente y descendente se refiere respecto de lo que se resuelve en muchas instituciones globales. Los Estados tienen en sus manos la capacidad para que las organizaciones privadas que operan en el espacio administrativo global, asentadas en su jurisdicción, interioricen principios y valores de Derecho Público.[60]

---

[58] Para mayor abundamiento, me remito a mi trabajo «New Frontiers of Administrative Law: A Functional and Multi-Disciplinary Approach. Private Life of Administration – Public Life of Private Actors», en *Common European Legal Thinking (Essay in Honour of Albrecht Weber)*, H.J. Blanke, P. Cruz Villalón, T. Klein, J. Ziller (eds.), Springer, Heidelberg, 2015

[59] Sobre el tema, *vid.* en particular capítulos primero y cuarto.

[60] *Vid.* notas 72 y 78.

Baste un simple ejemplo, que apenas apunta a una pequeña parcela de esa interconexión (y responsabilidad compartida), y es la participación de las instituciones nacionales en el espacio global. Un caso que de entrada pone de manifiesto que la globalización comienza «en casa», o, lo que es lo mismo, que el Derecho Administrativo
nacional se sabe regidor no sólo de unas Administraciones que tan sólo obedecen a los
impulsos estatales, que son «estadocéntricas», sino que hacen buena parte de su trabajo
fuera, que tienen una doble, cuando no una triple, «nacionalidad».

Piénsese, en efecto, en la fase ascendente y descendente que habrían de cursar las
instituciones nacionales, y, en particular, las Administraciones cuando operan más allá
del Estado, en cualesquiera de las estructuras y fórmulas posibles (como pueden ser las
redes transnacionales de reguladores, por ejemplo). Así, un Banco central, bien cuando
se reúne, en el caso europeo, en Frankfurt o, a nivel global, en Basilea, no puede trabajar con una doble vara de medir: en el interior, sujeto a toda una suerte de exigencias
procedimentales básicas y a tantos otros requerimientos sustantivos; y, en el exterior,
sin su respeto u observancia. En este supuesto, las consultas públicas y la participación
(de la industria financiera, de los usuarios, de las Administraciones implicadas...), tanto
a la hora de «hacer las maletas», como al volver de sus respectivas reuniones, en las que
se adoptan decisiones vinculantes o no vinculantes, pero efectivas, que afectan no sólo
al propio país, sino a terceros países, e incluso a individuos y empresas en particular radicadas en otros, constituyen ejemplos elocuentes. En suma, desde la perspectiva de la
legitimidad democrática, la autoridad nacional que participa en una red intergubernamental habrá de servirse de mecanismos e instrumentos que hagan que sus decisiones
tomadas fuera puedan controlarse mejor dentro, y responder en última instancia ante
los representantes del pueblo. Y eso es Derecho Administrativo Global.

Este planteamiento se hace extensivo a los parlamentos nacionales y a los tribunales. Los parlamentos nacionales también se ven cada vez más involucrados –y deben verse aún más– en la supervisión y control de lo que sus respectivas autoridades
nacionales realizan más allá del Estado, antes de que éstas presten su conformidad.
El diálogo de los tribunales nacionales (en particular, los constitucionales) con otros
tribunales en la construcción del sistema jurídico global no es más que otra expresión
del mismo fenómeno[61].

IV. ALGUNAS CONSECUENCIAS PARA EL ADMINISTRA-
TIVISTA NACIONAL Y/O EUROPEO: EL DERECHO ADMI-
NISTRATIVO YA NO VOLVERÁ A SER EL MISMO

1. Cualquiera que sea el futuro, evolución, debate y resultados de lo que hoy
aspira a ser un Derecho Administrativo Global, ha venido para quedarse. Y, lo
que es más importante, para revolucionar el clásico sistema del Derecho Administrativo nacional y, en el caso de Europa, también el ya maduro Derecho
Administrativo Europeo. Ya nada será igual, a nuestro juicio.

---

[61] *Vid.* la obra de Cassese sobre los tribunales, citada en la nota 5.

Piénsese, por ejemplo, en: los horizontes que el Derecho Administrativo Global abre; las nuevas categorizaciones de Administración; de lo que es Derecho y de cuáles son sus fuentes; la emergencia de nuevas formas y métodos de regulación y administración, mucho más complejos y depurados que antaño... El (aparente y mero) «decorado de fondo», que para el sistema interno parecía suponer el espacio administrativo global, ha pasado a primer plano, en la conciencia de la profunda imbricación que las Administraciones y otras instituciones nacionales (como los propios tribunales y parlamentos) poseen en el espacio administrativo global. Ello impide, desde luego, mantener un sistema de Derecho Administrativo nacional que no tenga las miras puestas, no ya en organizaciones como la Unión Europea, sino también en el espacio global. La realidad estatal, la transnacional (por ejemplo, europea), y la global, no pueden concebirse, ahora menos que nunca, como rígidamente separadas o segmentadas. Y aun cuando ello sea un fenómeno que afecta a todas las ramas del Derecho en alguna medida, posee efectos trascendentales, sin paralelo en su alcance, extensión e intensidad, para el Derecho Administrativo.

«Para el administrativista, acaso la tarea más sugestiva consista, sin embargo, en la prospección y análisis de lo que el Derecho Administrativo Global es capaz de generar para el propio Derecho Administrativo nacional, habida cuenta de que muchos de los problemas esenciales que el Derecho Administrativo Global suscita se dan ya en el plano interno».[62] Pero hay más. Porque no se trata tan sólo de solucionar problemas análogos a los que se dan en la gobernanza global, dentro del propio Estado. Para empezar, como ha quedado subrayado, porque tantas acciones internas adquieren trascendencia global, lo que reclama la construcción o perfeccionamiento de clásicas instituciones estatales (teoría del procedimiento administrativo, del acto administrativo, de la organización administrativo...) y, a la postre, la colonización de nuevos terrenos dentro del propio sistema nacional. En segundo término, porque el administrativista se encuentra llamado a juridificar tantas otras organizaciones que operan en la gobernanza global, no sólo vista desde dentro, sino también desde fuera.

2. El Derecho Administrativo Global, tal y como hoy se concibe y se pone de manifiesto en la presente obra, entraña una notable formación. Es en sí formativo. Concita en su análisis la presencia de las clásicas ramas del Derecho (Derecho Internacional Público, Derecho Constitucional, Derecho Administrativo...), con las innovaciones que éstas deparan en la presente centuria; la convivencia de la cultura del *common law* y la del *civil law*, entre otras; la historia y la filosofía del Derecho; el análisis comparado y los paradigmas que proporcionan la gobernanza, la ciencia política y la economía...[63] Ello explica la afirmación precedente: aun cuando el jurista siga cultivando solo el Derecho Administrativo nacional, su mirada será ya distinta, inevitablemente.

3. En efecto, el impacto para la comprensión de tantas instituciones, técnicas o principios de Derecho Administrativo, hasta hace no tanto tiempo de exclusivo diseño nacional y al servicio del propio Estado, es formidable.

[62] Cfr. capítulo primero.
[63] Por ejemplo, capítulos tercero y octavo.

Si el Derecho Administrativo nacional en Europa no se puede concebir ya sin referencias constantes y fundamentales al Derecho Administrativo Europeo, tampoco puede construirse un sistema nacional completo fuera del campo gravitatorio del espacio administrativo global. Ninguna institución o elemento del Derecho Administrativo nacional puede concebirse, ni fundamentarse, a espaldas de estos fenómenos.

Y ello no ya sólo porque esas instituciones o elementos formen con tanta frecuencia *parte de un todo* (actos administrativos transnacionales; reconocimiento mutuo de estándares de elaboración de productos y prestación de servicios; el procedimiento compuesto en el plano europeo; el conocimiento de un tribunal nacional de un acto dictado más allá del Estado[64]; etc.), esto es, porque, como se ha notado, la globalización comienza en casa, y las Administraciones nacionales, y los demás poderes del Estado, tienen mucho que hacer y que decir al respecto. Es, también, nótese bien, que numerosas organizaciones administrativas que operan en el plano global, en ocasiones con un grado de autonomía del Estado tan grande como su poder, requieren de un nuevo Derecho Administrativo, esto es, y al decir del movimiento que la obra colectiva presenta, de un Derecho Administrativo Global, que, no se olvide, se integra de piezas y materiales de construcción muy diversos, también de las reformas internas que el Estado emprenda por exigencias de aquél.

4. En ese sentido, no son pocos los elementos del Derecho Administrativo nacional –sea en clave de teoría general (dogmática), o de mera aprehensión del estado de cosas– que ya no podrán siquiera ser retratados sin una mirada global. Así, y a mero título de ejemplo, el impacto del Derecho Administrativo Global se hace perceptible en ciertas instituciones, modelos y estrategias, actores y métodos, a nivel nacional. A mero título de ejemplo:

– El *procedimiento administrativo*, teorizado de ordinario a la luz de las respectivas legislaciones generales o «codificadoras» (con olvido, por cierto, de la legislación sectorial de procedimiento, en ocasiones muy distante de esos moldes comunes, como sucede con el medio ambiente), no puede ser ya comprendido sin su dimensión global. Hace décadas que se deja sentir el influjo sobre el procedimiento desde instancias muy diversas en el plano regional. Por ejemplo, los tribunales de derechos humanos fiscalizan la acción administrativa por su conformidad a los respectivos sistemas de protección de derechos. Y ello ha permitido que el Tribunal Europeo de Derechos Humanos haya creado un rico acervo jurisprudencial sobre los procedimientos administrativos nacionales. La Unión Europea, por su parte, no sólo ha transformado muchos de los procedimientos nacionales a través de sus normas de cabecera (por ejemplo, en el ámbito del medio ambiente), sino que ha creado complejos procedimientos compuestos en el seno del espacio administrativo europeo.

A nivel global, ese influjo se hace cada vez más patente. Así, por ejemplo, las actuaciones del banco central no sólo estarán sujetas a las normas de procedimiento nacionales, sino, en su caso, europeas, y globales, normas éstas que no se establecen a nivel nacional, sino en los respectivos sistemas transnacionales o globales. No podría comprenderse la institución del procedimiento que los rige sin antes atender a su doble

---

[64] Sobre el tema, abundan los ejemplos en los capítulos segundo y tercero.

condición de Administraciones nacionales, y de Administraciones que forman parte de esquemas o redes transnacionales.

En igual sentido se comportan otras muchas organizaciones globales, tales como la Organización Mundial del Comercio o el Banco Mundial, cuando establecen normas de procedimiento que las autoridades nacionales han de observar respecto de terceros Estados, o empresas, o respecto de sus propios ciudadanos, como son la audiencia del interesado o la participación del público en cualesquiera de sus fórmulas posibles, o una mayor transparencia como presupuesto del derecho a participar y a revisar la decisión, es decir, mediante la introducción de nuevos componentes en sus procedimientos decisorios, para asegurar así que la Administración nacional, cuando actúa en aplicación de normas globales, forma parte del sistema global, y no actúa como mero actor interno, y, en consecuencia, como constructora y aplicadora del Derecho Administrativo Global.

Un último ejemplo. Los tribunales arbitrales sobre disputas en materia de inversión (al amparo, por ejemplo, del CIADI o del TLCAN)[65] terminan por imponer también normas de procedimiento a las autoridades nacionales del Estado receptor de la inversión en defensa de los intereses de los inversores extranjeros[66].

– El concepto mismo del *Derecho*, y de las fuentes del Derecho Administrativo en particular, parecen verse amenazados por una dimensión en exceso funcional y una invasión de la ciencia política y del análisis económico, que terminan por convertirlo en una simple vehículo o correa de transmisión de las reformas pretendidas desde otras ciencias y conocimientos expertos y técnicos, esto es, como una mera técnica al servicio del poder (en este caso, económico y técnico). Con ello se olvida la dimensión política y democrática del Derecho, y los valores que le son inherentes (el carácter de lo «público», al que tantas referencias se hacen en el presente volumen). Un ejemplo paradigmático, en el caso español, a falta de una visión más crítica con lo que «viene de otras organizaciones internacionales», como la OCDE o el Banco Mundial, son las reformas legislativas emprendidas en torno al procedimiento y a la organización administrativa[67]. El concepto mismo de lo que es o no, de lo que debe o no, ser Derecho se encuentra aquí en juego, por un desconocimiento –paradójicamente– del Derecho Administrativo Global.[68]

– Las *modalidades* de la actuación administrativa devienen mucho más complejas y variables. El monopolio del modelo en que se ha sustentado el Derecho Administrativo clásico (actividad administrativa de policía) da paso a una pluralidad de modelos de gobierno y administración: si el Derecho Administrativo nacional, pese a las muchas reformas experimentadas en las últimas décadas en torno a las técnicas regulatorias (y los amplios programas de reforma regulatoria emprendidos, a impulsos, por ejemplo, de la OCDE o de la Unión Europea), gira aún hoy esencialmente sobre el modelo del «ordeno y mando» (*command and control regulations*), esto es, sobre la actividad adminis-

---

[65] Capítulo segundo, núm. III.

[66] *Vid.* el capítulo undécimo.

[67] Nos referimos a las Leyes 39/2015, de 1 de octubre, del Procedimiento Administrativo Común de las Administraciones Públicas, y 40/2015, de 1 de octubre, de Régimen Jurídico del Sector Público, leyes esCORAdas hacia el Informe CORA, confesadamente vinculado a la OCDE. *Vid.* la nota siguiente.

[68] Por todos, y de modo concluyente, *vid.* el capítulo séptimo *in totum.*

trativa de policía[69], el Derecho Administrativo Global evidencia ya de forma patente el debilitamiento de ese modelo y la convivencia y entrelazamiento de ese clásico esquema con otros muchos. El paradigma de la gobernanza deliberativa no es sino una de las estrategias fundamentales.[70]

– La *teoría de las fuentes* del Derecho, y, más en concreto, de lo que es Derecho Administrativo, parece girar aún en torno al carácter «estadocéntrico» de la disciplina[71], con menosprecio de los actos de aplicación. Las fuentes del Derecho parecen enriquecidas, no ya sólo desde arriba (estándares, normas o reglas emanadas de las organizaciones globales), sino desde dentro a consecuencia de una compresión más amplia de la teoría regulatoria[72]. No sólo a resultas de nuevas normas de general aplicación, sino también de actos de aplicación, provengan del «exterior» o se fragüen en el interior sin influencia externa[73]. No es suficiente con identificar y describir esos fenómenos. Ese es sólo el primer paso. Se trata de un problema conceptual. ¿Cuáles son las fuentes del Derecho?[74] Y, además, en términos prescriptivos: ¿cuáles han de ser las fuentes del Derecho reconocibles y aceptables? Y aún antes, ¿cuáles son los elementos constitutivos del Derecho en una sociedad democrática?[75] Estas cuestiones, que se hallan en la base de la gobernanza global[76], afectan, en una medida nada desdeñable, al sistema interno.

¿Las normas emanadas por las «filiales» de las organizaciones internacionales en sentido estricto, por las organizaciones subordinadas de éstas, o por las redes intergubernamentales compuestas por reguladores nacionales, por citar tan sólo dos supuestos característicos de normas que vienen desde arriba, y que no siempre requieren de la mediación legislativa interna para su implementación dentro del Estado, son normas que, sin más, han de ser aceptadas? Porque aceptarse se aceptan. La cuestión, para el jurista, presenta una evidente connotación de carácter prescriptivo: ¿qué ha hacerse, en términos de justicia, de control, de legitimidad democrática…?

---

[69] Con ello se alude a lo que en la categorización europeo-continental se podrían denominar como «actividad administrativa de policía», y, en términos más amplios, al conjunto de instrumentos y técnicas que inciden e impactan sobre el individuo en el ejercicio de autoridad o de potestades administrativas, como manifestación del poder en suma, y en una posición asimétrica entre la Administración y el ciudadano. Las técnicas de la ejecutividad y la ejecutoriedad del acto administrativo, el carácter vinculante de las normas administrativas, la sanción, o la expropiación, entre tantas manifestaciones, son prueba elocuente de esa posición. Puede verse sobre el tema Javier Barnes, «Introducción. Reforma e innovación del procedimiento administrativo», en *La transformación del procedimiento administrativo* (editado por J. Barnes), Global Law Press-Editorial Derecho Global, Sevilla, 2008.

[70] *Vid.* capítulos quinto y decimotercero.

[71] Cfr. capítulo tercero. «Un planteamiento serio del tema pasa, pues, inexorablemente por poner el foco de atención en aquellas concepciones del Derecho que no comiencen y terminen en el Estado» (*ibíd*).

[72] Me remito a mi trabajo «Algunas respuestas del Derecho Administrativo contemporáneo ante las nuevas formas de regulación: fuentes, alianzas con el Derecho Privado, procedimientos de tercera generación», en J. Barnes (ed.), *Innovación y reforma en el Derecho Administrativo, 2.0*, Global Law Press-Editorial Derecho Global, Sevilla, 2012, pp. 251-377.

[73] Como sucede, por ejemplo, con las licencias ambientales integradas, en las que se instituye todo un régimen o estatuto *ad hoc*.

[74] *Vid.* el capítulo tercero.

[75] Cfr. capítulos tercero y noveno, núm. IV.

[76] Por todos, el capítulo tercero.

En este contexto, no basta, simplemente, con poner el foco de atención en el Derecho blando, por ejemplo. Se trata de una reflexión más profunda en el plano de la reforma regulatoria, de la pluralidad de modelos de gobierno y administración que comienzan a tomar cuerpo en el ámbito nacional, y del propio sistema de fuentes del Derecho. ¿Quién puede negar que las resoluciones de los tribunales arbitrales en materia de inversión establecen criterios y principios que afectan al Derecho interno? ¿Acaso un Estado no tendrá en cuenta el acervo jurisprudencial que estos tribunales tiene establecido, por ejemplo, en lo que hace a la protección de las inversiones en materia de energía, condicionando, por consiguiente, la política energética nacional y las posibles medidas a adoptar? Y, sin embargo, para que ese *corpus* jurisprudencial constituya fuente, en términos normativos, ha de reunir ciertas condiciones, que, en la actualidad, no satisface en alta medida.[77]

– Los actores o sujetos privados ya no ocuparán un modesto capítulo de un manual de Derecho Administrativo nacional (para referirse a los derechos de los individuos, a los derechos público-subjetivos, a los derechos de carácter procedimental, o a los recursos), y algunas referencias como simples destinatarios de la acción administrativa, como mero recipiendario. Los sujetos privados participan en la cascada regulatoria –en el sistema de fuentes– y en actividades de interés general. El sujeto privado pasará a ocupar un papel destacado[78], tanto en lo que hace a la teoría del servicio público, como a la teoría de las fuentes y de la regulación.[79]

– La metodología del Derecho Administrativo –o, por mejor decir, las metodologías o convivencia de métodos, en función, de entrada, de que se trate de interpretar o aplicar el Derecho, en clave forense; o de construir nuevos sistemas– se verá fuertemente enriquecida, esto es, en virtud, entre otras variables, de su condición de intérprete o de compositor.

Así, el análisis comparado abandonará la mera comparación de instituciones de sistemas distintos, para inferir el acervo común, cuando no lo mejor de cada casa. Si los principios generales han servido, no de «turismo académico» comparatista en el seno de la Unión Europea, sino de auténtica fuente del Derecho en manos de la jurisprudencia del Tribunal de Justicia, con mayor razón en el ámbito del Derecho Administrativo Global, donde la metodología comparada tendrá por objeto prioritario el hallazgo y la identificación de principios reputables como comunes y propios de todo sistema administrativo (legalidad, proporcionalidad, no discriminación, audiencia del interesado y derechos de defensa, participación, transparencia, objetividad e independencia...), y la inducción, y avance de modelos transvasables en los distintos escenarios a las concepciones y sectores del espacio jurídico global.[80]

---

[77] Sobre el tema, *vid.* el capítulo undécimo.

[78] Me remito a mi trabajo «El sujeto privado en la Constitución económica: de la vertiente de defensa de los derechos y libertades, a la dimensión activa de los actores privados en cuanto protagonistas y corresponsables de la vida económica», en *Constitución Económica*, Actas de las XVII Jornadas de la Asociación de Letrados del Tribunal Constitucional. Tribunal Constitucional - Centro de Estudios Políticos y Constitucionales, Madrid, 2012.

[79] *Ibíd.*

[80] Los «principios generales del Derecho» también constituyen una fuente del Derecho Internacional (aparecen como tal en el Estatuto del Tribunal Internacional de Justicia) y lo serán en la construcción del Derecho Administrativo Global.

Éstos son tan sólo algunos de los «efectos colaterales» sobre el Derecho Administrativo nacional. El Derecho Administrativo Global aspira a mucho más y se mueve en todas las direcciones, puesto que su eje gira en derredor del funcionamiento de las organizaciones del espacio global, excediendo con ello en mucho de las implicaciones directas que depara sobre las Administraciones nacionales, algunas de cuyas manifestaciones han quedado apenas anotadas marginalmente en los ejemplos anteriores.

El Derecho Administrativo Global, en suma, plantea un proyecto ciertamente sugestivo para el administrativista, puesto que los problemas esenciales a los que éste se enfrenta se dan ya a nivel estatal.[81] El Derecho Administrativo Global reta al Derecho Administrativo nacional.

V. DE «EL» DERECHO ADMINISTRATIVO A «LOS» DERECHOS ADMINISTRATIVOS

El Derecho Administrativo se ha construido con pocos adjetivos. De entrada se formula en singular y en abstracto, como algo unitario. Las únicas modulaciones que hasta ahora ha admitido sin protesta han sido las geográficas o territoriales (español, argentino, alemán, europeo, estadounidense…), o las propias de la sistemática tradicional de las distintas partes en que éste se articula en la familia europeo-continental. Así, se habla de «Derecho Administrativo General» y de «Derecho Administrativo Especial». Ello no ha impedido, como es bien sabido, la agregación de un adjetivo descriptivo de un sector, materia, o perspectiva transversal: Derecho Administrativo Económico, Derecho Administrativo Medioambiental, y así sucesivamente. En esencia, sin embargo, se habla de sistemas nacionales de Derecho Administrativo, y, en el ámbito europeo, superpuesto y entrelazado, del Derecho Administrativo Europeo, entendido no ya sólo como el Derecho Administrativo que rige las instituciones administrativas de la Unión Europea, sino como el Derecho Administrativo que se impone a los Estados miembros en la implementación y ejecución del Derecho de la Unión Europea.

Algo semejante puede decirse del Derecho Administrativo Global. A esta locución se le pueden añadir otras adjetivaciones o perífrasis: el Derecho Administrativo Global de la seguridad alimentaria, el Derecho Administrativo Global de la estandarización de productos y servicios, el Derecho Administrativo Global del deporte, el Derecho Administrativo Global de la protección de las inversiones en materia de energía… En cambio, es muy pronto, desde luego, para hablar de «general-especial», si es que alguna vez se arriba a tal puerto, a la vista, no ya sólo de su incipiente estado de gestación, sino, sobre todo, sus hondas raíces en la cultura jurídica angloamericana. Sí cabe, sin embargo, una distinción, que al administrativista de formación europeo-continental le es familiar. Así, se puede hablar del Derecho Administrativo Global para los Estados (reglas de procedimiento y de control, por ejemplo) que impone la organización global a sus Estados miembros, para garantizar una aplicación uniforme y efectiva, del mismo

---

[81] Cfr. capítulo segundo, núm. V.

modo que puede darse en el seno de la Unión Europea. Y del Derecho Administrativo Global para la propia organización o sistema global-sectorial. Aquí la vertiente *ad extra* o *ad intra* se mueve en una dirección inversa a cuando el punto de partida y eje se sitúa en el Estado. Derecho Administrativo Global *ad extra* será el que se impone a las autoridades nacionales desde la misma organización que opera más allá del Estado (el caso de la OMC, por ejemplo). Mientras que Derecho Administrativo Global *ad intra* es aquél que la misma organización incorpora o internaliza en su propia estructura.

Más allá de estos «plurales», hoy, sin embargo, cabe hablar –ésta es nuestra tesis– de «Derechos Administrativos», no reconducibles a una unitaria y monolítica teoría general, aun cuando siempre quepa reconocer un tronco o cultura común. A ello no referimos de inmediato.

VI. «TRÁFICO JURÍDICO ENTRE PASARELAS»: LA INTERCONEXIÓN, RECÍPROCA INTERACCIÓN Y MUTUO APRENDIZAJE ENTRE LOS TRES NIVELES O ESTRATOS DEL DERECHO ADMINISTRATIVO CONTEMPORÁNEO

Sabemos, y es una idea recurrente de esta obra por cuanto se erige en premisa de partida, que no basta con la exportación o importación de instituciones, mecanismos o elementos entre los sistemas nacionales de Derecho Administrativo y los sistemas transnacionales o globales, a cuya construcción se aspira. La analogía tiene sus límites.

Cabe concebir, por el contrario, diversos estratos y sistemas de Derecho Administrativo: uno es el Derecho Administrativo estatal, que gobierna y rige aquellas actividades administrativas, que, como antaño, carecen de relevancia más allá del Estado. Otro es el Derecho Administrativo nacional o interno que tiene las miras puestas en las consecuencias o relieve que esas actividades administrativas poseen hacia el espacio exterior cuando emprende un procedimiento decisorio o bien cuando implementa o ejecuta lo dispuesto y establecido al otro lado de sus fronteras. Y un último sistema, en fin, que pretende controlar las prácticas de las estructuras globales –asimiladas en su carácter o naturaleza a Administraciones–.

En la primera capa se asienta un Derecho Administrativo «estadocéntrico»; en la segunda, un Derecho Administrativo de un Estado abierto hacia el exterior. En la última, las cosas no se ven ya desde el Estado, sino, inversamente, desde el «espacio exterior».

El primer estrato se mueve exclusivamente *ad intra*. La vida –objeto de su regulación– transcurre encerrada dentro de los confines del Estado. El segundo estrato se preocupa por las acciones o efectos *ad extra*. Es un Estado poroso, con una mirada a la vida global. El tercero tiene vida propia, se ha emancipado, en cierto modo y en algunos supuestos, del Estado.

El primero está consolidado, el segundo está en construcción, y el tercero está por construir, o en un incipiente estado de gestación.

La segunda capa no es suficiente, porque son muy numerosas las estructuras que no son controladas desde los Estados, aunque ese hecho se contrarreste porque la implementación y ejecución de numerosas medidas, programas y políticas establecidas desde la institución global se confía a las Administraciones nacionales.

Estos tres sistemas están llamados a convivir, cuando no a darse la mano, y a interconectarse. No constituyen compartimentos estancos. Su estado es más líquido que sólido.

Acaso el ejemplo más elocuente de esa mezcolanza sea la Unión Europea. De un lado, los Estados interiorizan, a través de sus respectivos Derechos Administrativos, tantos elementos y componentes del Derecho de la Unión (sea éste originario, o derivado, como en el caso de las Directivas en materia de contratación o medio ambiente). De otro, los Estados colaboran y cooperan, a través de sus Administraciones, en la aplicación y administración del Derecho Europeo. Pero también las propias instituciones administrativas de la Unión Europea se encuentran disciplinadas por un Derecho Administrativo que les es propio.

Esa pluralidad apareja, a nuestro juicio, dos consecuencias. Una es la mayor o menor autonomía científica y normativa que esos sistemas adquieren –en crecimiento directamente proporcional a medida que, como capas superpuestas, se alejan del Estado–. Otra, bien distinta, es que la familiaridad del administrativista con tres sistemas diferentes, con categorías y principios operativos con contenidos y estructuras diversas, facilitará la creatividad, la evolución y el intercambio de experiencias entre esos tres sistemas.

VII. A MODO DE GLOSARIO

Sin pretensiones de exhaustividad, menos aún definitorias, se seleccionan aquí algunos términos recurrentes a lo largo del volumen, y cuyo sentido, aunque advertido con alguna frecuencia por nota del editor o del traductor, conviene ahora siquiera esbozar, para evitar equívocos, o caer en la trampa de los «falsos amigos»:

a) *Global*, se utiliza, predicado del «Derecho Administrativo», o de la «gobernanza», o de la «regulación», entre otras cosas, como equivalente a «mundial», y en abierto contraste con «internacional» en sentido estricto. Ahora bien, de inmediato ha de matizarse que no se quiere con ello hacer referencia a una suerte de «universalización» o de «mundialización» de un Derecho, en este caso del «Administrativo». Menos aún quiere sostenerse que exista un modelo uniforme o unitario de Derecho Administrativo o de la gobernanza global. De hecho, a lo largo de la obra se alude a «un» Derecho Administrativo Global, no «al» Derecho Administrativo Global. «Global» se usa, pues, para hacer referencia en última instancia a lo que acontece más allá del Estado (también dentro de éste, pero con la mirada puesta en el exterior). Se evita el término «internacional», al que mira de frente en todo momento, para dar a entender que se busca algo distinto al Derecho Internacional clásico, ya que éste no contiene todas las explicaciones, ni cubre infinidad de supuestos que le conciernen, y porque, además, y he ahí la «tragedia» de aquél, se encuentra atrapado en su tradicional paradigma intergubernamental, siendo así que numerosas organizaciones y fenómenos no encajan ni responden a ese paradigma. Así, por ejemplo, no es intergubernamental la fase ascendente y descendente que, dentro del Estado, es necesario seguir –o sería necesario seguir– tanto para formar la voluntad del propio Estado ante tantas organizaciones que operan más allá del Estado, como para implementar, de ordinario no en forma mecánica y meramente deductiva, sino con un margen de apreciación o libertad, lo que se haya «allí» acordado. El Comité de Basilea podría constituir un ejemplo en tal sentido. Nada de intergubernamental tienen, por otra parte, las organizaciones privadas que participan en la cascada regulatoria, sea estableciendo estándares, o sea supervisando su implantación, entre otras cosas. Las asociaciones nacionales y sus aglutinantes internacionales –el caso de ISO puede constituir un ejemplo fácil– son objeto de la mirada exterior del jurista.

b) «Regular», «regulación», y, sobre todo, «regulatorio» aquí no es sinónimo ni equivalente sin más de dictar «normas» o de «producción normativa» o «reglamentaria». Constituye, en ese sentido, un falso –y peligroso– amigo. Cuando se habla de «reglas regulatorias», o de «medidas regulatorias» en el presente volumen, como en la literatura sobre el tema, no se quiere aludir tan sólo a normas en sentido estricto (normas escritas, vinculantes, emanadas de un centro productor dotado de la necesaria legitimación democrática). Menos aún se quiere hacer referencia aquí a los denominados «sectores regulados» (o servicios públicos «a la norteamericana»). Se utiliza el término «regulatorio» en un sentido mucho más amplio e integrador, que incluye actuaciones normativas desde luego, pero también mecanismos de Derecho blando, estándares no vinculantes, o incentivos de todo tipo, por ejemplo. Al fin y al cabo, nótese bien, se define, en la propuesta metodológica de la que se parte, el Derecho Administrativo Global como el conjunto de mecanismos, principios, prácticas y acuerdos sociales que promueven la rendición de cuentas de las «Administraciones globales» mediante el cumplimiento de unos principios adecuados –transparencia, participación, motivación y control–.[82] Y en esa promoción pueden inscribirse no sólo normas sino actividades de certificación o acreditación, por ejemplo. Traducir «regulatorio» (*regulatory*) por «normativo» incurriría, por tanto, en un reduccionismo, que dejaría muchas cosas fuera, a no ser que el contexto del texto o la expresa salvedad impidan ese equívoco. Por eso, se ha mantenido en el texto traducido el término «regulatorio», aun cuando «regulatorio» hoy día pueda en el lenguaje jurídico resultar a su vez equívoco («sectores regulados», «organismo regulador», y así sucesivamente), o simplemente desconocido para el mundo del Derecho, no así, obviamente, para la teoría de la regulación. En la ciencia política, sin embargo, y en el lenguaje de los organismos internacionales, como

---

[82] Así, en el capítulo segundo se lee que el Derecho Administrativo Global «comprende todo un conjunto de instrumentos, principios, prácticas y concepciones sociales, que promueven o influyen en la rendición de cuentas y en la supervisión (*accountability*) de las organizaciones administrativas que se sitúan en el plano global, a través, primero, del cumplimiento de estándares adecuados, tales como la transparencia, la participación, la motivación de las decisiones, y el principio de legalidad; y, segundo, mediante el efectivo control y revisión de las decisiones que tales organizaciones adoptan». Y el capítulo tercero, por su parte, concibe el mismo sustantivo «Derecho», que sirve de base de los adjetivos «administrativo» y «global» en sentido muy amplio.

la OCDE, sí resulta más familiar.[83] El adjetivo «regulatorio» se predica con frecuencia de la organización. Así, una organización regulatoria global, pública, privada o mixta, es cualquier entidad u organización (Administración o agencia nacional, o transnacional; asociación privada; empresa; ONG; red de reguladores nacionales; tribunal arbitral, etc.), capaz de influenciar, dirigir o condicionar el sector de que se trate en alguna forma, directa o indirecta, en mayor o en menor medida. No se habla, en tal caso, de organización «reguladora», porque ello evocaría para el jurista que su actuación central consiste en el dictado de normas, naturalmente de carácter vinculante, siendo así que son otras muchas las cosas que hace una organización «regulatoria»: desde supervisar la implementación o evaluar un impacto; pasando por facilitar información; establecer indicadores, determinaciones o estándares voluntarios; validar, acreditar o certificar; hasta participar en procedimientos formalizados conducidos por superagencias públicas. En algunas ocasiones, sin embargo, no se ha traducido el término «regulatory» por «regulatorio», porque, por el contexto, se entiende que se habla de regulación en ese amplio sentido. Por ejemplo, cuando se alude en ciertos contextos a las instituciones reguladoras de alcance global se entiende que se trata de organizaciones «regulatorias», esto es, de organismos o entidades que inciden (condicionan, influencian o promueven) más allá de la jurisdicción de un concreto Estado, a través de múltiples técnicas e instrumentos, la acción de muchos otros actores estatales, de otras organizaciones supranacionales, de otras redes de reguladores nacionales y, por supuesto, de numerosos sujetos privados.

c) «(Global) regime»: sistemas jurídicos, aparatos o regímenes legales de alcance global, de ordinario de carácter sectorial (salud pública, comercio internacional, seguridad aérea, seguridad alimentaria, regulación de los mercados financieros, etc). Se trata de estructuras dinámicas y con frecuencia complejas, que interactúan para regular.

---

[83] Así, en el capítulo quinto, Richard B. Stewart podrá decir, al comienzo del epígrafe I, que aquí se concibe la regulación global en términos muy amplios, y comprensivos de un vasto abanico de programas y actividades que adoptan y desarrollan reglas y otras normas con el fin de dirigir y coordinar la acción de numerosos actores de cara a la consecución de objetivos comunes.

Por regulación no se entiende, pues, «sectores regulados», u «organismos reguladores», sino algo mucho más amplio.

En esa misma línea, y a los efectos de extraer consecuencias sobre las diversas modalidades de regulación para el Derecho Administrativo, se han movido trabajos de quien suscribe como los siguientes: «Introducción: reforma e innovación del procedimiento administrativo», en Javier Barnes (ed.), *La transformación del procedimiento administrativo*, Global Law Press-Editorial Derecho Global, Sevilla, 2008, pp. 15-69; «El sujeto privado en la Constitución económica: de la vertiente de defensa de los derechos y libertades, a la dimensión activa de los actores privados en cuanto protagonistas y corresponsables de la vida económica», en *Constitución Económica*, Actas de las XVII Jornadas de la Asociación de Letrados del Tribunal Constitucional (2011), coeditado por el Tribunal Constitucional y el Centro de Estudios Políticos y Constitucionales, Madrid, 2012 ; «Las fuentes del Derecho y las nuevas formas de regulacion y gobernanza administrativa, en «Fuentes del Derecho Administrativo», IX Foro Iberoamericano de Derecho Administrativo, 2010, Mendoza, Argentina, Ediciones RAP, Buenos Aires, Argentina, 2010; «Towards a Third Generation of Administrative Procedures», *Comparative Administrative Law*, Edward Elgar Publishing, edited by Susan-Rose Ackerman and Peter L. Lindseth, febrero 2011; «Algunas respuestas del Derecho Administrativo contemporáneo ante las nuevas formas de regulación: fuentes, alianzas con el Derecho Privado, procedimientos de tercera generación», en J. Barnes (editor), *Innovación y reforma en el Derecho Administrativo, 2.0*, Global Law Press-Editorial Derecho Global, Sevilla, 2012; etc. Igualmente, puede consultarse la web: http://derechoadministrativocontemporaneo.org/polsreg-introduccion/.

d) De otros muchos conceptos (Estado de Derecho, rendición de cuentas, carácter prescriptivo, la condición «pública» del Derecho, etc.) se da debida cuenta en las notas del editor o del traductor, y a ellas nos remitimos.

VIII. AGRADECIMIENTOS

Es necesario destacar, en primer lugar, el trabajo del equipo de especialistas de la Universidad Carlos III de Madrid, a través de su Departamento de Derecho Público del Estado, y del Instituto «Pascual Madoz» del Territorio, Urbanismo y Medio Ambiente, por la acogida e impulso de esta iniciativa editorial, por su participación directa en la actividad más ardua –la traducción jurídica-, y, en fin, por su generosa contribución a su financiación. Sin este apoyo institucional y personal no habría sido posible la presente publicación. La comunidad científica y profesional, y esta editorial académica, están, pues, en deuda con la institución, sus órganos y cada una de las personas que los componen. Merece reseñarse especialmente la iniciativa y la labor de coordinación general que ha desempeñado la profesora Teresa Parejo Navajas, en particular en relación con las traducciones. La gratitud se extiende a, y se personifica también en, el profesor Antonio Descalzo González, director del citado Departamento, y el profesor Luciano Parejo Alfonso, director del referido Instituto, por su constante ayuda y pronta disponibilidad. Es obligado igualmente expresar nuestro agradecimiento al Instituto Nacional de Administración Pública (INAP) por la función coeditora que ejerce y el apoyo que con ello brinda a la presente obra colectiva.

Por último, conviene recordar que en una obra de estas características los verdaderos protagonistas son los traductores, en cierto modo co-autores. La traducción jurídica –sin duda, la más compleja de las traducciones científicas, siquiera sea por la falta de equivalencia entre ordenamientos en el plano de los conceptos y de la terminología legal por la que en cada caso opta el legislador o la respectiva comunidad jurídica– requiere ciencia, técnica y arte, y así debiera reconocerse en el mundo académico. No es una tarea en modo alguno mecánica, sino de hondas raíces científicas, al tiempo que creativa e innovadora.

Es más, la historia de la cultura es la historia de la traducción. «La historia cultural es historia de traducciones». Y así ha sido desde el mundo clásico. Roma traduce a Grecia, creando en la lengua latina sus propios conceptos para expresar desde su ángulo el pensamiento originario, haciendo aún más fértil la relación entre ambas. Mientras que la cultura traducida, al verse reflejada en otra lengua y cultura se entiende mejor a sí misma, la cultura y lengua que la recepcionan avanzan un paso más. Nunca podrá exagerarse bastante la trascendencia de la traducción, confiada sin duda a expertos y pensadores a un tiempo. «Cada lectura –y una traducción es una lectura cualificada– es nueva, como nuevo es cada lector... Traducción y lectura no son recepciones pasivas de una escritura: logran hacer más inteligible el texto originario...».[84]

Por todo ello, y sin perjuicio de que así se haga constar en cada capítulo, quiere hacerse aquí el elenco de esos protagonistas. El equipo de traductores, bajo la coordinación de Teresa Parejo Navajas, ha estado constituido por los profesores e investigadores Teresa Parejo Navajas, José Vida Fernández, Ángel Manuel Moreno Molina, Carmen Camblor de Echanove, Agustín de Asís Roig, Marcos Vaquer Caballería, Juan Cruz-Alli Turrillas, Yolanda Gómez Lugo, Alicia Cebada Romero, Rodrigo Vallejo y Javier Barnes, así como por otros colaboradores de la Universidad de Nueva York, a los que se hace mención en el Prefacio con el que los autores encabezan este volumen.

A la traducción inicial, y en la búsqueda de un producto armonioso y coherente, se suma la paciente y abnegada labor, no menos generosa, de los especialistas que han conformado el grupo editorial de revisión bajo la dirección y el trabajo del propio editor: Alicia Isabel Saavedra-Bazaga, Francisco José García Garrido, Isabel Pont Castejón, José M. Baño Fos, Daniel Sarmiento Ramírez-Escudero, Víctor Manuel Macías Caro, Juan Emilio Nieto y José Ignacio Hernández. A ellos ha de rendirse una especial gratitud y reconocimiento científicos.

JAVIER BARNES
Catedrático de Derecho Administrativo
Sevilla, 3 de diciembre de 2015.

---

[84] Cfr. Antonio Barnés, «Introducción», en Séneca, *Sobre la felicidad* (edición de Antonio Barnés), Escolar y Mayo Editores, Madrid, 2014, pp. 11-13.

DERECHO ADMINISTRATIVO GLOBAL: FUNDAMENTOS, PRINCIPIOS Y ÁMBITO DE APLICACIÓN

VIVIMOS un tiempo de transformación de las instituciones tradicionales del Derecho entre otras razones por la aparición de un sistema regulatorio global en el que el papel del Estado se diluye abriéndose a caminos inexplorados y reorganizándose, con reafirmación de su capacidad de actuación, en un nuevo contexto más complejo y fluido. La ruptura de la histórica dualidad determinada por los espacios doméstico e internacional ha abierto un nuevo ámbito para la acción administrativa de alcance supranacional que se va estructurando en diferentes escenarios y condiciones que –en lo que aquí interesa– están haciendo emerger el llamado Derecho Administrativo Global. Sin embargo, no por ello las instituciones tradicionales quedan abandonadas. En efecto, según indica el profesor Sabino Cassese, pionero en el estudio de este nuevo sistema, en su obra *Derecho Administrativo: Historia y Futuro* (2014), «(En) el Derecho Administrativo Global, precisamente porque opera como un crisol, son reconocibles las huellas de todas las tradiciones, de la liberal y de la democrática, que han influido en el Derecho Administrativo».

Sin perjuicio de la existencia de valiosos trabajos sobre aspectos concretos, el conjunto de las importantes cuestiones ligadas a las transformaciones aludidas y la emergencia de reglas, soluciones y técnicas en planos que escapan a las fuentes estatales tradicionales dista entre nosotros de recibir una atención suficiente y de contar, por ello, con un tratamiento sólido y adecuado. El propósito de esta publicación no es otro, por ello, que contribuir a incrementar el interés por y mejorar el conocimiento de los fenómenos que comienzan a agruparse y teorizarse apellidando el Derecho Administrativo como internacional (como se hace en Alemania) o como global (como hacen los autores norteamericanos cuyo trabajos aquí se presentan). Pues si dicho nuevo Derecho Administrativo, si es que cabe hablar de tal, está percutiendo y, en su caso, modulando gran parte de las instituciones de los Derechos administrativos nacionales, preciso es que éstos los asuman e interioricen en la medida necesaria.

Los profesores Richard B. Stewart y Benedict Kingsbury, principales autores de los trabajos que se recogen en la presente obra (en su versión original), son los codirectores del ambicioso proyecto de investigación sobre Derecho Administrativo Global del que son fruto los estudios aquí publicados; proyecto que trata de dar respuesta a los problemas de responsabilidad en las actuales instituciones regulatorias globales a través de la participación pública en la toma de decisiones administrativas y en los mecanismos de revisión. La iniciativa de hacer accesible a la comunidad científica de habla española los principales resultados de tal proyecto y la selección de los trabajos aquí recogidos se debe al profesor Javier Barnes, catedrático de Derecho Administrativo y director de la editorial Global Law Press, con el fin de contribuir al necesario diálogo para trazar las fronteras entre el Derecho Administrativo tradicional y el Derecho Internacional o Global.

El profesor Richard B. Stewart es uno de los administrativistas más importantes del panorama académico actual. Su investigación se ha desarrollado en las más prestigiosas instituciones, entre otras, la Harvard University o la New York University, en la que actualmente ocupa la cátedra John Edward Sexton. Es también director del Centro Frank J. Guarini de Derecho Ambiental y del Territorio, especializado en la búsqueda de soluciones jurídicas a problemas internacionales, en general, y ambientales, en particular. El profesor Benedict Kingsbury, acreditado por su profundo conocimiento teórico del Derecho Internacional que integra con maestría en la teoría jurídico-política y en la historia, ostenta la cátedra Murry e Ida Becker en la Escuela de Derecho de la *New York University*. Dirige el Instituto de Derecho Internacional y Justicia (IILJ) y codirige el programa de Historia y Teoría del Derecho Internacional, ambos pertenecientes a dicha Universidad.

La traducción de los trabajos, seleccionados por los propios autores, ha sido ejecutada por un equipo formado esencialmente por profesores de la Universidad Carlos III de Madrid y con alguna colaboración externa, que ha sido constituido al efecto por el Instituto Pascual Madoz de Ordenación del Territorio, Urbanismo y Medioambiente de dicha Universidad y por su Departamento de Derecho Público, junto con la colaboración del equipo editorial. Los trece capítulos traducidos, conforman un conjunto ordenado, de acuerdo con una inteligente sistemática, que distingue con precisión el concepto y fundamentos, principios fundamentales, y sectores especiales u ámbito de aplicación.

Con esa visión, la primera parte está dedicada a los fundamentos y origen del Derecho Administrativo Global, a la definición del concepto de Derecho en el Derecho Administrativo Global, y al estudio del ejemplo proporcionado por el Derecho Administrativo estadounidense para dar solución a los problemas planteados por este Derecho emergente.

La segunda parte se centra en las opiniones que los autores tienen sobre algunas cuestiones específicas que resultan relevantes en la aplicación del Derecho Administrativo Global a los efectos de reforzar los instrumentos jurídicos al servicio de los intereses generales en el ejercicio del poder de las nuevas estructuras administrativas internacionales, y en particular: a) la responsabilidad de los sujetos de naturaleza jurídica mixta (público-privada) que operan en el

Derecho Administrativo Global, la participación de todos los actores implicados en la toma de decisiones en el nuevo ámbito global, y la necesidad de proteger, en ese proceso, a los más débiles o menos protegidos; y b) la transparencia, la motivación y la revisión de los actos derivados de estos entes globales.

Finalmente, la tercera parte trata de resolver los problemas derivados de: a) la aplicación del Derecho Administrativo Global en el contexto internacional, en particular, el rol que dicho Derecho desempeña en la gobernanza multinivel de la regulación global, a través del ejemplo del funcionamiento de instituciones complejas como la Organización Mundial del Comercio, creada para garantizar un sistema comercial multilateral regulado; b) el arbitraje entre Inversores y Estados como forma de gobernanza global en la que se produce un ejercicio del poder por los tribunales arbitrales en el espacio administrativo global; c) la regulación pública transnacional y la función que en ésta desempeña el Derecho Administrativo Global, a través del análisis de la regulación establecida por los tratados entre Estados, por los acuerdos entre organizaciones internacionales, o por los convenios entre redes de agencias gubernamentales dirigidos a los operadores de los mercados privados; y d) los arbitrajes entre inversores y Estados, como forma de gobernanza global en la que se producen ejercicios de poder en el espacio administrativo global, por los tribunales arbitrales.

TERESA PAREJO NAVAJAS
Profesora Contratada Doctora de la Universidad Carlos III de Madrid
Coordinadora de la traducción jurídica
Visiting Scholar en la Universidad de Columbia (Nueva York), 2013-2015

PREFACE

W E are deeply grateful to Javier Barnes for his initiative and dynamism in proposing the publication of this book and in moving it through from an idea to a reality with extraordinary effectiveness. We are delighted to have this opportunity to engage more fully with experts and young scholars in the Spanish-speaking world. One or both of us were authors in all of the chapters in this book, which were drafted in English. Several chapters were originally written also with inspired co-authors with whom it has been a joy to work and whose creativity and energy we are very thankful to acknowledge: Megan Donaldson, Nico Krisch, Michelle Ratton Sanchez Badin, Stephan Schill, and Rodrigo Vallejo. We thank Javier Barnes and the team of translators he has assembled, as well as our collaborators Luciana Ricart, Rodrigo Vallejo, and Rene Uruena who translated some of these texts in the course of working with us on global administrative law projects. We thank too the original publishers of the chapters, and the editors and project collaborators who helped improve them. Our work on Law and Global Regulatory Governance, including this work on Global Administrative Law, has been immensely influenced by legions of scholars around the world whose work we have read with profit or who have pushed and challenged our ideas from their standpoints as academics or practitioners or both. It is impossible to list them here, but we express our thanks to all. Some of their work has been part of the Global Administrative Law Network, and some elements are reflected in the Law and Global, Governance book series (in English) with Oxford University Press which we curate jointly with Andrew Hurrell. Our entire project has throughout been based in the Institute for International Law and Justice at NYU Law School. We have received much help as well as generous funding from the International Development Research Centre (IDRC) in Canada, Carnegie Corporation, the Gates Foundation, the Rockefeller Foundation, the National Science Foundation, the Filomen D'Agostino and Max Greenberg Faculty Research Fund at New York University School of Law, and the University of Utah through President David Pershing and Dean Robert Adler. We have benefited tremendously from working with our students at NYU Law School, and in our teaching and research as visiting professors in Paris, the University of Utah, Yale Law School, and elsewhere, and we thank each of these institutions. NYU Law School and the exceptional imagination and support of its successive Deans, John Sexton, Ricky Revesz, and Trevor Morrison, has provided a remarkably fertile and collaborative environment for the cross-cutting project this field of inquiry necessitates. Among the many superb colleagues based at or associated with NYU Law School with whom we have worked especially closely are Philip Alston, Jose Alvarez, Eyal Benvenisti, Armin von Bogdandy, Laurence Boisson de Chazournes, Lorenzo Casini, Sabino Cassese, Simon Chesterman, Kevin Davis, Grainne de Burca, Rochelle Dreyfuss, Franco Ferraro, Angelina Fisher, Eleanor Fox, Mathias Goldmann, Ryan Goodman, Robert Howse, Sam Issacharoff, Mattias Kumm, David Malone, Sally Engle Merry, Geoff Miller, Meg Satterthwaite, Linda Silberman, Jeremy Waldron, and Joseph Weiler. We owe a special debt to Sabino Cassese, who has, through his writings, his creation and direction of the Instituto di Recherche sulla Pubblica Amministrazione, and his ecumenical and rigorous scholarly approach had an immense and fruitful impact on GAL research and on our own thought.

BENEDICT KINGSBURY
RICHARD STEWART

December 2015
Salt Lake City and New York City

PRIMERA PARTE

FUNDAMENTOS

INTRODUCCIÓN: ¿HACIA EL DERECHO ADMINISTRATIVO GLOBAL? TRAYECTORIAS Y DESAFÍOS[1]

BENEDICT KINGSBURY Y RICHARD B. STEWART

E L Derecho Administrativo Global comenzó su singladura como un ámbito específico objeto del estudio académico y como una práctica de enorme trascendencia en torno al año 2005. Este libro reúne muchas de nuestras mejores contribuciones a este campo, las principales, realizadas desde entonces. Esta introducción sintetiza las trayectorias de nuestro propio trabajo con el propósito de subrayar algunos de los importantes desafíos, que la teoría, el método y la aplicación práctica actuales y de futuro presentan ante la evolución del Derecho Administrativo Global. No se trata en modo alguno de hacer en esta introducción un inventario de todos los retos que plantea, sino tan sólo de escoger algunas muestras. El número de académicos y de profesionales que en estos momentos trabajan en este campo ha crecido rápidamente. Lo que seguidamente se relata es tan sólo una visión. De un lado, comenzamos con una recapitulación de los fundamentos de este ámbito. Luego examinamos las diferentes clases de instituciones que se mueven en el plano de la gobernanza regulatoria global; así como los problemas y las actividades que habrían de tenerse en cuenta para un adecuado análisis del Derecho Administrativo Global. Seguidamente, nos ocupamos de evaluar el amplio abanico de prácticas que se dan en el marco de la gobernanza global y que tienen interés para el Derecho Administrativo Global. Identificamos asimismo los cambios más relevantes que se han producido en el orden social, jurídico y político en el plano global, y que tienen consecuencias para el trabajo actual que pueda desarrollarse en este campo. Consideramos una de las posibles respuestas a estos cambios, que tiene en cuenta las dimensiones normativas o prescriptivas del Derecho Administrativo Global, con particular referencia a ciertas alternativas para superar el problema de la falta de atención o ponderación de los intereses que se ven de ordinario preteridos o ignorados. Finalmente, destacamos la necesidad de traducir la compleja y multiforme variedad de fórmulas de administración en estructuras recognoscibles y comprensibles, mediante la elaboración de un concepto, un tanto descuidado, de Administración «diseminada» o descentralizada, esto es, de la Administración indirecta de la gobernanza global.[2]

---

[1] Esta introducción, realizada específicamente para la presente edición española, ha sido traducida por Javier Barnes. Todas las notas al pie son del traductor.

[2] Sobre este concepto, *vid.* de entrada el capítulo segundo. Es recurrente en la mayor parte de los capítulos.

I. LOS FUNDAMENTOS Y EL CRECIMIENTO DEL DERECHO ADMINISTRATIVO GLOBAL, COMO CAMPO DE LA TEORÍA Y DE LA PRÁCTICA

En nuestro artículo iniciático, de 2005, con Nico Krisch, y que figura aquí como capítulo segundo, establecimos varias premisas fundacionales, sobre las que el Derecho Administrativo Global descansa:

– Una floreciente variedad de organizaciones regulatorias intergubernamentales y transnacionales, privadas y mixtas (públicas y privadas), que han sido creadas para gestionar las crecientes interdependencias que ha generado la globalización.

– Estas organizaciones operan en un espacio administrativo global diferenciado en forma muy compleja, y han adquirido unos poderes regulatorios en constante crecimiento, hasta ahora reservado a los Gobiernos nacionales.

– Las actividades de esas organizaciones son de naturaleza predominantemente administrativa: establecen estándares, resuelven controversias, y disposiciones basadas en el Derecho sobre múltiples materias, entre otras cosas.

– Ni el Derecho Internacional, ni el Derecho estatal pueden dar debida cuenta de esos nuevos centros de poder, o no dan la cobertura suficiente para gobernar esas organizaciones a través del Derecho.

– Se ha generado un cuerpo distintivo y propio de Derecho Administrativo Global para superar esos déficits, sirviéndose para ello de una versión adaptada de conceptos y técnicas provenientes del Derecho Administrativo nacional, y entre las que destacan las relativas a la transparencia, la participación, la motivación y el control.

– El Derecho Administrativo Global ofrece el instrumental jurídico y conceptual para analizar y desarrollar las estructuras, los procedimientos, y los resultados normativos de esas nuevas organizaciones, y contribuye a hacer que las decisiones que adoptan sean responsables –en el sentido de hacer que rindan cuentas ante los afectados–, y sensibles o receptivas respecto de los diversos públicos concernidos a consecuencia de tales decisiones.

Estas premisas han demostrado que constituyen una base fructífera tanto para la investigación académica, como para el ejercicio y la práctica profesionales.

Son dos los centros académicos que han apoyado el crecimiento del Derecho Administrativo Global: el Instituto de Derecho Internacional y Justicia (*Institute for International Law and Justice*, IILJ) de la Universidad de Nueva York (*New York University*), por un lado, y el Instituto de Investigación de Administración Pública (*Institute for Research on Public Administration*, IRPA), en Italia, creado por Sabino Cassese, por otro. Ambos han servido de estímulo para numerosas investigaciones y publicaciones. El Centro de la Universidad de Nueva York y sus asociados ha organizado talleres y congresos por todo el mundo, y ha creado un programa de investigación que forma parte de la Red del Derecho Administrativo Global.[3] Otras instituciones académicas de otros países, como Alemania, Francia, España, Argentina, Brasil, Colombia, India, Sudáfrica o China, así como numerosos académicos de todo el mundo, han realizado notables trabajos, engrandeciendo así el panorama intelectual y las perspectivas del pensamiento y de la doctrina del Derecho Administrativo Global. Si bien es cierto que, inicialmente, buena parte del trabajo se centró en instituciones de la región del Atlántico Norte, reflejando así la perspectiva europea y norteamericana, no lo es menos, sin embargo, que se han incorporado otros muchos trabajos y reflexiones que se han concentrado en los intereses y preocupaciones de los países en vías de desarrollo ante la regulación global y la gobernanza. El *corpus* de Derecho Administrativo Global comprende docenas de libros y centenares de artículos, incluido también un *Casebook* sobre el Derecho Administrativo Global, que va ya por su tercera edición.[4] El Derecho Administrativo Global ha atraído la atención de otras muchas disciplinas: ciencia política, ciencias de la organización, relaciones internacionales, economía, o antropología, entre otras. Este campo se ha visto enriquecido enormemente a través del diálogo y del debate (y un mayor debate y proyectos paralelos contribuirían en mucho a su evolución). Buena parte del debate académico ha sido crítico con las premisas, los conceptos, el énfasis en la dimensión procedimental, o la complacencia política que el proyecto del Derecho Administrativo Global parece mostrar en algunos extremos (críticas a las que nosotros mismos sumamos las nuestras). El interés por el Derecho Administrativo Global en modo alguno se limita al mundo académico. Se considera un campo de la mayor relevancia para la práctica de los juristas que operan en el seno de las organizaciones internacionales, para las ONG, y la praxis profesional privada que guarda relación con la regulación global y la gobernanza.

La doctrina creada en torno al Derecho Administrativo Global se ha ocupado de analizar las estructuras organizativas de que se sirve la gobernanza global, los procedimientos decisorios que se utilizan en el seno de las más variadas organizaciones regulatorias globales, el crecimiento constante de, y el recurso a, instrumentos que favorecen la transparencia, la participación, la motivación y el control; las mutuas interacciones entre las organizaciones regulatorias globales, entre los reguladores estatales y globales, y otras variantes y fórmulas de Administraciones que operan descentralizadamente y como Administraciones indirectas, y entre reguladores nacionales de diferentes países; las funciones institucionales y de economía política que satisface el Derecho Administrativo Global; de los resortes y puntos de apoyo, tanto jurisprudenciales, como normativos, que subyacen a las normas y valores que surcan transversalmente los numerosos sectores de la gobernanza global, señaladamente en lo que se refiere a los procedimientos y a las estructuras organizativas.

---

[3] Se hace referencia al GAL Network. *Vid.* la página Web del Centro, citada en esta obra con frecuencia, en particular la relativa a la referida Red: http://www.iilj.org/gal/GALNetwork.asp.

[4] Cfr. http://www.iilj.org/gal/GALCasebook.asp y http://www.irpa.eu/gal-section/global-administrative-law-the-casebook-2/.

El centro y eje de la actividad «administrativa» que más ha interesado en el análisis de la doctrina académica se localiza en los resultados o productos jurídicos que emanan de las organizaciones regulatorias globales, tales como los estándares y normas de toda clase, adoptados mediante específicos procedimientos de elaboración; la resolución de controversias sobre el estatus, los derechos o las responsabilidades de las personas individuales; y otros productos jurídicos en materias particulares para determinar, por ejemplo, la elegibilidad de una ayuda sobre la base del cumplimiento de los requisitos establecidos. Más problemas y desafíos plantean otros productos de los reguladores globales con relevantes efectos de cara a la regulación, como pueden ser las recomendaciones de mejores prácticas, los indicadores sobre el cumplimiento de determinados programas o planes, y modelos –como los modelos de previsión macroeconómica y de cambio climático–, las listas (como las que prohíben a determinadas personas viajar), o los algoritmos.

Si el Derecho Administrativo Global constituye una disciplina jurídica, y no un conglomerado de materiales estructurados en torno a una perspectiva en una zona de interés común, representa un interrogante o una cuestión que permanece abierta. Una primera dimensión o perspectiva bien asentada de la disciplina es la *positiva* y *analítica*: en relación con los diversos sectores especiales y los diferentes sistemas globales, se ha hecho uso de distintos métodos, cada vez más precisos, para describir y dar cuenta de la adopción o no de las normas derivadas del Derecho Administrativo Global (transparencia, participación, motivación, control), evaluando su estado real de implantación, y explorando los efectos y consecuencias de su inexistencia. Las fuentes normales o estandarizadas de los Derechos Administrativos Globales, que disciplinan los fundamentos, las estructuras de la gobernanza, sus competencias, y los distintos procedimientos administrativos decisorios de las distintas organizaciones regulatorias de alcance global, se encuentran en el Derecho Público estatal, en el Derecho Privado, y en el Derecho Internacional Público. Estas fuentes aportan asimismo las técnicas ordinarias para su interpretación y valoración jurídicas. Un segundo elemento clave es de carácter conceptual, y consiste en el examen de las *relaciones* entre las diferentes clases de problemas de naturaleza regulatoria, los programas y las estructuras de esas organizaciones o aparatos, sus respectivas estructuras y formas de gobernanza, sus estrategias y procedimientos decisorios. Un tercer elemento es de carácter *normativo* (o prescriptivo)[5]. Y desde ese ángulo se ocupa de los efectos redistributivos y de bienestar que producen las decisiones regulatorias de carácter global; la aportación que pueden hacer las normas de naturaleza procedimental que dimanan del Derecho Administrativo Global en la consecución de fines sustantivos o materiales; la

---

[5] Sobre el sentido de esta perspectiva, *vid.* la nota del editor y el capítulo segundo. Se trata de uno de los hilos conductores de este campo, tal como es planteado por los autores.

tutela de los derechos; y la garantía del Estado de Derecho,[6] con la pretensión de superar el problema de la injusta falta de ponderación y de atención de los intereses de todos los afectados –públicos y personas individuales–, esto es, con el objetivo de mitigar la desigualdad y de promover también la justicia material. Se ha trabajado mucho en torno al primer punto; en cambio, queda bastante por hacer en el plano del segundo y tercer elemento de la disciplina.

II. CLASIFICACIONES PARA LA DESCRIPCIÓN Y ANÁLISIS DE LAS FUNCIONES DEL DERECHO ADMINISTRATIVO GLOBAL EN LA GOBERNANZA REGULATORIA GLOBAL

Las clasificaciones constituyen un instrumento esencial para que los académicos puedan realizar un estudio sistemático y un análisis transversal de la vasta y heterogénea panoplia de prácticas que se dan cita en el ámbito de la gobernanza regulatoria global. Habida cuenta de que el Derecho Administrativo Global se centra en la dimensión jurídica, las primeras clasificaciones que se realizaron se han basado en criterios jurídicos. En nuestro trabajo fundacional de 2005, recogido en el capítulo segundo de esta obra, propusimos una taxonomía en virtud del carácter público o privado de las distintas organizaciones regulatorias, y cuya actuación se halla sujeta, o podría estarlo, a las exigencias normativas derivadas del Derecho Administrativo Global.

De acuerdo con esa clasificación o tipología, la gobernanza se articula en torno a cuatro clases de organizaciones que operan más allá del Estado: organizaciones intergubernamentales, como la Organización Mundial del Comercio (OMC), que los propios Estados crean a través de tratados, aunque en otras ocasiones son las propias organizaciones internacionales las que las crean o establecen (i); redes de reguladores y autoridades nacionales, que tienen competencia en un sector o ámbito especial (supervisión bancaria, medicamentos; etc.) (ii); organizaciones híbridas o mixtas, compuestas tanto por entidades gubernamentales como privadas, y que aglutinan a Gobiernos, y organizaciones internacionales, de un lado, y a sujetos privados, de otro (por ejemplo, la EITI por sus siglas en inglés, o Iniciativa para la Transparencia de las Industrias Extractivas; el Fondo Mundial –para la lucha contra el SIDA, la tuberculosis y la malaria como epidemias–; la IASCB, o Comité de Normas Internacionales de Contabilidad;

---

[6] De ordinario se ha traducido en la presente obra el concepto de *rule of law* (que literalmente podría traducirse por «imperio de la ley»), como Estado de Derecho, aun cuando la comprensión de este concepto en el mundo angloamericano tiene sobre todo implicaciones de carácter procedimental, mientras que en la cultura europeo-continental encierra otros muchos elementos. Por lo demás, en esta cultura se habla en inglés de *rule of law*. Al fin y al cabo, los mismos conceptos en una y otra cultura integran con frecuencia elementos o matices distintos. Por tanto, en esa conciencia no parece que exista inconveniente en utilizar la misma expresión –Estado de Derecho–.

o la Agencia Mundial Anti-Dopaje) (iii); y organizaciones regulatorias privadas (por ejemplo, el Consejo de Administración Forestal; ISO, u Organización Internacional de Normalización; o el Comité Olímpico Internacional) (iv). En su momento, en ese artículo (capítulo segundo) propusimos una quinta categoría, la que integran sobre todo las Administraciones de los Estados individuales que participan en la gobernanza regulatoria global, y que denominamos la «Administración diseminada» (Administración descentralizada o indirecta). Ahora, sin embargo, reelaboramos esta categoría, como se expondrá más adelante.

A esta clasificación subyace la presencia tanto del Derecho Administrativo, como la del Derecho Internacional Público, en la medida en que la distinción se basa en el criterio de si las entidades poseen o no un carácter interestatal (basado en el Estado). Otra variable, menos relevante, reside en si estas organizaciones se constituyen a través de instrumentos formales. Este análisis, en última instancia, refleja la intuición de que los procedimientos ordinarios en el marco de la gobernanza resultan más fácilmente caracterizables por su condición o naturaleza análoga al Derecho, esto es, si son los Estados los que de alguna forma, directa o indirecta, establecen esos mismos procedimientos.

Sin embargo, caben otras concepciones del Derecho, en las que el Derecho no depende necesariamente del Estado, como hemos destacado en algunos de los capítulos de este libro (de modo monográfico, en el tercero). Una clasificación jurídica distinta podría poner el acento, no en el Estado y en las distintas variantes del Derecho Público, sino en el despliegue de estructuras de Derecho Privado, como pueden ser los contratos, que constituyen la base de numerosos mecanismos de la gobernanza global; los sistemas de competencia o de jurisdicción sobre las partes y la resolución de disputas; y diversos modelos de asignación o reparto, como pueden ser las reglas y prácticas que conciernen a la elección del foro, la elección del Derecho aplicable, el reconocimiento, la deferencia, y la ejecución y cumplimiento transversales.

A medida que avance la construcción del Derecho Administrativo Global, podrán ensayarse nuevas clasificaciones, enteramente innovadoras y de carácter no jurídico, que pueden ayudar, como punto de partida, para mejor comprender la naturaleza y funciones del Derecho (y con ello también del Derecho Administrativo Global), en el marco de la regulación global y su gobernanza. En ese sentido, otra clasificación obvia consistiría en diferenciar entre las lógicas políticas de base que animan a estas organizaciones, y en cuya virtud se podrían distinguir tres amplias categorías de los programas regulatorios globales, y que podríamos denominar como militares, de mercado y de carácter moral o ético.

Las cuestiones de seguridad –seguridad militar, prevención de toda clase de actividades ilícitas– obedecen a una lógica realista, dominada por la preocupación de la autoprotección, y en donde el recurso a la gestión de la violencia constituye su base inevitable. El Derecho aquí, también en su dimensión procedimental, puede hacer una muy importante contribución para generar la convergencia de expectativas, la cooperación, la mejora de resultados, y la evitación de desgracias. No obstante, el Derecho se enfrenta al límite de los imperativos de la supervivencia, al juego de poderes, y al cálculo de oportunidades. La gobernanza del mercado se apoya en otras premisas, en una lógica diversa, y que consiste en la maximización del intercambio productivo, la inversión, el consumo y la economía del bienestar. Y para ello se sirve de la estabilización de las expectativas, la reducción de los costes de información y de transacción, y el establecimiento de las reglas de juego necesarias y de los mecanismos de resolución de disputas para hacer posible un funcionamiento fluido de la cooperación y de la coordinación, y, en ocasiones, de funciones auxiliares para la redistribución de la riqueza y del poder para remediar las fallas del mercado. Las instituciones y el Derecho se orientan a la satisfacción de tales objetivos. Por último, los fines de carácter ético, como la protección del medio ambiente y de los consumidores, la salud pública, la lucha contra la pobreza, la promoción y defensa de los derechos humanos, se basan en una lógica política distinta y más cosmopolita, que no se puede reducir a la mera maximización del beneficio y del propio interés, y entraña la clara aspiración de que el Derecho y las instituciones, y, desde luego, el Derecho Administrativo Global, adopten sus respectivas normas para su consecución. Los programas regulatorios que se centran directamente en objetivos de naturaleza cosmopolita, como la lucha contra la pobreza o los derechos humanos, pueden no requerir siempre de complejos mecanismos de coordinación de las distintas acciones y actividades tendentes a su satisfacción. En este sentido, el instrumental del Derecho Administrativo Global puede resultar de utilidad para la persecución de otros fines, como, por ejemplo, el establecimiento de incentivos que fomenten que los Gobiernos cumplan sus obligaciones sociales y medioambientales con ocasión de la asistencia y ayuda al desarrollo, o que respeten los derechos humanos de su población. En la práctica, sin embargo, muchas de las organizaciones globales se superponen y solapan dentro de estas tres categorías, y se mueven a impulsos, en diferentes direcciones, de la necesidad de ajustarse a las diversas lógicas subyacentes sobre las que se asientan, en ocasiones contradictorias, y de ponderar los efectos institucionales y programáticos que pueden tener sus decisiones.

Otra clasificación alternativa descansa en la naturaleza del problema que una concreta organización de la gobernanza global pretende solventar, y, en consecuencia, en los incentivos de que debe hacer uso para fomentar unas actuaciones determinadas.

Los juegos de coordinación, de acuerdo con los cuales todos los participantes se hallan en mejores condiciones si aceptan una serie de reglas comunes que si no las aceptaran, al tiempo que carecen de incentivos para desviarse de la hoja de ruta, requieren de ordinario de intensas negociaciones previas para alcanzar los acuerdos pertinentes sobre las reglas que hayan de establecerse. Ahora bien, una vez acordadas, de ordinario los mismos participantes las ejecutan y las hacen cumplir, de modo que no resultan necesarios mayores instrumentos del Derecho Administrativo Global en tal sentido, salvo en lo que concierne a la interpretación de esas reglas y a su ulterior modificación.

Por otro lado, una simple institución (o varias) de cualquier clase (pública, privada o mixta) podría establecer estándares uniformes (contratos-tipo, estándares para identificar productos, etc.), que fijarían la hoja de ruta, o las reglas a seguir en el camino, para las transacciones comerciales y financieras de alcance global. Una vez que se han establecido esos estándares, la red de efectos que despliegan puede fomentar que los asuman otros muchos actores que no participaron en su gestación. Si los conflictos de carácter redistributivo que puedan generarse sobre la elección del estándar aplicable son de poca relevancia y la acción de los actores regulados no produce mayores externalidades, una proyección intensa de los instrumentos del Derecho Administrativo Global sobre la gestión ordinaria de esos problemas podrían implicar dilaciones inasumibles e incertidumbres acerca de los beneficios que deparan. En tal sentido, se podrían citar como ejemplos algunos aspectos del trabajo de la Asociación Internacional de *Swaps* (Intercambios) y Derivados (ISDA, en sus siglas en inglés), e ISO.

Los juegos de cooperación, en los que los participantes pueden verse tentados a desviarse del sistema, o a aprovecharse de las actividades y trabajos de los otros, reclaman procedimientos más refinados y complejos de carácter institucional, a fin de asegurar la supervisión, de mantener la confianza entre los miembros, y una adaptación flexible a las cambiantes circunstancias. La lucha por garantizar la seguridad colectiva, la regulación de las actividades ilícitas y la convergencia de actividades económicas en la defensa del medio ambiente constituyen algunos de los ejemplos que cabe traer aquí.

Cuando los actores han de acordar los estándares, aunque no sean necesariamente uniformes, a los efectos de producir bienes colectivos (lo que incluye también la producción de bienes públicos), tales como la estabilidad financiera global o la lucha contra el cambio climático, la elección del estándar y su aplicación plantea con frecuencia problemas significativos, así como recurrentes conflictos de orden redistributivo. El cuidadoso ajuste o graduación, y el diseño, de los instrumentos de Derecho Administrativo Global para solventar estas formas y juegos de coordinación, o la superación de problemas sumamente complejos, que se prestan a una desigual contribución de los actores participantes, como sucede con el cambio climático o la solución de las crisis de refugiados ante guerras civiles o Estados fallidos, constituye un aportación central que el campo académico del Derecho Administrativo Global puede llevar a la práctica.

Tanto para los problemas de coordinación como de cooperación, una distinción clave radica en la diferencia entre una *pertenencia* abierta o limitada a la organización global, ya sea respecto de la institución como tal o de alguno de sus órganos fundamentales.

Una pertenencia más estricta de actores altamente cualificados y homogéneos puede resultar óptima para generar reglas sólidas y decisiones efectivas, y requerir poco auxilio del instrumental del Derecho Administrativo Global entre ellos mismos. En una primera fase, el Comité de Basilea de Supervisión Bancaria siguió este modelo; lo mismo puede decirse de la propuesta Asociación Transatlántica para el Comercio y la Inversión (TTIP, por sus siglas en inglés). Estas instituciones, sin embargo, pueden terminar por ser parciales y verse inclinadas en favor de los intereses de sus miembros, e imponer costes en detrimento de los intereses de otros que se hallan infrarrepresentados. Y podrán encontrar cierta resistencia y crítica por parte de los que quedan excluidos, a no ser que pueda remediarse mediante la oportuna compensación, o a través del reconocimiento de su voz e influencia, de la mano del instrumental del Derecho Administrativo Global. Cuando se trata de temas complejos y poliédricos, con intereses contrapuestos, resulta de ordinario mucho más efectivo integrar todos los intereses en una única institución multilateral, con el apoyo de sólidos mecanismos de Derecho Administrativo Global para superar la desconfianza y el deslizamiento hacia los que ostentan el poder o el conocimiento técnico y experto entre todas las diferentes categorías de miembros. Hay toda una escala de diseños posibles intermedios en estos escenarios.

Las instituciones de la gobernanza global con una política de pertenencia limitada –sea en el seno de la institución como tal o en alguno de sus órganos con competencias decisorias– de ordinario se sirven de procedimientos de Derecho Administrativo Global distintos, como sucede con los procedimientos que se siguen entre los miembros –o diferentes categorías de miembros– y los que no lo son. La relación entre las opciones de diseño institucional y la naturaleza de la actividad regulatoria constituye un factor relevante tanto para determinar las exigencias derivables del Derecho Administrativo Global, como sus funciones, como acontece, por ejemplo, entre las instituciones que funcionan a modo de club, y aquellas otras que persiguen fines de interés general y pretenden ofrecer bienes de naturaleza pública.

En efecto, una institución puede diseñarse para suministrar un bien, como si de un club se tratara, esto es, para otorgar un beneficio privado a los miembros, pero no a los que no pertenecen al club. Así sucede, por ejemplo, con un tratado regional de libre comercio. La pertenencia, sin embargo, puede abrirse a todos aquellos que quieran sujetarse a las reglas que de éste emanen, o, por el contrario, no admitirse a algunos interesados en potencia. Puede concebirse, por ejemplo, una organización, como el Protocolo de Montreal, que provea o suministre bienes que podemos caracterizar como públicos, y cuyos beneficios están dirigidos a todos (los beneficios se extienden también a los que no son miembros). Una organización con una cierta limitación en cuanto a la pertenencia puede resultar eficiente cuando la naturaleza del problema de los bienes públicos en juego se soluciona a través del esfuerzo agregado o acumulado de un pequeño grupo de actores principales. El mayor reto al que se enfrenta este modelo es la tendencia a que tales bienes se ofrezcan de una manera insuficiente, bien sea porque los costes para suministrarlos sean muy altos, o bien por el problema de que unos se aprovechen del trabajo de otros. Cuando se trata de bienes públicos que requieren una convergencia casi universal, por la necesidad de que los puntos y enlaces más débiles se incluyan dentro de la solución (como sucede con la necesidad de que todos los sistemas bancarios del mundo colaboren contra la financiación del terrorismo), podrán integrarse, como participantes directos o indirectos, en la institución de gobernanza, o pueden no participar y, sin embargo, recibir la asistencia necesaria, o los incentivos –o la coerción, en su caso–, para asegurar que cumplen las reglas de la institución. El Grupo de Acción Financiera contra el Lavado de Dinero o el Protocolo de Montreal, por ejemplo, siguen algunas de estas estrategias.

Las instituciones que generan bienes a modo de club, sin embargo, se diseñan de forma tal para garantizar que los intereses de los distintos grupos de miembros tengan la representación y protección adecuadas. Sus miembros no ven la necesidad de que el Derecho Administrativo Global entre en acción. Y, sin embargo, algunas de estas instituciones pueden imponer determinados costes a los que no son miembros. Si esa imposición deviene crónica, se producirá una mayor presión para que la institución tenga en cuenta la generación de tales externalidades. Ahora bien, si ello se produce de forma episódica, la institución adoptará estrategias de resolución de la crisis con o sin la ayuda del Derecho Administrativo Global. Las instituciones que producen bienes públicos también pueden generar externalidades negativas. El supuesto bien público puede no ser un «bien» en absoluto para muchas personas; y aun cuando se trate de un bien público beneficioso, la institución podría, en efecto, forzar a los que no son miembros a correr con los costes para adquirir esos útiles bienes públicos. En cada uno de estos escenarios, los que se hallan fuera suelen exigir un procedimiento justo y la entrada en escena de las garantías procedimentales del Derecho Administrativo Global.

Nuestro debate sobre las distintas clasificaciones se ha centrado en el carácter de las distintas formas de gobernanza y de su actividad. Ello resulta útil para la investigación básica, en la medida en que permite identificar fácilmente cada institución, describir y analizar su diseño institucional y las características de Derecho Administrativo Global que la impregnan, así como la actitud o posición que asume respecto de la regulación. En la práctica, sin embargo, las relaciones entre las entidades y su aparato en la formación de la gobernanza puede resultar aún más relevante. Son diversas las dimensiones de importancia que aquí se encierran de cara a profundizar en el estudio del Derecho y de la gobernanza global.

La primera dimensión se localiza en la necesidad de comprender las *complejas relaciones interinstitucionales de la gobernanza regulatoria*. La gobernanza se organiza en tantos campos de la regulación global –como el deporte o la contabilidad– a través de toda una panoplia de organizaciones que actúan en forma cooperativa, competitiva, o simplemente por separado. En su conjunto pueden concebirse a veces como un sistema complejo. Los diferentes y complejos sistemas interactúan entre sí, en relaciones de ajuste o fricción, o de simple pluralidad, como por ejemplo sucede en las relaciones entre el comercio y el medio ambiente, el deporte y el Derecho de la Competencia, la supervisión de la seguridad bancaria y la lucha contra el lavado de dinero. Por otro lado, los reguladores globales también interactúan constantemente con los Gobiernos nacionales, las organizaciones internacionales, y las asociaciones y organizaciones privadas. Los tribunales estatales e internacionales pueden enjuiciar, eventual o regularmente, ciertas decisiones de los reguladores globales.

La segunda dimensión consiste en la relevancia que para la gobernanza tiene la *ejecución y cumplimiento transversal* y el papel de la *Administración diseminada o indirecta y descentralizada*. En algunos casos, son las mismas organizaciones globales las que implementan y ejecutan sus propios normas y decisiones, como sucede, por ejemplo, con el Banco Mundial y el FMI, que pueden llegar a cortar los fondos a los países que no cumplan los requisitos a los que estaba condicionado su otorgamiento. En otros casos, una organización global con un enorme poder y conocimiento técnico y experto puede ayudar a implementar y a supervisar el cumplimiento de normas y decisiones que otra organización haya adoptado previamente. Pero en la mayor parte de los casos, los reguladores globales dependen de las organizaciones administrativas descentralizadas, tanto para su implementación o desarrollo, como para su ejecución y cumplimiento. Cuando se trata de organizaciones intergubernamentales o de redes de organismos reguladores nacionales, esas funciones se confían o difieren a las respectivas Administraciones nacionales competentes de los respectivos Gobiernos participantes. Ahora bien, el modelo de Administración descentralizada o indirecta, cuando el regulador es privado o mixto, presenta muchas variantes. Así, por ejemplo, la Administración indirecta puede confiarse a organizaciones privadas certificadoras o a organizaciones creadas, esponsorizadas, o simplemente utilizadas por parte de las instituciones globales. El tema de la implementación y del cumplimiento trae consigo la entrada en escena de otros actores también, como pueden ser ciertos individuos o colectivos, sujetos por otra parte a la regulación y al control de los organismos de revisión.

Y una tercera dimensión consiste en comprender la dinámica y la evolución a que se encuentran sometidas estas instituciones. Nos referimos a las *complejidades y dinámicas que encierra la gobernanza*, y a los *cambios* a los que se ve sometida en su *estructura y en sus relaciones con el paso del tiempo*. La evolución de las diferentes fórmulas organizativas de los sistemas o aparatos globales es evidente. Resulta apreciable en ese sentido el desplazamiento de organizaciones intergubernamentales derivadas de tratados hacia redes intergubernamentales, y, más tarde, hacia organizaciones regulatorias privadas o mixtas. La ecología institucional deviene más compleja y abre nuevos horizontes a la investigación.

Estos tres fenómenos resultan capitales en la práctica y producen un significativo impacto sobre el Derecho Administrativo Global, que, a su vez, puede configurar, siquiera sea potencialmente, algunos de los aspectos de estos fenómenos. Se trata de temas, sin embargo, que se sitúan en la frontera de la investigación actual. Y por ello falta aún una mayor visión sistemática de estos fenómenos.

III. LAS PRÁCTICAS QUE INFORMAN LA EVOLUCIÓN DEL DERECHO ADMINISTRATIVO GLOBAL, EN CUANTO CAMPO DE ANÁLISIS

Los proyectos académicos que han contribuido a la formación del Derecho Administrativo Global como un ámbito académico y de investigación propios constituyen, por su propia naturaleza, aportaciones que pretenden promover mejores prácticas desde una particular perspectiva. Esas aportaciones generan categorías e ideas de naturaleza teórica, aunque en íntima relación con la práctica. En este caso, sin embargo, la práctica precede a la teoría, aun cuando el trabajo analítico y teórico puedan ejercer alguna influencia sobre la práctica con el paso del tiempo. ¿Cuál es, o en qué consiste, la práctica que constituye el objeto del Derecho Administrativo Global?

La doctrina del Derecho Administrativo Global tiende a operar con fragmentos de la praxis, más que con grandes ideas o concepciones acerca de los valores o de las estructuras constitucionales de alcance global, o por referencia a instrumentos jurídicos unificadores y básicos. La doctrina pone en común las practicas que examina en un determinado sistema regulatorio en un sector especial, y analiza la existencia, de ordinario desigual, de las praxis real relativa a la transparencia, la participación, la motivación y el control entre los diversos sistemas regulatorios. Habida cuenta de la desagregación o fragmentación que hoy preside el estado de la Administración global y de la gobernanza, un método de estas características presenta una enorme fuerza para el análisis. Por otra parte, la suma de esos análisis en punto a la evolución del Derecho Administrativo Global puede presentar ciertos elementos críticos u otros efectos sistémicos, lo que puede desembocar en que la lógica normativa de este Derecho y su instrumental puedan llegar a considerarse como un ejemplo a seguir, o como un modelo obligatorio, según los casos, para las Administraciones regulatorias globales, cuando menos en los sectores más importantes.

La evolución y avance del Derecho Administrativo Global, de sus prácticas y de sus normas, no se ha producido siguiendo un plan o programa preestablecido. Ha sido el producto de decisiones singulares de los diferentes actores con capacidad para generar elementos de este Derecho en los distintos sectores o escenarios, y en respuesta a la necesidad de canalizar y disciplinar el ejercicio del poder administrativo que tiene lugar en el seno de determinados modelos estructurales recurrentes. Entre esos actores cabe destacar no sólo a los tribunales nacionales e internacionales, sino también a otras organizaciones regulatorias de carácter global, organismos reguladores nacionales, emprendedores de toda condición, empresas, ONG, y redes de sujetos privados o mixtos. Los actores privados se suman al Derecho Administrativo Global para promover sus respectivas agendas regulatorias. Por ejemplo, la industria farmacéutica supo conseguir que las garantías procedimentales (transparencia, participación, motivación, control) derivables del Derecho Administrativo Global se extendieran a los acuerdos sobre los aspectos de los derechos de propiedad intelectual relacionados con el comercio (AD-PIC), y al Transpacífico de Cooperación Económica (TPP, por sus siglas en inglés), a los efectos de obtener una mejor protección para sus productos y limitar la acción de ciertos Gobiernos y competidores. Los defensores del medio ambiente lograron que los Estados asumieran las obligaciones derivables del Derecho Administrativo Global, y su supervisión a nivel internacional, en la Convención Aarbus. Los tribunales y arbitrajes de inversión enjuician la legalidad de resoluciones administrativas globales y de normas –incluidas las que emanan de las Administraciones indirectas internas– como condición o requisito de su validez, y en ciertos casos también controlan su cumplimiento. En otros casos, una agencia nacional o una organización global, a la hora de decidir si reconoce o valida la norma o la decisión de otra organización puede examinar si ésta ha observado las reglas de producción que derivan del Derecho Administrativo Global. O, en otros supuestos, los actores privados deciden si se ajustan a la norma o decisión de que se trate, a los efectos de mantener su prestigio y su imagen, a fin de generar confianza respecto de terceros en las operaciones económicas que realicen, en sus transacciones e inversiones. En todos estos contextos, la medida en que el regulador global ha seguido las prácticas de transparencia, participación, motivación y control del Derecho Administrativo Global a la hora de adoptar las decisiones que procedan se erige en un parámetro fundamental y en ciertos casos se utiliza como canon para resolver sobre su validez, o para que la autoridad o el actor receptor resuelva si la considera válida, y si reconoce o refrenda la norma o decisión de que se trate.

Estos elementos –transparencia, participación, motivación y control– pueden contribuir a que muchas organizaciones regulatorias globales resuelvan sus problemas de coordinación y cooperación, por cuanto fortalecen la calidad de sus reglas y su receptividad hacia todos los interesados o hacia los usuarios de la regla y de los grupos afectados, al tiempo que suscitan la adhesión o el apoyo al régimen o sistema global. En la fase de implementación, esos elementos procedimentales, señaladamente cuando van acompañados de un control efectivo, podrán generar una ejecución de las reglas más precisa y coherente, tanto a nivel interno como en el plano de la Administración descentralizada e indirecta, como se pone de manifiesto en sistemas tan diversos, analizados en este libro, como la OMC, la Convención Aarbus, o el sistema global antidopaje en el deporte. Es cierto, sin embargo, que esas garantías de procedimiento exigen tiempo y traen consigo una dilación, con los costes que ello implica, y, además, que pueden limitar la flexibilidad negociadora, e implicar, en consecuencia, otras desventajas en sectores regulatorios especiales, como, por ejemplo, en el campo de la seguridad, donde la transparencia puede acabar con la eficacia. La necesidad y justificación de este cuarteto de principios de procedimiento que dimana del Derecho Administrativo Global, o la de algunos de ellos, dependerá en última instancia de la especie o variante de organización o sistema de que se trate, lo que comprende, entre otros extremos, los objetivos que persigue su «plan de negocio», los miembros que lo integran, la estructura de que se sirve, la irradiación de sus efectos, y otras variables y contextos. Estos mecanismos pueden no ser necesarios, o incluso resultar realmente contraproducentes. Por ejemplo, tal puede ser el caso de los sistemas o aparatos globales que han de enfrentarse a problemas de coordinación cuando elaboran estándares técnicos a los efectos de lograr la convergencia de los agentes del mercado en un sector determinado, al menos, como antes se ha señalado, en los supuestos en que las cuestiones de carácter distributivo y las externalidades que se generan son de menor cuantía. En cambio, pueden resultar muy necesarios cuando tengan que solventar, en el juego de la cooperación, graves efectos distributivos y deban adoptarse medidas para prevenir la inactividad de otros sujetos, o ante programas de los que se infieran graves efectos sobre grupos de individuos o determinados colectivos. En ciertos escenarios, tanto la lógica funcional como la normativa se suman y combinan para favorecer la utilización de esas garantías de procedimiento, como en el caso de la adopción de decisiones difíciles que requieran de un amplio apoyo. Contribuirán asimismo a que las decisiones sean responsables y receptivas, a que quienes las adoptan respondan o rindan cuentas ante todos los que pueden verse afectados. En cambio, en otros supuestos, como en las políticas que pretenden combatir actividades ilícitas, esas dos lógicas pueden enfrentarse entre sí y se pueden plantear tensiones entre la transparencia y la motivación, la autoridad epistémica, o la resolución negociada de diferencias como medio para la adopción de decisiones.

No ha de olvidarse, por otra parte, que son muchas las posibles versiones o manifestaciones de ese cuarteto. Son abundantes las dimensiones que la transparencia encierra, diferentes las formas de participación, variadas las exigencias de la motivación, y numerosos los mecanismos de revisión y control. Ello significa que ha de procederse con suma cautela a la hora de determinar qué elementos y en qué medida deben escogerse en la consecución de esa doble dimensión –funcional y normativa–, en cada circunstancia particular. Un factor relevante en tal sentido reside en la valoración que una organización y sus miembros más importantes hagan de los costes y beneficios respecto de otros instrumentos. Los factores de carácter constructivista también tienen su influencia. Así, el uso tan recurrente del instrumental del Derecho Administrativo Global que hicieron en la última década del pasado siglo tantas organizaciones instaladas en la región del Atlántico Norte, a impulsos de numerosas ONG, resulta ilustrativo del entusiasmo por un estilo y unos mecanismos de gobernanza que habían dado sus frutos en Europa y América del Norte. Sin embargo, las ONG, tanto en Europa como en tantas otras partes del mundo, han alzado su voz más recientemente para expresar sus dudas acerca de la neutralidad aparente de los efectos que derivan de la transparencia y de la participación pública, cuando menos en el marco de sistemas o aparatos globales orientados hacia el mercado, como pudiera ser el caso de la Asociación Transatlántica para el Comercio y la Inversión, y ello por entender que algunos pueden hacer un uso interesado de esos canales, para hacer *lobby* y obtener mayores beneficios. Por otra parte, el *ethos* del Derecho Administrativo Global, o la ideología subyacente, ha sido objeto de críticas también desde la perspectiva de los países en vías de desarrollo con el argumento de que la participación en realidad resulta ilusoria; la participación de los grupos de la sociedad civil, sobre todo en los países en vías de desarrollo, no está lo suficientemente articulada, pues carece de la capacidad organizativa y de los recursos necesarios para que los mecanismos de que este Derecho dispone resulten efectivos, y se pueden utilizar para mayor provecho de los intereses empresariales.

En suma, pues, el método institucional para la construcción del Derecho Administrativo Global es descentralizado, gradual o progresivo, acumulativo, y variable, en lo que hace tanto a los detalles como al conjunto, y se halla sujeto a un constante ajuste y revisión, a las cíclicas críticas y rechazos, unido también a las adhesiones y movimientos de reformas. El análisis por elementos o piezas, aun cuando refleje de algún modo el estilo propio del sistemas del *common law*, tiene su apoyo asimismo en la multiforme variedad de organizaciones susceptibles de generar elementos de Derecho, de los participantes o de los críticos a lo largo del entero espacio administrativo global. Las razones que explican por qué los diversos reguladores globales adoptan y gradualmente internalizan las prácticas y normas propias del Derecho Administrativo Global, son de muy diversa naturaleza. Unas veces es para obtener el reconocimiento y la aceptación de sus decisiones o normas por parte de las autoridades o actores receptores. En otras ocasiones, obedece al hecho de que los tribunales nacionales o internacionales aplican esas normas y prácticas, o lo hacen otras organizaciones globales o nacionales de cuya cooperación dependen los reguladores globales. No faltan supuestos en que las organizaciones globales utilizan esas normas y prácticas al servicio de su propia política interna, esto es, para adquirir una mayor supervisión sobre los órganos que la integran, y la coherencia en la aplicación de sus políticas o programas. Otras organizaciones necesitan que los consumidores u otras empresas con sensibilidad medioambiental y social acepten sus prácticas y productos y para ello se sirven de ese cuarteto; o quieren superar las críticas de que puedan ser objeto y ganar en imagen y prestigio. Las acciones de las Administraciones nacionales, por su parte, en cuanto Administraciones indirectas de los diversos sistemas globales de los que forman parte, pueden ser objeto del control judicial interno e internacional, y de los tribunales arbitrales.

Por otra parte, la extendida práctica de incorporar normas voluntarias de Derecho Administrativo Global, con características tan singulares, y de un modo un tanto desigual, y sin sanción ante su inobservancia, suscita cuestiones fundamentales acerca de la naturaleza jurídica de esas normas. A estas cuestiones se hace referencia en uno de los ensayos de este volumen, en el capítulo tercero.

IV. EL DERECHO ADMINISTRATIVO GLOBAL Y LAS RE-FORMAS DEL ORDEN SOCIAL, ECONÓMICO Y POLÍTI-CO

La producción de normas o estándares y decisiones en el plano global, de un lado y, de otro, la evaluación del Derecho Administrativo Global, se hallan íntimamente entrelazados, aunque no necesariamente de modo sincrónico, con los cambiantes patrones de conducta en el orden global, y en los subsistemas que lo integran. Desde la perspectiva del Atlántico Norte, un rápido esbozo de la llegada de una moderna gobernanza regulatoria global podría explicarse del siguiente modo:

Desde 1850 comenzaron a proliferar estructuras administrativas para resolver problemas prácticos y de coordinación más allá del Estado, hasta el punto de que la categoría de uniones administrativas internacionales había florecido ya, en paralelo a la globalización, antes de 1910. Sobre esta estructura o nivel se construiría un proyecto más formalizado y juridificado, con una enorme ambición programática: la Liga de las Naciones, o Sociedad de Naciones, que, sin embargo, cerraría su era con un rotundo fracaso. Esta última sería sustituida a partir de 1945 por otras estructuras intergubernamentales con mucha mayor resiliencia. En la cúspide de esta estructura de tratados y de organizaciones intergubernamentales marcadamente formalizadas se situaría a partir de 1990 un conjunto de tribunales interestatales, algunos accesibles directamente por los ciudadanos. Contemporáneamente, desde 1990, en un período de dominación de los EE.UU., respaldados por la mayor parte de las potencias occidentales, se produjo un incremento del intervencionismo militar y la aparición de estructuras de gobernanza de estilo imperialista, basadas en coaliciones de mayor o menor voluntad, acompañadas de un esquema jerárquico, más o menos reconocido dentro de las organizaciones interestatales. La dominación que representaban el conjunto EE.UU.-OTAN-OCDE comenzó a verse contrarrestado lentamente mediante una suave ponderación y una violencia no estatal, y sobre todo a través de iniciativas interestatales tanto de las organizaciones rivales –como la organización del Comunicado de Shanghai (Organización de Cooperación de Shanghai)–, como de la resistencia que oponían las economías emergentes dentro de las instituciones ya existentes (como sucede en el seno de la OMC). En paralelo fue creciendo el número de redes intergubernamentales de organismos reguladores nacionales en una multiplicidad de sectores (regulación bancaria, pruebas para la aprobación de nuevos medicamentos, lucha contra el lavado de dinero, etc.), con la finalidad de coordinar la regulación sin la carga de establecer un nuevo tratado. Progresivamente, y a iniciativa de EE.UU. y otras potencias europeas, y, con frecuencia, con la participación de Japón, esas coaliciones fueron llamando a la participación de otros. Una característica de este período sería el crecimiento de ONG transnacionales y de organizaciones para el establecimiento de estándares privados, de normas empresariales, y de sistemas de disciplina regulatoria. La etiqueta «gobernanza global» se abrió paso en este período, que algunos aplicaron al entero conglomerado, y otros, en cambio, a los aspectos más liberales o atractivos del Atlántico Norte.

Más tarde, al inicio de la década de 2000, el movimiento interestatal de juridificación y de judicialización se vio frenado, en parte como consecuencia de las políticas intergubernamentales, por la oposición del grupo de países que integran el denominado

«BRICS» (Brasil, Rusia, India, China y Sudáfrica), y por el neo-conservadurismo que surgiría en los EE.UU. A ello se unieron las críticas de legitimidad democrática, y los pesados y casi escleróticos procesos multilaterales. La energía y la atención se desviaron entonces hacia otras formas de gobernanza regulatoria global, señaladamente hacia las redes intergubernamentales, y otras organizaciones de naturaleza privada o mixta, fórmulas éstas no bloqueadas, ocupando un espacio en el que los valores y las técnicas del Atlántico Norte contaban aún con espacio suficiente. Esos valores se articularon y llevaron a efecto a través de la terminología y de las técnicas propias del Derecho, aunque más que sobre la base del Derecho Internacional Público e interestatal; la gobernanza privada y mixta se caracterizó por una extraña y desconocida combinación de Derecho y de otras formas que operaban como el Derecho, esto es, de fórmulas y mecanismos a modo de Derecho. Entre éstas se incluían la gobernanza regulatoria mediante contratos; el recurso a la empresa privada o la aprobación de cartas fundacionales para crear organizaciones que establecían normas; la creación de nuevas organizaciones mixtas adheridas al sector privado –tanto a las empresas como a las ONG–, con el apoyo de algunos Estados clave del Atlántico Norte; la técnica de fomento, más que de imposición, de toda clase de actividades por medio de códigos de conducta, de mejores prácticas, y de indicadores, fácilmente revisables; instrumentos de reclamación y supervisión; externalización de las fuentes, el préstamo o las referencias cruzadas a otros cuerpos normativos, o a instituciones (con frecuencia, de la mano de modelos provenientes del Derecho Internacional Privado); técnicas regulatorias de fomento, y no de policía administrativa; la movilización de los consumidores, los inversores y los financieros, y de otros muchos intereses, en una mezcla de objetivos regulatorios y sociales, sin la cobertura de las instituciones estatales; o el nacimiento del Derecho Administrativo Global, allí donde fuera requerido.

Antes de 2015, sin embargo, la ideología –y las prácticas predominantes– de la gobernanza global habían sido objeto de una fuerte crítica, tanto política, como técnica. La desconfianza de los Gobiernos y del público ha tenido su reflejo en que no ha habido político alguno a nivel nacional en ningún lugar del mundo que haya abogado en estos años por la «gobernanza global», como un objetivo deseable. El escepticismo, cuando no la indiferencia, populares se vieron acompañadas de una resistencia activa frente a los mercados más visibles o simbólicos de la «gobernanza global». En muchos lugares, la expresión se ha convertido en sinónimo peyorativo de la influencia y dominación norteamericana, y como auto-exención de ciertas exigencias. Y asimismo parece haberse convertido la gobernanza global en sinónimo de otras muchas críticas: del estilo y de las preferencias del Atlántico Norte; del imperio de los expertos y de las tecnocracias; de una nueva clase post-burocrática de participantes altamente educados en una era post-nacional (en la que también se encontrarían las ONG, los emprendedores portadores de múltiples intereses, y aliados a las multinacionales y del fenómeno de la acumulación de riquezas en pocas manos, los filántropos que quieren determinar la agenda de gobierno...); de un constante crecimiento de la desigualdad; de evasión de las estructuras democráticas del Estado; de la deliberada estrategia para desplazar las grandes cuestiones fuera de los foros donde los pequeños Estados tenían un cierto poder; de facilitar la evasión de las multinacionales; de falta de exigencias hacia China y otras grandes economías emergentes; y de una relativa ineficiencia a la vista de los serios riesgos globales y de los problemas por los que atraviesa el mundo.

Al mismo tiempo, sin embargo, una serie de factores combinados parece haber reforzado tanto el papel de los Estados, como, en consecuencia, el énfasis y la apuesta por las iniciativas intergubernamentales, que tienen por objeto mejorar la actividad económica y gestionar los problemas geopolíticos.

Esta reacción responde en buena medida a las situaciones de crisis económico o financiera, en las que los Estados tuvieron que jugar un papel muy activo. Piénsese en la recesión económica de la última década del siglo pasado, en la crisis europea desde 2008, o en Brasil y otros mercados emergentes. Otros factores que contribuyeron a dar un mayor realce a los Estados son la lucha contra el terrorismo; la emigración; las epidemias; la necesidad de la coordinación para combatir penalmente ciertas actividades ilegales, como el tráfico de drogas, la pesca ilegal, el tráfico humano y la trata de blancas, las infracciones de la propiedad intelectual, las crecientes tensiones en materia de seguridad militar entre Estados; las políticas energéticas y la lucha contra el cambio climático; la creciente inquietud asociada a la vulnerabilidad del ser humano, la desigualdad y la falta de atención de tantos intereses, colectivos y pueblos. En paralelo, en parte como respuesta a estos fenómenos, se multiplicaron nuevas estrategias de gobernanza global y de regulación –abriendo así nuevas perspectivas y territorios para el Derecho y, en particular, para el Derecho Administrativo Global–. Entre esas respuestas, pueden destacarse el Acuerdo Transpacífico de Cooperación Económica; el propuesto acuerdo de comercio e inversión entre EE.UU. y la UE; el Banco Asiático de Inversión en Infraestructura, impulsado por China; y toda una serie de instituciones intergubernamentales en África y en Latino-América.

Por otra parte, las instituciones ya existentes –y en las que incluimos las mixtas– se han mantenido, no se han abolido, ni sustituido. Es más, una amplia mayoría acepta que la sujeción de estas organizaciones globales al Derecho Administrativo Global fortalece la efectividad de sus programas regulatorios, un mayor bienestar de sus miembros y, con frecuencia, de otros colectivos que no forman parte de aquéllas.

Los Estados establecen, y apoyan a, los sistemas regulatorios globales al objeto de que construyan y supervisen los mercados, hagan frente a las fallas que éstos presentan, promuevan la seguridad, y, en términos más amplios, progrese el bienestar de sus ciudadanos en un contexto de fuerte interdependencia global, y en donde la acción exclusivamente estatal se quedaría corta. Análogos factores abonan la creciente creación de nuevos organismos reguladores privados y mixtos. Que la gobernanza regulatoria global requiere del instrumental de Derecho Administrativo Global parece fuera de toda duda. Y es que éste resulta necesario, en efecto, tanto para comprender las funciones de carácter jurídico y organizativo, como las notas características de orden político que presiden la gobernanza, lo cual no impide, antes al contrario, que sea objeto de críticas, se someta a un amplio debate, y se afirmen los valores normativos en los que deba fundarse. Una contribución que potencialmente puede aportar el Derecho Administrativo Global, y que para muchos será considerada como positiva, es la resolver el problema de los intereses que habitualmente quedan marginados o ignorados.[7] Otra aportación es la de reconocer y fomentar la tutela de los derechos humanos y las prácticas democráticas

---

[7] El capítulo quinto se dedica monográficamente a este problema. (N. del E.).

en el seno de la gobernanza. Seguidamente, nos ocupamos en particular del problema de la desatención de los intereses de los afectados, al que acaba de hacerse referencia.

V. UNA VALORACIÓN DE LA PRAXIS DEL DERECHO ADMINISTRATIVO GLOBAL. ¿CONTRIBUYE EL DERECHO ADMINISTRATIVO GLOBAL A SUPERAR EL PROBLEMA DE LA FALTA DE PONDERACIÓN DE TODOS LOS INTERESES AFECTADOS?

Como se analiza en el capítulo quinto de este volumen, las estructuras y las prácticas de la gobernanza regulatoria global generan con frecuencia una injustificada falta de atención de los intereses afectados por las decisiones que en su seno se adoptan, lo que produce daños a los interesados y preocupa a los más débiles y a los individuos afectados. Este fenómeno puede calificarse como el problema de los ignorados o desatendidos (*the problem of the disregard*). Entre éstos, y a título de ejemplo, se pueden citar las inundaciones en las comunidades más pobres y vulnerables a consecuencia del cambio climático, los trabajadores de los países en vías de desarrollo que trabajan en las fábricas que forman parte de la cadena de producción, personas enfermas que no tienen acceso a medicamentos esenciales a resultas del régimen establecido de protección de la propiedad intelectual, los solicitantes de asilo, los individuos que son objeto de sanciones del Consejo de Seguridad de las Naciones Unidas, o la epidemia de cólera causada en Haití por negligencia de las fuerzas de paz de la ONU.

Dos son los factores estructurales que generan este problema. Uno se refiere a los patrones de conducta que a gran escala –o «al por mayor»– sigue la regulación global. El otro, por el contrario, guarda relación con las operaciones «al por menor» de ciertas organizaciones o aparatos globales.

La «macroeconomía» estructural de la gobernanza global pone de manifiesto que los sistemas regulatorios globales más poderosos –seguridad, comercio e inversión, etc.– de ordinario promueven o fomentan los intereses de los Estados más fuertes y los objetivos de los intereses económicos mejor organizados, en contraste con los sistemas que se ocupan de otros sectores o ámbitos, de ordinario menos efectivos en la consecución de los valores normativos subyacentes. Así ocurre, por ejemplo, con el medio ambiente, la protección social y de los consumidores, el desarrollo, los derechos humanos... Una explicación de esta asimetría viene dada por el hecho de que ambos grupos se diferencian fundamentalmente en su estructura, en su estrategia y en la lógica que la anima. Es algo muy distinto, por lo que se refiere al primero, la creación de mercados y la resolución de sus fallas. En efecto, el comercio y los flujos financieros exigen mecanismos de coordinación que se resuelven a través de estándares regulatorios comunes para las transacciones comerciales y financieras. En cambio, los problemas de coordinación que presenta el segundo grupo –cambio climático, flujo de refugiados...– son de distinta naturaleza, por su carácter redistributivo. Problemas que se dan también cuando esos sistemas son creados conjuntamente por países desarrollados y en vías de desarrollo, ya que en todo caso han de solventar la cuestión de la falta de participación o el incumplimiento. Una segunda explicación, que confirma la primera, proviene del hecho de que existen estructuras de dos niveles en las que operan los líderes de los Gobiernos nacionales. Los Ejecutivos nacionales ejercen mucho más poder e influencia en la construcción y en el funcionamiento de las organizaciones globales, que el que ejercen los legisladores y los tribunales nacionales. Los intereses de los Ejecutivos nacionales se localizan en el fomento del crecimiento económico y en la satisfacción de objetivos de naturaleza geopolítica, y los intereses de las grandes empresas por establecer la inversión y el comercio a escala global se alinean o confluyen en realidad con los de los Gobiernos. De modo que estos dos componentes actúan de ordinario en tándem. En cambio, la influencia que en el seno del Estado pueden ejercer las grandes empresas es sensiblemente menor, ya que los legisladores y tribunales internos son capaces de controlar mejor esa influencia y de atender los intereses de todos los afectados, de los más débiles y de los grupos menos organizados. Sin embargo, esos mismos legisladores y tribunales internos en modo alguno pueden ejercer un control comparable al que llevan a cabo dentro de casa. Eso significa, en definitiva, que tanto los Gobiernos nacionales como las grandes empresas pueden utilizar los sistemas regulatorios globales como plataformas donde adoptar y, por consecuencia, «lavar» las normas que no podrían aprobar dentro, a través de los procesos internos establecidos. Esas normas globales, como las relativas a los aspectos relacionados con el comercio y la propiedad intelectual (acuerdo sobre los ADPIC), las implementan las autoridades nacionales. El resultado es evidente: el sistema en su conjunto sirve desproporcionadamente para salvaguardar los intereses de los Ejecutivos nacionales y de las grandes empresas.

Las características de las organizaciones regulatorias globales, altamente especializadas y dispersas, operando con un notable grado de autonomía, fomentan igualmente los intereses de los Ejecutivos y de las empresas en el nivel «micro», o «al por menor», cuando se trata de tomar decisiones. Del mismo modo que ocurre con todas las instituciones especializadas, se hallan dominadas por una visión de túnel, focalizadas en su misión o responsabilidad específica y sectorial, sin tener en cuenta, ni ver, los efectos que sus decisiones pueden generar sobre los intereses y los grupos que no forman parte de la organización. Si a ello se añade que las organizaciones globales de mayor peso se mueven en el ámbito de la seguridad y de la economía, la conclusión está servida: su actuación no atenderá todos los intereses de los afectados.

Superar esta brecha constituye uno de los desafíos más importantes del Derecho Administrativo Global. Habida cuenta de que la gobernanza global no se estructura de una forma jerárquica que pudiera corregir esas asimetrías y articular las medidas redistributivas oportunas, el Derecho Administrativo Global tendrá que operar de ordinario ante cada organización global en particular, desplegando los instrumentos que puedan dar voz a los intereses ignorados o desatendidos, y establecer mecanismos de rendición de cuentas y sensibilidad hacia éstos. Esos mecanismos pueden situarse de abajo hacia arriba, cuando, por ejemplo, los legisladores y los tribunales nacionales exigen la aplicación de la disciplina del Derecho Administrativo Global como condición o requisito para que las normas globales sean reconocidas e implementadas en el propio país, haciendo así frente al «lavado» realizada fuera. Y, desde luego, también pueden situarse de arriba hacia abajo, por ejemplo, cuando las propias organizaciones globales asumen los principios de procedimiento del Derecho Administrativo Global para evitar las críticas y la oposición a sus políticas, ganar aceptación y realizar bien sus actividades. Por otra parte, han nacido instituciones que han establecido a nivel global instrumentos para hacer frente a algunas de estas brechas y asimetrías de la gobernanza global. Entre otros ejemplos, cabe citar la creación de ONG en colaboración con empresas, cuya misión es el establecimiento de programas globales, insertos en la cadena de producción, para fomentar el crecimiento sostenible, y la protección de los trabajadores en la producción de actividades que tienen lugar en los países en vías de desarrollo, o la creación de bancos multilaterales de desarrollo para tutelar a la población local y el medio ambiente frente a las externalidades destructivas que derivan de los proyectos de desarrollo que emprenden.

Si el Derecho Administrativo Global logra este propósito, para dar una mayor legitimidad a procesos que son en esencia injustos, y ofrecer herramientas útiles para que las voces de todos sean oídas, depende en buena medida de las luchas que se libren caso a caso. En la práctica se observan avances en este sentido en ciertos sectores o ámbitos, pero queda bastante por hacer en otros muchos sistemas.

Un instrumento capital en este contexto es la participación. La participación en el seno de los procedimientos administrativos de carácter decisorio constituye una característica típica de los Derechos Administrativos nacionales, que progresivamente gana terreno en el ámbito de la Administración global. La participación en ocasiones parece convertirse en una solución mágica. De entrada, es necesario diferenciar entre la participación de carácter decisorio, en la que los actores con el derecho al voto, o de cualquier otro modo, consiguen influir decisivamente en la resolución que finalmente adopte la organización global, y aquellas formas de participación que se sitúan en otro plano y no tienen ese valor determinante, y en las que los interesados, aunque no formen parte de la organización o de sus órganos decisorios, pueden hacer alegaciones o propuestas. La primera clase de participación se halla reservada de ordinario a las entidades que establecen, gobiernan o financian la organización, esto es, típicamente a los Estados, a las autoridades nacionales, y, a veces, a otras organizaciones internacionales, a las empresas y a las ONG. La segunda clase puede hacerse extensiva a un amplio número de sujetos y titulares de intereses afectados por las resoluciones que pueda adoptar el sistema u organización de que se trate en cada caso. Además de los ejemplos antes señalados, esta segunda forma puede darse a través de muchas fórmulas, como el *lobby*, la pertenencia a los órganos asesores de la organización, el derecho a participar con voz en las reuniones relevantes, las consultas públicas en sus múltiples variantes sobre los proyectos en cuestión, audiencias que tengan por objeto dirimir controversias, etc. En esta segunda forma de participación, la cuestión más relevante consiste en determinar quién puede participar. Por ejemplo, en los EE.UU. a esta cuestión se responde con la afirmación de que todo interesado o afectado puede hacer las alegaciones que tenga por conveniente en el marco del procedimiento administrativo. Algunas fórmulas, sin embargo, traen consigo ciertas limitaciones sobre el número de participantes que pueden intervenir.

Los analistas y expertos en ciencia política han puesto de manifiesto que una participación real y efectiva requiere recursos y organización. Si la sociedad civil no está bien organizada, el instrumental del Derecho Administrativo Global poco puede hacer para mejorar la situación de los intereses infrarrepresentados. En los EE.UU., por ejemplo, las ONG que se mueven en el ámbito medioambiental y social sí han sido capaces de poner en marcha la maquinaria judicial para que ejerza un control en profundidad sobre las decisiones de las agencias, y han conseguido con frecuencia que las agencias ponderen sus intereses. Ahora bien, este caso no se da en otros muchos países, ni vale para todos los sectores de la gobernanza regulatoria global. La limitación de los recursos constituye el mayor impedimento para que las exigencias del derecho al debido proceso sean reales y efectivas, por ejemplo, en el ámbito de los refugiados y de la petición de asilo.

Estas circunstancias suponen un reto para el Derecho Administrativo Global. Aun cuando numerosas organizaciones globales han establecido algún mecanismo o instrumento de participación no decisoria en favor de quienes no son miembros –la segunda clase de participación a la que hemos hecho referencia–, carecemos de estudios comparados y analíticos que midan la efectividad de cada uno de esos mecanismos o instrumentos respecto de las decisiones que se toman a la vista de los intereses y alegaciones que se hayan hecho valer en cada caso, especialmente de aquellos que se encuentran peor organizados. Las voces críticas que se alzan desde los países en vías de desarrollo no abogan por la supresión de los instrumentos del Derecho Administrativo Global, pues admiten que sin éstos la situación sería indudablemente peor, esto es, si el sistema se encontrara dominado por la negociación y el *lobby* informales. El desafío consiste, pues, en la búsqueda de canales de participación, también de carácter estructural, de representación en los órganos de asesoramiento y consulta, la pertenencia a ciertos comités dentro de las organizaciones globales, de una mayor asistencia, entre otras medidas. Algunas de las nuevas organizaciones globales, especializadas, como antes se ha dicho, en colmar la laguna en la ponderación de todos los intereses en que otras organizaciones incurren, han establecido una suerte de modelo corporativo que hace posible hacer uso de la primera clase de participación a través de representantes de los intereses sociales y ambientales, así como de los económicos. Este modelo podría ser útil en muchos sectores de la gobernanza global. La investigación y la práctica profesional en favor de la solución de este problema pueden contribuir a amplificar la voz de los ignorados o desatendidos.

¿Puede la motivación de las decisiones de las organizaciones regulatorias globales –lo que exige una respuesta a las alegaciones vertidas en el procedimiento– constituir un instrumento adecuado para conseguir la ponderación de todos los intereses en presencia? La respuesta a esta cuestión depende en última instancia de las alegaciones y de la información que haya de tenerse en cuenta y, en consecuencia, de las razones que puedan considerarse válidas o suficientes en cada institución. Por otro lado, los efectos reales de la motivación guardan relación con la ulterior revisión o enjuiciamiento de la decisión adoptada, en la medida en que la motivación nace para exponerse a la crítica y a los mecanismos de rendición de cuentas. En muchos casos, la motivación puede no ser viable o deseable, por ejemplo, en el caso de los órganos colegiados cuyas decisiones constituyen el resultado de una votación o de una negociación, y en donde la confidencialidad es necesaria, en materias que afectan, por ejemplo, a la seguridad, o en el supuesto del establecimiento de estándares técnicos a través del consenso entre expertos. La exigencia de la motivación y de la justificación de los cambios de criterio respecto de políticas anteriores podría impedir la flexibilidad que las reformas requieren en determinadas circunstancias. En todo caso, el deber de motivar, susceptible de enjuiciamiento ante un tribunal u otro organismo independiente, representa un estímulo para que los reguladores globales motiven sus decisiones de forma habitual.

Los instrumentos de control (sean o no judiciales) aportan poco en la solución de este problema, salvo en los casos en que los afectados ostenten legitimación para iniciar un proceso judicial o la revisión ante un órgano independiente, o cuando las reglas que disciplinan la organización global, o las relativas al control exigen que se tengan en cuenta los intereses de todos los afectados. Los tribunales y otros órganos independientes de control, en el ámbito de la gobernanza global, son de dos clases[8]:

El primero consiste en el control interno o intra-administrativo, como es el caso de los tribunales administrativos de las organizaciones internacionales que resuelven las disputas en materia de personal, como el Panel de Inspección del Banco Mundial, los órganos de resolución de disputas de la OMC, o el Tribunal de Arbitraje Deportivo. Se trata de organismos de revisión y control cuyo objeto primario reside en asegurar el eficiente y correcto funcionamiento del sistema del que forman parte. El segundo consiste en el control de los tribunales nacionales o internacionales, que eventualmente enjuician las resoluciones que toman las organizaciones regulatorias globales, con frecuencia en la fase de implementación y ejecución a cargo de las respectivas Administraciones –en régimen de Administración indirecta–, o a través de otras vías jurisdiccionales.

En términos generales, puede afirmarse que el sistema de control y revisión –sea meramente interno, *ad intra*, o interinstitucional– va en progresivo aumento. Los tribunales internacionales también han crecido y comenzado a desplegar una mayor actividad en las últimas décadas, aunque el sistema se

---

[8] Sobre el tema, monográficamente, el capítulo octavo.

halla aún lejos de asimilarse al de los tribunales nacionales, de carácter estable y permanente, y basados en la universalidad de la jurisdicción. Con todo, ha de reconocerse que estas dos clases de control contribuyen a la expansión de los mecanismos propios del Derecho Administrativo Global, tanto en el seno de las organizaciones globales, como en las Administraciones que hacen de Administración indirecta porque aplican las normas y decisiones adoptadas a ese nivel global. De este modo, esa expansión sirve para asegurar que las decisiones se adoptan de conformidad con el Derecho aplicable, y garantizan los derechos materiales y de carácter procedimental que asisten a los interesados y a los Estados, y, en ciertas circunstancias, se contribuye con ello a que se ponderen los intereses habitualmente marginalizados o ignorados.

Un ejemplo elocuente en tal sentido es la conocida resolución del TJUE, en cuya virtud se consideró inválida la resolución del Consejo de Seguridad de las Naciones Unidas por no observar las exigencias del derecho al debido proceso cuando impuso determinadas sanciones a personas individuales por supuestamente financiar el terrorismo internacional sin darles audiencia o posibilidad alguna de defensa, o en materia de dopaje deportivo (el Tribunal de Arbitraje Deportivo ya ha establecido las reglas elementales que impone el derecho al debido proceso). Esas decisiones, que afectan a veintiocho países europeos, constituyen un ejemplo de lo que en la fase de implementación puede llegar a hacerse. El «efecto Luxemburgo» ha supuesto un poderoso respaldo de las garantías que derivan del Derecho Administrativo Global.

Este ejemplo europeo resulta ilustrativo a la hora de entender que las *relaciones* entre las diversas organizaciones resultan esenciales en la gobernanza global. Se trata, como se ha dicho, de un tribunal, completamente separado de la organización que estableció la regla o la decisión en cuestión, que la enjuicia con ocasión del recurso interpuesto por un tercero, que, a su vez, poca o ninguna participación tuvo cuando fueron adoptadas, pese a que resultaba afectado de modo directo y central. El análisis, pues, ha de tener en cuenta esta interacción característica de la gobernanza global. Seguidamente, y en este contexto, nos ocupamos de un fenómeno cuyo estudio se ha visto algo descuidado. Y es el de la Administración «diseminada».[9]

VI. LA ADMINISTRACIÓN «DISEMINADA» O ADMINISTRACIÓN INDIRECTA[10]

Las funciones y el modo de operar del Derecho Administrativo Global y sus procedimientos sólo se puede entender y evaluar en función de un conjunto

---

[9] O, por utilizar nuestra terminología, la Administración descentralizada que actúa en régimen de Administración indirecta.

[10] *Vid.* la nota anterior. Sobre este tema, puede verse el capítulo segundo, aunque se trata de un tema recurrente a lo largo de todos los capítulos de esta obra.

de elementos de vital importancia, a saber: las relaciones que guardan las competencias y responsabilidades de las distintas organizaciones regulatorias y sus correspondientes estructuras de gobernanza; su lógica regulatoria (por ejemplo, coordinación *versus* cooperación); el entorno regulatorio en el que se insertan; su modelo de «negocio» o su *modus operandi*, y sus diversas estrategias; las relaciones interinstitucionales más relevantes en torno a las que gravitan (cooperación regulatoria *versus* competencia); y su lugar o nicho en la ecología institucional a nivel global.

Pues bien, una de los elementos clave en este contexto en relación con un ingente número de organizaciones globales es justamente el que se refiere a la estructura de la correspondiente Administración indirecta de los sistemas globales. «Administración diseminada» es el término que nosotros hemos utilizado para describir este fenómeno y, con él, hacer referencia a todas esas organizaciones –con frecuencia muy locales y especializadas– a través de las cuales las reglas, las decisiones y otros instrumentos regulatorios adoptados a nivel global se hacen realidad –de ordinario, mediante actos de intermediación o adaptación o de otras fórmulas más atenuadas– y se llevan a su puro y debido efecto hasta el último destinatario. Estas instituciones que conforman la Administración indirecta pueden ocuparse de una multitud de tareas regulatorias, como la supervisión, la acreditación, la información, las propuestas de adaptación a las circunstancias locales, la financiación, el conocimiento experto, el personal a su servicio, o cualesquiera otros, que permitan avanzar en el trabajo iniciado por las organizaciones globales, en un proceso cíclico y repetitivo, o reflexivo. Resulta, pues, de vital importancia el estudio de estas Administraciones indirectas o «diseminadas» y profundizar en los detalles. La doctrina ha descuidado esta dimensión y la necesidad de poner el foco de atención sobre su funcionamiento, siendo así que se esta clase de Administración se sitúa en el epicentro de la gobernanza global.

Aunque el término elegido en nuestros estudios –«Administración diseminada»– es nuevo, en realidad se hace referencia a una vieja y simple noción. En el fondo, late una visión evidente y un tanto prosaica. Y es que las instituciones regulatorias globales dependen habitualmente de los Gobiernos nacionales, de los Estados, de sus agencias u organismos regulatorios, tanto para implementar las medidas –lo que supone de ordinario adoptar a su vez medidas concretas–, como para ejecutarlas y hacerlas cumplir. Al fin y al cabo, forman parte del sistema en cierto modo. Esta estructura de «Administración diseminada» refleja lo que ya en 1930 Georges Scelle denominó «deboublement fonctionnel», de acuerdo con el cual las agencias nacionales, además de ejercer sus funciones y competencias como Administraciones nacionales que son, asumen un segundo papel, que se superpone o solapa con el primero, y a través del que actúan como agentes administrativos al servicio del Derecho Internacional.

Este viejo relato se ha visto de alguna forma fortalecido a resultas de dos características de la moderna práctica de las organizaciones internacionales que los Estados establecen.

De un lado, muchas redes regulatorias internacionales se encuentran representadas por sus respectivas Administraciones, agencias u organismos reguladores nacionales –y no a través del Ministerio de Asuntos Exteriores–, de modo que los estándares que estas organizaciones establecen reflejan de modo más concreto y próximo las opiniones y las posiciones, cuando menos, de las más importantes agencias o Administraciones nacionales. En consecuencia, esas mismas Administraciones nacionales se sentirán más comprometidas con esos estándares, en cuya gestación han participado activamente. De otro, buena parte de esas agencias regulatorias nacionales se han creado, o rediseñado, no de acuerdo con las exigencias internas, o de las necesidades de las respectivas políticas nacionales, sino para satisfacer las demandas de un «guión global». Las prácticas regulatorias que ellas siguen se inspiran en, y reciben las credenciales y el reconocimiento de, las ideas y la praxis vigentes que fluyen a través de las redes globales de profesionales y expertos, y a través de sus conexiones con las multinacionales y con la sociedad civil.

En la realidad, sin embargo, la relación principal-agente que mantienen las instituciones nacionales con las internacionales puede verse atenuada o resultar poco fidedigna de lo que en verdad sucede[11], puesto que en el caso de los Estados más fuertes la relación puede llegar a invertirse en el sentido de que la organización global opere y actúe como agente de la institución nacional correspondiente.

Esta disminución o modulación que puede llegar a experimentar la aludida relación no es sino una consecuencia inherente a su propio diseño y estructura, si hemos de creer a las teorías políticas normativas, señaladamente a las teorías que se ocupan de la democracia o de la soberanía. Téngase en cuenta, en efecto, que las instituciones nacionales han sido creadas por, y son fruto de, el propio Derecho nacional, y responden ante su Ejecutivo y parlamento, y ello sin contar con que en muchos casos dependen de su propio Gobierno a los efectos de su financiación y del nombramiento de su cúpula, así como de otros colectivos que pueden prestarles o no apoyo político a la hora de ejercer su poder regulatorio. Es más, en los Estados más grandes, las interacciones y relaciones primarias se dan en el seno del propio Estado con otras instituciones y organizaciones administrativas, antes que con sus respectivos homólogos extranjeros o internacionales. Este fenómeno se evidencia también en los países más avanzados, donde los organismos reguladores creados para supervisar los servicios privatizados en los sectores regulados (telecomunicaciones, energía, medicamento, o suministro de agua, por ejemplo), han sido creados para relacionarse con, y de acuerdo con las experiencias foráneas de, sus respectivos homólogos. Pues bien, aun en estos casos, los organismos

---

[11] Los autores se refieren aquí al conocido paradigma explicativo, al que se recurre con frecuencia en el presente volumen (por todos, véase el capítulo segundo), de la relación principal-agente, y de acuerdo con la cual, en este contexto, el principal sería la organización internacional, y el agente (controlado por el principal), la organización nacional.

reguladores presentan en su funcionamiento y prioridades reales caracteres distintivos y propios de las circunstancias locales y nacionales.

Con todo, un caso especial de construcción de una «Administración diseminada» o indirecta, con una finalidad específica, reside en los supuestos en que una organización intergubernamental y sus más influyentes miembros fuerzan a todos los Estados involucrados a que establezcan y pongan en funcionamiento una agencia nacional con un formato concreto, y, a tal propósito, ponen a su disposición toda la asistencia técnica necesaria y el apoyo financiero oportuno para que así sea, y de un modo un tanto intrusivo supervisan e informan sobre la actuación de la agencia nacional y de las actividades internas con ella relacionadas.

Un ejemplo bien elocuente de esta versión se localiza en el Grupo de Acción Financiera Internacional contra el Lavado de Dinero (FATF, por sus siglas en inglés), que, en tándem con los restantes países afiliados, exige de cada país –sea o no miembro– que establezca una unidad de inteligencia financiera (FIU, por sus siglas en inglés), evalúa su actuación (con visitas *in situ* y evaluaciones por pares) e informa de los resultados de cada país de acuerdo con un detallado estándar o conjunto de indicadores. Esa unidad nacional, a su vez, tiende a compartir las prioridades y los criterios de actuación del Grupo, y a imponerlos en el propio Estado mediante las regulaciones oportunas en relación con sus respectivos bancos, casinos, casas de subastas y otras entidades de las que se piensa puedan realizar transacciones financieras sospechosas; asimismo, esa unidad puede adoptar medidas especiales en relación con ciertos consumidores.

Cuando las Administraciones y agencias nacionales hacen de Administración indirecta de la gobernanza global se sitúan en un punto central del entero sistema. Y pueden convertirse en el eje del debate y de la resistencia frente a normas regulatorias globales, en la medida en que la sociedad civil y las autoridades nacionales pueden evadir o bloquear su implementación y ejecución. Los intereses económicos y políticos, debidamente entrelazados, pueden, por ejemplo, resistirse a aplicar las normas emanadas de la OMC, o las propias normas del Derecho Administrativo Global, que tienden a facilitar la entrada de empresas extranjeras. O, por ejemplo, algunas ONG en numerosos países de Latino-América, a veces aliadas con las industrias farmacéuticas locales y las mismas agencias nacionales, se han resistido frente a las normas globales en materia de patentes, para permitir que la población pueda acceder a medicamentos esenciales. La dependencia que los reguladores globales tienen de las Administraciones nacionales puede favorecer al mismo tiempo un cierto pluralismo, la flexibilidad y adaptabilidad a las singulares circunstancias locales, el ensayo de fórmulas experimentales de gobernanza que permitan la innovación y, cuando las redes globales adecuadas lo hagan posible, el mutuo aprendizaje entre las diversas agencias nacionales, asumiendo así éstas la responsabilidad de revisar los estándares y los procesos en cuestión, como los de certificación y acreditación. Esta perspectiva encierra un enorme potencial, aunque también ciertos peligros, en cuanto medio para mejorar la calidad y la efectividad de la gobernanza más allá del Estado.

Por su parte, las organizaciones privadas y mixtas se sirven típicamente de diversas clases de Administración para la gestión indirecta, no de las Administraciones nacionales. Excepcionalmente, algunas organizaciones nacionales que el Estado crea pueden llevar a cabo esa función de implementación y ejecución. Esta clase de Administraciones indirectas (o de «Administraciones diseminadas») pueden ser de dos tipos:

Entidades definidas funcionalmente en virtud del territorio (algunos ejemplos se citan en el siguiente párrafo) o entidades que no se basan en el territorio para el cumplimiento de esas funciones (luego se ofrecen también algunos ejemplos). En todo caso, cada una de esas categorías puede a su vez subdividirse en entidades filiales, en entidades acreditadas que no forman parte de la principal, o en entidades completamente separadas.

Algunas instituciones globales privadas o mixtas cuentan con organizaciones en cada territorio, que participan en la institución internacional y también, en las correspondientes actividades nacionales, para hacer efectivos sus estándares y decisiones. Así, el Comité Olímpico Internacional tiene tan sólo un Comité Olímpico Nacional en cada país, y la Organización Internacional de Normalización (ISO) tiene en cada país una —y sólo una— organización nacional. Entre las organizaciones territoriales acreditadas, que no son miembros de la global, se puede citar el sistema del Fondo Mundial, al que ya se ha hecho referencia, que requiere un único Mecanismo de Coordinación de País en cada Estado como prerrequisito para financiar ciertas actividades en ese país; y la estructura del Código Mundial Anti-Dopaje exige la existencia de una agencia anti-dopaje en cada país sobre la que ejerce ciertas potestades de supervisión la Agencia Mundial Anti-Dopaje, y se halla sujeta a la jurisdicción del Tribunal de Arbitraje Deportivo.

Las instituciones regulatorias globales con una pertenencia que se define en términos *funcionales*, y no territoriales, predominan en áreas con estructuras de negocio o actividad global o transnacional, con flujos relativamente libres de bienes, servicios, capital, e información, y una sociedad civil o grupos de emprendedores sociales con una estructura transnacional. Estas organizaciones se sirven de ordinario de Administraciones no territoriales, de carácter funcional, con o sin ánimo de lucro, encargadas, por ejemplo, de la acreditación, validación, verificación, certificación, auditoría y servicios relacionados, de cara a facilitar la implementación y el cumplimiento de las normas regulatorias globales. Los Estados, con sus programas regulatorios internacionales, pueden también servirse de esas entidades. Un ejemplo en ese sentido viene dado por el Mecanismo de Desarrollo Limpio (MDL), al que se hace frecuente referencia en este volumen, y que se estableció en la Conferencia de las Partes de la Convención sobre el Cambio Climático, y cuya ejecución se confía a la Junta Ejecutiva del MDL, cuyo poder a su vez delega en empresas privadas certificadoras, y cuya financiación y beneficios dependen a su vez de una tasa que le pagan las entidades cuyos proyectos ellas certifican. Se trata, pues, de compañías que se implican en la aplicación, interpretación y verificación del cumplimiento de los estándares, e incluso pueden proponer nuevas metodologías que el MDL podría luego adoptar. De modo análogo, la ICANN (*Internet Corporation for Assigned Names and Numbers*), la entidad sin fines de lucro responsable de la coordinación global del sistema de identificadores únicos de Internet y de su funcionamiento estable y seguro, comenzó su andadura con una estructura de carácter funcional y no territorial, confiando su administración a entidades de naturaleza funcional, como los registros de nombres de dominio de nivel superior, si bien el creciente papel que ejercen los Gobiernos, la regulación gubernamental de Internet basada prioritariamente en razones territoriales, y los registros, caracterizados por su nacionalidad, reflejan las luchas y tensiones en punto a resolver si Internet ha de regularse en clave nacional, o bien, primariamente, desde una perspectiva funcional.

Las instituciones regulatorias globales más fuertes pretenden en ocasiones gobernar y controlar, hasta cierto punto, a las entidades menos poderosas que forman parte de su propio sistema de Administración indirecta.

Las organizaciones deportivas internacionales (como la FIFA) exige que los Gobiernos nacionales no interfieran en las organizaciones deportivas nacionales, y requieren además que la dirección, las reglas y las decisiones de cada una de estas organizaciones nacionales se establezcan de conformidad con su propia constitución y con los estándares que la organización global establece. Este diseño puede salir al paso de la injerencia política, pero también puede desembocar en una suerte de organización nacional cerrada, y abierta a la corrupción, sin la disciplina que puede imponer el Gobierno nacional. Las organizaciones regulatorias globales en el campo del deporte disfrutan de una enorme discrecionalidad, habida cuenta de su poder para excluir al equipo nacional, a los jugadores, y a los clubes registrados a través del sistema nacional, de todas las competiciones internacionales y de toda participación en los ingresos que puedan derivarse de los acuerdos de radiodifusión o de retransmisión vía Internet. Esta influencia opera, sin embargo, como una especie de poder de casación: la institución global puede negarse a aprobar una entidad nacional, pero no puede fácilmente por sí misma reestructurarla o nombrar a sus directivos. Ello significa que los «golpes de Estado» o los abusos manifiestos de poder pueden fácilmente evitarse o revocarse. Sin embargo, la mala gestión crónica, la corrupción que no puede demostrarse, o la mediocridad, resultan muy difíciles de combatir. El Fondo Global, por su parte, especifica con todo detalle los procedimientos de los Mecanismos de Coordinación de País, y dispone que su incumplimiento determinará la no renovación de las ayudas al país. ISO ha adoptado un esquema menos invasivo respecto de los miembros nacionales, aunque ha tomado medidas muy activas para prevenir que se formen grupos que quieran favorecer un proyecto de estándar determinado (y ello a consecuencia de la controversia generada en diversos países cuando los miembros nacionales votaron en ISO un nuevo estándar que incluía el Open Office de Microsoft XML, adoptado en 2008). El sistema de gobernanza de ISO opera como «filtro» desde antiguo. Y lo hace mediante la canalización de la información oportuna hacia los miembros nacionales y disuadiendo a los grupos nacionales de que acudan a las reuniones de ISO para expresar directamente allí sus posiciones internas sin un debate previo para la formación de su voluntad. Este sistema, sin embargo, sólo puede funcionar si cada miembro nacional hace bien su trabajo y cumple sus obligaciones de desplegar amplias consultas dentro del propio país antes de formar su voluntad ante ISO, evitando además la acumulación de opiniones sin una síntesis adecuada. El hecho es que la capacidad de ISO para supervisar esas obligaciones ha sido limitada y, por ello, la participación directa ante ISO se ha convertido en una práctica más común, sobre todo cuando se trata de elaborar estándares sobre responsabilidad social y otros temas semejantes de amplio calado.

La supervisión de una entidad que no sea miembro y que haga de Administración indirecta resulta posible cuando esta entidad ha sido acreditada previamente por la institución global, puesto que en este esquema el riesgo o amenaza de que esa acreditación no se renueve condiciona su actuación.

El Consejo de Administración Forestal, por ejemplo, creó su propio cuerpo de especialistas, los Servicios Internacionales de Acreditación (ASI, por sus siglas en inglés), para gestionar su sistema de acreditación de validadores y verificadores, y a este organismo acuden actualmente otras organizaciones regulatorias globales. La Junta Ejecutiva del MDL también ha establecido un elaborado sistema de certificación para designar a las entidades que pueden intervenir, aunque el relativamente escaso valor de los créditos de carbono en el mercado pueda generar unos costes que terminen por repercutir en el rigor de la supervisión.

En todo caso, la efectividad de la supervisión y del control que pueda desplegar la institución global sobre la Administración indirecta depende de su influencia. Influencia que a su vez se basa en una posición de dependencia asimétrica (tanto mayor cuanto más fuerte sea la posición de la organización global; si ésta ocupa una posición monopolística o dominante, por ejemplo). Asimismo esa efectividad dependerá de la relación coste-beneficio que esa supervisión, evaluación, aprobación o sanción le exija a la organización global. En consecuencia, las organizaciones globales que carezcan de ese poder de influencia sobre las Administraciones indirectas en las que se apoyan, poca disciplina podrán ejercer sobre éstas.

Por lo demás, y desde la perspectiva que ofrecen los modelos basados en la relación principal-agente, aquellas entidades que tengan muchos principales, cada uno de ellos tirando de éstas en una dirección distinta, no podrán ser probablemente buenos agentes de ninguno de éstos. Esta es una nota característica de muchas formas de Administración indirecta en el panorama de la gobernanza global. Por ejemplo, de las entidades territoriales locales se espera que satisfagan las expectativas de su respectivo territorio, que se impliquen en la política nacional, y que atiendan los requerimientos de la institución global. O cuando las entidades certificadoras se financian a través de las empresas cuya actividad éstas certifican, pueden resultar más receptivas y sensibles hacia los intereses de tales empresas que hacia los intereses del regulador global. En los casos más extremos, la relación principal-agente puede invertirse. Así sucede cuando la Administración indirecta es mayor y mucho más poderosa en términos financieros y políticos que la institución global. La primera puede terminar por dominar a la segunda.

* * *

Esperamos que esta introducción le permita al lector obtener una visión general del Derecho Administrativo Global, de sus elementos básicos y sus métodos, de su desarrollo y su despliegue, de la potencialidad de su dimensión funcional y de sus aportaciones desde una perspectiva normativa o prescriptiva, y de los desafíos y críticas que afronta. Y todo ello en un contexto en el que las estructuras de la regulación global y de la gobernanza evolucionan rápidamente, en un entorno de condiciones y posiciones geopolíticas muy cambiantes. Los capítulos de este libro exploran estos y otros temas con mayor profundidad y detenimiento. Confiamos en que su lectura contribuya a que los lectores se unan a nosotros en el estudio y en la práctica de este importante y apasionante nuevo campo del Derecho.

CAPÍTULO SEGUNDO

EL SURGIMIENTO
DEL DERECHO ADMINISTRATIVO GLOBAL*

BENEDICT KINGSBURY, NICO KRISCH Y RICHARD B. STEWART**

I. INTRODUCCIÓN: EL NACIMIENTO INADVERTIDO DEL DERECHO ADMINISTRATIVO GLOBAL

E L Derecho Administrativo Global, un sigiloso aunque importante conjunto de normas en expansión, está configurando los nuevos modelos y características de la gobernanza global. No estamos aún ante una rama del Derecho unificada, ya que, de entrada, no se ha constituido aún en un campo organizado, ni en el plano académico, ni en la praxis. El *Proyecto de Investigación sobre el Derecho Administrativo Global* que se impulsa desde la Facultad de Derecho de la *New York University*[1], y cuyos trazos y coordenadas fundamen-

* El presente capítulo, traducido a diversos idiomas (http://www.iilj.org/gal/), constituye, a juicio de los autores e impulsores del proyecto, un trabajo de referencia y de base –el trabajo fundacional– dentro del campo de investigación del denominado *Derecho Administrativo Global*. Representa, en ese sentido, todo un programa de acción y de reflexión. El presente capítulo ha sido traducido por Javier Barnes, sin perjuicio de que se hayan tenido en cuenta otras versiones publicadas en Latino-América, como las realizadas por Gisela Paris y Luciana Ricart, LL.M. *International Legal Studies*, Facultad de Derecho de la *New York University*. Las notas a pie de página han sido revisadas, corregidas o traducidas por Alicia Saavedra-Bazaga.

** Respectivamente: Murry and Ida Becker Professor of Law and Director, Institute for International Law and Justice, New York University School of Law; Junior Research Fellow, Merton College, Oxford y University Professor, John E. Sexton Professor of Law and Director, Center on Environmental & Land Use Law, New York University School of Law.

[1] Proyecto de Investigación sobre Derecho Administrativo Global, *Institute of International Law and Justice* de la Facultad de Derecho de *New York University*, en conjunto con el *Center on Environmental and Land Use Law*. Artículos de trabajo, una bibliografía y documentos del proyecto pueden encontrarse en la página web del Instituto en http://www.iilj.org/global_adlaw. Esta página web también incluye vínculos a instituciones asociadas al proyecto, y a otros proyectos de investigación a lo largo del mundo en áreas relacionadas. Agradecemos por sus ideas y comentarios específicos a los diversos profesores, becarios visitantes y estudiantes que participaron en el proyecto, así como también a los participantes en la Conferencia de Hiroshima de la Sociedad Japonesa de Derecho Internacional, en un taller para profesores de la Facultad de Derecho de NYU, en un taller del Instituto de Derecho Global de NYU-Oxford en *Merton College* de *Oxford University*. Reconocemos con suma gratitud el apoyo financiero del Fondo de Investigación para Profesores Filomen D'Agostino y Max Greenberg, del Programa *Hauser Global Law School*, y de una subvención al IILJ de la *Carnegie Corporation* de New York.

tales se delinean en el presente capítulo, representa un ejercicio de sistematización de toda una serie de estudios que se vienen realizando en los diferentes niveles: nacional, transnacional e internacional, en relación con lo que aquí se denomina el Derecho Administrativo de la gobernanza global. Con base en las ideas que se han fraguado en las primeras fases del proyecto, este capítulo preliminar pretende identificar, en primer lugar, de entre estas variadas prácticas, algunos patrones o modelos comunes y su interrelación, a fin de determinar si presentan la profundidad y el alcance necesarios para formar parte del embrionario campo del Derecho Administrativo Global. En ese contexto, se subrayan aquellos factores que permiten hallar planteamientos y estrategias comunes, así como ciertos mecanismos o instrumentos que faciliten el aprendizaje y la obtención de experiencias, el préstamo de técnicas o las referencias y remisiones recíprocas entre sistemas. Y ello con el objeto de generar una mayor integración y cohesión en este ámbito del Derecho. Al mismo tiempo, sin embargo, habremos de poner de relieve los límites y las razones de peso que juegan en contra de una convergencia común. Ha de retenerse en ese sentido que la preocupación dominante consiste en realizar una valoración en términos prescriptivos[*] (de lo que ha de hacerse o no en términos jurídicos), esto es, de las razones que apoyan o se oponen a la generación del Derecho Administrativo Global, así como las de algunas posiciones doctrinales particulares en favor o en contra. El presente capítulo se ha construido sobre la base de las publicaciones que se han realizado dentro y fuera del precitado Proyecto de investigación[2][**]. Ha de notarse que los resultados presentan aún un carácter preliminar o incipiente.

El nacimiento del Derecho Administrativo Global no es ajeno a un fenómeno de suma relevancia, consistente en el enorme crecimiento que la regulación y la Administración en el plano transgubernamental han experimentado, tanto en extensión, como en multiplicidad de modalidades. Y surge para abordar las consecuencias de la globalización, entendida como interdependencia, en áreas tales como la seguridad, las condiciones para promover el desarrollo y la asistencia financiera en favor de los países en desarrollo, la protección medioambiental, la regulación bancaria y financiera, la ejecución y cumplimiento del Derecho, las telecomunicaciones, el comercio de productos y servicios, la propiedad intelectual, los estándares laborales, o los movimientos transfronterizos de población, incluidos los refugiados y solicitantes de asilo. Se hace cada vez más patente la imposibilidad de enfrentarse a éstas y a otras cuestiones desde el Estado aisladamente considerado. Las acciones nacionales, tanto en el plano normativo como administrativo, resultan insuficientes. Tal es la razón por la que han nacido numerosos sistemas jurídicos o aparatos de carácter transnacional, tanto para la regulación, como para la cooperación en bastantes materias, bien sea a consecuencia de tratados internacionales, bien a través de la creación de redes de carácter intergu-

---

[*] *Normative*, aquí se traduce, para evitar equívocos, como «prescriptivo» (N. del E.).

[2] Puede encontrarse una bibliografía extensa en «A Global Administrative Law Bibliography», *Law & Contemporary Problems*, vol. 68, Summer/Autumn 2005, pp. 365 y ss.

[**] En términos más amplios y actualizados, *vid.* http://www.iilj.org/gal/ (N. del E.).

bernamental, de naturaleza más informal. El resultado es que se está produciendo un evidente desplazamiento de las decisiones y normas desde el plano o nivel nacional hacia el global. Por otra parte, ciertos detalles y la implementación o concreción de esa regulación queda en manos de organizaciones transnacionales de carácter administrativo, entre las que cabe citar organizaciones internacionales y grupos de altos funcionarios, que desempeñan funciones administrativas, aunque no se sujeten directamente al control de los respectivos Gobiernos u ordenamientos jurídicos nacionales; o, en el caso de los regímenes o sistemas jurídicos basados en tratados, se separen del control de los Estados que son parte del correspondiente tratado. Estas decisiones de carácter regulatorio* se pueden aplicar directamente a los actores privados a través de sistemas jurídicos o aparatos que operan en el plano global o, lo que es más habitual, a través de medidas de implementación nacionales. Asimismo, adquiere cada vez más peso la actividad regulatoria de las organizaciones privadas internacionales, o de las organizaciones híbridas o mixtas (públicas y privadas) para el establecimiento de estándares, y entre las que cabe destacar los grupos representativos del mundo empresarial, las ONG, los Gobiernos nacionales, y las organizaciones intergubernamentales.

Esta situación ha generado, entre otras cosas, un déficit de control y de rendición de cuentas (*accountability*)** ante el creciente ejercicio del poder regulatorio de carácter transnacional, lo que ha dado lugar a dos tipos de estrategias: la primera consiste en la aplicación analógica del arsenal de instrumentos, principios o postulados del Derecho Administrativo nacional a las decisiones regulatorias intergubernamentales que afectan a un Estado; y la segunda reside en la creación de nuevos mecanismos de Derecho Administrativo a nivel global a fin de juridificar las decisiones y normas que se adopten en los correspondientes sistemas jurídicos intergubernamentales.

Un problema en cierto modo diferente, aunque íntimamente relacionado, se produce cuando la decisión o norma que adopta la autoridad nacional afecta negativamente a otros Estados, a ciertas categorías de individuos o a algunas organizaciones, y una u otra es cuestionada o estimada contraria a las obligaciones de ese Gobierno derivadas de un sistema jurídico internacional del que es parte. Una de las respuestas o enfoques a este problema ha consistido en la incorporación, dentro de los mismos sistemas intergubernamentales, de determinados estándares y mecanismos propios del Derecho Administrativo, a los cuales todas las Administraciones nacionales habrán de sujetarse

---

* Como se ha indicado anteriormente aquí «regulatorio» no significa, ni es equivalente a, «normativo». El ámbito de lo regulatorio es más amplio y comprende desde luego normas y decisiones singulares, pero también otros mecanismos que pretenden condicionar la actuación de los destinatarios de esa «regulación». (N. del E.).

** No existe una palabra en español que refleje acabadamente el significado de «accountability». El concepto que mejor refleja la acepción de «accountability» es rendición de cuentas. Por la familiaridad del término en inglés en las publicaciones sobre teoría democrática hemos dejado en ocasiones y entre paréntesis, el término original en la traducción. Sin embargo, en otras formas del concepto a lo largo del texto en inglés, como «be held accountable» o «accountability mechanisms» a veces se utilizarán variaciones de la expresión «rendición de cuentas», como «control» (no puntual o esporádico) o «supervisión». (N. del T.).

para cumplir con lo dispuesto por el régimen o sistema internacional de que se trate, y asegurar así su control y supervisión. Para incrementar su legitimidad y eficacia, muchas organizaciones reguladoras a nivel global, no compuestas exclusivamente de Estados, sino también de organizaciones híbridas (públicas y privadas) o puramente privadas, han comenzado también a establecer procedimientos administrativos para el dictado de actos o resoluciones administrativas, y para la elaboración de reglamentos y normas.

En el presente estado de cosas, cabe definir el Derecho Administrativo Global como el conjunto de instrumentos, principios, prácticas y concepciones sociales, que promueven, o influyen en, la rendición de cuentas y en la supervisión (*accountability*) de las organizaciones administrativas que se sitúan en el plano global, a través, primero, del cumplimiento de estándares adecuados, tales como la transparencia, la participación, la motivación de las decisiones, y el principio de legalidad; y, segundo, mediante el efectivo control y revisión de las decisiones que tales organizaciones adoptan. Entre las organizaciones administrativas de carácter global son de destacar las organizaciones reguladoras de naturaleza intergubernamental, muy formalizadas; las redes y acuerdos de coordinación de reguladores de carácter también intergubernamental, aunque más informales; las organizaciones regulatorias nacionales que operan y trabajan en relación con un sistema intergubernamental de carácter internacional; las organizaciones regulatorias híbridas (de composición pública y privada); y ciertas organizaciones privadas que ejercen funciones con particular relevancia pública de naturaleza transnacional.

Con esa amplia definición se postula, en efecto, que la mayor parte de la gobernanza global pueda entenderse y analizarse como actividad administrativa: así se entienden la elaboración de normas, el procedimiento de resolución de conflictos entre intereses contrapuestos; y otras formas de gestión y de dictado de resoluciones administrativas. En el Derecho interno se parte de una visión compartida o consensuada de lo que ha de entenderse por acción administrativa, aun cuando se haga primariamente en términos negativos o residuales –lo que no es legislativo ni judicial–, y pese a que las fronteras entre estas categorías se encuentren cada vez más difuminadas.[3] Sin embargo, esa diferenciación funcional no resulta ya tan clara fuera del ámbito estatal, donde el panorama institucional resulta mucho más heterogéneo. No obstante, cualquier jurista nacional especializado en Derecho Público sabría identificar el carácter administrativo genuino que revisten muchas de las instituciones y sistemas jurídicos internacionales que participan en la «gobernanza global». Nótese, en tal sentido, que esas organizaciones actúan muy por debajo del nivel en el que se mueven las conferencias diplomáticas –altamente publicitadas– o la

---

[3] Sobre el ejemplo alemán, *vid*. Hartmut Maurer, *Allgemeines Verwaltungsrecht*, 14th ed., Verlag, Auflage, 2002.

preparación de tratados internacionales. Y, sin embargo, en su conjunto regulan y gestionan amplios sectores de la vida económica y social a través de decisiones singulares y del establecimiento de normas. En términos conceptuales, la actividad administrativa se puede distinguir de la actividad legiferante de los tratados, así como de la de resolución de conflictos que ocasionalmente tienen lugar entre Estados u otras partes en disputa. Ahora bien, como también ocurre en el ámbito interno, la actividad administrativa también presenta elementos de naturaleza legislativa y judicial en la esfera global. Así, las organizaciones que podríamos llamar «subsidiarias» o subordinadas aprueban normas –a un nivel distinto, claro es, que el de la negociación de los tratados– cuyo objeto es la adopción de estándares y reglas de general aplicación.[4] También adoptan resoluciones no tan formalizadas para controlar e implementar sistemas regulatorios internacionales. Con carácter provisional, podríamos deslindar y definir la acción administrativa global como aquélla que tiene por objeto la aprobación de normas, la resolución de conflictos o reclamaciones, y, residualmente, otras actividades que no son ni elaboración de tratados, ni mera resolución de disputas entre las partes.[5]

El propósito de este capítulo reside, pues, en delimitar qué se entiende por actividad administrativa global, mediante el análisis del incipiente campo del Derecho Administrativo Global. Con el fin de estudiar los aspectos y desafíos más significativos del mismo, se esbozan ahora los elementos que en un momento posterior se examinarán detenidamente. El capítulo se estructura en torno a cinco clases de cuestiones correlativas que devienen centrales tanto para esta investigación como para las futuras. El primer bloque de cuestiones a examinar se refiere a las características estructurales básicas de la Administración global, y a cómo sus diversas combinaciones conforman nuevos mecanismos de rendición de cuentas y de control (*accountability*). En segundo lugar, se analizarán las cuestiones metodológicas y empíricas relacionadas con el alcance y el concepto de fuentes dentro del Derecho Administrativo Global, con los mecanismos de rendición de cuentas, y con los principios doctrinales, se encuentren o no ya consolidados. El tercer grupo de problemas se sitúa en un plano prescriptivo o normativo, a saber: cómo han de justificarse y concebirse tales instrumentos. En cuarto lugar, se aborda el tema del diseño institucional de esas organizaciones a fin de asegurar su control, al tiempo que no se compromete indebidamente su eficacia. El último grupo de temas examina la influencia que la teoría política positiva ejerce en el surgimiento y diseño de dichos mecanismos, así como los factores que pueden conducir a su éxito. Ha de tenerse en cuenta que, más allá de este capítulo básico e introductorio, esas mismas cuestiones se analizan luego detenida y monográficamente en los sucesivos capítulos que componen esta obra colectiva.

---

[4] Algunas formas de toma de decisiones globales administrativas están íntimamente conectadas con la solución de diferencias, sobre todo porque órganos cuasijudiciales como el Órgano de Apelación del Órgano de Solución de Diferencias de la OMC también desarrolla funciones regulatorias de supervisión importantes.

[5] *Vid.* Richard B. Stewart, «U.S. Administrative Law: A Model for Global Administrative Law?», *Law & Contemporary Problems*, vol. 68, núms. 3-4, Summer/Autumn 2005.

II. LAS ESTRUCTURAS ORGANIZATIVAS DEL DERECHO ADMINISTRATIVO GLOBAL

La conceptualización del Derecho Administrativo Global presupone la existencia de una Administración global o transnacional. Pues bien, a nuestro juicio, la Administración global y transnacional ha alcanzado tal magnitud que resulta posible identificar un «espacio administrativo global», compuesto de múltiples estratos y caras (volveremos en breve sobre este punto), poblado de muy heterogéneas clases de instituciones administrativas de carácter regulatorio y de entidades destinatarias de esa regulación, entre las que se encuentran no sólo Estados, sino también los individuos, las empresas o las ONG. Sin embargo, se trata de una perspectiva que, desde luego, no es pacífica. Muchos internacionalistas siguen concibiendo la Administración como una extensión del Estado o de entidades interestatales especiales con un alto nivel de integración, como el caso de la Unión Europea. Desde este punto de vista, en la línea con lo que piensan muchos administrativistas nacionales o de la Unión Europea, la acción internacional sólo puede aspirar a coordinar y a colaborar con la Administración nacional, y a nada más, puesto que la inexistencia de poder ejecutivo y de capacidad internacionales impiden que se pueda pensar en una verdadera acción administrativa, esto es, no pueden constituirse como Administraciones en sí mismas consideradas. Esta argumentación, sin embargo, no se compadece con el rápido crecimiento de tantos sistemas jurídicos internacionales y transnacionales que poseen genuinos elementos y funciones de carácter administrativo.

Algunos de los sistemas jurídicos más densos y de mayor complejidad han surgido en la esfera de la regulación económica: las redes y los comités de la OCDE, la Administración y los comités de la OMC, los comités del G-7/G-8, las estructuras de cooperación para la defensa de la competencia,[6] y la regulación financiera que llevan a cabo, entre otros, el FMI, el Comité de Basilea[7] o el Grupo de Acción Financiera Internacional contra el blanqueo de dinero[*]. La regulación ambiental se confía en buena medida a organizaciones administrativas de carácter no ambiental, como el Banco Mundial, la OCDE y la OMC, aunque hayan aparecido nuevas estructuras regulatorias de amplio espectro, especializadas en la protección ambiental, como el aparato administrativo que se ocupa del comercio de los derechos de emisión de gases de efecto invernadero o el Mecanismo para un Desarrollo Limpio del Protocolo de Kyoto. Por otra parte, la

---

[6] Sobre la defensa de la competencia (*antitrust*), vid. Eleanor Fox, «International Antitrust and the Doha Dome», *Virginia Journal of International Law*, núm. 43, 2003, pp. 911, 925-32.

[7] http://www.bis.org/bcbs/. Para un análisis del Comité de Basilea, vid. David Zaring, «International Law by Other Means: The Twilight Existence of International Financial Regulatory Organizations», *Texas International Law Journal*, vol. 33, 1998, pp. 281, 287-91; vid. también David Zaring, «Informal Procedure, Hard and Soft, in International Administration», *Chicago Journal of International l Law*, vol. 5, 2005, pp. 547 y ss.

[*] http://www.fatf-gafi.org/.

acción administrativa constituye un componente importante de muchos regímenes o sistemas jurídicos de seguridad internacional, como el que requieren las actuaciones del Consejo de Seguridad de las Naciones Unidas y de sus comités, y en otros ámbitos que le son próximos, como la regulación de la energía nuclear (la AIEA) o el mecanismo de supervisión de la Convención sobre Armas Químicas. Un breve examen sobre estos ejemplos muestra inmediatamente que el panorama extraordinariamente variado de la Administración global es el resultado no sólo de la existencia de numerosas áreas sujetas a regulación y de la consiguiente diversificación funcional entre instituciones, sino también de los múltiples estratos y capas que presenta la Administración de la gobernanza global.

En este apartado pretendemos proporcionar algunas herramientas conceptuales que permitan sistematizar el análisis de estos fenómenos heterogéneos, identificando las diferentes estructuras y temas de la Administración global, para proponer finalmente la noción de un *espacio administrativo global*.

Para emprender este estudio resulta necesario partir de las diversas concepciones de lo que ya era conocido como *Administración internacional* y *Derecho Administrativo Internacional*, concepciones éstas que hunden sus raíces en el siglo XIX y que conocerían un notable auge en las décadas de los años veinte y treinta del pasado siglo XX.

En efecto, la idea de analizar la gobernanza transnacional como una Administración sujeta a principios de Derecho Administrativo específicos se encuentra ya, por ejemplo, en la obra de los reformadores sociales y auténticos constructores de las instituciones de finales del siglo XIX, como hiciera Lorenz von Stein, al concebir el trabajo y la actividad de la salud pública internacional en clave de actividad administrativa y de Administración.[8] La comprensión administrativizante se vio auspiciada a consecuencia del auge de las instituciones regulatorias internacionales, o «uniones internacionales», que se ocupaban de temas tales como los servicios postales, la navegación, y las telecomunicaciones, dotadas a veces de potestades importantes para establecer la reglamentación secundaria necesaria, sin necesidad de una ulterior ratificación nacional para adquirir plena eficacia jurídica.[9] La cooperación de los actores administrativos internos que tuvo lugar en el marco de estas uniones, y el papel central de las Administraciones nacionales para la consecución efectiva de los fines que habían de cumplir los sistemas

---

[8] Lorenz von Stein, «Einige Bemerkungen über das internationale Verwaltungsrecht», *Jahrbuch für Gesetzgebung, Verwaltung und Volkswirtschaft im Deutschen Reich*, núm. 6, 1882, p. 395. Para una discusión sobre la historia temprana del campo, *vid.* José Gascón y Marín, «Les transformations du droit administratif international», *Recueil des Cours*, tome 34, 1930, pp. 4, 7-15; y, más recientemente, Christian Tietje, *Internationalisiertes Verwaltungshandeln*, 2001. Sobre Lorenz von Stein, *vid.* Frank Schulz-Nieswandt, *Die Lehre vom öffentlichen Gesundheitswesen bei Lorenz von Stein*, Q-06, 1989.

[9] *Vid.* Paul S. Reinsch, «International Administrative Law and National Sovereignty», *American Journal of International Law*, vol. 3, 1909, p. 1 y ss.; *vid.* también Paul Négulesco, «Principes du droit international administratif», *Recueil des Cours*, tome 51, 1935, p. 579. Para una obra central que desarrolla un enfoque de Derecho Internacional Privado sobre el Derecho Administrativo en cuestiones transfronterizas, *vid.* Karl Neumeyer, *Internationales Verwaltungsrecht. 4 Allgemeiner Teil*, München u.a.: Schweitzer, 1936.

o aparatos en cuestión, determinó que algunos autores adoptaran, en consecuencia, una noción amplia de «Administración internacional», comprensiva tanto de instituciones internacionales como de organizaciones administrativas nacionales cuando éstas realizaban acciones con repercusión o efecto transfronterizo o transnacional.[10] Esta visión integradora –la idea de que concurrían relevantes elementos administrativos en los asuntos internacionales– desapareció de la mayoría de los textos comunes del Derecho Internacional después de 1945,[11] si bien se pueden encontrar significativas excepciones en la obra de Wilfred Jenks, Soji Yamamoto y algunos otros.[12]

Nuestra conceptualización de la Administración global busca revitalizar esta versión más amplia que la que subyace a esos estudios iniciales.

1. CINCO CATEGORÍAS DE ADMINISTRACIÓN GLOBAL

Se pueden distinguir cinco tipos fundamentales de regulación administrativa globalizada: (1) la Administración al servicio de organizaciones internacionales en sentido estricto y formal; (2) la Administración que lleva a cabo una determinada acción colectiva a través de redes transnacionales de carácter co-

---

[10] *Vid.* Pierre Kazansky, «Théorie de l'administration internationale», *Revue Générale de Droit International Public*, núm. 9, 1902, pp. 353, 360; *vid.* asimismo Négulesco, *supra* nota 9, en pp. 589-93. George Scelle, en los primeros dos volúmenes de su *Précis de droit des gens* (1932 y 1934), esboza algunos aspectos de este enfoque, focalizándose en el doble rol de las agencias gubernamentales nacionales como actores nacionales y administradores de la acción internacional. Scelle tenía la intención de desarrollar este enfoque en un tercer volumen sobre Derecho Administrativo internacional. *Vid.* Scelle, *Précis de droit des gens: Premier fascicule*, Paris, Sirey, 1932, pp. 1-62.

[11] Se siguen identificando nociones tales como «uniones administrativas internacionales», en Rudolf Bernhardt (ed.), *Encyclopedia of Public International Law*, 2ª. ed., 1995, p. 1041. Los «tribunales internacionales» de las organizaciones internacionales, y los mecanismos de control a ellos asociados, han tenido que lidiar desde antaño con un limitado pero importante aspecto de la Administración internacional relativo a los derechos de los empleados de estas organizaciones y a temas generales relativos al servicio civil internacional. La decisión del Tribunal Administrativo de la Organización Internacional del Trabajo en *Bustani v. Organization for the Prohibition of Chemical Weapons* (Judgment No. 2232, July 16, 2003, disponible en http: //www.ilo.org/public/english/tribunal/fulltext/2232. htm.), ejemplifica el importante rol que estos tribunales pueden llegar a jugar en ciertos casos. El tribunal aceptó algunos elementos de la queja de José Bustani por su despido del puesto de director general de la OPCW, un despido que se dio a continuación de ciertas confrontaciones con los Estados Unidos sobre la inspección de instalaciones químicas bajo el régimen del OPCW; *vid.* asimismo Ana Stani, «Removal of the Head of a Multilateral Organization-Independence of International Organization and Their Secretariat-Political Interference by Member State in the Operation of International Organization», *American Journal of International Law*, vol. 98, 2004, pp. 810 y ss.

[12] C. Wilfred Jenks, *The Proper Law of International Organisations*, London, Stevens & Sons, 1963; Soji Yamamoto, Kokusai gyoseiho no sonritsu kiban («The Positive Basis of International Administrative Law»), in 76:5 *Kokusaiho Gaiko Zasshi* («The Journal of International Law and Diplomacy») 1, 1967; *vid.* asimismo Robert S. Jordan (ed.), *International Administration: Its Evolution and Contemporary Applications*, Oxford University Press, USA, 1971; y Hugo J. Hahn, «Control Under the Euratom Compact», *The American Journal of Comparative Law*, núm. 7, 1958, pp. 23 y ss.

operativo, integradas por organismos reguladores nacionales; (3) las Administraciones descentralizadas que, cada una por su cuenta, dirigen los organismos reguladores nacionales al amparo de un tratado, de una red o de cualquier otro sistema de cooperación («Administración diseminada»); (4) la Administración «híbrida», establecida por medio de acuerdos entre sujetos privados y diversos Estados; y (5) la Administración de instituciones privadas que desempeñan funciones de regulación. En la práctica muchos de esos estratos o capas se superponen o se combinan, aunque a efectos de la presente investigación proponemos esta selección de tipos ideales.[13]

– Los principales actores en el ámbito de la *Administración internacional* son sin duda las organizaciones que se establecen por medio de tratados formales o acuerdos entre Gobiernos. Un ejemplo paradigmático lo constituyen el Consejo de Seguridad de la ONU y sus comités, que son competentes para establecer legislación subsidiaria o secundaria, adoptar decisiones vinculantes que tienen por destinatarios a países en concreto (sobre todo, en forma de sanciones), e incluso tienen incidencia directa sobre los individuos, bien sea a través de sanciones concretas, o bien mediante listas de personas que se estiman responsables de amenazas para la paz internacional. De modo similar, el Alto Comisionado de las Naciones Unidas para los Refugiados (ACNUR) ha asumido numerosas tareas regulatorias y administrativas, como la determinación del estatuto de refugiado y la administración de campos de refugiados en muchos países. Otros ejemplos los constituyen la Organización Mundial de la Salud cuando evalúa los riesgos globales para la salud y hace advertencias concretas; el Grupo de Acción Financiera Internacional, que examina las políticas contra el blanqueo de dinero e impone sanciones contra los Estados cuando vulneran los estándares establecidos; las organizaciones subsidiarias o subordinadas, de carácter administrativo, al servicio del Protocolo de Montreal* con sus mecanismos de cumplimiento, y cuyo objeto consiste en asegurar la observancia del mencionado instrumento; o el Banco Mundial, cuando dispone estándares para el «buen gobierno» o de «buena gobernanza» para los países en desarrollo, como presupuesto para conceder la ayuda financiera solicitada.

– Por el contrario, las *redes transnacionales* y los *acuerdos de coordinación* se caracterizan por la ausencia de una estructura que sea capaz de adoptar decisiones vinculantes y por el predominio de la cooperación –flexible e informal– entre los reguladores estatales. Esta forma horizontal de cooperación puede ser fruto, aunque no necesariamente, de un tratado. Por ejemplo, el Comité de Basilea reúne a los presidentes de diversos bancos centrales, al margen de cualquier tratado, con el propósito de coordinar la política de seguridad bancaria (por ejemplo, en materia de prácticas y reglas sobre el capital de las entidades bancarias). Los acuerdos adoptados no son jurídicamente vinculantes pero pueden resultar muy efectivos. Un caso diferente lo constituye la OMC, cuando

---

[13] Sobre la combinación de los diversos niveles en la administración de la UE *vid*. Sabino Cassese, «European Administrative Proceedings», *Law & Contemporary Problems*, vol. 68, Winter 2004, pp. 21 y ss.; *vid*. asimismo Giacinto della Cananea, «The European Union's Mixed Administrative Proceedings», *Law & Contemporary Problems*, vol. 68, Winter 2004, pp. 197 y ss.; Edoardo Chiti, «Administrative Proceedings Involving European Agencies», *Law & Contemporary Problems*, vol. 68, Winter 2004, pp. 219 y ss.

* http://ozone.unep.org/new_site/sp/montreal_protocol.php.

impone el principio de reconocimiento mutuo de normas y decisiones entre los Estados miembros, y, en consecuencia, establece una vigorosa forma de cooperación horizontal, en cuya virtud los actos o decisiones de un Estado adquieren validez automáticamente en otro.[14] Por su parte, los reguladores nacionales, sobre la base de acuerdos bilaterales, también han establecido, en la misma línea, acuerdos de mutuo reconocimiento de estándares nacionales o procedimientos de conformidad, y otras formas de coordinación regulatoria, como las que se derivan de los criterios de equivalencia entre las respectivas normaciones.[15]

– En tercer lugar, en el ámbito de la *Administración diseminada* o *descentralizada* –que opera de modo disperso o aislado–, las agencias u organismos reguladores nacionales actúan como parte del espacio administrativo global. Y ello porque adoptan decisiones sobre temas que poseen una indudable trascendencia a nivel internacional o global. Un ejemplo claro lo representa el ejercicio de competencias nacionales de carácter regulatorio o normativo con alcance extra-territorial, y en cuya virtud un Estado pretende regular una actividad que tiene lugar prioritariamente en algún otro Estado. En algunos supuestos, dicha regulación debe respetar ciertos límites materiales y dictarse a través de determinados procedimientos establecidos internacionalmente, como se hizo evidente en la Resolución de 1998 del Órgano de Apelación de la OMC en el caso *Estados Unidos–Prohibición de las Importaciones de Determinados Camarones y Productos del Camarón* (*Camarones-Tortugas*).[16][*] Sin embargo, también la Administración nacional sin efectos extraterritoriales inmediatos puede formar parte del espacio administrativo global, especialmente cuando se encarga de implementar y aplicar un régimen o sistema jurídico internacional. Así sucede, por ejemplo, con los reguladores nacionales en relación con el medio ambiente, cuyo cometido consiste en la conservación de la biodiversidad o de las emisiones de gases de efecto invernadero. Estos reguladores forman parte de ordinario tanto de la Administración global como de la nacional: y ello porque son responsables de implementar el Derecho Ambiental Internacional para el logro de los objetivos comunes, y sus decisiones conciernen por tanto a los Gobiernos (y al público) de otros Estados, así como también al aparato o sistema ambiental internacional que están implementando. Los acuerdos para el reconocimiento mutuo de estándares y certificaciones entre determinados reguladores nacionales encajan en cierto modo esta categoría, pues responden a las características de esta clase de Administración descentralizada o diseminada, aun cuando exista una enorme diversidad de opiniones acerca de cómo cabe conceptuar no sólo ese mosaico de acuerdos de reconocimiento mutuo,

---

[14] *Vid.* Sidney Shapiro, «International Trade Agreements, Regulatory Protection, and Public Accountability», *The Administrative Law Review* vol. 54, núm. 1, 2002, pp. 435, 453-457.

[15] *Vid.* Kalypso Nicolaidis y Gregory Shaffer, «Transnational Mutual Recognition Regimes: Governance without Global Government», *Law & Contemporary Problems*, vol. 68, núms. 3-4, Summer/Autumn 2005, pp. 263 y ss.

[16] Órgano de Apelación de la OMC, *Estados Unidos –Prohibición de las Importaciones de Determinados Camarones y Productos del Camarón*, WT/DS58/AB/R Doc. No. 98-3899 (Oct. 12, 1998) [de aquí en adelante, *Camarones-Tortugas*]; *vid.* la discusión infra Parte III.C.3; *vid.* también *Estados Unidos-Medidas de salvaguardia definitivas sobre las importaciones de determinados productos de acero*, WT/DS248/AB/R (2003) [de aquí en adelante, *Estados Unidos-Acero*].

[*] A este importante caso se hace referencia en otros capítulos del presente volumen (en particular, en los capítulos tercero y octavo). (N. del E.).

sino también sobre cuáles hayan de ser los métodos para llevar a cabo una cooperación para hallar las equivalencias entre los distintos criterios.

– El cuarto tipo de Administración global es la Administración que hemos venido en llamar *híbrida* –Administración privada e intergubernamental–. Las organizaciones en las que se combinan sujetos privados y actores gubernamentales adoptan formas muy diversas y han cobrado una creciente importancia. Un ejemplo reside en la Comisión del Codex Alimentarius, que adopta estándares de seguridad alimenticia a través de un proceso decisorio en el que participan intensamente sujetos privados, no gubernamentales, en conjunción con representantes de Gobiernos nacionales, con la finalidad de elaborar estándares con una eficacia cuasi-vinculante, merced al Acuerdo sobre Medidas Sanitarias y Fitosanitarias (MSF) de la OMC. Otro ejemplo lo encontramos en el órgano regulador de gobernanza tecnológica de Internet, la *Internet Corporation for Assigned Names and Numbers* (ICANN)*, creada inicialmente como una organización no-gubernamental, aunque más tarde incluiría a representantes gubernamentales, con notables poderes, en particular a través de su participación en el Comité Asesor Gubernamental del ICANN, a partir de las reformas de 2002. Resulta difícil ponderar en qué forma ha de configurarse el Derecho Administrativo para resultar operativo en relación a estas organizaciones. La convergencia de actores estatales, sujetos a las normas y límites del Derecho Público nacional e Internacional, con actores privados que no lo están, y que incluso pueden asumir funciones que entran en conflicto con aquéllos, como la obligación de confidencialidad comercial, corre el riesgo de desembocar en un conjunto de controles muy desigual y potencialmente perjudicial. Sin embargo, las cuestiones que aquí se suscitan son de suma relevancia y adquieren un contorno específico y singular, que justifica que se consideren a estas organizaciones híbridas como una categoría propia.

– En quinto y último lugar, destacan las *organizaciones privadas* que ejercen relevantes funciones regulatorias.[17] Por ejemplo, la Organización Internacional para la Estandarización (ISO, por sus siglas en inglés)** ha adoptado a nivel mundial más de 13.000 estándares, que armonizan reglas para la fabricación tanto de productos como de servicios, de comercio y comunicación entre todas las ramas industriales. En una menor escala, algunas ONG establecen estándares y mecanismos de certificación sobre productos que se destinan al comercio internacional, como, por ejemplo, sobre el comercio equitativo del café o la tala sostenible de madera para la construcción. Muchas organizaciones empresariales y profesionales han establecido normas y sistemas o aparatos regulatorios en varias industrias, como, por ejemplo, en el caso de la *Society for Worldwide Interbank Financial Telecommunications* (SWIFT)***, que promueve en el sector financiero que las operaciones de negocios resulten seguras y fiables; la *Fair Labor Association****, o asociación de trabajo

---

* La ICANN es una entidad sin fines de lucro responsable de la coordinación global del sistema de identificadores únicos de Internet y de su funcionamiento estable y seguro: https://www.icann.org/es (N. del T.).

[17] *Vid.* en general: Rodney Bruce Hall y Thomas J. Biersteker (eds.), *The Emergence of Private Authority in Global Governance*, Cambridge, Cambridge University Press, 2002.

** http://www.iso.org/iso/home.html.

*** http://www.swift.com/index.page?lang=es http://www.swift.com/about_swift/company_information/company_information?lang=es.

**** http://www.fairlabor.org/es.

justo, y sus estándares, por ejemplo, para la fabricación de aparatos deportivos. En el Derecho nacional, estas organizaciones privadas se consideran típicamente como clubes o asociaciones privadas, y no como Administraciones públicas, salvo en la hipótesis de que ejerzan autoridad o potestades administrativas por expresa delegación. Sin embargo, en la esfera global, debido a la falta de instituciones públicas internacionales, estas organizaciones adquieren un relieve y un poder de mayor peso específico. Sus actos no son muy distintos en su naturaleza a muchas normas públicas intergubernamentales de carácter no vinculante, y no sin frecuencia pueden llegar a ser aún más efectivas. Sugerimos –aunque con cierta cautela– que el territorio de la Administración global se extienda a estas actividades de ciertas organizaciones privadas o no-gubernamentales. El supuesto de ISO constituye un buen ejemplo: sus decisiones no sólo generan el mayor impacto económico, sino que se utilizan asimismo como guía o directriz para las decisiones de carácter regulatorio que han de adoptar las autoridades creadas a través de los tratados, como sucede en el caso de la OMC. Un ejemplo de una organización regulatoria privada, menos vinculada a la acción estatal o interestatal, lo proporciona la *World Anti-Doping Agency* (la Agencia Mundial Antidopaje)*, una organización vinculada al Comité Olímpico Internacional, que aplica cuidadosamente los estándares y criterios del derecho al proceso debido, cuando examina los casos de atletas de los que se sospecha han utilizado substancias prohibidas, y que culmina en el sistema de apelación del Tribunal de Arbitraje Deportivo**, órgano éste de carácter privado. Las propuestas de extender el análisis y la cultura propios del Derecho Administrativo a estas organizaciones se topan con importantes problemas de índole normativa y práctica, aunque se trata más bien de dificultades asociadas a cada sector especial, y no son iguales en todos los casos. A nuestro juicio, resulta conveniente estudiar estas organizaciones como parte de la Administración global, e identificar tanto las similitudes como las diferencias que se dan en cada uno de los mecanismos o instrumentos de rendición de cuentas y control en el seno de las organizaciones privadas y en las públicas.

2. LOS SUJETOS DE LA ADMINISTRACIÓN GLOBAL: ESTADOS, INDIVIDUOS, EMPRESAS, ONG Y OTRAS COLECTIVIDADES

Si nos situamos por encima de la clásica distinción entre la esfera estatal y la internacional, podremos apreciar mejor las consecuencias que esa clásica visión depara sobre la forma en la que pensamos habitualmente en lo que hace a los destinatarios de la Administración global. En la concepción tradicional, en efecto, los sujetos objeto del Derecho Internacional son los Estados. De ahí se infiere que la gobernanza global sea entonces la gobernanza de la acción estatal en relación con otros Estados. Constituye un hecho fácilmente constatable, sin embargo, en primer lugar que los programas normativos y de regulación que se acuerdan a nivel internacional se confían y difieren a los Gobiernos para que, en la esfera interna, adopten las medidas necesarias para su efectividad e im-

---

* http://list.wada-ama.org/es/.
** http://www.tas-cas.org/en/index.html.

plementación, con una evidente repercusión sobre los actores privados. Es más, con frecuencia la regulación coordinada del sector privado de cada país constituye la razón de ser y el verdadero objetivo del régimen establecido a nivel internacional. Y ello se hace particularmente evidente en ámbitos tales como la regulación de la contaminación, o las actividades financieras. En la teoría clásica, las medidas regulatorias que se toman a nivel interno no son más que una mera ejecución o aplicación por parte de los Estados de sus obligaciones internacionales. Desde ésta, a los sujetos privados se les tiene en cuenta de manera formal tan sólo en ese estadio de implementación, considerándose que se trata de una cuestión meramente interna de los Estados. Ocurre, sin embargo, que los destinatarios reales de esos aparatos o sistemas regulatorios que se sitúan a nivel global son ahora más que nunca los mismos que los del Derecho interno, a saber: los individuos (sea como personas morales o como actores económicos y sociales)[18] y las entidades colectivas, las sociedades mercantiles y, en algunos casos, las ONG.[19]

Esta caracterización resulta aún más patente cuando las organizaciones internacionales adoptan decisiones que deparan consecuencias jurídicas inmediatas o directas sobre los individuos o las empresas, sin mediación o intervención alguna por parte de los Gobiernos nacionales donde éstos radican.

Entre otros ejemplos, se pueden citar la certificación de proyectos CDM (*Clean Development Mechanism*)* a cargo del Mecanismo de Desarrollo Limpio (MDL)** del Protocolo de Kyoto; las determinaciones del estatuto de refugiado que lleva a cabo la ACNUR (la Agencia de la ONU para los Refugiados); la certificación que Naciones Unidas emite en favor de ciertas ONG, en virtud de la cual se les autoriza a participar en sus procedimientos. La idea de que los actores privados son sujetos destinatarios de la Administración global se hace igualmente evidente en buena parte de la gobernanza regulatoria que se articula en forma de redes, y en las que los reguladores nacionales llevan a cabo una doble función, como ha quedado dicho: a nivel internacional, decidiendo en forma colectiva con sus contrapartes acerca de los requisitos que habrían de ser exigibles a las empresas privadas (por ejemplo, a los bancos comerciales); y, en el plano interno, cuando implementan y hacen cumplir esas mismas normas a las empresas radicadas dentro del propio Estado. Y aún más claro resulta en los supuestos de gobernanza privada, como sucede con ISO, en donde la mayoría de los estándares se diseñan

---

[18] *Vid*. Stewart, *supra* nota 5. La postura que mantiene que los individuos son los sujetos últimos de toda regulación legal ha sido mantenida por una de las tradiciones liberales de abogados internacionalistas. *Vid*., por ej., J.L. Brierly, «Règles générales du droit de la paix», *Recueil des Cours*, Tome 56, 1936, pp. 5, 47-52.

[19] Para un enfoque precoz sobre las mismas líneas, *vid*. Négulesco, *supra* nota 9, pp. 604-605. Para tendencias que indiquen una similar conceptualización en la Unión Europea, incluyendo los tribunales de la UE, *vid*. Della Cananea, *supra* nota 13.

* https://cdm.unfccc.int/about/index.html.

** http://unfccc.int/portal_espanol/informacion_basica/protocolo_de_kyoto/organizacion/mecanismos/items/6219.php.

para que sean implementados por las empresas privadas, aunque esos estándares sean al mismo tiempo recogidos en el Derecho nacional.

En otros supuestos, el objetivo del aparato o sistema internacional no es otro que la promoción de ciertos cambios de la acción de los sujetos privados, para lo que a los Estados se les imponen determinadas obligaciones, al tiempo que se supervisa la forma en que los Estados regulan la acción privada sometida a su soberanía. Estos mecanismos resultan análogos a los modelos de gobernanza multinivel que se han ideado para comprender la Unión Europea y el «espacio administrativo europeo».[20]

Entre otros ejemplos se pueden citar la Convención sobre el Comercio Internacional de Especies Amenazadas de Fauna y Flora Silvestres (CITES, por sus siglas en inglés)*; el Protocolo de Montreal, relativo a las sustancias que agotan la capa de ozono**; la Convención de Basilea sobre el control de los movimientos transfronterizos de los desechos peligrosos y su eliminación***; o las Convenciones de la Organización Mundial del Trabajo (OIT). Esas y otras organizaciones administrativas internacionales que son competentes para promover y supervisar la implementación o desarrollo ejercen con frecuencia una alta función regulatoria, fuera de, y en contra de, la teoría clásica. En muchas ocasiones, las organizaciones administrativas en cuestión han asumido una estructura mixta de gobernanza público-privada, en la cual las empresas y las ONG participan junto con los representantes de los Estados; esta estructura se inspira en la larga experiencia de gobernanza tripartita ejemplificada en la composición de la OIT, basada en delegaciones nacionales que representan a sus respectivos Gobiernos, los empleadores y los trabajadores.

También en otras áreas los Estados se erigen en los sujetos primarios de la regulación global. Ésta se lleva a cabo para proteger o beneficiar a determinadas categorías de individuos, a los actores de los mercados privados, o a intereses sociales. Algunos ejemplos se pueden encontrar en los estándares de «buen gobierno» o «buena gobernanza», o en los derivados del principio del Estado de Derecho (*rule of law*), o en los criterios ambientales que imponen agencias, como el Banco Mundial, como presupuesto y condición de la ayuda financiera a los países en desarrollo.

Finalmente, en algunas áreas de la Administración regulatoria, como en materia de seguridad internacional, la concepción clásica, de acuerdo con la cual la gobernanza global tiene por objeto la acción de unos Gobiernos respecto de otros, goza aún hoy de una enorme fuerza. Sin embargo, aquí también se aprecia una creciente «privatización» de la acción en materia de seguridad internacional, en el sentido de que cada vez se recurre con mayor frecuencia a los contratistas privados para llevar a cabo funciones

---

[20] *Vid.* Martin Shapiro, «The Institutionalization of European Administrative Space», en Alec Stone Sweet *et al.* (eds.), *The Institutionalization of Europe*, Oxford, Oxford University Press, 2001, pp. 94 y ss.; Heinrich Siedentopf (ed.) *Der europäische Verwaltungsraum*, Nomos Verlagsgesellschaft, Baden-Baden, 2004.

* http://www.cites.org/esp/disc/what.php.

** http://ozone.unep.org/new_site/sp/montreal_protocol.php.

*** http://www.basel.int/.

que tradicionalmente han correspondido al Estado, como sucedió con la ocupación militar de Irak, lo cual comienza a erosionar la visión clásica prevalente en este sector.[21]

Los ejemplos expuestos sugieren que hay toda una diversidad en lo que hace a los sujetos destinatarios o beneficiarios de los sistemas o regímenes existentes en la gobernanza administrativa global. En unos casos, son los individuos o las empresas; en otros, tanto los Estados como los agentes privados de los mercados; en otros, los Estados en unión con diversos grupos de individuos y actores de los mercados, ONG, o intereses sociales; tampoco faltan casos en los que son los Estados los únicos sujetos. Esa variedad depende de distintos factores: las diferencias entre cada uno de los sectores especiales; los objetivos de la regulación; o las características funcionales que presente el problema regulatorio de que se trate en cada caso. Este constituye un tema de enorme importancia para las investigaciones futuras.

3. ¿UN ESPACIO ADMINISTRATIVO GLOBAL?

Esta breve reseña de estructuras y ejemplos indica que ciertas funciones regulatorias de notable importancia ya no tienen un carácter o naturaleza exclusivamente internos y que se han tornado considerablemente transnacionales, o globales. La intensidad de este fenómeno se pone particularmente de relieve con ocasión de la elaboración de normas, reglas o estándares. Aquí se combinan la acción genuinamente internacional con la de los reguladores nacionales, que trabajan y se insertan en redes de coordinación a nivel global para complementar y, con frecuencia también, condicionar la acción interna, penetrando profundamente así en los programas y decisiones regulatorios estatales. A ello se añade la progresiva influencia directa de las decisiones globales sobre los individuos o las empresas, como acreditan los ejemplos del Consejo de Seguridad en materia de sanciones y en la lucha contra el terrorismo; en las actividades de ACNUR, en el mecanismo del CDM o desarrollo limpio (*Clean Development Mechanism*) al amparo del Protocolo de Kyoto; o en la cuasi-automática incorporación al Derecho interno de las decisiones del Grupo de Acción Financiera en contra del lavado de dinero.[*]

Sin embargo, con ello no se da una respuesta concluyente a la cuestión fundamental acerca de si debería reconocerse un espacio administrativo global diferenciado, o si, por el contrario, resulta preferible mantener la dicotomía clá-

---

[21] *Vid.* Anna Leander, Conditional Legitimacy, *Reinterpreted Monopolies: Globalisation and the Evolving State Monopoly on Legitimate Violence*, COPRI Working Paper 2002/10, 18, en http://www.ciaonet. org/wps/lea04.pdf; Elke Krahmann, «Private Firms and the New Security Governance», *Conflict, Security and Development*, vol. 5 (de próxima aparición en 2015); Peter W. Singer, «War, Profits, and the Vacuum of Law: Privatized Military Firms and International Law», *Columbia Journal of Transnational Law*, vol. 42, núm. 2, 2004, pp. 521 y ss.

* Sobre todos estos ejemplos se vuelve en los siguientes capítulos, con ocasión de los distintos temas que se abordan. (N. del E.).

sica entre el espacio administrativo para las políticas nacionales, de un lado, y la coordinación interestatal en la «gobernanza global», de otro. Es cierto, desde luego, que lo global y lo interno resultan ser ámbitos que permanecen separados tanto en el plano político como operativo, por múltiples razones y finalidades. Sin embargo, ambas esferas se encuentran hoy estrechamente entrelazadas en muchas áreas de regulación y de administración. Lo cierto es que el auge de los programas regulatorios a nivel global y su integración en la esfera estatal implica que cada vez sea mayor el caudal de normas, tanto sustantivas como de procedimiento, que someten, dirigen y vinculan las resoluciones que han de adoptar las Administraciones nacionales; de este modo, la necesidad formal de la implementación o desarrollo a nivel nacional ya no proporciona una independencia significativa de la esfera interna respecto de la internacional. Al mismo tiempo, en algunos casos las organizaciones administrativas globales que adoptan esas decisiones gozan –de facto– de excesiva independencia y discrecionalidad como para ser consideradas meros agentes de los Estados. Ciertamente, la ponderación del significado y del recorrido de esta interconexión constituye una cuestión de apreciación, sobre la cual las opiniones difieren. A nuestro parecer, los internacionalistas ya no pueden defender de un modo plausible que la gobernanza global no carece de legitimidad democrática por el mero hecho de que las organizaciones regulatorias a nivel global respondan ante los Estados, y porque sus respectivos Gobiernos respondan ante sus electores y ante los tribunales. Los administrativistas nacionales tampoco pueden seguir reiterando que el control y la rendición de cuentas respecto de la gobernanza global se consiguen siempre mediante la proyección del Derecho Administrativo interno sobre las decisiones regulatorias de carácter nacional. A nuestro juicio, las actuales circunstancias permiten hablar de un espacio administrativo global, distinto del espacio que ocupan las relaciones interestatales sujetas al Derecho Internacional, y distinto también del espacio interno dominado por el Derecho Administrativo nacional, aunque comprenda elementos de ambos planos.[22]

Este espacio administrativo global presenta múltiples facetas o estratos e incorpora cinco grandes categorías de organizaciones administrativas, sean de carácter internacional o transnacional, como se ha apuntado antes. En este espacio, se produce una compleja interacción entre los Estados, los individuos, las empresas, las ONG y otros grupos o representantes de intereses sociales y económicos a nivel interno o global que se ven afectados por, o que de algún otro modo tienen un interés en, la gobernanza regulatoria global. Este espacio posee características y dinámicas propias, que lo distinguen por sí mismo, y que exigen estudio y teorizaciones independientes, tanto positivas (o descriptivas) como normativas (o prescriptivas)*. Estos esfuerzos deben necesariamente

---

[22] Para análisis similares en la jurisprudencia de la UE, *vid.* Cassese, *supra* nota 13, pp. 34-36.

* Los términos entre paréntesis son añadidos por el traductor para su mejor comprensión. (N. del T.).

basarse en, aunque al mismo tiempo deban ir más allá de, el Derecho Internacional tradicional y el Derecho Administrativo interno –un entendimiento ya
presagiado en los trabajos del Derecho Administrativo Internacional de principios del siglo XX, aunque abandonados desde entonces–.[23] Esta autonomía
relativa y el carácter propio de este espacio administrativo global, junto con
el incesante poder decisorio que han venido adquiriendo esas organizaciones,
obligan a postular el reconocimiento, y un mayor desarrollo, de los nuevos
y diferentes principios en que fundar esa actuación y de los mecanismos de
control y de rendición de cuentas a través, justamente, de un Derecho Administrativo Global*. El resultado práctico de esta evolución será que los juristas
que representan a los Gobiernos, a las organizaciones internacionales, a las
empresas, a los individuos, y a las ONG, preocupados por el creciente aumento
de decisiones que se toman en el espacio global, tendrán que familiarizarse con
las instituciones y actividades que ahí tienen lugar y participar en la construcción jurídica de un Derecho Administrativo Global, para ayudar a gobernar
ese espacio.

Nuestro apoyo o adhesión a la concepción de un espacio administrativo global
representa el fruto de la observación, aunque también tendrá desde luego inevitablemente tanto implicaciones políticas como otras de carácter prescriptivo. Por un lado,
modelar o catalogar la gobernanza global en términos administrativos puede conducir
a su estabilización y legitimación en formas que privilegien a los actuales detentadores
del poder, así como a fortalecer el predominio de las concepciones del Derecho y de la
gobernanza imperantes en el Norte y en el Oeste. Por otro, podría también contribuir a
crear una plataforma que permita la crítica y el debate. En la medida en que el gobierno
administrativo global resulte más obvio y evidente (y se recurra en consecuencia más
a las herramientas conceptuales tradicionales de «Administración» y de «regulación»
para comprender su naturaleza y alcance en lugar de términos tan genéricos como
«gobernanza»),[24] más resistencia y reformas podrán constituir el objeto del análisis y
del debate. Así, desde la perspectiva de los pequeños países en vías de desarrollo, las
instituciones regulatorias globales como la OMC, el FMI, el Banco Mundial y el Consejo de Seguridad de la ONU, podrían presentarse como instituciones que los están
administrando, y lo están haciendo a voluntad de los países industrializados, sujetos
por lo general a una regulación externa mucho menos invasiva. Enfrentarse a estos temas en términos administrativos puede subrayar la necesidad de idear estrategias para
remediar las injusticias que vienen asociadas a dichas desigualdades.

---

[23] Para un enfoque que haga énfasis en las raíces tanto de Derecho Público como de Derecho Internacional para el Derecho Administrativo internacional, vid., por ej., Négulesco, supra nota 9, pp. 592-
99; vid. asimismo Kazansky, supra nota 10, pp. 365.

* De los principios fundamentales se ocupa la segunda parte de esta obra. (N. del E.).

[24] Vid. Michel Foucault, «Governmentality», en Graham Burchell et al. (eds.), The Foucault Effect:
Studies in Governmentality, The Chicago University Press, 1991, pp. 87 y ss.; vid. asimismo Christian
Joerges, The Turn to Transnational Governance and its Legitimacy Problems: The Examples of Standard-
ization and Food Safety, en http://www.law.nyu.edu/kingsburyb/spring04/globalization/Joerges%20
Draft4%CC20%CC20g% CC20Feb%C.doc.

III. EL NACIENTE DERECHO ADMINISTRATIVO GLOBAL

1. EL ALCANCE DEL DERECHO ADMINISTRATIVO GLOBAL

Concebir la gobernanza global como una forma de administración permite reformular muchas de las preocupaciones comunes sobre la legitimidad de las instituciones internacionales, y hacerlo de un modo más concreto y focalizado. Nos proporciona una perspectiva y distancia críticas que resultan útiles en general, y, más en concreto, frente a las reivindicaciones vertidas contra el déficit democrático de estas instituciones, que, con frecuencia, han sido un tanto sobredimensionadas.[25] Facilita que los académicos y expertos en la gobernanza global centren su atención en los diversos mecanismos de control y rendición de cuentas de las decisiones administrativas, lo que obliga a tener en cuenta el sistema de Derecho Administrativo, que en los ordenamientos nacionales opera en conjunción con los procedimientos democráticos clásicos, tales como las elecciones, o el control presidencial y parlamentario. La presente investigación pretende subrayar hasta qué punto determinados mecanismos de participación en el seno de los procedimientos o el control judicial, que se dan por supuestos en el ámbito estatal, están ausentes a nivel global. Al mismo tiempo, invita a pensar en la creación de procedimientos institucionales, en principios y en recursos, con objetivos específicos, a falta de una democracia global completa (lo cual hoy en día es ilusorio).

En este sentido, el Derecho Administrativo Global reúne diferentes ramas del Derecho, que, aunque pertenecen a la Administración global, han sido cultivadas separadamente durante mucho tiempo, con frecuencia por razones conceptuales.[26] Entre éstas, cabe citar, en primer término, el Derecho Administrativo Internacional, que posee ya un largo recorrido, utilizado principalmente para hacer referencia a las reglas, procedimientos e instituciones, a través de las cuales las organizaciones internacionales tratan de resolver las controversias laborales y otros asuntos internos de esas organizaciones. También es de destacar la interpretación específica de Kart Neumeyer y de otros autores acerca del «Derecho Administrativo Internacional» entendido como cuerpo de normas nacionales que rigen los efectos de los actos administrativos de un Estado extranjero en el ordenamiento jurídico del propio Estado[27]. Pero nuestra

---

[25] *Vid.* Andrew Moravcsik, «Is there a 'Democratic Deficit' in World Politics? A Framework for Analysis», *Government and Opposition. An International Journal of Comparative Politics*, vol. 39, Issue 4, 2004, pp. 336 y ss.

[26] *Vid.* las complicadas diferencias conceptuales en Karl Neumeyer, «Internationales Verwaltungsrecht: Völkerrechtliche Grundlagen», en 1 *Wörterbuch des Völkerrechts und der Diplomatie* 577, 577-81 (Karl Strupp ed., 1924); *vid.* también Gascón y Marín, *supra* nota 8, p. 9-24.

[27] *Vid.* Neumeyer, *supra* nota 26; ver también Gerhard Hoffmann, «Internationales Verwaltungsrecht», en: Ingo von Münch (ed.), *Besonderes Verwaltungsrecht*, 6ª ed, 1982 p. 781.

concepción del Derecho Administrativo Global resulta mucho más amplia, y se aproxima al enfoque que hiciera en 1935 Paul Négulesco, que percibe al Derecho Administrativo Internacional como la «rama del Derecho Público que tiene por objeto el estudio de todos los fenómenos jurídicos que en su conjunto constituyen la Administración internacional, con la pretensión de descubrir y especificar las normas que gobiernan esta Administración, y sistematizarlas».[28] En nuestro enfoque, el Derecho Administrativo Global cubre efectivamente todas las reglas y procedimientos que ayudan a asegurar el control y rendición de cuentas (*accountability*) de la Administración global, y se concentra en particular en las distintas estructuras administrativas, en la transparencia, en la participación en los procedimientos administrativos, en los principios que rigen la toma de decisiones motivadas, y en los instrumentos de control y revisión.

Ha de procederse con suma cautela para evitar fáciles analogías entre el Derecho Administrativo nacional y el transnacional. Sin embargo, la sociología de la formación profesional del jurista, cuyo objeto reside en el ejercicio dentro del Estado, implica que el proyecto del Derecho Administrativo Global se ocupe en la práctica probablemente, a la hora de su construcción, de identificar, de catalogar y de contribuir a que las estructuras globales y transnacionales cumplan sus funciones, cuando menos a un nivel que sea en algún modo comparable o equivalente al que satisfacen las Administraciones nacionales en sus respectivos Estados, y, además, a que el Derecho Administrativo nacional sea capaz de evolucionar para responder a los retos que plantea el carácter global de la regulación. Las definiciones del Derecho Administrativo en Europa continental son por lo general de carácter taxonómico más que prescriptivas o normativas, y tratan los temas de la disciplina con la pretensión de cubrir y estudiar todas las normas vinculantes que afectan a, o rigen, la vida de las Administraciones nacionales, con la excepción de las normas constitucionales[29]. Si se contempla desde esa misma perspectiva clasificatoria o taxonómica, el campo del Derecho Administrativo Global habría de ocuparse de la totalidad de las normas globales que regulan la acción administrativa de esas cinco grandes categorías de organizaciones administrativas antes mencionadas. A la luz de este planteamien-

---

[28] *Vid.* Négulesco, *supra* nota 9, p. 593.

[29] *Vid.* en general Maurer, *supra* nota 3. El estudio del Derecho Administrativo interno arroja luz sobre las consecuencias normativas del tema así como sobre sus funciones políticas. Históricamente la función política no ha sido de ninguna manera la misma en diversos sistemas políticos: en el siglo diecinueve, el Derecho Administrativo surgió de diversas formas y por diversos motivos en sistemas democráticos como el del Reino Unido o de Estados Unidos más que en escenarios monárquicos frecuentes en la mayoría de la Europa continental. Estas diferencias en cuanto al origen y en las actitudes hacia el poder ejecutivo han tenido continuas repercusiones. Por lo tanto, una investigación de estas diversas tradiciones del Derecho Administrativo es de gran relevancia para el Derecho Administrativo Global. *Vid.* Peter L. Lindseth, «The Paradox of Parliamentary Supremacy: Delegation, Democracy, and Dictatorship in Germany and France, 1920s-1950s», *The Yale Law Journal*, vol. 113, núm. 7, 2004, pp. 1341 y ss.

to, el Derecho Administrativo Global se ocuparía del Derecho sustantivo, que define las potestades y los límites de los reguladores en cada caso, como sucede con los tratados de derechos humanos y la jurisprudencia que establece las condiciones a las que deben sujetarse las organizaciones estatales para que puedan legítimamente limitar las libertades individuales.[30] A este punto se podría llegar a partir de la concepción, antes aludida, de Négulesco, así como de algunos de los análisis pioneros del Derecho Administrativo Internacional.[31] Sin embargo, concebir el Derecho Administrativo Global en términos tan amplios generaría una agenda o un plan investigador acaso inmanejable en esta etapa temprana de su desarrollo y podría desdibujar el compromiso normativo o prescriptivo que implica la tarea de la construcción del Derecho Administrativo Global, compromiso que debe explicitarse para que resulte evaluable y debatible. Por tanto, el foco del Derecho Administrativo Global no ha de ponerse en el contenido específico de las reglas substantivas, sino en el funcionamiento de los principios existentes o posibles, en las reglas procedimentales, en los mecanismos de revisión y en otros instrumentos, tendentes todos ellos a la transparencia, la participación, la adopción de decisiones de modo razonado y motivado, y en la legalidad, de la gobernanza global.

2. LAS FUENTES DEL DERECHO ADMINISTRATIVO GLOBAL

Entre las fuentes formales del Derecho Administrativo Global se incluyen desde luego las fuentes clásicas del Derecho Internacional Público –los tratados, la costumbre y los principios generales–, aunque resulta poco probable que estas fuentes puedan ser suficientes para justificar los orígenes y la autoridad de la práctica normativa que ya existe en este campo. Los tratados sólo en muy raras ocasiones tratan directamente temas de Derecho Administrativo. Y cuando establecen principios de procedimiento administrativo, de ordinario tienen por objeto, y vinculan, a los Estados, no a las instituciones internacionales, ni a las redes intergubernamentales de reguladores o Administraciones nacionales. Por su parte, el Derecho Internacional consuetudinario se concibe como fruto primario de la acción estatal y, en consecuencia, por el momento, no incorpora con plenitud la praxis relevante a estos efectos de los actores no estatales, como es la de las organizaciones administrativas que operan en el espacio global. Finalmente, el recurso a los «principios generales del Derecho» como fuente del Derecho Internacional se ha visto circunscrito principalmente a las necesidades internas de las instituciones internacionales o a normas sobre las cuales existe un alto grado de consenso y convergencia a nivel mundial. La aceptación de los

---

[30] Para un enfoque igualmente amplio, *vid.* Tietje, *supra* nota 8.

[31] *Vid.* Kazansky, *supra* nota 10, p. 361; *vid.* también Gascón y Marín, *supra* nota 8, p. 20 y *passim.*

principios generales en la práctica del Derecho Internacional formal ha sido baja y no parece probable que se extienda rápidamente a los diversos y fragmentados contextos donde opera la Administración global.

Una versión revitalizada del *ius gentium* podría proporcionarles a las fuentes del Derecho un mayor potencial para fundar las prácticas normativas que se dan en el seno de la Administración global. Versión ésta que podría integrarse de normas emergentes de una amplia variedad de actores y expresarse en muy complejos sistemas, en lugar de depender de la formación de un *ius inter gentes* construido a partir de los acuerdos entre Estados.[32] Este planteamiento permitiría reflejar, hasta cierto punto, cuáles son los procedimientos de elaboración de normas en otros sectores del Derecho más allá del Estado, como el sistema de la *lex mercatoria*, basado en las prácticas de los sujetos que intervienen en el comercio a lo largo del mundo.[33] Sin embargo, el fundamento de un *ius gentium* de la Administración global y su elaboración resultan todavía inciertos. Si el propósito es que sea el reflejo, no de un Derecho Natural, sino de un Derecho que se funda en la práctica, la incertidumbre se mantiene tanto en lo que se refiere a la determinación de las normas, como en lo que hace a su estatus o posición jurídica dentro del sistema. El hecho de que los principios generales del Derecho requieran una convergencia tan alta de los diversos ordenamientos jurídicos expresa un fuerte compromiso en pro de la integración, al tiempo que manifiesta el deseo de evitar y prevenir que un grupo de Estados se imponga sobre otro. El *ius gentium*, por más que resulte atractivo como categoría para el Derecho Administrativo Global, también habría de enfrentarse a este desafío de consenso y convergencia.

Entre las fuentes tradicionales del Derecho Internacional Público aún podría haber espacio para el establecimiento de normas importantes para el Derecho Administrativo Global. En el ámbito del Derecho de los Tratados, podría adoptarse el punto de vista que ha asumido el Tribunal Europeo de Derechos Humanos (TEDH), cuando tuvo que hacer frente a la cuestión de que el Convenio Europeo de Derechos Humanos (CEDH) no vinculaba formalmente a las organizaciones internacionales o a la Unión Europea. La respuesta del TEDH fue clara, en el sentido de exigir que los Estados miembros estaban obligados a garantizar que las instituciones a las que los Estados transfirieran competencias debían de respetar un nivel de protección de los derechos humanos equivalente al que dispensa el sistema del CEDH. Si esta estrategia se proyectara más ampliamente a otros escenarios se aseguraría al menos la difusión de una serie de estándares básicos en todas las organizaciones administrativas globales. Con este solo planteamiento no se resolvería, sin embargo, el problema relativo a

---

[32] Benedict Kingsbury, «The Administrative Law Frontier in Global Governance», *Proceedings of the Annual Meeting (American Society of International Law)*, vol. 99, núm. 2, 2005, pp. 143 y ss.

[33] *Vid.*, e.g., Gunther Teubner (ed.), *Global Law Without a State*, Dartmouth, Aldershot, 1997.

cómo trasvasar o aplicar estos ricos estándares y conjuntos normativos asenta-
dos a nivel nacional a las instituciones transnacionales e interestatales, y, menos
aún, cómo habrían de ser de aplicación a las organizaciones meramente privadas, o a las híbridas (público-privadas).

Un último problema en cuanto a las fuentes concierne al estatus del Derecho interno o nacional. Piénsese que el Derecho interno se resuelve y traduce
en un sistema de fuentes que controla y vincula a la Administración nacional y,
por tanto, también a esa Administración cuando implementa el Derecho Global o cuando opera e interviene como parte de las estructuras administrativas
globales, o cuando hace ambas cosas a la vez. Los tribunales nacionales pueden
también constituir un foro de control y reparación cuando las organizaciones
administrativas globales actúan directamente sobre los sujetos privados. A través de estos medios, el Derecho nacional puede ayudar a asegurar el control y
la rendición de cuentas de la Administración global; y una sutil arquitectura de
control y de rendición de cuentas centrada en mecanismos internos puede representar un instrumento que sepa reflejar a un tiempo el variado compromiso
de carácter prescriptivo de cada sociedad nacional ante estos fenómenos, de una
parte, y el respeto a la diversidad nacional, de otra.[34] Ello no obstante, los mecanismos internos se establecen y operan de conformidad con las prioridades
y preferencias nacionales. Y en ese sentido podrían no resultar convergentes,
ni satisfacer las necesidades para alcanzar un cierto grado de comunidad o un
acervo común en cuanto a los principios e instrumentos, como tampoco un
determinado nivel de respuesta y sensibilidad frente a las características específicas que acompañan a los diversos aparatos o sistemas que se mueven en el
espacio global. Los conflictos entre el Derecho nacional, en particular el Derecho Constitucional, y estas necesidades globales pueden llegar a ser difíciles de
resolver, salvo que se adopten medidas temporales de ajuste con un cierto carácter pragmático. Es todavía demasiado pronto para saber cómo la aplicación
regular y rigurosa del Derecho interno con ocasión de la participación de las
autoridades nacionales en las organizaciones administrativas transnacionales
o globales, o directamente a las decisiones de tales organizaciones, afectaría el
funcionamiento de éstas.[35] Si todos los participantes estuvieran sujetos a muy

---

[34] *Vid.* Anne-Marie Slaughter, *A New World Order*, Princeton, Princeton University Press, 2004.

[35] *Vid.* Stewart, *supra* nota 5. Sobre la aplicación a la ratificación por parte de Estados Unidos del
NAFTA y los Acuerdos de la OMC de la Ronda de Uruguay de los procedimientos de EE. UU. relativos a la evaluación de impacto ambiental, *vid.* Matthew Porterfield, «*Public Citizen v. United States
Trade Representative*: The (Con)Fusion of APA Standing and the Merits Under NEPA», *The Harvard
Environmental Law Review* vol. 19, 1995, pp. 157 y ss.; James Salzman, «Seattle's Legacy and Environmental Reviews of Trade Agreements», *Environmental Law*, vol. 31, 2001, pp. 501-548. Sobre el
equilibrio que debe ser establecido en los procedimientos de Derecho Administrativo en los tribunales
de EE. UU. entre mantener las normas del Derecho Internacional y otorgar discreción a una agencia
del Gobierno de EE. UU. cuando las acciones de la agencia están en conflicto con una decisión de
la OMC, *vid.* Jane A. Restani y Ira Bloom, «Essay, Interpreting International Trade Statutes: Is the

diversos requisitos nacionales, tanto procedimentales como de fondo, estas organizaciones globales podrían experimentar graves dificultades para lograr la uniformidad necesaria de cara a una regulación y administración efectivas. La variedad de controles nacionales puede también llegar a obstaculizar la capacidad de los reguladores internos para participar en forma efectiva en la toma de decisiones globales de naturaleza regulatoria. Habida cuenta de que la separación dualista tradicional entre la esfera nacional y la internacional no puede mantenerse en un espacio administrativo global integrado, la relación entre tales esferas requiere tanto un continuo reajuste pragmático, como una reelaboración teórica más profunda.

Aun en la hipótesis de que fuera posible hallar el consenso para identificar las fuentes formales del Derecho Administrativo Global, bien como Derecho Internacional tradicional, bien como un *ius gentium* renovado, resultaría poco probable que pudiera formularse un cuerpo de normas y principios definitivos y detallados capaces de gobernar el Derecho Administrativo Global, ni siquiera respecto de los acuerdos intergubernamentales en sentido estricto y formal. Nótese, en efecto, que los instrumentos intergubernamentales escritos relativos a las fuentes se hallan dispersos y son relativamente escasos, que la praxis de las organizaciones administrativas globales se encuentra muy fragmentada, y que las normas nacionales sobre el tema varían considerablemente, aun cuando se dé una cierta convergencia. Por su parte, las organizaciones híbridas y privadas no se someten o sujetan directamente a buena parte de esas reglas y principios; es más, la proyección del estatus de los principios y prácticas jurídicas administrativas emergentes a tales sistemas está aún hoy por definir. A mayor abundamiento, si se adopta la perspectiva del *ius gentium*, resulta inevitable el desacuerdo, primero, acerca de qué praxis ha de tenerse en cuenta para identificar una regla, y, segundo, sobre cómo ha de ser de reiterada y arraigada una regla para suscitar la adhesión. Así, por ejemplo, ¿un instrumento de control y rendición de cuentas (*accountability*) ideado en el seno de una organización internacional debería de tener más peso que una regla surgida en el marco de una red informal de carácter intergubernamental o de una institución híbrida con participación privada, de cara a extraer una nueva norma? Éstas y otras cuestiones metodológicas urgen a una investigación de largo recorrido.

Charming Betsy Sinking?», *Fordham International Law Journal*, vol. 24, issue 5, 2001, pp. 1533 y ss., quien sostiene que los tribunales deben otorgar mayor discreción a la agencia si la agencia ha llevado a cabo procedimientos de noticia y comentario y otro tipo de garantías del debido proceso. *Id.*, pp. 1543-1545.

3. MECANISMOS INSTITUCIONALES PARA LA APLICACIÓN Y EL DESARROLLO DEL DERECHO ADMINISTRATIVO GLOBAL: UNA TAXONOMÍA.

A) LAS INSTITUCIONES NACIONALES COMO CONTRAPESO DE LA ADMINISTRACIÓN GLOBAL

Habida cuenta de la ausencia de mecanismos de rendición de cuentas genuinamente internacionales en la mayoría de los regímenes o sistemas administrativos globales, las instituciones nacionales han liderado con frecuencia el intento de controlar a la Administración global. Ello se hace aún más patente en los esfuerzos de los tribunales nacionales por fijar el ámbito de su jurisdicción y competencia en relación con la acción de las instituciones internacionales[*].

Así, por ejemplo, en una sentencia histórica del año 2000, la Corte Constitucional de Bosnia decidió que podía revisar ciertas decisiones de la Oficina del Alto Representante en Bosnia.[36] El Alto Representante había adquirido sus potestades del Acuerdo de Dayton de 1995 (el Tratado de Paz firmado después de la guerra bosnia había sido respaldado por el Consejo de Seguridad) y de un anexo al Acuerdo, en el que se establecía que el Alto Representante era el árbitro final.[37] Sin embargo, la Corte Constitucional resolvió que, al actuar *de facto* como una autoridad nacional, más que como un oficial internacional, el Alto Representante no estaba por encima de la Constitución, y que sus actos podrían, por consiguiente, ser revisados por ese Tribunal.[38] En otra variante de este planteamiento algunos ciudadanos en Europa presentaron demandas ante los tribunales internos cuestionando unos reglamentos de la UE que implementaban las sanciones impuestas por el Consejo de Seguridad de las Naciones Unidas. En uno de estos casos, tres ciudadanos suecos de descendencia somalí sostuvieron frente al Tribunal Europeo de Primera Instancia que por error y sin las garantías del debido proceso habían sido objeto de las sanciones del Consejo de Seguridad y que los Reglamentos de la UE que implementaban aquella decisión eran, en consecuencia, ilegales.[39] El Tribunal Europeo de Primera Instancia rechazó la adopción de medidas cautelares por una serie de razones muy específicas, reservándose, sin embargo, su

---

[*] Sobre esta temática, resulta obligada la cita del trabajo de Sabino Cassese, publicado en esta colección: *Los Tribunales ante la construcción de un sistema jurídico global*, Global Law Press-Editorial Derecho Global, Sevilla, 2010. (N. del E.).

[36] *Vid.* Caso U9/00 (Corte Constitucional de Bosnia-Herzegovina) (Nov. 3, 2000) [de aquí en adelante Caso U9/00] (la cual evalúa la Ley del Servicio Estatal de Frontera), párr. 9.

[37] *Vid.* Acuerdos de Dayton, *supra* nota 2, Anexo 10, art. II; *vid.* asimismo S.C. Res. U.N. SCOR, 50th Sess. U.N. Doc./RES/1031, 1995, pp. 26-27.

[38] Caso U9/00, párr. 9. *Vid.* Carsten Stahn, «International Territorial Administration in the Former Yugoslavia: Origins, Developments and Challenges Ahead», *Zeitschrift für ausländisches öffentliches Recht und Völkerrecht*, vol. 61, 2001, pp. 107, 158-159, 167-171.

[39] Caso T-306/01 *R. Aden v. Council of the Eur. Union*, 2002 E.C.R. II-02387 (petición de medidas provisionales).

competencia para enjuiciar el fondo del asunto.[40] Poco después, el Comité de Sanciones del Consejo de Seguridad decidió sacar de la lista a dos de los demandantes, así como establecer un procedimiento general, por el cual los individuos pudieran, a través del respectivo Gobierno nacional, presentar una reclamación o recurso para ser sacados de la lista con la argumentación que estimaran procedente.[41]

Estos dos ejemplos de participación y compromiso de los tribunales en el control de las instituciones internacionales a instancias de los demandantes cuando éstos sostienen que sus derechos sustantivos o procedimentales se han visto vulnerados resultan comparables a los esfuerzos que han realizado los tribunales internos de diversos Estados europeos desde los años setenta del pasado siglo XX para fiscalizar y condicionar las actividades de las entonces Comunidades Europeas.[42] Asimismo son igualmente asimilables a la jurisprudencia del TEDH en la materia, de acuerdo con la cual la delegación o transferencia de competencias y poderes a las instituciones internacionales tiene sus límites, a los efectos de salvaguardar los derechos individuales*. En algunas sentencias, el TEDH ha reconocido que los Estados parte del CEDH en ocasiones no serán capaces de asegurar la plena protección que del Convenio deriva cuando participan en organizaciones internacionales; pese a ello, el TEDH ha establecido la doctrina de que cuando menos se ha de garantizar en todo caso un estándar equivalente de protección. Sobre esta base argumental, el TEDH ha tenido ocasión, por ejemplo, de enjuiciar la participación de los Estados miembros de la Unión Europea[43] y ha dispuesto toda una serie de condiciones que han de cumplir los Estados

---

[40] Orden del Presidente de la Corte de Primera Instancia del 7 de mayo de 2002, en http://europa. eu.int/eur-lex/pri/end/oj/dat/2002/c_191/c_19120020810en00250026.pdf (última visita 25 de marzo de 2005) (la cual rechaza la petición de medidas provisionales por no haber peligro en la demora).

[41] Sobre los procedimientos generales del Consejo de Seguridad *vid.* Guidelines of the Security Council Committee Established Pursuant to Resolution 1267 (1999) «for the Conduct of its Work, Nov. 7, 2002 as amended April 10, 2003», en http:// www.un.org/Docs/sc/ committees/1267/1267_ guidelines.pdf. Para un comentario sobre la decisión de retiro de nombres de la lista, *vid.* Per Cramér, «Recent Swedish Experiences with Targeted U.N. Sanctions: The Erosion of Trust in the Security Council», en Erika de Wet y André Nollkaemper (eds.), *Review of the Security Council by Member States*, Year 2003, pp. 85, 94-95; *vid.* también David Dyzenhaus, «The Rule of (Administrative) Law in International Law», *Law & Contemporary Problems*, vol. 68, Summer/Autumn 2005, pp. 127 y ss.

[42] *Vid.* Mattias Kumm, «Who is the Final Arbiter of Constitutionality in Europe? Three Conceptions of the Relationship Between the German Federal Constitutional Court and the European Court of Justice», *Common Market Law Review*, vol. 36, 1999, pp. 351 y ss.

* Téngase en cuenta que, posteriormente a la redacción originaria del presente capítulo, el Tratado de la Unión Europea (TUE), en su versión consolidada, estableció en el art. 6.2 los siguiente: «Los derechos fundamentales que garantiza el Convenio Europeo para la Protección de los Derechos Humanos y de las Libertades Fundamentales y los que son fruto de las tradiciones constitucionales comunes a los Estados miembros formaran parte del Derecho de la Unión como principios generales». Y en su apartado tercero: «Los derechos fundamentales que garantiza el Convenio Europeo para la Protección de los Derechos Humanos y de las Libertades Fundamentales y los que son fruto de las tradiciones constitucionales comunes a los Estados miembros formarán parte del Derecho de la Unión como principios generales». A ello se añade el Protocolo 8º del TUE sobre tal adhesión. Las dificultades técnicas, sin embargo, puestas de manifiesto por el Tribunal de Justicia de la Unión Europea (Pleno), en su dictamen 2/2013, para tal adhesión formal, no se han superado aún. (N. del E.).

[43] *Vid. Matthews v. United Kingdom*, App. No. 24833/94, 28 Eur. H.R. Rep. 361, párr. 32 (1999) (en donde se afirma la responsabilidad de carácter permanente de los estados parte a la Convención Europea sobre Derechos Humanos [de aquí en adelante Convención] después de haber transferido ciertas

cuando atribuyen inmunidad a la Agencia Espacial Europea (*European Space Agency*)* ante los tribunales nacionales.[44]

Desde un punto de vista más convencional, cabe recordar también que los tribunales internos han fiscalizado decisiones de organizaciones administrativas globales de carácter privado. Aquí, se aplican las reglas del Derecho Internacional Privado, y también las normas que sintetizan las políticas públicas nacionales. Desde luego, los tribunales internos se sienten llamados a ejercer tal control. Por ejemplo, en el régimen internacional del deporte del Comité Olímpico Internacional, el Tribunal de Arbitraje Deportivo se ha visto obligado a convencer a los tribunales internos de que sus decisiones en materia de antidoping cumplían los estándares del debido proceso para que pudieran obtener el adecuado reconocimiento en el Derecho interno.

Desde luego, los tribunales no constituyen las únicas instituciones nacionales involucradas en la lucha por que la Administración global resulte más controlable. En los Estados Unidos, por ejemplo, algunas agencias u organismos reguladores abrieron procedimientos de amplia consulta y participación (*notice and comment*)** a la hora de participar, más allá del Estado, en el establecimiento de estándares internacionales sobre ciertos temas.[45] En tales casos, la participación de las personas interesadas en los procedimientos administrativos previos se mueve en una fase habitualmente considerada preparatoria***. Ello asegura que la participación llegue a tiempo para hacer valer y conocer las alegaciones de los interesados antes de llevar a cabo las negociaciones internacionales entre distintos reguladores nacionales, y que luego se concretan en decisiones que, o bien se implementan directamente en el Derecho interno, o lo influyen o condicionan de forma determinante.[46] De modo análogo, los parlamentos nacionales han comenzado en muchos casos a supervisar y controlar las actividades o acciones administrativas que van a ser debatidas por representantes de sus respectivas autoridades nacionales en redes globales que reúnen a muchas Administraciones. Así, por ejemplo, el Congreso de los Estados Unidos exige informes de las agencias regulatorias norteamericanas antes de que manifiesten su conformidad con las recomendaciones de grupos regulatorios financieros, como el Comité de Basilea.[47] Hasta el momento, sin embargo, se trata de actuaciones esporádicas y fragmentadas. Con frecuencia son cuestiones controvertidas, no siempre abordadas con rigor y sistematicidad: mientras

---

competencias a una organización internacional, como las Comunidades Europeas, las cuales no están vinculadas directamente por la Convención).

* http://www.esa.int/ESA.

[44] *Waite and Kennedy v. Germany*, App. No. 26083/94, 30 Eur. H.R. Rep. 261, párr. 68 (1999) (en donde se sostiene que un «factor material» para determinar si la Convención permite a Alemania otorgar a la Agencia Europea del Espacio inmunidad ante los tribunales alemanes es si los peticionarios tuvieron medios alternativos razonables para proteger sus derechos bajo la Convención). En este caso, la Corte halló que los peticionarios sí tenían a su disposición medios jurídicos alternativos en el proceso y por lo tanto confirmó el otorgamiento de la inmunidad, *id.*, párr. 73.

** Sobre el tema, en español, puede verse el capítulo de Peter Strauss «Los procedimientos de elaboración de reglamentos y disposiciones administrativas en EE.UU.», en la obra colectiva *La transformación del procedimiento administrativo* (Javier Barnes, ed.), Global Law Press-Editorial Derecho Global, Sevilla, 2008.

[45] Stewart, *supra* nota 5.

*** O fase ascendente, en español. (N. del T.).

[46] *Vid.* Stewart, *supra* nota 5.

[47] *Vid.* Zaring, Informal Procedure, *supra* nota 7, p. 598.

algunos aspectos de los problemas se ignoran, otros, en cambio, se ven sobredimensionados. Puede ocurrir, por ejemplo, que converjan en el mismo tema diversas comisiones parlamentarias, instituciones judiciales y comités internacionales de investigación, acompañados por una enorme atención de los medios de comunicación, como sucediera, por ejemplo, con las investigaciones que se llevaron a cabo desde 2003 sobre el «Programa Petróleo por Alimentos» de la ONU en Irak, y las recomendaciones de reforma regulatoria de la ONU que de allí se siguieron.

Muchos de los problemas jurídicos relacionados con esta forma de control no han quedado aún debidamente resueltos. Entre esos problemas cabría citar la admisibilidad en un proceso de una prueba practicada en otro; la inmunidad, cuyas reglas resultan complejas y en ocasiones insatisfactorias; los principios reguladores de la distribución y priorización entre los procesos nacionales y los internacionales. Con frecuencia, las medidas nacionales generan un efecto obstativo o de obstaculización del control de la gobernanza global (efecto que, en ocasiones, es intencionado). Aun cuando los controles nacionales ejercen un efecto positivo y cada vez más importante, faltan, sin embargo, parámetros y criterios coherentes en el ejercicio de las competencias nacionales para controlar a las Administraciones transnacionales e internacionales.

B) Mecanismos internos adoptados por las instituciones globales para la participación y el control o rendición de cuentas (*accountability*)

Ante la presión que han ejercido las críticas públicas y de los Gobiernos, las reivindicaciones de las instituciones nacionales, los intentos de los Estados participantes y de los administradores de las organizaciones administrativas globales en favor de un mayor fortalecimiento de los controles sobre las actividades del espacio administrativo global, muchas organizaciones administrativas globales han instituido sus propios mecanismos de control y de rendición de cuentas (*accountability*).

El establecimiento por parte del Consejo de Seguridad de un procedimiento administrativo para el listado y la exclusión de listado de individuos objeto de las sanciones de la ONU ilustra esta tendencia. Este procedimiento, adoptado en parte como respuesta al control efectuado por los tribunales nacionales cuando han enjuiciado la aplicación de esas listas al caso concreto, presenta graves problemas, ya que a las personas que aparecen en las listas no se les reconoce ningún derecho de carácter procedimental, ni las garantías del derecho a proceso debido, sino que se ven obligadas a diferir su protección a su respectivo Estado de residencia o de ciudadanía para la defensa de sus derechos e intereses. Sin embargo, este procedimiento al menos incorpora algunas exigencias, tales como el deber de motivar las decisiones y el ulterior control y revisión de la actuación realizada, dentro del trabajo que llevan a cabo los Comités del Consejo de Seguridad, que de ordinario se consideran a sí mismos órganos puramente políticos, no comparables en absoluto con las agencias administrativas.[48]

Un ejemplo innovador de mecanismos administrativos de control más fuertes lo constituye el Panel de Inspección del Banco Mundial. El procedimiento del Panel se estableció en parte para que el personal propio cumpliera mejor las directivas internas del Banco, como las que tienen por objeto garantizar que los proyectos financiados con sus recursos resulten ambientalmente sostenibles. Así, el procedimiento le permite al consejo director ejercer un control adicional sobre la administración diaria de la gestión del Banco. Sin embargo, el Panel también cumple una función muy relevante para los individuos y grupos afectados, en la medida en que les proporciona un foro en el cual se puede debatir y cuestionar si el Banco Mundial cumple lo dispuesto en las políticas relacionadas con los proyectos que éste establece. El Panel sólo ostenta la potestad de emitir informes y recomendaciones, y no puede parar o modificar los proyectos que no se conforman, a su juicio, a criterios establecidos. A ello se añade que los motivos de impugnación se limitan a la causa de incumplimiento de las propias políticas del Banco Mundial, sin que puedan alegarse otras que traigan su origen del Derecho Internacional; con todo, esta limitación se ha desbordado en ocasiones y podría no mantenerse en el tiempo. El modelo del Panel de Inspección ha sido adoptado en otros bancos de desarrollo regionales, con variaciones que incluyen la atribución de mayores potestades, como la que consiste en la promoción de un arreglo amistoso.[49]

Algunas redes intergubernamentales también han avanzado hacia el establecimiento de una mayor transparencia en sus procedimientos y en la participación, una evolución que, desde luego, resulta interesante para las redes regulatorias, habida cuenta de que su carácter informal constituye con frecuencia su principal activo o ventaja. Así, por ejemplo, el Comité de bancos centrales de Basilea, estableció un procedimiento más abierto y participativo desde la elaboración de los acuerdos de Basilea II en materia de seguridad bancaria.[50] Otros muchos cambios se han producido en este sentido. Por ejemplo, la OCDE, consciente de que debía de alcanzar un mayor grado de legitimidad en la forma de trabajar y, por consiguiente, en sus procedimientos, ha seguido una dirección análoga, en particular a consecuencia del fracaso que experimentó la no adopción del Acuerdo Multilateral sobre Inversiones. En algunas áreas de su trabajo, la OCDE sigue procedimientos administrativos de amplia publicidad y participación (*notice-and-comment procedures*)*, directamente, ante la propia organización, o bien a través de los procedimientos internos de cada Estado miembro.[51] Otra organización que se sirve de procedimientos análogos es la

---

[48] *Vid.* Peter Gutherie, «Security Council Sanctions and the Protection of Individual Rights», *N.Y.U. Annual Survey of American Law*, vol. 60, issue 3, 2004, pp. 491, 512-514.

[49] *Vid.* Dana Clark *et al.* (eds.), *Demanding Accountability: Civil-Society Claims and the World Bank Inspection Panel*, Rowman y Littlefield Publishers Inc., USA, 2003 *vid.* también Gudmundur Alfredsson y Rolf Ring (eds.), *The Inspection Panel of the World Bank: A Different Complaints Procedure*, Kluwer, Dordrecht, 2001.

[50] *Vid.* Zaring, Informal Procedure, *supra* nota 7, p. 557.

* Sobre esta clase de procedimientos, de una intensa publicidad y participación, véase el trabajo de P. Strauss, citado en nota anterior del traductor.

[51] *Vid.* James Salzman, «Decentralized Administrative Law in The Organization for Economic Cooperation and Development», *Law & Contemporary Problems*, vol. 68, Summer/Autumn 2005, pp. 189-224.

Organización Mundial de Sanidad Animal (*The World Organisation for Animal Health*, OIE)*, que establece estándares para la salud animal aplicables de conformidad con el Acuerdo MSF (Medidas Sanitarias y Fitosanitarias)**. El Grupo de Acción Financiera Internacional (GAFI)***, al que ya se ha hecho referencia antes por vía de ejemplo, en igual sentido y con procedimientos similares, acoge alegaciones e información externas en sus procedimientos de elaboración de normas, y está abierto a que los Gobiernos participen de múltiples formas, entre otras, facilitando listas de países y territorios que no cooperan en la lucha contra el blanqueo de dinero, y a los que se les somete a alguna forma de sanción.[52]

La aspiración a fortalecer la participación en la Administración global ha crecido con el paso del tiempo, aunque con resultados dispares. Ese esfuerzo se hace patente con la creciente participación directa de las ONG en el proceso decisorio, como sucede, por ejemplo, en el ámbito de la Comisión del Codex Alimentarius.[53] Las ONG también han establecido, por su parte, acuerdos de cooperación con empresas en el plano de la gobernanza regulatoria. En relación con el ámbito de los estándares laborales y ambientales, por ejemplo, las empresas han intentado integrar a las ONG en lo que previamente eran estructuras puramente autoregulatorias, en orden a mejorar la legitimidad de los estándares y de los mecanismos de certificación establecidos antes en solitario.[54] En algunos casos se terminan por crear estructuras híbridas, para trabajar bajo el patrocinio de las organizaciones internacionales, como las agencias de la ONU.[55]

c) EL RÉGIMEN GLOBAL DE LA ADMINISTRACIÓN DESCENTRALIZADA O «DISEMINADA»

Un tercer mecanismo del naciente Derecho Administrativo Global establece también controles sobre las Administraciones nacionales que trabajan de forma coordinada, aunque descentralizada, y que aquí hemos venido a llamar «Administración diseminada»; aquí el Derecho Administrativo Global ejerce un control sobre determinados componentes o actuaciones de tales Administraciones internas, cuando operan en el plano de la Administración global. En efecto, de cara a garantizar que estos reguladores nacionales actúen como

---

* http://www.oie.int/es/quienes-somos/.

** En el marco de la OMC: https://www.wto.org/spanish/tratop_s/sps_s/sps_s.htm.

*** http://www.uif.gov.ar/uif/index.php/es/gafi, http://www.uif.gov.ar/uif/index.php/es/gafi.

[52] Para mayor información sobre el Grupo de Acción Financiera Internacional, *vid.* http://www.fatf-gafi.org/pages/0,2966,e n_32250379_32237277_1_1_1_ 1_1,00.html.

[53] *Vid.* Comisión del Codex Alimentarius, ALINORM 03/25/3: Report of the Evaluation of the Codex Alimentarius and Other FAO and WHO Food Standards Work (2002).

[54] *Vid.* Harm Schepel, *The Constitution of Private Governance. Product Standards in the Regulation of Integrating Markets*, Oxford, Hart Publishing, 2004.

[55] *Vid.* John Ruggie, «Taking Embedded Liberalism Global: The Corporate Connection», en David Held y Mathias Koenig-Archibugi (eds.), *Taming Globalization: Frontiers of Governance*, Oxford, Polity Press, 2003, pp. 93, 105-06.

partes y partícipes del sistema global, y no como meros actores internos, las agencias intergubernamentales han promovido normas de alcance global para gobernarlas, no sólo en lo que hace a los criterios materiales o sustantivos de la regulación interna, sino también en lo que concierne a los procedimientos administrativos decisorios que han de seguir las Administraciones nacionales cuando aplican normas globales o cuando se hallan vinculadas a las restricciones de tales agencias. Esas exigencias procedimentales convierten a las Administraciones y autoridades nacionales en agentes de un relevante sistema global, atribuyéndoles una función adicional, y a través de esas normas de procedimiento aseguran que satisfacen adecuadamente las funciones que impone el trabajo en el marco de un sistema global.[56] Con las normas derivadas del sistema global se pretende, en definitiva, tutelar los intereses de otros Estados, de los individuos, y de las empresas sujetas a la regulación de que se trate, al mismo tiempo que se protegen intereses económicos y sociales más amplios que puedan verse afectados por lo que el sistema global disponga, mediante unos procedimientos administrativos que aseguran la fidelidad de los organismos reguladores nacionales a las normas administrativas globales, cuyo objeto es la protección de los derechos o preocupaciones de los afectados.

La primera Resolución del Órgano de Apelación de la OMC en el precitado caso *Camarones-Tortugas*, y al que se hace referencia también en otros capítulos, supuso un destacado esfuerzo para promover un foro estatal donde proteger los intereses de los Estados extranjeros afectados.[57] En lo que ahora importa, el Órgano de Apelación resolvió que para que las restricciones a la importación tuvieran amparo en el art. XX del GATT resultaba obligado que se respetaran las exigencias del derecho a un proceso debido, tanto de los Estados, como de los productores afectados.[58] De este ejemplo se sigue que las normas internacionales obligaban a que el procedimiento administrativo interno se rediseñara a fin de asegurar que su sistema de control garantizase la incorporación de los derechos e intereses de otros Estados y productores antes de tomar una decisión.

También se pueden traer otros ejemplos de la propia OMC y del Acuerdo General sobre el Comercio de Servicios (AGCS)*, en la medida en que han impuesto igualmente reformas y cambios en los procedimientos administrativos internos. Por ejemplo, en el sector de las telecomunicaciones se ha introducido el modelo del organismo regulador independiente. Aquí el procedimiento tiene por objeto asegurar una mejor implemen-

---

[56] Slaughter trata el doble carácter nacional y global de los roles de los funcionarios públicos nacionales en *A New World Order*, *supra* nota 34.

[57] *Vid. Camarones-Tortugas*, *supra* nota 16.

[58] *Id.*, para un comentario, *vid.* Giacinto Della Cananea, «Beyond the State: the Europeanization and Globalization of Procedural Administrative Law», *European Public Law*, núm. 9, 2003, pp. 563 y ss.; *vid.* asimismo Sabino Cassese, «Global Standards for National Administrative Procedure», *Law & Contemporary Problems* vol. 68, núms. 3-4, Summer/Autumn 2005, pp. 109 y ss.

* Este Acuerdo entró en vigor en 1995 y se inspiró en los mismos objetivos que su equivalente el comercio de mercancías, el Acuerdo sobre Aranceles Aduaneros y Comercio (GATT). *Vid.* https://www.wto.org/spanish/tratop_s/serv_s/gatsqa_s.htm (N. del T.).

tación de los fines de carácter sustantivo que a la regulación de las telecomunicaciones a nivel global le corresponde cumplir.[59] Tal es la razón de fondo que subyace al amplio sistema arbitral establecido en los tratados de inversión, a través del sistema del CIA-DI* y del Tratado de Libre Comercio de América del Norte (TLCAN o NAFTA, en inglés)**. Al amparo de estos mecanismos, los inversores pueden demandar y cuestionar la acción administrativa del Estado destinatario de la inversión, en defensa de los derechos que el tratado de inversión les reconoce. Con frecuencia, esos tribunales arbitrales establecen restricciones y límites, no sólo de carácter sustantivo, sino también procedimental, a los reguladores nacionales. Con ello se pone en manos de los inversores una poderosa herramienta, que no siempre pondera adecuadamente los intereses generales en presencia o intereses de otra naturaleza. Las Administraciones nacionales también se encuentran bajo el punto de mira de las instituciones regionales o globales que se ocupan de la defensa de los derechos humanos. Así, por ejemplo, con base en los criterios que cabe derivar de los derechos humanos, el TEDH fiscaliza si la acción administrativa nacional resulta conforme con el Convenio Europeo de Derechos Humanos (CEDH). Y, en tal sentido, ha creado todo un acervo jurisprudencial en torno al procedimiento administrativo, señaladamente en lo que concierne a los mecanismos de control y revisión.[60]

Probablemente, para muchos países en vías de desarrollo, los ejemplos más contundentes de esta clase o categoría de Administraciones provengan de las instituciones surgidas de los acuerdos de Bretton Woods. Así, las políticas del Banco Mundial sobre buena gobernanza o buen gobierno, con independencia de que se presenten a sí mismas como «asesoramiento» o como condiciones para recibir la ayuda financiera que éstos demandan, lo cierto es que han terminado por generar un amplio código de principios y reglas de organización y de procedimiento de la Administración nacional, y van desde la lucha contra la corrupción, pasando por una mayor transparencia, hasta garantías procedimentales en favor del individuo.[61] Habida cuenta de la dependencia que muchos países tienen de la ayuda y de la financiación exterior, estas normas del Banco Mundial han transformado, o están transformando, la Administración interna de muchas partes del mundo. Algunas condiciones que el FMI impone para otorgar ayuda financiera a países en desarrollo producen efectos similares.

---

[59] Markus Krajewski, National Regulation and Trade Liberalization in Services 164-78 (2003).

* Centro Internacional de Arreglo de Diferencias relativas a Inversiones, o *International Center for Settlement of Investment Disputes*, del Grupo del Banco Mundial. *Vid*. https://icsid.worldbank.org/apps/ICSIDWEB/Pages/default.aspx (N. del T.).

** http://www.tlcanhoy.org/Default_es.asp

[60] *Vid*. en general Henri Labayle *et al*., «Droit administratif et Convention européenne des droits de l'homme», *Revue française de droit administratif*, núm. 11, 1995, pp. 1172 y ss.

[61] *Vid*. Ngaire Woods y Amrita Narlikar, «Governance and the Limits of Accountability: The WTO, the IMF and the World Bank», *International Social Science Journal*, vol. 53, issue 179, 2001, pp. 569-583.

4. CARACTERÍSTICAS DOCTRINALES DEL DERECHO ADMINISTRATIVO GLOBAL: EL NACIMIENTO DE PRINCIPIOS Y REGLAS

Además de la variedad de estructuras y mecanismos institucionales que se han apuntado, el Derecho Administrativo Global abarca algunos principios y criterios jurídicos fundamentales, tanto de carácter procedimental como sustantivo. A la vista de la fragmentación de la praxis y de los distintos sectores de la Administración global y del limitado estado de su integración, no podemos aquí aventurar afirmaciones generales sobre los elementos doctrinales que disciplinan este campo en su totalidad. No obstante, pueden avanzarse algunas propuestas con carácter preliminar, aun cuando su alcance pueda resultar limitado en la actualidad. Constituye una tarea central para investigaciones futuras demostrar el grado en el que éstos y otros elementos se ven reflejados en la práctica administrativa global, y el grado en el que podrían aplicarse o ajustarse a las distintas áreas de regulación internacional o transnacional, en las que el Derecho Administrativo resulta actualmente rudimentario o inexistente.

A) PARTICIPACIÓN PROCEDIMENTAL Y TRANSPARENCIA

En los sistemas nacionales de Derecho Administrativo el derecho a ser oído, la audiencia del interesado, o el derecho a participar y a que las alegaciones de los participantes sean tenidas en cuenta antes de adoptarse la resolución que proceda constituye un elemento clásico y tradicional. Distintas versiones o expresiones de este básico principio se dan ya en el plano de la gobernanza administrativa global, como resulta fácil acreditar.

Así, por ejemplo, en el caso *Camarones-Tortugas*, ya aludido y comentado en otros capítulos, y en el que un Estado (aquí, los EE.UU.) había adoptado una decisión unilateralmente siendo así que ésta afectaba a otro, el Órgano de Apelación de la OMC puso de relieve que las autoridades nacionales estadounidenses habían resuelto imponer restricciones a la importación en defensa de una especie animal sin darle la oportunidad formal al Estado en cuestión de ser oído y de que respondiera a los argumentos formulados por aquéllas. En consecuencia, exigió a los Estados Unidos que estableciera los mecanismos necesarios para que, a través del procedimiento oportuno, se le diera efectiva participación al Estado afectado.[62] En lo que hace a las decisiones de una organización intergubernamental que adopta decisiones que afectan a un Estado, ya se ha notado también que se le ha de dar ocasión para que participe y alegue lo que a sus intereses convenga, aun cuando no sea miembro de esa organización. Así ha ocurrido en relación con el Grupo de Acción Financiera Internacional: antes de incluir al Estado en

---

[62] *Camarones-Tortugas, supra* nota 16, en párr. 180 y ss.

la lista de incumplidores, ha de ser oído.[63] Con respecto a los individuos, por ejemplo, el Código Mundial de Anti-Dopaje del COI destaca el derecho a ser oído, y dispone todo un conjunto de principios jurídicos de Derecho Administrativo para limitar la acción administrativa y el proceso decisorio que despliega esta institución privada. Por contraste, como se ha puesto de manifiesto, en el contexto de las sanciones económicas del Consejo de Seguridad de la ONU contra los Estados, sanciones que en última instancia afectan a los individuos, ciertos colectivos con residencia en esos Estados o a individuos que llevan a cabo actividades económicas en su territorio, no se ha establecido ninguna estructura para la participación de tales grupos potencialmente afectados antes de imponer las sanciones. No obstante, en el caso especial de personas incluidas en una lista para la congelación de sus activos en el marco de resoluciones adoptadas en la lucha contra el terrorismo se ha establecido una forma limitada de control y revisión.

La participación en los procedimientos administrativos de carácter global no se circunscribe a los individuos o a los Estados que puedan verse afectados por la decisión de que se trate, sino que se extiende a otros ámbitos. Por ejemplo, en lo que hace al establecimiento de estándares y aprobación de normas, numerosas organizaciones, como la Comisión del Codex Alimentarius, se han preocupado por integrar en sus procedimientos a las ONG representativas de los intereses sociales y económicos afectados.[64] Los reguladores internos, por su parte, han comenzado también a establecer procedimientos más participativos en la fase ascendente, esto es, antes de formar su posición en las negociaciones que tendrán lugar a nivel global. Con todo, la participación en la elaboración de normas y reglamentos se da en menos casos y sectores.

La transparencia del proceso decisorio y el acceso a la información constituyen presupuestos elementales para el ejercicio de los derechos de participación y de control, al tiempo que promueven la rendición de cuentas de forma inmediata o directa puesto que exponen todas las resoluciones y los documentos a un debate abierto, tanto por parte del público en general, como de los expertos.

En ese sentido, las organizaciones internacionales (Banco Mundial, FMI, OMC...) resultan cada vez más sensibles a la crítica de falta de transparencia y responden con una mejor disposición, que va en aumento, a que los documentos internos sean de acceso público. La participación de las ONG en el marco del proceso decisorio, como sucede en el caso del Codex, constituye otro medio para promover una mayor transparencia. Las redes integradas de organismos reguladores, tales como el Comité de Basilea o el IOSCO, hace ya mucho tiempo que abrieron sus webs al público, con abundante material acerca del proceso decisorio interno, y de los elementos y motivos en que sus decisiones se fundamentan. Otras redes regulatorias de composición mixta o híbrida –de actores públicos y privados– ha seguido la misma dirección, como en el caso, entre tantos, de la certificación de aprovechamientos forestales sostenibles.

En ocasiones esa apertura a la transparencia se hace de modo voluntario. Sin embargo, no faltan tampoco acuerdos internacionales en los que se apuesta decididamente

---

[63] *Vid.* Reporte del Grupo de Acción Financiera Internacional en Non-Cooperative Countries or Territories, en http://www.fatf-gafi.org/ dataoecd/57/22/33921735.pdf, párr. 41.

[64] Steve Suppan, *Consumers International's Decision-Making in the Global Market*, Codex Briefing Paper (2004), en http:// www. tradeobservatory.org/library.cfm?RefID=36988.

por una mayor transparencia, tanto a nivel estatal como global, señaladamente en relación con el medio ambiente. El acceso público a la información medioambiental que
la Convención de Aarhus establece tanto a nivel internacional como respecto de los
Estados, constituye un ejemplo elocuente en tal sentido.[65] Por otra parte, la OMC, el
Banco Mundial, y el FMI les han impuesto a las Administraciones nacionales ciertas
exigencias de transparencia.

B) LA MOTIVACIÓN DE LAS RESOLUCIONES Y DECISIONES

El deber de motivar las resoluciones administrativas, y, en particular, de
responder a las alegaciones vertidas por las partes, se ha hecho extensiva a muchas instituciones regionales y globales. Ha dejado, pues, de ser un requisito
propio y exclusivo del Derecho Administrativo de origen estatal. Hasta ahora, sin embargo, la práctica internacional, dejando al margen las resoluciones
de los tribunales que resuelven disputas o controversias, resulta relativamente
pequeña. Ello obedece en parte al hecho de que el número de resoluciones
individuales que adoptan las agencias administrativas globales y que afectan directamente a personas singulares es aún limitado, si bien continúa en ascenso.

De nuevo, la resolución del caso *Camarones-Tortugas* en el ámbito de la OMC es
de importancia central en lo que hace al principio de que las resoluciones han de moti-
varse en el plano de la regulación global. En cierto modo, así se expresaría igualmente
el Consejo de Seguridad de las Naciones Unidas cuando estableció que, al menos en
el ámbito interno, es necesaria una motivación suficiente antes de proponer que un
individuo se incluya en la lista de personas cuyos activos van a bloquearse. De modo
similar, en el régimen global antidoping, se considera presupuesto imprescindible que
la decisión sea motivada para que la adopción de medidas contra un atleta resulte legítima. Sin embargo y por contraste, en el procedimiento de elaboración de reglas y reglamentos de las organizaciones administrativas globales, la motivación no parece haber
conseguido el estatus deseable, aunque algunas organizaciones los motivan para generar un mayor grado de aceptación y consenso entre sus destinatarios. Así, por ejemplo,
el Comité de Basilea comenzó por establecer un procedimiento de diálogo –a través de
las nuevas tecnologías de la información y del conocimiento (webs y otras)– a la hora
de plantear nuevas reglas en materia de seguridad bancaria, con sucesivos borradores
y explicaciones, ponderando las distintas alegaciones y puntos de vista y ofreciendo
las razones en que se basa su decisión final. La Corporación Financiera Internacional
(*International Finance Corporation*) del Banco Mundial ha seguido un procedimiento
similar para la revisión de sus políticas.

---

[65] Convención sobre el Acceso a la Información, Participación Pública en la Toma de Decisión, y
Acceso a la Justicia en Asuntos Ambientales, 25 de junio, 1998, 38 I.L.M. 517 (entrada en vigor oct. 30,
2001) [de aquí en adelante, Convención Aarhus].

c) Control o revisión

El derecho a la tutela judicial efectiva y, más en concreto, el derecho a que cualquier resolución de una Administración que afecte a nuestros derechos e intereses sea objeto de examen y control por un juez o tribunal (o un órgano cuasijudicial independiente) constituye una de las características más típicas y esenciales de los sistemas nacionales de Derecho Administrativo. Este rasgo tiene su reflejo en el plano de la Administración global.[66]

A ese derecho –en el ámbito interno– se hizo referencia en la tan citada Resolución de la OMC del caso *Camarones-Tortugas*.[67] La trascendencia de este derecho, también en el ámbito global, encuentra múltiples expresiones en tantas organizaciones. Así, el Banco Mundial cuenta con un Panel de Inspección; o el Tribunal de Arbitraje para el Deporte, con un recurso de apelación para revisar las cuestiones relacionadas con el dopaje. Los tribunales de derechos humanos, por su parte, entienden que el derecho de acceso a la jurisdicción constituye un derecho humano o fundamental, como disponen, por ejemplo, el artículo 14 del Pacto Internacional sobre Derechos Civiles y Políticos, y los artículos 6 y 13 del CEDH (aunque cada una de estas disposiciones tenga sus correspondientes matices).[68] La jurisprudencia europea ha insistido en la importancia de este derecho ante y frente a las decisiones administrativas de las organizaciones intergubernamentales. De conformidad con lo dispuesto por los artículos 6 y 13 CEDH, los Estados parte han de garantizar que los estándares procedimentales de las organizaciones internacionales resulten equivalentes a los nacionales. En materia de personal, la mayoría de las organizaciones internacionales ha establecido mecanismos de revisión, a través, entre otras fórmulas, de tribunales independientes.

Quedan, desde luego, muchas cuestiones por resolver. Así, por ejemplo, ¿hasta qué punto resulta aceptable el control judicial o cuasijurisdiccional en cada una de las áreas o sectores de la gobernanza global, y con qué límites? ¿Qué mecanismos institucionales han de arbitrarse a tal efecto? Aun cuando se haya reivindicado con fuerza el derecho a una tutela efectiva en áreas relevantes, lo cierto es que resta mucho por hacer.

Así, por ejemplo, el Consejo de Seguridad no ha sido capaz de establecer un órgano independiente que pueda fiscalizar las decisiones que éste adopte. Lo mismo cabe decir de la ACNUR, que sólo ha admitido controles de supervisión interna. Tampoco en la administración de transición en territorios como Bosnia, Kosovo, o Timor Oriental, las organizaciones internacionales han llegado a aceptar la revisión de sus actos, sea ante órganos jurisdiccionales o ante órganos u organizaciones independientes, más allá del establecimiento de defensores del pueblo o figuras análogas.

---

[66] Para una temprana, pero breve discusión, *vid.* Négulesco, *supra* nota 9, p. 684-686.

[67] *Vid. Camarones-Tortugas*, *supra* nota 16, párr. 180; y *Estados Unidos-Acero*, *supra* nota 16.

[68] Pacto Internacional sobre Derechos Civiles y Políticos, Art. 14, 999 U.N.T.S. 171 (1966); Convención, Arts. 6, 13, abierta a la firma 4 nov. 1950, 213 U.N.T.S. 221 (1955).

D) Estándares sustantivos: proporcionalidad, racionalidad entre medios y fines, evitación de medios restrictivos innecesarios; confianza legítima[*]

Siempre que los derechos individuales puedan verse afectados o se encuentren en primera línea, se habría de activar la función protectora del Derecho Administrativo Global, a través de toda una serie de criterios o estándares de carácter sustantivo a los que la acción administrativa deberá de sujetarse, del mismo modo que sucede en el Derecho Administrativo nacional: proporcionalidad, justo equilibrio entre fines y medios, el uso del medio menos restrictivo posible, y principio de confianza legítima, entre otros.

La proporcionalidad se ha erigido en eje central en la jurisprudencia de algunos sistemas internacionales de protección de los derechos humanos. Así, en el CEDH, por ejemplo, la injerencia o intervención sobre los derechos individuales sólo puede legitimarse si, entre otras cosas, deviene proporcional, esto es, si el medio restrictivo del derecho o libertad elegido para la consecución del fin de interés general de que se trata guarda una razonable proporción o relación de medio a fin (el fin no justifica los medios; no se pueden matar moscas a cañonazos).[69] Se hace uso del principio de proporcionalidad igualmente en los tribunales nacionales en sentencias que tienen incidencia o impacto sobre la gobernanza global. Así, por ejemplo, un tribunal alemán se opuso a la decisión adoptada por una federación deportiva internacional en un caso de antidoping, por entender que la sanción impuesta había sido desproporcionada.[70] De modo análogo, las restricciones a las reglas generales del libre comercio establecidas en el sistema del GATT sólo se han considerado admisibles si cumplen ciertos requisitos que no tienen otro objeto que garantizar un equilibrio entre los medios y los fines, y que las restricciones al libre comercio no son innecesarias, esto es, que no exceden de lo estrictamente indispensable para alcanzar el fin que dice perseguir. Con todo, en

---

[*] Naturalmente, se trata de criterios, parámetros, cánones o estándares a los que ha de sujetarse la acción de las organizaciones que operan en el espacio administrativo global, y que, a su vez, sirven de control o revisión de su observancia. Presentan, pues, como siempre, una doble dimensión: positiva o de directriz vinculante para los actores; y de canon o criterios a través del cual enjuiciar su cumplimiento. (N. del T.).

[69] CEDH, Art. 8 (1); *vid.* también John Joseph Cremona, «The Proportionality Principle in the Jurisprudence of the European Court of Human Rights», en Ulrich Beyerlin *et al.* (eds.), *Recht Zwischen Umbruch und Bewahrung: Völkerrecht, Europarecht, Staatsrecht: Festschrift für Rudolf Bernhardt*, Springer, 1995, pp. 323 y ss. En general, en español, *vid.* el número monográfico sobre el principio de proporcionalidad de la revista *Cuadernos de Derecho Público*, núm. 5 (1998), revista editada por el INAP (España): http://revistasonline.inap.es/index.php?journal=CDP&page=issue&op=view&path[]=36

[70] *Krabbe v. IAAF et al.*, Oberlandesgericht Munich, 17 May 1995, citado en Gabrielle Kaufmann-Kohler, Antonio Ragozzi y Giorgio Malinverni, *Opinión Legal sobre la Conformidad de Ciertas Provisiones del Borrador del Código Antidoping Mundial con Principios del Derecho Internacional Comúnmente Aceptados*, 32, 121 (2003), disponible en http://www.wada-ama.org/rtecontent/document/kaufmann-kohler-full.pdf.

muchas otras áreas de la Administración global, el uso de tales requisitos ha sido hasta ahora mínimo.[71*]

E) EXCEPCIONES: INMUNIDADES

Con respecto a la inmunidad de los Estados extranjeros, los tribunales nacionales han tomado partido desde hace tiempo para resolver y ponderar los intereses en conflicto, evitando que los derechos individuales se vean preteridos, señaladamente cuando se trata de actividades puramente comerciales, a las que no se les aplica la inmunidad, de modo que, por ejemplo, puedan exigir el cumplimiento de los contratos de los que el Estado sea parte.

Este nivel alcanzado en los tribunales nacionales, sin embargo, no se ha producido aún en las organizaciones internacionales, aunque se aprecian signos de un cambio en la dirección apuntada. En *Waite y Kennedy v. Alemania*,[72] los demandantes ante el TEDH se quejaron de que la sentencia del tribunal alemán se había negado a conocer el fondo del asunto (una cuestión laboral o de personal contra la Agencia Espacial Europea), con el argumento de que esta organización intergubernamental disfrutaba de inmunidad frente a la jurisdicción alemana[73]. El TEDH entendió que no se había vulnerado el art. 6.1 del CEDH.[74] Pero para llegar a tal conclusión el TEDH hizo uso del test de proporcionalidad y en su virtud ponderó la existencia de recursos o reclamaciones internas, dentro de la propia Agencia, así como de otras vías de recurso contra la empresas que le suministraban a la Agencia la fuerza de trabajo.[75]

La ponderación en la búsqueda del equilibrio entre las exigencias de los derechos humanos, de un lado, y de la inmunidad de otro, se ha traducido en una suerte de presión para que estas agencias adopten procedimientos alternativos adecuados, en los que pueda conocerse de cualquier vulneración de los derechos humanos. En un caso posterior, *Fogarty v. Reino Unido*[76], el TEDH concluyó que las medidas que adopte una Alta Parte Contratante que sean reflejo de reglas generalmente admitidas en el Derecho Internacional Público sobre inmunidad del Estado no pueden considerarse, en principio, contrarias al principio de proporcionalidad, por su impacto sobre el derecho de acceso a la jurisdicción que reconoce el art. 6.1 CEDH. Así, como el derecho de acceso a la jurisdicción constituye una parte inherente de la garantía de un juicio justo y equitativo que se reconoce en ese precepto, puede entenderse que algunas restricciones

---

[71] Para una visión útil *vid.* Enzo Cannizzaro, *Il Principio della Proporzionalità nell'Ordinamento Internazionale*, Milano, Giuffrè, 2000.

* Sobre este tema, para mayor abundamiento, *vid.* el número monográfico de la revista española *Cuadernos de Derecho Público*, núm. 5, 1998 (http://revistasonline.inap.es/index.php?journal=CDP&page=issue&op=view&path[]=36). (N. del T.).

[72] *Waite y Kennedy v. Germany*, 30 Eur. H.R. Rep. 261 (1999).

[73] *Id.*, en el párr. 73.

[74] *Id.*

[75] *Id.*, en los párrs. 59, 64, 69 y 70.

[76] *Fogarty v. United Kingdom*, App. No. 37112/97 34, Eur. H. R. Rep. 302 (2001).

resultan inherentes al propio derecho, como sucede con las limitaciones que derivan de la inmunidad del Estado, comúnmente aceptadas por la comunidad de naciones como parte de la doctrina de la inmunidad de Estado.[77]

De aquí se infiere, de un lado, que el Derecho Internacional Público tolera algunas restricciones del derecho a la tutela judicial de los derechos humanos, y de otro, que el principio de proporcionalidad permite relativizar el carácter absoluto de que hasta ahora ha disfrutado la doctrina de la inmunidad.[78]

F) EXCEPCIONES: ¿REGÍMENES ESPECIALES PARA DETERMINADOS SECTORES?

En el Derecho Administrativo nacional, es obvio que no todos los mecanismos de control y rendición de cuentas en sentido amplio (*accountability*) se aplican por igual o de modo uniforme a la variada gama de actuaciones de las Administraciones internas. Se pueden encontrar excepciones, matices o estándares más bajos o menos densos de lo que se aplican comúnmente, como sucede, por ejemplo, en materias relacionadas con la seguridad nacional o las decisiones de los bancos centrales. Ha de procederse con suma cautela, pues, a la hora de reflexionar sobre si esas excepciones o matices pueden reproducirse en el plano de la Administración global.

Por ejemplo, en punto a la seguridad, el régimen sancionatorio del Consejo de Seguridad ha fijado estándares o parámetros muy bajos en lo que hace a la participación, motivación y control, como ya nos consta, aunque ello no signifique que ignore las críticas que, en favor de unos mecanismos de control más sólidos, se han vertido. En lo que hace a los bancos centrales, el Banco Central Europeo ha abierto el debate a nivel transnacional acerca del equilibrio entre el control y la independencia. En el ámbito de la supervisión bancaria, el Comité de Basilea ha realizado ya reformas en pro de una participación más amplia. Por su parte, los parlamentos nacionales han insistido en que los organismos nacionales participantes en diversos sistemas intergubernamentales emitan informes antes de que acuerden nuevas recomendaciones.

En términos generales, puede notarse que la práctica resulta muy heterogénea en cada uno de los distintos sectores. Dentro de una misma organización, como puede ser la OCDE, se dan muy diferentes criterios y estándares de transparencia y participación en sus respectivos procedimientos, en función de los departamentos o de las tareas que se lleven a cabo en cada caso, lo que con frecuencia no es sino un mero correlato o paralelo de las distintas culturas que esos ámbitos representan ya a nivel nacional.[79]

---

[77] *Id.*, en 314, párr. 36.

[78] *Vid.* Iain Cameron, «UN Targeted Sanctions, Legal Safeguards and the European Convention on Human Rights», *Nordic Journal of International Law*, volume 72, Issue 2, 2003, pp. 159-214.

[79] *Vid.* Salzman, *supra* nota 35; *vid.* también Dyzenhaus, *supra* nota 41.

IV. LAS BASES PRESCRIPTIVAS DEL DERECHO ADMINISTRATIVO GLOBAL

Todos aquellos que participan de algún modo en este nuevo campo, el Derecho Administrativo Global, bien sea para su estudio, o bien para su construcción práctica, son conscientes de que se trata de un proyecto *normativo* o *prescriptivo*, esto es, de un proyecto en el que se plantea prioritariamente qué ha de hacerse, qué criterios o principios han de presidir esta disciplina, cómo, y con base en qué valores o estándares, ha de solucionarse un determinado problema. En otras palabras, no se trata aquí y ahora de hacer un mero ejercicio de *descripción* o *clasificación* de soluciones técnicas para problemas bien acotados en el plano de la Administración regulatoria global. Las posibilidades que esa perspectiva normativa o prescriptiva arroja son enormes. No es una tarea fácil.

1. LA DIVERSIDAD DE MODELOS EN EL ORDENAMIENTO INTERNACIONAL Y LA VARIEDAD DE CONCEPTOS O ELEMENTOS PRESCRIPTIVOS DENTRO DEL DERECHO ADMINISTRATIVO GLOBAL

La diversidad de modelos en el ordenamiento internacional expresa a su vez una diversidad de contextos prescriptivos, que, en ocasiones, pueden resultar recíprocamente incompatibles. Y ello tanto en lo que hace al clásico Derecho Internacional, como en lo que se refiere a la nueva institucionalización internacional.[80] Se pueden seguir las huellas de este fenómeno recurriendo a la terminología de la Escuela inglesa de relaciones internacionales, de acuerdo con la cual son tres los modelos fundamentales a la hora de sistematizar la esfera internacional: pluralismo, «solidarismo» y «cosmopolitanismo». El pluralismo interestatal es el modelo típico del Derecho Internacional clásico, con tratados, instituciones internacionales, y una Administración internacional limitada a la ejecución de lo que los Estados hayan acordado. El resultado o consecuencia de este modelo es evidente. De un lado, en el caso de que se produzcan conflictos de relieve acerca de los valores que hayan de prevalecer, ninguno podrá imponerse sobre los demás sin más. De otro, las potestades de aplicación e implementación quedan en manos de los propios Estados, y no se centralizan en torno a una organización distinta. El solidarismo interestatal, por su parte, se basa en una concepción más profunda de los poderes de las organizaciones internacionales y de las Administraciones globales, que se traduce en unos va-

---

[80] *Vid.* Benedict Kingsbury, «Omnilateralism and Partial International Communities: Contributions of the Emerging Global Administrative Law», *Kokusaiho Gaiko Zasshi* («The Journal of International Law and Diplomacy»), vol. 104, 2005.

lores compartidos y en una mayor cooperación, aunque basada ésta aún en la negociación interestatal. Se caracteriza este modelo por un mayor grado de compromiso de los Estados en favor de la creación de un sistema de Administración de carácter global y por apoyar las decisiones que ésta dicte, aun cuando tales decisiones resulten contrarias a corto plazo a sus propios intereses. El cosmopolitanismo concibe la gobernanza global como una realidad que no es esencialmente fruto de la negociación interestatal, sino que deriva también de redes interestatales de la sociedad civil, de reguladores privados, de los medios de comunicación y de los mercados. Estos tres modelos son tipos ideales que aquí se exponen de modo muy simplificado.[81]

En todos los ámbitos de la gobernanza global encontramos elementos de cada uno de esos tres modelos, un tanto mezclados. Aunque ha de reconocerse que en cada área, a los ojos de los actores principales, predomina un modelo sobre los demás, impregnando muchos de los detalles concretos y específicos. Así, por ejemplo, el control armamentístico o el desarme constituye un campo presidido por el modelo pluralista; la Corte Penal Internacional representa un buen ejemplo del modelo de la solidaridad, mientras que la gobernanza del deporte se articula en torno a un modelo cosmopolita. Estas distintas notas características del ordenamiento internacional no son un mero objeto de una descripción aséptica, sino que, más bien, constituyen una declaración acerca del entendimiento que tienen los participantes en cada modelo en torno a lo que ha de ser la dinámica prevalente.

Estos tres modelos del ordenamiento internacional se pueden yuxtaponer a tres concepciones distintas de carácter normativo o prescriptivo, esto es, a tres ideas de lo que ha de ser la función primordial del Derecho Administrativo Global: control y rendición de cuentas internos, protección de derechos individuales o de los derechos de los Estados, y promoción de la democracia.[82] La primera concepción normativa del Derecho Administrativo Global[83] –el control y rendición de cuentas internos en el plano administrativo– se concentra en el control de la organización subordinada o de los órganos periféricos de un sistema administrativo dependiente, con la pretensión de que respondan a, y se legitimen en, un centro –sea este legislativo o ejecutivo–, señaladamente mediante el principio de legalidad de la acción administrativa. Esta compren-

---

[81] Para estos tipos ideales, *vid.* Andrew Hurrell, «International Law and the Making and Unmaking of Boundaries», en Allen Buchanan y Margaret Moore (eds.), *States, Nations, and Borders: The Ethics of Making Boundaries*, Cambridge, Cambridge University Press, 2003, pp. 275, 278-87; Benedict Kingsbury, People and Boundaries: An «Internationalized Public Law» Approach, en *States, Nations, and Borders,* cit. pp. 298, 299-302

[82] Para un concepto normativo similar detrás del Derecho Administrativo interno, *vid.* Eberhard Schmidt-Assmann, *Das Allgemeine Verwaltungsrecht als Ordnungsidee*, 2ª ed., Springer-Verlag, Berlin Heidelbert, 2004.

[83] El concepto es cronológico en términos del desarrollo evolucionario del Derecho Administrativo nacional y práctico en términos de la necesidad de una Administración global.

sión pone el acento en las funciones políticas y organizativas, y en la integridad del sistema, y no tanto en normas de carácter sustantivo. Se erige en el modelo ideal de una ordenación internacional en la que el principio básico sea el pluralismo, en ausencia de un consenso mínimo sobre las normas sustantivas.

La segunda concepción normativa o prescriptiva es de carácter liberal y se basa en los derechos individuales. El Derecho Administrativo aquí tiene por objeto proteger los derechos de los individuos, y de otros actores de la sociedad civil, y lo hace, en particular, poniendo a su disposición dos medios estratégicos: una amplia participación en los procedimientos administrativos y la tutela judicial, que asegure la sujeción de la Administración pública a la legalidad establecida. Esta protección puede hacerse extensiva a los derechos de los Estados.

La tercera concepción ve en el Derecho Administrativo Global el instrumento para la promoción de la democracia. El Derecho Administrativo de muchos ordenamientos nacionales posee un claro componente democrático, y, a tal propósito, busca, primero, que las Administraciones respondan ante el parlamento mediante el cumplimiento de las leyes que de éste emanen, y, segundo, que se tengan en cuenta los intereses económicos y sociales a través de la participación del público en los procedimientos administrativos decisorios.

A nuestro limitado propósito y a los efectos de suscitar el debate futuro, es suficiente con este breve esbozo de los tres modelos y las correspondientes concepciones prescriptivas que a ellos subyacen. Un tratamiento más completo de la dimensión normativa o prescriptiva requiere un análisis más extenso y profundo, con matices mucho mayores, que no siempre admiten una fácil catalogación en cada una de esas tres categorías.

2. EL CONTROL Y RENDICIÓN DE CUENTAS INTERNOS

La primera comprensión del Derecho Administrativo Global es la menos exigente en el plano prescriptivo de las tres: presupone la existencia de un ordenamiento determinado y se limita a asegurar que cada uno de los componentes o agentes que lo integran ejerce las funciones que le han sido asignadas y que actúa de conformidad con el régimen interno establecido. Desde esta perspectiva, el Derecho Administrativo es meramente funcional y se justifica a sí mismo como mero instrumento para sostener y asegurar la cohesión y buen funcionamiento del orden institucional.

Cualquier régimen o sistema administrativo global depende para su funcionamiento de la acción coordinada de diversos componentes y agentes, tanto internacionales o transnacionales, como internos, y requiere, por tanto, de mecanismos para asegurar que cada uno de ellos lleva a cabo las funciones que le hayan sido atribuidas y de conformidad con las normas que el sistema tenga establecido. Esos mecanismos entrañan de ordinario la existencia de alguna forma de supervisión, para verificar tanto que no se desbordan los límites de la delegación, como el cumplimiento de las normas que emanan de ese centro.

Puede concebirse de esta forma, por ejemplo, el Panel de Inspección del Banco Mundial, es decir, como un instrumento para controlar la gestión central de la institución. El Órgano de Solución de Diferencias de la OMC también funciona hasta cierto punto como mecanismo para afirmar y para ayudar a hacer cumplir las reglas de este aparato global frente a las Administraciones nacionales, que actúan, como antes se ha dicho, de modo aislado o «diseminado». En análogo sentido, la aparición de normas europeas sobre los procedimientos administrativos del Estado miembro, permitiendo una mayor participación y la revisión judicial de las decisiones administrativas del Estado miembro, ha dotado de mayor efectividad al Derecho europeo y ha conseguido que éste se cumpla mejor y se imponga incluso frente a los reguladores nacionales más renuentes.[84]

Es ésta una dimensión que en cierto modo refleja lo que ya ocurre a nivel estatal. Piénsese, en el caso estadounidense, en la supervisión que ejerce la Oficina para la Gestión y el Presupuesto, la *US Office of Management and Budget* (OMB)*, dependiente de la Casa Blanca, sobre las agencias federales. También es expresión de una tendencia importante en el desarrollo del Derecho Administrativo en muchos países europeos en el siglo XIX.

En el ordenamiento global que se fundamenta en la concepción pluralista, los Estados se sitúan en el centro del sistema y se preocupan por supervisar que la organización no se extralimite o exceda de los límites que la delegación de poderes le ha conferido. Los mecanismos nacionales, propios del Derecho Administrativo, que se utilizan para controlar la delegación de poderes, resultan particularmente idóneos en este contexto, ya que se sirven de los términos de la delegación de que se trate como vara o canon de medir la legalidad de la actuación. Aquí se encuentra su principal test (control *ultra vires*). Algo análogo se puede hacer en la esfera internacional a fin de determinar si las organizaciones internacionales desbordan las funciones que les han sido atribuidas (sistema de competencias de atribución). Sin embargo, son pocos los mecanismos que a nivel internacional ejercen esa función: la principal instancia general de revisión sigue siendo la jurisprudencia episódica de la Corte Internacional de Justicia sobre la legalidad de los actos de las organizaciones internacionales, una jurisprudencia que continúa dejando algunos temas sin resolver, como el relativo a la competencia de la Corte para revisar la acción del Consejo de Seguridad por referencia a la Carta de las Naciones Unidas o a otras reglas del Derecho Inter-

---

[84] *Vid.*, por ejemplo, Johannes Masing, *Die Mobilisierung des Bürgers für die Durchsetzung des Rechts*, Duncker & Humbolt, Berlin, 1997.

* https://www.whitehouse.gov/omb.

nacional.[85] En la Unión Europea, tal revisión constituye una función que ejerce el Tribunal de Justicia de la Unión Europea, aunque durante mucho tiempo se ha resistido a ejercerla en profundidad.

Una concepción del Derecho Administrativo Global que se sustente tanto en la legalidad, de un lado, como en la revisión jurisdiccional como instrumento de control del actor central sobre los órganos o agencias periféricos o subordinados, de otro, encuentra acomodo en el ordenamiento internacional y puede encajar bien con una heterogénea variedad de Administraciones globales. Así, un Derecho Administrativo Global diseñado sobre esos pilares tiene su encaje con otras concepciones del Derecho Internacional, como son la solidaria y la cosmopolita, esto es, sobre la base de un grupo de Estados que comparten importantes valores comunes. Ahora bien, este Derecho Administrativo Global satisface igualmente una relevante misión en el seno de los modelos o concepciones pluralistas, en las que las Administraciones comunes no tienen otro objeto que resolver problemas de coordinación y colaboración. En cada uno de estos modelos y concepciones, sin embargo, la relación entre el centro y la periferia, y sus respectivas definiciones (qué se entiende por supervisión y por delegación en cada caso) varían, desde luego. Sin embargo, todos estos modelos se enfrentan a la misma cuestión, a saber: el modo de ejercer el control interno y la rendición de cuentas, para lo que el Derecho Administrativo proporciona todo un acervo cultural y de herramientas útiles.

3. LA PROTECCIÓN DE LOS DERECHOS

El segundo estrato o movimiento de carácter prescriptivo en relación con el Derecho Administrativo Global se refiere a los derechos y su protección. Aquí se plantean numerosas proposiciones de carácter normativo en orden a mejorar la tutela de los derechos. Y es posible aún conectar el Derecho Administrativo Global con esas tres concepciones del ordenamiento internacional, si se postula una comprensión muy amplia de los derechos individuales. Si nos fijamos, en efecto, en cualquier sistema de Derecho Administrativo, comprobaremos que todos los derechos que se encuentran en liza son de ordinario aquéllos que resultan ser objeto directo de la regulación, esto es, los derechos de los destinatarios, sean éstos los Estados, los individuos, las empresas, o las ONG en algunos casos… Al igual que sucede en el Derecho Administrativo nacional, los

---

[85] *Vid.*, en general José E. Alvarez, «Judging the Security Council», *American Journal of International Law*, vol. 90, 1996, pp. 1 y ss.; *vid.* también B. Martenczuk, «The Security Council, the International Court and Judicial Review: What Lessons from Lockerbie?», *European Journal of International Law*, vol. 10, núm. 3, 1999, pp. 517-547.

derechos de terceros pueden verse asimismo afectados indirectamente a resultas de las decisiones o reglas adoptadas.

La justificación teórica más común con base en los derechos individuales se construye sobre la necesidad de que un Derecho Administrativo Global ha de tener como eje los derechos individuales y, por consecuencia o conexión, el principio del Estado de Derecho, entendido como imperio de la ley (*rule of law*). La acción administrativa que afecta a los derechos individuales, puede vulnerarlos –sea a resultas de la imposición de sanciones, la generación de responsabilidad patrimonial, un tratamiento discriminatorio, la denegación de una licencia...– y requiere de ordinario de la audiencia del interesado, esto es, de la posibilidad de que el afectado sea oído y pueda pronunciarse sobre las distintas cuestiones de interés, antes de que se tome decisión definitiva alguna; que la decisión en todo caso sea motivada; y que tenga oportunidad de instar la revisión o control de la misma ante una organización independiente. Desde esta perspectiva, resulta indiferente quién sea el sujeto de la intervención o quién realiza la injerencia sobre los derechos individuales. No importa que sea un regulador nacional o una organización internacional.[86] Esta línea argumental parece que subyace a la praxis de algunas organizaciones nuevas en el ámbito del Derecho Administrativo Global, singularmente, claro está, cuando la Administración global interviene directamente sobre los individuos.

Tal es el hilo conductor que recorre numerosos supuestos, como la reivindicación de que el Consejo de Seguridad asuma y practique las garantías propias del derecho al proceso debido cuando impone sanciones. Ahí descansa la idea de la protección de los derechos individuales. Como está también detrás de la insistencia de los tribunales nacionales de que el derecho al debido proceso se respete en el ámbito del sistema global de lucha contra el dopaje. De igual modo, los tribunales constitucionales nacionales en Europa han tenido ocasión de reiterar la centralidad de los derechos individuales, en su diálogo e interacción con el Tribunal de Justicia de la Unión Europea.

Abogar por un Derecho Administrativo Global basado en la protección de los derechos individuales presupone dar prioridad a los valores liberales, acaso alcanzables en una sociedad global cosmopolita, en la que el individuo constituye el eje y centro del sistema. Sin embargo, se puede hacer realidad ese Derecho Administrativo Global, fundado en la libertad y los derechos individuales, a través de otros modelos del ordenamiento internacional.

Así, por ejemplo, esa preocupación tiene cabida en una sociedad no cosmopolita, en una sociedad internacional solidaria con un importante acento en los derechos humanos. No faltan quienes sostienen que ya hoy se puede hablar de un naciente Derecho Internacional Universal, basado en los derechos humanos.

---

[86] *Vid.* Dyzenhaus, *supra* nota 41.

Si la sociedad global ha alcanzado ya ese estadio, la construcción de un Derecho Administrativo Global resultará incontestable. Sólo cabrá debatir la concreta interpretación de cada uno de los derechos individuales y del principio del Estado de Derecho.[87] Ahora bien, en una sociedad internacional pluralista, en la que los derechos humanos no se hallan en absoluto protegidos, o sólo mínimamente, no existe en buena medida la base social suficiente para construir un Derecho Administrativo Global que tenga en su centro los derechos individuales. El problema de los derechos individuales en una ordenación pluralista resulta particularmente complejo, porque, de un lado, los Estados con hondas raíces de corte liberal no podrán estar satisfechos con una Administración global que no respete los principios básicos del Estado de Derecho, mientras que, de otro, no faltarán Estados que objeten las medidas de Derecho Administrativo de protección de los derechos individuales, especialmente cuando se proyectan desde el espacio global a sus respectivas Administraciones nacionales. Es evidente que una vez que una determinada función regulatoria adquiere una dimensión transnacional o internacional el problema de las distintas concepciones sociales y económicas de cada uno de los Estados y regiones se convierte en la cuestión central. Puesto que ninguno de los Estados que participan puede exigir que sean sus propias ideas las que predominen sobre las instituciones globales, no es difícil ver en estas instituciones una amenaza para la propia forma de organizar el Estado y la sociedad. En un ordenamiento pluralista, este problema se hace más agudo, porque las diferencias entre los órdenes sociales resultan muy grandes; en un ordenamiento solidario, las diferencias podrán derivarse y depender del grado de desacuerdo sobre la interpretación de los valores comunes que los unen.

Ya se han presentado algunos conflictos y dificultades análogos con respecto a ciertas medidas de Derecho Administrativo establecidas para la protección de los derechos e intereses económicos de las empresas y de otros agentes económicos que operan en la economía de mercado global; estas medidas son representativas de las diversas facetas o dimensiones que encierran los valores liberales. Algunos ejemplos y casos guardan relación con los instrumentos de protección del inversionista y los remedios arbitrales establecidos en los tratados de inversión. Casos como los arbitrajes en el marco del TLCAN (NAFTA) en relación al carácter expropiatorio de una legislación reguladora del medio ambiente en México, o el de una multinacional en materia de aguas contra Bolivia por la pérdida de los derechos de explotación, por ejemplo, han generado un amplio debate.[88] El cumplimiento y ejecución de los acuerdos establecidos

---

[87] *Id.*

[88] *Vid. Metalclad Corp. v. México*, 40 I.L.M. 55, párr. 33. (NAFTA/ICSID (AF), 2001; *vid.* también *Aguas del Tunari S.A. v. Republic of Bolivia*, Caso No. ARB/02/3, pendiente ante el Tribunal CIADI.

en materia de propiedad intelectual, en el marco de la OMC (acuerdos TRIPS)* ha creado también una viva polémica.[89]**

Con todo, una construcción del Derecho Administrativo Global que pretenda basarse en los derechos puede asimismo seguir un camino distinto: así, se puede fundar sobre los *derechos de los Estados*, esto es, sobre los derechos como elemento esencial que pertenece al ámbito estatal. De acuerdo con este planteamiento el Derecho Administrativo y su instrumental se utilizará para proteger los *derechos de los Estados*, de modo que se garantice que los reguladores o Administraciones no se exceden de las competencias que le han sido atribuidas en sus relaciones con terceros Estados, o con los Estados miembros. En última instancia, de lo que se trata es de satisfacer la necesidad de vigilar el ejercicio de las competencias administrativas de cada uno de los actores intervinientes. Y ello se puede lograr a través de procedimientos administrativos específicos que aseguren que en cada país se cumplen las reglas que emanan de su respectivo Estado.

En cierto modo y hasta cierto punto, podría decirse que algunos de los instrumentos del Derecho Internacional clásico sirven a esta finalidad, cuando resuelven disputas o controversias; lo mismo cabe decir de la OMC, que supervisa que ningún Estado se extralimite en sus actuaciones. Las Resoluciones dictadas en el caso ya citado *Camarones-Tortugas*, de acuerdo con las cuales, como ya nos consta, los Estados tienen derecho a participar en los procedimientos de otro Estado cuando puedan verse afectados, entroncan con este fenómeno.[90] Constituyen un ejemplo en este sentido igualmente las actuaciones del Grupo de Acción Financiera Internacional tendentes a dar previa audiencia y participación, incluso a los Estados que no forman parte de esa organización, antes de incluir a un Estado en la lista de incumplidores.[91]

En la medida en que esa vigilancia, para que no se produzca extralimitación competencial y material alguna, parece darse más en sentido vertical que horizontal, los debates abiertos en torno al control del Consejo de Seguridad y de la Unión Europea abren nuevos caminos y perspectivas. Desde la perspectiva de los derechos, ese control parece tener por objeto identificar si se desborda el perímetro de la delegación de poderes, antes que la protección de los derechos de los Estados frente a su vulneración, aunque ambas dimensiones podrán presentarse conjuntamente.

---

* En español, ADPIC: https://www.wto.org/spanish/tratop_s/trips_s/trips_s.htm.

[89] Graeme B. Dinwoodie y Rochelle Cooper Dreyfuss, «International Intellectual Property Law and the Public Domain of Science», *Journal of International Economic Law*, vol. 7, núm. 2, 2004, pp. 431-448.

** Sobre este tema, *in extenso*, capítulo undécimo.

[90] *Vid.* Cassese, *supra* nota 13.

[91] *Vid.* el sitio web del Grupo de Acción Financiera Internacional, *supra* nota 52.

Por otro lado, el Derecho Administrativo Global construido sobre los derechos dentro de la esfera estatal puede articularse asimismo sobre la concepción pluralista del ordenamiento jurídico internacional, atribuyéndole a los Estados derechos como un medio o instrumento para dar espacio a la diversidad de cada Estado, al tiempo que sirve para fijar límites para salvaguardar la necesaria acción colectiva. Para algunos Estados, tales derechos derivarían de una concepción colectivista; para otros, en cambio, ello respondería en última instancia a los derechos individuales subyacentes. Vistas así las cosas, un Derecho Administrativo Global que gire en derredor de los derechos de los Estados podría resultar bastante limitado, aunque encaje muy bien con un ordenamiento jurídico internacional de corte pluralista. Cabe admitir, sin embargo, que en una ordenación cosmopolita o solidaria, con importantes valores comunes y un fuerte sentido del compromiso en favor de los derechos humanos, la teoría de los derechos de los Estados podría resultar útil a la hora de organizar la representación de los individuos o de los grupos de intereses sociales y económicos a nivel global. En ese contexto, se puede hacer una analogía entre los derechos de los Estados y los derechos de las entidades locales o de los Estados dentro de una Federación, en la medida en que constituyen la expresión de un equilibrio entre la utilidad administrativa y la diversidad cultural en el marco de una entidad de mayores dimensiones. En una sociedad cosmopolita o solidaria, este marco conceptual puede coexistir fácilmente con la fundamentación de que a la postre son los derechos individuales el último baluarte o justificación, tal y como se explica de ordinario en los Estados federales o en el seno de la Unión Europea.

4. LA IMPLEMENTACIÓN DE LA DEMOCRACIA

El tercer estrato es el más exigente en términos prescriptivos o normativos, es decir, si nos situamos en el plano del deber ser. Nos referimos a los ideales democráticos, a la hora de evaluar las necesidades, el funcionamiento y las posibilidades del Derecho Administrativo Global en términos de legitimidad democrática. Ahora bien, desde esta perspectiva –la función normativa que al Derecho Administrativo Global le cabe cumplir en este extremo– son diversos los planteamientos posibles.

Así, algunos autores destacan las vías a través de las cuales el Derecho Administrativo nacional contribuye a hacer realidad el principio democrático. Por ejemplo: asegurando que la Administración cumpla las leyes democráticas aprobadas por el Parlamento, de un lado, y, de otro, estableciendo ciertos instrumentos de participación y transparencia en el seno de los procedimientos administrativos de elaboración de reglas y reglamentos. Estas fórmulas en pro de la legitimidad democrática de la acción administrativa pueden presentar muchas variantes, en función del ordenamiento jurídico nacional de que se trate. Así, por ejemplo, el Derecho Administrativo norteamericano, por medio de su Ley de Procedimiento Administrativo (APA)*, garantiza que la Administración abra los procedimientos a una amplia participación y que tenga en cuenta todas las alegaciones y los intereses hechos valer por los interesados, que tienen además derecho a que la decisión u opción política finalmente adoptada sea ponderada y motivada. Estas exigencias se garantizan, en última instancia, judicialmente. La motivación, por ejemplo, ha de dar respuesta a las distintas alegaciones vertidas en el procedimiento. Ha de notarse, sin embargo, que cada sistema nacional de Derecho Administrativo es diferente y que esta versión «judicializada» de la participación –es decir, la imposición judicial de estos derechos en caso de que sean desconocidos–, propia del sistema jurídico estadounidense, no se da en todos los ordenamientos jurídicos.[92] Los sistemas democráticos nacionales varían en sus formas de hacer operativo el control democrático, y difieren en consecuencia en los medios con los que gestionar y controlar la discrecionalidad, que toda eficaz Administración necesita. Así, por ejemplo, en algunos sistemas jurídicos nacionales se pone el acento en el control parlamentario o del Ejecutivo, a través de instrumentos diversos, como puede ser un mecanismo centralizado de evaluación de impacto regulatorio, o de coste-beneficio**; otros ordenamientos apuestan por la participación de los expertos, en los procedimientos administrativos y en el ulterior control judicial. A pesar de estas diferencias, sin embargo, la preocupación central del Derecho Administrativo en todos estos países radica en la efectividad del principio democrático.

Para algunos, el Derecho Administrativo Global debe atender estas mismas funciones en relación con las Administraciones que operan a nivel transnacional o internacional. Es fácil afirmar el ideal democrático como eje de un Derecho Administrativo Global, pero ha de reconocerse que, en la práctica, se enfrenta a no pocos problemas, tanto de concepto como de aplicación al caso. En primer término, parece dudoso que la sociedad internacional haya alcanzado el nivel de consenso suficiente en torno a lo que haya de entenderse por un estándar democrático mínimo y común, para utilizarlo como base de la Administración global. En segundo lugar, el modelo nacional de Derecho Administrativo se articula sobre una específica estructura organizativa que se caracteriza por la existencia de centros productores de normas democráticas y la promulgación de leyes parlamentarias. No faltan quienes abogan por una réplica de este esquema a nivel global, esto es, por una suerte de democracia representativa global,[93] si bien se considera de ordinario un ideal inalcanzable, cuando no exento de peligros. Los jueces y tribunales (órganos jurisdiccionales independientes), situados en el eje de los ordenamientos jurídico-administrativos nacionales, no se dan a nivel global. Por tanto, un Derecho Administrativo Global habría de construirse sobre fundamentos jurídicos

---

* Sobre el tema, en español, puede verse el capítulo de Peter Strauss «Los procedimientos de elaboración de reglamentos y disposiciones administrativas en EE.UU.», en la obra colectiva *La transformación del procedimiento administrativo* (Javier Barnes, ed.), Global Law Press, Sevilla, 2008.

[92] Para diferentes concepciones y tradiciones de derechos participativos y su desarrollo en la Unión Europea, *vid.* Francesca Bignami, «Three Generations of Participation Rights before the European Commission», *Law & Contemporary Problems*, Vol. 68, Winter 2004, p. 64. Para los diferentes enfoques sobre la participación en la regulación administrativa, *vid.* Theodora Th. Ziamou, *Rulemaking, Participation and the Limits of Public Law in the USA and Europe* (2001).

** Sobre el tema, puede verse J-B Auby y T. Perroud, *La evaluación de impacto regulatorio*, Global Law Press, Sevilla, 2013.

[93] *Vid.* Richard Falk y Andrew Strauss, *Toward Global Parliament*, 80 Foreign Aff. 212 (2001).

muy diversos a los que sirven de cimiento en el sistema nacional. O bien la producción normativa a nivel internacional habría de tener una base democrática, de modo que la legalidad que rige la acción administrativa responda a las exigencias democráticas; o bien los procedimientos administrativos de elaboración de normas y de toma de decisiones habrían de soportar sobre sus exclusivas espaldas las cargas que el principio democrático impone.[94] Sin embargo, ninguna de las dos opciones cuenta con teorías democráticas que le den el necesario soporte y consistencia. Si no existe un cuerpo electoral, ni otro sistema de representación directa, no resta sino recomendar entonces diversas modalidades de democracia deliberativa y participativa[95], perspectiva ésta que difícilmente puede resolver el problema central de definir lo que haya de entenderse por «el público», que se supone que es el que ha de gobernar, o hallarse representado a nivel global[96], ni tampoco el problema de la configuración de los mecanismos e instrumentos a través de los cuales pueda tener lugar la participación y la deliberación a que se ha hecho referencia.[97]

Ciertas expresiones de lo que podríamos denominar como experimentalismo democrático, acaso adecuadas para la Unión Europea,[98] no son exportables a otros entornos, puesto que requieren hasta cierto punto un basamento e inserción en organizaciones democráticas estables y altamente desarrolladas. Mientras que la deliberación en el seno de las instituciones de carácter regulatorio puede proporcionar buenos resultados,[99] lo cierto es que ello no basta para imputar esas decisiones al público, esto es, para conectarlas con éste; habría que establecer un sistema de representación.[100] Se trataría, en definitiva, de fórmulas de tecnocracia deliberativa, de debate, entre quienes tienen el conocimiento experto y técnico, que podrían ser suficientes cuando la Administración global en realidad no tiene que tomar decisiones de justicia distributiva, ni resolver conflictos de asignación de recursos.[101] Ahora bien, en la justa medida en que la Administración regulatoria global se extiende por doquier y ha de resolver cuestiones relacionadas con la asignación y distribución de recursos, el debate y el cuestiona-

---

[94] Para un problema similar en el contexto de la UE, *vid.* Renaud Dehousse, «Beyond Representative Democracy: Constitutionalism in a Polycentric Polity», en Joseph H.H. Weiler y Marlene Wind (eds.), *European Constitutionalism Beyond the State*, Cambridge, Cambridge University Press, 2003, pp. 135 y ss.

[95] *Vid.* Robert L. Howse, «Transatlantic Regulatory Co-operation and the Problem of Democracy», en George A. Bermann *et al.* (eds.), *Transatlantic Regulatory Co-operation: Legal Problems and Political Prospects*, Oxford, Oxford University Press, 2000, pp. 469, 478-480.

[96] *Vid.* la crítica en Ruth Grant y Robert Keohane, *Accountability and Abuses of Power in World Politics*, IILJ Working Paper 2004/7, 14, at http:// iilj.org/papers/2004/2004.7%20Grant%20 Keohane.pdf.

[97] *Vid.*, por ejemplo, Jürgen Habermas, *The Postnational Constellation*, trad. y ed. de Pax Pensky, Cambridge, The MIT Press, 2001.

[98] *Vid.* Charles Sabel y Jonathan Zeitlin, *Networked Governance and Pragmatic Constitutionalism: The New Transformation of Europe* (manuscrito sin publicar, en archivo con los autores). (N.T.: existe acceso en línea al documento: http://www.iilj.org/courses/documents/HC2003.Sabel.pdf).

[99] *Vid.* Joerges, *supra* nota 24.

[100] *Vid.* la crítica relevante en Martin Shapiro, «'Deliberative,' 'Independent' Technocracy v. Democratic Politics: Will the Global Echo the E.U.?», *Law & Contemporary Problems* vol. 68, núms. 3-4, Summer/Autumn 2005, pp. 341 y ss.

[101] Sobre la falta de notabilidad de muchas áreas de regulación de la UE en este contexto, ver Andrew Moravcsik, *supra* nota 25, en pp. 25-26; ver también Fritz Scharpf, «Governing Europe: Effective and Democratic?» (1999).

miento de sus decisiones se hace más evidente. No sorprende, pues, la urgencia por elaborar una teoría democrática para la Administración global, que sea capaz de ofrecer respuestas convincentes. Sin embargo, es poco probable que a corto plazo pueda desarrollarse en este ámbito y nivel.

Con todo, una concepción del Derecho Administrativo Global que realce el principio democrático no tiene por qué depender necesariamente de una teoría democrática altamente evolucionada y madura a nivel global. En este sentido, Anne-Marie Slaughter ha sugerido que muchos de los problemas que se plantean hoy día a la hora de conseguir que las organizaciones globales respondan en términos democráticos (*democratic accountability*) se solucionarían, si la Administración global actuara a través de redes intergubernamentales en las que cada autoridad nacional integrante respondiera ante su respectivo electorado mediante las instituciones internas correspondientes.[102] De acuerdo con su argumentación, hacer efectiva esa rendición de cuentas ante las propias instituciones internas resulta probablemente mucho más fácil en el marco de las redes intergubernamentales que en el seno de organizaciones internacionales formales creadas mediante tratados, puesto que éstas disfrutan de una autonomía mucho mayor. La consecución efectiva de tal control presupone el fortalecimiento de múltiples instrumentos internos, dentro de cada Estado, entre los que podrían destacarse los mecanismos de participación propios del Derecho Administrativo estatal, pero referidos a la participación de las autoridades nacionales en esas redes. Esta estrategia, desde luego, sería de suma utilidad para proporcionar una cierta legitimidad democrática; ahora bien, su efectividad podría verse limitada de forma relevante, habida cuenta la dinámica del proceso decisorio que es propio de estas redes intergubernamentales. Si a ello se añade además que la Administración global se sirve de otras muchas estructuras organizativas, más allá de la fórmula de las redes, resulta obvio que esa solución deviene parcial y limitada. Finalmente, y ello resulta aún más trascendente, esa estrategia encaja bien con una ordenación pluralista del sistema internacional, ya que vincula y redirige la rendición de cuentas de la organización global hacia el Estado y su ordenamiento interno, es decir, la responsabilidad por las decisiones adoptadas a nivel global se ventila ante las instituciones políticas de cada Estado participante. Por la misma razón, tal estrategia puede resultar contraria a la instauración de un ordenamiento basado en las concepciones solidaria y cosmopolita de la Administración internacional.

Por todo ello, acaso resulte más práctico comenzar por un planteamiento más modesto en la construcción de un Derecho Administrativo Global.

---

[102] *Vid.* Slaughter, *supra* nota 34.

Así, por ejemplo, cabría reconocer que en ciertas circunstancias y escenarios una determinada Administración global carece de una base democrática suficiente, y admitir, sin embargo, al mismo tiempo, que su actuación resulte obligatoria para resolver algunos problemas que las democracias nacionales no son capaces de solucionar por sí mismas. Así, en esa situación no ideal, el Derecho Administrativo Global podría dar pasos concretos hacia una actitud más integradora y comprensiva de los intereses sociales y económicos afectados, mediante instrumentos de participación y control abiertos a las ONG, a las empresas y a otros actores de la sociedad civil, así como a los Estados y a otras organizaciones internacionales*. No obstante, es evidente que esos pasos o avances se quedan siempre cortos a la hora de representar al público en general de un modo que pueda considerarse equivalente a los mecanismos internos de representación electoral, y, por tanto, tales posiciones no logran justificar, ni construir por entero, el ejercicio de autoridad o de potestades administrativas sobre una base por completo democrática. A ello debe añadirse otra consideración. Y es que cada paso dado en esa dirección obliga a repensar y a valorar de nuevo los costes y beneficios de una participación más amplia. La construcción de un Derecho Administrativo Global, pues, habrá de tener en cuenta la experiencia práctica integradora en la evolución progresiva de la responsabilidad pública.**

Un análisis o planteamiento aún más limitado consistiría en que el Derecho Administrativo Global dejara a un lado el objetivo de democratizar la Administración global y se concentrara en las otras funciones fundamentales y de base, y que le sirven también de justificación, como son el control de la periferia para asegurar la función integradora del sistema o régimen jurídico de que se trate, la protección de los derechos y la construcción de un instrumental eficaz de control contra el abuso de poder y el fortalecimiento de los valores que encierra el principio del Estado de Derecho. En consecuencia, un enfoque provisional residiría en poner entre paréntesis la cuestión del principio democrático –sin perjuicio de que se retroalimenten los mecanismos democráticos internos, allí donde sea viable– para poner el énfasis en conseguir objetivos más modestos, aunque no por ello menos importantes.[103] Si ello resulta factible o incluso deseable, sin embargo, constituye una cuestión central, que queda abierta, para la evolución futura del Derecho Administrativo Global.

5. ¿QUIÉN ESTÁ CONFIGURANDO EL DERECHO ADMINISTRATIVO GLOBAL?

Muchos de los nuevos instrumentos del Derecho Administrativo Global provienen de iniciativas y propuestas occidentales. De ahí que cualquier intento de justificación de esta nueva rama del Derecho haya de enfrentarse a los prejuicios de orden político e intelectual que de ese hecho puedan derivarse. Ello representa un verdadero desafío. Una de las dos objeciones fundamentales se

---

* Sobre el tema, *vid*. capítulo quinto. (N. del E.).

** *Public accountability*, esto es, dación de cuentas, responder ante el público en general. (N. del T.).

[103] *Vid*. Grant y Keohane, *supra* nota 96.

refiere justamente a los ideales de carácter prescriptivo o normativo en que ha de fundarse el Derecho Administrativo Global.

Los modelos de Derecho Administrativo que se utilizan en el presente capítulo y en el mismo proyecto de investigación al que se ha hecho referencia al inicio de estas páginas son, sin duda, de origen europeo y norteamericano, modelos que se ha hallan estrechamente vinculados al nacimiento del Estado liberal y a la subsiguiente expansión de las actividades regulatorias y administrativas que tuvieron lugar desde finales del siglo XIX a lo largo del siglo XX.[104] Ello significa que la mera transferencia o trasvase de esos modelos al espacio administrativo global implicaría el establecimiento de un orden liberal a costa de otras fórmulas de organización social, en parte diferentes, que se dan señaladamente en Asia y en África. Ahora bien, ha de notarse de inmediato que no todos los fundamentos normativos o prescriptivos del Derecho Administrativo Global responden a un modelo liberal de sociedad. Baste pensar que el sistema que se articula en torno al control interno del aparato o sistema jurídico global de que se trate, o la protección de los derechos de los Estados, encajan igualmente en ordenamientos no liberales. Sin embargo, si se quiere fundamentar y justificar adecuadamente una concepción más exigente del Derecho Administrativo Global (y más en consonancia con el pluralismo democrático), parece claro que no se puede basar todo en esos dos pilares; al contrario, su fundamento, de un modo o de otro, deberá encontrarse probablemente en los derechos individuales de carácter político, en los derechos económicos, y en la democracia, reflejando en cierto modo la visión cosmopolita y solidaria del ordenamiento internacional. Y aún así una reelaboración limitada podría encontrarse con no pocos obstáculos políticos: un orden internacional fundado sobre los derechos individuales o económicos puede verse como demasiado próximo al mundo occidental, y a unas ideas de libertad difícilmente asumibles a nivel universal. Poner el acento en la capacidad organizativa que deriva de la soberanía estatal puede resultar más ventajoso para hacer frente a los problemas de la diversidad.[105]

Un primer desafío consistirá, pues, en determinar en qué medida ciertos elementos comunes de los derechos individuales y económicos y del principio democrático pueden servir de base para el Derecho Administrativo Global. En ese sentido, las concepciones más exigentes del Derecho Administrativo supranacional tendrían que circunscribirse a determinadas Administraciones que actúan en ciertos sectores o regiones, en los que se comparten en alta medida esos

---

[104] Nosotros tratamos aquí las tradiciones del Derecho Administrativo europeo y americano y sus derivados como parte de una familia, lo cual, sin embargo, no significa restarle importancia a las diferencias entre varias tradiciones.

[105] *Vid.* Benedict Kingsbury, «Sovereignty and Inequality», *European Journal of International Law*, vol. 9, 1998, pp. 599 y ss.

valores comunes.[106] Por otra parte, será necesario identificar concepciones alternativas del Derecho Administrativo que puedan ser válidas para otros modelos de sociedad, y que puedan ponerse en práctica en relación con instituciones similares a las del Derecho Administrativo occidental, aun cuando se apoyen en fundamentos prescriptivos distintos. En este caso, el Derecho Administrativo Global se construiría sobre una suerte de «consenso superpuesto», y no tanto sobre un sistema coherente y cohesionado desde el punto de vista prescriptivo. Si ello es o no posible representa una cuestión que queda para posteriores investigaciones y para un debate de mayor recorrido.

Un segundo reto puede referirse al orden institucional internacional contemporáneo, que el Derecho Administrativo Global intenta construir y mejorar. Si se adopta una posición crítica radical, podría decirse que las instituciones actuales de la gobernanza global constituyen una especie de instituciones «imperialistas», que sirven para alimentar los objetivos de Occidente y estabilizar la posición dominante de los países altamente industrializados a costa de los del Sur, de las clases capitalistas dominantes, en detrimento de los pueblos subordinados.[107] Suponiendo que esta acusación sea correcta (lo cual es ciertamente plausible), ¿qué consecuencias tendría para el Derecho Administrativo Global? Los defensores abogarían probablemente por un Derecho Administrativo Global que busca mejorar las instituciones actuales, hacerlas más abiertas al control y a la fiscalización, y sentar las bases para otorgarle más poder a aquéllos actualmente excluidos e infrarrepresentados*. Los críticos, por el contrario, podrían afirmar que la estrategia del Derecho Administrativo Global resulta demasiado limitada; que aunque tuviera éxito y alcanzara sus objetivos, no dejaría de ser superficial y no eliminaría la injusticia institucional actual. A ello cabría añadir que el Derecho Administrativo Global contribuiría a legitimar al mismo tiempo el orden vigente, esto es, serviría para consolidarlo, siendo así que lo que hace falta es una reforma en profundidad. Con ello, en suma, se replicaría el clásico y eterno debate entre reformadores y revolucionarios, y en el que ambas partes en cierto modo están cargadas de razón. Ahora bien, llegados a este punto, también cabría subrayar que es necesario repensar las cuestiones de justicia distributiva y de reparto de la escasez, y los instrumentos para conseguir una mayor responsabilidad y control de las Administraciones globales ante aquéllos que hoy se encuentran excluidos**. En ese sentido, ha de notarse que la mayor parte de las iniciativas propuestas actualmente tendrían el efecto de aumentar la respon-

---

[106] Para tal propuesta *vid.* Jürgen Habermas, *Der gespaltene Westen, Kleine Politische Schriften X,* Suhrkamp, 2004.

[107] *Vid.* Bhupinder Singh Chimni, «International Institutions Today: An Imperial Global State in the Making», *European Journal of International Law,* vol. 15, 2004.

* Sobre el tema, *vid.* capítulo quinto. (N. del E.).

** *Ibíd..*

sabilidad y el control de los países del Norte, de los agentes del mercado, de los intereses sociales y los Estados. Para plantear el problema central del control, de la necesidad de responder y de rendir cuentas ante los demás, el Derecho Administrativo Global debería idear los instrumentos capaces de fortalecer e incluir a los pueblos y representantes del Sur. Desde esta perspectiva, una participación más eficaz de los países en vías de desarrollo parece más urgente que implementar un camino de mayor influencia de las partes opulentas del mundo.

V. ESTRATEGIAS Y TEORÍAS PARA EL DISEÑO INSTITUCIONAL DEL DERECHO ADMINISTRATIVO GLOBAL

La construcción de un Derecho Administrativo Global se conforma y delimita inevitablemente a partir de las instituciones y principios vigentes, así como de los paradigmas de cambio del ordenamiento internacional y de las bases prescriptivas a las que se ha hecho antes referencia. Dentro de estos límites y coordenadas, caben muchas estrategias en lo que hace al diseño institucional de la gobernanza global.

1. ESTRATEGIAS Y VÍAS PARA EL CRECIMIENTO Y EVOLUCIÓN DEL DERECHO ADMINISTRATIVO GLOBAL

De entrada, en la construcción del Derecho Administrativo Global se pueden hacer dos planteamientos básicos, que hoy día se dan en la praxis. Uno consiste en la proyección o trasvase de los principios del Derecho Administrativo nacional a la Administración global (se trata de un movimiento de abajo hacia arriba). El otro, por el contrario, se traduce en la configuración de instrumentos jurídicos en el plano internacional (es, pues, un movimiento de arriba hacia abajo).[108] En este contexto, la cuestión clave reside en determinar si es posible y, en su caso, en qué medida, edificar razonablemente el Derecho Administrativo Global a partir del instrumental y de los materiales tradicionales del Derecho Administrativo nacional, señaladamente en lo que hace al control de las Administraciones.

---

[108] *Vid.* Stewart, *supra* nota 5. Para un ejemplo de un debate paralelo, *vid.* la propuesta de Reuven Avi-Yonah de una «World Investment Organization» para regular a las empresas multinacionales y la respuesta escéptica de Merritt Fox, Reuven Avi-Yonah, «National Regulation of Multinational Enterprises: An Essay on Comity, Extraterritoriality, and Harmonization», *Columbia Journal of Transnational Law*, vol. 42, núm. 1, 2003, pp. 5 y ss.; Merritt Fox, «What's So Special About Multinational Enterprises?: A Comment on Avi-Yonah», *Columbia Journal of Transnational Law*, vol. 42, núm. 2, 2004, pp. 551 y ss.

A) Los límites de la transposición del instrumental del Derecho Administrativo nacional al Derecho Administrativo Global

Aun cuando la transposición de los instrumentos y de los análisis propios del Derecho Administrativo interno en la gobernanza global pueda ser útil y productiva, encuentra al mismo tiempo, sin embargo, notables limitaciones, a consecuencia en esencia de la muy diversa y heterogénea estructura que presenta la Administración global, como ya notábamos. Piénsese, en efecto, que ésta puede articularse en torno a fórmulas organizativas relativamente informales y flexibles, operar a múltiples niveles y apoyarse en una fuerte presencia de actores privados.

a. La informalidad y la flexibilidad de la Administración global.

Pese a las muchas reformas que en el ámbito de las técnicas regulatorias ha experimentado el Derecho Administrativo nacional en las últimas décadas,[109] lo cierto es que gira aún hoy de forma predominante sobre el sistema que, gráficamente, se puede denominar como de «ordeno y mando» (*command and control regulation*)* o, lo que es lo mismo, en derredor de normas y resoluciones que las entidades administrativas bien definidas y estructuradas imponen a los actores privados. En la Administración global no se da de ordinario esa realidad. Con algunas excepciones, la Administración global se articula en torno a organizaciones cuyo poder se limita a hacer recomendaciones, no a imponer normas imperativas y vinculantes; o se expresa en las redes regulatorias o en las estructuras de cooperación intergubernamental a través de procedimientos administrativos de carácter informal para la adopción de decisiones. En el plano estatal, estas cuestiones y retos a los que se enfrenta el Derecho Administrativo nacional –ante fenómenos análogos– no plantean mucho problema, habida cuenta de que la mayor parte de los programas regulatorios de cierta importancia que llevan adelante los Estados se traducen en instrumentos normativos vinculantes. Sin embargo, estos desafíos no se resuelven tan fácilmente a nivel global. Con frecuencia, no se sabe bien dónde ubicar, cuando nos situamos en la gobernanza administrativa global, los derechos de participación, o cuáles habrían de ser los mecanismos de control cuando las reglas o las decisiones no son de carácter imperativo. Estas y otras cuestiones no pueden resolverse con el fácil expediente de exportar al ámbito global entidades como las Administraciones nacionales, dotadas de potestades para el ejercicio de autoridad, o con

---

[109] *Vid.* en general Richard B. Stewart, «Administrative Law in the Twenty-First Century», *N.Y.U. Law Review*, vol. 78, 2003, pp. 437 y ss.

* Con ello se alude a lo que en la categorización europeo-continental se podría denominar como «actividad administrativa de policía», y, en términos más amplios, al conjunto de instrumentos y técnicas que inciden e impactan sobre el individuo en el ejercicio de autoridad o de potestades administrativas, como manifestación del poder en suma, y en una posición asimétrica entre la Administración y el ciudadano. Las técnicas de la ejecutividad y la ejecutoriedad del acto administrativo, el carácter vinculante de las normas administrativas, la sanción, o la expropiación, entre tantas manifestaciones, son prueba elocuente de esa posición. Puede verse sobre el tema Javier Barnes, «Introducción. Reforma e innovación del procedimiento administrativo», en *La transformación del procedimiento administrativo* (editado por J. Barnes), Global Law Press–Editorial Derecho Global, Sevilla, 2008. (N. del T.).

la instauración de una Administración que establece normas y dicta actos vinculantes. Y es que no es realista en un futuro próximo acudir a la estrategia de la delegación de competencias o de poderes a las organizaciones globales. En la categoría que hemos denominado como «Administración diseminada» (que actúa aisladamente y de forma descentralizada), estos problemas revisten una menor gravedad, habida cuenta de que las exigencias derivables del Derecho Administrativo Global pueden imponerse a los reguladores nacionales ya existentes.

b. La difusión del mecanismo de adopción de decisiones en un sistema multinivel.

Una atribución clara de competencias y funciones para la adopción de decisiones constituye en el Derecho Administrativo nacional un presupuesto necesario para que puedan controlarse y exigirse responsabilidades a las distintas entidades titulares de cada competencia o función. Aquí reside otra diferencia con la gobernanza global. En ésta resulta difícil establecer una distribución clara, habida cuenta de que se articulan las Administraciones globales con mucha frecuencia en estructuras cooperativas de carácter multinivel. Es más, resulta habitual que una decisión pueda ser atribuida o imputable a un actor interno, extranjero e internacional al mismo tiempo. Y ello por un buen motivo. Y es que de ordinario esos actores deben actuar en común. En cierto modo, esta problemática resulta análoga a la que experimenta la Unión Europea, nunca del todo resuelta.[110]

c. El elemento privado en la Administración global.

En el plano interno o *ad intra* del Estado, los actores privados asumen frecuentemente funciones regulatorias, pero lo hacen muchas veces por medio de competencias delegadas, y todas esas actividades de los sujetos privados tienen lugar dentro de un sistema en que, tanto las Administraciones, como los legisladores, asumen una posición que les permite hacer uso de instrumentos relativamente eficaces para ejercer el control y corregir, cuando sea necesario, la gobernanza privada. De nuevo, salta a la vista el contraste con lo que ocurre en la gobernanza global, más allá del Estado. Ahí apenas cabe hablar de una ordenación pública. Y, sin embargo, los sujetos privados sí desempeñan funciones de largo alcance e impacto, a veces incentivadas por la misma ausencia de una efectiva regulación pública. En ese contesto, el primer interrogante consiste en cómo organizar las cosas para hacer que respondan estos sujetos privados, es decir, para que se sometan a control y rindan cuentas. Algunas organizaciones privadas de ámbito global, como ISO o las federaciones deportivas, han adoptado ciertos procedimientos de control y de revisión, a fin de ganar en efectividad y legitimidad. Estos fenómenos pueden tener su paralelo en el Derecho Administrativo y en el Derecho Privado, aunque se trata de un terreno poco explorado.[111]

Resulta evidente que todas estas cuestiones plantean serios problemas para que pueda transponerse al nivel global el Derecho Administrativo nacional. Si se quiere que el instrumental del Derecho Administrativo nacional resulte de utilidad, será necesario profundizar en las zonas fronterizas del Derecho Administrativo nacional e investigar sus formas más desconocidas o atípicas. Para el administrativista, acaso la

---

[110] *Vid.*, por ejemplo, Eberhard Schmidt-Aßmann, «Verwaltungskooperation und Verwaltungskooperationsrecht in der Europäischen Gemeinschaft», *Europarecht* 270, 1996, pp. 31 y ss.; *vid.* también Cassese, *supra* nota 13; della Cananea, *supra* nota 13; Chiti, *supra* nota 13.

[111] Joerges es uno de los iniciadores de la exploración contemporánea en esta área. *Vid. supra* nota 24.

tarea más sugestiva consista, sin embargo, en la prospección y análisis de lo que el Derecho Administrativo Global es capaz de generar para el propio Derecho Administrativo nacional, habida cuenta de que muchos de los problemas esenciales que el Derecho Administrativo Global suscita se dan ya en el plano interno.

En este contexto, y con todas las cautelas antes apuntadas, se pueden hacer dos análisis o planteamientos de base de cara a la construcción del Derecho Administrativo Global teniendo en cuenta el instrumental del Derecho Administrativo nacional: de abajo hacia arriba, o de arriba hacia abajo.

B) La construcción del Derecho Administrativo Global «de abajo hacia arriba»

Esta perspectiva pone el acento en la legalidad, en el control y rendición de cuentas, y en la participación en las actividades de la Administración global, mediante una proyección (y adaptación) de las herramientas del Derecho Administrativo interno. La necesidad de extender tales principios de abajo hacia arriba se hace patente cuando las instituciones que actúan en la gobernanza global o transnacional asumen funciones administrativas que antes eran desempeñadas por las Administraciones nacionales, estando hasta entonces sujetas y vinculadas al Derecho Administrativo interno y a sus mecanismos más característicos, tales como la transparencia, la participación y el control. Si en la gobernanza global no se dan esos mecanismos, la presión por que los incorporen constituye una razón de peso, que se hace aún más fuerte si los reguladores nacionales que participan en la gobernanza extranacional se escudan en esa participación para eludir el control efectivo a nivel interno o estatal de sus acciones. Para remediar esa evasión de las garantías internas del Derecho Administrativo, la construcción del Derecho Administrativo Global desde abajo hacia arriba debiera exigir la transparencia, el establecimiento de procedimientos de amplia consulta, y el control, no sólo en la fase ascendente, es decir, a las decisiones internas con trascendencia internacional, sino también a la actuación misma de las Administraciones nacionales en el seno del proceso decisorio a nivel global, lo cual exige, como presupuesto, un proceso decisorio que sea transparente a su vez, para poder apoyar esa participación. Ello permitiría, en definitiva, un mayor control y fiscalización en la fase ascendente y descendente, esto es, podría controlarse judicialmente la acción administrativa interna que pretende implementar, desarrollar o aplicar las resoluciones adoptadas más allá del Estado, así como también examinar cómo ha formado su voluntad la Administración interna antes de acudir al nivel global, e incluso durante el desarrollo y participación de ésta en el proceso decisorio global. Tal perspectiva conlleva e implica una ampliación de las potestades de control de los tribunales nacionales para proyectarse sobre las resoluciones adoptadas más allá del Estado que tienen efecto directo sobre los derechos individuales, con la posibilidad de dejarlas sin efecto cuando concluyan que se han vulnerado los derechos individuales o se ha incurrido en vicios de procedimiento.[112] Aquí podrían establecerse estándares o parámetros de control diferentes –en lo que hace a las cuestiones de fondo

---

[112] Para los intentos de las cortes europeas de revisar actos «preparatorios» en el contexto del multi-nivel de la UE *vid.* Cassese, *supra* nota 13; *vid.* también della Cananea, *supra* nota 13. Pero para problemas relacionados, *vid.* Mario P. Chiti, «Forms of European Administrative Action», *Law & Contemporary Problems*, vol. 68, núms. 3-4, Summer/Autumn 2005, pp. 37-57.

y al procedimiento– de los que se aplican a nivel interno. En consecuencia, podrían admitirse requisitos procedimentales menos exigentes, o conceder un mayor margen de apreciación por parte del tribunal nacional, a la hora de enjuiciar los actos de las Administraciones nacionales adoptados en el contexto del proceso decisorio global. Y esa posición, menos exigente que si se tratara de actuaciones meramente internas, podría fundarse en razones de confidencialidad, flexibilidad y celeridad de las negociaciones internacionales. Y, a la inversa, cabría aplicar estándares y parámetros de control más rigurosos y reconocer un menor margen de apreciación en favor de la decisión de que se trate, sobre la base de que las políticas públicas a nivel global resultan más opacas y menos permeables a los mecanismos informales de participación y al control judicial, que las políticas públicas nacionales, con el argumento añadido de que no se producen en el marco de la acción de control parlamentario.[113]

Si se tiene en cuenta que en muchos aspectos la Administración global se basa en la cooperación de los reguladores nacionales, y de que aquélla depende para ser efectiva de la aplicación interna, resulta clara la importancia que una dimensión de abajo hacia arriba –en la construcción del Derecho Administrativo Global– puede llegar a adquirir. La participación de las Administraciones nacionales en la gobernanza global permite hacerlas más responsables ante los efectos que generan más allá de sus fronteras y vincular sus decisiones con procedimientos democráticos. Pero al mismo tiempo, como se ha observado, presenta flancos débiles y no pocas dificultades. Y es que este enfoque resulta de fácil implantación cuando las protagonistas son las redes intergubernamentales, es decir, cuando participan los reguladores o las Administraciones estatales. No lo es, por el contrario, cuando se trata de organizaciones internacionales en sentido estricto o de organizaciones privadas o híbridas. Es difícil atisbar cómo podrían otros Estados imponer esta concepción ante lo que hemos venido a llamar «Administraciones diseminadas», que trabajan aisladamente. A ello se añade que la proyección del Derecho Administrativo nacional para la construcción del Derecho Administrativo Global requiere poner un cierto orden dentro de la enorme diversidad de técnicas que han de ponerse en práctica cuando cada Estado hace uso de sus propios procedimientos, influenciando así de modos muy distintos el funcionamiento de las organizaciones administrativas globales. Ha de responderse además a la objeción de que una tal proyección de abajo hacia arriba daría más oportunidades de influir a los Estados más fuertes. No es baladí tampoco la cuestión de determinar quién es el que elige: ante qué público o públicos ha de responder la Administración global. Así, si el público que ha de considerarse relevante aquí es de carácter global o transnacional y distinto de la suma de los distintos pueblos nacionales, entonces los procedimientos internos pueden resultar insuficientes, al menos en su formato tradicional. Y lo mismo sucede cuando se trata de aplicar el Derecho Administrativo nacional a las «Administraciones diseminadas»: también en este caso podría ser necesario diseñar fórmulas inclusivas que permitan integrar más intereses de los que expresa el público nacional de que se trate.

En suma, la proyección de abajo hacia arriba resulta por definición limitada. Si bien es cierto que los sistemas jurídicos nacionales aportan ideas y valores de mucho interés, no lo es menos, sin embargo, que no cabe una mimética transposición, ya que,

---

2004). Para una aserción del derecho de dejar de lado decisiones supranacionales, *vid.* Bundesverfassungsgericht (Corte Constitucional Federal) [de aquí en adelante, BVerfG], Judgment of October 12, 1993 (Maastricht), 89 Entscheidungen des Bundesverfassungsgerichts [de aquí en adelante, BVerfGE] 155 (Traducción al Inglés en 33 I.L.M. 395 (1994)).

[113] Para mayor detalle *vid.* Stewart, *supra* nota 5.

como se ha insistido, no pueden representar modelos directos para la comprensión, y la resolución, de los problemas que el espacio administrativo global, con sus singularidades y condiciones particulares, presentan. Nótese que la mayoría de los ordenamientos jurídicos nacionales conciben la acción del Ejecutivo y el ejercicio de potestades administrativas como un problema de competencias delegadas. Es la ley parlamentaria la que atribuye el poder o potestad administrativa. Y para su ejercicio es necesario cumplir una serie de condiciones. De entrada, la autoridad ha de ejercerse a través de un procedimiento, en el que tienen participación los afectados. Cualquier persona legitimada puede impugnar la decisión ante un juez o tribunal independiente, de ordinario de naturaleza judicial, que resolverá el caso enjuiciando tanto las cuestiones sustantivas como procedimentales.[114] Es evidente que este esquema o modelo no encaja fácilmente en las estructuras del Derecho Internacional y de la gobernanza global, por las razones antes mencionadas: la inexistencia de un ancla democrática en derredor de un centro dotado de autoridad para establecer el Derecho, o de una delegación de competencias emanada de órganos democráticos nacionales; la notoria ausencia de mecanismos de participación efectiva y de control; la prevalencia de normas de carácter no vinculante; y un Derecho Internacional articulado en torno a los Estados, que dificultan la participación del individuo y su legitimación. Por tanto, el Derecho Administrativo Global, aunque extraiga diversos materiales y conceptos de los sistemas jurídicos nacionales de Derecho Administrativo, debe partir de unas premisas estructurales propias y distintas a los efectos de establecer unos instrumentos genuinamente globales que permitan que todas las instituciones que se sitúan en ese nivel sean responsables y controlables. Ello entraña un punto de partida diferente en lo que a la dimensión normativa o prescriptiva se refiere –en el plano del deber ser–. Un punto de partida que quizás no tenga que poner todo su peso en los derechos individuales y en la democracia, sino, desde el ángulo de una concepción pluralista, en un sistema en el que las Administraciones globales respondan con más firmeza ante los sistemas de Derecho Internacional y ante los Estados participantes; o bien, desde concepciones pluralistas o solidarias, que ponga el acento en garantizar esa responsabilidad y control ante la naciente comunidad internacional como tal. Ello podría implicar la utilización de diversos sistemas de control, de mecanismos institucionales, quizás enteramente desconectados en algunos casos por completo de sus raíces estatales, al mismo tiempo que hacer uso de medios más pragmáticos a la hora de controlar el poder de los actores públicos.[115]

c) La construcción del Derecho Administrativo Global «desde arriba hacia abajo»

La segunda estrategia para construir el Derecho Administrativo Global, el enfoque «de arriba hacia abajo» (*top-down*), se ajustaría más a los patrones del Derecho Internacional contemporáneo y evitaría así algunos de los problemas relacionados con la aplicación de los instrumentos internos del Derecho Administrativo a las instituciones y a los agentes globales. Construiría mecanismos de control y rendición de cuentas en el espacio global: los individuos, los grupos y los Estados participarían en los procedimientos administrativos globales; el control de las resoluciones se confiaría a

---

[114] *Id.*

[115] *Vid.* Grant y Keohane, *supra* nota 96, en 14-16.

organizaciones internacionales independientes, también para el examen de la acción de las Administraciones globales diseminadas. Este planteamiento, sin embargo, también plantea nuevas dificultades. En primer lugar, la construcción de arriba hacia abajo requeriría la legalización y la institucionalización de los aparatos o sistemas administrativos globales, que hasta el presente operan en buena medida de modo informal y flexible. Y ello supondría la pérdida de las ventajas que conllevan estas características y modos informales de cooperación. En ese sentido, es posible que los Estados con mayor poder y los actores económicos generalmente puedan mostrarse suspicaces ante sistemas altamente legalizados y formalizados porque verán entonces mermadas sus posibilidades de influencia. En segundo término, esta perspectiva puede terminar por ahondar el déficit democrático, comparado con la construcción de abajo hacia arriba desde la que, como se ha visto, los actores, en parte al menos, se sujetan a mecanismos internos de control y de rendición de cuentas. Por último, la estrategia de construir un Derecho Administrativo Global desde arriba habrá de enfrentarse a muchos de los mismos desafíos que experimenta la dirección inversa, entre los que cabría citar la dificultad para articular un procedimiento decisorio en un sistema multinivel; los habituales efectos indirectos que generan las decisiones de las Administraciones globales; la problemática de reconocer derechos de participación y a la revisión en beneficio de sujetos no estatales en el marco de un sistema internacional «estado-céntrico»; y el relevante componente privado de la Administración global.

Tanto el enfoque «de abajo hacia arriba» (*bottom-up*) como el «de arriba hacia abajo» (*top-down*) para la construcción del Derecho Administrativo Global presentan problemas significativos. Es por lo tanto necesario considerar otros modelos posibles.

2. ¿MÁS ALLÁ DE LA ANALOGÍA INTERNA? INSTRUMENTOS ALTERNATIVOS DE RENDICIÓN DE CUENTAS

Ruth Grant y Robert Keohane han destacado que en la gobernanza global los mecanismos de pesos y contrapesos (*check and balance*) resultan escasos, que el poder de los actores más relevantes no es fruto de una delegación de competencias, y que no existe un «público global» bien definido.[116] Asimismo, se han cuestionado si es posible establecer un sistema alternativo que permita el control y la rendición de cuentas. Habría que pensar, a su juicio, en mecanismos de esa índole que vayan mucho más allá de lo que resulta familiar al Derecho Administrativo interno. Habría que idear instrumentos de control y supervisión de carácter jerárquico, basados en el Derecho, acompañados del control que ejerce el factor competencial, el conocimiento experto y técnico de los iguales (*peer review*), el control de naturaleza financiera y presupuestaria, y la reputación o prestigio públicos.[117] La propuesta de estos autores aspira a implicar, en su amplitud, a más sujetos o actores: mientras el Derecho Administrativo se concentra en el control de los actores públicos

[116] *Id.*, p. 14.
[117] *Id.*, p. 18.

y en particular de aquéllos a los que se le han delegado competencias, este análisis incluye también a los sujetos privados, tales como ONG, empresas, así como a los propios Estados, los principales detentadores de poder en los asuntos internacionales.

Se trata, la de estos autores, de una propuesta sugestiva, en particular porque señala (y busca superar) las serias limitaciones que padece la concepción del Derecho Administrativo de los mecanismos globales de rendición de cuentas inspirada en los modelos internos. Sin embargo, Grant y Keohane reconocen que cualquier sistema de control y de rendición de cuentas presenta serias dificultades, sobre todo porque los Estados poderosos podrán verse constreñidos antes por las negociaciones, que por los mecanismos de control. Ha de admitirse por ello la necesidad de avanzar en el análisis que proporciona, pese a sus limitaciones, el Derecho Administrativo. La investigación ha de tener en cuenta las luces que aporta el sistema interno, al tiempo que observa los obstáculos estructurales que ofrece y que impide su extrapolación o proyección a nivel global. Toda teorización ha de luchar contra determinados fundamentos (*background*), y el fundamento del Derecho Administrativo resulta particularmente rico, pese a la escasa atención recibida de los internacionalistas. A ello se añade que los mecanismos alternativos propuestos bien pueden concebirse como modalidades o variedades distintas del instrumental del Derecho Administrativo. Al fin y al cabo, un sistema de control y rendición de cuentas basado en la jerarquía, en la supervisión y en el control jurídico resultan muy familiares a los administrativistas. Los demás mecanismos pueden considerarse complementarios y compensatorios de las debilidades de los instrumentos tradicionales del Derecho Administrativo. El objeto de esta propuesta radica, en definitiva, en construir un conjunto más completo de mecanismos de control para el Derecho Administrativo Global, en el que el Derecho Administrativo jugaría un papel destacado. Habrán de examinarse con cautela la conexión o las pasarelas entre el Derecho Administrativo y los demás mecanismos de control.

Otro posible modelo se funda en una visión experimentalista y dinámica del *benchmarking*, *borrowing*, *innovating*, *monitoring* y *mutual learning*, que se ha desarrollado en buena medida en Europa a través del conocido Método Abierto de Coordinación (OMC por sus siglas en inglés: *Open Method of Coordination*).*[118] En este contexto, las

---

* Sobre el tema, en las páginas oficiales de la Unión Europea, se puede encontrar una amplia introducción: http://europa.eu/legislation_summaries/glossary/open_method_coordination_es.htm, http://eur-lex.europa.eu/legal-content/ES/TXT/?uri=URISERV%3Aem0011, etc. Los Estados miembros de la UE a través de este sistema intercambian buenas prácticas sobre la manera de diseñar políticas y sistemas de financiación. Esta forma de cooperación se denomina Método Abierto de Coordinación (MAC) y se utiliza en muchas políticas. Se sirve de la comparación, del préstamo, de la innovación, de la supervisión, y del aprendizaje mutuo. (N. del T.).

[118] *Vid.* Sabel y Zeitlin, *supra* nota 98.

diversas instituciones y actores, se hallen o no en el mismo plano, no guardan entre sí una relación de jerarquía, ni ejercen control unas sobre otras, sino que actúan en forma conjunta, procurando obtener e intercambiar el máximo volumen de información e ideas, y cooperando, al mismo tiempo que compitiendo, en la búsqueda, siempre provisional, de las mejores soluciones para las políticas públicas. Este método no se limita a los actores públicos, sino que también incluye a todo un conjunto de sujetos privados que se hallan involucrados en la gobernanza global. Otro modelo alternativo es el del mutuo escrutinio y apoyo (*mutual challenge and reinforcement*), de acuerdo con el cual coexisten una pluralidad de niveles de participación y de control en un contexto en el que las relaciones entre todos son un tanto abiertas o ambiguas, lo que permite a cualquiera de las partes intervinientes competir o desafiar a otros sobre la base de sus propios principios normativos o estándares. Aquí se incluyen desde el escrutinio o fiscalización de los tribunales nacionales hasta instituciones internacionales, como el Consejo de Seguridad de las Naciones Unidas; o el cuestionamiento de los procedimientos administrativos internos ante el órgano de apelación de la OMC.[119] Ello podría conducir a lo largo del tiempo a un fortalecimiento y a una mutua adaptación o ajuste de los mecanismos de responsabilidad y de rendición de cuentas que se dan en los diferentes estratos o niveles de la Administración global. En tal sentido, podría considerarse una estrategia provisional, aunque, también, como una característica permanente de un espacio administrativo global, en el que las concepciones de justicia y de legitimidad probablemente resulten contrastadas y divergentes por un largo período de tiempo.

Las ventajas y desventajas de estas estrategias no han sido aún exploradas por completo, como tampoco la virtualidad de otras herramientas no tradicionales en el Derecho Administrativo, como fuente de ideas para los sistemas jurídicos o regímenes legales que operan a nivel global.[120] Por ejemplo, las redes público-privadas y los incentivos económicos han llegado a adquirir una notable relevancia en el ámbito de la Administración interna, y pueden resultar preferibles a las herramientas clásicas del Derecho Administrativo de carácter imperativo o del «ordeno y mando», en un contexto global caracterizado por la ausencia de coercibilidad de las potestades clásicas de ejecución forzosa. Con todo, el desafío al que se enfrentan estas innovaciones dentro de los sistemas internos, particularmente en lo que hace al control y a la rendición de cuentas ante un público más amplio mediante los instrumentos tradicionales del Derecho Administrativo, probablemente resulte más difícil si se transponen a la Administración global. Algunas otras herramientas internas de amplia tradición para promover la rendición de cuentas, tales como la exigencia de la evaluación de impacto regulatorio (de coste-beneficio, entre otros) antes de que las agencias aprueben sus normas, revisable por una organización independiente conectada con funcionarios electos, o el Derecho de Daños, pueden resultar más practicables, aunque podrán encontrarse con graves problemas en su aplicación efectiva.

---

[119] Para una interpretación paralela de desarrollos en la UE, *vid.* Miguel Maduro, «Europe and the Constitution: What if This is as Good as it Gets?», en *European Constitutionalism Beyond the State*, cit. pp. 74 y ss.

[120] *Vid.* Stewart, *supra* nota 5.

VI. LA TEORÍA POLÍTICA POSITIVA DEL DERECHO ADMINISTRATIVO GLOBAL

La teoría política positiva* del Derecho Administrativo Global, aunque constituya una perspectiva fundamental para el entendimiento de los mecanismos emergentes y la construcción y aplicación de estrategias institucionales efectivas, se encuentra muy poco desarrollada. La identificación, el funcionamiento institucional y su evolución constante resulta especialmente difícil en este campo, habida cuenta la naturaleza fragmentada de las instituciones internacionales y la amplia variedad de actores que persiguen la consecución de sus respectivos intereses a través de ellas. Será por consiguiente difícil arribar a conclusiones tan estables y generales como las alcanzadas a nivel interno.[121]

Eyal Benvenisti, en su intento de destacar la necesidad de estar a las diversas especialidades de cada sistema jurídico o aparato en la gobernanza global, ha sugerido cuatro factores diferentes que han de considerarse centrales para el desarrollo del Derecho Administrativo Global: la competencia interestatal, la competencia interna, la competencia interna dentro de cada institución y los valores en conflicto entre los diversos agentes o actores.[122] Si se tiene en cuenta que cada uno de esos factores interactúa de un modo muy distinto en diferentes contextos, resulta difícil extraer de cada uno de esos factores una cierta estabilidad o uniformidad, ni siquiera una determinada predictibilidad de sus consecuencias en lo que a la evolución o funcionamiento institucional se refiere.

Con todo, Benvenisti avanza con esa necesaria cautela algunas hipótesis que requieren una mayor verificación. Entre estas hipótesis se encuentra el escenario de la renuencia de los Estados poderosos para aceptar mecanismos o instrumentos de Derecho Administrativo Global, a no ser que adviertan que esos instrumentos pueden contribuir a sus propios intereses.[123] Otra hipótesis reside en la tendencia de los Estados democráticos que cuentan con una fuerte oposición interna para presionar en favor del establecimiento de mecanismos más fuertes de control y rendición de cuentas en instituciones internacionales.[124] Una tercera se localiza en la inclinación de los organismos de revisión a crear reglas administrativas sólidas cuando los actores dentro de la institución demuestran un alto grado de desacuerdo, abriendo, por tanto, un espacio para una actuación independiente.[125]

---

* *Positive political theory or explanatory political theory.*

[121] Para el nivel estatal, *vid.* Matthew D. McCubbins, Roger Noll, y Barry R. Weingast, «Politics and the Courts: A Positive Theory of Judicial Doctrine and the Rule of Law», *Southern California Law Review*, vol. 68, 1995, pp. 1631-1683; *vid.* también Matthew D. McCubbins, *et al.*, «The Political Origins of the Administrative Procedure Act», *The Journal of Law, Economics & Organization*, vol. 15, núm. 1, 1999, pp. 180-217.

[122] *Vid.* Eyal Benvenisti, «Public Choice and Global Administrative Law: Who's Afraid of Executive Discretion?», *Law & Contemporary Problems*, vol. 68, Summer/Autumn 2005, pp. 319 y ss.

[123] *Id.*, p. 329-330.

[124] *Id.*, p. 331-333.

[125] *Id.*, p. 333-334.

Benvenisti también avanza la hipótesis de que, en las situaciones de delegación de competencias, aumentan con frecuencia los instrumentos de control y de rendición de cuentas.[126] Esta hipótesis encaja perfectamente con la observación de Grant y Keohane en el sentido de que es en las estructuras de delegación donde los instrumentos de rendición de cuentas funcionan mejor; en estos casos, la relación entre la delegación y la necesidad de rendición de cuentas requiere un análisis más detallado.[127] Sin embargo, el Derecho Administrativo Global también está emergiendo fuera de las relaciones de delegación de competencias, impulsado en buena medida por la necesidad de ganar en legitimidad (o reputación o prestigio público) en beneficio de las mismas organizaciones administrativas. En la OCDE, por ejemplo, se multiplicaron los esfuerzos por ganar en transparencia y en políticas de inclusión, justamente con ocasión del debate y críticas que suscitó el Acuerdo Multilateral de Inversión. Este hecho parece demostrar la hipótesis de Benvenisti, de acuerdo con la cual los instrumentos de Derecho Administrativo constituyen una función de las relaciones de poder entre actores diferentes, con la observación añadida de que es especialmente durante los momentos de crisis de legitimidad cuando los nuevos actores, como las ONG, ganan poder e impulso al demandar su inclusión a través de nuevos procedimientos.[128]

En áreas con una importante presencia pública de ONG, especialmente en relación con problemas ambientales, resulta habitual que los medios de participación se desarrollen con más intensidad. En las situaciones en que, como las mencionadas, la delegación de competencias no preside el sistema, otro argumento de Grant y Keohane llega a ser relevante, a saber: para hacer realidad el control y la rendición de cuentas, los criterios y estándares en los que éstos se basan han de concretarse tanto como sea posible[129]. Esta observación pone de relieve la importante función que le cabe cumplir al Derecho sustantivo. Y es que definiendo las competencias y los límites de los actores administrativos globales, los organismos de revisión serán capaces de ejercer con más eficacia su fiscalización, y la participación en el seno de los procedimientos adquirirá una mayor relevancia.

VII. CONCLUSIÓN

El presente capítulo introductorio ha pretendido proporcionar un análisis y una descripción de los avances más significativos y de los temas centrales del naciente Derecho Administrativo Global. Ha de notarse que este campo se halla aún en sus comienzos; de ahí que todos los temas que hemos delineado requieran toda una tarea de ulterior investigación y de debate. Ninguna de las cuestiones fundamentales ha recibido una respuesta definitiva: los temas de carácter empírico y estructural; los problemas doctrinales y de naturaleza prescriptiva; los relativos al diseño institucional o a la ciencia política positiva,

---

[126] *Id.*, p. 334-335.

[127] *Vid.* Grant y Keohane, *supra* nota 96, pp. 8-9.

[128] Benvenisti, *supra* nota 122, pp. 329-330.

[129] Id., pp. 334-335.

están por construir. Y, como presupuesto previo, resta aún espacio para el debate acerca de si es o no útil hablar de «Administración global» o de «espacio administrativo global», esto es, abogar por un «Derecho Administrativo Global» como campo de estudio y análisis.

Para abordar estos grandes temas del Derecho Administrativo Global, tanto los colaboradores del Proyecto de Investigación de la Universidad de Nueva York (NYU), como otras iniciativas similares en todo el mundo, llevan tiempo trabajando en múltiples casos y sectores en los que se utiliza el Derecho Administrativo, o herramientas, reglas y procedimientos comparables a los que se cultivan en el Derecho Administrativo, para promover la transparencia, la participación, el control y la rendición de cuentas, en las diversas estructuras que operan más allá del Estado: organizaciones informales, de carácter cooperativo e híbridas; y en sistemas multinivel con responsabilidades compartidas para la adopción de decisiones. Una mejor definición del ámbito del Derecho Administrativo Global podrá contribuir a establecer las necesarias relaciones entre las distintas áreas especiales, tanto de la teoría como de la práctica, lo que permitirá poner de manifiesto paralelismos y contradicciones desconocidos hasta entonces. Mediante el estudio del caso y de la praxis en ciertos sectores, unido al esfuerzo por sentar las bases teóricas (comparación de estructuras conceptuales, teorías normativas o prescriptivas), se estará en condiciones de resolver las grandes cuestiones a las que se enfrenta el Derecho Administrativo Global: el diseño y la necesidad de instrumentos de transparencia, de participación, control y de legalidad en el ámbito de la Administración global. De ese modo, además, se hará posible un análisis más profundo de las características y singularidades doctrinales que este campo presenta, y se podrán avanzar y verificar nuevas hipótesis desde la teoría política positiva.

Si se trabaja sobre las cuestiones de carácter normativo o prescriptivo que encierra el Derecho Administrativo Global, habrá más posibilidades de profundizar con fruto en la teoría democrática a nivel global y transnacional, y de cultivar las cuestiones más desafiantes en torno a su aplicación a concretas y especiales estructuras administrativas y, a la postre, al entero proyecto de este nuevo ámbito. Las cuestiones de naturaleza normativa o prescriptiva enriquecen igualmente la comprensión acerca de cómo funcionan el espacio para la diversidad, la igualdad y la equidad en el Derecho Administrativo Global. Hacen falta planteamientos alternativos que superen los actuales modelos dominantes de la gobernanza global y del Derecho Administrativo tradicional. Esta necesidad es acuciante, pero no ha hecho más que comenzar.

CAPÍTULO TERCERO

EL CONCEPTO DE «DERECHO» EN EL DERECHO ADMINISTRATIVO GLOBAL[*]

BENEDICT KINGSBURY[**]

RESUMEN

¿Qué ha de entenderse por «Derecho» en el novedoso campo del «Derecho Administrativo Global»? Este capítulo postula una concepción de Derecho basada en el «hecho social», poniendo el énfasis en las fuentes de las que emana el Derecho y en los criterios para el reconocimiento y aceptación de éstas[***], si bien hace extensivo este planteamiento positivista –que hunde sus raíces en H.L.A. Hart–[****] a los requisitos de lo «público» en el Derecho.

Lo «público», como veremos, resulta inmanente al Derecho Público en los sistemas jurídicos democráticos nacionales, y cada vez lo es con mayor frecuencia en la gobernanza global, donde se aplica antes a las entidades públicas que a un determinado colectivo público global. Entre los principios relevantes e inherentes a lo público se incluyen el principio de sometimiento a la legalidad, de racionalidad, de proporcionalidad, de Estado de Derecho, y de respeto a los derechos humanos. Este capítulo rastrea el creciente uso del criterio de lo público a través de la praxis del control judicial de los actos que dictan esas entidades u organizaciones situadas en la gobernanza global, de las exigencias de motivación, y de los requisitos relativos a la publicidad y a la transparencia. La sujeción a estos criterios que cabe derivar de lo público se hace tanto más fuerte cuanto menor sea la capacidad de la entidad u organización de que se trate de fundarse en fuentes del Derecho firmemente asentadas o establecidas y en su correspondiente reconocimiento jurídico.

En ese contexto, la autorregulación u «ordenación privada» se alinea con este concepto de Derecho sólo cuando se sujeta o vincula con las instituciones públicas. Aun

---

* Traducción realizada por Teresa Parejo Navajas, profesora contratada doctora del Departamento de Derecho Público de la Universidad Carlos III de Madrid.

** El autor tiene una inmensa deuda contraída con Richard B. Stewart, junto con quien dirige el proyecto sobre Derecho Administrativo Global de la Facultad de Derecho de NYU, www.iilj.org/GAL. De gran ayuda han sido también los comentarios sobre el borrador de este artículo realizados por Lorenzo Casini, Kevin Davis, David Dyzenhaus, Rhomas Franck, Robert Howse, Robert Keohane, Euan MacDonald, Eric Posner, así como de los estudiantes de Derecho de NYU Davinia Abdul Aziz, Fernando Lusa Bordin, Louis Culot, Doreen Lustig, y Emily White. Email: benedict.Kingsbury@nyu.edu.

*** El autor utiliza el concepto de «regla de reconocimiento» o aceptación del filósofo inglés del Derecho H.L.A. Hart, sobre el que abunda a lo largo de las páginas que siguen (N. del T.).

**** Véase la nota anterior (N. del T.).

cuando no quepa hallar una regla de reconocimiento única capaz de cubrir el entero Derecho Administrativo Global, sí existe un concepto operativo de Derecho en el Derecho Administrativo Global.

I. INTRODUCCIÓN

¿Qué justificación puede encontrarse para utilizar el término «Derecho» en la teoría y en la práctica del recién surgido campo del «Derecho Administrativo Global»? Con justicia pudo observarse en un esfuerzo pionero, a finales del siglo XIX, lo siguiente:

(E)l concepto de Derecho Administrativo Internacional (*internationales Verwaltungsrecht*) tal y como fue concebido por Lorenzo von Stein en 1866 describía un conjunto de normas jurídicas basadas tanto en fuentes internacionales como en fuentes internas relacionadas todas ellas con la actividad administrativa en el ámbito internacional en su conjunto. El interés de von Stein, en este como en otros casos, consistía más bien en captar y describir la realidad de la Administración pública y no tanto la de su fundamento o base jurídicos[1].

Una valoración similar podría hacerse del concepto de «Derecho Administrativo Global», tal y como se viene utilizando en el floreciente movimiento de renovación de este campo que se ha iniciado al principio del siglo XXI[2]. La amplia visión del Derecho Administrativo Global que se ofrece en estos trabajos recientes refleja una metodología inductiva, que comienza tanto con el análisis de los muy diversos criterios y normas que en la actualidad se utilizan en la

---

[1] Vogel, «Administrative Law: International Aspects» en R. Bernhardt (ed.) *Encyclopedia of Public International Law* (1992) 22, at 23. Una de las declaraciones más claras de Lorenz von Stein sobre su propia aproximación es von Stein, «Einige Bermerkungen über das internationale Verwaltungsrecht», 6 Jharbuch für Gesetzgebung, Verwaltung und Volkswirtschaft imDeutschen Reich (1882) 395. Sobre su trabajo en relación a la administración internacional en este período y su teoría legal, véase M. Vec, *Recht und Normierung in der Industriellen Revolution: Neue Strukturen der Normsetzung in Völkerrecht, staatlicher Gesetzgebung und gesellschaftlicher Selbstnormierng* (2006).

[2] Siendo cuidadosos sobre la falta de claridad en la estructura legal y sobre la excesiva extensión de las aproximaciones al DAG véase p.ej., Schmidt-Aßmann, «The internationalization of Administrative Relations as a Challenge for Administrative Law Scholarship», 9 *German Law Journal* (2008), 2061; y von Bogdandy, «General Principles of International Public Authority: Sktching a Reserach Field», 9 *German Law Journal* (2008) 1909, especialmente, pp. 1918-1921. Bogdandy también critica las aproximaciones al DAG por abrazar un proto-federalismo que resulta irrealizable fuera de especiales situaciones tales como la UE, y por buscar la distinción entre actividades administrativas y otras actividades de las autoridades administrativas internacionales, mientras que por el contrario dichas autoridades no se caracterizan por tales diferencias en la práctica.

praxis de la gobernanza global[3], como con las muchas interacciones dinámicas que se producen entre ellos, y sus rápidas transformaciones, en lugar de iniciar el análisis con las cuestiones relativas a su fundamento jurídico o a su sistematización o clasificación para delinear previamente con precisión su naturaleza o carácter jurídicos[4]. Este enfoque tan amplio de fenómenos de tan suma trascendencia que estudia el Derecho Administrativo Global y la indagación acerca de sus conexiones permite agruparlos en torno a un ámbito unitario, que los separa del clásico sistema uniforme de las fuentes del Derecho, al tiempo que aporta una base suficiente para la evaluación, desde las ciencias sociales positivas, de las causas y consecuencias del fenómeno del Derecho Administrativo Global, así como para una evaluación filosófico y político-normativa acerca de los intereses que se sirven o persiguen en cada caso, y sobre cuáles han sido, o pudieran ser, las consecuencias sobre las distintas concepciones de la justicia. Estos fenómenos pueden también analizarse desde el punto de vista de su fundamento jurídico o desde cualquier otra característica o propiedad relacionada con el Derecho[5]. Este es el ángulo que se adopta en el presente capítulo. El método que se utiliza aquí resulta más específico y pretende explorar la interacción entre las proposiciones teóricas y los materiales que obran en la práctica.

Para poner en su debido contexto la tesis que aquí se sostiene se propone una breve introducción sobre las actuales concepciones del Derecho Administrativo Global:

La idea del nacimiento del Derecho Administrativo Global se apoya en cierto modo en la visión de que buena parte de la gobernanza global (en particular la gobernanza global de carácter regulatorio) puede comprenderse y tratarse mejor si se le concibe como Administración. En lugar de deslindar cuidadosamente los distintos niveles de regulación (privado, local, nacional, interestatal), resulta preferible contemplarlos como un conglomerado variado de actores y estratos que forman conjuntamente un «espacio administrativo global» diverso, que incluye instituciones internacionales y redes transnacionales, así como organizaciones administrativas internas, que operan dentro de los aparatos o sistemas legales internacionales o que generan efectos regula-

---

[3] Esta metodología se articula, p.ej. en Cassese, «Administrative Law without the State: The Challenge of Global Regulation», 37 *NYUJILP* (2005) 663; y Stewart, «The Global Regulatory Challenge of U.S. Administrative Law», 37 *NYUJILP* (2005) 695.

[4] Distintas perspectivas jurisprudenciales, que subrayan las orientaciones divergentes de estas cuestiones se analizan en Michaels y Jansen, «Private Law beyond the State?, Europeanization, Globalization, Privatization», 54 AJCL (2006) 843. Véase también la contribución de C. Möllers, A. Voßkuhle y C. Walters (eds.), *Internationales Verwaltungsrecht* (2007), también Ladeur, «Die Internationalisierung des Verwaltungsreschts: Versuch einer Synthese», *ibíd.*, 375, y Ruffet, «Perspktiven des Internationalen Verwaltungsrechts», *ibíd.*, 395.

[5] Importantes estudios dirigidos a lograr esa tarea incluyen el de Yamamoto, «The positive Basis of International Administrative Law» (sumario en inglés), 76:5 *Kokusaiho GAilo Zasshi* (1969), en 152 (en 680 paginación del volumen continuo), en el que el indicado objetivo es «clarificar el fundamento autónomo y positivo del derecho administrativo internacional».

torios transfronterizos[6]. La idea de un «espacio administrativo global» constituye una premisa que supone el abandono, como punto de partida, de esas formas ortodoxas de entender el Derecho Internacional, de acuerdo con las cuales lo internacional es en gran medida intergubernamental, y en las que existe una clara separación entre lo interno y lo internacional. En la praxis de la gobernanza global, las redes transnacionales de productores de normas, de intérpretes y de aplicadores traen consigo el desbordamiento de esas estrictas barreras. El espacio del Derecho Administrativo Global se encuentra cada vez más poblado de reguladores privados transnacionales; de organismos híbridos (públicos y privados), tales como ponen de manifiesto las distintas fórmulas organizativas de la colaboración público-privada (en sentido amplio) que implican a los Estados o a las organizaciones interestatales; de reguladores públicos nacionales, cuyas acciones producen efectos externos, y que, sin embargo, pueden no ser controlados por la autoridad ejecutiva central; de organismos interestatales, de carácter informal y sin base en tratado alguno (lo que comprende asimismo las denominadas «coaliciones de voluntarios» o «de voluntad»)*; y de instituciones interestatales formales (tales como las de las Naciones Unidas), que afectan a terceras personas a través de acciones administrativas. En buena medida la Administración de la gobernanza global se halla altamente descentralizada o diseminada y su actuación no es muy sistemática.

A algunas organizaciones les han atribuido competencias y funciones en la gobernanza regulatoria global que no desean tener o para la que no están especialmente preparadas. Por ejemplo, los tribunales nacionales pueden verse obligados a revisar los actos de organismos internacionales, o transnacionales y, en especial, de organismos nacionales, que están de hecho administrando lo que deriva de los sistemas jurídicos de gobernanza global descentralizados. E incluso, en algunos casos, los propios tribunales nacionales forman parte no ya sólo del sistema de revisión o control, sino también de la propia Administración práctica de un régimen de gobernanza global[7].

El Derecho Administrativo Global crece en paralelo a los problemas y demandas que cada una de las estructuras regulatorias experimenta en favor de una mayor transparencia, consulta y participación procedimentales, motivación de las decisiones, o en pro de la incorporación de mecanismos de revisión dirigidos a fomentar la responsabilidad y la rendición de cuentas. Estas reivindicaciones y las respuestas que se ofrecen adquieren una naturaleza prescriptiva (propia del deber ser), que es también característica del Derecho Administrativo. Se genera así un acervo común cada vez más sólido, compuesto por principios y prácticas característicos del Derecho Administrativo. Y es aquí donde radica la unidad, que de otro modo no sería sino un conjunto heterogéneo y dispar de áreas de gobernanza. La convicción de que existe alguna forma de unidad adecuada en torno a los principios y prácticas que son de aplicación a todas estas áreas resulta de suma importancia para el fortalecimiento, o la erosión, de la legitimidad y efectividad de los diferentes regímenes de gobernanza.

En el esfuerzo por aprehender esos fenómenos, una de las perspectivas concibe el Derecho Administrativo Global como el conjunto de instrumentos jurídicos, de principios, y de prácticas, que se sustentan a su vez en una determinada comprensión o conciencia social, y cuyo objeto consiste en promover, o incidir sobre, la responsabili-

---

[6] Kingsbury *et al.*. «Foreword: Global Governance as Administration», 68:3-4 *Law & Contemp Probs* (2005) 1.

* Coaliciones de países que intervienen militarmente o en operaciones de paz al margen del mandato de Naciones Unidas (N. del T.).

[7] Kingsbury, «Weighing Global Regulatory Decisions in National Courts», *Acta Jurídica* (2009).

dad y rendición de cuentas de los organismos administrativos globales. Y ello, primero, mediante el aseguramiento de que dichos organismos cumplen de forma adecuada con los estándares de transparencia, consulta, participación, racionalidad y legalidad; y, segundo, a través del control efectivo de las normas y decisiones tomadas por éstos[8]. Se habla de «global» en lugar de «internacional» para evitar la connotación de que forma parte de la *lex lata* reconocida o incluso de la *lex ferenda*; al tiempo que sirve, de un lado, para incluir criterios o acuerdos institucionales de carácter informal (lo que comprende asimismo la acción de muchos actores no estatales, que desarrollan funciones relevantes) y, de otro, ciertas prácticas normativas y fuentes que se encuentran fuera de las concepciones tradicionales del «Derecho Internacional». Las practicas normativas que se entienden comprendidas bajo el acrónimo o abreviatura de Derecho Administrativo Global (GAL, en inglés), o Derecho Administrativo Global, en la literatura actual, van más allá de las fuentes que el «Derecho Internacional» admite. El «Derecho Administrativo Global» se extiende al conjunto de normas y directrices que en algunos casos se consideran obligatorias, y que en muchos otros se les da algún valor, aun cuando obviamente no sean parte de la ley nacional (del Estado) o de la tradición normativa interestatal. El análisis deviene aún más complejo porque el Derecho Administrativo Global se practica en varios espacios, de tal forma que el Derecho Administrativo Global se encuentra entremezclado con otras fuentes de obligaciones que resultan aplicables al caso –fuentes que pueden incluir la ley nacional del lugar, el acto o instrumento constitutivo y normas de desarrollo de la institución llamada a su aplicación, contratos de los que derivan derechos privados, o reglas de Derecho Internacional sobre otras materias. Si se invoca el «Derecho» bajo la rúbrica del Derecho Administrativo Global en algunas de estas situaciones, se trata entonces de una invocación que se diferencia de, y puede encontrarse en profunda tensión con, los modelos clásicos de consentimiento interestatal característicos del Derecho Internacional y con la mayoría de los modelos de Derecho nacional[9]. Ello justifica la necesidad de ofrecer una cuidadosa aclaración sobre el(los) concepto(s) de Derecho(s) implícitos en la concepción dominante de Derecho Administrativo Global.

Pueden destacarse desde el inicio tres elementos de análisis para comprender el concepto o conceptos de Derecho:

Primero, el concepto de Derecho no se entiende aquí de un modo desvinculado de la valoración de lo que se tenga por norma: «esto es lo que se quiere decir cuando se habla de norma» no es, desde luego, una afirmación neutra, sino axiológica. La construcción o articulación de un concepto de Derecho para clarificar y describir el fenómeno constituye un elemento o componente de la valoración del Derecho.

Segundo, las diversas concepciones del Derecho pueden tener consecuencias *políticas*[10]. Las nociones de Derecho que en la realidad sostienen los jueces, los juristas, los altos funcionarios, o el público en general varían en cada ordenamiento jurídico

---

[8] Kingsbury, Krisch and Stewart, «The emergence of Global Administrative Law», 68:3-4 *Law & Contemp Probs* (2005) 15.

[9] Véase Krish y Kingsbury, «Introduction: Global governance and Global Administrative Law in the International Legal Order», 17 *EJIL* (2006) 1, p. 10.

[10] Un razonamiento sobre esta perspectiva se encuentra en Kingsbury, «Legal Positivism as Normative Politics», 13 *EJIL* (2002) 401.

nacional, y dicha variedad se hace aún más compleja cuando se atraviesan los heterogéneos territorios de la gobernanza global. Algunos optan por conceptos positivistas en su argumentario o en su retórica, pero no los mantienen luego en su práctica jurídica (así, por ejemplo, un juez puede enunciar un concepto de Derecho que separe la ley de la moralidad, y después incorporar consideraciones morales en su decisión final). Otros adoptan conceptos de Derecho no positivistas, tales como el que desarrolla Ronald Dworkin. Algunos extraen conceptos de Derecho de la teoría política; otros los obtienen de otros paradigmas. La elección entre todas estas alternativas representa una opción política con implicaciones políticas. De ahí que los esfuerzos por alcanzar algún grado de acuerdo acerca del concepto de Derecho que haya de utilizarse, o cuando menos para establecer pasarelas entre conceptos rivales de Derecho, resulten especialmente relevantes en los casos en que no exista ningún actor u operador que pueda resolver definitivamente la cuestión a efectos prácticos, o al menos con carácter provisional o *pro tem*[11].

Tercero, la comprensión del Derecho Administrativo Global como «Derecho» implica no sólo cuestiones de validez («¿es ésta una norma jurídica válida?»), sino también la evaluación de su importancia o peso específico («¿qué peso debería dar la Entidad Pública X a una norma establecida por la Entidad Pública Y?»). Por contraste con el planteamiento positivista –en el marco de un ordenamiento jurídico unificado– que se centra en los binomios «validez/invalidez», o «vinculante/no vinculante», la inexistencia de una jerarquía organizada de normas e instituciones en el ámbito de la gobernanza global, y la escasez de instituciones con autoridad y poder para resolver tales cuestiones en la mayoría de los casos, trae consigo que los actuales problemas del Derecho Administrativo Global pongan con frecuencia el acento en el peso que haya de darse a la norma o resolución. El Derecho constituye una práctica social, y constituye una característica de las prácticas sociales particulares implicadas en el Derecho Administrativo Global que tanto la validez como la relevancia o el peso de las normas y resoluciones sean importantes. Un concepto útil de Derecho en el Derecho Administrativo Global debe explorar ambas dimensiones.

II. LAS CONCEPCIONES POSITIVISTAS DE «DERECHO» COMO PUNTO DE PARTIDA Y PRESUPUESTO PARA EL CAMPO DEL DERECHO ADMINISTRATIVO GLOBAL

¿Qué perspectiva o análisis pueden resultar más apropiados y fructíferos aquí para abordar la cuestión del concepto de «Derecho» en el ámbito del Derecho Administrativo Global? El ejercicio del poder más allá del Estado es

---

[11] Las últimas consideraciones están muy influenciadas por las ideas del trabajo de Liam Murphy, incluyendo «The Political Question of the Concept of Law», en J. Coleman (ed.), *Hart's Postcript* (2001), 371; Murphy, «Concepts of Law», 30 *Australian Journal of Legal Philosophy* (2005) 1; and Murphy, «Better to See Law this Way», 83 *NYU Law Review* (2008) 1088. En relación a las cuestiones políticas relacionadas con el DAG, véase Harlow, «Global Administrative Law: The Quest for Principles and Values», 17 *EJIL* (2006) 187.

esencialmente distinto del ejercicio del poder del Estado y sus agencias dentro del ordenamiento jurídico y del ordenamiento político nacional.

Pocas analogías directas tomadas del ámbito del Derecho Administrativo estatal pueden proyectarse sobre el Derecho Administrativo Global. El Derecho Administrativo (nacional) no puede entenderse como un sistema trasvasable sin más al espacio administrativo global, como si fuera posible la simple transposición de las funciones que le han sido encomendadas, ni, menos aún, como una transferencia de las normas concretas y de las interacciones institucionales, que han sido meticulosamente concebidas y reelaboradas en el crisol en el que el Derecho Administrativo nacional se crea y perfecciona. Igualmente, y por la misma razón, algunos conceptos o instituciones de Derecho que si acaso tienen sentido tan sólo dentro del Estado, o por delegación directa del Estado, sencillamente no resultan útiles para comprender muchos de los fenómenos que se agrupan bajo la etiqueta de «Derecho Administrativo Global».

Esta es la razón por la que algunos teóricos entienden que estos fenómenos se presentan como una limitación insalvable: o bien no constituyen en modo alguno Derecho, o bien han de reelaborarse por completo para poder encuadrarse en el marco de la vigente concepción de Derecho. No cabe duda de que se han producido elaboraciones doctrinales poco rigurosas en la práctica y especialmente en la teorización jurídica de la gobernanza global. No obstante, también es muy posible que la limitación no se encuentre tanto (en su caso) en estos fenómenos, como en las concepciones de lo que se entiende por Derecho de carácter «estado-céntrico», esto es, basados en el Estado. Un planteamiento serio del tema pasa, pues, inexorablemente por poner el foco de atención en aquellas concepciones del Derecho que no comiencen y terminen en el Estado.

Las teorías jurídicas que se sitúan en el plano de los mandatos*, de acuerdo con las cuales el Derecho consiste y se traduce en las órdenes emanadas de un único soberano concreto (una persona o una institución) con el respaldo de sanciones efectivas, resultan probablemente poco satisfactorias para el tratamiento o el análisis del Derecho Administrativo Global. La teoría de los mandatos u órdenes** de Hobbes, por ejemplo, refleja en su caso un interés fundamental por que la teoría jurídica y política del Estado sirva como el mejor revulsivo y protector de la paz civil ante los riesgos de la atroz guerra civil. Ello no significa en modo alguno que la teoría jurídica de Hobbes no aporte mucho al Derecho Internacional –por ejemplo, según Noel Malcolm, sus ideas sobre las relaciones entre el Derecho Natural y el Derecho Civil han proporcionado no pocas bases a la teoría jurídica de las relaciones internacionales[12], y otros autores, por ejemplo, han intentado elaborar una teoría general de Estado a partir de las observaciones realizadas por Hobbes sobre la promulgación, y otras exigencias procedimentales, del

---

* Esto es, las teorías basadas en el «ordeno y mando» o «Command theories»), en la coercibilidad del Derecho. (N. del T.).

** Véase la nota del traductor anterior.

[12] Malcolm, «Hobbes's Theory of International Relations», en N. Malcolm, *Aspects of Hobbes* (2002), pp. 432-456.

Derecho y de la legalidad-[13]. Hobbes estaba particularmente interesado en las características que ha de poseer la autoridad a fin de distinguir las leyes, de aquellas otras situaciones en las que las personas privadas con suficiente poder «puedan publicar como leyes lo que les plazca, sin autoridad legislativa, o en contra de ella»[14]. La idea de base, según la cual es necesario identificar la fuente dotada de autoridad de la que emana el Derecho en cualquier contexto, resulta esencial para el concepto mismo de Derecho, de modo que el Derecho que procede de una fuente autorizada debe llamarse Derecho con independencia de su contenido moral o de cualquier otra característica sustantiva; tesis ésta que ha continuado inspirando los sistemas jurídicos positivistas.

H.L.A. Hart considera que una práctica social que se traduzca en normas primarias reguladoras de conductas, y en normas secundarias relativas a su reconocimiento y aceptación, y concernientes a la resolución de disputas o controversias, y a la reforma de las normas primarias, pueden también constituir un ordenamiento jurídico, siempre que los funcionarios clave que se encuentren involucrados en su aplicación aceptaran las mismas reglas de reconocimiento y aceptación y tuvieran la misma conciencia de que aquéllas han de ser acatadas, al margen de las sanciones o de los incentivos establecidos para garantizar su cumplimiento. De esa tesis se sigue una concepción bien distinta de la sostenida por Hobbes y Austin, de acuerdo con los cuales el concepto de Derecho se vincularía a la idea de soberanía. La visión de H.L.A. Hart, sin embargo, permite mantener la perspectiva positivista centrada en las fuentes y en su reconocimiento como elementos básicos e inherentes al concepto mismo de Derecho. La teoría del Derecho de Hart ofrece, por tanto, un punto de partida más prometedor para un análisis positivista moderno del concepto de Derecho en el Derecho Internacional y en el Derecho Administrativo Global[15].

---

[13] Dyzenhaus, «Hobbes's Constitutional Theory», en I. Shapiro (ed.), *Leviathan* (proxima edición en 2009). Véase también Gauthier, «Hobbes: The Laws of Nature», 82 *Pacific Philosophical Quarterly* (2002) 258.

[14] Leviathan, Ch. 26, en 189 (R. Tuck (ed.), 1996). Hobbes afirmo que «auctoritas non veritas, facit legem». La visión de Joseph Raz sobre que el concepto de Derecho no puede y no debe estar basado en ninguna teoría política, y si, no obstante, ser defendida en referencia a otros conceptos, culmina en un concepto de Derecho apoyado en la autoridad. En muchas situaciones de gobernanza global la autoridad legal parece existir sin ningún autor, y en efecto la referencia de Joseph Raz a la autoridad no parece necesitar necesariamente un autor. Esto plantea la cuestión sobre la necesidad de mayor investigación académica, en relación a la validez de la asunción en la mayoría de la teoría del Derecho sobre la necesidad de un autor para la existencia de autoridad legal.

[15] H.L.A. Hart. *The concept of Law* (1961). La aproximación al Derecho Internacional del capítulo 10 de *The concept of Law* no parece fundamentar un concepto de Derecho Internacional ahora. Podría haberse sostenido en 1961 que un conjunto de normas, que no estuvieran unidas por ninguna regla de reconocimiento y por tanto no constituyeran un «sistema» en este sentido, podrían sin embargo considerarse un conjunto amarrado, dado que las normas abordadas estaban asociadas con unos 10 Estados y un pequeño número nada despreciable de organizaciones interestatales. La postura dominante entre los abogados internacionalistas actualmente es la de revisar el capítulo 10 proponiendo una regla de reconocimiento y desarrollando las capacidades institucionales para adjudicación y cambio, con la intención de dejar el Derecho Internacional como un sistema unificado en lugar de un mero conjunto de normas tal y como lo describió Hart. Véase también Capps, «Methodological Positivism in Law and International Law», en K.E. Himma (ed.), *Law, Morality, and Legal Positivism* (2004), 9; y Ulrich Fastenrath, *Lücken im Völkerrecht* (1991).

Las discrepancias existentes entre las distintas concepciones de Derecho contribuyen a explicar, y a justificar, la prevalencia de las visiones positivistas del Derecho en la creación y en la práctica del Derecho Internacional. Las concepciones positivistas, en las que la fuente autorizada de la norma (con consentimiento del Estado) resulta determinante para que adquiera la condición o estatus de Derecho, ofrecen una base sólida para su aceptación, ante la falta de acuerdo para determinar qué ha de entenderse por Derecho en función de su contenido o su grado de verdad, y en ausencia de una teoría política consensuada (a modo de compromiso original en torno a una igual consideración y respeto en relación con el ser humano), que pudiera ofrecer apoyo a cualquier otra perspectiva o análisis del Derecho. Pueden efectivamente existir razones éticas o políticas en favor de un concepto positivista del Derecho en el contexto del Derecho Internacional; esta bien podría ser la mejor manera de promover un ordenamiento de base, la no intervención, la paz, la libertad real de elección democrática, u otras formas de autogobierno colectivo y de libertad individual[16].

En relación al Derecho Administrativo Global, se ha postulado la necesidad de adoptar un concepto amplio de Derecho de corte positivista. Algunas reflexiones del análisis que lleva a cabo Hart en su obra *The Concept of Law* (*El Concepto de Derecho*) y en otros trabajos resultan relevantes para explicar este concepto de Derecho en el ámbito del Derecho Administrativo Global, incluyendo entre otras cosas el énfasis que este autor pone en las prácticas sociales, en las fuentes del Derecho, así como en su reconocimiento y aceptación[17].

(i) Una concepción del Derecho basado en el «hecho social». Una condición inexcusable para que pueda hablarse de la existencia del Derecho es la actitud y la convicción internas que en la realidad mantienen los actores fundamentales, esto es, aquellos que juegan un papel determinante en su gestación, y la de quienes resultan decisivos para su interpretación y evaluación críticas, así como para su aplicación en la práctica. Las actitudes de los altos funcionarios (del Estado, de los tribunales, y de las organizaciones que ejercen una autoridad pública internacional) ayudan a establecer tres cosas: cuáles sean las fragmentadas normas de reconocimiento o aceptación (véase *infra* el núm. iii); cuáles son las determinaciones específicas que supuestamente conforman el contenido y aplicación de una norma primaria y si se integran dentro del ámbito de esas normas reconocimiento de carácter secundario; y cuáles son estructuras para la resolución de estas cuestiones y para el establecimiento de nuevas o modificadas reglas establecidas con carácter normativo. En suma, los criterios para la determinación de lo que se entiende por norma o principio de Derecho, han de incluir como presupuesto necesario la convicción interna de su propia obligatoriedad, así como un acuerdo entre los funcionarios clave sobre que su origen constituye una fuente autorizada para crear

---

[16] Kingsbury, «Legal Positivism as Normative Politics», 13 EJIL (2002) 401.

[17] Un concepto positivista del Derecho enmarcado en términos Razianos en lugar de Hartianos también podría defenderse. [La traducción del título de la obra en el texto principal y que aparece entre paréntesis es de la traductora].

normas[18]. Hart, por tanto, proporciona una metodología empírica para la identificación del Derecho.

(ii) Las fuentes del Derecho. El Derecho Administrativo Global comprende, y se integra por, los tratados y las reglas fundamentales de Derecho Internacional consuetudinario, y se apoyan en el *ius cogens*, el Derecho Internacional general, y en los principios generales del Derecho. También puede derivar del Derecho nacional en determinadas circunstancias. No obstante, una concepción del Derecho que se base exclusivamente en este catálogo de fuentes resulta insuficiente. Por ello, seguidamente, se abordan en los dos números siguientes, otras fuentes a tener en cuenta.

(iii) Reconocimiento y reglas de reconocimiento o aceptación en el ámbito del Derecho Administrativo Global. Hart estaba en lo cierto cuando afirmaba que la unidad del Derecho Internacional demanda un criterio único y uniforme en lo que hace a su comprensión o entendimiento y a su justificación. Ahora bien, en la medida en que se vaya más allá del Derecho Internacional comúnmente reconocido, no cabe hallar un solo sistema jurídico del Derecho Administrativo Global o de la gobernanza global que posea una norma común de reconocimiento. Hasta el presente no se ha formulado una norma de reconocimiento que resulte convincente para un sistema jurídico que no sea simplemente el que deriva del esquema interestatal; las instituciones para la resolución de conflictos o disputas carecen de naturaleza judicial o sencillamente no existen; y los procesos de cambio no se articulan ni se expresan habitualmente en forma de reglas. El «Derecho Administrativo Global» no constituye un campo en el que se haya establecido la normatividad y las obligaciones de la misma forma que el «Derecho Internacional». No contiene Cartas magnas, ni Tribunales ilustres, ni previsiones expresas en las Constituciones nacionales que les otorguen un estatus en el seno del Derecho nacional, ni tampoco posee una larga historia y recorrido apreciables. Es posible que dicha unidad se alcance con el paso del tiempo. No obstante, a día de hoy, cualquier invocación de lo que haya de entenderse por Derecho que se haga en el ámbito del Derecho Administrativo Global no se basa en una norma de reconocimiento o aceptación, que sea compartida entre los participantes, y que identifique o delimite con claridad un sistema jurídico unificado de Derecho Administrativo Global. Ello no impide, sin embargo, que existan diversas normas de reconocimiento dentro de los distintos grupos sectoriales de carácter institucional y social, en relación con prácticas específicas en áreas concretas del Derecho Administrativo Global. Se dan efectivamente prácticas de reconocimiento en tales áreas, en tanto que el reconocimiento es importante para el Derecho, aun cuando resulte difícil de destilar e identificar una norma de reconocimiento individual que sea compartida.

(iv) Una ampliación del positivismo de Hart: cualidades inmanentes al Derecho Público: Los elementos de Hart acerca del concepto de Derecho a que se ha hecho referencia son necesarios, pero no suficientes. Resulta necesario algo más cuando nos enfrentamos a un Derecho que enmarca y regula a la autoridad pública, tal y como hace el Derecho Administrativo Global. Por tanto, se propone una extensión (o quizá una modificación) de esta perspectiva positivista.

La idea de base es que una concreta organización o régimen sectorial que se sitúe en el plano de gobernanza global se integra y valora por referencia a si sus propiedades,

---

[18] Hart enfatiza asimismo la separabilidad del Derecho de la moral, y la importancia de la eficacia para el Ordenamiento Jurídico en su conjunto; ambas cuestiones son de considerable importancia para el concepto de Derecho en el DAG, pero no serán tratados en este artículo.

límites y compromisos normativos son inherentes al Derecho Público. Y ello tanto para seleccionar lo que haya de entenderse por Derecho o para encontrar prácticas equivalentes al Derecho dependientes de razonamientos y del atractivo que ofrece el Derecho, cuanto para ser evaluado como un ordenamiento análogo al jurídico por otros actores de cara a determinar cuál sea el peso específico que haya de darse a las normas y decisiones de una concreta organización que opere en el plano de la gobernanza global[19]. Estas normas derivan de múltiples fuentes específicas; sin embargo, resultan discernibles a partir de las prácticas de Derecho Público en los distintos sistemas nacionales, así como en la esfera de los Derechos transnacional e Internacional Público. No se trata simplemente de opciones o de decisiones que podrían o no haberse tomado en cada lugar, aunque en muchos casos pueden haber comenzado a ganar prevalencia o carta de naturaleza por esa vía. Por el contrario, y a medida que las capas de la práctica normativa común se hacen más densas, comienzan a adoptarse y a utilizarse, merced a una suerte de mezcla de análisis comparado, de un lado y, de otro, de una convicción de que son, o han de ser, obligatorias. En los casos en los que no han sido adoptadas por una decisión política relevante (esto es, cuando no resultan de aplicación directa a través de un tratado o de una resolución decisiva de una organización internacional importante, etc.), el supuesto más común es que se justifiquen (y quizá se exijan) mediante el argumento de que son intrínsecas al Derecho Público comúnmente admitido. Esta perspectiva parece hallarse en tensión con la postura de Hart en la forma en que de ordinario ha sido entendido. Ciertamente, postular que el ejercicio de la autoridad pública en el espacio administrativo global requiere y exige adherirse a normas de Derecho Público parece sintonizar más con la visión de Lon Fuller que con la de Hart. Ello no obstante, el alineamiento de esta tesis con las observaciones de Hart es más cercano de lo que parece, si se entiende que la regla de reconocimiento y aceptación de que éste habla incluye también la condición de que tan sólo puedan considerarse como Derecho las reglas e instituciones que cumplan los requisitos de lo público, esto es, que sean inmanentes al Derecho Público (lo cual puede probarse y evidenciarse a través del análisis comparado). Se puede, por tanto, ser un positivista hartiano, al menos en un sentido amplio, y al mismo tiempo aceptar esas exigencias de lo que se entiende por público como presupuestos para que pueda hablarse de Derecho. El Derecho Administrativo Global como práctica social no ha ido aún tan lejos: comúnmente, la observancia de las exigencias derivadas de lo público resulta cada vez más importante a fin de determinar su peso (afectando incluso a la validez); cuanto menos se cumplan los criterios que se desprenden de las fuentes establecidas, mayores dudas habrá sobre su reconocimiento, mayores serán los niveles de resistencia, y mayor será también la duda sobre el alcance y la medida en que puedan verse afectados los individuos o cualquier otro actor privado en sus derechos básicos y bienestar social. El siguiente apartado de este artículo ofrecerá mayor detalle sobre esta cuestión en relación al Derecho Administrativo Global.

---

[19] Kingsbury. «International Law as Inter-Public Law», en H. Richardson and M. Williams (eds.), *Moral Universalism and Pluralism* (2009), 167, y los comentarios sobre dicho artículo realizados por Scheuerman, «'The Center Cannot Hold': A response to Benedict Kingsbury» (*ibíd.*, 205), Baynes, «Cosmopolitanism and International Law» (*ibíd*, 2019), y Screenivasan, «Democracy and International Law: A Peril from the 'Public'» (*ibíd.*, 240). Véase también von Bogdandy, Dann y Goldmann, «Developing the Publicness of Public International Law: Towards a Legal Framework for Global Governance Activities», 9 *German Law Journal* (2008) 1375.

III. LO PÚBLICO: PRINCIPIOS GENERALES DEL DERE-CHO PÚBLICO

De acuerdo con la práctica jurisprudencial en los Estados democráticos de Derecho, no es suficiente con que el Derecho emane de una fuente reconocida, ni siquiera en los sistemas en los que es necesario que el Derecho emane de una fuente aceptada y que se produzca de conformidad con una regla unitaria de reconocimiento y aceptación. Hoy hace falta algo más para que pueda hablarse de Derecho. La cualidad o carácter de lo público deviene necesario en las modernas sociedades democráticas. El postulado reside en que lo público y lo que de él deriva, la generalidad, son inherentes al concepto de Derecho en una era dominada por la ciencia jurídica democrática[20]. Por público se alude aquí y se quiere decir que el Derecho ha sido forjado por toda la sociedad, por el público en general, y, subsiguientemente, que el Derecho se ocupa de cuestiones concernientes a la entera sociedad como tal[21]. Esta característica de aspiración por lo público es, tal y como ha observado Jeremy Waldron, lo que Weber olvida en su definición de un Estado que se orienta a los medios (como el monopolio de la violencia legítima), y lo que la jurisprudencia analítica pasa por alto en su análisis formal de los sistemas jurídicos. Estas reflexiones acerca de lo público se encuentran más matizadas y actualizadas en el argumentario más amplio de Rousseau:

> Cuando el pueblo como tal establece una regla para el pueblo como un todo, está tratando consigo mismo exclusivamente; y si surge algún tipo de relación es la que se da entre el entero cuerpo social visto desde una perspectiva, y el mismo cuerpo social visto desde otra, sin distinción de ninguna clase. Aquí la materia objeto de la regla resulta tan general como la voluntad de establecerla. A esto lo llamo Derecho..., Derecho que una la universalidad de la voluntad con la universalidad del ámbito objeto de la legislación[22].

Cuando aquí se alude a la cualidad o naturaleza de lo público que ha de poseer el Derecho en el sentido del presente capítulo se hace referencia a algo bien distinto a la nota de generalidad, que, se espera, ha de tener la norma o la

---

[20] J. Waldron, «Can There Be a Democratic Jurisprudence?», versión de noviembre de 2008, NYU PILT Research Paper 08-35 (SSRN). [Traducción al castellano de Alicia I. Saavedra Bazaga, «¿Puede haber una teoría del Derecho democrática?», en Mora Sifuentes, F. M. (ed.), *Democracia. Ensayos de filosofía política y jurídica*, México, Fontamara (2014), pp. 223-271.]

[21] Esta exigencia parece ajustarse con dificultad al rol de muchos poderes legislativos democráticos nacionales en su intento por incluir cuestiones puramente privadas en la legislación –la mayoría de los proyectos de Ley que regulan cuestiones privadas en el Congreso Federal de EEUU y en los Parlamentos de los Estados, por ejemplo. Pero estas normas dirigidas a privados son clasificadas como privadas, en el Registro del Congreso por ejemplo, precisamente para diferenciarlas de las normas públicas, que se presentan a sí mismas, efectivamente, como de interés público.

[22] Contrato Social, Libro II, Capitulo VI.

decisión para reputarse como Derecho. Rousseau apuesta por ambas características: por el carácter público y la vocación de generalidad general. La nota de generalidad, sin embargo, podría llevar a la conclusión de que buena parte de las actividades de la Administración (la minorista, la que resuelve caso a caso), más que la Administración que dicta normas o reglamentos (la mayorista) no estaría en absoluto haciendo Derecho. Esta visión, que ha tenido muchos apoyos, será estudiada (en relación al Derecho Administrativo Global) en el núm. V siguiente.

La idea de Derecho como elaboración de y para la sociedad en su conjunto se superpone y se solapa con la perspectiva del Derecho Administrativo propio de muchos de los sistemas nacionales, y de acuerdo con la cual se enfatiza el servicio público y la finalidad de interés general o del bien común, dimensión ésta que se proyecta asimismo sobre las Administraciones que operan más allá del Estado. Así, Soji Yamamoto definió el Derecho Administrativo Internacional como el conjunto de normas jurídicas inherentes a aquellas comunidades internacionales que prestan un continuado servicio público internacional establecido por los tratados administrativos multilaterales, y que influye en múltiples formas sobre las Administraciones nacionales a través de la acción administrativa de las instituciones internacionales[23]. Esta idea de que deba existir una finalidad en la autoridad pública internacional, a saber: la consecución en alguna forma de los intereses generales (*salus populi*) que se especifica y controla a través de procedimientos que no se corresponden sin más con el interés general nacional, no posee aún para el Derecho Administrativo Global el significado que el servicio público puede tener, por ejemplo, en el Derecho Administrativo francés. No obstante, constituye un elemento que podría desarrollarse y crecer a medida que evolucionen los mecanismos y modelos de determinadas organizaciones públicas especiales que satisfacen las exigencias propias de lo público en el ámbito del Derecho Administrativo Global.

Los principios generales del Derecho Público combinan cualidades formales con pretensiones normativas a la hora de canalizar, configurar y gestionar el poder. Estos principios aportan algún contenido y especificidad a las abstractas exigencias que derivan de lo público en el Derecho. Se trata de principios que resultan potencialmente aplicables a cualquier sistema de Derecho Público, y a las relaciones entre distintos sistemas de Derecho Público, y que pueden incluir en distinto grado algunos de los que más abajo se enumeran[24]. Nótese que esa enumeración no es más que una lista meramente indicativa, que no va acompa-

---

[23] Yamamoto, *supra note* 5.

[24] Von Bogdandy ha desarrollado un conjunto distinto de principios muy diferente con un objetivo similar en, *supra note* 2. Este autor ve un futuro en los principios generales que disciplinan la autoridad pública internacional, y no tanto como fuente de derecho, sino como una especie de argumento jurídico comparativo (at 1938).

ñada de un análisis comparado o doctrinal. Su propósito no es otro que sugerir que tales principios, incrustados en la noción misma del Derecho Público, son de suyo significativos[25]. Otros muchos trabajos de investigación en el ámbito de la teoría y de la práctica del Derecho Administrativo Global se ocupan en detalle de los componentes o exigencias de lo público, algunos de los cuales se abordan más adelante (particularmente, la revisión, la motivación, y la publicidad y transparencia), con ocasión del análisis de actividades específicas que tienen lugar en el ámbito de la Administración global pública:

(i) El principio de legalidad. Una de las funciones más importantes que incumbe al Derecho Público consiste en la canalización y en la organización del poder. Y ello se logra en parte a través del principio de legalidad –que puede significar que los actores que operan en el sistema de poder se limiten a actuar de conformidad con las reglas de sistema–. Este principio permite al legislador controlar al administrador, o, dicho de otro modo, el que establece la norma controla al que la aplica. Desde la perspectiva de la teoría del principal-agente, el agente ha de moverse dentro de los límites que se establecen dentro de los límites de la delegación realizada por el superior o «principal». En un sistema complejo de delegación, resulta en muchas ocasiones preferible dotar del poder de revisión a terceras partes a fin de que controlen al «agente» de acuerdo con lo establecido por el «principal», sentando así las bases para una dinámica de derechos atribuidos a terceros, dinámica ésta que opera también en el modelo de la teoría del principal-agente. En efecto, cuando estamos ante las instituciones de carácter interestatal, los Estados que han creado las instituciones normalmente se sitúan a sí mismos como «principales» (sea aislada o colectivamente), respecto de la institución, que cumple la función del «agente», aunque el control directo sobre el agente puede verse atenuado. Muchos de los actores de la gobernanza global ocupan una posición primaria o principal, o, al menos, no actúan como organizaciones delegadas. En este contexto, cuando se invoca el principio de legalidad se alude a la vinculación al «Derecho», y ello comprende aquellos elementos del Derecho que se manifiestan a través de, o derivan de, la exigencia de lo público.

(ii) El principio de racionalidad. La cultura de la motivación y de la fundamentación ha desembocado en una fuerte presión sobre los poderes que adoptan resoluciones o decisiones en el plano aplicativo (y en algunos países, también sobre los poderes que establecen las reglas o normas) al objeto de que motiven sus resoluciones, y de que elaboren un expediente en el que se contengan todos los elementos fácticos que permitan dar apoyo y justificación a las mismas, de modo que pueda controlarse la decisión misma en caso necesario. Esta exigencia forma parte de la cultura política y jurídica. Desde ambas perspectivas y contextos (político y jurídico), ello entraña que las instituciones con potestad de control o revisión debatan habitualmente sobre si resulta revisable o no, y con base en qué estándar o canon, la racionalidad sustantiva de la decisión: el canon de lo manifiestamente irrazonable, de la incorrección, etc. Volveremos sobre la revisión y la motivación más adelante.

(iii) El principio de proporcionalidad. La exigencia de una relación de proporcionalidad entre medios y fines se ha convertido en una poderosa herramienta procedimental

---

[25] Véase en general D. Dyzenhaus (ed.). *The Unity of Public Law* (2003), esp. Taggart, «The Tub of Public Law», *ibíd.*, 455.

en el Derecho Público europeo, y en creciente medida en el ámbito del Derecho Internacional Público, aunque algunos tribunales nacionales (por ejemplo, en el Reino Unido) lo han ido aceptando muy lentamente, en la medida en que su argumentario les resultaba menos familiar.

(iv) El Estado de Derecho. El principio del Estado de Derecho puede significar muchas cosas. La perspectiva más común se centra en el carácter procedimental[26]. Con ello quiere decirse aludirse a la amplia aceptación que suscitan entre el personal al servicio de la Administración (y en el seno de la propia sociedad) los procedimientos de naturaleza decisoria y deliberativa, lo que presupone asimismo la existencia de publicidad y transparencia para un debate y consultas efectivos (apartado cuarto). En apariencia esta concepción se halla en tensión con aquellas otras perspectivas que conciben la cláusula del Estado de Derecho como una simple estructura de normas claras, en un entorno seguro y fiable, y aplicadas sin discriminación, con independencia de su contenido sustantivo (la tesis del «libro de normas»); así como con «el ideal de Derecho basado en una precisa noción pública sobre los derechos individuales» (la «noción de derechos»)[27]. Los procedimentalistas abogan por la sujeción al procedimiento aun cuando sus resultados sean insatisfactorios –pero no pueden explicar por qué algunas decisiones tomadas de conformidad con el procedimiento establecido no deben formar parte entonces del Derecho, en contra de lo que los partidarios del principio del Estado de Derecho debieran sostener–[28]. David Dyzenhaus ha postulado una perspectiva que desplaza el foco del este principio desde el Derecho (y las normas) hacia el elemento de la resolución subyacente en sí misma –de tal forma que el incumplimiento de los requisitos procedimentales no resulta inimaginable, aunque ello implica un compromiso en favor de la legalidad que debe ser ponderado cuidadosamente[29].

(v) Los derechos humanos. La protección de los derechos fundamentales es casi intrínseca (o natural) a un sistema jurídico público moderno. Esta categoría se superpone en muchas ocasiones con las otras cuatro categorías previas, aunque se aborda aquí de forma separada para dejar un espacio a la consideración específica en pro de que algunos derechos humanos (quizás los de integridad física, privacidad, personalidad) han de ser tutelados probablemente por el Derecho Público como algo inherente a la personalidad, aunque no vayan acompañados de la autoridad que aporta un texto jurídico, y, sin embargo, no se subsuman dentro del concepto de «Estado de Derecho».

---

[26] Un ejemplo es Fallon, «The Rule of Law as a Concept in Constitutional Discourse», 97 *Columbia Law Review* (1997) 1.

[27] Dworkin, «Political Judges and the Rule of Law», en R. Dworkin, *A Matter of Principle* (1985) 12.

[28] Waldron, «The Rule of Law as a Theater of Debate», en J. Burley (ed.), *Dworkin and His Critics* (2004), 319.

[29] See Dyzenhaus, «Aspiring to the Rule of Law», en T. Campbell, J. Goldsworthy y A. Stone (eds.), *Protecting Human Rights: Instruments and Institutions* (2003).

IV. TRES CATEGORÍAS O CLASES DE LA ACTIVIDAD ADMINISTRATIVA GLOBAL DE CARÁCTER PÚBLICO Y EL CONCEPTO DE «DERECHO»

El estudio comparado de los principios generales inmanentes al Derecho Público indica la existencia de una tendencia hacia la necesidad de que se incluya lo público dentro del concepto de Derecho (Público). Los principios emergentes y las prácticas que se dan en el seno del Derecho Administrativo Global, en distintos contextos y sectores, se suman a esta evidencia y ofrecen una mayor especificidad. Este apartado disecciona el criterio de lo público en tres categorías básicas de Derecho Administrativo Global, de la mano de una analogía estructural que se toma prestada de la clasificación que hace David Dyzenhaus entre las tres categorías diferentes que pueden verse dentro del Derecho Administrativo de los ordenamientos jurídicos nacionales[30]:

De acuerdo con esta propuesta, el Derecho Administrativo *constitutivo* es aquel que se integra de la autoridad o potestad jurídica con la que puede verse investida cualquier organización administrativa; en los sistemas nacionales ello requiere generalmente una delegación de autoridad para actuar, conferida por otro órgano que tiene la autoridad para delegar el poder del Estado. El Derecho Administrativo *sustantivo*, por su parte, es el que establece la propia organización administrativa, y comprende desde sus actos más generales (de carácter regulatorio o normativo) hasta sus actos más concretos o específicos (de resolución de disputas o recursos o decisiones singulares). El Derecho Administrativo *procedimental*, en fin, gobierna la forma de actuación del órgano administrativo.

Las actividades jurídicas de las entidades u organizaciones públicas que no son Estados en el espacio administrativo global pueden dividirse en categorías bastante similares:

(1) El diseño institucional, y constitución jurídica, de la organización administrativa global (una entidad pública, distinta del Estado).

(2) Las normas y decisiones elaboradas por esa organización o entidad, incluidas las normas y decisiones que tengan por objeto, o que afecten materialmente a:
  – otras entidades u organizaciones públicas
  – Estados y agencias de un Estado determinado
  – individuos y otros actores privados

(3) Normas de procedimiento que determinan el modo de actuación de aquellas entidades u organizaciones públicas para la producción de normas y el dictado de resoluciones, lo que incluye –dentro de la institución del procedimiento– los criterios de revisión y control, la transparencia, la motivación de las decisiones (sean normativas o singulares), las modalidades de participación, la rendición de cuentas, supervisión o control (*accountability*), y la responsabilidad patrimonial (*liability*).

---

[30] Dyzenhaus, «The Concept of (Global) Administrative Law», *Acta Juridica* (2009).

Estas tres categorías de la actividad administrativa global se analizan seguidamente con mayor detalle, poniendo el acento en la perspectiva de lo público, que aquí interesa, y en su significado operativo y práctico para que las concepciones del Derecho resulten viables.

1. EL DISEÑO INSTITUCIONAL, Y LA CONSTITUCIÓN JURÍDICA, DE LA ORGANIZACIÓN ADMINISTRATIVA GLOBAL (UNA ENTIDAD U ORGANIZACIÓN PÚBLICA, DISTINTA DEL ESTADO)

El diseño institucional y las reglas de constitución de las organizaciones públicas, resultan obviamente capitales para la realización de la justicia sustantiva (la promoción de la dignidad humana, la libertad, las capacidades, la igualdad, la equidad, el bienestar, etc.). Son éstas también relevantes para la consecución efectiva de los valores del Derecho Público y para satisfacer los fines a que obedece el Derecho Administrativo Global (el diseño institucional y las reglas de constitución contribuyen por lo general, también en este ámbito, a mejorar la justicia sustantiva, aunque no siempre de forma directa; por lo demás, el estado de la investigación en este punto se halla aún en sus comienzos). El diseño institucional y las normas de carácter constitucional de las entidades y organizaciones públicas (entre las que se encuentran también algunas normas de procedimiento y de funcionamiento de la organización) pueden definir algunas de las condiciones y de los costes de salida o producción y de expresión, moldeando así las estrategias de los actores principales.

Así, por ejemplo, una norma de constitución de la organización que establezca un proceso decisorio de carácter deliberativo –como el que es propio de un órgano colegido o de un parlamento– hace posible una mejor evaluación, consenso y ponderación de los distintos argumentos, y de las razones a favor o en contra de una determinada decisión, aunque al mismo tiempo la decisión que finalmente se adopte puede carecer en sí misma de la suficiente claridad y consistencia racional. Por otro lado, un proceso decisorio en el que se encuentren representados todos los afectados principales puede funcionar bien, aun cuando trabaje a puerta cerrada, mientras que una organización menos representativa puede ser adecuada, si el proceso decisorio se basa en una intensa transparencia y amplias consultas tanto de la sociedad civil como de la industria afectada. Asimismo, la idoneidad de la revisión por parte de un órgano de control (*tribunal*) dependerá de las reglas sobre su competencia, del *locus standi*, de los trámites de audiencia pública, y de la selección de sus miembros. Así, un órgano de solución de diferencias que funcione como un órgano jurisdiccional, compuesto por miembros que actúen al modo del abogado, puede suponer en la práctica un desplazamiento hacia la función de creación del Derecho propia de un órgano jurisdiccional, fortaleciendo de ese modo el papel del abogado y el análisis jurídico, en detrimento de otros actores. Otro ejemplo: unas normas de procedimiento o funcionamiento de un órgano de deliberación que permiten una amplia participación de la sociedad civil pueden propiciar que se acepten fácilmente nuevos planes o programas, o, por el contrario, que se retiren los afectados con mayor poder con la intención de que las decisiones se tomen en un foro más influenciable.

Desde una perspectiva normativa o prescriptiva, es claro que el diseño institucional debería fomentar la consecución real de los objetivos marcados y la adopción de buenas prácticas en el proceso decisorio. Las experiencias adquiridas desde el Derecho Administrativo Global, en particular cuando se combinan con la investigación desde la teoría política positiva, aportan directrices sobre las diferentes perspectivas, así como algunas soluciones y propuestas. El diseño institucional, por otra parte, debería también tener en cuenta otras vías que no han sido exploradas en el estudio del Derecho Administrativo Global, ni tampoco desde la lógica institucionalista racionalista tradicional, tales como el fortalecimiento del liderazgo imaginativo a cargo de las más relevantes figuras políticas en áreas más cosmopolitas (como sucede con el medio ambiente y el cambio climático), y en donde la iniciativa con imaginación puede ir más allá de la mera búsqueda, ejecución o defensa de los intereses políticos nacionales o sectoriales parecen posibles, y con unos resultados más que notables.

El poder constitutivo se ejerce a nivel internacional con mayor claridad con ocasión de la constitución de las organizaciones internacionales. La lógica, y los problemas, del *pouvoir constituant* y del *pouvoir constitué* se dan también en estas circunstancias y escenarios. En los procesos de creación de las organizaciones intergubernamentales, el problema de representación en la asamblea constituyente se resuelve con la participación de los designados por la rama ejecutiva de cada Estado participante; y hoy día también, cuando hay algo de espacio dentro o fuera de la asamblea para las «organizaciones de la sociedad civil», que pueden poner en marcha ellas mismas determinados sistemas de representación *inter se* y *vis-à-vis* de sus miembros o promotores. La representación del Estado se fortalece si se constituye mediante un tratado que requiera ratificación parlamentaria nacional u otra forma más amplia de debate y participación. Una vez constituida, la institución y sus agencias se separan normalmente hasta un cierto punto de los poderes constitutivos originales. La institución posiblemente adopte normas de procedimiento, asuma y afirme competencias implícitas, reclame o rechace su responsabilidad (por ejemplo, en relación con las vulneraciones de los derechos de los individuos), establezca organizaciones subsidiarias o subordinadas, participe en la creación de organizaciones conjuntas con otras instituciones, y, en general, tome parte en una suerte de poder constitutivo con implicaciones y consecuencias para la creación y aplicación de normas de Derecho Administrativo sustantivo y procedimental.

Situar dichas instituciones en el marco de un constitucionalismo más fuerte y profundo implica retos mucho mayores[31]. El aforismo «no hay democracia sin *demos*» encuentra un paralelismo en la afirmación de que «no puede haber constitucionalismo sin política». Si no existe un sistema de gobierno completo a nivel global (*global polity*), ni nada que se aproxime a un *demos* o pueblo global, parte de la doctrina considera que las instituciones, las normas, el sistema de control y de responsabilidad –con medidas y procesos discursivos y reflexivos operando fuera, entre y dentro de los sistemas nacionales de gobierno– pueden coadyuvar a establecer las condiciones sociopolíticas necesarias para un constitucionalismo global[32]. Que estas instituciones y modalidades tengan la capacidad para soportar esta carga, más allá de la Unión Europea y algunas otras situaciones especiales, resulta dudoso a corto plazo, si bien este enfoque representa en todo caso una aspiración sugestiva para el trabajo práctico en este campo. Sin embargo, las aspiraciones del constitucionalismo se encuentran también abiertas a la crítica. Téngase en cuenta que su *telos* o finalidad consiste en la orientación hacia objetivos estructurales y sustantivos para la consecución efectiva de opciones básicas, tales como la primacía de los valores sobre las virtudes, y de los derechos sobre las responsabilidades[33]. Y ello no necesariamente refleja los objetivos que han sido objeto de consenso, ni impone un apoyo general en el actual estado de la cuestión en el mundo. El constitucionalismo también implica una estructura coherente, de la que actualmente carecen los sistemas jurídicos e institucionales globales, y con la que no parece que vayan a contar a corto plazo. Por otra parte, puede implicar también que un conjunto mínimo de funciones esenciales hayan sido atribuidas a una serie de instituciones o actores relevantes, y que éstas se estén ejerciendo hasta cierto punto. Sin embargo, no existe una historia política global compartida que facilite una tradición en lo que hace a la comprensión de dichas funciones. Por ejemplo, no existe un mecanismo o indicador que permita comparar la historia del poder legislativo que se haya desarrollado como una idea política y práctica en línea con el pensamiento político occidental, por lo que resulta muy difícil compartir una idea común de lo que podría significar un poder legislativo en el plano global. Mientras el poder constitutivo se ejerce efectivamente en el ámbito internacional, el constitucionalismo internacional en su forma más rica se encuentra aún, como mucho, en *statu nascendi*. No obstante, el compromiso constitucionalista con lo público está funcionando.

---

[31] Sobre la irreducible pluralidad de aproximaciones a estos problemas, véase Walker, «Beyond Boundary disputes and Basics Grids: Mapping the Global Disorder of normative Orders», 6 *ICON* (2008) 373.

[32] Véase, p.ej. Cohen y Sabel, «Global Demoracy?», 37 *NYUJILP* (2005) 763.

[33] Esta crítica de la Constitución de la Unión Europea es la materia del reciente trabajo de J.H.H. Weiler.

2. NORMAS Y DECISIONES DICTADAS POR UNA ORGANIZACIÓN ADMINISTRATIVA GLOBAL (UNA ORGANIZACIÓN PÚBLICA DISTINTA DEL ESTADO) CON REPERCUSIÓN SOBRE DIFERENTES TIPOS DE ACTORES

a) El resultado externo de las acciones materiales que realizan las organizaciones administrativas globales puede clasificarse en tres categorías, dependiendo del tipo de actor al que se dirija o al que de algún modo afecte. Los requisitos de lo público pueden aplicarse a cada categoría.

(i) Normas y resoluciones que tienen por destinatario –aunque sea de modo indirecto por su repercusión material– a otras organizaciones públicas administrativas que operan en la arena global, y que son distintas de los Estados.

El ámbito de la estandarización internacional ofrece muchos ejemplos. La Organización Mundial del Comercio (OMC), cuyo Acuerdo sobre las Barreras (u Obstáculos) Técnicas al Comercio (BTC) permite que los Estados se beneficien de una presunción *iuris tantum* de compatibilidad, y de acuerdo con la cual las restricciones técnicas sobre importaciones respetan los «estándares internacionales», ha elaborado un Código de Buenas Prácticas para la Preparación, Adopción y Aplicación de Estándares. Este Código establece, en efecto, unas directrices sobre la forma en que la Organización Internacional de Normalización (ISO) debe operar, si se quiere que los estándares ISO se encuentren en puerto seguro bajo el amparo de la normativa de la OMC. La Alianza Internacional de Acreditación y Etiquetado Social y Ambiental (ISEAL), que se compone de ocho organizaciones entre las que se encuentra el Consejo de Administración Forestal (FSC), se somete en gran medida a ISO, y ha elaborado un código de conducta para el establecimiento de estándares sociales y ambientales. Ello exige, por ejemplo, un procedimiento de elaboración en el que tengan lugar dos rondas de participación efectiva del público sobre los estándares propuestos, y una respuesta pública y por escrito sobre cada una de las alegaciones vertidas en el marco de esos procedimientos. Todas estas organizaciones requieren un esfuerzo por hallar el consenso en el establecimiento de los estándares y una ponderación de los distintos intereses. La ISEAL entiende por consenso a esos efectos todo acuerdo general, que se caracterice, primero, por la ausencia de oposición continuada en torno a cuestiones sustantivas por parte de ningún grupo importante representativo de intereses, y, en segundo lugar, por un proceso en que se busque la ponderación de las distintas concepciones de las partes interesadas. El Consejo de Administración Forestal (en inglés, FSC), establecido en 1993, a su vez es competente para elaborar un intricado conjunto de estándares –los Principios y Criterios para la Gestión Forestal–, que comprende también estándares muy detallados para bosques regionales de áreas específicas, y certifica que la madera y los productos de madera se elaboran de conformidad con ellos. Pueden ser miembros del Consejo de Administración Regional (FSC) todas las organizaciones y los individuos que se adhieran a sus principios. Su Asamblea General se organiza y estructura en torno a tres salas (económica, social y ambiental), cada una de las cuales tiene el mismo poder de voto en la Asamblea, y cada una de las cuales está dividida en salas norte y sur, con idéntica voz. Desde el año 2002, las organizaciones gubernamentales para la gestión forestal también pueden participar.

(ii) Normas sustantivas y decisiones que tienen como destinatario los Estados y sus agencias, o que les afectan materialmente.

Para ilustrar esta categoría resulta útil traer aquí uno de los casos pioneros en el ámbito del Derecho Administrativo Global. Se trata de las resoluciones adoptadas en la sede del órgano de apelación de la OMC en el caso, citado en otros capítulos también, *Shrimp-Turtle*[34]*. Estados Unidos prohibió la importación de gambas de la India, con el argumento de que los barcos hindúes que las transportaban no cumplían con los requisitos que las normas estadounidenses tenían establecidos respecto de la protección de las tortugas. Pues bien, en este caso, el Órgano de Apelación de la OMC no llegó a la conclusión de que Estados Unidos hubiera actuado en contra del GATT al negarse a tratar del mismo modo las gambas de la India que las procedentes de cualquier otro lugar, aun cuando el texto del GATT bien podría haber dado lugar para ello. El Órgano de Apelación reconoció un margen de apreciación en favor de las autoridades nacionales para establecer una prohibición de importación que acarreara un grave daño para una especie animal amenazada. Lo que hizo en cambio fue sostener que la forma en que había tomado la decisión EE.UU. no era correcta, porque ésta había incurrido en arbitrariedad y falta de motivación suficiente, puesto que las autoridades nacionales de EE.UU. no le dieron la oportunidad a las de la India de conocer la decisión con antelación a fin de investigar los barcos hindúes que no cumplían con esas reglas, y, por tanto, no les dio la ocasión para contradecir esas conclusiones, ni ofreció tampoco una resolución escrita y motivada susceptible de impugnación. En efecto, la actuación norteamericana no había respetado uno de los elementos de lo público que conforman e integran el Derecho, y ello porque esos elementos no son privativos o exclusivos de la ciudadanía o del público norteamericano, sino que se extienden, y resultan de aplicación, a los intereses hindúes también.

(iii) Normas y decisiones sustantivas que tienen como destinatario, o afectan indirecta o materialmente, a personas individuales o a otros actores privados.

Este grupo de supuestos ha adquirido una creciente importancia en el ámbito de la gobernanza regulatoria global. Aquí se suscitan cuestiones relevantes para el concepto mismo de Derecho en el terreno del Derecho Administrativo Global, objeto de la presente reflexión. Piénsese en los casos en que el sistema jurídico que opera a nivel global atribuye derechos a los individuos y que ello supone al mismo tiempo el surgimiento de obligaciones legales a cargo de otros actores, y de criterios y muros de contención para su defensa frente a normas y decisiones de organizaciones dictadas en la esfera global. Allí donde un sistema jurídico global imponga límites o cargas sobre los individuos, el examen y control de la acción de esa institución a la luz de los criterios del Derecho Administrativo Global se hará cada vez más probable, aunque no haya transitividad directa (es decir, al margen y con independencia de que la norma o decisión global sea o no susceptible de recurso directo). La reforma de los procedimientos del Consejo de Seguridad en los que se establecían algunos individuos y grupos de sospechosos de guardar relación con la financiación del terrorismo, aprobada mediante Resolución 1822 del Consejo de Seguridad (de 30 junio 2008), anterior a la entonces prevista resolución del Tribunal de Justicia de la Unión Europea en el caso *Kadi* (septiembre 2008), resulta ilustrativa de la necesaria aplicación de algunos elementos que forman parte

---

[34] Órgano de Apelación de la OMC, 12 Oct. 1998 (1999) 38 ILM 121.

* Sobre el tema, véase dentro de esta colección la obra de Sabino Cassese, *El Derecho Global. Justicia y democracia más allá del Estado*, Global Law Press-Editorial Derecho Global, 2010, p. 258.

de lo que ha de entenderse por «público» a efectos del concepto de Derecho. También constituye un buen ejemplo de la conciencia o convicción de que se trata de elementos que han de ser fijados previamente o promulgados. Entre esos elementos y previsiones cabe destacar la obligación de los Estados que aplican lo dispuesto por el Consejo de Seguridad en punto a la búsqueda de sospechosos de informar con todo detalle de cada caso, facilitando una parte de la motivación a la que pueda darse absoluta transparencia y publicidad en los medios de comunicación; o, por ejemplo, la obligación de establecer procedimientos que permitan revisar antiguos listados y añadir comentarios o motivos adicionales. Asimismo se han dispuesto normas de procedimiento, en cuya virtud ha de notificarse a las personas incluidas o excluidas de los listados ese hecho en el plazo máximo de una semana siempre que sea posible; se ha de revisar anualmente el listado; así como seguir el procedimiento –poco transparente aún y en ese sentido no completamente satisfactorio– para excluir de las listas a personas o grupos antes incluidos.

b) El contraste más claro entre estas tres categorías de normas y resoluciones «sustantivas» o materiales reside en la posibilidad de que éstas puedan controlarse o revisarse, bien sea por los destinatarios directos, o bien por los que se vean afectados en sus intereses. En las relaciones internacionales, resulta extremadamente infrecuente que un órgano u organización cuasijurisdiccional sea competente para conocer de recursos de una organización internacional frente a la acción de otra. Eventualmente, puede darse un supuesto tal en casos marginales o de modo indirecto o colateral, como sucedió con la impugnación de la Comisión europea ante el Tribunal de Justicia de la Unión Europea contra la alegación hecha valer por Irlanda, cuya jurisdicción correspondía al tribunal arbitral internacional en el caso de la *MOX Plant* (el tribunal arbitral suspendió su trabajo a la espera de la resolución del Tribunal de Justicia, aunque técnicamente la decisión de este Tribunal sólo habría de ser aplicable a la actuación irlandesa). La naturaleza horizontal que preside las relaciones entre las organizaciones internacionales supone que habitualmente no existan organizaciones independientes, siquiera sea de naturaleza política, susceptibles de ejercer algún tipo de control o revisión. A medida que se establezcan relaciones jerárquicas en el ámbito internacional para superar precisamente esta situación, podrán establecerse organizaciones mejor definidas y más formales, dando así un mayor espacio a los criterios de lo «público» desde el inicio de la acción administrativa cuestionada. Sobre la temática del control y de la revisión como elemento integrante de lo «público» habrá de volverse más adelante.

Una segunda distinción se basa en la aplicabilidad de las garantías del Estado de Derecho. Cabe argumentar con razón que estas garantías sólo resultan aplicables a los individuos, no a Estados, ni a las Organizaciones Internacionales, y, por tanto, que sólo tienen sentido en la tercera de las categorías enumeradas más arriba[35].

---

[35] Esta argumentación ha sido estudiada por Jeremy Waldron en el borrador de su trabajo «Are Sovereigns Entitled to the benefit of the International Rule of Law? (octubre 2008).

c) Si adoptamos una visión de conjunto y analizamos en su integridad estas tres categorías de normas y de resoluciones de carácter sustantivo o material, parece claro que aquí surgen cuestiones fundamentales referidas a esta forma o modalidad de acción administrativa. Señaladamente, cabe plantearse si aquí son aplicables los requisitos o exigencias que Lon Fuller describió como elementos de la «moralidad interna» del Derecho. Se trata de elementos o características intrínsecas, o «internas» al Derecho mismo, de un modo análogo a como lo son las características inmanentes al Derecho Público, a las que antes se ha hecho referencia. Desde esa perspectiva, si en un caso concreto, ante un determinado escenario administrativo, no es posible identificar los indicadores que Fullner consideró esenciales para que pueda hablarse de Derecho, o no es realista que puedan darse en el futuro, entonces estaremos, de acuerdo con esta teoría, ante una situación en la que no puede hablarse de Derecho. A su juicio, los ocho requisitos que han de concurrir son los siguientes:

> que el Derecho debe ser general –generalidad–; que el Derecho debe ser promulgado o hacerse público –publicidad–; que no debería haber abuso de la retroactividad en el Derecho –irretroactividad–; que el Derecho debe ser comprensible –claridad–; que el Derecho no debe ser contradictorio –no contradicción–; que el Derecho no debería exigir una actuación que vaya «más allá de los poderes de la parte afectada» –potestad de ejecución–; que el Derecho no sufra excesivos cambios que hagan que «el sujeto no pueda orientar su acción» –constancia o estabilidad–; que la «administración real» ha de ser congruente con las «normas tal y como se anuncian» –congruencia–[36].

Fuller observó que en muchas de las directrices de gestión predomina la preocupación por la relación interna de la Administración (como, por ejemplo, en la que se refiere a la relación jerárquica «superior-subordinado»). Esta dimensión, sin embargo, sólo de forma colateral o indirecta afecta a los ciudadanos. Ello significa que esas no pocas directrices tan sólo cumplen con algunos de los indicadores de la moralidad interna a efectos de considerarse Derecho, y supone también que en ocasiones el cumplimiento de tales indicadores sea más bien instrumental, es decir, se asuman algunos de esos indicadores por razones de eficacia, antes que por incorporar la idea de reciprocidad entre regulador y regulado en que se basa la entrada en escena del Derecho, como sucede en los Estados liberales modernos. David Dyzenhaus ha tenido ocasión de proyectar este análisis sobre las distintas concepciones del Derecho y, como consecuencia, de la legalidad, que se dan en el ámbito del Derecho Administrativo, señaladamente en las distintas modalidades del mundo anglo-americano[37]. La conclusión de su estudio es que buena parte del «Derecho» Administrativo nacional

---

[36] L. Fuller, *The Morality of Law* (rev. Ed., 1969). Esta síntesis sumaria está citada en D.Dyzenhaus, «The concept of (Global) Administrative Law», IILJ Working Paper 2008/7, www.iilj.org.

[37] Dyzenhaus, «The concepto of (Global) Administrative Law», nota *supra* 30.

y, desde luego, de los productos legales de carácter sustantivo (tales como normas, directrices, resoluciones) de las agencias administrativas no cumplen con muchos de los indicadores citados que para que exista Derecho exigía Fuller. ¿Puede hablarse entonces de Derecho? Se trata, desde luego, de una cuestión conceptual. Y se trata además de una cuestión que remite a otras, aunque no se agote ahí, que se suscitan en el ámbito del Derecho Administrativo Global: ¿hasta qué punto pueden y *deben* considerarse Derecho?

Para un enfoque o análisis de esta problemática, podría ser oportuno tener en cuenta el debate que se produjo en los EE.UU. en torno a estas cuestiones y en relación con lo que cabe denominar «legislación intransitiva», es decir, aquella que no tiene por objeto transferir nada al ciudadano (al que no tiene por objeto directo), sino que su destinatario son las agencias, atribuyéndoles potestades o competencias, y en unos términos tan genéricos o abstractos que no dan pie para un control o revisión. Esa legislación se transforma en «transitiva» desde el momento en que esas potestades o competencias se ejercen en concreto en relación con los ciudadanos. Es en ese momento cuando surge la obligación de adherirse, en mayor o menor medida, a los requisitos de la moralidad interna del Derecho. Se habla de legalidad entonces como fórmula para enmarcar y comprender la relación entre regulador y regulado, entre administrador y administrado, entre gobernador y gobernado. Dyzenhaus argumenta que la legitimidad asociada a la legalidad depende de que se cumplan los requisitos de la moralidad interna del Derecho, requisitos éstos que, aun cuando parezcan ser en buena medida puramente formales, sin embargo, poseen un hondo significado y contenido. La sujeción a estos requisitos es lo que hace legal al Derecho aparente o recibido como tal[38]. Esa sujeción o respeto se consigue sólo dentro de un sistema jurídico u ordenamiento integral; ahora bien, la mera pertenencia a un sistema u ordenamiento no convierte el Derecho aparente o putativo en legal. La legalidad aquí no deriva simplemente de que logre superar el control *ex post*, como sucede con el control judicial o con la ulterior declaración de la responsabilidad patrimonial, sino de la fidelidad al Derecho por parte de los aplicadores concernidos. Fidelidad que se extiende al Derecho Administrativo de carácter constitutivo, sustantivo y procedimental, en el sentido antes indicado, aun cuando no todas estas vertientes sean susceptibles de igual control. Las tres dimensiones del Derecho Administrativo, sin embargo, se consideran Derecho y reclaman para sí la condición de legalidad.

Este proceso, en que se sustancia la teoría de Fuller, de transformar lo intransitivo en transitivo funciona hasta cierto punto en el marco de un Estado presidido por el principio del Estado de Derecho. Ahora bien, ¿funciona fuera del Estado? Por su parte, Dyzenhaus sugiere que han de darse mejores y más evolucionadas prácticas de autorización, o de delegación de competencias, si queremos que haya Derecho Administrativo de carácter constitutivo, más allá del Estado. Esta advertencia es indicativa, sin embargo, de un problema fundamental. Buena parte (aunque no toda) de la práctica de la gobernanza global

---

[38] Por tanto, Dyzenhaus es capaz de justificar en este y en otros trabajos que la sujeción al Derecho depende de la existencia de un Estado de Derecho.

no puede ser teorizada, ni comprendida adecuadamente, desde el prisma de la autorización o de la delegación de competencias que realizarían los Estados, o, también, otras entidades u organizaciones, que, a su vez, hayan recibido antes de éstos las oportunas potestades o competencias. Si en muchos casos (aunque no en todos) no puede decirse que las agencias que operan en el plano de la gobernanza global se apoyan en esta clase de Derecho Administrativo que hemos venido en llamar constitutivo –aunque pueda fundarse en otro–, el interrogante salta a la vista: ¿cuál es entonces la base para sostener que el producto o acción de carácter sustantivo, o el control sobre sus correspondientes procedimientos, se transforman en «transitivos» y en legales? El carácter legal del Derecho Administrativo Global aparente en tales circunstancias, como el carácter legal del Derecho Administrativo en las democracias, no deriva de la transitividad, sino del test de Hart y de las demás exigencias de lo «público» (que comprende el principio de legalidad).

Este trabajo aboga por la proyección de los requisitos de lo público que se consideran cada vez más esenciales o intrínsecos al Derecho en los Estados democráticos modernos, a la gobernanza global, aunque de forma adaptada. Esta perspectiva resulta comparable con la de Lon Fuller, en la medida en que lo público es inmanente al Derecho, de modo que la opción de hacer uso del Derecho (o de estructuras asimilables al Derecho) y el beneficio derivado del valor añadido del uso del Derecho, llevan consigo la idea del interés público. Lo público, como bien común (de la misma manera que la moralidad interna del Derecho de Fuller) se considera sin problema alguno un atributo del Derecho, aunque puede asimismo informar el mismo concepto del Derecho, por ejemplo incorporándose dentro de la regla de reconocimiento y aceptación de la que habla Hart, a fin de determinar qué es y qué puede considerarse como Derecho en un sistema jurídico concreto. La condición de lo público proporciona una cierta unidad entre las distintas dimensiones: la creación de instituciones u organizaciones, las características del Derecho sustantivo y la creación de reglas procedimentales. En ese sentido, pueden obviarse algunos de los retos que plantea la intransitividad a que se enfrenta la tesis de la moralidad interna del Derecho de Fuller. También pueden evitarse algunos problemas derivados de la pretensión de proyectar sobre el Derecho Internacional las garantías que derivan del principio del Estado de Derecho, en sus relaciones con los Estados y en el plano intergubernamental. Puesto que resulta poco razonable sostener en términos generales que a los Estados (a diferencia de los Estados débiles o desfavorecidos) se les debería permitir que insistieran en que todas las normas de Derecho Internacional sean claras, se promulguen para ellos, presenten carácter general y no singular, etc., los Estados podrían al menos, sin embargo, insistir en que el Derecho Internacional cumpla las exigencias derivables de lo público, como elemento inmanente al Derecho. Si el Derecho interestatal presenta elementos más próximos a la autorregulación, similares a la asamblea ateniense o al ideal rousseauniano de legislar en un pequeño y aislado sistema de gobierno, es aún razonable que esta forma de autorregulación se una o asocie con lo público. Si una organización internacional no tiene derecho a no ser abolida o se encuentra con que su presupuesto se ve limitado arbitrariamente por decisión de los Estados miembros[39], podría no obstante ser de interés general que los requisitos de lo público se aplicaran a estos procesos decisorios.

3. NORMAS DE PROCEDIMIENTO PARA REGULAR LA ACCIÓN DE ESAS ORGANIZACIONES PÚBLICAS EN RELACIÓN CON LA PRODUCCIÓN DE SUS NORMAS Y EL DICTADO DE RESOLUCIONES, ASÍ COMO PARA ASEGURAR EL CONTROL, LA TRANSPARENCIA, LA MOTIVACIÓN, LA PARTICIPACIÓN, LA RENDICIÓN DE CUENTAS Y LA RESPONSABILIDAD

Este es el núcleo duro del Derecho Administrativo tal y como se entiende habitualmente*. Estas normas procedimentales materializan con mayor precisión y significado los principios generales inmanentes al Derecho Público antes esbozados. El primer problema conceptual que se suscita en esta sede consiste en evaluar si se da o no una concreta fuente del Derecho y una norma de reconocimiento y aceptación, en el marco de un sistema jurídico dado que opere en la arena global (o en el seno de una red de participantes y expertos). El segundo problema reside en determinar si, y, en su caso, en qué medida, la condición de lo público se encuentra incrustada dentro de la concepción dominante del Derecho y en la práctica de un concreto sistema jurídico (o red) en el ámbito global. Otra cuestión distinta es entonces valorar si estos elementos se entienden como determinantes para la validez del Derecho, o como factores que vayan a resultar relevantes.

La temática concerniente a la aplicación de las normas procedimentales ha sido estudiada de modo extenso respecto del Derecho Administrativo Global. Entre esos estudios destacan las aportaciones sobre control, rendición de cuen-

---

[39] Aunque los individuos pertenecientes a la misma, tales como José Bustani cuando fue arbitrariamente despedido como Director General de la Organización para la Prohibición de las Armas Químicas en 2002, tienen derechos individuales de protección sujetos a los principios básicos del Estado de Derecho: derechos que en este caso eran reivindicados por el Tribunal Administrativo de la Organización Internacional del Trabajo, que cubren a todo el personal de la OPAQ. En *re Bustani*, el Tribunal Administrativo de la OIT No. 2232, 16 de julio de 2003, de pago por daños y perjuicios. (no había solicitado la readmisión). Para más información, véase Klabbers, «The *Bustani* Case Before the ILOAT: Constitutionalism in Disguise?», 53 ICLQ (2004) 455; Dunworth, «Towards a Culture of Legality in International Organizations: The Case of the OPCW», 5 *International Organizations Law Review* (2008) 119.

* Afirmación suscribible en el ámbito del Derecho Administrativo norteamericano, que, sin embargo, resultaría en exceso minimalista, si se refiere al modelo europeo-continental (N. del E.).

tas y responsabilidad, así como sobre participación, por parte de Richard B. Stewart y Sabino Cassese, entre otros. Aquí se abordará, a partir de los postulados de Hart y de las exigencias que cabe derivar de lo público en los términos que ya se han apuntado por su incidencia sobre la concepción del Derecho que se sostiene, otras tres áreas en las que las normas procedimentales discurren a lo largo de los diversos sistemas jurídicos de carácter sustantivo en el ámbito de la práctica regulatoria global. Estas áreas son el control o revisión, la motivación, y la publicidad y transparencia:

A) REVISIÓN

Los mecanismos de revisión o control resultan de particular relevancia a los efectos de la presente investigación, porque a través de sus procedimientos y resoluciones, los órganos de control asumen con frecuencia posiciones, sean implícitas, o en ocasiones explícitas, acerca de los elementos que integran la concepción o concepciones subyacentes del Derecho. Revelan, en efecto, cuál es el concepto imperante de Derecho, en el que se encuentran, desde luego, la identificación de las diversas prácticas sociales y su peso específico en cada caso, las fuentes del Derecho, el reconocimiento de normas, y los componentes de lo público. Este punto puede ilustrarse a través de la consideración de algunos casos de revisión o control en la gobernanza global, que, por facilitar las cosas, serán organizados por su referencia a las relaciones sistémicas entre el órgano de control y la entidad controlada.

– Control de la acción administrativa de una organización que se sitúa en ámbito de la gobernanza global a cargo de un Tribunal Independiente incardinado dentro de la misma organización o entidad.

Un ejemplo representativo de esta clase de supuestos reside en la resolución del Tribunal de Primera Instancia del Tribunal de Justicia de la Unión Europea en el caso *OMPI v. Consejo*[40], que el Consejo de Ministros decidió no apelar. Esta resolución anuló la designación o aplicación al caso, que se había hecho al amparo del Reglamento de la Comunidad Europea*, aprobado por el Consejo, en el ámbito de la financiación del terrorismo, de la OMPI como una organización cuyos activos habían de ser congelados por los Estados miembros. La razón de fondo de esta anulación estribó en la violación del derecho a la tutela judicial efectiva, en su vertiente de acceso a la jurisdicción. El TPI observó en su Sentencia que no habían quedado debidamente justificados los motivos por los que las autoridades nacionales del Reino Unido habían propuesto, con el

---

[40] T-228/02, 16 de diciembre de 2006.

* Se trata del Reglamento (CE) nº 2580/2001 del Consejo de 27 de diciembre de 2001 sobre medidas restrictivas específicas dirigidas a determinadas personas y entidades con el fin de luchar contra el terrorismo. (N. del T.).

posterior acuerdo del Consejo, la inclusión de la OMPI en la lista de la Unión Europea sobre financiación del terrorismo, por lo que el órgano jurisdiccional «no podía revisar la legalidad de la decisión impugnada». El Tribunal no invocó la audiencia del interesado, el derecho a ser oído, ni tampoco el deber de motivar los actos o resoluciones, como *ratio decidendi* para anular el acto impugnado, señaladamente porque estos fondos se habrían desvanecido o las fuentes de información se habrían visto comprometidas. En ese contexto, y ante la ausencia de esa protección, la exigencia de acceso a la jurisdicción, derivable del derecho al proceso debido, resultaba de vital importancia.

– Control de la acción administrativa de una entidad situada en el área global a cargo de un tribunal independiente, cuando éste se ubica en el seno de otra entidad de gobernanza global de carácter no-nacional.

Estos supuestos han sido relativamente poco usuales hasta el momento, por razones que se explicarán más adelante.

El Tribunal Internacional de Justicia (órgano principal de las Naciones Unidas) periódicamente se ha visto obligado a enfrentarse a acciones de organizaciones que no tienen ya el carácter intergubernamental de las Naciones Unidas. Tal es el caso, por ejemplo, de las intervenciones de alcance regional o subregional desplegadas en el continente americano, como los conflictos armados en Centroamérica en los años ochenta del pasado siglo, o las de la OTAN de los noventa en los Balcanes. El Tribunal Internacional de Justicia (en adelante, TIJ) ha sido realmente asertivo y claro en la revisión de diversas actuaciones de ciertos órganos de Naciones Unidas y de agencias especializadas, en particular a través de su competencia consultiva. Algunas de sus declaraciones más específicas e interesantes sobre los principios procedimentales que han de presidir el Derecho Administrativo Global se han producido justamente a través de esa jurisprudencia en sentido amplio, vertida con ocasión del control ejercido sobre el Tribunal Administrativo de las Naciones Unidas y de otras organizaciones similares, por ejemplo afirmando que esas organizaciones están obligadas a fundamentar y motivar sus decisiones[41]. Más importantes son los casos en los que el TIJ ha examinado si una organización internacional ha actuado fuera de sus competencias atribuidas, como en su (limitado) control acerca de las medidas adoptadas por el Consejo de Seguridad de las Naciones Unidas contra Libia en el caso *Lockerbie*[42], o en su más profundo análisis sobre el ámbito competencial en el que ha de moverse la Organización Mundial de la Salud (con referencia incluso al principio de especialidad de las agencias especializadas de las Naciones Unidas), para rechazar que esta Organización (OMS) tenga competencias consultivas en el caso de las *Armas Nucleares*[43]. El TIJ también ha revisado laudos

---

[41] *Petición de Revisión del Fallo No. 158 del Tribunal Administrativo de las Naciones Unidas (1972-1973)*. Opinión consultiva de 12 de julio de 1973. Su competencia en relación al Tribunal llego a término (después, en el 2009, el TANU se convirtió en el Tribunal de Apelaciones de las Naciones Unidas).

[42] *Cuestiones de Interpretación y Aplicación de la Convención de Montreal surgida del Incidente Aéreo en Lockerbie (Libia vs. RU; Libia vs. EEUU)*, *Informes del TIJ* (1994) 6. Véase también Brownlie, «The Decision of the Political Organs of The United Nations and the Rule of Law», en R. St. J. Macdonald (ed.), *Essays in Honour of Wang Tieya* (1994) 95.

[43] Bothe, «The WHO Request», en L. Boisson de Chazournes y P. Sands (eds.), *International Law, the International Court of Justice, and Nuclear Weapons* (1999) 103.

arbitrales por análogos motivos, y extiende su control desde la falta de motivación[44], pasando por el exceso de jurisdicción, hasta la corrupción. Más polémicas han sido las funciones de control que han ejercido los Tribunales no pertenecientes a las Naciones Unidas, cuando han revisado de modo colateral las acciones de las Naciones Unidas o la mera atribución de competencias a las Naciones Unidas, señaladamente en casos en los que las Naciones Unidas no eran parte, tal como ocurrió en la Sentencia *Behrami* (2007) del Tribunal Europeo de Derechos Humanos, relativo a la responsabilidad de las Naciones Unidas por acciones de las fuerzas de mantenimiento de la paz de las Naciones Unidas en los Balcanes[45]*.

– El control o revisión de una acción administrativa de una organización situada en el ámbito de la gobernanza global a cargo de un tribunal nacional.

Dos decisiones del Consejo de Estado francés resultan ilustrativas de la aplicación de los criterios de lo público en relación con la participación de Francia en la red interestatal descentralizada conocida como el Sistema de Información Schengen (SIS). En ambos casos el punto de partida era el mismo.

Se trataba de enjuiciar la denegación por parte de Francia de unos visados. La denegación de las autoridades francesas fue el resultado de que otros países miembros del SIS habían incluido previamente a las personas afectadas en el listado, lo que les impedía la libre circulación en la zona Schengen y de lo que se había seguido, como consecuencia, que las personas afectadas pasaran al listado del SIS. Por tanto, la Sra. Hamssaoui, una ciudadana marroquí residente en ese país, a quién se le denegó un visado para ir a visitar a su familia a Francia por la existencia de un informe sobre ella en el SIS, consiguió la anulación de dicha denegación porque el informe no estaba motivado, ni aparecía siquiera el nombre del país emisor del mismo[46]. En otro caso, la anulación se basó en el que los funcionarios alemanes habían incluido a la Sra. Forabosco (una ciudadana rumana que vivía en Bucarest y que había solicitado un visado francés) en el SIS, porque anteriormente se le había denegado el asilo en Alemania. Aquí, el Consejo de Estado invocó el principio de legalidad para concluir que los funcionarios alemanes habían cometido un error en su interpretación, pues la denegación de asilo no constitu-

---

[44] *Laudo Arbitral del 31 de julio, 1989*, 1991 ICJ 53. Véase la opinión en contra del Juez Weeramantry, en 164-165: *La necesidad de motivación de un Laudo arbitral es por supuesto obvia puesto que elimina cualquier apariencia de arbitrariedad de la decisión del Tribunal. Es una regla establecida desde hace mucho tiempo y muy respetada… Ha habido algunos casos de importantes arbitrajes internacionales en los que no se ha dado ninguna justificación para el laudo, como por ejemplo en el arbitraje Portendick de 1843 entre Francia y el Reino Unido en el que el árbitro era el Rey de Prusia. No obstante, un laudo de ese tipo sin motivación atrajo de forma inmediata críticas de doctos publicistas incluso durante los primeros momentos de la evolución del Derecho Arbitral Internacional. El arbitraje Portendick fue criticado por Fauchille, y n 1897 cuando el Presidente Cleveland no motivo su decisión en el arbitraje Cerruti entre Colombia e Italia, esto fue criticado por Darras.* (notas a pie omitidas). (Traducido del original, entre comillas).

[45] *Behrami y Behrami v. France*, ECHR (Grand Chamber). Solicitud Numero 71412/01 (2007) 45 EHRR SE10.

* Sobre esta temática, resulta de interés la referencia a la obra de Sabino Cassese, *Los Tribunales ante la construcción de un sistema jurídico global*, Global Law Press, Sevilla, 2010. (N. del E.).

[46] Conseil d'Etat, 9 de junio de 1999, No. 198344, Mme Hamssaoui.

ye una razón válida prevista en el artículo 96 del Acuerdo Schengen para incluir a una persona en el SIS. Este paso dado por el Tribunal francés para controlar el acto de un funcionario alemán se fundó en parte en la idea de que los tribunales nacionales están obligados a revisar si el informe del SIS ha podido incurrir en un error, una solución ésta de cara a la gobernanza que resulta preferible al requerimiento de iniciar un procedimiento paralelo ante los tribunales alemanes[47].

– El control de una acción administrativa de una organización nacional a cargo de un tribunal internacional.

Raramente los tribunales internaciones poseen la potestad para anular un acto administrativo nacional directamente, salvo en situaciones especiales como la que se produce en el caso de que la Administración internacional directa se encuentre radicada en su territorio. Los tribunales internacionales pueden integrarse en el sistema jurídico nacional, y, por tanto, sus resoluciones tendrán más o menos efectos directos dentro del mismo, aunque de ordinario se reconoce un cierto margen de apreciación y de maniobra en el seno de la estructura judicial interna, antes de que tal efecto directo pueda producirse.

Tal es el caso, por ejemplo, de la ejecución del arbitraje internacional, de acuerdo con la Convención de Nueva York; o el del cumplimiento de las resoluciones del Panel entre dos Estados que tienen lugar de conformidad con lo establecido en el Capítulo XIX del Tratado de Libre Comercio de América del Norte (TLCAN); y también el de aquellos países que se someten al Tribunal Europeo de Derechos Humanos, y en los que, aun cuando sus tribunales internos hayan hecho gala de su intención de dar pleno efecto directo a las Sentencias de dicho Tribunal (como en el caso de España), los tribunales ahora reivindican su competencia para ejercer su propia revisión. Ello ha permitido en buena medida que se hayan podido integrar dentro del sistema nacional nuevos tribunales nacionales con algunos jueces internacionales (elegidos internacionalmente), tales como el Tribunal Constitucional Bosnio, o tribunales penales con una composición híbrida –nacional e internacional–, y que pueden tener alguna competencia colateral sobre determinadas decisiones administrativas (como la asignación de recursos o la asistencia letrada a la defensa, o sobre los traductores, o los centros de detención).

Ahora bien, a los tribunales internacionales se les reconoce con frecuencia jurisdicción para enjuiciar actos administrativos nacionales, a determinados efectos, como pueden ser, primero, para reclamar una compensación por las consecuencias de aquellos actos; segundo, para declarar su nulidad a ciertos efectos internacionales (por ejemplo, un decreto de expropiación ilegal desde la perspectiva internacional puede entenderse que no priva de su derecho al titular legítimo), y, en tercer lugar, en algunos casos para expresar o desencadenar ciertas obligaciones legales en el plano internacional de otros actores, de cara a

---

[47] Conseil d'Etat, 9 de junio de 1999, No. 190384, M et Mme Forabosco.

reconocer o no a actos nacionales (como ha sucedido respecto de algunas decisiones nacionales de Sudáfrica en África Sudoccidental tras la finalización del mandato de las Naciones Unidas).

Con todo, pueden aparecer problemas de relieve cuando los tribunales internacionales ejercen su control ordinario sobre los actos administrativos nacionales. Entre esos problemas, cabría enumerar los siguientes: las cuestiones relativas a jurisdicción y competencia; el conocimiento experto en relación con la praxis; la capacidad de trabajo del tribunal; la aplicación al caso del adecuado canon o parámetro de control jurisdiccional; y la legitimidad para ejercer un control que se base en los principios del Estado de Derecho y democrático. La adhesión a los criterios derivable de lo público en el Derecho, a la hora de realizar el diseño institucional y la dotación de recursos de los tribunales, tanto para su operatividad, como para la creación de su correspondiente acervo jurisprudencial, ofrece un valioso marco para evaluar y solventar en parte estos problemas. Se exponen a continuación dos ejemplos. El primero se refiere al control que llevan a cabo las organizaciones internacionales de derechos humanos sobre las decisiones administrativas nacionales que afectan a funcionarios nacionales. El segundo se refiere a la revisión de las decisiones administrativas nacionales por parte de los tribunales de arbitraje de inversiones.

(i) Derecho al debido proceso en materia de empleados públicos nacionales: El control de las organizaciones internacionales de derechos humanos

Algunos de los más importantes tratados sobre derechos humanos han reconocido el derecho al debido proceso, derecho que ha ejercido una notable influencia tanto en lo que hace a la tutela judicial, como en lo que se refiere a la reforma misma de la legislación interna de procedimiento administrativo, cuando éste afecta a los derechos e intereses del individuo. En este sentido, cabe subrayar el artículo 14 del Pacto Internacional de Derechos Civiles y Políticos (PIDCP) y el artículo 6 de la Convención Europea de Derechos Humanos (CEDH). El Artículo 14(1) del PIDCP indica lo siguiente: «Todas las personas son iguales ante los tribunales y cortes de justicia. Toda persona tendrá derecho a ser oída públicamente y con las debidas garantías por un tribunal competente, independiente e imparcial, establecido por la ley, en la substanciación de cualquier acusación de carácter penal formulada contra ella o para la determinación de sus derechos u obligaciones de carácter civil». La mayor parte de lo que este precepto recuerda se refiere a cuestiones penales, sobre las cuales las previsiones legales son muy detalladas. Ahora bien, determinar el alcance de estos dos incisos tan genéricos del artículo 14(1) en relación con procedimientos que carecen de naturaleza penal conlleva notables dificultades, agravadas por las diferencias existentes entre las distintas versiones, igualmente autorizadas, del texto del PIDCP en diferentes idiomas. El Comité de Derechos Humanos de las Naciones Unidas ha optado recientemente por un enfoque relativamente expansivo del Artículo 14(1), aunque se han escuchado numerosas advertencias acerca de que ese planteamiento puede inundar de casos al Comité –lo que en realidad, hasta el momento, no ha ocurrido–. En *Lederbauer v. Austria*[48] el Comité

---

[48] Comunicación 1454/2006, 11 de septiembre de 2007, en párr. 7.2.

sostuvo la misma opinión que había manifestado anteriormente en *Perterer v. Austria*[49], en el sentido de difuminar una potencial brecha o distinción entre los dos incisos del artículo 14(1). El Comité entendió en estos casos que la garantía de igualdad ante los tribunales que luce en la primera frase del precepto comprende la imparcialidad, la ecuanimidad (*fairness*), y la igualdad de armas, y que han de aplicarse siempre que un órgano jurisdiccional o cuasi-judicial (lo que incluye a los tribunales independientes que no están compuestos por jueces propiamente) tengan ante sí la imposición de medidas disciplinares a los funcionarios. Ello significa, pues, que algunos de los elementos del segundo inciso del precepto parecen haberse integrado en el primero., aun cuando el Comité precisó que la tramitación del proceso nacional sin incurrir en dilaciones indebidas representa un componente del derecho a ser oído, que constituye un derecho recogido en el segundo inciso del precitado art. 14[50]. Si se constituye un tribunal, el derecho a la igualdad ante éste, se impone. Ahora bien, ¿en qué consiste el derecho a ser oído ante un tribunal? Desde la perspectiva de una interpretación literal o gramatical, la cuestión a resolver consiste en determinar lo que cae o no bajo la expresión: una causa para la «determinación de sus derechos y obligaciones de carácter civil». El hecho de que un Estado haya establecido un tribunal, y más aún un tribunal diseñado para ser independiente e imparcial, no significa necesariamente que los procedimientos que se sigan ante éste, pueden considerarse sin más como una causa o proceso en tal sentido. En *Y.L. v. Canadá*[51] el Comité declaró que determinar si una reclamación supone la apertura de un proceso a tal efecto depende de la naturaleza del derecho en cuestión, o de la forma concreta en que el ordenamiento jurídico canadiense contemplara su resolución. Tres miembros del Comité opinaron que la reclamación de una pensión por parte de un soldado al que habían despedido del ejército por problemas mentales, no representaba una reclamación ordinaria de Derecho Laboral, dado el elemento militar, y que el Consejo de Revisión de las Pensiones constituía un «órgano administrativo actuando como parte del ejecutivo del Gobierno de Canadá» y, por tanto, no una corte o tribunal. Por tanto, no se trataba de un proceso a los efectos del art. 14[52]. Una más reciente opinión particular contiene algunos indicios de que en los *travaux préparatoires* la segunda frase del Artículo 14 no necesariamente es de aplicación en la determinación de los derechos ante un tribunal u oficina administrativos, por lo que no requieren ser independientes o celebrar audiencias públicas; estamos ante un «proceso» o «causa» a los efectos del art. 14 (derechos u obligaciones de carácter civil) únicamente cuando la resolución se impugna o se somete ante una corte o tribunal de naturaleza jurisdiccional.[53]. El propio Comité no ha adoptado una posición definitiva en otros casos posteriores.

Una razón para explicar esta posición reside en que el Comité de Derechos Humanos de las Naciones Unidas no ha podido hasta ahora deslindar bien la cuestión de su función institucional, y su capacidad para resolver las solicitudes individuales, del problema del significado de las previsiones legales de carácter sustantivo que contiene el PIDCP. El Comité se siente en la obligación de motivar con mayor detalle la admisibilidad y el fondo de cada una de las peticiones individuales respecto del cumplimiento

---

[49] Comunicación 1015/2001, 20 de julio de 2004.

[50] *Lederbauer*, para. 8.1.

[51] No. 112/1981, 8 de abril de 1986.

[52] Voto coincidente de Graefrath, Pocar y Tomuschat, en *YL*. Para 3.

[53] Opinión Individual de Wedwood, en *Lederbauer*, paras 4.1-4.10.

de los trámites procedimentales y de la viabilidad de la pretensión de fondo por la violación de los derechos enumerados en el PIDCP, de tal forma que cuanto mayor sea la amplitud con que interprete el Comité el artículo 14 en el sentido de hacerlo extensivo a los procedimientos administrativos, mayor será obviamente el flujo de peticiones individuales que pueda recibir contra los Estados parte del Protocolo Facultativo. El PIDCP es justiciable dentro de los ordenamientos jurídicos de muchos de sus Estados parte, y la interpretación del PIDCP como una fuente de los principios de protección de derechos en el ámbito de los procedimientos administrativos puede ayudar a que los tribunales nacionales y otras instituciones nacionales tengan un papel relevante a la hora de reformar o reparar procedimientos que se estimen insatisfactorios. El PIDP puede también guiar a organizaciones no nacionales que participan en los procedimientos administrativos que afectan a los particulares, como sucede, por ejemplo, con las organizaciones intergubernamentales.

Por su parte, el Tribunal Europeo de Derechos Humanos es un Tribunal (al contrario que el Comité de Derechos Humanos, que no lo es), y tiene mucha mayor capacidad y más recursos. Es de destacar, no obstante, que el Tribunal Europeo de Derechos Humanos ha adoptado una visión mucho más estricta acerca de su ámbito de aplicación respecto del personal al servicio de las Administraciones públicas que el Comité de Derechos Humanos de las Naciones Unidas. En *Pellegrin v. France* el Tribunal decidió que el artículo 6 del Convenio Europeo de Derechos Humanos (CEDH)[54] no era de aplicación a cuestiones de empleo relativas a empleados públicos en el ejercicio de poderes soberanos del Estado, en este caso de un oficial de policía[55]. Las diferencias en las versiones oficiales de los textos en inglés de los Tratados más importantes pueden ser cruciales para sostener tal posición[56]. Pero más allá de las diferencias textuales puede encontrarse una diferencia más fundamental, y que hace referencia a la correcta función del organismo internacional, y al adecuado alcance de la revisión o control que puede ejercer. Estas consideraciones pueden entenderse mejor por referencia al criterio de lo público.

(ii) La revisión de la acción administrativa nacional por parte de los tribunales arbitrales de inversión.

Los tribunales arbitrales de inversión controlan los actos administrativos nacionales cada vez con mayor frecuencia, aunque ello no suponga el establecimiento de un estándar o canon uniforme de revisión, ni una valoración articulada de la competencia

---

[54] El art. 6.1 del CEDH, inciso primero, dispone lo siguiente: «Toda persona tiene derecho a que su causa sea oída equitativa, públicamente y dentro de un plazo razonable, por un tribunal independiente e imparcial, establecido por la ley, que decidirá los litigios sobre sus derechos y obligaciones de carácter civil o sobre el fundamento de cualquier acusación en materia penal dirigida contra ella». (N. del T.).

[55] No. 28541/95, 8 de diciembre de 1999.

[56] El Artículo 6 de la Convención Europea de Derechos Humanos en su versión en francés sigue fielmente el texto en francés de la segunda frase del Artículo 14 del PIDCP –los derechos son aplicables en «contestations sur ses droits et obligations de caractère civil»–. El texto en la versión inglesa, no obstante, mantiene la palabra «civil» que se perdió durante el proceso de elaboración del borrador de la versión en lengua inglesa del PIDCP: «In the determination of his civil rights and obligations ... everyone is entitled to a fair and public hearing within a reasonable time by an independent and impartial tribunal established by law».

funcional, ni la posición que ocupan tales tribunales[57]. Para poner un simple ejemplo, un Tribunal Arbitral al amparo del Tratado de Libre Comercio de América del Norte (TLCAN) se sirvió del Derecho Internacional consuetudinario en el caso *Pope & Talbott Inc v. Canadá*, para examinar si el trato dispensado por el Gobierno canadiense a este productor de madera blanda había sido conforme con la normativa internacional mínima exigible[58]. No obstante, respecto de la regulación mínima internacional que debe observar un Estado en sus transacciones con extranjeros en relación a sus propiedades –un área en la que existe una enorme variedad de resoluciones y en la que están implicados organismos del Estado desde hace décadas– los debates son aún hoy abundantes sobre cómo se aplica el Derecho a la heterogénea variedad de actuaciones administrativas, tal y como se ha puesto de relieve en las tensiones generadas desde el caso del Tribunal de *Pope & Talbot Inco v. Canada* y en que los tres Estados partes del TLCAN emitieron conjuntamente una nota interpretativa, desafiando, en efecto, la opinión del tribunal arbitral[59]. Esta incertidumbre resulta es un tanto generalizada cuando se trata de detallados estándares que existen para la evaluación de las actividades de los actores que operan en la gobernanza global, a falta de una normativa sólidamente asentada en lo que hace al trato jurídico que les puede o no dispensar el Estado.

B) MOTIVACIÓN

La exigencia de que se motiven cierta clase de resoluciones y de normas tiene su base y expresión en numerosas áreas o sectores de la gobernanza global. No es difícil identificar las razones de carácter prescriptivo y funcional en favor de una obligación. Los mecanismos de gobernanza pueden desplegarse dentro de un variado espectro, que se mueve desde los diversos modos de actuación esencialmente políticos hasta otros que actúan de acuerdo con parámetros jurídicamente vinculantes, amplio espectro que en última instancia responde a, o se basa en, el diverso grado de motivación al que se encuentran sometidos sus respectivos procesos decisorios.

Así, por ejemplo, un mecanismo meramente político, como el que consiste en la votación secreta, no conlleva ninguna obligación de justificación o deber de convencer a otros. Por el contrario, un mecanismo judicial de ordinario implica la obligación de motivar y un esfuerzo notable para que la justificación expuesta resulte convincente para las otras partes implicadas y para el público interesado. En una zona intermedia, cabe encontrar modalidades que aunque se hallan más próximas al polo de la política, sin embargo, están obligadas a deliberar y hallar el consenso, y no pueden decidir se-

---

[57] Para una discusión extensa revisando numerosos laudos arbitrales, véase B. Kingsbury y S. Schill, «Investor-State Arbitration, Fair and Equitable Treatment, Proportionality, and the Emerging Administrative Law of governance» (ICCA, 2009).

[58] *Pope & Talbott Inc v Canada*, Laudo Arbitral del TLCAN acerca de la Fase 2, 10 de abril de 2001, www.naftalaims.com/disputes_canada_pope.htm.

[59] Comentarios de Interpretación de la Comisión de Libre Comercio TLCAN sobre algunas Provisiones del Capítulo 11, 31 de julio de 2001; *Pope & Talbott Inc v Canada*, Laudo Arbitral del TLCAN en relación a los daños, 31 de mayo de 2002, www.naftalaims,com/disputes_canada_pope.htm.

gún su propio arbitrio en su actuación. En ese contexto y a partir de ese planteamiento, John Ferejohn ha avanzado la hipótesis de que en el ámbito de la Administración global, no se pueden replicar de ordinario los esquemas puramente políticos, basados en un cuerpo electoral, propios de las democracias nacionales, en la toma de decisiones. En la arena global esa legitimación democrática no parece hoy alcanzable. Como sustitutivo, los actores que están dotados del poder o capacidad (sea en forma individual o en coalición) de imponer sus propias decisiones políticas normalmente intentan superar el déficit de legitimidad mediante una adecuada motivación, puesto que, en caso contrario, podría generar rechazo o falta de cooperación de las partes implicadas[60].

¿En qué momento se encuentra la obligación de motivar, en cuanto algo impuesto por el Derecho, en las diversas áreas de la gobernanza global donde sea de aplicación? La controversia de Djibouti con Francia sobre la Convención de la Asistencia Mutua en cuestiones jurídicas de la que ambos eran parte en 1986 (uno de los muchos tratados de este tipo que se dan entre distintos Estados), ilustra la mezcla de Derecho positivo establecido con una mayor sensibilidad que cabe derivar de las exigencias resultantes de lo público. El Artículo 17 del tratado bilateral de 1986 disponía que «cualquier denegación de la mutua asistencia deberá justificarse». El artículo 2 del Tratado, sin embargo, matizaba que no se divulgara el contenido del documento cuando los intereses esenciales del Estado pudieran verse afectados. La negativa subyacente a la decisión del juez instructor francés a entregar a Djibouti una copia del documento sobre la investigación del asesinato del Juez Borrel en el caso *Djibouti*, fue considerada por parte del Tribunal Internacional de Justicia como una decisión basada en la buena fe. Clave para esta conclusión fue que el juez instructor explicó los motivos en los que se basaba su decisión, y, tras analizarlos el TIJ, concluyó que contenían una motivación suficiente para denegar el acceso al documento, de conformidad con lo dispuesto por el artículo 2 de la Convención[61].

En lo que respecta al requisito de motivación del artículo 17, el TIJ advirtió que exigía aportar razones sustantivas, y que habría sido insuficiente si Francia se hubiera limitado a invocar el referido al artículo 2 del Tratado a tal fin. El TIJ aportó dos argumentos en tal sentido, que no resultan exigibles a la luz del texto del Tratado y que tendencialmente se mueven en la dirección correcta, hacia la publicidad. Alegar razones de fondo hubiera permitido que el Estado en cuestión hubiera concretado en términos materiales o sustantivos su propia buena fe cuando denegó el acceso a la información requerida; y esas razones sustantivas habrían permitido al Estado solicitante evaluar si su carta rogatoria podría modificarse para superar los obstáculos. El incumplimiento

[60] J. Ferejohn, «Accountability in a global Context» (International Law and Justice Working Paper IILJ 2007/5, global Administrative Law Series, Institute for International Law and Justice, New York University School of Law, 2007) www.iilj.org.

[61] *Djibouti v. Francia*, TIJ, 2008, párr. 147.

de Francia en ese punto, actuando de ese modo a través de los canales oficiales, fue la única violación del tratado que señaló el TIJ[62].

c) Publicidad y transparencia

La publicidad –o apertura de todos al conocimiento– constituye el requisito en que ya insistiera Hobbes para que el soberano hiciera efectivo el Derecho, para que éste adquiriera eficacia. Constituye también una exigencia del positivismo liberal benthamiano, en cuanto parte de un proyecto consistente en hacer que todos conozcan las decisiones y las normas y, a través de ese conocimiento, mejorar el control y la supervisión del que establece la norma y del que dicta actos de aplicación y resuelve controversias respecto de terceros que han reclamado frente a éstos. Cuando Woodrow Wilson reivindicó el fin del «secreto diplomático» y el establecimiento de un nuevo orden de «pactos abiertos, adoptados públicamente» (requerimiento éste que hoy aún se encuentra en la Carta de Naciones Unidas, que señala que los tratados han de registrarse en la Secretaria General de Naciones Unidas para su publicación en la Serie de Tratados de Naciones Unidas), tenía en mente que esta publicidad haría que los líderes tuvieran más en cuenta el sentir público y que defendieran sus compromisos internacionales en los debates públicos, de modo que la política internacional fuera más democrática y se redujera la tendencia de la diplomacia hacia la beligerancia. Casi todas las instituciones públicas que conforman la gobernanza global se enfrentan en la actualidad a una mayor demanda de transparencia de sus procesos decisorios.

Por ejemplo, el Comité de Basilea de Bancos Centrales ahora publica los borradores de sus propuestas, o anteproyectos, para recibir comentarios de grupos de sectores privados antes de su adopción; los tribunales arbitrales del TLCAN ahora aceptan cartas o informes de «amicus curiae» por parte de terceros; etc.[63]. Algunas de las justificaciones que se dan en favor de la publicidad y de la transparencia no tienen carácter instrumental, pero la mayor parte de las razones que se esgrimen sí lo tienen y pretenden mejorar la calidad del Derecho o de la decisión de que se trate en cada caso (a través de una mejor información, o la reducción del riesgo de corrupción, cooptación o captura del regulador)[64]; o aspiran a fortalecer la legitimidad de la institución y generar así consenso y adhesión; o buscan la mejora de la calidad y de los efectos de las normas y de la acción o conducta sometida a éstas, mediante el recurso a mecanismos

---

[62] *Ibíd.*, en párr. 152.

[63] Charnovitz, «The emergence of Democratic Participation in Global Governance (Paris, 1919)», 10 *Indiana Journal of Global Legal Studies* (2003), 45; Charnovitz, «Two Centuries of Participation: NGOs and International governance», 18 *Michigan Journal of International Law* (1997) 183.

[64] M. Dowdle (ed.). *Public Accountability: Designs, Dilemmas and Experiences* (2006).

sociológicos, tales como el «efecto cívico de la hipocresía»[65], el fortalecimiento de las inclinaciones latentes en el ser humano o de las aspiraciones a hacer lo correcto[66], o el «efecto inesperado» («*blowback*»)[67].

Este compromiso político en pro de la publicidad a fin de ganar en legitimidad en el plano de la gobernanza global se traduce en un requisito específico: si quiere considerarse como Derecho, si quiere ser relevante en términos jurídicos, la norma o la resolución individual de que se trate en cada caso ha de ser accesible y pública. No se trata, desde luego, de una exigencia que se haya implantado con carácter general y echado raíces en todo este campo, aunque sí ha tenido ya la virtud de cuestionar y poner en duda la calidad jurídica de buena parte de las prácticas estatales sometidas a secreto o a falta de transparencia, y que hace un siglo muy probablemente satisfarían el test para obtener el pedigrí del Derecho Internacional[68]. Muchos acuerdos interestatales y declaraciones en materia de seguridad y de inteligencia se mantienen en secreto. Ahora bien, buena parte de estas prácticas en realidad no se consideran expresión del Derecho Internacional, ni, por tanto, constituyen obligaciones jurídicas internacionales.

Tal es el caso, por ejemplo, de la entrega secreta de sospechosos fuera de los procedimientos de extradición, o de las promesas acerca del intercambio de información en materia de inteligencia. El FMI guarda en secreto no sólo las deliberaciones de su propio Consejo, sino también muchas «recomendaciones» o protocolos de acuerdo con los países prestatarios. Parece aceptarse la idea de que actuando así no se genera Derecho. Un caso diferente lo constituye el órgano de apelación de la Organización Mundial del Comercio (OMC), que establece una relevante jurisprudencia sobre las reglas de juego, con una forma de razonar semejante a como lo hace un tribunal. Sin embargo, no ha podido conformarse como un tribunal, no ya sólo por razones de estructura de la OMC, sino también porque se ha visto obligada hasta hace algún tiempo a celebrar sus sesiones a puerta cerrada y, en consecuencia, a desviarse de las exigencias contemporáneas de apertura al público propias de un tribunal[69].

---

[65] Elster, «Deliberation and Constitution-Making», en J. Elser (ed.), *Deliberative Democracy* (1998) 97.

[66] R. Goodin, *Motivating Political Morality* (1992).

[67] Goodman, «Humanitarian Intervention and Pretext for War», 100 AJIL (2006) 107. Véase en general Goodman y Jinks, «Incomplete Internalization and Compliance with Human Rights Law», 19 *EJIL* (2008) 725.

[68] Sociètè Française pour le Droit International, Colloque de Genève, *La practique et le droit international* (2004).

[69] En el 2005 el Órgano de Apelación celebró por primera vez una sesión de este tipo en sesión pública, con el acuerdo de las partes en disputa, y repitió el experimento en 2008. Muchos otros órganos reguladores y decisores intentan encontrar una manera para generar jurisprudencia sin sentirse al tiempo demasiado limitados por la opinión pública, restringiendo la publicidad de sus documentos y procedimientos pero sin mantenerlos completamente en secreto. –quieren ser parte del Derecho

Lo que Kant denominó el «atributo formal de lo público», el «principio trascendental de la publicidad del Derecho Público», no lo proyectaría sobre los actos o las políticas en general, sino que lo invocaría como máxima aplicable a determinados actos o políticas: todas las acciones, afirmará, que afecten a los derechos de otros seres humanos son injustas, si lo que disponen no se hace público[70]. Cuando Kant habla de «hacer público» un principio o una regla, parece referirse a un público racional e ideal[71]. Este principio de publicidad, sostiene, constituye una condición necesaria (aunque no suficiente) para impartir justicia a los demás[72]. Una afirmación, continúa, que yo no pueda manifestar abiertamente sin antes frustrar mi propio deseo, o que deba a toda costa mantenerse en secreto para lograr buenos resultados, o que yo no pueda públicamente reconocer sin antes señalar la resistencia de todos a mis planes, sólo puede provocar esta necesaria y general (y por tanto *a priori* previsible) oposición porque es en sí misma injusta y por ello constituye una amenaza para todos[73].

En principio, puede decirse que hay un cierto consenso en la comunidad jurídica para admitir que ciertos actos o clases de actos no se hagan públicos (o se mantengan en secreto) para proteger la intimidad de otros, o bien por otras razones debidamente justificadas.

Ciertamente existen motivos para mantener el secreto o para que no se dé publicidad a determinadas actividades que se desarrollan en la arena global. Así, por ejemplo, la deliberación judicial puede ser secreta y se considera que con ello se facilita el debate y el consenso. Lo mismo se puede decir de los árbitros o de pequeños grupos u órganos colegiados que han de debatir y tomar decisiones. El secreto durante las negociaciones puede reducir los problemas de los líderes políticos «de cara a la galería», para hablar con más libertad y expresar argumentos sectoriales o particulares que no tienen en cuenta otros intereses, y aunque por motivos «plebiscitarios» podría exigirse su publicidad, sin embargo, las negociaciones pueden resultar también muy triviales[74]. Por otro lado, la confidencialidad de la información comercialmente sensible resulta esencial, por ejemplo, para los sistemas de supervisión e inspección de las instalaciones privadas sujetas a la convención de Armas Químicas y a otros acuerdos de control de armas. Asimismo, los Gobiernos y otras autoridades públicas pueden también tener

---

Internacional, pero temen que su buen trabajo como expertos tecnócratas se ralentizaría con la participación de agitadoras ONG o por industrias interesadas–.

[70] I. Kant, *Perpetual Peace* (1795). Apéndice, en H. Reiss (ed.), *Kant's Political Writtings* (1991), 125 y 126. La frase «el derecho transcendental de publicidad del Derecho Público» se encuentra en otras traducciones pero no en la de Reiss.

[71] Grosseries, «Publicity», en *Stanford Encyclopedia of Philosophy*, http://plato.stanford.edu/entries/publicity (publicado por primera vez el 12 de enero de 2005).

[72] Tal y como afirma Kant, la persona que ostenta una supremacía determinante no tiene necesidad de encubrir máximas o principios.

[73] Kant, nota *supra* 69. Apéndice, en Reiss, nota *supra* 69, p. 126.

[74] Luban, «The Publicity Principle», en R. Godin (ed.). *The Theory of Institutional Design* (1996) 154.

sólidas razones de carácter constitucional para restringir sus obligaciones de generar y proporcionar ciertas clases de información. En ese sentido, y a modo de ejemplo, puede recordarse que los Estados parte del TLCAN advirtieron que, por razones de incertidumbre constitucional, resultaba imposible especificar con seguridad a los inversores extranjeros si un asunto concreto era de la competencia legislativa federal, estatal o provincial. Y, en consecuencia, entendieron que el capítulo XI del TLCAN no imponía un deber de «transparencia» en tal sentido.

V. LA GENERALIDAD DEL DERECHO Y EL PROBLEMA DE LA ADMINISTRACIÓN

¿Constituye la nota de la generalidad un requisito del Derecho contemporáneo?

Para Hobbes, no había necesidad alguna de que las leyes fueran de carácter general. Para todos, las leyes contienen generalmente consecuencias o mandatos del legislador; también un efecto particular es ley para el individuo o grupo de individuos determinados a los que se dirija[75]. Por su parte, Kelsen, con base en la validez que posee cada norma derivable de la legitimación y autorización que a su vez le otorga otra norma previa, no tuvo ninguna dificultad para entender que el acto de un funcionario (debidamente autorizado) dirigido a un individuo, entra dentro del concepto de Derecho[76]. De modo análogo, Joseph Raz incorpora las órdenes singulares (gobernadas por normas generales) en su concepto de Derecho, aunque subraye que esas órdenes singulares han de derivarse de normas generales, y, en consecuencia, de normas que permitan al pueblo planificar o prever sus efectos.

Jeremy Waldron se ha decantado contra esta posición doctrinal, argumentando en línea con Rousseau que la generalidad de la norma puede suponer una protección importante del individuo frente a la arbitrariedad y la tiranía, y favorecer la igualdad y la libertad[77]. Esta posición puede enmarcarse sencillamente como un desiderátum del principio del Estado de Derecho. Ahora bien, si se ahonda más, y se quiere evaluar el concepto de lo que el Derecho es, la generalidad genera no pocos problemas jurídicos en buena parte de la Administración.

El énfasis que pusiera A.V. Dicey en el Derecho común, en las reglas de Derecho privado, frente al recelo que le generaba el *droit administratif* especial como forma para controlar a la Administración pública, influenció la teoría jurídica y la praxis en Inglaterra y en muchos otros países durante décadas[78]. La relación de atributos o propieda-

---

[75] *Leviathan*, nota *supra* 14, p. 197

[76] Alexander Somek, «Kelsen Lives», 18 *EJIL* (2007) 409.

[77] Waldron, «Can There Be a Democratic Jurisprudence?», *supra* nota 20.

[78] Dicey, «Droit administratif in Modern French Law», 18 LQR 303 (1901); A.V. Dicey, *An Introduction to the Study of the Law of the Constitution* (8th edn., 1915), especialmente los capítulos 4 y 12. Véase J.W.F. Allison, A Continental Distinction in the Common Law (1996), en 18-22 y 152 y ss., en Dicey y en los subsiguientes debates en inglés sobre el papel de los Tribunales Generales en un Estado de Derecho, y sobre la necesidad de preservar su independencia y la separación de poderes, en tensión

des que ha de tener el Derecho, de acuerdo con la teoría de Lon Fuller, también planteó no pocas dudas en el sentido de que, desde ese ángulo, buena parte de lo que hace cotidianamente la Administración, aun cuando esté sujeto a la Ley y al Derecho, no puede considerarse en sí Derecho. Estas perspectivas y dimensiones influyeron notablemente el pensamiento de los internacionalistas. Sir Rober Jennings, por ejemplo, poco después de dejar su cargo de Presidente del TIJ, planteó la necesidad de una reelaboración de la doctrina del Derecho Internacional y de la praxis de las relaciones internacionales. En ese sentido, afirmaría que es la vertiente o dimensión administrativa y política del Derecho Internacional la que se halla menos desarrollada, lo que implica una inevitable inhibición para que la dimensión jurídica pueda alcanzar un desarrollo más pleno».[79]

Esta preocupación se hace patente en el dictamen consultivo de 1954 del TIJ, relativo al Capítulo XV de la Carta de Nacionales Unidas en relación a las cuestiones del personal de Naciones Unidas. El TIJ declaró que la Asamblea General de Naciones Unidas tenía competencia para elaborar normas o reglamentos, pero no para resolver casos concretos u operar en relación con casos singulares. Hay aquí una triple categorización implícita: proceso normativo, resolución de casos concretos, Administración.

La primera distinción se refiere a la elaboración de la norma y la resolución de casos concretos; se trata de una distinción que responde a la clara separación existente en muchos ordenamientos jurídicos entre legislación y resolución de casos, hasta el punto de que en esos ordenamientos la resolución judicial, en cuanto resuelve un caso concreto, no posee carácter legislativo, no constituye una fuente formal del Derecho. La segunda distinción se establece entre la elaboración de la norma (legislación) y el trabajo relacionado con casos particulares en un contexto no judicial (Administración). Esta estructura clasificatoria distingue, pues, la actuación genérica (legislar), de la específica o singular (que puede ser a su vez de carácter administrativo o judicial).

Cabría plantearse si en términos prescriptivos resulta deseable dejar fuera del concepto de Derecho todo lo que no sea «general», es decir, una enorme cantidad de operaciones y actuaciones que se dan en la gobernanza global. Una característica de buena parte de la gobernanza global reside en el hecho de que aquí no se da ese grado de diferenciación entre las tres funciones antes señala-

---

con la necesidad de mayores conocimientos de los expertos que los que tienen los Tribunales Generales tanto para regular como para fomentar una buena administración pública. La denuncia de Dicey del Derecho Administrativo estaba realmente enfocada solamente hacia los «principios que gobiernan las disputas entre los Estados y sus sujetos tal y como determinan todos los Tribunales menos los Generales que aplican el Derecho Civil y el Derecho Penal (contentieux administratif)» –E.C.S. Wade, «Preface», en A.V. Dicey, Law of Constitution (9ª ed., impresión de 1950), xvi-xvii.

[79] Jennings, «International Lawyers and the Progressive Development of International Law», en Makerczyk (ed.), *Theory of International Law at the Threshold of the 21st Century: Essays in Honour of Krysztof Skubiszewski* (1996) 413, p. 422.

das, propia de algunos ordenamientos nacionales. Legislar y administrar puede ser, por tanto, y en muchas ocasiones, la misma cosa.

En este contexto, resulta dudoso que la fuerte insistencia en que la generalidad forme parte del concepto de Derecho pueda resultar útil para los objetivos del Derecho Administrativo Global. En efecto ¿es la generalidad en todo caso un requisito obligado o esencial para el concepto de Derecho? Seguidamente se hacen tres observaciones que apenas esbozan respuestas parciales a ese interrogante:

En primer lugar, la generalidad que se exige al más alto nivel del Derecho, en una cadena de autorizaciones (lo que podría calificarse como arterias y venas), no ha de extenderse necesariamente a las acciones legales adoptadas en lo que podría denominarse el nivel capilar, en el que las acciones son de mayor especificidad y rango más modesto, aunque dichas acciones pueden considerarse como Derecho, bien por las razones dadas por Hobbes y Kelsen, o porque cumplen con los otros requisitos del Derecho. En segundo término, el requisito de generalidad resulta muy difícil de cumplir sin una adecuada base competencial (para el dictado de esas normas de carácter general), tanto en el plano de la teoría como en el de la práctica. Si esta puede ser una cuestión relativamente sencilla para el legislador nacional, deviene sumamente compleja en la gobernanza global. Tercero, el requisito de la generalidad puede considerarse como una exigencia particular de algunos sistemas, aunque no de todos. Opera en algunos ordenamientos jurídicos: por ejemplo, en los Estados con parlamentos elegidos democráticamente y con una competencia virtualmente plena; o en los casos en que los miembros del ejecutivo son elegidos y poseen un claro poder sobre la Administración.

La generalidad no constituye un requisito necesario para un concepto general de Derecho aplicable a toda clase de Derechos, y, como se ha observado, no faltan buenas razones para entender que la nota de la generalidad no forma parte necesariamente del Derecho de la Administración global.

VI. LOS RETOS QUE PLANTEA LA «ORDENACIÓN PRIVADA» (*PRIVATE ORDERING*) PARA EL CONCEPTO DE DERECHO EN EL DERECHO ADMINISTRATIVO GLOBAL

En la actualidad proliferan normas de carácter no estatal, tales como las que establecen entre sí las empresas, las que derivan de los procesos de estandarización y normalización, las normas internas de las multinacionales y de los organismos internacionales, los acuerdos entre organizaciones diversas, etc. Abundan asimismo estructuras organizativas que tienen por objeto la resolución de controversias, tales como el arbitraje, los comités de ética, o las organizaciones integradas por Estados y organizaciones no gubernamentales, como el Comité para el Cumplimiento del Protocolo de Montreal, etc.). Son igualmente cada vez más variadas y densas estructuras de comunicación entre entidades, como compleja es también la gestión de los flujos de información. Todo ello forma parte del pretendido dominio del Derecho Administrativo Global. Ahora bien, el ámbito de la «ordenación privada»[80]* plantea no pocos desafíos, que comienzan por descifrar qué concepto de Derecho resulta aquí de aplicación, aun cuando algunos procedimientos y pautas de conducta parezcan análogos a los que se dan en otras esferas del Derecho Administrativo Global. En este plano, surgen dudas específicas sobre la aplicabilidad de las exigencias derivables de lo público a los ordenamientos privados.

Gunther Teubner se ha enfrentado al problema de identificar lo que haya de entenderse por Derecho en el siglo XXI y ha explorado las prácticas asociadas a la *Lex Mercatoria* o al Derecho del ciberespacio. En su trabajo aboga por una concepción del Derecho mucho más desvinculado del Estado[81]. Aunque en ocasiones se ha dicho que el Derecho del nuevo mundo es sustancialmente periférico, espontáneo y social, lo cierto es que esta rama del Derecho se halla cada vez más organizada e institucionalizada, a través de subsistemas sociales especializados. Paralelamente, el Derecho formal de origen y carácter estatal, cuando se proyecta sobre el campo de la gobernanza global (y lo hace, en particular, a través del Derecho Internacional), carece de un poder sancionatorio o de coerción bien organizado y adolece de una auténtica definición de lo que haya de entenderse por Derecho sobre la base de una serie de reglas conocidas y aceptadas; en otras palabras, se está convirtiendo en un Derecho más espontáneo.

En la economía global, ante la falta de un sistema político global, han surgido instituciones jurídicas que, aunque carecen de ese carácter global, ocupan partes de ese espacio, y con ellas ha aparecido un inesperado método de producción del Derecho: el contrato, el acuerdo o pacto, que se autovalida a sí mismo (*self-validating contract*). Durkheim subrayó que la fuerza vinculante del contrato se funda en contextos sociales más amplios que el contrato en sí mismo. Sin embargo, Teubner sostiene que en la praxis jurídica de la economía global, la paradoja de la autovalidación ha sido brillantemente disimulada a través de:

(1) El factor tiempo: se dictan actos jurídicos repetitivos, se crean estructuras y actos jurídicos mutuamente recurrentes; un contrato actual se remite a una estandarización de normas o reglas preexistentes y a una futura regulación de mecanismos para la resolución de conflictos. Se establece así un proceso de producción propio.

(2) Jerarquía: normas contractuales de carácter primario, basadas supuestamente en meta-reglas, es decir, en reglas secundarias de identificación e interpretación (y una jerarquía enmarañada).

---

[80]* *Private Ordering* is the process of setting up of social norms by parties involved in the regulated activity (in some manner), and not by the State. *Private Ordering* aims to achieve public goals, such as efficiency, enhancing the market, and protecting rights.

[81] Teubner, «Global Private Regimes: Neo-spontaneous Law and Dual Constitution of Autonomous Sectors?», en K.-H. Ladeur (ed.), *Public Governance in the Age of Globalization* (2004) 71; G. Teubner (ed.), *Global Law without a State* (1997).

(3) Externalización: se hace uso de mecanismos no contractuales, como la Cámara Internacional de Comercio, asociaciones de empresas (cuasi-tribunales, cuasi-legisladores), y aun cuando de hecho estén facultadas mediante contrato, crean un orden jurídico no oficial, que, no obstante, es Derecho porque se basa en la dicotomía vinculante-no vinculante. Este fenómeno no se produce por delegación de competencias desde el Estado, o por delegación de un poder público global a partir del Derecho Internacional. Esta *lex mercatoria* se legitima a sí misma (*self-legitimating*), aunque está respaldada por, aun sin depender de, el reconocimiento por parte de otros sistemas jurídicos (dicho de otro modo: este tipo de reconocimiento no es constitutivo).

Pero el «Derecho» al que se refiere este autor emana de un conjunto de nexos de organizaciones y profesiones y de comunicaciones a modo de redes, interdependientes y conectadas, y de una multiplicidad frágilmente coordinada de organismos que toman decisiones de forma descentralizada. Todo ello hace que resulte muy difícil establecer de antemano qué norma es de aplicación, excepto en el caso en que esté ya decidido o resuelto (en cuyo caso se estaría vulnerando potencialmente la nota de generalidad, si es que ésta constituye un requisito para considerarse «Derecho»). En consecuencia, como se ha dicho, la determinación de las normas aplicables no es tarea fácil, y en realidad no está claro quién decide qué. Piénsese, por ejemplo, en una intervención humanitaria y en el conjunto de organizaciones que participan: medios de comunicación, organizaciones profesionales, ONG, multinacionales, y demás grupos de Gobiernos nacionales, a lo que cabría sumar, por ejemplo, la OTAN o el Consejo de Seguridad; etc. Tampoco existen mecanismos de control o de corrección que resulten apropiados (por ejemplo: mediante control judicial, a través del regulador estatal o de los ministros de asuntos exteriores) para que pueda decirse, en muchas áreas de la gobernanza global, que existe un modo adecuado de Derecho.

La solución teórica que propone Teubner ante este panorama consiste en una suerte de dualismo dinámico, entre la racionalidad formalmente organizada y la espontaneidad informal, sin que ninguna ostente la primacía institucionalizada. Hasta ahora puede afirmarse que este dualismo ha funcionado fundamentalmente dentro de los Estados independientes, en la economía (las instituciones son empresas, el mercado es espontaneidad) y en la política (el Gobierno es la institución, la opinión pública es espontánea). Sin embargo, la globalización parece reforzar la vertiente espontánea de esta clase de dualismos, de tal forma que las instituciones ya no se ven «condenadas a la libertad». Las democracias liberales prosperan por el contrapeso entre instituciones y el ordenamiento informal y espontáneo que se da en los diversos ámbitos sociales. Este contrapeso surgió en el sector económico en Gran Bretaña con la revolución industrial, y en la política a través de las revoluciones francesa y estadounidense. Las instituciones altamente racionalizadas son controladas, aunque no pueden controlarse por completo a sí mismas, por una multiplicidad descentralizada de procesos de comunicación espontánea.

Esta dinámica, sin embargo, funciona sólo en la economía y en la política generales, y no tanto en otros ámbitos sociales, ni siquiera dentro de un único Estado. La consecución de esta forma de contrapeso democrático dentro de las fuerzas de la gobernanza global dependerá del alto grado de autonomía y de diferenciación de los distintos ámbitos sociales. Pueden existir unos pocos ámbitos especializados en los que el orden global espontáneo se construya en derredor de la despolitización, de la desburocratización, y de la competición de carácter no económico (como la competición por el estatus, o la distinción por la máxima calidad del producto); pero éstos son supuestos escasos.

El Derecho Global no es un Derecho subdesarrollado o estructuralmente deficiente, sino que se halla plenamente capacitado. Carece de apoyo político e institucional a escala global, aunque cuenta con un fuerte engarce estructural con discursos y con procesos socio-económicos altamente especializados. Es pluralista, si bien este pluralismo se refiere a los distintos discursos y redes en los que se mueve, no a etnias. El pluralismo jurídico ya no se define, por tanto, como un conjunto de normas sociales en conflicto, sino como una multiplicidad de procesos comunicativos diversos en un determinado ámbito social, y cuya acción social respeta el código binario de legalidad-ilegalidad. La identificación del Derecho (que es también un Derecho heterónomo y descentralizado, no sólo un Derecho de origen estatal) debería ser una cuestión de código, más que de función. Resultaría equivocado subsumir o dejar caer dentro del «Derecho» cualquier clase de restricción social, tales como las que derivan de las costumbres comerciales de carácter global, de la organización ordinaria de las empresas multinacionales, o de las restricciones propias de las negociaciones. No obstante, el test de validez que propone Teubner para esta forma de gobernanza no es sino de carácter social: el pluralismo jurídico al que hace referencia, a su juicio, se traduce, como ya se han notado, en una multiplicidad de procesos de comunicación diversos en un ámbito social determinado, que respeta las acciones sociales de acuerdo con el código binario de legalidad-ilegalidad. Se trata de una concepción formal, que tiene el enorme mérito de no reducir el Derecho únicamente a una función. Tal y como señala este autor, el Derecho no puede reducirse a una simple composición de normas que despliegan funciones tales como el control social, la resolución de conflictos, la coordinación de actuaciones, la modulación de expectativas, la acumulación de poder, la regulación privada, o disciplina y sanción de cuerpos y espíritus. Sin embargo, y frente a esta concepción, conviene notar que el rechazo de estos criterios funcionales limita las bases sobre las que construir o levantar criterios sustantivos o de contenido para medir la validez del Derecho. Y ello constituye un problema de enorme calado ante la inexistencia de un sistema de fuentes unitario y autorizado, una ausencia acaso inevitable dadas las premisas en las que funda su planteamiento, esto es, un pluralismo de los discursos jurídicos y de redes. Teubner reconoce que la capacidad de los subsistemas difusos de gobernanza global para identificar normas jurídicas, o responsables autorizados, resulta débil. Su idea es que dichas normas surgen en subsistemas sociales transfronterizos relativamente autónomos, y están en efecto autovalidados a través de prácticas en el marco de estos subsistemas, que hacen perdurable el Derecho con el tiempo, dirigen las jerarquías internas y externalizan sus operaciones desde las partes a los órganos arbitrales, asociaciones profesionales y empresariales, etc.

Las áreas de la práctica jurídica a que se ha hecho referencia en los últimos párrafos suelen etiquetarse con el nombre de «ordenación privada» (*private ordering*). Su análisis no suele comenzar con el gobierno o la gobernabilidad, o con una afirmación de autonomía frente a la política, sino, por el contrario, con una ordenación espontánea dentro del sector privado. No obstante, los trabajos sobre la juridificación contemporánea de académicos como Christian Joerges, Niklas Luhmann, Gunther Teubner y otros no se limitan a los actores privados. A nuestro juicio, esas ordenaciones privadas y la regulación oficial no actuarán de forma independiente, sino interdependiente. E incluso en el caso en que el ritmo de cambio tecnológico y de mercado sea tan rápido como para que la regulación oficial no pueda seguirlo, se mantendrá la demanda en favor de que los elementos de la regulación pública acompañen la cada vez más compleja Administración de tantas cuestiones de amplio espectro, como la gestión del riesgo. Pueden concebirse como un comienzo de la ordenación privada hacia una concepción de lo público y del Derecho Público. En efecto, muchas de las cuestiones centrales que se abordan en esos trabajos se refieren a la interacción entre las instituciones públicas formales y los funcionarios y autoridades –reguladores, legisladores, tribunales, etc.– y las prácticas no oficiales. Las prácticas no oficiales son «ordenaciones privadas», aunque en muchos casos no son exclusivamente privadas. Es en sus vínculos y conexiones donde opera el Derecho Administrativo Global.

Esta clase o especie de vínculo o nexo administrativo, y el «Derecho» de esos nexos o vínculos, defendidos en parte de este capítulo, se aparta en la práctica del rígido modelo de la Administración burocrática que tematizara Weber, y, en cambio, se orienta y dirige hacia modelos más abiertos y flexibles, como los de la comitología de la Unión Europea, el método de coordinación abierta de la Unión Europea*, o la gobernanza del ciberespacio. Ahora bien, aun cuando estemos ante formas de Administración que no se corresponden con el modelo weberiano las nuevas modalidades de Administración siguen, sin embargo, sujetas a la perspectiva de Weber sobre la necesidad de que la Administración sea conformada y prefigurada por el Derecho. Este específico análisis que aquí se propone en punto a la juridificación en el plano transnacio-

---

* Sobre estos temas se vuelve en otros capítulos, como en el segundo y quinto. (N. del E.).

nal, pone en cuestión el lugar y la posición que al Derecho Público tradicional le corresponde ocupar[82]. Sin embargo, el planteamiento alternativo de Teubner sobre el Derecho más allá del Estado no es capaz de superar los problemas básicos relativos a las fuentes, la cuestión de su reconocimiento, o su concreción en cada sistema jurídico, como tampoco otras preocupaciones doctrinales en el plano de los conceptos. Y es que Teubner intenta hacer frente a estas cuestiones a través de un análisis antifuncional de los discursos y de las prácticas sociales. La estrategia de Teubner consiste en sacar la práctica fuera de los dominios de la moralidad, o de la política ordinaria, para incluirla dentro de comunidades de intereses y de conocimiento experto subespecializadas, que resultan difícilmente accesibles a la sociedad civil o incluso a la mayoría de la elite bien formada. No es fácil considerar esta concepción atractiva en términos prescriptivos o normativos, esto es, prestarle apoyo en el panorama actual de las modernas sociedades democráticas. Por el contrario, y a nuestro juicio, resulta preferible subrayar –a efectos prescriptivos– la construcción de una (moderada) concepción del Derecho que incluya a lo que aquí ha venido en llamarse lo «público», como algo inherente al mismo. Si se adopta, como se propone, un análisis interpúblico respecto del Derecho Internacional, se podrán poner las bases para que pueda alcanzarse el objetivo perseguido.

VII. CONCLUSIÓN: EL DERECHO ADMINISTRATIVO GLOBAL COMO UN DERECHO INTER-PÚBLICO

El Derecho Administrativo Global se ha hecho por las propias entidades u organizaciones que son ellas mismas públicas –actúan conforme a sus respectivas Constituciones, y están sujetas a su Derecho Público interno, y se orientan hacia lo público como una exigencia que el Derecho requiere para ser tal–. Aplican el Derecho Administrativo Global en su propia praxis, y pretenden que otras entidades públicas también lo apliquen. Pretensión ésta que llega tan lejos al menos como el peso e influencia que quieran darle a las normas y re-

---

[82] Una respuesta ha sido la de revivir o resucitar una definición de Derecho Privado y de Derecho Público, basadas en las fuentes, buscando después una relación dialéctica entre ellas. *Vid.*, p. ej., en Moellers, «Transnational governance without a Public Law?», en C. Joerges, I-J. Sand y G. Teubner (eds.), *Transnational Governance and Constitutionalism* (2004) 329, en 337» La discusión sobre constitucionalismo transnacional puede ser reconstruido mediante la distinción entre dos formas de Derecho. Un marco de Derecho Privado define el Derecho como el resultado de esfuerzos espontáneos coordinados. Un marco de Derecho Público define el Derecho como el resultado de un proceso político, que no es autónomo, pero que esta intencionadamente orientado... Pero una teoría del Derecho adecuada necesita una síntesis dialéctica de ambas aproximaciones. (entre comillas en el original). Véase también Michaels y Jansen, nota *supra* 4.

soluciones que dictan esas otras entidades externas[83]. Las más importantes de estas entidades son probablemente los Estados. Están acostumbrados a operar con los principios de Derecho Público, como los antes enumerados. Los Estados están equipados de un ingente número de instituciones que se mueven en un entorno o medio ambiente de Derecho Público, conectados a su vez con los procesos propios del Derecho Internacional. Por su parte, las asociaciones y grupos de ciudadanos pertenecientes al Estado son portadores de análogos valores públicos cuando participan en el marco del Derecho Internacional. Sin embargo, y ello es importante notarlo, no hay una razón de peso para limitar la categoría de entidades públicas globales –y de participantes en el Derecho inter-público– a solo los Estados. En la medida en que las interacciones entre cada una de esas entidades públicas globales aumentan, se multiplican las situaciones de colisión entre ellas, generándose así conflictos normativos en la esfera del Derecho Público.

Tal y como se desprende de la tesis que se ha mantenido en el presente capítulo, la puesta en marcha de este enfoque y planteamiento probablemente se conseguirá antes con la identificación de cuáles sean las *entidades* relevantes y sus diversas clases, que iniciando el análisis mediante la determinación de lo que supone el adjetivo «*público*» predicado de esas entidades. Así, por ejemplo, respecto de algunas de esas entidades –en especial los Estados– el carácter público se deriva fácilmente de la referencia al marco político y jurídico en el que se insertan, lo cual se infiere a su vez del Derecho nacional, de acuerdos inter-estatales, de una auto-constitución, o de la delegación por parte de otras entidades. A una conclusión semejante llegaría el TIJ en el caso *Barcelona Traction* (1970), de acuerdo con la cual las reglas básicas de gobernanza y de identidad de una «corporación» dependerán sencillamente del Derecho nacional de la corporación. Así, por ejemplo, un Estado podría tener un sistema de corporaciones basado en la representación de grupos políticos organizados, grupos de profesionales, la industria o la universidad, mientras otro Estado puede haber optado por un sistema de representación mixto que se constituya en torno a grupos territoriales y étnicos. O una asociación de gobernanza de la industria global podría organizarse en torno a un grupo selecto y representativo de carácter regional, mientras que otra se puede integrar de múltiples corporaciones nacionales y de grupos de consumidores.

El Derecho Administrativo Global acepta la heterogeneidad de formas y de categorías diversas de entidades de Derecho Público, y resulta potencialmente aplicable a todas ellas[84]. No cabe esperar un movimiento a favor de una igual-

---

[83] Aproximaciones institucionales a las teorías del Derecho, tales como la de M. Hauriou, *Le théorie de l'institution et de la fondation* (1925); S. Romano, *L'ordinamento giuridico* (1917).

[84] Tiene en cuenta la lentitud del Derecho Internacional, y por supuesto de muchos sistemas nacionales de Derecho Público, para lidiar de forma sofisticada con los partidos políticos.

dad política entre todas estas entidades; una cierta uniformidad podría servir para evitar graves exclusiones o abusos. La igualdad política podría representar en el mejor de los casos un ideal regulatorio. Lo mismo puede decirse de la participación. El establecimiento de reglas o criterios de participación sería vago o genérico. Hasta el momento, en la gobernanza global algunas entidades se han autonombrado[85].

Operar sobre las entidades, como se ha dicho, antes que sobre el adjetivo «público» que de ellas se predica resulta más práctico en términos jurídicos para que el Derecho Administrativo Global adquiera carta de naturaleza. Y resulta más practicable en la forma en que el Derecho Internacional ha aplicado la autodeterminación a unidades jurídicas basadas antes en un territorio con fronteras convencionales, que a criterios étnico-lingüísticos. En la práctica, «entidad» y «pública» irán de la mano con frecuencia. Pero no faltan situaciones en que una entidad pública no es suficientemente representativa respecto del público que se puede ver realmente afectado por ella. Así, por ejemplo, una entidad pública con potestades de gobierno puede decidir sobre una cuestión, con plena participación de todo su público, de acuerdo con un modelo de democracia deliberativa, y ponderar cuidadosamente todas las alegaciones y argumentos esgrimidos para adoptar la mejor decisión. Y, sin embargo, la entidad pública que toma la decisión la adopta para su público que no es el realmente afectado[*].

Respecto de las prácticas que se dan dentro de cada una de las entidades públicas de la gobernanza global y de ellas entre sí, los principios del Derecho Administrativo Global ejercen un creciente impulso de carácter normativo. Se trata de principios que surgen de las prácticas compartidas en varios sistemas jurídicos de Derecho Público, y se trasvasan a estas entidades públicas globales a través del uso del Derecho o de técnicas semi-jurídicas relativas a la constitución de esas organizaciones, a las normas y decisiones sustantivas, y a los principios de procedimiento para la elaboración de normas que siguen estas entidades. Probablemente no haya aún una sola regla uniforme de reconocimiento que cubra todo el Derecho Administrativo Global (más allá de lo que cubre el Derecho Internacional establecido). Sí existen, sin embargo, reglas de reconocimiento específicas o sectoriales en determinados aparatos o sistemas jurídicos de gobernanza; reglas que cada vez se superponen o se mezclan más entre sí (¡en una pequeña medida a través de las actividades de abogados o académicos del Derecho Administrativo Global que ellos mismos diseñan!). La práctica normativa del Derecho Administrativo Global implica un compromiso cada vez mayor con lo público, cuyo significado está siendo progresivamente definido a través de esa práctica. El fomento e incentivo para que una entidad

---

[85] Gracias a Jeremy Waldron por los debates sobre estas cuestiones.

[*] *Vid.* en particular capítulo quinto.

se vincule o someta a las exigencias derivables de lo público se hacen tanto mayores, en una proporción inversamente proporcional, cuanto menor solidez tenga la base normativa o el sistema de fuentes en que se apoya, y más débil sea su reconocimiento jurídico, a la hora de fundamentar sus actuaciones y resolver sus problemas.

Es posible que no exista consenso acerca de la generalidad como requisito del Derecho, ni puedan hallarse signos de un acervo «democrático», como los que en los sistemas internos pueden derivarse de los tribunales y de la representación parlamentaria, aunque esta sea la dirección hacia la que la práctica parece estar encaminándose. La «ordenación privada» plantea problemas especiales, y se encuadra dentro de este concepto de Derecho sólo cuando conecta o engarza con las actividades de regulación de las instituciones públicas.

La opción por cualquier noción de Derecho es en parte política, y en parte conceptual. Se ha argumentado en las páginas anteriores que un análisis a través del positivismo hartiano, extendido o en sentido amplio, para incluir en su perímetro los requisitos de lo público, satisface tanto las exigencias políticas como las conceptuales necesarias, dentro del desafiante contexto al que se enfrenta el Derecho Administrativo Global. La metodología utilizada en el presente capítulo ha consistido en integrar las reflexiones teóricas con un amplio análisis de la praxis. Con ello se ha puesto de relieve que el razonamiento jurídico meramente conceptual o analítico, o la investigación filosófica abstracta, adquieren mayor valor cuando se contrastan con la práctica, máxime en un entorno de gobernanza global de difícil aprehensión y plagado de circunstancias paradójicas. Esta forma de teorización pues, resulta más rica, productiva y profunda, y hasta se transforma y evoluciona, cuando trabaja mano a mano con la práctica. El análisis teórico, a su vez, ayuda a dar sentido y significado, directrices y cohesión, a una práctica indómita. La conclusión de este trabajo preliminar es que, aunque la visión general resulte desigual, puede razonablemente decirse que existe «Derecho» en el Derecho Administrativo Global. Más claramente, el análisis del Derecho Administrativo Global desligado del Estado puede enriquecer la teoría jurídica –también con la incorporación al análisis de Hart sobre el Derecho y las reglas de reconocimiento, del requisito de lo público.

CAPÍTULO CUARTO

EL DERECHO ADMINISTRATIVO DE LOS ESTADOS UNIDOS: ¿UN MODELO PARA EL DERECHO ADMINISTRATIVO GLOBAL?*

Richard B. Stewart

I. INTRODUCCIÓN

EL presente capítulo tiene por objeto explorar las virtualidades que puede presentar el instrumental que ofrece el Derecho Administrativo estadounidense para constituirse como base en favor de la construcción de un Derecho Administrativo Global.**1 Derecho éste que está llamado a controlar la creciente regulación de las distintas instancias decisorias a nivel internacional o transnacional, presentes en una enorme variedad de ámbitos. La praxis y el Derecho Administrativo de EE.UU. podrían representar un punto de partida útil, tanto para un enfoque «de arriba hacia abajo», como de «abajo hacia arriba» en la formación de un sistema jurídico-administrativo, esto es, para que facilite una mejor comprensión y avance del Derecho Administrativo Global. El Derecho Administrativo Global al que nos estamos refiriendo ha de fundamentarse, por supuesto, en principios jurídicos y en prácticas procedentes de distintos sistemas y tradiciones jurídicas nacionales

---

* La versión inglesa originaria del presente capítulo fue publicada en *68 Law & Contemp. Probs.* 63 (2005).

Traducción de José Vida Fernández, Profesor Titular de Derecho Administrativo, Universidad Carlos III de Madrid.

** Véase el capítulo segundo y tercero (N. del E.).

[1] La expresión Derecho Administrativo Internacional ha estado circunscrita en las últimas décadas a las normas, procedimientos y recursos aplicables al personal de las organizaciones internacionales. Véase el capítulo segundo de la presente obra colectiva. *Vid.* asismismo C.F. Amerasinghe, *The Law Of The International Civil Service As Applied By International Administrative Tribunals*, Clarendon Press, New York, 1988, pp. 103-109. Con anterioridad, en el siglo XX, se había construido un concepto más amplio de Administración y de Derecho Administrativo a nivel internacional, *vid.* Paul S. Reinsch, «International Administrative Law and National Sovereignty», *American Journal of International Law*, núm. 3, p. 1; Pierre Kazansky, «Théorie de l'administration internationale», 9 *Revue Générale de Droit International Public*, núm. 9, 1902, p. 353.

y regionales, así como en las fuentes del Derecho Internacional. Quiere decirse con ello que la perspectiva estadounidense que en este capítulo se adopta es sólo una entre muchas otras que también habrán de ser necesariamente consideradas.

En las últimas décadas ha proliferado una vasta y heterogénea variedad de sistemas o regímenes jurídicos de carácter internacional, desde los que se regulan grandes temas de la vida económica y social[2]. Han surgido como respuesta a la creciente globalización del mercado (y con base tanto en el Derecho Internacional Público, como en el Privado) (i); a resultas de la interdependencia que se produce entre la vida económica, social, medioambiental, informativa y de otros órdenes (ii), así como a causa de las insuficiencias que inevitablemente afloran cuando, ante problemas que son fruto de esa interdependencia, se buscan soluciones desde una perspectiva estrictamente nacional (iii). Los sistemas de regulación global abarcan una amplia variedad de ámbitos, entre los que cabría citar, a mero título de ejemplo, el comercio, las finanzas y la banca, el medio ambiente, la salud y la seguridad, los productos farmacéuticos, el transporte y las comunicaciones, la ayuda financiera, los derechos humanos, y también las actividades ilegales o irregulares. Su aparición evidencia el fracaso, tanto de los mercados, como de los sistemas descentralizados de regulación nacionales en su intento de proteger los valores sociales y económicos que se consideran más relevantes. Los sistemas referidos suelen integrar organizaciones de naturaleza administrativa, desde las que se adoptan normas y decisiones de carácter normativo, que los Estados aplican directamente a nivel interno. Como se ha explicado en el capítulo segundo de la presente obra colectiva[3], los paradigmas tradicionales en que se han basado el Derecho Internacional y el Derecho Administrativo nacional no son útiles para dar cuenta adecuadamente, ni para facilitar el control, de estos nuevos sistemas de regulación globales, que están creando un nuevo ámbito de Administración global y un nuevo Derecho Administrativo.

¿Cómo puede conseguirse que esos aparatos o sistemas regulatorios a nivel global sean responsables y rindan cuentas ante los actores o el público en general, cuyos intereses se supone que sirven? Esta es la cuestión a la que

---

[2] Algunos de estos sistemas de regulación son de carácter bilateral. Otros son multilaterales, ya sean de ámbito regional o global. Asimismo, tal como se detallará más adelante, algunos de ellos tienen su origen en tratados de los que los Estados son miembros, otros son redes u otras medidas de cooperación que se hayan constituido entre responsables estatales de determinados ámbitos sectoriales de intervención, y, por último, otros gozan de una naturaleza privada o público-privada. Este artículo se refiere genéricamente a todo este tipo de sistemas como «sistemas de regulación globales» (*global regulatory regimes*).

[3] B. KINGSBURY, N. KRISCH & R. B. STEWART, «The Emergence of Global Administrative Law», *Law and Contemporary Problems*, vol. 68 núm. 2 y 3, verano/otoño 2005, pp. 15-62 [en adelante KINGSBURY, KRISCH & STEWART].

pretende darse respuesta a través de las incipientes modalidades de Derecho Administrativo Global*. Al plantearla en términos de rendición de cuentas, inmediatamente surge la pregunta de ante quién se habrá de responder y a través de qué medios[4]. Una primera respuesta consistiría en afirmar que quienes adopten decisiones en el marco de un sistema jurídico o régimen global –tanto los que ejerzan responsabilidades sobre aquella materia a nivel estatal como los que lo hagan a nivel global– han de ser leales y responder ante el propio sistema creado y ante los Estados que lo hayan establecido. Una perspectiva distinta sería la que postula que se responda ante los destinatarios de la aplicación, a saber: los individuos, entidades privadas, empresas y, en algunos casos, ONG, a fin de asegurar que sus derechos sean garantizados y sus intereses respetados. Un tercer enfoque consideraría que ha de responderse ante el público general, que se ve beneficiado o afectado por el sistema, ya sea a nivel estatal o global. Ha de notarse también en este contexto que el Derecho Administrativo es sólo uno de los múltiples mecanismos de que se dispone para promover la rendición de cuentas y garantizar que los sistemas de regulación globales sirven a los fines para los que fueron creados. Ello plantea la cuestión de cuál es el papel que debe corresponderle al Derecho Administrativo en relación con esos otros mecanismos[5].

También surgen inevitablemente otros interrogantes, como los siguientes:

¿Cuáles debieran ser las aspiraciones prescriptivas de un Derecho Administrativo Global? ¿Debería dirigirse a garantizar el buen funcionamiento y la eficacia instrumental de los sistemas de regulación globales? ¿Debería asegurarse de que los empleados públicos sean leales a sus superiores, cumplan con los criterios por ellos establecidos, independientemente de cuáles sean? ¿Ha de perseguir la protección de derechos de los sujetos privados? ¿Debería proteger los intereses del público a nivel global o a nivel interno? Y, desde un planteamiento más ambicioso de su función, ¿cuál sería la relación entre el Derecho Administrativo Global y la polémica cuestión relativa a si es posible –y hasta qué punto– hacer realidad una gobernanza a nivel mundial basada en planteamientos democráticos?

---

* Obsérvese que los autores admiten una pluralidad de sistemas de Derecho Administrativo Global, bien sean de carácter sectorial (seguridad alimentaria, regulación de los mercados financieros...), o bien se generen desde la misma organización hacia las autoridades nacionales, o desde la organización más allá del Estado hacia sí misma. Por ello, aunque en los diversos capítulos se hable de «el» Derecho Administrativo Global, su formación y contenido, no quiere decirse que haya de ser una disciplina monolítica y unitaria. Véase también la nota introductoria del editor. (N. del E.).

[4] *Vid.* Ruth GRANT y Robert KEOHANE, «Accountability and Abuses of Power in World Politics», *American Political Science Review*, vol. 99, 2005, pp. 29-43; *vid. supra* KINGSBURY, KRISCH & STEWART, npp. 4, pp. 27-42.

[5] *Vid. idem*

1. TRES SISTEMAS BÁSICOS DE SISTEMAS REGULATORIOS A NIVEL INTERNACIONAL

A los efectos del presente capítulo pueden distinguirse tres tipos de sistemas de regulación a nivel internacional.

Los sistemas de regulación basados en tratados internacionales son aquellos que han sido establecidos a partir de tratados o acuerdos suscritos entre Estados y mediante los cuales se determina que se establecerá una normativa reguladora de carácter internacional (*international regulatory standards*) y se supervisará su aplicación. Estos sistemas suelen prever la existencia de una secretaría y de otros elementos institucionales, que son propios de las organizaciones internacionales de carácter intergubernamental. Son ejemplos de esta modalidad en el ámbito comercial el Tratado de Libre Comercio de América del Norte (TLCAN) y la Organización Mundial del Comercio (OMC); en el sector ambiental lo es el Protocolo de Montreal relativo a las sustancias que agotan la capa de ozono, y desde otras perspectivas, también lo son el Banco Mundial y el Fondo Monetario Internacional (FMI) y las diversas organizaciones de las Naciones Unidas (ONU).

Las redes de regulación transnacional se integran por reguladores nacionales competentes en materias específicas o sectoriales. Entre ellos intercambian información y se reúnen con carácter informal. Pueden ponerse de acuerdo para alcanzar la homogeneización o la armonización de normas y de prácticas, con el fin de conseguir que se reduzcan las barreras comerciales y los obstáculos a las transacciones generados por la existencia de normas nacionales divergentes. También tales redes abordan problemas transnacionales derivados de las normas, entre los que cabe citar los que plantean las propias empresas multinacionales que operan bajo múltiples ordenamientos, y que excederían de las posibilidades de solución que pueden ofrecerse desde una óptica estrictamente nacional[6]. Una vez han sido acordados los estándares o la práctica a seguir con los homólogos de otros países, las Administraciones nacionales los adoptan y aplican en el ámbito interno, dentro de su respectivo haz de competencias. Además de esos estándares y prácticas, o bien como alternativa a su adopción, tales autoridades nacionales pueden también compartir información, comentar o coordinar políticas legislativas y las experiencias en la aplicación y cumplimiento de lo dispuesto en la red. Estas redes globales de regulación han surgido ya en ámbitos tales como la defensa de la competencia, el sistema bancario, el mercado de valores, las telecomunicaciones, la regulación de los productos químicos, los tributos y la seguridad en el transporte. Por ejemplo, las autoridades a nivel interno pueden ponerse de acuerdo para actuar en régimen de reciprocidad, aceptando los estándares exigibles por un Estado a determinados productos procedentes de los demás Estados como si fuesen propios, o bien compartir información y coordinar medidas antimonopolio que serán aplicadas a las prácticas que llevan a cabo las empresas multinacionales.

---

[6] Para una introducción a las redes regulatorias de carácter global *vid.* Ann-Marie SLAUGHTER, *A New World Order*, Princeton University Press, 2004; Anne-Marie SLAUGHTER, «The Accountability of Government Networks», *Indiana Journal of Global Legal Studies* vol. 8, 2000-2001, pp. 347-367; *vid.* también David ZARING, «International Law by Other Means: The Twilight Existence of International Financial Regulatory Organizations», *Texas International Law Journal* vol. 33, 1998, pp. 281 y ss.

Otra forma de cooperación regulatoria a nivel internacional son los *acuerdos de reconocimiento mutuo y las recomendaciones de equivalencia de carácter cooperativo*, que adoptan reguladores y Administraciones nacionales de distintos países que tienen establecidos requisitos diversos. En virtud de los acuerdos de reconocimiento mutuo, que suelen ser de carácter bilateral, las autoridades nacionales competentes de un país aceptan la normativa o los procedimientos de certificación de productos o servicios regulados en otro país, como si fuesen equivalentes o compatibles con los propios, a cambio de un reconocimiento similar de sus propias medidas[7]. De conformidad con esos acuerdos, y en los términos previstos en cada uno de ellos, los productos o servicios originarios de un país que cumplen con los requisitos dispuestos en otro Estado pueden establecerse o prestarse en el país de destino sin someterse a una nueva intervención o a la aplicación de requisitos adicionales. El acuerdo de reconocimiento mutuo puede asimismo comprender mecanismos para constatar la conformidad con la normativa aplicable (por ejemplo, a través de procedimientos de certificación) y/o extenderse al reconocimiento de la normativa misma, si bien es la primera de las medidas la que actualmente se observa que predomina)[8].

Como alternativa a la celebración de acuerdos de reconocimiento mutuo más o menos formales, las autoridades reguladoras de los distintos países pueden también adoptar métodos más informales de cooperación mediante los que la Administración de un país acepta las resoluciones dictadas por la Administración de otro y en las que se declara su conformidad con la regulación aplicable, como si fuesen equivalentes a las suyas propias, con la expectativa de que aquél otro país también opere con la misma reciprocidad de trato[9]. Estas formas de gestión activa de cooperación regulatoria horizontal entre las Administraciones públicas están siendo cada vez más utilizadas en distintas áreas o sectores para hacer frente a las barreras técnicas al comercio y a las diferencias existentes en la normativa medioambiental, sanitaria, de seguridad y de otros ámbitos, así como para impulsar el comercio a partir de la reducción o la eliminación de la exigencia de disponer de múltiples permisos para los productos y servicios comercializados a nivel internacional[10]. El empleo de este tipo de acuerdos

---

[7] *Vid.* Kalypso NICOLAIDIS y Gregory SHAFFER, «Transnational Mutual Recognition Regimes—The Dilemmas of Accountability, Rights and Democracy Beyond the State», *Law and Contemporary Problems*, vol. 68, verano/otoño, 2005, p. 265.

[8] *Vid.* Kalypso NICOLAIDIS y Rebecca STEFFENSON, «Managed Mutual Recognition in the Transatlantic Marketplace», en Andrew DAVIS, Mark POLLACK, Gregory C. SHAFFER y Helen WALLACE (eds.), *The Future od Transatlantic Economic Relations: Continuity Amid Discord*, Instituto Universitario Europeo de Florencia, 2005, pp. 233-268.

[9] *Vid.*, por ejemplo, el Programa Australiano de Mejora de la Seguridad Alimentaria en Productos Cárnicos (MSEP), 64 Fed. Reg. 30299 (7 de junio de 1999) [en adelante Australian Meat] (obsérvese el sistema australiano de equivalencia en las inspecciones de productos cárnicos); Francesca BIGNAMI, «The Challenge of Cooperative Regulatory Relations after Enlargement», en George A. BERMANN y Katharina PISTOR (eds.), *Law and governance in an enlarged European Union*, Hart Publishing, 2004, pp. 97 y 140.

[10] Gregory SHAFFER, «Reconciling Trade and Regulatory Goals: The Prospects and Limits of New Approaches to Transatlantic Governance Through Mutual Recognition and Safe Harbor Agreements», *Columbia Journal of European Law*, vol. 9, 2002, pp. 29 y ss (en el que se trata este fenómeno en el contexto de los acuerdos de reconocimiento mutuo entre los EE.UU y la UE); Lori M. WALLACH, «Accountable Governance in the Era of Globalization: The WTO, NAFTA, and International Harmonization of Standards», *University of Kansas Law Review*, núm. 50, 2002, p. 823 [en adelante

en el ámbito de los servicios es actualmente limitado, aunque se espera que vaya en aumento[11].

En la práctica la distinción entre los sistemas de regulación basados en tratados y en redes no siempre es evidente. Los sistemas internacionales de carácter formal a menudo proporcionan foros que permiten un trabajo en red de carácter informal entre los responsables nacionales. Algunas redes regulatorias funcionan a través de sus propias organizaciones internacionales (que, sin embargo, no están por lo general basadas en tratados), mientras que otras son abiertas y muy informales. Del mismo modo, la práctica puede a menudo difuminar la distinción entre la adopción de estándares comunes en las redes informales de las Administraciones nacionales, y los acuerdos de reconocimiento mutuo y de equivalencia adoptadas por estas mismas Administraciones. En principio, los acuerdos de reconocimiento mutuo y otras prácticas de cooperación regulatoria constituyen una fórmula que permite adaptar y amoldar diferentes normas reguladoras de carácter sustantivo y métodos de determinación, de conformidad con las mismas que existen en los diferentes países, pero podrían llegar a evolucionar hasta la armonización de dichas normas y métodos.

Los actores no estatales, incluidas las empresas y ONG, participan en diferente medida en estos tres tipos de mecanismos de regulación global. Además, la debilidad del gobierno global y la necesidad existente de una armonización normativa han impulsado el desarrollo a nivel global de organizaciones reguladoras que fijan estándares de carácter privado, tales como son la Organización Internacional de Normalización (ISO), organizadas principal o exclusivamente por empresas, así como sistemas de regulación híbridos de naturaleza público-privada en los que participan empresas, ONG y, en algunos casos, los Estados o las organizaciones internacionales[12]. Si bien estas organizaciones de carácter global utilizan a menudo el Derecho Administrativo como un instrumento que permite fortalecer su funcionamiento y legitimidad, quedan fuera del objeto del presente trabajo. Tampoco en este capítulo se aborda otro elemento importante del Derecho Administrativo Global, como es el establecimiento por parte de las autoridades internacionales –tales como el Órgano de Solución de Diferencias (OSD) de la OMC* y los tribunales de carácter administrativo incluidos en los tratados de inversiones internacionales– de requisitos que los gobiernos nacionales deben incorporar en las normas que adopten a nivel interno que puedan tener repercusiones externas[13].

Accountable Governance]; Linda HORTON, «Mutual Recognition Agreements and Harmonization», *Seton Hall Law Review* núm. 29, 1998, p. 692.

[11] Kalypso NICOLAIDIS, «Globalization with Human Faces: Managed Mutual Recognition and the Free Movement of Professionals», en Fiorella KOSTORIS y Padoa SCHIOPPA (eds.), *The principle of mutual recognition in the european integration process*, Palgrave Macmillan, 2005, p.p 5 y ss. [en adelante NICOLAIDIS, Human Faces].

[12] *Vid. supra* KINGSBURY, KRISCH & STEWART, nota 4, p. 16.

* https://www.wto.org/spanish/tratop_s/dispu_s/dispu_s.htm

[13] *Vid. ídem*, p. 44; Sabino CASSESE, «Global Standards for National Administrative Procedure», *Law and Contemporary Problems*, vol. 68, verano/otoño, 2005, pp. 111 y ss.

2. LAS RELACIONES VERTICALES Y HORIZONTALES DENTRO DE LOS SISTEMAS REGULATORIOS A NIVEL GLOBAL

Tanto los sistemas de regulación formalizados que se basan en tratados, como las redes regulatorias de ámbito global operan a través de relaciones verticales bidireccionales que se producen entre los niveles nacional e internacional.

En primer lugar, los responsables a nivel interno representan a sus Gobiernos a nivel global. En sistemas especialmente formalizados, la delegación nacional puede integrar representantes de varios ministerios o departamentos, a menudo encabezada por un responsable del Ministerio de Asuntos Exteriores, y se estructuran y ejercen sus funciones a través de protocolos de supervisión y control del Estado representado[14]. En las redes de regulación global y en los sistemas de reconocimiento mutuo, el procedimiento de representación suele estar mucho menos estructurado y los responsables sólo representan a su propio departamento u organismo de origen, lo que les permite mayor libertad de actuación. Además de ejercer como representantes de sus respectivos Gobiernos en cada uno de las modalidades indicadas, los responsables también son y actúan como miembros de los propios sistemas globales de regulación y pueden tener interés personal en que estos sistemas alcancen éxito.

En segundo lugar, las medidas acordadas a nivel global suelen, por regla general, aplicarse a través de las Administraciones nacionales, y no producen efectos directos sobre los sujetos privados. Así, en contadas excepciones (aunque su número haya crecido), los sistemas basados en tratados carecen de la autoridad para regular directamente la actividad de los actores no estatales[15]. Ahora bien, si los sistemas de gobernanza regulatoria se inspiran en el modelo nacional de regulación que se articula en torno al binomio legislación-aplicación (*statutory–adjudicatory systems of regulation*)[16], de un lado, aprobarán normas primarias y secundarias (o subordinadas, a cargo de las respectivas organizaciones administrativas e instrumentales de que se sirvan), y, de otro, el Derecho Internacional se encargará de que esas normas vinculen a los Estados, o vayan acompañadas de fuertes incentivos para su aplicación interna.

Por otra parte, las redes regulatorias de carácter informal carecen por sí mismas de toda potestad coercitiva directa sobre los actores no estatales. A ello

---

[14] Los representantes de las empresas y de las ONG pueden asimismo participar, tanto como miembros de delegaciones o como observadores en las negociaciones internacionales. *Vid.* David A. WIRTH, «Public Participation in International Processes: Environmental Case Studies at the National and International Levels», 7 *Colorado Journal of International Environmental Law and Policy*, núm. 7, 1996, pp. 18-22. Esta participación es más inusual por lo que respecta a las redes de regulación informales.

[15] Algunas de las excepciones se tratan *infra* en la Sección III.

[16] *Vid.* Daniel TARULLO, «Law and Governance in a Global Economy», *American Society of International Law* (Proceedings of the 101st Annual Meeting), núm. 93, 1999, pp. 105 y ss.

se añade que tampoco las medidas acordadas resultan jurídicamente vinculantes para los Estados. La aplicación a nivel estatal de esas políticas y medidas acordadas en el seno de tales redes regulatorias depende de, o se realiza gracias a, la iniciativa de las autoridades nacionales a través del ejercicio de sus correspondientes potestades administrativas, sin que sea necesario para ello la mediación legislativa o la de otros poderes o autoridades del Estado. Este modelo de gobernanza basado en la «convergencia regulatoria» (*regulatory conververgence model of governance*) funciona de ordinario sin necesidad de que se establezca un sistema que organice la transmisión de los dispuesto internacionalmente desde la esfera global al nivel interno[17]. Tal fue el caso, por ejemplo, de la red de gobernadores de los Bancos Centrales que formaron el Comité de Supervisión Bancaria de Basilea, en el que se establecen los requisitos en materia de seguridad bancaria; y los reguladores nacionales proceden seguidamente a cumplir con estas medidas armonizadas haciendo uso de las potestades que les hayan sido reconocidas a nivel estatal[18].

Los acuerdos horizontales de armonización normativa o de cooperación a través del reconocimiento mutuo y de las recomendaciones de equivalencia siguen un planteamiento diferente. Cada actor nacional, al regular los productos y servicios originarios de otro país, acepta o remite al cumplimiento de los procedimientos y estándares de los demás países como si fueran sus propios requisitos, a la luz de acuerdos suscritos formalmente, de acuerdos mutuos más informales u otros instrumentos que permitan la reciprocidad[19].

3. TRANSPARENCIA Y DERECHO DE ACCESO Y PARTICIPACIÓN

Tanto los sistemas de regulación basados en tratados como las redes regulatorias globales funcionan de ordinario de conformidad con la tradicional regla diplomática de la confidencialidad en las negociaciones. Los costes de la transacción y los demás obstáculos para que se obtengan los acuerdos proyectados son con frecuencia muy altos y costosos, señaladamente cuando se trata de cerrar acuerdos multilaterales. Y eso es así aun cuando se respete la máxima confidencialidad. Es fácil entender, por ello, que esos obstáculos puedan verse agravados con la transparencia.

---

[17] *Idem*, p. 109.

[18] *Vid. supra* ZARING, nota 7, pp. 283-284.

[19] Si bien, normalmente, los acuerdos de reconocimiento mutuo se negocian entre los Estados, las investigaciones más recientes indican que en algunos ámbitos este tipo de acuerdos sólo son posibles cuando al menos una de las partes es una asociación profesional privada. *Vid. supra* NICOLAIDIS y STEFFENSON, nota 9, p. 13. Esto es particularmente cierto en el sector de los servicios, en el que las actividades profesionales se encuentran reguladas desde el ámbito subestatal, lo que, por tanto, dificulta los acuerdos entre Estados. *Idem*.

Por ejemplo, la confidencialidad suele justificarse en que así se evita el fracaso de las negociaciones a resultas de las posibles actuaciones de grupos de intereses nacionales, que podrían movilizarse a nivel interno para bloquear, por ejemplo, la liberalización del comercio. En el caso de los acuerdos regulatorios, los acuerdos de confidencialidad se suelen reforzar, ya que se entiende que los asuntos que plantean son, por lo general, de carácter técnico y los expertos los resuelven convenientemente.

Sin embargo, los sistemas que tienen su origen en tratados funcionan, en buena medida, por medio de actos jurídicos formalizados de carácter público, y, por lo general, adoptan sus decisiones a través de normas y procedimientos que facilitan la transparencia. Los agentes no estatales, entre los que se encuentran las empresas y los representantes de las ONG, pueden formar parte de las delegaciones estatales y, en muchos de los sistemas internacionales con base en tratados, se les atribuye la condición de observadores, lo que les permite supervisar las negociaciones y participar a nivel informal. Por el contrario, las redes y los mecanismos de coordinación horizontal operan de manera mucho más informal, y sus decisiones y los procedimientos para adoptarlas son, en términos generales, significativamente menos transparentes. A la hora de considerar una eventual aplicación de los instrumentos propios del Derecho Administrativo a los sistemas de regulación global, y a los efectos de abordar determinados tipos de problemas regulatorios, es importante tener en cuenta qué factores hacen recomendable el empleo de instrumentos más formalizados –basados en tratados–, o, por el contrario, el recurso a instrumentos de carácter más informal.

4. EL CONTROL, LA RENDICIÓN DE CUENTAS, LA PARTICIPACIÓN Y LA CAPACIDAD DE RESPUESTA: PERSPECTIVA NACIONAL Y GLOBAL

El espectacular desarrollo de estos sistemas de regulación global, cada vez más poderosos, plantea numerosos interrogantes de enorme trascendencia sobre su gobernanza, como son su control, la rendición de cuentas, la participación, y también la capacidad de respuesta. Estos problemas pueden abordarse desde una perspectiva estatal o desde el punto de vista global.

Desde la perspectiva interna, las tres categorías o clases de los sistemas de regulación internacional antes descritos han sido objeto de especial crítica en los EE.UU. y en otros lugares, por cuanto provocan importantes reformas en los ordenamientos jurídicos nacionales sin que paralelamente se ajusten adecuadamente a los mecanismos de control político y jurídico existentes a nivel interno, y que, sin embargo, sí se aplicarían rutinariamente a las medidas regulatorias adoptadas a nivel nacional. Y es que, a diferencia de lo que sucede con los tratados internacionales, que requieren de la ratificación interna, los sistemas basados en tratados suelen adoptar en forma creciente medidas a través de sus propias organizaciones subordinadas, en las que se establecen normas –como las conferencias de las partes–, y por medio de organizaciones administrativas y de organismos para la solución de diferencias. A lo que se añade que esas nuevas normas, sean elaboradas con base en tratados o en el marco de las redes intergubernamentales, se implementan con frecuencia directamente por las Administraciones y agencias nacionales sin que sea necesario aprobar ninguna nueva ley que expresamente lo habilite. La aplicación de la normativa regulatoria global a cargo de las Administraciones nacionales –ya sea a través de reglamentos o de actos– podría quedar sujeta en algunos casos a los procedimientos administrativos nacionales, así como al control judicial, mientras que las normas primarias de las que éstos traen causa se adoptan a través de procedimientos supranacionales, que, por lo general, no lo están[20]. Algunas normas internacionales de carácter vinculante, aprobadas en el marco de los sistemas basados en tratados, podrían excluir o limitar la discrecionalidad en su aplicación a nivel nacional, cortocircuitando así el papel que al Derecho Administrativo nacional habría de corresponderle. En otros supuestos, especialmente en el seno de los sistemas y métodos horizontales de cooperación regulatoria, la aplicación interna se lleva a cabo, por el contrario, a través de resoluciones informales, o con el reconocimiento de un margen de discrecionalidad en su ejecución en beneficio de las normas y decisiones dictadas por aquéllos, frente al que no cabe oponer las exigencias nacionales de procedimiento administrativo, ni, señaladamente respecto de las actuaciones discrecionales, tampoco el control de los tribunales nacionales[21]. Por lo demás, aun en la hipótesis de que las garantías nacionales del Derecho Administrativo resulten de aplicación, sólo se aplican, por lo general, en el ámbito interno y no afectan ni inciden sobre el componente o aspecto global, que es, con diferencia, la dimensión más importante en lo que respecta al resultado final de la intervención pública.

En consecuencia, los críticos sostienen que las normas, políticas y prácticas adoptadas en los sistemas de regulación global no están sujetas a un adecuado control público, político y jurídico, ni a una rendición de cuentas adecuados. Las críticas se proyectan tanto sobre las cuestiones sustantivas o de Derecho material, como sobre las de carácter procedimental, y se extienden tanto a sus implicaciones a nivel interno, como en el plano global. Por lo que se refiere a los procedimientos, los sistemas basados en tratados –como es el caso de la OMC y el FMI–, han sido objeto de amplias críticas por imponer medidas que han sido adoptadas a través de procedimientos confidenciales, y en los que no se posibi-

---

[20] *Vid.* Eleanor KINNEY, «The Emerging Field of International Administrative Law: Its Content and Potential», *Administrative Law Review*, vol. 54, 2002, pp. 415 y 425-432.

[21] *Vid. supra* Linda HORTON, nota 11, pp. 710-725; Sidney SHAPIRO, «International Trade Agreements, Regulatory Protection, and Public Accountability», *Administrative Law Review*, vol. 54, 2002, pp. 435 y 440-446 [en adelante, International Trade Agreements].

lita la participación y el control por parte de los interesados a nivel estatal. La marginación o desplazamiento de los instrumentos nacionales de control de los procesos normativos se hace aún más patente cuando los sistemas internacionales que tienen su origen en tratados dictan normas que devienen vinculantes a nivel nacional o que se han de incorporar o transponer obligatoriamente en el Derecho interno. Aunque resulte menos evidente, esa misma exclusión se viene produciendo cuando las redes regulatorias y los sistemas de cooperación horizontal adoptan decisiones, razón por la que las críticas siguen en aumento[22].

Entre otros ejemplos, cabe citar la decisión por parte del Departamento de Agricultura de los EE.UU. (USDA) en la que se otorga el estatuto de medidas equivalentes a las estadounidenses a las que hayan sido adoptadas desde el Programa Australiano de Seguridad Alimentaria de Productos Cárnicos[23], o la decisión de la Agencia federal de Medicamentos y Alimentos (FDA) de dotar de equivalencia a sus respectivas decisiones dentro del Acuerdo de Reconocimiento Mutuo entre los EE.UU. y la UE sobre productos farmacéuticos, todo ello sin haber permitido la participación de los sectores interesados[24].

A las críticas por razón del procedimiento que subrayan el impacto que genera a nivel nacional la regulación internacional, se une además una objeción de fondo, en el sentido de que la ausencia de unos medios adecuados de transparencia, rendición de cuentas y control permite a los grupos de intereses industriales y financieros bien organizados capturar en los dos niveles, global y nacional, el procedimiento de toma de decisiones de carácter regulatorio, en detrimento especialmente del medio ambiente, de los consumidores, de los trabajadores, y de los valores e intereses sociales de carácter general.

De este modo, «[l]as negociaciones internacionales en ocasiones permiten a los líderes nacionales hacer lo que en secreto les gustaría hacer a nivel nacional, pero para lo que carecen de poder para hacerlo en el plano interno»[25]. La acerada crítica que realizan las asociaciones ambientalistas y otras ONG en los EE.UU. y en otros países, a las decisiones regulato-

---

[22] Vid. supra Lori M. WALLACH, Accountable Governance, nota 11, pp. 832-835 (quien critica el uso de los acuerdos de reconocimiento mutuo y las decisiones de equivalencia y facilita numerosos ejemplos de problemas que su utilización pueden generar). Para una crítica de los acuerdos de reconocimiento mutuo como estrategia de armonización vid. Trans-Atl. Consumer dialogue, TACD briefing paper on mutual recognition agreements (MRA'S) (2001), en http://www.tacd.org/db_files/files/files-270-filetag.doc. (última visita el 21 de marzo de 2005. En los archivos de Law and Contemporary Problems.)

[23] Vid. supra Australian Meat, nota 10; vid. supra WALLACH, Accountable Governance, nota 11, pp. 842-843.

[24] Vid. supra WALLACH, Accountable Governance, nota 11, pp. 853-854.

[25] Robert D. PUTNAM, «Diplomacy and Domestic Politics: The Logic of Two-Level Games», International Organization, vol. 42 núm. 3, 1988, pp. 427-460, citado en vid. supra ZARING, note 7, p. 321. Vid. en general Gregory SHAFFER, «WTO Blue-Green Blues: The Impact of U.S. Domestic Politics on Trade-Labor, Trade-Environment Linkages for the WTO's Future», Fordham International Law Journal, vol. 24, issue 1, 2000, pp. 608, 609 npp.5.

rias adoptadas por los tribunales de la OMC y del TLCAN, el FMI, el Banco Mundial y otros organismos internacionales, no hace sino reproducir hoy las objeciones que ya vertió en su momento Ralph NADER contra las agencias reguladoras federales de los EE.UU., en la década de 1960. De hecho, NADER ha continuado en la brecha, formulando críticas a la OMC, en términos análogos a las que dirigió contra la Comisión Federal de Comercio (FTC) hace treinta y cinco años[26]. Algunos analistas han ido aún más lejos llegando a afirmar que el incremento de la regulación global ha llegado a producir una mutación de la Constitución y del sistema de gobierno de los EE.UU., con la creación de una rama «internacional» del Estado federal absolutamente irresponsable por carente de controles, que plantea unos retos similares a los que suscitó en su momento el denominado Estado regulador resultante del *New Deal*[27].

Otros autores dirigen sus críticas a las deficiencias que caracterizan la gobernanza de los sistemas de regulación a nivel global, en lugar de centrarse en el debilitamiento o en la elusión de los mecanismos nacionales de control político y jurídico, y de rendición de cuentas.

Las objeciones que vierten aquí son de carácter formal, en relación con los procedimientos, aunque también sustantivas o de fondo, al igual que las que han sido percibidas por sus homónimos, los críticos de la regulación y de sus efectos a nivel nacional. Las reservas frente a las cuestiones de procedimiento tienden a centrarse en el secretismo de los procesos decisorios de carácter regulatorio que tienen lugar a nivel internacional y transnacional; en la ausencia de una verdadera posibilidad de acceso a la información; de participación en el procedimiento y de formulación de alegaciones en los procesos decisorios que conducen a la elaboración de normas y decisiones a nivel global por parte del público afectado a nivel global o nacional, en defensa de sus intereses, sean éstos de carácter ambientalista, laboral, de los consumidores, de los países en vías de desarrollo o de los pueblos indígenas. Las críticas sustantivas que llevan aparejadas esas denuncias se refieren a que el proceso regulatorio internacional se encuentra dominado por grupos de intereses económicos bien organizados y por los Estados especialmente poderosos, como los EE.UU., en la medida en que supone una deficiente protección y tutela normativa y una injusticia económica[28].

Los estudiosos de la gobernanza regulatoria a nivel global ya han puesto de manifiesto estos riesgos[29]. Los expertos consideran que los mencionados instrumentos, al introducir en la regulación una dinámica en la que participan múltiples ordenamientos nacionales, y un juego de relaciones de doble nivel u horizontal, generan graves asimetrías de información e importantes costes

---

[26] *Vid.* Lori WALLACH y MICHELLE SFORZA, *Whose trade organization? Corporate globalization and the erosion of democracy*, Public Citizen, Washington D. C., 1999, ix (prefacio por Ralph NADER criticando «un sistema autocrático de gobernanza internacional que favorece a los intereses corporativos»).

[27] Chantal THOMAS, «Constitutional Change and International Government», *Hasting Law Journal* vol. 52, 2000, pp. 1 y ss.

[28] *Vid. supra* e.g., WALLACH, Accountable Governance, nota 11, p. 828.

[29] *Vid supra*, e.g., PUTNAM, nota 26; SHAPIRO, International Trade Agreements, nota 22; SLAUGHTER, The Accountability of Government Networks, nota 7.

administrativos, y agravan los problemas de las acciones colectivas que padecen los titulares o representantes de los intereses «públicos» desorganizados, lo que sirve para «filtrar» esos intereses y, por tanto, para situar sistemáticamente en posición de desventaja a «los grupos más numerosos y políticamente débiles», como son los trabajadores, las personas necesitadas, sin formación, o los colectivos más vulnerables[30]*.

5. POSIBLES RESPUESTAS DEL DERECHO ADMINISTRATIVO

Un modo de hacer frente a estos problemas puede consistir en la configuración de mecanismos e instrumentos de Derecho Administrativo que resulten más eficaces y apropiados, y que permitan disciplinar mejor y hacer responsables a las organizaciones globales ante la adopción de las decisiones regulatorias a nivel internacional y a las competentes por la aplicación que se lleva a cabo a nivel estatal.

Una primera estrategia consistiría en el enfoque o estrategia de formación de un sistema de Derecho Administrativo «de abajo hacia arriba»**, lo que implicaría la extensión del Derecho Administrativo interno a los actos internos con repercusión global, de un modo tal que se intensificara la supervisión y el control de los aspectos supranacionales que acompañan a las medidas estatales.

Así, cuando los tribunales de los EE.UU. se enfrenten a actuaciones de las agencias estatales en las que se apliquen normas y políticas regulatorias de carácter global, podrían proyectar sobre éstas las exigencias procedimentales y las técnicas del control judicial que le son propias, de tal manera que se asegure la participación de las autoridades nacionales en la gestación global de los estándares o de otras medidas adoptadas a nivel interno. Por ejemplo, los tribunales podrían exigirles a los reguladores estadounidenses que iniciaran un procedimiento abierto con publicación e información pública (*notice and comments*)*** antes de entrar a debatir y negociar la cuestión a regular a nivel global. Asimismo, se podría requerir que las agencias estadounidenses aportasen un resumen de los debates y de las decisiones adoptadas a nivel global cuando hubiesen de proceder a la publicación e información pública de cualquier proyecto de reglamento que desarrollase o proyectase la aplicación de la regulación global. También, cabría requerir que justificaran y explicitaran el papel que hayan jugado las agencias en los

[30] *Vid.* Eyal BENVENISTI, «The Interplay Between Actors as a Determinant of the Evolution of Administrative Law in International Institution», *Law and Contemporary Problems*, vol. 68 (verano/otoño), 2005, pp. 323 y ss.

* Sobre este tema, véase en particular el capítulo quinto.

** Sobe el tema, en particular, *vid.* capítulo segundo.

*** Sobre el tema, en español, puede verse el capítulo de Peter Strauss «Los procedimientos de elaboración de reglamentos y disposiciones administrativas en EE.UU.», en la obra colectiva *La transformación del procedimiento administrativa* (Javier Barnes, ed.), Global Law Press-Editorial Derecho Global, Sevilla, 2008. (N. del E.).

debates que se hayan llevado a cabo a nivel global y en la decisión finalmente adoptada. Incluso, yendo más allá, los tribunales nacionales podrían considerar no conformes a Derecho, y no reconocer, aquellas normas o decisiones procedentes de los sistemas de regulación global que hubiesen sido adoptadas a través de procedimientos de toma de decisión que no hubiesen acreditado el cumplimiento de los requisitos mínimos del derecho a un debido procedimiento (*due process*). Otros Estados participantes podrían imponer exigencias similares, que podrían acabar confluyendo, fusionándose, a fin de establecer un maduro Derecho Administrativo transnacional.

Por otra parte, desde la estrategia opuesta, de «arriba hacia abajo», los sistemas jurídicos que traigan su origen de un tratado o, también, las redes o sistemas horizontales, que reúnen a reguladores nacionales, deberían adoptar procedimientos decisorios de una mayor transparencia y accesibilidad a la participación y a la formulación de alegaciones en favor de los interesados; y ello unido al establecimiento de órganos de revisión y control u otros mecanismos que hagan posible la responsabilidad y la rendición de cuentas de las decisiones de carácter regulatorio adoptadas a nivel internacional o transnacional. En este contexto, parece necesario abandonar la centralidad del control judicial como instrumento de control, y eje del Derecho Administrativo tradicional en el marco nacional.

La experiencia a nivel internacional ha comenzado a poner de manifiesto una enorme variedad de soluciones de carácter alternativo, y, entre ellos, cabe citar el órgano de inspección del Banco Mundial[31], los procedimientos de la Comisión de Cooperación Medioambiental del TLCAN[32] y la participación de ONG en el procedimiento de toma de decisiones de la Comisión del Codex Alimentarius sobre normas internacionales de seguridad alimentaria, y en la Convención sobre el Comercio Internacional de Especies en Peligro de Extinción[33*].

---

[31] *Vid.* Daniel D. BRADLOW, «International Organizations and Private Complaints: The Case of the World Bank Inspection Panel», *Vanderbilt Journal of International Law*, Vol. 34, 1994, pp. 553 y ss.

[32] *Vid.* Sarah RICHARDSON, «Sovereignty, Trade, and the Environment—The North American Agreement on Environmental Cooperation», *Canada-United States Law Journal*, vol. 24, 1998, pp. 83 y ss.; Gillian DALE, «III. NAFTA: Commission for Environmental Cooperation», *Colorado Journal of International Environmental Law and Policy*, vol. 26, 1996.

[33] Para un debate sobre la participación de las ONG en las reuniones del Codex Alimentarius *vid.* Lori M. WALLACH, «Accountable Governance in the Era of Globalization: The WTO, NAFTA, and International Harmonization of Standards», *University of Kansas Law Review*, vol. 50, 2002, pp. 823, 836-38 (2002); Robert F, HOUSMAN, «Democratizing International Trade Decisionmaking», *Cornell International Law Journal*, vol. 27, 1994, pp. 699, 718-720. Sobre la participación de las ONG en otros tratados internacionales y organizaciones *vid.* Daniel VICE, «Implementation of Biodiversity Treaties: Monitoring, Fact-Finding, and Dispute Resolution», *NYU Journal of International Law and Politics* vol. 29, 1997, pp. 577, 616-619; Kal RAUSTIALA, «The «Participatory Revolution» in International Environmental Law», *Harvard Environmental Law Review* vol. 21, 1997, pp. 537, 547-548.

* Convención sobre el Comercio Internacional de Especies Amenazadas de Fauna y Flora Silvestres: http://www.cites.org/esp/disc/text.php.

A la hora de evaluar las posibilidades que ofrecen estas y otras estrategias[34], debemos de reconocer honestamente las dificultades que plantea la creación de instrumentos de Derecho Administrativo adecuados en lo que hace a la regulación a nivel global, que cumplan con las funciones negativas o de defensa (control y contrapeso del poder) o positivas (dirección del poder), funciones éstas que lo caracterizan a nivel interno. A nivel nacional, las agencias reguladoras actúan, por lo general, a un solo paso, de forma cercana al legislador y ejercen sus funciones bajo la sombra de un control judicial de carácter independiente. De otro lado, las redes y organizaciones regulatorias internacionales actúan mucho más alejadas de los legisladores electos, y, por lo general, ajenas al control de los tribunales. Existen asimismo buenas razones para mantener las tradicionales reglas diplomáticas de la confidencialidad y de secreto de las negociaciones así como para seguir utilizando modelos informales de gobernanza regulatoria global. Además, en muchos de los sistemas globales de regulación que actualmente se conocen las funciones regulatorias no han cristalizado (aún) en una organización administrativa diferenciada y propia que permita un fácil sometimiento al Derecho Administrativo.

II. EL DERECHO ADMINISTRATIVO DE LOS ESTADOS UNIDOS DE AMÉRICA

En los EE.UU. y en otros países democráticos desarrollados, el Derecho Administrativo nacional regula el ejercicio de la potestad reglamentaria. Este Derecho establece cuál es la posición estructural de que gozan las agencias administrativas dentro del aparato estatal, especifica los procedimientos que la Administración ha de seguir para la adopción de decisiones, y establece también el alcance y la extensión del control judicial de sus actuaciones. Asimismo el Derecho Administrativo proporciona un conjunto de principios y procedimientos comunes, que se extienden a través de los numerosos y diferentes ámbitos de intervención y de regulación administrativa. En los EE.UU., el sistema del Derecho Administrativo federal ha crecido considerablemente en los últimos cuarenta años[35].

---

[34] El procedimiento de la comitología de la UE proporciona otro modelo institucional que podría adoptarse a nivel global. *Vid.* Christian JOERGES y Ellen VOS (eds.), *EU Committees: Social regulation, law and politics*, 1999.

[35] *Vid.* Richard B. STEWART, «Administrative Law in the Twenty-First Century», *New York Law Review*, vol. 78, 2003, pp. 437, 448-451.

1. ELEMENTOS BÁSICOS DEL DERECHO ADMINISTRATIVO FEDERAL DE LOS EE.UU.

El sistema administrativo de los EE.UU., al igual que en la mayoría de los países europeos, entre otros, cuenta con una serie de elementos estructurales y esenciales: (1) un poder legislativo elegido democráticamente, que aprueba las leyes y que delega su ejecución a autoridades administrativas; (2) un poder ejecutivo, donde se localizan entidades que adoptan decisiones independientes y responsables y cuya actuación y existencia emana de, y está subordinada a, cuanto se haya dispuesto por aquel poder legislativo. Estas entidades desarrollan y aplican lo dispuesto en la Ley mediante la aprobación de reglamentos o a partir de la adopción de actos u otras formas de decisión administrativa; (3) un poder judicial independiente, que examina si es ajustado a Derecho cuanto haya sido decidido por las agencias, controla su conformidad respecto a la habilitación otorgada por la ley, y controla además si se han observado otros requisitos legales que resulten de aplicación; y (4) la exigencia de transparencia en los procedimientos decisorios, lo que presupone el acceso público a la información administrativa[36].

Estos cuatro componentes básicos de Derecho Administrativo federal de los EE.UU. se encuentran en la Ley de Procedimiento Administrativo norteamericana de 1946 (APA)*. Esta Ley establece los requisitos procedimentales que han de observarse para que la Administración pueda dictar resoluciones (sean singulares o de carácter normativo), los requisitos de admisibilidad de las acciones judiciales; los principios que definen el alcance del control judicial, y las disposiciones relativas al acceso del público a la información de las agencias[37].

La Ley de Procedimiento Administrativo establece dos tipos básicos de procedimientos de carácter decisorio que han de observar las agencias. De un lado, el procedimiento abierto de elaboración de reglamentos y reglas (*notice and comments rulemaking*) y, de otro, los procedimientos de carácter contradictorio y con audiencia formal para la adopción de resoluciones singulares, de mayor solemnidad**. Estos procedimientos generan el correspondiente expediente administrativo, que sirve como base exclusiva

---

[36] *Vid.* Martin SHAPIRO, «Administrative Law Unbounded: Reflections on Government and Governance», *Indiana Journal of Global Legal Studies* vol. 8, 2001, pp. 369, 370-476; *supra* STEWART, Administrative Law in the Twenty-First Century, nota 36.

* http://www.archives.gov/federal-register/laws/administrative-procedure/. *Vid.* la nota siguiente del traductor.

[37] 5 U.S.C §§ 551-559, 701-706, 1305, 3105, 3344, 4301, 7521 (2004).

** *Trialtype hearings; adjudications.* Sobre el tema, en español, puede verse el capítulo de Peter Strauss «Los procedimientos de elaboración de reglamentos y disposiciones administrativas en EE.UU.», en la obra colectiva *La transformación del procedimiento administrativo* (Javier Barnes, ed.), Global Law Press-Editorial Derecho Global, Sevilla, 2008. (N. del E.).

para la decisión de la agencia y el eventual control judicial. Tales procedimientos, regulados en la Ley de Procedimiento y, a los efectos de su publicidad, en la Ley de Libertad de Información (FOIA)*, proporcionan suficiente transparencia por cuanto generan un amplio caudal de información disponible al público, tanto relativo a los hechos, y a los análisis y evaluaciones practicados, como a la posición política de la agencia y de las partes que han intervenido, así como sobre la base o *ratio decidendi* en que se ha fundamento la decisión final[38].

La Ley de Procedimiento Administrativo autoriza a los tribunales a ejercer su control sobre cuatro cuestiones básicas: el cumplimiento de las reglas de procedimiento administrativo que sean de aplicación; la suficiencia de las pruebas y datos que obran en el expediente para dar apoyo a la determinación de los hechos que ha llevado a cabo la Administración; la conformidad de la acción de la agencia con la habilitación constitucional y legal que le haya sido conferida y con las demás exigencias y límites que establezca el ordenamiento; y también, por último el ejercicio de la discrecionalidad, a los efectos de determinar si ha sido «arbitrario, caprichoso, abusivo, o de cualquier otro modo contrario al ordenamiento»[39].

2. EL MODELO TRADICIONAL DEL DERECHO ADMINISTRATIVO Y SU EVOLUCIÓN POSTERIOR

El núcleo del Derecho Administrativo de los EE.UU. persigue garantizar el imperio de la ley (el Estado de Derecho, o *rule of law*), el respeto a los derechos de los individuos, y la protección de la libertad y de la propiedad de los ciudadanos, sirviéndose para ello del procedimiento administrativo y del control judicial, a fin de que las agencias actúen en el marco de los límites constitucionalmente establecidos y dentro del ámbito competencial y de las potestades que les hayan sido atribuidos por parte del legislador[40]. El objeto típico o característico del Derecho Administrativo ha sido el dictado de un acto administrativo o la ejecución forzosa de una orden que impone deberes o responsabilidades sobre una persona concreta. En este sentido, la función del Derecho Administrativo es primariamente de carácter negativo o defensivo: se trata de prever o de evitar el ejercicio de autoridad –de poder ejecutivo– contrario a Derecho o arbitrario. Se pretende establecer así un sistema para que la Administración responda de sus actos, un control de la *legalidad* de las decisiones que adopta. Tal función

---

* En español: http://www.foia.gov/index-es.html.

[38] *Vid.* Stephen Breyer, Richard B. Stewart, Cass R. Sunstein y Matthew spitzer, *Administrative Law and Regulatory Policy*, 5ª ed., 2001, pp. 652-660, 685-699, 872-886 [en adelante Breyer & Stewart].

[39] 5 U.S.C. § 706 (2)(A) (2004).

[40] *Vid.* Richard B. Stewart, «The Reformation of American Administrative Law», *Harvard Law Review*, vol. 88, 1975, pp. 669, 1671-1676 [en adelante Stewart, Reformation]; Richard B. Stewart & Cass R. Sunstein, «Public Programs and Private Rights», *Harvard Law Review* vol. 95, 1982, pp. 1193, 1203.

hunde sus raíces en principios propios del autogobierno democrático (*demo-cratic self-government*), y de acuerdo con el cual la libertad o la propiedad de los ciudadanos sólo puede ser limitada por el Estado cuando los ciudadanos hayan autorizado tal tipo de restricciones a partir de procedimientos de representación democrática y siempre sujetas límites y procedimientos constitucionales adoptados por la ciudadanía[41].

En las últimas décadas, el Derecho Administrativo de los EE.UU. ha ampliado su alcance y funciones desarrollando un Derecho Administrativo que se basa en el modelo de representación de intereses (*interest-representation model*). En su virtud, se han elaborado nuevos criterios procedimentales más inclusivos y se ha fomentado la transparencia en la elaboración de las resoluciones administrativas y de las normas reglamentarias. También se ha ampliado el derecho a participar en los procedimientos de toma de decisiones y se ha incrementado el alcance del control judicial, lo que permite el acceso a los tribunales de una amplia gama de intereses sociales y económicos, que van más allá de los directamente afectados por la regulación de que se trate. El alcance del control judicial se ha extendido para englobar, además, el enjuiciamiento sustantivo del ejercicio de las potestades discrecionales de las agencias. En este punto, el Derecho Administrativo ha asumido una función *positiva* a fin de garantizar que las agencias con potestades regulatorias adopten sus decisiones basadas en la mejor información disponible y de modo responsable frente al amplio abanico de intereses sociales y económicos y de valores en juego, entre los que se encuentran no sólo los intereses de los beneficiarios o destinatarios inmediatos de los programas normativos, sino también todos aquellos que puedan verse afectados a consecuencia de los controles o sanciones que quepa derivar de la norma[42]. Las funciones del Derecho Administrativo van por tanto más allá de lo que era su núcleo originario, consistente en asegurar el cumplimiento de legalidad, y se extienden ahora a asegurar un objetivo más ambicioso, como es el de *fomentar la capacidad de dar respuesta y, de garantizar también la rendición de cuentas, ante los intereses y los valores sociales.*

El modelo de la representación de intereses reconoce implícitamente ciertas limitaciones que son inherentes a un Derecho Administrativo que se centra en una concepción de la democracia basada exclusivamente en la representación de carácter electoral. El alcance del poder que las agencias administrativas ejercen y la amplitud de las potestades discrecionales que muchas leyes delegan o depositan en ellas, implica que el sistema de representación electoral permita un limitado grado de control de sus decisiones. Las amplias delegaciones legislativas facilitan que las agencias escapen de toda vinculación estricta (como la que derivaría del paradigma del principal-agente) y

[41] *Vid. supra* STEWART, Reformation, nota 41, pp. 1672-1673.

[42] *Vid. idem*, pp. 1711-1760; Jody FREEMAN, «The Private Role in Public Governance», *New York University Law Review*, vol. 75, 2000, pp. 543, 636-643.

les otorga un amplio espacio para el ejercicio de una enorme discrecionalidad residual, que, conforme al modelo tradicional, no es legalmente posible someter a control. El modelo de representación de intereses trata de colmar este vacío, de un lado, mediante la introducción de un proceso de representación sustitutivo, articulado mediante procedimientos administrativos más que a través de mecanismos electorales, y, de otro, través de la expansión del control judicial para que despliegue un escrutinio riguroso del ejercicio de las potestades discrecionales. La enorme importancia que otorgan los tribunales al deber, primero, de que las agencias aborden y analicen todo el material disponible y las alegaciones hechas valer por todos los intereses en juego, y, segundo, de ponderar y motivar razonadamente sus decisiones, supone un reflejo de la concepción deliberativa de la democracia que incorpora el Derecho Administrativo.

El poder judicial constituye la clave de bóveda en la construcción de esta concepción. Por ejemplo, para decidir si el ejercicio de las potestades discrecionales por parte de una agencia es «arbitrario y caprichoso», los tribunales no sustituyen con su propio juicio lo que consideran que es una adecuada política por parte de la agencia. Por el contrario, tratan de impulsar una forma de racionalidad dialógica en la actuación administrativa, al exigir, primero, de la agencia que articule y justifique el ejercicio de sus potestades atendiendo a la normativa de referencia que haya sido invocada por las partes y también por la propia agencia, y, segundo, procediendo al examen de la suficiencia de las respuestas que haya otorgado la agencia a los datos, análisis y observaciones que hayan sido aportados o formulados por aquellos que hayan intervenido desde el exterior, así como la motivación que ofrece para sustentar las opciones que han sido finalmente elegidas[43].

III. LA PERSPECTIVA «DE ABAJO HACIA ARRIBA» PARA LA CONSTRUCCIÓN DE UN DERECHO ADMINISTRATIVO GLOBAL

El Derecho Administrativo Global puede también construirse, como se ha observado, «de abajo hacia arriba»*, a través de la aplicación extensiva del Derecho Administrativo interno a las actuaciones de las tres categorías de sistemas de regulación global antes indicadas, esto es, los sistemas basados en tratados internacionales, las redes regulatorias transnacionales, y los acuerdos horizontales de reconocimiento mutuo y las recomendaciones de equivalencia de naturaleza cooperativa. El Derecho Administrativo de los EE.UU. ofrece un ejemplo en tal sentido. Una opción consiste en aplicar el Derecho Administrativo directamente a las decisiones u otras actuaciones procedentes de los sistemas de regulación global. Otra reside en hacer uso de la disciplina y de los instrumentos del Derecho Administrativo interno con ocasión de la ejecución o implementación interna de la normativa regulatoria global. Una tercera vía

---

[43] *Vid. supra* BREYER & STEWART, nota 39, pp. 415-488.

* Véase asimismo el capítulo segundo.

se localiza en la proyección del Derecho Administrativo interno sobre la participación de las autoridades nacionales en el proceso decisorio que tenga lugar a nivel global, en el seno de un sistema o régimen sectorial.

1. LA APLICACIÓN DEL DERECHO ADMINISTRATIVO DE LOS EE.UU. DIRECTAMENTE A LAS ACTUACIONES DE LOS SISTEMAS DE REGULACIÓN INTERNACIONAL

Como se ha observado, los sistemas de regulación global carecen, por lo general, de competencias para establecer o para imponer requisitos o exigencias directamente a los individuos o a otros actores no estatales. Aun así, pueden darse con mayor frecuencia esas situaciones, a medida que se intensifique la regulación a nivel internacional, tal y como demuestra la experiencia de la regulación directa que lleva a cabo la Unión Europea.

Un ejemplo se localiza en la Junta Ejecutiva del Mecanismo para un Desarrollo Limpio (MDL) del Protocolo de Kioto*, en tanto que desde ella se decide si los proyectos sobre energía u otros sectores para reducir las emisiones de gases de efecto invernadero que han de ejecutar los Estados promotores de proyectos en los países en vías de desarrollo –pero que se financian, entre otras, por las empresas de países desarrollados– pueden computarse como bonos de carbono comerciables para la reducción de emisiones de gases de efecto invernadero. Para que éste y otros sistemas de regulación basados en el mercado tengan éxito debe ofrecerse a los inversores un cierto grado de seguridad jurídica, lo que supone también la posibilidad de solucionar de manera puntual las diferencias que surjan. Aunque las resoluciones de la Junta Ejecutiva del MDL tienen consecuencias trascendentales para los responsables de los proyectos y también para los inversores, no se les reconoce derecho alguno a intervenir ante la Junta, ni pueden impugnar sus decisiones ante un tribunal independiente[44]**.

Otro ejemplo lo ofrece el Comité de la Resolución 1267 del Consejo de Seguridad de las Naciones Unidas, establecido y autorizado por el Consejo para identificar e incluir en listas a las personas que se dedican a financiar el terrorismo internacional. La resolución del Consejo de Seguridad que establece tal Comité obliga a los Estados miembros de la ONU a congelar los activos de las personas incluidas en la lista. No existe ningún procedimiento para que éstas puedan recurrir ante el Comité el contenido de la misma, aunque se observa, en la práctica, que han acabado recurriendo ante los tribunales nacionales las medidas internas mediante las que se aplica la congelación de sus activos[45]***. Un tercer ejemplo reside en el Alto Comisionado de las Naciones

---

* Véase asimismo el capítulo segundo.

[44] *Vid.* Ernestine E. Meijer, «The Clean Development Mechanism: Loss in a «Win-Win» Instrument» (artículo inédito, facilitado por el autor).

** Véase asimismo el capítulo segundo.

[45] *Vid.* David Dyzenhaus, «The Rule of (Administrative) Law in International Law», *Law and Contemporary Problems*, vol. 68, 2005, Summer/Autumn, pp. 131 y ss.

** Véase asimismo el capítulo segundo.

Unidas para los Refugiados (ACNUR), que decide sobre la condición de refugiado de los individuos sin que se reconozcan derechos procedimentales de ningún tipo a las víctimas y administradores de los campamentos de refugiados, de tal manera que quienes denuncian abusos sexuales y otros delitos cometidos por el personal y los proveedores de ACNUR, se encuentran con que no se provee de mecanismo alguno para remediarlo[46]*.

Ante la inexistencia de soluciones efectivas de carácter jurídico a nivel global, los tribunales internos de los EE.UU. y de los demás Estados todavía podrían conocer de los citados asuntos y llevar a cabo un análisis de su legalidad, del procedimiento seguido, de la cuestión de fondo, de la decisión de origen internacional o de cualquiera otra decisión administrativa que afecte a personas concretas. Mientras que la ONU y otras organizaciones internacionales, así como sus propios responsables, aleguen sistemáticamente su inmunidad oficial frente a las demandas interpuestas ante los tribunales nacionales, si estas organizaciones son incapaces de facilitar un sistema de control de las decisiones o actuaciones de sus autoridades y personal cuando se incurra en un error grave, en arbitrariedad, o resulten abusivas, los tribunales nacionales deberían obviar dicha inmunidad[47].

Si un demandante presentase un recurso ante un tribunal federal de los EE.UU., la alternativa más innovadora consistiría en que el tribunal argumentara que el sistema de regulación internacional constituye una agencia federal *de facto*, a la que se le ha atribuido capacidad de intervención en la materia directamente mediante un tratado u otro instrumento, de modo que, de esta forma, los requisitos y otras garantías procedimentales de la Ley de Procedimiento Administrativo (APA), acabarían siéndoles directamente aplicables[48]. Esta doctrina es absolutamente inimaginable ahora, y es incompatible con la resistencia que muestran los tribunales a inmiscuirse en actuaciones del Ejecutivo en materia de asuntos exteriores. Por eso no tiene posibilidad real de poder ser adoptada. Sin embargo, y sin tener que recurrir a la citada Ley, los tribunales federales sí que podrían aplicar la garantía constitucional de un proceso justo y equitativo (*due process*), así como otras garantías generales del Derecho Administrativo. De este modo sería posible someter a control judicial las actuaciones de las autoridades

---

[46] Mark Pallis, «The Operation of UNHCR's Accountability Mechanisms» (manuscrito inédito, facilitado por el autor).

* Véase asimismo el capítulo segundo.

[47] Frederick Rawski, «To Waive or Not to Waive: Immunity and Accountability in UN Peacekeeping Operations», *Connecticut Journal of International Law*, Vol. 18, 2002, pp. 103 y ss. (en el que analizan las iniciativas de la ONU de limitar la inmunidad cuando se denuncian infracciones legales graves); Jennifer Murray, «Who Will Police the Peace-Builders? The Failure to Establish Accountability for the Participation of United Nations Civilian Police in the Trafficking of Women in Post-Conflict Bosnia and Herzegovina», *Columbia Human Rights Law Review*, vol. 34, 2003, pp. 475 y ss. (en el que se analiza el abuso de la doctrina de la inmunidad por el personal de la O.N.U. en misiones de paz).

[48] El tribunal tendría que llegar a la conclusión de que la autoridad regulatoria global es una «agencia» a los efectos de la propia APA, que define las «agencias» como «cualquier autoridad del gobierno de los EE.UU» 5 U.S.C. § 551(1) (2004).

globales que afectasen de forma directa y gravosa a los individuos, y ofrecerles de esta manera protección mediante el otorgamiento de medidas cautelares y el dictado de sentencias declarativas.

La responsabilidad civil extracontractual representa otro posible instrumento de control y reparación. Así, por ejemplo, en la India se han presentado reclamaciones por daños y perjuicios en supuestos en que se argüía negligencia por parte del personal de UNICEF en la distribución y el uso de vacunas, afirmándose que debían prosperar respecto a aquellos que demostraran que les habían causado daños a la salud[49].

Si los tribunales nacionales comenzaran a admitir recursos y a adoptar medidas contra las actuaciones de los sistemas de regulación global y a dispensar la tutela judicial a los destinatarios de éstos, esos sistemas se verían fuertemente motivados para crear dentro de ellos criterios y elementos eficaces de Derecho Administrativo, para evitar así la censura de los tribunales nacionales.

Por ejemplo, los atletas han planteado ante los tribunales nacionales recursos contra resoluciones en materia de dopaje y otras decisiones disciplinarias de las federaciones deportivas internacionales. Como reacción, las federaciones deportivas han establecido un complejo sistema de derechos procedimentales en favor de los atletas, para el caso de que se le atribuyan irregularidades; e igualmente han reconocido el derecho a que el caso pueda revisarse ante un tribunal independiente. Por tanto, el control judicial «de abajo hacia arriba», desde los tribunales nacionales, bien podría servir de estímulo para que los sistemas de regulación global formen desde arriba hacia abajo diversas modalidades de Derecho Administrativo.

2. LA PROYECCIÓN DEL DERECHO ADMINISTRATIVO DE LOS EE.UU. EN LOS SUPUESTOS EN QUE SE APLICA INTERNAMENTE NORMATIVA INTERNACIONAL

Los responsables de las agencias reguladoras federales estadounidenses forman parte con frecuencia de las delegaciones nacionales que operan en los sistema basados en tratados internacionales, y participan también en redes regulatorias transnacionales, y negocian asimismo acuerdos de reconocimiento mutuo. Con posterioridad, estos mismos responsables son los que aplican a nivel interno o nacional la normativa y los acuerdos que hayan sido adoptados en el seno del sistema global.

---

[49] UNICEF: Un tribunal condena a UNICEF y al Gobierno en tanto que responsables de la muerte de niños en Assam, ACR WEEKLY NEWSLETTER (Comisión para los Derechos Humanos de Asia, Hong Kong, China), 12 de noviembre de 2003, accesible en http://acr.hrschool.org/mainfile.php/0153/242/ (última visita el 7 de abril de 2005. En los archivos de *Law and Contemporary Problems*).

Por ejemplo, para cumplir con las obligaciones derivadas del Acuerdo de la OMC sobre la Aplicación de Medidas Sanitarias y Fitosanitarias, las agencias federales adoptan cada vez con más frecuencia los estándares que han sido fijados a nivel internacional y que son los que sirven de base para la regulación sobre seguridad alimentaria que se establezca a nivel interno[50]. En otros casos la aplicación de la normativa reguladora global adopta directamente la forma de resoluciones o de actos administrativos mediante los que resuelven casos individuales. Por ejemplo, en relación con los sistemas internacionales de reconocimiento mutuo o de equivalencia, la agencia federal en materia de seguridad alimentaria y del medicamento, la FDA,* de ordinario decide si autoriza o paraliza la importación de un determinado producto sanitario que cumple con las exigencias legales de su país de origen, basándose para ello en una resolución previa en la que se ha decidido que tales requisitos sean equivalentes a los de los EE.UU.[51]

Los responsables de las agencias de los EE.UU. cumplen, por tanto, una función doble, «externa» e «interna»; son parte de los sistemas de gobierno y regulación tanto nacional como global[52]. La cuestión clave a resolver aquí radica en determinar en qué medida pueden proyectarse hacia arriba los requisitos procedimentales y el control judicial de la ejecución interna, sobre las bases y el desarrollo de la normativa reguladora global que se está aplicando. Los responsables que participan en la adopción de una norma reguladora global se encuentran, muy probablemente, comprometidos de forma especial en la garantía de una correcta aplicación de la misma, y, por tanto, todo indica que la motivación que acabe ofreciendo la agencia respecto de la decisión que esté siendo adoptada a nivel interno bien podrían constituir meramente la racionalización o formalización de lo que es un simple hecho consumado. Salvo el supuesto en que del expediente examinado por el tribunal y de las razones que exponga la

---

[50] David LIVSHIZ, SPS, International Standards, Domestic Implementation, and Public Participation: Can the Stars Align?, 2 de enero de 2005, pp. 7-8 (inédito, en los archivos del autor). Por ejemplo, *vid.* Encefalopatía Bovina Espongiforme; Regiones con riesgos e importación de materias primas, 70 Fed. Reg. 460, pp. 505-506 (4 de enero de 2005) (en el que se justifica que se lleve a cabo la exigencia de que se lleve a cabo la evaluación del riesgo de un proyecto de disposición que se derivaría del Codex y de la Oficina Internacional de Epizootias, OIE); Bromoxnil, Diclofop (éster metílico), Dicofol, Diquat, Etridiazol y otros; Propuesta de decisiones sobre la tolerabilidad a determinados productos, 69 Fed. Reg. 47051, 47055 (4 de agosto de 2004) (codificado como 40 C.F.R. pt. 180) (en el que justifica un cambio en la regulación para hacerla acorde con los estándares desarrollados por el Codex).

* http://www.fda.gov/.

[51] *Vid. supra* LIVSHIZ, nota 51, pp. 12-14. Por ejemplo, *vid. supra* Australian Meat, nota 10 (que identifica al sistema australiano de inspección de productos cárnicos como equivalente); Informe sobre el reconocimiento mutuo de las inspecciones que se lleven a cabo sobre fabricación de productos farmacéuticos, Informe sobre el sistema de auditoria de la calidad de los productos medicosanitarios, y los algunos informes de evaluación de determinados productos medicosanitarios entre los EE.UU. y la U.E., 63 Fed. Reg. 60122 (6 de noviembre de 1998) (codificado en el 21 C.F.R. pt. 26) (previendo el reconocimiento mutuo de informes de inspección facilitados por los Estados firmantes y que se ajustan a los códigos de buenas prácticas aplicables a la fabricación de productos farmacéuticos).

[52] *Vid. supra* SLAUGHTER, A new world order, nota 7, pp. 171-181.

agencia se infieran los elementos transnacionales del proceso decisorio, lo cierto es que el Derecho Administrativo interno podría resultar de escasa utilidad para proveer un verdadero control y rendición de cuentas.

Para abordar estas cuestiones habría que preguntarse si las decisiones que adoptan las agencias estadounidenses cuando aplican acuerdos internacionales deben de estar sujetas a los mismos requisitos procedimentales y principios que los que exigen el control judicial que se efectúa sobre las actuaciones exclusivamente internas. Caben tres posibles respuestas a tal interrogante. Que las actuaciones en aplicación de acuerdos internacionales estén sujetas a las mismas exigencias que las decisiones estrictamente internas («paridad»), que sean objeto de menores exigencias («paridad *minus*»), o bien, que se incrementen todavía más aquellas («paridad *plus*»).

a) EL PARADIGMA DE LA PARIDAD

Al margen de determinadas excepciones legales cuando se trata de procedimientos administrativos de amplia participación para la elaboración de reglamentos (*notice and comments*), a los que se hace referencia más adelante*, nada de lo previsto en la Ley de Procedimiento Administrativo (APA) hace pensar que a los actos adoptados por las agencias internas del Estado cuando estén aplicando normativa global no les deban ser de aplicación los requisitos de la misma, ni tampoco que éstos hayan de sujetarse a un control judicial menos intenso que el que reciben las decisiones adoptadas exclusivamente desde el ámbito interno o nacional. Aunque la Ley de Procedimiento Administrativo excluya expresamente de su ámbito de aplicación determinadas actuaciones de carácter militar[53], no se disponen, sin embargo, exenciones similares que puedan ser aplicables a decisiones que las agencias adoptan en materia de asuntos exteriores.

Desde el denominado paradigma de la paridad, se postula que las decisiones que adopten las agencias por las que se aplica la regulación global se sometan también a los procedimientos, requisitos y controles propios del Derecho Administrativo, es decir, en los mismos términos a que se vinculan las actuaciones de las agencias adoptadas a nivel estrictamente nacional.

---

* Sobre el tema, en español, puede verse el capítulo de Peter Strauss «Los procedimientos de elaboración de reglamentos y disposiciones administrativas en EE.UU.», en la obra colectiva *La transformación del procedimiento administrativo* (Javier Barnes, ed.), Global Law Press-Editorial Derecho Global, Sevilla, 2008. (N. del E.).

[53] *Vid.* 5 U.S.C § 551(F) (G) (2004).

Existe una abundante jurisprudencia que refleja este planteamiento: en *Estados Unidos v. Decker*[54] se decidió, en el contexto de un proceso penal, que los tribunales estadounidenses son competentes para ejercer su control sobre la normativa adoptada en desarrollo del Convenio Internacional de la Pesca del Salmón del Pacífico; en *Bethlehem Steel Corp. v. Estados Unidos*[55] se sostuvo que la decisión de una agencia estadounidense de suspender subvenciones compensatorias con arreglo a lo dispuesto en un acuerdo entre EE.UU. y Corea estaba sujeta al procedimiento de amplia consulta de elaboración de reglamentos; y, aunque fue posteriormente revocada por la Corte Suprema, en *Public Citizen v. Departamento de Transporte*[56], el Tribunal de Apelaciones del Noveno Circuito sostuvo asimismo en su momento que el Departamento de Transporte tenía que haber llevado a cabo una evaluación ambiental previa y que asimismo debía haber dictado una resolución de conformidad con lo previsto en la Ley federal de protección atmosférica (*Clean Air Act*), todo ello antes de aprobar las normas que habrían de permitir a los transportistas mexicanos operar en los EE.UU.

En coherencia con el paradigma de la paridad, ciertas formas de implementación o desarrollo que a las agencias corresponde en relación con decisiones internacionales no se sujetan a las exigencias procedimentales, ni de control jurisdiccional, precisamente porque no constituyen propiamente resoluciones de carácter interno.

Por ejemplo, en virtud de la Ley de Procedimiento Administrativo, la decisión de iniciar o no la ejecución forzosa en ciertos casos no resulta controlable judicialmente, si las leyes (como ocurre por regla general) no especifican ningún requisito o criterio que sirva de base para tal decisión; en tal hipótesis, se considera que la adopción o no de una medida de ejecución forzosa pertenece a la discrecionalidad que a la Administración le ha otorgado el Derecho[57]. Por tanto, las decisiones de la FDA o del Departamento de Agricultura de los EE.UU. de no actuar con respecto a determinados productos que hayan sido importados en cumplimiento de acuerdos internacionales de reconocimiento mutuo o de otros acuerdos de equivalencia regulatoria, por lo general, no estarán sujetas a control judicial a no ser que tal garantía o posibilidad haya sido formalmente prevista como tal en una norma o medida que sea jurídicamente vinculante para la propia agencia y se suscite ante los tribunales que tal agencia está actuando de forma contraria a la misma[58]. Del mismo modo, las guías y los demás documentos de buenas prácticas regulatorias elaborados por las agencias, que carecen de carácter vinculante, por lo general, no están sometidas tampoco a los requisitos de publicación e información pública, ni, en la mayoría de los casos, al control judicial. Por tanto, la utilización

---

[54] 600 F.2d 733 (9th Cir. 1979).

[55] 140 F. Supp. 2d 1354 (Ct. Int'l Trade 2001).

[56] 316 F.3d 1002 (9th Cir. 2003), rev'd 541 U.S. 752 (2004). Para un análisis del razonamiento de la Corte Suprema, *vid. infra* p. 83.

[57] *Vid.* 5 U.S.C. § 701(a)(2) (2004); *Heckler v. Chaney*, 470 U.S. 821 (1985).

[58] Cuando a nivel interno se ha tomado la decisión de actuar, prohibiendo los productos importados, pese a que no quepa revisión judicial sobre la decisión misma de actuar o no –porque es de carácter discrecional–, el importador sí que tiene, por supuesto, el derecho a que se lleve a cabo un control sobre el fondo del asunto.

por parte de las agencias de este tipo de documentos u otros medios de actuación informal con el fin de aplicar la normativa global o los acuerdos de cooperación, del mismo modo, tampoco estarán sujetas a tales requisitos.

Asimismo, en virtud del paradigma de la paridad, los hechos y circunstancias que incidieron en la adopción de la normativa reguladora global que aplica la agencia y el papel de la agencia en su desarrollo puede no quedar sujeta al control judicial. Al ejercer su control sobre las actuaciones de la agencia los tribunales, de ordinario, se limitan a fiscalizar el expediente generado una vez que la agencia ha iniciado formalmente y se ha publicado el procedimiento de elaboración reglamentaria. Las reuniones informales previas que pueden haber tenido lugar entre la agencia y los interesados, y que pueden haber desempeñado un papel decisivo en la formulación de la propuesta final, con carácter general, no forman parte del expediente que examina el tribunal y, por tanto, no llegan a ser enjuiciados por éste[59]. De manera similar, los antecedentes, de carácter informal, que pueden haberse generado a causa de la relación entre la agencia y las partes en los procedimientos autorizatorios, o en aquellos en que se persigue la ejecución de una decisión tampoco son, de ordinario, accesibles, ni se someten al ejercicio de control jurisdiccional. En este contexto (que, con todo, se encuentra en revisión hacia una mayor fiscalización), los tribunales, conforme al paradigma de la paridad, podrían perfectamente negarse a entrar a examinar las actuaciones que a nivel internacional hayan podido llevarse a cabo antes de que se iniciase por parte de la agencia el procedimiento de decisión a nivel interno. Ello significa, en consecuencia, que acabaría quedándose al margen lo que, con frecuencia, resulta ser lo más importante.

El paradigma de la paridad se encuentra limitado también porque la Ley de Procedimiento Administrativo establece que quedan fuera de su ámbito de aplicación las funciones propias de los «asuntos exteriores», tanto en lo que hace al procedimiento participativo de elaboración de reglamentos basado en la publicación y la información pública (*notice and comments*)*, como también por lo que respecta a los procedimientos más formalizados de resolución de reclamaciones (*adjudication*)[60]. De acuerdo con los antecedentes legislativos de la Ley cabe concluir que tal excepción se circunscribe a esa materia en cuanto afecte a las relaciones con otros Gobiernos, en casos tales como los relativos a los procesos decisorios de agencias o Administraciones públicas, puesto que ello provocaría sin duda consecuencias internacionales indeseadas.[61] Sin embargo, los tribunales tienden a interpretar esta excepción de forma bastante amplia, hasta el punto de cubrir también con ella la implementación de acuerdos internacionales de naturaleza regulatoria y económica[62]. Sin embargo, mediante la Ley de ratificación del

---

[59] *Home Box Office Inc. v. FCC*, 567 F.2d. 9, 57 (D.C. Cir. 1977) en la que se afirma que los contactos previos recibidos antes de la publicación de la propuesta de reglamento no tienen que necesariamente que revelarse.

* Sobre el tema, en español, puede verse el capítulo de Peter Strauss «Los procedimientos de elaboración de reglamentos y disposiciones administrativas en EE.UU.», en la obra colectiva *La transformación del procedimiento administrativo* (Javier Barnes, ed.), Global Law Press-Editorial Derecho Global, Sevilla, 2008. (N. del E.).

[60] 5 U.S.C. §§ 553(a)(1), 554(a)(4) (2004).

[61] U.S. Dept. of Justice, Attorney General's Manual on the Administrative Procedure Act, 26 (1947), accesible en http://www.oalj.dol.gov/public/apa/refrnc/agtc.htm (Última visita el 7 de abril de 2005. En los archivos de *Law and Contemporary Problems*).

[62] *Vid*. C. Jeffrey TRIBBELS, «Delineating the Foreign Affairs Function in the Age of Globalization», *Suffolk Transnational Law Review*, vol. 23, 1999, pp. 389, 395-397.

Acuerdo de la Ronda Uruguay, el Congreso restauró de nuevo el paradigma de la paridad expresamente en lo que concierne al contexto, sensible en términos políticos, de las reacciones que pudieran tener las agencias y las Administraciones norteamericanas en relación con las disposiciones que adoptara el órgano de solución de diferencias de la OMC, que determinaran que la regulación de los EE.UU. era contraria los Acuerdos de la Ronda Uruguay de la OMC. Y según esa Ley de ratificación, las agencias competentes debían de abrir un procedimiento administrativo de amplia participación, antes de proceder a modificar el reglamento que pudiera verse afectado por lo resuelto por aquel órgano, de modo que hubiera ocasión de que todos los interesados alegaran lo que tuvieran por conveniente, y de justificar cualquier reforma o modificación a consecuencia de los comentarios y alegaciones recibidas. Además, el Representante de Comercio de los EE.UU. (USTR)* debe de abrir una ronda de consultas con determinadas comisiones del Congreso y obtener el parecer de los órganos consultivos más importantes que sean representativos del sector privado[63].

B) EL PARADIGMA DE LA PARIDAD *MINUS* (LA PARIDAD EN MENOS)

A la luz de este criterio, se postula que las actuaciones administrativas internas (derivadas de normativas y acuerdos adoptados a nivel global) no se sujeten a los mismos requisitos procedimentales, ni al mismo control judicial, que se aplica a las actuaciones estrictamente nacionales. La razón de ser de esta posición se localiza en la idea de que un exceso de legalización o de juridificación y, a la postre, de rigidez procedimental, comprometería la confidencialidad propia de las negociaciones internacionales, reduciendo la capacidad de maniobra del Ejecutivo para concluir e implementar con celeridad los acuerdos internacionales. El Ejecutivo ha de actuar con rapidez y eficiencia, si quiere tener credibilidad en las negociaciones internacionales. Y, en otro orden de consideraciones, ciertamente, si las decisiones se demoran porque han de sujetarse a consultas públicas y a otras exigencias procedimentales, o verse expuestas a la fiscalización de los tribunales, podría ocurrir que los intereses económicos nacionales bloqueen o retrasen la aplicación de acuerdos internacionales beneficiosos para el país, afectando negativamente a las relaciones de cooperación con otras naciones. En consecuencia, se concluye, si el Ejecutivo puede, en términos generales, iniciar y concluir acuerdos internacionales sin tener que someterse a las restricciones propias del Derecho Administrativo interno, con igual flexibilidad debiera llevarse a cabo la implementación interna de dichos acuerdos.

---

* https://ustr.gov/. En inglés, *Office of the United States Trade Representative*, USTR.
[63] *Vid.* 19 U.S.C. § 3533(g)(1) (2004).

Este paradigma encuentra apoyo en una abundante jurisprudencia. Por ejemplo, en *Jensen v. National Marine Fisheries Service* (NOAA)[64] el Noveno Circuito conoció de un recurso interpuesto por pescadores estadounidenses contra la regulación que había sido establecida en la Comisión Internacional del Fletán del Pacífico, aprobada por el Secretario de Estado (que actuaba por delegación del Presidente). Se decidió que esa normativa no estaba sujeta a control judicial, atendiendo a que la actuación del Presidente, en las relaciones exteriores, cuenta con un ámbito de discrecionalidad reconocida por la Ley[65]. Del mismo modo, en *International Brotherhood of Teamsters v. Pena*[66] se invocó la exención, ya prevista en el procedimiento de elaboración de reglamentos de la Ley de Procedimiento Administrativo, de que se estaba ante el ejercicio de «funciones relacionadas con asuntos exteriores». Se pretendía de esta manera desestimar la reclamación de los camioneros estadounidenses, que argumentaban que el Departamento de Transporte, para permitir que los conductores de camiones mexicanos condujesen en los EE.UU., reconociéndoles la equivalencia de los permisos de conducir, estaba obligado a seguir el procedimiento administrativo de amplia participación, que exige como se ha dicho la consiguiente publicación de la propuesta y la posibilidad de presentar alegaciones. La decisión del tribunal, en este caso, quizás estuvo influenciada por la percepción de que la liberalización del comercio y de los servicios es, en general, beneficiosa, resistiéndose a facilitar armas procesales a quienes se oponían ella[67].

El paradigma de la «paridad *minus*», o en menos, se refleja también en el caso *Public Citizen v. United States Trade Representative* (USTR)*[68], litigio en el que el Tribunal sostuvo que la USTR no estaba obligada a realizar una evaluación de impacto ambiental previa para la negociación del Tratado de Libre Comercio (TLCAN), y ello con el argumento de que no era necesaria acción o intervención alguna de la agencia, a no ser que las negociaciones llegaran a buen puerto. En caso afirmativo, el acuerdo lo remitiría el Presidente al Congreso para su aprobación, una acción que no se halla tampoco sometida al control jurisdiccional, con el resultado de que, en este contexto, no existe acción judicial. Del mismo modo, en *Public Citizen v. Kantor* se sostuvo que la negociación de la USTR en la Ronda Uruguay del GATT no podía ser objeto de control judicial conforme a la Ley de Procedimiento Administrativo[69]. Y en *Public Citizen v. Department of Transportation (DOT)*[70], la Corte Suprema decidió que en cuanto al procedimiento de aprobación de los reglamentos en aplicación del TLCAN

---

[64] 512 F.2d 1189 (9th Cir. 1975).

[65] La Corte invocó el asunto *Chicago & Southern Air Lines v. Civil Aeronautics Bd.*, 333 U.S. 103 (1948), en el que sostuvo que las decisiones de la Agencia Aeronáutica Civil (CAB) que autorizaban las rutas del servicio aéreo no estaban sujetas a control judicial. *Idem.* en 1190; *vid.* también *Z. & F. Assets Realization Co. v. Hull*, 311 U.S. 470 (1941) (en la que se sostiene que la decisión del Secretario de Estado del Tesoro y de Asuntos Exteriores relativa a indemnizaciones vinculadas a decisiones de la Comisión Mixta de Reclamaciones EE.UU.-Alemania no estaban sujetas control judicial).

[66] 17 F.3d 1478 (D.C. Cir. 1994).

[67] *Vid.* Judith L. Goldstein; Lisa L. Martin, «Legalization, Trade Liberalization, and Domestic Politics: A Cautionary Note», *International Organization*, vol. 54, 2000, pp. 603 y ss.; *vid. supra* Benvenisti, The Interplay Between Actors, nota 31.

* https://ustr.gov/. En inglés, *Office of the United States Trade Representative*, USTR.

[68] 976 F.2d 916 (D.C. Cir. 1992).

[69] 864 F. Supp. 208 (D.D.C. 1994).

[70] 541 U.S. 752 (2004).

y de las leyes federales correspondientes mediante las que se autorizaba a los camiones mexicanos a operar en los EE.UU., el DOT no tenía que seguir un procedimiento de evaluación ambiental que finalizase con la oportuna información ambiental, ni tampoco debía haber dictado una resolución de conformidad, como se ha visto, con la Ley federal de protección atmosférica (*Clean Air Act*). El Tribunal entendió que la suma de las obligaciones procedentes del TLCAN y de las leyes federales sectoriales aplicables, no dejaban más opción al DOT que conceder tal autorización, por lo que la evaluación ambiental y la determinación de conformidad resultaban innecesarias. Esta decisión judicial demuestra cómo las normas reguladoras globales pueden llegar a cortocircuitar el Derecho Administrativo nacional, que, de otro modo, seria plenamente aplicable.

c) El paradigma de la paridad *plus* (la paridad en más)

Desde una tercera perspectiva o planteamiento, las actuaciones administrativas internas que se adopten en aplicación de la normativa internacional debieran someterse a una protección del Derecho Administrativo de mayor intensidad que las que resultan de aplicación a las actuaciones equivalentes de carácter estrictamente interno. Esta tesis se fundamenta en que las normas globales que han de aplicarse internamente se elaboran a partir de procedimientos que se hallan más alejados del propio Estado, son más opacos y menos transparentes que sus equivalentes a nivel nacional y, a la postre, no se sujetan a mecanismos análogos de control político, ni de cualquier otra naturaleza, lo que entraña, en justa compensación, la necesidad de corregir el desequilibrio con un Derecho Administrativo más exigente, que haga más responsables y controlables esas organizaciones[71].

Ciertamente, el proceso decisorio de carácter global puede tener lugar lejos del propio Estado, como sucede, por ejemplo respecto de EE.UU. con Basilea o Ginebra. Los mecanismos transnacionales «a modo de club» que en ocasiones presentan los sistemas regulatorios globales resultan lejanos e impermeables para los intereses o preocupaciones nacionales, con mayor razón cuando se trata de consumidores que no se encuentran organizados en asociaciones poderosas, o de intereses medioambientales, u otra clase de intereses públicos. En estos casos, no es fácil obtener la información necesaria, ni organizarse de modo efectivo para poder influir sobre esas decisiones. Por otra parte, los responsables de las agencias estadounidenses pueden recurrir a negociaciones de carácter informal y adoptar iniciativas de política regulatoria coordinada con las autoridades reguladoras de otros Estados, que pueden acabar incrementando su independencia respecto de los controles políticos internos que, de otro modo, les resultarían de aplicación[72].

---

[71] *Vid.* Wirth, *supra* note 15.

[72] *Vid.* Zaring, *supra* note 7.

¿Cómo puede aplicarse el paradigma de la «paridad *plus*», o paridad en más, a los requisitos de procedimiento y de control judicial ya previstos en la Ley de Procedimiento Administrativo para compensar tales factores sistémicos? Una de las estrategias consiste en incrementar la transparencia que debiera darse a los fundamentos de hecho, a los análisis o evaluaciones y a las motivaciones que subyacen a las decisiones regulatorias globales, con el fin de exponerlas a un mayor conocimiento y debate público, permitiendo asimismo que los tribunales puedan entrar a controlar cuál ha sido el razonamiento y la motivación de las opciones regulatorias que se han hecho, todo ello sobre la base de un expediente bien formado[73]. Esta estrategia se asienta sobre la premisa, de acuerdo con la cual una deliberación abierta y una transparencia adecuada tiende a «nivelar el terreno de juego», mitigar las asimetrías de información, y controlar también la influencia que puedan llegar a tener pequeños grupos de intereses en favor de otros más amplios, aunque peor organizados[74].

Para poner en marcha el paradigma de la «paridad *plus*», o paridad en más, es necesario que los requisitos procedimentales y el control judicial se proyecten no sólo sobre la fase aplicativa o descendente de la norma global, sino también a la norma en sí y a su proceso de formación, haciéndolo extensivo incluso a los supuestos en que en el Derecho interno no se exigieran tales requisitos en la fase ascendente, esto es, cuando el proceso decisorio meramente estatal no estuviera sujeto a tales exigencias. En consecuencia, cuando la aplicación a nivel nacional requiera hacer uso de procedimientos formales para el dictado de actos (*adjudication*) o de procedimientos administrativos de intensa participación para la elaboración de reglas o reglamentos (*notice and comment rulemaking*)[*], los tribunales podrían requerir a las agencias que acompañen junto al expediente todo el material de instrucción que se ha utilizado a nivel global y la motivación en que se sustentó la decisión finalmente aprobada en el plano internacional. Se puede requerir a la propia agencia que explique por qué los responsables prestaron su apoyo a las normas que han sido aprobadas, en el ejercicio de su función o capacidad «externa», en tanto que participantes en el procedimiento decisorio global, y qué compromisos asumieron para garantizar su implementación a nivel interno de los EE.UU. La Ley de Libertad de Información (FOIA) podría también invocarse con este propósito a fin de po-

---

[73] La necesidad de estas medidas es variable. Dependerá, probablemente, del alcance que se otorgue a la transparencia y accesibilidad en el sistema de regulación internacional de que se trate, tanto si se trata de una red o de un sistema basado en tratados. Las diferencias existentes pueden influir en el grado o intensidad de control que al respecto sea ejercido por parte de los tribunales.

[74] *Vid. supra* BENVENISTI, The Interplay Between Actors, nota 31, pp. 323-324.

* Sobre el tema, en español, puede verse el capítulo de Peter Strauss «Los procedimientos de elaboración de reglamentos y disposiciones administrativas en EE.UU.», en la obra colectiva *La transformación del procedimiento administrativo* (Javier Barnes, ed.), Global Law Press-Editorial Derecho Global, Sevilla, 2008.

sibilitar el acceso a la información que pueda hallarse en el expediente relativo a las negociaciones internacionales[75]. Estas exigencias podrían justificarse en el hecho de que el tribunal necesita conocer todo lo que subyace a la norma global –datos, consideraciones, motivos...– para poder enjuiciar la medida interna. La mayor transparencia que de esa evolución se sigue permitiría un paralelo aumento del control del legislativo y otras clases de controles de naturaleza política. Ciertamente, el Gobierno se opondría con fuerza a iniciativas de esta índole, en el entendimiento de que supondría una indeseable interferencia en la política exterior que al Ejecutivo incumbe, y en la inherente confidencialidad y carácter informal de las negociaciones internacionales.

Desde la perspectiva de la paridad *plus* o en más, se rechazaría cualquier interpretación favorable a la exención o limitación de las exigencias procedimentales de las agencias y no se permitiría tampoco que se redujera el control judicial tal como postula el paradigma de la paridad *minus*. Para hacer realidad la paridad en más, y permitir que un tribunal conozca de los elementos globales de una decisión adoptada por una agencia nacional, habría que flexibilizar la doctrina establecida en torno al acceso a la jurisdicción (agotamiento previo, carácter definitivo... *reviewability and ripeness*). Todo ello explica por qué ningún tribunal ha adoptado aún este planteamiento. Estas dificultades explican que hasta el momento ningún tribunal haya seguido ese camino. Ahora bien, la creciente importancia de la regulación global, la mayor contestación y crítica en punto a los aspectos sustantivos como de procedimiento del proceso decisorio a nivel global, y la consiguiente erosión de los instrumentos jurídicos y políticos internos para que esas decisiones resulten controlables, bien podría desembocar en una iniciativa por parte de los jueces y tribunales, de modo análogo a como lo hicieron, con notable intensidad, en la década de los años sesenta del pasado siglo en respuesta a un estado de cosas similar al que hoy se vive.

3. LA EXTENSIÓN DEL DERECHO ADMINISTRATIVO A LA PARTICIPACIÓN DE LOS EE.UU. EN EL PROCEDIMIENTO DE TOMA DE DECISIONES EN LOS SISTEMAS DE REGULACIÓN INTERNACIONAL

Como complemento o alternativa al planteamiento antes esbozado, cabe proyectar o extender los instrumentos propios del Derecho Administrativo federal a la participación de los responsables de las agencias en el marco de los procedimientos de toma de decisiones a nivel global, ya sea en los sistemas ba-

---

[75] La FOIA incluye una exención que puede ser argüida por la Administración atendiendo a que la documentación en cuestión está sujeta a negociación («*deliberative privilege*») y que puede invocarse para denegar el acceso a aquellos expedientes relacionados con asuntos regulatorios de carácter global. Asimismo también contempla una exención para asuntos que son «autorizados a permanecer secretos de forma específica de acuerdo con lo dispuesto en una Orden ejecutiva con base en razones de defensa nacional o política exterior» y son así clasificados conforme a tales criterios. 5 U.S.C. § 552(b)(1) (5) (2004).

sados en tratados, en los aparatos que forman las redes regulatorias o en el modelo de la cooperación transnacional a través del reconocimiento mutuo o del sistema de la equivalencia. Ahora bien, ni siquiera un planteamiento ambicioso del control judicial que se aplicara a la ejecución a nivel nacional de las normas globales permitiría que los ciudadanos tuviesen conocimiento, formulasen alegaciones, o les fuese garantizada la oportunidad de participar o de influir en el proceso decisorio a nivel global, en el que se adoptan las decisiones sometidas a control[76].

Una opción a este propósito consistiría en que los tribunales tratasen a las agencias que participan en el proceso regulatorio internacional como si fueran agencias sujetas a la Ley de Procedimiento Administrativo y, en consecuencia, estuvieran obligadas a instrumentar la participación, y someterse a la fiscalización judicial en lo que hace a esa participación. Sin embargo, la Ley de Procedimiento Administrativo y los principios generales de Derecho Administrativo federal ofrecen poco o ningún fundamento para que prospere este tipo de argumentación. La deferencia judicial que se otorga a las actuaciones del Ejecutivo en materia de asuntos exteriores constituye un obstáculo de primera magnitud. Como se ha indicado antes, las agencias federales gozan en la práctica de una gran libertad para realizar contactos informales con otras organizaciones públicas o privadas, así como para iniciar y llevar a cabo propuestas normativas y atender a opciones diversas, previamente al inicio formal del procedimiento de elaboración de reglamentos. Y lo mismo puede decirse de los actos singulares y de las medidas de ejecución que adoptan las agencias. Por otra parte, la Ley de Procedimiento Administrativo tampoco proporciona una base jurídica sólida para obtener el control judicial inmediato o directo frente al acuerdo que adopte la agencia en el plano internacional respecto de una norma de carácter global. Aun cuando se considerase que los acuerdos informales que los altos responsables de la agencia adoptan respecto de una norma internacional constituyen propiamente una decisión de la agencia, la parte actora no podría en principio impugnarlos porque no satisfarían los requisitos de admisibilidad que la Ley dispone en punto a la legitimación y al carácter definitivo del acto, hasta que ese acuerdo no se implementase a nivel interno y, además, se acredite que le afecta de contrario o negativamente.

En definitiva, haría falta aprobar nuevas leyes o normas del Ejecutivo que permitieran la proyección del Derecho Administrativo nacional sobre la participación de la agencia en el proceso decisorio internacional. Sin embargo, ha de notarse que se aprecian algunos avances en ese sentido y que la tutela judicial comienza a abrirse directamente a decisiones regulatorias de alcance global, haciendo extensivas ciertas exigencias de procedimiento a la participación de la agencia en las negociaciones internacionales que tienen por objeto la regulación. Entre estos supuestos, cabe destacar los siguientes:

---

[76] Cualquier agencia federal que vaya a suscribir un acuerdo internacional con una entidad homónima de otros países debe tramitar tal acuerdo al Departamento de Estado y notificarlo al Congreso de Estados Unidos de conformidad con lo dispuesto por la Ley Case-Zablocki, pero tal notificación tiene lugar una vez que el acuerdo ha sido suscrito. *Vid. supra* HORTON, nota 11, p. 713.

La Agencia federal de Medicamentos y Alimentos (FDA) y el Departamento (o Ministerio) de Agricultura (USDA) están obligados legalmente a hacer públicos los estándares sanitarios o fitosanitarios que estén siendo objeto de examen o vayan a serlo a nivel internacional[77]. Otras agencias, tales como la Oficina del Representante de Comercio de los Estados Unidos (USTR)* y el Departamento (o Ministerio) de Comercio**, han comenzado también a hacer públicas, como práctica propia, las actividades que llevan a cabo en el ámbito de la armonización de la regulación a nivel internacional[78]. Tales mecanismos, que permiten la participación de los ciudadanos en la formación de la que será la postura de los EE.UU. en las negociaciones que desembocarán en una regulación internacional, con frecuencia consisten en reuniones públicas en las que se informa a los participantes de cuál será la posición negociadora estadounidense y se les permite además hacer alegaciones y comentarios dirigidos a los responsables de la agencia[79]. En este sentido, antes de que comenzase la negociación propiamente dicha sobre el Protocolo de Montreal, el Departamento de Estado y la Agencia federal de Protección Ambiental (EPA)*** publicaron un programa detallado sobre su posición en el Registro Federal (*Federal Register*) y abrieron un trámite de información pública. Asimismo se realizó una evaluación de impacto ambiental, declaración de impacto ambiental al respecto[80]. Por otro lado, el Ejecutivo hizo pública en el mismo Registro Federal su intención de negociar el TLCAN y se celebraron sesiones públicas[81]. Sin embargo, no se realizó en este caso ninguna evaluación de impacto ambiental.

Tras los infructuosos esfuerzos por parte de las ONG para que se controlase judicialmente la omisión por parte del Gobierno federal de someter a evaluación de impacto ambiental las negociaciones del TLCAN y los acuerdos de la Ronda Uruguay[82], el Presidente Clinton emitió la Orden Ejecutiva 13.141 que obliga a la USTR a realizar una evaluación ambiental de las rondas de negociaciones comerciales multilaterales, de los acuerdos bilaterales o plurilaterales de libre comercio y de los acuerdos comerciales que afectasen a los recursos naturales. El alcance de estas evaluaciones ambientales se amplió con la Ley de Impulso al Comercio (*Bipartisan Trade Promotion Authority Act*) de

---

[77] 19 U.S.C. § 2578(c)(1) (2004).

* https://ustr.gov/. En inglés, *Office of the United States Trade Representative*, USTR.

** Sobre el amplio concepto de agencia, comprensivo de los Departamentos o Ministerios, desde la perspectiva de la Ley de Procedimiento Administrativo, en español, puede verse el capítulo de Peter Strauss «Los procedimientos de elaboración de reglamentos y disposiciones administrativas en EE.UU.», en la obra colectiva *La transformación del procedimiento administrativo* (Javier Barnes, ed.), Global Law Press-Editorial Derecho Global, Sevilla, 2008. (N. del E.).

[78] *Vid. supra* SHAPIRO, International Trade Agreements, nota 22, pp. 443-444.

[79] *Vid. supra* LIVSHIZ, nota 51, p. 15.

*** http://www.epa.gov/.

[80] *Vid. supra* WIRTH, nota 15, p. 25.

[81] *Idem*.

[82] *Vid.*, e.g., *Public Citizen v. U.S. Trade Representative*, 970 F.2d 916 (1992), mencionado *supra*, p. 83.

2002, que exige unas evaluaciones similares con respecto a los efectos de los acuerdos comerciales sobre el empleo de los EE.UU. y sobre el mercado de trabajo[83].

B) Participación de las ONG y de representantes del sector empresarial en las negociaciones internacionales

Los representantes de organizaciones no gubernamentales, sean representantes de empresas o de ONG, forman parte a menudo de las delegaciones estadounidenses en las negociaciones de los sistemas de regulación internacional, entre los que cabe citar la Organización de Cooperación y Desarrollo Económicos (OCDE) y la Comisión del Codex Alimentarius[84]. También pueden participar como miembros de los comités consultivos de la USTR[85]. Asimismo, el Diálogo Transatlántico de Empresas y Consumidores instituido como parte de la Nueva Agenda Transatlántica de 1995 otorgó a las empresas y ONG la oportunidad de celebrar consultas con los negociadores del Gobierno en materia de política transatlántica[86].

C) Medidas para proporcionar transparencia en la negociación

La Agencia de Protección del Medio ambiente (EPA) ha hecho posible el libre acceso a la documentación de la OCDE a los representantes de organizaciones no gubernamentales que estuviesen integrados en la delegación estadounidense encargada de las negociaciones de armonización regulatoria con el Grupo de Productos Químicos de la OCDE, y la ha facilitado a pesar del carácter «restringido» de los documentos referidos. Sin embargo, esa práctica no se ha aplicado a otros aspectos de la actividad regulatoria de armonización de la OCDE[87].

---

[83] 19 U.S.C. § 3802(c) (2004). Sin embargo, no queda claro el impacto que tales medidas tendrán, en tanto que ni la legislación del Congreso ni la Orden Ejecutiva prevén el control judicial y ésta última lo excluye expresamente. Exec. Order No. 13141, 64 Fed. Reg. 63169, 63170 (16 de noviembre de 1999). La Asociación Americana de la Abogacía (*American Bar Association*) ha reconocido la necesidad de que sean adoptados nuevos mecanismos para dotar de mayor transparencia a las negociaciones internacionales sobre armonización regulatoria y ha recomendado que el Presidente anime a las agencias federales a publicar y recibir observaciones sobre las actividades objeto de negociación, a crear comités consultivos sobre tales negociaciones y a permitir el acceso a los documentos en cumplimiento a lo dispuesto desde la FOIA con respecto a toda actividad de armonización internacional relevante en la que se participe.

[84] *Vid.*, por ejemplo, Actividades para la Fijación de Estándares Internacionales, Comisión del Codex Alimentarius; Tareas de los delegados de los EE.UU. y de los miembros de la delegación incluidos los no gubernamentales, 63 Fed. Reg. 7118 (12 de febrero de 1998).

[85] *Vid. supra* Wirth, nota 15, p. 25.

[86] *Vid.* Transatlantic Business Dialogue, sobre el TABD, accesible en http://www.tabd.com/about; Transatlantic Consumer Dialogue, sobre el TACD, accesible en http://www.tacd.org/about/about. htm (última visita el 7 de abril de 2005. En los archivos de *Law and Contemporary Problems*).

[87] *Vid. supra* Wirth, nota 15, p. 25.

La aplicación de esta variedad de medidas resulta desigual, y no existe ninguna política o patrón gubernamental federal que opere en este sentido de forma coherente. Además, estas medidas se encuentran, en términos generales, circunscritas a negociaciones internacionales propias de los sistemas jurídicos que traen su causa de tratados y tienen todavía escasa o nula aplicación a las redes regulatorias informales y a los acuerdos de cooperación regulatoria de reconocimiento mutuo y de equivalencia. Los actores no estatales, y en particular las ONG, constatan con frecuencia que sus posibilidades de participación tienen un alcance limitado. Los asuntos que se plantean suelen ser, además, especialmente técnicos. Como consecuencia, muchas ONG carecen de la capacidad necesaria para poder participar de forma efectiva, lo que ayuda a explicar el porqué de su bajo nivel de participación en las reuniones y las escasas alegaciones que formulan a la posición de los EE.UU. en las negociaciones[88]. Además, las ONG tienden a considerar que las reuniones y otros trámites procedimentales que permiten la participación –como la publicación y las alegaciones de los interesados– constituyen elementos de carácter meramente cosmético. Esta percepción podría cambiar eventualmente, si los responsables de las agencias estuvieran obligados a responder y ponderar las alegaciones presentadas y a hacer pública la motivación de la posición que a la postre han mantenido en las negociaciones. Sin embargo, ninguna de las iniciativas legales o administrativas antes mencionadas impone tales requisitos.

Por otro lado, la representación patronal y sindical goza de un acceso preferente o desproporcionado en algunas negociaciones internacionales, por su condición de pertenencia a los comités consultivos de las propias agencias[89]. Con frecuencia, puede haber un representante por cada sector industrial, mientras que los consumidores tienen sólo uno para todos. Los gastos de los desplazamientos que entraña la participación en lugares lejanos constituyen también una barrera para muchas ONG. Puede darse el caso también de que los actores no estatales que forman parte de las delegaciones o disfrutan de otras formas de participación pueden verse fácilmente excluidos de las negociaciones de más alto nivel que se llevan a cabo entre los actores principales, o quedar al margen de ellas[90].

No obstante esas limitaciones, la adopción de las medidas indicadas produciría un efecto significativo en favor de la transparencia de las agencias federales y de su participación en el proceso regulatorio a nivel global. Igual impacto podría tener sobre la tutela judicial, que acto seguido cabe impetrar ante la subsiguiente implementación interna, puesto que pondría a disposición de las partes una información abundante en relación con el contexto y la *ratio decidendi* en que se ha basado la regulación a nivel global, con una notable ampliación del expediente administrativo y, por tanto, de los motivos, causas o parámetros utilizables en el control judicial. De todo ello también podrían beneficiarse actores no gubernamentales con sede en otros países, participan-

---

[88] *Vid. supra* Livshiz, nota 52, p. 20.

[89] *Idem.*

[90] *Vid.*, por ejemplo, Nota de prensa, La cumbre del Diálogo Transatlántico de Consumidores entre EE.UU. y EU pone a directivos de empresas al frente de los grupos de consumidores (23 de junio de 2004) accesible en http://www.tacd.org/press/?id=39 (en esta se anuncia un boicot a una cumbre de la Asociación Económica Transatlántica por parte de la Diálogo Transatlántico de Consumidores (TACD) cuando se ofreció a los grupos de empresarios una reunión con los Presidentes de los EE.UU. y del Consejo Europeo, pero se negó a los grupos de consumidores una reunión similar). (Última visita el 21 de marzo de 2005. En los archivos de *Law and Contemporary Problems*).

do en el procedimiento administrativo y ejerciendo luego las acciones que procedan.[91] Este sería un primer paso importante en el desarrollo de un verdadero Derecho Administrativo cosmopolita.

En todo caso, no ha de olvidarse que este planteamiento resulta más limitado en relación con las modalidades más informales de regulación a nivel global. La proyección del Derecho Administrativo de los EE.UU. y, por tanto, su aplicación, a la participación de los responsables estadounidenses en el proceso decisorio a escala global puede encontrarse con la resistencia de otros países. Y ello porque podrían temer que ese enfoque pudiera socavar la informalidad, la confidencialidad y la eficiencia que es propia de las negociaciones internacionales, al tiempo que pudiera servir para incrementar la influencia de los EE.UU. en las negociaciones internacionales. Por su parte, los países en vías de desarrollo podrían temer que tales medidas pudieran añadir un grado de influencia adicional, no deseada, a las ONG occidentales.

Por otro lado, este tipo de iniciativas, especialmente si van acompañadas de otras similares adoptadas desde la UE y otros Estados importantes, podrían contribuir a la adopción en el seno de los sistemas de regulación global de instrumentos de Derecho Administrativo con el objeto de adelantarse, frenar o gestionar el impacto de medidas de Derecho Administrativo nacional diversas y descoordinadas, como sugiere la experiencia vivida desde las federaciones deportivas internacionales a la que ya se ha hecho referencia anteriormente.

IV. EL PLANTEAMIENTO «DE ARRIBA HACIA ABAJO» EN LA CONSTRUCCIÓN DE UN DERECHO ADMINISTRATIVO GLOBAL

Una estrategia alternativa a la construcción «de abajo hacia arriba», que venimos de relatar, consiste en proyectar directamente nuevos mecanismos del Derecho Administrativo sobre los sistemas de regulación global*. Ahora bien, la aplicación a las instituciones que se mueven en el espacio global de técnicas propias de un Derecho Administrativo como el norteamericano exigiría una clara división de poderes, la configuración de un legislativo, de un ejecutivo y de un órgano independiente de control. Esta estructura, sin embargo, presupone un avanzado nivel de diferenciación institucional y de juridificación, que en la actualidad no se da en la arena global. Y además reclama precisar con rigor cuáles son las normas que rigen cada uno de los sistemas jurídicos o regímenes

---

[91] *Cfr. Cable & Wireless P.L.C. v. FCC*, 166 F.3d 1224 (D.C. Cir. 1999) (en la que se entra a conocer la cuestión planteada pero se rechaza en el fondo un recurso de los operadores de telecomunicaciones contra la regulación de la FCC adoptada en aplicación de un acuerdo de la OMC porque se interpretaba que causaba efectos legales inadmisibles sobre las compañías extranjeras).

* Se trata de un planteamiento inverso, de acuerdo con el cual esas instituciones habrían de asumir elementos y componentes de la cultura del Derecho Administrativo. (N. del E.).

legales que operan a nivel global*[92]. Algunos de los sistemas jurídicos globales que se basan en tratados internacionales comienzan a cumplir esas características, sin embargo, la mayoría no lo hace. Las redes regulatorias, por ejemplo, carecen de ordinario de una neta diferenciación institucional, aun cuando algunas de ellas hayan establecido estructuras más avanzadas –con la creación de comités– y puedan seguir evolucionando hacia estructuras más complejas[93]. De otro lado, los acuerdos de reconocimiento mutuo y otras formas de equivalencia de naturaleza cooperativa entre los reguladores nacionales por lo general no entrañan tampoco la creación de estructuras institucionales transnacionales diferenciadas. En consecuencia, la construcción de un Derecho Administrativo Global que se inspire en modelos como el estadounidense dependerá, en última instancia, de si se establece una diferenciación institucional mucho más evolucionada y se juridifican los sistemas de regulación del espacio global. Si, por un lado, las redes regulatorias informales o los métodos horizontales de cooperación presentan indudables ventajas a la hora de desempeñar una función más relevante en el plano de la regulación global que la que ofrecen los sistemas jurídicos más formalizados y rígidos (adopten la forma de red o deriven de un tratado)[94], de otro, sin embargo, podrían llegar a obstaculizar el desarrollo de un Derecho Administrativo Global.

1. LAS DISTINTAS CLASES DE ESTRUCTURAS ORGANIZATIVAS QUE OPERAN EN LOS SISTEMAS O REGÍMENES JURÍDICOS GLOBALES

Buena parte de los sistemas de regulación basados en tratados se encuentran ya diferenciados en términos institucionales y cuentan con un grado de juridificación relativamente alto[95]. Los elementos y funciones de naturaleza administrativa y de control que presentan tales sistemas pueden concebirse de

---

* En otras palabras, invita a identificar cuáles son las normas vinculantes y, en última instancia, las fuentes del Derecho en cada caso. Sobre el tema, *vid.* el capítulo tercero. (N. del E.).

[92] Con respecto a la delegación, precisión y vinculabilidad como características de la juridificación de los sistemas internacionales, *vid.* Kenneth W. Abbott *et al.*, «The Concept of Legalization», *International Organization*, Vol. 54, 2000, p. 401.

[93] *Vid.* David Zaring, «Informal Procedure, Hard and Soft, in International Administration», *University of Chicago International Law Journal*, vol. 5, 2005, pp. 17-19. Por ejemplo, la Organización Internacional de Comisiones de Valores («ISOCO») cuenta con una estructura de comités bastante bien desarrollada. *Vid.* http://www.iosco.org/about/about.cfm?whereami=page2. (Última visita el 21 de marzo de 2005. En los archivos de *Law and Contemporary Problems*).

[94] *Vid. supra* Slaughter, A New World Order, nota 7, pp. 171-194 (en las que se discuten las ventajas que ofrecen las redes regulatorias informales).

[95] Agradezco a Ernestine Meijer la identificación y resumen de muchos de los sistemas analizados en esta subsección.

varias formas, con implicaciones y consecuencias diversas para los Estados actuales y para la futura evolución del Derecho Administrativo a nivel global:

A) Sistemas internacionales basados en tratados internacionales desde los que se regula o intervienen directamente sobre actores no estatales

Pocos son los sistemas de regulación internacional que actualmente ejercen autoridad directa sobre actores no estatales. Cuando lo hacen, se sirven de su propia organización administrativa, y ejercen autoridad pública. Entre otros ejemplos, se puede citar la Junta Ejecutiva del Mecanismo de Desarrollo Limpio (MDL), que determina los proyectos que pueden elegirse y la reducción de gases de efecto invernadero (GEI) a la que se tienen derecho*. Otro ejemplo son las listas de personas que confecciona el Comité 1267 del Consejo de Seguridad**[96]. Un tercer caso reside en la determinación que lleva a cabo la Oficina del Alto Comisionado de la ONU (ACNUR) de la condición de refugiado***. En la actualidad, ninguno de esos sistemas dispone de garantías de procedimiento en favor de los afectados, a diferencia de lo que sucede en el Derecho Administrativo interno, tanto de los EE.UU., como de tantas otras naciones. Lo mismo cabe decir respecto del control o tutela a cargo de un tribunal independiente. Así y todo, es probable que el constante aumento de la regulación internacional desemboque en nuevos sistemas jurídicos globales que ejerzan directamente su autoridad o potestad administrativa sobre sujetos no estatales. Todo ello presumiblemente contribuirá a ejercer una mayor presión en pro del establecimiento de mecanismos de revisión y derechos procedimentales a fin de proteger los derechos e intereses de los afectados.

B) Sistemas internacionales basados en tratados en los que la regulación que se lleva a cabo requiere la intermediación estatal: actividad normativa o de ejecución por parte de los Estados miembros

En la mayoría de los casos, las normas reguladoras que los sistemas internacionales requieren del desarrollo normativo de los Estados miembros y de los correspondientes actos administrativos de aplicación. Normas y actos que, por su parte, se aplican a los actores no estatales que actúan en el ámbito interno.

---

* Sobre estos supuestos, y otros ejemplos, resulta obligada la remisión al capítulo segundo de esta obra. (N. del E.).

** *Vid.* la nota anterior del editor.

[96] Aunque son los Estados miembros los que deben proceder a la congelación de los activos de las personas que hayan sido incluidas en las listas, la ejecución en muchos Estados es automática, lo que hace que las decisiones del Comité tengan por tanto un efecto directo.

*** *Vid.* la nota anterior del editor.

En este contexto, la idea de aplicar un sistema de Derecho Administrativo se puede fundamentar en concepciones diferentes. Una forma de explicar este fenómeno consistiría en entender que los Estados miembros son propiamente las entidades reguladas. Desde otra perspectiva, los actores no estatales serían las entidades reguladas, y los Estados miembros constituirían las organizaciones administrativas responsables de la aplicación del programa regulatorio global a través de instrumentos de control ejercidos sobre los actores no estatales. Algunos de los sistemas de regulación a nivel internacional, entre los que cabe recordar muchos de los sistemas internacionales de protección de los derechos humanos, así como el FMI y el Banco Mundial, se dirigen y tienen por objeto exclusiva o principalmente la actuación de los Estados. Otros muchos de los sistemas internacionales de regulación existentes, sin embargo, se dirigen tanto a los Estados, como a los actores no estatales. Y ambas posibilidades pueden ser analizadas a la luz de los dos planteamientos. A continuación se proporcionan algunos ejemplos en que se aplican las dos perspectivas y en los que afloran también las problemáticas que en ellos se plantean[*]:

• *Los Estados como entidades reguladas.*

Conforme a este planteamiento, el cuerpo legislativo estaría formado por el conjunto de Estados que ratifica el tratado, y que constituye la legislación para el sistema jurídico resultante y es vinculante para los Estados que son parte. Las entidades reguladas son cada uno de los Estados parte, singularmente considerados, que son a su vez los responsables de la aplicación las normas que se adopten. Para que, desde esta perspectiva, pueda establecerse un Derecho Administrativo de naturaleza análoga a la de los EE.UU., tal sistema tendría que incorporar no sólo un órgano legislativo, sino también un órgano ejecutivo diferenciado de aquél y dotado de la potestad de adoptar o aplicar las normas de ese régimen que resultan vinculantes para los Estados miembros. Asimismo debería contarse con un órgano independiente al que se asignase la función de control de las decisiones adoptadas por los órganos ejecutivos, es decir un órgano que pueda apreciar la adecuación o conformidad de las decisiones adoptadas por la organización administrativa a lo dispuesto en la normativa propia del sistema, tanto por lo que se refiere a los requisitos sustantivos como a los requisitos procedimentales que resulten exigibles[97]. Existe ya un número con-

---

* *Vid.* la nota anterior del editor.

[97] Estos órganos administrativos actúan con base en competencias que les hayan sido atribuidas por el legislador y de acuerdo con normas de procedimiento adoptadas por aquel que les autorizan a dictar, derogar, modificar las normas que hayan establecido como deben actuar. La distinción entre normas primarias y secundarias se encuentra en H. L. A. HART, *El concepto del Derecho*, 1994; *vid.* también Kenneth W. ABBOTT *et al.*, *supra*, nota 92.

siderable de sistemas que cuentan actualmente con dos de estos tres órganos, pero sólo unos pocos cuenta con los tres.

– Sistemas dotados de órganos administrativos independientes con potestad para dictar normas:

(a) Sistemas en los que la adopción de la normativa secundaria o de desarrollo corresponde a la decisión mayoritaria de los Estados que lo conforman

No resulta fácil la distinción entre órganos legislativos y órganos administrativos. Y ello porque en muchos sistemas la Conferencia de las Partes (CP), además de constituir el órgano legislativo oficial responsable de la elaboración del tratado y de realizar sus posteriores enmiendas, cumple asimismo con funciones que, desde la perspectiva del Derecho Internacional, bien podrían considerase como propias del ámbito administrativo, por cuanto entrañan la aprobación de normas secundarias sin necesidad de someterse a los procedimientos propios de la elaboración del tratado, como es el de la ratificación. En otros supuestos, los mismos Estados, que son miembros de organizaciones internacionales basadas en tratados, cumplen también dicha función. Por ejemplo, en virtud del Convenio de Londres[98], del Convenio de Bonn[99], del Convenio de Basilea[100], y del Convenio CITES[*][101], la CP puede modificar, mediante decisión adoptada por la mayoría, anexos a los tratados en los que se especifican con mayor detalle las obligaciones de las partes. A diferencia de los supuestos de modificación de los tratados, estos cambios que afectan a los anexos no requieren de ratificación por parte de las partes para su entrada en vigor[102].

En el marco del Protocolo de Montreal, la Reunión de las Partes ostenta la autoridad para modificar los requisitos jurídicos del Protocolo y, por tanto, para obligar a las Partes, si así se decide por mayoría de dos tercios de los votos[103]. Así, por ejemplo,

---

[98] Convenio sobre la prevención de la contaminación del mar por vertido de desechos y otras materias, 29 dic, 1972 (Convenio de Londres), artículo 15, párrafo 2, 26 U. S. T. 2403, 1046 U. N. T. S. 120. Por las razones indicadas, algunos de los sistemas mencionados en esta subsección también pueden ser considerados desde una concepción alternativa que identifica los Estados como organismos administrativos y los actores no estatales como entidades reguladas; esta planteamiento se trata *infra* en la sección IV.2

[99] Convenio sobre conservación de las especies migratorias de la fauna silvestre, 23 de junio de 1979 (Convenio de Bonn), artículo 11, 1990 U. K. T. S. N° 87.

[100] Convenio sobre el control de los movimientos transfronterizos de los desechos peligrosos y su eliminación, 22 de marzo de 1989 (Convenio de Basilea), art. 18, S. Treaty Doc. No. 102-105 (1991), 28 I.L.M. 657.

* Por ejemplo, sobre Convención sobre el comercio internacional de especies amenazadas de fauna y flora silvestres, puede verse http://www.cites.es/es–ES/Paginas/default.aspx.

[101] Convenio sobre el comercio internacional de especies amenazadas de fauna y flora silvestre, 3 marzo 1973 (Convenio CITES), artículo 15, 27 U. S. T. 1087, 993 U. N. T. S. 243.

[102] Los Estados miembros que tengan objeciones a las modificaciones pueden, por lo general, formular reservas a las mismas Si no se formulan se considera que prestan su consentimiento.

[103] Protocolo de Montreal relativo a las sustancias que agotan la capa de ozono, 19 de septiembre de 1987, art. 2, paras. 9(c), 10(b), S. Treaty Doc. No. 100-110, 1522 U.N.T.S. 293.

los «ajustes»[104] del Protocolo que se hicieron en la Reunión de las Partes en 1990 y 1992 trajeron como consecuencia que se decidiese prohibir totalmente la producción y uso de clorofluorocarbonos (CFCs) a partir de 1996. Otras modificaciones similares, también de gran alcance, fueron posteriormente adoptadas con respecto a otras sustancias que dañan la capa de ozono, y que se localizan en diversos anexos de dicho Protocolo[105]. De forma análoga, si así lo decide la mayoría de los Estados miembros de la Organización de Aviación Civil Internacional (OACI), se pueden también modificar los requisitos jurídicos que vinculan a todos sus miembros, de acuerdo con el Convenio de Chicago sobre Aviación Civil Internacional[106]. Ha de notarse que los procedimientos de modificación que acaban de exponerse y que se prevén en el Protocolo de Montreal y en la OACI tienen por objeto de ordinario cuestiones esencialmente técnicas o que requieren adaptaciones frecuentes, a la luz de las cambiantes circunstancias o de la información obtenida (o por ambas cosas a la vez). Sin embargo, tales modificaciones tienen en la práctica importantes consecuencias.

En las organizaciones nacidas de los acuerdos de Bretton Woods, los Estados miembros o sus representantes, sin que se requiera para ello la unanimidad, pueden también modificar normas de los tratados y adoptar asimismo normas secundarias con carácter vinculante. Así, por ejemplo, tres cuartas partes de los Estados que son miembros de la OMC pueden establecer, durante un período limitado de tiempo, exenciones de determinadas disposiciones de los Acuerdos de la OMC[107]. El Banco Mundial y el FMI aprueban por su parte normas secundarias o de desarrollo mediante decisiones de los representantes de los Estados miembros –en el seno de la Junta de Directores del Banco y de Directores Gerentes del FMI– a través de un sistema de voto ponderado, que tiene en cuenta las contribuciones financieras que hayan sido realizadas por parte de los Estados miembros. Otro ejemplo sería el de la Comisión del Codex Alimentarius, compuesta por representantes de los Estados Miembros y Estados Asociados de la FAO o la OMS[108]. Tal Comisión, en virtud del voto mayoritario, aprueba estándares alimentarios, con el objeto de que con ellos se proteja la salud de los consumidores y se asegure también que se siguen prácticas comerciales justas y equitativas. El procedimiento para su adopción otorga un amplio protagonismo a los comités de expertos.

---

[104] *Idem*, art. 2, para. 9.

[105] A diferencia de los Convenios de Londres, Bonn, Basilea y el convenio CITES, estos «ajustes» son vinculantes para los Estados que son parte del Protocolo sin que exista la posibilidad de formular objeciones. *Vid.* Robin R. CHURCHILL & Geir ULFSTEIN, «Autonomous Institutional Arrangements in Multilateral Environmental Agreements: A Little Noticed Phenomenon in International Law», *American Journal of International Law*, vol. 94, 2000, p. 623.

[106] Convenio sobre Aviación Civil Internacional, 7 diciembre 1944, art. 90 *juncto* art. 54(l), 61 Stat. 1180; T.I.A.S. 1591, 15 U.N.T.S. 295.

[107] Acuerdo de Marrakech por el que se establece la Organización Mundial del Comercio, que fue abierto a la firma el 15 de abril de 1994, 33 I.L.M. 1144 (1994), Art. IX (3).

[108] Establecido por una resolución de la Organización de Alimentación y Agricultura (Undécima Sesión de la Conferencia de la FAO de 1961) y una resolución de la Organización Mundial de la Salud (Decimosexta Asamblea de la OMS de 1963). *Vid.* «The Codex system: FAO, WHO and the Codex Alimentarius Commission,» accesible en http://www.fao.org/documents/show_cdr.asp?url_file=/docrep/w9114e/W9114e04.htm. (Última visita el 21 de marzo de 2005. En los archivos de *Law and Contemporary Problems*).

(b) Sistemas en los que se asigna la adopción de normativa secundaria o de desarrollo a órganos exclusivamente administrativos.

La Junta Ejecutiva del Mecanismo de Desarrollo Limpio (MDL) prevista en el Protocolo de Kioto constituye el ejemplo de autoridad procedente de un tratado que más se aproximaría a lo que consideramos en el Derecho interno como una entidad administrativa[109]. La Junta es competente tanto para aprobar normas de desarrollo o de carácter secundario, como para resolver reclamaciones y dictar actos singulares. Aprueba la metodología que ha de aplicarse en determinados proyectos del MDL, decide sobre la acreditación de las entidades que operan en MDL, sobre el registro de los proyectos del MDL y expide, en fin, las reducciones certificadas de emisiones (RCE) correspondientes a los proyectos aprobados[110]. Tales decisiones resultan vinculantes, no sólo para los Estados participantes, sino también para sujetos privados, en el sentido que ha sido indicado previamente.

Otro ejemplo de organización meramente administrativa a nivel internacional que ejerce autoridad y cuyas decisiones son obligatorias para los Estados se localiza en la Oficina Internacional de Epizootias (OIE), una organización internacional que tiene atribuida potestad normativa en el ámbito de la salud animal –de las enfermedades y las epidemias, entre otros aspectos– y que es la responsable de elaborar, y también de administrar, el denominado Código Zoosanitario. La OIE se gobierna por medio de un Comité Internacional, integrado por representantes técnicos designados por cada uno de los Estados miembros[111]. La OIE cuenta asimismo con múltiples Comisiones especializadas en distintas enfermedades animales, entre las que se encuentra la Comisión para la fiebre aftosa y otras epizootias, compuesta por seis expertos[112]. La Comisión adopta la decisión preliminar de conceder a un Estado el estatus de país «libre de fiebre aftosa» (FMD)[113], que posteriormente el Comité Internacional debe ratificar. El dictado de estos actos posee para cualquier país una enorme trascendencia para el comercio de animales y de productos de origen animal.

La gerencia o gestión administrativa del Banco Mundial y del FMI adoptan, imponen, y también supervisan las condiciones de los préstamos y de otras formas de asistencia financiera que se ofrecen a los Estados miembros, condiciones que, sin duda, terminan por producir un relevante impacto de carácter regulatorio en esos Estados. Esas condiciones específicas para cada país resultan en principio vinculantes y son exigibles para el Banco y el Fondo. El Banco Mundial ha adoptado también unas directrices sobre cuestiones medioambientales y sociales que resultan obligatorias para toda

---

[109] Protocolo de Kioto de la Convención Marco de las Naciones Unidas sobre el Cambio Climático, 11 de diciembre de 1997, U.N. Doc. FCCC/CP/197/L.7/Add. 1, reimpreso en 37 I.L.M. 22 (1998) (entrada en vigor el 16 de febrero de 2005), art. 12.

[110] Artículos 5, 36, y 65 de las Modalidades y Procedimientos del MDL. *Vid.* Informe de la Conferencia de Estados Parte en su Séptima Sesión, celebrada en Marrakesh, 29 octubre al 10 de noviembre de 2001, Addendum, Parte Segunda: Acciones adoptadas por la Conferencia de Partes, O.N.U. Doc. FCCC/CP/2001/13/Add.2 (21 de enero de 2002) [en adelante Informe de la Conferencia].

[111] Estatutos orgánicos de la Oficina Internacional de Epizootias («OIE»), art. 6 (apéndice del Acuerdo Internacional por el que se establece la OIE, 25 de enero de 1924).

[112] Establecido a partir de las Normas Generales de la OIE, 24 de mayo de 1973, art. 18.

[113] Las diferentes categorías de país «libre de enfermedad» se establecen en el Código de Zoosanitario, capítulo 2.1.1., accesible en http://www.oie.int/eng/normes/mcode/en_chapitre_2.1.1.htm. (Última visita el 21 de marzo de 2005. En los archivos de *Law and Contemporary Problems*).

clase de ayudas; el Panel de Inspección del Banco controla el cumplimiento de estas condiciones.

De igual modo, el listado de personas consideradas responsables de financiar el terrorismo internacional que elabora el Comité 1267 del Consejo de Seguridad de la ONU constituye otro ejemplo de un órgano administrativo cuyas decisiones tienen carácter vinculante y efecto directo. Los Estados miembros de la ONU están obligados a congelar los activos de las personas incluidas en la lista, así como a adoptar aquellas otras medidas adicionales que puedan favorecer la actuación del Comité. Del mismo modo, cuando ACNUR otorga la condición de refugiado a determinadas personas, tal decisión es vinculante y produce efectos tanto sobre las personas afectadas como en los Estados miembros de la ONU, incidiendo de forma directa en el tratamiento que debe serles dispensado.

(c) Sistemas que disponen de otros órganos administrativos

Además de los analizados hasta ahora, muchos de los sistemas basados en tratados disponen de órganos de carácter subsidiario en los que se establecen procedimientos detallados y protocolos para el desarrollo y aplicación de los tratados internacionales, los cuales, aun cuando no sean jurídicamente vinculantes como tales, o bien se aprueban posteriormente en la Conferencia de las Partes –lo que los convierte en vinculantes–, o bien se mantienen como no vinculantes, ejercen una notable influencia para su aplicación y desarrollo por parte de los Estados miembros. Estos órganos representan por tanto un estadio intermedio en lo que hace a la diferenciación institucional entre los distintos modelos, y eventualmente podrían llegar a evolucionar con el paso del tiempo hasta convertirse en un órgano dotado de autoridad para aprobar normas con carácter vinculante[114]. Ejemplos de este tipo de órganos son el Panel de Metodología y el Panel de Acreditación establecidos por la Comité Ejecutivo del MDL[115], el Órgano Subsidiario de Asesoramiento Científico y Tecnológico y el Órgano Subsidiario de Ejecución previstos en la Convención Marco de las Naciones Unidas sobre el Cambio Climático[116] y también el Consejo Científico de la Convención de Bonn sobre especies migratorias[117].

– Sistemas que cuentan con órganos de control pero no con órganos administrativos

Aunque formalmente se trate de un sistema de tribunales organizado para resolver las controversias entre los Estados parte, lo cierto es que el Órgano de Solución de

---

[114] Con respecto al papel de la Ciencia, *vid.* también Note, «The Cites Fort Lauderdale Criteria: The Uses and Limits of Science in International Conservation Decision Making», *Harvard Law Review*, Vol. 114, 2001, p. 1769.

[115] De acuerdo con el artículo 18 de las Modalidades y Procedimientos del MDL. *Vid. supra* Informe de la Conferencia, nota 111.

[116] Convención Marco de las Naciones Unidas sobre el Cambio Climático, firmada el 29 de mayo de 1992, art. 10, U.N. Doc. No. A/AC.237/18 (Part II)/Add.1, 31 I.L.M. 849. Esos dos órganos técnicos ejercen funciones de revisión de los informes remitidos por los Estados parte del Anexo I conforme al artículo 12 de la Convención. *Idem.*

[117] Artículo VIII de la Convención de Bonn, *supra* nota 99.

Diferencias de la OMC, y, en especial, su Órgano de Apelación, han ejercido también funciones en calidad de órganos administrativos, en cuanto dotados de una potestad regulatoria –dirigida a la construcción de un cuerpo de normas que progresivamente regule el comercio internacional–, y de supervisión de la correcta aplicación que llevan a cabo los Estados miembros[118]. Las solicitudes que presentan los actores no estatales ante el Órgano de Apelación como «*amicus curiae*» para obtener información y la perspectiva de actores no estatales dentro del sistema regulatorio del comercio internacional[119], así como la imposición de criterios propios del Derecho Administrativo en la implementación de los acuerdos de la OMC que a los Estados corresponde[120], constituyen un buen reflejo de esta función.

Entre otros ejemplos destacados de sistemas que cuentan ya con tribunales de control de honda implantación, en esta misma categoría, pueden citarse algunos tratados de derechos humanos, con la cláusula que permite la presentación de demandas individuales. En virtud de tales tratados, los individuos que se hallen sujetos a la jurisdicción de los Estados miembros pueden acceder a la tutela judicial para que se examinen las actuaciones estatales. Los tribunales internacionales están investidos de la potestad de determinar si el Estado ha cumplido o no con las normas y parámetros que el tratado establece. El Convenio Europeo de Derechos Humanos, por ejemplo, permite que el Tribunal Europeo de Derechos Humanos dicte sentencias que vinculan a los Estados miembros, a iniciativa de cualquier individuo, ONG o grupo de individuos, que se consideren víctimas de una violación de cualquiera de los derechos humanos reconocidos en el propio Convenio o en sus protocolos[121]. Las sentencias de este Tribunal producen un profundo impacto regulatorio en lo que hace a las prácticas y actividades de los Estados miembros, y, en muchos casos, también, influyen de manera significativa en las acciones de las empresas y de otros actores privados sujetos a la jurisdicción de esos Estados.

El Pacto Internacional de Derechos Civiles y Políticos dispone de un Protocolo facultativo[122] en virtud del cual los Estados autorizan a que el Comité de Derechos Humanos examine directamente las denuncias presentadas por las personas que afirman ser víctimas de una violación de uno o varios de los derechos reconocidos en el Pacto a consecuencia de la acción del Estado. Este Protocolo facultativo ha sido ratificado ya

---

[118] *Vid.* John T. Soma; Eric K. Wiengarten, «Multinational Economic Network Effects and the Need for an International Antitrust Response from the World Trade Organization: A Case Study in Broadcast–Media and News Corporation», *The University of Pennsylvania Journal of International Law*, Vol. 21, 2000, pp. 41, 127 (en el que se refiere a la OMC como un «órgano regulador del comercio internacional» que se incluye en la autoridad otorgada al mecanismo para la solución de conflictos).

[119] Órgano de Apelación de la OMC, Estados Unidos—Prohibición de importación de ciertas gambas y productos derivados de las gambas, WT/DS58/AB/R (98-000), para. 9 (12 de octubre de 1998).

[120] *Vid.* Sabino Cassese, «Global Standards For National Administrative Procedure», *Law and Contemporary Problems*, Vol. 68 (verano/otoño), 2005, p. 111; Giacinto della Cananea, «Beyond the State: the Europeanization and Globalization of Procedural Administrative Law», *European Public Law*, vol. 9, 2003, p. 563.

[121] Consejo de Europa, Convenio Europeo para la Protección de los Derechos Humanos y de las Libertades Fundamentales, arts. 34, 46, 4 de noviembre de 1950, 213 U.N.T.S. 222, E.T.S. 5, modificado por Protocolo Nº 3, E.T.S. 45, Protocolo Nº 5, E.T.S. 55, y Protocolo Nº 8, E.T.S. 118.

[122] G.A. Res. 2200A (XXI), U.N. GAOR, Sesión 21ª, Protocolo Facultativo al Pacto Internacional de Derechos Civiles y Políticos, 16 de diciembre de 1966.

por un total de ciento cuatro Estados[123]. Las recomendaciones que realiza el Comité no son vinculantes para el Estado Parte, aunque pueden tener fuerza normativa. La Convención sobre la Eliminación de la Discriminación Racial[124] y la Convención contra la Tortura[125] contienen disposiciones similares, y permiten deducir denuncias individuales. La Corte Interamericana de Derechos Humanos tiene un enfoque en cierto modo distinto en lo que hace a la fiscalización del cumplimiento, por parte de los Estados, del sistema de protección internacional de derechos humanos. Las personas o grupos de personas afectadas deben acudir primero a un órgano administrativo, la Comisión Interamericana de Derechos Humanos, que es el único órgano que puede presentar la demanda ante la Corte. La Comisión investiga las denuncias presentadas y puede de forma discrecional decidir cuáles se elevan a la Corte para su enjuiciamiento. Las resoluciones son vinculantes para los Estados que han ratificado la Convención.

Otro ejemplo importante de control independiente acerca del cumplimiento de los Estados Parte lo constituye el sistema de protección que se ofrece a los inversores previsto en el Capítulo 11 del TLCAN, en cuya virtud se autoriza a que los Estados miembros puedan presentar sus reclamaciones contra otro Estado miembro ante los tribunales arbitrales, siempre que invoquen la vulneración del referido Capítulo (Parte A), en el que se establecen las garantías nacionales de los inversores[126]. Las resoluciones de los tribunales arbitrales son vinculantes para las partes y el Estado denunciado ha de cumplirlas en el seno de su propio ordenamiento[127]. Mecanismos como estos son ya habituales en múltiples tratados bilaterales. Los tribunales arbitrales han adquirido una progresiva importancia e impacto sobre la legislación y el Derecho Administrativo nacionales.*

– Sistemas que cuentan tanto con órganos administrativos como con órganos de control.

Los órganos u organizaciones independientes con autoridad para controlar las resoluciones y las normas de las organizaciones administrativas subsidiarias o subordinadas han surgido en tiempos más recientes. No son muchos los ejemplos de esta índole, aunque su número podría incrementarse progresivamente en paralelo a la creciente regulación a nivel global y a consecuencia de que los actores no estatales afectados reclamen la protección que es propia del Derecho Administrativo y la instauración de

---

[123] *Vid.* Informe del Alto Comisionado de Naciones Unidas para los Derechos Humanos sobre «Situación de las ratificaciones de los principales tratados internacionales sobre derechos humanos» accesible en http://www.unhchr.ch/pdf/report.pdf. (Última visita el 21 de marzo de 2005. En los archivos de *Law and Contemporary Problems*).

[124] Convención Internacional sobre la Eliminación de todas las Formas de Discriminación Racial, G.A. Res. 2106 (XX), 20 U.N. GAOR, Suplemento Nº 14, art. 14, U.N. Doc. A/6014 (1966).

[125] Convención contra la tortura y otros tratos crueles, inhumanos o degradantes, 10 de diciembre de 1984, art. 22, S. Treaty Doc. Nº 100-20, 1465 U.N.T.S. 113.

[126] Tratado de Libre Comercio de América del Norte, 17 de diciembre de 1992, arts. 1102-1106, 1110, 32 I.L.M.642 [en adelante NAFTA]. *Vid.* en general David L. MARKELL & John KNOX (eds.), *Greening Nafta, The North American Commission For Environmental Cooperation*, 2003.

[127] *Idem*, art. 1135, para 1.

* Véase el capítulo undécimo de la presente obra colectiva (N. del E.).

mejores métodos de dación de cuentas y control frente a las organizaciones administrativas globales.

El ejemplo más notable de estos supuestos reside en el Panel de Inspección del Banco Mundial, en el que se examina si los proyectos financiados por el Banco se ajustan o no a las directrices medioambientales y sociales fijadas por el propio Banco[128]. Si bien se adoptó inicialmente como un instrumento de control por parte de la Junta de Directores Ejecutivos sobre la gestión del Banco y como una herramienta de administración interna, el Panel se ha convertido en un foro de control más o menos independiente que puede ser invocado por las ONG y otros actores no estatales. Desde una perspectiva puramente formal, las competencias del Panel son limitadas. Necesita de la autorización del Banco para investigar un asunto y sus investigaciones y recomendaciones no son vinculantes. Sin embargo, el informe del Panel, las recomendaciones que realiza sobre la gestión, y las decisiones que adopte la Junta deben darse a conocer públicamente. Estas circunstancias pueden generar fuertes presiones para la propia gestión del Banco y la Junta de Directores, en pro de que sean finalmente seguidas las recomendaciones que haya efectuado el Panel[129]. La Corporación Financiera Internacional ha considerado la adopción de un sistema similar[130].

Un segundo ejemplo de órgano u organización independiente de control de las decisiones que adoptan las organizaciones administrativas subsidiarias se localiza en la Sala de Controversias de los Fondos Marinos (SDC) del Tribunal Internacional del Derecho del Mar (TIDM)[131]. La SDC es competente para conocer de las controversias que surjan sobre los diferentes tipos de fondos marinos, entre diversas partes, incluidos los Estados, las empresas públicas, las empresas privadas y los individuos. Para la resolución de tales controversias, la SDC aplica la Convención de las Naciones Unidas sobre el Derecho del Mar (CDM); otras normas internacionales que resulten compatibles con la CDM; y las reglas, los reglamentos y los procedimientos que la Autoridad haya adoptado de acuerdo con la CDM. Para ello ha de tener en cuenta además las concretas cláusulas de los contratos concernientes a las actividades en este ámbito. Sus decisiones son de carácter obligatorio para las partes y se ejecutan a nivel interno[132].

---

[128] *Vid.* en general, Dana CLARK, Jonathan FOX & Kay TREAKLE (eds.), *Demanding Accountability: Civil-Society Claims And The World Bank Inspection Panel*, 2003 [en adelante Demanding Accountability]; David HUNTER, «Using the World Bank Inspection Panel to Defend the Interests of Project-affected People», *Chicago Journal International Law*, vol. 4, 2003, p. 201; Ellen HEY, «The World Bank Inspection Panel: Towards the Recognition of a New Legally Relevant Relationship», *Hofstra Law and Policy Symposium*, vol. 2, 197, p. 61.

[129] *Vid. supra* Demanding accountability, nota 129, pp. 178-182.

[130] Corporación Financiera Internacional, Asesor en materia de cumplimiento ombudsman, 2004 accesible en http://www.caoombudsman.org. (última visita el 7 de abril de 2005. En los archivos de *Law and Contemporary Problems*).

[131] Bernard H. OXMAN, «Complementary Agreements and Compulsory Jurisdiction», *American Journal of International Law*, Vol. 95, 2001, pp. 277, 287-288. *Vid.* generally on UNCLOS, ITLOS and jurisdiction, John E. NOYES, «The International Tribunal for the Law of the Sea», *Cornell International Law Journal*, vol. 32, 1998, p. 109.

[132] Convención sobre el Derecho del Mar, 10 de diciembre de 1982, arts. 293, 33, 39, 1833 U.N.T.S. 387, reimpreso en 21 I.L.M. 1261.

Cabe una comprensión alternativa de los sistemas de regulación global con un relativo alto grado de diferenciación institucional y de juridificación, en cuya virtud los Estados miembros actúan colectivamente como órgano legislativo; cada Estado miembro singularmente considerado hace de Administración responsable de la implementación o desarrollo de las normas; las empresas y otras organizaciones no gubernamentales, sujetas a la regulación de los Estados miembros, constituyen las entidades reguladas; y el tribunal de resolución de controversias del sistema global representa el órgano de revisión que declara el cumplimiento o conformidad con las normas del sistema y su desarrollo a cargo del Estado, entendido éste como organización administrativa.

Este modelo puede darse en los sistemas jurídicos que, como la OMC, carecen de una organización administrativa propia a nivel global, aunque disponen por el contrario de tribunales a ese nivel con un notable peso específico, y se trata de regímenes que pretenden establecer un sistema regulatorio sólido y seguro para los operadores privados del mercado. Sin embargo, también puede aplicarse a sistemas como el MDL del Protocolo de Kioto, que sí cuenta con una organización administrativa propia. Estos sistemas jurídicos poseen, pues, una estructura administrativa de doble nivel, que, de un lado, comprende órganos a nivel interno –como la Junta Ejecutiva–, y, de otro, unos Estados miembros que han de desarrollar e implementar las normas que adopta la organización administrativa del sistema global.

Se trata de un esquema similar al de la Unión Europea, en el que los Estados miembros implementan y aplican la regulación de la Unión Europea, y cuya ejecución queda a la supervisión de la Comisión Europea y del Tribunal de Justicia; y también se asimila a los sistemas de «federalismo cooperativo», como el de los EE.UU., en virtud del cual los Estados ejecutan programas federales en materia de medio ambiente, de servicios sociales y otros programas regulatorios, bajo la supervisión de la Administración federal y de los tribunales federales.

Esta última concepción, de acuerdo con la cual los actores o sujetos no estatales constituyen las entidades reguladas, representa una evolución de la regulación internacional, que se aleja del modelo estadocéntrico, y se aproxima hacia una visión de la regulación global de los agentes del mercado, en la que los Estados ocupan una posición intermedia. Como ejemplos de este esquema, se pueden citar la OMC, el Protocolo de Montreal y el Protocolo de Kioto.

El Órgano de Solución de Diferencias (OSD) de la OMC* –y, sobre todo, el Órgano de Apelación– ha asumido un relevante papel en la promoción de una regulación eficaz y coherente del sistema de comercio internacional. El OSD es consciente de que

---

* https://www.wto.org/spanish/tratop_s/dispu_s/dispu_s.htm.

los agentes económicos que operan en el mercado son en última instancia los sujetos a los que se dirige la regulación del comercio internacional y entiende que su función es precisamente la de promover la abierta y libre concurrencia y la de ofrecer la necesaria previsibilidad con relación al marco que se establezca a partir de una regulación colectiva (con base en procedimientos y medidas adoptados individualmente por parte de los Estados miembros, más allá del marco jurídico de la OMC), un marco que ha de ser coherente con la debida garantía de la flexibilidad de los Estados miembros en la configuración de sus políticas nacionales. Los procedimientos ante el OSD, iniciados por los Estados miembros, son, formalmente, mecanismos de solución de diferencias entre los Estados, si bien, funcionalmente, en muchos casos, constituyen la ocasión para que el OSD ejerza una función de supervisión y control de la aplicación del sistema de regulación del comercio de la OMC. Además, hay cada vez más indicios de que el OSD considera a los Estados miembros como organizaciones administrativos dentro del sistema. Concretamente, y con el fin de promover un régimen regulatorio del comercio internacional imparcial y predecible, el OSD ha exigido a los Estados miembros que introduzcan medidas regulatorias restrictivas del comercio internacional que adopten garantías propias del Derecho Administrativo, entre otras, la transparencia en la toma de decisiones, la posibilidad de formular alegaciones, y una motivación razonada de las decisiones[133]. Estas resoluciones del OSD se asemejan notablemente a las sentencias que dictan los tribunales de los EE.UU., cuando controlan las decisiones que adoptan las agencias administrativas. La reforma del proceso decisorio de carácter regulatorio de las Administraciones nacionales es aquí consecuencia de las reglas que dimanan del Derecho Administrativo Global, movimiento éste que se verá intensificado merced a la aplicación del Acuerdo de la OMC sobre Aspectos de los Derechos de Propiedad Intelectual relacionados con el Comercio (ADPIC) y del Acuerdo General sobre Aranceles Aduaneros y Comercio (GATT).

El Protocolo de Kioto constituye otro ejemplo de sistema jurídico global que se halla esencialmente orientado a la regulación de los agentes del mercado que desempeñan un evidente papel en la aplicación del MDL, sistema que asumirá un protagonismo aún mayor respecto de otros mecanismos flexibles previstos en el Protocolo, como el comercio de derechos de emisión. Los Estados han de garantizar la aplicación efectiva de la regulación allí establecida, en particular en el Anexo I. A tal efecto, la Conferencia de Partes y Reunión de las Partes ha proveído, como fórmula para asegurar el cumplimiento, la creación de un órgano administrativo dentro del sistema, el Comité de cumplimiento, que consta de una sección de impulso y otra encargada de la ejecución[134]. A esta última corresponde el control y revisión del cumplimiento estatal de lo dispuesto a nivel global a fin de garantizar la integridad medioambiental y económica del comercio mundial de emisiones y en el que los actores privados están llamados a desempeñar un rol significativo.

El Protocolo de Montreal también pretende que la regulación de los actores privados que operan en el mercado sea efectiva; y así, entre otras materias, se ocupa de cuestiones relativas a la racionalización de las industrias que producen sustancias que agotan

---

[133] *Vid.* Sabino Cassese, *supra* nota 120; Giacinto della Cananea, *supra* nota 120.

[134] Decisión de la Conferencia de las Partes 24/CP.7 «Procedimientos y mecanismos relativos a la aplicación del Protocolo de Kioto» en Informe de la Conferencia de las Partes en su Séptima Sesión, celebrada en Marrakesh del 29 de octubre al 10 de noviembre de 2001, Addendum, Parte Segunda: Actuaciones adoptadas por la Conferencia de las Partes, Vol. 3, U.N. Doc. FCCC/CP/2001/13/Add.3 (21 de enero de 2002).

la capa de ozono (SAO), así como del comercio de estas sustancias[135]. Este Protocolo fue uno de los primeros sistemas en materia de medio ambiente, que estableció en su seno un mecanismo de cumplimiento institucional, de naturaleza administrativa, a saber: el Comité de Aplicación, con autoridad para imponer medidas de obligado cumplimiento y eventuales sanciones, aunque en la práctica lleva a cabo una actividad cooperativa y de impulso ante las dificultades en el cumplimiento por parte de los Estados.

En los tres sistemas mencionados, el procedimiento de infracción por incumplimiento se inicia a instancia de los Estados Parte, aun cuando, tanto en el Protocolo de Kioto, como en el de Montreal, las autoridades administrativas del nivel global pueden también iniciar el procedimiento por incumplimiento. El hecho de que sean los Estados los responsables para instar tales procedimientos no es incompatible con el planteamiento de que los actores privados del mercado sean en realidad los sujetos a los que se dirige la regulación en dichos sistemas; los Estados miembros, que efectivamente cumplen las normas y también sus empresas, poseen un evidente interés económico en que se corrijan los incumplimientos por parte de los demás Estados miembros, porque así protegen a sus propias empresas frente a la competencia desleal que ejercen las empresas de los Estados incumplidores.

En el caso de la Organización Internacional del Trabajo (OIT) sí se ha previsto que el procedimiento pueda ser iniciado también a instancia de los agentes no estatales que operan en el mercado, cuando los Estados no implementen o desarrollen las normas emanadas de la OIT. Una asociación de empresarios o un sindicato pueden presentar la correspondiente denuncia ante la Oficina Internacional del Trabajo cuando el Estado miembro no garantice de forma efectiva el cumplimiento de lo dispuesto en los Convenios de la OIT de que sea parte. El Consejo de Administración de la OIT podrá, a su vez, dar traslado de esta denuncia a la representación del Gobierno del Estado contra el que se haya planteado, invitándole a que alegue lo que tenga por conveniente en relación con la materia. Si el Gobierno no realiza declaración alguna dentro de un plazo razonable o si el Consejo de Administración no estima suficientes las alegaciones realizadas, puede proceder a la publicación de la reclamación y también a la publicación de las alegaciones que se hayan ofrecido como respuesta, si se han formulado[136].

c) Sistemas complejos

Muchos de los sistemas analizados previamente poseen tal grado de diferenciación institucional y de juridificación que pueden catalogarse como siste-

---

[135] Sobre el Protocolo de Montreal y su aplicación *vid.* Markus Ehrmann, «Procedures of Compliance Control in International Environmental Treaties», *Colorado Journal of International Environmental Law and Policy*, vol. 13, 2002, p. 377.

[136] Constitución de la Organización Internacional del Trabajo, 28 de junio de 1919, arts. 24, 25, 49, Stat. 2712, 15 U.N.T.S. 35.

mas complejos. Se trata de sistemas que incorporan características singulares relativas a la delegación, a las especialidades normativas y a las potestades administrativas, de modo tal que parece posible que a nivel global pueda tomarse como referencia un Derecho Administrativo al estilo del de los EE.UU.

Un ejemplo de sistema global complejo es aquel en que, primero, la legislación secundaria complementa las normas emanadas por éste; legislación que adoptan los Estados (de ordinario por mayoría), o bien la propia organización administrativa del sistema global; y, segundo, el gobierno de la acción estatal –para ordenar la actividad de los actores del sector privado– corresponde al sistema global, aunque la implementación incumba también a los Estados[137]. Este modelo combina los dos enfoques o perspectivas de los sistemas de regulación internacional formulados con anterioridad: aquellos que regulan directamente a los actores no estatales y aquellos otros que regulan la actuación de los Estados miembros[138].

Algunos ejemplos de esos supuestos son el Protocolo de Montreal, el Protocolo de Kioto, la Organización Mundial de Sanidad Animal (OIE), el Banco Mundial, el sistema de protección de los fondos marinos y, posiblemente, la OIT. En la medida que el OSD de la OMC sea considerado una autoridad administrativa, la OMC también podría incluirse.

Además, algunos de estos sistemas globales presentan un mayor grado de diferenciación institucional y de juridificación porque han establecido también un órgano de control dentro del propio sistema, con competencia, bien sea para revisar las normas secundarias que dictan los órganos administrativos del propio sistema, bien para controlar el cumplimiento de los distintos Estados miembros de la normativa propia del sistema (tanto originaria como derivada), o bien para ambas cosas.

Ejemplos de este tipo de órganos de control los encontramos en el Panel de Inspección del Banco Mundial y en las instituciones de cumplimiento previstas en el Protocolo de Montreal y en el Protocolo de Kioto. Este es también el modelo institucional que en términos generales ha seguido la regulación de la Unión Europea. Hay otros sistemas a nivel global que presentan un grado de complejidad aún mayor y que están investidos de la potestad para incidir directamente en los agentes privados del mercado, así como para regular la acción estatal, sirviéndose de los Estados como si fueran

---

[137] Incluso otro posible planteamiento sería considerar a los tribunales previstos dentro del propio sistema como órganos administrativos que generan normas secundarias que vinculan a los Estados miembros y a las empresas reguladas. Es posible considerar de este modo a tribunales de los propios sistemas, como es el caso del OSD de la OMC. Pero este planteamiento no deja espacio conceptual o institucional a la existencia de un tribunal completamente separado e independiente, excepto en el caso de que existiera un tribunal internacional general competente para controlar las decisiones de los distintos tribunales previstos en cada una de las organizaciones internacionales.

[138] *Vid. supra* Part IV.A.1-2.

organizaciones administrativas llamadas a desarrollar e implementar la regulación de los actores privados. Si se añade a estos modelos la existencia de un tribunal de control dentro del propio sistema el resultado es resultado un alto grado de diferenciación institucional y de juridificación del sistema.

Tal es el modelo que se sigue en los EE.UU., de acuerdo con los programas de «federalismo cooperativo», en cuya virtud, por ejemplo, los Estados ejercen de forma delegada la competencia atribuida para desarrollar y aplicar las leyes ambientales federales, incidiendo así directamente sobre los actores privados; de este modo, a la hora de aplicar la legislación federal, los Estados habrán de observar lo dispuesto por la Agencia de Protección Medioambiental, la EPA, quedando su acción abierta al control jurisdiccional de los tribunales federales. Los sujetos privados también se hallan sometidos a la intervención de la misma Agencia.

El sistema de regulación internacional que más estrechamente se aproxima a este modelo es el Protocolo de Kioto. La Junta Ejecutiva del MDL tiene atribuida la competencia para desarrollar y aplicar normas secundarias que obligan a los Estados miembros y a los actores privados; por su parte, los órganos subsidiarios o subordinados de ejecución y de asistencia técnica responden a ese modelo. Es probable que la evolución de los mecanismos de aplicación del Protocolo de Kioto derive en un tribunal que controle, no sólo el cumplimiento de los Estados miembros, sino también el de los actores privados, y, además, el establecimiento de las normas secundarias que adopta la organización administrativa del propio sistema. Debido a que el buen resultado del comercio internacional de derechos de emisión resulta esencial para el éxito del sistema regulatorio a nivel global, tanto el propio sistema como los Estados que participan en él, se encuentran fuertemente motivados para desarrollar cuantos instrumentos institucionales sean necesarios para atender las necesidades de los agentes que intervienen en el mercado, proporcionando así una mayor previsibilidad jurídica y una rápida solución de diferencias.

Otro factor de complejidad reside en el hecho de que algunos sistemas regulatorios globales han pretendido en mayor o menor medida transformar de algún modo el Derecho Administrativo nacional con la finalidad de hacer más efectivo el desarrollo e implementación, dentro de cada Estado y a través de sus respectivas Administraciones, de las decisiones emanadas de aquél. En ese sentido, los profesores Cassese y della Cananea han puesto de relieve que el sistema de solución de diferencias de la OMC ha establecido un conjunto de criterios que ha de asumir el Estado miembro en su proceso decisorio interno, lo que viene a constituir una suerte de sistema globalizado de Derecho Administrativo a nivel estatal[139].

---

[139] Ver Sabino CASSESE, *supra* nota 120; Giacinto DELLA CANANEA, *supra* nota 120.

Estos escenarios se intensificarán a medida que los ADPIC y el AGCS –a los que antes se ha hecho referencia– se apliquen plenamente. Por otra parte, como se ha observado, estos sistemas de Derecho Administrativo se diseñan para satisfacer una necesidad clara. Y es garantizar una aplicación eficaz de las normas globales dentro de los Estados miembros; su objetivo, en otras palabras, no es otro que conseguir una regulación coherente y eficaz de los agentes públicos y privados que operan en el mercado. Se pueden encontrar sistemas administrativos análogos –en tanto que persiguen asegurar que se obtenga una adecuada aplicación de las normas dictadas más allá del Estado– en el caso del Derecho Administrativo de la UE que se aplica a los Estados miembros, así como en el caso del «federalismo cooperativo» de los EE.UU. Es probable que estas fórmulas surjan asimismo en el marco de otros sistemas de regulación internacional, tales como el Protocolo de Kioto o sus equivalentes, puesto que se basan en una estrategia de producción normativa y de aplicación singular cuya finalidad reside, igualmente, en establecer una regulación uniforme y eficaz para todos los actores del mercado global.

Un último supuesto de complejidad se plantea en aquellos casos en que se observa que sobre un mismo ámbito confluyen distintos sistemas internacionales de regulación de forma interrelacionada.

Entre estos supuestos, se pueden citar la OMC, el Codex Alimentarius, y la OIE en el ámbito de la seguridad alimentaria. Otro caso de interacción se da entre la OMC y el Acuerdo sobre los ADPIC, la Organización de las Naciones Unidas para la Alimentación y la Agricultura, la Organización Mundial de la Propiedad Intelectual, y el Grupo Consultivo sobre Investigación Agrícola Internacional en materia de tratamiento de recursos genéticos vegetales[140].

Estos últimos sistemas, tan complejos, denotan que las competencias y funciones son en parte independientes y en parte compartidas, estableciéndose así una especie de separación de poderes a nivel global. Las implicaciones que ello genera para la construcción de un Derecho Administrativo están aún pendientes de resolución y análisis.

Esta diversidad de escenarios, en los que se ha esbozado la complejidad institucional y jurídica que les es inherente, pone de manifiesto la existencia de un amplio y relevante campo para una más profunda investigación. Un análisis sistemático y comparado de los sistemas internacionales de regulación más importantes, que diseccione las distintas clases de estructuras, como las apuntadas en el presente capítulo, sería de gran valor tanto para analizar su potencial para la construcción de un Derecho Administrativo Global, como también, en términos más generales, para el estudio de las instituciones regulatorias globales.

---

[140] Kal RAUSTIALA; David VICTOR, «The Regime Complex for Plant Genetic Resources», *International Law Organization*, vol. 58, 2004, p. 277.

2. IMPLICACIONES QUE TIENEN LAS ESTRUCTURAS DE LOS DISTINTOS APARATOS O SISTEMAS GLOBALES PARA LA CONSTRUCCIÓN DE UN DERECHO ADMINISTRATIVO A NIVEL GLOBAL Y PARA EL EJERCICIO DE FUNCIONES REGULATORIAS

a) ELEMENTOS DE DERECHO ADMINISTRATIVO PRESENTES EN LOS DIFERENTES SISTEMAS DE REGULACIÓN INTERNACIONALES: MODELOS Y CARACTERÍSTICAS EMERGENTES

Entre los elementos básicos o esenciales del Derecho Administrativo cabe destacar la transparencia y el acceso a la información; la participación en los procedimientos decisorios mediante la formulación de alegaciones (a través de las que se presentan información, análisis, opiniones y puntos de vista); la motivación razonada de las decisiones; el enjuiciamiento a cargo de un órgano independiente desde la perspectiva de la legalidad; y el recurso por parte de ese órgano a parámetros o tests de carácter sustantivo, como el principio de proporcionalidad, y la relación racional entre medios y fines, para examinar el acto o norma sometido a su consideración. El Derecho Administrativo norteamericano contiene esos elementos y los ha construido de una manera particularmente sólida[141].

Como cabía esperar, los sistemas regulatorios complejos que traen su origen en tratados y cuentan con un alto grado de institucionalización y juridificación, y, además, disponen de organizaciones administrativas propias y bien desarrolladas, tienden a asumir esos elementos característicos del Derecho Administrativo. El impacto del sistema global sobre los sujetos privados que operan en el mercado y sobre las actividades de las ONG también constituye un factor relevante en tal sentido.

Se ha producido un avance considerable y un notable crecimiento de las ONG internacionales en los últimos años, a consecuencia de la presión ejercida por éstas para lograr una mayor transparencia y participación en los sistemas de regulación internacional. Asimismo, las ONG estadounidenses y de otros muchos países, frustradas ante las escasas posibilidades de influencia sobre la regulación internacional a través de los canales políticos o administrativos existentes dentro del Estado, han cambiado el punto de mira y han comenzado a concentrarse en el nivel global, reivindicando una mayor transparencia, participación y control de los sistemas regulatorios internacionales. Sin embargo, la atención prestada por las ONG a nivel internacional ha sido selectiva y

---

[141] *Vid. supra*, Parte II. Se encuentra más allá del alcance de este artículo la catalogación o el análisis del alcance con el que estos elementos de Derecho Administrativo han sido asumidos por los diferentes sistemas de regulación internacional. Estas cuestiones forman parte del programa de investigación del Proyecto de la Universidad de nueva York sobre Derecho Administrativo Global. *Vid.* http://www. iilj.org/global_adlaw/index.html. (última visita el 21 de marzo de 2005. En los archivos de *Law and Contemporary Problems*).

desigual. Por ejemplo, han prestado particular atención a instituciones como el Banco Mundial, la OMC y el Codex, respecto de las que han hecho propuestas de reforma, mientras que se han ocupado menos de instituciones acaso igualmente importantes, como el FMI y la regulación bancaria.

La participación en los procedimientos administrativos decisorios de los sistemas globales ha progresado considerablemente en algunos de los sistemas internacionales, originados en tratados, con una estructura relativamente compleja, y dotados, por lo demás, de autoridades y estructuras administrativas consolidadas.

Tal es el caso, por ejemplo, del Codex, la OIE, el Protocolo de Montreal y el Protocolo de Kioto, a los que ya se ha hecho referencia. Las decisiones que tales sistemas adoptan resultan de gran importancia e interés, tanto para las empresas multinacionales como para las ONG, que han venido presionando de forma intensa para alcanzar una mayor transparencia y derecho a una participación real y efectiva. Así, por ejemplo, el Convenio CITES* ha impulsado en enorme medida la transparencia y la participación, principios éstos en los que se han empeñado las ONG ambientales. Sin embargo, ninguno de estos sistemas globales ha establecido un órgano de control similar a los órganos judiciales o a los tribunales administrativos existentes a nivel interno. Así, la OIE, el Codex, y CITES carecen de órgano de control. El mecanismo de incumplimiento del Protocolo de Montreal** asiste y asesora a los Estados miembros para asegurar la consecución de los objetivos y de las decisiones adoptados. El mecanismo de incumplimiento del Protocolo de Kioto, en proceso de elaboración al escribir estas líneas, no se ha planteado inicialmente la función revisora en el marco de la MDL***.

El Codex constituye un buen ejemplo en lo que hace a la experiencia adquirida respecto de la transparencia y la participación en los últimos años. Creado en 1962 por la Organización para la Agricultura y la Alimentación (OAA; FAO en inglés) y la Organización Mundial de la Salud (OMS), es el organismo responsable de elaborar y aprobar las normas de seguridad alimentaria en lo que respecta a la salud humana. Hasta que no se aprobó el Acuerdo sobre la Aplicación de Medidas Sanitarias y Fitosanitarias (Acuerdo MSF)**** en 1994, el Codex se encontraba al margen de la mirada o

---

* Por ejemplo, sobre Convención sobre el comercio internacional de especies amenazadas de fauna y flora silvestres, puede verse http://www.cites.es/es-ES/Paginas/default.aspx. (N. del E.).

** Así, el artículo 8 del Protocolo establece que: «Las Partes, en su primera reunión, estudiarán y aprobarán procedimientos y mecanismos institucionales para determinar el incumplimiento de las disposiciones del presente Protocolo y las medidas que haya que adoptar respecto de las Partes que no hayan cumplido lo prescrito». Y sobre las decisiones a este respecto adoptadas en 2007, con posterioridad a la confección del presente artículo, puede verse: http://ozone.unep.org/Meeting_Documents/impcom/MOP_decisions_on_NCP.pdf (N. del E.).

*** Pese a la afirmación del texto, ha de tenerse en cuenta que posteriormente ha sido aprobado un mecanismo de cumplimiento, compuesto de dos órganos, uno dedicado al asesoramiento y a la asistencia; y otro a determinar y a establecer consecuencias de un eventual incumplimiento. Véase http://unfccc.int/kyoto_protocol/compliance/items/3024.php, así como http://unfccc.int/bodies/items/6241.php (N. del E.).

**** Sobre el tema, puede verse http://www.fao.org/docrep/003/x6730s/X6730S05.HTM; y para el texto del Acuerdo: https://www.wto.org/spanish/tratop_s/sps_s/spsagr_s.htm.

escrutinio públicos, porque las normas que establecía carecían de carácter vinculante. Por tal razón, no despertaba demasiado interés entre los afectados, ni se le prestaba demasiada atención por parte de los medios de comunicación[142]. Era, sobre todo, un foro de carácter tecnocrático compuesto por expertos gubernamentales. El relativo anonimato del Codex concluyó en cuanto se aplicó el citado Acuerdo MSF, porque mediante él se establecieron fuertes incentivos para que los Estados miembros de la OMC asumiesen las normas del Codex, de tal modo que si las hacían propias se convertían en un «puerto seguro», que los protegía frente a eventuales actuaciones por parte de la OMC[143]. Ello incrementó el interés por parte de las ONG sobre la actividad del Codex. Muchas de ellas solicitaron y obtuvieron la condición de observadoras, mientras que otras consiguieron que sus representantes formaran parte de las delegaciones nacionales para hacer valer sus puntos de vista en la formación de la voluntad y en la toma de decisiones que eventualmente se adoptaran sobre regulación en el seno de los órganos administrativos del Codex.

En otros sistemas globales, como sucede con el Banco Mundial, las organizaciones de derechos humanos y la OIT, los actores no estatales pueden iniciar a instancia de parte los procedimientos de revisión ante los correspondientes órganos de control. En el caso de la OIT y de los sistemas de protección de los derechos humanos, el objeto del control son los Estados mismos, ya que tienen como finalidad inmediata garantizar el cumplimiento de la acción estatal[144]. Los sistemas que se ocupan de los derechos humanos carecen de una organización administrativa propia y desarrollada. Por el contrario, la OIT se basa en un modelo corporativista. Estos casos difícilmente pueden evolucionar hacia un sistema de Derecho Administrativo como el de EE.UU. En el supuesto del Banco Mundial, en cambio, el control se dirige a garantizar que la propia organización administrativa del Banco cumple lo que se haya dispuesto, como ya notábamos; y es que esta organización tiene atribuidas importantes competencias en orden a dictar normas secundarias y a implementarlas. En supuestos como este, sí se da una situación propicia para una ulterior implantación de un sistema de Derecho Administrativo.

Paralelamente al desarrollo del Panel de Inspección, el Banco Mundial también ha adoptado medidas para promover la transparencia y la participación a través de las consultas con respecto tanto a las políticas generales, como a los principales proyectos de desarrollo financiados por el Banco. La interacción entre estos instrumentos de participación y el control que ejerce el Panel de Inspección, sin embargo, requiere una mayor profundización. El Banco se halla, por tanto, en una fase relativamente avanzada del Derecho Administrativo, si bien se encuentra todavía lejos de asimilar todos los elementos de un modelo como el de los EE.UU. Resulta sorprendente que el avance del Derecho Administrativo en el FMI, una organización hermana dentro del sistema de Bretton Woods, con una estructura de gobierno muy similar, sea todavía tan rudimentario. En qué medida esta divergencia pueda obedecer a las diferencias existentes en las

---

[142] Sin embargo, el Codex facilitó la posibilidad a determinadas empresas para que participaran en sus trabajos. *Vid.* Codex Alimentarius Commission, *NGO Participation, available* en http://www.codexalimentarius.net/ngo_participation.stm [en adelante NGO Participation]. (Última visita el 21 de marzo de 2005. En los archivos de *Law and Contemporary Problems.*)

[143] Terence P. Stewart; David S. Johanson, «The SPS Agreement of the World Trade Organization and International Organizations: The Roles of the Codex Alimentarius Commission, the International Plant Protection Convention, and the International Office of Epizootics», *Syracuse Journal of International Law and Commerce*, vol. 26, 1998, pp. 41-43.

[144] *Vid. supra* Livshiz, nota 51, pp. 4, 21.

materias objeto de regulación o se deba, por el contrario, a otros factores, constituye otro tema urgido de un ulterior análisis[145].

La OMC constituye un supuesto de los sistemas globales que traen su causa de un tratado y que carece de una organización administrativa con la autoridad de dictar e implementar normas secundarias o derivadas. Esa función, por el contrario, se halla en manos del Órgano de Solución de Diferencias (OSD)*. Como ya se ha observado, el OSD ha visto incrementadas con el tiempo sus funciones de carácter regulador y administrativo, lo cual, probablemente, resulte inevitable, habida cuenta de la ausencia de un órgano administrativo consolidado en el seno de la OMC. De esta forma, el Órgano de Apelación ha tratado de servirse del sistema de solución de diferencias en punto al cumplimiento estatal para avanzar así la construcción de un sistema de normas y de procedimientos sistémicos que permitan el gobierno del comercio global, lo que supone al mismo tiempo la creación de un Derecho Administrativo Global dirigido a las Administraciones de los Estados miembros, cuyas decisiones se hallan en el radio de acción del sistema regulatorio de la OMC. Inevitablemente, las ONG (y en mucho menor medida las empresas interesadas, que, con frecuencia, consideran que sus respectivos Gobiernos las representan adecuadamente) han impulsado el aumento de transparencia y de participación para poder supervisar e influir así ante el OSD, cuando éste desempeña las funciones de naturaleza administrativa que tiene atribuidas y a las que antes se ha hecho referencia. Sin embargo, habida cuenta de que el OSD actúa como un tribunal, este esfuerzo se ha centrado en la presentación de opiniones en forma de *amicus curiae*, lo cual, por cierto, resulta controvertido porque los países en vías de desarrollo temen que a través de esa vía las ONG occidentales influyan sobre el OSD de manera desproporcionada[146]. Los Tribunales para la Solución de Controversias establecidos de conformidad con el Capítulo 11 del TLCAN y los tratados bilaterales de inversiones, a los que también se ha hecho referencia**, y que regulan las demandas de los inversores frente a expropiaciones legislativas (entre otros supuestos), se han visto también sometidos a presiones similares por parte de las ONG, a fin de alcanzar una mayor transparencia en los procedimientos decisorios, y de que se les admitan las cartas en calidad de *amicus curiae* –puesto que los tribunales arbitrales han asumido ciertas funciones de naturaleza administrativa, entre las que destaca la construcción de un sistema de Derecho Administrativo cuyo objeto y destinatario es a la postre el regulador nacional[147].

---

[145] Para un debate sobre la situación de los mecanismo de control y el FMI y el Banco Mundial, *vid.* Dana L. CLARK, «The World Bank and Human Rights: The Need for Greater Accountability», *Harvard Human Rights Journal*, vol. 15, 2002, p. 205; John W. HEAD, «Seven Deadly Sins: An Assessment of Criticisms Aimed at the International Monetary Fund», *University of Kansas Law Review*, vol. 52, 2004, p. 521; John W. HEAD, «For Richer or For Poorer: Assessing the Criticisms Directed at the Multilateral Development Banks», *University of Kansas Law Review*, vol. 52, 2004, p. 241; Ngaire WOODS, «Making the IMF and the World Bank More Accountable», *International Affairs*, vol. 77, 2001, p. 83.

* https://www.wto.org/spanish/tratop_s/dispu_s/dispu_s.htm.

[146] Steve CHARNOVITZ, «Opening the WTO to Nongovernmental Interests», *Fordham International Law Review*, vol. 24, 2000, pp. 173, 214-215; Steve CHARNOVITZ, «Participation of Nongovernmental Organizations in the World Trade Organization», *University of Pennsylvania Journal of International Law*, vol. 17, 1996, pp. 331, 348-353.

** *In extenso*, capítulo undécimo.

[147] *Vid.*, e.g., Fulvio FRACASSI, «Confidentiality and NAFTA Chapter 11 Arbitrations», *Chicago Journal of International Law*, núm. 2, 2001, p. 213.

Otros sistemas de regulación global con origen en tratados internacionales siguen un modelo de gobernanza de carácter estadocéntrico, con pocos elementos de Derecho Administrativo, pese a que cuenten con organizaciones administrativas de cierta importancia.

Tal es el caso, por ejemplo, del FMI y del Comité 1267 del Consejo de Seguridad. Ello también puede predicarse de muchas de las redes regulatorias globales, entre las que se incluyen las dedicadas a la defensa de la competencia, a la reducción de la deuda de los países en desarrollo (Club de París), y al blanqueo de dinero (Grupo de Acción Financiera Internacional). Sin embargo, otras redes regulatorias han comenzado a desarrollar instrumentos que de forma significativa favorecen la transparencia y la participación. Por ejemplo, el Comité de Basilea, que se ocupa de la regulación bancaria, aprobó inicialmente sus primeras normas en materia de seguridad bancaria a través de un proceso cerrado, como si de un «club» se tratase. Sin embargo, en la segunda versión de esos requisitos, como ya notábamos, el procedimiento se hizo más abierto y participativo, con una página web en la que se podía acceder a los borradores y materiales relevantes, y hacer alegaciones[148]. La Organización Internacional de Comisiones de Valores (OICV)*, un club internacional de reguladores de los mercados de valores, ha seguido un camino análogo[149]. El sistema de cooperación internacional en materia de regulación de productos químicos ha constituido asimismo un complejo sistema de gobernanza que integra numerosos comités de expertos y que, además, ofrece la posibilidad de participación a las ONG, como sucede, por ejemplo, respecto a los productos sometidos a experimentación animal[150]. Estos avances resultan atribuibles en parte al deseo de los sistemas globales de ver incrementada su legitimidad mediante la participación de grupos externos, así como a la voluntad de obtener información y observaciones para mejorar la calidad de sus actividades regulatorias, o una combinación de ambas finalidades. Hasta ahora, sin embargo, debe decirse que todavía no se ha producido una diferenciación institucional o un desarrollo del Derecho Administrativo –o se ha producido de forma muy limitada– en los sistemas de cooperación horizontal para el reconocimiento mutuo o las recomendaciones de equivalencia regulatoria.

B) ¿UN DERECHO ADMINISTRATIVO «*LIGHT*»?

La visión panorámica que se ha desplegado hasta aquí pone de manifiesto que, para construir un Derecho Administrativo de carácter análogo al norteamericano en el plano de los sistemas de regulación internacional, es necesario un grado relativamente alto de diferenciación institucional, de juridificación y de complejidad organizativa, lo que con frecuencia, aunque no siempre, va unido a una perspectiva de la regulación propia de un análisis regulatorio o

---

[148] *Vid. supra* Zaring, nota 94, pp. 28-32.

* IOSCO, en inglés: https://www.iosco.org/.

[149] *Vid. idem*, pp. 18-20.

[150] *Vid.* James Salzman, «Decentralized Administrative Law in the Organization for Economic Cooperation and Development», *Law and Contemporary Problems*, Vol. 68 (verano/otoño), 2005, pp. 191.

legislativo. El contexto más favorable para la adopción de la mayor parte de los elementos que son propios del Derecho Administrativo parece que es aquel en que una organización regulatoria global posee organizaciones u órganos administrativos con una relevante potestad normativa y un órgano independiente de control y revisión, como en el caso del Banco Mundial, aun cuando se han producido avances significativos en la creación de sistemas de Derecho Administrativo, como en el caso del Codex, donde no hay funciones de control y revisión.

Otra condición favorable para el desarrollo del Derecho Administrativo la proporcionan las Administraciones internas cuando aplican la normativa que elaboran o implementan las propias organizaciones administrativas o los tribunales de carácter global, señaladamente cuando los ordenamientos jurídicos internos cuentan con controles independientes. Así es como se generan los presupuestos o condiciones previos que requieren las instituciones globales para que los Gobiernos nacionales incorporen determinados elementos de Derecho Administrativo Global a fin de asegurar una efectiva y sólida implementación del Derecho regulatorio de carácter global.

En este sentido, destacan la OMC y su OSD, que lidera iniciativas de esta índole, en virtud de Acuerdos como el de Aplicación de Medidas Sanitarias y Fitosanitarias (Acuerdo MSF), de Derechos de Propiedad Intelectual relacionados con el Comercio (ADPIC), y el AGCS. Con todo, los tribunales arbitrales de inversión[*] y el Banco Mundial (con iniciativas como la «buena gobernanza») comienzan a producir impactos similares.

Sin embargo, ni siquiera los sistemas de Derecho Administrativo de las instituciones reguladoras mundiales que se encuentran más evolucionadas, como es el caso del Banco Mundial o del Codex, contienen todos los elementos que son propios del Derecho Administrativo, con el grado de desarrollo y madurez que pueden tener en los EE.UU., y en otros países avanzados. La evolución del Derecho Administrativo es significativa, desde luego, en muchos de los sistemas globales que tienen su origen en tratados internacionales, y en algunas redes de reguladores nacionales, aunque casi siempre sin un órgano independiente de control. En cambio, el nivel alcanzado, en lo que a la instauración de un Derecho Administrativo se refiere, en otros sistemas basados en tratados, o en redes, y en la inmensa mayoría de las fórmulas horizontales de reconocimiento mutuo o de equivalencia, es muy rudimentario en términos generales, en el mejor de los casos. Prácticamente no existen órganos jurisdiccionales independientes a nivel global. Falta, en consecuencia, un elemento esencial para el Derecho Administrativo propio de numerosos países.

---

* Véase el capítulo undécimo (N. del E.).

Tradicionalmente, en el Derecho Internacional, los Estados se han mostrado muy reticentes a establecer tribunales independientes fuertes, con potestades para enjuiciar la conformidad y el cumplimiento con las normas que integran el régimen internacional. La OMC, la Convención de las Naciones Unidas sobre el Derecho del Mar (CDM) y algunos tribunales de derechos humanos se encuentran entre las excepciones más notables. Hay un menor rechazo a los medios independientes de control de las decisiones que proceden de la organización administrativa del propio sistema global, situado éste a modo de contraposición con los Estados miembros, aunque, en todo caso, resulta escasa la presencia de tales órganos de control, como se ha visto. Ello significa que por ahora el Derecho Administrativo de los sistemas o aparatos globales tendrá que construirse probablemente sin la presencia de órganos jurisdiccionales, o de órganos de control independientes.

Teniendo en cuenta tales circunstancias, ¿podrían proyectarse con éxito algunos elementos y funciones que caracterizan el Derecho Administrativo de los EE.UU. –y que no requieran la existencia de una autoridad fuerte e independiente de control– sobre los sistemas de regulación global menos diferenciados institucionalmente? Entre estos elementos sobresalen el derecho de acceso a la información y otros instrumentos que garanticen la transparencia del proceso decisorio a nivel global, sea de sus órganos legiferantes, de los órganos administrativos o de los de control; publicidad y amplia participación en esos procedimientos para hacer alegaciones; así como otros medios de participación ante otras fórmulas organizativas, como la asistencia a reuniones en las que se adoptan decisiones o se toman entre los miembros de un órgano de carácter consultivo o decisorio. Estos mecanismos podrían generar un alto grado de sensibilización* hacia esos intereses sociales y económicos –a nivel interno y global– que se articulan orgánicamente con la capacidad para aprovechar esos canales de participación a fin de supervisar e influir en las decisiones que se adoptan a nivel global. Ahora bien, esas vías no aseguran por sí mismas la dación de cuentas en términos de legalidad (*legality accountability*); más bien, al contrario, podrían representar una forma de socavar o reblandecer la legalidad, como la experiencia de las negociaciones regulatorias en los EE.UU. parece sugerir[151].

Desde la perspectiva de los EE.UU., este planteamiento representa, en el mejor de los casos, un «Derecho Administrativo *light*». Poniendo el énfasis más en el control de los intereses que en el control de la legalidad se invierte *de facto* el orden de los principios y las prioridades que son propios del Derecho Administrativo de los EE.UU., en el que se da primacía a la sujeción de la Ad-

---

* Véase el capítulo quinto (N. del E.).

[151] *Vid.* William FUNK, «When Smoke Gets in Your Eyes, Regulation, Negotiation and The Public Interest—EPA's Woodstove Standards», *Environmental Law*, Vol. 18, 1987, pp. 55 y ss.

ministración a la Ley y al Derecho –a la Constitución, a las leyes y a las normas de la propia agencia– sobre el control a que puedan someterse de las potestades discrecionales[152]. Es más, podría incluso cuestionarse que los instrumentos que no propenden a asegurar la legalidad de la acción administrativa pertenezcan en realidad al Derecho Administrativo; se podría decir que en el mejor de los casos estaríamos ante instrumentos de gobernanza administrativa. Más allá de la función de los tribunales para velar por la legalidad de la acción administrativa, en los EE.UU., en las últimas décadas, a los jueces se les ha asignado una función que se considera preeminente. Y que es la de ejercer un control más estricto o intenso de la discrecionalidad de las agencias (*hard look review*) y la de garantizar que éstas motivan de forma razonada las opciones políticas que han llevado a cabo, a la luz de los distintos intereses en juego y de los datos y análisis subyacentes. La existencia de otros instrumentos institucionales y procedimentales tampoco ha sido considerada por sí sola suficiente para cumplir con las exigencias de la democracia deliberativa en el contexto de regulación administrativa. Sin embargo, tal como se ha observado antes, en el marco institucional internacional, los Estados se han mostrado en general muy reticentes a crear, o a transferir, competencias a otras organizaciones para que declaren con autoridad si se ha respetado la legalidad o para controlar el ejercicio de las potestades discrecionales que llevan cabo los sistemas globales dotados de la potestad de establecer normas secundarias o derivadas.

Sería demasiado provinciano pensar que no puede darse un auténtico y genuino sistema de Derecho Administrativo sin la existencia de un control judicial semejante al que se ha desarrollado en los EE.UU., o en los modelos europeos de Derecho Administrativo. Es más, en realidad, ya en el ámbito interno se presentan no pocos desafíos, como el que deriva de las redes, más o menos informales, de reguladores dentro de los EE.UU., puesto que las estrategias que éstas desarrollan no se corresponden con las propias del modelo tradicional de Derecho Administrativo, basado en un esquema de regulación caracterizado por el «ordeno y mando» (*command and control strategies of regulation*)[*153]. En Europa se han suscitado problemas análogos. Ahora bien, ha de reconocerse que hasta el momento no se ha construido ningún sistema de Derecho Administrativo que se fundamente en exclusiva en el control y rendición de cuentas ante los valores e intereses sociales –a través de instrumentos de transparencia

---

[152] Este orden de preferencias se refleja en las decisiones judiciales sobre el alcance de lo que está sujeto a control (*reviewability*). Los tribunales son mucho más reacios a considerar que una actuación de una agencia no es controlable cuando se alega que viola la Constitución o el contenido de una Ley que cuando se recurre por abuso del ejercicio de potestades discrecionales.

* Sistema éste más rígido y piramidal, de arriba hacia abajo, concebido en términos imperativos. Sobre esta expresión y categorías equivalentes, véanse las notas de editor de los capítulos segundo y tercero. (N. del E.).

[153] *Vid. supra* STEWART, Administrative Law in the Twenty–First Century, nota 36.

y participación–, con menoscabo o en detrimento de tribunales con un importante peso específico. No obstante, como nos recuerdan Grant y Keohane, existen otros muchos mecanismos de control más allá del Derecho que pueden aplicarse a los sistemas globales, como son el control jerárquico, de supervisión, fiscal, del mercado, por pares o la reputación pública[154]. Es muy posible que una combinación de mecanismos de transparencia y participación y de mecanismos de responsabilidad o rendición de cuentas, pueda funcionar con éxito, aunque no exista un control independiente de la legalidad.

c) Perspectivas sobre el futuro desarrollo del Derecho Administrativo en los sistemas de regulación global

La experiencia de los países industrializados pone de manifiesto que la necesidad de una especialización institucional, con presencia de órganos administrativos y órganos de control, se incrementa, en términos generales, a medida que se intensifica la regulación. La mayor densidad de la regulación en el ámbito global exige la elaboración de normas y modalidades de implementación más complejas y detalladas. Ello urge también a una constante obtención de información, de análisis y de evaluaciones sobre la forma en que funciona cada sistema global, y a una mejor capacidad de maniobra que permita rápidas adaptaciones en función de las circunstancias, para mejorar la eficacia del sistema. Tal es la razón por la que los órganos legislativos crean organizaciones administrativas instrumentales o subsidiarias, a las que les delegan funciones y competencias para la elaboración, actualización, e implementación de normas regulatorias. Tales delegaciones suponen al mismo tiempo una invitación a crear órganos de revisión, que, primero, controlen y supervisen que esas organizaciones subordinadas actúan de conformidad con lo establecido al más alto nivel, con respeto de los términos de la delegación, y, segundo y en última instancia, que sean capaces de promover una actuación administrativa imparcial y razonablemente previsible.

Las experiencias europea y de los EE.UU. sugieren que la necesidad de la diferenciación institucional y de juridificación en la Administración reguladora en el plano global se hace particularmente acuciante en aquellos sistemas que actúan en dos niveles y en los que la regulación del nivel superior pretende hacer frente a los problemas de la diversidad que derivan de la descentralización normativa representada en los múltiples niveles inferiores; se procura así asegurar un «nivel de campo de juego» regulatorio que resulte análogo para todas las empresas privadas que compiten en un mercado común. Hay razones para pensar que esta misma lógica funcional e institucional podría operar también

---

[154] *Vid. supra* Grant & Keohane, nota 5.

en el ámbito global, a la hora de abordar problemas como el cambio climático, la alimentación, la seguridad de los productos químicos, y muchos otros temas objeto de regulación global. Si ello sucede, cabe esperar que se produzca una mayor diferenciación institucional y juridificación de los sistemas de regulación global, con el consiguiente crecimiento del Derecho Administrativo Global, tanto en el plano global, como en el interno o estatal.

Sin embargo, la experiencia vivida en los EE.UU. y en la UE no necesariamente ha de resultar extrapolable de forma mimética o automática al contexto global, puesto que éste posee características políticas e institucionales bien diferentes*. En el ámbito global, hay otros esquemas organizativos que pueden resultar en términos de funcionalidad y eficacia superiores, o los únicos posibles en el contexto de las estructuras políticas y de las relaciones internacionales imperantes. Así, podría suceder con los métodos de cooperación de carácter informal que trabajan para la consecución de objetivos comunes, tales como las redes regulatorias y la cooperación transnacional entre reguladores para el mutuo reconocimiento o la búsqueda de la equivalencia. Como ya notábamos, esos sistemas globales menos formales no son tan proclives a la formación del Derecho Administrativo. A ello se añade que las organizaciones y redes, tanto privadas, como híbridas (público–privadas) están llamadas a ejercer un papel muy significativo en lo que hace al establecimiento de estándares técnicos a nivel global para la elaboración de productos o la prestación de servicios, la creación de sistemas de etiquetado y de programas regulatorios, con el objetivo, por ejemplo, de asegurar que la producción maderera, las prendas de vestir, el café y otros productos coinciden con las preferencias medioambientales y laborales de los consumidores, regulando asimismo servicios en áreas tales como la contabilidad. Tales sistemas globales, y sus correspondientes organizaciones a nivel interno estatal, suscitan nuevos retos para los sistemas nacionales de Derecho Administrativo, basados en esquemas de producción normativa y de actos administrativos**[155].

Tanto los factores capaces de condicionar e influir sobre las estructuras regulatorias globales, como la asunción de elementos de Derecho Administrativo, constituyen, en realidad, cuestiones de carácter político y funcional.

---

* Sobre el tema, véanse los capítulos segundo y tercero de la presente obra colectiva. (N. del E.).

** El Derecho Administrativo clásico se ha centrado en el ejercicio de autoridad (potestades administrativas), desde una perspectiva material, y ha girado en torno al Ejecutivo y la Administración, desde una perspectiva subjetiva. La acción de sujetos privados, que no son Administración, y que no ejercen potestades administrativas, encaja mal con el conjunto de conceptos e instrumentos del Derecho Administrativo. Sobre estas cuestiones, pueden verse algunas de las aportaciones que abordan esta temática en la sociedad ICON-S (http://icon-society.org/), señaladamente los working papers (http://icon-society.org/site/workingpapers). Véase en particular la nota siguiente del autor para mayor abundamiento (N. del E.).

[155] *Vid. supra* STEWART, *Administrative Law in the Twenty-First Century*, nota 36.

Se ha de examinar, en consecuencia, dentro de las distintas clases de sistemas regulatorios que se sitúan a nivel global, qué incentivos tienen los Estados para delegar o transferir competencias y, por tanto, para perder un cierto grado de control sobre las decisiones, el contenido y la aplicación de las normas del sistema. Igualmente, la función y los incentivos que se les asignen a los actores no estatales respecto a esas decisiones son de vital importancia desde muchos puntos de vista[156]. A pesar de que estos temas se han estudiado en profundidad en el contexto nacional de los EE.UU. y, en menor medida pero de forma creciente en Europa[157], la investigación social acaba de empezar a abordarlas por lo que respecta a los sistemas internacionales.

V. CONCLUSIÓN

Este capítulo se ha ocupado de explorar la posible utilidad que el sistema del Derecho Administrativo presenta –en particular, la de aquellos sistemas de Derecho Administrativo análogos al norteamericano– para disciplinar jurídicamente las instituciones globales. A tal efecto, se han tenido en cuenta diversas perspectivas: la formación de un Derecho Administrativo de abajo hacia arriba e, inversamente, de arriba hacia abajo. La extensión e intensidad de la regulación a nivel global y el avance de las funciones e instituciones administrativas a nivel global seguirán en aumento con el paso del tiempo. Tales tendencias traerán como consecuencia una mayor atención hacia el Derecho Administrativo, con el objeto de extraer de él el instrumental necesario para hacer controlables y responsables a los sistemas regulatorios globales. A no ser que esos sistemas evolucionen más rápido de lo que lo han hecho hasta ahora para incorporar tales mecanismos, es probable que presenciemos la proyección, por un medio u otro, de las garantías y exigencias propias del Derecho Administrativo *nacional* –como son el control judicial, la participación y la transparencia, la motivación de las decisiones, entre otras– a las decisiones que desde ellos se adopten. Este fenómeno contribuirá a impulsar la formación del Derecho Administrativo dentro de las organizaciones regulatorias que se mueven a nivel global. Paralelamente, al mismo tiempo, algunos sistemas de regulación global continuarán creando criterios de Derecho Administrativo dirigidos a los Estados miembros, de modo que sus procedimientos administrativos decisorios se acomoden a ese Derecho Administrativo esta-

---

[156] *Vid. supra* Benvenisti, *The Interplay Between Actors*, nota 36.

[157] *Vid.* Francesca Bignami, «Creating Rights in the Age of Global Governance: Mental Maps and Strategic Interests in Europe», *Columbia Journal of European Law*, Vol. 11, 2005.

blecido desde arriba*. A su vez esa evolución tendrá un efecto de ida y vuelta, puesto que lo que exija cada sistema global a sus Estados miembros, le será exigible a éste. Y es que será cada vez más difícil para los organismos reguladores globales resistirse a las garantías del Derecho Administrativo que ellos mismos imponen a los Estados miembros.

Sin embargo, la formación del Derecho Administrativo Global no es en modo alguno un proceso que avance de forma inexorable. Habida cuenta de que el Derecho Administrativo –especialmente en los EE.UU. y en otros países avanzados–, al menos en la forma en que ha sido concebido tradicionalmente, depende en buena medida de que se dé un grado relativamente alto de diferenciación institucional y de juridificación, la cuestión clave reside justamente en este punto, a saber: si las instituciones regulatorias internacionales avanzarán en la dirección indicada, hacia una mayor complejidad institucional y una formalización jurídica más elaborada. ¿Harán uso estas instituciones de un esquema más ambicioso e incisivo, en torno a modelos de regulación basados en el binomio legislación-aplicación (*statutory–adjudicatory systems of regulation*)? Porque si es así, cabrá esperar que esas estructuras traigan consigo un sistema de Derecho Administrativo más evolucionado y complejo, que se inspire en, y recuerde a, los sistemas jurídico–administrativos de los países avanzados. Si, por el contrario, continúan proliferando las redes regulatorias relativamente informales y los métodos horizontales de cooperación regulatoria, así como las organizaciones privadas y público-privadas, nos encontraremos con estructuras administrativas globales, que, como se ha notado, son menos receptivas a los esquemas del Derecho Administrativo análogos a los tradicionales. En igual sentido, resultan determinantes los incentivos que tanto los Estados como los actores no estatales más poderosos reciben para crear un Derecho Administrativo Global en los diversos sectores de la regulación.

Una última cuestión que ha de destacarse es la relativa a la posible relación, si es que ésta se puede establecer, entre Derecho Administrativo Global y democracia**[158]. De entrada, no parece realizable en la actualidad una democracia representativa basada en un cuerpo electoral a nivel global. Tampoco parece viable un planteamiento comunitario de la democracia a nivel global basado en las entidades de la sociedad civil. No obstante, la formación de un Derecho Administrativo Global –en ambas direcciones (de abajo hacia arriba y de arriba hacia abajo)– podría servir para fortalecer la democracia representativa a nivel

---

* En defensa y garantía de la eficacia de las normas adoptadas a nivel global y de la uniformidad. (N. del E.).

** Sobre el tema, véanse en particular los capítulos segundo, tercero, y, sobre todo, decimotercero. (N. del E.).

[158] *Vid.* Robert Howse, «Transatlantic Regulatory Cooperation and the Problem of Democracy», en George A. Bermann, Matthias Herdegen; Peter L. Lindseth (eds.), *Transatlantic Regulatory Cooperation: Legal Problems and Political Prospects*, 2000, p. 469.

nacional, al conseguir que las instituciones y las decisiones de carácter regulatorio que éstas toman a nivel global resulten más visibles y se sometan a un escrutinio y revisión eficaz dentro de los sistemas políticos nacionales y, de este modo, se promueva la dación de cuentas de los responsables internacionales de la regulación[159]. Los sistemas de Derecho Administrativo Global también podrían contribuir a la implantación de la democracia deliberativa en los aparatos de regulación global, aunque tanto los elementos que integran esta forma de democracia, como las condiciones para que ésta resulte efectiva se encuentren aún en un estado incipiente*.

---

[159] *Vid. supra* SLAUGHTER, A New World Order, nota 7, pp. 231-237.

* Véase *in extenso* el capítulo decimotercero. (N. del E.).

SEGUNDA PARTE

PRINCIPIOS: RENDICIÓN DE CUENTAS, PARTICIPACIÓN, TRANSPARENCIA, MOTIVACIÓN, Y CONTROL

LA FALTA DE PONDERACIÓN DE LOS INTERESES AFECTADOS EN LA GOBERNANZA REGULATORIA A NIVEL GLOBAL Y SUS REMEDIOS: RENDICIÓN DE CUENTAS, PARTICIPACIÓN Y SENSIBILIZACIÓN*

Richard B. Stewart

En la actualidad cabe detectar a nivel global toda una miríada de organizaciones regulatorias, sumamente especializadas y atomizadas en función de los sectores o ámbitos donde operan, dotadas de un poder e influencia crecientes. A la hora de adoptar sus decisiones, y como consecuencia de la incidencia de ciertos factores de orden estructural, estas organizaciones –urgidas al cumplimiento de determinadas funciones– tienden a prestar de forma sistemática una mayor atención a los intereses y preocupaciones de los actores más poderosos y de los económicamente mejor organizados que participan en el proceso decisorio, en detrimento de los intereses y preocupaciones (con frecuencia periféricos), de los actores menos poderosos y peor organizados, así como de los individuos más vulnerables. Es ésta una tendencia que se aprecia con carácter general en el panorama de la regulación global, y que no se circunscribe por tanto a determinados sectores en particular. En efecto, los sistemas o regímenes regulatorios globales más poderosos saben cómo promover los propósitos de aquellos actores económicos con ciertos intereses y de los Estados que ocupan una po-

---

* Traducción realizada por Ángel Manuel Moreno Molina, catedrático de Derecho Administrativo de la Universidad Carlos III de Madrid, *Master of Laws* por la *Harvard Law School*.

El autor del artículo utiliza recurrentemente dos conceptos complejos («regard» y «disregard») que en español es difícil traducir en una sola palabra. En el contexto en que aquí se utilizan, «regard» significa prestar atención a todos los intereses afectados en la toma de decisión por parte de un organismo regulador. El concepto de «disregard» es precisamente su contrario: prestar una atención parcial o selectiva, sólo a algunos intereses (generalmente los de los actores o sujetos más poderosos o mejor organizados) y, correlativamente, la ignorancia o desatención de los intereses de los más débiles o peor organizados. (N. del T.).

N. del E.: el título original del presente capítulo es *Remedying Disregard in Global Regulatory Governance: Accountability, Participation, and Responsiveness*. Podría, por tanto, traducirse, más literalmente, por la «compensación» o «remedio de la falta de atención o de consideración de los intereses en juego en la gobernanza global». Se ha optado, sin embargo, por el término «ponderación», menos coloquial y más técnico, al tiempo que evocador en la cultura jurídica europeo-continental.

sición dominante. A diferencia de los sistemas jurídicos nacidos para dar cobertura a los grupos y a los individuos más débiles se desprende la falta de efectividad (cuando no son virtualmente inexistentes) ante la protección de los intereses y preocupaciones de los sujetos con menos poder. Como resultado de estas dos formas de no atender o ponderar los intereses de todos, los actores protagonistas de la gobernanza regulatoria global se benefician desproporcionadamente de la cooperación internacional, mientras que los grupos y los individuos más débiles padecen privaciones y a veces graves daños.

Es preciso, no obstante, introducir de inmediato dos matices a esta caracterización general. En primer lugar, los poderosos no siempre prevalecen, puesto que los débiles a veces se benefician de ciertos regímenes regulatorios de carácter global. En segundo lugar, no ha de pasarse por alto que los reguladores globales llevan a cabo ciertas tareas especializadas, y en ocasiones pueden no tener en cuenta legítimamente los intereses o preocupaciones de algunos de los afectados por sus decisiones*. Lo que en el presente capítulo interesa es tan sólo el análisis de los supuestos de indebida o injustificada ponderación de los intereses en juego. Cuestión distinta es que pueda discutirse en el caso concreto lo que constituya una indebida falta de atención. Sea como fuere, en las páginas que siguen se pone de manifiesto que, con carácter general, las estructuras y las prácticas del actual sistema de gobernanza regulatoria global generan con frecuencia una injustificada falta de ponderación de los intereses y de las preocupaciones de los grupos de intereses y de los individuos más débiles, causándoles, en consecuencia, un perjuicio. A esta situación se le denomina aquí como *el problema de la desatención o falta de ponderación (disregard)*[1]. Entre los ignorados o desatendidos (*the disregarded*) se pueden citar, por ejemplo, las comunidades pobres y vulnerables, que se inundan como consecuencia de los efectos del cambio climático; los trabajadores de países en vías de desarrollo, empleados en cadenas de suministro de escala global; los enfermos que no tienen acceso a los medicamentos debido a los sistemas internacionales de protección de patentes; los solicitantes de asilo; los individuos que sufren los efectos de las sanciones decididas por el Consejo General de la ONU; o los haitianos azotados por el cólera como consecuencia de la negligencia de las fuerzas de pacificación de la ONU.

Este capítulo persigue dos objetivos, que guardan relación entre sí. En primer lugar, pretende examinar, como una cuestión de análisis positivo, cuáles son los mecanismos y estructuras institucionales del proceso decisorio a nivel global, con el fin de entender cómo las prácticas actuales de la gobernanza y de la regulación generan este problema de la desatención o preterición injustificada de determinados intereses dignos de tutela o protección. El análisis presenta una nueva taxonomía tripartita de

---

* Cuando en el presente capítulo se habla de afectados se alude habitualmente a aquellos afectados cuyos intereses no son tenidos en cuenta. No se repite ese matiz, primero, por razones de brevedad, y segundo y no menos importante, porque se sobreentiende en el contexto de estas páginas, cuyo centro de gravedad reside justamente en que la especialización de las organizaciones globales –junto a otras razones estructurales de las que se da debidamente cuenta– dificultan considerar o ponderar otras implicaciones de las decisiones que aquéllas adoptan, por ejemplo, de la OMC, así como identificar a los colectivos afectados y estructurar su representación. (N. del E.).

[1] A menos que se indique lo contrario, las referencias que aquí se hacen al «disregard» han de ser entendidas como referidas al «disregard» injustificado. Los análisis normativos y positivos que reflejan el concepto de «disregard» se encuentran en las contribuciones académicas y en numerosos textos legales nacionales, incluyendo los de Derecho Mercantil, Constitucional y Administrativo. *Vid.*: Daryl J. Levinson, *Rights and Votes*, 121 YALE L.J. 1286, 1288-1291 (2012) (analiza la variedad de métodos que las instituciones políticas utilizan para proteger a las minorías a través de derechos y votos legalmente exigibles, considerados en sentido amplio).

los mecanismos de gobernanza (normas sobre toma de decisiones; instrumentos de responsabilidad, control y rendición de cuentas; y, en fin, otras medidas que promueven la ponderación debida de todos los intereses en presencia), mecanismos que a la postre determinan sustancialmente qué intereses e inquietudes son los que los responsables globales tendrán en cuenta a la hora de decidir. También pone sobre la mesa los conceptos de «responsabilidad» (o de dación de cuentas)* y de «participación», tan frecuentemente invocados de manera indiscriminada como remedios para los males que aquejan a la gobernanza global, e intenta en ese sentido acotar y delimitar sus respectivas funciones. En segundo lugar, este capítulo diagnostica las patologías de las actuales estructuras y mecanismos decisorios. Más en concreto aborda las fallas de carácter normativo o prescriptivo**. Sobre esta base, defiende que tales estructuras y mecanismos deberían reconfigurarse de nuevo con el fin de permitir que quienes son habitualmente ignorados sean tenidos debidamente en cuenta en dichas estructuras, promoviendo así un sistema más justo de gobernanza global. Para conseguir ese efecto, este trabajo analiza diferentes estrategias, centrándose en la innovación y en la reformulación de las tres clases de gobernanza citadas anteriormente.

Idealmente al menos, la poderosa y creciente nómina de aparatos y marcos establecidos para la cooperación regulatoria internacional debería respetar la misma norma básica sobre la cual se han establecido los Estados democráticos: igual respeto y tratamiento para todos los individuos y grupos, y para sus intereses y preocupaciones. A los efectos de este capítulo, se entiende por *intereses* aquellos que tienen que ver con las condiciones materiales del bienestar humano, incluyendo el sustento, la salud, la seguridad, la vivienda y la educación; intereses que se pueden determinar de manera más o menos objetiva. La palabra *preocupaciones* presenta aquí un carácter más subjetivo, y refleja valores como los de la dignidad personal, la justicia y la equidad, la integridad de las instituciones y de las comunidades, así como los ideales culturales, religiosos, sociales y ecológicos.

Las circunstancias institucionales de la gobernanza regulatoria mundial levantan enormes obstáculos para que este ideal democrático se materialice y se haga realidad. La autoridad se encuentra dispersa entre una constelación de regímenes o sistemas administrativos diferentes, que llevan a cabo tareas especializadas sin que haya ninguna autoridad superior, ni mecanismos de supervisión, responsabilidad o rendición de cuentas, coordinación o corrección. Al igual que sucede a nivel estatal con las Administraciones nacionales, las estructuras de regulación de carácter global buscan la consecución de su misión y de los intereses correlativos de los principales actores y sectores regulados; aunque, al hacerlo, tienden a considerar en menos o a ignorar otros intereses y preocupaciones que pueden resultar afectados***. Por tanto, la especialización institucional produce una suerte de externalidades o de efectos indeseados, en forma de perjuicios a los intereses de esas terceras partes, ignorados o no atendidos.

La tendencia a la que nos acabamos de referir se intensifica, además, por la concurrencia de un factor adicional: el proceso de traslación del poder de decisión del nivel estatal al internacional (en este caso, global). Este fenómeno tiene como consecuencia

---

* *Accountability*. En los primeros cuatro capítulos se utiliza con profusión este término, y sobre él se hacen algunas precisiones como notas del traductor o del editor. (N. del E.).

** El autor escribe: *It diagnoses the normative failings of the existings governance structures and decisional mechanisms...* Sobre el término prescriptivo o normativo, como opuesto a descriptivo, véanse las notas de los capítulos segundo y tercero, así como la nota introductoria del editor. (N. de E.).

*** Véase la N. del E. anterior.

el fortalecimiento de la capacidad de los Gobiernos –los titulares del poder ejecutivo– para influir en la política regulatoria, que corre parejo con el correlativo debilitamiento de la capacidad de influencia de los poderes legislativo y judicial en los procesos de adopción de decisiones en un contexto global. En el ámbito interno, estos últimos poderes sirven de ordinario para proteger los intereses y las preocupaciones de los grupos peor organizados y de los individuos más desfavorecidos. En cambio, son mucho menos capaces de influir en el proceso de toma de decisiones a nivel global. Como resultado de esta situación, muchos de los más importantes organismos reguladores de carácter global aparecen dominados por los Gobiernos poderosos, a menudo aliados con actores económicos bien organizados, lo que agudiza el problema de la falta de ponderación de consideración a que aquí se hace referencia y de las externalidades o efectos indeseados que las decisiones generan. A nivel global no existe ningún sistema de redistribución capaz de corregir o compensar las pérdidas resultantes que padecen los colectivos que, en esa actuación fragmentada, han quedado fuera de la consideración de determinadas instituciones.

Los factores que se acaban de mencionar también han provocado una tendencia desigual e injusta en lo que hace al carácter y a la distribución de los programas regulatorios globales. Téngase en cuenta que un gran número de poderosos sistemas globales promueven el comercio, las inversiones y la producción. Otras organizaciones, por el contrario, justamente las que operan en el ámbito de los intereses sociales y ambientales, resultan a menudo, más débiles y poco desarrolladas. Esta situación produce un significativo vacío en la protección de los grupos peor organizados y políticamente menos fuertes. Dichas lagunas suponen asimismo una evidente forma de *desatención de carácter estructural*. Afortunadamente, este patrón no es uniforme, dado que los fines de algunas autoridades globales se alinean con los intereses de los desatendidos, y sus programas a menudo sirven para promover dichos intereses. Sin embargo, la estructura general de la gobernanza regulatoria global se encuentra tendencialmente orientada hacia la dirección contraria.

Una de las posibles respuestas que se podría arbitrar frente a las circunstancias antes descritas consistiría en establecer instituciones globales de carácter general, capaces de ejercer su autoridad sobre los diferentes organismos internacionales sectoriales. En este sentido, tales instituciones globales de alcance general podrían rellenar los espacios que se producen en la protección administrativa, a los que nos hemos referido en el párrafo anterior. También podrían restablecer el equilibrio de los procesos decisorios en favor de los intereses actualmente desatendidos y, consecuentemente, asegurar una distribución más justa de los beneficios de la cooperación regulatoria internacional. Sin embargo, los desafíos a los que a corto plazo se enfrenta la realización de este ambicioso planteamiento son aún demasiado grandes. Este capítulo, al igual que el Proyecto de Derecho Administrativo Global de la Universidad de Nueva York[2*], se centra más bien en reformar y utilizar los actuales mecanismos institucionales, o que podrían establecerse en el ámbito de los regímenes globales especializados, con el fin de intentar resolver el problema de la desatención o falta de ponderación de intereses dignos de

---

[2] Los materiales relacionados con el Proyecto de Derecho Administrativo de la NYU y otras actividades de investigación en este campo, están disponibles en la página de Internet de dicho Proyecto: *http://www.iilj.org/gal.*

* Véanse con carácter previo o introductorio los capítulos segundo y tercero. (N. del E.).

tutela.[3] Entendemos que esta estrategia de carácter incremental, aunque realista, puede resultar significativamente fructífera a la hora de generar un sistema más justo y equitativo de gobernanza global.

Los conceptos de «rendición de cuentas» (o «responsabilidad»)* (*accountability*)** y de «participación» constituyen una suerte de mantra o de *leit-motiv* recurrente en los debates en torno a la globalización. Los críticos de la gobernanza mundial denuncian con frecuencia la «crisis de la responsabilidad» que ésta padece[4]***. Sin embargo, las organizaciones existentes a nivel global no carecen de responsabilidad en realidad, si se tiene en cuenta que de hecho responden ante los Estados y los actores económicos más poderosos, y frente a otras entidades que los establecen y los apoyan. Por tanto, la cuestión fundamental que debemos plantearnos es ante quiénes son responsables los que toman las decisiones a nivel global, o ante quiénes deberían serlo, y a través de qué mecanismos. Para responder a esta pregunta, este capítulo abunda en el concepto de responsabilidad, identifica y analiza los numerosos mecanismos existentes para garantizarla, y examina sus virtualidades para que puedan utilizarse quienes ven sus intereses menos atendidos.

Otro de los remedios que invocan los críticos de la globalización es la necesidad de una amplia participación. Se trata de una cuestión que también precisa un detenido análisis. A tal fin, este capítulo distingue entre dos formas básicas de participación: la *participación en la toma de decisiones* –que se refiere al derecho de votar o de ejercer de cualquier otro modo un papel activo en la adopción de decisiones en el seno de una organización–, y la *participación no decisoria* –que se refiere a la oportunidad que tienen los interesados de presentar propuestas o suministrar cualquier otro tipo de «input» a los que han de decidir–. En consecuencia, las páginas que siguen tendrán que ocuparse de las diversas variantes que se dan dentro de esos dos grandes grupos de participación, así como de su funcionamiento en el marco de las tres clases de gobernanza a las que

---

[3] Para un análisis general del Derecho Administrativo Global, véase el capítulo segundo de la presente obra colectiva: Benedict Kingsbury, Nico Krisch & Richard B. Stewart, *The Emergence of Global Administrative Law*, 68 L. & CONTEMP. PROBS. 15 (2005); GLOBAL ADMINISTRATIVE LAW: THE CASEBOOK (Sabino Cassese, Bruno Carotti, Lorenzo Casini, Eleonora Cavalieri & Euan MacDonald eds., 3d ed. 2012), en la dirección electrónica: *http://www.irpa.eu/en/gal-section/global-administrative-law-the-casebook-2* (publicado como e-book).

* En el sentido de rendición de cuentas o dación de cuentas, como se utiliza en la presente obra colectiva y sobre cuyo significado en la literatura angloamericana se insiste desde el capítulo segundo (N. del E.).

** En el sentido de dación de cuentas. Véanse los capítulos segundo y tercero de la presente obra. (N. del E.).

[4] *Vid.*, por ejemplo: Jan Wouters, Bart De Meester & Cedric Ryngaert, *Democracy and International Law*, 2003 NETH. Y.B. INT'L L. 139, 180 (sobre la democracia en las organizaciones internacionales). El problema de la insuficiente ponderación de intereses relevantes también es importante a nivel administrativo interno. *Vid.*: Ronald F. Wright & Marc L. Miller, *The Worldwide Accountability Deficit for Prosecutors*, 67 WASH. & LEE L. REV. 1587 (2010); Anthony Boadle & Tatiana Ramil, *Fresh Protests Under Way in Brazil Despite Government Concessions*, REUTERS, June 26, 2013, disponible en la dirección electrónica: *http://www.reuters.com/artículo/2013/06/26/brazil-protests-idUSL2N0F20SK20130626* (la fuente de las protestas son los problemas de responsabilidad y transparencia en el gobierno brasileño).

*** Esto es, de instituciones que no responden ni dan cuentas ante un electorado, un cuerpo constituido, o ante el pueblo. (N. del E.)

se ha hecho referencia., al objeto de determinar cómo pueden servirse de ellas aquellos que no pueden hacer valer sus intereses satisfactoriamente.

Las múltiples estructuras de gobierno y de regulación global pueden clasificarse en dos tipos básicos: organizaciones internacionales basadas en tratados internacionales, como la OMC, y redes intergubernamentales de reguladores nacionales, como la Organización Internacional de Comisiones de Valores (IOSCO)*. También cabe encontrar un número creciente de entidades importantes de carácter privado o híbrido (público-privadas), establecidas y gobernadas por actores de carácter no estatal (entre las que se pueden citar las ONG y las grandes empresas). Entidades que van desde la Organización Internacional de Normalización (ISO)**, pasando por el Consejo de Administración Marina (MSC)***, hasta la Corporación de Internet para la Asignación de Nombres y Cifras (ICANN)****. En muchos casos, estas organizaciones han sido creadas para hacer frente a las dificultades que se derivan de regular y administrar estas materias desde una perspectiva puramente estatal o interna, en un contexto de expansión de la integración económica mundial, y en el que proliferan nuevas formas de interdependencia. Las mencionadas organizaciones desarrollan e implementan diversos programas administrativos y regulatorios, con el fin de lograr una coordinación y cooperación a escala global en la consecución de los fines de sus fundadores.

Cientos o miles de estas organizaciones que operan a nivel global ejercen poder de decisión, administración y regulación en diferentes campos. Promueven y regulan el comercio, las inversiones, y otras formas de actividad económica; fomentan el cumplimiento de la ley y de la seguridad; financian y regulan programas de desarrollo económico en países en vías de desarrollo; suministran servicios de sanidad, educación, y otros de carácter social; promueven la protección ambiental; tutelan los derechos humanos; y regulan el movimiento internacional de personas. En líneas generales, realizan una contribución relevante al bienestar humano agregado y satisfacen importantes inquietudes morales en campos como los derechos humanos y la protección ambiental. Estos diversos regímenes operan en un espacio administrativo global, por lo general libres de los controles jurídicos y políticos que sí se aplican a las autoridades administrativas internas o nacionales o a las normas de Derecho Internacional por las que se rigen los Estados y las organizaciones internacionales basadas en tratados.[5]

---

* https://www.iosco.org/about/?subsection=about_iosco (N. del E.).

** http://www.iso.org/iso/home/about.htm: ISO (International Organization for Standardization) is an independent, non-governmental membership organization and the world's largest developer of voluntary International Standards. (N. del E.).

*** https://www.msc.org/?set_language=es: «El MSC gestiona un ambicioso programa a través del cual, trabajando junto a sus socios, busca transformar los mercados internacionales para los productos del mar hacia un modelo que premie y promueva prácticas sostenibles y responsables. Nuestros reconocidos estándares para la pesca sostenible y la trazabilidad de los productos del mar tienen como fin el incrementar la disponibilidad de pescado y marisco de recursos bien gestionados en el mercado. La eco-etiqueta azul del MSC facilita la participación de todos en el programa, ya que ofrece al consumidor la opción de apoyar fácilmente las prácticas sostenibles de las pesquerías». (*ibíd*). (N. del E.)

**** https://www.icann.org/es: «La ICANN es una entidad sin fines de lucro responsable de la coordinación global del sistema de identificadores únicos de Internet y de su funcionamiento estable y seguro» (*ibíd*) (N. del E.).

[5] Kingsbury, Krisch & Stewart, *op. cit.*, nota 3, p. 18 (explica el concepto de «espacio administrativo global»).

Este capítulo identifica tres clases de instrumentos institucionales que sirven para gobernar esas organizaciones: reglas relativas a la adopción de decisiones; mecanismos de dación de cuentas; y otras técnicas para la ponderación de todos los intereses en juego, entre las que se pueden citar la transparencia, la participación de carácter no decisorio, la motivación, la competencia del mercado, o la influencia que para el público y los pares o iguales tiene el propio prestigio y reputación. El presente capítulo desarrolla y aplica este marco tripartito en orden a indagar cómo se asigna la potestad decisoria en el ámbito de la Administración global; y se reparte el poder entre los distintos actores. En el primer caso –las reglas atinentes a la adopción de resoluciones–, los que comparten el poder de decidir son los que tienen el peso y la influencia. En el caso de los mecanismos de responsabilidad y rendición de cuentas, la influencia la ostentan quienes tienen el poder de exigir responsabilidades, de pedir cuentas a los que han tomado las decisiones. Por último, las medidas tendentes a tener en cuenta todos los intereses en juego se reparten entre una enorme variedad de intereses y actores.

Esta variedad de instrumentos y de mecanismos funcionan de acuerdo con las distintas formas de configurar las organizaciones regulatorias de alcance global. En ese sentido, los esfuerzos que despliegan los diferentes actores, con el fin de influir en, o modificar, las actuales estructuras han de analizarse desde las perspectivas de la economía política y de la interpretación constructivista de la gobernanza.[6] Los Estados poderosos y los grupos de interés aliados a éstos, tienen un acceso privilegiado a estos mecanismos, especialmente en el caso de las reglas relativas a la toma de decisiones y de los mecanismos de responsabilidad. Este capítulo examina las correlativas oportunidades que tienen las personas y grupos menos tenidos en cuenta para utilizar, desarrollar y reconfigurar esos mecanismos, con el fin de asegurarse una mayor atención a sus intereses y preocupaciones.

La igualdad en la ponderación constituye un ideal regulatorio. Las iniciativas que se adopten para materializar dicho ideal habrán de implicar ajustes y adaptaciones tácticos con las estructuras de poder existentes. De igual modo, los reformadores deben advertir que los procedimientos para resolver los problemas de la falta de ponderación (como una amplia participación para hacer alegaciones en torno a las decisiones que se propongan y, en su caso, obtener su control jurisdiccional) resultan más accesibles a los grupos mejor organizados y financiados, que pueden invertir más recursos en su utilización. Con todo, los citados procedimientos públicos de transparencia pueden, en su conjunto, ofrecer a los menos representados una mayor influencia que los procesos informales de toma de decisión, siempre y cuando quienes ven sus intereses desatendidos los utilicen efectivamente.

La primera parte de este capítulo presenta los cuatro tipos básicos de organizaciones especializadas de ámbito global (las que se basan en tratados, las intergubernamentales, las de carácter privado y las híbridas), así como las entidades que a nivel interno aplican sus normas y decisiones. Aquí se explica por qué estos organismos globales han asumido un fuerte carácter administrativo, por qué gozan de un amplio margen de

---

[6] Sobre las consideraciones de economía política en la gobernanza regulatoria mundial, *vid.*: Kingsbury, Krisch & Stewart, *op. cit.*, nota 3; Eyal Benvenisti & George W. Downs, *The Empire's New Clothes: Political Economy and the Fragmentation of International Law*, 60 STAN. L. REV. 595 (2007). Sobre las influencias del constructivismo, *vid.*: RYAN GOODMAN & DEREK JINKS, SOCIALIZING STATES: PROMOTING HUMAN RIGHTS THROUGH INTERNATIONAL LAW (2013); Emanuel Adler, *Seizing the Middle Ground: Constructivism in World Politics*, 3 EUR. J. INT'L REL. 319 (1997).

discrecionalidad a la hora de adoptar sus decisiones, y por qué padecen de problemas estructurales para tener en cuenta todos los intereses en juego.

En su segunda parte, este capítulo explora las raíces de este fenómeno –la falta de ponderación– y cuáles habrán de ser sus posibles remedios, entre los que cabe citar el fortalecimiento de los controles que las instancias internas pueden ejercer sobre las Administraciones de ámbito global; un mayor debate y la resistencia en el plano de la Administración descentralizada o diseminada que opera en el ámbito global*; la creación de nuevos marcos reguladores globales que puedan proteger a los más ignorados o desatendidos; y la reforma de los organismos de ámbito global actualmente existentes, para corregir el problema. Acto seguido, se describen los tres tipos básicos de gobernanza que habrían de proporcionar las herramientas para tal reforma: las normas sobre la adopción de decisiones, los mecanismos de responsabilidad o rendición de cuentas, y otras medidas que promueven la atención a todos los intereses en presencia.

En las partes III a V se analizan esos mecanismos de gobernanza mundial, así como su posible utilización por parte de los menos representados para conseguir una atención mayor de sus intereses y preocupaciones por parte de los que adoptan decisiones. Finalmente, la parte VI incluye una breve exposición de las conclusiones.

I. LA ESTRUCTURA DE LA REGULACIÓN GLOBAL Y EL PROBLEMA DE LA FALTA DE PONDERACIÓN DE LOS INTERESES AFECTADOS**

El presente epígrafe pretende ofrecer una visión panorámica de la estructura fragmentada de la regulación en el plano global, y explica por qué dicha estructura fracasa sistemáticamente a la hora de considerar y proteger los intereses y las preocupaciones de los que son habitualmente ignorados. Seguidamente, se ocupa de la falta de ponderación, en relación con el colectivo cuyos intereses no son tenidos en cuenta, desde una perspectiva normativa***, lo cual permitirá evaluar las posibilidades de reforma de la gobernanza global.

1. LA PROLIFERACIÓN DE ORGANIZACIONES REGULATORIAS DE CARÁCTER ADMINISTRATIVO Y ALCANCE GLOBAL QUE OPERAN EN SECTORES ESPECIALES

Como observación preliminar, ha de advertirse que este capítulo, como sucede con los estudios que se inscriben en el citado Proyecto de Derecho Ad-

---

* Sobre esta categoría y expresión, véase el capítulo segundo. (N. del E.).

** Recuérdese, como se ha advertido al inicio del capítulo, que cuando aquí se habla de afectados se alude habitualmente a aquellos afectados cuyos intereses no son tenidos en cuenta. (N. del E.).

*** Esto es, prescriptiva. Sobre esta dimensión, véanse los capítulos segundo y tercero. (N. del E.).

ministrativo Global[7]*, concibe la regulación global en términos muy amplios, y comprensivos, por tanto, de un vasto abanico de programas y actividades, en cuya virtud se adoptan e implementan reglas y otras normas, con el fin de dirigir y coordinar la acción de numerosos actores de cara a la consecución de objetivos comunes[8]**. Los programas regulatorios globales se dan en muchos campos. Y, entre otros, se pueden citar los que tienen por objeto la promoción y la gestión de los mercados; la ejecución del Derecho y el mantenimiento de la seguridad; el desarrollo y la financiación; la sanidad, la educación y el desarrollo humanos; la protección del medio ambiente y de los derechos humanos; o los movimientos transfronterizos de personas[9]. Son muchos los actores públicos y privados que han adoptado estos sistemas jurídicos o regímenes legales con el objeto de gestionar las profundas interacciones, interdependencias y externalidades generadas por la globalización[10]. Los objetivos o la finalidad que persiguen estos sistemas pueden clasificarse en torno a tres grandes categorías: (1) seguridad; (2) promoción y regulación de los mercados; y (3) salvaguardia de los derechos humanos, entendidos éstos de manera amplia, de modo que incluyan también el desarrollo, la protección del medio ambiente, la sanidad y seguridad, así como los derechos políticos, civiles, económicos y sociales. Estos tres objetivos generales con alguna frecuencia se solapan y pueden entrar en conflicto o interferir en ciertos contextos cuando se trata de tomar decisiones.

Para dar respuesta a estas cuestiones, los Gobiernos nacionales, las organizaciones internacionales y numerosos actores no estatales han creado abundantes organizaciones y programas regulatorios de carácter transnacional.[11] Estas organizaciones, en esencia, se presentan en cuatro formatos distintos***: (1) organizaciones internacionales o intergubernamentales, basadas en Tratados Internacionales (como la Organización Mundial del Comercio, OMC), el Consejo de Seguridad, el Banco Mundial, o el Convenio

---

[7] Proyecto de Derecho Administrativo Global, *op. cit.*, nota 2. http://www.iilj.org/gal/

* En particular, véase el capítulo segundo, que constituye el trabajo fundacional. (N. del E.).

[8] Richard B. Stewart, *Enforcement of Transnational Public Regulation*, en: ENFORCEMENT OF TRANS-NATIONAL REGULATION 41 (Fabrizio Cafaggi ed., 2012) (analiza el concepto amplio de regulación en el contexto global o mundial).

** Sobre el concepto amplio de regulación, *vid.* la nota del editor (N. del E.).

[9] *Vid.* Kingsbury, Krisch & Stewart, *op. cit.*, nota 3. Capítulo segundo de la presente obra colectiva.

[10] Stewart, *op. cit.*, nota 8.

[11] SABINO CASSESE, THE GLOBAL POLITY: GLOBAL DIMENSIONS OF POLITY AND THE RULE OF LAW 17-20 (2012); Lorenzo Casini, *Beyond the State: The Emergence of Global Administration, in* GAL CASEBOOK, *op. cit.*, nota 3, punto 1.1; *vid.* Kenneth W. Abbott & Duncan Snidal, *The Governance Triangle, Regulatory Standards, Institutions and the Shadow of the State*, en la obra coletiva: THE POLITICS OF GLOBAL REGULATION 44 n. 8, 59 (Walter Mattli & Ngaire Woods eds., 2009) (desarrolla una «ecología organizativa» de los diferentes tipos de organismos reguladores globales que han emergido).

*** Para mayor abundamiento, véase el capítulo segundo. (N. del E.)

Marco de las Naciones Unidas sobre Cambio Climático; (2) redes transnacionales de autoridades administrativas nacionales (como el Comité de Basilea sobre supervisión bancaria); (3) organizaciones regulatorias de carácter privado (como las federaciones deportivas internacionales, la Sociedad para la Telecomunicación Financiera Interbancaria Mundial, y el Consejo de Administración Forestal –FSC–)*, que están formadas por actores no estatales, entre las que cabe citar empresas privadas, asociaciones mercantiles y profesionales, así como ONG;[12] y, por último, (4) organizaciones regulatorias de carácter mixto, público-privado (como la Conferencia Internacional sobre la Armonización de Requisitos Técnicos para el registro de productos medicinales de uso humano, la Agencia Mundial Anti-dopaje, la ICANN, y el Fondo Mundial para la lucha contra el sida, la tuberculosis y la malaria («Fondo Global»), que están compuestos por actores privados, por organizaciones internacionales y/o Gobiernos.**

Estas autoridades administrativas*** establecen reglas regulatorias****, estándares y decisiones. Muchas de ellas adoptan resoluciones de alcance particular, resuelven conflictos, y adoptan determinaciones de carácter general fundadas en Derecho sobre asuntos de diversa índole. También obtienen, procesan y difunden información; participan en consultas y deliberaciones; promueven, controlan y, en algunos casos, supervisan, la aplicación de sus propias normas regulatorias; y llevan a cabo otras actuaciones con el fin de promover su desarrollo o implementación.

Algunas de estas organizaciones regulatorias a nivel global pueden ejecutar sus propias normas y decisiones a través de medidas que se imponen directamente a las personas o sujetos destinatarios de dicha regulación. Así, cabe citar como ejemplo los procedimientos del Banco Mundial encaminados a incluir en listas negras a los contratistas corruptos, o la descalificación de atletas implicados en casos de dopaje, acordada por el Comité Olímpico Internacional. Ello no obstante, lo más común es que los reguladores globales confíen la aplicación de sus normas, decisiones y la realización de las correspondientes políticas a otras instituciones y entidades diferentes. Estas instituciones y entidades conforman lo que se denomina Administración «distribuida» o, mejor, «diseminada» o descentralizada, al servicio de los sistemas o regímenes regulatorios globales, y actúan dentro del contexto normativo y procedimental establecido por la organización global de que se trate en cada caso. Las

---

* Sobre la consideración de estas organizaciones como Administraciones, a los efectos de proyectar sobre ellas un Derecho Administrativo más allá del Estado, clave del entero sistema, véase el capítulo segundo y tercero. (N. del E.).

[12] Kingsbury, Krisch & Stewart, *op. cit.*, nota 3, p. 20 (cataloga hasta cinco clases diferentes de administraciones globales).

** Para mayor abundamiento sobre los ejemplos citados, véase el capítulo segundo. (N. del E.).

*** Sobre la consideración de estas organizaciones como Administraciones, a los efectos de proyectar sobre ellas un Derecho Administrativo más allá del Estado, clave del entero sistema, véase el capítulo segundo y tercero. (N. del E.).

**** Sobre este término puede verse el glosario de la nota del editor. (N. del E.).

organizaciones internacionales basadas en Tratados y las redes transnacionales de autoridades nacionales con frecuencia confían a las correspondientes autoridades administrativas la aplicación y ejecución de las normas y de las decisiones adoptadas en el seno de esas redes. Por su parte, las organizaciones regulatorias globales de carácter privado reclutan a empresas o entidades sin ánimo de lucro y a ONG para hacer de ellas una suerte de Administraciones «diseminadas», a menudo acreditándolas para que puedan verificar y certificar el cumplimiento de los estándares regulatorios.[13] Los organismos regulatorios globales de carácter mixto utilizan diferentes tipos de Administraciones *diseminadas*, entre las que se pueden citar las agencias o Administraciones nacionales, las entidades privadas de certificación, o las organizaciones híbridas (de carácter público-privado), que algunos Estados establecen, con frecuencia con una estructura que no es sino una réplica o reproducción de la organización respectiva a nivel global.[14]

Estas organizaciones operan e interactúan con una enorme variedad de actores públicos y privados en un espacio administrativo global que presenta un carácter caleidoscópico[15]. Los reguladores de ámbito global que se hallan insertos en el mismo campo se vinculan entre sí a través de complejos modelos de competencia y de cooperación.

No es extraño que dos o más organizaciones que operan a nivel global se ocupen de las mismas actividades; así, por ejemplo, hasta diez organizaciones se ocupan de la infraestructura de Internet.[16] A veces, estos organismos pueden trabajar de forma conjunta, conformando un sistema jurídico o régimen legal complejo que resulta de aplicación a un sector determinado.[17] Ha de notarse, sin embargo, que a pesar de esa

---

[13] Este enfoque es el seguido, por ejemplo, por la Organización Internacional de Normalización (ISO) y por la Gold Standard for Environmentally Sustainable Carbon Offsets. La información sobre esta última está disponible en su página de internet: *http://www.goldstandard.org.*

[14] Este isomorfismo se encuentra presente, por ejemplo, en las actividades del Forest Stewardship Council, *vid: https://ic.fsc.org*; en las del Global Fund (*http://www.theglobalfund.org*); así como en las de la Iniciativa para la Transparencia de las Industrias Extractivas: *http://eiti.org.*

[15] Sobre el concepto de «espacio administrativo global», *vid.*: Kingsbury, Krisch & Stewart, *op. cit.*, nota 3. Sobre el carácter caleidoscópico de las estructuras regulatorias mundiales, *vid.*: Edith Brown Weiss, *On Being Accountable in a Kaleidoscopic World*, 104 ASIL Proc. 477 (2010).

[16] Miriam Lips & Bert-Jaap Koops, *Who Regulates and Manages the Internet Infrastructure? Democratic and Legal Risks in Shadow Global Governance*, 10 Info. Polity 117, 123-124 (2005) (relaciona los siguientes diez organismos de ámbito mundial que regulan la infraestructura del Internet: Internet Society (ISOC); Internet Corporation for Assigned Names and Numbers (ICANN); Internet Architecture Board (IAB); Internet Engineering Task Force (IETF); Internet Research Task Force (IRTF); Internet Assigned Numbers Authority (IANA); Protocol Supporting Organization (PSO); Address Supporting Organization (ASO); Domain Name Supporting Organization (DNSO); and Network Solutions). [N. del T.: se reproducen los nombres de estos organismos en inglés, dado que son conocidos esencialmente por dichos nombres en todo el mundo].

[17] Kal Raustiala & David Victor, *The Regime Complex for Plant Genetic Resources*, 58 Int'l Org. 277 (2004); Robert Keohane & David Victor, *The Regime Complex for Climate Change* (Harvard Project

interdependencia funcional que se da en sectores especiales, en términos generales el modelo de funcionamiento de las organizaciones globales se halla enormemente fragmentado, sin jerarquías ni procesos o esquemas de supervisión y control superiores, de coordinación o de control.

Desde luego, muchas de estas agencias especializadas de carácter regulatorio y administrativo actúan también dentro de los Estados, a nivel nacional o interno. Ahora bien, y ello constituye una diferencia notable, estas agencias se encuentran sometidas al Legislativo y al Ejecutivo nacionales, dotados de potestades generales para configurar, supervisar, dirigir y modificar las actividades de aquéllas; para llevar a cabo las redistribuciones necesarias; o gestionar de una u otra forma las consecuencias locales o agregadas que derivan de las decisiones que adoptan.[18] Por otra parte, las decisiones de las agencias nacionales también se encuentran sometidas al control judicial, a través de un sistema de tribunales a los que los ciudadanos pueden acceder. Sin embargo, no se dan esos poderes en forma equivalente cuando esas organizaciones operan en el espacio administrativo global.

Al igual que sucede con sus equivalentes nacionales, las organizaciones regulatorias de alcance global poseen naturaleza administrativa[19]. En términos generales, están gestionados por empleados y directivos que trabajan a tiempo completo. Muchos cuentan además con un consejo, o un órgano similar, compuesto por representantes de los Estados miembros. Estas organizaciones no sólo adoptan decisiones de carácter regulatorio, sino que también las desarrollan y aplican. De ordinario, para la realización de sus actividades, cuentan con la cobertura que les ofrecen cartas o estatutos fundacionales, cuyos términos pueden ser muy genéricos, con atribución de amplios poderes, algo de lo que suelen carecen las simples redes intergubernamentales. Los reguladores de ámbito global desarrollan e implementan normas de carácter regulatorio a través de reglamentos, de la resolución de controversias entre intereses contrapuestos;

---

on International Climate Agreements, Discussion Paper No. 10-33, 2010), accesible en la dirección electrónica: *http://belfercenter.bks.harvard.edu/files/KeohaneVictor_Final.pdf*. Los análisis organizativos basados en la ecología, que examinan cómo y por qué las organizaciones evolucionan e interactúan en varios espacios de gobernanza, han intentado explicar el desarrollo de varias clases de organismos de ámbito mundial, en diferentes sectores.*Vid.*: Kenneth W. Abbott, Jessica F. Green & Robert O. Keohane, Organizational Ecology in World Politics: Institutional Density and Organizational Strategies, Remarks at the Annual Meeting of the International Studies Association (2013), en la dirección electrónica: *http://www.iilj.org/research/documents/Organizational.Ecology.Abbott.Green.Keohane.pdf*.

[18] Richard L. Revesz, *Federalism and Environmental Regulation: Lessons for the European Union and the International Community*, 83 Va. L. Rev. 1331, 1341-1345 (1997).

[19] «Conceptualmente la actividad administrativa se puede distinguir de la legislativa manifestada en tratados, y de la actividad judicial por medio de la resolución esporádica de conflictos entre Estados o entre otras partes en conflicto... la actividad de regulación global consiste en la aprobación de normas generales, en la resolución de asuntos particulares y en la adopción de otras decisiones que no consisten ni en la aprobación de tratados ni en la mera resolución de conflictos entre partes». Kingsbury, Krisch & Stewart, *op. cit.*, nota 3, p. 17.

y de la adopción de otros actos jurídicos. También aprueban directrices, hacen declaraciones, y formulan políticas, y recomendaciones de «mejores prácticas». A menudo, estas organizaciones globales obtienen información, supervisan la aplicación de sus programas, hacen seguimiento de su cumplimiento, y adoptan otros tipos de decisiones informales, con el fin de dirigir o de influenciar (de una manera coordinada) a los sujetos regulados.

Por ejemplo, llevan a cabo actividades con el fin de prevenir el lavado de dinero negro, organizar los Juegos Olímpicos, dotar de seguridad al comercio internacional, financiar proyectos de desarrollo adecuados, garantizar el trato humano de los refugiados, etcétera. Dichas actividades constituyen la versión global o mundial de las funciones que los iuspublicistas definen como de carácter «administrativo», y que llevan a cabo las organizaciones regulatorias de nivel nacional y global.

Las estructuras institucionales de algunas de estas organizaciones regulatorias globales se asimilan a la fórmula organizativa propia de las típicas agencias administrativas nacionales.[20] Ahora bien, como sus equivalentes nacionales, estas organizaciones no son monolíticas. Se integran o componen de diversos elementos organizativos, tales como jefaturas, secretariados, comités, comisiones y otros órganos, con tareas y cometidos variados y específicos. Estos órganos a veces permiten la participación de expertos externos, así como la de representantes de los intereses de los demás afectados*, con el fin de obtener su conocimiento experto o sus puntos de vista, y suscitar la colaboración. Otras organizaciones globales, especialmente las de carácter privado o las mixtas (públicas y privadas), presentan una estructura marcada por la horizontalidad y la forma de trabajo en red. Ello explica que las normas de carácter regulatorio y las políticas que establecen requieran una intensa deliberación y debate, un profundo intercambio e interacción entre los representantes y los expertos provenientes de agencias administrativas nacionales, ONG, empresas y asociaciones empresariales, grupos profesionales, e instituciones académicas y de investigación. Todas estas instancias participantes se hallan sometidas por lo general a las normas que ellos aprueban, o al menos desempeñan un papel importante en su desarrollo y aplicación.[21] Esas estructuras generan varias formas de gobernanza

[20] Entre los ejemplos se encuentran el Banco Mundial, el Fondo Monetario Internacional y la Organización Mundial de la Salud. Los directivos de estas organizaciones son supervisados y seleccionados habitualmente por un «consejo», o por otro órgano colegiado compuesto por representantes de los miembros del organismo. Esta característa también se da en las comisiones u órganos colegiados existentes a nivel nacional.

* Cuando en el presente capítulo se habla de afectados se alude habitualmente a aquellos afectados cuyos intereses no son tenidos en cuenta. (N. del E.).

[21] Como ejemplo pueden citarse las siguientes organizaciones: ISO, Codex Alimentarius Commission, Greenhouse Gas Protocol, World Anti-Doping Agency, Marine Stewardship Council, Global Hydropower Forum, y los «International Conference on Harmonisation of Technical Requirements for Registration of Pharmaceuticals for Human Use Pharmaceutical Trial Protocols».

en red, entre las que cabe citar la denominada «gobernanza experimentalista»,[22] expresión que engloba estrategias regulatorias que cada vez se adoptan con más frecuencia en los programas nacionales y supranacionales[23].

Las organizaciones globales de carácter regulador suelen estar dotadas de amplias potestades discrecionales. Esta discrecionalidad resulta inherente al mismo acto de creación de una entidad que nace con una finalidad específica, con concretas funciones y responsabilidades que atender en un sector determinado, sea a nivel nacional, supranacional o global. En este contexto, y desde la perspectiva que ofrece la teoría del «principal-agente»*, puede decirse que no es factible ni deseable que el «principal» –el creador de la nueva entidad, que haría en este caso las veces de «agente»– le imponga anticipadamente, adelantándose a la realidad, instrucciones detalladas a la organización sobre su funcionamiento futuro. Por otra parte, la capacidad del «principal» para supervisar y evaluar la actuación del «agente» y, en consecuencia, para adoptar medidas correctoras *ex post* son desde luego limitadas, habida cuenta de que las tareas que le han sido encomendadas a estas organizaciones exigen un conocimiento experto y una experiencia precisos y en constante actualización, de los que carece el «principal».[24] Por tanto, y como resultado de este escenario, el agente disfruta de un mayor o menor grado de libertad, tanto en lo que hace al dominio de su terreno como en lo que se refiere a la diligencia en su actuación, lo que puede llevar incluso a que el «agente» adopte políticas que sean contrarias a los fines e intereses del «principal».

La discrecionalidad de la que disfruta el «agente» resulta de ordinario aún mayor cuando los «principales» que han intervenido en su creación son muchos y variados, lo que dificulta que éstos puedan controlar de modo efectivo la actividad del «agente». Ha de notarse, en este sentido, que en la práctica casi siempre las organizaciones administrativas de alcance global han sido creadas por muchos «principales», ya sean éstos Estados, agencias administrativas nacionales, o diversas clases de entidades pú-

---

[22] Gráinne de Búrca, Robert O. Keohane & Charles Sabel, *New Modes of Pluralist Global Governance*, 45 N.Y.U. J. INT'L L. & POL. 723, 738-744 (2013) (sobre gobernanza «experimentalista»).

[23] *Vid.* Colin Scott, *Regulation in the Age of Governance: The Rise of the Post-Regulatory State*, en el libro colectivo: THE POLITICS OF REGULATION: INSTITUTIONS AND REGULATORY REFORMS FOR THE AGE OF GOVERNANCE 145 (Jacint Jordana & David Levi-Faur eds., 2004); Julia Black, *Paradoxes and Failures: «New Governance» Techniques and the Financial Crisis*, 75 MOD. L. REV. 1037 (2012); *vid. también:* Tim Conner & Fiona Haines, *Networked Regulation as a Solution to Human Rights Abuse in Global Supply Chains? The Case of Trade Union Rights Violations by Indonesian Sports Shoe Manufacturers*, 17 THEORETICAL CRIMINOLOGY 197 (2013).

* Para una introducción a las implicaciones que esta conocida teoría tiene para el Derecho Administrativo, puede verse en español E. Schmidt-Aßmann, *Innovación y reforma en el Derecho Administrativo*, Global Law Press-Editorial Derecho Global, Sevilla, 2006, primera edición, pp. 147, 173. (N. del E.).

[24] Arthur Lupia & Mathew McCubbins, *Designing Bureaucratic Accountability*, 57 L. & CONTEMP. PROBS. 91, 106-107, 110 (1994); Arthur Lupia & Mathew McCubbins, *Learning from Oversight: Fire Alarms and Police Patrol Reconstructed*, 10 J.L. ECON. & ORG. 96 (1994).

blicas y privadas. Es cierto que, en los casos en que unos pocos fundadores o miembros gozan de una posición dominante, pueden llegar a imponerle al «agente» un concreto programa, al menos respecto de las cuestiones más importantes. Pero no lo es menos que, ello no obstante, el «agente» retendrá inevitablemente potestades discrecionales en parcelas sustanciales.

Por su parte, las exigencias típicas del Derecho Administrativo, propias de los procesos decisorios, tales como la participación efectiva de los interesados o del público en general*, la motivación de la decisión finalmente adoptada, o alguna fórmula de tutela o control ulteriores, también limitan, en cierto sentido, la posibilidad de que los «principales» con mayor influencia puedan establecer medidas específicas en orden a limitar la libertad de actuación del «agente».[25] Entre otros efectos o consecuencias, las citadas garantías procedimentales tienden a asegurar que los «agentes» observen lo que tenga dispuesto su respectivo estatuto o carta fundacional (lo que en la práctica puede no resultar muy restrictivo o limitador), así como las reglas materiales y procedimientos establecidos previamente, salvo que (o hasta que) sean modificados a través de los procedimientos correspondientes. Desde la perspectiva de la economía política, el Derecho Administrativo –y la posibilidad misma de un control independiente de las decisiones administrativas– pueden concebirse como mecanismos a través de los cuales los «principales» pueden limitar en forma indirecta la discrecionalidad de la agencia administrativa, en beneficio señaladamente de los que se ven afectados por aquéllas.[26] Estos mecanismos también pueden favorecer los objetivos de los «principales», en la medida en que contribuyen a mejorar la calidad y la efectividad de las decisiones regulatorias. Desde un punto de vista normativo o prescriptivo, dichos mecanismos operan como límite frente a las decisiones –por cuanto moderan el ejercicio del poder y la apreciación de su oportunidad o conveniencia–, y como promotores del principio del Estado de Derecho. Estas y otras técnicas o instrumentos jurídicos, que sirven para disciplinar la acción administrativa, y que nos resultan familiares y conocidas en el Derecho interno, vienen siendo adoptadas en el seno de las organizaciones regulatorias a nivel global, fomentando así la emergencia de una suerte de «Derecho Administrativo Global».[27]

---

* El autor en realidad se refiere a los procedimientos de amplia participación, regulados en la Ley federal de Procedimiento Administrativo de EE.UU., caracterizados por su publicidad anticipada y apertura a las alegaciones. Sobre el tema, *vid.* Peter L. Strauss, «Los procedimientos de elaboración de reglamentos y disposiciones administrativas en EE.UU.», en *La transformación del procedimiento administrativo*, Global Law Press-Editorial Derecho Global, Sevilla, 2008 *in totum.* (N. del E.).

[25] *Vid.* en general: Mathilde Cohen, *Reason-Giving in Court Practice: Decision-Makers at the Crossroads*, 14 Colum. J. Eur. L. 257 (2008); Glen Staszewski, *Reason-Giving and Accountability*, 93 Minn. L. Rev. 1253 (2009).

[26] *Vid.* Mathew D. McCubbins, Roger G. Noll & Barry R. Weingast, *Administrative Procedures as Instruments of Political Control*, 3 J.L. Econ. & Org. 243 (1987); *Boxing Australia v. AIBA*, CAS 2008/O/1455 (Apr. 16, 2008) (El Tribunal de Arbitraje para el Deporte anuló la descalificación de un atleta por parte de la federación australiana de Boxeo, porque ésta se había apartado injustificadamente del criterio mantenido en decisiones previas) [caso que citamos aquí como *Boxing Australia*].

[27] Kingsbury, Krisch & Stewart, *op. cit.*, nota 3; Richard B. Stewart, *U.S. Administrative Law: A Model for Global Administrative Law?* 68 L. & Contemp. Probs. 63 (2005); *véase también:* Global Administrative Law Project, *op. cit.*, nota 2.

2. EL PROBLEMA DE LA FALTA DE ATENCIÓN O PONDERACIÓN DE LOS INTERESES AFECTADOS*

Muchas organizaciones reguladoras de ámbito global han sido con razón criticadas por no prestar la consideración debida a los intereses de los grupos más vulnerables y políticamente débiles, a los intereses de carácter colectivo, difusos o peor organizados, así como a los individuos más débiles, lo que desemboca en procesos decisorios que causan perjuicios o detrimentos injustificados. El presente capítulo se ocupa de dichas prácticas y de sus causas institucionales, que se dan a nivel mundial y en el seno de las Administraciones diseminadas**, y que aquí denominamos el «problema de la falta de ponderación» o «de atención».

Este problema se encuentra implícito en muchas de las críticas que hoy se hacen a la denominada «gobernanza global». Sin embargo, pocas veces esta cuestión ha sido objeto de un análisis o tratamiento coherente y sistemático. Ello exige recurrir a principios normativos*** que rigen la ponderación o atención de los intereses en juego, esto es, a principios que sirven para identificar los grupos e intereses afectados a los que se les reconoce el derecho a ser tenidos en cuenta ante cada una de las organizaciones globales, a la hora de adoptar decisiones en sus respectivas áreas o ámbitos de actuación.[28]

Otra observación preliminar: las decisiones de las organizaciones regulatorias a nivel global suelen también ignorar los intereses de los Estados más débiles, especialmente de los que se hallan en vías de desarrollo. En algunos casos, esos Estados son miembros de la organización, en otros no. Esta cuestión, y sus posibles soluciones, presenta aspectos que difieren en mucho del problema de la falta de atención o ponderación de grupos y personas, y no será objeto de análisis en este capítulo.

Para obtener una imagen adecuada del problema, resulta oportuno acudir a algunos de los ejemplos que la realidad proporciona.

Así, por ejemplo, los acuerdos relativos a los aspectos comerciales de los derechos de propiedad industrial (*Trade-related aspects of intellectual property rights*, TRIPS), o sus regímenes especiales (*TRIPS-plus regime*)**** han prestado escasa atención a las necesi-

---

* Cuando en el presente capítulo se habla de afectados se alude habitualmente a aquellos afectados cuyos intereses no son tenidos en cuenta. (N. del E.).

** Sobre este concepto, véase de nuevo el capítulo segundo. (N. del E.).

*** Recuérdese que, como se advierte en la nota del editor y en las anotaciones de los capítulos precedentes, aquí se utiliza el término «normativo», como equivalente a «prescriptivo», esto es, como sinónimo del «deber ser» (N. del E.).

[28] Esos principios se analizan más abajo, en la primera parte de este artículo.

**** El Acuerdo sobre los Aspectos de los Derechos de Propiedad Intelectual relacionados con el Comercio (Acuerdo sobre los ADPIC o, en inglés, TRIPS), es el Anexo 1C del Convenio por el que se crea la OMC firmado en 1994. En él se establece una serie de principios básicos sobre la propiedad intelectual tendientes a armonizar estos sistemas entre los países firmantes y en relación al comercio mundial. The Agreement on Trade-Related Aspects of Intellectual Property Rights (or TRIPS Agreement) set the standards for intellectual property protection in the world today. It came into force on 1 January 1995 and is binding on all members of the World Trade Organization (WTO). Cfr. http://www.msfaccess.org/content/trips-trips-plus-and-doha. Para un análisis crítico del sistema vigente, puede verse http://www.msfaccess.org/content/trips-trips-plus-and-doha. (N. del E.).

dades de los países en vías de desarrollo en lo que hace al acceso de la población a los medicamentos básicos.[29] La OMC proscribió durante mucho tiempo aquellas regulaciones ambientales que tenían por objeto productos elaborados por medio de procesos ambientalmente nocivos en aguas internacionales o en otros países.[30] Los tribunales de arbitraje en materia de inversiones han denegado el acceso a los ciudadanos que pretendían defender acciones e iniciativas ambientales y sociales, que, según los inversores extranjeros, constituían una expropiación indemnizable de sus inversiones.[31] El Banco Mundial y el Fondo Monetario Internacional (FMI) han actuado tradicionalmente de forma que en muchos países han apuntalado regímenes políticos despóticos, y han alimentado una cultura de la corrupción, mediante el envío de miles de millones de dólares destinados a financiar el desarrollo de dichos países, al tiempo que ignoraban que los dirigentes de esos países se quedaban con el dinero.[32] Mediante la imposición unilateral de drásticas medidas de austeridad en ciertos países, el FMI ha ignorado los intereses de sus habitantes.[33] Los bancos multilaterales de desarrollo han financiado tradicionalmente grandes obras como la construcción de presas, que han desplazado a las poblaciones locales y han destruido las comunidades locales, sin la consideración o las compensaciones adecuadas.[34] También las Naciones Unidas han ignorado sistemáti-

---

[29] *Vid., entre otros:* BALANCING WEALTH AND HEALTH (Rochelle Dreyfuss & César Rodríquez-Garavito eds., 2014); Amy Kapczynski, *The Access to Knowledge Mobilization and the New Politics of Intellectual Property*, 117 YALE L.J. 804 (2008).

[30] La práctica de la OMC es criticada en: Robert Howse, *The New Appellate Body Rulings in the Shrimp/Turtle Case: A New Legal Baseline for the Trade and Environmental Debate*, 27 COLUM. J. ENVTL. L. 491 (2002); Robert Howse & Donald Regan, *The Product/Process Distinction—An Illusory Basis for Disciplining 'Unilateralism' in Trade Policy*, 11 EUR. J. INT'L L. 249 (2000); *vid. también:* Jonathan Skinner, *A Green Road to Development: Environmental Regulations and Developing Countries in the WTO*, 20 DUKE ENVTL. L. & POL'Y F. 245, 266 (2010).

[31] Barnali Choudhury, *Recapturing Public Power: Is Investment Arbitration's Engagement of the Public Interest Contributing to the Democracy Deficit?*, 41 VAND. J. TRANSNAT'L L. 775, 792-797 (2008); Benedict Kingsbury & Stephan W. Schill, *Investor-State Arbitration as Governance: Fair and Equitable Treatment, Proportionality and the Emerging Global Administrative Law*, en la obra colectiva: 50 YEARS OF THE NEW YORK CONVENTION 5, 11 (Albert Jan van den Berg ed., 2009).

[32] *Vid.*, por ejemplo: MICHELA WRONG, IN THE FOOTSTEPS OF MR. KURTZ: LIVING ON THE BRINK OF DISASTER IN MOBUTU'S CONGO (2002) (pone de manifiesto cómo al Banco Mundial y el FMI apoyaron al régimen de Mobutu en el Congo). Los programas del Banco Mundial coinciden con los programas gubernamentales que perjudican a las poblaciones vulnerables. Se trata, entre otros, del «Promoting Basic Services program», que la ONG «Human Rights Watch» vincula con las prácticas de relocalización violenta seguidas por el gobierno etíope. *Vid:* HUMAN RIGHTS WATCH: ABUSE-FREE DEVELOPMENT: HOW THE WORLD BANK SHOULD SAFEGUARD AGAINST HUMAN RIGHTS VIOLATIONS, 36-39 (julio de 2013), disponible en la dirección electrónica: *http://www.hrw.org/sites/default/files/reports/worldbank0713_ForUpload.pdf.*

[33] *Vid.* Ofer Eldar, *Reform of IMF Conditionality: A Proposal for Self-Imposed Conditionality*, 8 J. INT'L ECON. L. 509 (2005) (propone que el FMI, en lugar de imponer condiciones de austeridad a los países que piden créditos, siga un proceso abierto que permita la participación del público en la determinación de las condiciones de los préstamos, y justifique las condiciones finalmente seleccionadas).

[34] Komala Ramachandra, *Sardar Sarovar: An Experience Retained?*, 19 HARV. HUM. RTS. J. 275, 277 (2006) (en relación con las presas construídas sobre el río Narmada); Erin K. MacDonald, *Playing by the Rules: The World Bank's Failure to Adhere to Policy in the Funding of Large-Scale Hydropower Projects*, 31 ENVTL. L. 1011, 1034 (2001) (sobre la forma en que el Banco Mundial viola sus propias políticas sobre compensación y participación). Sin embargo, *vid.* John W. Head, *For Richer or for Poorer: Assessing the Criticisms Directed at the Multilateral Development Banks*, 52 U. KAN. L. REV. 241, 288 (2004) (sugiere

camente a las personas que se han visto perjudicadas por sus operaciones, entre las que cabe destacar, por ejemplo, los ocho mil haitianos que han muerto por culpa del cólera introducido en el país por las fuerzas de pacificación de la ONU, como consecuencia de no haber observado una higiene adecuada.[35]

En estos y otros muchos casos participan autoridades administrativas creadas por los Estados o las agencias nacionales con el fin de fomentar el comercio, las inversiones, el desarrollo económico, y otros objetivos de carácter financiero. En ciertos supuestos, estos organismos han llegado a adoptar medidas correctoras, pero en otros muchos no. El problema de la falta de atención o ignorancia de intereses dignos de protección también se plantea en la actuación de determinadas organizaciones regulatorias de carácter mixto (públicos y privados), tales como la Conferencia Internacional para la Armonización de los Requisitos Técnicos para el Registro de Productos Farmacéuticos de Uso Humano (ICH), que está compuesta por representantes de la Unión Europea, Japón, los EEUU, y la industria farmacéutica internacional. Por ejemplo, el hecho de que las multinacionales farmacéuticas se hayan visto atraídas por los menores costes que los ensayos clínicos tienen en los países en vías de desarrollo, así como la necesidad de armonizar los protocolos de ensayos farmacéuticos, ha dejado de lado las preocupaciones éticas de muchos médicos y de muchos países en vías de desarrollo sobre el uso de placebos en dichas pruebas y ensayos.[36] El ICH ha autorizado generosamente el uso de placebos, a pesar de las muertes y otros tipos de abusos que estas prácticas han provocado en el pasado.[37] Además, a la hora de establecer es-

---

que los bancos multilaterales de desarrollo han dejado hace tiempo el negocio de la construcción de presas); HUMAN RIGHTS WATCH, *op. cit.*, nota 32; Dana L. Clark, *The World Bank and Human Rights: The Need for Greater Accountability*, 15 HARV. HUM. RTS. J. 205 (2002).

[35] Mark Doyle, *UN Sued over Haiti Cholera Epidemic*, BBC NEWS, 9 de octubre de 2013, disponible en la dirección electrónica: *http://www.bbc.co.uk/news/world-latin-america-24457195*. La ONU se negó a indemnizar los daños y perjuicios subsiguientes y tampoco ha considerado la posibilidad de establecer un organismo administrativo permanente que pudiera otorgar una compensación adecuada por los daños que sus operaciones causan. Carta de Patricia O'Brien, Vice-Secretatia General para Asuntos Jurídicos de la ONU, a Brian Concannon, Director del Instituo para la Justicia y la Democracia en Haiti (5 de julio de 2013), disponible en la dirección electrónica: *http://www.ijdh.org/wp-content/uploads/2013/07/20130705164515.pdf*. Tal mecanismo permanente de compensación crearía incentivos de vigilancia para la ONU. *Vid.* José E. Alvarez, The UN in the Time of Cholera, Address at the Annual Meeting of the American Branch of the International Law Association (27 de octubre de 2013) (critica la forma en la que la ONU elude este problema con evasivas).

[36] Michael J. Malinowski & Grant G. Gautreaux, *All That Is Gold Does Not Glitter in Human Clinical Research: A Law-Policy Proposal to Brighten the Global «Gold Standard» for Drug Research and Development*, 45 CORNELL INT'L L.J. 185 (2012) (sugieren objeciones de character científico a las reglamentaciones técnicas de la ICH); Howard Wolinsky, *The Battle of Helsinki*, 7 EMBO REP. 670, 671 (2006).

[37] El siguiente es un conocido caso, que inició una década de discusiones: en un experimento financiado por el NIH y desarrollado en Tailandia, se dio a los que participitaban en el mismo (mujeres embarazadas que habían contraído el virus del sida) placebos en lugar de auténticas medicinas, de las que se sabía que reducían la proporción de transmisión maternal del virus. Peter Lurie & Sidney M. Wolfe, *Unethical Trials of Interventions to Reduce Perinatal Transmission of the Human Immunodeficiency Virus in Developing Countries*, 337 NEW ENG. J. MED. 853 (1997). Mientras que algunos expertos en Bio-ética están de acuerdo en que el uso de placebos es aceptable en países donde los pacientes no tendrían acceso de otro modo a los cuidados médicos, la Declaración de Helsinki incorpora la forma de pensar de la mayoría de dichos expertos, para quienes los controles basados en placebos no tendrían que utilarse, como regla general. *Vid.*: World Medical Ass'n, Declaration of Helsinki:

tándares técnicos para bienes y servicios, los organismos globales de carácter híbrido (públicos y privados) pueden no tener en cuenta los intereses de las empresas menos poderosas e influyentes, adoptando normas industriales que perjudican a su competitividad y falsean la competencia.[38]

Como ejemplos de falta de ponderación de los intereses individuales, podríamos citar el caso de aquellas organizaciones regulatorias de alcance global que pueden imponer relevantes sanciones, derivar responsabilidades, o adoptar otros actos de gravamen, con clara afección sobre la esfera jurídica de los ciudadanos, mediante el recurso a procedimientos que no son lo suficientemente imparciales, ni están configurados de una forma fiable. Es más, esas decisiones contrarias a los intereses individuales, adoptadas en el seno de procedimientos deficitarios, bien pueden acabar lesionando a terceras personas. Entre otros supuestos, cabe notar el caso las listas que elabora el Consejo de Seguridad de la ONU con la finalidad de inmovilizar los bienes y de restringir los movimientos de las personas que se considera financian el terrorismo; o las listas negras que confeccionan los bancos multilaterales de desarrollo, de contratistas de proyectos acusados de corrupción; las determinaciones sobre concesión del estatuto de refugiado por parte del Alto Comisionado para los Refugiados (ACNUR); y la descalificación de atletas a causa del dopaje, decididas por parte de las federaciones deportivas internacionales. Cuando el Consejo de Seguridad decide incluir en listas a ciudadanos o a entidades sospechosas de financiar el terrorismo con el fin de inmovilizar sus bienes y de restringir sus movimientos, los afectados* no tienen derecho de participar en el procedimiento, y de hecho no saben que están bajo sospecha hasta que el procedimiento ha concluido.[39] Por ejemplo, dos súbditos suecos y la red bancaria somalí Al-Barakaat

---

Ethical Principles for Medical Research Involving Human Subjects (1964), disponible en la dirección electrónica: *http://www.wma.net/en/30publications/10policies/b3*; Center for Biologics Evaluation & Research, U.S. Dep't of Health & Hum. Servs., Guidance for Industry and FDA Staff: FDA Acceptance of Foreign Clinical Studies Not Conducted Under an IND—Frequently Asked Questions (marzo de 2012), disponible en la dirección electrónica: *http://www.fda.gov/downloads/RegulatoryInformation/Guidances/UCM294729.pdf*; International Conference on Harmonisation of Technical Requirements for Registration of Pharmaceuticals for Human Use, ICH Harmonised Tripartite Guideline: Guideline for Good Clinical Practice E6(R1) (June 10, 1996), disponible en: *http://www.ich.org/fileadmin/Public_Web_Site/ICH_Products/Guidelines/Efficacy/E6_R1/Step4/E6_R1__Guideline.pdf*; vid. también: Michael D. E. Goodyear, *Does the FDA Have the Authority to Trump the Declaration of Helsinki?*, 338 Brit. Med. J. 1157 (2009) (pone en duda el uso de los estándars de la ICH por parte de la Agencia federal norteamericana de medicamentos, FDA); Wolinsky, *op. cit*, p. 671 (describe las controversias que rodearon a la Declaración de Helsinki, que era precisamente el estándar anteriormente seguido por la FDA).

[38] *Vid.* Harm Schepel, The Constitution of Private Governance; Product Standards in the Regulation of Integrating Markets (2005) (describe los diferentes remedios jurídicos que para esta forma de «disregard» se encuentran en el derecho de daños, de contratos, o de defensa de la competencia).

* Recuérdese, como se ha advertido al inicio del capítulo, que cuando aquí se habla de afectados se alude habitualmente a aquellos afectados cuyos intereses no son tenidos en cuenta. (N. del E.).

[39] Para un análisis del proceso de inclusión en listas de terroristas, y cómo dicho proceso ha cambiado a lo largo de los años, *vid.*: Craig Forcese & Kent Roach, *Limping into the Future: The U.N. 1267 Terrorism Listing Process at the Crossroads*, 42 Geo. Wash. Int'l L. Rev. 217, 221-227 (2010). Sobre las diferentes reformas recientes provocadas por varios litigios, incluyendo el requisito de que debe trasladarse a la persona o entidad que va a ser incluida en la lista un resumen de las razones por las que se va a llevar a cabo dicha inclusión, *vid. id.*, pp. 243-252.

fueron incluidos en dichas listas porque la red bancaria manejaba transferencias de dinero originadas en Somalia.[40] El bloqueo de los bienes de la red bancaria tuvo serios efectos sobre decenas de miles de ciudadanos somalíes, que no pudieron tener acceso a sus fondos.[41]

Tal y como se abunda más adelante, puede decirse que casi por definición o por su propia naturaleza, las organizaciones regulatorias especializadas no se muestran capaces en la práctica de tener en cuenta y de atender los intereses de todos los que pueden verse eventualmente afectados por las decisiones que adoptan, ni parece que les sea exigible. Por ello mismo, podrían no verse obligadas a ejercer de forma expansiva las funciones que le han sido encomendadas, al objeto de colmar las fallas estructurales que padecen sus normas fundacionales, puesto que la falta de ponderación o de atención de esos intereses trae su causa de éstas. En esos casos, la falta de ponderación podría entenderse y hallarse justificada. De entrada, determinar lo que puede considerarse como una atención adecuada de todos los intereses en presencia frente a un perjuicio o gravamen injustificados constituye de ordinario una cuestión discutible. Ello no obstante, son muchos los supuestos en que los programas regulatorios de alcance global han practicado (y continúan haciéndolo) políticas y determinaciones que constituyen casos claros de injustificada falta de atención de los intereses en juego.

---

[40] Noah Birkhäuser, Address at the European Society of International Law Research Forum: Sanctions of the Security Council Against Individuals-Some Human Rights Problems (26 de mayo de 2005), disponible en: *http://www.esil-sedi.eu/sites/default/files/Birkhauser.PDF*.

[41] Decenas de miles de somalíes, que dependían de las transferencias de fondos que les hacían sus familiares del extranjero, no pudieron acceder a dichos fondos por culpa de las sanciones, lo que les causó un daño enorme. Muchas pequeñas empresas se vieron obligadas al cierre. Al-Barakaat era el mayor empleador de Somalia. *Vid.* HOUSE OF LORDS, SELECT COMMITTEE ON ECONOMIC AFFAIRS, THE IMPACT OF ECONOMIC SANCTIONS, 2006-2007, H.L. Paper No. 96-II, p. 128, para. 39(e), disponible en: *http://www.publications.parliament.uk/pa/ld200607/ldselect/ldeconaf/96/96ii.pdf*; Hassan Barise, *Somali Economy Hit*, BBC NEWS, 27 de agosto de 2002, *http://news.bbc.co.uk/2/hi/in_depth/world/2002/september_11_one_year_on/2219680.stm*; Hassan Barise, *US Shuts Down Somalia Internet*, BBC NEWS, 23 de noviembre de 2001 (*http://news.bbc.co.uk/1/hi/world/africa/1672220.stm*). Suecia solicitó a Estados Unidos que se retirara de la lista a dicha entidad, y ese país y el Consejo de Seguridad de la ONU terminaron por estar de acuerdo: *U.S. Drops Names of 2 Swedes from Al Qaeda List at U.N.*, N.Y. TIMES, 23 de agosto de 2002 (*http://www.nytimes.com/2002/08/23/world/us-drops-names-of-2-swedes-from-al-qaeda-list-at-un.html*). La inclusión de la compañía en dicha lista de la ONU también fue objeto de un recurso ante el TJUE: casos acumulados C-402/05 y C-415/05, Kadi c. Consejo, [2008] ECR I-6351 [en lo sucesido, «caso *Kadi*»].

3. EL CONCEPTO DE FALTA DE ATENCIÓN O DE PONDERACIÓN (*DISREGARD*), EN CUANTO HEURÍSTICA DE CARÁCTER PRESCRIPTIVO EN EL ÁMBITO DE LA GOBERNANZA REGULATORIA GLOBAL

¿En qué consiste la falta de atención o de ponderación (de los intereses en juego)? Y, más en concreto, ¿en virtud de qué principios y criterios podemos determinar que los afectados negativamente por las decisiones de una organización regulatoria global han sido víctimas de una injustificada falta de ponderación por parte de ésta? En el presente apartado nos ocupamos de estas cuestiones, aunque no cabe hallar una respuesta exhaustiva y completa de los interrogantes que aquí se suscitan.

A) UNA TEORÍA NORMATIVA GLOBAL PARA UN PROCESO DECISORIO QUE SE ENCUENTRA ESENCIALMENTE FRAGMENTADO

La construcción de una teoría normativa omnicomprensiva de la gobernanza global se enfrenta a importantes retos, tanto de orden teórico como de carácter práctico. La mayor parte de las actuales teorías normativas sobre la gobernanza se han establecido a partir de las experiencias que ofrece el Estado-nación, de base democrática, y entre cuyos pilares se encuentran un sistema constitucional de democracia representativa, la tutela de los derechos y libertades, la división de poderes, con un poder judicial independiente, y unas funciones relevantes asignadas a cada uno de ellos. Esas instituciones, sin embargo, no existen a nivel global. En su lugar, nos encontramos con toda una miríada de organizaciones regulatorias especializadas en función de su finalidad, que persiguen objetivos muy distintos, y se integran mediante toda una suerte de combinaciones de actores públicos y privados.

En esas circunstancias y contexto, las concepciones comprensivas de democracia o de justicia en el complejo entramado de la gobernanza global, como las que propugnan algunos constitucionalistas «globales»,[42] sencillamente no resultan convincentes, o no son viables.[43]

---

[42] Erika de Wet, *The International Constitutional Order*, 55 INT'L & COMP. L.Q. 51 (2006); Mattias Kumm, *The Legitimacy of International Law: A Constitutionalist Framework of Analysis*, 15 EUR. J. INT'L L. 907 (2004); Bardo Fassbender, *The United Nations Charter As Constitution of the International Community*, 36 COLUM. J. TRANSNAT'L L. 529 (1998); Ernst-Ulrich Petersmann, *How to Reform the UN System? Constitutionalism, International Law, and International Organizations*, 10 LEIDEN J. INT'L L. 421 (1997).

[43] *Vid.*: Jürgen Habermas, *The Postnational Constellation and the Future of Democracy*, en la obra colectiva: THE POSTNATIONAL CONSTELLATION: POLITICAL ESSAYS 58 (Max Pensky ed. & trans., 2001). Es importante analizar cómo es posible generar una teoría de la justicia o de la democracia globales, que

En cualquier caso, un análisis de carácter normativo o prescriptivo que permita determinar lo que haya de hacerse no sólo es posible, sino también obligado, aun cuando se haga sobre una base no unitaria sino descentralizada.*[44] En ese sentido, en efecto, para avanzar en la consecución de una mayor tasa de equidad en la acción de la Administración global no hace falta aguardar a la construcción de una teoría amplia y heurística acerca de la justicia global que resulte útil y compatible con las circunstancias actuales. Así sucede también en el plano interno, en donde el Derecho estatal y las reformas regulatorias y de gobierno aspiran a prevenir y a remediar que se generen daños injustificados o menoscabos en los grupos más débiles o marginales, así como a los individuos más vulnerables.[45] A este propósito, el concepto de falta de atención o de ponderación (*disregard*) puede ser útil como heurística que contribuya a construir en su debido contexto y de modo progresivo unas teorías viables de justicia en el marco de la gobernanza global. Por el contrario, un planteamiento más ambicioso y global, como la consecución de un reparto justo de los beneficios generados por la cooperación a nivel mundial, generaría difíciles problemas de concreción y ejecución.

B) La consideración de todos los intereses afectados (*regard*) y su contrario (*disregard*): elementos constitutivos

La falta de consideración de intereses dignos de tutela por parte de los reguladores presenta una doble dimensión, tanto procedimental, como sustantiva.

Desde el punto de vista procedimental, se produce la falta de atención, bien porque el procedimiento contiene fallos estructurales para obtener la información necesaria y recibir las alegaciones de los afectados** (sean individuos o colectivos), o bien porque sencillamente se les niega el acceso al mismo. O bien cuando no se les da ocasión a los individuos o a los grupos afectados de acceder a la información necesaria, ya sea porque el procedimiento no lo permite o porque se deniegue tal acceso, impidiendo así que los

---

sirva para organismos tan heterogéneos como la Financial Action Task Force, el Global Competition Network, la International Conference on Harmonisation of Technical Requirements for Registration of Pharmaceuticals for Human Use, el Forest Stewardship Council, Interpol, el COI o la ISO.

* Téngase en cuenta que a ello se refiere el autor cuando afirma «normative assessment, prescription, and action can and must proceed on a descentralized basis», en línea con lo indicado en los capítulos precedentes. (N. del E.).

[44] Este enfoque es el que inspira a AMARTYA SEN, THE IDEA OF JUSTICE (2009).

[45] Para una discusión y defensa de esa estrategia en ámbito interno, *vid*. Abram Chayes, *The Role of the Judge in Public Law Litigation*, 89 HARV. L. REV 1281 (1976).

** Recuérdese, como se ha advertido al inicio del capítulo, que cuando aquí se habla de afectados se alude habitualmente a aquellos afectados cuyos intereses no son tenidos en cuenta. (N. del E.).

afectados puedan alegar lo que a sus intereses convenga y presentar las pruebas que consideren pertinentes frente a los proyectos de resolución, o que puedan participar de alguna manera en la organización que lleva el proceso decisorio. Igualmente, la falta de atención en el seno del procedimiento se produce cuando la organización no acierta a motivar debidamente sus decisiones.[46] Tal falta de atención se pone de manifiesto con mayor fuerza cuando se incurre en discriminación en cualesquiera de los supuestos enumerados, esto es, por tratar de modo distinto –más favorable– a unos individuos o grupos sobre otros.

La falta de atención o ponderación en sentido material se produce cuando se adoptan resoluciones que perjudican injustificadamente, o ponen en situación de desventaja, a aquellos cuyos intereses han sido ignorados en el seno del procedimiento, y en donde se ha resuelto en un determinado sentido precisamente como consecuencia de no haber dado ocasión a los afectados de participar oportunamente.[47] En este sentido, y aunque sus respectivos contenidos y alcances puedan resultar discutibles en ciertos casos, es preciso definir y explicar las nociones de «consideración adecuada», «efecto significativo», y «daño o privación injustificable» (que, ciertamente, requieren una línea valorativa de referencia), y cuyo contenido, en ciertos casos, puede resultar sumamente discutido y discutible.[48]

Ponderar o tener en cuenta constituye el antónimo y el remedio de su contrario, esto es, de la falta de ponderación. En línea de máxima y en términos ideales, bien puede decirse que la ponderación requiere que el órgano u organización que pretenda adoptar una decisión, primero, habrá de revisar y evaluar *ex ante* la información disponible a fin de determinar los efectos potenciales que la resolución proyectada puede generar sobre los distintos individuos o grupos cuyos intereses son dignos de ser tenidos en cuenta; segundo, ha de sopesar las cargas y beneficios de las distintas alternativas u opciones; y, tercero, habrá de determinar en qué criterios y normas se justifica una decisión para irrogar efectos negativos (daños y privaciones) respecto de un grupo o conjunto de individuos. Una práctica correcta del deber de motivar las decisiones contribuye desde luego a que se cumplan esas exigencias. Y ello con independencia de que la forma de llevarlas a cabo varíe sustancialmente en virtud de la función regulatoria de que se trate de ejercer en cada caso, o de otros programas administrativos en liza, así como de los objetivos, de la naturaleza de la decisión o del

---

[46] Para un análisis de los elementos procedimentales y sustantivos de lo que constituye una consideración «adecuada» de los intereses afectados por parte de los que adoptan decisiones, *vid.* Richard B. Stewart, *The Reformation of American Administrative Law*, 88 HARV. L. REV. 1667, 1712-1760 (1975).

[47] La falta de atención o consideración de intereses puede darse en el plano procedimental, sin que llegue a cristalizar en el plano sustantivo.

[48] Para un análisis de la consideración «adecuada» de intereses en el contexto de un modelo de Derecho Administrativo basado en la representación de intereses, a nivel interno, *vid.* Stewart, *op. cit.*, nota 46, pp. 1756-1760.

acto (reglamentación; acto de aplicación; derecho blando...), de los destinatarios (individuos, grupos, entidades...), del grado de vulnerabilidad de los afectados, de la intensidad de los efectos negativos derivados de la decisión en cuestión, o del contexto, entre otros factores.

En este contexto, el equilibrio entre la eficacia de las responsabilidades asignadas y la debida consideración de los intereses en presencia constituye un elemento relevante, puesto que la organización regulatoria ha de cumplir satisfactoriamente las funciones que le han sido encomendadas, y un procedimiento administrativo o decisorio de carácter más formal y participativo, por definición más lento y complejo, podría obstaculizar su cumplimiento y romper ese necesario equilibrio. Todos estos factores aconsejan que los procedimientos decisorios se ajusten a las singularidades de cada sector y a cada organización singular, a la hora de ponderar los intereses en juego. Con frecuencia, sin embargo, los procedimientos no alcanzarán el ideal antes descrito. Es más, la debida ponderación de todos los intereses afectados no asegura en principio un resultado único, ni desemboca en una única solución posible, habida cuenta de que el órgano llamado a tomar la decisión de que se trate cuenta de ordinario con un amplio margen de apreciación. Ahora bien, no puede negarse que los procedimientos y las prácticas que hacen posible la debida ponderación de los intereses de todos los afectados constituyen un contrapeso muy relevante contra la arbitrariedad y la injusticia.

C) ¿QUÉ ORGANIZACIONES REGULATORIAS DE ALCANCE GLOBAL TIENEN EL DEBER DE PONDERAR Y TENER EN CUENTA LOS INTERESES DE TODOS LOS AFECTADOS?

En las líneas que siguen únicamente podemos esbozar una respuesta esquemática a este interrogante. A primera vista, la obligación de dar la consideración debida a todos los intereses relevantes en presencia pesaría de entrada sobre todos aquellos organismos reguladores de ámbito global que están formados en todo o en parte por autoridades públicas (Estados, agencias administrativas nacionales, y organizaciones internacionales), precisamente porque todas ellas poseen el atributo o la condición de lo público (*publicness*)*. De esa condición se sigue que tales sujetos están obligados a ponderar adecuadamente todos los intereses en juego con relevancia o significación y, en consecuencia, a seguir, en la medida en que resulte posible, los procedimientos y las prácticas

---

* Como puede apreciarse desde los primeros capítulos, este dato de lo público, así traducido coherentemente en todo el libro, constituye un criterio fundamental y previo, para proyectar, de seguido, las consecuencias o efectos jurídicos que el Derecho Público ha dispuesto en tales casos. La cuestión, con todo, y según nos consta por la lectura de la presente obra, no se agota ahí. (N. del E.).

que garanticen el cumplimiento de esa obligación[49]* Con todo, y dependiendo de concretos y específicos contextos regulatorios, pueden surgir ciertas consideraciones institucionales que se opongan a dicha obligación, cuyo alcance dependerá del riesgo de que las decisiones provoquen daños significativos e injustificados.

Por lo demás, las organizaciones compuestas enteramente por *sujetos privados*** también pueden verse sometidas a iguales obligaciones, en virtud de la naturaleza y del grado de poder que desplieguen, del impacto que sus decisiones puedan generar sobre los afectados, o de la existencia de instrumentos de supervisión y control en manos de las autoridades públicas para corregir las actuaciones de esos sujetos privados.***[50] Ahora bien, como la supervisión y la imposición públicas de medidas correctoras resultan menos habituales en el contexto de la regulación global, la necesidad de imponer obligaciones de ponderar los intereses de todos los afectados a las organizaciones regulatorias privadas que operan en el ámbito global puede resultar muy superior a la que se da en el ámbito interno o nacional.

D) ¿QUIÉN TIENE DERECHO A QUE SUS INTERESES SEAN DEBIDAMENTE PONDERADOS?

¿Qué grupos, intereses colectivos, o individuos tienen derecho a ser tenidos debidamente en cuenta en el marco de los procedimientos decisorios a nivel global y, potencialmente, tienen derecho a participar o a iniciar procedimientos que promuevan dicha ponderación?

Un posible punto de partida para contestar a esta cuestión reside en el principio del Derecho Romano, según el cual *quod omnes tangit ab omnibus tractari et approbari debet*, esto es, lo que afecta a todos debe ser tratado y aprobado por todos. En el Derecho Romano, en caso de custodia múltiple de un pupilo, o de diversas partes con interés dominical en una *res*, tenían que ser oídos y ponerse de acuerdo todos en la resolución de la custodia o en el destino de la *res*. En la Inglaterra medieval, esa máxima del Derecho Romano fue invocada a menudo

---

[49] Benedict Kingsbury, *The Concept of 'Law' in Global Administrative Law*, 20 EUR. J. INT'L L. 23, 31-33 (2009) (sobre el concepto de carácter público de una organización).

* *Vid.* el capítulo tercero de la presente obra (N. del E.).

** El subrayado no es original. Se quiere destacar lo que se apunta en las anteriores y en la siguiente nota del editor. (N. del E.).

*** Como se ha observado en la penúltima nota del editor, en el criterio de lo público –en sentido formal– no se agota la cuestión. Aquí se apuntan algunos criterios o supuestos en cuya virtud se hacen extensivas las obligaciones que pesan sobre los poderes públicos a los sujetos privados. (N. del E.).

[50] SCHEPEL, *op. cit.*, nota 38, p. 292 (analiza la transferencia del poder de control, de las autoridades públicas a organismos privados).

a la hora de decidir sobre los oficios eclesiásticos, así como sobre el gobierno de comunidades políticas y territorios. La publicidad y la oportunidad real de participar todos los afectados constituía una necesidad, aunque el requisito adicional del consenso cayó en desuso.[51]

Sin embargo, la aplicación y puesta en práctica del principio «quod omnes» en el contexto de las organizaciones regulatorias de alcance global, sumamente especializadas, suscita ciertamente no pocas perplejidades. De entrada cabe afirmar que parece característico de toda comunidad con contornos poco definidos la no inclusión de todos los intereses con peso específico. Por esta y otras razones, la representación electoral, que podría entenderse como la traducción actual del principio «quod omnes» en los países democráticos, no resulta por lo general realizable en el seno de una organización regulatoria global e, incluso, en no pocos casos puede no ser deseable, dada la naturaleza de las tareas administrativas altamente especializadas que se desarrollan en su seno.[52] A mayor abundamiento, la identidad de los grupos, individuos e intereses que pretendan hacerse valer en cada caso puede variar considerablemente de una organización a otra. Lo mismo cabe decir de las personas afectadas: la naturaleza de los efectos o consecuencias pueden ser muy dispares. En última instancia, es necesario hallar el fundamento normativo o prescriptivo que sirva de base para distinguir aquellos intereses y personas que han de ser tenidos en cuenta, así como los elementos fácticos que lo justifican en cada caso.

El hecho de que una medida determinada tenga efectos adversos sobre determinados grupos o personas no quiere decir, sin más, que éstos tengan derecho a que sus intereses sean ponderados en todo caso. Dicho derecho dependerá de la misión y de los objetivos institucionales del organismo en cuestión, así como del contexto normativo y de la naturaleza de aquellos efectos. Muchos regímenes reguladores globales han sido establecidos para promover el bienestar social en políticas y sectores concretos, allí donde las acciones y programas desarrollados a nivel nacional no pueden hacerlo. Esas organizaciones globales

---

[51] *Vid.* Nicklaus Luhmann, Quod Omnes Tangit: *Remarks on Jurge Habermas's Legal Theory*, 17 CARDOZO L. REV. 883 (1996); GAINES POST JR., STUDIES IN MEDIEVAL LEGAL THOUGHT: PUBLIC LAW AND THE STATE 1100-1322, pp. 163-238 (1964). Estoy en deuda con John Ferejohn por esas frases. Luhmann sugiere que el principio *quod omnes* es «absolutamente válido», Luhmann, *op. cit.*, p. 884. Y añade: «Se dice que el búho de Minerva levanta el vuelo al llegar el crepúsculo. Qué alto puede volar». *Op. cit.* (explica que la comprensión sólo emerge retrospectivamente).

[52] Andrew Moravscik, *The Myth of Europe's «Democratic Deficit»*, 43 INTERECON. 331 (2008). Sin embargo, podría ser factible establecer ciertas formas de participación en la toma de decisiones o fuera de ella en favor de grupos e intereses afectados, incluso a través de asociaciones profesionales y comerciales y a través de ONG que hablan en nombre de los intereses ambientales, laborales y sociales. Las teorías más actuales sobre democracia global también comparten esta idea común. *Vid.*, por ejemplo: TERRY MACDONALD, GLOBAL STAKEHOLDER DEMOCRACY 7 (2008). Algunos organismos globales formados por ONG (especialmente el Forest Stewardship Council) siguen dicha práctica. *Vid.* Erroll E. Meidinger, *The Administrative Law of Global Private-Public Regulation: The Case of Forestry*, 17 EUR. J. INT'L L. 47 (2006).

han de ser capaces de cumplir sus obligaciones de manera eficaz sin que las obligaciones, potencialmente onerosas, de ponderar, y tomar en consideración a, todos los grupos e individuos que puedan verse afectados por sus decisiones*, lo hagan inviable.

Como principio general, ni la ponderación, ni el procedimiento, constituyen consecuencias obligadas cuando los intereses individuales o colectivos sectoriales apenas se ven afectados o son de índole menor. En este sentido, no faltan regímenes globales que, como la Organización Internacional para la Estandarización y el Protocolo de Gases de Efecto Invernadero, cuyo objeto consiste en resolver problemas de coordinación mediante el establecimiento de estándares técnicos para bienes y servicios, no suelen generar impactos más allá de los que integran el sistema.

En cambio, en otros tipos de regímenes o sistemas globales, las consecuencias de las medidas que se adopten pueden ser asunto de vida o muerte (protección de patentes para medicinas esenciales); desencadenar la destrucción o la preservación de tu propia comunidad (financiación de un proyecto hidráulico de generación de energía por parte de un banco multilateral de desarrollo); o afectar a la movilidad y desplazamiento de ciertas personas (refugiados que buscan asilo o personas incluidas en las listas de financiadores de terroristas). Cuando las decisiones de las autoridades administrativas pueden generar graves daños sobre determinados grupos e individuos, la fuerza moral de la reivindicación en pro de que sus intereses sean tenidos en cuenta, y de que se materialice esa ponderación en el marco de un procedimiento adecuado, se hace irresistible. Esa fuerza, sin embargo, se debilita si los efectos adversos son algo más que mínimos pero resultan difusos e individualmente menores, aun cuando la suma de esos efectos pueda ser significativa.

Aun cuando estas afecciones puedan resultar significativas, no todos los que se ven perjudicados o se encuentran en una posición desfavorable a consecuencia de una decisión determinada tienen derecho, sin más, a que sus intereses sean ponderados. Ello podrá depender, entre otros factores, de la carta o estatuto por el que se rija el regulador de que se trate o de otras normas de cabecera aplicables al caso.

Por ejemplo, las decisiones de la OMC pueden ignorar, de modo legítimo, a las empresas mercantiles y, como consecuencia, provocarles la ruina económica a resultas de la promoción de la libre competencia a nivel global. Y es que la misión de la OMC consiste justamente en promover el bienestar económico mundial a través de la liberalización del comercio; sin embargo, las normas que regulan las relaciones de mercado no protegen a las empresas frente a un incremento de la competencia en un sector determinado. En algunos casos, un regulador global especializado puede no tener en

---

* Recuérdese, como se ha advertido al inicio del capítulo, que cuando aquí se habla de afectados se alude habitualmente a aquellos afectados cuyos intereses no son tenidos en cuenta. (N. del E.).

cuenta (con toda legitimidad) algunos de los efectos de sus decisiones, entendiendo que caen fuera de su ámbito de competencia.

Esas razones pueden, por ejemplo, justificar que la OMC no tome en consideración los efectos que la liberalización del comercio puede generar sobre la demanda de recursos naturales, y ello aun cuando la OMC evalúe sistemáticamente la compatibilidad de la regulación ambiental que llevan a cabo los Estados miembros. La consecuencia de que no se ponderen tales efectos puede ser que el impacto ambiental de la liberalización del comercio caiga en el olvido en el fragmentado y asimétrico sistema regulatorio mundial, y éste no sea tenido en cuenta por otra autoridad, sea global o nacional.[53] Ello no obstante, puede que, sencillamente, no sea factible, ni deseable, en un escenario en el que la falta de ponderación de un tipo de intereses resulta ser de carácter estructural, pretender que desde una instancia regulatoria sectorial se ponderen esos intereses –aquí proteccionistas o de conservación–, que no son compatibles con la misión que a una determinada organización le ha sido atribuida. Más allá de estos principios generales, la cuestión de quién tiene derecho a que sus intereses sean tenidos en cuenta ha de abordarse y resolverse caso por caso, a través de procedimientos institucionales, políticos y jurídicos (en su caso) más o menos complejos. Se trata de una tarea bastante parecida a la que desarrollan los tribunales nacionales a la hora de determinar el alcance de los derechos de los ciudadanos e interesados en el seno del procedimiento administrativo, y de la legitimación de los individuos y grupos que afirman tener interés para poder instar el control judicial de las decisiones adoptadas por las Administraciones públicas.[54]

La determinación acerca de quién tenga derecho, y con qué alcance y peso específico, a que sus intereses sean objeto de una adecuada ponderación a lo largo del proceso decisorio habrá de resolverse sobre la base de criterios institucionales y prescriptivos, y desde una perspectiva práctica, con la experiencia acumulada en otras organizaciones globales. Entre esos criterios se podrían citar los de carácter prudencial, como el que se refiere a la conveniencia de hacer determinados ajustes en la esfera competencial de la organización de que se trate. No pueden hacerse afirmaciones generales, ni pueden hallarse soluciones universales de carácter institucional, para el problema de la falta de ponderación o atención de ciertos intereses. Desde las premisas sentadas en el proyecto de Derecho Administrativo Global, del que se da debida cuenta en el presente libro,[55*] este capítulo se propone una estrategia para el diagnóstico y reforma de la gobernanza global con un carácter que podríamos denominar gráficamente más «minorista» que «mayorista».

---

[53] *Vid.:* Revesz, *op. cit.*, nota 18.

[54] *Vid.* por ejemplo, las siguientes sentencias: *Friends of the Earth, Inc. v. Laidlaw Envtl. Servs.*, 528 U.S. 167 (2000); *In re* Global Indus. Techs., Inc., 645 F.3d 201 (3d Cir. 2011); *Lujan v. Defenders of Wildlife*, 504 U.S. 555 (1992).

[55] Proyecto de Derecho Administrativo Global, *vid op. cit.*, nota 2.

* En particular, véase, primero, el capítulo segundo, y, después, el capítulo primero. (N. del E.).

E) Valores procedimentales intrínsecos

Las reflexiones que siguen ponen el acento en la dimensión institucional y procedimental, en la conciencia de que así podrá garantizarse que los intereses de aquellos que se ven afectados por las regulaciones de alcance global reciben la consideración debida y se les da el peso específico que requieren, a la hora de adoptar la decisión final que corresponda. Podría decirse que el problema de la falta de consideración o ponderación remite en última instancia a decisiones y medidas que, injustificadamente, generan daños o perjuicios, o ponen en posición de desventaja, a determinados grupos o individuos. En este contexto, es claro que la dimensión procedimental constituye un instrumento de primera magnitud, cualesquiera que sean sus manifestaciones (audiencia del interesado para alegar lo que a sus intereses convenga; práctica de pruebas; etc.), bien sea en el marco de procedimientos de elaboración de reglamentos y otras disposiciones de carácter general, para el dictado de actos singulares, o, también, de procesos judiciales. Todo ello contribuye a que las resoluciones que se adopten tengan en cuenta adecuadamente, desde el punto de vista sustantivo o de fondo, los intereses más relevantes de los distintos colectivos e individuos. Ha de notarse, sin embargo, que los individuos, los grupos en que se insertan, los Estados, o los intereses sociales, pueden ostentar derechos intrínsecos basados en valores que entroncan con derechos de carácter procedimental, o la personalidad, o la soberanía, de los que se infieran o deriven determinados derechos a ciertos procedimientos o remedios procesales, y ello al margen y con independencia de los efectos que puedan producir sobre las decisiones finales.

Es evidente que cuando se pretenda dictar un acto de gravamen, como una sanción, la organización global de que se trate –el Consejo de Seguridad de la ONU para las sanciones a Al Qaeda, o la Agencia Mundial Antidopaje, en el caso del dopaje de los deportistas– habrá de dar audiencia al afectado. En tal hipótesis, se puede sostener que hay un derecho intrínseco y esencial a que se siga un procedimiento. Aquí, el acceso al procedimiento posee un valor más alto, obedece a otros valores, más allá de la función de defensa o de protección de los derechos sustantivos o materiales del individuo, o de canalización del ejercicio del poder a través de la cláusula del Estado de Derecho.[56] Sin embargo, la reivindicación de la existencia de un derecho al procedimiento en otros casos puede resultar mucho más dudosa y problemática.

---

[56] Armin von Bogdandy, Philipp Dann & Matthias Goldmann, *Developing the Publicness of Public International Law: Towards a Legal Framework for Global Governance Activities*, 9 Ger. L.J. 1375, 1379-1380 (2008); Matthias Goldmann, A Matter of Perspective: Global Governance and the Distinction Between Public and Private Authority (and Not Law) 11-12 (Nov. 4, 2013) (manuscrito inédito), disponible en la siguiente dirección electrónica: *http://papers.ssrn.com/sol3/papers.cfm?abstract_id=2260293*.

Piénsese en los supuestos en que la organización global ha de enfrentarse al dictado de normas de carácter general o debe resolver sobre cuestiones específicas con intereses muy encontrados, y que afectan a muchos individuos, como sucede, por ejemplo, cuando ha de decidirse acerca de dónde ubicar determinadas infraestructuras o la designación de una ciudad como sede olímpica. Dentro del ordenamiento interno, el voto en las elecciones para elegir a los dirigentes políticos puede también considerarse como un derecho procedimental de carácter intrínseco o esencial. En ese sentido, no cabe excluir la posibilidad de que afirmar análogamente un derecho al procedimiento en el ámbito de la gobernanza global, extraordinariamente fragmentada, como sabemos. Ahora bien, a nadie escapa la grave dificultad de su elaboración conceptual y de su puesta en práctica, habida cuenta de que no puede hablarse de comunidades políticas en el ámbito global, y el inmenso y heterogéneo mundo de organizaciones regulatorias globales, y de los variados intereses que pueden verse afectados por las decisiones que éstas adopten.[57]

II. LAS CAUSAS ESTRUCTURALES DE LA FALTA DE PONDERACIÓN DE INTERESES Y LAS ESTRATEGIAS PARA SU CORRECCIÓN

La segunda parte de este capítulo pretende explicar, en primer lugar, que la falta de ponderación de intereses guarda relación con, y hunde sus raíces en, las estructuras institucionales de la regulación global. Acto seguido, analiza cuatro estrategias diferentes, que los «ignorados» podrían utilizar para garantizar una mayor atención de sus propios intereses y problemas; y debate finalmente con más detenimiento la estrategia que se refiere al uso y reforma de los actuales mecanismos de gobernanza de las estructuras de las organizaciones regulatorias de ámbito global.

1. LAS RAÍCES ESTRUCTURALES DE LA FALTA DE PONDERACIÓN

La naturaleza, el alcance y las causas de la falta de ponderación dependen de diversos factores. En primer lugar, de la clase o tipo de organización regulatoria a nivel global de que se trate; de las funciones que tenga encomendadas

---

[57] La idea clave contenida en un famoso voto particular del Magistrado Oliver Wendell Holmes a una sentencia del Tribunal Supremo de los EEUU (por el que se oponía a reconocer un supuesto derecho constitucional a ser oído en un procedimiento de elaboración de un reglamento a un grupo de contribuyentes que recurrió contra una subida drástica de impuestos) tiene gran aplicabilidad en el actual contexto global: «cuando una regla de conducta se aplica a muchas personas, es impracticable que cada una de ellas tenga voz en su adopción...sus derechos están protegidos de la única manera que lo pueden ser en una sociedad compleja: a través del poder, próximo o remoto, que dichas personas tienen sobre los que adoptaron la norma». *Bi-Metallic Inv. Co. v. State Bd. of Equalization*, 239 U.S. 441, 445 (1915).

cada una de ellas; y de los actores públicos o privados que la rigen y que se ven más afectados por sus decisiones. Una fuente sistémica de esa falta de ponderación reside en lo limitada y concreta que puede ser la función asignada a una determinada organización, típicamente focalizadas en un sujeto o en un sector altamente especializado dentro del amplio marco a tres niveles en que se sitúa la gobernanza global: mercados, seguridad, y derechos humanos (así como otros objetivos de carácter ético). Habida cuenta de que estas organizaciones han sido establecidas por sus fundadores o «principales» con el fin de alcanzar un determinado objetivo (como la prevención contra el lavado de dinero, la liberalización del comercio internacional, la promoción del desarrollo económico a través de la financiación de proyectos de infraestructuras, o la protección de los derechos de propiedad intelectual), los directivos, los representantes de los miembros de las organizaciones y su personal tienden a desarrollar una suerte de «visión de túnel» de carácter institucional, unas «anteojeras», que les impiden tener en cuenta los intereses de aquellos que no son miembros de esa organización, ni son relevantes a la hora de llevar a cabo su misión.

Ello supone que los miembros y directivos de estas organizaciones carecen de los incentivos necesarios para obtener una mayor información acerca de los potenciales efectos que puedan irrogar sus decisiones sobre aquellos que no participan en el proceso decisorio.

Este sesgo se encuentra a menudo reforzado por los intereses económicos y políticos de sus fundadores y aliados, tal y como se pone de relieve en los regímenes o sistemas existentes en el sector del comercio internacional, de las inversiones, la propiedad intelectual, la seguridad y la ayuda al desarrollo. Naturalmente, este problema se hace menos agudo en la medida en que la finalidad de la organización de que se trate sea más amplia y comprensiva. En tal caso, le resultará más sencillo tener en cuenta todo un conjunto variado y heterogéneo de intereses. Así sucede con temas tan amplios como la protección del medio ambiente o de la salud[58]. Mientras que, por el contrario, las organizaciones globales que tienen por objeto el establecimiento de estándares técnicos de carácter uniforme a fin de facilitar el comercio de bienes y servicios a nivel mundial, integrados con frecuencia por sujetos públicos y privados, pueden ponderar menos los intereses de las empresas con menor peso o influencia y adoptar estándares que a la postre beneficien a aquellas empresas que ocupan una posición dominante en el mercado, dándoles así una ventaja contraria a la competencia[59].

La falta de ponderación de los intereses y de los problemas individuales puede ser fruto de otros factores adicionales.

---

[58] Por ejemplo, los gobiernos que forman parte del Mecanismo de Desarrollo Limpio del Protocolo de Kioto y del Esquema Voluntario del Carbón no tienen en cuenta los impactos ambientales y sociales de proyectos como las plantaciones forestales a «escala industrial», a la hora de certificar las reducciones de emisiones de CO2 que aquellos proyectos consiguen. *Vid.*: Kylie Wilson, Private Governance of the Voluntary Carbon Offset Market (2014) (manuscrito inédito).

[59] Schepel, *op. cit.*, nota 38, pp. 285-338.

Por ejemplo, los organismos de ámbito global con responsabilidades en materia de seguridad pueden llegar a ignorar o a menoscabar las garantías procedimentales, cuando imponen sanciones. Y ello porque los Gobiernos nacionales (que operan como sus «principales», de acuerdo con la teoría antes mencionada) exigen celeridad, flexibilidad, capacidad de resolución y confidencialidad en los procesos decisorios. Ello explica que queden fuera del ángulo de visión de esas organizaciones, o que presten menor atención a, los «falsos positivos». Los procedimientos de confección de listados especiales del Comité de Sanciones del Consejo de Seguridad de la ONU a la Organización Al-Qaeda reflejan estas influencias gubernamentales. Lo mismo puede ocurrir en otras clases de Administraciones o de regulación globales, como sucede con el deporte, donde las Administraciones y los Gobiernos pretenden actuar con rapidez a la hora de sancionar a los atletas para calmar las preocupaciones del público en materia de dopaje. El déficit procedimental puede asimismo traer su causa de ciertas prácticas conocidas, como las que tienen lugar cuando de la confección de listas negras de contratistas acusados de corrupción se trata. Esos problemas pueden verse agudizados a consecuencia de la limitación de medios y recursos, como sucede en los procedimientos que sigue la ACNUR para otorgar o no el estatuto de refugiado. A menudo, las personas que reciben poca atención en el seno del procedimiento pertenecen a grupos desfavorecidos o débiles políticamente; el trato otorgado en casos singulares puede reflejar un déficit estructural en la consideración de los intereses de todo un colectivo.

Esa falta de consideración o ponderación que se da en las organizaciones regulatorias de carácter global puede replicarse y perpetuarse luego en otras Administraciones diseminadas o descentralizadas*.

Nótese, por ejemplo, que las Administraciones nacionales de los Estados miembros de la OMC se hallan obligados a observar y a llevar a la práctica los tratados relativos a la propiedad intelectual, esto es, los acuerdos referentes a aspectos de los derechos de propiedad intelectual relacionados con el comercio (ADPIC, o TRIPS, en su acrónimo en inglés)**. Ese respeto a los derechos de propiedad intelectual de los ciudadanos y de otros miembros de la OMC se traduce en un conjunto de criterios, generados en buena medida con ocasión de la resolución de disputas, que en realidad sirven para vencer al competidor extranjero. La Administración nacional, en su actuación en este contexto, no tiene en cuenta ni en consideración los intereses de la competencia exterior. Al tiempo que no de ponderan esos intereses, el régimen de los acuerdos precitados (ADPIC) puede por sí mismo generar perjuicios a los individuos que, como consecuencia de ese esquema, no pueden acceder al suministro de medicamentos, dado que sus intereses y preocupaciones se encuentran fuera de la misión fundacional de la organización y por los tanto constituyen «voces desoídas».[60]

---

* Sobre esta tipología de Administraciones, en el contexto de la gobernanza global, véase el capítulo segundo. (N. del E.).

** A este ejemplo ya se ha hecho referencia en el mismo capítulo, así como en los capítulos precedentes. (N. del E.).

[60] *Vid.* BALANCING WEALTH AND HEALTH, *op. cit.*, nota 29; Kapczynski, *op. cit.*, nota 29. Para un análisis del concepto de «voces omitidas» y de las externalidades generadas por reguladores centrados exclusivamente en su fin institucional, en el contexto de la regulación del riesgo, *vid.*: Jonathan Baert

Desde los postulados del análisis político-económico, Eyal Benvenisti y George Downs han puesto de manifiesto otras dos características estructurales de la gobernanza regulatoria global que suelen propiciar sistemáticamente la falta de ponderación de ciertos intereses.[61]

En primer lugar, sostienen que la traslación del proceso decisorio del nivel nacional al global ha aumentado el poder de los Ejecutivos nacionales en contraste con el del poder del legislativo y el del poder judicial. Ello explica, por otra parte, el hecho frecuente de que las posiciones adoptadas por los Gobiernos suelan coincidir o alinearse con los intereses económicos más poderosos y mejor organizados. Téngase en cuenta que el Gobierno negocia y supervisa la participación gubernamental en las organizaciones globales que tienen su origen en tratados internacionales y en aquellas otras que se articulan en torno a redes transnacionales de regulación, así como la que se produce en el marco de otros importantes regímenes regulatorios globales de naturaleza híbrida (pública y privada). Paralelamente, el parlamento nacional queda en buena medida fuera del proceso decisorio, al mismo tiempo que los jueces y tribunales internos no controlan por lo general esas decisiones. El resultado se impone por sí solo. Y es que las políticas que se adoptan se sitúan fuera del control de las instituciones nacionales, que ya no pueden limitar la capacidad que tienen los grupos e intereses económicos bien organizados para dominar la toma de decisiones administrativas, en perjuicio o detrimento de los intereses de carácter difuso. Debe apuntarse finalmente que también faltan límites institucionales de este tipo a nivel global, o bien, caso de existir, no están lo suficientemente desarrollados.[62]

El segundo y más poderoso argumento esgrimido por los citados autores consiste en que el fenómeno de la fragmentación de las organizaciones reguladoras globales, con una galaxia de heterogéneos regímenes y misiones muy diferenciadas, opera estructuralmente en beneficio de los intereses de los países más desarrollados, y de los de sus aliados empresariales y financieros.[63] Benvenisti y Downs ven la fragmentación regulatoria mundial como el producto de una estrategia de «divide y vencerás», que impide a los países en vías de desarrollo movilizarse en campos o sectores concretos para presentar un contrapeso efectivo frente a la dominación ejercida por los países desarrollados en los diferentes regímenes globales.

Wiener & John D. Graham, *Resolving Risk Tradeoffs, in* RISK VS. RISK: TRADEOFFS IN PROTECTION HEALTH AND THE ENVIRONMENT 226 (John D. Graham & Jonathan Baert Wiener eds., 1995).

[61] Benvenisti & Downs, *op. cit.*, nota 6.

[62] Esta alegación esencial también ha sido formulada por grupos defensores del medio ambiente, de la salud y de los consumidores, así como por profesores, quienes afirman que las regulaciones globales que reflejan los intereses económicos dominantes han desplazado, en muchos casos, a las reglamentaciones nacionales más estrictas, debilitando de ese modo la protección del ambiente y de la salud. *Vid.* Richard B. Stewart, *The Global Regulatory Challenge to U.S. Administrative Law*, 37 N.Y.U. J. INT'L L. & POL. 695, 708 (2006) (describe las críticas formuladas por las ONG); David Vogel, *The Private Regulation of Global Corporate Conduct*, en: THE POLITICS OF GLOBAL REGULATION 151 (Walter Mattli & Ngaire Woods eds., 2009).

[63] La fragmentación de la gobernanza a nivel interno puede tener consecuencias parecidas. *Vid.* Richard B. Stewart, *Madison's Nightmare*, 57 U. CHI. L. REV. 335 (1990). Las posibles soluciones a los efectos de fragmentación institucional a nivel nacional quedan fuera de este artículo.

Como consecuencia se produce una desigual estructura en la gobernanza global. De una parte, proliferan sistemas o regímenes regulatorios con una notable solidez a los efectos de garantizar la seguridad, establecer mercados globales eficientes y promover el comercio, la inversión, los transportes y las comunicaciones. De otro, sin embargo, son débiles las organizaciones que se han creado para hacer frente a los fallos del mercado asociados al poderoso crecimiento de la economía mundial, y entre las que cabe citar la protección del medio ambiente, de la salud, de la seguridad y de los derechos humanos. Los países democráticamente avanzados han adoptado fuertes medidas a nivel interno para garantizar esos objetivos, junto a programas de seguros y servicios sociales. Estas iniciativas, junto con las instituciones del capitalismo de mercado, encarnan un sistema de «liberalismo integrado».[64]

Muchos países en vías de desarrollo no tienen la capacidad de proporcionar esa protección a sus ciudadanos. A ello se añade que no pocos Gobiernos autoritarios tienen poca consideración por el bienestar de la mayoría de sus ciudadanos. Consecuentemente, no logran proteger a sus ciudadanos contra los fallos del mercado y frente a otros efectos negativos de la actividad económica globalizada. Los sistemas institucionales globales también fracasan a la hora de corregir muchos de estos daños y privaciones, frustrando la consecución de un conjunto social y liberal a nivel global. El resultado no es otro que condenar a muchas personas, especialmente en los países en desarrollo, a que corran graves riesgos de peligro e inseguridad. El ejemplo más evidente en ese sentido acaso sea la inexistencia de un tratado eficaz sobre el clima a nivel mundial. La producción y el consumo generados por el comercio y por la inversión sin una regulación adecuada están provocando acumulaciones de gases de efecto invernadero en la atmósfera cada vez mayores, que persistirán durante muchas décadas, causando daños graves y generalizados que serán asumidos principalmente por los pobres y los marginados en los países en vías de desarrollo. Podríamos decir que los diplomáticos tocan la lira mientras el mundo se incendia. En esas circunstancias de indiferencia generalizada, los defensores de los olvidados intentan presionar a los reguladores globales para que adopten medidas o programas de carácter económico que acaben repercutiendo positivamente en sus intereses y problemas. Como era de esperar, esos organismos se resisten enérgicamente a tales demandas.

---

[64] Para una discusión del concepto de «liberalismo incorporado» en los planos nacional y global, *vid.* John Ruggie, *Trade, Sustainability and Global Governance*, 27 Colum. J. Envtl. L. 297 (2002); Evaristius Oshionebo, *The U.N. Global Compact and Accountability of Transnational Corporations: Separating Myth from Realities*, 19 Fla. J. Int'l L. 1 (2007); Ursula A. Wynhoven, *The Protect-Respect-Remedy Framework and the United Nations Global Compact*, 9 Santa Clara J. Int'l L. 81 (2011).

2. ESTRATEGIAS PARA ABORDAR LA OMISIÓN DE INTERESES

En este epígrafe sintetizamos cuatro posibles estrategias para abordar el problema de la falta de atención y ponderación de intereses que padece la gobernanza regulatoria a nivel global: la mejora de los controles políticos y jurídicos internos en lo que hace al proceso de toma de decisiones; la resistencia frente a la aplicación de las normas y las decisiones de los organismos regulatorios globales, por parte de las Administraciones diseminadas o descentralizadas, entre las que se incluyen las propias agencias nacionales; la creación de nuevos regímenes regulatorios globales que hagan frente a las actuales deficiencias estructurales; y, por último, la reforma de la gobernanza de los organismos de ámbito global, con el fin de que lleguen a prestar una mayor atención a los intereses y problemas de quienes son habitualmente ignorados. Los reformadores de la gobernanza global ya han comenzado a utilizar algunas de esas estrategias para corregir los problemas de más desatendidos y han logrado algunos éxitos. Los problemas más difíciles y persistentes que han de abordarse son aquellos que tienen que ver con las brechas que existen en materia de protección del medio ambiente y de atención de necesidades sociales, así como con aquellas Administraciones globales que se encuentran dominadas por Estados poderosos, como sucede en los ámbitos de la seguridad y de regulación de los mercados.

A) EL FORTALECIMIENTO DE LOS CONTROLES QUE LAS INSTITUCIONES INTERNAS TIENEN SOBRE EL PROCESO DE TOMA DE DECISIONES GLOBALES

Como ya se ha puesto de manifiesto, un factor decisivo en relación con el problema de la falta de ponderación y atención de intereses y sectores radica justamente en el desplazamiento del proceso decisorio del plano estatal o interno hacia el nivel global, lo que hace palidecer, y evadir, el conjunto de controles internos de orden jurídico y político-democrático que los Estados poseen respecto de las decisiones de carácter regulatorio que en su seno se adoptan.

Tal es la razón por la que las ONG, por ejemplo, alegan que las decisiones que adoptan la OMC, los tribunales de arbitraje en materia de inversiones, y otras organizaciones globales menoscaban los programas políticos y las leyes estatales en materia de protección de la seguridad, de la salud o del medio ambiente.[65] La solución para

---

[65] *Vid.*, por ejemplo: PUBLIC CITIZEN, GLOBAL STANDARD SETTING IN INTERNATIONAL TRADE 1-3 (2004), disponible en la dirección electrónica: *http://www.citizen.org/trade/harmonization/harmoniza-tio*; Stewart, *op. cit.*, nota 62, p. 712. Sin embargo, se ha sostenido convincentemente que los sistemas reguladores mundiales, incluso en los sectores de libre comercio y derechos humanos, pueden robustecer la democracia a nivel interno. En este sentido, *vid.*: Robert O. Keohane, Stephen Macedo & Andrew Moravcsik, *Democracy-Enhancing Multilateralism*, 63 INT'L ORG. 1 (2009).

remediar esa situación que las ONG proponen consiste en fortalecer el papel que a los controles legislativos y judiciales internos corresponde, por ejemplo mediante la negativa a reconocer las regulaciones de carácter global en el ordenamiento jurídico nacional, o limitando la delegación de poderes en favor de las organizaciones globales[66]. Sin embargo, esta estrategia resulta ser muy limitada y no se puede plantear en términos generales, si se quiere asegurar la ponderación de los intereses de aquellos grupos o individuos que quedan fuera del ángulo de visión de esas organizaciones. Los regímenes o sistemas globales son de necesarios para asegurar el bienestar general o satisfacer otros objetivos esenciales. Es cierto que los Gobiernos deben de desempeñar un papel fundamental a la hora de establecer y de gobernar esos sistemas. Pero no lo es menos que los tribunales y los legisladores nacionales se encuentran muy limitados a la vista del contexto institucional en el que se insertan y de los problemas derivados de la relación que esas organizaciones guardan con sus «principales» (de acuerdo con la doctrina del principal-agente).[67] Por lo demás, sólo las naciones más poderosas pueden ejercer un control significativo sobre las normas y los programas regulatorios globales, y algunas de ellas tienen regímenes autoritarios. Tampoco es ello una solución porque, desde otra perspectiva adicional, un mayor control por parte de los Estados más fuertes puede generar la falta de ponderación y de atención de los Estados más débiles, máxime teniendo en cuenta que los ciudadanos de algunos de los países en vías de desarrollo son a su vez ignorados por sus propios Gobiernos. Por último, una proporción importante y creciente de los organismos reguladores globales son de naturaleza privada o «híbrida», lo que limita la posibilidad misma de los controles políticos y jurídicos internos.[68]

B) Resistencia y debate en el plano de las Administraciones diseminadas o descentralizadas

Una segunda estrategia consistiría en cuestionar y obstaculizar la aplicación de los programas regulatorios globales cuya aplicación y desarrollo corresponde a las Administraciones diseminadas o descentralizadas al servicio de las organizaciones globales, cuando los programas regulatorios no hayan

---

[66] *Vid*: *NRDC v. EPA*, 464 F.3d 1, 20-26 (D.C. Cir. 2006); *vid*. también: John C. Yoo, Globalism and the Constitution: Treaties, Non-Self-Execution, and the Original Understanding, 99 COLUM. L. REV. 1955 (1999); Julian G. Ku, The Delegation of Federal Power to International Organizations: New Problems with Old Solutions, 85 MINN. L. REV. 71 (2000); Curtis A. Bradley, International Delegations, the Structural Constitution, and Non-Self-Execution, 55 STAN. L. REV. 1557 (2003); Edward T. Swaine, The Constitutionality of International Delegations, 104 COLUM. L. REV. 1492 (2004); Robert O. Keohane, Accountability in World Politics, 29 SCANDINAVIAN POL. STUD. 75, 80-81 (2006); Stewart, *op. cit.*, nota 62, p. 709.

[67] Stewart, *op. cit.*, nota 62, p. 723.

[68] A veces, los Estados poderosos pueden promover la aprobación de políticas más favorables para los ignorados por parte de los organismos reguladores globales, así como de mecanismos institucionales que garanticen la aplicación de tales políticas. Se puede poner como ejemplo de ello las presiones ejercidas por el parlamento federal norteamericano que llevaron al Banco Mundial a establecer directrices ambientales y sociales, así como la creación del Panel de Inspección de dicho banco. Sin embargo, estas intervenciones no constituyen una estrategia general y, lo que es peor, los Estados autoritarios pueden también ejercer influencias malignas.

ponderado o atendido debidamente el conjunto de intereses en juego.[69] Allí donde los organismos de ámbito global difieran a los Gobiernos nacionales la implementación de sus normas y decisiones regulatorias, los ignorados pueden acudir a los tribunales internos, a las agencias y organismos administrativos y a los parlamentos nacionales como foros en los que expresar su oposición, con la pretensión de obstaculizar la implementación de las medidas adoptadas a nivel global.

Por ejemplo, las ONG latinoamericanas y los defensores de los derechos humanos que reivindican el derecho de los ciudadanos locales a acceder a las medicinas esenciales, han ejercido una efectiva presión institucional dirigida a limitar el reconocimiento e implementación (por parte de las autoridades nacionales) de los derechos de propiedad industrial de las empresas farmacéuticas.[70] Los defensores de los derechos humanos también han conseguido que los tribunales europeos y nacionales se nieguen a ejecutar las restricciones de desplazamiento y el embargo de bienes de personas que, sin haberles sido reconocido ningún derecho en el seno del procedimiento correspondiente, fueron incluidas por el Consejo de Seguridad de la ONU en las listas de financiadores de terroristas.[71] Ahora bien, esta estrategia requiere que los ignorados tengan la capacidad efectiva de organizarse y defenderse, y que dispongan de foros receptivos a nivel nacional.[72] Esta estrategia, empero, puede ser de escasa utilidad cuando las Administraciones diseminadas o descentralizadas se halle integrada de actores privados que certifican el cumplimiento de los estándares globales, a no ser que las ONG, o las organizaciones internacionales favorables, o los Gobiernos nacionales sean miembros de esas organizaciones globales, o contribuyan a su financiación. De lo contrario, los actores privados, las entidades privadas de certificación, tendrán pocos incentivos para tener en cuenta a los ignorados en el establecimiento de sus estándares.

c) La creación de nuevos regímenes de ámbito global para llenar las lagunas actuales del proceso de regulación

Otra estrategia pasa por crear nuevas organizaciones, en lugar de pretender el cambio de los procedimientos y de las políticas de los sistemas ya existentes. De este modo, las nuevas organizaciones nacen con la idea de ponderar y de defender los intereses y problemas de los que no son tenidos en cuenta. Estas iniciativas patrocinadas por las ONG cuentan frecuentemente con la colabora-

---

[69] Sin embargo, cuando los organismos reguladores mundiales en el campo de los derechos humanos y de la salud ambiental protegen los intereses de los que suelen ser desoídos a nivel nacional, los ignorados intentan presionar en los foros internos receptivos, con el fin de lograr la aplicación efectiva de las normas y decisiones adoptadas a nivel global.

[70] Balancing Wealth and Health, *op. cit.*, nota 29 (examina las relaciones entre los derechos de patente y el acceso a las medicinas).

[71] *Vid.*, por ejemplo: *Ahmed v. H.M. Treasury*, [2008] EWCA (Civ) 1187, [2009] 3 WLR 25.

[72] Balancing Wealth and Health, *op. cit.*, nota 29.

ción de empresas multinacionales, Gobiernos y organizaciones internacionales, que aportan recursos y apoyo.

Entre otros ejemplos podemos citar las organizaciones globales que regulan el trabajo, los derechos humanos, y las prácticas ambientales de las cadenas de suministro globales; las que confirman o garantizan la sostenibilidad ambiental de proyectos de compensación de carbono; las que promueven la transparencia de los pagos realizados por las industrias extractivas a los Gobiernos de los países donde operan; y las que certifican que los productos forestales son fabricados de manera sostenible.[73] En lugar de utilizar su «voz» para cambiar las prácticas de los regímenes ya existentes, estas iniciativas constituyen una estrategia de «salida» o de distinto punto de partida.[74] Como se desprende de los ejemplos citados, esta estrategia resulta especialmente útil para afrontar los problemas estructurales de falta de ponderación, que son fruto de las lagunas o brechas que se dan en los programas regulatorios globales, allí donde el resto de estrategias que analizamos aquí resulta de poca utilidad.

D) REFORMAR LA GOBERNANZA DE LOS ORGANISMOS REGULADORES GLOBALES

Una cuarta estrategia que podrían seguir los individuos y grupos que no son tenidos en cuenta en el proceso decisorio consistiría en utilizar o modificar los actuales mecanismos de toma de decisiones de las autoridades reguladoras globales, con el fin de que éstas tengan en mayor consideración sus intereses y preocupaciones. Al análisis de esta estrategia dedicamos el resto de esta sección.

3. LOS PROCEDIMIENTOS DECISORIOS DE LAS ORGANIZACIONES GLOBALES

Como han señalado Ruth Grant y Robert Keohane, son muchas las técnicas y las prácticas existentes para generar, limitar, dirigir e influenciar el ejercicio del poder.[75] En el contexto de la gobernanza mundial, entre esas prácticas cabe citar, por ejemplo, la cooperación informal en beneficio mutuo, el ejercicio de diferentes formas de compulsión o conminación, la táctica del «sigue tú solo»

[73] *Vid.*: JESSICA F. GREEN, RETHINKING PRIVATE AUTHORITY: AGENTS AND ENTREPRENEURS IN GLOBAL ENVIRONMENTAL GOVERNANCE 132-162 (2013) (Protocolo de Gases de Efecto Invernadero); Patrícia Galvão Ferreira, EITI: Using Global Regulation to Address the Domestic Governance Deficit in Resource-Rich Developing Countries (Iniciativa para la transparencia de las industrias extractivas) (2004) (manuscrito inédito); *vid.*: Meidinger, *op. cit.*, nota 53.

[74] ALBERT O. HIRSCHMAN, EXIT, VOICE AND LOYALTY (1970).

[75] Ruth W. Grant & Robert O. Keohane, *Accountability and Abuses of Power in World Politics*, 99 AM. POL. SCI. REV. 29, 30 (2005).

(y la consiguiente amenaza de salir de la organización)[76], la negociación y la discusión, la competencia o la cooperación entre los diferentes regímenes globales, y el peso de la reputación o del prestigio que la organización tenga entre el público o entre sus pares o iguales.

En este epígrafe se analizan a modo de introducción tres formas típicas de gobernanza, a saber: reglas sobre resoluciones; mecanismos de rendición de cuentas; y otras medidas para promover la capacidad de ponderación (*responsiveness-promoting measures*). Se trata de herramientas que pueden contribuir a reformar la gobernanza de las Administraciones globales, en el sentido y a los efectos mencionados en la última letra anterior, esto es, para mejorar la atención de los intereses que quedan fuera de las tradicionales organizaciones (núm. III-V). Son a la postre instrumentos que utilizan muchos sujetos: desde los Estados, pasando por las empresas y las asociaciones, hasta las organizaciones internacionales, las ONG y, en ocasiones también, los individuos, en la búsqueda por asegurar y promover sus propios intereses. Este artículo se centra precisamente en la posible utilización de estos mecanismos para remediar los actuales problemas de falta de ponderación.

A) Reglas relativas a las decisiones

Las normas relativas al proceso de toma de decisión establecen qué entidades o personas tienen el poder o la competencia para adoptar decisiones dentro de una institución determinada, como pueden ser, por ejemplo, las reglas de votación, u otros aspectos relativos a su adopción. La autoridad para tomar decisiones la ejercen generalmente los representantes de la organización. Los miembros son reacios a compartir el poder de decisión con los demás, especialmente con los quedan fuera de su ángulo de visión, de su ponderación, cuyos intereses de ordinario se contraponen a los de la propia organización. Ahora bien, si las ONG u otras instancias que defienden esos otros intereses ignorados crean nuevas organizaciones regulatorias globales, ostentarán el poder de decidir, así como la potestad para poner en marcha fórmulas de dación de cuentas que tengan su origen en el acto de creación.

B) Instrumentos de rendición de cuentas para hacer responsables a las instancias decisorias

Éstos se articulan en torno a cinco estructuras o sistemas de carácter institucional: el cuerpo electoral, las técnicas de jerarquía, la supervisión, el elemen-

---

[76] *Vid.* Abbott & Snidal, *op. cit* nota 11, p. 59, nota 28.

to fiscal, y el control jurídico. Cada uno de estos mecanismos implica la existencia de un titular que puede exigir cuentas a los que toman las decisiones, esto es, que pueda hacerlos responsables de sus decisiones y, en última instancia, pueda imponerles sanciones o alguna medida disciplinaria, cuando su actuación resulte deficiente. El hecho de ser requerido para rendir cuentas y la posibilidad de ser sancionado u objeto de una medida disciplinaria constituye un claro incentivo para satisfacer los intereses del sujeto que puede pedir cuentas. Los cuatro primeros mecanismos presuponen que, por medio de un acto de autoridad, a un sujeto se atribuye facultad de exigir cuentas; el quinto –el control jurídico–, por el contrario, se basa en un sistema de derechos y deberes. Los cuatro primeros mecanismos son los que más se utilizan en la gobernanza global. Hacen uso de ellos sus miembros o benefactores para influir en las decisiones. Y no resultan accesibles a los titulares de otros intereses ajenos a la organización. En algunos casos, sin embargo, ciertas personas ajenas a la organización pueden hacer uso de algunos instrumentos jurídicos para conseguir que rindan cuentas esas organizaciones y ponderen sus respectivos intereses, y ello, bien a través de un tribunal nacional o internacional, o bien de otro organismo independiente.

c) Otras medidas que fomentan la consideración de todos los intereses en juego

Entre estas medidas se encuentran ciertos elementos institucionales o prácticas que no consisten ya propiamente en la rendición de cuentas, ni se traducen en reglas sobre cómo resolver, sino que constituyen incentivos en pro de que las organizaciones globales tengan más en cuenta los intereses que le son en principio ajenos.

Así, por ejemplo, algunas manifestaciones de este planteamiento son las prácticas a favor de la transparencia. Por medio de esas prácticas, los reguladores proporcionan información a todos los interesados acerca de sus actividades, ponen en marcha procedimientos que permiten a los forman parte de la organización participar en las decisiones de la organización aunque no sea de un modo vinculante (por ejemplo, a través de consultas o de la presentación de alegaciones sobre las propuestas), o sirven para motivar y fundamentar adecuadamente las decisiones adoptadas... Otras fórmulas posibles en ese sentido consisten en servirse de la influencia y del prestigio de que gozan los pares y el público, en el fomento de la competencia entre las organizaciones globales, o de las fuerzas del mercado para que incorporen reglas sociales y ambientales en su producción en cadena. A estas vías pueden tener acceso los interesados, aunque se les niegue en el seno de las respectivas organizaciones.

Las reglas sobre toma de decisiones y los mecanismos de rendición de cuentas tienden a asignar competencias y responsabilidades definidas a actores específicos. Por el contrario, las prácticas que favorecen la sensibilidad a las que se ha hecho referencia no implican atribución alguna. Su funcionamiento, por regla general, resulta más difuso e incierto.

Sea como fuere, lo cierto es que estas tres modalidades de gobernanza pueden funcionar de manera sustitutiva o complementaria. En algunos casos, pueden entrar en conflicto entre sí, e interactuar transversalmente en el plano de los objetivos que cada una persigue. En todo caso, el impacto que estas modalidades tienen en lo que hace a la efectividad con la que las organizaciones globales cumplen las funciones que tienen atribuidas no puede minusvalorarse.

4. MÁS RENDICIÓN DE CUENTAS Y PARTICIPACIÓN, COMO REMEDIOS GENERALES FRENTE A LOS MALES DE LA GOBERNANZA GLOBAL

De acuerdo con la opinión de numerosos autores, los males de la gobernanza global se deben, de un lado, a la inexistencia de mecanismos de rendición de cuentas en el seno de las organizaciones administrativas y regulatorias a nivel global, y, de otro, a la falta de participación de los afectados* en los respectivos procesos decisorios. Con demasiada frecuencia, sin embargo, quienes formulan estas críticas no sustentan su diagnóstico, ni sus propuestas prescriptivas en un análisis concienzudo. A nuestro juicio, el marco o las coordenadas en las que se sitúan esas tres modalidades de gobernanza hacen posible un análisis provechoso, sin quedarnos en afirmaciones vagas y generales.

A) MAYOR RENDICIÓN DE CUENTAS

Los críticos que reclaman una más depurada rendición de cuentas por parte de quienes adoptan las decisiones a nivel global como solución a las carencias en este campo[77] con frecuencia no alcanzan a precisar la naturaleza de los mecanismos que no funcionan, ni qué instrumentos concretos habrían de utilizarse. Como ya notábamos, las organizaciones globales típicamente dan cuentas de su actuación a los Estados, a los agentes económicos dominantes, y a las entidades que las han creado y las apoyan. El interrogante que ha de planteare y resolverse ahora consiste en determinar ante quié-

---

* Recuérdese, como se ha advertido al inicio del capítulo, que cuando aquí se habla de afectados se alude habitualmente a aquellos afectados cuyos intereses no son tenidos en cuenta. (N. del E.).

[77] *Vid.* Lauren Groth, *Transforming Accountability: A Proposal for Reconsidering How Human Rights Obligations Are Applied to Private Military Security Firms*, 35 Hastings Int'l & Comp. L. Rev. 29 (2012); Ronald C. Slye, *The Legitimacy of Amnesties Under International Law and General Principles of Anglo-American Law: Is a Legitimate Amnesty Possible?*, 43 Va. J. Int'l L. 173, 182-184 (2002); Eisuke Suzuki & Suresh Nanwani, *Responsibility of International Organizations: The Accountability Mechanisms of Multilateral Development Banks*, 27 Mich. J. Int'l L. 177 (2005); Ronli Sifris, *Weighing Judicial Independence Against Judicial Accountability: Do the Scales of the International Criminal Court Balance?* 8 Chi.-Kent J. Int'l Comp. L. 88 (2008); Clark, *op. cit.*, nota 34.

nes ha de rendirse cuentas, y por medio de qué instrumentos o mecanismos. El presente capítulo pretende, como ha quedado dicho, ofrecer el contexto y marco necesarios para comprender la rendición de cuentas y los mecanismos institucionales que la hacen posible, para lo que resulta inexcusable un claridad analítica y un adecuado diagnóstico, a fin de hacer las propuestas que correspondan.

La cuestión de la dación de cuentas en realidad remite a un problema más agudo y de base, y que no consiste tanto en la ausencia de mecanismos, como en la existencia de grupos e individuos que no son tenidos en cuenta. De hecho, el crecimiento de la regulación y de la administración a nivel global ha socavado la eficacia de los mecanismos de rendición de cuentas, que, a nivel político y jurídico, operaban dentro del Estado-nación, como ya se ha notado. Sin embargo, no constituye necesariamente la solución más adecuada la aplicación analógica de esos mecanismos, propios del Estado, al nivel global. El recurso a otros instrumentos, como los ya citados relativos a los modos y normas que disciplinan el proceso decisorio o los que promueven una mayor sensibilidad en favor de los individuos o grupos ignorados, pueden resultar con frecuencia más útiles. No constituye, pues, una estrategia adecuada concentrarse tan sólo en la rendición de cuentas, puesto que ello entrañaría el riesgo de un mal diagnóstico de los problemas fundamentales, con la consiguiente prescripción, también errada, de los remedios oportunos.

B) UNA MAYOR PARTICIPACIÓN

Muchas de las críticas que se vierten sobre la regulación a nivel global, y de las propuestas para su solución, se mueven en el ámbito de la participación. Así, se dice a menudo que los débiles y los marginados han sido preteridos porque sus representantes no tuvieron la ocasión oportuna para hacer valer sus intereses, para participar, en las decisiones adoptadas en el seno de los organismos globales, pese a que les afectan de tantas formas.[78] La solución consistiría, pues, en crear o en ampliar los derechos de participación.

La participación constituye, sin duda, un remedio importante para superar la falta de ponderación y de consideración de otros intereses. Sin embargo, la participación adopta muchas formas y modalidades, que operan en modo diferente en función de los muy variados contextos en que se sitúan o inscriben los procesos decisorios. Estas diferencias, y la necesidad de analizarlas con cuidado, no siempre son tenidas en cuenta cuando se aboga por una mayor participación. En este capítulo se pretende clarificar el análisis y las propuestas de carácter prescriptivo que se hagan en relación con la participación en la gobernanza regulatoria a nivel global.

---

[78] Bhupinder S. Chimni, *Co-option and Resistance: Two Faces of Global Administrative Law*, 37 N.Y.U. J. INT'L L. & POL. 799, 801-806 (2005).

La participación no se resuelve en un único mecanismo o modalidad de gobernanza. De entrada cabe distinguir dos clases de participación: la que posee carácter o naturaleza *decisoria*, y la que carece de tal condición. A su vez, el carácter decisorio o no de la participación debe de examinarse a la luz de las tres modalidades de gobernanza a las que antes se ha hecho referencia.

Así, las reglas que disciplinan el proceso decisorio –el procedimiento– pueden atribuir a ciertas personas el derecho al voto, o bien reconocerles un peso decisivo en el seno de la organización de que se trate, es decir, pueden establecer derechos de participación de naturaleza decisoria (núm. III).[79] Pero hay otras fórmulas participativas que carecen de ese carácter decisorio, aunque permiten expresar y alegar a los afectados[*] lo que a sus intereses convenga, sus puntos de vista, ante aquellos que sí poseen un peso específico en el proceso decisorio.

La participación de naturaleza «decisoria» se encuentra reservada, generalmente, a quienes integran la organización, a los elementos que podríamos llamar «internos» (miembros de la organización, altos funcionarios). En la práctica, resulta más factible admitir a los demás a través de fórmulas participativas que no tengan ese carácter decisorio. Tal y como se analiza en el núm. V de este capítulo, estas últimas formas de participación pueden contribuir a fomentar la receptividad o la sensibilidad de la organización, reconociendo a lo situados extramuros de la misma diferentes grados de participación y derechos de acceso e intervención en los procedimientos de toma de decisiones.[80]

Ha de notarse, sin embargo, que puede resultar poco práctico o disfuncional el intento de extender determinadas modalidades de participación, que podríamos denominar «fuertes», a todos los que puedan verse afectados[**] materialmente a consecuencia de una decisión adoptada por una organización global (entre esas modalidades «fuertes» podrían citarse, por ejemplo, el derecho a participar con una aportación o un papel determinante en el proceso decisorio

---

[79] En algunos casos, esos derechos pueden ser ejercidos por representantes que son elegidos por un grupo de organizaciones o de personas, creando una responsabilidad electoral entre los representantes y sus electores.

[*] Recuérdese, como se ha advertido al inicio del capítulo, que cuando aquí se habla de afectados se alude habitualmente a aquellos afectados cuyos intereses no son tenidos en cuenta. (N. del E.).

[80] Ciertas formas de participación no-decisoria pueden desempeñar un papel importante en los mecanismos de responsabilidad, sobre todo los de carácter legal, que generalmente confieren el derecho a presentar pruebas y alegaciones ante un tribunal o ante un órgano revisor de la decisión del organismo mundial, así como para generar un registro para su revisión. También pueden incluir el derecho a presentar pruebas y alegaciones (con el fin de que se incorporen al expediente) ante el órgano administrativo global que toma la decisión inicial en materias como la inclusión en una lista negra de un contratista acusado de corrupción o la concesión del estatuto de refugiado a una persona que busca asilo.

[**]Recuérdese, como se ha advertido al inicio del capítulo, que cuando aquí se habla de afectados se alude habitualmente a aquellos afectados cuyos intereses no son tenidos en cuenta. (N. del E.).

o el derecho a una audiencia formal a través de alguno de los mecanismos de rendición de cuentas, a los que antes se aludía). Aun cuando la participación de carácter no decisorio puede tener un valor significativo para los que son ignorados (piénsese, por ejemplo, en las consultas o en la presentación de alegaciones), en la realidad esos procedimientos corren el riesgo de verse superados por los intereses económicos bien financiados y organizados[81], o pueden resultar poco efectivos de cara a ponderar los intereses de los demás.[82] La experiencia de lo que sucede a nivel interno o nacional demuestra que el reconocimiento de ciertos derechos de participación –tengan o no carácter decisorio– no resuelve necesariamente y *per se* los problemas de falta de ponderación de intereses protegibles.[83]

Si nos centramos únicamente en la participación o en la rendición de cuentas, corremos el riesgo de no acertar a ver el fondo del problema de la falta de ponderación de los demás intereses, y de pasar por alto la posibilidad de utilizar otros instrumentos de carácter institucional acaso más eficaces para remediar ese déficit, aunque no exista una única «varita mágica». Los números III a V de este capítulo pretenden proporcionar el material necesario para un análisis y evaluación más completos de esas tres opciones. A la hora de valorar esos materiales y reflexiones, los reformadores deben prestar una atención particular tanto a las aportaciones que provienen del análisis de la economía política,

---

[81] Por ejemplo, en un esfuerzo por permitir una más amplia participación en su proceso de toma de decisiones, el Comité de Basilea sobre Supervisión Bancaria puso en práctica un procedimiento de tipo «anuncio de proyecto de decisión y aceptación de comentarios». *Vid.*: Michael S. Barr & Geoffrey P. Miller, *Global Administrative Law: The View from Basel*, 17 Eur. J. Int'l L. 15, 24-26 (2007) (describe el desarrollo de este tipo de procedimientos en el Comité de Basilea). Como esos autores ponen de manifiesto, aunque algunos grupos comunitarios participaron en el procedimiento, la mayor parte de los participantes fueron profesores y grupos industriales relevantes. Por otra parte, los documentos pueden ser consultadas «online», lo que permite confirmar la observación general sobre la composición del grupo de participantes. *Vid*: Basel Committee on Banking Supervision, Comments Received on the Consultative Document «Capitalisation of Bank Exposures to Central Counterparties» (2011), accesible en:
http://www.bis.org/publ/bcbs190/cacomments.htm.

[82] Bhupinder S. Chimni, *International Institutions Today: An Imperial Global State in the Making*, 15 Eur. J. Int'l L. 1, 19-23 (2004); Carol Harlow, *Global Administrative Law: The Quest for Principles and Values*, 17 Eur. J. Int'l L. 187, 210-211 (2006).

[83] Keohane, Macedo & Moravcsik, *op. cit.*, nota 65; *vid.* también: *United States v. Carolene Prods. Co.*, 304 U.S. 144 (1938); John Hart Ely, Democracy and Distrust: A Theory of Judicial Review (1980); Gregory H. Fox, *The Right to Political Participation in International Law*, 17 Yale J. Int'l L. 539, 605 (1992) (defiende que la actitud de la ONU en materia de derechos humanos se vería socavada si concediera asiento a los gobiernos que ignoran los resultados de unas elections supervisadas); Dale Ho, *Minority Vote Dilution in the Age of Obama*, 47 U. Rich. L. Rev. 1041 (2013) (defiende que sigan existiendo las protecciones en favor de los votantes pertenecientes a las minorías, en vista de la continua polarización racial y la dilución del voto); Patrick Woolley, *Rethinking the Adequacy of Adequate Representation*, 75 Tex. L. Rev. 571 (1997) (defiende la idea de que una representación adecuada en las acciones colectivas no protege suficientemente los miembros del grupo afectado que quieran participar activamente en el pleito).

como de las teorías construccionistas de influencia interinstitucional, con el fin de comprender la lógica de las organizaciones regulatorias globales existentes y de explorar la posibilidad de reformarlas a través de un conjunto apropiado de estrategias y medidas.

III. REGLAS QUE DISCIPLINAN EL PROCESO DECISORIO

Una de las posibles formas de promover una mayor ponderación de los intereses en juego por parte de las organizaciones regulatorias a nivel global consiste en modificar las reglas existentes en punto a la toma de decisiones, al objeto de conferirles a los afectados alguna posibilidad de influir en las mismas[*].

Por ejemplo, una organización regulatoria global podría incluir a representantes de los que quedaban fuera de la ponderación como miembros con derecho a voto en uno o varios órganos de la organización y con ello transformar a los «ajenos» en miembros propios. Estos representantes podrían ser designados por una ONG o por cualquier otra entidad que abogue por los intereses de los afectados que se hallan excluidos, o bien podrían elegirse mediante cualquier fórmula electoral.

En una versión más avanzada de esta estrategia, cabría pensar en que los representantes de los que no son tenidos en cuenta tengan derecho a participar en los órganos deliberativos y derecho a voto en el órgano decisorio general de la organización (consejo de gobierno o equivalente). Otra alternativa consistiría en que los representantes, en lugar de insertarse en el órgano que ejerce las competencias generales, participen en otros órganos, comités o equivalentes de carácter más específico. A través de estas estrategias que afectan a las reglas de la formación de la voluntad, es claro que el poder quedará en buena medida condicionado a consecuencia del sistema que resulte aplicable: voto mayoritario, mayorías cualificadas, reparto de competencias entre los distintos órganos de la organización, reglas de funcionamiento e interacción entre tales órganos...

En el presente epígrafe, nos centramos en dos cuestiones. En primer lugar, hemos de explicar por qué resulta poco probable que el otorgamiento de una mayor participación y de influencia en la decisión en favor de los que no son tenidos en cuenta constituya una solución general al problema de la falta de ponderación, aun cuando pueda ser útil en ciertos contextos. En segundo lugar, pondremos especial acento en un proceso decisorio específico, aquel que se basa en procedimientos deliberativos y en la búsqueda de consenso, cuyos resultados podrían ser más prometedores en determinadas circunstancias.

---

[*] Recuérdese, como se ha advertido al inicio del capítulo, que cuando aquí se habla de afectados se alude habitualmente a aquellos afectados cuyos intereses no son tenidos en cuenta. (N. del E.).

1. LAS DIFICULTADES PARA QUE LA PONDERACIÓN SEA MÁS COMPLETA*

Tres son los obstáculos que se presentan para que los afectados** tengan cierta capacidad de influencia en las decisiones que se adoptan en el marco de las organizaciones regulatorias a nivel global: la realidad del poder; las exigencias funcionales derivadas de la especialización y de la eficacia de las citadas organizaciones; y la forma en la que establecer o articular la representación de los intereses de los afectados***.

A) LA RESISTENCIA DE LOS MIEMBROS DE LA ORGANIZACIÓN A COMPARTIR PODER CON LOS DEMÁS AFECTADOS****

Las organizaciones reguladoras globales son a menudo creados y dominados por sus fundadores (los Estados, las agencias nacionales, las organizaciones internacionales, grupos empresariales y profesionales, o las ONG) con el fin de resolver problemas de coordinación y cooperación y para promover sus intereses mutuos. Los fundadores y los miembros de dichos organismos les proporcionan los recursos necesarios, les confieren las competencias adecuadas y les prestan otras formas de apoyo, al tiempo que atribuyen a sus agentes o representantes el poder de decisión más importante dentro de la organización. Por ello, los miembros y funcionarios de las organizaciones regulatorias globales no están dispuestos de ordinario a compartir el poder de decisión con los demás.

Sin embargo, cada vez hay más excepciones a esta regla general. Los miembros y los directivos de las organizaciones de ámbito global –también aquellas con funciones económicas, regulatorias, y de otra naturaleza–, pueden estar abiertas a una mayor participación y a la inclusión de otros actores dentro de la propia organización, si de esa forma consiguen que su estrategia y su razón de ser resulte más eficaz.[84] Las circunstancias en las que se llevan a cabo la regu-

---

* Se alude aquí a las dificultades que los afectados puedan encontrar para adquirir una mayor presencia y peso específico en el proceso decisorio. Seguidamente se analizan los obstáculos que, a juicio del autor, concurren con particular fuerza para impedir que, aun cuando los afectados participen, puedan ejercer un verdadero poder sobre la decisión final. (N. del E.).

** Recuérdese, como se ha advertido al inicio del capítulo, que cuando aquí se habla de afectados se alude habitualmente a aquellos afectados cuyos intereses no son tenidos en cuenta. (N. del E.).

*** Véase la N. del E. anterior.

**** *Ibíd.*.

[84] Un ejemplo destacado de este fenómeno lo constituye la condición de miembro permanente del Consejo de Seguridad de la ONU, algo que, a juicio de algunos profesores, refleja ciertos cálculos geopolíticos propios de tiempos pasados. *Vid.*, por ejemplo: Hilary K. Josephs, *Learning from the Developing World*, 14 KAN. J.L. & PUB. POL'Y 231, 233 (2005); Tony Karon, *India's Security Coun-*

---

lación y administración global cada vez animan más a que se lleve a cabo dicha inclusión.

Por otra parte, las organizaciones regulatorias globales dependen cada vez más a su vez de su coordinación con otras organizaciones, y del apoyo que éstas les suministran, a fin de suscitar la adhesión a sus programas, de conseguir una mejor implementación, y de ganar en competitividad frente a otras organizaciones rivales. Esta dependencia les ha llevado a incluir a representantes de otros organismos globales y nacionales, empresas, ONG, y grupos de expertos, cuya contribución y apoyo son muy valiosos para la organización.[85]

Numerosos regímenes regulatorios de naturaleza privada o mixta (público y privada) tienden a apostar por esta estrategia, asumiendo a menudo una estructura marcadamente horizontal. Pero también lo hacen de manera creciente los organismos reguladores globales y las redes integradas por Gobiernos.

Así, algunas organizaciones globales que se mueven en el ámbito de las regulaciones de carácter económico, ambiental o social, de la ayuda al desarrollo, o de la provisión de servicios sociales, han accedido a conceder alguna forma de participación en el proceso decisorio en beneficio de quienes las sostienen financieramente, de quienes colaboran en la implementación y desarrollo de las medidas adoptadas por la organización, y de los grupos de expertos. Y ello con la finalidad de mejorar la capacidad de estas organizaciones para cumplir su cometido.[86] Habitualmente, esta mayor participación se traduce en el otorgamiento de la condición de miembro de comités asesores o consultivos, cuyo objetivo consiste en facilitar una información de interés a quienes han de tomar la decisión definitiva de que se trate[87]; también puede consistir en una función más limitada, en el contexto de proceso decisorios escalonados, sin intervenir

cil Seat: Don't Hold Your Breath, TIME, Nov. 10, 2010, disponible en: *http://www.time.com/time/world/artículo/0,8599,2030504,00.html.*

[85] *Vid.* Lorenzo Casini, «*Down the Rabbit Hole*»: *The Projection of the Public-Private Distinction Beyond the State* (N.Y.U. Jean Monnet Working Paper No. 8, 2013), disponible en: *http://papers.ssrn.com/sol3/papers.cfm?abstract_id=2349841;* Errol Meidinger, *Competitive Op. cit. governmental Regulation: How Could It Be Democratic?* 8 CHI. J. INT'L L. 513, 522 (2008).

[86] Por ejemplo, la Convención del Patrimonio Mundial, adoptada por la UNESCO en 1972 y administrada por el Comité del Patrimonio Mundial, establece los criterios que cualifican a un lugar para su designación y protección como Patrimonio de la Humanidad. Esos lugares son designados por el Comité del Patrimonio Mundial, compuesto por representantes de veintiún Estados que son partes del Convenio. Tres organismos de expertos (la Unión Internacional para la Conservación de la Naturaleza, el Consejo Internacional de Monumentos y Sitios, y el Centro Internacional para el Estudio de la Preservación y Restauración de Bienes Culturales) deben emitir informes sobre la idoneidad de los sitios candidatos antes de que sean designados por el Comité. Aunque no esté vinculado por las recomendaciones de los organismos asesores, el Comité se beneficia de sus conocimientos y de su legitimidad. Sin embargo, dado que todos los Estados están representados en los órganos consultivos, el sistema actual no puede evitar posibles favoritismos del Comité en relación con lugares conocidos y con los Estados más poderosos. *Vid.* Convención de la UNESCO sobre la Protección del Patrimonio Mundial Cultural y NaturalHeritage, Nov. 16, 1972, 27 UST 37, 1037 UNTS 151, disponible en: *http://whc.unesco.org/en/convention.*

[87] Eleonora Cavalieri, *The Role of Advisory Bodies in the World Heritage Convention*, en: GAL CASE-BOOK, *op. cit.*, nota 3, epígrafe I.E.15.

directamente en la decisión que finalmente se adopte. En algunos casos, los representantes «externos» pueden compartir el poder de decisión de los órganos plenarios del organismo, o participar en la elaboración y adopción de normas regulatorias[88].

Estas complejas estrategias que se utilizan en los procesos decisorios se extienden también al ámbito de lo que hemos venido en llamar Administraciones diseminadas o descentralizadas* de que hacen uso las organizaciones regulatorias a nivel global[89]. Entre estos supuestos cabría citar los representantes particulares de algunos participantes, bien a nivel global o a nivel estatal, las empresas, las ONG, y los grupos de expertos, cuya información y apoyo son de interés para la organización.[90] Dentro de este fenómeno también se pueden entender incluidas las conexiones, formales o informales, que esas clases de Administraciones mantienen con otras organizaciones regulatorias globales que actúan en el mismo campo.[91] Esas interrelaciones constituyen un elemento fundamental de la dinámica interinstitucional que se da en el espacio administrativo global, cada vez más densamente poblado. Por tanto, las estructuras de la gobernanza pueden proporcionar, en relación con las distintas organizaciones con capacidad decisoria, un engranaje dentro de un sistema de pesos y contrapesos que son «diseñados para prevenir una actuación que se extralimite de los poderes atribuidos, exigiendo para ello que los sujetos con diferentes intereses institucionales cooperen a la hora de generar una decisión que goce de autoridad».[92]

Algunas de esos instrumentos tienen por objeto facilitar la representación de los afectados** a través de órganos consultivos o de asesoramiento, pero raramente intervienen en los órganos plenarios. Sea como fuere, lo cierto es que

---

[88] *Vid.* Green, *op. cit.*, nota 73.

* *Distributed admministration.* Véase el capítulo segundo. (N. del E.).

[89] Hay pocas perspectivas de que los intereses ignorados puedan llegar a jugar un papel decisorio en el caso de los organismos administrativos nacionales que implementan las normas y decisiones regulatorias globales. Muchos de estos organismos están a cargo de un solo dirigente, lo que no deja espacio para la representación de una pluralidad de intereses en la toma de decisiones. Incluso en las agencias que están dirigidas por órganos colegiados, sería políticamente impensable para los legisladores nacionales que se diera un peso decisorio a naciones y a empresas extranjeras. Una excepción a esta generalización la representa el caso en que las multinacionales extranjeras pagan a unidades del ejército o de la policía local para que protejan sus inversiones. Para un ejemplo de la tensión resultante de esas situaciones, *vid.*: Drew Hinshaw & Chuin-Wei Yap, *Arrests in Ghana Stoke Tensions*, WALL ST. J., June 7, 2013, disponible en: *http://online.wsj.com/artículo/SB100014241278873240691045785311836427171120.html.*

[90] *Vid.* Casini, *op. cit.*, nota 85; Meidinger, *op. cit.*, nota 85, p. 522.

[91] Por ejemplo, la OMC y la Comisión para el Codex Alimentarius.

[92] Grant & Keohane, *op. cit.*, nota 75, p. 30.

** Recuérdese, como se ha advertido al inicio del capítulo, que cuando aquí se habla de afectados se alude habitualmente a aquellos afectados cuyos intereses no son tenidos en cuenta. (N. del E.).

la influencia de los afectados* en la decisión final resulta poco significativa, cuando menos en la mayoría de las organizaciones establecidas por Tratados internacionales o en las redes intergubernamentales, especialmente si gestionan temas económicos o de seguridad.

Es en estas materias donde el problema de la falta de ponderación de los intereses que no son contemplados en la respectiva organización se muestra en toda su crudeza.[93] Si se le reconocieran ciertas facultades decisorias a las ONG o a cualquier otro representante de esos intereses ignorados se puede correr el riesgo de que se susciten polémicas y conflictos que podrían llevar a esas organizaciones a separarse de su función esencial, en la medida en que puedan orientarse hacia objetivos y políticas contrarios a los intereses de sus propios miembros. Para evitar ser blanco de las críticas y mejorar su reputación ante diversas «audiencias con cierta legitimidad»[94] las organizaciones globales, como se ha visto, le ofrecen a las ONG y a los representantes de esos intereses ignorados una función que no posee carácter decisorio, como puede ser la pertenencia o membresía en un órgano consultivo o de asesoramiento.[95] En resumen, y como ha quedado dicho, esta forma de representación tiene un papel muy limitado, lo que ha sido criticado como una suerte de maquillaje, que sólo genera la apariencia de un compromiso.[96]

Ahora bien, algunas organizaciones de alcance global –como las que se mueven en el plano de la protección del medio ambiente, el establecimiento de estándares, o en el campo de la prestación de servicios sociales y de salud–, en particular si se hallan integradas por ONG y organizaciones internacionales, pueden llegar a otorgar una función determinante a los representantes de los interesados cuando se trata de tomar decisiones.

---

* Véase la nota anterior del editor.

[93] *Vid.*, por ejemplo: Organización Mundial del Comercio, The Committee on Trade and Environment ('Regular' CTE) (2014), en: *http://www.wto.org/english/tratop_e/envir_e/wrk_committee_e.htm*; Rahim Moloo, *The Quest for Legitimacy in the United Nations: A Role for NGOs?*, 16 UCLA J. INT'L L. & FOREIGN AFF. 1 (2011).

[94] El concepto de las «audiencias de legitimidad» es discutido en: Eran Shamir-Borer, *Legitimacy Without Authority in Global Standardization Governance: The Case of the International Organization for Standardization (ISO)*, en GAL CASEBOOK, *op. cit.*, nota 3.

[95] *Vid.*: Seema Sapra, *The WTO System of Trade Governance: The Stale NGO Debate and the Appropriate Role for Non-state Actors*, 11 OR. REV. INT'L L. 71, 88 (2009) (describe tres ejemplos en los que la OMC has establecido mecanismos de consulta en favor de las ONG); *vid.* también: Peter J. Spiro, *Accounting for NGOs*, 3 CHI. J. INT'L L. 161, 167 (2002) (advierte que las principales ONG «ya tienen un sitio efectivo en la mesa»). *Cf.* Sophie Smyth, *NGOs and Legitimacy in International Development*, 61 U. KAN. L. REV. 377, 434-436 (2012) (acerca de la «norma de exclusión» a la que se enfrentan las ONG, lo que inhibe su participación).

[96] Rafael Leal-Arcas, *The EU Institutions and Their Modus Operandi in the World Trading System*, 12 COLUM. J. EUR. L. 125, 141-144 (2005) (sobre los intentos de mejorar el compromiso de la sociedad civil).

Así sucede, por ejemplo, con algunas organizaciones que se ocupan de la regulación de cuestiones ambientales y sociales en relación con las cadenas de suministro a escala global. Se trata de organizaciones establecidas por ONG (con frecuencia en colaboración con los representantes de empresas multinacionales y, a veces, de organizaciones internacionales) que buscan dar un fuerte apoyo a los intereses laborales, ambientales y locales de los países en vías de desarrollo. Estas estrategias, sin embargo, se enfrentan con frecuencia a problemas de no fácil resolución, en punto a cómo hacer más efectiva y sensible la representación de los grupos de intereses que no se hayan bien organizados, entre los que cabría citar los de ciertos grupos más pobres o marginalizados.[97] Ello explica que hayan tenido un éxito parcial[98]. En otros casos, el papel que se les otorga a los representantes de los intereses desatendidos puede llegar a ser meramente superficial.[99]

B) LA EFICACIA DE LA MISIÓN DE LA ORGANIZACIÓN

Un segundo obstáculo para solucionar el problema mediante la atribución de un cierto poder de decisión efectivo a los afectados radica en razones de eficacia de la organización.

Para que los beneficios de la especialización que singularizan a cada organización sean reales, puede resultar necesario restringir el poder de decisión al círculo encargado de promover las funciones u objetivos de la organización (liberalizar el comercio, conseguir mercados financieros eficientes, reducir las emisiones de gases de efecto invernadero, etc.), en lugar de reconócéselo a los representantes de otros círculos de interés, que desde luego pueden verse afectados por las decisiones de la institución de que se trate pero que persiguen objetivos distintos. La inclusión de esos otros colectivos en el proceso de toma de decisiones del organismo podría hacer más difícil la consecución de acuerdos; poner en riesgo las ventajas de la especialización; incrementar los costes de transacción; reducir la eficacia y dificultar la responsabilidad de los directivos y funcionarios de la organización frente a sus miembros.[100] Los riesgos que para la organización supone desviarse de su tarea central y dispersar sus energías pueden resultar especialmente altos, si se espera de cada organización que haga frente a la falta de ponderación –de naturaleza estructural– que deriva de las fallas que se dan en actual sistema de regulación global. En consecuencia, atribuir a todos los potencial-

---

[97] *Vid.* Sungjoon Cho & Claire R. Kelly, *Are World Trading Rules Passé?*, 53 VA. J. INT'L L. 623, 664-65 (2013) (acerca de la complejidad que hoy tienen las cadenas de suministro globales y la marginación que los actores que no son Estados sufren en el sistema).

[98] *Vid.* Meidinger, *op. cit.*, nota 85, pp. 530-31.

[99] Li-Wen Lin, *Corporate Social Accountability Standards in the Global Supply Chain: Resistance, Reconsideration, and Resolution in China*, 15 CARDOZO J. INT'L & COMP. L. 321, 346-47 (2007) (pasa revista a las principales críticas formuladas contra la reforma de la cadena global de suministro).

[100] «Los altos funcionarios de la Administración, relativamente neutrales y conscientes de los grandes equilibrios y compensaciones sociales que suelen rodear la toma de decisiones, están en disposición de generar resultados más democráticos que las decisiones adoptadas principalmente por ciudadanos profundamente interesados, incluso que aquellos que actúan con un gran conocimiento de la cuestión y con la mejor de las intenciones», ANNE-MARIE SLAUGHTER, A NEW WORLD ORDER 224 (2004).

mente afectados un cierto poder de decisión o el acceso a los mecanismos de responsabilidad puede disminuir sensiblemente los beneficios que a nivel global se desprenden de la especialización de las distintas instituciones, lo que puede llevar al rechazo a su reforma o modificación.[101] Estos problemas son mucho menos graves cuando se trata de una participación que no implica un rol activo en la adopción de la decisión final. Por ejemplo, la autoridad reguladora podrá ampliar al público en general, incluidos los representantes de intereses y grupos, la oportunidad de formular observaciones y hacer alegaciones sobre los proyectos de normas y decisiones, sin arriesgarse a sufrir disfunciones mayores.

c) Los problemas que supone garantizar una representación efectiva para los afectados

Un tercer obstáculo reside en la dificultad de establecer cauces factibles y eficaces para la representación de los afectados en el proceso decisorio. Los fundadores de los organismos globales (Estados, organizaciones internacionales, empresas, y, en algunos casos, ONG) dominan sus procesos decisorios, no tanto por ser fundadores, sino porque se trata de instituciones bien establecidas y financiadas, que representan intereses importantes. Los lo que no son tenidos en cuenta, en el mejor de los casos, se encuentra débilmente organizados entre sí, lo que constituye un óbice para reconocerles un cierto poder de decisión en el seno de los organismos de alcance global.[102]

A la hora de ampliar el poder de decisión más allá de sus miembros y de sus propios colectivos organizados en torno a sus funciones básicas, una organización debe especificar qué grupos e intereses sociales habrían de sentarse a la mesa de la toma de decisiones, e identificar a los representantes que han de ocu-

---

[101] La falta de mecanismos redistributivos globales puede, sin embargo, exigir a los organismos reguladores globales que den mayor peso a los efectos redistributivos de sus decisiones que lo que lo suelen hacer los organismos nacionales equivalentes. Por otra parte, las consideraciones de maximización de bienestar no pueden justificar que se irroguen daños previsibles a determinadas personas y grupos. Ello ocurre, por ejemplo, cuando se niega el derecho a viajar a los que han sido declarados como financiadores del terrorismo, o cuando las comunidades indígenas son destruidas por proyectos de desarrollo financiados internacionalmente.

[102] El Forest Stewardship Council (FSC) no admite como miembros a los organismos administrativos nacionales ni a sus directivos, aunque los gobiernos pueden participar en el proceso de elaboración de normas y tener estatuto de observador en la Asamblea General de la organización. Cada institución, cuando solicita ser miembro, debe elegir una de las cámaras de la organización (ambiental, social o economía) y la subcámara a la que se es asignado depende de si el postulante proviene de un país rico (Norte) o pobre (Sur), según las definiciones que de esos conceptos da el Banco Mundial. Los miembros individuales de la organización suponen el 10% del voto en cada cámara, y las organizaciones suponen el 90% restante. La división en subcámaras «Norte» y «Sur» pretende «garantizar el mismo peso del voto y de la influencia entre los diferentes países y poderes económicos representados» FSC, *Frequently Asked Questions* (2014), en: *https://us.fsc.org/download.membership-faqs.130.pdf.*

par los asientos correspondientes.[103] Cuando una decisión afecta directamente a un grupo de personas bien delimitado, como una comunidad local en la que se plantea un proyecto de desarrollo, estas cuestiones resultan relativamente fácil. Resulta mucho más difícil, por el contrario, cuando las consecuencias o efectos de las decisiones de carácter regulatorio que se adopten son muchos más difusos y extensos. En ese caso, la selección de qué intereses deban ser representados y por quién, es algo que en buena medida deberá dejarse en manos del regulador, lo que puede sin duda generar sesos y cooptación a la selección.[104]

Algunos aparatos o sistemas cuya creación ha sido propiciada por las ONG, como el *Forest Stewardship Council*,[105] han realizado ciertos progresos a la hora de resolver estos problemas, aunque las disparidades existentes a nivel de organización y recursos han generado problemas para asegurar una representación efectiva de los intereses ambientales y sociales en los países en vías de desarrollo.[106] Incluso si un grupo tiene un voto o un asiento en la mesa de negociaciones, su capacidad para influir en las mismas depende de su capacidad para dominar las cuestiones a menudo complejas y técnicas involucradas, lo que requiere experiencia y recursos. Y, por mucho éxito que tengan estos esfuerzos en ciertos sectores normativos o regulatorios, se encontrarán con serias dificultades, si queremos extrapolarlos a otros campos de la regulación global, como la seguridad, la regulación económica global o la financiación del desarrollo.

Problemas similares, cuando no menos agudos, se presentan en las formas de participación que no se sitúan en el plano de la decisión en sí, y no son vinculantes, como la mera participación en grupos consultivos o de asesoramiento. Tales problemas podrían evitarse extendiendo la participación de carácter no decisorio a los afectados o al público en general, permitiendo que presenten alegaciones a un proyecto de decisión, aun cuando el problema de hacer oír de forma efectiva la voz de los afectados subsiste.

---

[103] Algunos teóricos del constitucionalismo global sugieren que ya existen normas procedimentales y sustantivas de la gobernanza que podrían asegurar una mayor representación (u otras formas de consideración adecuada) de intereses sociales afectados. Sin embargo, hasta ahora esas propuestas siguen siendo demasiado abstractas y no suponen una guía útil para el rediseño de las instituciones globales.

[104] Las autoridades administrativas y reguladoras de los Estados europeos y en la Unión Europea actúan en el seno de tradiciones y prácticas neo-corporativas, que les permite considerar a los sindicatos, asociaciones comerciales, grupos profesionales, ONG ambientales y de consumidores, y otros grupos reconocidos por la Administración, como representantes autorizados de los intereses en cuestión. Este modus operandi no es ni siempre factible ni posiblemente deseable en las emergentes y cambiantes circunstancias de la regulación global.

[105] Meidinger, *op. cit.*, nota 52; Meidinger, *op. cit.*, nota 85, pp. 530-531.

[106] Klaus Dingwerth, *North-South Parity in Global Governance: The Affirmative Procedures of the Forest Stewardship Council*, 14 GLOBAL GOVERNANCE 53, 61-64 (2008). En su estudio sobre el FSC, Dingwerth encontró que los procedimientos seguidos por esa organización para promover una mayor atención a los intereses del sur no colmaban la diferencia existente entre las influencias del norte y del sur. La normativa técnica que se aprobaba solía favorecer a los intereses del Norte. Además, aunque algunas áreas del Sur estaban bien representadas, su representación podría carecer de los recursos y habilidad para influir en las decisiones. Llegó así a la conclusión de que para solucionar el problema del «disregard» se necesita un abanico más amplio de mecanismos de gobernanza. *Id.*, pp. 61-64, 66-67.

D) El proceso decisorio de carácter deliberativo: ¿un camino prometedor para superar los problemas de la falta de ponderación de todos los intereses?[*]

De acuerdo con las concepciones en las que se sustenta el proceso decisorio de carácter deliberativo, las decisiones de consenso sobre la cuestión de que se trate en cada caso se alcanzan mediante un procedimiento dialogado, en el que participan los representantes de los diversos intereses con legitimación para ello. El diálogo entraña el intercambio mutuo y el análisis de las distintas razones, pruebas y argumentos de todos los implicados. Para ello, se adopta una perspectiva que busca la solución del problema mediante entendimiento y soluciones compartidas. Desde esta óptica, puede considerarse el problema de la falta de ponderación de los intereses desatendidos como una cuestión de desequilibrio en los que hace al ejercicio del poder efectivo, a los recursos y al peso que se le reconoce a los diferentes intereses sociales y económicos. En unos casos, la solución adecuada pasará por establecer nuevas reglas de votación, en otros por idear nuevos mecanismos de gobernanza, o por nuevas asignaciones de recursos para compensar el desequilibrio, y generar así un vector, o patrón de conducta, más favorable a los desfavorecidos. El enfoque deliberativo, por el contrario, pondrá su acento en que la voz y la visión de los desfavorecidos sean oídos, y en la búsqueda del consenso en las decisiones que se adopten, basadas además en una motivación y ponderación suficientes, y que tengan en cuenta los intereses y perspectivas de aquéllos y de otros colectivos o grupos que también puedan verse afectados, de conformidad con el principio del *quod omnes*.

El creciente interés que suscitan el análisis deliberativo de la gobernanza global deriva en buena parte de las prácticas de la gobernanza europea, como la que se manifiesta en el método de la comitología[**], que se utiliza para el proceso

---

[*] Para mayor abundamiento, véase el capítulo XIII de la presente obra colectiva, monográficamente dedicado a esta problemática. (N. del E.).

[**] De acuerdo con la web de la UE (http://ec.europa.eu/transparency/regcomitology/index.cfm?do=FAQ.FAQ&CLX=es#1), el término «comitología» resume el modo en que la Comisión ejerce las competencias de ejecución que le otorga el legislador de la UE, con la asistencia de comités de representantes de los Estados miembros. Los departamentos de la Comisión presentan los proyectos de disposiciones de ejecución a los «comités de comitología» para dictamen. Puede consultarse el Reglamento n° 182/2011 del Parlamento Europeo y del Consejo por el que se establecen las normas y los principios generales relativos a las modalidades de control por parte de los Estados miembros del ejercicio de las competencias de ejecución por la Comisión (en vigor desde el 1 de marzo de 2011). Accesible en: http://eur-lex.europa.eu/legal-content/EN/ALL/?uri=CELEX:32011R0182 Los «comités de comitología» asisten a la Comisión en el ejercicio de sus competencias de ejecución emitiendo dictámenes sobre los proyectos de disposiciones de aplicación antes de que se adopten. Incluyen a representantes de cada Estado miembro de la UE y están presididos por un funcionario de la Comisión. Cada comité adopta sus propias normas de procedimiento, basadas en el Reglamento interno estándar aprobado por la Comisión. (N. del E.). Accesible en: http://eur-lex.europa.eu/LexUriServ/LexUriServ.do?uri=OJ:C:2011:206:0011:0013:EN:PDF

de armonización de los estándares para la regulación de bienes y servicios, así como del denominado «Método Abierto de Coordinación» (*Open Method of Coordination*), para la cooperación entre los Estados en el desarrollo de ciertos programas sociales y económicos*. De hecho, algunos estudiosos consideran a estas prácticas como ejemplos exitosos de los métodos deliberativos para la adopción de decisiones.[107] Sin embargo, no existe opinión unánime acerca de en qué medida los actuales procesos de toma de decisiones se aproximan realmente al ideal de la deliberación, sobre si incluyen y consideran todos los intereses en presencia, o sobre si operan o no con eficacia[108].

No faltan desde luego prácticas en el plano del proceso decisorio que presentan un carácter deliberativo y que operan con éxito en toda una enorme variedad de organizaciones regulatorias y administrativas de la esfera global. Con todo, la mayoría

---

* De acuerdo con la propia definición ofrecida por la UE (http://www.europarl.europa.eu/EPRS/ EPRS-AaG-542142-Open-Method-of-Coordination-FINAL.pdf), se entiende por método abierto de coordinación el proceso para la realización de políticas públicas, o el instrumento de carácter regulatorio, en el seno de la UE, que fue inicidado en el Consejo Europeo de Lisboa (2000). No se trata de un proceso que desemboque en actos jurídicos o en la adopción de medidas normativas. Es, por el contrario, de gobernanza blanda que aspira a compartir y extender las mejores prácticas, y a alcanzar la convergencia en objetivos y fines que a la UE interesan, y que, sin embargo, pertenecen a la competencia plena o compartida de los Estados miembros. En lugar de la adopción de medidas vinculantes, se recurre a Derecho blando (guías o recomendaciones, por ejemplo), y a diversos y variados mecanismos de evaluación (N. del E.).

[107] La «comitología» es un procedimiento que la Unión Europea sigue para desarrollar reglamentaciones técnicas armonizadas en sectores específicos, con el fin de implementar la legislación europea. Los que participan en la comitología son la Comisión, que la dirige, y representantes de los Estados Miembros, así como expertos. *Vid.*: Christian Joerges, *Bargaining to Deliberative Political Processes: The Constitutionalisation of Comitology*, 3 EUR. L.J. 273 (1997); Christian Joerges, «*Good Governance*» *Through Comitology?*, en: EU COMMITTEES: SOCIAL REGULATION, LAW AND POLITICS 311 (Christian Joerges & Ellen Vos eds., 1999); Jürgen Neyer, *Discourse and Order in the EU*, 41 J. COMMON MKT. STUD. 687 (2003). En materia de gobernanza experimentalista, *vid.*: Charles F. Sabel & Jonathan Zeitlin, *Learning from Difference: The New Architecture of Experimentalist Governance in the EU*, 14 EUR. L.J. 271, 274 (2008) (defiende que el «Método Abierto de Coordinación» –*Open Method of Coordination*– ofrece una definición precisa de «deliberación»); Joshua Cohen & Charles Sabel, *Directly-Deliberative Polyarchy*, 3 EUR. L.J. 313 (1997); Joshua Cohen & Charles F. Sabel, *Global Democracy?*, 37 N.Y.U. J. INT'L L. & POL. 763 (2005).

[108] *Vid.* Mark A. Pollack, *Control Mechanism or Deliberative Democracy? Two Images of Comitology*, 36 COMP. POL. STUD. 125 (2003); Bart M. J. Szewczyk, *European Citizenship and National Democracy: Contemporary Sources of Legitimacy of the European Union*, 17 COLUM. J. EUR. L. 151, 184 (2011). *Vid. generally* Chen-Bo Zhong, *The Ethical Dangers of Deliberative Decision Making*, 56 ADMIN. SCI. Q. 1 (2011); Michael E. Morrell, *Deliberation, Democratic Decision-Making and Internal Political Efficiency*, 27 POL. BEHAV. 49 (2005); Timur Kuran, *Insincere Deliberation and Democratic Failures*, 12 CRITICAL REV. 529 (1998). Kenneth Armstrong & Claire Kilpatrick, *Law, Governance, or New Governance? The Changing Open Method of Coordination*, 13 COLUM. J. EUR. L. 649, 658-661 (2007) (destaca las diferencias existentes entre la idea subyacente bajo el «Open Method of Coordination» («OMC»)y su puesta en práctica); Timo Idema & R. Daniel Keleman, *New Modes of Governance, the Open Method of Co-ordination and Other Fashionable Red Herring*, 7 PERSP. EUR. POL. & SOC'Y 108, 110 (2006) (pone en duda el ideal del método «OMC» y su capacidad para incrementar la legitimidad de las políticas de la UE, y la capacidad efectiva de dicho método para promover la deliberación).

de estas prácticas no se asemejan a las que defienden los promotores de la democracia deliberativa global. El método deliberativo luce con meridiana claridad en todo el conjunto de organizaciones globales que tienen por objeto el establecimiento de estándares especializados, de carácter técnico y regulatorio, orientados sobre todo a la prestación de servicios y a la comercialización de productos a nivel internacional; en los programas contra el blanqueo de capitales, o en materia de ensayos clínicos sobre seguridad y eficacia de nuevos fármacos. Sus procesos de decisión están protagonizados, según los casos, por los representantes de las organizaciones empresariales, por los grupos de expertos y funcionarios procedentes de los diferentes países y, en algunos casos, por representantes de ONG. Los procesos deliberativos también se utilizan en un gran número de órganos asesores y consultivos que desempeñan funciones auxiliares en la toma de decisiones de muchas Administraciones internacionales.

Incluso en los ámbitos donde funciona satisfactoriamente, ha de notarse que el método deliberativo exige mucho tiempo y resulta, en consecuencia, inadecuado cuando se trata de adoptar decisiones rápidas y flexibles. Los procesos deliberativos resultan operativos y funcionan mejor cuando los participantes comparten una experiencia profesional y unas perspectivas comunes, disponen de recursos adecuados para participar de manera efectiva, y los efectos de carácter distributivo de las distintas alternativas son escasos. Los organismos globales han adoptado procedimientos deliberativos en una variedad de campos, dada su utilidad para resolver problemas y la capacidad de lograr consenso por parte de los sectores participantes. Sin embargo, rara vez la toma de decisiones es puramente deliberativa, dado que a menudo estos procedimientos se combinan en mayor o menor medida con juego de intereses, de poder y de negociación.[109] En la mayoría de los casos, los intereses ambientales, los de los consumidores y los intereses sociales (incluyendo los de los trabajadores y ciudadanos de los países en vías de desarrollo) o no están representados en absoluto o lo están sólo de manera marginal.[110] Esta circunstancia puede que

---

[109] *Vid.*: Neil Craik, *Deliberation and Legitimacy in Transnational Governance: The Case of Environmental Impact Assessments*, 38 Victoria U. Wellington L. Rev. 381, 386, 390 (2007) (sostiene que el método deliberativo es menos vulnerable que los modelos agregados frente a las diferencias existentes en el poder de negociación, y sugiere que la utilización de procesos deliberativos a la hora de adoptar decisiones basadas en la Ciencia permite manejar las diferencias de poder entre expertos y no expertos).

[110] *Vid.*: Ayelet Berman, *The Role of Domestic Administrative Law in the Transnational Regulatory Networks* (Centre for Trade and Economic Integration Working Paper No. CTEI-2011-08, 2011), disponible en la dirección electrónica: *http://graduateinstitute.ch/files/live/sites/iheid/files/sites/ctei/shared/CTEI/working_papers/CTEI-2011-08. pdf* (analiza la International Conference on Harmonisation (ICH) standards for pharmaceutical safety testing, compuesta por representantes de EEUU, la UE, Japón y de las principales compañías farmacéuticas. El autor considera que esa organización internacional no es buena para los intereses de los consumidores y de los países subdesarrollados); *vid.* también: Sarah Molinoff, Shifting Standards in FDA Regulation of Foreign Clinical Trials (2012) (manuscrito inédito) (sostiene que los estándares de la ICH, que permiten el uso de placebos en ensayos clínicos, reflejan la influencia dominante de los intereses de los fabricantes farmacéuticos, así como de los reguladores de EEUU, la UE y Japón,

no sea demasiado preocupante en el caso de muchos organismos especializados que establecen estándares y reglamentaciones técnicas, que solo tienen «efectos colaterales» menores para intereses sociales más amplios.

Los programas de regulación globales liderados por las ONG, como el Protocolo de Gases de Efecto Invernadero[111], la Iniciativa para la Transparencia de las Industrias Extractivas,[112] u otros muchos programas regulatorios en materia ambiental y social,[113] presentan ejemplos estimulantes en lo que hace a la recepción del método deliberativo. Por otra parte, los aparatos o sistemas globales constituidos por Gobiernos y organizaciones internacionales también se sirven en manera creciente de órganos consultivos, representativos de una gama más amplia de grupos. Esos aparatos o sistemas siguen variantes distintas del método deliberativo. Los órganos de carácter consultivo que participan en esos procesos podrían asumir gradualmente un mayor protagonismo, pasando de participar sin efectos en la decisión final, a una participación con consecuencias en la decisión final (participación «decisoria»).[114]

A pesar de estos avances prometedores, los esfuerzos para promover procesos deliberativos más incluyentes a nivel global, este método se enfrenta a los mismos tres obstáculos básicos antes analizados: la renuencia de los miembros dominantes, especialmente de los Gobiernos más poderosos, a compartir la autoridad; las exigencias derivadas de la necesidad de la especialización eficiente de la organización; y las dificultades para facilitar una representación efectiva a los intereses que no son atendidos.

En cualquier caso, y como demuestran los ejemplos a los que nos hemos referido anteriormente, se ha avanzado en la superación de estos obstáculos. En este sentido, se observa que las organizaciones regulatorias globales –especialmente las de carácter privado o híbrido (públicos y privados)– dan voz a un mayor número de «interesados» («stakeholders»)* en su gobernanza, también a través de procesos verdaderamente

---

pasando por alto las preocupaciones éticas de los organismos mundiales de investigación médica y de algunos países subdesarrollados.

[111] *Vid.: http://www.ghgprotocol.org; vid. también:* JESSICA F. GREEN, RETHINKING PRIVATE AUTHORITY: AGENTS AND ENTREPRENEURS IN GLOBAL ENVIRONMENTAL GOVERNANCE (2013).

[112] *Vid.: http://eiti.org.*

[113] Meidinger, *op. cit.*, nota 85.

[114] Algo parecido ha sucedido con la Comisión para el «Codex Alimentarius», donde los representantes de la sociedad civil, incluyendo a representantes del mundo de los negocios y de las ONG, deben obtener el derecho de asistir y poder hablar en las reuniones en las que los representantes de los gobiernos adoptan las reglamentaciones técnicas del «Códex». Algunos expertos, no obstante, entienden que las reglamentaciones técnicas del Códex siguen favoreciendo indebidamente a los intereses de los productores. *Vid.:* Michael Livermore, *Authority and Legitimacy in Global Governance: Deliberation, Institutional Differentiation, and the Codex Alimentarius*, 81 N.Y.U. L. REV. 766, 784-786 (2006).

* Expresión ésta familiar, en la cultura jurídica norteamericana, a la Ley de Procedimiento Administrativo, y a los procedimientos basados en amplias consultas y participación de los interesados, comenzando por el sector al que va dirigido el proyecto de norma infralegal que elabora la agencia (industria automovilística, aeronáutica, etc.). (N. del E.)

deliberativos. Con ello persiguen mejorar la calidad y la aceptación de sus normas. Mención especial merece el caso de las organizaciones reguladoras en red, donde la participación *decisoria* a través de métodos deliberativos ha obtenido éxitos frecuentes en la promoción de estos objetivos. Pero incluso en estas circunstancias, persiste el problema para conseguir una representación efectiva a los grupos e intereses pobremente organizados y sin recursos; habida cuenta de que sigue siendo esencial disponer de un alto nivel de competencia técnica, de conocimiento y de capacidad para participar plena y regularmente en la organización. Además, resulta inaceptable que en los procesos donde se ven envueltos múltiples grupos y colectivos de interesados, en algún caso con base en métodos deliberativos, éstos queden reservados a los más importantes y poderosos aparatos regulatorios económicos de carácter global, cuando se trata de adoptar las más relevantes decisiones. Además, en algunos casos pueden ser inadecuados debido a la naturaleza de la misión de la organización, como sucede, por ejemplo, en el campo de la seguridad.

IV. LOS MECANISMOS DE CONTROL Y RENDICIÓN DE CUENTAS

La rendición de cuentas (*accountability*)* constituye la segunda categoría fundamental para una adecuada gobernanza global. En la medida en que no es factible otorgar a todos los intereses afectados el poder de decisión, el interrogante consiste en indagar si es posible compensar la falta de ponderación permitiendo el acceso de los interesados a los mecanismos de control y rendición de cuentas a fin de garantizar que los que deciden tienen debidamente en consideración sus intereses y problemas.

Responder ante los afectados –rendición de cuentas– está de moda, y de esta exigencia se ha dicho que es «un concepto en constante expansión»[115], «que surge por todas partes, desempeñando toda suerte de funciones analíticas y retóricas y cargando con casi todo el peso de la gobernanza democrática».[116] Este concepto funciona como «un marcador de posición para las múltiples formas de la ansiedad contemporánea».[117] De hecho, hoy en día es muy raro encontrar cualquier libro o artículo sobre gobernanza global, escrito por juristas, politólogos, especialistas en relaciones internacionales, teóricos políticos, o defensores de las ONG, en el que no se reclame una mayor responsabilidad –en ese

---

* Véase el capítulo 2 y, en general, los capítulos de esta segunda parte de la presente obra colectiva. (N. del E.).

[115] Richard Mulgan, «*Accountability*»: *An-Ever-Expanding Concept?* 78 Pub. Admin. Rev. 555 (2000), citado en: Carol Harlow, Accountability in the European Union 1 (2002).

[116] *Id.*

[117] Jerry L. Mashaw, *Structuring a «Dense Complexity»: Accountability and the Project of Administrative Law*, 5(1) Issues in Legal Scholarship Art. 4 (Mar. 2005), disponible en la dirección *http://iilj.org/courses/documents/Mashaw.IssuesinLegalScholarship.pdf.*

concreto sentido de dación de cuentas– de las organizaciones internacionales, y de otras instituciones globales. Se invocan todo tipo de medidas para garantizar esa mayor responsabilidad, como una mayor transparencia, la participación, la reglamentación, la obligación de motivar las decisiones, la deliberación, el diálogo, la evaluación comparativa y la presentación de informes.

Los mecanismos de responsabilidad constituyen importantes herramientas institucionales que pueden mejorar la gobernanza en muchos casos, pero no son la panacea para todos los males de la gobernanza global. En realidad, son relativamente escasos los análisis concienzudos del concepto de «responsabilidad» y de sus relaciones con los problemas propios de gobernanza global y con las posibilidades de su reforma institucional.[118] En este epígrafe del capítulo pretendemos contribuir a aumentar y enriquecer ese corpus, analizando las características estructurales y funcionales de los mecanismos de responsabilidad, con el fin de esclarecer el papel que desempeñan en la gobernanza.

Se ofrece en primer término una introducción a este concepto. El análisis adopta un enfoque más «descriptivo» que «prescriptivo» de la responsabilidad. No se trata de un concepto que sintetice o sirva para fundar la legitimidad de la actuación, sino más bien de un conjunto de instrumentos institucionales encaminados a conferir y controlar el uso del poder. Estos instrumentos pueden utilizarse para lograr ciertos objetivos, entre ellos la promoción de los intereses de los poderosos o corregir el desequilibrio de los que se ven ignorados. Acto seguido analizamos el papel de los mecanismos de rendición de cuentas en la regulación administrativa global y su potencial para fomentar una mayor ponderación de los intereses en juego que de ordinario no se tienen en cuenta.

---

[118] Jonathan Koppell plantea que el desacuerdo en torno al significado del vocablo «responsabilidad» está «enmascarado por el consenso acerca de su importancia y conveniencia». Jonathan Koppell, *Pathologies of Accountability: ICANN and the Challenge of «Multiple Accountability Disorder»*, 65 Pub. Admin. Rev. 94, 94 (2005). No obstante, el análisis del concepto de «responsabilidad» dentro de la Administración pública es importante porque «las expectativas contradictorias, generadas por las interpretaciones dispares de la responsabilidad, socavan la efectividad de la organización». Op. cit. Para una disección del concepto de responsabilidad, basado en los actores implicados en la misma y la forma en que interactúan, *vid.*: Mark Bovens, *Analysing and Assessing Accountability: A Conceptual Framework*, 13 Eur. L.J. 447 (2007); *véase también*: Susan Rose-Ackerman, *Regulation and Public Law in Comparative Perspective*, 60 U. Toronto L.J. 519, 523 (2010) (establece tres tipos diferentes de responsabilidad que refuerzan la legitimidad: el cumplimiento efectivo de los programas gubernamentales, la protección de los derechos humanos, y la creación de políticas apoyadas en procesos democráticos); Francesca Bignami, *From Expert Administration to Accountability Network: A New Paradigm for Comparative Administrative Law*, 59 Am. J. Comp. L. 859, 872 n.32 (2011) (cataloga cuatro clases diferentes de relaciones de responsabilidad, presentes en las administraciones públicas nacionales: relaciones con los políticos elegidos democráticamente; con los intereses organizados; con los tribunales y con el público. Entiende que esas relaciones se dan también en el nivel transnacional); Jonathan G. S. Koppell, World Rule: Accountability, Legitimacy, and the Design of Global Governance 31 (2010) (defiende la existencia de cinco clases de responsabilidad: transparencia, responsabilidad legal, controlabilidad, responsabilidad y capacidad de respuesta).

A resultas de esta reflexión, podemos sostener que existen cinco mecanismos de responsabilidad. La literatura científica, también la que se ocupa de la gobernanza global, tiende a utilizar este concepto con una multiplicidad de significados y de expresiones institucionales. Ello no obstante, aquí se utiliza en un sentido mucho más restringido, por las razones que más abajo se aducen, puesto que así el análisis, la claridad y la preocupación por el qué hacer (dimensión prescriptiva) salen ganando.

1. LOS CINCO MECANISMOS DE LA RENDICIÓN DE CUENTAS

Los mecanismos institucionales para asegurar la responsabilidad y rendición de cuentas se encuadran en alguna de estas cinco categorías básicas: electorales, jerárquicas, de supervisión, fiscales y de carácter jurídico. Cada uno reúne tres elementos esenciales: (1) una persona que está obligada a rendir cuentas de su gestión, incluyendo, en su caso, la explicación y justificación de su actuación; (2) una persona que tiene derecho a exigir del primero que realice dicha rendición de cuentas; y (3) la capacidad y la autoridad del segundo para imponer sanciones o adoptar otro tipo de medicas correctoras en caso de gestión inadecuada por parte del responsable y, eventualmente, recompensar un rendimiento excelente en el desempeño de la gestión.[119]

Grant y Keohane han analizado la figura de la responsabilidad y rendición de cuentas en el contexto de la gobernanza global,[120] mientras que Richard Mulgan,[121] Mark Bovens,[122] y Jerry Mashaw[123] lo han hecho a nivel interno o nacional.[124] Otros autores han estudiado la responsabilidad en el contexto de las organizaciones internacionales[125]

---

[119] Esos elementos esenciales guardan coherencia con los que han sido identificados por Grant y Keohane y por Mashaw, aunque esos autores identifican una panoplia de medidas mucho más amplia como generadoras de responsabilidad. Más adelante argumento que esta aplicación extensiva no es congruente con la definición esencial de «responsabilidad» que vindican. Bovens, por su parte, define la responsabilidad de un modo más restringido, como la relación existente entre un dirigente y un foro en el que aquel tiene que explicar y justificar su conducta, en el que el foro puede hacer preguntas y juzgar su conducta, y en el que el dirigente puede exponerse a consecuencias. Bovens, *op. cit.*, nota 118, p. 447. La taxonomía de Bovens sobre las relaciones de responsabilidad se basa en tres preguntas: quién rinde cuentas, a quién se rinden cuentas y de qué tipo de conducta se trata. *Id.*, p. 450.

[120] Grant & Keohane, *op. cit.*, nota 75.

[121] RICHARD MULGAN, HOLDING POWER TO ACCOUNT: ACCOUNTABILITY IN MODERN DEMOCRACY (2003).

[122] Bovens, *op. cit.*, nota 118, p. 448.

[123] Mashaw, *op. cit.*, nota 117; *vid.* también: Colin Scott, *Accountability in the Regulatory State*, 27 J.L. & SOC'Y 38 (2000).

[124] Para una discusión de la responsabilidad en el contexto de la Unión Europea, *vid.* Mulgan, *op. cit.*, nota 115.

[125] INT'L L. ASS'N, ACCOUNTABILITY OF INTERNATIONAL ORGANIZATIONS, FINAL REPORT (2004), disponible en: http://www.ila-hq.org/en/committees/index.cfm/cid/9; *Symposium on Accountability in the*

y de las Administraciones reguladoras.[126] Tal y como indican esos y otros autores, la rendición de cuentas es un concepto de carácter relacional. Por otra parte, algunos sistemas de responsabilidad pueden incluir otros elementos, además de los tres que se han mencionado más arriba. Por ejemplo, puede establecerse un proceso específico para la rendición de cuentas por parte del responsable, y para la evaluación de su desempeño por parte del que tiene derecho a exigir dicha responsabilidad o por parte de un tercero (por ejemplo, un tribunal). También pueden fijarse exigencias de motivación o justificación, tanto de la acción del responsable, como de la evaluación realizada por quien tiene la facultad de exigir la responsabilidad. Finalmente, algunos mecanismos pueden establecer estándares en virtud de los cuales será juzgada la conducta del responsable. [127] Estos elementos adicionales no son requisitos esenciales de la responsabilidad y pueden, tal y como se argumenta en el epígrafe V de este capítulo, funcionar de modo independiente para afrontar el problema de la desatención de intereses tutelables.

Los cinco mecanismos de responsabilidad aquí descritos poseen una estructura común: que aquel ante el que se tiene que responder pueda exigir la comparecencia «ex post» de quien tiene que dar cuenta de sus actos, así como el poder y la capacidad del primero para desencadenar algún tipo de sanción en caso de deficiente rendimiento del segundo[128]. De ese modo, la expectativa de tener que rendir cuentas por la gestión desarrollada, y las posibles consecuencias de una evaluación negativa, proporcionan incentivos «ex ante» para que el responsable preste la consideración debida a los intereses del representado en la toma de decisiones de la organización.

Hay, sin embargo, dos tipos esenciales de relaciones que se traban entre los «responsables» y los que tienen derecho a exigir la rendición de cuentas, relaciones que surgen en dos contextos bastante diferentes. El primer tipo de relaciones, que se refiere a los mecanismos de tipo electoral, jerárquico, de supervisión o de carácter fiscal, implica una delegación o transferencia de la autoridad o de recursos por parte de un actor o grupo de actores (titulares del derecho a exigir la responsabilidad) a otro actor o grupo de actores, cabalmente los que

---

International Legal Order, 2005 NETH. Y.B. INT'L L 1; Deirdre Curtin & André Nollkaemper, *Conceptualizing Accountability in International and European Law*, 2005 NETH. Y.B. INT'L L 3; Ige F. Dekker, *Making Sense of Accountability in International Institutional Law*, 2005 NETH. Y.B. INT'L L 83.

[126] Por ejemplo: Black, *op. cit.*, nota 24; Scott, *op. cit.*, nota 23.

[127] Al analizar la responsabilidad de los observadores internacionales de elecciones, Anne van Aaken y Richard Chambers describen un proceso de responsabilidad que pivota sobre la obligación de motivar. Anne van Aaken & Richard Chambers, *The Accountability and Independence of International Election Observers*, 6 INT'L ORG. L. REV. 541 (2009).

[128] *Vid.*: Andreas Schedler, *Conceptualizing Accountability*, en: THE SELF-RESTRAINING STATE: POWER AND ACCOUNTABILITY IN NEW DEMOCRACIES 14 (Andreas Schedler, Larry Diamond & Marc F. Plattner eds., 1999) («La noción de responsabilidad política conlleva dos aspectos básicos: ser responsable ante alguien, esto es, la obligación que los directivos públicos tienen de informar sobre lo que están haciendo, y explicarlo; y la ejecutividad de dicha obligación, esto es, la capacidad de los organismos que exigen responsabilidades para imponer sanciones a los cargos públicos que han violado sus deberes públicos»).

tienen que dar cuenta de la gestión realizada, donde los segundos tienen que actuar en interés de los otorgantes del poder, o de terceras personas. Este proceso crea una relación de «principal-agente»* entre quien concede el poder y quien lo recibe. La segunda categoría consiste en mecanismos de responsabilidad jurídica, relacionados con actuaciones del responsable prohibidas por el Derecho (contrarias a Derecho), o que generan obligaciones resarcitorias a través de indemnizaciones u otras formas de reparación. En esos casos, el representado goza de la potestad de ejercitar una acción contra el obligado a dar cuentas de su gestión ante un tribunal u órgano equivalente de control, para dilucidar si se ha producido alguna vulneración de sus derechos y, en caso afirmativo, si tiene derecho a obtener una satisfacción apropiada. En esta segunda categoría no se da propiamente una relación propia del «principal-agente».

A) MECANISMOS DE RESPONSABILIDAD BASADOS EN LA DELEGACIÓN DE AUTORIDAD O DE MEDIOS

Cuando un «principal» delega medios o poder en favor de un «agente», los mecanismos de rendición de cuentas pueden funcionar como un medio para superar los problemas de agencia (esto es, de la relación principal-agente), permitiendo que el principal exija a los agentes que rindan cuentas de su gestión y tome, en su caso, las medidas correctoras necesarias. El hecho de que un «principal» pueda utilizar estos mecanismos para disciplinar a los «agentes» díscolos crea incentivos para que estos tomen adecuadamente en cuenta los intereses y preocupaciones del «principal».

B) LA RESPONSABILIDAD ELECTORAL

Ésta existe cuando los representados tienen derecho a votar y elegir a los dirigentes públicos o privados, esto es, a los que tienen la obligación de responder ante los votantes. En este sentido, las elecciones implican la concesión de poder por parte de los votantes en favor de los que han sido elegidos para ocupar un puesto y ejercer la autoridad inherente al mismo.[129] Los mecanismos de responsabilidad electoral entran en juego cuando los dirigentes buscan la re-

---

* A lo largo de la presente obra se hace referencia a este paradigma. Por ejemplo, capítulos III y IV. (N. del E.).

[129] En su contribución sobre la responsabilidad, basada en una perspectiva estrictamente jerárquica, Edward Rubin defiende que las elecciones no constituyen un mecanismo de responsabilidad. Edward Rubin, *The Myth of Accountability and the Anti-Administrative Impulse*, 103 MICH. L. REV. 2073, 2075 (2005). Habremos de reconocer que, en el mejor de los casos, las elecciones son imperfectas y, en el peor de los casos, disminuyen de hecho la responsabilidad democrática. Que un mecanismo de

elección; aquellos cuya gestión sea considerada como deficiente por un número suficiente de votantes no serán reelegidos.[130] Aunque los titulares de los cargos dan cuenta de su gestión cuando están en el ejercicio de los mismos, no hay un procedimiento general para hacerlo. Además, los electores no están obligados a seguir ninguna regla a la hora de votar y no tienen que dar explicaciones por el sentido de su voto.[131]

c) La responsabilidad de carácter jerárquico

Se da en el seno de los Gobiernos, de las empresas y de otras organizaciones (así como entre particulares), donde los superiores tienen el derecho de controlar y evaluar el desempeño de los subordinados. En los casos de una actuación insuficiente, los superiores pueden imponer diversas sanciones, como recortes salariales, la degradación profesional, la resolución del contrato, o adoptar otras medidas como la reasignación, la reconversión, o cambios en las políticas y estructuras organizativas. También pueden recompensar el desempeño excelente. Esta relación implica un grado mayor o menor de delegación de autoridad o de medios en favor de los subordinados. En los casos en que los subordinados tienen un empleo seguro (por ejemplo, funcionarios o representantes sindicales) se dan habitualmente procedimientos, normas y justificaciones para proceder a la evaluación del trabajo e imponer en su caso sanciones. Sin embargo, cuando los subordinados se mantienen en sus puestos por el puro arbitrio de sus superiores, no concurren esos elementos.

---

responsabilidad sea ineficaz o imperfecto no quiere decir, sin embargo, que ya no sea un mecanismo de responsabilidad.

[130] «Todo ciudadano tiene el derecho y la posibilidad....de votar y ser elegido, en el curso de auténticas elecciones de carácter periódico, que se basarán en el sufragio igual, universal y secreto, garantizando la libre expresión de la voluntad de los electores». Pacto Internacional sobre Derechos Civiles y Políticos, Art. 25, Dec. 16, 1966, 999 UNTS 171; *vid.* Samuel Issacharoff, *Groups and the Right to Vote*, 44 Emory L.J. 869 (1995); Samuel Issacharoff, *Polarized Voting and the Political Process*, 90 Mich. L. Rev. 1833 (1992).

[131] El derecho de los votantes a registrar sus preferencias sin tener que revelarlas o dar cuenta de ellas puede ser un factor importante. *Vid.*: John Ferejohn, *Incumbent Performance and Electoral Control*, 50 Pub. Choice 5 (1986). Históricamente, los mecanismos democráticos pueden venir acompañados de otras formas de responsabilidad, sobre todo de carácter legal, lo que se describe más adelante. Por ejemplo, en la antigua Atenas, ciertos cargos públicos tenían la obligación de pasar por un examen al final de su mandato, en el que se analizaba cómo había desarrollado su gestión, y además estaban sujetos a censura o remoción mientras ejercían sus funciones, en ambos casos ante tribunales públicos. *Vid.* R. K. Sinclair, Democracy and Participation in Athens 78-80 (1988). Hay que tener en cuenta que en la antigua Atenas la selección de magistrados se hacía en parte por medio de lotería, por lo que aquel sistema tenía fuertes diferencias con los sistemas modernos de gobierno. *Vid. op. cit*, pp. 17-18.

D) LA RESPONSABILIDAD A TRAVÉS DE LA SUPERVISIÓN

Esta categoría constituye una suerte de «cajón de sastre» en la que podemos incluir aquellas relaciones en las que se ha producido una delegación de poder o de recursos, pero en las que el otorgante no tiene el derecho de controlar directamente la conducta del apoderado. Como ejemplos de esa relación podrían citarse las relaciones entre clientes y contratistas independientes o profesionales, entre el Parlamento y la Administración y entre los Estados y las organizaciones internacionales de las que son miembros. Pueden o no establecerse normas y procedimientos para la evaluación de la conducta del responsable público. Entre las sanciones y otras medidas negativas que se pueden desencadenar, se incluyen la revocación o no renovación de la autoridad o de los medios conferidos, u otras medidas correctoras como la realización de cambios de organización y de política.

La rendición de cuentas de carácter fiscal se traduce en procedimientos contables y de auditoría, por medio de los cuales el que recibe los fondos u otros recursos, explica su uso a quien se los concedió, de conformidad con las normas y prácticas de la contabilidad generalmente aceptadas. Las sanciones en estos casos pueden incluir la revocación de la financiación y la devolución de los fondos, la denegación de futuras subvenciones, o la imposición de condiciones más restrictivas sobre las actividades para el que tiene que ejecutar el presupuesto.[132]

En estos cuatro casos, el propósito de la rendición de cuentas reside en asegurar que el mandatario ha dado el peso adecuado a los intereses y preocupaciones del mandante o «principal». Cuando éste considere que la gestión del responsable es deficiente, tendrá la potestad de revocar o de no renovar el mandato concedido; este poder es la fuente última de la autoridad del principal para tomar medidas correctoras menos drásticas y esperar que el representante se adhiera a ellas.[133]

Los mecanismos de rendición de cuentas de carácter *jurídico*, por otro lado, parten de la premisa de que la acción del responsable es contraria a Derecho, y de que éste ha establecido vías para su depuración. El titular asegura la rendición de cuentas mediante e ejercicio de una acción contra el responsable, bien sea ante un tribunal o ante otro organismo de resolución de controversias, que serán los determinarán si los derechos del representado han sido vulnerados y, en caso afirmativo, establecerá un remedio apropiado. Estos procedimientos presuponen que el acusado, demandado u organismo cuyas decisiones son objeto de control den cuenta de su actuación. El remedio puede consistir en la obligación a indemnizar por los daños y perjuicios ocasionados, u otra medida compensatoria. Pero también puede consistir en una declaración de que quien

---

[132] La responsabilidad de tipo fiscal actúa a menudo en conjunción con los mecanismos de tipo jerárquico, legal o de supervisión. Pero como el concepto de responsabilidad se originó en la rendición de cuentas en materia financiera, la responsabilidad de tipo fiscal cuenta con una tradición, estándares y procedimientos diferentes y especializados, y por lo tanto en este análisis se trata como una categoría separada.

[133] En algunos casos, el mandante puede también invocar mecanismos de responsabilidad legal con el fin de obtener una compensación del representante. Este, por su parte, también puede ser capaz de realizar reclamaciones jurídicas contra el mandante, por incumplimiento de contrato.

actuó (o se abstuvo de hacerlo) actuó en contra de las normas aplicables. Puede que existan mecanismos institucionales para hacer cumplir dichos remedios procesales. Tal y como revela la experiencia del Derecho Internacional, la declaración de que una parte ha actuado en contra de los derechos de la otra puede tener efectos prácticos muy importantes, como por ejemplo ciertos beneficios para la parte ganadora (aun cuando no existan instrumentos de ejecución forzosa de aquella resolución) bien a consecuencia de la fuerza prescriptiva de la sentencia o resolución, de su prestigio, o a resultas de otros factores.

La dación de cuentas de carácter jurídico con frecuencia es pasada por alto por ciertos autores que ponen el acento en el control del otorgamiento de concesiones o autorizaciones.[134] Sin embargo, aquélla no depende de una previa delegación de recursos o de autoridad desde un principal a un agente. Es el Derecho el que establece los instrumentos y los derechos; y al Derecho ha de acudirse para reclamar o reivindicar ese control, radique éste en el plano municipal, en el Derecho Privado, en el Derecho Internacional, o en el Derecho interno de cada organización. Es cierto que en algunos supuestos se ha producido una previa delegación de recursos o de autoridad desde un principal a un agente, pero no lo es menos, sin embargo, que en tales casos los derechos y obligaciones han sido establecidos por el Derecho, y no por el acto de delegación. Es más, en la mayoría de los casos, como sucede, por ejemplo, en el terreno de la responsabilidad extracontractual, en el de los contratos o en el del Derecho Administrativo, ni siquiera existe una relación de principal-agente entre las partes. Sea como fuere, en todos estos casos, la perspectiva de un sistema de responsabilidad jurídica genera incentivos para que el responsable observe y respete los derechos de los que pueden exigir dicha responsabilidad.

El control y rendición de cuentas de carácter jurídico se está convirtiendo en un factor de mayor peso en la gobernanza administrativa global, debido al desarrollo del Derecho Administrativo Global. Y ello porque éste implica una mayor apertura al control de las decisiones administrativas globales, bien sea a través de tribunales específicos, propios del sector, bien sea por medio de tribunales internacionales o internos, o bien a través de órganos administrativos globales[135]. El control o fiscalización puede realizarse de modo directo a cargo de un tribunal que tenga jurisdicción para determinar la validez legal de una concreta resolución administrativa, llegando en algunos casos a declarar un invalidez y nulidad –por ejemplo en el caso de la Corte Mundial de Arbitraje Deportivo–. En otros casos, sin embargo, el control se lleva a cabo de modo indirecto, como sucede por ejemplo cuando una parte en un pleito sustanciado ante un tribunal interno invoca como de pertinente aplicación un estándar o una decisión emanada a nivel global, y el tribunal interno se encuentra entonces obligado a determinar su significado jurídico.[136]

---

[134] *Vid.*: Scott, *op. cit.*, nota 123, pp. 40-41 (pone de manifiesto que el concepto de responsabilidad debe tener en cuenta el número creciente de tribunales y otros órganos de control).

[135] Sabino Cassese, *Administrative Law Without the State? The Challenge of Global Regulation*, 37 N.Y.U. J. Int'l L. & Pol. 663, 669 (2005) (sobre la relativa importancia de los comités independientes de regulación en el Derecho Administrativo Global, si la comparamos con el Derecho Administrativo interno); Bogdandy, Dann & Goldmann, *op. cit.*, nota 56, pp. 1385-1386 (alegan que cuando las instituciones toman decisiones, están ejerciendo autoridad pública).

[136] Vid: Benedict Kingsbury, *Weighing Global Regulatory Rules and Decisions in National Courts*, 2009 ACTA JURIDICA, pp. 90 y 99.

La rendición de cuentas de carácter jurídico respecto de las actividades administrativas globales se puede llevar a cabo por medio de acciones judiciales de responsabilidad por daños y perjuicios, así como a través de un control directo ante tribunales u otros órganos independientes. En este sentido, el control judicial de la conducta de los responsables públicos a través de mecanismos de responsabilidad civil ha constituido históricamente un elemento importante del Derecho Administrativo de origen angloamericano.[137] Los principios del Derecho Internacional en materia de responsabilidad, y la responsabilidad por actos ilícitos de los Estados, se han extrapolado a las organizaciones internacionales establecidas en virtud de tratados, pero no así a los otros tres tipos básicos de organizaciones reguladoras globales: las redes intergubernamentales, los organismos de base privada y las organizaciones de naturaleza mixta (público-privada). A ello se añade que esta clase de responsabilidad se aplica sólo a los actos que se reputan antijurídicos de acuerdo con el Derecho Internacional, y las organizaciones internacionales con frecuencia alegan inmunidad a la hora de ser demandadas ante los tribunales internos.[138] Las organizaciones reguladoras de base privada, sin embargo, están sometidas a la responsabilidad por daños en el caso de conductas contrarias a la ley según el Derecho de contratos, de la responsabilidad extracontractual y de la competencia.[139]

La rendición de cuentas constituye un concepto y una práctica diferente del concepto de cumplimiento por parte de los sujetos regulados (o destinatarios de las normas), aunque a veces se solapen. En este sentido, los mecanismos o acuerdos para el cumplimiento de una norma determinada pueden ir acompañados de instrumentos de control, como sucede en el sistema de resolución de conflictos de la OMC, que garantiza el cumplimiento de las normas de dicha organización por parte de sus miembros, o el Tribunal de Apelación de las Naciones Unidas, que garantiza que las decisiones en materia de personal adoptadas por los directivos de la ONU respetan las normas y procedimientos aplicables. Pero los esquemas y acuerdos de cumplimiento también comprenden cuestiones de educación, asistencia financiera y técnica, revisión por pares, y gerenciales.[140] Los mecanismos de responsabilidad presentes en la regulación global a menudo se dirigen a la entidad reguladora y a su personal, no a los sujetos regulados. Por otro lado, persiguen no solamente incentivar al cumplimiento, sino también otros fines, como influir en las políticas de los que deben adoptar las decisiones, determinar los niveles de financiación y las prioridades, o para dirigir y gobernar al personal.

---

[137] Louis Jaffe, Judicial Control of Administrative Action 235-40 (1965).

[138] *Vid:* Jutta Brunnée, *International Legal Accountability Through the Lens of Law of State Responsibility*, 2005 Neth. Y.B. Int'l L. 3, 21 (sobre las limitaciones de los principios del Derecho Internacional a la hora de garantizar la responsabilidad de las organizaciones internacionales).

[139] Schepel, *op. cit.*, nota 38.

[140] *Vid.* Ronald B. Mitchell, *Compliance Theory: Compliance, Effectiveness, and Behavior Change in International Environmental Law*, en: The Oxford Handbook of International Environmental Law, pp. 893, 900 y 910 (Daniel Bodansky, Jutta Brunnée & Ellen Hey, eds., 2008).

2. LA UTILIZACIÓN DE LOS MECANISMOS DE RESPONSABILIDAD Y RENDICIÓN DE CUENTAS PARA PROMOVER LA ATENCIÓN DE TODOS LOS INTERESES EN PRESENCIA

La finalidad última de los instrumentos o medios de rendición de cuentas consiste en promover la debida ponderación de los intereses, problemas y derechos de los titulares del derecho a exigir responsabilidad. Los cinco mecanismos de responsabilidad aquí analizados operan en el ámbito de la toma de decisiones de los Gobiernos y de las autoridades nacionales, de los actores privados (incluidas las empresas y las entidades sin ánimo de lucro) y de los diversos tipos de organizaciones administrativas globales. Todos ellos se basan en estructuras de carácter relacional que implican una separación entre aquellos que tienen el poder de elegir y los que sufren las consecuencias de esa elección. Y esos instrumentos pretenden conseguir que los que deciden presten la atención debida a los intereses y problemas de los afectados, otorgándoles el derecho a invocar los mecanismos que las propician. En la mayoría de las instituciones operan algunos de estos instrumentos y, en muchos casos, los cinco mecanismos arriba descritos pueden funcionar a través de una compleja interacción. En la práctica, la posibilidad de su uso por parte de las personas desfavorecidas, a fin de compensar la falta de ponderación de los organismos globales, resulta bastante limitada. Si dejamos a un lado los casos en que las entidades y personas que no se tienen en cuenta son precisamente las fundadoras, promotoras, miembros o financiadoras de la organización global, tales como ONG u organizaciones internacionales (UNICEF, OMS...), y que sí representan a, o abogan por, los desfavorecidos, en términos generales esos colectivos o grupos no tienen acceso a los cuatro instrumentos basados en la concesión para influir en las decisiones de las organizaciones globales o sobre las Administraciones diseminadas. Si eso es así respecto de los grupos y colectivos, con mayor razón cuando se trata de personas individuales.

Sin embargo, las personas desatendidas y los representantes de otros intereses marginados pueden, cada vez con mayor frecuencia, hacer uso de los instrumentos de control jurídico en relación con las decisiones de los organismos reguladores mundiales. Así, los tribunales internos y los internacionales han demostrado una creciente voluntad por ejercer ese tipo de controles, por ejemplo cuando se niegan a ejecutar, o lo hacen con criterios restrictivos, las decisiones que adoptó el Comité de Sanciones a Al Qaeda del Consejo de Seguridad de las Naciones Unidas.[141] Estos controles son ciertamente episódicos, y no están a disposición de los que buscan compensar la falta de ponderación. Ello no obstante, las escasas resoluciones judiciales que concluyen que

---

[141] *Vid.* las sentencias: *R. v. Horncastle*, [2009] UKSC 14, [2010] 2 A.C. 373 (UK), disponible en la dirección electrónica: *http://www.supremecourt.uk/decided-cases/docs/UKSC_2009_0073_Judgment. pdf*; *Abdelrazik v. Canadá (Ministro de Asuntos Exteriores)* (2009), [2010] 1 F.C.R. 267; *Kadi, op. cit.*, nota 41.

los procedimientos decisorios seguidos por las organizaciones globales son deficientes, pueden desde luego servir de estímulo para el cambio, lo que a su vez podría promover una mayor atención a los que son habitualmente ignorados.[142]

Además, de manera creciente, se han establecido diversos organismos especializados de control en el seno de los regímenes regulatorios globales, que llevan a cabo una revisión de las decisiones del organismo de manera rutinaria. Buenos ejemplos de ello son el Panel de Inspección del Banco Mundial y otros mecanismos similares establecidos por las instituciones financieras internacionales para garantizar el cumplimiento de las normas sociales y ambientales en los proyectos de infraestructura de financiación en los países en desarrollo. Los ciudadanos de los territorios en los que se llevan a cabo dichos proyectos, y que se pueden ver perjudicados por los mismos, pueden conseguir que se revisen las decisiones de financiación para determinar si cumplen con la normativa pertinente.[143] Otros ejemplos de mecanismos de revisión específicos serían el Tribunal de Arbitraje del Deporte (establecido como una fundación suiza, y sometido al control del Tribunal Supremo federal suizo) y el Comité de Cumplimiento del Convenio de Aarhus. En ambos casos, los individuos pueden acceder al control ejercido por dichos órganos. También han aparecido nuevas formas de control de decisiones en el seno de las organizaciones creadas por las ONG y por las empresas que vigilan el cumplimiento de las normas ambientales y de protección laboral por parte de las multinacionales (y de sus proveedores y subcontratistas) en la realización de las operaciones que llevan a cabo en los países en desarrollo.[144]

Tal y como ilustran estos ejemplos, los organismos cuyas decisiones están sujetas a revisión han optado por diferentes fórmulas organizativas, ya se trate del Banco Mundial, la ACNUR, el Consejo de Seguridad de la ONU o la FIFA. La revisión de la decisión puede ser directa, llevada a cabo por un órgano de control como el Comité de Sanciones del Banco Mundial o el Tribunal de Arbitraje del Deporte, que forman parte de la misma estructura organizativa que el órgano que adoptó la decisión; o indirecta, cuando es un tribunal nacional el que controla la forma en que una agencia administrativa estatal implementa normas o resoluciones adoptadas por los organismos de ámbito mundial (por

---

[142] *Vid.* Anna-Maria Talihärm, *Human Rights and Counterterrorism*, en: Capacity Building in the Fight Against Terrorism 18, 25 (Uğur Gürbüz ed., 2013) (desde 2001, el Comité de Sanciones contra Al-Qaeda, del Consejo de Seguridad de la ONU, publica documentos en los que explican por qué ciertos individuos o entidades han sido incluidos en las listas correspondientes, lo que aumenta la transparencia. Ello es una consecuencia del caso *Kadi* y de otros similares); Lorenzo Casini, *The Making of a Lex Sportiva by the Court of Arbitration for Sport*, 12 German L.J. 1317, 1319 (2011) (define la *lex sportiva* como el conjunto de principios y reglas del derecho deportivo, elaborados judicialmente).

[143] *Vid.* Dana Clark, *Understanding the World Bank Inspection Panel*, en: Demanding Accountability: Civil-Society Claims and the World Bank Inspection Panel 1, 1 (Dana Clark, Jonathan Fox & Kay Treakle eds., 2003); The Struggle for Accountability: The World Bank, NGOs and Grassroots Movements (Jonathan Fox & L. David Brown eds., 2000).

[144] David Vogel, *Private Regulation of Global Corporate Conduct*, *in* The Politics of Global Regulation 151 (Walter Mattli & Ngaire Woods eds., 2009); Fabrizio Cafaggi, *New Foundations of Transnational Private Regulation*, 38 J.L. Soc'y 20, 38 (2011); Michael Carney, *Globalization and the Renewal of Asian Business Networks*, 22 Asia Pac. J. Mgmt. 337, 344 (2005).

ejemplo, la inclusión en los listados que acuerda el Comité de Sanciones contra Al-Qaeda, del Consejo de Seguridad de la ONU).

Algunos órganos de revisión y control, como el Panel de Inspección del Banco Mundial, muestran bien a las claras cómo el «principal» puede establecer mecanismos para garantizar eficazmente que sus «agentes» cumplan con las directrices y requisitos que ha establecido. Los mecanismos instaurados en los tratados multilaterales que permiten controlar el cumplimiento de sus disposiciones por parte de los Estados, entre las que cabe citar las medidas de solución de diferencias de la OMC, representan una variante de esta idea. Los sistemas nacionales de Derecho Administrativo han sido analizados precisamente en esos términos. El legislador establece el control judicial de las decisiones de la Administración, para garantizar que ésta cumple con las leyes aplicables. Desde este paradigma, el parlamento otorga a los individuos la capacidad de iniciar el control judicial con el fin de movilizar las energías de los ciudadanos, como si se tratara de un mecanismo de «alarma de incendio» que busca las irregularidades de la Administración y las repara.[145] En este sentido, durante los primeros tiempos del control de la Administración por parte de los tribunales reales en Inglaterra, las demandas formuladas por los individuos afectados contra los cargos públicos de menor nivel, incluidos los locales, ayudaron a garantizar que aquellos cumplían con el Derecho del país.[146]

Desde la perspectiva analítica de la relación «principal-agente», los que pretenden la revisión de las decisiones actúan a modo de instrumentos para garantizar que los «agentes» resultan (indirectamente) responsables ante los «principales». Consecuentemente, los que pretenden dicha revisión se ven investidos de la facultad de exigir responsabilidad, pero no para reivindicar sus propios intereses, sino los del principal, aunque la revisión también permite a los que tienen derecho a invocarla reivindicar sus propios intereses y circunstancias. Además, el análisis desde el paradigma del «principal-agente» permite constatar que los tribunales y otros órganos de control, como el Órgano de Apelación de la OMC, gozan de un margen de apreciación para resolver los casos de una manera que vaya en contra de los intereses del «principal» y pueden optar por hacerlo.[147] Sin embargo, el concepto de revisión instado por terceros, como instrumento para garantizar la responsabilidad frente al «principal», no explica el mecanismo de revisión de las decisiones de los organismos globales cuando son los tribunales internos e internacionales los que la llevan a cabo, dado que dichos tribunales no pueden considerarse como instrumentos al servicio de aquellos organismos.

---

[145] *Vid.* Lupia & McCubbins, *Learning from Oversight: Fire Alarms and Police Patrol Reconstructed*, *op. cit.*, nota 24.

[146] *Vid.* JAFFE, *op. cit.*, nota 137, pp. 329-334; EDITH HENDERSON, FOUNDATIONS OF ENGLISH ADMINISTRATIVE LAW; CERTIORARI AND MANDAMUS IN THE SEVENTEENTH CENTURY (1963).

[147] *Vid.* Judith Goldstein & Richard Steinberg, *Regulatory Shift: The Rise of Judicial Liberalization at the WTO*, *in* THE POLITICS OF GLOBAL REGULATION 211 (Walter Mattli & Ngaire Woods eds., 2009).

Aunque el desarrollo de los instrumentos de control y revisión independiente merezca una valoración positiva, lo cierto es que existen importantes obstáculos que limitan la utilización de los mecanismos de responsabilidad jurídica para hacer frente a la indiferencia o falta de ponderación de las organizaciones globales. Es verdad que los miembros más poderosos de dichos organismos pueden favorecer el establecimiento de órganos revisores especializados para mantener la integridad del organismo, garantizando que sus directivos y empleados cumplan con las normas del organismo, como lo demuestra la creación del Panel de Inspección del Banco Mundial y del Órgano de Apelación de la OMC. Sin embargo, no es menos cierto que más frecuentemente estos miembros pueden oponerse a la creación de dichos órganos de revisión independientes, habida cuenta de que ello supondría ceder demasiado poder a dichos órganos y menoscabar la flexibilidad y rapidez en la toma de decisiones. Los mecanismos de responsabilidad jurídica también llevan aparejados costes significativos en términos de recursos y retrasos en la solución del litigio. La multiplicación de los mecanismos de responsabilidad puede llegar a difuminarla y a poner en peligro la eficacia de la organización, dando lugar a lo que se ha llamado «trastorno de responsabilidad múltiple», que preocupa a la doctrina.[148]

3. POR QUÉ DEBERÍAN SER RECHAZADAS LAS DEFINICIONES AMPLIAS DE RENDICIÓN DE CUENTAS O RESPONSABILIDAD

Muchos otros autores, organizaciones y reformadores de la gobernanza mundial han propugnado concepciones mucho más amplias de los mecanismos de responsabilidad y rendición de cuentas de lo que se postula en estas páginas[149], aunque otros asumen una posición más restrictiva.[150] Quienes siguen un concepto más amplio han calificado como mecanismos de responsabilidad alguna o algunas de las medidas que se relacionan a continuación:

- *La competencia en el mercado de bienes, servicios e inversiones*, en tanto que puede contemplarse como un mecanismo a través del cual las empresas se hacen responsables frente a los clientes y a los inversores.[151]

---

[148] Koppell, *op. cit.*, nota 118.

[149] Grant y Keohane, por ejemplo, identifican los siguientes mecanismos de responsabilidad: jerárquico, de supervisión, fiscal, legal, basado en el mercado, basado en la reputación entre pares, y basado en la fama entre el público. Grant & Keohane, *op. cit.*, nota 75, p. 36. Mashaw, *op. cit.*, nota 117, p. 27 (identifica los siguientes tipos de responsabilidad: política, administrativa, legal, el mercado de productos, el mercado laboral, la familia, la profesión y la responsabilidad de equipo). Al igual que hacen Grant y Keohane, el marco conceptual de Mashaw divide las relaciones humanas y sus correspondientes mecanismos de responsabilidad en tres categorías: gobernanza de las estructuras estatales, mercados privados y redes sociales. Sin embargo, el análisis que se lleva a cabo en este artículo se centra en la gobernaza de los organismos reguladores.

[150] Mulgan y Rubin restringen la responsabilidad a las relaciones jerárquicas. Mulgan, *op. cit.*, nota 116, p. 571; Rubin, *op. cit.*, nota 129, p. 2074.

[151] Grant & Keohane *op. cit.*, nota 75, pp. 35-40.

– *La competencia en el terreno de la regulación económica*, habida cuenta de que podría ser considerada como una forma de responsabilidad o control basada en el mercado, ya que las entidades públicas o privadas que aprueban normas jurídicas se hacen responsables frente a los «consumidores» de normas, que deciden seguirlas o no.[152]

– El fomento *y los incentivos generados por el prestigio que se adquiere entre* pares o iguales, en el sentido de que funcionarían como mecanismos por medio de los cuales los sujetos con su actuación se hacen responsables de su comportamiento ante sus pares.[153]

– *Los incentivos y las influencias ejercidos por la fama entre el público* también han sido descritos como medios a través de los que las organizaciones devienen responsables de su comportamiento ante el público en general.[154]

– *La transparencia*, entendida como un proceso abierto de toma de decisiones, en el que la información resulta accesible, es considerada como «un proceso continuo de rendición de cuentas ante una sociedad civil informada y activa»[155]

– *La participación* ha sido caracterizada como una modalidad de responsabilidad o control en la que «los afectados evalúan la gestión de los dirigentes públicos».[156]

– *La motivación de las decisiones* se considera también como un proceso a través del cual los que toman decisiones responden por éstas.[157]

Estas siete prácticas son realmente importantes en la gobernanza de la regulación y administración de ámbito global y todas pueden, en principio, resultar útiles para corregir el problema de la desatención de intereses dignos de tutela. Sin embargo, ninguna de ellas está configurada en puridad como un mecanismo de rendición de cuentas. En todas ellas falta uno de los fundamentos esenciales de las relaciones de responsabilidad y control, en el sentido de que no existe una delegación de medios o de autoridad, ni un sistema de derechos y obligaciones jurídicas. Ninguna reúne los tres elementos estructurales de los

---

[152] Market-Based Governance: Supply Side, Demand Side, Upside, and Downside (John D. Donahue & Joseph S. Nye Jr., eds., 2002) (abogan por un enfoque basado en el mercado a la hora de lograr los objetivos de la gobernanza).

[153] Grant & Keohane, *op. cit.*, nota 75, p. 37.

[154] *Id.*, p. 36.

[155] *Vid.*, por ejemplo: Harlow, *op. cit.*, nota 115, pp. 10 y 12 (según el cual un proceso abierto de toma de deciciones, acompañado de prácticas de libre acceso a la información, representa «un proceso continuo de *rendición de cuentas* a una sociedad civil activa e informada»); High-Level Panel on IMF Board Accountability, Key Findings and Recommendations (2007), disponible en *http://www.new-rules.org/about-new-rules/publications/37-key-findings-and-recommendations-of-the-high-level-panel-on-imf-board-accountability*; *vid.* igualmente: David Gartner, *Uncovering Bretton Woods: Conditional Transparency, the World Bank, and the International Monetary Fund*, 45 Geo. Wash. Int'l L. Rev. 121 (2013); Bronwen Morgan, *Technocratic v. Convivial Accountability*, *in* Public Accountability: Designs, Dilemmas and Experiences 243 (Michael W. Dowdle –ed.–, 2006).

[156] *Vid.*: Grant & Keohane, *op. cit.*, nota 75, p. 31 (la participación es una forma de responsabilidad a través de la cual «el rendimiento de quienes ejercen el poder es evaluado por los que están afectados por sus acciones»; *id.*, p. 37 (subraya que el Banco Mundial alaba las virtudes de la «responsabilidad participativa»); ILA Final Report, *op. cit.*, nota 127, p. 9.

[157] ILA Final Report, *op. cit.*, nota 125, p. 13.

mecanismos de responsabilidad, a saber: (1) un gestor llamado a dar cuentas de su gestión; (2) alguien que tiene derecho a que el gestor le rinda cuentas; y (3) la capacidad y el poder del titular de tal derecho de imponer sanciones o de generar otras consecuencias negativas en caso de rendimiento deficiente.

Las prácticas existentes relativas a la transparencia y a la participación –que no desemboca en una decisión final–[158] no suponen una verdadera rendición de cuentas en favor de sujetos concretos. Esas prácticas pueden desempeñar cierto papel en la dinámica de ciertos mecanismos de responsabilidad[159], pero en sí mismas no constituyen auténticos mecanismos de responsabilidad. Lo mismo puede decirse de la competencia en el mercado de bienes, servicios e inversiones (y en el mercado para la regulación) puesto que, aunque presenten ciertas características que se asemejan a las que son privativas de los mecanismos de responsabilidad[160], en esos mercados los bienes, los servicios, las oportunidades de inversión y las reglamentaciones técnicas son evaluados por los consumidores actuales o potenciales, y las evaluaciones negativas pueden tener consecuencias adversas. Por ejemplo, los consumidores pueden abstenerse de relacionarse con, o comprar a, suministradores de bienes cuyo comportamiento se juzga inferior, lo que supone un incentivo para que los proveedores diseñen sus ofertas de modo que puedan satisfacer las preferencias del consumidor. Sin embargo, no existe en esos mercados ningún proceso estructurado a través del cual los proveedores respondan ante los consumidores. Como ha señalado Mashaw, la dación de cuentas se caracteriza como una forma de respuesta.[161] Y, sin embargo, los consumidores y los suministradores carecen de autoridad para exigir respuestas, del mismo modo que las empresas no están obligadas a facilitarlas. Las consecuencias que el mercado genera para los consumidores insatisfechos consisten simplemente en «salirse» de él y dejar de comprar mercancías deficientes, o no comprarlas nunca como primera opción. El elemento de diálogo, inherente en la responsabilidad y el control (la rendición de cuentas), está aquí ausente.[162]

---

[158] La «participación decisoria» está presente en el ejercicio del poder de decidir, a diferencia de lo que ocurre con la rendición de cuentas por decisiones tomadas previamente.

[159] Por ejemplo, en los mecanismos de responsabilidad de carácter jurídico, como la revisión de las decisiones administrativas, aquellos que desencadenan dicha revisión tienen el derecho de participar en la audiencia ante el órgano revisor, como sucede con el Tribunal Administrativo de la OIT, el Panel de Inspección del Banco Mundial, y el Comité de Cumplimiento de Aarhus. Además, la oportunidad de crear un registro mediante la presentación de pruebas y argumentos ante el órgano que tomó la decisión puede ser determinante a la hora de obtener la revisión de la decisión por un tribunal.

[160] En este sentido, es importante distinguir entre las normas e instituciones que forman mercados (como el derecho de los contratos, el derecho de las asociaciones empresariales y el derecho de la competencia) y la capacidad que tiene la libre competencia para generar cambios en los participantes en el mercado. Las reglas constitutivas de los mercados pueden de ese modo utilizar los mecanismos de responsabilidad (junto con reglas sobre las decisiones y otros mecanismos) para establecer las reglas del juego. Pero esta cuestión es independiente de si la elección del consumidor entre diferentes marcas de zapatos, por ejemplo, forma una relación de responsabilidad entre el consumidor y el proveedor.

[161] Mashaw, *op. cit.*, nota 117, p. 16 (citando el Webster's New Collegiate Dictionary (1959)).

[162] Albert Hirschman, Exit, Voice and Loyalty (1970). Por lo tanto, los actores del mercado no son responsables ni ante sus socios contractuales actuales –a menos que estos últimos pueden alzar reclamaciones contractuales o por daños extracontractuales contra aquellos (esto es, responsabilidad jurídica)– ni ante sus clientes potenciales. Por supuesto, las relaciones contractuales pertinentes pueden dar lugar a responsabilidad legal. Y los mercados pueden generar estructuras de gobierno, tales

Del mismo modo, la presión que genera la reputación entre pares pueden reflejar una evaluación de la conducta, acarrear consecuencias negativas para los comportamientos juzgados inapropiados, y hacer que los que deciden hagan caso a los intereses de los pares o del público, pero no exigen que los responsables rindan cuentas ante quienes tienen derecho a exigirlas.[163]

En consecuencia, estas siete medidas no pueden definirse en puridad como instrumentos de responsabilidad y control (o rendición de cuentas), ni tampoco constituyen propiamente normas reguladoras de la toma de decisiones. Sin embargo, ayudan a que los organismos reguladores de ámbito mundial se muestren también sensibles a los intereses de sujetos externos a la organización (*outsiders*). Es decir, contribuyen a que estas organizaciones no sólo presten atención a los intereses de los agentes más poderosos y mejor organizados, sino también a los intereses de los menos poderosos y peor organizados. Por tanto, aquí consideramos estos siete procedimientos y prácticas como una categoría que reúne instrumentos para promover la sensibilidad o receptividad de las organizaciones, distintas y diferentes a las reglas sobre toma de decisiones y a los mecanismos de rendición de cuentas en sentido estricto. A estas medidas y a su capacidad de influencia para mejorar la ponderación de todos los intereses se hace referencia en la Parte V de este capítulo.

Estas apreciaciones nos llevan a plantearnos por qué deberíamos seguir un concepto restringido de «responsabilidad», en el que se den los tres elementos antes mencionados, en lugar de adherirnos a un enfoque tan amplio, como el que han seguido otros autores y muchos juristas prácticos. En última instancia, la «responsabilidad» o «rendición de cuentas» constituye un concepto que se puede definir de diferentes modos.[164] Aún así, a nuestro juicio, es preciso insistir

---

como corporaciones o contratos de fideicomiso, que permiten a algunos actores en el mercado, como los accionistas, ejercitar mecanismos de responsabilidad, de tipo fiscal o de supervisión. Sin embargo, estas estructuras son distintas de las disciplinas de mercado basadas en las opciones de mercado.

[163] Los organismos reguladores mundiales reclutan cada vez más a los representantes de sus miembros para que revisen y evalúen el rendimiento de los miembros de otras organizaciones, una práctica que es seguida, por ejemplo, por la Agencia Internacional de la Energía Atómica, por el Grupo de Acción Financiera, por la OCDE y la OMC. Este mecanismo constituye una práctica crecientemente importante en el campo de la responsabilidad por medio de la supervisión. En algunos casos, las organizaciones profesionales han establecido normas y procedimientos para evaluar, sancionar o recompensar, tal y como sucede con los procedimientos disciplinarios profesionales establecidos para abogados y médicos; las elecciones a cargos directivos en asociaciones profesionales, o la aceptación de artículos para su publicación en revistas científicas revisadas por pares.

[164] Le agradezco a Bob Keohane que me haya recordado el pasaje de *Alicia en el país de las maravillas* donde se habla del significado de las palabras: «—No sé lo que quieres decir con la palabra *gloria* –dijo Alicia–. Humpty Dumpty sonrió despectivamente: —Por supuesto que no lo sabes… hasta que yo te lo diga. ¡Me refería a que te he dado una razón que te dejó sin habla! —Pero, *gloria* no quiere decir 'una razón que deja sin habla', replicó Alicia. —Cuando *Yo* empleo una palabra, significa justamente lo que decido que signifique, ni más ni menos –dijo Humpty Dumpty, en un tono más bien despectivo–.

en los tres elementos estructurales tantas veces citados y restringir el concepto de responsabilidad a los cinco tipos de mecanismos a los que nos hemos referido anteriormente; todo ello con el fin de realizar un análisis más esclarecedor y de poder formular proposiciones prescriptivas razonables. Si adoptamos esta perspectiva, estaremos en condiciones de distinguir con nitidez entre las características y el funcionamiento de los mecanismos de rendición de cuentas y los de los demás mecanismos de gobernanza, y de esta manera podremos hacer una elección mejor informada entre los diversos tipos de herramientas institucionales potencialmente utilizables para mejorar la receptividad de los organismos reguladores globales en favor de los que son habitualmente ignorados. Lo que distingue a estos cinco mecanismos de responsabilidad de otras prácticas que mejoran esa sensibilidad es que esas cinco vías permiten identificar a los sujetos concretos que son titulares de un derecho a exigir la rendición de cuentas, y por lo tanto a invocar esos mecanismos como un «derecho» frente a los que toman las decisiones, con el fin de proteger su círculo de intereses. A través de estos mecanismos, el ejercicio del poder por parte de los «responsables» está sujeto a ciertas condiciones, exigibles en beneficio de los titulares del derecho a reclamar la rendición de cuentas. Por tanto, estos mecanismos permiten a estos últimos hacer cumplir la obligación que los responsables tienen de «revelar, explicar y justificar lo que uno hace»[165] y obtener, en su caso, remedios de comportamiento deficiente.

La distinción entre poseer un auténtico derecho a exigir la rendición de cuentas por la gestión e invocar una compensación o remedio, de un lado y, de otro, la posible utilización de otras fórmulas de influencia más genéricas e indeterminadas resulta clara y especialmente significativa para los débiles y los vulnerables, que son los que más sufren el problema de la falta de ponderación y de atención de sus intereses. Esta distinción resulta demasiado importante, tanto en el plano de los principios como en la práctica, como para que se difumine y pierda sus contornos, de seguirse una comprensión tan amplia de la rendición de cuentas.[166] Tal y como ha puesto de manifiesto Carol Harlow, si se extiende la noción de rendición de cuentas a toda una variedad de prácticas vagamente estructuradas, ello provocaría la dilución tan difusa y etérea del concepto que nadie podría ser considerado responsable.[167] Hemos de resistir la laxitud de esta retórica de la rendición de cuentas de la sensibilidad, no acomodarnos a ella.

—La pregunta es –dijo Alicia– si *puedes* hacer que las palabras signifiquen tantas cosas diferentes. —La pregunta es, ¿quién manda, tú o la palabra? Eso es todo –dijo Humpty Dumpty».

[165] Scott, *op. cit.*, nota 114, p. 40.

[166] Se podría intentar mantener la distinción, teniendo dos o más conceptos diferentes de «responsabilidad», pero en la práctica esa opción amenaza con difuminar la distinción misma. Es mucho más claro y sencillo limitar, de entrada, el uso de la «etiqueta» *responsabilidad*.

[167] Harlow, *op. cit.*, nota 115, pp. 27 y 184. Tal y como señala Bovens, el concepto de responsabilidad debe ser mejor administrado por aquellos que lo promueven. Bovens, *op. cit.*, nota 118, p. 449

Insistir en las notas distintivas de los mecanismos de responsabilidad o rendición de cuentas de ninguna manera implica que sean mejores que otros mecanismos institucionales a la hora de propiciar una mayor consideración de todos los intereses afectados, incluyendo los instrumentos que aquí identificamos como «medidas que fomentan la receptividad», o la sensibilidad, de la organización (*vid.* parte V). Los mecanismos de rendición de cuentas conllevan con frecuencia costes significativos, y tienen sus límites para resolver el problema de la indiferencia (*disregard*) en la Administración a nivel global. Los cuatro mecanismos de responsabilidad basados en la delegación dependen de la capacidad de conferir autoridad o medios a otros actores. Sin embargo, los que habitualmente son ignorados carecen de esta capacidad, aunque los regímenes regulatorios globales creados por las ONG que defienden los derechos de los ignorados proporcionan un ejemplo en sentido contrario. Los mecanismos de rendición de cuentas de carácter jurídico presentan un enorme potencial para proteger a los que quedan fueran de la ponderación, aunque su establecimiento se enfrenta con frecuencia a barreras políticas e institucionales, así como a costes y otros inconvenientes. Por su parte, las reglas que disciplinan la toma de decisiones y otros mecanismos que incentivan la receptividad de la organización juegan en principio un papel más relevante en la toma de decisiones globales y podrían ser útiles para reparar el problema de la desatención de intereses. El examen analítico que nos hemos propuesto en este capítulo no se ha pensado para abogar por unos mecanismos en detrimento de los otros, sino para aclarar el carácter y las funciones de los diversos mecanismos y sus posibles contribuciones a la solución del problema de la falta de ponderación, en beneficio tanto los analistas de la gobernanza global, como de sus reformadores.

V. OTROS MECANISMOS DE GOBERNANZA QUE FOMEN-TAN QUE LAS ORGANIZACIONES PRESTEN ATENCIÓN A TODOS LOS INTERESES EN PRESENCIA

Además de la pretensión de adquirir cierto poder de decisión y de acceder a los mecanismos de rendición de cuentas, ¿qué otras medidas podrían utilizarse por quienes suelen ser ignorados, con el fin de influir en la toma de decisiones de alcance global? En esta parte del capítulo analizamos esas medidas, que ya fueron identificadas en el epígrafe anterior, a saber: (1) la competencia *en* los mercados de bienes, servicios e inversiones; (2) la competencia *entre organizacio-*

(citando a Melvin J. Dubnick, Seeking Salvation for Accountability, Remarks at the Annual Meeting of the American Political Science Association (2002), disponible en: *http://mjdubnick.dubnick.net/papers/2002/salv2002.pdf*).

nes por regular los mercados; (3) la influencia del prestigio o reputación que se tiene entre pares o iguales; (4) la influencia del buen nombre que se tiene entre el público; (5) la transparencia; (6) la participación en la toma de decisiones; y (7) la motivación de las decisiones. Estas medidas –que aquí tipificamos como «mecanismos que fomentan la atención debida a todos los intereses en presencia»– se diferencian en muchos aspectos de las reglas que gobiernan la adopción de decisiones y de los mecanismos de rendición de cuentas. Su estructura y funcionamiento resultan generalmente más difusos y no confieren autoridad a personas determinadas. Se encuentran a disposición de una amplia gama de actores e intereses ajenos a la organización, incluyendo los de los menos favorecidos, para influir en las decisiones de los reguladores.

Esta parte del capítulo resume, pues, brevemente los mecanismos basados en el mercado y en la reputación, y se centra luego en la transparencia, en la participación (especialmente el derecho a hacer alegaciones sobre decisiones proyectadas) y el deber de motivar las decisiones. Esos tres últimos elementos procedimentales para la adopción de decisiones constituyen elementos nucleares del Derecho Administrativo Global, tal y como atestiguan los dos primeros pilares del Convenio de Aarhus.[168] Después de analizar cada uno de esos mecanismos por separado, concluiremos ocupándonos de la cuestión de si, en ausencia de un mecanismo de revisión independiente (el tercer pilar de aquel Convenio), la combinación de la transparencia, participación y obligación de motivar puede constituir por sí sola un sistema de Derecho Administrativo.

1. LOS MECANISMOS BASADOS EN EL MERCADO Y EN LA REPUTACIÓN

A) LA COMPETENCIA EN LOS MERCADOS DE BIENES, SERVICIOS E INVERSIONES

Los incentivos basados en el mercado han adquirido una relevante función a la hora tanto de proteger los intereses habitualmente ignorados, como de colmar las la-

---

[168] Los tres pilares del Convenio de Aarhus son: (1) el acceso del público a la información ambiental (2) la participación del público en la toma de decisiones, y (3) la posibilidad de que el público tenga acceso a procedimientos administrativos o judiciales de revisión. *Convention on Access to Information, Public Participation in Decision-Making and Access to Justice in Environmental Matters, Art. 1, July 25, 1998, 38 ILM 517 (1999)* [en lo sucesivo, «Convenio de Aarhus»]. Este Convenio es applicable a las decisiones administrativas que son relevantes para el medio ambiente, tomadas por los Estados que son parte del mismo. En muchas ocasiones, las consecuencias ambientales de dichas decisiones afectan a otros Estados o a bienes comunes de la Humanidad (*global commons*). El Convenio establece que también puede ser aplicado a organizaciones internacionales que actúan como organismos administrativos (art. 9). En materia de Derecho Administrativo Global, *vid.*, en general: Kingsbury, Krisch & Stewart, *op. cit.*, nota 3.

gunas que la regulación global presenta, a través de programas regulatorios globales de carácter privado que desarrollan las ONG en representación de los intereses del medio ambiente, de los trabajadores y de carácter social, en colaboración con las empresas. Estos programas movilizan los intereses de los consumidores de los países desarrollados con respecto a la sostenibilidad ambiental, la seguridad de los trabajadores y las prácticas laborales justas en ámbitos como las explotaciones madereras, las prácticas mineras y agrícolas, las condiciones laborales en los países en vías de desarrollo, y las de la pesca en alta mar. Todos estos programas actúan a través de las cadenas de suministro mundial gestionadas por empresas, cuyo destino final son los consumidores de los países desarrollados.[169] En algunos casos, estos sistemas comprenden la participación de los Gobiernos nacionales y de las organizaciones internacionales. Otros organismos reguladores globales promueven las inversiones socialmente responsables. Las empresas que participan en estos programas buscan obtener una ventaja competitiva basada en la reputación o imagen que obtengan entre los consumidores e inversores socialmente concienciados. Dichos regímenes cuentan con mecanismos de certificación y control a cargo de organismos nacionales (sistema de Administraciones diseminadas)*, que garantizan que las empresas participantes y sus socios comerciales en la cadena de suministro cumplan con las normas y estándares de aplicación pertinentes. Por tanto, constituyen un buen ejemplo de cómo la competencia entre empresas puede ser aprovechada por los grupos que operan en la defensa de los intereses de los ignorados con el fin colmar las lagunas existentes en la estructura de la regulación global y conseguir así que dichos intereses sean protegidos por aquélla.[170] Y lo hacen mediante el establecimiento de programas reguladores de la cadena mundial de suministro de bienes y mediante la utilización de la amenaza que supone una publicidad negativa, para inducir a las empresas multinacionales a que se unan a dichos programas y en consecuencia a evitar la pérdida del negocio y a ganarse una imagen pública favorable.

B) La competencia en los mercados por la regulación

Los organismos reguladores globales, públicos y privados, afrontan habitualmente la competencia con otros organismos reguladores rivales, puesto que existen «mercados» para la regulación. Las organizaciones regulatorias globales, también los organismos privados, como la Organización Internacional de Normalización (ISO) y sus competidores, con frecuencia compiten entre sí a la hora de suministrar estándares y reglamentaciones técnicas a las empresas, a las Administraciones internas y a otros organismos globales.[171] Esta competencia entre organizaciones puede generar un fuerte incentivo para que respondan a los intereses y preocupaciones de los consumidores de

---

[169] *Vid.* Meidinger, *op. cit.*, nota 85.

* Véase el capítulo segundo. (N. del E.).

[170] Se podría considerar que las empresas multinacionales, cuando actúan a través de redes contractuales en las cadenas de suministro globales, se comportan como reguladores privados. Los organismos reguladores globales que se incluyen en el texto principal incorporan de hecho a esos reguladores privados con el fin de conseguir realizar sus objetivos sociales y ambientales.

[171] Abbot & Snidal, *op. cit.*, nota 11, pp. 47 y 58 (describe la existencia de un «proceso descentralizado de competencia por lograr influencia» y alega que que las empresas disfrutan de una ventaja sobre los reguladores porque pueden reubicarse fácilmente de un país a otro).

reglamentaciones técnicas. Por ejemplo, la ISO mejoró su procedimiento de elaboración de estándares para poder hacer frente a la competencia de otras organizaciones rivales en un campo tan innovador y dinámico como el de las reglamentaciones técnicas del software. En ese sentido, los organismos reguladores privados, y los de naturaleza híbrida, han adoptado de forma creciente fórmulas de transparencia, participación y motivación de decisiones, como una estrategia empresarial dirigida a promover la aceptación y la adhesión a sus estándares y reglamentaciones técnicas.[172] La supervisión y otras medidas que aseguren que estas Administraciones diseminadas satisfacen las exigencias regulatorias constituyen una parte importante de tales programas.[173]

c) La influencia y el incentivo del prestigio entre iguales

La influencia y el incentivo del prestigio entre iguales, se produce entre los miembros de una misma profesión, disciplina o comunidad, basada en el conocimiento experto o en normas técnicas que disciplinan una actividad. Una actuación de alta calidad constituye una fuente de estima y consideración y sirve al mismo tiempo instrumentalmente para conseguir la colaboración de los demás. En este sentido, Ryan Goodman y Christopher Jinks han puesto de manifiesto que la idea que los miembros de las organizaciones regulatorias globales tienen de sus propias funciones, responsabilidades y métodos de gobernanza se hayan influidas en buena medida por la idea que de ellos tengan las organizaciones iguales.[174] Grant y Keohane, por su parte, han subrayado la importancia que tiene en las organizaciones globales la consideración de los iguales, ya que éstas se mueven en entornos no jerárquicos (como la mayor parte de las organizaciones globales): «Las organizaciones que obtienen una valoración pobre de sus pares probablemente tendrán dificultades para persuadirlos de que colaboren con ellas y, por tanto, tendrán problemas para cumplir sus objetivos».[175]

La influencia y el incentivo del prestigio entre iguales también pueden servir para promover que la gobernanza de las organizaciones regulatorias a nivel global tengan más en cuenta los intereses de todos, y de los más desfavorecidos. Entre esas prácticas, cabe citar la transparencia, una amplia participación en los procedimientos que no

---

[172] Meidinger, nota 52, p. 86; Errol Meidinger, *Multi-Interest Self-Governance Through Global Product Certification Programmes*, en: Responsible Business: Self-Governance and Law in Transnational Economic Transactions, pp. 259 y 262 (Olaf Dilling, Martin Herberg & Gerd Winter, eds., 2008) (resalta que, en el sector maderero, los diferentes mecanismos de certificación de productos «se observan, se copian, compiten, se comunican, negocian entre sí y se adaptan recíprocamente»).

[173] La Fair Labor Association, *vid: http://www.fairlabor.org* (certifica y controla las cadenas de suministro en la industria de la confección con el fin de aliviar las preocupaciones producidas por los sistemas de producción en los que se explota al obrero); el Forest Stewardship Council (FSC), en *https://us.fsc.org*; Tracy M. Roberts, *The Rise of Rule Four Institutions: Voluntary Standards, Certification and Labeling Systems*, 40 Ecology L.Q. 107, 147-148 (2013) (sobre la FSC y la Fair Labor Association, y la competencia existente entre ellas).

[174] Goodman & Jinks, *op. cit.*, nota 6; Martha Finnemore, National Interests In International Society (1996); Understanding Social Action, Promoting Human Rights (Derek Jinks & Andrew K. Woods eds., 2012); *vid.* también: John Gerard Ruggie, *What Makes the World Hang Together? Neo-utilitarianism and the Social Constructivist Challenge*, 52 Int'l. Org. 855 (1998).

[175] Grant & Keohane, *op. cit.*, nota 75, p. 37.

desembocan necesariamente en la adopción de una concreta decisión, la ponderación de los múltiples y heterogéneos intereses de los afectados, procedimientos decisorios de carácter deliberativo, la motivación y un control independiente. La búsqueda del prestigio puede determinar que las empresas privadas se unan a sistemas regulatorios globales (privados o mixtos) especializados en la protección del medio ambiente, de los trabajadores o de los intereses sociales.

d) La influencia y el incentivo del prestigio entre el público

Tal y como Grant and Keohane han señalado, esta es otra forma de «poder blando» (aún más generalizada) que actúa a través de la opinión que públicos diferentes tienen de la conducta de actores públicos y privados importantes, y entre ellos los organismos reguladores globales.[176] En este caso, la imagen pública no se genera entre los organismos y responsables que son «pares», sino entre audiencias más amplias y un público difuso, de cuyo apoyo o estimación positiva depende la organización. En último término, muchos organismos reguladores globales requieren contar con una buena estimación entre el público, con el fin de lograr el apoyo y la autoridad que tales organismos necesitan para funcionar de manera efectiva.[177] En consecuencia, los incentivos generados por la imagen pública pueden generar una influencia significativa, no sólo en las políticas sustantivas de los reguladores globales, sino también en sus mecanismos de gobernanza interna. En este sentido, las ONG dedican un esfuerzo considerable para influir en este punto, utilizando los medios de comunicación, Internet, y otras redes institucionales y de comunicación. Entre otros objetivos, buscan inducir a las organizaciones globales a que adopten criterios de transparencia, de participación y de otras prácticas que les permitan ejercer una mayor influencia en la toma de decisiones de las autoridades globales. Prácticas como la transparencia y la participación en procedimientos que no tienen carácter decisorio, pueden a su vez, como se insiste más adelante, hacer que las ONG llamen la atención del público respecto de los afectados cuyos intereses no son debidamente ponderados, fortaleciendo de esa forma la importancia la imagen pública para los organismos globales.

e) La transparencia

Las ONG y muchos estudiosos de la gobernanza global han abogado por un mayor acceso del público a la información, con el fin de promover la rendición de cuentas de los organismos reguladores globales respecto a los intereses sociales afectados.[178] En este sentido, organizaciones globales de variado cuño han tomado medidas para mejorar la transparencia de sus programas, políticas y decisiones. La puesta a disposición del público de la información puede implicar el suministro «pasivo» de

---

[176] *Id.*, p. 36.

[177] *Vid.* Green, *op. cit.*, nota 111.

[178] Puede incluir diferentes clases de información, como decisiones, declaraciones políticas, informes, documentos internos, actas de sesiones, transcripciones de reuniones y datos sistematizados.

información (como el suministro de información en respuesta a peticiones formuladas por personas ajenas a la organización) y el suministro «activo» de dicha información (puesta a disposición del público de manera habitual de cierta información a través de sitios Web). Las técnicas que favorecen la transparencia varían significativamente en términos de amplitud y tipo de información de que se trate: órdenes del día de reuniones del organismo, actas o transcripciones de dichas reuniones, publicación de propuestas o borradores de decisiones, publicación de las decisiones una vez adoptadas definitivamente reglas y normas internas, documentos orientativos, declaraciones políticas, informes y documentos internos y diversos datos recogidos por la organización. En el caso de las agencias nacionales y otras organizaciones que operan como Administraciones o componentes descentralizados* de los aparatos reguladores globales, las prácticas en materia de transparencia han sido establecidas por esos mismos aparatos o sistemas, tal y como se aprecia en el caso de la OMC y del Convenio de Aarhus.

La información representa un elemento fundamental en los mecanismos de rendición de cuentas, cuando éstos existen. Sin información acerca la acción del responsable, los que tienen derecho a exigirle que dé cuentas no pueden realizar un seguimiento de su conducta, evaluarla eficazmente, ni tomar las medidas correctoras apropiadas. La falta de información, por tanto, socava los incentivos para que exista *ex ante* la debida atención de todos los intereses en presencia que generan *ex post* los instrumentos de rendición de cuentas. En consecuencia, cada uno de los sistemas de rendición de cuentas ha de incluir esencialmente mecanismos o incentivos para que el responsable proporcione la información necesaria sobre su acción a quienes tienen derecho a ello. En el ámbito de los procesos electorales, la competencia entre los diferentes candidatos y el examen al que son sometidos por parte de los medios de comunicación, garantizan que los candidatos faciliten la información a los votantes sobre lo realizado y las opiniones sobre los distintos temas. En los supuestos de rendición de cuentas de carácter jerárquico y fiscal, el Derecho suele establecer tanto el derecho de unos a recibir información del responsable, como la obligación de éste de suministrarla. En el seno de los procesos judiciales, el acceso a la información del demandante se hace obligatoria.

Fuera incluso de los sistemas de rendición de cuentas, el acceso público a la información puede fortalecer desde luego la generación de otras prácticas que promuevan la sensibilización de las organizaciones globales, tales como los instrumentos basados en la competencia para consumidores e inversores con mayor conciencia social, los mecanismos políticos generales, y los ya analizados basados en el prestigio entre iguales y entre el público. Cuando una autoridad global suministra información relevante, los que no pertenecen a ella (*outsiders*), aunque carezcan de poder de decisión o del derecho a exigir responsabilidad, pueden utilizarla para enterarse de futuras decisiones del organismo, y actuar en consecuencia para influir en esas decisiones en su propio beneficio. La información también es vital para el ejercicio de los derechos de participación en los procedimientos de naturaleza decisoria para los que tengan alguna posibilidad de influencia, aun cuando no sean fundadores o miembros de esa organización. El acceso público a la información relativa a las decisiones de la Administración global y sus efectos o consecuencias alimenta desde luego el debate público sobre las políticas previstas y su realización. Tales instrumentos pueden poner de manifiesto la falta de ponderación de los intereses de todos los afectados y propiciar la atención y la impli-

---

* O sistema de Administración diseminada. Véase el capítulo segundo. (N. del E.).

cación de las ONG o de otros grupos con recursos suficientes a la hora de poner en marcha una campaña de publicidad, concitar las presiones del mercado, o recurrir las decisiones del organismo acudiendo a mecanismos de revisión.[179] Para evitar esas presiones por anticipado, los administradores globales pueden llegar a modificar las políticas que, de otro modo, habrían adoptado.[180] El poder de la opinión pública en la gestión de los asuntos públicos, cuya existencia ya fuera reconocida hace más de cien años por A. V. Dicey[181], ha cobrado aún más fuerza en el siglo XXI, también en el contexto de la gobernanza global. La información asimismo puede afectar a la imagen y prestigio que las organizaciones globales tengan ante organizaciones pares, los expertos y otros grupos cuyo apoyo (o al menos tolerancia) necesitan.

Ahora bien, el mero hecho de poner a disposición del público un enorme caudal de material sin digerir ni procesar contribuye muy poco a promover la crítica y el debate bien informados, y, por consiguiente, a generar cambios en las políticas del organismo. En este sentido, Allen Buchanan y Robert Keohane han subrayado que, con el fin de hacer posible un análisis efectivo de las decisiones del organismo por parte del público, y la exigibilidad de su responsabilidad por tales decisiones, las autoridades globales deben garantizar la existencia de un nivel adecuado de «calidad epistémico-deliberativa», difundiendo «información suficientemente fiable como para lidiar con la incertidumbre sobre sus propias funciones (de la organización)».[182] A tales efectos, esa información debe ser «(a) accesible a un coste razonable, (b) integrada e interpretada de manera apropiada, y (c) dirigida a los que pueden exigir las correspondientes responsabilidades».[183]

Sin embargo, la transparencia ni es generalmente gratuita, ni se garantiza fácilmente, ni deja de suscitar ciertas resistencias entre las autoridades globales. Como señaló Max Weber hace tiempo, las burocracias tienen poderosas razones para huir de la transparencia, con el fin de acaparar el poder que confieren el conocimiento y la experiencia[184]. Además, es preciso destinar una importante cantidad de recursos para recoger, organizar y suministrar la información. La confidencialidad es a menudo esencial en asuntos de seguridad y de lucha contra el crimen organizado, y también puede ser necesaria cuando se requieren compromisos negociados para mantener una toma

---

[179] *Vid.*: Thomas N. Hale, *Transparency, Accountability, and Global Governance*, 14 GLOBAL GOVERNANCE, pp. 73, 74, 77 a 81 y 84 (2008).

[180] Este efecto se puede ver reforzado cuando al mismo tiempo existe un mecanismo de responsabilidad. Por ejemplo, los dirigentes del Banco Mundial han modificado proyectos de desarrollo cuando se ha formulado una queja o denuncia ante el Panel de Inspección del Banco, sin volver a instruir todo el procedimiento cuando la información publicada indicaba la existencia de un problema. *Vid. op. cit.*, nota anterior, p. 84 (pone de manifiesto que «en más de la mitad de los casos presentados ante el panel, el simple hecho de publicar la información cambió el comportamiento del Banco»).

[181] ALBERT VENN DICEY, LECTURES ON THE RELATION BETWEEN LAW AND PUBLIC OPINION IN ENGLAND: DURING THE NINETEENTH CENTURY (2ª ed. 1962).

[182] Allen Buchanan & Robert O. Keohane, *The Legitimacy of Global Governance Institutions*, 20 ETHICS & INT'L AFF., pp. 405 y 425 a 26 (2006).

[183] *Op. cit.*, nota anterior, p. 427.

[184] *Vid.*: Louis M. Imbeau, *Transparency in the Budget Process of a Bureaucratic Organisation: A Principal-Agent Model of Budgeting*, en: THE ECONOMICS OF TRANSPARENCY IN POLITICS, pp. 189, 189-90 (Albert Breton, Gianluigi Galeotti, Pierre Salmon & Ronald Wintrobe, eds., 2007) (analiza la obra de Weber).

de decisiones cerrada al público.[185] La transparencia puede tener otros efectos contra-producentes. Por ejemplo, la transparencia en las deliberaciones internas de la OMC puede provocar alertas y movilizar los intereses proteccionistas, y consecuentemente erosionar la liberalización del comercio.[186] En otro conocido ejemplo, la OMS siguió la política de no revelar la identidad de los expertos que reclutó para ayudarle a gestionar la pandemia del H1N1, con el fin de aislarlos de las presiones externas, especialmente de las que habrían podido ejercer las compañías farmacéuticas. Sin embargo, este comportamiento le acarreó bastantes críticas, por cuanto que erosionaba la confianza del público en las decisiones que la OMS había tomado en la gestión de la crisis.[187] Estos ejemplos ilustran el hecho de que en el ámbito de la transparencia existen perspectivas complejas y contradictorias.

En el contexto de los sistemas de gestión y auditoría medioambiental, una transparencia generalizada puede inhibir el libre flujo de información dentro de la organización, y por lo tanto minar la transparencia interna y provocar que se adopten decisiones de inferior calidad. La transparencia hacia el exterior también puede reducir la capacidad de los procesos deliberativos basados en el consenso para la adopción de decisiones, tal y como han puesto de manifiesto los estudiosos del denominado «Método Abierto de Coordinación».[188] Estas dinámicas un tanto contradictorias adquieren cada vez mayor importancia a medida que los organismos reguladores globales establecen estructuras decisorias más complejas.

No obstante, los organismos reguladores globales han adoptado, cada vez con más frecuencia, políticas y mecanismos de transparencia «formal», que van reduciendo poco a poco las prácticas opacas heredadas de la diplomacia internacional, aunque todavía subsisten importantes lagunas y deficiencias.[189] Los reguladores globales lo han

---

[185] Jon Elster, *Introduction*, en: Deliberative Democracy 6 (Jon Elster ed., 1998) (define la negociación pura como un sistema que produce resultados determinados por «los recursos (de las partes) que les permiten realizar amenazas y promesas creíbles»).

[186] Katharina Gnath, Stormy-Annika Mildner & Claudia Schmucker, *G20, IMF, and WTO in Turbulent Times: Legitimacy and Effectiveness Put to the Test* 28 (SWP Research Paper n°. 10, 2012), disponible en: http://www.swp-berlin.org/fileadmin/contents/products/research_papers/2012_RP10_Gna-th_mdn_Schmucker.pdf («Las negociaciones entre los miembros de la OMC se desarrollan a puerta cerrada. El margen disponible para pactar compromisos difíciles entre las partes negociadoras se ha encogido ante la mirada atenta del público. Si las negociaciones fueran objeto de una mayor publicidad, el compromiso sería prácticamente imposible»).

[187] *Vid.* OMS, Implementation of the International Health Regulations, Report of the Review Committee on the Functioning of the International Health Regulations (2005) in Relation to Pandemic (H1N1) 2009, A64/10, pp. 16-18, 78 (5 de mayo de 2011), accesible en: http://apps.who.int/gb/ebwha/pdf_files/WHA64/A64_10-en.pdf. Estoy agradecido a Megan Donaldson y a Benedict Kingsbury por suministrarme este ejemplo.

[188] Patrick Birkinshaw, *Freedom of Information and Openness: Fundamental Human Rights?*, 58 Admin. L. Rev. 177, 192 (2006) («Una Administración eficiente quiere decir una Administración que necesita espacio para formular sus políticas en privado y para considerar diferentes alternativas; la publicidad puede inhibir ese proceso»); Mark Dawson, *Transforming into What? New Governance in the EU and the «Managerial Sensibility» in Modern Law*, 2010 Wis. L. Rev. 389, 428 (afirma que los beneficios de una legitimidad acrecida compensan de sobra los costes de eficiencia de la transparencia, en el denominado «Método Abierto de Coordinación», *Open Method of Coordination*).

[189] *Vid.* Megan Donaldson & Benedict Kingsbury, *The Adoption of Transparency Policies in Global Governance Institutions: Justifications, Effects, and Implications*, 9 Ann. Rev, L. & Soc. Sci., p. 119 (2013) (analiza los factores que han llevado a adoptar medidas de mayor transparencia en los organis-

hecho en respuesta a las críticas y a las presiones ejercidas por las ONG, por los medios de comunicación y por los Estados democráticos poderosos. También lo han hecho debido a la influencia de las normas jurídicas y las prácticas en materia de transparencia establecidas a nivel nacional, así como por la necesidad de generar compromiso, participación, y para conseguir el apoyo entre los sectores afectados. Este último factor es especialmente importante en el caso de los organismos mundiales de carácter privado y mixto (público-privado), cuyos programas de transparencia son a menudo muy generosos. Por otra parte, los regímenes regulatorios globales (desde la OMC a la Agencia Mundial Antidopaje, pasando por la Iniciativa para la Transparencia de las Industrias Extractivas) exigen a sus organizaciones descentralizadas (a sus delegaciones a nivel nacional) que adopten medidas de transparencia para promover sus programas regulatorios.

F) La participación en procedimientos de carácter no decisorio

Al margen de la participación en procedimientos que desembocan inmediatamente en una resolución –a la que se ha hecho referencia en el núm. III anterior– las organizaciones regulatorias a nivel global ofrecen con frecuencia ocasiones para participar a quienes no forman parte de ellas en procedimientos y situaciones anteriores el dictado de una decisión. Entre estas ocasiones se encuentran los siguientes escenarios: asistencia a reuniones en las que se discuten futuras decisiones o cuestiones de política general; procedimientos de consulta iniciados por la organización; la adquisición de la condición de miembro de los órganos consultivos o asesores de la organización; y otros canales que permiten hacer alegaciones sobre los programas y decisiones de la organización. De entre todas esas vías, el Derecho Administrativo Global otorga una especial importancia a la posibilidad de presentar pruebas y alegaciones con vistas a la adopción final de decisiones, cuando éstas se hallan en fase de proyecto o borrador, ya se trate de reglas o estándares, o de resoluciones singulares relativas a derechos y responsabilidades, o de la presentación de cartas, la determinación de otras cuestiones como las que afectan a subvenciones, el desarrollo de un proyecto, o la concesión de una franquicia.[190]

Se trata de procedimientos de suma importancia en la producción de reglas, estándares y resoluciones en el espacio administrativo global. En efecto, esos «productos» pueden ser recibidos, reconocidos y adoptados por otros organismos y entidades que actúan en ese espacio global, incluyendo las entidades reguladas y otras organizaciones

---

mos mundiales, así como sus efectos sobre los Estados, las entidades no estatales, sobre las estructuras globales de poder y de autoridad, así como en el Derecho Administrativo Global).

[190] En algunos ordenamientos jurídicos, esta forma de participación en los procedimientos de adopción de resoluciones singulares incluye el derecho de presentar pruebas por medio de testigos, y a interrogar a los testigos presentados por las otras partes. También puede incluir la posibilidad, por parte de los intereses afectados, de formular alegaciones como intervinientes procesales. *Vid.*, por ejemplo: Robert Howse, *Membership and Its Privileges: The WTO, Civil Society, and the Amicus Brief Controversy*, 9 Eur. L.J. 496 (2003). En la adopción de resoluciones de alcance particular, la revisión de las mismas es generalmente posible; en esos casos, los derechos de participación forman parte de un mecanismo de responsabilidad legal.

públicas o privadas, tanto globales como nacionales. A su vez, estas organizaciones pueden aprobar, modificar o desarrollar las normas recibidas y volver a «transmitirlas» al espacio administrativo global. De esta manera, las alegaciones y sugerencias formuladas en su día ante una autoridad reguladora pueden contribuir, a través de mecanismos de carácter jurídico-administrativo, a un proceso de producción normativa más amplio, que continuamente teje y vuelve a tejer la legislación y la praxis de las organizaciones globales.

Las técnicas y mecanismos y arbitrados en el campo de esta participación «no decisoria» proporcionan a *los de fuera* de la organización diversas ocasiones para persuadir e influir en «los de dentro», esto es, en los que deciden. En gran parte de las obras escritas en materia de gobernanza, la «participación» se refiere generalmente a la participación *no decisoria*, aunque hay que advertir que a menudo estas obras no distinguen entre ambas formas de participación.[191] Al igual que sucede con la transparencia, la participación «no decisoria» del público se invoca con frecuencia como mecanismo para asegurar una mayor responsabilidad y atención hacia los intereses que suelen ser ignorados.[192] Como ocurre con la información pública, tal participación no es un mecanismo generador de rendición de cuentas por sí mismo, dado que no otorga el derecho a exigir a los dirigentes que rindan cuentas por sus decisiones, ni se reconoce el derecho a imponer sanciones u otras consecuencias en el caso de rendimiento deficiente.[193] No obstante, puede permitir a los que están fuera de la organización influir en sus decisiones y, al igual que sucede con la transparencia, puede fomentar la eficacia de otras prácticas que mejoran la capacidad de respuesta de la organización.

La presentación de pruebas y alegaciones en nombre de las voces que de otro modo serían ignoradas, puede, por sí misma, influir sobre los que han de decidir, proporcionándoles nueva información, identificando cuestiones y efectos a los que no se prestó atención, y aportando argumentos que fundamenten las posiciones defendidas por quienes formulan dichas alegaciones. Esa influencia, que puede ayudar a corregir la

---

[191] En los mecanismos de responsabilidad legal, el derecho de presentar pruebas y argumentos ante una agencia administrativa u órgano judicial en los procedimientos o pleitos de los que se es parte constituye una nota esencial para garantizar la tutela judicial efectiva de la decisión resultante. Cuando se exige el agotamiento de los recursos administrativos, la presentación de dichas pruebas y argumentos funge como requisito previo para tener acceso al control judicial. La formulación de pruebas y argumentos ante juntas de directores o de gobierno puede igualmente ser esencial para obtener una reparación judicial en los casos de violación de la confianza depositada. Por otra parte, la oportunidad de revisar y comentar los borradores de los Estados contables y de las auditorías promueve la responsabilidad de tipo fiscal. La posibilidad de que los superiores o supervisores puedan hacer comentarios sobre las decisiones futuras de sus subordinados o supervisados promueve la responsabilidad de tipo jerárquico y de supervisión. Y, por último, la participación en las decisiones legislativas o administrativas también puede mejorar la responsabilidad de tipo electoral, permitiendo que los participantes evalúen el grado de respuesta que los dirigentes han demostrado respecto de sus opiniones, valores e intereses.

[192] Magdalena Bexell, Jonas Tallberg & Anders Uhlin, *Democracy in Global Governance: The Promises and Pitfalls of Transnational Actors*, 16 Global Governance 81 (2010); Steve Charnovitz, *The Illegitimacy of Preventing NGO Participation*, 36 Brook. J. Int'l L. 891 (2011); David Gartner, *Beyond the Monopoly of States*, 32 U. Pa. J. Int'l L. 595 (2010); Smyth, *op. cit.*, nota 95.

[193] La participación en la toma de decisiores tampoco es un mecanismo de rendición de cuentas, pero por una razón diferente. Las relaciones de responsabilidad implican una separación entre la persona o entidad que toma la decisión y la persona cuyos intereses se ven afectados por aquella decisión. Sin embargo, la persona que decide no puede exigir responsabilidad por sus propias decisiones.

llamada «visión de túnel» institucional, puede verse aumentada si los participantes tienen derecho a estar presentes físicamente cuando los que deciden discuten una propuesta de decisión.[194]

La presentación de pruebas y alegaciones a través de procedimientos públicos también puede suponer una oportunidad para analizar y cuestionar las políticas imperantes de una organización, así como para generar una mayor conciencia pública sobre los distintos temas. También puede resultar útil para establecer una plataforma que capte la atención de los medios o para la organización de campañas en Internet. A su vez, los reformadores pueden utilizar esos mecanismos para movilizar las presiones públicas y de carácter político (así como las ya examinadas influencias sobre la imagen pública) para generar un cambio. La presentación de las citadas pruebas y alegaciones también proporcionan un punto de referencia adecuado para juzgar y dar a conocer la poca o mucha sensibilidad (hacia intereses desatendidos) que presentan las decisiones que se adopten finalmente. Más allá de estos objetivos instrumentales, la participación posee un valor intrínseco para los grupos sociales afectados y para las personas vulnerables, especialmente en los casos en que puedan llegar a sufrir daños o privaciones graves, por ejemplo en el caso de denegación de la condición de refugiado o en el de la destrucción de hogares y comunidades provocada por proyectos de desarrollo financiados internacionalmente.

Como sucede con otros mecanismos de gobernanza, los procedimientos que articulan la participación «no decisoria» pueden utilizarse por parte de las empresas y otros intereses económicos, así como por grupos representativos de intereses sociales, ambientales y otros menos organizados y con menos recursos. Esta disparidad de medios con que cuenta cada grupo o individuo puede derivar en cierto modo en un sesgo de los resultados de la decisión en beneficio de los intereses comerciales y financieros. También puede afectar a la relativa influencia que ejercen los diferentes grupos representativos de intereses y preocupaciones sociales y ambientales. A pesar de estas disparidades, la experiencia acumulada a nivel nacional con la gestión de intereses públicos y la experiencia emergente del Derecho Administrativo Global nos demuestra que los grupos marginados suelen estar en mejor situación, si tienen estas herramientas a su disposición, en lugar de dejar la adopción de las decisiones en manos de procesos informales que con frecuencia están dominados por intereses bien organizados y poderosos.[195] Si los que defienden el interés público pueden llegar a tener un mínimo de organización, recursos y pericia que les permita llevar un seguimiento de la toma de decisiones de una organización y formular alegaciones y propuestas sobre las diversas propuestas de resolución, pueden ejercer entonces una influencia sustancial,

---

[194] El análisis que en la parte III de este artículo hemos hecho del procedimiento deliberativo y basado en el consenso pone de manifiesto que esta práctica (la de permitir que los observadores asistan a las reuniones de los comités en los que se discuten y adoptan las decisiones, como ocurre con el comité de la Comisión sobre el Codex Alimentarius) puede irse transformando en una forma de participación «decisoria» en favor de dichos observadores, a medida que se van implicando en el proceso deliberativo. Por lo tanto, la línea entre participación decisoria y la que no lo es se puede difuminar en la práctica. Para un análisis del papel que juegan los representantes de la industria y de las ONG ambientales y ocupacionales en los procesos de toma de decisión del Codex, *vid.* Livermore, *op. cit.*, nota 114.

[195] *Vid.*: Charnovitz, *op. cit.*, nota 192; Dragan Golubovic, *An Enabling Framework for Citizen Participation in Public Policy: An Outline of Some of the Major Issues Involved*, 12 Int'l J. Not-for-Profit L. 38 (2010); Stewart, *op. cit.*, nota 46.

aun cuando esa influencia se vea superada por otras.[196] Los intereses de quienes son habitualmente ignorados se enfrentan a menudo al reto de lograr un mínimo nivel de influencia, pues la financiación puede ser dispar y esporádica.[197] Las ONG de los países del Norte, mejor organizadas y con mayores recursos, suelen participar más frecuente y eficazmente en los procesos de toma de decisiones globales que los representantes de los intereses y preocupaciones del Sur, lo que posibilita la desatención de esos intereses y preocupaciones. En las organizaciones de gestión de proyectos de desarrollo y programas de regulación en los países en desarrollo, la participación y el compromiso efectivos de las comunidades y grupos afectados son fundamentales, pero a menudo difíciles de lograr. Además, aun cuando las ONG gocen de una capacidad de actuación importante, tienen que elegir ejercerla en interés de los desatendidos. Por ejemplo, las ONG han dedicado enormes recursos y esfuerzos para oponerse a los alimentos y cultivos modificados genéticamente. Sin embargo, tal oposición actúa a veces en detrimento de los agricultores de los países en desarrollo, pues éstos buscan mercados para exportar en los países desarrollados, que pueden haber optado por prohibir alimentos genéticamente modificados.[198] Por otro lado, las ONG rara vez participan en los procedimientos de los organismos globales de regulación financiera, a pesar del enorme interés colectivo que los consumidores de todo el mundo pueden tener en las políticas adoptadas por aquellos organismos. El Comité de Basilea sobre Supervisión Bancaria ha publicado un enorme caudal de información y ha establecido procedimientos de participación a la hora de adoptar normas de regulación bancaria. Pues bien, los grandes bancos presentaron la mayoría de las alegaciones y comentarios, pero las ONG no participaron de manera relevante.

Las organizaciones administrativas globales vienen adoptando toda una suerte de fórmulas y esquemas de participación «no-decisoria», y lo han hecho esencialmente por los mismos motivos por los que han puesto en práctica medidas de transparencia. Entre esos motivos, cabe destacar la reputación de la organización entre los pares y el público, a instancias de la presión ejercida por las ONG y otros lobbies, los medios de comunicación, y en ciertos casos los miembros más influyentes de esas organizaciones. También ha pesado en esa tendencia el ejemplo de la gobernanza a nivel estatal y las prácticas ya implantadas en otras organizaciones globales, así como, en otro orden de consideraciones, el deseo de conseguir el compromiso y el apoyo de sujetos ajenos a la organización.

La transparencia y la participación «no decisoria» se hallan estrechamente vinculadas porque la información sobre las decisiones y las políticas en curso de una organización resulta esencial para que los sujetos ajenos a la misma sepan cuándo y dónde pueden formular alegaciones sobre una propuesta de decisión, y cómo hacer que su aportación sea efectiva. A medida que las reglas del Derecho Administrativo Global adquieran una mayor aceptación, las autoridades globales y nacionales que son destinatarias de las resoluciones, reglas y otros productos normativos emanados por otras organizaciones, con más frecuencia, examinan con detalle el procedimiento que se ha seguido para su elaboración. Existen indicios importantes de que los destinatarios de esos «productos normativos globales» son más proclives a entender que la aprobación mediante procedimientos transparentes (que ofrecen a los sectores interesados

---

[196] *Vid.*: Stewart, *op. cit.*, nota 46; Richard B. Stewart, *Pyramids of Sacrifice? Problems of Federalism in Mandating State Implementation of Federal Environmental Controls*, 86 Yale L.J. 1196 (1977).

[197] *Vid.*: Balancing Wealth and Health, *op. cit.*, nota 29.

[198] Richard B. Stewart, *GMO Trade Regulation and Developing Countries*, 2009 Acta Juridica 320.

la posibilidad de formular observaciones) constituye un sello distintivo de la calidad y legitimidad de las decisiones.[199] Los organismos reguladores globales exigen cada vez con más frecuencia que los organismos administrativos nacionales sigan dichos procedimientos, a la hora de poner en práctica sus propios programas y medidas. Se pueden citar al efecto varios ejemplos: la OMC, la Agencia Mundial Antidopaje, el Consejo de Administración Forestal, la Iniciativa para la Transparencia de las Industrias Extractivas, y el Fondo Mundial. Las delegaciones regionales de estos organismos reproducen la estructura y los procesos decisorios, así como el enfoque inclusivo de sus organizaciones «madre», multiplicando de ese modo la influencia de este modelo de toma de decisiones.

G) LA MOTIVACIÓN

Un tercer mecanismo que puede contribuir a corregir la situación estructural de falta de ponderación de intereses a la que se refiere este capítulo consiste en la necesidad de motivar las decisiones y acuerdos. Aunque la motivación no sea por sí misma un instrumento de rendición de cuentas, puede desempeñar un papel importante entre los mecanismos de responsabilidad jurídica o de otro tipo, mejorando la capacidad de los sujetos para comprender y evaluar las decisiones tomadas por los responsables, y, consecuentemente, para las medidas correctoras oportunas, cuando las decisiones no estén justificadas por razones válidas o suficientes.[200] En el caso de las responsabilidades de carácter jurídico, la motivación de las decisiones resulta necesaria para que los tribunales puedan ejercer un control efectivo de aquellas.

Aun cuando no existan instrumentos de rendición de cuentas, la influencia externa sobre la organización, antes analizada, ha alentado a los organismos reguladores globales a motivar sus decisiones. En algunos campos, dichas organizaciones están comenzando a adoptar una política de motivación. Al hacerlo, deben justificar sus decisiones, de acuerdo con las normas establecidas por el organismo y además abordar las normas aducidas como relevantes y apropiadas por los que hicieron alegaciones a los borradores de la resolución de que se trate. La motivación puede mejorar la inteligibilidad y la calidad de las normas y de las decisiones adoptadas, y contribuir a su reconocimiento y aprobación por parte de las autoridades reguladoras nacionales y globales.[201] En la

---

[199] *Vid.*: Richard B. Stewart & Michelle Ratton-Sanchez, *The World Trade Organization: Multiple Dimensions of Global Administrative Law*, 9 INT'L J. CONST. L. 556, 585-86 (2011).

[200] Tom Tyler suministra la siguiente explicación: «Cuando se presenta una decisión ante el público, las autoridades deberían explicarla haciendo referencia a las normas y principios jurídicos que muestren que dicha decisión no está basada en prejuicios o en preferencias personales. La gente está más dispuesta a aceptar una decisión si entiende los principios jurídicos que la sostienen. Cuando una decisión se dirige contra una persona, es importante dejar constancia de que la decisión fue adoptada aplicando adecuadamente las normas a los hechos relevantes...la creencia de que los tribunales toman decisiones aplicando neutralmente ciertos principios a los hechos del caso es algo fundamental para la legitimidad de los tribunales. En: Tom R. Tyler, *Does the American Public Accept the Rule of Law? The Findings of Psychological Research on Deference to Authority*, 56 DEPAUL L. REV. 661, 694 (2007).

[201] Para un análisis del concepto de «audiencias legitimantes», *vid.*: Shamir-Borer, *op. cit.*, nota 94; Euan MacDonald & Eran Shamir-Borer, Remarks at the NYU Hauser Colloquium: Meeting the Challenges of Global Governance: Administrative and Constitutional Approaches (1 de octubre de

actualidad, sin embargo, la motivación de las decisiones no es una práctica unánimemente seguida y, en algunos campos, brilla por su ausencia. Con frecuencia, los aparatos globales (por ejemplo en el campo de la seguridad) evitan motivar sus decisiones por razones de oportunidad, rapidez, confidencialidad, flexibilidad y ahorro de costes. En materia policial y de regulación financiera, la motivación de las decisiones puede socavar la eficacia de los programas de regulación. Igualmente, la motivación puede no ser factible o necesaria a la hora de establecer normas y reglamentaciones técnicas, pues el consenso entre expertos generalmente sirve por sí solo como piedra de toque de la calidad y la legitimidad de lo acordado. Por otra parte, las limitaciones de recursos o las consideraciones de eficiencia administrativa pueden inhibir la práctica de motivar o justificar las decisiones, dado que en algunos tipos de programas las decisiones pueden ser simple fruto de la rutina. No obstante, los organismos reguladores globales exigen con mayor frecuencia que su personal y administradores justifiquen sus decisiones. Por ejemplo, el personal de las instituciones financieras internacionales debe justificar que los proyectos de desarrollo cumplen con las pautas ambientales y sociales aplicables; las autoridades reguladoras nacionales deben dar razones de las decisiones que están sujetas a las normas de la OMC, y las autoridades deportivas nacionales y globales deben justificar y motivar las sanciones que imponen a los atletas en caso de dopaje, a la hora de descalificarlos para la participación en competiciones deportivas.[202]

Los organismos reguladores globales promueven estas buenas prácticas en pro de la motivación para superar los problemas inherentes a la relación «principal-agente» y para asegurarse que la adhesión de los demás a sus normas y decisiones. La influencia ejercida por la fama o reputación de la que gocen entre el público y entre sus pares también tiene su importancia. Los principios basados en la legalidad y en los derechos humanos (que oponen una fuerte resistencia cuando las autoridades globales adoptan resoluciones singulares e imponen sanciones o cualquier otro tipo de gravamen sobre personas determinadas) han adquirido carta de naturaleza en varios de esos sistemas reguladores. La justificación de las decisiones, esto es, las razones que serán examinadas por otros (entre los que se encuentran las instituciones «pares» o iguales) sirve para ahormar la toma de decisiones y aquilatar el ejercicio de la discrecionalidad administrativa.[203]

El hecho de expresar los motivos y el fundamento de una resolución contribuye a garantizar que las decisiones se justifican en las normas y en los objetivos de la organización, y que no sirven simplemente a los intereses de los miembros más poderosos de aquélla, o de sus dirigentes. La política de motivar también fomenta que los que deciden presten la consideración debida a los intereses de los que se encuentran fuera de la organización. La motivación obliga a los dirigentes de las organizaciones a justificar sus decisiones sobre la base de consideraciones de interés público, que resultan relevantes en el contexto de la misión y de los objetivos específicos de la organización. También exige que quienes adoptan acuerdos se enfrenten a la cuestión de qué intereses y aspiraciones tienen derecho a ser tenidos en cuenta a la hora de decidir. Igualmente permite

---

2008), disponible en: *http://iilj.org/courses/documents/MacDonald.Shamir-Borer.92508.pdf*. Estas «audiencias» pueden incluir a los miembros de la organización; grupos influyentes que pueden sostener a la organización y sus decisiones; autoridades nacionales y globales, incluidos los tribunales y los organismos reguladores cuya cooperación es necesaria para la aplicación efectiva de las decisiones; otros intereses afectados; los medios de comunicación y el público en general.

[202] *Vid.* Stewart & Ratton-Sanchez, *op. cit.*, nota 199, pp. 579-580.

[203] Stewart, *op. cit.*, nota 46, p. 1676.

que los afectados de contrario por las decisiones puedan reclamar contra las decisiones sobre la base de que no están realmente basadas en las razones esgrimidas por la organización, reivindicando que se tengan en cuenta otras normas y consideraciones. Exigir a los que deciden que justifiquen sus acuerdos cuando se aparten del criterio mantenido hasta entonces puede promover cierto grado de coherencia de las decisiones, lo que a su vez sirve como un motivo adicional de control sobre las decisiones arbitrarias. A modo de ejemplo, el Tribunal de Arbitraje Deportivo invalidó una decisión de la Federación Australiana de Boxeo por la que se prohibió a un atleta a participar en los Juegos Olímpicos, por entenderla contraria a Derecho. En este caso, el citado Tribunal basó su fallo en que, dada la confianza legítima del atleta afectado, la Federación no había ofrecido ninguna justificación para apartarse de las reglas previamente establecidas.[204]

De esta manera, la práctica de motivar los acuerdos sirve para disciplinar y canalizar la toma de decisiones, limitando la arbitrariedad, la simple negociación y la mera conveniencia circunstancial. La exigencia de motivar con razones abiertas a la crítica y la oportunidad de hacer alegaciones permiten a los afectados cuyos intereses no son de ordinario ponderados esgrimir argumentos en favor de que los dirigentes tengan en cuenta sus intereses y problemas, y obliga a los que deciden a darles el oportuno tratamiento. Todo ello, en consecuencia, coadyuva a superar el problema de la falta de ponderación.[205]

H) ¿Un Derecho Administrativo Global sin control y revisión?

La conjunción en un mismo procedimiento de transparencia, participación y motivación genera una mayor sensibilidad o receptividad a los intereses en presencia. Por un lado, la transparencia permite a los que no forman parte de la organización conocer sus políticas y decisiones, presentes y futuras, así como a acceder a la información y a la documentación pertinentes. Por otro, la participación permite que se presenten pruebas y alegaciones en relación con las propuestas de acuerdos. Por último, la motivación ha de hacer referencia a esas alegaciones, señaladamente cuando éstas sean contrarias a la resolución finalmente adoptada. Todo ello en su conjunto hace posible que se pueda cuestionar la política de una determinada organización o ejercer alguna influencia sobre ella. A ello se añade que la presión por una buena imagen puede igualmente y en idéntica dirección coadyuvar a que el aparato o sistema global mejore su producto normativo incorporando más fuentes de información. La motivación también sirve para las tareas de desarrollo e implementación, por cuanto constituirá una guía o directriz acerca de su sentido y razón de ser. Asimismo puede mejorar la observancia o cumplimiento de sus prescripciones, fomentando la cooperación y el cumplimiento voluntario por parte del sector regulado. Por otro lado, motivar las decisiones es una tarea

---

[204] Vid. *Boxing Australia, op. cit.*, nota 26; *vid.* también: *Watt v. Australian Cycling Fed'n*, CAS 96/153 (22 de julio de 1996) (asunto en el que la Corte de Arbitraje para el Dporte rehabilitó a un ciclista para que pudiera representar a Australia en los Juegos Olímpicos de 1996).

[205] La relación entre el deber de motivar y otras prácticas basadas en el principio de legalidad y de justicia material es, por supuesto, una cuestión controvertida en los campos de la teoría del Derecho, del Derecho Administrativo y del Constitucional.

que consume recursos y puede impedir la celeridad y flexibilidad necesarias en ciertos procedimientos decisorios. Ha de reconocerse, en ese sentido, que otros métodos de colaboración entre los reguladores nacionales pueden conseguir idénticos resultados por medios más sencillos e informales.

La combinación de esos tres principios –transparencia, participación y motivación– resulta cada vez más frecuente en las prácticas de las organizaciones reguladoras globales y de sus organizaciones descentralizadas*, tanto a la hora de adoptar resoluciones singulares sobre derechos y responsabilidades individuales, como de aprobar disposiciones de carácter general. El patrón, sin embargo, es desigual. Estos mecanismos son menos frecuentes (cuando no inexistentes) en ciertos sectores como la seguridad, la financiación del desarrollo, la prestación de servicios sociales y la armonización de normas y reglamentaciones técnicas. Y es más probable que los pongan en práctica los sistemas que operan en el sector de la economía o de la salud ambiental, de la seguridad y de los derechos humanos, aunque con una variación considerable entre ellos.

Aun cuando convergen esos tres principios, lo cierto es que no alcanzan la condición de instrumentos de rendición de cuentas, puesto que no se articulan sobre una estructura relacional entre el que ha de dar cuentas y el que tiene derecho a exigirlas. El control de un tribunal o de un organismo independiente fortalece desde luego la rendición de cuentas de carácter jurídico. Puede constituir este último instrumento una especie de broche de cierre respecto de esos tres principios, que se verían así fortalecidos en su conjunto, al tiempo que facilitarían el alcance de ese control. Todo ello, en suma, puede contribuir a que se tengan más en consideración los intereses de todos los afectados.[206]

Los órganos especializados en el control y revisión de algunos sistemas globales, que configuran la revisión de las decisiones como un derecho de los individuos, crecen en número, aunque están lejos de ser omnipresentes.[207] De entrada, el control judicial de las normas y de las resoluciones de las organizaciones regulatorias globales a través de tribunales nacionales e internacionales son escasos en términos proporcionales, si bien los tribunales internos no sólo revisan de modo habitual las decisiones de las agencias administrativas nacionales, y más aún cuando éstas actúan como administración indirecta de esas organizaciones globales**[208]. No obstante, los miembros y personal de muchas administraciones globales, entre las que se encuentran las organizaciones más poderosas controladas por los propios Estados, con frecuencia se oponen a cualquier expansión de ese control independiente si resultan potencialmente costosos esos ins-

---

* Sistema de Administración descentralizada. Sobre el tema, *vid.* capítulo segundo (N. del E.).

[206] Daniel Bradlow, *Private Complainants and International Organizations*, 36 Geo. J. Int'l L. 403, 468-476 (2005).

[207] Entre los ejemplos de lo señalado se incluyen el Órgano de solución de diferencias de la OMC, el Tribunal Internacional para el Derecho del Mar, el Comité de Cumplimiento del Convenio de Aarhus, el Panel de Inspección del Banco Mundial, la Corte de Arbitraje para el Deporte, el comité de Sanciones del Banco Mundial, y el Tribunal de Apelación de la ONU. Además, los tribunales administrativos de las organizaciones internacionales suelen resolver asuntos atinentes a su propio personal.

**Sistema de Administración diseminada o descentralizada. *Vid.* capítulo segundo. (N. del E.).

[208] Los tribunales nacionales, sin embargo, se enfrentan a limitaciones institucionales y de otro tipo que limitan su capacidad para revisar la toma de decisiones de los órganos reguladores mundiales que generan las normas que aplican las agencias administrativas internas. *Vid.* Stewart, *op. cit.*, nota 62, p. 722 (donde se señala que los tribunales nacionales no pueden revisar directamente los procedimientos y las decisiones de los organismos reguladores globales).

trumentos, suponen una carga excesiva o traen consigo una dilación que no quieren soportar, puesto que aspiran a que la flexibilidad y la eficiencia tenga una cierta primacía. Estos argumentos pueden estar cargados de cierta razón, sobre todo en determinados ámbitos de la regulación global como la seguridad, la financiación al desarrollo, los servicios sociales y la armonización de los estándares técnicos de los productos.

Ha de reconocerse que la suma de esos tres grandes principios –transparencia, participación en los procedimientos antes de que se adopte decisión alguna, y motivación– pueden dar el soporte necesario para que pueda construirse un sistema de Derecho Administrativo en el contexto de la gobernanza global. Téngase en cuenta que esa constelación de elementos procedimentales hará posible que las resoluciones se acomoden al Derecho, ponderen adecuadamente todos los intereses en juego, y no incurran en arbitrariedad. Hace ya mucho tiempo que se ha aceptado que el Derecho Administrativo es mucho más que un mero control judicial. El establecimiento, la gestión y los procedimientos decisorios de las autoridades administrativas forman parte esencial, también en la práctica, puesto que son capaces de determinar y condicionar el entero proceso decisorio y el resultado o producto normativo que de éste emana.[209]

El papel predominante (y, en no pocos casos, vital) que es dable cumplir a los procedimientos administrativos a la hora de garantizar una Administración imparcial, equitativa y atenta a todos los intereses no significa que la tutela judicial resulte innecesaria en ningún sistema de Derecho Administrativo. Sugerir lo contrario sería considerado como herético para muchos juristas. El control judicial ha desempeñado ciertamente una función estelar en la concepción y en la evolución del Derecho Administrativo, tanto en los países del *common law*, como en los de tradición europeo-continental.[210] En el sistema del *common law*, el control judicial de la actuación pública fue anterior en el tiempo a la exigencia de previos requisitos procedimentales para adoptar cualquier decisión, como pueden ser la transparencia, la participación en fases anteriores a la decisión en sí, o la motivación, exigencias éstas que emergerían gradualmente mucho tiempo después. En tal sentido, esas normas procedimentales se establecieron en buena medida para garantizar una tutela judicial efectiva. En el modelo de representación de intereses que domina el Derecho Administrativo estadounidense*, el control judicial juega un papel fundamental a la hora de garantizar no sólo que las

---

[209] La historia del Derecho Administrativo americano durante el siglo diecinueve, escrita por Mashaw, muestra cómo los funcionarios fueron desarrollando procedimientos y remedios legales que ofrecían a los ciudadanos un conjunto de normas regularizadas y receptivas, en un ambiente en el que el poder judicial era, en el mejor de los casos, de carácter episódico y en muchos casos imposible *de facto*. *Vid.*: Jerry L. Mashaw, Creating the Administrative Constitution: The Lost One Hundred Years of American Administrative Law (2012). Este autor también ha demostrado la importancia del Derecho Administrativo «interno» en el Estado del Bienestar actual, que también actúa con una gran autonomía respecto de los tribunales de justicia. *Vid.*: Jerry L. Mashaw, Bureaucratic Justice: Managing Social Security Disability Claims (1983).

[210] Bignami, *op. cit.*, nota 118, p. 866 («Cuando todo estaba dicho y hecho, el Derecho Administrativo se redujo a dos componentes: la organización administrativa y el control judicial»); *vid.* Jaffe, *op. cit.*, nota 137, p. 320 («la disponibilidad del control judicial es una condición necesaria, psicológica cuando no lógica, de un sistema de poder administrativo que aspira a ser legítimo, o legalmente válido»).

* En esta tesis sobre el modelo subyancente al sistema norteamericano, como es sabido, el autor ha hecho aportaciones significativas. Por todos, puede verse su trabajo, un clásico en la materia, The Reformation of American Administrative Law, Harvard Law Review, volume 88, june 1975, number 8 (puede consultarse, por ejemplo, en http://es.globallawpress.org/wp-content/uploads/TheReformationOfAmericanAdministrativeLaw.pdf). (N. del E.).

agencias observan las normas sustantivas que resulten de aplicación, sino también el respeto del procedimiento: motivación de la decisión discrecional y las razones de la elección de una alternativa entre otras, y, en consecuencia, la ponderación de todos los intereses en presencia y su impacto o efecto sobre los afectados.[211] Aunque el Derecho Administrativo en los países de tradición europeo-continental (*civil law*) ha seguido un camino diferente, el control judicial ha constituido un elemento central desde que Napoleón estableciera el Consejo de Estado, y, también en este supuesto, las exigencias procedimentales para la Administración se establecerían más tarde. Por tanto, sugerir que los procedimientos de toma de decisiones, por ellos solos y sin control judicial, podrían constituir un sistema de Derecho Administrativo supondría poner del revés el concepto mismo del Derecho Administrativo y de su historia.

Ello no obstante, en el contexto de la gobernanza mundial, podría considerarse que la combinación de los tres principios citados (transparencia, participación y motivación) constituyen un sistema suficiente de Derecho Administrativo, un ordenamiento prescriptivo que las autoridades de ámbito global están supuestamente obligadas a respetar, a pesar de la inexistencia de una autoridad independiente de control análoga a los jueces y tribunales internos.[212] Esta hipótesis encuentra apoyo en la creación de otras fórmulas de control y rendición de cuentas en el espacio administrativo global. Tal y como se ha señalado más arriba, las organizaciones regulatorias de ámbito global dependen de otras autoridades globales y nacionales, así como de actores privados, para el reconocimiento, adopción o aplicación de sus normas, estándares técnicos y decisiones. Las prácticas seguidas por estos y por otros actores a la hora de decidir si conceden dicho reconocimiento y apoyo operan como una suerte de control y revisión (en ocasiones informal) de una creciente relevancia, aun cuando tales prácticas resulten menos formalizadas, visibles y jurídicamente estructuradas, que el control judicial característico de los tribunales nacionales y de otros órganos de control independiente.[213] La transparencia, la participación y la obligación de motivar las normas y decisiones de una organización global hacen posible que los demás actores del espacio administrativo global puedan reconocer esas normas y resoluciones de la organización, valorar su relevancia y calidad, y procurar una respuesta y reacción favorables. Al mismo tiempo, las organizaciones que reciben o son destinatarias de esas normas y resoluciones a su vez transmiten o trasladan esas reglas, resoluciones u otros productos normativos a otras. Se produce así un sistema de mutuo y recíproco control de amplio espectro y circulación, de absorción de normas, entre las que destacan aquellas que tienen por objeto el mutuo reconocimiento y aceptación. Se trata, en suma, de un esquema que se multiplica en el espacio administrativo global. Resulta cada vez más frecuente. Y suponen un fuerte incentivo y promoción de los principios de transparencia, participación en fases anteriores al dictado de la resolución, y de la motivación; fomentan que las autoridades globales tengan en cuenta esas reglas y principios, que ponderen los intereses de todos, más allá de los que forman parte de la organización sectorial de que se trate en cada

---

[211] Stewart, *op. cit.*, nota 46.

[212] *Vid.* Kingsbury, *op. cit.*, nota 49.

[213] *Vid.* Abigail C. Deshman, *Horizontal Review Between International Organizations: Why, How, and Who Cares About Corporate Regulatory Capture*, 22 Eur. J. Int'l L. 1089 (2011) (estudio práctico sobre el control que la Asamblea Parlamentaria del Consejo de Europa llevó a cabo sobre la forma en la que la OMS gestionó la pandemia del virus H1N1 en 2009); Stewart & Ratton-Sanchez, *op. cit.*, nota 199, p. 23 (analizan el control de carácter «horizontal» que un organismo regulador global lleva a cabo sobre las normas de otro).

caso, de los objetivos específicos que la organización persiga. Ello traerá consigo una mayor ponderación de los intereses que tradicionalmente se ven postergados o desatendidos. Es más, estos fenómenos contribuyen a reconocer no sólo la relevancia del procedimiento decisorio, sino también la significación de los distintos mecanismos de control y revisión, que dejan de ser considerados como buenas prácticas para convertirse en un elemento clave del Derecho Administrativo que discipline la regulación y la Administración en el plano global.

VI. CONCLUSIONES

En este capítulo, se ha examinado la gobernanza de la regulación y de la Administración globales a través de dos perspectivas, una descriptiva y otra normativa (o prescriptiva), con el fin de analizar sus mecanismos institucionales, diagnosticar sus injusticias, y dispensar las herramientas conceptuales necesarias para reflexionar sobre su reforma. El marco o contexto normativo en el que se sitúan estas páginas se funda en el concepto de desatención o ignorancia de los intereses dignos de tutela («*disregard*»). En parte, este fenómeno de falta de ponderación constituye una consecuencia o producto de la estructura misma de la regulación global, enormemente fragmentada en función de los objetivos sectoriales que cada una de estas organizaciones persiga dentro del espacio administrativo global, en el que no existen esquemas o relaciones de jerarquía, ni fórmulas redistributivas. Esta estructura, como se ha destacado, ha terminado por generar una sistemática preterición de los intereses y de los problemas de grupos e individuos, que, aunque numerosos, son políticamente débiles. Esta desatención o falta de ponderación les provoca daños y privaciones. En este sentido, el presente capítulo ha identificado dos fuentes estructurales de esa preterición: (1) la aparición de externalidades o efectos indeseados en los procesos decisorios globales, concentrados en los fines institucionales específicos de su correspondiente organización y en los intereses de sus miembros dominantes; y (2) la falta de ponderación de carácter estructural que deriva del desigual patrón con el que se actúa en la regulación global. Los remedios para compensar esas dos fuentes de injusticia de la gobernanza global consisten cabalmente en modificar los mecanismos de la gobernanza regulatoria global y en colmar, de una u otra forma, los déficits de protección que se producen en esa regulación, para conseguir tener en cuenta los intereses de los que son ignorados habitualmente.

La dimensión positiva o descriptiva que se ha seguido en las páginas precedentes sirve para complementar la vertiente prescriptiva a la que acaba de hacerse referencia. De acuerdo con esa dimensión se ofrece un nuevo marco para poder conceptualizar la gobernanza y sus instrumentos, que sea útil tanto para hacer una adecuado diagnóstico, como para establecer las oportunas estrategias para corregir esos desequilibrios y conseguir que todos los intereses sean debidamente atendidos. Ese marco distingue entre tres tipos básicos de mecanismos de gobernanza: (a) reglas sobre cómo se dictan resoluciones; (b) mecanismos de rendición de cuentas y (c) otras medidas tendentes a fomentar la atención debida de todos los intereses en presencia. En este capítulo se ha examinado la función y sentido de esos instrumentos de gobernanza en cada una de las estructuras administrativas globales, así como en las denominadas Administraciones diseminadas o descentralizadas. Se han apuntado algunas vías para determinar el potencial que encierra cada uno de esos instrumentos para, en este contexto, compensar el déficit de ponderación existente.

Ha de notarse en ese sentido que el análisis de las distintas vías o fórmulas instrumentales y su refracción en cada una de las estructuras administrativas globales proporciona una visión más rica, un material en suma, que permita una ulterior investigación y estudio. No son pocas las variables que han de tenerse en cuenta en ese análisis, y que van desde las diversidad de estructuras organizativas, pasando por su constitución y pertenencia, su ámbito o sector en el que se muevan, hasta los objetivos, el modelo de gobierno y de negocio, las estrategias para obtener apoyo y adhesión, la obtención de la financiación adecuada, las fórmulas para asegurar la implementación y ejecución de las decisiones que se adopten, la identidad y naturaleza de otras organizaciones involucradas en el mismo sector, o el carácter de otros actores o sujetos (gobiernos, organizaciones internacionales, empresas, organizaciones profesionales, y ONG). El análisis de estas variables podría explicar, por ejemplo, por qué en ciertos organismos que actúan en algunos sectores se han establecido órganos de control independientes y en otros no, o puede aclarar el papel de los mecanismos aquí analizados en las relaciones interinstitucionales.

El marco analítico de este capítulo también facilita el estudio de cómo y por qué los diferentes aparatos reguladores han evolucionado hasta su forma actual, y de la dinámica general del ecosistema global en el plano institucional. La adopción de medidas (o su ausencia) en lo que hace al establecimiento de órganos de control independientes, de modelos deliberativos de decisión basados en el consenso, la transparencia, la participación o la obligación de motivar, ¿hasta qué punto pueden explicarse desde la perspectiva que ofrecen unas meras consideraciones de economía política, basadas en los intereses de los miembros dominantes, la competencia de otras organizaciones, o las iniciativas y programas de las ONG? Y los patrones de la gobernanza en el ámbito global, ¿hasta qué punto pueden explicarse simplemente sobre la base de las concepciones al uso sobre la identidad institucional y de modalidades apropiadas de gobernanza, que pueden depender del tipo de organismo y del sector en el que actúa? Además, el marco y los análisis que se presentan en este capítulo pueden ayudar a aclarar el carácter y las funciones del Derecho Administrativo Global, a explicar su evolución y evaluar sus perspectivas y aportaciones normativas futuras.

Por último, el marco institucional de las páginas anteriores puede ayudar a los reformadores a la hora de identificar estrategias e instrumentos que garanticen una mejor atención de los intereses y problemas de los habitualmente ignorados en los procesos decisorios globales. Aun cuando los reformistas ya han emprendido numerosas iniciativas en tal sentido, el marco que aquí se presenta puede promover un análisis sistemático y proporcionar una comprensión integral o heurística fructífera para identificar otros problemas y soluciones nuevos. Una estrategia potencialmente positiva consiste en utilizar una táctica propia del «judo», de carácter institucional, para reorientar la gobernanza y las políticas regulatorias globales. Al combinar el análisis realista con la creatividad, los reformadores pueden encontrar puntos de apoyo dentro de las instituciones existentes que les permitan implantar de una manera orquestada instrumentos basados en el mercado y en la relevancia de la imagen pública, a fin de promover fórmulas de gobernanza que hablen de los intereses y de la auto-comprensión o percepción que tienen las instituciones de sí mismas, y que al mismo tiempo también sirvan para incrementar la influencia de los ignorados. Otra opción consiste en identificar las ocasiones oportunas y los socios adecuados para la creación de nuevos organismos reguladores globales que cubran los huecos y los déficits de la situación actual y que aborden los intereses y los problemas de todos los afectados. A través de la competencia entre organismos reguladores y la emulación constructivista, este tipo de iniciativas puede llegar a tener amplios efectos.

La falta de ponderación de intereses dignos de tutela se halla aún profundamente arraigada en las actuales prácticas y estructuras regulatorias globales. La tarea de garantizar una ponderación y atención apropiadas en favor de los que habitualmente son ignorados, y la de construir un sistema más justo y equitativo de regulación global, es sin duda abrumadoras. Este capítulo ha pretendido marcar un camino, que combina el pragmatismo con la una pretensión de carácter prescriptivo. En ese sentido, hemos de responder al emplazamiento que nos hiciera el magistrado Louis D. Brandeis: «si nos dejamos guiar por la luz de la razón, tenemos que dejar que nuestras mentes sean audaces».[214]

---

[214] *New State Ice Co. v. Liebmann*, 285 U.S. 262, 280, 311 (1932) (Voto particular del magistrado Brandeis).

CAPÍTULO SEXTO

LA REALIZACIÓN DE POLÍTICAS DE TRANSPARENCIA EN LAS INSTITUCIONES DE LA GOBERNANZA GLOBAL: JUSTIFICACIÓN, EFECTOS E IMPLICACIONES[*]

MEGAN DONALDSON Y BENEDICT KINGSBURY

RESUMEN

LAS políticas de transparencia crecen sin cesar en el plano de la gobernanza global. Se trata de políticas que buscan instrumentar formalmente una mayor transparencia, y que, como consecuencia, relativizan o atenúan la influencia que en estas instituciones ha tenido la tradicional práctica del secreto, de las negociaciones diplomáticas de carácter interestatal o intergubernamental. Este capítulo tiene por objeto evaluar el impacto y las características de estas políticas de transparencia que se vienen adoptando. Para ello se ha seleccionado un grupo de instituciones y se han analizado las razones que se esgrimen para justificar su implantación. Una de esas justificaciones o fundamentos radica precisamente en el carácter público (*publicness*) de tales organizaciones. Igualmente se analizan las excepciones más discutibles para justificar la exclusión de la transparencia, como las que se refieren al material que sirve para las deliberaciones.

Además, en este capítulo se estudian tres factores que favorecen la adopción, forma y contenido, tanto de las políticas de transparencia, como de aquellas otras medidas internas que se adoptan en el seno de estas organizaciones: los efectos colaterales de la legislación nacional sobre transparencia; el creciente poder que ejercen las instituciones de alcance global; la crítica que sobre esas instituciones globales ejercen los Estados más influyentes y las ONG. Son doce las hipótesis que se avanzan sobre los efectos de la transparencia sobre los Estados, los actores privados, y las instituciones de la gobernanza global.

Finalmente, el capítulo examina algunas de las consecuencias que tales medidas de transparencia pueden suponer para las estructuras de poder político y de autoridad supraestatal y también para el Derecho Administrativo Global.

---

* Traducción realizada por Carmen Camblor, investigadora del Departamento de Derecho Público del Estado de la Universidad Carlos III de Madrid.

I. INTRODUCCIÓN

Cada vez resulta más frecuente que las instituciones de la gobernanza global adopten políticas formales de transparencia, y que construyan elaborados sistemas administrativos para hacerlas efectivas y resolver las disputas relativas a su significado y aplicación. Este capítulo ofrece un estudio introductorio para analizar este fenómeno, identificando alguna de sus posibles causas y articulando una serie de hipótesis acerca de sus efectos e implicaciones. El estudio parte de la realización de un inventario básico, indicando, entre un grupo compuesto por cuarenta y seis destacadas instituciones intergubernamentales y dos notables instituciones internacionales de naturaleza mixta público-privada, cuáles de ellas han adoptado una política formal de transparencia aplicable en general a los documentos conservados por la entidad, o, al menos, a un amplio espectro de ellos. En los casos en que esa política se halle implantada, se examinan las soluciones arbitradas –los patrones de conducta– en lo que hace a su ámbito de aplicación, los supuestos excepcionales en los que se permite la confidencialidad, los requisitos de motivación para justificar dicha confidencialidad y los mecanismos que se prevén para su control o revisión. Posteriormente, se exploran algunas de las razones que conducen a adoptar ciertas políticas de transparencia a través de determinados instrumentos. El compromiso de las instituciones de la gobernanza global en pro de una mayor apertura sigue las huellas tanto de los cambios introducidos en la legislación relativa a un gobierno más abierto y en defensa de la libertad de información, como de las disposiciones constitucionales ya existentes en el ámbito estatal e infraestatal. Este movimiento a nivel nacional –como el que se ha producido en EE.UU.– ha sido un factor que ha favorecido las reformas en igual dirección en el plano de las instituciones globales (si bien en muchos casos son éstas las que impulsan a su vez ciertos cambios en las políticas nacionales en favor de la transparencia). Sin embargo, las instituciones globales poseen ciertas singularidades y por ello se encuentran sometidas además a las exigencias propias de sus respectivos cometidos y naturaleza, que afectan tanto a la adopción de las políticas de transparencia, como a su contenido. Finalmente, en este capítulo se proponen doce hipótesis relativas a los efectos de las medidas e instrumentos concretos en favor de la transparencia, y, en términos más amplios, de las políticas de transparencia en general. Algunas de estas hipótesis tienen por objeto determinar en qué medida la transparencia puede alterar las relaciones de poder entre los distintos actores; otras pretenden desentrañar las implicaciones de las medidas de transparencia en el estatus de las instituciones y en sus normas constitutivas, así como respecto de las relaciones de autoridad que se producen en el orden global.

El presente capítulo se centra en las políticas de transparencia formal, y, en algunos de sus epígrafes, se ocupa de otras medidas alternativas diseñadas para incrementar la transparencia. Los sistemas de transparencia conviven con esquemas de opacidad; así que al centrarse en la implantación e institucionalización de la transparencia y no en la opacidad, se corre el peligro de exagerar la magnitud de la transformación acaecida en las instituciones internacionales. Así, por ejemplo, la opacidad constituye la norma habitual en buena parte de la actividad institucional supraestatal relativa a la seguridad, la lucha contra el crimen organizado, el comercio y las finanzas (modelo éste que se ha visto corroborado en términos generales en el estudio de las políticas de transparencia que se realiza en el presente capítulo). En la mayoría de las instituciones se detectan prácticas opacas y de confidencialidad, también en aquéllas más comprometidas con la transparencia. A pesar de ello, la doctrina y la opinión pública se pronuncian abrumadoramente a favor de la transparencia. Dejando a un lado la materia de seguridad, el hecho de que la negociación de los acuerdos internacionales sea secreta despierta una considerable oposición. Por ejemplo, la reacción pública en contra del secreto de las negociaciones entonces llevadas a cabo fue una de las razones del fracaso en 1997 del intento de la OCDE de concluir un Acuerdo Multilateral de Inversiones (Kurtz 2002); y también ha sido uno de los motivos de oposición en el Parlamento Europeo y en otros foros al Acuerdo Comercial Anti-Falsificación de 2011.

En las distintas instituciones internacionales examinadas en el presente capítulo, la confidencialidad o el secreto no constituye un valor en sí mismo. Por muy común que sea la práctica de la confidencialidad, son muy pocas las instituciones que declaran disponer de una política formal al respecto (a diferencia de lo que sucede con sus políticas relativas a la protección de datos personales o al secreto comercial). Por tanto, la práctica de la confidencialidad se incardina de forma residual en los intersticios de aquellos ámbitos claramente proclives a la publicidad. Sin embargo, con esta artificiosa prevalencia de la transparencia (actualmente presente también en muchos sistemas políticos y ordenamientos jurídicos nacionales), se corre el riesgo de enmascarar el valor que la confidencialidad sigue conservando tanto en la teoría como en la práctica. El presente estudio sobre las políticas de transparencia se limita a abordar sólo uno de tanto aspectos que el complejísimo mundo de la obtención y el tratamiento de la información albergan. Como las políticas de transparencia suelen limitarse a facilitar sólo aquellos documentos ya existentes, el tipo de información que se pudiera conseguir al abrigo de la más expansiva de las políticas va a estar supeditado a las decisiones institucionales sobre qué información se conserva y cuál no. A su vez, la fuerza expansiva o restrictiva de estas decisiones puede depender de lo que establezcan las políticas de transparencia.

Ello no obstante, las políticas de transparencia constituyen una de las manifestaciones que mayor trascendencia tienen dentro de la tendencia existente en las instituciones internacionales hacia un mayor acceso a la información. Pero hay más razones por las que tales políticas son importantes: tienen el poder de fortalecer o debilitar las posiciones de los interlocutores, orientan los argumentos sobre transparencia hacia direcciones concretas, y proporcionan un foro de reinterpretación de las relaciones entre instituciones, Estados e individuos en el ámbito de la gobernanza global. Es más, la adopción y la modificación, así como el perfeccionamiento progresivos de las políticas de transparencia, contribuyen a, y son un claro ejemplo de, la amplia evolución de la orientación de Derecho Público que han adoptado las normas procedimentales en el seno de las instituciones de gobernanza (Kingsbury & Casini 2009, Kingsbury 2011).

II. LAS POLÍTICAS DE TRANSPARENCIA FORMAL EN LAS INSTITUCIONES DE GOBERNANZA GLOBAL: INCIDENCIA Y CARACTERÍSTICAS

Las tablas que se anexan al final del capítulo resumen un estudio sobre determinadas instituciones de gobernanza global que constata la prevalencia de las políticas generales de transparencia a disposición del público. Grigorescu (2007) publicó un estudio similar en 2007, que incluía setenta y dos instituciones intergubernamentales. Nuestra muestra, de cuarenta y seis instituciones, se centra en aquéllas que son relativamente grandes, así como políticamente relevantes en diverso grado: agencias de las Naciones Unidas; programas, fondos y sus organizaciones; bancos multilaterales de desarrollo; organizaciones regionales generalistas; y dos importantes entes de naturaleza público-privada. Las instituciones seleccionadas se diferencian entre sí por sus distintos objetivos y funcionamiento, así como por los sujetos encargados de generar la información con mayor relevancia práctica. Mientras que en unos casos son los miembros y delegaciones de la institución, en otros es la secretaría o sus órganos de trabajo. Ha de notarse que debido a que nuestro objetivo no es el de realizar un análisis cuantitativo, la intención no ha sido que la muestra se base en criterios rigurosos de inclusión y exclusión de instituciones. Más aún, cualquier intento de estudiar las instituciones con mayor impacto práctico en la gobernanza global requeriría la inclusión en el mismo de muchas más entidades empresariales y órganos privados. Sin embargo, a nuestro juicio, el conjunto de instituciones que aquí se examinan es suficiente para esbozar la situación actual y ofrecer las bases que han de permitir analizar el contenido de las políticas de transparencia de aquellas instituciones que las poseen.

Se han evitado en el estudio aquellas instituciones con funciones principalmente judiciales porque sus cuestiones de transparencia difieren de las de otras instituciones de gobernanza global. En este tipo de instituciones con funciones judiciales como son el Órgano de Apelación de la Organización Mundial del Comercio (OMC) y ciertos tribunales arbitrales encargados de la resolución de disputas entre inversores y Estados, las exigencias de transparencia se han intensificado, llegando en ocasiones a resolverse con éxito (Roberts 2013). Por lo que se refiere a los tribunales, algunos componentes o elementos de la transparencia, habida cuenta la naturaleza de las alegaciones y procedimientos, forman parte desde luego de la imagen que es consustancial a la función jurisdiccional (Corte Permanente de Justicia Internacional 1920, p. 738); es ésta una interpretación que ha propiciado la evolución de las prácticas de transparencia que adoptan tribunales como la Corte Internacional de Justicia (Neumann & Simma 2013). Sin embargo, como se ha argumentado, la naturaleza de la información que los tribunales generan (cláusulas de presentación, actas de vistas, actas de deliberaciones, resoluciones definitivas, laudos, etc.) y la filosofía misma que subyace al acceso a dicha información, resulta muy singular y específica, propia y característica de las instituciones que resuelven controversias.

En el presente capítulo, las políticas de transparencia serán aquellas políticas de carácter general que establezcan las bases sobre la accesibilidad de la información institucional. Por consiguiente, interesan aquí las políticas de carácter general, no las relativas a un grupo o categoría de documentos en particular. Por ejemplo, una política sobre la realización de evaluaciones que requiera la publicación de una serie de informes de evaluación no la vamos a considerar una política de transparencia a los efectos de nuestro análisis porque sólo se refiere a una categoría particular (aunque sea importante). Ahora bien, otras políticas aplicables a un rango mayor de documentos, como pueden ser los documentos oficiales, sí se considerarán políticas de transparencia. Debe advertirse en este punto que la generalidad, al tratarse de una cualidad más relativa que absoluta, dará lugar a la existencia de algún juicio de valor en casos marginales de nuestras tablas 1 y 2.

Las políticas de transparencia pueden adoptar formas muy diversas: resoluciones de los consejos de administración o rectores, directrices o recomendaciones sobre la gestión, órdenes ejecutivas de los secretariados, etc. En este capítulo se abordarán estas variadas formas en la medida en que resulten significativas para la gobernanza de la institución de que se trate. La terminología que se emplee en esos documentos no es determinante. Lo relevante, por el contrario, es el contenido mismo de la política de transparencia para evaluar si es de interés a los propósitos de este estudio.

Por ejemplo, las políticas de la Secretaría de las Naciones Unidas (ONU), del Consejo de Europa (CE) y de la OMC se asemejan más a unas directrices sobre cómo clasificar la información a efectos de gestionar su almacenamiento, que a políticas sobre información accesible al público. No obstante, se observa que en el caso de la OMC todos los documentos de carácter «no reservado» se encuentran automáticamente disponibles en su página web una vez traducidos, lo que no ocurre con el boletín de la Secretaría de la ONU, que se refiere a los documentos «sin clasificar» únicamente como una categoría residual, sin que ninguna disposición prevea su publicación automática. Por su parte, la política del CE dispone el carácter «público» de los documentos que no hayan sido clasificados, pero no exige su publicación efectiva. Las mencionadas políticas del CE y de la OMC se consideran políticas de transparencia, pero no así la de la Secretaría de la ONU (CE 2001, OMC 2002, Naciones Unidas 2007).

La tabla 1 resume la incidencia que tiene el acceso público a la información en las políticas de transparencia formal, en función de que esa información resulte o no accesible a través de la respectiva página web pública de la institución de que se trate en cada caso.

Tal y como se indica en la tabla 1, algunos (aunque no todos) de los programas, agencias especializadas y fondos de la ONU, poseen una política de transparencia en el sentido definido en el presente capítulo. Estas políticas se hallan más ampliamente extendidas entre las instituciones internacionales de carácter financiero, y, en particular, entre los bancos multilaterales de desarrollo (BMD), el Fondo Mundial de Lucha contra el Sida, la Tuberculosis y la Malaria (el Fondo Mundial) y la Corporación de Internet para la Asignación de Nombres y Números (ICANN), dos de las organizaciones de naturaleza mixta con mayores recursos e importancia política y social. A pesar de que no se refleje en la tabla 1, en los últimos años algunas de las organizaciones no gubernamentales (ONG) más influyentes, con importantes operaciones sobre el terreno, como, por ejemplo, Oxfam (Oxfam GB 2011), han adoptado políticas de transparencia. A excepción del CE, de varios órganos de la Unión Europea, y, desde 2012, de la Organización de los Estados Americanos (OEA), las organizaciones regionales incluidas en nuestro estudio no poseen políticas accesibles al público. Asimismo, ninguna de las organizaciones de este estudio dedicadas a la seguridad, armamento o control de la criminalidad han puesto a disposición del público políticas de transparencia.

Sin embargo, lo selectivo de la muestra y la concurrencia de variables un tanto confusas, como el tamaño o la estructura de las instituciones y la naturaleza de la información, hacen difícil que se puedan extraer conclusiones generales acerca de si existe una relación clara entre el objetivo institucional de la organización y la correspondiente política de transparencia adoptada.

También se dan diferencias significativas entre las instituciones intergubernamentales y las de naturaleza mixta que se identifican en la tabla 1. La tabla 2 permite detectar, utilizando un código binario simple, la presencia o ausencia de las siguientes seis características formales de las políticas de dichas instituciones:

1. Aplicación integral (AI): pretende hacer accesible toda clase de documentos de la institución. A tal efecto, han de tenerse en cuenta los términos en que esté redactada la política que se persiga y los materiales e información relacionados con la finalidad de la institución; en algunos casos, el ámbito de aplicación no incluye todos y cada uno de los documentos de que se disponga, sino una categoría definida formalmente, como sucede, en el caso de la OMC, con los «documentos oficiales», una categoría que puede dejar fuera una significativa cantidad de borradores o de comunicaciones internas.

2. Mecanismos abiertos de solicitud de acceso (MAS): se trata de mecanismos a través de los cuales terceros ajenos a la institución pueden solicitar el acceso a información no publicada aún, sin tener que motivar o justificar un interés específico en su solicitud.

3. Presunción de publicidad (PP): la institución habrá de publicar toda la información que se haya solicitado en el ámbito de aplicación de la política, salvo que concurra en ella alguna de las excepciones específicamente establecidas, o salvo que un Estado, el consejo de administración o de dirección u otra entidad no lo consienta (modelo éste que se diferencia de la opción por publicar determinadas categorías de información, con el recordatorio de que se trata de información confidencial; sin embargo, se observa que cuando las excepciones se redactan de manera excesivamente amplia, la presunción de publicidad puede acabar siendo poco significativa).

4. Discrecionalidad para determinar la información reservada (DR): consiste en que la institución puede retirar una información que, en principio, es de libre acceso (esta posibilidad no resulta tan importante, si las excepciones al acceso se pueden establecer con un grado considerable de discrecionalidad).

5. Discrecionalidad para publicar (DP): permite, en determinados casos, que la institución haga pública una información que de otro modo no sería de libre acceso.

6. Revisión o control institucionalizados de decisiones (RI): proporciona uno o más mecanismos que permitirán que se revisen todas o algunas de las decisiones denegatorias de solicitud de acceso a la información (aunque algunas decisiones, como las adoptadas por el consejo de dirección de la institución, puedan no ser susceptibles de revisión).

Aunque la tabla 2 muestra las fechas de entrada en vigor de las políticas vigentes, la mayoría de las instituciones que incluye establecieron por primera vez una política de transparencia en los términos aquí definidos, bien en los años noventa, bien con posterioridad (y dichas políticas pueden haber sido objeto de ciertos procesos de iteración y evolución antes de adoptar sus versiones actuales). Por otro lado, la adopción y progresiva modificación de las políticas de transparencia se ha solapado en estas instituciones con otras reformas relacionadas con la transparencia como pueden ser las siguientes: la publicación proactiva de ciertas clases de información integrando datos cuantitativos a gran escala; mayores recursos destinados a la traducción de documentos, medios de comunicación y participación pública; el establecimiento de oportunidades para que los terceros puedan participar en las reuniones de la institución o en trabajos en curso y se les consulte o expresen su opinión sobre los borradores o propuestas de proyectos; la creación de nuevos mecanismos de revisión internos con mayores poderes de investigación; y las nuevas propuestas sobre la titularidad y gestión de archivos.

Entre las instituciones cuyas políticas de transparencia se analizan en la tabla 2, todas han establecido una presunción de publicidad salvo dos. Estas dos excepciones son el CE y la OMC, cuyas políticas actuales fueron adoptadas con anterioridad al año 2007, en concreto en 2001 y 2002 respectivamente. Ambas carecen, además, de un instrumental estructurado que permita a terceros solicitar formalmente información no facilitada o publicada con anterioridad. El Fondo Monetario Internacional (FMI) y el Fondo Mundial son las otras dos instituciones que carecen también de una opción análoga. Asimismo, no es de extrañar que estas cuatro instituciones, así como la Organización Internacional del Trabajo (OIT), carezcan de un procedimiento de revisión, a disposición de terceros, cuyo objeto consiste en controlar aquellas decisiones contrarias a la publicación de la información requerida. La relación existente, de un lado, entre los costes financieros y de tiempo de trabajo y, de otro, los beneficios totales, que conlleva la adopción de mecanismos muy formalizados, se ha tenido muy en cuenta antes de su adopción definitiva. A esta conclusión hemos llegado tras conversaciones informales con autoridades de diversas organizaciones intergubernamentales. Las instituciones que más han invertido en políticas de transparencia de vanguardia han sido los bancos de desarrollo (BMD), la *United Nations Office for Project Services* (UNOPS) y la ICANN, que adoptaron sus actuales políticas en torno a 2010 (o más tarde), en 2012 y 2008, respectivamente. Se trata de políticas muy refinadas, que asumen el sistema de la aplicación integral, de la solicitud de información por parte de terceros, de la presunción de publicidad, de la discrecionalidad a la hora de reservar información; asimismo pueden ir más allá de los mínimos que la política de transparencia establezca. También contemplan un proceso de revisión de doble instancia para aquellos casos en que se rechace la solicitud de publicidad. Ha sido posible documentar la existencia de un riguroso patrón de difusión o mimetismo entre los diversos bancos de desarrollo o BMD (Boisson de Chazournes 2011, Kingsbury 2011); el análisis de la tabla 2 sugiere que el Banco Europeo para la Construcción y el Desarrollo (BERD) constituye una excepción en lo que se refiere a su política de transparencia, aunque no necesariamente en relación con sus prácticas de transparencia.

Un aspecto clave de las diferentes políticas y que la tabla 2 no analiza es la amplitud con la que se establecen excepciones a la publicación de información. Algunas excepciones se han dispuesto con rigor y su contenido y límites se hallan bien definidos: por ejemplo, la confidencialidad de la información protegida por el secreto profesional de los abogados, de la información personal de los miembros de la plantilla o de la licitación y adjudicaciones realizadas por la institución. Otras excepciones tienen mayor alcance y resultan más subjetivas y genéricas: así, pueden incluir la reserva o la excepción al acceso de información que los Estados miembros u otras entidades hayan proporcionado o comprometido bajo condición de confidencialidad; también, de los borradores preliminares y documentos de trabajo de la secretaría de la institución o de sus empleados; de información objeto de deliberación (como es el caso de las políticas de transparencia de la OEA y de algunos BMD). La política del Programa de las Naciones Unidas para el Desarrollo (PNUD) establece la confidencialidad de «la información que, a juicio del PNUD, en el caso de ser divulgada, pudiera minar seriamente el diálogo político con los Estados miembros o con las partes implicadas» [PNUD 2008, párrafo 11 (g)]. Y la política de la OEA, además de una serie de excepciones específicas, añade una que se refiere a «cualquier otra información que, en opinión del Oficial de Información o, en su caso, del Comité [de Acceso a la Información], sea tan sensible como la información protegida por las excepciones descritas en los párrafos precedentes» [OEA 2012, apéndice A, párrafo IV(1)(m)]. Otras políticas han acabado en la práctica incorporando exclusiones todavía más amplias a través de distintas vías; por ejemplo, en el caso de la OMC, restringiendo el ámbito de aplicación de la política a los «documentos oficiales».

Todas las instituciones que permiten la solicitud de documentos (excepto la OIT), disponen al menos de una instancia para la revisión interna de la eventual denegación del acceso solicitado, y se observa también que han incorporado de forma progresiva la posibilidad de realizar una ulterior apelación o recurso ante un órgano distinto. En el caso del Banco Mundial, por ejemplo, un solicitante puede recurrir ante el Comité de Acceso a la Información (órgano administrativo que responde ante la dirección del Banco) en los siguientes supuestos: (i) si se puede demostrar que concurren indicios razonables de que el Banco ha violado su política al restringir de manera inapropiada o infundada el acceso a información susceptible de publicación, o (ii) si se presenta una reclamación fundamentada en el interés público de la información que se solicite, con el objeto de que sea anulada alguna de las excepciones al acceso a la información ya previstas. Un órgano de apelación externo, compuesto por tres miembros, conocerá de los recursos interpuestos contra las decisiones del Comité en las que se haya decidido que el Banco no violó su política (en el caso de presentación de reclamaciones con base en el interés público de la información solicitada, la resolución del Comité será definitiva, y no cabe ulterior recurso). El Comité y el órgano de apelación adoptarán sus decisiones por escrito, y, en caso de que confirmen la denegación del acceso, deberán motivar su decisión. Por su parte, el PNUD prevé que la Oficina de Asuntos Jurídicos se encargará de la revisión interna, aunque también el Grupo de Supervisión de la Publicidad de Información podrá hacerlo; no obstante, acerca de si deben o no publicarse los documentos en cuestión, sólo podrá emitir recomendaciones. Esta posibilidad de recurrir las decisiones de las instituciones que denieguen el acceso a la información a través de mecanismos de revisión puede llegar a constituir un instrumento de control importante ante supuestos de falta de publicidad o de publicidad incompleta (a pesar de que pueda producir escasos efectos en los casos en que las excepciones estén formuladas en términos excesivamente amplios o permitan un alto grado de discrecionalidad a quienes decidan en primera instancia). A continuación, se tratará de explicar cómo influyen las decisiones tomadas por los organismos de revisión en las estrategias institucionales de aplicación de políticas de transparencia.

III. ¿POR QUÉ LAS INSTITUCIONES DE GOBERNANZA GLOBAL ADOPTAN POLÍTICAS DE TRANSPARENCIA?

1. DE LA OPACIDAD A LA TRANSPARENCIA COMO NORMA ESTABLECIDA EN (AL MENOS EN PARTE DE) LA GOBERNANZA GLOBAL

La proliferación, formalización e institucionalización de los enfoques previamente mencionados sobre la transparencia constituye en gran medida un fenómeno posterior a los años noventa del pasado siglo, que eclipsa –aun cuando sea de modo parcial– un fenómeno contrario, igualmente extendido, que el ilustre abogado internacionalista francés Paul Reuter (1956) ejemplificó en la postulación de un «Derecho Internacional al secreto» ante la creciente importancia de las instituciones supraestatales. Son numerosos los antecedentes de la aparición de medidas formales en pro de la transparencia. Éstos se remontan a los orígenes de las instituciones intergubernamentales de la segunda mitad del siglo XIX, cuando se hablaba más de «publicidad» que de «transparencia», término éste cuyo uso no se generalizó hasta los años ochenta del pasado siglo. La campaña contra la diplomacia secreta, que se intensificó durante la Primera Guerra Mundial, se vio reflejada en uno de los requisitos del Pacto de la Sociedad de Naciones, que preveía expresamente el registro y publicación de todos los tratados internacionales por parte de la nueva organización. A esta iniciativa *wilsoniana* le preocupaba en particular la política de alto nivel, señaladamente, las alianzas y compromisos militares. Asimismo, la Liga de las Naciones estableció las bases de su propia política de acceso a sus reuniones e información, en relación con un conjunto de materias de su competencia. Así, su Secretaría hubo de tomar decisiones estratégicas difíciles y responder a las demandas de materiales e información para los medios de comunicación y las ONG, con la intención de influir en la opinión pública y obtener apoyos para la Liga.

Inevitablemente, las instituciones intergubernamentales combinan de maneras muy diversas las funciones de generar información y de establecer sus políticas al respecto, obteniendo y procesando la información proveniente de los Estados miembros, y organizando los escenarios y supuestos de la interacción interestatal, información acumulada que, en definitiva, las instituciones custodian. Tradicionalmente, los representantes estatales han concebido esa interacción estatal como otra forma de diplomacia, proyectando a este ámbito la lógica del secreto que en épocas anteriores solía acompañar a los temas de «asuntos exteriores» –y aún hoy disfrutan en las legislaciones nacionales sobre libertad de información de una excepción de amplio alcance–. En las instituciones globales continúan aplicándose antiguos protocolos diplomáticos, entre ellos, el «principio de control del que origina el documento», que propugna que sea la entidad que lo genera la que lo controle (Roberts 2004). A lo anterior deben sumarse tanto las tendencias tecnocráticas a que sean los expertos los que conserven y custodien el material informativo, como los temores a que una posible publicidad de los borradores o de cierta información pueda influir en los mercados o socavar antes de tiempo la eventual consecución de las políticas o de las reformas perseguidas por la institución. Consecuentemente, las secretarías han tenido muchas razones para favorecer una relativa opacidad, más aún cuando los Estados miembros de sus instituciones tenían, a nivel interno, una perspectiva proclive a la misma en materia de acceso público a la información gubernamental.

Las políticas de transparencia suponen un cambio parcial, aunque decisivo, con respecto a esta tradición de secreto diplomático y burocrático. Seguidamente, se identifican tres factores, que, analizados conjuntamente, pueden resultar representativos del cambio operado en estos últimos años en favor de las políticas de transparencia en el seno de las instituciones internacionales, la particular forma y contenido de dichas políticas, así como las diferencias entre instituciones en lo que se refiere tanto a su adopción como a su contenido.

El primer y más relevante factor en favor de la transparencia en el seno de las instituciones internacionales radica en el efecto colateral que han generado las exigencias de una mayor publicidad o transparencia dentro de los Estados democráticos –respecto de los Gobiernos y otros niveles de poder–, unido a la creciente sujeción y exposición de las políticas nacionales a la influencia de esas organizaciones internacionales. La preocupación por que las Administraciones ministeriales o de corte burocrático, dominadas por expertos, estuvieran supervisadas y controladas no sólo por el poder político, sino también por el público en general, es anterior al masivo crecimiento de las agencias ejecutivas norteamericanas que se produjo en los años treinta del pasado siglo y después de la Segunda Guerra Mundial (Muir 1910, Zimmern 1930), preocupación ésta que no haría sino ir en aumento a medida que esta evolución se hacía mayor. Así, la legislación en materia de libertad de información se ha extendido rápidamente desde los años setenta; hasta el 2012, al menos noventa y cuatro países poseían algún tipo de legislación sobre la libertad de información, y la mayoría de estas normas habían entrado en vigor con posterioridad al año 2000 (Vleugels 2012). Es posible trazar la influencia y la expansión de esta legislación entre los diversos Estados. Lo decisivo ha sido, sin embargo, el esfuerzo a nivel local, en donde con frecuencia se producen vaivenes o inflexiones por razones políticas o socioculturales (Ackerman & Sandoval-Ballesteros 2006, pp. 109-115; Florini 2007; Michener 2013). Algunos Estados (a menudo jóvenes democracias, con experiencias recientes de transformaciones constitucionales), incorporan también en la propia Constitución, de manera expresa, un derecho a la información. En otros Estados, y en las democracias más antiguas, la Constitución no hace referencia expresa a un derecho de este carácter y contenido, si bien los tribunales han derivado su existencia de la interpretación de las disposiciones garantes de otros derechos como los de libertad de expresión y libertad de prensa (Peled & Rabin 2011, pp. 370-380). Estas leyes sintetizan las exigencias ya existentes que se basaban en que los ciudadanos son titulares del derecho a la información con apoyo en diversos referentes normativos, al tiempo que crean una conciencia pública acerca de la necesidad de apertura de toda institución que ejerza poder público. Una vez reconocido el derecho a la información, las demandas de universalización y extensión del acceso adquieren una renovada fuerza, puesto que la misma existencia del derecho constituye un fundamento en sí mismo para justificar aquellas reformas que lo hagan efectivo y lo llenen de contenido. En algunas agencias estatales, especialmente en aquéllas que ejercen competencias sobre regulación del mercado o que están relacionadas con el comercio o las inversiones internacionales, la normalización o extensión de la idea de la buena gobernanza, en la que se asienta la transparencia, ha supuesto un nuevo impulso para ésta.

El rápido incremento de leyes estatales en materia de libertad de información, así como de normas o políticas que exigen una publicidad proactiva, han configurado un conjunto de obligaciones para los Gobiernos y las autoridades públicas que se traduce en la obligación de publicar proactivamente y de proporcionar, si así se solicita, la información necesaria acerca de cuáles son los compromisos que han adquirido con otras organizaciones interestatales o con redes de reguladores extranjeros, aunque aquí en buena medida la excepcionalidad a la accesibilidad de la información pueda resultar excesiva (Musuva 2006). Habida cuenta de que algunas leyes sobre libertad de información prevén que cualquier persona, sin importar su nacionalidad, pueda exigir su aplicación, en teoría podría suceder que partes interesadas de terceros Estados que no hubieran promulgado leyes sobre libertad de información aprovechasen, sin embargo, las leyes de otros Estados para acceder a la información sobre asuntos de alcance trasnacional que les afectasen.

Otras disposiciones constitucionales o legislativas estatales (entre las cabe incluir las de ámbito supraestatal), exigen que las instituciones globales, o los propios Estados, difundan cierta información cuando las autoridades públicas estatales implementen o apliquen medidas exigidas por la institución global. Tales disposiciones han sido de gran importancia en los recursos interpuestos ante tribunales nacionales y de la UE contra las sanciones financieras impuestas a individuos y grupos en virtud de resoluciones antiterroristas del Consejo de Seguridad, puesto que entre los fundamentos esgrimidos en las demandas se encontraba la negativa a facilitar las pruebas en las que se basaban el Consejo de Seguridad o sus miembros para incluirlos en las listas antiterroristas. Algunas disposiciones constitucionales a nivel nacional, como las que se refieren a las condiciones para transferir competencias a instancias supraestatales, hacen posible que los Estados puedan empujar a las organizaciones internacionales en esa dirección hacia una mayor transparencia (o, en ocasiones, en contra).

Ahora bien, la influencia también ha tenido lugar en sentido inverso. Y es que las organizaciones internacionales y el Derecho Internacional han servido para difundir las normas de acceso a la información en manos de los Gobiernos y autoridades nacionales.

Por ejemplo, algunas disposiciones de tratados internacionales sobre derechos humanos, en particular el artículo 13 de la Convención Americana sobre Derechos Humanos, han sido interpretadas por los tribunales en el sentido de que exigen el establecimiento dentro del Estado de normas sobre el acceso a la información (Birkinshaw 2006, Klaaren 2013). Las instituciones globales y regionales han promulgado normas modelo y recomendaciones complementarias para promover el acceso a la información entre los Estados (la Commonwealth en 2002, la OEA en 2010 y la Unión Africana en 2012). En ciertos sistemas interestatales de comercio (Ala`i 2008), contratación pública, inversiones, política monetaria, protección del medio ambiente, anticorrupción, etc., se exige que los Estados hagan accesible la información necesaria.

Las exigencias de transparencia que han impuesto algunas organizaciones internacionales y el Derecho Internacional han contribuido, al menos en algunos sectores, a implantar y consolidar la transparencia en el plano interno, y a su vez en algunos casos, a que esas mismas organizaciones cumplan con esmero esas prácticas que les piden a los Estados.

A pesar de que los mecanismos de solicitud de documentación, las presunciones de publicidad y los cada vez más formalizados procesos de revisión, que las instituciones internacionales contemplan, suelen ser una imitación, a veces simplificada, del contenido básico de la mayoría de leyes nacionales de libertad de información, las diferencias son notables sobre todo si nos fijamos en los sistemas nacionales más ambiciosos. Son muy pocas las políticas de transparencia de las instituciones internacionales que reconocen como tal el derecho a la información (a excepción del Banco Asiático de Desarrollo y la OEA), aunque sí se refieran muchos a otros derechos de alcance más limitado, como es la posibilidad de revisión de las decisiones. En la mayoría de las políticas de transparencia de las instituciones internacionales se usa un lenguaje menos preciso y sistemático que el que se emplea en normas o códigos nacionales. Del mismo modo, y aun cuando las excepciones a la publicidad de información previstas en las políticas de las instituciones de la gobernanza global suelen estar en consonancia con los sistemas nacionales de libertad de información, las exigencias de ponderación que las más recientes leyes nacionales incorporan para determinar los beneficios y perjuicios que el acceso a la información pueda deparar no han sido adoptadas en muchos casos.

Así por ejemplo, la política del PNUD (Programa de las Naciones Unidas para el Desarrollo) no se refiere a los perjuicios como fundamento que justifique la denegación de publicidad; en su lugar habla de «los factores jurídicos, operativos y prácticos que sean necesarios para preservar los intereses de la entidad» (PNUD 2008, párrafo 11). Las políticas de las instituciones internacionales a menudo permiten que se apliquen las preferencias de confidencialidad que establecen los Estados, o contienen prerrogativas que posibilitan la reserva de documentos que, en otro caso, hubieran sido objeto de publicidad. A pesar de que las políticas de transparencia de las instituciones internacionales contemplen mecanismos de revisión en primera instancia similares a los de revisión administrativa de los poderes públicos a nivel interno, y, en los casos en que existe, la segunda instancia use un lenguaje propio de los procesos judiciales y cuasijudiciales, ninguna de las entidades aquí referidas son verdaderos tribunales. Por ende, tampoco es su naturaleza ni la importancia de sus fundamentaciones igual a la de un órgano administrativo o tribunal nacional.

El segundo factor del cambio en las instituciones internacionales hacia una mayor transparencia en detrimento del secreto trae su causa del fuerte crecimiento del protagonismo de la gobernanza global. Tanto en materia de normas y estándares, como de resoluciones, la autoridad ejercida más allá del Estado ha crecido considerablemente, y, en consecuencia, el entrelazamiento e interconexión de los procesos administrativos entre los diversos niveles, internacional, transnacional y regional (Kingsbury *et al.* 2005, Cassese *et al.* 2012). El foro del debate sobre la transparencia se ha transformado como consecuencia de la gobernanza transnacional y las funciones cambiantes que en el marco de ésta desempeñan las instituciones globales, con enormes y avanzados sistemas administrativos que controlan a la par que se dejan influir por flujos de información. La multiplicación de instituciones, que operan a modo de puntos de encuentro relativamente estables, ha propiciado que algunos aspectos de las relaciones interestatales se vuelvan más transparentes e inteligibles para terceros en comparación con la interacción que tiene lugar por vía diplomática o mediante coaliciones informales. Sin embargo, ello ha supuesto también un subterfugio para que cierta información eluda la regulación nacional de transparencia. Por tanto, los factores de la oferta y la demanda de transparencia se han visto transformados, en la misma medida en que el terreno sobre su debate ha cambiado.

La creciente importancia de la gobernanza transnacional y de las interrelaciones entre las Administraciones globales, regionales y nacionales ha reforzado los argumentos a favor de que se apliquen a la gobernanza supraestatal las mismas exigencias de transparencia que se aplican en el ámbito nacional. Además ha provocado un asombroso aumento del número de personas y electores que se interesan por las actividades de la gobernanza global, interés que a veces es directo y otras es consecuencia del impacto de tales actividades en los procedimientos y funciones del Estado. A su vez, este interés creciente ha provocado un aumento de las exigencias tanto de transparencia como de medios de vanguardia para la generación de información de manera que se consiga la primera. Muchas instituciones globales e iniciativas, desde los sistemas de certificación de productos hasta los informes sociales y de sostenibilidad para empresas, han ayudado a descubrir una serie de fenómenos (v.gr., cadenas de suministro, impacto medioambiental, prácticas laborales y las condiciones de concesión de recursos en otros ordenamientos) que de otra manera no se conocerían. En algunos contextos, la transparencia ha dejado de ser un simple elemento incidental incluido en un programa de gobernanza para pasar a constituir una forma de gobernanza en sí misma. El objetivo de la transparencia se está convirtiendo progresivamente en una estrategia regulatoria amigable y sencilla (Fung *et al.* 2007). Muchas de estas iniciativas de transparencia dirigida implican, más que el mero escrutinio de materiales preexistentes, la producción de determinada información en un formato preestablecido y comprensible, englobándose así en lo que se ha venido a denominar gobernanza o regulación por información (Davis *et al.* 2012).

Un tercer factor en favor de las políticas de transparencia se sitúa en el corto plazo y resulta del imperativo de hacer frente a las críticas políticas provenientes de los Estados miembros principales (y de sus propios Parlamentos) o de las ONG. Grigorescu (2007) ha destacado la correlación existente entre el mayor grado de apertura de las instituciones intergubernamentales y los superiores niveles de democracia de sus Estados miembros. Sin embargo, aun en las democracias más avanzadas existen diferencias respecto al vigor con que los Estados hacen campaña por la transparencia.

Así, Estados Unidos ha desempeñado un importante papel presionando para la adopción de medidas de transparencia en la ONU (al menos en lo que se refiere a materia presupuestaria), y en los BMD. Por su parte, los países nórdicos han presionado repetidamente en las instituciones europeas para lograr una mayor transparencia. Grigorescu (2007) no encontró ninguna correlación entre el número de ONG que cooperaban con una institución intergubernamental y el grado de apertura de la misma, aunque, de manera anecdótica, sí parece que sean relevantes la misión y la capacidad de la ONG –por ejemplo, la transparencia tendrá mayor importancia para las ONG cuya misión esté relacionada con la libertad de información, los derechos o la democracia, que para aquellas ONG que se ocupen de ámbitos más técnicos, y en cuanto a las ONG de gran capacidad, éstas serán las que provoquen mayor impacto–. Algunas campañas de transparencia promovidas por ONG aspiran principalmente a asegurar una mayor apertura en las instituciones globales o a llevar a cabo una vigilancia más cuidadosa de las mismas, bien como fin en sí mismo, bien como medio para lograr la mayor efectividad de dichas instituciones; para otras ONG, las actividades y valores de las instituciones globales se encuentran en el «mal camino», en lo que respecta a sus actuaciones y reglas, en cuyo caso los instrumentos de transparencia constituyen en primer término un medio para alcanzar un fin, para forzar un mayor compromiso con otras opciones y concepciones alternativas o programas importantes (Buchanan 2003, pp. 678-79).

Por lo demás, estos tres factores analizados no pretenden ser exhaustivos. Por ejemplo, Grigorescu (2007) también encontró correlaciones entre una mayor apertura de las instituciones intergubernamentales y los siguientes elementos: menor cantidad y complejidad de los asuntos que trata la organización, un mayor presupuesto de la organización o el hecho de haberse visto afectada por algún escándalo reciente. También cabe identificar una cierta receptividad hacia una mayor transparencia cuando instituciones análogas y bien conocidas, que operan en el mismo ámbito, adoptan nuevas medidas en pro de la transparencia, como ponen de relieve algunos estudios. El presente capítulo, que abarca desde los antecedentes hasta las políticas de transparencia más recientes, sugiere que estas reformas poseen una fuerte dimensión reiterativa o de mimetización, principalmente entre instituciones emparentadas, como los BMD. Supone también un factor relevante el deseo de obtener una buena evaluación en políticas de transparencia, a juzgar por la frecuencia con que los documentos de las instituciones globales se refieren a la posición que, en comparación con otras instituciones, han obtenido en evaluaciones sobre transparencia institucional o integridad, tales como las que lleva a cabo la Iniciativa de Transparencia Global (ITG) o el *One World Trust's Global Initiative Accountability Project*.

2. EL IMPULSO DE LA CONSIDERACIÓN DEL CARÁCTER PÚBLICO EN LAS NORMAS QUE PROMUEVEN LA TRANSPARENCIA

En ciertos supuestos, la adopción de políticas de transparencia en el seno de algunas instituciones internacionales puede estar relacionada con la percepción de que la institución de gobernanza global constituye una institución de carácter público, y en consecuencia, por analogía, se halla sujeta a las obligaciones de transparencia de naturaleza similar que se imponen en el Derecho Público nacional.

Ello se ha visto claramente en el caso del Banco Mundial. A pesar de que en ciertas ocasiones el Banco ha negado encontrarse sujeto al deber de transparencia por su condición de institución pública (World Bank 2009b, p. 2), parece que ha modificado progresivamente su posición al respecto en esa dirección, con ocasión de las consultas en el proceso de elaboración de sus políticas (World Bank 2009a, p. 3): «en su condición de organización pública perteneciente a los Gobiernos miembros, el Banco ha de tener razones de mucho peso para no poner a disposición del público la información adecuada». Esta nueva perspectiva del Banco se ha inspirado en buena medida en la reciente legislación en materia de libertad de información de algunos países miembros, como India y México, entre otros.

Estos comentarios reflejan una concepción –si bien no completamente consolidada– del Banco como una institución pública, bien por «su condición de organismo público de los Gobiernos miembros» que lo asimila a las instituciones públicas, bien porque actúa con y por medio de los Gobiernos, bien porque de cierta manera se percibe a sí mismo con capacidad para ejercer competencias gubernamentales sobre poblaciones determinadas. Sin duda, la actitud de las ONG ante el Banco y otros BMD ha contribuido a reforzar esta percepción, ya que éstas suelen comparar las medidas de transparencia de estas instituciones con las que adoptan los Estados.

Otras instituciones, como el PNUD, han subrayado igualmente su condición de receptores y custodios de fondos públicos para fundamentar su deber de transparencia (UNDP 2008, párrafo 2).

Tal y como ilustran estos ejemplos, bajo cada política de transparencia subyace toda una visión acerca de lo que es la propia institución, a quién sirve, y cuál es el estatus de los individuos y de las organizaciones que quieren ponerla en práctica.

La expansión de las políticas de transparencia no es sino una parte de un fenómeno más amplio, en cuya virtud la actuación de la gobernanza global se sujeta cada vez más a normas de procedimiento, que, al menos en términos generales y funcionales, reflejan principios básicos del Derecho Administrativo que se dan en los Estados (Cassese 2005, Kingsbury *et al.* 2005). Aun en el caso de que la incorporación de ciertos criterios internos de transparencia en el seno de una institución global no sea consecuencia impuesta por una norma específica, lo cierto, sin embargo, es que puede sostenerse que la política de transparencia posee una cierta relevancia jurídica o que forma parte de un renovado *ius gentium* que trasciende al estatismo de las vigentes concepciones del Derecho Internacional*. Cualquier postura a favor o en contra del carácter jurídico de estas prácticas institucionales internas depende lógicamente en última instancia de lo que se entienda por Derecho (Kingsbury 2009a)**. Sin embargo, cualquiera que sea su naturaleza, las prácticas y políticas internas son potencialmente capaces de generar todo un conjunto de normas jurídicas, o con relevancia jurídica, de cara a una evolución futura. Desde una perspectiva funcional, las reivindicaciones en pro de una aplicación efectiva de la transparencia, la retórica jurídica, y la estructura de ciertos procesos de revisión, pueden determinar, con el paso del tiempo, una más estrecha articulación y comprensión de la relación existente entre los específicos detalles de la aplicación de la transparencia y las grandes ideas sobre derechos, el carácter público y legitimidad.

Ha de admitirse que el lenguaje empleado en muchas de las políticas de transparencia de las instituciones globales resulta algo impermeable a la típica interpretación jurídica que se utiliza de los actos jurídicos. Generalmente, tampoco reconocen esas políticas el derecho a la información como tal. Todo ello hace pensar que el personal al servicio de estas organizaciones y comités están lejos, a corto plazo, de asumir una visión del problema basada en la individualidad del derecho y en el valor de la dignidad humana que lo acompaña. Sin embargo, puesto que deben pronunciarse sobre cuestiones como la que se refiere a la ponderación de si el interés público por la transparencia tiene mayor peso que la excepción particular en el caso concreto, estas organizaciones y órganos habrán de hacerlo con coherencia y sistematicidad, y, a la postre, dotando de contenido sustantivo conceptos tan abiertos como el de interés general o interés público. En este contexto, es difícil pensar que los derechos humanos o los principios generales de Derecho Público no vayan a constituir al menos un punto de referencia, aunque es posible que las instituciones de la gobernanza global apuesten por una interpretación interna o más funcional del interés público en favor de la transparencia, vinculada de manera más estrecha a sus objetivos particulares. Aun cuando la comprensión que subyace a la interpretación de las excepciones y de las causas o supuestos de interés público prevalente son, en principio, tan sólo vinculantes para la institución

---

*Sobre este tema, y con un alcance más amplio (el concepto del Derecho y de fuentes), puede verse el capítulo tercero. (N. del E.).

** Concepciones del Derecho y de las fuentes que no se examinan en el presente capítulo, sino en el tercero, al que es necesario remitirse. (N. del E.).

de que se trate en cada caso, pueden extenderse posteriormente a otras entidades con las que la institución coopere o interactúe, bien por medio de la emulación, bien a consecuencia de un acuerdo explícito para una política coherente, bien a resultas de las presiones que los distintos actores ejercen para seguir el ejemplo de otra institución. Así, es posible comprobar, en la compleja intersección entre el Derecho vigente y esas políticas de transparencia, que existen vías a través de las cuales la transparencia puede crecer tanto dentro de cada institución, como en el marco de sus relaciones con otras, y hacerse así más connatural a los cuerpos normativos en vigor.

3. JUSTIFICACIONES EXPLÍCITAS DE CARÁCTER PRESCRIPTIVO EN FAVOR Y EN CONTRA DE LA TRANSPARENCIA*

En el proceso de formulación y debate sobre las políticas de transparencia más adecuadas, las instituciones también han aportado argumentos a favor y en contra de la transparencia. Las actas oficiales de las instituciones y el propio texto de las políticas pueden acomodarse en función del público al que quieran atraer, o pueden constituir un compromiso asumido tras largos debates en los que los interlocutores presentan diferentes puntos de vista. Ello no obstante, estos registros y documentos sirven de guía básica para comprender cómo se concibe la transparencia.

El examen de las políticas generales de las instituciones aquí examinadas, junto con las recientes declaraciones acerca de los objetivos de estas políticas incluidas en documentos conclusivos e informes de evaluación, indican que los argumentos a favor de la transparencia son en su mayoría de naturaleza consecuencialista, y, más específicamente, se articulan en términos de mandatos y objetivos de la propia institución (aunque se fundamentan en la idea, un tanto vaga, de que la transparencia es pertinente como forma de gobernanza). Algunas de las justificaciones que aportan las instituciones internacionales o su personal se apoyan en una mayor reputación o prestigio, y en un mejor trabajo. Por ejemplo, la política del Fondo Internacional de Desarrollo Agrícola (FIDA) señala, antes de hacer alusión a beneficios más importantes, que «la completa puesta a disposición de información reafirmará el compromiso del FIDA con la transparencia y la buena gobernanza, de manera que los inversores podrán comprobar que el FIDA se ciñe a las buenas prácticas de las IFI (Instituciones Financieras Internacionales)» (FIDA 2010, párrafo 13). En un extracto de la revisión de 2009 de la política de transparencia del FMI, se puede leer la siguiente declaración del primer subdirector gerente del FMI: «el Fondo ha pasado de ser una institución bastante opaca a reforzar su efectividad gracias a una mayor transparencia y apertura. Esta transformación ha sido fruto de un cambio global de actitud frente a la transparencia: todos esperan que instituciones como el Fondo sean lo más abiertas posible.

---

* Sobre la dimensión prescriptiva de esta obra y de los distintos principios y elementos que integran un Derecho Administrativo Global, puede verse la nota del editor, así como el capítulo segundo en particular, aunque se trata de una dimensión que recorre todos los capítulos de este libro. (N. del E.).

Así, el incremento de la transparencia del Fondo permitirá a la institución cumplir sus responsabilidades (FMI, 2009b, párrafo 2)».

Muchas de las políticas de transparencia y de los documentos relacionados con ésta indican que la transparencia se persigue por los beneficios que aportará (por ejemplo, rendición de cuentas, participación, retroalimentación o *feedback*, y otros objetivos de carácter sustantivo). Así, para el FMI, «en política económica, la transparencia y el acceso a datos fidedignos sobre desarrollo económico y financiero son claves para la toma de decisiones con solidez y para el buen funcionamiento de la economía» (FMI 2013). Para el Organismo Multilateral de Garantía de Inversiones (OMGI) y la *International Finance Corporation* (IFC), «la transparencia y la rendición de cuentas son fundamentales para cumplir el mandato de desarrollo [de cada institución]» (OMGI 2007, párrafo 1; IFC 2012, párrafo 3). Se considera que la transparencia sirve para lograr el conjunto de objetivos interrelacionados de asegurar el conocimiento público de, y el diálogo sobre, el trabajo de la institución, así como para mejorar el intercambio de conocimientos en y entre las instituciones (por ejemplo, OIT 2008, párrafo 2; FIDA 2010, párrafos 14-15). Más en concreto, en varias ocasiones se ha dicho de la transparencia que promueve la confianza de los ciudadanos, así como el compromiso y la participación de los inversores; que mejora el diseño de los proyectos y su gestión, control y efectividad, contribuyendo al logro de resultados más sólidos; y, finalmente, que mejora la aportación que supone la retroalimentación (*feedback*) de información, en beneficio de futuros proyectos. Por lo que se refiere a los principios concretos que determinan qué documentos han de ser publicados y cuáles se mantendrán reservados, el proceso se suele explicar como una forma de ponderar los beneficios (a veces designados como interés público) de la publicidad y los daños o costes que ésta podría acarrear. En muchas ocasiones no queda claro en qué medida la disponibilidad de la información contribuye a alcanzar los fines especificados, y tampoco es evidente cómo la transparencia permitirá lograr incluso objetivos procedimentales, como, por ejemplo, la rendición de cuentas, al menos en ausencia de una jerarquía institucional de carácter formal y dada la falta de capacidad para aislar a la institución y a su plantilla de aquéllos ante los que, en teoría, las instituciones deben rendir cuentas (Hale 2008). Además, en muchas ocasiones se hacen patentes las tensiones entre los argumentos a favor de la transparencia y los intereses contrapuestos o la identidad institucional –tensiones que se suavizan por medio del establecimiento de amplias excepciones–. Las IFI que trabajan con el sector privado, «en consonancia con las prácticas de los aseguradores públicos y privados, bancos comerciales y la mayoría de las instituciones financieras del sector público (para sus inversiones en el sector privado)», no hacen pública la información, de carácter financiero, de negocios, confidencial o de otro tipo que no sea de dominio público, proporcionada por clientes o terceros, puesto que hacerlo «sería contrario a las expectativas legítimas de los clientes, que, en un mercado altamente competitivo, necesitan estar en condiciones de revelar al OMGI información detallada sin temer que pueda verse comprometida la confidencialidad de sus proyectos u otra información reservada» (OMGI 2007, párrafo 9a). Al contrario de lo que sucede con muchas de las excepciones a la publicidad (como, por ejemplo, la privacidad de los datos personales), esta última no es una excepción accesoria a las funciones de la institución, sino que revela una tensión en el núcleo de lo que ésta es: o una organización intergubernamental con aspiraciones en materia de participación pública, o un banco.

De modo semejante, las proclamas generales acerca de la conveniencia de la transparencia a menudo se encuentran sólo imperfectamente relacionadas con los detalles de la política específica que en última instancia se adopte (Haufler, 2010, p. 56; Mason 2010, p. 24; Park 2010, p. 14). Incluso instituciones como el Banco Mundial, que no están orientadas al crédito privado, experimentan cierta tensión entre, por un lado, el desempeño de su papel como instituciones de desarrollo (que reconocen la enorme importancia de la transparencia), y, por otro, lo que el Banco designa como la necesidad de «un espacio de debate fuera del escrutinio público», y de «preservar la integridad de su proceso deliberativo facilitando y salvaguardando el intercambio libre y abierto de ideas» (Banco Mundial 2010, párrafo 16). Sin embargo, preservar la integridad del proceso deliberativo –que en términos generales cubre los primeros borradores de documentos y discusiones internas–, no resulta fácilmente compatible con la necesidad de la transparencia para promover el compromiso de los afectados e inversores y para mejorar el diseño de proyectos; a ello se añade que excepcionar y no practicar un proceso deliberativo sobre la información disponible constituye un foco de tensiones que tanto atrae la crítica de las ONG como supone el reproche generalizado y más cuestionado a la política del Banco Mundial.

IV. EFECTOS POTENCIALES DE LAS MEDIDAS DE TRANSPARENCIA EN LAS INSTITUCIONES DE LA GOBERNANZA GLOBAL

Tal y como se desprende del apartado anterior, buena parte del argumentario a favor y en contra de la transparencia en ciertas instituciones produce efectos contrarios a los esperados. En este epígrafe se esbozan algunas hipótesis generales sobre los efectos de los mecanismos de transparencia, entre los que se encuentran las diferentes fórmulas de transparencia ya bosquejadas. Antes de proceder a esa evaluación, hemos de hacer algunas matizaciones y formular ciertas cautelas en lo que hace al ámbito en el que operan las medidas de transparencia.

En primer lugar, tal y como se sugirió al principio, la misma ubicuidad de la transparencia como categoría de análisis (reflejada a lo largo del presente capítulo), puede en algunas ocasiones enmascarar la presencia permanente de prácticas opacas. Este efecto puede percibirse de distintas maneras. En la medida en que la transparencia representa un ideal generalmente aceptado, las desviaciones se valoran como algo excepcional, sin tener en cuenta hasta qué punto constituyen prácticas comunes y se hallan afianzadas en la praxis. Con independencia de ello, toda la retórica hueca sobre transparencia en cierto modo desincentiva que realmente la deliberación secreta o confidencial se considere la forma adecuada de operar en ciertas fases o instancias del trabajo (más allá del terreno de la seguridad pública), aun cuando el propio personal piense sinceramente que sería lo deseable o necesario. Obviamente, existen numerosas instituciones que abiertamente abogan por el mantenimiento del secreto, pero el hecho de que suelan articular su posición como una excepción –también cuando la información que se pretende mantener en secreto se encuentre en el centro de aquello a lo que los críticos e interlocutores quieren acceder en los sistemas de transparencia–, puede llegar a ocultar aún más los graves límites que actualmente se imponen a la transparencia en la práctica.

En segundo lugar, el cuadro descriptivo que aquí se muestra muy probablemente ensalce el alcance actual de las normas de transparencia en la gobernanza global, ya que la tabla 1 se centra principalmente en las instituciones de mayor tamaño y con mejores recursos. Muchos organismos interestatales no poseen políticas de transparencia de ninguna clase, y de hecho algunos exigen a los Estados promulgar normas que restrinjan el derecho a la información (Roberts 2002, 2003; Grigorescu 2002, pp. 471-73). Buena parte de la gobernanza global se lleva a cabo también en y por entidades privadas, empresariales y de carácter informal, que, a pesar de que normalmente están sujetas a algunos requisitos en materia de transparencia, son mucho menos abiertas.

En tercer lugar, el alcance del acceso a la información que proporcionan las políticas de transparencia depende del planteamiento de la institución acerca de la obtención y tratamiento de la información, y de la existencia de requisitos que le obliguen a reunir determinada información en momentos establecidos (por ejemplo, para la evaluación de proyectos, evaluaciones medioambientales o consultas). Puesto que la mayoría de las políticas son aplicables sólo a la información existente y prevén su publicidad tan sólo en la forma en que se encuentren, el acceso a esta información lo único que permite es que los terceros no pertenecientes a la misma contemplen el mundo a través del prisma de la institución (Broome & Seabrooke 2012). De cara a la generación de nueva información, los terceros ajenos a la institución, en primer lugar, deben obligarla a cambiar la forma en que ven el mundo, para después hacer pública la información producida desde esta nueva perspectiva.

En cuarto lugar, dado que las instituciones y sus prácticas evolucionan, sus actividades pueden quedar fuera de la esfera cubierta por las políticas aplicables. Como cualesquiera otras normas de procedimiento, los requisitos de transparencia pueden devenir menos efectivos o relevantes al cambiar la misión y la actividad propias de la institución. Por ejemplo, existe cierta preocupación por que la actual modernización del Banco Mundial, promovida en parte por la competencia con otros prestamistas, redirija la financiación del Banco hacia otras formas que no consistan en inversiones de particulares a las que les son aplicables políticas de protección que exigen una recopilación exhaustiva de información en materia de asuntos sociales y medioambientales. Formas de préstamo, en definitiva, en las que se reducirían considerablemente tanto la seguridad como la documentación que justifica *ex ante* en qué se emplearán esos fondos.

En quinto lugar, puede suceder que información muy relevante simplemente escape al ámbito de aplicación de las obligaciones de transparencia, debido al alcance limitado de las políticas de la institución de que se trate o a la amplitud de las excepciones a la publicidad. Revisten particular importancia las excepciones a proveer información que consisten en proteger la confidencialidad de los documentos preparatorios, de las negociaciones, y de las deliberaciones entre las delegaciones de los Gobiernos y el personal de la institución. En el caso del Banco Mundial, de las treinta y cuatro solicitudes de documentos denegadas en todo o en parte durante el ejercicio de 2012, dieciséis denegaciones se basaron principalmente en la excepción de acceso a la información relativa a las deliberaciones, y esta importante proporción de denegaciones atribuibles a dicha excepción concuerda con la experiencia de años anteriores. Entre las materias de que conoce el Comité de Acceso a la Información del Banco, la impugnación de resoluciones denegatorias de acceso a documentos motivadas con base en la excepción de acceso a información sobre deliberaciones es muy numerosa (Banco Mundial 2013, p. 14). El Comité ha acentuado la amplitud de esta excepción, dando además instrucciones a los puntos de contacto para la presentación de solicitudes de acceso, de no remitirle las solicitudes de ejercicio de su prerrogativa de divulgar información reservada con base en la excepción de la información sobre las deliberaciones, cuando la información reservada tenga una antigüedad inferior a cinco años (Banco Mundial 2012, pp. 14, 28, 36-37).

En sexto lugar, el funcionamiento real de cualesquiera políticas de transparencia depende del vigor y amplitud de miras empleados por la institución en su implementación, así como del número y características de los individuos y organizaciones que soliciten información de manera activa y la utilicen. La información que proporcionan las ONG en relación con instituciones específicas sugiere que actualmente existen problemas de implementación de las políticas vigentes (Musuva 2006, Burkett & Gasser 2010, Forum de ONG 2010, Tamufor & Pienaar 2011). Grigorescu (2007) advirtió resultados diferentes entre la «transparencia de cara al público» y la «transparencia de cara a las ONG», diferencias existentes incluso entre organizaciones cuyas políticas de transparencia son similares. Por el contrario, en algunas instituciones, con el fin de mejorar sus objetivos, el personal de la misma o de las representaciones y delegaciones de sus Estados miembros, publican información cuyo acceso público no se exige o no estaba previsto. Esta accesibilidad a la información puede darse, bien de forma involuntaria, o bien de forma deliberada; asimismo puede ser excepcional o rutinaria; dirigida a todo el mundo o a una audiencia seleccionada, variando sus efectos en función de dichos factores. Como medida de transparencia, las leyes en materia de acceso a la información son muy frecuentes en la Unión Europea, y están implantándose progresivamente políticas en esta materia en los BMD; este fenómeno, en cambio, aparentemente reviste menor importancia en las Agencias de la ONU. Además, el principal público solicitante de información no ha resultado ser el esperado o deseado. A pesar de que las instituciones suelen tener una idea aproximada de los actores que son proclives a solicitarles información, una vez que entran en un sistema en el que cualquier grupo o individuo puede solicitar información sin aducir justificación alguna, apenas tienen forma de controlar qué público accederá a dicha información (salvo a través del cobro de una tarifa para desincentivar y compensar las solicitudes onerosas), o el uso que le darán los terceros.

Estas cautelas y matices tienen su importancia. Ahora bien, resulta razonable partir de la premisa de que la transparencia y otras medidas para difundir el conocimiento del trabajo de una institución que se sitúa en la gobernanza global (y que aquí de modo abreviado calificamos de «medidas de transparencia») pueden generar cuando menos algún efecto. En este epígrafe, se identifican, aunque de manera muy simplificada, algunas hipótesis sobre los efectos e implicaciones que pueden surgir de las medidas de transparencia.

La primera hipótesis, elaborada con mayor extensión respecto a las demás con el fin de ilustrar la clase de herramientas de análisis que las sustentan, se refiere a los efectos de las medidas de transparencia en general. La segunda hipótesis también se refiere a lo mismo. Las restantes han sido libremente agrupadas, para mayor comodidad, en función de las categorías de las entidades afectadas (Estados, entidades infraestatales, actores privados, instituciones de gobernanza global). Sin embargo, esta clasificación no debería ocultar el hecho de que la transparencia también afecta a las relaciones que acontecen entre y en el seno de tales entidades. Puede haber estrechas relaciones entre los flujos de información y la cooperación interinstitucional –legal y práctica–. Por ejemplo, a medida que se desarrolle la doctrina sobre la atribución de responsabilidad por daños en el marco de la cooperación entre organizaciones internacionales, así como entre organizaciones internacionales y Estados, parece probable que tal eventual asignación de responsabilidad pueda ejercer presión a favor (o posiblemente en contra) de un mayor intercambio de información entre las instituciones –si no con el público en general–. Además conviene tener presente la existencia de individuos y comunidades que, a pesar de mantener una vaga conexión con las instituciones y organizaciones de ámbito global, se ven intensamente afectados por las consecuencias de decisiones y de las actividades, estén o no sujetas a medidas de transparencia.

1. DOCE HIPÓTESIS SOBRE LOS EFECTOS DE LAS MEDIDAS DE TRANSPARENCIA

A) Efectos generales

1. Las medidas de transparencia, y, en particular, la certeza o la posibilidad de que la información resulte accesible, pueden condicionar la selección de qué información haya de generarse y cómo se presente

Las medidas de transparencia pueden configurar y al mismo tiempo venir configuradas por decisiones institucionales acerca de qué información obtener y cómo procesarla y presentarla. La transparencia puede dejar al descubierto qué informaciones no posee una institución, moviéndola en algunos casos a obtener más información o a procesarla de un modo distinto. Por otro lado, las medidas de transparencia pueden exponer a la institución o a sus miembros a la censura o a la crítica, y el temor a esta clase de consecuencias puede conducirles a no obtener deliberadamente cierta información, a no archivarla, o a transmitirla de manera informal o expresándola en términos distintos. El alcance de los cambios que comportará la transparencia en la naturaleza de la información recabada, registrada y procesada dependerá en gran medida del contexto en que nos encontremos. Cierta información puede exigirse en términos legales o resultar necesaria para el propio funcionamiento de la institución, en cuyo caso la transparencia puede generar únicamente diferencias menores o marginales en lo que hace a la forma en que la información se expresa o presenta. Aun cuando haya un cierto margen para decisión acerca de la obtención y producción de información accesible al público, esas decisiones deberán justificarse en términos jurídicos de carácter prescriptivo, dentro y fuera de la institución; y también a la luz de los análisis de política económica (como los relativos a la pérdida de prestigio a resultas de la opacidad).

La experiencia del Fondo Mundial con auditorías de transparencia resulta ilustrativa de la pérdida de reputación que puede acarrear una reducción de transparencia, especialmente en aquellas instituciones que se imponen a sí mismas requisitos más exigentes que los que han adoptado sus iguales. Según la política del Fondo Mundial, los informes de auditoría de la Secretaría y de los procesos de selección de personal, así como la cartera de donaciones, debían publicarse en la página web de la Oficina del Inspector General (OIG) (Comité del Fondo Mundial 2011, pp. 57-58). En 2010, la OIG publicó un informe de auditoría en el que daba cuenta de la existencia de un posible fraude y malversación de fondos en varios países africanos. Unos meses más tarde, la prensa publicó esta información de manera sensacionalista para sugerir que la corrupción y el fraude estaban ampliamente extendidos en los programas del Fondo. Varios Estados que contribuían económicamente con donaciones expresaron a partir de entonces sus reservas de cara a futuros compromisos de financiación. Tal y como señaló la OIG, «en vez de haber sido objeto de alabanzas por su política de transparencia, el Fondo Mundial fue objeto de críticas y fue noticia por posibles irregularidades en su financiación, mientras que otras organizaciones bilaterales y multilaterales similares que también operan en estos escenarios de alto riesgo escapaban al escrutinio» (OIG del Fondo Mundial 2011, p. 2).

El Comité de Control Independiente de Alto Nivel nombrado al hilo de los sucesos anteriores para el examen de los controles fiduciarios y los mecanismos de supervisión, recomendó no hacer públicos los informes de la OIG cuando éstos fueran equiparables o análogos a las auditorías internas, subrayando en ese sentido que muchas instituciones similares, dedicadas también a la concesión de ayudas, no publicaban las auditoría internas. El Comité respaldó en términos generales que prosiguiese la publicación de las auditorías de la cartera de donaciones, aunque recomendó «crear versiones separadas de dichos informes para el Consejo y la Secretaría, los agentes del orden y el público en general», añadiendo que «el Fondo Mundial debe formular adecuadamente la redacción al hacer pública la información que pueda complicar los esfuerzos por recuperar los activos o cantidades de dinero ilícitamente perdidas, o que pueda perjudicar la persecución de personas implicadas en actividades destinadas a defraudar a la institución y a los gestores de sus subvenciones» (Panel del Fondo Mundial 2011, p. 62).

En algunos casos, la transparencia puede desincentivar el registro o grabación de opiniones de forma detallada, e incluso dejarlas por escrito. Por ejemplo, antes de la revisión de su política de acceso a la información, el Banco Mundial únicamente hacía públicas las «actas» de las reuniones de la Junta Directiva, que eran breves y poco informativas, pero no los «resúmenes del debate», en los que se incluían literalmente los comentarios formulados (sin atribuirlos a nadie), y que ocupaban varias páginas. Después de declarar la intención de hacer públicos los resúmenes, algunos activistas informaron de que los «resúmenes» preparados y publicados entonces eran mucho más breves y menos detallados que los anteriores «resúmenes del debate» (McIntosh 2010).

De alguna manera, los incentivos para evitar que la información quede registrada proceden con mayor frecuencia de los Estados miembros que de la propia institución. El Consejo (intergubernamental) Europeo, al defender ante el Tribunal General de la Unión Europea una decisión que denegaba la publicación de cierta información, trató de basarse en el efecto que producía la transparencia en la intención de los miembros de hacer constar sus posiciones por escrito, citando a tal efecto la excepción que es aplicable en los casos en que la publicidad del documento podría perjudicar seriamente el proceso decisorio de la institución (a excepción de que concurra un superior interés público en favor de la publicidad del mismo). Irónicamente, la información que se solicitaba consistía en la identificación de las delegaciones que manifestaban posturas particulares respecto a la modificación de la regulación sobre el acceso a los documentos del Consejo. Con anterioridad a la resolución del caso, tuvo lugar una filtración de un documento con dicha información, lo que permitió al Consejo evaluar el impacto de su publicación. Así, el Consejo declaró lo siguiente: «Desde entonces [la publicación del documento], las delegaciones han sido particularmente reservadas a la hora de hacer circular sus posiciones por escrito, particularmente aquéllas que podrían exponerle a la crítica de la opinión pública o a la controversia. No es factible considerar una propuesta legislativa sobre la base de meros intercambios verbales entre las delegaciones... La publicación íntegra del documento solicitado ha producido un efecto negativo en la sinceridad y exhaustividad de las discusiones del Grupo de Trabajo del Consejo» (*Acces Info Europe v. Council of the European Union* 2011, párrafos 45, 50).

Finalmente, el Tribunal resolvió que el Consejo no había sido capaz de justificar que los nombres de los delegados estuvieran cubiertos por la excepción citada (el Consejo había recurrido la sentencia ante el Tribunal de Justicia de la Unión Europea: *Council of the European Union v. Access Info Europe* 2013). En cualquier caso, las pruebas aportadas por el Consejo, a pesar de que al Tribunal le parecieron insuficientes como base sobre la que invocar la excepción, son ilustrativas de los potenciales efectos que produce una mayor transparencia sobre la forma en que los Estados eligen presentar sus posiciones en las negociaciones internacionales, lo que puede afectar a su vez a la facilidad con que se concluyen las negociaciones.

Cuando la información que se busca no es la posición que un Estado asume en una negociación determinada, sino la evaluación que una institución ha realizado sobre la actuación del Estado, el problema presenta algunas aristas diferentes. A medida que el FMI avanzaba hacia la presunción de publicidad de diversas categorías de documentos, en particular los relativos a los informes preparados por el personal de la organización como forma de vigilancia del Fondo (informes del artículo IV) e informes sobre el empleo de los recursos del Fondo (UFR por sus siglas en inglés: *Use of Fund Resources*), crecía la preocupación de que su publicación mermase la honestidad e integridad de los informes realizados por el personal. Quizás de un modo predecible la tendencia en favor de la publicidad desembocó en otorgar mayor importancia a la solicitud de supresión de las autoridades nacionales de ciertos pasajes de los informes, así como la realización de «correcciones», que podían consistir en adiciones de texto. Las revisiones internas de 2005 y 2009 del FMI son muestra de la compleja dinámica de la reforma de transparencia.

De conformidad con la política vigente en 2004, los miembros podían proponer al director general correspondiente que se hiciesen supresiones en los informes antes de su publicación, siempre que se tratase de «material altamente sensible para el mercado, principalmente relativo a los tipos de cambio y a los tipos de interés, propio del ámbito fiscal y bancario, y a las evaluaciones de vulnerabilidad», y que no se refiriese a información que ya era de dominio público o «a información políticamente sensible que no sea altamente sensible al mercado». Por lo que respecta a la vigilancia y a los informes sobre el uso de los fondos (UFR), «la información relativa a cualquier criterio de actuación o a la comparativa de carácter estructural» no podía ser eliminada «salvo que fuera de una naturaleza tal que hiciera necesaria su comunicación al Fondo por medio de una carta adjunta» (FMI 2005, apéndice V, párrafo 8).

De acuerdo con la revisión de 2005 (que abarcaba el período 2003-2005), el 15% de los informes del personal publicados habían sufrido la supresión de contenido, y un 50% presentaban correcciones. Las eliminaciones realizadas en los informes sobre países afectaban principalmente a cuestiones relativas al sector bancario/financiero, tipos de cambio y divisas, elementos estructurales y «otras vulnerabilidades». La mayoría de las supresiones aprobadas lo fueron sobre la base de que la información era altamente sensible para el mercado, un término «interpretado a veces con generosidad». Algunas de las eliminaciones fueron muy extensas, conllevando la completa supresión de párrafos y secciones de un informe. La revisión del FMI concluyó que «la veracidad de la información publicada se preservó en la mayoría de los casos»; en un 60% las eliminaciones supusieron «una pequeña disminución de su veracidad», y sólo en un 5% de los casos «se alteró significativamente» un mensaje clave (FMI 2005, párrafo 23-25).

Después de este análisis de 2005, el Fondo modificó su política, estableciendo normas más severas en materia de eliminación de contenidos; por ejemplo, definiendo «material altamente sensible al mercado» e introduciendo reglas sobre las correcciones. La revisión de 2009, que abarcó el período 2006-2008, señaló que el porcentaje de publicaciones en las que se habían eliminado contenidos descendió de un 14% (durante el período 2003-2005) a un 10%, a pesar del repunte en la supresión de contenidos coincidente con la crisis financiera de 2008. Las cuestiones relativas al sector financiero superaron a las de los tipos de cambio en tanto que fuente de problemas, y aparecieron las primeras supresiones de criterios cuantitativos sobre las actividades realizadas (seis de ellas, relativas a reservas internacionales netas). En torno a un 26% de los textos suprimidos en 2008 se consideró, en un examen posterior, que se hallaban en una «zona gris», dividida en una «zona gris clara» en la que las normas parecían haberse forzado de alguna manera, y en una «zona gris oscura», en la que, bien los argumentos admitidos para la supresión de textos parecían más débiles, bien las supresiones parecían estar fundadas en criterios distintos de los establecidos. En algunos casos se borraron párrafos o secciones por completo. Algunas de las eliminaciones parecen haber producido un impacto adverso en la recepción de los informes por parte del público; por ejemplo, la revisión de 2009 concluyó que las eliminaciones de información en cuestiones relativas al tipo de cambio «pueden… haber contribuido a silenciar la impresión del público sobre lo que está haciendo el Fondo en esta área»; la supresión de supuestos adversos˙ en uno de los casos condujo a «la formulación de cuestiones públicas… acerca de la aparente falta de debate sobre situaciones adversas en la versión publicada del informe del personal» (FMI 2009ª, párrafo 39-45).

Las reflexiones internas realizadas por el FMI en el camino hacia la publicación ordinaria de informes ponen de manifiesto la emergencia de fuerzas contrapuestas asociadas a una mayor transparencia y el modo en que las instituciones responden ante las mismas. La publicación de informes sobre la actuación nacional elevó las presiones por parte de los Gobiernos, que querían asegurarse de que lo publicado era lo menos perjudicial posible en cada caso. La institución respondió estableciendo criterios para limitar el recurso a las eliminaciones y correcciones de contenidos, con relativo éxito. A pesar de que los responsables valoraron positivamente dichos criterios como medio para desestimar las solicitudes infundadas de las autoridades nacionales, en ocasiones los criterios se forzaron o excedieron. Sin embargo, aun cuando la presión de la publicación pudo incitar a las autoridades nacionales y a los responsables a suavizar cuestiones sensibles, se generó un incentivo, a modo de contrapeso, en los responsables y en el Fondo en general, que se tradujo en el mantenimiento del rigor, por temor a que la credibilidad del Fondo se perdiera tanto ante los mercados como ante los observadores externos.

2. El impacto de las medidas de transparencia depende de la existencia de intermediarios (ONG, intelectuales, corporaciones, medios de comunicación y otras partes interesadas) que tengan la intención y la capacidad de hacer uso de la información proporcionada

En la medida en que las instituciones evolucionan hacia posiciones de una mayor apertura en lugar de hacia una presunción de confidencialidad, los actores más importantes acaso no sean ya los que están al tanto de todo o pueden obtener esa información, sino más bien aquéllos que son capaces de interpretarla y analizarla, adaptándola para un uso específico. Por ejemplo, la gobernanza medioambiental cada vez depende más de actores capaces de auditar, vetar y acreditar la información, así como del desarrollo de mercados de información, certificación y confianza (Mol 2010). Aun en los casos en que la autenticidad o exactitud de la información no plantea dudas, puede resultar imposible darle una utilidad específica en tanto no sea integrada en un marco más amplio.

Un elemento importante de las políticas de transparencia aquí consideradas es que son completamente abiertas; no se imponen restricciones sobre quién puede servirse de ellas. Los registros de solicitantes para hacer uso de la información del Banco Mundial indican que se presentan más solicitudes por parte de académicos y de los negocios de la empresa privada, que de las ONG (Banco Mundial 2013, p. 20). La posición de las instituciones de cara a permitir que determinadas organizaciones se beneficien de otras medidas de transparencia, en particular de cualesquiera que impliquen la participación

---

* N. del T.: literalmente, *tail scenarios*.

real en las actividades o deliberaciones de la institución, son muy variadas, aunque, como regla general, muy pocas han instaurado protocolos para determinar cuáles son los intereses que representan las instituciones en particular, o para asegurar alguna relación de proporcionalidad cuando estén presentes. Pese a que intuitivamente pueda resultar atractivo que la transparencia permita adentrarse en ámbitos de actividades antes secretos («fisgando» en una institución), una mayor transparencia dará lugar a nuevos estratos de institucionalización, que en último término deberán ser objeto de un mayor escrutinio.

B) Incidencia de las medidas de transparencia en los Estados en tanto que actores internacionales

3. Las medidas de transparencia pueden alterar las desigualdades existentes entre los Estados en materia de acceso a la información almacenada o recogida por instituciones de la gobernanza global

Cuando una institución de la gobernanza global posee información de importancia y ésta no se hace pública, es probable que algunos Estados tengan (o así lo parezca) un mejor acceso a dicha información, gracias a que, por ejemplo, su condición de donantes o contribuyentes mayoritarios les facilite la realización informal de consultas; a que sus nacionales ocupen puestos de alto nivel, o bien a que tengan la capacidad informativa necesaria para obtenerla de manera encubierta.

Así, no es fácil que las medidas de transparencia logren una radical y completa igualdad en el acceso a la información, especialmente a la luz de la importancia que poseen la capacidad y los recursos a la hora de determinar qué información puede aprovecharse (*vid. infra* la cuarta hipótesis), aunque esas medidas pueden proporcionar ciertas normas de acceso y así reducir las actuales desigualdades entre los Estados. Esto puede tener consecuencias, por un lado, sobre la capacidad de influencia de los Estados a la hora de impulsar o dirigir las negociaciones y otras actividades de la institución (*vid. infra* la quinta hipótesis), y por otro, sobre las posiciones que los Estados ocupan en otras áreas en las que la información que posee la institución es relevante (lo que incluye un amplio abanico de supuestos, desde la planificación macroeconómica al amaño de los concursos para albergar competiciones deportivas).

Sin embargo, cuando la información en cuestión atañe a un Estado en particular, puede suceder que las medidas de transparencia aplicables más allá de las propias fronteras produzcan un diferente impacto en el control que los Estados ejercen sobre la información que a ellos se refiere, lo que va a depender del poder y la influencia que tenga el Estado de que se trate. Las mencionadas revisiones de 2005 y 2009 del FMI, pusieron de manifiesto que la eliminación de contenidos era más frecuente en los informes sobre el artículo IV y el empleo de los recursos (UFR) referidos a mercados emergentes, que en aquellos concernientes a países en desarrollo o avanzados, aunque la realización de correcciones era más usual en los informes sobre economías avanzadas (FMI 2005, párrafo 24, tabla 5; FMI 2009a, párrafo 55). La revisión de 2005 expresó tímidamente la preocupación de que «dichos datos pudieran reflejar en parte una tendencia a ser más complaciente con las solicitudes de correcciones de fondo cuando éstas procedían de países más avanzados y, en menor medida, de mercados emergentes» (FMI 2005, párrafo 32). La revisión de 2009 señaló que la media de correcciones incluidas en la «zona gris oscura» era significativamente superior en países que presentaban una cuota de participación superior al 1% y en aquéllos que contaban con un director ejecutivo de su nacionalidad, sugiriendo que el tamaño del Estado juega un cierto papel, quizás junto al elemento independiente consistente en la «influencia» medida por el «efecto del Director Ejecutivo». Asimismo, las desigualdades de capacidad existentes entre los miembros pueden desempeñar un cierto papel: la revisión de las correcciones realizadas antes del análisis de los documentos que lleva a cabo la Junta es menos estricta que la que se realiza después de que dichos documentos hayan pasado por la Junta, y puede suceder que los países avanzados y algunas economías de mercados emergentes tengan más capacidad para enviar inmediatamente sus correcciones. Estas variaciones entre países avanzados y en vías de desarrollo sugiere, como era de esperar, que los primeros disponen de una mayor capacidad para controlar los flujos de información e informes de expertos que les sean contrarios a sus intereses.

4. El impacto de las medidas de transparencia en cada Estado depende de sus recursos y capacidad para hacer uso de la información

Los Estados con grandes recursos y capacidad se encuentran bien posicionados para hacer uso tanto de la información publicada de manera proactiva, como de los mecanismos de solicitud de una información determinada. Ello se debe a que, por un lado, su ámbito de aplicación es mayor, lo cual les facilita la búsqueda y aplicación de la información que necesiten y, por otro, el corpus de información del que ya disponen les permite integrarla fácilmente, ya que se trata de un acervo forjado con la información obtenida a través de canales diplomáticos de alto nivel, de la representación en organizaciones internacionales o de conocimientos académicos y políticos.

Los países de menor tamaño o menos desarrollados, cuyos Estados poseen una menor capacidad, dependen más de las ONG y de otros intermediarios para acceder a la información y encontrarle sentido, y lo normal es que la información que aporten al proceso analítico no la obtengan de otras fuentes. Lo más seguro es que el impacto de las medidas institucionales de transparencia en estos países varíe en función de dos factores: la existencia de intermediarios capaces de cribar y analizar la información (*vid. supra* la segunda hipótesis), y la afinidad entre sus intereses y los de los intermediarios. En ausencia de estos eficaces intermediarios, las medidas de transparencia pueden acentuar en la práctica las desigualdades en el acceso a la información.

5. Las medidas de transparencia pueden aumentar el poder que algunos Estados ejercen en comparación con otros en relación a los programas de las instituciones de la gobernanza global

Partimos de la base de que las medidas de transparencia pueden, entre otras cosas: contribuir a la formación de coaliciones en ciertos asuntos (*vid. infra* la decimosegunda hipótesis); producir efectos sobre las desigualdades en el acceso a la información (*vid. supra* la tercera hipótesis), y generar diferentes impactos en función de los recursos y de la disponibilidad de intermediarios (*vid. supra* las segunda y cuarta hipótesis). Ello significa entonces que esas medidas de transparencia pueden reforzar el poder de unos Estados en comparación con otros, principalmente en los casos en que los Estados se encuentran fuertemente divididos en relación a un asunto determinado o cuando los actores no estatales realizan actividades relevantes.

Este ha podido ser un factor relevante, por ejemplo, en los temores de los países en desarrollo ante un mayor acceso a la información, y participación, por parte de las ONG, en la actividad de la OMC, en el sentido de que ésta promueva más una agenda de cuestiones laborales y medioambientales, a las que son más proclives los países occidentales y a los intereses y valores que representan, en menoscabo de los intereses (económicos) del mundo en desarrollo.

c) Efectos sobre el poder y la influencia de las entidades que operan dentro de los Estados

6. Las medidas de transparencia pueden generar un efecto de cambio en las relaciones de poder dentro de los Estados

La mayor disponibilidad de información sobre las actividades gubernamentales, tanto en el ámbito nacional como en las interacciones en el ámbito internacional, puede fortalecer a algunos actores dentro del Estado (como las ONG y parlamentos) en su relación con el poder ejecutivo. Los distintos actores internos podrán fraguar coaliciones trasnacionales con sus iguales de otros países o con ONG transnacionales (*vid. infra* la decimosegunda hipótesis), y así consolidar su propia influencia en asuntos concretos. Cuando las interacciones con las instituciones de la gobernanza global se hallan altamente centralizadas en agencias del poder ejecutivo (por ejemplo, como las interacciones con los IFI, que a menudo se encuentran confinadas a pequeños núcleos del Ministerio de Hacienda o del Ministerio de Economía) (Woods 2006), un mayor acceso a la información podrá facultar también a otras agencias ejecutivas con distintas preferencias políticas.

D) Efectos en agentes o sujetos no estatales

7. Las medidas de transparencia pueden multiplicar y diversificar las relaciones existentes entre las instituciones globales y los actores privados

Las actuales relaciones entre las instituciones globales y las ONG con experiencia concreta en el trabajo de la institución pueden haberse fortalecido y desarrollado, con el paso del tiempo, tanto de manera formal como informal. Dado que la información sobre las actividades de la institución se encuentra más fácilmente disponible, otras ONG podrán darse cuenta del impacto de la institución en su respectivo ámbito de interés, y mostrarse más comprometidas con su trabajo, o al menos unir sus voces a las de otras ONG afines.

8. Las medidas de transparencia pueden fortalecer a aquellos sujetos que se hallan en mejor posición para procesar la información y hacerla comprensible a los demás, alterando la relativa influencia de los actores no estatales en el trabajo de las instituciones globales

Al igual que sucede con los Estados (*vid. supra* las cuarta y quinta hipótesis), la capacidad de los actores no estatales de hacer uso de la información es muy variable. Si la capacidad de asimilar y responder a la información se halla condicionada en parte por los recursos, las medidas de transparencia podrán fortalecer a las ONG, o incluso a las empresas, que cuenten con mejores recursos frente a otros actores no estatales. Los sujetos más importantes ya no serán aquéllos con una habilidad especial para obtener la información, sino los que sepan interpretarla, analizarla y utilizarla.

E) Efectos sobre las instituciones de gobernanza global

• *Relaciones con los Estados*

9. Las medidas de transparencia pueden reducir la cooperación de algunos Estados con una institución y/o disminuir la voluntad de abordar seriamente determinados asuntos dentro de ésta

Algunos de los cambios en las distribuciones de poder originados por un mayor acceso a la información, como el posible privilegio de las agendas de algunos Estados sobre las de otros (*vid. supra* la quinta hipótesis), o el fortalecimiento de la posición de la asamblea legislativa o de actores no gubernamentales frente al poder ejecutivo (*vid. supra* la sexta hipótesis), pueden disuadir a los Gobiernos partidarios de una mayor opacidad de tratar determinados asuntos con la institución, o animarles a desplazar su agenda política hacia debates distintos.

Por ejemplo, algunos Gobiernos afirmaron que el hecho de que la política de acceso a la información del Banco Mundial permitiera la puesta a disposición de ciertos documentos estatales por parte del Banco sin autorización previa de los Estados afectados, podía conllevar efectos indeseables e incluso peligrosos. Y es posible que esta resistencia a la transparencia esté desempeñando un papel en la progresiva tendencia de los Estados a acudir a fuentes de financiación alternativas a los BMD.

10. Las medidas de transparencia pueden permitir tanto un mayor control y cuestionamiento, del mismo modo que un mayor apoyo, de las políticas seguidas a instancias de las instituciones globales

A la vista de la posible formación de coaliciones de carácter trasnacional (*vid. infra* la decimosegunda hipótesis) y el fortalecimiento de distintas entidades dentro del Estado (*vid. supra* la sexta hipótesis), las medidas de transparencia hacen posible que se forme una resistencia coordinada frente a políticas globales, o, por el contrario, un mayor apoyo nacional que ejerza presión para que los ejecutivos estatales las secunden. Muchas instituciones de la gobernanza global habitualmente tratan de generar este tipo de influencia, por ejemplo a través de la publicación de índices que clasifiquen el funcionamiento de los Estados y movilicen a los votantes a favor de las políticas que el índice haya calificado como deseables (Davis *et al.* 2012).

• *Relaciones con otros actores en el ámbito de la política*

11. Las medidas de transparencia pueden dañar la autoridad epistémica de la institución, su influencia o estatus frente a otras instituciones o Estados, por ejemplo a través de la denuncia o revelación por parte de su personal de una mala administración o de la comisión de errores de juicio o evaluación

Los ataques contra el Fondo Mundial que siguieron a la publicación de sus informes de auditoría pueden constituir un buen ejemplo de los perjuicios que la transparencia ocasiona a la autoridad epistémica de una institución (aun cuando en ese caso se produjo también una cierta confusión en la cobertura mediática, e incluso una mala interpretación, acerca de lo que los documentos realmente manifestaban), e ilustran hasta qué punto dicho daño puede ser especialmente significativo en supuestos en que instituciones semejantes son todavía menos transparentes. Ello no obstante, por lo general, es difícil distinguir las situaciones en las que la autoridad epistémica de una institución se ve disminuida por su propia transparencia, de aquellas otras situaciones en las que una institución se enfrenta a las críticas y a problemas de funcionamiento y adopta medidas de transparencia para resolverlos o compensarlos.

12. Las medidas de transparencia pueden fomentar que otros actores contribuyan de forma productiva al trabajo de una institución, facilitando la reforma y el desarrollo de la misma y/o fortaleciendo su autoridad epistémica

La transparencia facilita la implicación de entidades ajenas en las actividades de una institución, contribuyendo así a la formación de coaliciones de actores (por ejemplo, ONG, asociaciones profesionales y empresas), que, a modo de socios o críticos comprometidos, pueden completar el trabajo y las funciones de la institución. Las medidas de transparencia pueden reforzar las relaciones simbióticas entre instituciones globales y ONG. Así, la experiencia y capacidad de estas últimas para llegar a poblaciones marginadas puede contribuir al desarrollo de las políticas de las primeras.

El acceso a la información puede también fomentar la transformación de las instituciones en contextos en los que el equipo humano de la misma posee distintos puntos de vista con relación a las políticas a seguir. A pesar de que, por ejemplo, el Banco Mundial suele presentarse como un sólido partidario de una determinada visión del crecimiento económico y del desarrollo, en su seno existen voces discrepantes en torno a la definición de pobreza y a la relevancia de los derechos humanos en el trabajo que desempeña el Banco. Los defensores de ciertas posturas dentro del Banco se han servido de alianzas externas con ONG como parte de una estrategia destinada a orientar la actividad del Banco hacia sus propias posiciones (Sarfaty 2009, Vetterlein 2012).

En términos generales, una mayor transparencia puede aportar más influencia, prestigio o eficacia a una institución. Esta dinámica es evidente en el establecimiento de normas en las esferas privada y público-privada, en las que algunas entidades reguladoras han adoptado una mayor transparencia como vía para incrementar su credibilidad, y de este modo, el ámbito de aplicación de sus normas.

2. CONSECUENCIAS DERIVADAS DE UNA MAYOR TRANSPARENCIA EN LAS ESTRUCTURAS DE PODER POLÍTICO Y DE AUTORIDAD

Las medidas de transparencia suelen representarse como instrumentos destinados a reajustar las relaciones de poder de una manera concreta: limitan a algunas instituciones (Gobiernos, instituciones de la gobernanza global), al tiempo que fortalecen la posición de terceros ajenos a las mismas. Sin embargo, muchas medidas de transparencia no se destinan tanto a controlar el poder, como a redistribuirlo, e incluso a producirlo. Si las medidas de transparencia fortalecen a actores externos a la institución, podrían llegar a hacerlo de forma irregular, creando nuevas desigualdades; además, no está del todo claro que tal fortalecimiento de terceros respecto de la misma se dé en todos los casos. Las referidas limitaciones de poder pueden originar nuevas formas de poder y legitimidad, así como la construcción de nuevas relaciones de autoridad. Las hipótesis referidas en el apartado anterior pretenden reflejar no sólo esta dimensión institucional de autocomprensión y de legitimidad institucional, sino también la naturaleza dinámica y desigual del aumento de poder que las medidas de transparencia ocasionan.

Además de los efectos concretos enumerados en el presente capítulo, los cambios producidos en las leyes y políticas de acceso a la información, unidos a los esfuerzos activos realizados para obtener, generar y procesar información relevante, pueden contribuir a realizar cambios fundamentales en lo que las instituciones de gobernanza son, y en cómo se perciben a sí mismas y son percibidas por los demás, en el marco de estructuras de poder y autoridad nacionales y supranacionales.

Las instituciones interestatales, en comparación con otro tipo de instituciones, se encuentran en una posición de ventaja para la obtención de información, e incluso de cara a persuadir a los Gobiernos nacionales para que sean ellos quienes la obtengan, transmitan, procesen y difundan. De hecho, ésta constituye una de sus principales funciones de la gobernanza global. El mayor acceso a la información en manos de estas instituciones que las políticas de transparencia hacen posible, unido a los mayores flujos de información que se crean a través de ellas, podrían convertirlas en nexos capaces de generar redes y comunidades epistémicas de mayor alcance (que incluirían a colaboradores gubernamentales, sumamente influyentes). Estas redes y comunidades a su vez influyen tanto en los programas, personal y acervo de conocimientos de la institución, como en los actores gubernamentales que interactúan con ella.

Al igual que otros procesos de reforma, las medidas de transparencia pueden permitir a las instituciones de la gobernanza global articular de distinta manera sus funciones y sus relaciones con los individuos y las organizaciones. La adopción formal de políticas de transparencia de una manera detallada supone que se asuma como regla la presunción de acceso a la información sin importar la identidad de la persona que la solicita y el uso que le va a dar. Ello supone ir mucho más allá de los mecanismos que muchas instituciones han establecido para consultar o dar audiencia a quienes pudieran verse afectados por sus decisiones. Por tanto, se introduce de este modo una concepción mucho más abierta de cuál ha de ser la relación de la institución con el mundo en general (Kingsbury 2009b, Kingsbury & Donaldson 2011). Estas políticas no sólo reproducen los rasgos centrales de lo que ha devenido en una importante materia de Derecho Público en el interior de los Estados, sino que además implican cierto grado de sensibilidad hacia un público más amplio y difuso. Aun cuando los que ostenten un interés particular en la actividad de la institución sean los que más invoquen las políticas de transparencia, el público al que éstas se dirigen no se circunscribe a una comunidad en particular. Asimismo, la relación entre la institución y dicho público, basada en la presunción de acceso, es directa, normalmente sin mediación de los Gobiernos nacionales. Al amparo de muchas de las políticas examinadas, el personal de las instituciones se encuentra facultado para tomar decisiones que superen las reservas de confidencialidad cuando la revelación de la información sea de interés público. Se abre paso así a la construcción de concepciones sistémicas de dicho interés público y a un proceso deliberativo y de debate sobre los elementos políticos y prescriptivos de tal valoración.

La percepción de que existe una responsabilidad directa ante el público en general crea no pocas tensiones con la identidad formal propia de las instituciones globales creadas para cumplir el mandato de sus miembros (ya sean Estados, otras organizaciones interestatales, o miembros y divisiones de alguna formación híbrida –compuesta por actores públicos y privados–) en instituciones tales como el Fondo Mundial o la ICANN. Esta tensión se manifiesta, en particular, con relación a cuál haya de ser la interpretación y el alcance adecuados que deba darse a las excepciones a la publicidad de aquellos documentos que se encuentran en fase de elaboración o vinculados a negociaciones todavía en curso. Aunque tales excepciones podrían justificarse en el contexto de negociaciones entre representantes de los Estados o en el de deliberaciones entre expertos, son difícilmente reconciliables con la idea de una gobernanza global como institución pública (y con mayor razón cuando, como en el caso de *Access Info*, las deliberaciones son, literalmente, de carácter cuasilegislativo).

El postulado de la existencia de un público ante el que las instituciones de gobernanza global responden, junto al marco jurídico en el que se mueven conceptos como el de interés público, modula y limita al mismo tiempo el futuro debate sobre la transparencia en la gobernanza. La existencia de políticas de transparencia cada vez más formalizadas, así como la influencia, aparentemente poderosa, que las legislaciones de libertad de información de los Estados ejercen en la comprensión sobre la transparencia en la gobernanza global, posibilita la continua lucha contra la opacidad. Esta lucha descansa en argumentos de Derecho Público bastante conocidos: la exigencia de que se publique más información de manera proactiva; el cuestionamiento de los confines de las reservas o excepciones al acceso que se hayan establecido; la invocación sistemática de la invalidez de tales excepciones en favor del interés público, con el fin de presionar en pro de una interpretación más liberal del interés público en favor de la publicidad de información; y el rechazo ante cualquier excepción al acceso que permita a la institución reservarse información que en otro caso se podría publicar. Sin embargo, las normas y políticas emergentes en materia de transparencia también incorporan una reivindicación de autoridad política para defender a las instituciones actuales de posibles amenazas futuras. Cuanto más capaces sean las instituciones de la gobernanza global de formalizar sus relaciones con un público externo en términos que evoquen el Derecho Público, así como de construir procedimientos decisorios propios para determinar qué constituye el interés público, más integrada devendrá su posición de autoridad política en las estructuras de gobierno, y más difícil será transformar de manera radical el paisaje institucional existente.

V. CONCLUSIONES

El estudio de las políticas de transparencia realizado en el presente capítulo muestra una serie de pautas en la articulación de los compromisos hacia una mayor transparencia en las instituciones de la gobernanza global. Ciertas clases de instituciones, entre las que se encuentran principalmente los BMD y algunos organismos regionales y de la ONU, están adoptando progresivamente políticas formales de transparencia, muchas de las cuales poseen las mismas características: su aplicación a todos los documentos o a una clase amplia de documentos en manos de la institución; la presunción de publicidad de dichos documentos, sujeta a varias (a menudo demasiado extensivas) excepciones; mecanismos a través de los cuales cualquier sujeto puede solicitar la puesta a disposición de un documento; y, a menudo, una o dos instancias de reconsideración o recurso, si el solicitante decide impugnar una decisión que la deniega. Actualmente la norma es abogar por las políticas formales de transparencia y las ONG (y a veces las propias instituciones) realizan comparaciones entre las instituciones con la intención de impulsar los procedimientos de las instituciones rezagadas, dinámica que se observa claramente en los BMD. Sin embargo, el cambio hacia un mayor compromiso por la transparencia, así como la promoción de procedimientos institucionales para respaldarlo, aún no es uniforme, ni siquiera entre las grandes organizaciones internacionales, y, en los casos en que existe, su alcance práctico varía considerablemente en función del ámbito real de aplicación de la política y sus excepciones, así como de un sinfín de factores propios de la misión y contexto de la institución. Además, podría inducir a error extrapolar los mayores cambios institucionales, expuestos en este estudio, a las conclusiones que de manera general constatan una mayor transparencia en la gobernanza global, ya que la mayor parte de esas conclusiones derivan de mecanismos de naturaleza privada o híbrida, más que de los que se dan en las instituciones interestatales, que constituyen, precisamente, el eje central de este estudio, siendo así además que ello depende de los flujos de información y de otros procesos que ni siquiera han podido captar adecuadamente los planteamientos más recientes en materia de transparencia. Por ejemplo, el acceso a gran escala de información resulta difícil de gestionar si no existe una política que gobierne y discipline el acceso a los documentos ya existentes.

Hemos identificado tres factores (que se solapan) del cambio hacia políticas formales de transparencia y otras medidas de transparencia en las instituciones globales. En primer lugar, el desarrollo de estas políticas en gran medida ha estado conformado (e incluso directamente exigido) merced a la evolución experimentada en el Derecho Público interno e internacional, en virtud de la cual se imponen mayores obligaciones de publicidad a los Gobiernos estatales y a las autoridades públicas. El Derecho interno de los Estados puede incidir de forma específica en las instituciones globales, como sucede, por ejemplo, en aquellos casos en que las instituciones globales delegan en agencias nacionales, sujetas a normas de transparencia, responsabilidades concretas o la aplicación de normas de naturaleza global. De manera más general, estos avances a nivel nacional, fomentados en algunos casos por la normativa internacional sobre derechos humanos u otras materias concretas (normalmente económicas o comerciales), han contribuido a la consolidación de la transparencia como norma de gobernanza y a forjar un conjunto de precedentes cada vez más complejo y depurado acerca de cómo institucionalizar dicha norma.

En segundo lugar, la enorme importancia del papel que desempeñan las instituciones de la gobernanza global en la formulación de políticas nacionales, así como la superposición de estructuras legislativas y administrativas globales, regionales y nacionales, ha aumentado la conciencia de que, si no se reforman las instituciones de la gobernanza global, éstas pueden constituir un medio para evadir las exigencias nacionales en materia de transparencia por parte de los Gobiernos. Así, las instituciones de la gobernanza global, a la vista de sus funciones y responsabilidades, son percibidas (y en ocasiones, se contemplan a sí mismas) como instituciones públicas que, si bien no son análogas a los Gobiernos, ni están sujetas al Derecho Público, sí se les puede aplicar algunas normas de la misma manera que a las autoridades públicas internas, y entre ellas, las de transparencia.

A estos extensos factores hay que añadir que las instituciones globales se hallan sometidas a críticas y presiones por parte de ONG, sus Estados miembros y, en algunos casos, su propio personal, para que reformen sus prácticas en materia de transparencia. Asimismo, otros factores, como su misión institucional y experiencias recientes de escándalos, pueden influir a la hora de precipitar el cambio. Las propias consideraciones de las instituciones en torno al enfoque apropiado (que pueden deducirse de los documentos a disposición del público), reflejan una escala de valores en gran medida consecuencialista, que vincula la transparencia al cumplimiento de la misión institucional, y, al mismo tiempo, un sentir generalizado que contempla la transparencia como un ideal en sí mismo. Sin embargo, como hemos señalado, pueden darse tensiones entre las diferentes concepciones acerca de lo que se pretende conseguir con la transparencia, así como entre los fines de la transparencia, por un lado, y la forma exacta que han de adoptar las políticas en materia de transparencia, por otro.

Se han identificado doce hipótesis sobre los efectos generales de las medidas de transparencia (que incluyen políticas formales de transparencia y un amplio catálogo de medidas destinadas a procurar una mejor comunicación y consulta) en las instituciones de la gobernanza global. Estas hipótesis contemplan la transparencia como un factor que puede llegar a alterar la dinámica de las relaciones entre, y dentro de, los Estados, actores no estatales e instituciones globales. Hasta la fecha, la experiencia con ciertas instituciones ya ofrece ideas interesantes, algunas de las cuales se han apuntado aquí, aunque requieren todavía de más estudio para que podamos comprender cuales son los efectos de la transparencia en dichos actores y en las formas de gobernanza en su conjunto. Dicho trabajo consistiría en incluir estudios a gran escala sobre las variantes entre las distintas instituciones, así como una análisis cualitativo de las transformaciones internas experimentadas en el día a día de las instituciones y en sus relaciones con diversos interlocutores. Finalmente, se ha señalado que en la evaluación de las medidas de transparencia (incluidas las políticas analizadas en el presente capítulo) deben contemplarse las implicaciones que se generan en las relaciones de poder y de autoridad en la gobernanza global. Tampoco cabe olvidar las posibles consecuencias en relación a la concepción que de sí mismas tienen las instituciones y a la posibilidad de que éstas revisen su ejercicio de poder sobre la vida y el bienestar de los demás.

Bibliografía citada

Access Info Europe v. Council of the European Union, EGC case T-233/09 (2011).

Ackerman JM, Sandoval-Ballesteros IE. 2006. The global explosion of freedom of information laws. *Admin. Law Rev.* 58:85–130.

Ala'i P. 2008. From the periphery to the center? The evolving WTO jurisprudence on transparency and good governance. *J. Int. Econ. Law* 11:779–802.

Bianchi A, Peters A (eds.) 2013. *Transparency in International Law*. Cambridge, UK: Cambridge Univ. Press.

Birkinshaw P. 2006. Commentary: freedom of information and openness: fundamental human rights? *Admin. Law Rev.* 58:177–218.

Boisson de Chazournes L. 2011. Partnerships, emulation, and coordination: toward the emergence of a droit commun in the field of development finance. *World Bank Legal Rev.* 3:173–88.

Broome A, Seabrooke L. 2012. Seeing like an international organisation. *New Polit. Econ.* 17:1–16. by New York University – Bobst Library on 05/23/14.

Buchanan R., 2003. Perpetual peace or perpetual process? Civil society and cosmopolitan legality at the World, Trade Organization. Leiden. *J. Int. Law* 16:673–99

BURKERT H, GasserU. 2010. *Accountability and Transparency at ICANN: An Independent Review*.Cambridge,MA:Harvard Univ. http://cyber.law.harvard.edu/pubrelease/icann/pdfs/Transparency_Memorandum.pdf.

CASSESE S., 2005. Administrative law without the state? The challenge of global regulation. *NYU J. Int. Law Polit.* 37:663–94

CASSESE S, Carotti B, Casini L, Cavalieri E, MacDonald E (eds.) 2012. *Global Administrative Law: Casebook*. Rome: IRPA/IILJ. 3rd ed. http://www.irpa.eu/pubblicazioni-irpa/gal-casebooks/9799/globaladministrative-law-the-casebook-2/.

CoE (COUNC. EUROPE), 2001. *Resolution (2001)6 on Access to Council of Europe Documents*. Strasbourg, France: CoE

COUNCIL OF THE EUROPEAN UNION V. ACCESS INFO EUROPE, ECJ case C-280/11 P (2013)

DAVIS K, Fisher A, Kingsbury B,Merry SE. 2012. *Governance by Indicators: Global Power Through Quantification and Rankings*. Oxford, UK: Oxford Univ. Press. 504 pp.

FLORINI A, ed. 2007. *The Right to Know: Transparency for an Open World. New York*: Columbia Univ. Press. 368 pp.

FUNG A, Graham M, Weil D. 2007. *Full Disclosure:The Perils and Promise of Transparency*. New York:Cambridge Univ. Press. 282 pp.

GLOBAL FUND OIG (GLOBAL FUND OFF. INSPEC. GEN.), 2011. *Progress report for November 2010-March 2011*. Doc. No. GF/B23/10 Rev. 1 Presented at Global Fund Twenty-Third Board Meet., Geneva, May 11–12. http://www.theglobalfund.org/en/board/meetings/twentythird/documents/.

GLOBAL FUND PANEL (GLOBAL FUND HIGH LEVEL INDEP. REV. PANEL), 2011. *Turning the page from emergency to sustainability: the final report of the High-Level Independent Review Panel on Fiduciary Controls and Oversight Mechanisms of the Global Fund to Fight AIDS, Tuberculosis and Malaria*. Rep., Global Fund, Geneva, Sep. 19. http://www.theglobalfund.org/en/highlevelpanel/report/.

GRIGORESCU A, 2002. European institutions and unsuccessful norm transmission. *Int. Polit.* 39:467–89

GRIGORESCU A, 2007. Transparency of intergovernmental organizations: the roles of member states, international bureaucracies and nongovernmental organizations. *Int. Stud. Q.* 51:625–48.

HALE TN, 2008. Transparency, accountability, and global governance. *Global Gov.* 14:73–94.

HAUFLER V., 2010. Disclosure as governance: the extractive industries transparency initiative and resource

MANAGEMENT IN THE DEVELOPING WORLD, *Global Environ. Polit.* 10:53–73.

IFAD (INT. FUND AGRIC. DEV.), 2010. *IFAD Policy on the Disclosure of Documents*. Rome: IFAD. http://www.ifad.org/gbdocs/eb/100/e/EB-2010-100-R-3-Rev-1.pdf.

IFC (INT. FINANC. CORP.), 2012. *IFC Access to Information Policy*.Washington, DC: IFC. http://www1.ifc.org/wps/wcm/connect/98d8ae004997936f9b7bffb2b4b33c15/IFCPolicyDisclosureInformation.pdf?MOD=AJPERES.

ILO (INT. LABOR ORGAN.), 2008. *ILO Policy on Public Information Disclosure*. Geneva: ILO. http://www.ilo.org/public/english/edmas/transparency/download/circular_1-igds8-v1.pdf.

IMF (INT. MONET. FUND), 2005. *Review of the Fund's Transparency Policy.* Washington, DC: IMF. http://www.imf.org/external/np/pp/eng/2005/052405.htm.

IMF (INT. MONET. FUND), 2009a. *Review of the Fund's Transparency Policy—Background Paper.*Washington, DC: IMF. http://www.imf.org/external/np/pp/eng/2009/102609a.pdf.

IMF (INT. MONET. FUND), 2009b. *Statement by the first deputy managing director on review of the Fund's transparency policy.* IMF,Washington, DC, Dec. 2. http://www.imf.org/external/np/pp/eng/2009/120209.pdf.

IMF (INT. MONET. FUND), 2013. *Transparency at the IMF.* Factsheet, IMF, Washington, DC, Apr. 8. http://www.imf.org/external/np/exr/facts/trans.htm.

KINGSBURY B., 2009a. The concept of «law» in global administrative law. *Eur. J. Int. Law* 20:23–57

KINGSBURY B., 2009b. International law as inter-public law. In Nomos XLIX: *Moral Universalism and Pluralism*, ed. HR Richardson, MSWilliams, pp. 167–204. New York: NYU Press. 256 pp.

KINGSBURY B., 2011. Global administrative law in the institutional practice of global regulatory governance. *World Bank Legal Rev.* 3:3–36 Annu. Rev. Law. Soc. Sci. 2013.9:119-147. Downloaded from www.annualreviews.org by New York University – Bobst Library on 05/23/14.

KINGSBURY B, Casini L. 2009. Global administrative law in the operations of international organizations. *Int. Org. Law Rev.* 6:319–58.

KINGSBURY B, Donaldson M. 2011. From bilateralism to publicness in international law. In *From Bilateralism to Community Interest: Essays in Honour of Judge Bruno Simma*, ed. U Fastenrath, R Geiger, D-E Khan, A Paulus, S von Schorlemer, C Vedder, pp. 79–89. Oxford, UK: Oxford Univ. Press. 1346 pp.

KINGSBURY B, Krisch N, Stewart RB. 2005. The emergence of global administrative law. *Law Contemp. Probl.* 68:15–64.

KLAAREN J., 2013. The human right to information as a vehicle for transparency. See Bianchi & Peters 2013, pp. 223–38.

KURTZ J., 2002. NGOs, the internet and international economic policy making: the failure of the OECD Multilateral Agreement on Investment. *Melbourne J. Int. Law* 2:213–246.

MASON M., 2010. Information disclosure and environmental rights: the Aarhus Convention. *Global Environ.* Polit. 10:10–31.

MCINTOSH T., 2010. WB pledged to disclose extinct meeting summaries. *freedominfo.org*, Nov. 5. http://www.freedominfo.org/2010/11/wb-pledged-to-disclose-extinct-meeting-summaries/.

MICHENER G., 2013. *The Surrender of Secrecy: Explaining the Emergence of Strong Access to Information Laws in Latin America.* Cambridge, UK: Cambridge Univ. Press. In press.

MIGA(MULTILATER. INVEST. GUARANT. AGENCY), 2007. *Policy on Disclosure of Information. Washington,* DC:MIGA. http://www.miga.org/documents/environ_social_disclosure_policy_021507.pdf.

MOL APJ., 2010. The future of transparency: power, pitfalls and promises. *Global Environ.* Polit. 10:132–43.

MUIR R., 1910. *Peers and Bureaucrats: Two Problems of English Government*. London: Constable 243 pp.

MUSUVA C, ed. 2006. *Behind Closed Doors: Secrecy in International Financial Institutions*. Cape Town, S. Afr.: IDASA/GTI. 44 pp.

NEUMANN T, Simma B. 2013. Transparency in international adjudication. See Bianchi&Peters 2013, pp. 436–76.

NGO FORUM (NGO FORUM ADB), 2010. *Failure to deliver: the state of people's access to information under the ADB PCP*. Rep., NGO Forum, Quezon City, Philipp., Apr. 15. http://www.forum-adb.org/docs/Forum-report-on-PCP.pdf.

OAS (ORGAN. AM. STATES), 2012. *Política de acceso a la información*. General Secr., Exec. Order No. 12-02, OAS, Washington, DC, May 3. http://www.oas.org/legal/english/exindexall1.htm.

OXFAM GB (OXFAM GREAT BRITAIN), 2011. *Open Information Policy*. Oxford, UK: Oxfam GB. http://www.oxfam.org.uk/what-we-do/about-us/plans-reports-and-policies/open-information-policy.

PARK S., 2010. Designing accountability, international economic organisations and the World Bank's Inspection Panel. *Aust. J Int. Aff.* 64:13–36.

PELED R, Rabin Y. 2011. The constitutional right to information. *Columbia Hum. Rights Law Rev.* 42:357–401.

PERM.COURT INT. JUSTICE, 1920. Report of the Advisory Committee of Jurists. In *Procès-Verbaux of the Proceedings of the Committee, June 16th–July 24th 1920, with Annexes*, ed. League of Nations. The Hague, Neth.: Van Langenhuysen.

REUTER P., 1956. Le droit au secret et les institutions internationales. *Ann. Fr. Droit Int.* 2:46–65.

ROBERTS A., 2002. NATO, secrecy, and the right to information. *East Eur. Constit. Rev.* 11(4)/12(1):86–94.

ROBERTS A., 2003. Entangling alliances: NATO's security of information policy and the entrenchment of state secrecy. *Cornell Int. Law J.* 36:329–60.

ROBERTS A., 2004. A partial revolution: the diplomatic ethos and transparency in intergovernmental organizations. *Public Admin. Rev.* 64:410–24.

ROBERTS A., 2013. Clash of paradigms: actors and analogies shaping the investment treaty system. *Am. J. Int. Law* 107:45–94.

SARFATY GA, 2009. Why culture matters in international institutions: the marginality of human rights at the World Bank. *Am. J. Int. Law* 103:647–83.

TAMUFOR L, Pienaar G. 2011. *African Development Bank Information Disclosure Policy Implementation Research Project*. Cape Town: IDASA. 50 pp.

UNDP (UN DEV. PROGRAMME), 2008. *Information Disclosure Policy*. New York: UNDP. http://www.undp.org/content/undp/en/home/operations/transparency/information_disclosurepolicy.html. Annu. Rev. Law. Soc. Sci. 2013.9:119-147.

UNITED NATIONS, 2007. *Secretary-General's bulletin: information sensitivity, classification and handling*, Doc. ST/SGB/2007/6, UN Secretariat, New York. http://archives.un.org/ARMS/sites/ARMS/ uploads/files/Information_sensitivity/ST_SGB_2007_6_eng.pdf.

VETTERLEIN A., 2012. Seeing like the World Bank on poverty. *New Polit. Econ.* 17:35–58.

VLEUGELS R, ed. 2012. *Fringe Special: Overview of All FOI Laws.* Heerlen, Neth., Sep. 30. http://www.right2info.org/resources/publications/laws-1/ati-laws_fringe-special_roger-vleugels_2011-oct.

WOODS N., 2006. *The Globalizers*: The IMF, the World Bank, and Their Borrowers. Ithaca, NY: Cornell Univ. Press. 262 pp.

WORLD BANK, 2009a. *Toward Greater Transparency: Rethinking the World Bank's Disclosure Policy: Summary of the Consultation Meeting*, Washington, DC, Apr. 25, 2009. Washington, DC: World Bank. http://siteresources.worldbank.org/INFODISCLOSURE/Resources/5033530-1236640024078/Washington_Consultation.pdf.

WORLD BANK. 2009B. *WORLD BANK DISCLOSURE POLICY REVIEW—SUMMARY OF FEEDBACK FROM PUBLIC CONSULTATIONS.* WASHINGTON, DC: World Bank. http://siteresources.worldbank.org/INFODISCLOSURE/Resources/5033530-1236640024078/FeedbackMatrix_Nov5.pdf.

WORLD BANK, 2010. *TheWorld Bank Policy on Access to Information.*Washington, DC:World Bank. http://wwwwds.worldbank.org/external/default/.

TABLA 1. EXISTENCIA DE POLÍTICAS DE TRANSPARENCIA*
A DISPOSICIÓN DEL PÚBLICO EN LAS INSTITUCIONES DE
GOBERNANZA GLOBAL SELECCIONADAS** (EN ABRIL DE 2013)

Clase de institución de gobernanza	Política de transparencia		Ausencia de política de transparencia	
			Secretaría de la ONU	
Todas las agencias especializadas de la ONU	FIDA OIT FMI Grupo del Banco Mundial (aunque varía en las distintas instituciones del Grupo)		FAO OACI OMI UIT UNESCO ONUD	OMT UPU OMS OMPI OMM
Todos los programas y fondos de la ONU	PNUD (también incluye FNUDC y UNV) UNICEF		CCI CNUDYD PNUMA UNFPA CNUAH	ACNUR UNODC UNRWA PMA UN Mujeres
Todas las organizaciones relacionadas con la ONU***	OMC		CTBTO	OIEA OPAQ
Otras entidades de la ONU	UNOPS			
Bancos de desarrollo multilaterales claves (distintos del Grupo del Banco Mundial)	BAsD BAfD	BERD BID		
Organizaciones regionales generalistas escogidas	CoE OEA [El Parlamento Europeo, el Consejo y la Comisión están sujetos al Reglamento (CE) 1049/2001, lo que implica más que una mera política institucional]		ASEAN Unión Africana Liga Árabe	CARICOM Commonwealth
Organizaciones híbridas escogidas	Fondo Mundial ICANN			

* Una política general que estipule la accesibilidad o no de la información que posee la organización.

** Abreviaturas: ACNUR, Oficina del Alto Comisionado para los Refugiados; ASEAN (por sus siglas en inglés), Asociación de Naciones del Sudeste Asiático; BAfD, Banco Africano de Desarrollo; BAsD, Banco Asiático de Desarrollo; BERD, Banco Europeo de Reconstrucción y Desarrollo; BID, Banco Interamericano de Desarrollo; CARICOM (por sus siglas en inglés), Comunidad del Caribe; CCI, Centro de Comercio Internacional; CNUAH, Centro de las Naciones Unidas para los Asentamientos Humanos; CNUCYD Conferencia de las Naciones Unidas para el Comercio y Desarrollo; CoE, Consejo de Europa; CTBTO (por sus siglas en inglés), Organización del Tratado de Prohibición completa de los ensayos nucleares; FAO (por sus siglas en inglés), Organización de las Naciones Unidas para la Alimentación y la Agricultura; FIDA, Fondo Internacional de Desarrollo Agrícola; FMI, Fondo Monetario Internacional; FNUDC, Fondo de las Naciones Unidas para el Desarrollo de la Capitalización; Fondo Mundial, Fondo Mundial de lucha contra el sida, la malaria y la tuberculosis; ICANN (por sus siglas en inglés), Corporación de Internet para la asignación de Nombres y Números; OACI, Organización de Aviación Civil Internacional; OEA, Organización de Estados Americanos; OIEA, Organismo Internacional de la Energía Atómica; OIT, Organización Internacional del Trabajo; OMC, Organización Mundial del Comercio; OMI, Organización Marítima Internacional; OMM, Organización Meteorológica Mundial; OMPI, Organización Mundial de la Propiedad Intelectual; OMS, Organización Mundial de la Salud; OMT, Organización Mundial del Turismo; ONU Mujeres, Entidad de la ONU para la Igualdad de Género y el Empoderamiento de la Mujer; ONUDI, Organización de las Naciones

Clase de institución de gobernanza	Institución (fecha de efectividad de la política vigente)	Características formales de la política de transparencia					
		AI****	MAS	PD	DR	DC	RI (instancias)
Agencias especializadas de la ONU	FMI (17 de Marzo de 2010)	-	-	X			
	Banco Mundial (BIRF & AIF) (1 de Julio de 2010)	X	X	X	X	X	X (2)
	OMGI (1 de Julio de 2007)	-	X	X	-	X (limitado)	X (1)
	IFC (1 de Enero de 2012)	-	X	X	-	X (limitado)	X (2)
	OIT (11 de Abril de 2008)	-	X	X	-	-	-
	FIDA (1 de Enero de 2012)	X	X	X	-	-	X (1)
Fondos y programas de la ONU	PNUD (incluye FNUDC y UNV) (Enero de 2008)	-	X	X	-	-	X (2)
	UNICEF (16 de Septiembre de 2010)	X	X	X	X	-	X (1)
	UNOPS (26 de Enero de 2012)	X	X	X	X	X	X (2)
Organizaciones relacionadas con la ONU	OMC (15 de mayo de 2002)	X	-	-			
Bancos de desarrollo multilateral (distintos del Grupo del Banco Mundial)	BAsD (2 de Abril de 2012)	X	X	X	X	X	X (2)
	BAfD (3 de Febrero de 2013)	X	X	X	X	X	X (2)
	BERD (1 de Noviembre de 2011)	-	X	X	-	X (limitado)	X (1)
	BID (1 de Enero de 2011)	X	X	X	X	X	X (2)
Organizaciones regionales generalistas	CoE (12 de Junio de 2001)	X	-	-			
	OEA (3 de Mayo de 2012)	X	X	X	X	X	X (2)
Organizaciones público-privadas	ICANN (sin fechar)	X	X	X	X	X	X (2)
	Fondo Mundial (Mayo de 2007)	X	-	X			

Unidas para el Desarrollo Industrial; OPAQ, Organización para la Prohibición de Armas Químicas; PMA, Programa Mundial de Alimentos de las Naciones Unidas; PNUMA, Programa de las Naciones Unidas para el Desarrollo del Medio Ambiente; PNUD, Programa de las Naciones Unidas para el Desarrollo; UNESCO (por sus siglas en inglés), Organización de las Naciones Unidas para la Educación, la Ciencia y la Cultura; UNFPA (por sus siglas en inglés), Fondo de las Naciones Unidas para la Población; UNICEF (por sus siglas en inglés), Fondo de las Naciones Unidas para la Infancia; UIT, Unión Internacional de Telecomunicaciones; UNODC (por sus siglas en inglés), Oficina de las Naciones Unidas contra la Droga y el Delito; UNOPS (por sus siglas en inglés), Oficina de las Naciones Unidas de Servicios para Proyectos; UNRWA, *United Nations Agency for Refuge Office*; UNV (por sus siglas en inglés), Programa de Voluntarios de Naciones Unidas; UPU, Unión Postal Universal.

*** Esta clasificación sigue la designación propia de la ONU, a pesar de que la relación puede ser únicamente histórica (como sucede con la OMC).

**** Abreviaturas: AI, Aplicación Integral; AIF, Asociación Internacional de Fomento; BAfD, Banco Africano de Desarrollo; BAsD, Banco Asiático de Desarrollo; BERD, Banco Europeo de Reconstrucción y Desa-

DECLARACIÓN

Los autores no tienen conocimiento de que participen en alguna entidad, estén afiliados o dispongan de financiación que pudiera afectarles o incidir de algún modo sobre la objetividad con la que han redactado el presente capítulo.

AGRADECIMIENTOS

Los autores agradecen los comentarios formulados por Robert Howse y las estimulantes discusiones con Andrea Bianchi, Anne Peters y los colaboradores de su excelente volumen *Transparency in International Law* (Bianchi & Peters 2013), que han inspirado este capítulo.

rrollo; BID, Banco Interamericano de Desarrollo; BIRF, Banco Internacional de Reconstrucción y Fomento; CoE, Consejo de Europa; DC, Discrecionalidad para Comunicar; DR, Discrecionalidad para Reservar; FIDA, Fondo Internacional de Desarrollo Agrícola; FMI, Fondo Monetario Internacional; FNUDC, Fondo de las Naciones Unidas para el Desarrollo de la Capitalización; Fondo Mundial, Fondo Mundial de lucha contra el sida, la malaria y la tuberculosis; ICANN (por sus siglas en inglés), Corporación de Internet para la Asignación de Nombres y Números; IFC, *International Finance Corporation*; MAS, Mecanismo Abierto para Solicitar; OEA, Organización de Estados Americanos; OMC; Organización Mundial del Comercio; OMGI, Organismo Multilateral de Garantía de Inversiones; PD, Presunción de Divulgación; PNUD, Programa de las Naciones Unidas para el Desarrollo; RI, Revisión Institucional; UNICEF (por sus siglas en inglés), Fondo de las Naciones Unidas para la Infancia; UNOPS (por sus siglas en inglés), Oficina de las Naciones Unidas de Servicios para Proyectos; UNV (por sus siglas en inglés), Programa de Voluntarios de Naciones Unidas.

***** Muchas de las políticas se aplican únicamente a determinados órganos de la institución (como la secretaría), y algunas se limitan a ciertas clases de documentos (por ejemplo, para la OMC, a los «documentos oficiales», y para el CE, a los documentos del Comité de Ministros en lugar de a los de la Secretaría), o a aquellos que cumplan ciertos requisitos (por ejemplo, para UNICEF, la información «acerca de materias relativas a las políticas, actividades y decisiones de UNICEF» que se encuentre en poder de dicha institución) (http://www.unicef.or/about/legal_disclosure.html, párr. 5). Otros casos son menos claros [por ejemplo, la política del FIDA se aplica a los «documentos producidos por el FIDA» (http://www.ifad.org/gbdocs/eb/100/e/EB-2010-100-R-3-Rev-1.pdf, párr. 11), pero las excepciones sugieren que se extiende a los documentos en manos del FIDA y generados por terceros]. Estas tres instituciones (OMC, UNICEF y FIDA), se consideran que cumplen la condición de AI. Se considera que las políticas de otras instituciones no cumplen dicha condición debido a que utilizan criterios sustantivos para determinar los documentos a los que se aplican, lo que parece un límite importante a su ámbito de aplicación.

CAPÍTULO SÉPTIMO

SUCEDÁNEOS NORMATIVOS O DERECHO PÚBLICO EN LA GOBERNANZA GLOBAL: UN ESTUDIO A TRAVÉS DE LAS RECOMENDACIONES O PRESCRIPCIONES INTERNACIONALES PARA LA REGULACIÓN DE LAS INFRAESTRUCTURAS ESTATALES[*]

Megan Donaldson[**] y Benedict Kingsbury[***]

RESUMEN

E L presente capítulo analiza las prescripciones globales dirigidas a la regulación nacional de infraestructuras como caso para el estudio. Y examina la naturaleza jurídica y las consecuencias que se derivan de la combinación, en un mismo campo, del Derecho, la gobernanza y la teoría económica, que hoy dominan la regulación económica globalizada. A tal efecto se centra en tres conjuntos de instrumentos no vinculantes, aunque de notable influencia, establecidos a principios de este siglo, provenientes del Banco Mundial, la OCDE y la CNUDMI[****] sobre la regulación de las infraestructuras nacionales, y de los que derivan reformas a gran escala para el Derecho Público y las instituciones nacionales. Pretende excavar lo que subyace a las teorías jurídicas, y sus instrumentos, sobre el concepto de Estado y sus funciones, así como a las visiones sobre la naturaleza y las características prevalentes del Derecho. Explora el uso de esos instrumentos de jerarquía cuasijurídica de normas y su expresión en conceptos jurídicos en un contexto híbrido compuesto por el Derecho, el análi-

---

* Traducción realizada por Agustín de Asís Roig, profesor titular de Derecho Administrativo de la Universidad Carlos III de Madrid. En este artículo el término infraestructuras no se limita a la realización de obras públicas, sino que abarca también servicios de interés general como el agua, la electricidad o las telecomunicaciones (N. del T.).

** Megan Donaldson es estudiante de doctorado en la Facultad de Derecho de la Universidad de Nueva York («*New York University*»).

*** Benedict Kingsbury es Profesor «Murry and lda Becker» de Derecho y Director del «Institute for International Law and Justice» (*Instituto de Derecho Internacional y de la justicia*), en la Facultad de Derecho de la Universidad de Nueva York. Los autores agradecen a Matthias Goldmann, Arie Rosen, Chico Fiti Sinclair, Moran Yahav, y los participantes en el taller «After Public Law» (Edimburgo, 2011 junio), en el que se presentó una parte de este trabajo, sus comentarios y sugerencias.

**** En inglés, *UNCITRAL*, órgano jurídico central del sistema de las Naciones Unidas en el ámbito del Derecho Mercantil Internacional. (N. del E.).

sis económico, y las ciencias políticas. Estos instrumentos pueden considerarse como meros sucedáneos normativos (*ersatz normativity*). Ahora bien, este capítulo pretende señalar, que, poniendo en relación la lógica y el discurso del Derecho Público y de la gobernanza regulatoria, tales instrumentos podrían constituir el germen para una renovación del Derecho Público tradicional dentro del Estado mediante la apertura a un incipiente Derecho Público Global. La generación y uso de esos instrumentos exceden ampliamente desde luego del ámbito ortodoxo o tradicional del Derecho Público y del Derecho Internacional Privado, así como del Derecho Constitucional y Administrativo nacionales.

Posiblemente, el Derecho Público Global podría transformar el modo en que estas prescripciones se construyen y evolucionan, así como su innovación en algunos supuestos. Podría asimismo contribuir a la reinvención y revitalización del Derecho Público como una forma singular y distinta de ordenamiento.

Para evaluar esas posibilidades, tomamos como caso central del análisis las disposiciones relativas a las infraestructuras, frente a las que adoptamos dos perspectivas: la de una «autoridad pública internacional», y la del «Derecho Administrativo Global». El sector de las infraestructuras pone en evidencia los límites, sin duda relevantes, que opone el marco doctrinal y las singularidades institucionales de esas perspectivas, e ilustra también la importancia que tiene para el futuro el esfuerzo denodado y la lucha entre los múltiples y diferentes proyectos jurídicos y políticos relativos a las funciones que deparan al Derecho en el ámbito de la gobernanza global regulatoria.

I. INTRODUCCIÓN

Las recomendaciones o prescripciones provenientes de organizaciones globales que tienen por objeto la reforma de Derecho y de las instituciones nacionales combinan de manera creciente modelos de gestión y gobernanza, inspirados habitualmente en la ciencia económica, con el lenguaje y la técnica propios del Derecho. Esta mezcla ha sido denunciada por muchos internacionalistas y estudiosos del Derecho Constitucional y Administrativo transnacional como una suerte de «sucedáneo normativo»[1], o como un elemento corrosivo de las exigencias de la ortodoxia jurídica y de los valores propios del Derecho Público[2].

Este capítulo comienza con el examen de estas recomendaciones de carácter global relativas a la regulación de las infraestructuras nacionales, como supuesto o caso para el estudio de la aleación o hibridación entre el Derecho, la gobernanza y el análisis económico. Rastrearemos las teorías sobre el Estado y las actitudes hacia el Derecho que subyacen a estos instrumentos, así como la forma en que éstas entremezclan conceptos

---

[1] Véase Martti Koskenniemi, *Constitutionalism as Mindset: Reflections on Kantian Themes about International Law and Globalization*, 8 Theoret Inq L 9, 14 (2007).

[2] Carol Harlow, *Global Administrative Law: The Quest for Principles and Values*, 17 Eur J Intl L, 187 (2006); Alexander Somek, *Administration without Sovereignty*, in Petra Dobner y Martin Loughlin (eds.), *The Twilight of Constitutionalism?*, 267 (Oxford 2010). Véase también David Dyzenhaus, *The Rule of (Administrative) Law in International Law*, 68 L & Contemp Probs, 127 (2005); Ming-Sung Kuo, *Inter-Public Legality or Post-Public Legitimacy? Global Governance and the Curious Case of Global Administrative Law as a New Paradigm of Law*, 10 Intl JConst L 1050 (2012).

familiares para el Derecho Público con nociones y un vocabulario propios de la ciencia económica y política. A medida que estas recomendaciones empiezan a ser estudiadas por los *iuspublicistas*, no es de extrañar que muchos consideren que aquello que perciben no es más que una manipulación de la terminología del Derecho Administrativo y una instrumentalización al servicio de un proyecto institucional y político muy específico que se ha venido construyendo en primer término desde la ciencia económica.

Este capítulo plantea un enfoque alternativo: al poner en relación el discurso del Derecho Público y de la gobernanza regulatoria, para probar, por el contrario, que con ello se abre un camino hacia un régimen o sistema de legalidad más sólido. En nuestra opinión, el incipiente Derecho Público Global podría impulsar esta evolución transformando la forma en que estas recomendaciones se elaboran, y se invocan y aplican al caso concreto, o, en términos más amplios, haciendo posible una reinvención y revitalización del Derecho Público como modalidad singular y distinta de ordenamiento. Así planteado, ello podría además ayudar a la renovación del potencial que posee el Derecho Público dentro del Estado y a evitar su eventual colapso ante la difusa idea de la gobernanza, o a resistirse a su instrumentalización al servicio de ésta.

Para evaluar esas posibilidades, hemos de concentrarnos en las recomendaciones internacionales sobre la regulación de las infraestructuras nacionales como un modelo de referencia, ante el que se manejan dos perspectivas: la de la «autoridad pública internacional» y la del «Derecho Administrativo Global». El sector de las infraestructuras pone de relieve la importancia de un Derecho Público Global, al tiempo que cuestiona la adaptabilidad del marco existente en el que se sitúan la autoridad pública internacional y el Derecho Administrativo Global para operar con la gobernanza, caracterizada por su carácter no vinculante y la búsqueda del consenso y del conocimiento técnico y experto.

El apartado II de este capítulo expone la génesis, el ámbito de aplicación, así como la tipología de los tres grupos de recomendaciones seleccionados y apunta sumariamente algunas de las formas en las que éstas se utilizan o invocan. El primero de los instrumentos –y que será objeto de mayor estudio dado su inusual grado de detalle y exhaustividad– es el *Manual para la Evaluación de Sistemas Regulatorios sobre Infraestructuras* del Banco Mundial[3]. El resto de instrumentos analizados forman un conjunto de disposiciones o materiales sobre los contratos de concesión de infraestructuras elaborados entre los años 2000 y 2003 bajo los auspicios de la Comisión de las Naciones Unidas para el Derecho Mercantil Internacional (CNUDMI o UNICITRAL), así como otros materiales sobre política de ejecución de infraestructuras y reglamentos elaborados entre 2006 y 2007 por la Organización para la Cooperación y Desarrollo Económicos (OCDE)[4]. Todos ellos continúan hoy en vigor a pesar de los conflictos

---

[3] Ashley C. Brown, Jon Stem y Bernard Tenenbaum, con Defne Gencer, *Hadnbook For Evaluating Infrastructure Regulatory Systems* (World Bank 2006) (en adelante nos referiremos a este trabajo como el «*Manual*»).

[4] Existen otros documentos, que no se examinan aquí, como las *Guidelines for infrastructure development through Build-Operate-Transfer (BOT) Projects*, ONUDI, 1996, [*Guía para el desarrollo de las infraestructuras a través de proyectos de concesión*, N. del T.] de la Organización de las Naciones Unidas para el Industrial (ONUDI, N.T.) (se trata de un instrumento anterior reemplazado en cierto modo por innovaciones posteriores); así como documentos más breves, tales como el *Core Principles For a Modern Concession Law* [*Principios básicos para un nuevo derecho de las concesiones*, N. del T.], del Banco Europeo de Reconstrucción y Desarrollo (BERD), Principios Básicos para un Nuevo Derecho de Concesión (2005) –un documento de dos páginas–. Los proyectos de infraestructura en Europa se rigen por las Directivas de la UE en materia de contratación pública, en la que hay que tener en cuenta

surgidos a raíz del comienzo de la crisis financiera en 2008, la creciente importancia de China y de otros países ajenos a la OCDE en la construcción y financiación de infraestructuras nacionales, así como el nuevo y relevante papel de los Gobiernos centrales en importantes países emergentes. Estos documentos, que se nutren de un conocimiento académico y profesional de diversa naturaleza, han sido adaptados para hacerlos comprensibles a una audiencia no experta. En esencia, estos instrumentos suscitan la idea de que existe un amplio campo para la gobernanza en materia de infraestructuras, si bien reconocen la existencia de peculiaridades entre los distintos sectores y sistemas nacionales. En ese sentido, ofrecen modelos que en mayor o menor medida pueden incorporarse y aplicarse directamente en los diferentes sistemas nacionales. Ahora bien, ninguno de ellos es, por sí mismo, suficientemente completo o determinante de todas las actuaciones que hayan de llevar a cabo los Gobiernos nacionales. Forman parte más bien de estructuras influyentes, compuestas por especialistas y asesores, expertos de Gobiernos extranjeros y organizaciones internacionales, lobbies, intereses empresariales conectados internacionalmente, grupos de la sociedad civil, congresos y conferencias, foros *online*, y fondos públicos y privados[5]. En este sentido, reflejan la compleja y poliédrica naturaleza de la influencia que desde el nivel global se ejerce sobre la realización de políticas públicas nacionales.

En lo que se refiere a su contenido sustantivo, estos instrumentos reflejan una evolución en la comprensión general de las funciones que al Estado y al mercado les corresponde desempeñar en la provisión de las infraestructuras necesarias y en la prestación de los servicios esenciales. Tales instrumentos parten de la premisa de que –a la luz de la enorme necesidad de inversión en infraestructuras y de los límites del endeudamiento público– el capital privado adquirirá un papel más relevante y expansivo en el desarrollo futuro de las infraestructuras en la mayoría de países[6]. Al mismo tiempo, sin

---

una propuesta de directiva sobre las concesiones (en discusión en el Parlamento Europeo a partir de febrero de 2013 [actualmente aprobada como Directiva 2014/23/UE, de 26 de febrero de 2014, relativa a la adjudicación de contratos de concesión, N.T]). Existen otros documentos de orientación normativa relacionados con determinados sectores o tipos de proyectos. Además de un enorme volumen de otros materiales normativos y de análisis sobre la ejecución de infraestructuras y su regulación que no analizamos, originados por organismos especializados en los ámbitos de los Derechos Humanos, la protección del medio ambiente, la seguridad, la política energética, y la Gobernanza, etc.

[5] Hay un creciente interés académico en el papel que estas estructuras juegan en la «difusión» de modelos específicos de configuración política o institucional. Pueden citarse como ejemplos dentro la literatura inglesa a Gregory C. Shaffer, *Transnational Legal Ordering and State Change* (Cambridge 2013); Terence C. Halliday y Bruce G. Carruthers, *The Recursivity of Law: Global Norm. Making and National Law-Making in the Globalization of Corporate Insolvency Regimes*, 112 Am J Sociol 1 135 (2007); Terence C. Hallidayand Bruce G. Carruthers, *Bankrupt: Global Law making and Systemic Financial Crisis* (Stanford 2009); Yves Dezalay y Bryant G. Garth (eds.), *Global Prescriptions: The Production, Exportation, and Importation of a New Legal Orthodoxy* (Michigan 2002); Yves Dezalay y Bryant G. Garth (eds.), *The Internationalization of Palace Wars: Lawyers, Economists, and the Contest to Transform Latin-American States* (Chicago 2002); Beth A. Simmons, Frank Dobbin, y Geoffrey Garrett (eds.), *The Global Diffusion of Markets and Democracy* (Cambridge 2008); Alasdair Roberts, *The Logic of Discipline: Global Capitalism and the Architecture of Government9* (Oxford 2010); César Rodríguez-Garavito, *Toward a Sociology of the Global Rule of Law Field: Neoliberalism, Neoconstitutionalism, and the Contest over Judicial Reform in Latin America*, in Yves Dezalay y Bryant G. Garth (eds.), *Layers and the Rule of Law in an Era of Globalization* 156 (Routledge 2011).

[6] Véase, por ejemplo, la OCDE, 2 *Infrastructure to 2030*, 25 (OCDE 2007), donde se explica que, a la luz del creciente peso del gasto en salud y el de la población, y las previsibles disminuciones de ingresos fiscales, «los presupuestos públicos... no será suficiente para salvar el desfase en materia de

embargo, reflejan una pérdida del entusiasmo por la privatización que imperó en muchos Estados y en las instituciones financieras internacionales entre los años ochenta y noventa del pasado siglo. El desplazamiento que se produjo hacia una mayor dependencia del sector privado no siempre ha producido el beneficio esperado y, a menudo, ha sido objeto de controversia. La oposición, tanto de los políticos nacionales como de las Administraciones locales, ha determinado la renacionalización o la aprobación de regulaciones más estrictas en algunos países. Las críticas también se han dirigido contra las organizaciones financieras internacionales por su participación en la financiación y construcción de infraestructuras privadas, así como contra las normas transnacionales que amparan dichos proyectos, incluidos los tratados para la protección de la inversión extranjera[7]. Algunos sonados fracasos, la resistencia producida en algunas de las primeras iniciativas de privatización, y una mayor cautela de algunos de los inversores más activos en las oleadas de concesiones otorgadas en la década de los noventa y en la primera década de este siglo[8], han impulsado el perfeccionamiento y posterior desarrollo de una serie de recomendaciones para la reforma regulatoria nacional que, en mayor o menor medida, se ven reflejadas en los instrumentos que examinamos. En particular, estos instrumentos ponen de manifiesto una nueva ortodoxia: la confianza en el sector privado requiere al mismo tiempo la creación y mantenimiento de un fuerte aparato regulatorio estatal, y cuya adecuada consecución resulta particularmente complicada en los países en desarrollo[9].

---

infraestructura. Lo que se requiere es un mayor recurso a la financiación del sector privado, junto con una mayor diversificación de las fuentes de ingresos del sector público».

[7] Para un análisis de esta contestación a la privatización en el sector del agua, ver Bronwen Morgan, *Water on Tap: Rights and Regulation in the Translational Governance of Urban Water Services* (Cambridge 2011). En relación con la responsabilidad de los activistas en algunso de estos grandes conflictos, véase, por ejemplo, *Benjamin Dangl, The Price of Fire: Resource Wars and Social Movements* in Bolivia, 55-73 (AK Press 2007), relacionado con la «guerra del agua» en Cochabamba; David Hall, *Struggles against Privatization of Electricity Worldwide*, en Kolya Abramsky (ed.), *Sparking a Worldwide Energy Revolution: Social Struggles in the Transitional a Post-Petrol World*, 188-96 (AK Press 2010) con una catalogación y análisis de campañas exitosas contra la privatización de la electricidad. Las controversias sobre las iniciativas de privatización no se limitan al mundo en desarrollo. Ha habido una oposición significativa a las condiciones de privatización unidos a los fondos de rescate impuestos a los miembros de la UE, y las reformas de 2012 respecto del enfoque del Reino Unido las colaboraciones público-privadas para la provisión de la infraestructura pública. Así, por ejemplo se ha indicado que: El Gobierno reconoce las preocupaciones con [la Iniciativa de Financiación Privada] y la necesidad de una reforma. Existe una preocupación general de que el sector público no ha obtenido una financiación adecuada y los contribuyentes no hayan estado recibiendo un trato equitativo ni ahora y ni a largo plazo. Ha habido falta de transparencia en los resultados financieros de los proyectos y las rentabilidades obtenidas por los inversionistas y... las futuras obligaciones generadas para los contribuyentes por los proyectos de la [Private Financiación Initiative]. Esto ha llevado a una creciente tensión en la relación entre [Iniciativa de Finanzas Privadas] proveedores, el sector público y el público en general. HM Treasury, *A New Approach lo Public Private Partnerships* 5 (diciembre 2012) (puede consultarse en http://www.minfin.bg/document/11842:1 (visitado 05 de enero 2015).

[8] Como ejemplos dentro del sector del agua pueden citarse David Hall and Emanuele Lobina, *The Birth, Growth and Decline of Multinational Water Companies*, in Tapio S. Katko, Petri S. Juuti, and Klaas Schwartz (eds.), *Water Services Management and Governance: Lessons for a Sustainable Future* 123, 128 (International Water Association 2013)

[9] Véase Navroz K. Dubash and Bronwen Morgan (eds.), *The Rise of the Regulatory State of the South: infrastructure and Development in Emerging* Economies (Oxford 2013).

En el epígrafe III analizamos con mayor detalle la naturaleza de las recomendaciones o determinaciones contenidas en estos instrumentos, las reformas legales que pretenden promover (con frecuencia extensas y concretas), las teorías sobre las funciones del Estado regulador que subyacen a esos instrumentos emanados de las instituciones globales, y la actitud general hacia los ordenamientos jurídicos nacionales que de ellos derivan. De adoptarse estas prescripciones internacionales, ello podría generar grandes consecuencias tanto para el contenido sustantivo de la regulación nacional sobre infraestructuras, como –potencialmente al menos– para la naturaleza y las funciones que al Estado corresponden en el futuro en este área. Ciertamente, estas recomendaciones o determinaciones internacionales, que se encuentran despojadas de un contexto nacional específico y están diseñadas para su trasvase o portabilidad a los distintos ordenamientos, carecen, por lo general, de la sólida base conceptual y de las arraigadas estructuras existentes en el Derecho Público nacional de muchos Estados. Algunos de los que han participado en la redacción de estos instrumentos pretenden que la futura regulación de las infraestructuras escape al control impuesto por determinados mecanismos de control del Derecho Público nacional, en la medida en que consideran excesivo y costoso el funcionamiento de las instituciones y la participación de los expertos en Derecho Público. Otros de los intervinientes en la elaboración de tales instrumentos pueden ser simplemente expertos en las cuestiones técnicas de las infraestructuras o en las relativas a su economía, y desconocen las relevantes cuestiones jurídicas que se hayan en juego. Desde una perspectiva jurídica, estas recomendaciones o determinaciones están muy marcadas por su carácter instrumental y, cuando menos en algunos casos, carecen de toda visión o contenido jurídico. Poca consideración prestan, por ejemplo, a las singularidades de las instituciones jurídicas y al ordenamiento vigente –más allá del tema de los derechos de propiedad– e ignoran el carácter sistemático y la dimensión política que posee el Derecho.

En el apartado IV del presente capítulo, se analizan las distintas modalidades de que estos instrumentos se sirven para expresar tanto el vocabulario jurídico como las diversas formas el Derecho. Ahí se pone de manifiesto, a nuestro juicio, que estos instrumentos mezclan las más recientes ideas de gobernanza con los conceptos tradicionales del Derecho Público y de los ordenamientos jurídicos nacionales, señaladamente en lo que hace a los conceptos relacionados con las normas de procedimiento, más que con los que se refieren a los derechos subjetivos o al autogobierno, y todo ello al servicio de reformas que pueden ser discutibles desde un punto de vista económico y jurídico. Esta mezcla o hibridación de conceptos, que ha constituido una característica recurrente en las últimas décadas en las políticas regulatorias nacionales y en sus prácticas de «nueva gobernanza» en muchos países de la OCDE, se traslada ahora a los esfuerzos transnacionales por establecer modelos universales que puedan aplicarse a los países en vías de desarrollo. El establecimiento de sistemas jerárquicos en lo que hace a estas prescripciones provenientes de instituciones globales, en un proceso que va de lo abstracto a lo concreto, tiene cierta relevancia en la gestión de la diversidad de los ordenamientos nacionales[10]; pero al mismo tiempo da conteni-

---

[10] La división entre normas generales de orden superior y las recomendaciones más específicas permite el desarrollo de un consenso global desarrollando políticas para las que las recomendaciones concretas no resultan adecuadas. Este argumento se desarrolla en Susan Block-Lieb and Terence Halliday, *Harmonization and Modernization in UNCITRAL's Legislative Guide on Insolvency Law*, 42 Tex Intl LJ 475, 477-80 (2007).

do a conceptos híbridos como «legitimidad» y «transparencia», trasvasando así las connotaciones de estos términos a los concretos proyectos de reforma. Vistas en su conjunto o en un contexto más amplio, estas características facilitan los procesos de comparación, agregación y abstracción, en virtud de los cuales ciertas prácticas locales y reglas se transponen o proyectan sobre ideas universales, recomendaciones o estándares.

Este fenómeno de hibridación que detectamos (es decir, la mezcolanza de conceptos heterogéneos provenientes de ciencias diversas) puede generar efectos muy diferentes. Por un lado, el tiempo podría erosionar la concepción del Derecho y sus cualidades específicas, reduciéndolo a un mero instrumento de creación de sistemas e incentivos particulares. Por otro, a la inversa, puede erigirse en cauce para prestar una mayor atención a las estructuras jurídicas y a su dinámica. Una modesta forma de Derecho Administrativo Global, por el momento apenas perceptible, aunque ya en proceso incipiente de desarrollo, podría, con el tiempo, hacer frente a este lenguaje híbrido, reduciendo la maleabilidad conceptual de la actual regulación económica transnacional, y quizás también podría servir para apuntalar el hoy tenue y débil marco jurídico de la «nueva gobernanza» a nivel estatal también. Que esto ocurra dependerá de la lucha entre los diversos proyectos políticos existentes respecto del papel del Derecho en la Gobernanza regulatoria internacional.

En el apartado V se exploran las posibilidades que las nuevas y emergentes concepciones del Derecho Administrativo Global pueden aportar. En última instancia, se sugiere que un futuro Derecho Administrativo Global puede aspirar no sólo a ordenar y controlar el influjo o las injerencias globales sobre las políticas nacionales, sino también a construir un marco jurídico más sólido en el análisis de la regulación nacional, híbrida y privada, fomentando así un enfoque más matizado e integrador sobre el papel del Derecho y de la legalidad en lo que hace a la reforma en el ámbito de las prescripciones o recomendaciones, así como respecto de la actitud y del trabajo que adopten los consultores, los peritos y los empleados públicos nacionales en el diseño de futuras estructuras regulatorias. Sobre el telón de fondo de estas aspiraciones y objetivos, nos servimos del caso concreto de las recomendaciones en materia de infraestructuras para valorar lo que al tema pueden aportar tanto la perspectiva de una autoridad pública internacional como la del Derecho Administrativo Global. El trabajo a realizar en el marco de esas coordenadas persigue identificar en la práctica, e idear artesanalmente, nuevas visiones del Derecho Público Global, con modalidades un tanto variables, que sean capaces de entender y capturar la estructura de la gobernanza global reflejada en esos instrumentos en materia de infraestructuras.

El estudio del sector de la infraestructuras pone en evidencia algunos de los límites que son inherentes al marco doctrinal vigente, así como las singularidades institucionales que se derivan desde esos planteamientos. Por lo que se refiere, al Derecho Administrativo Global, el sector en cuestión plantea cuestiones cruciales para aquellas personas y entidades que tienen en sus manos la evolución del Derecho Administrativo Global, el lenguaje heterogéneo o híbrido en el que el Derecho Administrativo Global se enmarca, y la metodología de comparación o traslación, abstracción y especificación a través de la cual los principios genéricos se convierten en requisitos institucionales específicos.

II. EL COMPROMISO Y LA IMPLICACIÓN DE LAS INSTITUCIONES GLOBALES CON LAS POLÍTICAS Y LA REGULACIÓN NACIONALES EN MATERIA DE INFRAESTRUCTURAS

Si bien, en última instancia, son las autoridades estatales o infraestatales las que llevan a cabo las transacciones en materia de infraestructuras con efectos regulatorios, ha de tenerse en cuenta, sin embargo, que tanto la legislación contractual, como los preceptos constitucionales y el resto de normas jurídicas nacionales aplicables operan dentro de una red o marco de disposiciones jurídicas transnacionales cada vez más denso.

De hecho, este marco global se compone, por ejemplo, de obligaciones asumidas en virtud de los acuerdos de la OMC (para liberalizar el comercio de servicios en sectores determinados), de tratados bilaterales de inversión, del Derecho consuetudinario relativo al tratamiento de las inversiones extranjeras, o de las obligaciones derivadas de los contratos de préstamo con los bancos multilaterales de desarrollo (*multilateral development banks*, en adelante «MDB»). En efecto, las organizaciones internacionales pueden participar como prestamistas[11], aseguradoras[12], foros para la solución de controversias[13], o fuentes de «asistencia técnica» y de asesoramiento experto para la creación de un entorno jurídico e institucional nacional propicio a la inversión extranjera, que es la faceta de su actividad que más nos interesa[14].

Seguidamente, se hace una breve descripción de las tres clases de recomendaciones o prescripciones realizadas bajo los auspicios de organizaciones internacionales en relación con diversos aspectos de las disposiciones en materia de infraestructura y su gobernanza. En primer lugar, el *Manual para la evaluación de los sistemas regulatorios sobre*

---

[11] Por ejemplo, los Bancos Multilaterales de Desarrollo o de manera más restringida el FMI. Normalmente, el préstamo condicionado a la ejecución de privatizaciones se ha aplicado a países en desarrollo, pero en Europa, la «troika» compuesta por la Comisión Europea, el FMI y el BCE están impulsando la privatización de compañías del sector del agua en Grecia y Portugal como condición para el rescate. Véase la correspondencia entre la sociedad civil y la Comisión entre mayo y octubre de 2013 disponible en http://www.tni.org/article/ec-stop-imposing-privatisation-water (visitado el 18 de mayo de 2013).

[12] Por ejemplo, la Agencia de Garantía de Inversiones Multilaterales (MIGA en sus siglas en inglés), perteneciente al grupo del Banco Mundial.

[13] Por ejemplo, el Centro Internacional de Resolución de Disputas (ICSID en sus siglas en inglés), también perteneciente al grupo del Banco Mundial y los paneles de arbitraje que operan bajo sus auspicios.

[14] Entre otros acuerdos institucionales que se discuten más adelante, puede verse UNCTAD, *Services, Development and Trade: The Regulatory and Institutional Dimension of Infrastructure Services* (UN 2012); UNCTAD *Secretariat, Promoting Investment for Development: Best Practices in Strengthening Investment in Basic Infrastructure in Developing Countries: A Summary of UNCTAD's Research on FDI in Infrastructure*, TD/B/C.II/12 (Feb 10,2011) (http://unctad.org/en/Oocs/ciid12_en.pdf, consultado el 18/05/2013). Pueden producirse también influencias de carácter globalizado en contratos particulares si interviene a través grandes corporaciones o conglomerados en estas transacciones. Estas entidades son normalmente grandes empresas multinacionales y los contratos son objeto de revisión en juristas, consejeros, consultores o aseguradores que, asimismo operan, en un mundo globalizado e incorporan a los contratos en concreto su experiencia obtenida en contratos análogos.

infraestructuras (*Handbook for Evaluating Infrastructure Regulatory Systems*) del Banco Mundial, que se centra en el diseño y funcionamiento de las agencias reguladoras. En segundo término, los documentos de la CNUDMI, que se ocupan del marco legal, y del proceso de implementación, de la adjudicación de contratos de concesión. En tercer lugar, los instrumentos de la OCDE, en la medida en que abordan específicamente el tema de las infraestructuras, aunque su análisis de la realización de las políticas públicas se lleva a cabo a un nivel más general.

Repacto de cada clase de instrumento, se ofrece un breve recorrido sobre sus aspectos básicos, su fundamento y contexto institucional, su forma de creación, y los niveles y supuestos en que se utilizan e invocan. La forma que presentan estos instrumentos resulta relevante para comprender la naturaleza de su relación e implicación con el Derecho Público nacional, así como el uso que se hace de la terminología asociada con el Derecho Público (tema éste en el que se abundará en los epígrafes III y IV). El modo en que se redactaron estos instrumentos, y se han utilizado e invocado cuando se examine en el epígrafe V la cuestión relativa a si su elaboración, promulgación y aplicación se sujetan a algún sistema o aparato de Derecho Público.

1. EL MANUAL PARA LA EVALUACIÓN DE LOS SISTEMAS REGULATORIOS SOBRE INFRAESTRUCTURAS

A partir de la década de los noventa del pasado siglo, el Banco Mundial pasó de la mera inversión en inmuebles a una política más ambiciosa, consistente en apostar por el establecimiento del necesario entorno regulatorio a nivel nacional con el objeto de atraer la inversión extranjera en las infraestructuras del país.[15]. Sin embargo, algunos reguladores nacionales no consiguieron adquirir la capacidad y la independencia que el Banco Mundial consideraba necesaria; de hecho, algunos proyectos de mercantilización o privatización encontraron una abierta oposición, en ocasiones violenta, de los consumidores y de ciudadanos en general, y la inversión total en infraestructuras cayó[16]. Aunque el Banco Mundial se enfrenta a una creciente competencia de otros inversores en infraestructuras[17], sigue siendo una fuente muy importante de conocimiento técnico y experto en relación con el diseño regulatorio e institucional[18]. El *Manual*

---

[15] Véase, World Bank, *Infrastructure Action Plan*, 2 (2003), http://goo.gl/7JryXI (consultado el 18/05/2013).

[16] *Manual*, 13-14 (citado en nota 6). Véase también Jon Stern, *The Evaluation of Regulatory Agencies*, en Robert Baldwin, Martin Cave, and Martin Lodge (eds.), *The Oxford Handbook of Regulation*, p. 223 (Oxford 2010).

[17] Los bancos chinos están a aportando fondos significativos para proyectos de infraestructuras, especialmente en África, de hecho, existen conversaciones para la creación de un nuevo Banco de Inversión en desarrollo controlado por los «BRICS» (nuevas potencias emergentes), centrado en la las necesidades de inversión en este sector.

[18] En relación con el Banco como fondo de investigación y conocimiento en general, véase, por ejemplo Nicolas Stern y Francisco Ferreira, *The World Bank as «Intellectual Actor»* en Devesh Kapur,

tiene su origen en uno de los elementos del Plan de Acción sobre infraestructuras que el Banco Mundial había elaborado en 2003: el establecimiento de una estandarizada evaluación ex ante o de diagnóstico de la inversión, un marco político e institucional del sector de las infraestructuras en diferentes países[19].

El *Manual* fue elaborado por cuatro especialistas en regulación, dos de ellos han desempeñado principalmente puestos académicos, aunque cuentan con una larga experiencia como asesores sobre cuestiones regulatorias para varios países y organismos –entre ellos el Banco Mundial– mientras que los otros dos ocupaban puestos de trabajo dentro del propio Banco. El *Manual* es, en esencia, un extenso libro con la estructura de una «hoja de ruta», de contenido altamente refinado y dirigido a la evaluación tanto de la gobernanza como de su realización dentro de los sistemas de regulación existentes[20]. Establece una visión integral, a veces explícita, y otras implícita, de la naturaleza, el propósito y el diseño de la regulación nacional en sí misma considerada y de la presencia de los elementos adecuados para la política y la economía en sectores como la electricidad, el agua y las telecomunicaciones, basándose en un modelo de agencias reguladoras independientes que supervisan la prestación de servicios privatizados, o al menos comercializables, en régimen de Derecho Privado.

La concepción que subyace a este *Manual* en torno a la regulación se presenta muy sistematizada: se establecen tres «metaprincipios» que debe cumplir cualquier sistema regulatorio si quiere ser sostenible. Estos grandes principios se concretan y relacionan con una lista de principios y estándares para su implementación en el contexto de un regulador independiente. En su conjunto, estas reglas proporcionan un plan detallado y de largo alcance cuyo cumplimiento sugiere cambios significativos en las leyes nacionales que son aplicables y reformas institucionales en muchos países en vías de desarrollo e, incluso, de algunos desarrollados. En esa relación jerárquica entre «metaprincipios», «principios» y «reglas», el *Manual* utiliza de forma hábil conceptos indeterminados o abstractos, tales como la «transparencia» y la «rendición de cuentas» (*accountability*), que se vierten en un lenguaje o vocabulario jurídico de la legalidad, de Estado de Derecho, de Derecho Público o, también, de «buena gobernanza».

El *Manual* subraya también una serie de técnicas mediante las cuales los expertos pueden aumentar la influencia de sus recomendaciones en los Estados. En este sentido, el *Manual* se ha diseñado como una herramienta para la difusión de la política regulatoria de la que es portador. El *Manual* establece una serie de metodologías detalladas para tres tipos de evaluaciones (de corto, medio y largo alcance) que suponen diferentes grados de análisis, las prácticas que se llevan a cabo en la regulación, así como los fundamentos de fondo y las decisiones de carácter sustantivo que se adoptan.

Estas evaluaciones constituyen una condición –o forma parte del proceso mismo– del diseño del proyecto de que se trate en cada caso de cara a obtener un préstamo de un banco multilateral de desarrollo (MDB), de una agencia especializada en ayudas.

John P. Lewis, y Richard Webb (eds.), 2 *The World Bank: Its First Half-Century*, 523 (Brookings 1997); Elisa van Waeyenberge y Den Fine, A *Knowledge Bank?*, in Kate Bayliss, Den Fine, y Elisa van Waeyenberge (eds.), *The Political Economy of Development: The World Bank, Neoliberalism and Development Research*, 26 (Pluto 2011); Jonathan Morduch, *The Knowledge Bank*, en William Easterly, ed, *Reinventing Foreign Aid*, p. 377 (MIT 2008).

[19] Manual, 14, n. 5 (citado en nota 6). Aunque los datos y el análisis del Manual se toman principalmente del sector eléctrico, entendemos que en su mayor parte es aplicable a la regulación de otras infraestructuras (*Ibíd.*, p. 23).

[20] *Ibíd.*, p. xii.

Los evaluadores suelen ser el propio personal del Banco Mundial u otro personal análogo de instituciones similares, asesores o expertos de instituciones de investigación sobre la realización de políticas públicas[21]. El *Manual* dispone que los expertos tengan un papel protagonista en ciertos campos como vectores de la política regulatoria y como consejeros ordinarios[22]. El *Manual* anima a los evaluadores a que promuevan de modo convincente el modelo regulatorio establecido, presentándolo como «las etapas que pueden llevar a un país desde la ausencia de un sistema formal de regulación hacia un sistema regulatorio inspirado en las mejores prácticas»[23], basadas en técnicas de *benchmaking* y de comparación. El *Manual* utiliza, asimismo, los ranking o indicadores cuantitativos para simplificar la comprensión de fenómenos sociales complejos[24], gestionar la diversidad de contextos regulatorios a través de diversos Estados, y estimular una competencia que promueva las reformas. Por ejemplo, una vez que una evaluación se completa, el *Manual* sugiere que los evaluadores presenten, al menos inicialmente, el «cuadro general» en una única clasificación general de la gobernanza, porque quienes realizan políticas públicas suelen prestar mayor atención, sostiene el *Manual*, si ven un solo número que muestra que la comisión reguladora de la electricidad en su país ocupa el puesto cinco sobre seis de la región, en lugar de numerosas tablas llenas de datos en bruto que son difíciles de comprender[25].

2. LA GUÍA LEGISLATIVA Y LAS DISPOSICIONES LEGALES MODELO O TIPO DE LA CNUDMI. DISPOSICIONES SOBRE PROYECTOS DE INFRAESTRUCTURA CON FINANCIACIÓN PRIVADA

La CNUDMI es una comisión de la ONU establecida en 1966 e integrada por sesenta Estados[26] con el mandato de promover la armonización y la unificación progresivas del Derecho Comercial Internacional. Históricamente su actividad se centró

---

[21] *Manual*, pp. 168-169. Para los exámenes en profundidad se recomienda un equipo de tres expertos que incluya, «... uno con experiencia tanto en regulación general como sectorial, tanto en su país como en otros países [a ser posible] con un alta reputación académica en las materias más relevantes (por ejemplo, derecho, economía, ingeniería y/o contabilidad), un experto local con unas capacidades similares, bien relacionado y considerado por las autoridades del sistema regulatorio nacional y un jurista local», *Manual*, pp. 304-305.

[22] Véase, por ejemplo, las pp. 106-108, 217, 228-229.

[23] *Manual*, p. 79 (citado en la nota 6).

[24] Véase, por ejemplo, *Manual*, pp. 83-88 (citado en la nota 6). Ver también Kevin E. Davis, Benedict Kingsbury, y Sally Engle Merry, *Indicators as a Technology of Global Governance*, 46 L & Socy Rev 71, pp. 71-72 (2012).

[25] *Manual*, p. 32 (citado en la nota 6).

[26] Estos Estados representan diferentes regiones geográficas y reflejan los principales sistemas económicos y jurídicos del mundo, tanto de países desarrollados como en vías de desarrollo. Los miembros son elegidos para un mandato de seis años por la Asamblea General de Nacionales Unidas. Asamblea General Res. 2205 (XXI), UN Doc A/RES/2205(XXI) (1966) [en castellano, puede consultarse en http://daccess-ods.un.org/access.nsf/Get?Open&JN=NR000740, visitado 17/02/2015); Asamblea General Res o 57/20, RES UN Doc A/RES/57/20 (2002) [puede consultarse en castellano en http://daccess-ods.un.org/access.nsf/get?open&DS=A/RES/57/20&Lang=S, visitado 17/03/2015].

en la preparación de convenios y de leyes modelo; no obstante, en las últimas décadas, ha ampliado su repertorio con la incorporación de nuevas «tecnologías legales», tales como las «guías legislativas», cuya mayor flexibilidad le ha permitido ser más ambiciosa en sus propuestas de reforma legislativa, dar cabida a las diferencias y particularidades nacionales, e incluir material de apoyo más detallado para orientar a los legisladores nacionales[27].

De acuerdo con el trabajo desarrollado por su Secretaría entre los años 1994 a 1996 sobre los proyectos conocidos como «build-operate-transfer» (BOT)[*28], la CNUDMI decidió elaborar un borrador de guía legislativa sobre la financiación privada de infraestructuras. Los debates realizados en la Sexta Comisión de la ONU demostraron un gran apoyo a esta iniciativa por parte de los representantes estatales, en particular, por parte de los países en vías de desarrollo[29]. La guía fue elaborada desde la Secretaría con la asistencia de expertos en la materia, –y no como ya había surgido con otros proyectos de la CNUDMI– por el grupo de trabajo compuesto por los miembros de la propia Comisión[30].

---

[27] UNCITRAL, *A Guide to UNCITRAL: Basic Facts about Ihe United Nations Commission on International Trade Law*, pp. 13-18 (ONU 2013), en línea en http://www.uncitral.org/pdf/english/texts/general/12-57491-Guide-to-UNCITRAL-e.pdf (visitado 18/05/2013 [En castellano, CNUDMI, *Guía de la CNUDMI: Datos básicos y funciones de la Comisión de las Naciones Unidas para el Derecho Mercantil Internacional* http://www.uncitral.org/pdf/spanish/texts/general/12-57494-Guide-to-UNCITRAL-s.pdf, visitado 16/03/2015, N.T.]). Sobre las posibles tensiones entre la unificación, armonización y modernización en el trabajo de la CNUDMI, ver Block-Lieb y Halliday, 42 Tex Intl L J, pp. 477-80 (citado en la nota 12). Sobre la relación entre el gradualismo o incrementalismo y la legitimidad de la labor de la CNUDMI, véase Susan Block-Lieb y Terence C Halliday, *Incremen!alisms in Global Law-Making*, 32 Braok J Intl L, p. 851 (2007); Terence C Halliday, Susan Block-Lieb, y Bruce G. Carruthers, *Rhetorical Legitimation: Global Scripts as Strategics Devices of International Organizations*, 8 Socio-Econ Rev, p. 77 (2010).

* Se trata de una forma o proyecto de financiación en cuya virtud una parte privada recibe un concesión del sector público o de otra parte privada para financiar, diseñar, construiir y operar una instalación establecida en el contrato de concesión. El adjudicatario puede recuperar su inversión mediante la gestión y matenimiento del proyecto. (N. del E.).

[28] Véase *Build-Operate-Transfer Projects: Note by the Secretariat*, 27 YB CNUDMI 207, UN Doc A/CN.9/424, Sales UN nm. E.98.V.7 (1996) [disponible en castellano, http://daccess-ods.un.org/access.nsf/get?open&DS=A/CN.9/424&Lang=S, visitado el 17/03/2015].

[29] Véase ONU GAOR sexta Com., 51ª Sesión, 3ª reunión, UN Doc A/C.6/51/SR.3 (1996) [en castellano, http://daccess-ods.un.org/access.nsf/get?open&DS=A/C.6/51/SR.3&Lang=S, visitado el 17/03/2015]; GAOR ONU sexta Com., 51ª Sesión, 4 reunión, UN Doc A/C.6/51/SR.4 (1996) [en castellano, http://daccess-ods.un.org/access.nsf/get?open&DS=A/C.6/51/SR.4&Lang=S, visitado el 17/03/2015]; GAOR ONU sexto Com, 52ª Ses., 3ª reunón UN Doc A/C.6/52/SR.3 (1997) [en castellano, http://daccess-ods.un.org/access.nsf/get?open&DS=A/C.6/52/SR.3&Lang=S, visitado el 17/03/2015]; GAOR ONU sexta Com, 52ª Sesión, 4ª reunión, UN Doc A/C.6/52/SR.4 (1997) [disponible en castellano en http://daccess-ods.un.org/access.nsf/get?open&DS=A/C.6/52/SR.4&Lang=S, visitado 17/03/2015).

[30] Algunos eran críticos respecto de la dependencia de estos consejeros técnicos. Véase, por ejemplo, Don Wallace Jr. UNCITRAL, *Legislative Guide of Privately Financed Infrastructure: Achievement and Prospects*, 8 Tul J Intl y Comp L 283, 286 (2000) (que indica que no sirvió «como intercambio entre representantes de los distintos sistemas y tradiciones jurídicos, como podría haber sido»). Otros, incluidos los representantes del Reino Unido, dieron la bienvenida a la decisión de no establecer un grupo de trabajo formal. Ver GAOR ONU sexta Com., 52ª Sesión, 3ª reunión, UN Doc A/C.6/52/SR.3, p. 6 (1997) [disponible en castellano en http://daccess-ods.un.org/access.nsf/get?open&DS=A/C.6/52/

Como resultado de esos trabajos, en el año 2000, la CNUDMI aprobó la *Guía Legislativa de la CNUDMI sobre proyectos de infraestructura con financiación privada*[31]. Esta *Guía Legislativa* comprende una serie de «recomendaciones legislativas»[32] que comprende todos los elementos desde el marco legislativo e institucional general para el desarrollo de la financiación privada de infraestructuras, pasando por el método de selección de los concesionarios, el contenido del proyecto de acuerdo, hasta su duración, extensión, terminación y solución de controversias, acompañados de unas 200 páginas de «notas» elaboradas para ofrecer una «introducción analítica» así como «la información de fondo para mejorar la comprensión de las recomendaciones legislativas»[33].

Algunos Estados propusieron el desarrollo de este instrumento. Aun cuando fuera discutida la oportunidad de tal operación[34], un grupo de trabajo compuesto por diver-

---

SR.3&Lang=S, visitado 17/03/2015]. Malasia propuso establecer un grupo de trabajo para completar el trabajo en esta Guía legislativa; Kenia tomó el punto de vista opuesto argumentando que «el nivel de interés en el tema y la limitada experiencia disponible en los países en desarrollo eran tales que las discusiones no deben confiarse a un grupo de trabajo», *ibíd.*, p. 6;. ONU GAOR sexta Com., 52ª Sesión, 4ª reunión, UN Doc A/C.6/53/SR.4, p. 7 (1998) [puede consultarse en castellano, e http://daccess-ods. un.org/access.nsf/get?open&DS=A/C.6/53/SR.4&Lang=S, visitado 16/03/2105]

[31] CNUDMI, *Legislative Guide on Privately Financed Infraestructure Projects*, Doc A.CN.ONU9/ SER.B/4 (2001), en adelante: *Guía Legislativa*. [puede consultarse en castellano en http://www.google. es/url?sa=t&rct=j&q=&esrc=s&source=web&cd=1&cad=rja&uact=8&ved=0CCIQFjAA&url=http% 3A%2F%2Fwww.uncitral.org%2Fpdf%2Fspanish%2Ftexts%2Fprocurem%2Ffip%2Fguide%2Fpfip -s.pdf&ei=ce4HVanxO8TxaLvDgKAP&usg=AFQjCNEJD5p080TKaws6Lo50mMO7zvBLNw&bv m=bv.88198703,d.d2s, visitado el 16/03/2015)

[32] *Ibíd.*, p. xii.

[33] *Ibíd.*, p. xi.

[34] El «Grupo de Río» pidió disposiciones legislativas modelo en 1998, y Bielorrusia lo apoyó: UN GAOR 6ª Com, 53ª Ses, 4º reunión, UN Doc A/C.6/53/SR.4, pp. 2, 8 (1998) [en castellano, http:// daccess-ods.un.org/access.nsf/get?open&DS=A/C.6/53/SR.4&Lang=S, 16/03/2015). Austria apoyó la discusión de la preparación de una ley modelo, si un gran número de Estados, y en particular los Estados en desarrollo pudieran beneficiarse de ello: UN GAOR 6ª Com, 55ª Ses, 3ª reunión, UN Doc A/C.6/55/SR3, p. 6 (2000) [en castellano, http://daccess-ods.un.org/access.nsf/get?open&DS=A/ C.6/55/SR.3&Lang=S, visitado 17/03/2015]. India y Japón sugirieron esperar para ver cómo la. Guía Legislativa se aplicaba antes de intentar una ley modelo, mientras que Indonesia y Kenia favorecieron la celebración de un coloquio para discutir la posibilidad: UN GAOR 6ª Com, 55ª Ses, 3ª reunión, UN Doc A/C.6/55/SR.3, pp. 8, 10-11 (2000); 4ª reunión, UN Doc A/C.6/55/SR.4, p. 2 (2000) [en castellano, http://daccess-ods.un.org/access.nsf/get?open&DS=A/C.6/55/SR.4&Lang=S, visitado el 17/03/2015]. El Reino Unido expresó su escepticismo sobre la conveniencia o la viabilidad de una ley modelo «sin que se haya demostrado que existe un apoyo sustancial por parte de los posibles países usuarios «, UN GAOR 6ª Com, 55ª Ses, 4ª reunión, UN Doc A/C.6/55/SR.4, p. 2 (2000) [en castellano, en http://daccess-ods.un.org/access.nsf/get?open&DS=A/C.6/55/SR.4&Lang=S, visitado el 17/03/2105]. Alemania, Checoslovaquia, y Ucrania expresaron su preferencia por permanecer con el modo flexible de la ley modelo, en lugar de la redacción de disposiciones legislativas modelo: UN GAOR 6ª Com, 53ª Ses, 3ª reunión, UN Doc A/C.6/53/SR.3, p. (1998) [en castellano, http://daccess- ods.un.org/access.nsf/get?open&DS=A/C.6/53/SR.3&Lang=S, visitado el 17/03/2015]; UNGAOR 6ª Comm, 54ª Sesión, 3ªreunión, UN Doc A/C.6/54/SR.3, p. 10 (1999) [en castellano, http://daccess- ods.un.org/access.nsf/get?open&DS=A/C.6/54/SR.3&Lang=S, visitado el 17/03/2015]; UNGAOR 6ª Com, 53ª Ses, 4ª reunión, UN Doc A/C.6/53/SR.4, pp. 7-8 (1998). Para ayudar a la CNUDMI a llegar a una opinión fundada sobre la conveniencia o no de proceder a la elaboración de disposiciones tipo, la Secretaría, junto con el Servicio de Asesoramiento para Infraestructura público-privado, integrado por distintos donantes y formado bajo los auspicios del Banco Mundial, organizó un coloquio al

sos Estados miembros procedió en tal sentido y, en 2003, la CNUDMI estableció un conjunto de *Disposiciones Legales Modelo sobre Proyectos de Infraestructura con Financiación Privada*[35]. *Estas Leyes Modelo* o *Disposiciones Tipo* traducen aspectos específicos de la *Guía Legislativa* (tales como la selección de los concesionarios o la resolución de disputas) en diversas normas, muchas de las cuales prevén las materias que han de contemplarse en los contratos de concesión. Aunque las *Disposiciones Modelo* no cubren la totalidad del contenido de la *Guía Legislativa* «aquéllas habrán de interpretarse y aplicarse a la luz de las notas explicativas que ésta enuncia»[36].

La CNUDMI ha experimentado una expansión de sus trabajos sobre infraestructuras financiadas con fondos privados. En una nota de su Secretaría en 2012, ésta sugería que el futuro proyecto podría abarcar: la armonización de la *Guía Legislativa* con los trabajos en materia de adjudicación; la identificación de otros temas que hayan de abordarse en un texto moderno sobre proyectos de infraestructura con financiación privada (como la preferencia de los procedimientos nacionales de resolución de disputas, sobre los internacionales); y la ampliación del alcance de la *Guía Legislativa* y *las Disposiciones Modelo* para cubrir no sólo la colaboración público–privada (CPP) en el sector de las infraestructuras, sino también en ámbitos como los recursos naturales y la prestación privada de servicios[37]. La CNUDMI aceptó continuar con la primera de estas áreas de trabajo y optó por explorar la posibilidad de llevar a cabo las dos últimas. Se celebró un coloquio en el mes de mayo de 2013 para examinar la cuestión y el informe final de la CNUDMI se había previsto para julio de 2013[38].

que asistieron funcionarios de 70 Gobiernos, banqueros, abogados, representantes de organizaciones internacionales, en particular las instituciones financieras internacionales, así como organizaciones no gubernamentales orientadas a los negocios. En ese caso, tampoco hubo unanimidad sobre la conveniencia o viabilidad de la elaboración de disposiciones tipo: *Possible Future Work on Privately Financed Infrastructure Projects, Note by the Secretariat,*UN Doc A/CN.9/488, pp. 4 y 5, julio 5, 2001) [en castellano, http://daccess-ods.un.org/access.nsf/get?open&DS=A/CN.9/488&Lang=S, visitado el 16/03/2015].

[35] UNCITRAL, *Model Legislative Provisions on Privately Financed Infrastructure Projects*, UN Sales No E.04.V.11 (2004) (en adelante *Disposiciones legislativas modelo*) [Puede consultarse en castellano en http://www.uncitral.org/pdf/english/texts/procurem/pfip/model/03-90621_Ebook.pdf, visitado el 23 de febrero de 2015]

[36] *Report of the Working Group on Privately Financed infrastructure Projects on the Work of its Fifth Session*, UN Doc A/CN.9/521, p. 5 (Sept 26, 2002) [puede consultarse en castellano en http://daccess-ods.un.org/access.nsf/get?open&DS=A/CN.9/521&Lang=S, visitado 16/03/2015)

[37] *Procurement and Infrastructure Development: Possible Future Work*, Note by the Secretariat, UN Doc A/CN.9/755 June 11, 2012) [disponible en castellano en http://daccess-ods.un.org/access.nsf/get?open&DS=A/CN.9/755&Lang=S, 17/03/2015].

[38] *Report of the United Nations Commission on International Trade Law*, UN GAOR, 66ª Ses, UN Doc A/67/17, pp. 28-29 (2012) [disponible en castellano en http://daccess-ods.un.org/access.nsf/get?open&DS=A/67/17&Lang=S, 17/03/2015]. Para la identificación de los distintos factores relevantes para continuar estos trabajos público – privados puede consultarse CNUDMI, *International Colloquium on Public-Private Partnership: Discussion Paper*, UN Doc A/CN.9/782 (22/04/2013) [disponible en castellano en http://daccess-ods.un.org/access.nsf/get?open&DS=A/CN.9/782&Lang=S, 17/03/2015].

3. INSTRUMENTOS DE LA OCDE SOBRE ASISTENCIA A LA INVERSIÓN, LA POLÍTICA REGULATORIA Y LAS INFRAESTRUCTURAS

Los trabajos de la OCDE sobre política económica y social abarcan (actualmente) a sus treinta y cuatro Estados miembros y a diferentes constelaciones de Estados no miembros. Si bien la OCDE elabora convenciones y «decisiones» vinculantes[39], es mucho más prolífica en «declaraciones», «recomendaciones» o «directrices» formalmente no vinculantes[40]. De hecho, gran parte de la influencia de la OCDE se produce a través de procedimientos de revisión entre iguales (*peer review*), métodos de supervisión y vigilancia, y el debate dialogado sobre las diversas políticas basado en esos instrumentos no vinculantes[41].

La vinculación e implicación de la OCDE con las infraestructuras y su regulación reside en la convergencia e intersección de una serie de iniciativas en materia de inversiones, concesiones y política regulatoria, así como en relación con específicos proyectos de infraestructuras. Este capítulo se centra fundamentalmente en aquellos instrumentos que abordan más directamente la cuestión de las infraestructuras y su regulación, tales como el *Marco político para la inversión* de 2006 (PFI en inglés, término que utilizaremos en adelante), y sus documentos relacionados[42] y a los *Principios para la participación privada en infraestructura*, de 2007[43].

---

[39] Las «decisiones» en la OCDE son, a menos que se disponga lo contrario, obligatorias para todos sus miembros. Convenio constitutivo de la Organización para la Cooperación Económica y el Desarrollo (1960), art 5 (a), 8888 Tratado Ser ONU 179 (1960).

[40] Las «recomendaciones» se presentan a los miembros con el fin de que puedan aplicarlas si lo consideran oportuno, artículo 5 (b). en la Convención de la OCDE No hay ningún régimen específico para «declaraciones» o «directrices», pero estas últimas, aunque no son jurídicamente vinculantes, se cumplen por el Consejo de la OCDE, y su seguimiento es vigilado por los organismos pertinentes dentro de la OCDE. Véase OCDE Instrumentos Jurídicos, http://www.oecd.org/legal/oecdlegalinstruments-theacts.htm (visitada 18/05/2013).

[41] En relación con el modelo de trabajo de la OCDE puede consultarse Tony Porter y Michael Webb, *Role of the OECD in the Orchestration of Global Knowledge Networks*, en Rianne McBride y Stephen Mahon (eds.), The OECD and «Transnational Governance», p. 43 (UBC 2008); Richard Woodward, *The OECD and Economic Governance: Invisibility and Impotence*, en Kerstin Martens y Anja P. Jakobi (eds.), *Mechanisms of OECD Governance: International Incentives for National Policy-Making?*, pp. 54, 70 (Oxford 2010).

[42] *OECD: Policy Framework for Investment* (OECD 2006) (PFI) [hemos mantenido el acrónimo propuesto por el autor en inglés para facilitar su identificación en las referencias inglesas (NT)]. Para los trabajos de la OCDE sobre inversión (además de otras cosas), puede consultarse Robert T. Kudrle, Governing Economic Globalization: *The Pioneering Experience of the OECD*, p. 46, J World Trade 695 (2012); Russell Alan Williams, The OECD and Foreign Investment Rules: *The Global Promotion of Liberalization*, en McBride y Mahon (eds.), OECD and Transnational Governance, pp. 117, 118 (citada en nota 41) (en la que sostiene que a pesar de que la OCDE es supuestamente una organización dirigida por sus países miembros, su trabajo sobre inversión se encuentra orientado a la promoción de perspectivas particulares de «economistas comprometidos hacia el discurso orgánico de la economía (neo)liberal».

[43] OECD *Principles for Private Sector Participation in Infrastructure (OECD 2007) (Principios de Participación del Sector Privado)*. Estos principios tienen el estatus de una «recomendación» (ver nota 42). Otros materiales de la OCDE aunque no directamente relacionados con la infraestructura son los *General Principles for Regulatory Quality and Performance (2005)* and *Recommendation on Regulatory Policy and Governance (2012)*, en línea en http://www.oecd.org/gov/regulatory-policy/49990817.pdf (con-

El PFI representa el trabajo más reciente de la agenda de la OCDE sobre política de inversión y la propia organización lo ha descrito como «el esfuerzo más serio de supervisión (en materia de liberalización) realizado hasta el momento»[44]. Este Plan abarca áreas tan distintas como la inversión y el comercio, el Derecho de la competencia, la fiscalidad, el desarrollo de los recursos humanos, la gobernanza pública y las infraestructuras, o las cuestiones relativas al «clima para la inversión» necesario para que se produzca la inversión privada en el desarrollo de infraestructuras. El Plan se estructura alrededor de una serie de cuestiones relativas a si el Gobierno de que se trate ha dado los pasos concretos que correspondan para mejorar ese clima para la inversión, junto con las «anotaciones» que explican la importancia de cada uno de los pasos, especificando opciones y recursos adicionales. El PFI viene, a su vez, acompañado de un libro de «buenas prácticas»[45] y otro de «herramientas para el PFI»[46] en el que se facilitan más explicaciones y referencias. Según afirma la OCDE, el PFI ha sido elaborado por un grupo de representantes de algunos países en unión con distintas organizaciones comerciales, sociales y civiles, y grandes organizaciones internacionales en las que se incluyen el Banco Mundial y la Conferencia de Nacionales Unidas sobre Comercio y Desarrollo (UNCTAD)[47]. No obstante, en una carta conjunta dirigida a la OCDE y firmada por 53 ONG, éstas rechazaron que el sometimiento a un período de consulta significase que el PFI se había elaborado «en cooperación con la sociedad civil» tal y como sostenía la OCDE en su informe[48]. Actualmente, la OCDE sigue el PFI para la revisión de las políticas de inversión de los Estados[49], si bien lo utiliza como una lista para verificar el cumplimiento de los requisitos establecidos a fin de obtener una muestra del cumplimiento por parte del Estado, más que como un marco jurídico

---

sultado el 18/05/2013) [disponible en castellano en, http://www.oecd.org/daf/inv/investmentforde velopment/38316751.pdf, 17/03/2015]. Más específicamente en el punto de concesiones, la OCDE ha preparado *Basic Elements of a Law on Concession Agreements (1999-2000)*, si bien este documento ya no constituye un punto de referencia en la web de la OCDE y puede considerarse reemplazado en cierta medida por el trabajo posterior en CNUDMI.

[44] Williams,*The OECD and Foreign Investment Rules*, p. 129 (citado en nota 44).

[45] OCDE, *Policy Framework for Investment: A Review of Good Practices* (OECD 2006) (Buenas prácticas PFI).

[46] OCDE, *PFI Toolkit*, en línea en http://www.oecd.org/investment/toolkit/ (visitado 18/05/2013).

[47] Para más detalles sobre las consultas y organizaciones contribuyentes, ver PFI, p. 4 (citado en la nota 42).

[48] OCDE, *Watch Co-ordinated NGO Submission*, en OCDE, *A Policy Framework for Investment: Responses Received in Public Consultation*, p. 61 (visitado 22/02/2006) http://www.oecd.org/daf/inv/invest mentfordevelopment/36199688.pdf, visitado 18/05/2013 (*Alegaciones al PFI*).

[49] Estas opiniones se publican por Comité de Inversiones de la OCDE tras consultar con las autoridades del país del informe. La OCDE indica que «países prioritarios para la revisión son los que muestran potencial para la adhesión a los instrumentos de inversión de la OCDE, como son los Códigos de la OCDE sobre Liberalización de Movimientos de Capital y Operaciones Corrientes Invisibles [en otras palabras, servicios] originalmente promulgados en 1961 y 1960 respectivamente, pero actualizados periódicamente; la Declaración sobre Inversiones Internacionales y Empresas Multinacionales y sus cuatro componentes (directrices para las empresas multinacionales, el trato nacional, requisitos del sistema de resolución de conflictos para las empresas multinacionales, y los incentivos de inversión internacionales y desincentivos); y la Convención de la OCDE contra el soborno de funcionarios extranjeros en las transacciones comerciales internacional. Véase OCDE: *Investment Policy Reviews*, en línea en http://www.oecd.org/daf/inv/mne/countryreviews.htm (visitado 18/05/2013).

rígido[50]. Por otra parte, el PFI se ha tomado como base para el desarrollo de estrategias que mejoren el clima de inversión dentro del programa de inversión MENA–OCDE, y para la revisión de las políticas sobre actuaciones en materia de inversión en las iniciativas NEPAD–OCDE África y ASEAN–OCDE[51].

Los *Principios de Participación del Sector Privado* surgen a partir de unos estudios realizados, a gran escala, entre 2005 y 2007 sobre el futuro de las «Infraestructuras en 2030»[52]. Los *Principios* están redactados en términos muy generales y cada uno viene acompañado de una serie de comentarios adicionales. Así, el principio número 5 («Un sólido marco institucional, que comporte normas estrictas de gobernanza pública y corporativa, con transparencia y conformidad con el Derecho, especialmente para la protección de la propiedad y de los derechos contractuales, es indispensable para atraer la participación del sector privado») se elabora, entre otras cosas, a partir de un hilo conductor del PIF y con base en el siguiente comentario: «el éxito de su acción está ligado a un amplio abanico de normas y de prácticas administrativas que afectan a las empresas privadas, sus empleados y otras partes interesadas; además de la habilidad de los proveedores y subcontratistas locales para asociarse con los proveedores de la infraestructura»[53]. Los *Principios de participación del sector privado* se elaboraron «bajo los auspicios del Comité de Inversiones en cooperación con otros órganos de la OCDE y por medio de un proceso de consultas con un amplio grupo de expertos de los sectores público y privado de países miembros de la OCDE y de Estados no miembros, así como de ONG», y están destinados «utilizarse para la evaluación de la actividad de Gobierno, planes de acción y la presentación de informes, la cooperación internacional y el diálogo público–privado», en unión con el *PFI* y otros instrumentos de la OCDE[54].

4. EL PAPEL DE LOS INSTRUMENTOS TRANSNACIONALES EN EL DESARROLLO DE LAS POLÍTICAS NACIONALES

Es difícil medir los efectos reales de los instrumentos aquí referidos, a la luz de la perspectiva más amplia que proporciona la gobernanza transnacional y el proceso decisorio a nivel nacional. Aunque algunas de las recomendaciones se superponen a lo que deberían ser obligaciones vinculantes, por ejemplo, de conformidad con el Derecho Internacional de las Inversiones, ninguno de los instrumentos analizados aquí son vinculantes y, debido a su formato y al modo en que se han redactado, resulta difí-

---

[50] Como ejemplo, pueden consultarse OCDE: *Investment Policy Reviews Indonesia* (OECD 2010); OCDE: *Investment Policy Reviews Colombia* (OECD 2012); OCDE: *investment Policy Reviews Tunisia* (OECD 2012).

[51] OCDE: *The Policy Framework for Investment (PFI)*, http://www.oecd.org/investment/pfi.htm (visited May 18, 2013).

[52] Véase por ejemplo:, OECD: *Infrastructure to 2030: Telecom, Land Transport, Water and Electricity* (OECD 2006).

[53] *Private Sector Participation Principles*, p. 15 (citada en nota 43).

[54] *Ibíd.*, pp. 3, 11. Véase también: OCDE: Principles for the Public Governance of Public-Private Partnerships (OCDE 2012).

cil ubicarlos desde el limbo del *soft law*[55]. Su aplicación se produce fundamentalmente mediante la persuasión y la invocación de la experiencia y conocimiento técnicos; aun en las mejores condiciones resulta difícil evaluar con precisión el impacto singular de tales recomendaciones[56]. Parece plausible que los instrumentos analizados en este trabajo, por sí mismos, carezcan de cualquier efecto que pueda aislarse del que deriva de otros materiales institucionales, de normas de Derecho Internacional, de condiciones impuestas por un BMD, o del más amplio influjo que ejercen los flujos de capitales. Sin embargo, y habida cuenta que las instituciones involucradas en la adopción y promoción de estos instrumentos (o los delegados nacionales involucrados en su adopción) tienen un interés en el establecimiento de infraestructuras, y el amplio abanico de medios para impulsar una agenda en tal dirección, parece razonable presumir que las instituciones y/o los delegados nacionales al menos esperan que los instrumentos que ellos han elegido tengan algún impacto.

A nuestro juicio, estos instrumentos pueden influir en la realización de las políticas nacionales de diferentes maneras. Cuando su redacción se realiza de forma colaborativa, el proceso de redacción en sí puede jugar un cierto papel formativo para los empleados públicos o incentivarles una particular concepción. Es cierto que los empelados públicos podrán limitarse a leer y a tener en cuenta esos instrumentos en el proceso de formulación de las políticas nacionales, o citarlos en los debates nacionales. Sin embargo, la extensión de los comentarios realizados por determinadas ONG y el Comité Asesor de la OCDE sobre Negocios e Infraestructura indica que, al menos algunos grupos, consideran que el nivel de detalle del texto en su totalidad era una cuestión relevante[57].

Los instrumentos también pueden asumirse como parte de un programa de proyectos de evaluación y de reforma concretos. Los expertos consideran el *Manual* como un «estándar de oro» para evaluar la efectividad de los sistemas de regulación de in-

---

[55] La *Guía legislativa* y las Disposiciones Legislativas Modelo han sido objeto de una resolución de la Asamblea General de la ONU, pero dicha resolución se limita a recomendar que todos los estados «que consideren debidamente las Disposiciones Legales Modelo y la Guía Legislativa al revisar o promulgar legislación relativa a la participación del sector privado en el desarrollo y funcionamiento de la infraestructura pública», Asamblea General Res nº 58/76, RES ONU Doc A/RES/58/76, p. 2 (2003) [En castellano, http://daccess-ods.un.org/access.nsf/get?open&DS=A/RES/58/76&Lang=S, 19/03/2015].

[56] Por ejemplo, Kudrle concluye que la difusión de políticas dentro de los propios miembros de la OCDE es difícil de atribuir a las únicas acciones de la propia OCDE, como el apoyo de la OCDE a los esfuerzos de liberalización, introducción de la revisión por pares (aunque principalmente de nuevos miembros o estados externos que se adhieren a la Declaration on International Investment and Multinational Enterprises, de 1976, de la OCDE) y la producción de investigación y de datos de alta calidad. Kudrle, *Governing Economic Globalization*, pp. 710-711 citado en la nota 42).
Williams está de acuerdo en que es difícil medir el impacto del trabajo de la OCDE sobre la liberalización, Williams, OECD and Foreign Investment Rules, p. 132 (citado en la nota 44). Para una visión escéptica del impacto de la OCDE en general, véase Woodward, OECD and Economic Governance (citado en la nota 41), en el que se afirma que «la mayor contribución de la OCDE para la Gobernanza económica, no reside en la definición de las políticas económicas nacionales, sino en la creación de grupos de influencia y una menor alteración tangible de la forma de pensar de las personas involucradas en la gestión económica y las ideas que la sustentan».

[57] Veáse, más adelante, nota 71.

fraestructuras[58] y ahora figura en el Centro de recursos sobre colaboración público–privada en infraestructura (*PPP in Infraestructure Resource Center*) del Banco Mundial[59] y en la «Base de Conocimiento» para la regulación de las infraestructuras[60]. El *Manual* está específicamente diseñado para proporcionar un parámetro de referencia y comparación (*benchmark*) para las evaluaciones que podrían por sí mismas ejercer una gran influencia, sobre todo si forman parte de la preparación de un préstamo, o la prestación de asistencia técnica. Por ejemplo, se ha utilizado para llevar a cabo evaluaciones conducentes a la reforma regulatoria en Jamaica[61] y se cita en la literatura política y académica sobre diseño normativo y evaluación[62].

Aunque no se cuenta con un muestreo definitivo sobre la influencia de la *Guía Legislativa* y de las *Disposiciones o normas modelo*[63], a éstas hacen referencia diferentes organizaciones internacionales y se utilizan como uno de los principales estándares a través de los cuales evaluar la legislación nacional por parte del Banco Europeo para la Reconstrucción y el Desarrollo en sus evaluaciones sobre concesiones[64] y sobre las respectivas legislaciones nacionales[65]. Por ejemplo, como resultado de los informes realizados en el año 2011 se observó que el Derecho Administrativo de Albania y Lituania

---

[58] Sanford Berg, *Characterizing the Efficiency and Effectiveness of Regulatory Institutions*, in UNCTAD, *Services, Development and Trade: The Regulatory and Institutional Dimension of Infrastructure Services*, pp. 112, 114 (UN 2012).

[59] Véase World Bank, PPP in Infrastructure Resource Center, Energy Law and Regulation, en linea en http://ppp.worldbank.org/public-private-partnership/sector/energy/laws-regulations (visitado el 18/05/2013).

[60] Desarrollado por el Centro de Investigación de Servicios Públicos de la Universidad de Florida, en colaboración con instituciones como el Banco Mundial. Véase *Body of Knowledge on Infrastructure Regulation, Annotated Reading List for Regulatory Process*, en linea, http://regulationbodyofknowledge. org/regulatory-process/references/ (consultado el 18/05/2013)

[61] Stern, *Evaluation of Regulatory Agencies* (citado en nota 16).

[62] Véase por ejemplo, Darryl S.L. Jarvis and Benjamin K. Sovacool, *Conceptualizing and Evaluating Best Practices in Electricity and Water Regulatory Governance*, 36 enero, pp, 4340, 4351 n 14 (2011).

[63] La CNUDMI vigila el estado de sus convenciones y la adopción por los Estados de la legislación basada en sus leyes modelo, pero este control no se extiende a otros textos, incluyendo guías legislativas «, cuyo impacto este método no puede evaluar con facilidad» Status of Conventions and Model Laws, Note by tbe Secretariat, UN Doe A/CN.9/751, p. 1 (2 de mayo de 2012).

[64] Véase BERD, *Concessions Assessments*, en línea http://www.ebrd.eom/pages/seetor/legal/coneessions/assessments.shtml (visitado el 18/05/2013). Como resumen de la metodología y los resultados Estado por Estado puede consultarse BERD, *Concession / PPP Laws Assessment 2011.Final Report* (mayo de 2012), en línea en http://www.ebrd.eom/downloads/legal/coneessions/pppreport.pdf (consultado el 18/05/2012).

[65] Estas evaluaciones son definidas por el BERD como un «medio de juzgar los progresos realizados por un solo país en la adopción de una legislación comercial *aceptable internacionalmente*», BERD, *Country Law Assessments*, en línea en http://www.ebrd.com/pages/sector/legal/cla.shtml (visitado el 18 de mayo de 2013) (el subrayado es nuestro). Estas evaluaciones del derecho nacional, a su vez se basan en anteriores «evaluaciones del sector de las concesiones». Véase, por ejemplo, BERD, *Office of the General Counsel, Commercial Laws of Poland (July 2010): An Assessment by the EBRD* *6, en línea en http://www.ebrd.com/downloads/sector/legal/poland.pdf (consultado el 18 de mayo de 2013). El BERD fue un participante activo en el desarrollo y aplicación de las Guía Legislativa y las disposiciones modelo. José Angelo Estrella Faria, *The Relationship between Formulating Agencies in international Legal Harmonization: Competition, Cooperation, or Peaceful Coexistence? A Few Remarks?,on the Experience UNCITRAL*, 51 Loy L Rev 253, 276-77 (2005).

en materia de concesiones se hallaba muy próximo a las recomendaciones contenidas en la Guía Legislativa[66].

A los principios para la participación del sector privado («*Private Sector Participation Principles*») hacen referencia asimismo frecuentemente los distintos BMD. Del mismo modo, la OCDE los utilizó como base para el desarrollo de un listado más detallado de requisitos para la participación del sector privado en infraestructuras relacionadas con abastecimiento y suministro de agua («*Checklist for Public Action on Private Sector Participation in Water Infrastructure*») con el objetivo de facilitar una guía más práctica para los Estados, de manera que ésta pudiese utilizarse como un estándar para la evaluación de los contratos marco de participación del sector privado[67].

Puede ser que la existencia de una *ensamble* de instrumentos que se orientan en similar dirección ejerzan influencia, bien sea porque unos instrumentos se remiten unos a otros, y se validen entre sí[68], o bien porque la multiplicidad de tales instrumentos refuerza la convicción de que hay un campo autónomo que ocupa la política sobre infraestructuras que ha de valorarse a la luz del fomento de la inversión privada, más que como algo imperativo en virtud de ciertos valores, como la justicia social, los derechos humanos o la soberanía nacional sobre los recursos. Esta gobernanza transnacional en materia de infraestructuras que en tales documentos opera junto a otros sistemas o aparatos globales que, presumen, o pretenden hacer realidad determinadas prácticas en el seno del Derecho Público nacional. Piénsese, por ejemplo, en las campañas interna-

---

[66] BERD, Concession/PPP Laws Assessment 2011 en *18, 36 (citado en la nota 64). Parece que la Guía Legislativa se utilizó como una fuente de orientación para la elaboración de la legislación lituana: véase Christopher Oement-Davies, Gledrius Stasevicus, y Alexei Zverev, *Laying the Foundation Stone: Lituania's New Concessions Law and lts Lessons for PPPs*, 32 Intl Bus Law, pp. 267, 270 (2004), en donde se describe el proceso mediante el cual el Ministerio de Economía de Lituania se acercó al BERD con una solicitud de revisión de su ley de concesiones existentes; el BERD licitó la tarea de revisar las leyes existentes y la elaboración de un nuevo marco y adjudicó la licitación a un equipo integrado por un bufete de abogados internacional y un bufete de abogados de Lituania, y este equipo elaboró una primera versión de la nueva ley, a partir de la Guía Legislativa junto con los requisitos y recomendaciones de la UE, el proyecto de la OCDE «Elementos básicos de un Ley de Contratos de Concesión», y las adquisiciones locales, construcción, protección de inversiones, contratos y otras leyes. Sin embargo, hay indicios de que las reformas llevadas a cabo en Lituania aún no se han generalizado a otros países. Un revisión de 2012 del Programa de Transición Legal del BERD, que había participado en la redacción de la Guía Legislativa y las Disposiciones modelo, encontró que el entorno legal en las economías emergentes y las economías en transición de Europa tenía margen de mejora, y que esta mejora puede ser un proceso lento. T. Bartos, y otros: Special Study: Legal Transition Programme Review, *7, 13, Anexo 3 ((University of Hong Kong Faculty of Law Research Paper 2012/040, noviembre 2012), en línea en http://ssm.com/abstract=2181251 (visitado 18/05/2013).

[67] Para la lista de verificación y las evaluaciones realizadas hasta la fecha puede consultarse OCDE, Private Sector *Participation in the Water and Sanitation Sector*, en línea en http://www.oecd.org/daf/inv/investment-policy/water.htm (visited 18/05/2013)

[68] En algunos casos, los instrumentos se refieren unos a otros. El PIF, por ejemplo, menciona como «recursos adicionales», en el marco del tratamiento de las cuestiones relacionadas con la infraestructura, la página web del Servicio de Asesoramiento para Infraestructura público-privada (Public-Private Infrastructure Advisory Facility – PPIAF) que aparece en el Manual) y los Disposiciones Legales Modelo de la CNUDMI, p. 65 (citado en la nota 42). Ver también Principios participación del sector privado en 30 (citado en la nota 43). Curiosamente, el Manual, que es más específico no cita ni los documentos de OCDE, ni los materiales CNUDMI. La invocación de un vocabulario similar a través de los instrumentos, aunque con diferencias menores en la definición o especificación, puede por sí mismo generar un sentido de consenso, incluso en ausencia de referencias específicas.

cionales para lograr regímenes más democráticos o con mayor respeto del Estado de Derecho, que persiguen, a su vez, inducir cambios relevantes en la políticas nacionales y en sus sistemas jurídicos aun cuando, bien es cierto, los sistemas de derechos humanos a nivel internacional o regional poseen su propia lógica y visión del reconocimiento e invocación de los derechos[69]. Si bien es cierto que en los instrumentos estudiados se percibe un eco lejano de estos programas que persiguen intereses potencialmente divergentes, en su conjunto puede decirse que los instrumentos analizados logran mantenerse ajenos a estas cuestiones de carácter más amplio. Por ejemplo, aunque el PIF se elaboró a resultas de la imposibilidad de negociar un Convenio Multilateral vinculante sobre Inversiones (*Multilateral Agreement on Investment*, «CMI») –y el intento de involucrar a la sociedad civil pudo deberse en parte precisamente a esta experiencia con el CMI[70]– apenas hay referencias, sin embargo, a esta problemática en el propio texto. El PFI se redactó teniendo muy a la distancia el Derecho positivo. Por ejemplo, a pesar de que el Plan se refiera con frecuencia a los acuerdos de inversión y al Derecho Internacional sobre expropiaciones, éste no profundiza en la jurisprudencia de la inversión internacional. Esta omisión consciente permite al PFI incorporar prudencialmente referencias esporádicas a los derechos humanos, que evitan que se evidencien tensiones entre las obligaciones de un Estado de proteger a los inversores, por un lado, y los derechos humanos, por otro[71]. La familiaridad de los términos contenidos en las recomendaciones normativas internacionales resulta indicativa de la repercusión de este modelo de gobernanza que persigue, en última instancia, la generalización, la estandarización, y la difusión de un «*sentido común*» en la forma en que se gestiona esta dimensión de la política pública, y de la función del Derecho en este terreno.

---

[69] El enfoque desde los Derechos Humanos puede tener implicaciones específicas para la regulación de la infraestructura, por ejemplo, en las demandas que la privatización o la reforma regulatoria pueden ser orientados para proteger a las poblaciones particularmente vulnerables. En la interacción entre los Derechos Humanos y las formas en que estos derechos se traducen a las demandas particulares de la regulación, ver Morgan, *Water on Tap* en pp. 24-27 (citado en la nota 7).

[70] Kudrle, *Governing Economic Globalization*, pp. 707-710 (citado en nota 44).

[71] Respecto del conflicto entre las perspectivas neoliberal y los planteamientos basados en el derecho respecto de la prestación de servicios de agua, y sus respetivas interacciones, ver Morgan, *Water on Tap* (citada en la nota 7); René Urueña, *The Rise of the Constitutional Regulatory State in Colombia: The Case of water Governance*, en Dubash and Morgan (eds.), *Rise of the Regulatory State of the South* 27 (citada en la nota 9). En el proceso de consulta pública, algunas ONG pidieron una atención más sistemática a los Derechos Humanos en el PFI; ver, por ejemplo, la presentación de Amnistía Internacional en *PFI Public Responses Compilation*, p. 8 (citado en la nota 48). Sin embargo, el Comité Consultivo Empresarial e Industrial de la OCDE (BIAC) que representa oficialmente vistas de negocio en la OCDE), en sus comentarios, sugirió que «la cuestión de los Derechos Humanos forma parte de los más amplios principios de la OCDE y los compromisos con el «Gobierno democrático y la economía de mercado» sirven como la fundación de la Organización. EL PIF debe incluir una referencia a los principios de la Gobernanza democrática y el libre mercado como fundamento [sic] del desarrollo sostenible directamente en el preámbulo», *Public Responses Compilation*, p. 12. La versión final de la exposición de motivos establece que el MIA «se basa en valores universalmente compartidos de la sociedad democrática y el respeto a los Derechos Humanos, incluidos los derechos de propiedad», MIA, p. 7 (citado en la nota 42). El término «Derechos Humanos», por tanto, encuentra un lugar en el texto, pero se le dota de un contenido compatible con el programa de inversiones. De hecho, la mayor parte de las críticas concretas expuestas por las ONG no han sido ni incorporadas ni, tan siquiera, tenidas en cuenta.

III. LAS INFRAESTRUCTURAS, EL ESTADO Y EL DERECHO PÚBLICO

Se abordan ahora las diferentes prescripciones normativas que estos instrumentos contienen para el Derecho Público interno. A tal efecto, hemos de observar su caracterización general y a la función que a los Estados incumbe en la realización de infraestructuras (apartado III.1). A continuación, trataremos de poner de relieve las particularidades de las reformas del ordenamiento nacional, algunas de gran calado, que se proponen en los instrumentos y la concepción que sobre el Derecho subyace (apartado III.2). Bajo nuestra perspectiva, de las propias recomendaciones y de su nivel de detalle se desprende una interpretación propia del concepto de Estado. Es evidente que para lograr una mayor participación de los actores privados es necesario un cambio sustantivo del marco jurídico e institucional. Sin embargo, en nuestra opinión la consideración del Estado como un actor, y el énfasis en la «ponderación» de los distintos intereses en juego en las infraestructuras, condiciona en términos generales y la forma en que conciben de modo abstracto la definición de «legitimidad» y «transparencia». La relación guardan estos términos con las prescripciones se tratará en la Sección IV.

1. TEORÍAS SOBRE EL ESTADO Y SUS FUNCIONES

Estos instrumentos admiten de un modo u otro que existe cierta controversia en torno a la función que incumbe al sector público y al sector privado en la gestión de algunas clases de infraestructuras,[72] aunque no abordan la cuestión abiertamente.

El *Manual* del Banco Mundial, por ejemplo, propugna indirectamente que la prestación corra a cargo del sector privado. El objeto de este estudio se centra en la regulación económica. A su juicio, las entidades comerciales responden mejor a esa clase de regulación, que las entidades públicas; el sector privado presupone un cierto grado de comercialización y ésta, a su vez, según se afirma, presupone la implicación del sector privado, señaladamente en el mundo en desarrollo[73]. Los instrumentos de la CNUDMI y la de OCDE, por su parte, se muestran más ambivalentes. Las primeras secciones de la *Guía Legislativa* de la CNUDMI evitan cualquier planteamiento sobre la propiedad privada o la participación del sector privado[74], y, como veremos más adelante, las

---

[72] Como reconocimiento del fracaso de algunas iniciativas de privatización anteriores, véase, por ejemplo, el *Manual*, pp. xii, 13-14 (citado en la nota 3); *PFI Review of Good Practices*, pp. 209, 211, 220 (citado en la nota 45).

[73] *Manual*, pp. 21-22, 90 (citado en la nota 3).

[74] *Guía Legislativa*, p. 4 (citado en la nota 31). «La distinción entre infraestructura pública y privada depende de la política interna de cada país. En la Guía no se expresa ninguna opinión sobre cómo debe establecerse esa distinción en un país determinado». Véase también p. 9.

Disposiciones Tipo no se pronuncian sobre qué sectores deben abrirse a los contratos de concesión (aunque la razón de ser de la labor de la CNUDMI es desarrollar un ambiente propicio para la inversión privada en infraestructuras). El Preámbulo de los *Principios de Participación del Sector Privado* de la OCDE afirma igualmente que los principios «no se entenderán como una opción en favor de la privatización o de la gestión privada de las infraestructuras de titularidad pública», y sostiene, por el contrario, que la elección de la gestión pública o privada se «responda a un análisis objetivo que determine qué es lo que mejor sirve al interés público»[75].

Aun cuando los instrumentos varíen en cuanto al grado de apoyo explícito a la participación del sector privado, en su conjunto propugnan un cambio hacia un modelo neoliberal en el que el Estado se retire de cualquier papel directo en la gestión o control del acceso a ciertas infraestructuras previamente controladas por éste. Generalmente, se considera que la presencia del sector privado requiere de la creación de una agencia regulatoria «independiente» alejada del Gobierno y del ministerio correspondiente[76]. La preferencia por una presta-

---

[75] Sin embargo en la página precedente se afirma que «fomentar la participación del sector privado es una opción que los Gobiernos no pueden darse el lujo de ignorar», *Private Sector Participation Principies*, pp. 9-10 (citado en la nota 43). La «evaluación objetiva de lo que mejor sirve al interés público» se convierte, en palabras del Principio 1, «el análisis del coste-beneficio teniendo en cuenta todos los modos alternativos de prestación, el sistema completo de la provisión de infraestructura, y los costes y beneficios financieros y no financieros previstos sobre el ciclo de vida del proyecto» Id a los 12. El PFI pregunta directamente «¿El Gobierno ha evaluado las necesidades de inversión en agua necesarias para apoyar su meta de desarrollo? ¿Hasta qué punto participa el sector privado en la gestión del agua, la oferta y la financiación de las infraestructuras?» PFI, p. 21 (citado en la nota 42). Sin embargo, las «anotaciones» que acompañan a estas preguntas no abogan directamente por una mayor participación del sector privado (y de hecho son bastante concluyentes, lo que sugiere tal vez algún cuestionamiento sobre el texto en el proceso de redacción), *ibíd.*, pp. 62-63. Para una crítica de que un proyecto de la PFI indicó «a medias» a la importancia de la participación del sector privado en infraestructura, ver los comentarios de BIAC en *PFI Public Responses Compilation* a 22 (citado en la nota 48). El proyecto de PFI, de hecho, cambió para reforzar la medida en que el sector privado podía participar en la provisión de infraestructuras no sólo en la financiación sino también en la provisión de infraestructuras, aunque no con el lenguaje exacto propuesto por BIAC (Comparar PFI en p. 60, último párrafo bajo 9.1); OECD, *PFI: Draft Text for Public Consultation* *47 enero 2006), en línea http://www.oecd.org/investment/in vestmentfordevelopment/35815912.pdf (visitado 18/05/2013) en el que se dice: «Los inversores privados pueden ayudar a aliviar la necesidad de los fondos públicos para financiar el mantenimiento y el desarrollo de la infraestructura de un país». El *PFI Review of Good Practices* advierte que, mientras que «con frecuencia se defiende la participación privada, por proporcionar una fuente alternativa de financiación a los Gobiernos que tienen recursos limitados,» este razonamiento es «defectuoso» porque la infraestructura todavía tiene que ser pagado por alguien. Por el contrario, la *Review*, sugiere que «la ventaja real de una participación privada bien diseñada es diferente y más profunda: reside en el cambio de la economía política de prestación de infraestructura… para permitir más fácilmente una genuina competencia», *PFI Review of Good Practices* en el 211, 220 (citado en la nota 45).

[76] Por ejemplo, el *PFI* se pregunta «¿Son las agencias reguladoras que supervisan la inversión en infraestructura y las operaciones de las empresas con inversiones en infraestructuras independientes de la interferencia política indebida?» PFI en 21 (citado en la nota 42). La importancia concedida por el Banco Mundial y los inversores a la creación de un organismo regulador independiente es evidente en ciertas pruebas citadas por la decisión arbitral en BiwaterGauff (Tanzania) Ltd vs United Republic ofTanzia, ICSlD Case No ARB/05/22 (Award of July 24, 2008), ~ 535-44, 571-77, 608-21, en línea

ción en régimen de Derecho Privado o totalmente privatizada debe asociarse, por tanto, con un giro hacia un Estado «regulador» en la que éste no controla directamente las infraestructuras, sino más bien el desarrollo y el mantenimiento de una estructura regulatoria que supervisa el suministro que realiza el mercado[77].

Estos instrumentos contemplan las relaciones entre los distintos actores en términos de contrato o equilibrio. En ocasiones, las autoridades estatales y públicas se definen como agentes o «socios», cuyos intereses deben ser tenidos en cuenta junto con los de los inversores. En otros casos, el Estado no se percibe como un agente o parte en la transacción, sino como garante de las condiciones de base necesarias para una ponderación adecuada entre los intereses de los inversionistas y los de sus contrapartes, ya sean ciudadanos o consumidores.

De los tres «metaprincipios» del *Manual*, la «credibilidad» o fiabilidad se refiere a la confianza de los inversores en que el regulador cumplirá los compromisos; la «legitimidad» se define como la confianza de los consumidores en que el regulador los protegerá del poder del monopolio; y la «transparencia» se encuentra «implícita» en los otros dos: «el sistema regulador debe funcionar de forma transparente para que los inversores y los consumidores 'conozcan los términos del acuerdo'»[78]. El *Manual* afirma que estos metaprincipios, en conjunto, confieren «legitimidad» al sistema regulatorio, lo que ayuda a fomentar una «demanda» de regulación sostenible y, por lo tanto, permite al sistema regulatorio echar raíces[79]. Los metaprincipios se conciben, pues, como una forma de negociación: donde ambas partes obtienen algo (inversores y consumidores, y no el Gobierno o los ciudadanos como un todo), en las condiciones necesarias para que ambas partes confíen que están recibiendo lo que les corresponde. Si bien el *Manual* reconoce la necesidad de que el sistema regulatorio se inserte en la sociedad como tal, éste coloca al Gobierno en el trasfondo o en la base para que provea las instituciones necesarias para apoyar la negociación.

El *PFI Review of Good Practices* observa igualmente en la estructura recomendada de agencias reguladoras independientes «un intento de conciliar las demandas parcial-

---

https://icsid.worldbank.org/ICSID/FrontServlet?requestType=CasesRH&actionVal=showDoc&docId=DCI589En&caseId=C67 (visitado 18/05/2013). En este caso, el tribunal concluyó que el incumplimiento de Tanzania de establecer un regulador independiente constituía una violación de la obligación de proporcionar un trato justo y equitativo en la medida en que representa una desviación respecto de las expectativas del inversor, en base a varios presupuestos como que se crearía tal regulador, aunque dicho incumplimiento, en las circunstancias particulares del caso, no tuvo ningún impacto negativo en el inversor.

[77] En esta noción del «Estado regulador» y su relevancia para la privatización, ver Giandomenico Majone, *From The Positive lo the Regulalory State: Causes and Comequences of Changes in the Mode of Governance*, 17 J Pub Poly, pp. 139-144 (1997).

[78] *Manual*, p. 55 (citado en la nota 3).

[79] *Ibíd.*, p. 56 (citado en la nota 3). PFI Review of Good Practices, p. 210 (citado en la nota 45) tiene un enfoque muy similar: «para ser creíble a las empresas, el acuerdo [sobre regulación de la infraestructura] debe ser sostenible, lo que significa que debe ser percibida como razonablemente justo y legítimo por los consumidores».

mente contrapuestas de protección del inversor y de legitimidad pública»[80]. El principio décimo de los *Principios de la participación del sector privado* recomienda que «las autoridades responsables de los proyectos de infraestructura gestionados de modo privado tengan la capacidad de gestionar los procesos comerciales que se produzcan y de cooperar en igualdad de condiciones con sus homólogos privados»[81]. La responsabilidad de las autoridades en esta cooperación, sin embargo, se circunscribe a la cuidadosa protección de los términos pactados, por lo que no les faculta a enfrentarse al sector privado: los empleados públicos y el personal administrativo no podrán llegar al extremo de considerar el principio de maximización de los beneficios del negocio como algo «ilegítimo» ni transmitir esta impresión a los ciudadanos. Su obligación de actuar en aras del interés público se alcanzará mejor a través de una supervisión competente, equitativa y diligente de los contratos, de la regulación y del marco jurídico[82].

El Estado está llamado a desplegar una amplia gama de funciones y de actividades para crear o preservar las condiciones necesarias para que otros actores –tanto las empresas como, en su caso, los reguladores «independientes»– puedan operar. El *Manual* establece particularmente que, cuando exista una necesidad de un mayor ajuste de precios, el Gobierno deberá apoyar al regulador para que adopte las medidas necesarias, aunque pudieran resultar controvertidas[83]. En términos más amplios, afirma, «será necesario [e]l poder de policía del Estado para hacer cumplir las leyes contra el robo del servicio»[84]. En tal sentido, el Estado también debe facilitar otro tipo de «requisitos» previos, como son que los órganos legislativos se muestren capaces de promulgar leyes adecuadas, que exista un mecanismo de resolución de controversias que funcione adecuadamente, y que se dé un razonable nivel de gobernanza nacional, de calidad[85].

La *Guía Legislativa* postula que el Estado debe proporcionar «estructuras y prácticas administrativas adecuadas, capacidad de organización, experiencia técnica, recursos financieros y humanos apropiados y estabilidad económica»[86] mientras que el principio número 5 de los *Principios de participación del sector privado* de la OCDE pone de relieve la importancia de una relación con características similares[87]. El ámbito tan extenso en que se sitúan el *PFI* y la *Revisión de Buenas Prácticas del PFI* ponen de mani-

---

[80] PFI Review of Good Practices, p. 211 (citado en la nota 45). Si la legitimidad pudiera ser ignorada, los derechos de propiedad de los inversionistas estarían más seguros si las reglas contractuales de ajuste de tarifas fueran interpretados por expertos internacionales independientes y las disputas resueltas mediante arbitraje internacional. El uso de los organismos reguladores nacionales, los tribunales o el arbitraje aumenta un tipo de riesgo para los inversores ya que las instituciones nacionales son más susceptibles a las presiones políticas para mantener los precios por debajo de los costos, pero las decisiones tomadas por las instituciones nacionales pueden ser vistas como más legítima, aumentando la sostenibilidad de los pactos.

[81] *Private Sector Participation Principles*, p. 19 (citado en nota 43).

[82] *Ibíd.*

[83] *Manual*, pp. 89-90 (citado en nota 3).

[84] *Ibíd.*, p. 90.

[85] *Ibíd.*, pp. 92-93.

[86] Guía Legislativa, p. 2 (cited in note 31).

[87] Véase texto que se acompaña a la nota 53

fiesto la complejidad del trabajo del Estado para desarrollar un ambiente propicio para la inversión privada[88].

Este enfoque, que sitúa al Estado como proveedor y garante de todo el sistema de Gobierno en el que se produce la inversión, más que como un defensor del interés público frente a los intereses de los inversores, es congruente con la preferencia generalizada por la prestación privada de servicios públicos. Asimismo, podría interpretarse como una declaración de principios de que el Estado ocupe una función de base, precisamente porque *es* una parte dentro de la negociación (ya sea a través del contrato de concesión que corresponda, del arrendamiento de activos u por otros acuerdos), y, por tanto, no puede ser al mismo tiempo juez y parte del grado de cumplimiento de estos acuerdos o contratos[89]. Esta plasmación del principio liberal de que una parte no puede ser juez de su propia causa *(nemo iudex in sua causa)* sería coherente con relegación del Estado a la misma posición que cualquier otro actor (que se mueve por sus propios intereses). Sin embargo, tal caracterización del Estado no resulta cohonestable con la expectativa general de que el Estado asuma una variada gama de obligaciones para que las transacciones puedan llegar a buen puerto. Esta tensión es inherente a la concepción del Estado inspirada después del neoliberalismo: el Estado es sospechoso –un actor con intereses propios o capturados (o un conglomerado de burocracias con intereses propios)– y, al mismo tiempo, el único responsable del bienestar público.

El énfasis general que se pone en la «ponderación» y el incierto papel del Estado como parte o garante del «equilibrio», genera una dinámica particular que facilita la negociación y la adopción de compromisos entre los diferentes intereses en juego.

La *Guía Legislativa* de la CNUDMI resulta ilustrativa en tal sentido, por cuanto identifica la transparencia, la equidad y la sostenibilidad a largo plazo como «principios rectores generales para un marco constitucional y legal favorable»[90]. La especificación de lo que cada uno de estos principios significa depende en gran medida de las relacio-

---

[88] Esta «segunda ola» se caracteriza por una mayor atención a las dimensiones sociales del desarrollo, como el bienestar humano, los derechos y las libertades, incluso la democracia (aunque a menudo sólo la medida en que se correlacionan con el crecimiento), en lugar de parámetros puramente económicos; así como una mayor preocupación por la seguridad jurídica y las instituciones (aunque con una gama de diferentes agendas, algunos más atento a la correlación entre el «estado de derecho» y el desarrollo económico, otros más abiertos a las exigencias normativas de derechos y la justicia). Véase, por ejemplo, Kerry Rittich, The Future of Law and Developmenl: Second Generation Reforms and The Incorporation of The Social, 26 Mich J Intl L 199 (2004).

[89] Véase, por ejemplo, los *principios de participación del sector privado*, p. 24 (citado en la nota 43): «Principio 17: Reglamentación de los servicios de infraestructura tiene que ser confiada a las autoridades públicas especializadas que sean competentes, buenos recursos y protegidos de la influencia indebida de las paradas a los contratos de infraestructura».

[90] Legislative Guide, pp 23-24 (citado en nota 31).

nes entre los distintos actores. La «equidad», por ejemplo, viene definida en términos de «marco legal justo», es decir, un escenario que: tenga en cuenta los intereses, diversos y a veces posiblemente encontrados, de las autoridades públicas, de los proveedores de servicios y de sus clientes y que trate de lograr un equilibrio equitativo entre los mismos. Los intereses comerciales del sector privado, el derecho de los usuarios a servicios adecuados, tanto en calidad como en precio, así como la responsabilidad de la autoridad pública para asegurar la regularidad y continuidad de los servicios esenciales y su papel en el desarrollo nacional de infraestructuras son sólo algunos de los intereses que la ley reconocer adecuadamente.[91]

Como se pone de manifiesto en la definición de lo que debe entenderse por «marco legal justo», el énfasis que se da generalmente al equilibrio y a la compensación parece situar el interés del inversor y el interés público al mismo nivel, a diferencia de como tradicionalmente se concebía, esto es, que el primero constituyera un elemento necesario para conseguir el segundo. En otras palabras, todos los instrumentos están alentados por la convicción de que, al menos en algunos casos, una mayor participación del sector privado es de interés público[92]. Facilitar un entorno propicio para la inversión del sector privado se presenta como un medio para lograr ese interés público. Sin embargo, estos instrumentos, o bien omiten de manera reiterada cualquier referencia al interés público en favor de categorías aparentemente más limitadas, como «Gobierno» o «intereses de los consumidores», o bien yuxtaponen el interés público y los intereses del sector privado, mezclando los objetivos del primero con los del segundo y sus compensaciones para poder alcanzarlo.

Una de las posibles razones para estructurar este debate en términos de «ponderación» o «equilibrio» de las posiciones que ocupan los distintos actores podría radicar en el deseo de ceder frente a una agenda política de reformas percibida como excesivamente favorable a los inversores[93]. Por otra parte, esta estructura podría reflejar el impulso de una mentalidad contractualista o, más

[91] Id a 24 (el subrayado es nuestro). Ver también la identificación en los 2 («El asesoramiento prestado en la Guía tiene por objeto lograr un equilibrio entre el deseo de facilitar y fomentar la participación privada en proyectos de infraestructura, por un lado, y diversos intereses públicos del país de acogida, por otro».).

[92] Ya sea debido a la financiación privada es la única fuente viable de fondos, o, por ejemplo, debido a la competencia entre los actores privados que mantiene a los estándares más altos, o porque el sector privado tiene una experiencia específica que el sector público no tiene, o tiene mejores incentivos a pronosticar los ingresos previstos con exactitud y los costos a largo plazo de mantenimiento.

[93] Por ejemplo, mientras que la discusión temprana de la obra de UNCITRAL sobre el papel de la financiación privadas fue, en general, positiva, la Secretaría reconoció que «tuvo presente la necesidad de mantener un equilibrio apropiado entre el objetivo de atraer inversiones privadas para proyectos de infraestructura y la protección de los intereses del Gobierno anfitrión y de los usuarios de la instalación de infraestructura». Privately-Financed Infrastructure Projects: Draft chapters of a legislative guide on privately Financed Infrastructure projects, Report of the Secrefary-General, UN Doc A/CN.9/438, p. 3 (18/12/1996), el subrayado es nuestro [disponible en castellano en http://daccess-ods.un.org/access.nsf/get?open&DS=A/CN.9/438&Lang=S, 22/03/2015].

concretamente, una concepción de los actores y asesores privados, hondamente involucrados con la reforma legislativa y la política en materia de infraestructuras, para la que las concesiones *serían* concebidas análogamente a una transacción comercial o a una suerte de asociación cooperativa. Al margen y con independencia de cuál sea la intención, lo cierto es que las constantes referencias a esta necesidad de ponderar los intereses en juego tiende a reforzar la convicción de que los intereses de los inversores –por un lado–, y los de los usuarios, el Estado, o el público en general –por otro–, son de igual importancia. En la medida en que estos intereses en conflicto se articulan como determinantes de lo que deba entenderse por «marco jurídico justo», el énfasis en la búsqueda de dicho equilibrio abre el camino para una renegociación de los términos de gobernanza en el que las perspectivas del sector privado juegan un papel muy significativo. Como veremos en el apartado IV –donde perfilamos el modo en que el uso de conceptos jurídicos indeterminados y porosos, tales como «justicia» y «transparencia» implica formas institucionales y disposiciones legales muy específicas– se trata de una cuestión clave.

2. INTERVENCIONES SOBRE EL DERECHO Y CONCEPCIÓN DEL DERECHO

Todos los instrumentos que aquí se consideran prevén la posibilidad de realizar reformas profundas en el seno de los ordenamientos jurídicos nacionales, comenzando por las propias Constituciones.

Las recomendaciones más específicas de reforma jurídica las realizan el *Manual* y los documentos de la CNUDMI (de hecho, las *Disposiciones tipo* de este organismo adopta la forma de texto legal destinado a ser incorporado en la legislación nacional). Habida cuenta de que los instrumentos tienen por objeto fomentar un marco jurídico e institucional en favor de un modelo concreto de gestión y acceso a las infraestructuras, no es sorprendente que promuevan activamente cambios en la legislación vigente de forma –relativamente– específica y desglosada y reflejen una perspectiva marcadamente instrumental del Derecho como vehículo que debe concebirse como una herramien-

---

En las discusiones subsiguientes, muchos delegados en la Sexta Comisión reiteraron esta necesidad de «equilibrio». Véase, por ejemplo, acta resumida de los comentarios del Sr. Rao (India), en la ONU GAOR Sexta comisión, 52ª Ses, 3ª reunión, UN Doc A/C.6/ 52/SR.3, p. las 4 (1997) [en castellano, http://daccess-ods.un.org/access.nsf/get?open&DS=A/C.6/52/SR.3&Lang=S, 22/03/2015]. Véanse también las observaciones de los delegados de Malasia, Irán e Italia UN GAOR Sexta Comisión, 54ª Sesión, 3ª reunión, UN Doc A/C.6/54/SR.3 a 8-10 (1999) [en castellano, http://daccess-ods.un.org/ access.nsf/get?open&DS=A/C.6/54/SR.3&Lang=S, 22/03/2015]; 4ª reunión, UN Doc A/C.6/54/ SR.4 a las 2 (1999) [en castellano, http://daccess-ods.un.org/access.nsf/get?open&DS=A/C.6/54/ SR.4&Lang=S, 22/03/2015].

ta al servicio de la consecución de objetivos políticos[94]. No obstante, el alto grado de instrumentalización no deja de resultar sorprendente.

Como era de esperar, los documentos de la CNUDMI –por la naturaleza interestatal de ésta y su enfoque general sobre la armonización legal– son más cautos que el *Manual*. Por ello, reconocen la existencia de características propias de cada ordenamiento jurídico nacional y la necesidad de tenerlas en cuenta, y advierten de la complejidad derivada de la interacción entre el mundo de las infraestructuras y las distintas áreas del Derecho[95]. Por ejemplo, el *Manual* llega incluso a establecer el estándar de revisión judicial de las decisiones de los organismos reguladores independientes (sin ninguna indicación de cómo este estándar deberá relacionarse –si fuera necesario– con el estándar utilizado en otros contextos, o incluso por los reguladores en sectores distintos al de las infraestructuras). En la *Guía Legislativa*, por el contrario, simplemente se establece que «la legislación deberá establecer procedimientos transparentes a través de los que el concesionario pueda solicitar la revisión de una decisión regulatoria ante un órgano independiente e imparcial, lo que podrá incluir la revisión judicial, y enunciar los motivos en los que podrá basarse dicho recurso»[96]. Al formular esta recomendación, la *Guía Legislativa* señala la gran variedad de órganos que ejercen poderes de revisión en los diferentes países, y añade que «en muchos casos existen límites, en particular en lo referente al derecho a recurrir en apelación, para sustituir la valoración de los hechos efectuada por el órgano cuya decisión esté siendo recurrida por su propia apreciación discrecional»[97].

Sin embargo, el propio proceso a que hace referencia la CNUDMI supone un incentivo hacia una reforma radical de los sistemas nacionales. En los debates acerca de si deberían redactarse disposiciones legislativas modelo para la financiación privada de infraestructuras, de carácter más detallado que la *Guía Legislativa*, algunos Estados y expertos se opusieron a cualquier intento de desarrollar las mismas argumentando que

---

[94] Para la discusión y crítica de un patrón similar en los indicadores de «Doing Business» del Banco Mundial, véase The Functionalism of Legal Origins, in Michael Faure and Jan Smits (eds.), Does Law Matter? On Law and Economic Growth 21 (Intersentia 2011): Ralf Michaels, Comparative Law by Numbers? Legal Origins Thesis, Doing Business Reports, and the Silence of Traditional Comparative Law, 57 Am J Cornp L 765; Bénédicte Fauvarque-Cosson and Anne-Julie Kerhuel, Is Law an Economic Contest? French Reactions to the Doing Business World Bank Reports and the Economic Analysis of Law, 56 Arn] Comp L 811.

[95] *Guía Legislativa*, pp. 6 y 189, que identifica una serie de áreas de la legislación que pueden afectar a la inversión más allá del ámbito de los contratos de concesión (desde la propiedad intelectual al Derecho Administrativo, Derecho contractual, Derecho de sociedades, y la Protección del Medio Ambiente), y en donde se mencionan en detalle los tratados internacionales y las normas que operan en estas zonas. El *Manual*, por otro lado, da pocas pistas sobre cómo el régimen legal recomendado para la regulación de la infraestructura se relaciona con las diferentes áreas del Derecho Público y privado implicadas en las recomendaciones (que podría implicar en parte o en su totalidad al Derecho Administrativo, Derecho probatorio, el procedimiento civil, Derecho Mercantil, Derecho Laboral, y así sucesivamente). El panorama general es de un enclave jurídico aplicable a un subconjunto de reguladores que sólo se relaciona de forma tenue con el tejido circundante de las normas e instituciones.

[96] *Guía Legislativa*, p. xiii

[97] *Ibíd.*, p. 36. Las *Leyes Modelos* o incluyen ninguna disposición relativa a la naturaleza del órgano de revisión, aunque otros aspectos de la resolución de conflictos se abordan brevemente. por ejemplo, la Disposición 49 dice: «Las controversias que surjan entre la autoridad contratante y el concesionario se dirimirán recurriendo a los mecanismos de solución de controversias convenidos por las partes en el contrato de concesión» *Disposiciones Legales tipo*, p. 32.

«habida cuenta de la índole política más que jurídica de muchas de las cuestiones importantes vinculadas a las inversiones privadas en el sector de la infraestructura, éstas no se prestaban a ser reguladas adecuadamente en el contexto de una ley modelo»[98]. Sin embargo, la posición contraria –que parece haber prevalecido– sostenía que era esencial realizar un esfuerzo más profundo para de este modo facilitar la superación de las diferencias entre ordenamientos jurídicos. La temprana decisión de publicar sólo una guía legislativa fue criticada por el delegado de Estados Unidos (a título personal), quien observó: «mientras que, en el pasado, este tipo de trabajos [de armonización] pretendía reconciliar las doctrinas de los Derechos Civil, Común, socialista u otras, cabe apreciar, de forma creciente, un esfuerzo por alcanzar resultados funcionales, y dar así respuesta a las demandas del mercado, e incorporar las mejores prácticas, que pueden llegar a encontrarse huérfanas de raíces doctrinales. En mi opinión, ello no se ha hecho en este proyecto de forma suficiente. Aquí la demanda del mercado es clara: los inversores y los prestamistas requieren un proyecto de infraestructura y un paquete de contratos que sea 'financiable'. Y eso no será así, si el país receptor carece del marco necesario para 'negociar' las ofertas, o si el Derecho aplicable permite al Gobierno anfitrión alterar las condiciones libremente»[99].

La evolución que han seguido las *Normas* o *Disposiciones Tipo* y su contenido –un completo modelo de Derecho– supone una clara tendencia a superar las diferencias políticas, que se expresan en las distintas concepciones doctrinales y en la diversidad de ordenamientos jurídicos, y ello en beneficio de una mayor o menor uniformidad a través de un conjunto de «mejores prácticas» a las que subyace la inevitabilidad o la conveniencia de la participación del sector privado, y, por tanto, unas expectativas de los inversores globales o internacionales. Desde luego, si ello se puede alcanzar o no a través de ese mecanismo de establecer un modelo jurídico completo es una cuestión que queda abierta[100].

---

[98] Véase las actas de la CNUDMI en el coloquio celebrado de la Secretaría para reunir perspectivas sobre la conveniencia o no de disposiciones legales modelo eran factibles. *Trabajo Futuro Posible sobre proyectos de infraestructura con financiación privada, Nota de la Secretaría*, de la ONU Doc A/CN.9/488, p. 5, de 5 de julio 2001) [En castellano, http://daccess-ods.un.org/access.nsf/get?open&DS=A/CN.9/488&Lang=S, 22/03/2015]. Véase también la nota anterior 34.

[99] Se llegó a sugerir que ello se debía a la percepción de la incompatibilidad entre el sistema de derecho civil con los tipos de entorno que, desde su punto de vista, el mercado requiere, y la incapacidad de la Comisión para hacer frente a esta circunstancia o, lo que explica de forma parcial el recurso a la forma de quía legislativa. Wallace, 8 Tul J Intl y Comp L, p. 287 (citado en la nota 30). Pero véase la nota 34 más arriba de las opiniones expresadas en la Comisión 6ª dela ONU sexto relativo a la conveniencia de proceder a redactar disposiciones legales modelo: aunque los estados que más se opusieron a esto fueron los estados de derecho civil, el Grupo de Río y Bielorrusia, que también tienen sistemas de derecho civil, favorecido el desarrollo de disposiciones legislativas modelo. Sobre la importancia de «las normas y guías jurídicas de la CNUDMI deben tener debidamente en cuenta los mercados financieros y de capital internacionales y promover el interés en modificar la legislación nacional vigente», véase el resumen de los comentarios de la señora Wilson, delegado de Estados Unidos, en la ONU GAOR sexta Comisión, 54ª Sesión, 4ª Sesión, UN Doc A/C.6/54/SR.4, p. 3 (1999).

[100] Se dice que el grupo de trabajo de la CNUDMI responsable de redactar las Disposiciones Legales Modelo no pudo ponerse de acuerdo sobre una definición de «concesión». Se rechazó la definición adoptada por la Comisión Europea y en última instancia optó por una definición de «contrato de

Con la excepción de los derechos de propiedad, los documentos citados y, en particular, el *Manual*, contemplan el ordenamiento jurídico nacional vigente como objeto de reforma y modificación de conformidad y a la luz de las exigencias funcionales que demande el sistema[101]. El *Manual* mezcla con frecuencia recomendaciones sobre el contenido de las normas con recomendaciones sobre aspectos institucionales y burocráticos. El principio número 9, por ejemplo, que estipula que el regulador debe contar con las «características institucionales adecuadas» para llevar a cabo su función, hace referencia también a los comisarios o miembros del organismo regulador, que estarán convenientemente aislados de los impulsos políticos de corto plazo, a los requisitos administrativos (en lo que hace a su retribución, educación, capacitación, presupuestos y a la posibilidad de recurrir a consultores externos, etcétera), y a un sistema muy específico de revisión judicial: todas las decisiones del regulador, afirma, deberán estar sujetas a apelación ante un juez o tribunal, único, imparcial o independiente, designado legalmente con los requisitos que se indican a continuación. La instancia de apelación deberá poseer experiencia en materia de regulación. La decisión regulatoria deberá, salvo contadas excepciones, seguir en vigor mientras se resuelve el recurso de apelación. El órgano de apelación deberá confirmar las decisiones regulatorias, a no ser que concurran algunas de las siguientes circunstancias: los reguladores se extralimitaron en el ejercicio de sus competencias; los reguladores no observaron los requisitos procedimentales aplicables; los reguladores actuaron de manera arbitraria o irrazonable; o los reguladores actuaron en contra de la que se desprendía de modo manifiesto ante la prueba aportada al tribunal.[102]

La amalgama de cánones o parámetros propios de la revisión judicial con recomendaciones menores dirigidas a lograr una administración eficiente parece sugerir que el estándar de revisión de las decisiones regulatorias y las

---

concesión» limitada por una lista de las autoridades y de sectores en las que podrían concluirse estos contratos. Este enfoque continuó la tendencia de la Guía Legislativa de fijar de aclarar un cuerpo de conceptos y doctrina en particular respecto de ciertos países (del ámbito del derecho civil), *Guía Legislativa*, pp. 3 y 4 (citado en la nota 31). Por otro lado, para algunos expertos, la falta de una definición más sustantiva de «concesión» podía suponer un peligro para la coherencia de los sistemas jurídicos nacionales, dejando abierta la posibilidad de una asignación oportunista a relaciones jurídicas particulares para impedir o facilitar la aplicación del derecho local sobre la base de las *Disposiciones Legales Modelo*, véase Bruno de Cazalet y John Crothers, *Présentation des dispositions législatives type sur les projets d'infrastructures à financement privé. Additif du Guide Législatif de la CNUDCI* Revue de Droit des Affaires Internationales 33, 36-39 (2004).

[101] El *Manual* y los materiales de la CNUDMI a veces sugieren que los derechos de propiedad tienen alguna cualidad natural o esencial, además de ser un medio importante para el final de asegurar la inversión. Véase, por ejemplo, el Manual de 197-200 (citado en la nota 3) (derechos de propiedad «deben ser protegidos, respetados, y de ninguna manera tratar de forma arbitraria o injusta abreviado o violados por el sistema regulador.. [p]ROPIEDAD sí deben ser tratados con respeto»). A este respecto los documentos manifiestan una tensión entre el deseo de volver a configurar otros aspectos de la ley de manera de barrido, y el respeto de los derechos de propiedad para lo que ha sido diagnosticado como una «amalgama de funcionalismo y el formalismo «en la ley y el discurso del desarrollo Kerry Rittich, Functionalism and Formalism: Their Latest Incarnations in Contemporary Development and Govemance Debates, 55 U Toronto LJ 853, 863 (2005).

[102] Manual en 62-63 (citado en la nota 3).

cuestiones relativas a la dotación presupuestaria del regulador son de la misma relevancia.

En el *Manual*, las normas e instituciones legales se evalúan exclusivamente en función de que contribuyan a promover un clima atractivo a los inversores (aunque su aceptación pública constituya un elemento de este cálculo). Por ejemplo, por lo que respecta a la resolución de controversias, el *Manual* señala que cuando los tribunales nacionales sean lentos o corruptos será necesaria una reforma judicial profunda, en el largo plazo, pero también se requieren soluciones a corto plazo para garantizar el funcionamiento del sistema regulatorio. Reconoce que algunas opciones tales como las fórmulas de resolución alternativa de conflictos y el arbitraje privado, que podrían preverse en el contrato, no son adecuadas en conflictos regulatorios que, como aquí sucede, afectan a los intereses de «terceros», como los consumidores, u otros objetivos de las políticas públicas[103]. Además de estas «limitaciones teóricas para evitar la revisión por los tribunales judiciales ordinarios o especiales creados legalmente», no faltan «razones prácticas y de «*realpolitik*» para no hacerlo así: ejecutar las decisiones arbitrales resulta difícil; recurrir a mecanismos de resolución alternativa de conflictos pueden causar un resentimiento público en el sentido de que los intereses «externos» decidan en asuntos sobre infraestructuras básicas desde un país distinto del propio; y se concitan «dificultades legales y constitucionales fundamentales sobre el uso de los medios privados de resolución de conflictos para hacer cumplir o anular las decisiones que, por su parte, han sido adoptadas conforme al Derecho interno aplicadas por agencias del Estado debidamente constituidas»[104]. El planteamiento que se propone, por tanto, consiste en permitir que los conflictos sean enjuiciados a través de los tribunales ordinarios, y que, cuando sea posible, se establezcan tribunales especializados para resolver estos conflictos o, al menos, se permita un recurso opcional u obligatorio ante un panel de expertos que pueda proporcionar asesoramiento no vinculante. El establecimiento de un tribunal especializado y, en menor medida, de asesores expertos, podría «aumentar la probabilidad de que las decisiones se adopten de manera congruente conforme a criterios coherentes y discernibles»[105]. El énfasis se pone en los resultados y en particular en la estabilización y en la capacidad de hacer predecible el régimen regulatorio.

El *Manual* reconoce las diferencias en el estatus relativo de los instrumentos jurídicos, y favorece la promulgación de leyes (en lugar de reglamentos) como base para establecer las agencias (o reguladores independientes) y los correspondientes procedimientos regulatorios. El hecho de que la legislación sea «más representativa de la voluntad política», más transparente y más procli-

---

[103] *Ibíd.*, p. 105.

[104] *Ibíd.*, pp. 105-106.

[105] *Ibíd.*, p. 106.

ve al debate público, resulta importante en la medida en que ello facilita que las transformaciones perduren en el tiempo[106]. Salvo la referencia a cuestiones prácticas relativas a la promulgación de las normas, no muestra una preferencia en favor de la elaboración de los proyectos de ley a través de procedimientos de amplia consulta o mediante borradores redactados en el seno del ejecutivo con el asesoramiento de consultores globales. Por lo demás, el *Manual* recomienda incluir a un jurista local en el equipo que elabora los proyectos, de manera que si el Gobierno acepta recomendaciones concretas, éste pueda sugerir el lenguaje jurídico adecuado para ponerlas en práctica, evitando así «el retraso que requeriría un segundo análisis jurídico, o un examen posterior»[107]. La atención se centra en la capacidad del ordenamiento jurídico para organizar los procedimientos y estructurar los incentivos, en detrimento de la más profunda y política dimensión que el Derecho encierra: su conexión con el autogobierno y la representación política; su función para servir de vehículo de valores particulares; su relación con los modos particulares de debate, sea legislativo o discursivo, propio de los fundamentos que ofrece el juez); o sus cualidades dinámicas y sistémicas[108]. Se manifiesta poco interés por la importancia intrínseca que contiene la dimensión política del Derecho. Esto genera, sin embargo, una curiosa paradoja: en el largo plazo, es probable que el Derecho funcione de manera instrumental como se pretende –esto es, como garantía de estabilidad, o, más ampliamente, como signo de la aceptabilidad de lo que disponga por parte la población–, tan sólo si el público lo percibe precisamente como algo más que un mero instrumento.

IV. FORMAS Y TERMINOLOGÍA JURÍDICAS

Hasta aquí ha quedado apuntado que, aun cuando haya algunas diferencias entre los documentos analizados, su proyección sobre el Derecho Público nacional tiende a manifestarse en una profunda concepción instrumental del Derecho, en la que éste sirve de mero vehículo para instaurar un sistema regulatorio modelo, basado esencialmente en una visión propia del análisis económico. Ello no obstante, y pese a esta pobre

---

[106] *Manual*, p. 186 (citado en la nota 3).

[107] *Ibíd.*, p. 34.

[108] Por otra parte, los fines a lograr con una reforma legal no se limitan necesariamente a la satisfacción de las expectativas de los inversores. La reforma del ordenamiento se contempla por las partes implicadas como parte de un esfuerzo más amplio de educación y persuasión: «Para exigir a los países, sus elites, los Gobiernos y las legislaturas y con suerte a su gente a hacer frente a los dilemas y las opciones de los trágicos»: desarrollo y mejora vs aversiones y vacilaciones como el capitalismo, el nacionalismo vs globalismo, los prejuicios del pasado vs esperanzas futuras». Don Wallace Jr., Private Capital and Infrastructure: Tragic? Useful and Pleasant? Inevitable, en Michael Likosky, ed, Privatising Development: Transnational Law, Infrastructure and Human Rights, pp.. 131, 138 (Brill 2005).

concepción de los ordenamientos jurídicos nacionales, la realidad es que estos *instrumentos* se basan, en gran medida, en un vocabulario que tiene importantes conexiones con las categorías tradicionales del Derecho Público. Los instrumentos, en efecto, se organizan jerárquicamente de tal manera que los principios de mayor relevancia, articulados dentro de esta terminología jurídica, se asocian con instituciones legales y reformas jurídicas muy concretas.

1. ESTRUCTURAS JERÁRQUICAS

Cada uno de los documentos contiene cierta jerarquización, más o menos explícita, entre las declaraciones o recomendaciones generales y las notas o explicaciones más detalladas (la relación concreta varía).

El *Manual* resulta, en términos comparativos con otros instrumentos, un tanto inusual en lo que hace al grado de conexión que establece entre los principios generales y las reformas institucionales específicas. El *Manual* expone su modelo de buenas prácticas conforme a una estructura basada en tres niveles:

En la cima de todo el edificio se sitúan los tres «metaprincipios» (credibilidad, legitimidad y transparencia) que, de acuerdo con dicho documento, cualquier régimen regulatorio, transitorio o no, debe satisfacer si pretende ser operativo[109]. El *Manual* identifica, además, diez «principios» que considera necesarios para desarrollar e implementar los tres metaprincipios en el contexto de un modelo regulatorio independiente, a saber: la independencia, la rendición de cuentas, la transparencia y participación pública, la previsibilidad, la claridad de las funciones y responsabilidades, la integridad y la claridad en las reglas, la proporcionalidad[110], la atribución al regulador de los poderes necesarios para llevar a cabo su función, las características institucionales apropiadas[111] y, por último, la integridad. Los principios van, a su vez, acompañados por numerosos «estándares», que constituyen una lista de acciones específicas que serían necesarias para poner en práctica los tres metaprincipios y los diez principios generales, estableciendo así el puente necesario para ir desde lo teórico a lo práctico[112]. Los estándares se organizan en torno a epígrafes que se corresponden con los principios (por ejemplo, de proporcionalidad), pero no lo hacen en otros. Por ejemplo, las tres primeras normas, tituladas «marco legal», «poderes legales», y «los derechos de propiedad y los derechos contractuales» trascienden los confines de un mismo principio.

En aquellos textos negociados entre Estados con puntos de vista divergentes, como sucede con los documentos de la CNUDMI o el PFI de la OCDE, la yuxtaposición de principios abstractos con previsiones más específicas podría otorgar un mayor margen de flexibilidad en el diseño de opciones locales y permite a las instituciones globales

---

[109] *Manual*, p. 59 (citado en la nota 3).

[110] Eso es, el recurso a la intervención reguladora mínima necesaria para alcanzar objetivos particulares para el sector.

[111] Por ejemplo, proporcionar las oportunidades de formación adecuadas a los consejeros de las agencias reguladoras así como a su personal.

[112] *Manual*, p.185 (citado en la nota 3).

establecer un programa relativamente ambicioso de reforma en tanto se resuelven las divergencias en puntos concretos[113]. Por otra parte, la discusión sobre detalles de menor orden parece reforzar, en definitiva, las recomendaciones de más alto nivel[114]. No obstante, el *Manual* contiene alguna concesión concreta a las singularidades a nivel nacional, como por ejemplo el establecimiento de una serie de mecanismos para asegurar la transparencia dependiendo de si el regulador adopta sus decisiones por votación o por negociación y consenso[115]. El *Manual* también contempla «los sistemas de regulación transicionales», de los que no se espera que cumplan con todas las reglas establecidas como mejores prácticas. Sin embargo, ello no significa que los metaprincipios, los principios y los estándares no sean el punto de referencia para evaluar y comparar los avances en los sistemas regulatorios en transición[116]; al fin y al cabo se espera que estos modelos transitorios con el paso del tiempo terminen por evolucionar hacia las mejores prácticas. Es más, el *Manual* no sugiere que los estándares propuestos puedan ser sustituidos por mecanismos nacionales distintos, aunque capaces de alcanzar la realización de los mismos «principios». La fuerza principal de la estructura jerárquica del *Manual* y de sus mecanismos de comparación y *benchmaking* no reside, pues, en la apertura que ofrece a la diversidad local, sino en la forma en que opera para hacer cumplir la coherencia y la capacidad de persuasión de las recomendaciones en su conjunto.

La forma jerárquica del *Manual* –el modelo de instrucciones precisas al servicio de los «principios» más generales– guarda cierta afinidad con la estructura de muchos

---

[113] Véase, por ejemplo, Block-Lieband Halliday, 42 Tex Intl L j en 479-81, 507-12 (citado en la nota 10). Una estructura de fines acordados (en forma de unos objetivos marco), con una relativa flexibilidad en cuanto a los medios, junto con enfoque uniforme para evaluar el grado en que se han alcanzado los extremos acordados, un proceso de deliberación y aprendizaje constante entre las élites y los expertos acerca de la eficacia de diferentes medios, se ha caracterizado en el contexto de la UE como una forma distintiva de la Gobernanza «experimentalista». Véase, por ejemplo, Charles F. Sabel and Jonathan Zeitlin, Leaming from Difference: The New Architecture of Experimentalist Governance in the EU, in Charles F. Sabel and Jonathan Zeitlin (eds.), Experimentalist Governance in the European Union: Towards a New Architecture 1 (Oxford 2010).

[114] Block-Lieb y Halliday, 42 Tex Intl L J 1 p. 501 (citado en la nota 10). Algo así resulta evidente en la discusión sobre la reforma legislativa. La Recomendación 8 dispone que «La función reglamentadora debe encomendarse a órganos funcionalmente independientes con suficiente autonomía para garantizar que sus decisiones serán adoptadas sin injerencias políticas ni presiones indebidas de las empresas explotadoras de infraestructuras o proveedoras de servicios públicos», Guía Legislativa, p. xii (citado en la nota 31). El comentario a esta recomendación añade que hay «diversas opciones que se ofrecen al legislador nacional para configurar un marco regulatorio de los proyectos de infraestructura con financiación privada» y que «la Guía no aboga por ninguna de ellas en particular», *ibíd.*, p. 34. Se reconocen distintas opciones: «Si bien hay países que encomiendan la función regulatoria a órganos de su administración (por ejemplo, los ministerios o departamentos interesados), otros países han preferido establecer entidades reguladoras autónomas, independientes del poder político», *ibíd.*, p. 35. Pero cuanto más tiempo «, señala» llevar casi inexorablemente a la conclusión de que un organismo regulador independiente es preferible: «La eficiencia del régimen regulatorio está, a menudo, en función de la objetividad con que se adopten las decisiones en la materia. Esto requiere, a su vez, que las entidades reguladoras sean capaces de adoptar decisiones sin injerencia ni presiones impropias de los explotadores de infraestructura y proveedores de servicios públicos... Para alcanzar el deseado nivel de independencia, es aconsejable separar las funciones regulatorias de las operativas, eliminando las funciones regulatorias que aún queden en manos de los proveedores de servicios públicos, y confiarlas a una entidad jurídica y funcionalmente independiente», *ibíd.*, p. 35.

[115] *Manual*, pp. 233-234 (citado en la nota 3).

[116] *Ibíd.*, p. 92.

ordenamientos jurídicos. Tanto la calidad sistémica, como la oscilación entre lo general y lo particular, son comunes al Derecho positivo y a la forma en que se argumenta jurídicamente, aunque también pueden considerarse características de organización burocrática o administrativa[117]. El uso de una estructura asociada al Derecho puede, a su vez, interpretarse como parte del atractivo retórico del *Manual*. Sea o no este el caso, el edificio de los «metaprincipios», «principios» y «estándares» da contenido amplio y sistemático a conceptos jurídicos abstractos como el de «legitimidad». Dicho de otra manera, estas abstracciones, propuestas como conceptos universales y enmarcados en un lenguaje que conlleva una carga normativa –una cuestión a la que volveremos más adelante– parecen dar validez a las prescripciones específicas al ponerlas en conexión con una visión más amplia sobre la economía política en materia de infraestructuras.

2. EL VOCABULARIO DEL DERECHO, DE LA GOBERNANZA Y DE LA ECONOMÍA

Un pasaje de las «notas» detalladas sobre «procesos y procedimientos de reglamentación» en la *Guía Legislativa* de la CNUDMI establece lo siguiente:

El marco regulatorio presupone típicamente ciertas reglas de procedimiento que disciplinan la forma en que las instituciones responsables de las distintas funciones

---

[117] La semejanza formal entre las recomendaciones y la jerarquía de las normas jurídicas, sin embargo, es algo desmentido por su contenido. Los «principios» tienden a retener tanto un significado residual que no se agota por su concreción en disposiciones más específicas, y un contenido normativo autónomo o contenido intencional que los hace susceptibles de reinterpretación con el transcurso del tiempo. Mientras que los «meta-principios» tienen el mismo grado de abstracción que los «principios», si bien el Manual deja claro que estos no son análogos a las disposiciones constitucionales, capaz de re-interpretación a través argumento normativo acerca de lo que «Legitimidad «en sí mismas demandas, o sobre la manera de combinar consideraciones deontológicas y utilitarias. Más bien, los meta-principios reflejan suposiciones funcionalistas sobre lo que resulta necesario para atraer la inversión privada y mantener el apoyo a este acuerdo, o al menos su tolerancia, por el público (la identificación en los 1, 13), que a su vez está conectado a una teoría que sólo esta inversión puede proporcionar la infraestructura necesaria para el desarrollo vital. Los «principios» son interpretados a la luz de esta estructura pre-ordenado. Evidentemente, puede que la instauración de las recomendaciones establecidas en el Manual tranquilice a los inversores; la confianza podrá depender también de la existencia de vínculos estrechos con los funcionarios de alto nivel o de las relaciones diplomáticas entre el Estado anfitrión y los Estados nativos de los inversores u otro tipo de vínculos (los dos últimos pueden ser particularmente relevante, al menos una vez han surgido disputas, particularmente si lo vehículos de inversión son a su vez propiedad estatal). Un ejemplo de los resultados que contradicen el consenso que arguye el Manual, ver Sheoli Pargal, Regulation and PrilJate Sector Participation in Infrastructure, en William Easterly and Luis Servén (eds.), The Limits of Stabilization: Infrastructure, Public Deficits, and Growth in Latin America 171, 185 (World Bank 2003), donde se señala que, para un conjunto de países de América Latina, los volúmenes de inversión privada eran mayores si el organismo regulador estaba incardinado dentro de un ministerio que si era una agencia independiente –un resultado que la autor sugiere que puede estar conectado a la históricamente fuerte posición del poder ejecutivo en América Latina, y por lo tanto un reflejo de la importancia general de la credibilidad y la previsibilidad del marco regulatorio, aunque bajo las condiciones específicas que prevalecen en esos sistemas políticos–.

regulatorias han de ejercer su poder. La credibilidad del proceso regulatorio requiere *transparencia* y *objetividad*, y ello con independencia de que la autoridad regulatoria sea ejercida por un ministerio o departamento gubernamental o por una entidad reguladora autónoma. Las reglas y procedimientos deben ser objetivos y *claros* a fin de asegurar la *equidad*, la *imparcialidad* y la acción de la agencia reguladora a largo plazo. En aras de una mayor transparencia, debe exigirse por ley que esas reglas y procedimientos sean publicados. Toda decisión regulatoria debe ser *motivar las razones en que se fundamenta* y deberá ponerse a disposición de los *terceros interesados*, bien sea por medio de su publicación o de cualquier otro medio que resulte adecuado[118].

Una lectura aislada podría sugerir que se trata de un texto de Derecho Administrativo (anglo-americano), o también de Filosofía del Derecho o de un trabajo sobre economía institucional. Por su parte, el conjunto de «principios»[119] del *Manual*, unidos a los valores o características propias del Derecho Público, o de las propiedades formales del Derecho como tal, resulta igualmente revelador. En algunos casos, los principios mencionados en el *Manual* encuentran términos homónimos, de forma más o menos directa, en esos otros lenguajes. De este modo, los términos «rendición de cuentas» y «participación pública» figuran, por ejemplo, en la lista de los valores propios del Derecho Público de Michael Taggart (especialista en Derecho Administrativo) mientras que el «principio» de «transparencia» guarda relación directa con el principio de apertura o publicidad[120]. En otros casos, los «principios» encuentran una correlación conceptual, aunque no utilicen el mismo término. El principio de previsibilidad, por ejemplo, se corresponde con una serie de atributos que Fuller atribuía al sistema jurídico*: que las normas sean publicadas, que resulten inteligibles, que su cumplimiento sea factible, que tengan carácter prospectivo, que no estén sujetas a cambios constantes, y que sean observadas por los funcionarios encargados de su ejecución. Los principios relativos a una distribución comprensible de funciones y responsabilidades, y la integridad y la claridad de las normas, también se corresponden con algunas de las características del modelo propuesto por Lon Fuller (normas publicadas y libres de contradicción) y tal vez, incluso, con el valor del Derecho Público de «racionalidad»[121].

Estos instrumentos resultan representativos de un género literario sobre la «buena gobernanza», en parte enraizado en las tradiciones del Derecho Públi-

---

[118] Guía Legislativa, p. 35 (citado en la nota 31) (se ha añadido el énfasis). Ver también p. 26 Comparar este pasaje al del Manual sobre meta-principios de credibilidad, legitimidad y transparencia.

[119] La independencia, la rendición de cuentas, la transparencia y la participación pública, la previsibilidad, la claridad de las funciones, lo completo y la claridad en las reglas, la proporcionalidad, la provisión para el regulador de las facultades necesarias para llevar a cabo su mandato, las características institucionales adecuadas, e integridad.

[120] Precisados por Taggart de los «valores de Derecho Público» incluye: la apertura, la equidad, la participación, la imparcialidad, la responsabilidad, la honestidad y la racionalidad. Michael Taggart, «The Province of Administrative Law Determined», in Taggart, ed, *The Province of Administrative Law* 1, 3 (Hart 1997).

* Sobre el tema, *in extenso*, *vid.* capítulo tercero. (N. del E.).

[121] Las aspiraciones de Fuller para un adecuado sistema legal incluyen la existencia de normas generales y su publicación, prospectividad, la claridad, la compatibilidad, la posibilidad de cumplimiento, constancia y congruencia con las acciones de los funcionarios. Lon L. Fuller, *The Morality of Law* (Yale rey ed 1969).

co, aunque influido por los criterios de la eficiencia económica y de la Administración[122]. El hecho de que muchos de los términos que se repiten en todos los instrumentos –sobre todo en los principios del *Manual* y en los criterios más relevantes de los documentos de la CNUDMI y de la OCDE– tengan afinidades con la terminología propia del Derecho Público nacional y, por asociación, con los ideales de la democracia y del autogobierno, con los que el Derecho Público entronca históricamente, sin duda le da a estos términos un cierto atractivo jurídico. En consecuencia, un análisis de estos instrumentos podría derivar en la cooptación o apropiación de términos cargados de valor normativo para darse así un aura de legitimidad y consenso que sirva para justificar reformas institucionales y jurídicas mucho más concretas y políticamente discutibles. Los principios de «transparencia», «justicia», «previsibilidad» e «imparcialidad» parecen a –primera vista– inobjetables, aunque este vocabulario híbrido que utilizan los instrumentos estudiados en materia de infraestructuras, ya sea de manera explícita o implícita, adquiere un significado principal y funcional que se focaliza en crear el ambiente propicio a la inversión privada, conforme a su propia «ponderación» entre lo público y lo privado, con los términos de que ésta se sirve, y que en modo alguno hace justicia con las raíces históricas en los ideales políticos en los que estos germinaron. Esta interpretación vendría a confirmar aquellas voces que ya han advertido de que los valores y terminología tradicionales del Derecho Público están siendo actualmente utilizados instrumentalmente para promover una agenda económica, o que el vocabulario jurídico se utiliza para legitimar un discurso centrado en la gestión económica[123].

Es evidente que hoy en día resulta inevitable que nazca un cierto grado de hibridación entre los distintos campos o estratos que operan conjuntamente: los principios y valores del Derecho Público hasta cierto punto se ven influidos por reflexiones provenientes de la economía política y de una gestión eficiente del Estado, del mismo modo que lo hacen los ideales democráticos y los valores

---

[122] Por ejemplo, los responsables de la preparación de los Indicadores Mundiales de Gobernabilidad «han reconocido la multiplicidad y diversidad de definiciones de 'gobernabilidad', y, en particular, una divergencia con respecto a la importancia de la responsabilidad democrática de los ciudadanos, aunque han llegado a la conclusión de que hay un cierto grado de consenso sobre 'la importancia de un Estado diligente que opere bajo el imperio de la ley'». La orientación funcionalista y neoliberal de la «Gobernanza», medida por indicadores bancarios es relativamente clara, pero muchos aspectos de este programa, en particular los relativas al papel del derecho, el funcionamiento de las instituciones reguladoras, y el control y supervisión de los funcionarios públicos, también ha sido fundamental para el Derecho Público. Véase Daniel Kaufmann and Aart Kraay, Governance Indicators: Where Are We: Where Should We Be Going? *6 (World Bank Policy Researeh Working Paper No 4370, 2007), en línea en http://elibrary.worldbank.org/content/workingpaper/10.1596/1813-9450-4370 (visitado el 19/05/2013). Para posteriores cambios en la composición de los indicadores véase, Daniel Kaufmann, Aart Kraay, and Massimo Mastruzzi, «The Worldwide Governance Indicators: Methodology and Analytical Issues» (World Bank Policy Researeh Working Paper No 5430, 2010), en línea en, http://info.worldbank.org/governance/wgi/pdf/WGl.pdf (visitado en 19/05/2013).

[123] Véase, por ejemplo, Somek, Administration without Sovereignty (citado en nota 2).

del autogobierno. Y, a la inversa, como demuestra la focalización de estos instrumentos en los derechos de propiedad, los modelos económicos de regulación dependen en buena medida de ciertas clases de propiedad, cuando no de un amplio abanico de derechos civiles y políticos. En nuestra opinión, la utilización en los instrumentos analizados de un vocabulario híbrido, con impacto en cada una de esas tradiciones, no permite hacer pasar una cosa (las funciones instrumentales de la gobernanza) por otra (Derecho Público); sino que, por el contrario, pone a las dos en relación.

El vocabulario que utilizan los principios del *Manual*, por ejemplo, es una nueva *lengua franca* que incorpora términos tomados de diferentes ámbitos y discursos[124]. Podría argumentarse que los instrumentos utilizan este vocabulario –en lugar de un lenguaje económico más técnico– precisamente porque, dada su carga jurídica, no son reducibles a un conjunto específico de objetivos y propósitos sustantivos. Tanto los empleados públicos estatales, como los expertos, las ONG y las empresas disponen de este modo un lenguaje que les resulta familiar y, pese a que puedan entenderlo de manera radicalmente diferente, pueden recurrir al mismo para hablar inteligiblemente entre sí, así como con la élite social en países u organizaciones con valores y estructuras políticas que, de otro modo, podrían ser hostiles a estos planteamientos.

La alta indeterminación del lenguaje no sólo favorece la persistencia de muy diferentes concepciones acerca del contenido (ocultando la magnitud de las diferencias en lo que hace a la comprensión de fondo), sino que también proporciona una plataforma para la difusión y la fecundación recíproca de ideas sobre sus contenidos entre actores que aparentemente parecen estar comprometido en programas similares. Por ejemplo, el *Manual* acepta la posibilidad de que existan perspectivas plurales sobre conceptos tales como «justicia» y contempla tendencias y patrones para el préstamo y la transposición a resultas de la interacción entre los diversos actores. Y así afirma que para su aceptación, el procedimiento a través del cual se adoptan las decisiones de carácter regulatorio ha de resultar coherente con las concepciones locales de equidad y justicia. La otra perspectiva que también ha de atenderse, continúa, es la de los inversores, muchos de los cuales es probable que sean extranjeros, en el caso de países en desarrollo. Del mismo modo que los residentes del país tienen que estar convencidos de que el proceso es justo, también deben estarlo los inversores internacionales, que pueden tener una concepción distinta a la de los nacionales sobre el concepto de equidad[125].

Las consecuencias políticas de este proceso de difusión de ideas permanecen en cierta medida abiertas. Dada la particular posición relativa que ocupan los inversores y las corporaciones dentro de los países de acogida y su influencia sobre el procedimiento decisorio, cabe ser escéptico respecto a la posibilidad de que se produzca un consenso sobre el concepto de «equidad» a resultas del

---

[124] En la adopción deliberada de vocabularios universales como una estrategia para la construcción de consensos y evitar la impresión de que determinados enfoques nacionales dominan las deliberaciones mundiales, ver Block-Lieb y Halliday, 42 Tex Intl LJ en 498-500 (citado en la nota 14).

[125] *Manual*, p. 230 (citado en la nota 3). Ver también el paso sorprendentemente similar en la «justicia» y un «marco legal justo» en el UNOTRAL Guía Legislativa, en el texto que acompaña a la nota 91 más arriba

proceso antes descrito. Por otra parte, los límites retóricos y conceptuales de este lenguaje, y de términos como «equidad», descartan la posibilidad de un artificio reinterpretativo. Como resultado de su carácter abstracto y normativo, la utilización de estos términos podría generar debates que favorezcan el tránsito hacia un sistema más democrático y autónomo. No obstante, también podría producirse el resultado inverso: que la utilización y el despliegue de este lenguaje pudiese drenar su significado normativo y su potencial político. En la medida en que las recomendaciones para los sistemas jurídicos nacionales se articulen con un mayor detalle, las estructuras de un Derecho Público Global, que se analizan en el siguiente epígrafe, podrían constituir factores relevantes en la contienda sobre la orientación de puede tomar la influencia transnacional y la evolución nacional.

V. EL DERECHO PÚBLICO GLOBAL COMO VÍA DE RENO-VACIÓN DEL DERECHO PÚBLICO

Sin perjuicio de la influencia significativa que las recomendaciones o las prescripciones globales puedan tener en el Derecho Público nacional y pese a que dichas recomendaciones se encuentren redactadas en un vocabulario afín a la tradición del Derecho Público, buena parte de la preparación de los instrumentos aquí analizados, así como su uso, escapa de la concepción tradicional del Derecho Público nacional, del Derecho Internacional Privado y del Derecho Internacional Público[126]. En este apartado nos ocupamos de explorar en qué medida dos perspectivas de un emergente Derecho Público Global –la que ofrece la concepción de autoridad pública internacional y la del Derecho Administrativo Global– son capaces de ofrecer una mayor comprensión de tales instrumentos, y, en su caso, cuáles son los desafíos a los que éstos han de hacer frente desde esas nuevas perspectivas del Derecho Público Global.

La proyección de un Derecho Público Global sobre estas determinaciones o prescripciones –los instrumentos no vinculantes aquí estudiados– puede atender al menos a dos necesidades: en primer lugar, hacer inteligible –en términos jurídicos– la gobernanza a fin de fomentar, entre otras cosas, estructuras en las que los encargados de realizar políticas públicas o las comunidades sean capaces de gestionar las presiones transnacionales que soportan; y en segundo término, reivindicar una cierta idea de especificidad y complejidad del Derecho, enten-

---

[126] No es que la Gobernanza caiga más allá del dominio de estos ámbitos del Derecho; más bien, el Derecho permite la actividad, sin regularla en detalle en el Derecho Internacional Privado y la Gobernanza Global, consulte Horatia Muir Watt, *Private International Law Bryond the Schism*, 2 Transnational Legal Theory, p. 347 (2011).

dido como conjunto de normas existentes, y como una práctica intelectual y política dotada de autonomía.

Aquí, nos centraremos en el caso más representativo de influencia transnacional: la redacción de un instrumento como el *Manual* (muy detallado en sus prescripciones, y además elaborado sin la participación formal de representantes estatales), así como su implementación a través de un sistema de evaluaciones. El hecho de que el trabajo de determinadas organizaciones internacionales sea respaldado por representantes estatales (miembros del poder ejecutivo que con frecuencia actúan en el ejercicio de políticas y programas que no han recibido refrendo específico alguno de su poder legislativo o de la población en su conjunto) no agota desde luego el interés y la preocupación por la legitimidad de su producción normativa transnacional, aunque asegura al menos una vía de conocimiento en virtud de la cual los individuos o los grupos dentro de los Estados pueden cuestionar, o tratar de influir en, esta actividad mediante los canales que ofrece el Derecho Público. El *Manual* constituye un supuesto diferente en la medida en que constituye un instrumento que ha sido elaborado por expertos (aunque sin ninguna relación formal con representantes estatales) utilizando su ciencia y juicio profesional.

1. GOBERNANZA TRANSNACIONAL Y DERECHO PÚBLICO GLOBAL

El Derecho Internacional Público clásico ofrece pocas herramientas para el análisis y la conceptualización del contenido de instrumentos tales como el *Manual*. Las organizaciones internacionales están sujetas al Derecho Internacional Público y pueden ser responsables de actos internacionalmente ilícitos[127], pero aún hoy se debate acerca de qué normas les son aplicables, y en particular, si se encuentran directamente sujetas a los tratados internacionales sobre derechos humanos[128]. En la práctica sería difícil sostener que una actividad diligente en asesoramiento político, realizada de buena fe, sin contenido imperativo ni control sobre su uso, pueda constituir un acto ilícito desde la óptica del Derecho Público Internacional.

Es creciente el interés por cuestionar argumentalmente si los procesos de gobernanza que trascienden el aparato político y jurídico de los Estados soberanos *son* (en sentido estricto), o *deberían ser*, objeto de una comprensión más integral del Derecho Público, más allá de los términos expuestos, bien sea concebida dentro de un «constitucionalismo» global, o bien como un «Derecho Inter–Público», o un «Derecho Administrativo Global», o a través del concep-

---

[127] Comisión de Derecho Internacional, *DraftArticles on the Responsibility ofInternational Organizations* (2011) Art 6-9 en línea en http://untreaty.un.org/ilc/texts/instruments/english/draft%20artieles/9_11_2011.pdf (visitado May 19, 2013).

[128] Para un examen detallado de la relación entre el Derecho Internacional y las operaciones de los bancos multilaterales de desarrollo, ver los ensayos reunidos en Daniel D. Bradlow y David B. Hunter (eds.) *International Financial Institutions and International Law* (Kluwer 2010).

to de una «autoridad pública internacional»˙. Estas diferentes perspectivas se basan en diversos fundamentos normativos o prescriptivos, y por ello difieren en lo que respecta a su concepción de las instituciones existentes y en sus aspiraciones doctrinales (por ejemplo, en la medida en que articulan sus propuestas como de *lege lata* o de *lege ferenda* o en la medida en que se canalizan y conectan con el Derecho Internacional en lugar de a través del Derecho Administrativo interno). Sin embargo, todas estas perspectivas comparten la convicción de que el Derecho ostenta características propias más allá de su papel funcional o accesorio en la gobernanza.

En lo que prosigue esbozamos brevemente dos de ellos – la autoridad pública y el Derecho Administrativo Global– y establecemos la medida en que responden a un ejercicio de poder de gobernanza, como el que se plasmó en la elaboración y aplicación del *Manual*.

a) Autoridad Pública Internacional

Impulsada esta perspectiva por el objetivo de ofrecer un tratamiento propiamente jurídico al fenómeno de la gobernanza, y de proporcionar algunos medios que permitan circunscribir el debate sobre la «legitimidad» de los instrumentos en torno a argumentos relacionados con la legalidad, la investigación jurídica sobre el concepto de «autoridad pública internacional» ha pretendido hacer una categorización previa de las distintas instancias y niveles en que las instituciones de la gobernanza global ejercen su autoridad pública internacional. Una vez sistematizadas de este modo, cada forma o categoría de ejercicio de autoridad pública internacional se somete a un corpus de Derecho Público concreto, en el que se incluyen los Derechos Humanos[129].

Von Bogdandy, Dann y Goldmann abogan por un marco en el que se considera que la «autoridad» se ejerce no sólo cuando una institución promulga mandatos normativos vinculantes, sino también cuando una institución tenga la capacidad para condicionar a un sujeto jurídico (por «condicionar» se entiende, por ejemplo, la generación de situaciones en las que un acto «ejerce una presión concreta sobre otro sujeto jurídico para que siga su impulso»; o cuando una institución forja el entorno cognitivo de un área o cuestión de una manera tal que impide o margina otras interpretaciones alternativas, siempre

---

* Sobre este tema, *vid*. el capítulo tercero. (N. del E.).

[129] Sobre este enfoque véase Armin von Bogdandy, Philipp Dann, and Matthias Goldmann, *Developing the Publicness of Public International Law: Towards Legal Framework for Global Governance Activities*, 9 German L J, p. 1375 (2008); Armin von Bogdandy and Matthias Goldmann, *Taming and Framing Indicalors: A Legal Reconstruction of the OECD's Programme for International Student Assessment*, en Kevin Davis, *et al* (eds.), *Governance by Indicators: Global Power Through Quantification and Rankings*, p. 52 (Oxford 2012).

que el poder de comunicación sobrepase un determinado umbral)[130]. El sujeto que construye estos condicionantes puede ser un individuo, una asociación
privada, una empresa o una institución estatal o pública, si bien la cuestión
jurídicamente relevante en última instancia radica en la libertad individual y
en la capacidad de autodeterminación política[131]. La naturaleza de autoridad
pública internacional, respecto a personas o grupos determinados de personas,
se deriva de su base jurídica, esto es, del hecho de que se ejerza sobre la base
de un acto (aunque sea informal, o de *soft law*) de una autoridad pública, sea un
Estado soberano o una institución intergubernamental, es decir, de «*un acto
de autodeterminación de una comunidad a la que pertenece la persona afectada*»[132].
Cuando menos, en el caso de las instituciones intergubernamentales, este acto
típicamente se encuentra en un tratado o en normas fundacionales.

Cuando se trata de reformas de la legislación y de la política nacionales en materia de infraestructuras, el efecto sobre el comportamiento de los *individuos* como tal
se halla muy atenuado, ya que ese efecto sobre el acceso real de los individuos a las
infraestructuras o la posibilidad misma de participar en los procesos de reforma de
la regulación se halla mediatizado tanto por las opciones que los evaluadores realicen
respecto a qué recomendar, como por las decisiones que adopte el Gobierno nacional
sobre qué recomendaciones seguir y cómo implementarlas. Por su parte, esas decisiones gubernamentales también pueden diferir de lo que los evaluadores aconsejen,
aunque ha de notarse que tales decisiones se ven condicionadas por la evaluación que
reciban del exterior, siendo así que la evaluación positiva se convierte en un requisito
sine qua non para obtener la financiación o la ayuda necesarias para la construcción de
las infraestructuras, habida cuenta de que el proceso evaluador tiene por objeto fomentar las reformas, tanto a nivel legislativo como constitucional. La «autoridad», por
tanto, no se ejerce en el Manual y en la evaluaciones subsiguientes de modo imperativo,
sino «condicional». (El juicio sobre cuándo la influencia epistémica puede decirse que
se ha producido en medida suficiente para «condicionar» el comportamiento es, sin
embargo, difícil de trazar)[133].
La preparación de un texto como el *Manual* no es más que un instrumento entre
miríadas de actos que las organizaciones intergubernamentales emprenden, y aunque
se elaboren de conformidad con los procedimientos internos establecidos, es difícil
sostener que gozan de la legitimidad que les proporcionaría la autorización de los representantes que participan en el procedimiento. La base o fundamento jurídico más
profundo, en este caso, para la preparación y publicación del *Manual*, desde la perspec-

---

[130] Von Bogdandy, Dann, and Goldmann, 9 German L. J., pp. 1376, 1382 (citado en nota 133); von
Bogdandy and Goldmann, *Taming and Framing Indicators*, p. 66 (citado en nota 133).

[131] Von Bogdandy, Dann, and Goldmann, 9 German. L. J., pp. 1376, 1383 (citado en nota 133).

[132] Esta última formulación se produce en Matthias Goldmann, *A Malter of Perspective: Global Govemance and the Distinction between Public and Private Authority (and Not Law)* (abril 2013) (borrador en
preparación con los autores).

[133] Por otra parte, en el ámbito de la autoridad epistémica, es quizás inusual que un actor solo «*re-
corta el paisaje cognitivo*» en el que las políticas vienen a ser concebidos y debatido. El panorama es más
a menudo uno de los cambios graduales en un discurso que implica múltiples entidades o particulares,
ya menudo influenciados por toda una gama de dimensiones históricas, económicas y sociales.

tiva de la escuela de la autoridad pública internacional, se localizaría presumiblemente en los artículos del Acuerdo del Banco Mundial, Esa base jurídica se encuentra desde luego muy alejada de la actividad real que se ha desplegado para la elaboración del Manual. De acuerdo con esta escuela de pensamiento, el *uso* del *Manual* en circunstancias particulares y la realización de evaluaciones por equipos de especialistas (por lo menos en la medida en que la utilización se produce a instancias de donantes particulares o de los Estados soberanos receptores) constituirían supuestos más plausibles del ejercicio de la «autoridad pública internacional» que la propia redacción del *Manual*. La dificultad para determinar si la redacción del *Manual* en particular representa un ejercicio de autoridad pública internacional presenta cuestiones de interés y resulta ilustrativa de los desafíos que supone aplicar una clasificación que, de suyo y por esencia, es jerárquica y formal, en un contexto tan complejo y entremezclado como el de la gobernanza global.

Si se entiende que la preparación de un manual como el que aquí se considera, y la realización de evaluaciones, constituyen un ejercicio de «autoridad pública internacional», estas actuaciones habrían de someterse al Derecho Público, tanto en la dimensión procedimental tan destacada en el seno del Derecho Administrativo Global, como a criterios sustantivos o de fondo, entre los que destacan los derechos fundamentales[134]. Von Bogdandy y Goldmann han sugerido que cada uno de los diferentes «instrumentos» de la gobernanza habrán de someterse a marcos jurídicos ajustados a sus respectivas singularidades, aunque inspirados en el Derecho Público[135]. La preparación de las evaluaciones a las que hace referencia el *Manual* resulta análoga en algunos aspectos a los instrumentos que se clasifican como «evaluaciones nacionales sobre la implementación» de las medidas[136]. En la concepción de esta teoría, los criterios de tales evaluaciones habrían de establecerse de antemano (para asegurar así que las cuestiones políticas no se reducen a un problema meramente burocrático y tecnocrático), por lo

---

[134] Véase por ejemplo, Armin von Bogdandy and Matthias Goldmann, *Sovereign Debt Restructurings as Exercises of International Public Authority: Towards a Decentralized Sovereign Insolvency Law*, in Carlos Esposito, Yuefen Li and Juan Pablo Bohoslavsky (eds.), *Sovereign Financing and International Law: The UNCTAD Principles on Responsible Sovereign Lending and Borrowing*, p. 39 (Oxford 2013). La dimensión de los derechos podría ser articulada de diversas maneras. Como mínimo, las instituciones y los procesos globales realizados bajo sus auspicios podrían ser necesarias para dar cabida, en lugar de debilitar, los derechos y obligaciones de las partes afectadas por la evaluación, incluidas las obligaciones de Derecho Constitucional e Internacional de los Estados cuyo sistema regulatorio está bajo evaluación. En algunos casos esto puede ser una limitación importante en el enfoque adoptado por los evaluadores, tanto de acceso a la infraestructura (en la luz de los derechos a la salud, los alimentos, el agua) y el proceso de reforma de la regulación (a la luz de los derechos a, por ejemplo, la participación política y la igualdad).

[135] Matthias Goldmann, Inside Relative Normativity: *From Sources to Standard Instruments for the Exercise of International Public Authority*, 9 German. L. J., p. 1865 (2008).

[136] Se definen como la participación de «la revelación de información empírica con un clairn a la objetividad de las instituciones internacionales que evalúan los resultados de la política interna, producidos a los efectos de este último y, junto con un mecanismo de aplicación de luz para la futura política nacional que se basa en la incentivos creados por las evaluaciones iterativos, divulgación pública, clasificación de los países y/o recomendaciones de políticas específicas». Von Bogdandy y Goldmann, *Taming and Framing Indicators*, p. 75 (citado en la nota 133). Sin embargo, aunque se recomienda el uso general y periódico de las evaluaciones previstas en el *Manual*, su más frecuente uso se produce en los Estados que buscan fondos para financiación de la infraestructura, en una sola vez, en lugar de su uso regular en las evaluaciones aplicado a un conjunto de Estados.

que deberán de propiciar amplias consultas y debates entre los afectados. Los resultados de esas evaluaciones habrán de ser conformes con los principios científicos, estar motivados, y abiertos a la crítica, a través, por ejemplo, de foros institucionalizados. Los criterios en que se basen las evaluaciones nacionales sobre la implementación no han aplicarse directamente a un plan o programa, como piensa el *Manual*, el cual, como la mayor parte de las herramientas y recomendaciones que establece, ha sido diseñado en el seno de una institución global, que forma parte a su vez en buena medida de una más amplia comunidad de expertos, sin contar con un previo proceso deliberativo en el que se hallen presentes los representantes nacionales o el público en general. Ahora bien, si se siguen estos principios y criterios, lo cierto es que las modalidades de gobernanza y de intervención que el *Manual* dispone, y en las que se prioriza el aspecto funcional, la participación de los expertos y la cooperación con los Ejecutivos nacionales para implementar unas reformas ya preparadas para su incorporación a nivel nacional, tendrían que modificarse de forma significativa, si quieren dotarse de la «legitimidad» que pretende proporcionar la teoría de la autoridad pública internacional.

B) DERECHO ADMINISTRATIVO GLOBAL

Al Derecho Administrativo Global no le ha preocupado tanto la distinción precisa entre la autoridad «pública» y «privada», como la dimensión procedimental aplicable a los procesos de gobernanza en el seno de los distintos marcos institucionales, y, en particular, la búsqueda de una mayor transparencia, participación, motivación y revisión formal de las decisiones[137*]. Algunas de estas garantías procedimentales ya se dan dentro de estas instituciones o regímenes (aunque por lo general como parte de la práctica o de la política de la institución; ahora bien, el carácter vinculante de la legalidad depende de la praxis del Derecho, circunstancia ésta que va mucho más allá del entendimiento convencional de la costumbre o de los «principios generales» en cuanto fuente del Derecho Internacional)[138*].

El Banco Mundial –la institución a la que el *Manual* se encuentra más estrechamente vinculada– ha adoptado una serie mecanismos que podrían identificarse como pertenecientes al Derecho Administrativo Global, tales como una renovada política de

---

[137] See Benedict Kingsbury, Nico Krisch, and Richard B. Stewart, *Tbe Emergence of Global Administrative Law*, 68 L & Contemp Probs 15 (2005).

* *Vid.* el capítulo segundo y tercero. (N. del E.).

** Sobre el tema, *vid.* capítulo tercero. (N. del E.).

[138] Para el debate, puede verse Benedict Kingsbury, *Tbe Conceptof «Law» in GlobalAdministrative Law*, 20 Eur. J. lntl. L., p. 23 (2009); Kuo, 10 lntl. J. Const. L., p. 1050 (citado en la nota 5). Una mayor sistematización dependerá de las formas en que los mecanismos existentes pueden ser difundidos a través de otras instituciones e integrados con principios jurídicos más pertinentes, y en el desarrollo de foros judiciales o de otro tipo en el que se pueden hacer cumplir. Ver, por ejemplo, Sabino Cassese, *A Global Due Process of Law?*, in Gordon Anthony, y otros (eds.), *Values in Global Administrative Law*, pp. 17, 52-53 (Hart 2011).

«acceso a la información»; un Panel de Inspección, que se ocupa del cumplimiento de las políticas internas; o las políticas de «salvaguardia», que garantizan una amplia participación y consulta en la realización de ciertos proyectos. Este progreso institucional ofrece ciertas posibilidades para el debate sobre algunos elementos del *Manual* y su traducción en concretos proyectos y programas. Las partes interesadas pueden seguir cómo se gestan las decisiones, o los informes sobre el resultado de otros proyectos análogos, bien a través de una publicidad activa por parte de la institución, o bien mediante la pertinente solicitud de información específica. Cuando esas recomendaciones se utilicen en proyectos en otros países, cabrá acudir al Panel de Inspección si el nivel y la naturaleza de la consulta pública no han alcanzado los estándares exigidos en las políticas internas del Banco Mundial.

Sin embargo, estos mecanismos tienen sus límites para conseguir que los expertos y evaluadores de las instituciones globales rindan cuentas de la calidad técnica y de las consecuencias o efectos que las reformas que promueven deparen; y para que esas reformas reflejen los deseos, las necesidades y las prioridades de los ciudadanos, y de las grandes comunidades o colectivos de afectados, más que la agenda de las élites gobernantes. En este contexto, cabe identificar tres déficits fundamentales, algunos de los cuales parecen igualmente aplicables a la teoría de la autoridad pública internacional, antes esbozada.

Primero, el Derecho Administrativo Global depende de cada una de las instituciones y puede tener relativamente poca repercusión sobre la autoridad epistémica. El poder requiere un cierto grado de formalización para su ejercicio, a los efectos de que se sujete a ciertos límites procedimentales. Ahora bien, buena parte del poder que se ejerce a través de estos documentos, como el caso del *Manual*, y las evaluaciones que éste dispone, operan a través del conocimiento experto, y del predominio de una particular concepción de la economía y de la política. Todo ello cristaliza en determinadas prácticas formales, tales como la evaluación, la preparación de informes, las decisiones sobre los préstamos para proyectos y la elaboración de proyectos legislativos. El Derecho Administrativo Global (o, en el enfoque de la autoridad pública internacional, las normas extrapoladas del Derecho Público) podría aplicarse en estos puntos, acaso insistiendo, por ejemplo, en que la evaluación incluya consultas con determinadas comunidades marginadas, o en que el proceso a través del cual el banco u otros financiadores persuadan al Gobierno de las reformas necesarias sea más transparente, o al menos implique de manera significativa a distintos grupos políticos o de la comunidad, en lugar de permanecer, en gran medida, dentro del Ejecutivo. Sin embargo, esas actuaciones se construyen sobre la base de un conocimiento experto, orientado a satisfacer una finalidad determinada, como la construcción de una infraestructura eficiente. En ese contexto, el derecho a acceder o a participar formalmente en el seno de esas prácticas institucionales y formalizadas puede tener poco o ningún efecto para conseguir una mayor apertura del entorno epistémico o de la marcada funcionalidad en la que se hallan instaladas estas instituciones. Cuando las estructuras de la gobernanza global se basan en la premisa del conocimiento experto como fundamento de su autoridad, entonces el Derecho Administrativo Global apenas puede servir para lograr un más amplio acceso o participación en ese conocimiento, al no poder cuestionar la primacía de la experiencia técnica o económica. Ello se puso de manifiesto en la fase de consultas públicas del PFI de la OCDE: muchas de las comunicaciones de las ONG estuvieron fundamentalmente en desacuerdo con el enfoque adoptado en el proyecto de la OCDE, pero como estas perspectivas globalmente divergentes no se podían incorporar de manera alguna al documento final, se dejaron de lado en el momento de su elaboración.

Segundo, el Derecho Administrativo Global se centra en los procesos a través de los cuales deben tomarse las decisiones, más que en cuestiones de marcado carácter «constitucional», como las que se refieren a qué organizaciones han de ser competentes para tomar las decisiones que correspondan, o en qué fundamentan su autoridad para actuar (cuestiones éstas que, como se advirtió al exponer el debate sobre la teoría de la «autoridad pública internacional», pueden ser extremadamente difíciles de determinar en el ámbito de la gobernanza global). Desde luego, lo procedimental y lo «constitucional» no son dimensiones fácilmente separables. Es más, las normas de procedimiento, como las relativas a la participación y a la rendición de cuentas, pueden indirectamente cuestionar el fundamento de la autoridad (por ejemplo, la aplicación de tales normas de procedimiento a procesos como la evaluación a la que se refiere el *Manual* podría fomentar una implicación más deferente o deliberativa respecto de la legislación local vigente y la práctica). A medida que evolucione el Derecho Administrativo Global, tendrá que enfrentarse cada vez más a las cuestiones que afectan a la autoridad institucional y su fundamento, y a la representación[139]. Por el momento, sin embargo, el Derecho Administrativo Global que se aplica a las instituciones y a los actores globales sigue estando bastante aislado de estas cuestiones y, en la medida en que el enfoque del Derecho Administrativo Global sugiere que las decisiones que adoptan toda una variada gama de organizaciones podrían legitimarse a través del procedimiento, se genera cierta tensión con las reivindicaciones de carácter sustantivo de que las decisiones se adopten en unas instituciones en lugar de en otras. Aunque ciertas características institucionales, tales como el acceso a las políticas de información, puedan contribuir a que los críticos obtengan la información que necesitan para desarrollar sus propuestas, lo más probable es que el principal objetivo de los activistas vaya más allá, y de hecho, busque la oposición a las estructuras de gobernanza existentes.

Si determinadas actividades, como la preparación del *Manual* y la realización de evaluaciones, escapan a cualquier análisis en términos de Derecho Público –por no hablar de una revisión institucional interna– ello no debe atribuirse exclusivamente a su carácter supranacional. El poder epistémico descentralizado que resulta evidente en publicaciones como el *Manual*, junto con la participación de actores privados (en forma de expertos y evaluadores), puede no ser muy diferente de los escenarios de reforma que se producen a nivel nacional, en los que los Gobiernos, aun en el caso de no solicitar financiación de los bancos multilaterales de desarrollo, se hallan influidos hasta cierto punto por asesores en políticas públicas y en proyectos, y por la investigación que ofrecen las consultoras, el mundo académico, o los *think-tanks* (y, por la menos saludable de todas, los lobbies y las propias partes interesadas), y ello sin contar con los puntos de vista que aportan sus propios administradores. En realidad, incluso en el Derecho Público desarrollado de las democracias avanzadas (implícitamente tomado como modelo por parte de la literatura que se ocupa del asesoramiento) sólo se cuestionan los fundamentos políticos o sociales subyacentes al conocimiento experto, a las

---

[139] Como se entrevé en Nico Krisch, *Global Administrative Law and the Constitutional Ambition*, en Dobner and Loughlin (eds.), *Twilight of Constitutionafism?*, p. 245 (citado en nota 5).

consultas y al asesoramiento, si al final resulta que se habían equivocado[140]. En teoría, los ciudadanos de un Estado en el que el Gobierno ha adoptado reformas basadas en el asesoramiento de expertos de una empresa de consultoría no se encuentran en una posición muy diferente de los ciudadanos de un Estado en el que el Gobierno ha adoptado las reformas basadas en la intervención de una institución internacional, MDB, o de un equipo de expertos internacionales. Esto no quiere decir que el Derecho público nacional no proporcione recursos para situaciones de este tipo–, sino simplemente que el papel del conocimiento técnico en el Gobierno presenta un problema de déficit que se percibe en muchos y diferentes lugares, tanto globales como locales, para una mayor participación y deliberación[141].

Tercero, la capacidad del Derecho Administrativo Global para responder a los desafíos planteados por instrumentos como el *Manual* puede ser limitada por las características del propio Derecho Administrativo Global que de hecho tiene una profunda afinidad con algunas de las características de los propios instrumentos. Se ha sostenido en las páginas precedentes que los instrumentos considerados aquí se encuentran estructurados en términos de un equilibrio que pone los intereses de los inversores frente a los del Estado, el «público» o los usuarios, con una clara tendencia a pensar que se hallan en el mismo plano. La falta de cualquier previsión «constitucional» de atribución del poder en el Derecho Administrativo Global puede ser una virtud en la medida en que aborda las implicaciones públicas que pueden darse incluso en la actividad de gobernanza «privada», y en que se halla abierta a un «público» que trasciende las fronteras nacionales. Por otro lado, sin embargo, al igual que el «equilibrio» en los propios instrumentos, el Derecho Administrativo Global, tal como se halla actualmente concebido, puede inclinarse hacia alguna definición no concluyente de los grupos de intereses o de sus bases representativas, en la que los intereses de las corporaciones y de la sociedad civil son compensados unos con otros, son objeto de negociación, sin ningún tipo de jerarquización formal por la presencia de los intereses públicos, y en un contexto en el que los intereses de las empresas o de los países en desarrollo ejercen, en la práctica, una mayor influencia. He aquí el desafío de reconstruir «lo público», en unas condiciones en que la ciudadanía nacional puede no estar ya preparada para delimitar el concepto de pueblo de una manera realista o normativamente defendible, para el que y en nombre de quien se ejerce la autoridad, pero en la que la falta de concepciones alternativas deja pocos recursos para argumentos de principio sobre la asignación de voz e influencia[142].

Como ya notábamos, el *Manual* y otros instrumentos manifiestan, y hacen uso de, una confluencia de terminología y conceptos propios del Derecho Público y de la gobernanza. Los principios centrales del Derecho Administrativo Global se enmarcan en un vocabulario híbrido similar debido a que el Derecho Administrativo Global también debe resultar comprensible para las diferentes tradiciones de Derecho Público

---

[140] Aunque hay disposiciones contractuales que proporcionan el recurso en las relaciones formales de asesoramiento, o del Derecho Penal o disposiciones de mala conducta profesional que podrían ser invocados en casos de corrupción o incompetencia.

[141] Véase, Susan Rose-Ackerman, *Regulation and Public Law in Comparative Perspective*, 60 U. Toronto L. J., pp. 519, 528 (2010).

[142] Véase, para un discusión de las complejidad esta nueva concepción de «lo público», Benedict Kingobury, *International Law as Inter-Public Law*, en Henry R. Richardson y Melissa S. Williams (eds.), NOMOS XLIX: Moral Universalism and Pluralism, p. 167 (NYU 2009); Kuo, 10 Intl. J. Const. L., p. 1050 (citado en nota 5).

e invocarse en una amplia gama de contextos institucionales, públicos y privados. Sin embargo, como sucede con el vocabulario del *Manual*, la maleabilidad de algunos de los «principios» centrales o «mecanismos» utilizados en el Derecho Administrativo Global deja abierta la posibilidad de una redefinición y evolución graduales que vendrá dada inevitablemente por la distribución del poder. Dada la actual constelación de instituciones de gobernanza, así como las estructuras de poder existentes dentro de los Estados, es probable que se produzca una presión considerable en favor de una concepción sustantiva o material de los principios del Derecho Público Internacional o del Derecho Administrativo Global en favor de los intereses dominantes[143], o de aquellos que sean capaces de hacerlo en sus propios términos, e incluso que la convergencia hacia un vocabulario general dificulte posteriormente la posibilidad de revertir este proceso.

2. EL DERECHO PÚBLICO COMO ACTITUD Y COMO MÉTODO

Se ha argumentado aquí que la actividad de la gobernanza transnacional, que opera en las organizaciones internacionales, y se basa en el conocimiento experto –que puede hallarse dentro o fuera de ellas, o dentro o fuera del aparato estatal–, podría sujetarse a un cuerpo o conjunto de normas provenientes del Derecho Público Global. Como se ha apuntado, esta perspectiva de Derecho Público podría aspirar a cumplir al menos dos objetivos respecto de los instrumentos internacionales no vinculantes estudiados en este capítulo: sentar las bases jurídicas de una estructura en la que políticos o comunidades locales puedan participar, junto con las instituciones transnacionales, en la reforma de la política y de la legislación nacionales sobre infraestructuras, y, a la vez, reivindicar la especificidad y complejidad del Derecho, tanto como un conjunto de normas existentes, como una práctica intelectual y política autónoma[144].

En cuanto al primer objetivo, su encuadre en términos de *autoridad pública internacional* o del Derecho Administrativo Global podría proporcionar una base para cuestionar el ejercicio del poder reflejado y promovido por los instrumentos analizados, aunque el alcance de tal perspectiva resulte hoy limitado. La doctrina de una *autoridad pública internacional* se basa, por su fuerza analítica e impulso normativo, en la identificación de ciertos actos de autoridad pública internacional, lo que requiere la identificación de dos aspectos difíciles de valorar (y posiblemente circulares): los efectos que se derivan de actos específicos, y su relación con las bases jurídicas que los puedan fundamentar y que pueden encontrarse muy alejadas de la realidad de la vida institucional en la que di-

---

[143] Véase, por ejemplo, B. S. Chimni, *Co-Option and Resistance: Two Faces of Global Administrative Law*, 37 NYU J. Intl. L. & Pol., p. 799 (2005).

[144] Véase Koskenniemi, 8 Theoret. Lnq. L., p. 14 (citado en nota 5), en la que se apremia la utilización de un enfoque basado en el «pensamiento constitucional».

cho acto tuvo lugar. El Derecho Administrativo Global, por su parte, contiene algunos de los aspectos problemáticos que presentan los instrumentos sobre infraestructuras, entre los que se incluyen una cierta indeterminación respecto a los intereses o grupos que deben ser tenidos en cuenta y la mutabilidad del vocabulario híbrido de Derecho Público y de gobernanza.

Sin embargo, el intento de articular un Derecho Público Global puede ser intelectualmente productivo, aun cuando el marco particular del Derecho Público Global no pueda hacer frente en la actualidad a los desafíos planteados por la gobernanza transnacional. El compromiso por recuperar el Derecho como un modo específico de ordenación, y de práctica intelectual, puede, al menos, clarificar el ámbito normativo y discursivo, y facilitar un debate basado en argumentos de principio sobre las recomendaciones políticas y sus fundamentos en que se sustentan. A largo plazo, ello presenta cierto potencial para apuntalar la dimensión específicamente jurídica de las prescripciones o recomendaciones globales y para preservar un espacio en el que los países en desarrollo puedan configurar su propio Derecho Público (o de otro tipo), de tal forma que, al mismo tiempo que se atienden las necesidades y prioridades sociales de forma efectiva, no se vean completamente condicionados por imperativos de la gobernanza, de marcada tendencia funcional. Un trabajo en esta línea requerirá una cuidadosa atención a los distintos orígenes intelectuales e históricos de los vocabularios en circulación y de las diferentes visiones políticas y de los valores que se reflejan en estos términos, así como una reflexión acerca de la metodología utilizada para realizar comparaciones y generalizaciones.

Una respuesta a la hibridación de los conceptos y la terminología del Derecho y de la gobernanza ha consistido en diferenciar el discurso del Derecho Público respecto de otros razonamientos. El trabajo de Carol Harlow, por ejemplo, busca identificar los principios del Derecho Administrativo clásicos (buena fe, legalidad, coherencia, racionalidad e imparcialidad), tanto desde una estricta concepción del Estado de Derecho, promovida por los liberales económicos, y desde «valores» (tales como la participación, la transparencia, la rendición de cuentas), que se han formulado, en su mayor parte, más allá de la doctrina jurídica, y que entiende derivadas principalmente de la «agenda de una buena gobernanza», o de las garantías jurídicas del procedimiento (*due process rights*) derivables de la jurisprudencia sobre Derechos Humanos[145]. La denuncia de Koskenniemi de la existencia de «sucedáneos normativos» en la defensa de la «gobernanza», el «gerencialismo», o la «legitimidad», se fundamenta en la idea de que la construcción del Derecho es diferente e irreconciliable con el

---

[145] Harlow, 17 Eur. J. Intl. L., p. 187 (citado en nota 5). Véase también Harlow, *Accountability as a Value in Global Governance and for Global Administrative Law*, en Anthony y otros (eds.), *Values in Global Administrative Law*, pp.173-92 (citado en nota 150).

gerencialismo y la gobernanza[146]. Si bien debemos reconocer la fuerza de estas posiciones, en nuestra opinión, la hibridación gobernanza-Derecho constituye una característica asentada tanto en la regulación extranacional, como en la nacional, y resulta esencial comprender y atender esta realidad. Si estas fórmulas y terminología híbrida se convertirán en un cauce para un genuino Derecho Público o, por el contrario, escapará a los valores y controles de Derecho Público, a través de las alusiones subliminales a una legalidad que no tiene presencia constitutiva, constituye una cuestión abierta. Sin embargo, la inclusión de una dimensión jurídica en la hibridación de la gobernanza y el Derecho otorga un ámbito para la aplicación efectiva de un futuro y refinado Derecho Público Global.

La construcción de este Derecho Público Global podrá apoyarse tanto en un mayor estudio comparativo del Derecho Público nacional, como en un análisis más detenido de las prácticas y métodos de comparación y abstracción en general. Los instrumentos examinados suscitan ciertas cuestiones sobre las metodologías utilizadas para la comparación entre los diferentes sistemas políticos, y la relación entre normas y recomendaciones generales o universales, por un lado, y las características institucionales y jurídicas propias, por otro.

El *Manual*, por ejemplo, opta por una forma particular de proceder: una herramienta refinada, generada a partir de la experiencia extraída de los reguladores de países en desarrollo, elaborada sobre una base común de conceptos y términos de la economía, la gobernanza y el Derecho, y diseñada tanto para promover un modelo de regulación, como para establecer recomendaciones ajustadas a las circunstancias singulares de los distintos países de cara a avanzar hacia dicho modelo. La perspectivas de un Derecho Público de la gobernanza global, bien sea el Derecho Administrativo Global que emerge en el seno de las instituciones a través de ciertos procesos de préstamo y adaptación, o bien la autoridad pública internacional, con una mayor impregnación doctrinal, o bien los esfuerzos mucho más ambiciosos por un «constitucionalismo global», suponen igualmente un análisis comparado, sea o no explícito[147]. El movimiento del Derecho Comparado representa una vieja característica del Derecho Internacional con mayúsculas, y se traduce estructuralmente en una fuente de Derecho Internacional (invocada ocasionalmente), a través del recurso a los principios generales del Derecho reconocidos en las naciones civilizadas. La conexión de las normas generales con los hechos singulares resulta tan esencial para el Derecho Internacional, como lo es, *mutatis mutandis*, para cualquier sistema jurídico nacional.

---

[146] Koskenruemi, 8 Theoret. Inq. L, p. 14 (citado en nota 5).

[147] Sobre la falta de un comparativismo sistemático en la doctrina del Derecho Administrativo Global en la actualidad, véase Peer Zumbansen, *Transnational Comparisons: Theory and Practice of Comparative Law as a Critique of Global Governance*, pp. *16-17 (Osgoode Hall, *Comparative Research in Law & Political Economy* Research Paper núm. 1/2012), online at http://papers.ssrn.com/so13/papers.cfm?abstracc_id=2000803 (visitado 19/05/2013).

El Derecho Comparado desempeña un papel beneficioso al dirigir la atención hacia las especificidades y diferencias que existen entre los ordenamientos jurídicos nacionales y los modos de gobierno y regulación, que pueden quedar difuminados en un único lenguaje[148]. De este modo, cabe inferir de experiencias concretas proposiciones más generales que, a su vez, se llenan de contenido y contexto en su aplicación e inflexión locales. Ello facilita un análisis que puede contrarrestar el comparatismo dominante que ha permitido la difusión de las técnicas e ideologías de la «nueva gestión pública». Al tiempo que los programas de reforma regulatoria en materia de infraestructuras se extienden a través de esos instrumentos internacionales, las instituciones locales, como los tribunales y los parlamentos, pueden proporcionar foros de debate, del mismo modo que las leyes locales pueden aportar argumentos de fondo, para cuestionar la elaboración de estos programas. Es más, una comprensión específica de términos como «participación» y «transparencia», basada en el Derecho Público nacional, puede constituir un contrapunto importante para este vocabulario deslocalizado y, por tanto, más maleable, que utilizan los instrumentos estudiados.

La yuxtaposición de los procesos intelectuales de comparación, abstracción y especificación, presentes en los instrumentos aquí analizados, en el campo del Derecho Administrativo Global, y en el Derecho Internacional de forma más general, también sugiere la necesidad de un mayor control de estos procesos. ¿Cuáles son los fundamentos y las premisas, las analogías o los procesos de razonamiento que permiten concluir que se ha alcanzado la «rendición de cuentas» o la «transparencia»?[149] ¿Cuáles son los equivalentes, en la elaboración de los instrumentos de gobierno, o de un Derecho Administrativo Global, a los procesos de interpretación y argumentación que nos resultan familiares en los contextos doctrinales y jurisprudenciales? La utilización más provechosa

---

[148] Véase, por ejemplo, Susan Rose-Ackerman y Peter Lindseth (eds.) *Comparative Administrative Law* (Edward Elgar 2010). Para el uso del comparatismo como fuente de ejemplos para el Derecho Público interno, ver Rose-Ackerman, 60 U. Toronto. L. J., p. 519 (citado en la nota 145). El trabajo comparativo también puede dar pistas para establecer relaciones entre diferentes cuerpos legales aparentemente distintos de la ley. En el ámbito del Derecho Internacional de inversiones, por ejemplo, Stephan W. Schill parte de la premisa de que esta rama del derecho se ocupa de más de «las relaciones privadas entre los inversores extranjeros y los Estados receptores», y «tiene una función más amplia en la prestación de un marco jurídico para un orden económico internacional público en el que las relaciones de inversión tiene lugar mediante el establecimiento de principios de protección de la inversión en el Derecho Internacional que introducen criterios de Estado de Derecho para el tratamiento de los inversores extranjeros» de tal manera que el arbitraje de estos tratados de inversión tiene un carácter «similar a la revisión judicial administrativa o constitucional», Stephan W. Schill, *International Investment Law and Comparative Public Law-An Introduction*, en Stephan W. Schill (ed.), *International Investment Law and Comparative Public Law* 3, p. 3 (Oxford 2010).

[149] Sobre cuestiones de este tipo como «fantasmas en la arquitectura» de un «marco de Gobierno administrativo desnacionanalizado véase Zumbansen, *Transnational Comparisons*, en p. 19 (citado en nota 148).

de un supuesto Derecho Público Global puede ser aquélla que reconozca su versatilidad, considerándolo no sólo como fuente de una particular garantía de legitimidad o un mero control del cumplimiento de unos requisitos («*check list*»), sino también como un trabajo fragmentado en el que las exigencias y sus fundamentos se pueden articular y contrastar. Adentrarse en el estudio de las dimensiones de Derecho Público en supuestos difíciles, como el de las recomendaciones o prescripciones normativas internacionales para la mejora de la regulación nacional de las infraestructuras, nos evidencia, pues, la existencia de una construcción, aunque en la actualidad sin la claridad o el consenso acerca de la arquitectura que ha de presidirlo.

CAPÍTULO OCTAVO

LOS TRIBUNALES ADMINISTRATIVOS DE LAS ORGANIZACIONES INTERNACIONALES DESDE LA PERSPECTIVA DEL EMERGENTE DERECHO ADMINISTRATIVO GLOBAL*

BENEDICT KINGSBURY Y RICHARD B. STEWART**

I. INTRODUCCIÓN

BUENA parte de la gobernanza regulatoria –en campos tan diversos como el comercio y la inversión, la regulación financiera y económica, el medio ambiente y el trabajo, la propiedad intelectual, la seguridad internacional y los derechos humanos, así como la gestión interna de la organizaciones internacionales– puede entenderse hoy como Administración***. El desplazamiento del poder y de la actividad regulatorios desde las organizaciones internas a las globales ha desbordado los instrumentos, conceptos y mecanismos tradicionales, tanto del Derecho interno como Internacional, que garantizaban que quienes toman las decisiones de carácter regulatorio rindan cuentas y sean sensibles ante quienes se ven afectados por sus decisiones. Como respuesta a estas carencias, el proceso decisorio a nivel global se encuentra sometido a una creciente juridificación proveniente de la cultura del Derecho Administrativo. Normas y criterios de Derecho Administrativo que se traducen en una mayor transparencia, participación, motivación y control y revisión de las resoluciones adoptadas. Y ello con la finalidad de conseguir una mayor rendición de cuentas (*accountability*) y capacidad de respuesta o sensibilidad hacia los interesados (*responsiveness*)****.

El nacimiento de principios y mecanismos jurídico-administrativos para encauzar y disciplinar el proceso globalizado de toma de decisiones regulatorias constituye el

---

* Traducción realizada por Marcos Vaquer Caballería, catedrático de Derecho Administrativo de la Universidad Carlos III de Madrid.

** Este trabajo se basó originariamente en la contribución de los autores a la obra *International Administrative Tribunals in a Changing World* (Katherina Papanikolaou / Martha Hiskaki eds., Londres, Esperia, 2008).

*** Esta afirmación se encuentra fundamentada y desarrollada en el capítulo segundo de la presente obra colectiva. (N. del E.).

**** Según el contexto, se usa aquí indistintamente «rendición de cuentas» o «responsabilidad» para traducir el principio de *accountability*, y «capacidad de respuesta», «sensibilidad» o «receptividad» para el de *responsiveness*. (N. del T.).

Sobre este tema véase también el capítulo quinto en particular. (N. del E.).

objeto del Proyecto sobre el Derecho Administrativo Global de la Facultad de Derecho de la NYU[1]. El proyecto, que involucra a académicos y gestores de los Estados Unidos, Europa, América Latina, África, Asia y el Pacífico[2], persigue estudiar este campo incipiente de la teoría y la práctica de forma sistemática, con el objeto de analizar sus elementos y perfilar su inevitable desarrollo futuro, para hacer realidad el potencial que ofrece para la justicia y la eficacia de la gobernanza regulatoria global. Bajo los auspicios del proyecto, se han escrito más de cien documentos de trabajo que cartografían y analizan estos fenómenos. Y aunque el paisaje es muy abigarrado, la imagen general que muestran estos trabajos es la de la formación de un espacio administrativo global densamente poblado y la construcción y evolución de unos principios y prácticas que pueden ser denominados como Derecho Administrativo Global.

Este capítulo subraya algunas de las implicaciones que tiene analizar a los tribunales administrativos de las organizaciones internacionales (entre los que cabe citar las comisiones de reclamaciones, los tribunales de apelación e instituciones similares) como parte de la Administración de la gobernanza global y, en particular, como factores que contribuyen y se sujetan al emergente Derecho Administrativo Global. Estos tribunales administrativos toman sus decisiones por referencia a fuentes tales como los contratos de trabajo de su personal; los estatutos y los reglamentos del personal; las órdenes internas, las circulares, las instrucciones y prácticas de la organización; los estatutos de la organización o del tribunal de que se trate; y una lista relativamente abierta de otras fuentes que comprende, en particular, los principios generales[3]. A través de las decisiones que adoptan con apoyo en esas fuentes y su interpretación de los principios pertinentes, ellos se convierten en productores de materiales del Derecho Administrativo Global. Estos materiales poseen una relevancia inmediata o directa para los recurrentes y para la Administración de las instituciones que cada tribunal controla; son asimismo relevantes (indirectamente) para otras instituciones y tribunales a través de la creación de un *corpus juris* común a diferentes organizaciones internacionales; y generan un impacto más

---

[1] Véase el capítulo segundo, que contiene el trabajo fundacional de este campo: BENEDICT KINGSBURY / NICO KRISCH / RICHARD B. STEWART, The Emergence of Global Administrative Law, 68 *Law and Contemporary Problems* (2005), así como el capítulo tercero sobre el concepto del Derecho en este contexto. Véase también *Global Administrative Law: Cases, Materials, Issues*, de S. CASSESE *et al.* (2ª ed. 2008), publicado por el Institute for Research on Public Administration y el Institute for International Law and Justice (http://www.iilj.org/GAL/GALCasebook.asp).

[2] Los regímenes o aparato regulatorios globales, especialmente en áreas tales como comercio, inversión y finanzas, suelen pesar desproporcionadamente sobre los países en vías de desarrollo, lo cuales frecuentemente carecen de capacidades efectivas para participar o influir de algún modo en la gobernanza de tales regímenes y promover una mayor rendición de cuentas ante sus intereses. El Proyecto del Derecho Administrativo Global implica a académicos, empleados públicos y profesionales de países en vías de desarrollo y promueve la investigación y las publicaciones sobre Derecho Administrativo Global desde la perspectiva de estos países. Conjuntamente con Facultades de Derecho e institutos de investigación destacados de Asia, África y Latinoamérica, ha organizado congresos en Buenos Aires, Nueva Delhi y Ciudad del Cabo y proyecta otros en Beijing, Singapur y Abu Dhabi. Las publicaciones y actas de estas iniciativas se encuentran en www.iilj.org/GAL.

[3] Sobre esta panoplia de fuentes, véase p. ej. la Decisión nº 1 del Tribunal Administrativo del Banco Mundial (TABM), *de Merode* (1981), esp. párrafos 18-30 (este caso trató de asuntos de ajustes salariales y reembolsos fiscales que precipitaron la creación de este Tribunal Administrativo, relativos a más de 800 empleados afectados); y la Decisión nº 1 del Tribunal Administrativo del Banco Asiático de Desarrollo (TABAD), *Lindsey* (18 de diciembre de 1992). Véase el capítulo tercero de la presente obra colectiva (N. del E.).

amplio al contribuir a dar forma y a depurar conceptos de importancia jurídica de alcance general, tales como las garantías procedimentales (*due process*)[4], la interdicción de la discriminación[5], el control de la discrecionalidad[6], el deber de atención al personal[7] y el carácter de público propio del Derecho (*publicness*). Al mismo tiempo, estos tribunales ejercen por sí mismos un poder público en el plano de la gobernanza global y, por ello, se hallan sujetos a una mayor exigencia para que su diseño organizativo (en materias tales como la forma de nombramiento de sus miembros, la ejecutoriedad de sus resoluciones

---

[4] Véase p.ej. *Sokoloff*, Sentencia del Tribunal de Apelación de Naciones Unidas (TANU) n°. 1246 (22 julio 2005), comentada por KIRSTEN BAXTER / SPYRIDON FLOGAITIS, What Process is due? The Sokoloff Case en: *International Administrative Tribunals in a Changing World*, 129 (KATERINA PAPANIKOLAOU / MARTHA HISKAKI eds., London: Esperia, 2008); *Shkurtaj*, Tribunal Contencioso-Administrativo (TCA) de Naciones Unidas TCA/2010/156 (31 agosto 2010); Sentencia del Tribunal Administrativo de la Organización Internacional del Trabajo (TAOIT) n°. 2232 («OPCW», 16 julio 2003), comentada en *Global Administrative Law: Cases, Materials, Issues*, 119 (SABINO CASSESE et al. eds., Institute for Research on Public Administration and the Institute for International Law and Justice, 2nd ed., 2008); «BB», Decisión TABM n°. 426 (9 de diciembre de 2009); y «D», Decisión TABM n°. 304 (12 diciembre 2003), comentada por ROBERT GORMAN, Due Process in Misconduct Cases, contribución inédita al World Bank Administrative Tribunal Colloquium on International Administrative Tribunals and the Rule of Law (27 March 2007).

[5] Sobre la discriminación de género puede verse p. ej. *Mendaro*, Decisión del TABM n°. 26 (4 septiembre 1985), que trata a la prohibición de discriminación por razón de sexo como un principio general del Derecho; en contraste con *Mullan*, Sentencia del TANU n°. 162 (10 octubre 1972), que desestima anular una regla laboral que trata a los maridos dependientes de forma menos favorable que a las mujeres dependientes. En un grupo de casos, el Tribunal Contencioso-Administrativo (TCA) de la ONU han anulado decisiones de promoción tomadas en aplicación de un sistema de cuotas de género por entenderlas incompatibles con la regulación vigente de ACNUR: ver p. ej. *Andrysek*, TCA/2009/038 (16 octubre 2009); *Mebtouche*, TCA/2009/039 (16 octubre 2009) (una apelación del solicitante fue estimada parcialmente y la compensación que le había sido adjudicada por el TCA se incrementó en consecuencia: ver *Mebtouche*, 2010/TANU/033 (30 marzo 2010)); *Ardisson*, TCA/2009/040 (16 octubre 2009) (confirmado en apelación en *Ardisson*, 2010/TANU/052 (1 julio 2010); *Ippolito*, TCA/2009/041 (16 octubre 2009). Sobre parejas y matrimonios homosexuales, ver *Adrian*, Sentencia TANU n°. 1183 (30 septiembre 2004), y la Sentencia del Tribunal Administrativo de la Organización internacional del Trabajo (TAOIT) n°. 2549 («AHRC-J», 12 julio 2006). Para una crítica de la creación judicial de Derecho llevada a cabo en estos casos por parte de muchos Estados miembros y los órganos políticos de las organizaciones, puede verse AGUSTÍN GORDILLO, The Administrative Law of International Organizations: Checks and Balances in Law Making – The Case of Discrimination, *European Review of Public Law* 18 (2006), pp. 289-312. Para un cuidadoso análisis de la discriminación en otros campos menos polémicos, ver «R», Sentencia del Tribunal Administrativo del FMI n°. 2002-1 (5 marzo 2002).

[6] MICHEL GENTOT, Le contrôle du pouvoir discrétionnaire par les tribunaux administratifs internationaux, 23 en: *Problems of International Administrative Law On the Occasion of the Twentieth Anniversary of the World Bank Administrative Tribunal* (NASSIB G ZIADÉ ed., Leiden: Martinus Nijhoff, 2008); NICOLAS VALTICOS, A Propos du Contrôle du Pouvoir Discretionnaire par les Tribunaux Administratifs des Organisations Internationales, 31 en: *Problems of International Administrative Law On the Occasion of the Twentieth Anniversary of the World Bank Administrative Tribunal* (NASSIB G ZIADÉ ed., Leiden: Martinus Nijhoff, 2008).

[7] *Grasshoff*, Sentencia TAOIT n°. 402 (24 abril 1980); *Bares*, Decisión del TABAD n°. 5 (31 marzo 1995); *Mwangi*, Sentencia TANU n°. 1125 (25 julio 2003); *Durand*, Sentencia TANU n°. 1202 (19 agosto 2005). En La Sentencia *Durand* se revisan algunos casos anteriores. Ver también BRIGITTE STERN, The Law Applied by International Administrative Tribunals, contribución inédita al World Bank Administrative Tribunal Colloquium on International Administrative Tribunals and the Rule of Law (27 marzo 2007).

o los recursos que caben frente a ellas) y su funcionamiento (audiencias, motivación de las decisiones, etc.) se atengan a los estándares emergentes del Derecho Administrativo Global. Además, si bien la jurisdicción de estos tribunales se circunscribe típicamente a los asuntos concernientes a los empleados de la particular organización de que se trate, su diseño, jurisprudencia y experiencia tienen implicaciones sobre otras iniciativas a los efectos de extender la rendición de cuentas de las organizaciones intergubernamentales, particularmente ante terceros, a los que estas organizaciones pueden causar perjuicios.

El siguiente apartado de este capítulo desarrolla con mayor detalle este enfoque y análisis de buena parte de la gobernanza global concibiéndola como Administración, y examina los elementos básicos del Derecho Administrativo Global que ha de presidirla. Los apartados sucesivos exploran sumariamente algunos de los modos que ponen de manifiesto que la perspectiva del Derecho Administrativo Global puede ayudar a las organizaciones internacionales, y, específicamente a los tribunales administrativos internacionales, a afrontar eficazmente algunos de los retos actuales en lo que hace a su legitimidad y rendición de cuentas.

II. LAS ORGANIZACIONES REGULATORIAS DE CARÁCTER GLOBAL Y LA CONSTRUCCIÓN DEL DERECHO ADMINISTRATIVO GLOBAL

1. LAS ORGANIZACIONES REGULADORAS GLOBALES

Las consecuencias de la integración económica mundial, los impactos ambientales transfronterizos, las migraciones internacionales y otros fenómenos de la globalización ya no pueden gestionarse eficazmente mediante medidas regulatorias y administrativas a nivel nacional. Por ello, y como respuesta ante este fenómeno, los Estados, las organizaciones internacionales, las autoridades nacionales, las multinacionales y las ONG han establecido múltiples sistemas de regulación o cooperación regulatoria internacional y transnacional. La creciente densidad de regulación en el plano internacional y transnacional nos permite identificar un «espacio administrativo global», multifacético, y poblado por diversas clases de instituciones administrativas regulatorias y por diversos tipos de entidades que constituyen el objeto de la regulación, entre los que se encuentran no sólo Estados, sino también empresas, ONG e individuos*. De modo progresivo, el objetivo último de estos regímenes o aparatos globales reside en regular la conducta de los sujetos privados más que la de los Estados; a su vez, los sujetos privados desempeñan asimismo un papel destacado influyendo sobre las decisiones de estos regímenes o sistemas.

Las organizaciones regulatorias que se sujetan al nuevo Derecho Administrativo Global son reconducibles a dos categorías básicas: de un lado, las organiza-

---

* Sobre este tema, véase el capítulo segundo. (N. del E.).

ciones públicas y privadas de carácter internacional o transnacional y, de otro, los organismos administrativos internos cuyas decisiones producen impactos regulatorios externos –o más allá de su propio Estado– de cierta trascendencia.

Las *autoridades regulatorias intergubernamentales y transnacionales* pueden clasificarse, a su vez, en cuatro tipos básicos:

El primer grupo los forman las *organizaciones intergubernamentales formales*, de ordinario creadas mediante tratados, que adoptan y ejecutan estándares regulatorios en áreas diversas. Normalmente se componen de un secretariado y de diversas organizaciones de carácter administrativo y, en algunos casos, de autoridades de resolución de conflictos. Entre otros ejemplos, podemos citar organismos de las Naciones Unidas, tales como el Consejo de Seguridad y el Alto Comisionado para los Refugiados (ACNUR), regímenes o sistemas comerciales como el NAFTA y la OMC, el FMI y el Banco Mundial, sistemas ambientales, tales como los Protocolos de Kyoto y Montreal, la OCDE, que promueve la armonización y cooperación regulatoria en gran variedad de sectores, y organismos misceláneos, tales como la Organización Mundial de la Salud, la Agencia Internacional de la Energía Atómica y la Organización Mundial de Propiedad Intelectual. Los Estados parte con frecuencia implementan y ejecutan estos estándares regulatorios a nivel interno, aunque en algunos casos, como ocurre con las determinaciones de la ONU sobre el estatus del refugiado, las organizaciones internacionales pueden actuar directamente frente a los individuos.

Una segunda forma del régimen regulatorio global consiste en las *redes intergubernamentales compuestas por autoridades regulatorias nacionales*, responsables de áreas específicas de regulación estatal, tales como la defensa de la competencia, la banca, el mercado de valores, el blanqueo de capitales, las telecomunicaciones, los productos farmacéuticos, la seguridad alimentaria, la fiscalidad o el transporte. Estas autoridades pueden acordar estándares y prácticas regulatorias comunes, que luego ellas aplican en sus respectivos países[8]. Muchas de estas redes construyen unas estructuras institucionales notablemente complejas con elementos administrativos relevantes.

El tercer grupo es el de las *organizaciones híbridas* –intergubernamentales y privadas–, compuestas por actores tanto públicos como privados: una forma que está cobrando fuerza en la gobernanza contemporánea. Pueden citarse ejemplos tales como la Comisión del Codex Alimentarius, la Corporación de Asignación de Nombres y Números de Internet (ICANN) y la Agencia Mundial Antidopaje. Estos entes a menudo presentan componentes administrativos significativos, tales como comités de expertos para desarrollar y dirigir la implementación y ejecución de sus normas.

El cuarto tipo de reguladores globales consiste en los *entes privados que ejercen funciones de gobernanza de carácter público*. La Organización Internacional de Normalización (ISO), por ejemplo, ha adoptado más de 13.000 estándares que armonizan especificaciones de productos y procesos de producción a nivel mundial. ISO ha adoptado estructuras y procedimientos administrativos muy elaborados para el establecimiento de sus estándares. Muchos organismos no gubernamentales han creado programas de certificación de productos, por ejemplo en materia de producción de madera sostenible

---

[8] Para una introducción a las redes regulatorias globales, puede verse ANNE-MARIE SLAUGHTER, A New World Order (Princeton: Princeton University Press, 2004); y ANNE-MARIE SLAUGHTER / DAVID ZARING, Networking Goes International: An Update, *Annual Review of Law and Social Sciences* 2 (dic. 2006), p. 211.

o café de comercio justo. Estos estándares «voluntarios» suelen resultar comercialmente obligatorios bajo la presión del mercado, gracias a las demandas de los consumidores y de las contrapartes contractuales[9].

Las *agencias administrativas internas* o nacionales, cuyas decisiones regulatorias afectan de forma relevante a otros países o a los ciudadanos de éstos se hallan sujetas de forma creciente a normas tanto sustantivas como procedimentales provenientes de entes globales, tales como la OMC, el Comité 1267 del Consejo de Seguridad, el Grupo de Acción Financiera Internacional y los tribunales arbitrales internacionales que operan bajo el paraguas de tratados bilaterales de inversiones o del Tratado de Libre Comercio de América del Norte (NAFTA). El nacimiento de normas de Derecho Administrativo Global tiene por objeto asegurar la rendición de cuentas de estas agencias internas ante los intereses globales en juego, en campos tales como la regulación del comercio, las inversiones, las políticas antiterroristas, la protección ambiental, las finanzas o la seguridad industrial. Pueden citarse como ejemplo los requisitos de Derecho Administrativo impuestos a los Estados Unidos por el Órgano de Apelación de la OMC en su célebre resolución del caso «Camarón-Tortuga»[10], o los estándares establecidos como indicadores de buena gobernanza del Banco Mundial, que frecuentemente condicionan el diseño y el funcionamiento de las agencias administrativas nacionales.

Si bien la clasificación de los entes regulatorios en intergubernamentales o transnacionales, de un lado, e internos o estatales, de otro, resulta conveniente desde un punto de vista analítico, la regulación global no opera típicamente en dos niveles distintos y separados verticalmente. La regulación en el espacio administrativo global se encuentra más bien altamente fragmentada. Diferentes regímenes o sistemas jurídicos se organizan alrededor de polos sectoriales en campos específicos de regulación, a menudo con más de una organización en un sector dado[11]. La regulación global funciona como una red de interacciones e influencias horizontales, verticales y diagonales, entre una multiplicidad de regímenes o aparatos, de sujetos y agentes diversos. Entre ellos hay organizaciones internacionales, redes transnacionales de autoridades nacionales y diversos entes privados e híbridos transnacionales, agencias estatales y empresas, asociaciones y ONG. Los variados regímenes o sistemas regulatorios globales se conectan mediante una comunicación y negociación constantes y de carácter permanente; y se sirven también de canales más formalizados, en particular a través de procedimientos de representación y naturaleza interorganizativa, de participación y amplia consulta, que promueven la cooperación, la equivalencia y la armonización. El resultado global es una masa regulatoria desordenada y espontáneamente evolutiva sin centro ni jerarquía. No hay una clara separación de funciones, de actividad, ni en muchos casos de personal entre las organizaciones globales y las agencias internas. Los sistemas legales y administrativos internos se tornan porosos; las normas globales fluyen en su interior,

---

[9] Sobre gobernanza regulatoria privada en general, véase HARM SCHEPEL, *The Constitution of Private Governance: Product Standards in the Regulation of Integrating Markets* (Oxford and Portland, Oregon: Hart Publishing, 2005).

[10] Véase, por ejemplo, Informe del Órgano de Apelación, *Estados Unidos-Medidas de salvaguardia definitivas sobre las importaciones de determinados productos de acero*, WT/DS248/AB/R (10 de noviembre de 2003); Informe del Órgano de Apelación, *Estados Unidos-Prohibición de las importaciones de determinados camarones y productos del camarón*, WT/DS58/AB/R (12 de octubre de 1998), párr. 180.

[11] Para un análisis de economía política sobre los factores que explican el carácter fragmentario de la regulación global, véase EYAL BENVENISTI / GEORGE DOWNS, The Empire's New Clothes: Political Economy and the Fragmentation of International Law, *Stanford Law Review* 60 (2007), p. 595.

e involucran con frecuencia a la legislación nacional. Recíprocamente, los regímenes o sistemas globales absorben normas de los Estados dominantes y de las sociedades más influyentes[12].

2. CRÍTICAS A LA ADMINISTRACIÓN REGULATORIA GLOBALIZADA

De acuerdo con la concepción tradicional, los Estados consienten, mediante tratados u otros acuerdos, las normas reguladoras que luego implementan y ejecutan internamente. Los procedimientos estatales para prestar el consentimiento y llevar a cabo su ejecución, a su vez, se hallan sujetos a mecanismos internos de responsabilidad política y jurídica. La aparición de un sistema abigarrado y policéntrico de regulación global, esbozado más arriba, ha desbordado completamente la capacidad de estas concepciones y mecanismos tradicionales para hacer frente a los problemas de legitimación y de control de las decisiones regulatorias de carácter global. Aun en el caso de las organizaciones internacionales establecidas mediante tratados, buena parte de la creación e implementación de las normas se confía a organizaciones subsidiarias o subordinadas de carácter administrativo, que operan informalmente y con un grado considerable de autonomía. Y otros entes regulatorios globales –como las redes de autoridades nacionales y los entes privados e híbridos– actúan completamente al margen de la concepción tradicional del Derecho Internacional y no están vinculados en modo alguno a los mecanismos internos de rendición de cuentas de naturaleza política o jurídica*, o lo están en un grado muy limitado. La globalización de la regulación ha disuelto la que en su día fue una categórica distinción entre la toma de decisiones en el nivel internacional e interno. Las normas regulatorias globales se adoptan y ejecutan comúnmente mediante procedimientos difusos de baja visibilidad. Las carencias resultantes de la rendición de cuentas han provocado duras críticas de las organizaciones no gubernamentales, de los políticos y de los medios de comunicación, según las cuales la regulación global ha sido capturada por los ricos y poderosos, en detrimento de los países en vías de desarrollo y de los intereses ambientales y sociales, como los de los consumidores y los trabajadores. Esta «captura» del proceso de toma de decisiones de la regulación global conduce a su vez, de acuerdo con sus críticos, a debilitar la protección propia de la regulación interna[13].

---

[12] Ver SABINO CASSESE, *Global Administrative Law: An Introduction* 13-18, 20-26 (22 feb. 2005), en http://www.iilj.org/global_adlaw/documents/Cassesepaper.pdf.

* Sobre este tema, véase en particular el capítulo quinto. (N. del E.).

[13] Véase, p. ej., LORI M. WALLACH, Accountable Governance in the Era of Globalization: The WTO, NAFTA, and International Harmonization of Standards, 50 *University of Kansas Law Review*

Los problemas de legitimidad acarreados a consecuencia de este desplazamiento del poder y de la autoridad hacia procedimientos y normas extraestatales son bien claros y están sin resolver. Lo mismo puede decirse de los problemas respecto la configuración de unas relaciones adecuadamente respetuosas con la democracia al tiempo que funcionalmente eficaces, entre las instituciones nacionales (aquí cabría citar a las autoridades administrativas y a los tribunales nacionales e infraestatales), de un lado y, de otro, a las instituciones extranacionales o privadas de la gobernanza global.

3. EL AUGE DEL DERECHO ADMINISTRATIVO GLOBAL

La experiencia interna nos muestra que el Derecho Administrativo puede tanto *controlar* como *dirigir* el ejercicio del poder ejecutivo. Estos efectos se logran protegiendo a los individuos frente al ejercicio ilícito o arbitrario del poder público, y promoviendo la capacidad de respuesta administrativa a intereses públicos más amplios, tanto en la aprobación y ejecución de normas generales como en la resolución de asuntos particulares. Estos elementos forman parte integrante de los sistemas democráticos y, en términos más generales, garantizan una forma básica de rendición de cuentas del poder público. Debido a la existencia de diferencias muy significativas en las condiciones institucionales y políticas que son propios de los sistemas nacionales, los elementos del Derecho Administrativo estatal no pueden transponerse o trasvasarse sin más al ejercicio del poder público que llevan a cabo las organizaciones regulatorias globales. Sin embargo, la experiencia acumulada nos muestra que los mecanismos del Derecho Administrativo al servicio de la transparencia, la participación, la motivación de la resolución y el control, con los ajustes apropiados, pueden servir para promover una mayor rendición de cuentas y una mejor capacidad de respuesta y sensibilidad de los entes regulatorios globales ante los variados intereses afectados por sus decisiones.

Repensar la gobernanza global como Administración, para incluir, de un lado, todas las formas de producción normativa distintas de los tratados u otros acuerdos internacionales y, de otro, la resolución de conflictos eventuales, presenta ciertas ventajas importantes. En primer lugar, nos permite desarrollar un esquema conceptual más riguroso de las diversas estructuras y relaciones institucionales concernidas que la noción notoriamente escurridiza de gobernanza global. En segundo lugar, nos permite reformular la cuestión de la rendición de cuentas en los términos más precisos del Derecho Administrativo, que nos provee de un conjunto de herramientas básicas al servicio de la transparencia, la participación, la motivación y el control, que luego pueden adaptarse para su uso en el contexto global. En tercer lugar, nos facilita aprovechar las

---

823 (2002); y de forma general en material de captura WALTER MATTLI / NGAIRE WOODS (eds.), THE POLITICS OF GLOBAL REGULATION (Princeton: Princeton University Press, 2009).

experiencias tanto del Derecho Administrativo interno, como del Derecho Internacional Público, sin vernos constreñidos por las limitaciones conceptuales y jurisdiccionales que ambos presentan por separado a la hora de abordar la regulación global.

Los instrumentos y técnicas de Derecho Administrativo, en efecto, emergen en muchas áreas diferentes de la gobernanza regulatoria global en respuesta a los déficits de rendición de cuentas y de capacidad de respuesta o de sensibilidad comentados más arriba. Estas técnicas se reflejan en las decisiones de los tribunales internos que revisan sanciones del Consejo de Seguridad contra ciudadanos; en el Panel de Inspección creado por el Banco Mundial para asegurar el cumplimiento de sus propias políticas internas; en los procedimientos de audiencia o información pública adoptados en algunos organismos internacionales de normalización, como el Comité de Basilea o la OCDE; en la inclusión de ONG en los entes reguladores, como la Comisión del Codex Alimentarius; en las reglas sobre participación de extranjeros en procedimientos administrativos internos, como las establecidas por la Convención de Aarhus; en la revisión de los procedimientos y resoluciones administrativas nacionales por parte de los paneles internacionales en el contexto de la OMC; y en el funcionamiento de los tribunales administrativos internacionales y de otros mecanismos de rendición de cuentas en organizaciones internacionales. El modelo que emerge de estos y otros instrumentos, a menudo embrionarios, no es todavía coherente: tales mecanismos y principios operan en algunas áreas, aunque no en otras, y divergen ampliamente en sus formas. No obstante, el panorama general es el de la expansión y el incremento del compromiso con los principios de transparencia, participación, motivación y control de las decisiones en la gobernanza global.

– La *participación procedimental* constituye, al menos en el contexto estatal, uno de los elementos clásicos del Derecho Administrativo; y algunas de sus técnicas están siendo objeto de trasvase continuo al ámbito de la gobernanza global. Por ejemplo, el Órgano de Apelación de la OMC sostuvo en el caso «Camarón-Tortuga» que los EE.UU. no habían ofrecido a todos los Estados, cuyas exportaciones de gambas a los EE.UU. se habían visto negativamente afectadas a consecuencia de su regulación administrativa interna, «una audiencia formal para que el país solicitante sea oído, o para que dicho país pueda responder a los argumentos que se formulen en su contra»,[14] y requirió, en consecuencia, a los EE.UU. que modificaran su procedimiento administrativo con el objeto de permitir tal participación. Instrumentos tan diversos como la Convención de Aarhus y el Código AMAD exigen que las autoridades administrativas nacionales establezcan dichos derechos de participación. Muchas organizaciones intergubernamentales y transnacionales han buscado fórmulas para hacer posible esa amplia participación, en su propia actividad regulatoria, de agentes de la sociedad civil e intereses económicos y sociales afectados. Así, el Comité de Basilea, por ejemplo, estableció durante la elaboración de su regulación Basilea-II un trámite de audiencia para que bancos y otros interesados pudieran participar en la formación de los estándares; la Organización Internacional de Aviación Civil hace posible una amplia participación en su función normativa, al menos de los representantes de la industria, a través de la Asociación Internacional de Transporte Aéreo; y la Comisión del Codex Alimentarius ofrece asimismo participación a las ONG en sus procedimientos

---

[14] *Camarón/Tortuga* (1998), cit., párr. 180.

normativos. Esta expansión de la participación en el procedimiento dista tanto de ser uniforme (pues incluye una vasta gama de diferentes funciones y facultades de participación en diferentes contextos) como completa. Por ejemplo, todavía no han sido atendidas la reclamaciones en favor del proceso debido (*due process*), que exige que un programa del Consejo de Seguridad consistente en conformar una lista de sujetos sospechosos de financiar el terrorismo abra la posibilidad a los afectados directa o indirectamente de ser oídos. Si bien la creación por medio de la Resolución del Consejo de Seguridad 1904 de una Oficina del *Ombudsman* para asistir al Comité en el examen de las solicitudes de exclusión de la lista representa un paso adelante hacia una mayor participación de las personas incluidas en la lista[15].

– La *transparencia y el acceso a la información* resultan absolutamente cruciales para promover la rendición de cuentas y el ejercicio de una participación y un control efectivos. Un gran número de organizaciones internacionales, desde la OMC a la OCDE o al Banco Mundial, han dado pasos significativos para hacer accesibles al público documentos y expedientes, en respuesta a las extendidas críticas contra su secretismo en los procedimientos decisorios[*]. Numerosas redes regulatorias, entre las que cabe citar el Comité de Basilea, la OICV y las redes híbridas que se ocupan de la certificación de las prácticas forestales sostenibles, han creado sitios Web que ofrecen una información detallada sobre sus procedimientos internos y sobre la información en que se han basado sus decisiones. Las autoridades administrativas nacionales se encuentran a su vez sometidas a unas prácticas de transparencia impuestas por las organizaciones globales, tales como las derivadas de la Convención de Aarhus sobre regulación medioambiental o de la OMC sobre regulación del comercio. La transparencia también constituye un elemento clave en los trabajos del Banco Mundial sobre indicadores de buen gobierno, que influyen de modo considerable sobre las decisiones del Banco en la concesión de ayuda al desarrollo.[16]

– El deber de dictar *resoluciones motivadas* en la actuación administrativa, que comprende el de responder a los argumentos esgrimidos por los interesados, es otro elemento que ha conocido una considerable –y creciente– expansión desde el Derecho Administrativo interno hacia el entorno global. Al igual que ocurre con la transparencia, éste constituye con frecuencia un factor crucial para dar sentido y efectividad a los mecanismos de rendición de cuentas. De nuevo, la Convención de Aarhus nos ofrece un buen ejemplo en tal sentido, pues numerosos artículos disponen que todas las resoluciones administrativas en distintos contextos deben ir acompañadas de una motivación escrita. El caso *Camarón/Tortuga* y la jurisprudencia subsiguiente también lo han establecido como un principio central del régimen de la OMC en su proyección sobre las autoridades administrativas internas. La motivación de la adopción de estándares regulatorios es una práctica común en otras organizaciones regulatorias globales, tales como el Codex Alimentarius, Basilea II y otro buen número de ellos. En muchos casos, los Estados y otras entidades no están obligados a adoptar o aplicar

---

[15] Véase S/RES/1904 (17 de diciembre de 2009).

[*] Véase el capítulo sexto, dedicado monográficamente a la transparencia. (N. del E.).

[16] La creación, el uso y la regulación de indicadores está siendo objeto de una atención académica creciente. Véase Davis / Kingsbury / Merry, Indicators as a Technology of Global Governance, *IILJ Working Paper 2010-2 (revised August 2011)*; Davis / Fisher / Kingsbury / Merry (eds.), Governing by Indicators *(Oxford: Oxford University Press, 2012)*; Kaufmann / Kraay / Mastruzzi, Governance Matters VIII: Aggregate and Individual Governance Indicators, 1996-2008, *World Bank Policy Research Paper* No. 4978.

tales estándares; en tales circunstancias, la motivación puede ser decisiva para asegurar su aceptación y uso. Un ejemplo diferente es el de los requerimientos de ACNUR para la determinación del estatus de refugiado, que exigen que todos los solicitantes reciban una resolución escrita con una motivación de la decisión tomada.

– El *derecho al control* de las decisiones administrativas representa un pilar fundamental del Derecho Administrativo interno. Su desarrollo en la gobernanza regulatoria global ha sido muy desigual, lo que no es sorprendente dada la escasez, hasta hace pocos años, de tribunales que institucionalizaran el control jurisdiccional dentro del ordenamiento jurídico internacional. Los tribunales administrativos para el personal de las organizaciones internacionales han sido durante mucho tiempo poco comunes, aunque los órganos especializados de control se están generalizando en otras áreas. Se pueden citar ejemplos tan diversos como el Panel de Inspección del Banco Mundial y el Tribunal de Arbitraje Deportivo. Por su parte, las normas y las resoluciones regulatorias globales pueden ser objeto de control también por parte de los tribunales internacionales permanentes, de los tribunales internacionales con una jurisdicción más general, y de los tribunales nacionales. El control puede ejercerse de forma diferente en el caso de que un organismo global, como el Órgano de Apelación de la OMC, decida si le atribuye eficacia jurídica, y en qué medida o alcance, a un estándar o resolución de otra organización, como pudiera ser un estándar o norma ISO sobre un producto. El derecho al control también forma parte de las normas y principios del Derecho Administrativo Global que se imponen a las autoridades administrativas internas. La Convención de Aarhus contiene en su artículo 9 una previsión muy clara del «acceso a la justicia»; el Acuerdo sobre los ADPIC* exige a las autoridades nacionales competentes que se ocupan de las reclamaciones por infracción de la propiedad intelectual a fin de que hagan efectivo dicho derecho; y los tratados bilaterales de inversión contienen cláusulas de arbitraje mediante las cuales las decisiones de las agencias nacionales pueden sujetarse al control de un tercero en un nivel supranacional.

Estos elementos procedimentales –a los que acaba de hacerse referencia– son los más importantes del emergente Derecho Administrativo Global, aunque ya hay algunas señales incipientes de que ciertos *principios sustantivos* comunes, tales como los de proporcionalidad, el trato justo y equitativo, o la confianza legítima, comienzan a adquirir carta de naturaleza en las resoluciones que dictan los organismos de control y revisión.

Destacadas organizaciones intergubernamentales y transnacionales han adoptado técnicas de Derecho Administrativo Global para alcanzar objetivos institucionales en ese sentido.

Así, por ejemplo, pueden haber avanzado en esa dirección para responder a críticas y presiones externas, provenientes de ONG, de empresas, de los medios de comunicación y de Gobiernos y legisladores nacionales. También a críticas internas. Las críticas externas e internas afirman que los procedimientos decisorios de estos entes resultan cerrados y poco receptivos y sensibles, y a sus políticas sustantivas le

---

* Acuerdo sobre los Aspectos de los Derechos de Propiedad Intelectual relacionados con el Comercio de la OMC. A este ejemplo se alude en los capítulos precedentes. (N. del E.).

reprochan ignorar los intereses ambientales, sociales, y otras clases de intereses. En ese contexto, al adoptar esas técnicas de procedimiento, propias del Derecho Administrativo*, pretenden salir al paso de esas críticas. Y de igual modo cuando ofrecen una oportunidad a los afectados para que se involucren en el procedimiento y ejerzan influencia sobre la decisión que se tome, persiguen moderar o mejorar las críticas de que son objeto estas organizaciones en punto a las políticas sustantivas que adoptan. En algunos casos, como en el de la AMAD**, decisiones adversas dictadas por los tribunales nacionales o la amenaza de que éstas se produzcan pueden impulsar la reforma. Organizaciones globales, como ISO, Basilea II, la Convención sobre Comercio Internacional de Especies en Peligro o la Organización Internacional de Aviación Civil también pueden haber adoptado una mayor transparencia, participación y motivación de las decisiones en un esfuerzo por mejorar la calidad de las normas y de las resoluciones tomadas y aumentar así la aceptación de sus promotores y afectados. Otro objetivo puede residir en la mejora de la rendición de cuentas interna de la organización global. La transparencia, la participación y la motivación de las resoluciones probablemente podrán reforzar la dirección y gestión de una institución global o de sus principales*** (los Estados, autoridades nacionales, empresas u ONG) para vigilar las decisiones del personal, de los comités de expertos y otros componentes administrativos. Los mecanismos de control también pueden servir para este fin. Así, el Panel de Inspección del Banco Mundial constituye un medio para supervisar el cumplimiento por parte de su propio personal de las directrices ambientales y sociales que establece (directrices a su vez adoptadas en respuesta a las presiones de las ONG y el Congreso de los EE.UU.), al tiempo que representan un vehículo de rendición de cuentas ante los residentes de los países en vías de desarrollo y las ONG, permitiéndoles cuestionar los proyectos financiados por el Banco por vulnerar las propias directrices de éste.

Las organizaciones administrativas nacionales pueden verse obligados a adoptar ciertas exigencias en materia de transparencia, participación, motivación y control dimanantes del Derecho Administrativo Global, en virtud de tratados, como la Convención de Aarhus, los Acuerdos de la OMC y tratados bilaterales de inversión.

Se trata de exigencias que frecuentemente se establecen, o se desarrollan, en los tribunales de carácter global. Así sucede con los tribunales globales, como el Órgano de Apelación de la OMC, o paneles arbitrales de tratados de inversión, a su vez influidos por otras organizaciones internacionales que establecen criterios normativos, como los tribunales de derechos humanos y los tribunales administrativos internacionales, que han fijado estándares cada vez más elaborados y exigentes en relación con el proceso debido en el contexto regulatorio. En otros casos, las autoridades nacionales se ven incentivadas a secundar tales normas a resultas de los requisitos a que se condiciona la

---

* Es decir, participación, transparencia, motivación y control. (N. del E.).

** En inglés, WADA, World Anti-Doping Agency. (N. del E.).

*** Con este término se alude a la teoría del principal-agente, a la que se hace referencia en los capítulos precedentes, señaladamente, en el capítulo segundo y quinto. (N. del E.).

asistencia financiera, basados, por ejemplo, en los estándares de «buena gobernanza» que establecen la agencia US AID* o el Banco Mundial; o bien derivan de la influencia que despliega el prestigio o una buena imagen; o bien se desprenden de datos sociológicos, que fomentan que los gobiernos se esmeren en mejorar sus resultados en los indicadores del «*doing business*» del Banco Mundial y en otras mediciones que cuentan con amplio reconocimiento en el ámbito de la acción económica o social.

No cabe presumir que la construcción del Derecho Administrativo Global, que inevitablemente refleja un tira y afloja de diferentes intereses y valores en conflicto, sea un proceso pacífico y armonioso.

Los países en vías de desarrollo y las ONG globales, por ejemplo, pueden oponerse a la instauración de requerimientos derivados del Derecho Administrativo para salvaguardar intereses económicos, aunque la apoyen en cambio para otros contextos, como en lo que hace a las condiciones para otorgar la ayuda al desarrollo.

Por su parte, la necesidad de confidencialidad, informalidad y flexibilidad en muchos aspectos del proceso decisorio a nivel global entraña un serio desafío a la extensión de la cultura y de los sistemas del Derecho Administrativo.

Dado que el Derecho Administrativo tal y como se entiende tradicionalmente, al menos en los países desarrollados, depende en gran medida del grado de diferenciación y de juridificación institucionales, la cuestión fundamental que aquí se suscita se refiere y remite precisamente al grado de complejidad y formalización jurídica que alcancen las instituciones regulatorias internacionales. También se debate sobre cuáles sean los elementos y enfoques de las diversas culturas o claves del Derecho Administrativo estatal que puedan adaptarse mejor a las organizaciones globales, como, por ejemplo, el modelo de representación de intereses de EE.UU.**, o las prácticas europeas emergentes de búsqueda del consenso basado en un proceso deliberativo***. Y ello sin perjuicio de que merezcan mucha más atención de la que hasta ahora se les ha prestado las experiencias relativas al Derecho Administrativo extraídas de otros sistemas y otras regiones del mundo.

4. ASPECTOS CONCEPTUALES Y NORMATIVOS DEL DERECHO ADMINISTRATIVO GLOBAL CON PARTICULAR SIGNIFICACIÓN PARA LOS TRIBUNALES ADMINISTRATIVOS INTERNACIONALES

Las cuestiones de legitimidad y de rendición de cuentas (*accountability*) son las más apremiantes entre las condiciones actuales y futuras de la gobernanza regulatoria global. Los conceptos, mecanismos, principios y reglas del Dere-

---

* USAID: https://www.usaid.gov/who-we-are. Es la agencia federal norteamericana de ayuda al desarrollo. (N. del E.).

** *Vid.* capítulo cuarto. (N. del E.).

*** Véase el capítulo cuarto (N. del E.).

cho Administrativo Global pueden alcanzar una relevancia considerable para enmarcar y reivindicar los conceptos de legitimidad y de rendición de cuentas. Muchos de los problemas centrales en la práctica del Derecho Administrativo Global y en el análisis académico y conceptual que se lleva a cabo en el seno del Proyecto de Derecho Administrativo Global de la Universidad de Nueva York, versan directa o indirectamente sobre legitimidad y rendición de cuentas en la gobernanza global. Sería muy productivo para los trabajos futuros considerar el diseño y el funcionamiento de los tribunales administrativos internacionales en relación con estos problemas. Algunos de los aspectos conceptuales y normativos clave al respecto son los siguientes:

a) Aspectos conceptuales

La *responsabilidad* o *rendición de cuentas* forma parte de la retórica habitual de los debates sobre la globalización*. Se ha convertido en un eslogan. Con demasiada frecuencia, se reclama una mayor rendición de cuentas sin un análisis serio acerca de en qué consiste exactamente, cómo puede lograrse, y con qué objetivo[17]. Los investigadores del Proyecto de Derecho Administrativo Global han llevado a cabo un análisis más preciso de la rendición de cuentas y de la relación que ésta guarda con los mecanismos de transparencia, de participación, de motivación y de control en el seno del Derecho Administrativo Global, todos ellos a su vez urgidos a un cuidadoso examen.

Este trabajo pone de manifiesto que la rendición de cuentas no existe en abstracto y no debería ser percibida como un fin en sí mismo. Sin embargo, rara vez hay acuerdo acerca de los bienes y valores que a la rendición de cuentas subyacen y sobre cuáles son los objetivos que con ella se persiguen. Tampoco se ha ahondado suficientemente sobre cómo evaluar y evitar la distorsión y los costes que el establecimiento de los mecanismos de rendición de cuentas pueden fácilmente deparar, aspectos éstos que bien podríamos

---

* *Vid.* en particular el capítulo segundo y quinto. (N. del E.).

[17] Jonathan Koppel, por ejemplo, ha observado que el desacuerdo sobre el significado de la responsabilidad es «ocultado por el consenso sobre su importancia y deseabilidad». Sin embargo, el análisis del concepto de responsabilidad en la Administración pública es importante porque «las expectativas en conflicto que acarrean las dispares concepciones de la responsabilidad socavan la eficacia organizativa». Jonathan Koppel, Pathologies of Accountability: ICANN and the Challenge of «Multiple Accountability Disorder», 65 *Public Administration Review* (2005). Sobre la complejidad del concepto en general, ver también Richard Mulgan, «'Accountability': An Ever-Expanding Concept?», 78 *Public Administration* (2000) 555; Jerry Mashaw, «Structuring a 'Dense Complexity': Accountability and the Project of Administrative Law», *Issues in Legal Scholarship*, The Reformation of American Administrative Law (2005): Article 4; y Ruth W. Grant / Robert O. Keohane, «Accountability and Abuses of Power in World Politics», *IILJ Working Paper* 2004/7 (Global Administrative Law Series).

calificar de patologías de la rendición de cuentas[18]. La primera cuestión que surge en el análisis práctico reside en determinar quién rinde cuentas ante quién, y a través de qué tipos de vías o instrumentos, incluidos los del Derecho Administrativo. La conclusión es que los mecanismos reales de rendición de cuentas son mucho más limitados de lo que la retórica pudiera sugerir. Consisten en mecanismos de responsabilidad o rendición de cuentas de carácter jurídico, electoral, fiscal, de supervisión y jerárquico*. Estos instrumentos constituyen uno de los tres tipos básicos de herramientas de la gobernanza global que pueden emplearse para corregir la inobservancia o falta de ponderación por parte de las organizaciones regulatorias globales de los intereses sociales y económicos afectados, de ordinario marginados. Los otros son las reglas sobre cómo se adopta decisiones (las reglas y prácticas que gobiernan la toma de decisiones por parte de las autoridades globales) y una categoría residual en la que se incluyen otras medidas para promover la receptividad y la sensibilidad hacia los intereses preteridos (estas medidas comprenden la transparencia, la motivación y la participación que no se sitúa en una fase decisoria)**. Este análisis nos procura una gramática institucional más precisa para examinar el papel y las contribuciones potenciales del Derecho Administrativo para lograr una toma de decisiones regulatoria global más responsable y justa.

El concepto de «*Administración*» constituye otro elemento clave para el Derecho Administrativo Global, que conviene clarificar, y cuyas implicaciones para el mundo de la gobernanza es necesario analizar***.

El Derecho Internacional ha reconocido desde antiguo una categoría conocida como «Administración internacional», pero este término sólo cubre un elenco limitado de actividades llevadas a cabo por esas organizaciones intergubernamentales. La premisa del Derecho Administrativo Global reside en un espectro mucho más amplio de actividades, que llevan a cabo por una heterogénea y amplia gama de organizaciones de carácter global que deberían concebirse como entidades de carácter administrativo y, en consecuencia, sujetas a la disciplina del Derecho Administrativo. En el contexto interno, la cuestión de qué constituye actividad «administrativa» es en su mayor parte pacífica, aun cuando la Administración se defina sólo de forma negativa, esto es, como el poder público que no es de naturaleza legislativa ni judicial. Conceptualmente, puede observarse una diferenciación funcional análoga –aunque mucho menos desarrollada– a nivel global: la Administración aquí difiere de la legislación bajo la forma de acuerdos internacionales, así como de la resolución de controversias entre Estados u otras partes. Pero los contornos precisos de qué constituya Administración en el contexto global siguen sin estar claros. ¿Comprende algunas o todas las decisiones de la Conferencia de las Partes de un tratado?, ¿o las de los comités de expertos?, ¿o los órganos jurisdiccionales o los tribunales con funciones regulatorias, una categoría que podría incluir a algunos Paneles de la OMC y a tribunales del Tratado TLCAN (NAFTA) que revisan

---

[18] Para un análisis conceptual detallado de la rendición de cuentas, véase RICHARD B. STEWART, *Accountability, Participation, and the Problem of Disregard in Contemporary Global Governance* (en elaboración).

* De nuevo resulta obligada la remisión al capítulo quinto, donde se trata de esta temática con particular detalle. (N. del E.).

** *Ibíd.*.

*** Sobre el tema *in extenso vid*. capítulo segundo. (N. del E.).

decisiones regulatorias internas? Las respuestas a estas cuestiones tienen importantes implicaciones sobre el alcance y el contenido del Derecho Administrativo Global.

b) El carácter de «público» («*publicness*»)

Aun en el caso de que los contornos de lo que deba entenderse por «Administración» en el contexto global estuvieran claros, restaría así y todo determinar los límites de qué es poder «público» a los efectos de proyectar sobre éste las garantías propias del Derecho Administrativo, entre las que cabe citar la exigencia de motivar en consideraciones de carácter público o de interés general las resoluciones que se adopten.[19] Esto es particularmente importante en el contexto de las estructuras de gobernanza híbridas público-privadas y de las puramente privadas:

¿En qué punto se tornan esencialmente públicas por naturaleza, haciendo que la aplicación del Derecho Administrativo resulte tan deseable como adecuada? En algunos casos, la respuesta se muestra suficientemente clara: las normas producidas por el Comité Olímpico Internacional (privado) o la AMAD (híbrida) surten unos efectos regulatorios tan importantes y se presentan en una forma jurídica tan estandarizada, que su inclusión dentro del ámbito lato de lo público es poco polémica. ¿Pero qué decir de los programas de certificación o de las iniciativas de ecoetiquetas liderados por ONG, tales como el certificado de gestión forestal o el sistema de etiquetado de productos de la madera del Consejo de Administración Forestal? Sus actuaciones y productos pueden llegar a representar una barrera muy relevante para el comercio en ciertos contextos: ¿deberían entonces situarse bajo la supervisión general de los órganos de la OMC y sujetos a los requerimientos de participación, transparencia, motivación y control?

c) Teoría jurídica

Otra cuestión fundamental es la teoría jurídica en la que se fundamenta el Derecho Administrativo Global y, en particular, el problema relativo a cómo diferenciar, de entre la miríada de reglas, normas, estándares y prácticas que constituyen la gobernanza regulatoria global, aquéllas que pueden concebirse como jurídicas (y vinculantes) por contraposición a las de carácter prudencial. El Derecho Internacional desafía desde hace tiempo a la clásica concepción po-

---

[19] Armin von Bogdandy *et al.* eds., *The Exercise of Public Authority by International Institutions* (Springer, 2010); Benedict Kingsbury, International Law as Inter-Public Law, en Henry Richardson / Melissa Williams eds., *Moral Universalism and Pluralism: NOMOS XLIX* (New York University Press, 2009); Benedict Kingsbury / Megan Donaldson, From Bilateralism to Publicness in International Law, en Ulrich Fastenrath *et al.* eds., *Essays in Honour of Bruno Simma* 79 (Oxford University Press, 2011).

sitivista del Derecho, en particular mediante su recurso a la noción de «Derecho blando» (*soft law*) en virtud de la cual las normas y directrices, inicialmente no vinculantes, pueden «endurecerse» con el tiempo como genuinas obligaciones jurídicas, ya sea mediante su incorporación en regulaciones nacionales, ya mediante su aplicación por parte de órganos judiciales externos, o ya simplemente mediante su consolidación como costumbre al generar una confianza legítima en una práctica extendida y pacífica. El Proyecto del Derecho Administrativo Global postula que el campo de estudio del Derecho Administrativo Global abarque «los mecanismos, los principios, las prácticas y las concepciones sociales que prestan apoyo» a lo que se entiende por Derecho*, y que promueven la rendición de cuentas, la transparencia, la participación y el control. Si todas estas normas y concepciones puedan caracterizarse propiamente como «Derecho», con las implicaciones que ello entraña en cada una de las respuestas, es algo que todavía ha de resolverse de un modo más definitivo. Y, si se acepta que son «Derecho» a nuestros efectos, ¿cuáles son sus fuentes?**

d) Teoría Política Positiva***

¿Cuáles son los factores que determinan (o dificultan) el desarrollo y evolución de los instrumentos particulares de Derecho Administrativo en áreas específicas de la regulación global y con qué condiciones es probable o improbable que dichos mecanismos resulten eficaces?

Por ejemplo, ¿es más probable que nazcan más y mejores formas de control en términos de efectividad cuando se produce una delegación por parte del principal en favor de su agente?**** ¿Es más probable que el Derecho Administrativo Global surja como respuesta a la acumulación, en el nivel global, de reglas y sistemas de resolución de controversias que resultan vinculantes para quienes no han consentido las normas o resoluciones (del mismo modo que el Derecho Administrativo nacional emergió en respuesta a la expansión del Estado regulador), y menos probable que crezca un Derecho Administrativo Global cuando las instituciones globales se adhieren a las técnicas tradicionales del Derecho Internacional de celebración de tratados y de resolución de controversias sólo entre los Estados que han prestado su consentimiento? ¿Quién espera beneficiarse de tales mecanismos y tiene, en consecuencia, incentivos para promoverlos? ¿Quiénes son los perjudicados? La puesta en práctica o implementación de

---

* Véase el capítulo tercero. (N. del E.).

** Véase el capítulo tercero. (N. del E.).

*** La teoría política positiva, familiar al jurista norteamericano, tiene por objeto el análisis político (en este caso del Derecho) mediante la utilización de métodos formales, como la teoría de la elección social, la teoría de los juegos, o el análisis estadístico. (N. del E.).

**** Recuérdese que aquí se alude a la conocida teoría o paradigma del principal-agente, a la que desde la teoría política positiva se hace alusión a lo largo de esta obra. (N. del E.).

una batería predominantemente formal de medidas que garanticen la rendición de cuentas, la transparencia, la participación y el acceso a la información ¿haría posible que los intereses marginados y a menudo preteridos puedan conseguir un sistema de regulación global más receptivo, sensible y justo? La experiencia positiva que cabe derivar del denominado Derecho del Interés Público* obtenida en los EE.UU. y en otros lugares ¿pueden reproducirse a la escala global? O, por el contrario, ¿favorecerán los mecanismos del Derecho Administrativo Global a las empresas u otros grupos bien organizados que poseen los recursos suficientes para participar con eficacia en los procedimientos administrativos especializados y complejos que se dan a nivel mundial?

En su proyección sobre la creación y organización de los tribunales administrativos internacionales, la teoría política positiva propone un análisis de los intereses que se atienden en función de los diferentes grados y formas de independencia de los tribunales respecto de los órganos políticos de la institución, de los principales Estados miembros y del secretariado.

Porque, por ejemplo, los miembros pueden ser elegidos de forma muy independiente, pero quedar constreñidos por reglas estrictas establecidas por los órganos políticos, o viceversa. Los miembros reelegibles, o elegibles para futuros empleos en la institución, pueden (o no) actuar de forma diversa a como lo harían si estas posibilidades estuvieran excluidas. Los tribunales pueden gozar de una independencia considerable, pero estar dotados de escaso poder para compeler al secretariado o a los Estados miembros para que adopten remedios o realicen reformas[20]. Y los tribunales pueden disponer de una amplia jurisdicción, pero hallarse inundados de acciones sobre casos relativamente menores porque en las fases previas el personal y los gestores no cuentan con suficientes incentivos o capacidad para resolver los casos a modo de filtro preliminar.

---

* Sobre el concepto de esta práctica pro bono publico –no es una rama del Derecho–, puede verse https://en.wikipedia.org/wiki/Public_interest_law, o la Web de la Universidad de Harvard http://hls.harvard.edu/dept/opia/what-is-public-interest-law/ (N. de E.).

[20] El Tribunal Administrativo de Naciones Unidas dudó en afirmar la potestad para ejecutar forzosamente su propia resolución previa (de pago de un salario compensatorio a un empleado perjudicado) cuando la ONU se había abstenido de dar cumplimiento a dicha resolución, siendo así que el Tribunal Administrativo de la OIT ha afirmado dicha potestad. Véase *Mbarushimana*, Decisión TANU 1283 (28 de julio de 2006). (El impago de la ONU estaba relacionado con el esfuerzo continuado del Gobierno de Ruanda por perseguir al solicitante, un ciudadano ruandés y antiguo empleado de la Administración Provisional de la ONU en Kosovo, por genocidio y crímenes contra la humanidad supuestamente cometidos en Ruanda). El Tribunal de Apelación de Naciones Unidas, que sustituyó al Tribunal Administrativo en virtud de las reformas de rediseño de la ONU de 2008, parece tener jurisdicción para dictar órdenes de ejecución forzosa de sus propias resoluciones. El artículo 10.8 del Estatuto del Tribunal Contencioso-Administrativo y el artículo 9.5 del Estatuto del Tribunal de Apelación de Naciones Unidas también habilitan a los Tribunales para comunicar los casos al Secretario General o a los directores ejecutivos de los organismos y programas de Naciones Unidas administrados separadamente para hacer cumplir la rendición de cuentas.

En una primera aproximación, podemos discernir tres concepciones normativas básicas sobre el papel del Derecho Administrativo Global[21]: rendición de cuentas y control a nivel interno, protección de los derechos privados o de los derechos de los Estados, y promoción de la democracia[22]. La primera concepción normativa o prescriptiva –la rendición de cuentas interna– pone el foco en la salvaguarda de la rendición de cuentas de los elementos subordinados o periféricos de un aparato administrativo ante su centro legitimador (sea legislativo o ejecutivo), garantizando especialmente la legalidad de la actividad administrativa. Esta concepción pone el énfasis en las funciones políticas y de carácter organizativo, así como en la integridad del sistema, antes que en cualquier valor o principio normativo de naturaleza sustantiva. Constituye por ello, al menos potencialmente, un modelo del orden jurídico internacional, señaladamente de corte pluralista*, en el que no existe un consenso claro sobre las normas sustantivas que hayan de establecerse. La segunda concepción normativa es de carácter liberal y se orienta a los derechos: el Derecho Administrativo protege los derechos de los individuos y de otros actores de la sociedad civil, sobre todo mediante su participación en los procedimientos administrativos y el acceso al control para garantizar la legalidad de las decisiones. Se trata de una concepción que podría hacerse extensiva a la protección de los derechos de los Estados. Este fundamento puede resultar especialmente valioso para muchos países en vías de desarrollo y otros Estados débiles, que carecen de la influencia y del poder político o económico para negociar. Esta concepción también puede solaparse con la noción según la cual el Derecho Administrativo Global

---

[21] Un tratamiento integral de los aspectos normativos requeriría una discusión mucho más extensa de posiciones más complejas y matizadas, muchas de las cuales no encajan del todo dentro de estos tres simples arquetipos. También pasa por debatir las relaciones entre el Derecho Administrativo Global y la eficacia regulatoria, el bienestar social, la democracia y la justicia. ¿Debería el Derecho Administrativo Global incorporar compromisos de promover el bienestar social general, postulando el rechazo, el replanteamiento o la justificación sobre otras bases de las políticas que reducen el bienestar social y promoviendo políticas que lo incrementen? ¿O deben sus ambiciones ser más modestas, para promover la administración ordenada y responsable a los que establecen y apoyan o están directamente regulados por regímenes globales?¿Depende en última instancia el Derecho Administrativo Global de un marco democrático, o puede operar (quizás con funciones más limitadas) fuera de contextos democráticos? La expansión del Derecho Administrativo Global, y en particular sus aspiraciones de responsabilidad y participación, ¿ayudará por sí misma a promover la democracia por el mundo? Considerando la gran diversidad de regímenes regulatorios globales y sus fines, las respuestas universales a estas cuestiones son improbables, pero apuntan a una importante agenda de temas específicos de investigación.

[22] Sobre similares concepciones normativas del Derecho Administrativo interno, ver EBERHARD SCHMIDT-ASSMANN, *Das Allgemeine Verwaltungsrecht als Ordnungsidee* (Berlin, Heidelberg: Springer, 2ª ed., 2004). N.T.: en español, puede consultarse *La teoría general del Derecho Administrativo como sistema* (Madrid: Marcial Pons, 2003).

* Sobre el tema, *vid.* el capítulo segundo, núm. IV.

puede promover el imperio de la ley (principio del Estado de Derecho) asegurando el carácter público de las normas regulatorias, su elaboración razonada y su aplicación imparcial y predecible. Estas dos concepciones normativas pretenden la búsqueda de legitimidad y de rendición de cuentas de la actuación de las instituciones internacionales y tienen un reflejo directo en el diseño y funcionamiento de los tribunales administrativos internacionales y en otros tribunales internacionales concebidos para reforzar la rendición de cuentas y el control de las organizaciones internacionales.

La tercera concepción le atribuye al Derecho Administrativo Global el papel de promover la democracia. El Derecho Administrativo nacional posee un componente democrático en muchos países: asegura la rendición de cuentas de la Administración ante el parlamento garantizando que cumple con sus leyes y que atiende los intereses económicos y sociales más representativos mediante la participación pública en los procedimientos administrativos que tienen por objeto la adopción de decisiones*. Ahora bien, es claro que un sistema de democracia representativa sobre base electoral está lejos de ser una realidad a nivel global. Tampoco parece viable una concepción cooperativa y asociativa de la democracia a nivel global basada en las entidades de la sociedad civil. Sin embargo, el desarrollo de un Derecho Administrativo Global podría contribuir a fortalecer la democracia representativa a nivel nacional, haciendo que las decisiones e instituciones regulatorias globales se hagan más visibles y se sujeten a la debida fiscalización y control dentro de los propios sistemas políticos nacionales y, de esta forma, promoviendo la rendición de cuentas de los decisores regulatorios globales a través de los ordenamientos nacionales. Los sistemas de Derecho Administrativo Global podrían asimismo apoyar la práctica de la democracia deliberativa** en el nivel de los aparatos regulatorios globales, aunque los elementos de una concepción tal, así como las condiciones para su realización efectiva, todavía tienen que solventarse[23]. Estos objetivos quedan habitualmente demasiado lejos del trabajo y de las preocupaciones de los tribunales administrativos internacionales como para ejercer un papel directo en su diseño y funcionamiento, aunque en casos especiales puedan resultar relevantes algunos fines democráticos específicos.

Teniendo en cuenta estas concepciones, los dos apartados siguientes se ocupan brevemente de la legitimidad y de la rendición de cuentas, con referencia

---

* En el contexto de la presente obra, por decisiones, término habitual en la literatura jurídica norteamericana, se entienden no sólo las de carácter singular, sino ante todo y en primer término las que desembocan en normas o reglamentos de toda clase y condición, estándares, reglas interpretativas, etc., esto es, decisiones de carácter general. (N. del E.).

** Sobre el tema, en particular, vid. capítulos tercero y cuarto.

[23] Véase ROBERT HOWSE, Transatlantic Regulatory Cooperation and the Problem of Democracy, en: *Transatlantic Regulatory Cooperation: Legal Problems and Political Prospects*, 469 (GEORGE A. BERMANN / MATTHIAS HERDEGEN / PETER L. LINDSETH eds., 2000).

especial a las funciones y al trabajo que han llevado a cabo los tribunales administrativos internacionales al respecto.

III. CONSIDERACIONES SOBRE LA LEGITIMIDAD EN EL DISEÑO Y FUNCIONAMIENTO DE LOS TRIBUNALES ADMINISTRATIVOS INTERNACIONALES

Algunos de los tribunales administrativos internacionales más prominentes han alcanzado ya una edad venerable. Siguiendo al precedente del Tribunal Administrativo de la Liga de Naciones y sus estructuras asociadas establecidos en los años veinte del pasado siglo, el Tribunal Administrativo de la OIT (creado en 1946) y el Tribunal Administrativo de Naciones Unidas (1949, transformado en Tribunal de Apelación a partir de 2009), cada uno de los cuales ejerce además jurisdicción respecto de otras varias organizaciones internacionales que así lo consienten[24], han servido de patrón para los tribunales creados por muchas instituciones. Este modelo estaba en la vanguardia, y en algunos aspectos representaba un anticipo, tanto de las transformaciones globales del control judicial nacional de la actividad pública, como de la creciente consciencia de los derechos individuales como límite a la Administración[25]. Sin embargo, desde entonces se han producido cambios en las prácticas y en las polticas de la gobernanza global que han hecho surgir nuevas inquietudes sobre su legitimidad apenas consideradas en periodos anteriores. El Informe de Reforma de 2006 que preconizó una reformulación del modelo del Tribunal Administrativo de Naciones Unidas fue muy crítico con el sistema preexistente, al sostener que no era «ni profesional, ni independiente» y afirmar que «no cumple con muchas de las normas básicas para las garantías procesales estipuladas en los instrumentos internacionales de derechos humanos[26]. La atención prestada a los requerimientos procesales en los tribunales administrativos seguirá aumentando en el futuro. Como advirtió el Secretario Ejecutivo del Tribunal Administrativo del Banco Mundial en 2007:

«Los tiempos están cambiando rápidamente. Prácticas consideradas inobjetables hace veinte años serían hoy muy problemáticas y podrían ofrecer base a las jurisdiccionales nacionales para levantar el velo de la independencia de un tribunal. El escru-

---

[24] Puede consultarse una lista en http://www.unjiu.org/data/reports/2004/en2004_3a.pdf. Más de 40 organizaciones usan el TAOIT.

[25] La correcta forma de constitución de estos tribunales ha sido replicada, con variaciones, en muchas otras instituciones, como el Banco Mundial (1980) o el FMI (1994).

[26] Véase el Informe del Grupo de Reforma del sistema de administración de justicia de las Naciones Unidas A/61/205 (28 de julio de 2006), párr. 5.

tinio público se ha incrementado mucho y las demandas de transparencia son cada día más exigentes ... Los tribunales administrativos internacionales fueron creados en la primera mitad del siglo pasado y proliferaron en su segunda mitad. El Derecho Administrativo Internacional se ha desarrollado gracias al genio de los miembros líderes de la comunidad jurídica internacional. Sin embargo, este campo no puede seguir descansando únicamente sobre el prestigio de sus fundadores y sucesores»[27].

Podemos apuntar brevemente algunos problemas actuales de la legitimidad relativos al diseño y funcionamiento de los tribunales administrativos internacionales:

1. LEGITIMIDAD EN EL DISEÑO DE LOS TRIBUNALES ADMINISTRATIVOS INTERNACIONALES

Las preocupaciones sobre la adecuación, e incluso la legitimidad, de los procedimientos de reclamación del personal condujeron a la creación de estructuras de tribunales administrativos en muchas organizaciones internacionales y, con el paso del tiempo, estas consideraciones han servido de estímulo para el rediseño de la función y de la composición de los tribunales existentes[28]. Algunos de estos problemas de legitimidad se asemejan a los que afrontan muchos tribunales que ejercen su jurisdicción en la gobernanza global.

Los problemas de legitimidad que afrontan los tribunales administrativos internacionales pueden compararse, por ejemplo, con los de los tribunales arbitrales inversor-Estado de los tratados bilaterales o multilaterales de inversión[29]. Estos dos grupos de tribunales también son comparables en la medida en que ambos crean jurisprudencia sobre cuestiones sustantivas y procedimentales de Derecho Administrativo Global[30].

El temor a que los tribunales nacionales enjuicien la actuación de las organizaciones globales constituye un factor de presión para que éstas actúen de modo justo, efectivo e independiente a la hora de resolver las reclamaciones de su personal, evitando

---

[27] Nassib Ziadé, The Independence of International Administrative Tribunals, documento inédito presentado en la World Bank Administrative Tribunal Conference de 27 de marzo de 2007, p. 17.

[28] Para una visión general de las preocupaciones que llevaron a la constitución del nuevo sistema interno de justicia en Naciones Unidas, ver Phyllis Hwang, Reform of the Administration of Justice system at the United Nations, 8 *The Law and Practice of International Courts and Tribunals* (2009) 181.

[29] Sobre legitimidad en el arbitraje de inversiones, ver Benedict Kingsbury and Stephan Schill, «Investor-State Arbitration as Governance: Fair and Equitable Treatment, Proportionality and the Emerging Global Administrative Law», IILJ Working Paper No. 2009/6.

[30] El Presidente del Tribunal Administrativo del FMI Stephen Schwebel, el Presidente del Tribunal Administrativo del Banco Mundial Jan Paulsson, el miembro del TABM Francisco Orrego Vicuna y la miembro del TANU Brigitte Stern están entre las figuras escogidas en arbitraje inversor-Estado que también desempeñan importantes papeles en tribunales administrativos internacionales.

así el riesgo de que los tribunales nacionales cuestionen su inmunidad[31]. En procesos planteados por el personal contra organizaciones internacionales por razón del empleo, el Tribunal de Apelación de Bruselas denegó la inmunidad al Secretariado General del Grupo de Estados de África, el Caribe y el Pacífico (4 de marzo de 2003) y el Tribunal Laboral de Bruselas se la denegó a la Unión Europea Occidental (17 de septiembre de 2003), en ambos casos porque la organización internacional carecía de mecanismos internos adecuados para sustanciar y resolver la reclamación. El Tribunal Laboral evaluó el proceso de la Sala de Apelación de la Unión Europea Occidental a la luz de criterios tales como su imparcialidad e independencia respecto de las partes (los miembros se nombraban mediante un procedimiento intergubernamental para mandatos de dos años renovables), el carácter judicial y contradictorio de sus procedimientos, su potestad para dictar fallos vinculantes y motivados, el derecho de las partes a personarse y el carácter público de los procedimientos y a ser oídas, incluida la publicación de la eventual decisión (la Sala de Apelación de la UEO no cumplía estos requisitos, pues sus audiencias eran cerradas y las decisiones no se publicaban)[32].

En la actualidad, cabe observar una fuerte presión por que se establezca un órgano de apelación o al menos un estrato superior capaz de revisar las resoluciones dictadas en primera instancia en materia de los derechos laborales. Esta tendencia refleja la

---

[31] En relación con los laudos arbitrales inversor-Estado, las cortes nacionales no han amenazado (todavía) con levantar la inmunidad a los Estados extranjeros, menos aun la de organizaciones internacionales administrativas como el CIADI, por motivo de un proceso arbitral inadecuado. Sin embargo, en el pensamiento estratégico de actores clave está el cambiar los estándares de control judicial nacional de los laudos arbitrales, sea en fase declarativa o ejecutiva, y la amenaza de un control más agresivo cuando la legitimidad del tribunal arbitral o el proceso que sigue están en cuestión.

[32] En un caso posterior, el Tribunal Laboral de Bruselas juzgó a la Sala de Apelación de la OTAN tomando similares criterios como referencia y concluyó que su inmunidad estaba justificada: la celebración de las audiencias en privado era excusable dada la naturaleza del trabajo de la OTAN. Sobre estos casos, puede verse NASSIB ZIADÉ, The Independence of International Administrative Tribunals, documento inédito presentado en la World Bank Administrative Tribunal Conference de 27 de marzo de 2007; AUGUST REINISCH, Administrative Tribunals and Questions of Jurisdiction and Immunity, en: International Administrative Tribunals in a Changing World (KATERINA PAPANIKOLAOU/ MARTHA HISKAKI eds., London: Esperia, 2008); y AUGUST REINISCH / GREGOR NOVAK, National Courts and the Legitimacy of International Administrative Tribunals, en OLUFEMI ELIAS ED., The Development and Effectiveness of International Administrative Law (The Hague: Kluwer, 2012). Sobre casos comparables en Brasil, WILLIAM BERENSON, Squaring the Concept of Immunity with the Fundamental Right to a Fair Trial: The Case of the OAS, 3 World Bank Legal Review (2011). En Brzak v. United Nations (SDNY, 29 Apr. 2008), el Tribunal del Distrito de EE.UU. apreció la inmunidad de Naciones Unidas y muy altos funcionarios suyos en una reclamación de acoso sexual en el puesto de trabajo puesta por una empleada, sin indagar sobre la disponibilidad de recursos internos adecuados en la ONU. Esta decisión fue confirmada en apelación (US 2nd Cir., 2 marzo 2010) e inadmitido el recurso al Tribunal Supremo (Order List 562 U.S 09-1481, 4 octubre 2010). El Tribunal de Apelación sostuvo que la Convención sobre Privilegios e Inmunidades de Naciones Unidas (13 de febrero de 1946, 21 U.S.T 1418) aseguraba inmunidad absoluta a la ONU salvo «dispensa expresa» por la organización y que los antiguos empleados gozaban de inmunidad funcional. Las supuestas deficiencias en el mecanismo interno de reclamación de Naciones Unidas no podían desplazar el efecto de la palabra «expresa» en la Convención. No obstante, el Tribunal apuntó que Brzak podría presentar una acción penal ante los tribunales estatales por una conducta que extravasaba el ámbito de la inmunidad del ofensor. Sobre este tema en general, puede verse EMMANUEL GAILLARD / ISABELLE PINGEL-LENUZZA, International Organizations and Immunity from Jurisdiction: To Restrict or to Bypass, 51 International and Comparative Law Quarterly (2002) 1; RUTSEL MARTHA, International Financial Institutions and Claims of Private Parties: Immunity Obliges, 3 World Bank Legal Review (2011).

necesidad de instituir un derecho humano de carácter general, que sea efectivo y real, a un procedimiento cuasijudicial, con apelación incluida, para ciertas clases de pretensiones[33].

Se aboga con igual fuerza por reformar el sistema de nombramiento de estos tribunales, de modo que se asegure una sólida cualificación de sus miembros; se involucre a expertos externos cuando menos para la elaboración de una lista de posibles candidatos; no se elija a empleados recientes o actuales; y se establezcan las medidas necesarias para que sus miembros no puedan verse constreñidos por su futura reelección o por la expectativa de un nuevo puesto. Los secretarios del tribunal y su personal pueden asimismo beneficiarse de una protección y garantías comparables de independencia. También se demanda crecientemente la autonomía del tribunal, tanto en la financiación, como en la gestión de los asuntos y sus correspondientes procedimientos.

Las reformas del sistema de justicia interna de la ONU ejemplifican muchas de estas tendencias. El sistema reformado se muestra como una institución robusta que encarna los atributos de transparencia y del proceso debido (*due process*) a los que aspira el Derecho Administrativo Global. Su estructura y recursos pretenden dar respuesta a la crítica según la cual el sistema anterior resulta «extremadamente lento, no cuenta con suficientes recursos, es ineficiente y, por ende, ineficaz»[34]. Los esfuerzos por hacer realidad el juego limpio o imparcialidad en sus resoluciones se evidencia en la sustitución por la ONU de los órganos de revisión por pares sólo competentes para adoptar recomendaciones no vinculantes, por un sistema judicial de doble instancia conformado por jueces. La evolución del Tribunal Administrativo hacia el Tribunal de Apelación de Naciones Unidas supone la creación de un órgano de apelación viable y operativo, para sustanciar las apelaciones ante un Tribunal de Naciones Unidas, el *UN Dispute Tribunal* (que reemplaza a las engorrosas estructuras de la Comisión Mixta de Apelación y de los Comités Mixtos de Disciplina). En sus primeros seis meses de actividad, el Tribunal adoptó 97 decisiones descongestionando el atraso sustancial que sufría la inmanejable Comisión Mixta de Apelación. Y para mejorar el acceso y la proximidad a la justicia del personal, el Tribunal Administrativo (*UN Dispute Tribunal*) tiene sedes en Nueva York, Ginebra y Nairobi y puede celebrar sesiones en otros lugares[35].

El actual procedimiento de nombramiento de jueces persigue inocular independencia, rendición de cuentas y profesionalidad en los nombramiento. Tras las reformas, la responsabilidad de proponer dos o tres candidatos a la Asamblea General para cada vacante judicial recae en el Consejo de Justicia Interna (CJI)[36]. El CJI está compuesto por cinco miembros: un representante del personal de la ONU, un representante de la dirección, dos juristas externos propuestos por el personal y la dirección respec-

---

[33] Ver p. ej. Karel Wellens, Fragmentation of International Law and Establishing an Accountability Regime for International Organizations: The Role of the Judiciary in Closing the Gap, 25 *Michigan Journal of International Law* (2004) 1, pp. 6-7. El sistema de tribunales inversor-Estado también está sujeto actualmente a presiones para que erija un mecanismo jurídico internacional de apelación frente a las decisiones del tribunal.

[34] Informe del Grupo de Reforma del sistema de administración de justicia de las Naciones Unidas A/61/205 (28 de julio de 2006), párr. 5.

[35] Reglamento de Procedimiento del Tribunal Contencioso-Administrativo de Naciones Unidas, artículo 4.

[36] A/RES/62/228 (6 de febrero de 2008), párr. 37(b).

tivamente y un tercer jurista externo elegido por consenso de los demás miembros como Presidente. El CJI celebró su primera sesión en mayo de 2008, presidido por la entonces magistrada Kate O'Regan del Tribunal Constitucional de Sudáfrica. Se cursó un procedimiento completamente público para identificar a los candidatos judiciales adecuados, con inserción de anuncios de las vacantes en *The Economist, The International Herald Tribune, Le Monde, Jeune Afrique,* y la edición asiática de *The Wall Street Journal*[37]. También se enviaron anuncios a los tribunales penales internacionales, asociaciones de jueces y a todos los centros de información de la ONU y coordinadores residentes[38]. Se recibieron 237 solicitudes y 41 candidatos preseleccionados fueron entrevistados para los 12 puestos judiciales[39]. Los *curricula vitae* de los eventuales nominados fueron publicados como anexos del Informe 2008 del Consejo de Justicia Interna en un esfuerzo por aumentar la transparencia en el proceso de selección. La Asamblea General está obligada a elegir los jueces de entre las nominaciones elevadas por el CJI mediante votación secreta, de acuerdo con el art. 92 del Reglamento de Procedimiento de la Asamblea General.

También se han establecido estrictas condiciones de excelencia para los nombramientos judiciales. Un candidato debe poseer al menos diez años de experiencia judicial en Derecho Administrativo para optar al Tribunal Administrativo (*Dispute Tribunal*) y quince años de experiencia para ser elegible para el Tribunal de Apelación (*Appeals Tribunal*)[40]. Cada magistrado es elegido para un mandato no renovable de siete años y sólo puede ser cesado por mala conducta o incapacidad[41]. Para erradicar toda percepción de parcialidad basada en las expectativas de un empleo futuro, los Estatutos tanto del Tribunal Administrativo como del Tribunal de Apelación de Naciones Unidas declaran a los magistrados inelegibles para cualquier nombramiento no judicial en la ONU durante los cinco años posteriores a la expiración de su mandato[42]. Y para garantizar que el sistema cuenta con los recursos suficientes se ha establecido un acuerdo de distribución de costes, que provienen de diversos presupuestos, entre los que destacan los de la ONU, las operaciones de mantenimiento de la paz, el Fondo de la Infancia de Naciones Unidas, el Tribunal Internacional para la antigua Yugoslavia y el Tribunal Penal Internacional para Ruanda[43].

---

[37] Informe del Consejo de Justicia Interna, A/63/489 (16 de octubre de 2008), párr. 6.

[38] *Ibíd.*

[39] *Id.* en el párr. 7.

[40] Estatuto del Tribunal Contencioso-Administrativo de Naciones Unidas, artículo 4(3)(b); Estatuto del Tribunal de Apelación de Naciones Unidas, artículo 3(3)(b).

[41] Estatuto del Tribunal Contencioso-Administrativo de Naciones Unidas, artículo 4(4), 4(10); Estatuto del Tribunal de Apelación de Naciones Unidas, artículo 3(4), 3(10).

[42] Estatuto del Tribunal Contencioso-Administrativo de Naciones Unidas, artículo 4(6); Estatuto del Tribunal de Apelación de Naciones Unidas, artículo 3(6). Las modificaciones introducidas en el estatuto del Tribunal Administrativo del FMI en 2009 también muestran la voluntad de profundizar la legitimidad y reforzar las garantías procedimentales (*due process*). Estas modificaciones extienden el mandato de todos los miembros del Tribunal a cuatro años e introducen limitaciones a su renovación para asegurar que ningún miembro se prolonga más de 12 años. Según el artículo VIII, los miembros del Tribunal no pueden tener ninguna relación anterior ni presente de empleo con el FMI, ni pueden tampoco emplearse en él después de la expiración de su mandato en el Tribunal.

[43] Administración de justicia, Informe del Secretario General, A/62/294 (23 de agosto de 2007), [159]-[161].

La importación e implantación de estas medidas de control y rendición de cuentas sugiere que la elección de profesionales independientes con méritos intachables, elegidos por una sección transversal de la comunidad de Naciones Unidas y respetados juristas constituye una premisa para la percepción de independencia e imparcialidad del sistema de justicia interna de la ONU. Estas reformas ciertamente contribuyen al progreso del Derecho Administrativo Global, por cuanto elevan los estándares de transparencia y responsabilidad (rendición de cuentas). Ahora bien, la judicialización del sistema de justicia interna también plantea algunas cuestiones problemáticas, relativas a la jurisprudencia, los poderes implícitos y la autoridad práctica atribuida a los jueces más allá de las estructuras de los sistemas judiciales estatales.

2. LEGITIMIDAD EN EL FUNCIONAMIENTO DE LOS TRIBUNALES: PRECEDENTE, CITAS CRUZADAS Y MOTIVACIÓN

En una frase muy citada, quizás porque tiene un trasfondo tan sincero como delicadamente irónico, C.F. Amerasinghe subrayó en 1988 que, en gran medida, «se ha dejado a la iniciativa y al genio innovador de los tribunales determinar de qué fuentes formales derivar las reglas que pretendan aplicar»[44]. Estos tribunales habitualmente se refieren a sus propios precedentes y también a precedentes de otros tribunales administrativos. Tampoco es infrecuente que citen decisiones nacionales, tales como precedentes de la Cámara de los Lores de Gran Bretaña, del Tribunal Supremo de Australia, o de otros Tribunales supranacionales, como el Tribunal Europeo de Derechos Humanos[45]. Si los magistrados han desarrollado una larga carrera en una jurisdicción estatal, pueden tener cierta tendencia a apoyar sus análisis en casos y conceptos que les son familiares. Aunque estas prácticas puedan constituir una consecuencia inevitable de la profesionalización de los jueces integrantes de los tribunales administrativos internacionales, pueden plantear también dudas acerca de su coherencia. Una sentencia del Tribunal Administrativo de Naciones Unidas ha invocado los principios «de la mayoría de las jurisdicciones nacionales» para determinar si debía dictarse una medida cautelar, lo que suscita la cuestión de qué jurisdicciones están dentro del ámbito de conocimiento del decisor[46]. Los tribunales ponen distinto énfasis tanto en la cohe-

---

[44] C.F. AMERASINGHE, *The Law of the International Civil Service*, vol. 1 (Oxford: Oxford University Press, 1ª ed., 1988) p. 109.

[45] Diversos casos del sistema de justicia de Naciones Unidas se han sustentado hasta la fecha sobre tales fuentes: véase p. ej. *Abboud*, TCA/2009/015 (31 de agosto de 2009) (que cita decisiones de la Cámara de los Lores y del Tribunal Supremo de Australia); *Morsy*, TCA/2009/036 (16 de octubre de 2009) (que cita *inter alia* decisiones del Consejo Privado [*Privy Council*] y jurisprudencia sudafricana).

[46] *Kasmani*, TCA/2009/017 (11 de septiembre de 2009), párr. 9.2.1.

rencia como en el desarrollo de un *corpus juris* y en su libertad para apartarse de sus decisiones previas. Este distanciamiento se atribuye a la interpretación evolutiva, y la justificación más frecuente para apartarse de las decisiones de otros tribunales reside en que debe darse margen a cada uno para ejercer su jurisdicción en el contexto que le es propio. La historia y composición de los diversos tribunales, así como las perspectivas individuales adoptadas por sus miembros sobre la base de sus propias experiencias pasadas y su percepción de su particular organización y sus necesidades, pueden tener un impacto significativo sobre la jurisprudencia que cada uno produce[47]. Los tribunales arbitrales en materia de inversión deliberan sobre muchas de estas mismas cuestiones relativas a precedentes y citas cruzadas, y también pueden trazarse paralelismos con otros órganos internacionales especializados que persiguen desarrollar un cuerpo de Derecho sustantivo y procedimental en contextos en los que hay una discrecionalidad apreciable y un amplio margen para la iniciativa individual de los jueces*.

La motivación tiene una importancia especial como factor de legitimidad de los tribunales internacionales. Se espera de los tribunales de los Estados democráticos una motivación jurídica convincente, en parte porque no son responsables democráticamente. La motivación de sus decisiones por un tribunal internacional contribuye a justificarlas por referencia a un Derecho predeterminado y acaso también a consideraciones más amplias de justicia.

La motivación también es importante para la institución internacional como forma de defensa, y para los no litigantes en general, puesto que es la parte de la decisión que puede orientar la conducta futura y que perfila las expectativas jurídicas de una audiencia más amplia, ya que los tribunales siguen cada vez más los precedentes, aunque no exista un concepto *de iure* de *stare decisis* en el Derecho Internacional General ni en el Derecho Administrativo Internacional. Se trata del efecto prospectivo o impacto orientador, que exige que tales tribunales se perciban como reguladores de futuras conductas y expectativas jurídicas, y no sólo como instancias resolutorias de situaciones pasadas.

---

[47] Véase por ejemplo PETER C. HANSEN, The World Bank Administrative Tribunal's External Sources of Law: A Retrospective of the Tribunal's First Quarter-Century (1981-2005), 6 *The Law and Practice of International Courts and Tribunals* (2007) 1, pp. 2-3, quien sugiere que las fuentes jurídicas externas utilizadas por el Tribunal Administrativo del Banco Mundial reflejan en general la doctrina del Derecho Internacional público, introducida por antiguos magistrados del CJI en servicio en el Tribunal.

* Sobre esta temática, en español, puede verse, en esta misma colección, la obra de Sabino Cassese, *Los tribunales ante la construcción de un sistema jurídico global*, Global Law Press-Editorial Derecho Global, Sevilla, 2010. (N. del E.)

3. LEGITIMIDAD EN LA RECEPCIÓN DE LOS TRIBUNALES ADMINISTRATIVOS INTERNACIONALES

La legitimidad de ejercicio de un tribunal administrativo también se ve afectada por su recepción en el ámbito de la gestión directiva en el seno de la organización.

Las resoluciones del Tribunal Administrativo del Banco Mundial y del sistema interno de justicia de Naciones Unidas reflejan una determinación por inculcar una actitud de deferencia y respeto hacia los tribunales administrativos y asegurar el cumplimiento de sus medidas provisionales. En *BI v. International Bank for Reconstruction and Development*[48], el Tribunal Administrativo del Banco Mundial concedió a la reclamante 45.000$ porque su superior no explicó por qué realizó una evaluación negativa de su rendimiento, pese a haber sido requerido para ello por el Tribunal. Como consecuencia de desatender dicho requerimiento, el Tribunal concluyó que había concluido de modo justo y ponderado el hecho de que el Banco no hubiera podido exhibir ninguna valoración sobre el desempeño de la reclamante. El Tribunal señaló lo siguiente:

«La omisión de una explicación por parte del Sr. B y la aparente incapacidad del Banco para obligar al Sr. B a cumplir con el requerimiento del Tribunal, suponen una falta de respeto hacia el papel del Tribunal o, en el mejor de los casos, una mala comprensión de la función de este Tribunal, lo cual genera una preocupación considerable por parte del Tribunal, por cuanto afecta indirectamente al derecho de todos los empleados de recabar su tutela efectiva y agrava la percepción de injusticia de un empleado que ha dado los pasos requeridos para plantear su reclamación ...»[49]

El Tribunal Administrativo del Banco Mundial trata con particular severidad las acciones emprendidas por la dirección para obstaculizar el acceso a los mecanismos de justicia interna. En su primera resolución del caso *de Merode*, el Tribunal ya proclamó el derecho de recurso ante el Tribunal como «una parte integrante de la relación entre el banco y sus empleados»[50]. En 2009, el Tribunal concedió un importe base de 30.000$ a 16 reclamantes individuales que alegaban acoso e intimidación en similares circunstancias, con el fundamento de que las prácticas de la dirección obstruían su derecho a acceder a los procedimientos internos de reclamación del Banco[51].

---

[48] «*BI*», Decisión TABM n° 439 (29 de octubre de 2010).

[49] *Id.* en [45].

[50] *de Merode*, Decisión TABM n° 1 (5 de junio de 1981). Ver en general Robert Gorman, The *de-Merode* Decision and its Influence upon International Administrative Law, en Olufemi Elias ed., *The Development and Effectiveness of International Administrative Law* (La Haya: Kluwer, 2012).

[51] Véase «*AK*», Decisión TABM n° 408 (9 de diciembre de 2009); «*AL*», Decisión TABM n° 409 (9 de diciembre de 2009); «*AM*», Decisión TABM n° 410 (9 de diciembre de 2009); «*AN*», Decisión TABM n° 411 (9 de diciembre de 2009); «*AQ*», Decisión TABM n° 412 (9 de diciembre de 2009); «*AO*», Decisión TABM n° 413 (9 de diciembre de 2009); «*AP*», Decisión TABM n° 414 (9 de diciembre de 2009); «*AR*», Decisión TABM n° 415 (9 de diciembre de 2009); «*AS*», Decisión TABM n° 416 (9 de diciembre de 2009); «*AT*», Decisión TABM n° 417 (9 de diciembre de 2009); «*AU*», Decisión TABM n° 418 (9 de diciembre de 2009); «*AV*», Decisión TABM n° 419 (9 de diciembre de 2009); «*AW*», Decisión TABM n° 420 (9 de diciembre de 2009); «*AX*», Decisión TABM n° 421 (9 de diciembre de 2009); «*AZ*», Decisión TABM n° 422 (9 de diciembre de 2009); «*BA*», Decisión TABM n° 423 (9 de diciembre de 2009). Los 16 reclamantes, todos ellos a la sazón o previamente empleados del Departamento de

La cultura del cumplimiento de las normas representa un aspecto necesario de un sistema de justicia equitativo, abierto y coherente.

Inmediatamente después de constituirse las nuevas instituciones del sistema de justicia interno de Naciones Unidas en 2009, sus integrantes empezaron a dar pasos para ganarse la debida deferencia y respeto de los órganos de Naciones Unidas. El Tribunal Administrativo (*Dispute Tribunal*) determinó que tenía atribuidas competencias implícitas para responder disciplinariamente frente a las partes que desobedecieran una orden del Tribunal y fundamentó tal poder «en el propio carácter de un tribunal, como ente legal que ejerce una jurisdicción depositada en él para fines específicos»[52]. El planteamiento del Tribunal le acarreó rápidamente un conflicto con otros elementos clave del sistema de Naciones Unidas, destacadamente con la oficina del Secretario General. En *Bertucci*, un empleado de Naciones Unidas solicitó la revisión de la decisión de no seleccionarle para el puesto de Subsecretario General. El Tribunal Administrativo ordenó al Secretario General aportar ciertos documentos tomados en consideración por el comité de selección y las actas de las deliberaciones en una decisión interlocutoria[53]. El Asesor del Secretario General rechazó aportar tales documentos alegando que las potestades discrecionales del Secretario General eran comparables a «las potestades de un Jefe de Estado» y que, por analogía, cualquier decisión de nombramiento de un funcionario del gabinete con preferencia sobre otro no era justiciable[54].

Al sostener que la conducta del Secretario General constituía un «ataque directo y descarado al imperio de la ley establecida por la Asamblea General», el Tribunal Administrativo reaccionó resolviendo que el demandado no estaba legitimado para comparecer o aportar pruebas en *ningún caso* ante el Tribunal hasta que diera cumplimiento a la orden[55]. Una orden posterior, por la que se requirió que el empleado responsable de la decisión de incumplir la orden de aportación de la documentación compareciera ante el Tribunal, fue asimismo desatendida[56]. En su Sentencia final, el Tribunal falló que la decisión de nombramiento del Secretario General era ilícita e incumplía el contrato de trabajo de Bertucci. Se condenó al Secretario General a

---

Integridad Institucional («INT») del Banco, recurrieron contra la decisión del Banco de denegarles una compensación recomendada por un Panel de Reclamaciones del Personal del INT alegando violaciones del procedimiento debido, trato injusto y abuso de poderes discrecionales en el INT. Algunos reclamantes también recibieron compensación por sufrir represalias.

[52] *Bertucci*, Tribunal Contencioso-Administrativo de Naciones Unidas, Orden nº 59 (NY/2010)/Rev. 1 (26 de marzo de 2010), párr. 4. El Tribunal de Apelación desestimó una apelación contra esta orden sobre la base de que el Tribunal generalmente no tiene jurisdicción para conocer apelaciones interlocutorias y que además ya se había dictado una sentencia definitiva: *Bertucci*, 2010/TANU/062 (1 de julio de 2010), voto particular de la Magistrada Boyko. El Tribunal de Apelación advirtió, sin embargo, que tal pretensión podía sostenerse en una apelación contra la sentencia.

[53] *Bertucci*, Tribunal Contencioso-Administrativo de Naciones Unidas, Orden nº 40 (NY/2010) (3 de marzo de 2010).

[54] Sobre la negativa del Secretario General a obedecer la orden por razones sentadas en sus alegaciones previas, ver *Bertucci*, Orden TCA nº 42 (NY/2010) (8 de marzo de 2010). Sobre dichas razones, *Bertucci*, Orden TCA nº 40 (NY/2010) (3 de marzo de 2010), párr. 11.

[55] *Bertucci*, Orden TCA nº 43 (NY/2010) (8 de marzo de 2010), párr. 10.

[56] Ver *Bertucci and Islam*, Orden TCA nº 44 (NY/2010) (9 de marzo de 2010), párr. 2; *Bertucci*, Orden TCA nº 46 (NY/2010) (10 de marzo de 2010), párr. 2.

pagar a Bertucci el equivalente a dos años de salario del puesto, 200.000$ adicionales por pérdida de prestigio y *status*, 10.000$ para indemnizar el perjuicio causado por la ocultación de documentación del Secretario General y las costas por razón de que el demandado «manifiestamente abusó del procedimiento»[57]. En otra decisión distinta, el Tribunal Administrativo ordenó que se otorgara a un denunciante acceso a un informe de la investigación preparado por la Oficina de Servicios de Supervisión Interna (OSSI) que estimaba carentes de fundamento sus denuncias de represalias[58]. Y el Tribunal de Apelación desestimó la apelación interlocutoria del Secretario General contra la orden de presentar el documento[59].

El hecho de que sean jueces profesionales quienes ocupen los órganos de la nueva justicia interna de Naciones Unidas aumenta la expectativa de que se cumplirán los procedimientos y se respetarán las órdenes. Desde el principio, los jueces se tomaron en serio que el mandato del Tribunal era el de un sistema de justicia «independiente, transparente, profesional, con recursos suficientes y descentralizado»[60]. Los conflictos eventuales entre los Tribunales y los niveles superiores del sistema de personal de Naciones Unidas eran previsibles, si se quería un cambio radical respecto de la insatisfactoria situación precedente, y tales conflictos no socavan por sí mismos una sólida y naciente jurisprudencia. Se han conseguido logros importantes frente a la infracción de los derechos procedimentales[61], el cese indebido[62] o la denegación irregular de nombramientos[63]. El Tribunal de Apelación de Naciones Unidas ha afirmado que ambos niveles del sistema judicial tienen la potestad para imponer el pago de intereses con ocasión de las condenas indemnizatorias[64], pese a que no exista referencia al pago de intereses en los Estatutos de los Tribunales. Las decisiones de los Tribunales también han atraído la atención de los medios de comunicación, que las presentan como un mecanismo positivo para garantizar una mayor responsabilidad y transparencia en el funcionamiento de Naciones Unidas[65].

Como consecuencia de la mayor transparencia y rendición de cuentas en el funcionamiento de una función pública cuyas premisas descansan en los ideales de neutralidad, imparcialidad y profesionalidad, se plantea una cuestión aún más profunda. El Tribunal Administrativo de la OIT ha observado que la independencia del funcionario público internacional constituye «una garantía esencial, no sólo para los propios funcionarios públicos, sino también para el debido funcionamiento de las organizaciones

---

[57] *Bertucci*, TCA/2010/080 (3 de mayo de 2010), párrafos 42-53. El fallo todavía no ha sido recurrido ante el Tribunal de Apelación de Naciones Unidas.

[58] *Wasserstrom*, Orden TCA nº 19 (NY/2010) (3 de febrero de 2010).

[59] *Wasserstrom*, 2010/TANU/060 (1 de julio 2010).

[60] Véase el preámbulo de la Resolución de la Asamblea General 63/253.

[61] P. ej., *Shkurtaj*, TCA/2010/156 (31 de agosto de 2010); *Nogueira*, TCA/2009/088 (31 de marzo de 2010).

[62] P. ej., *Mmata*, TCA/2010/053 (31 de marzo de 2010).

[63] P. ej., *Bertucci*, TCA/2010/080 (3 de mayo de 2010).

[64] P. ej., *Warren*, TANU/2010/059 (1 de julio de 2010) párr. 14 (con el disentimiento del Magistrado Boyko).

[65] P. ej., Hooray for the U.N – A Dispute Tribunal vindicates a Whistleblower, *Wall Street Journal* (3 September 2010), p. 8; Neil MacFarquhar, Review Panel Judges see a Culture of U.N. Secrecy, *New York Times* (16 June 2010), p. A8.

internacionales»[66]. El auge y el relativo anonimato de la función pública internacional fortalece las exigencias de receptividad o sensibilidad y de transparencia, tanto en los procedimientos de selección como en el cumplimiento de las obligaciones, en un intento por neutralizar los cargos de «liberalismo no democrático» en su funcionamiento[67]. Sin embargo, la imposición de los ideales de transparencia también puede tener un efecto disuasorio sobre la eficiencia y capacidad de respuesta del servicio. Por ello, quizás puede ser positivo conceder cierta confidencialidad a determinadas deliberaciones internas de los funcionarios públicos internacionales, para preservar el principio de neutralidad y evitar el escrutinio político por parte de Gobiernos interesados. El voto particular de la Magistrada Boyko en la apelación interlocutoria *Bertucci*, donde sostuvo que debía prestarse particular atención a las alegaciones de un cierto privilegio en tal sentido, sugiere la conveniencia de una mayor consideración hacia las ventajas de delimitar una zona limitada de privilegio en favor del Ejecutivo en los asuntos que afectan a los funcionarios públicos internacionales[68].

IV. LA EXIGENCIA DE RENDICIÓN DE CUENTAS EN LA GOBERNANZA GLOBAL: LOS TRIBUNALES ADMINISTRATIVOS INTERNACIONALES COMO INSTRUMENTOS DE RENDICIÓN DE CUENTAS

Los planteamientos tradicionales de la rendición de cuentas de carácter legal en el plano internacional basados en demostrar, primero, la violación del Derecho Internacional de los tratados o el Derecho consuetudinario y, después, en establecer la responsabilidad de los Estados o de organizaciones interestatales por dicha violación, no constituyen el marco adecuado con el que afrontar las exigencias actuales de rendición de cuentas de los entes reguladores globales. Esta mayor demanda de innovadoras y complejas formas de rendición de

---

[66] Sentencia TAOIT nº 2232 («OPCW», 16 July 2003), comentada en *Global Administrative Law: Cases, Materials, Issues*, 119 (Sabino Cassese *et al*.. eds., Institute for Research on Public Administration and the Institute for International Law and Justice, 2ª ed., 2008). El Tribunal consideró que el cese basado en consideraciones políticas de Bustani de un empleo por un periodo fijo no sólo violaba los términos de su contrato sino también «contravenía los principios generales del Derecho de la función pública internacional». Para un comentario sobre la independencia burocrática como una norma constitucional en un ordenamiento interno, ver Lorne Sossin, Speaking truth to power? The search for bureaucratic independence in Canada, 55 *University of Toronto Law Journal* (invierno 2005) 1.

[67] Sobre el concepto de antiliberalismo (N.T.: *sic* en el original *illiberalism*) no democrático, ver Michael Barnett y Martha Finnemore, *Rules for the World: International Organizations in Global Politics* (Cornell University Press, 2004) p. 15.

[68] Voto particular de la Magistrada Boyko, en *Bertucci*, 2010/TANU/062 (1 de julio de 2010). En el párr. 2 advierte que «decidir sobre la admisibilidad de una prueba sujeta a un privilegio cuando una parte pretende excluirla, por tanto, entra dentro de una categoría que demanda una atención más particular que decidir sobre la prueba que se pretende excluir por otras razones». N.T.: el término privilegio se refiere aquí a la exención del deber de revelar información y aportar documentación pública.

cuentas trae su origen de diversas fuentes (algunas de éstas incurren en cierta contradicción).

– Una de estas fuentes se localiza en aquéllos intereses que son desatendidos o minusvalorados en la actuación sustantiva de gobernanza administrativa global o en los procedimientos globales de decisión (se trata del «problema de la falta de atención o ponderación»)*. Una segunda fuente de reivindicaciones reside en las agencias u órganos de gobiernos nacionales, insatisfechos con el desempeño o con los procedimientos de una institución internacional. Una manifestación particular de ella es la presión ejercida por los tribunales nacionales o de la Unión Europea, que tienden a considerar directamente aplicables sus propios criterios de control de Derecho público a las normas o decisiones de las instituciones globales, o a las medidas nacionales adoptadas para su implementación[69]. En tercer lugar, una reclamación «de arriba hacia abajo» en favor de la rendición de cuentas proviene del liderazgo (los Estados miembros o el secretariado) de entes reguladores globales que, por razones de efectividad o de «buen gobierno» o de protección de derechos, eligen disciplinar el trabajo interno de la organización mediante el uso de mecanismos internos (aunque a veces independientes) de rendición de cuentas[70]. Los tribunales administrativos internacionales representan una instancia importante de creación de arriba hacia abajo de mecanismos de rendición de cuentas protectores de derechos. La capacidad de éstos para revisar la actuación administrativa constituye un reflejo hasta cierto punto de la transposición de instrumentos y técnicas nacionales de rendición de cuentas del Derecho Administrativo interno a las instituciones extraestatales. La suya es ciertamente una jurisdicción limitada, normalmente circunscrita a conflictos laborales entre la organización internacional en cuestión y su personal. Ahora bien, las organizaciones internacionales se ven cada vez más obligadas a tener en cuenta diversas formas de garantizar su propio sistema de rendición de cuentas por las acciones que éstas o sus agentes realizan, y que tienen un efecto o impacto sobre derechos e intereses de terceras partes.[71]. Los criterios para evaluar la legitimidad de los tribunales constituidos por las organizaciones internacionales para su propia rendición de cuentas exige un cuidado examen, aunque en el momento presente la mayor parte de los tribunales administrativos internacionales existentes no afronten crisis de legitimidad.

---

* Véase el capítulo quinto, en el que se abunda monográficamente sobre esta temática. (N. del E.).

[69] Sobre esta aproximación «de abajo hacia arriba» al Derecho Administrativo Global, puede verse el capítulo cuarto de la presente obra colectiva, que recoge el trabajo de RICHARD B. STEWART, U.S. Administrative Law: A Model for Global Administrative Law?, 68 *Law and Contemporary Problems* (2005) 63, pp. 76-88; también KINGSBURY / KRISCH / STEWART, *loc. cit.* n. 1, pp. 54-57 (capítulo segundo). N. del E.

[70] Al respecto, STEWART, *ibíd.*, pp. 88-107; también KINGSBURY / KRISCH / STEWART, *loc. cit.*, n. 1, pp. 34-36.

[71] Esta es una importante implicación de las decisiones de 2007 del Tribunal Europeo de Derechos Humanos en el caso *Behrami*, que plantean que la ONU es responsable de cualquier actuación o inactividad de las tropas bajo mandato de la ONU, si por ejemplo no apartan o advierten efectivamente a civiles de peligrosas bombas de racimo, pese a tener el conocimiento y una razonable oportunidad para hacerlo. El Tribunal asumió, de forma controvertida, que los civiles que fueron previsiblemente heridos en tales circunstancias deberían tener una vía de reclamación directa contra la ONU. *Behrami v. France; Saramati v. France, Germany and Norway* (2007) 45 EHRR SE10.

– Las organizaciones internacionales se ve obligadas a abordar con mayor frecuencia la cuestión de su responsabilidad ante sujetos distintos de sus empleados y ante terceros a los que pueden haber causado un daño. Los déficits de responsabilidad o rendición de cuentas constituyen un problema clave en algunas de estas situaciones. En algunos casos, se trata de estándares regulatorios generales fijados por instituciones intergubernamentales (por ejemplo, sobre seguridad y efectividad de productos farmacéuticos y vacunas, o sobre cálculo de riesgos crediticios y cumplimiento de reservas bancarias) que tienen consecuencias significativas sobre los actores económicos y los individuos en general. Más a menudo, se trata de actos regulatorios específicos que afectan directamente a terceros en concreto: otorgamiento del estatus de refugiado, Administración ordinaria de campos o, incluso, de territorios enteros (como en Kosovo y Timor Oriental en la primera década del siglo XXI), u operaciones militares y de mantenimiento de la paz[72]. Pese a que las consecuencias de una mala administración en estas funciones regulatorias pueden ser muy graves, los mecanismos internacionales existentes para rendir cuentas en estos ámbitos resultan menos sólidos en la protección de los terceros afectados que los que ofrecen los tribunales administrativos que se ocupan de los empleados como el Tribunal de Apelación de Naciones Unidas (TANU)[73].

– La cuestión relativa a la utilización de los tribunales internacionales ya existentes para hacer responsables a las organizaciones internacionales ante terceros y ante

---

[72] Véase Martin Zwanenburg, *Accountability of Peace Support Operations* (Leiden: Martinus Nijhoff, 2005), pp. 288-292. Un grupo de estudios detallados sobre derechos humanos y responsabilidad en las operaciones sobre el terreno de organizaciones internacionales, en Michael O'Flaherty (ed.), *The Human Rights Field Operation: Law, Theory and Practice* (Aldershot: Ashgate, 2007). Una propuesta para que la ONU compense a las víctimas locales de algunos abusos especificados en operaciones de mantenimiento de la paz, basada en una práctica limitada de la prueba (similar a algunos procesos existentes de reclamaciones en masa), en lugar de exigir el estándar probatorio del Derecho de daños de la responsabilidad de la ONU, que sería imposible de cumplir para la mayoría de las víctimas en situaciones tales como las predominantes en la República Democrática del Congo, es la formulada por Catherine Sweetser, Providing Effective Remedies to Victims of Abuse by Peacekeeping Personnel, 83 *New York University Law Review* (2008) 1643. El Tribunal de Apelación de La Haya falló en julio de 2011 que los Países Bajos eran responsables y debían pagar una compensación a las familias de las personas masacradas en Srebrenica por las milicias serbias, basándose en que el contingente holandés «Dutchbat» había expulsado a las víctimas del recinto de esta fuerza de mantenimiento de la paz de la ONU, cuando debería razonablemente haber sabido que ello pondría a las víctimas en grave peligro. El mismo tribunal había fallado en marzo de 2010 que las Naciones Unidas eran procesalmente inmunes en el mismo asunto, y no parece que ninguna vía contra la ONU fuera accesible para las familias de las víctimas.

[73] Relacionado con éste está el problema de la responsabilidad civil o penal de los empleados de organizaciones internacionales por actos ajenos a sus funciones oficiales. Es extremadamente difícil para una organización internacional imponer tal responsabilidad o usar responsablemente sus fondos para compensar a las víctimas si el acto no está relacionado con, o es manifiestamente ajeno a las funciones del empleado. Cuando fue arrestado el Director General del Fondo Monetario Internacional Dominique Strauss-Kahn por una supuesta agresión sexual a una trabajadora de hotel, no parece que el FMI objetara que estaba amparado por inmunidad. Lo que era congruente con el Convenio Constitutivo del FMI, que estipulaba la inmunidad de su personal sólo «respecto a los actos realizados por ellos en ejercicio de sus funciones oficiales». Sin embargo, si los EE.UU. hubieran sido parte de la Convención de 1947 sobre Privilegios e Inmunidades de las Agencias Especializadas de Naciones Unidas, el FMI habría confrontado un problema de exención mucho más difícil. Porque dicha Convención establece que el director ejecutivo de cada agencia especializada tiene las mismas inmunidades que los enviados diplomáticos, lo que comprendería una completa inmunidad *res personae* frente a procesos penales.

su personal se encuentra vinculada inescindiblemente a la de la legitimidad de tales mecanismos, dado que es probable que hayan sido creados, y a veces parecen influenciados, por las diversas instituciones a las que pretenden controlar. La legitimidad, y la correspondiente exigencia de autoridad más allá del mero poder coercitivo, de las leyes e instituciones, según la teoría de Max Weber, puede traer su causa de una o más de estas tres fuentes: la tradición (la forma aceptada a lo largo del tiempo de gestionar los asuntos); el liderazgo carismático; y la racionalidad burocrática. Los tribunales en materia de personal recientemente creados han buscado valerse de las prolongadas tradiciones del TANU y del Tribunal Administrativo de la OIT (TAOIT), emulando sus estructuras y haciendo referencias ocasionales a su jurisprudencia, pero esta vía no puede ser fácilmente aprovechada por cualesquiera nuevos tribunales dedicados a la rendición de cuentas de las organizaciones internacionales ante terceros ajenos a su personal. Los tribunales administrativos internacionales han dependido a veces de la intachable reputación de algunos de sus miembros (por ejemplo, como destacados jueces nacionales o abogados internacionales) y algunas de estas personas han ido generando con el tiempo cierta autoridad carismática sobre los secretariados. Pero también esto es difícil de emular cuando los tribunales están abocados a tratar con una amplia variedad de terceros. De modo que, en términos weberianos, los tribunales que tratan con terceros –en mayor medida incluso que los tribunales de personal actuales– van a tener que ganarse la legitimidad mediante la legalidad y racionalidad de su diseño, sus procedimientos, y la calidad técnica y la capacidad de persuasión de las motivaciones y fundamentos que dan para explicar y justificar sus resoluciones. Estos tribunales que se ocupan de los asuntos de terceros deberán hacer frente a una mayor exigencia de legitimidad pública general y de justificación que los tribunales internos, si bien los tribunales administrativos internacionales existentes también pueden ser objeto de una fiscalización mayor en ciertos casos notorios o en los supuestos de los que conocen algunos tribunales nacionales.

– La democracia electoral proporciona un medio de legitimidad diferente y más elaborado. Una característica particular de las elecciones democráticas por voto secreto es la de permitir a la libertad democrática de los votantes comprometerse en la política a su libre albedrío. Los dirigentes elegidos de esa forma aportan esta legitimidad a las instituciones internacionales que constituyen, controlan o sostienen (como fundadores o financiadores) y a las instituciones sobre las que ejercen lo que podría ser una autoridad política discrecional, por ejemplo para cesar a un ministro del gabinete o al director de una agencia gubernamental. No es fácil extender esta legitimidad democrática a las instituciones internacionales en general. Y extenderla a los tribunales internacionales que tienen por objeto hacer a estas instituciones responsables frente a terceros resulta muy difícil. Estos tribunales deben ser de alguna manera independientes de los Estados, si tienen que controlar a las organizaciones constituidas por los Estados y cuyos fondos para hacer frente a las responsabilidades normalmente provienen de los Estados.

¿Cuáles son entonces los mecanismos no electorales de legitimación de las instituciones transnacionales que ejercen poder público? Aquí pueden jugar un papel central los conceptos del Derecho Administrativo Global. Pueden ayudar a definir y especificar los criterios que consoliden las prácticas institucionales idóneas para promover la legitimidad, tales como la participación, la transparencia, las garantías procedimentales, la motivación, los mecanismos de control, la rendición de cuentas y el respeto por los valores básicos del Derecho público, como el principio de legalidad o de Estado de Derecho. Esta cuestión de la legitimación no electoral resulta fundamental en todo tipo de instituciones transnacionales, especialmente cuando tienen poderes efectivos de gobernanza que afectan a los derechos y responsabilidades de individuos, empresas, Estados y otros grupos. Las preocupaciones sobre legitimidad, efectividad y actuación justa, combinadas por supuesto con la presión política y las protestas, han conducido a muchas agencias transnacionales a modificar sus prácticas y sus puntos de vista respecto a cuáles son las normas aplicables y cuáles son sus funciones como instituciones regulatorias y actores en relación con los asuntos públicos. Es probable que estas preocupaciones influyan en un crecimiento lento e irregular, pero relevante, del recurso a los medios judiciales para asentar la rendición de cuentas ante terceros de las organizaciones internacionales en algunas situaciones definidas y limitadas.

En resumen, el diseño, el funcionamiento y la evolución futura de los tribunales administrativos internacionales dependen del Derecho Administrativo Global y su capacidad innovadora y creativa. Al margen de la ayuda práctica que supone afrontar y resolver situaciones particulares en materia de personal, estos tribunales han construido un creciente cuerpo jurisprudencial sobre asuntos de personal en las instituciones internacionales, y enriquecen la emergente jurisprudencia general del Derecho Administrativo Global en materias que van desde las garantías del derecho al debido proceso y la protección de los denunciantes en asuntos relacionados con las uniones homosexuales. Encuentran equilibrios entre las demandas de generalidad en el enunciado y la aplicación de principios básicos, de un lado y, de otro, la necesidad de contextualizar los problemas en marcos institucionales y socio-culturales específicos. Las reformas en su diseño y funcionamiento han estado guiadas, en parte, por conceptos y normas de Derecho Administrativo Global, que descansan sobre la legitimidad y la responsabilidad –o rendición de cuentas– en la gobernanza global. Sobre esta base, los tribunales administrativos internacionales constituyen una fuente de experiencia y, en ciertos aspectos, un modelo también para los intentos futuros de construir y legitimar mecanismos de rendición de cuentas de las organizaciones internacionales ante terceros a los que pueden afectar de forma directa y lesiva.

CAPÍTULO NOVENO

LA PONDERACIÓN Y CONTROL DE LAS REGLAS REGULATORIAS Y DE LAS RESOLUCIONES DE ALCANCE GLOBAL POR PARTE DE LOS TRIBUNALES NACIONALES*

BENEDICT KINGSBURY

I. INTRODUCCIÓN: LA GOBERNANZA REGULATORIA GLOBAL Y EL DERECHO ADMINISTRATIVO GLOBAL

LAS instituciones extranacionales dirigen de manera creciente la gobernanza regulatoria de carácter global. Se trata de instituciones que operan como si fueran Administraciones, en lo que hace a la aprobación de reglas o reglamentos de toda clase, o a la adopción de resoluciones singulares relativas a entidades individuales, y que terminan por afectar a actores privados o a agencias estatales en variadas formas. Los tribunales nacionales intervienen en ocasiones en este proceso. Esta gobernanza regulatoria global plantea nuevos retos a los tribunales internos con los que éstos no se encuentran familiarizados. Si bien es cierto que el análisis tradicional que ofrece la perspectiva del «Derecho Internacional en el seno los tribunales nacionales» continúa siendo pertinente, debe reconocerse que resulta insuficiente para dar respuesta a buena parte de los problemas actuales. Este capítulo se ocupa de algunos de los elementos conceptuales que hoy día se utilizan para hacer frente a estos problemas y sugiere un nuevo enfoque normativo o prescriptivo a través del estudio de una serie de casos difíciles que han sido tenidos en cuenta en el seno de los tribunales internos acerca de si una concreta regla o resolución satisface las exigencias de «lo público» (*publicness*).**

A continuación, expondremos en esta introducción, por un lado, cómo interactúan –dentro de un «espacio administrativo global»– los diversos actores involucrados en la gobernanza regulatoria global, y, por otro, cómo las normas y decisiones que los actores globales adoptan, así como las relaciones que entre éstos mantienen, se configuran de manera creciente a través de un cuerpo emergente de Derecho Administrativo Global. Posteriormente consideraremos el papel que desempeñan los tribunales nacionales en esta gobernanza regulatoria global y las implicaciones que para estos tribunales depara el emergente Derecho Administrativo Global. En el siguiente

---

* Traducción de Juan Cruz-Alli Turrillas, profesor titular de Derecho Administrativo, UNED.

** Esta referencia a lo público es constante en la presente obra. *Vid.*, en primer término, el capítulo segundo. (N. del E.).

epígrafe (II), clasificaremos las instituciones reguladoras globales en cuatro categorías genéricas y proporcionaremos algunos ejemplos ilustrativos acerca de cómo los tribunales nacionales tienen que lidiar con normas y actos, o decisiones, adoptados en cada una de estas instituciones. En el epígrafe III habremos de indagar algunos de las doctrinas establecidas por los tribunales nacionales para determinar cuándo y en qué forma han de aplicar normas y decisiones que provienen de instituciones extranacionales en el contexto de la gobernanza regulatoria global, siendo así que se trata de actos jurídicos externos que no traen su origen de un tratado, ni de un ordenamiento jurídico extranjero, ni tampoco de otro tribunal. El epígrafe IV se ocupa de una cuestión fundamental de carácter normativo o prescriptivo: ¿cómo *debería* un tribunal nacional valorar una decisión o norma de carácter regulatorio global adoptada por una institución externa? Es ésta una cuestión que apenas comienza a estudiarse. De ahí que no pueda seguirse aún una línea metodológica estandarizada o comúnmente aceptada en lo que hace a la posición que han de guardar los tribunales nacionales. Sin embargo, en el presente capítulo, se esboza la posibilidad de un análisis de esta naturaleza, integrado de una serie de conceptos e ideas que se extraen de un Derecho Administrativo Global.

En lugar de niveles regulatorios claramente diferenciados (privado, local, nacional, interestatal...), actualmente existe un conglomerado de actores diversos y diferentes capas o estratos, que forman un «espacio administrativo global» heterogéneo que comprende a las instituciones internacionales y a las redes transnacionales, así como a las autoridades administrativos nacionales que operan dentro de los aparatos o sistemas internacionales o generan un impacto regulatorio transfronterizo[1]. La noción de un «espacio administrativo global» supone un alejamiento de la concepción clásica del Derecho Internacional, en la que el término «internacional» se asocia en gran medida a lo intergubernamental y se da una separación estricta entre ámbito estatal y el internacional. En el mundo de la gobernanza global, las redes transnacionales de organismos reguladores –e intérpretes– de normas, hacen que estas férreas fronteras se rompan. Este nuevo espacio está siendo ocupado por reguladores privados y organismos híbridos (públicos y privados), al lado de las instituciones y organizaciones internacionales tradicionales, como Naciones Unidas. Una gran parte de la administración de la gobernanza global se encuentra altamente descentralizada y no trabaja de modo muy sistemático. No es de extrañar, por tanto, que los tribunales nacionales se vean a sí mismos como un actor más en este mundo de la gobernanza global, fiscalizando los actos de los organismos internacionales, transnacionales y, especialmente, nacionales que administran *de facto* estos sistemas o mecanismos de gobernanza global. En algunos casos los tribunales nacionales forman parte del propio engranaje de administración y revisión de estos regímenes administrativos de gobernanza global. Es ésta una realidad inevitable, aun cuando no sea desde luego necesariamente la forma en que los jueces nacionales desean verse a sí mismos ante estas nuevas responsabilidades. Este capítulo trata de mostrar cómo el emergente concepto de un Derecho Administrativo Global, inspirado en parte en la idea de que gran parte de la gobernanza global pueda ser analizada como «Administración», puede proporcionar mecanismos para que los tribunales nacionales embriden los difíciles e ineludibles problemas que se les plantean.

---

[1] B Kingsbury *et al.*, «Foreword: global governance as administration» (2005) 68 *Law & Contemporary Problems* 1.

El Derecho Administrativo Global no es un concepto nuevo, aunque ha cobrado un nuevo significado e importancia[2*]. Se puede definir el Derecho Administrativo Global como el conjunto de mecanismos, principios y prácticas que, junto con las concepciones sociales que los sustentan[**], determinan la responsabilidad o rendición de cuentas de las organizaciones administrativas globales, en particular garantizando que éstos cumplan con unos niveles adecuados de transparencia, audiencia, participación, razonabilidad y legalidad de sus actuaciones, y proporcionando, a su vez, instrumentos de revisión eficaz de las reglas y decisiones que éstos adoptan[3]. La utilización consciente del término «global» en lugar de «internacional» persigue evitar que implícitamente se conciba como una parte de un sistema de la *lex lata* y para poder por el contrario avanzar así esquemas institucionales informales (muchos de los cuales asignan un papel destacado a actores no gubernamentales), así como otras prácticas normativas y fuentes que no figuran dentro de la concepción tradicional del «Derecho Internacional». En cierto sentido, el Derecho Administrativo Global se halla en tensión con el modelo clásico del Derecho Internacional basado en el consentimiento entre las partes[4], aunque es igualmente capaz de producir normas sobre las que los tribunales nacionales habrán de estar cada vez más alerta. Las normas tradicionales del Derecho Internacional son de una enorme relevancia, aunque proporcionan una orientación o directriz insuficiente a los tribunales nacionales en este territorio nuevo y desconocido. Como este capítulo pondrá de manifiesto, los tribunales nacionales han utilizado diversas maneras y doctrinas para evaluar tales normas de la gobernanza global, mediante la utilización de estándares o parámetros que forman parte del «*ius cogens*», del Derecho Internacional consuetudinario, del Derecho Internacional general o de los «principios generales del Derecho». No obstante, ninguno de los parámetros resuelve por completo los problemas de los tribunales a la hora de determinar el sistema de fuentes de las normas que deben aplicarse o, incluso, el papel del tribunal en un régimen o sistema concreto de gobernanza regulatoria global.

El Derecho Administrativo Global evoluciona en la misma medida en que las estructuras regulatorias se enfrentan a nuevas exigencias de transparencia, consultas, participación, motivación de las decisiones y fiscalización, que favorezcan la rendición de cuentas. Estas exigencias, y sus respuestas, presentan cada vez más un común carácter normativo, inspirado en el Derecho Administrativo. La creciente difusión de estos principios y prácticas que se asemejan a los propios del Derecho Administrativo genera una convergencia entre lo que anteriormente eran áreas dispares de la gobernanza regulatoria. La sensación de una cierta unidad de principios y prácticas en estas áreas

---

[2] El proyecto del Instituto de Derecho y Justicia Internacional de la Facultad de Derecho de la NYU sobre Derecho Administrativo Global cuenta con una página web, que incluye una serie de documentos de trabajo y una amplia bibliografía, así como enlaces a documentos de otros estudiosos de todo el mundo: www.iilj.org. Una serie de estudios producidos en la primera fase de este proyecto aparece en las revistas de los tres simposios: (2005) 68 *Law & Contemporary Problems*; (2006) 17 *European Journal of International Law*; (2005) 37 *New York University Journal of International Law & Policy*.

* *Vid.* el capítulo segundo. (N. del E.).

** *Vid.* el capítulo tercero y séptimo. (N. del E.).

[3] B Kingsbury, N Krisch & R B Stewart «The emergence of global administrative law» (2005) 68 *Law & Contemporary Problems* 15.

[4] Ver N Krisch & B Kingsbury «Introduction: global governance and global administrative law in the international legal order» (2006) 17 *European Journal of International Law* 1 at 10.

resulta de vital importancia para el fortalecimiento –o la erosión– de la legitimidad y de la eficacia de estos diferentes aparatos o sistemas de gobernanza.

Si bien el Derecho Administrativo Global se desenvuelve en múltiples espacios con una cierta jerarquía de normas y autoridad, y un cierto recurso al precedente y al préstamo e importación de principios, sin embargo, su carácter fragmentado y la variación de los contextos en que ello se produce son altos. Téngase en cuenta que, aun cuando el Derecho Administrativo Global se encuentra influenciado por los Tratados y las costumbres del Derecho Internacional, va mucho más allá de estas fuentes y en ocasiones se aleja de ellas. Se sirve de un conjunto de normas y de prácticas, en ocasiones de carácter imperativo, que se entremezclan con otras muchas fuentes de obligaciones aplicables a una institución concreta (que pueden comprender las normas nacionales del lugar, los instrumentos de base, reglamentos aplicables a la institución, contratos que reconocen derechos dominicales, o normas de Derecho Internacional general). Tal es el escenario en el que los tribunales nacionales están llamados a operar.

II. TIPOLOGÍA DE LAS INSTITUCIONES DE GOBERNANZA REGULADORA GLOBAL, CUYAS NORMAS Y DECISIONES PUEDEN SER ENJUICIADAS POR TRIBUNALES NACIONALES

Tanto las dimensiones y estructuras administrativas en la gobernanza regulatoria global, como la intervención de los tribunales nacionales en tales procesos, varían considerablemente. Esta sección clasifica las instituciones extranacionales de la gobernanza regulatoria en cuatro tipos y ofrece ejemplos ilustrativos de la interacción de los tribunales nacionales con cada una de estas instituciones*.

El espectro de los regímenes o aparatos de gobernanza transnacional o global respecto de los cuales un tribunal nacional tendría que determinar qué peso debe asignar a las diversas regulaciones, decisiones y políticas emanadas de tales cuerpos u organismos es muy amplio y altamente heterogéneo. Los sistemas pueden diferenciarse en función de la materia que tratan (cuestiones de seguridad, mercados globales, cuestiones relacionadas con los derechos morales y humanos, etc.) y según el grado de coherencia y acuerdo de las políticas y estándares que se establecen dentro de ese régimen especial. Para un tribunal nacional, tendrá relevancia considerar si el Estado en el cual se encuentra el foro de la institución es o no miembro de la organización; si el Gobierno o un organismo nacional competente tiene un papel activo en el mismo; la actitud del legislador nacional hacia la organización (por ejemplo, si ha utilizado o respaldado los estándares de la organización de forma habitual); y si la legislación nacional le otorgar una función (amplia o limitada) a los tribunales nacionales

---

* Sobre el tema, en particular, los capítulos segundo y cuarto. (N. del E.).

en relación con este régimen de gobernanza. Un sector de la doctrina dentro del Derecho Administrativo Global distingue los regímenes regulatorios globales en función de los actores involucrados y su forma de organización, distinguiendo cuatro categorías de actores distintos de los Gobiernos nacionales y sus Administraciones.

– Desde esta última perspectiva, en primer lugar cabe distinguir las organizaciones intergubernamentales de carácter formal, como la Organización Internacional de Aviación Civil (ICAO por sus siglas en inglés). La ICAO se acoge el régimen del Convenio de Chicago para la aviación civil, con una estructura cohesionada y políticas y estándares relativamente claros, aun cuando cuenta con una Administración descentralizada y un amplio margen para ocuparse de los temas concretos. El régimen de la Convención de Chicago sigue siendo principalmente un régimen intergubernamental, que está operado por organismos gubernamentales nacionales, pese a que entidades privadas, como la asociación que agrupa las líneas aéreas (la Asociación Internacional de Transporte Aéreo), desempeñen un papel significativo. Los tribunales nacionales se ocupan con frecuencia de las normas y decisiones de la ICAO, habitualmente a través del ejercicio de las funciones, que en el marco del Derecho Administrativo nacional, de sus propias Administraciones nacionales. Un ejemplo ilustrativo es la decisión del Tribunal de Apelación de Nueva Zelanda en 1997 en el caso de la «Asociación de Pilotos de Líneas aéreas» (*Air Line Pilots' Association case*). Al rechazar una denuncia realizada por la Asociación de Pilotos de Líneas Aéreas, según la cual ciertas informaciones grabadas en la cabina de un avión estrellado serían incompatibles con el Anexo sobre la Investigación de Accidentes e Incidentes del Convenio de Chicago sobre la Aviación Civil Internacional de 1944,[5] los jueces del Tribunal de Apelación de Nueva Zelanda estaban efectivamente tratando –y participando– en un mecanismo de gobernanza regulatoria global[6]. En principio, un Estado puede optar por distanciarse de las normas globales, y no aplicar en su legislación nacional las Normas y Prácticas Recomendadas que aparecen en los Anexos al Convenio de Chicago y que se revisan con regularidad. Sin embargo, la práctica real de las diferentes Normas y Prácticas Recomendadas no sigue el sistema uniforme que deriva de su estatus jurídico formal, sino que varía según el tema y la concreta disposición de la Norma o Práctica Recomendada de que se trata, y en función también de las presiones que ejerza el mercado o las de carácter bilateral, tales como la amenaza de exclusión del espacio aéreo de los Estados Unidos en caso de que no se cumplan algunos preceptos[7].

El análisis del Tribunal de Apelación en el caso de la «Asociación de Pilotos de Líneas Aéreas» se ha considerado como el de una decisión sobre la aplicación de los «Tratados internacionales en el Derecho nacional». Ciertamente, se trata de un ejemplo sólido y elaborado de este tipo de decisiones: la cuidadosa interpretación por parte

---

[5] Convention on International Civil Aviation (7 December 1944) 15 UNTS 295.

[6] *New Zealand Air Line Pilots' Association v Attorney-General* [1997] 3 NZLR 269 (CA).

[7] Es el caso de los Estándares y Prácticas recomendados relativos a las certificaciones médicas de la tripulación aérea, que fueron aplicados en Nueva Zelanda de un modo muy relajado con respecto a tripulantes de cierta edad, hasta que la Administración federal de aviación de los Estados Unidos (US-FAA) indicó que las tripulaciones registradas bajo la autoridad de Nueva Zelanda se encontraban en riesgo de perder su capacidad de operar en Estados Unidos. Agradezco este caso a Stephanie Winson-Rota de la Civil Aviation Authority de Nueva Zelanda.

del Tribunal de la cláusula 5.12 del Anexo 13 sobre las grabaciones de voz en cabina se extendía a sutiles distinciones entre ésta y otras Normas y Prácticas recomendadas, así como un examen detallado de la legislación pertinente de Nueva Zelanda.

No obstante, el caso también podría analizarse desde una óptica algo diferente, como una de las múltiples situaciones en las que un tribunal nacional determina cómo va a evaluar, y qué peso se le dará, a un acto o norma administrativa adoptada por una institución de gobernanza externa. Por supuesto, es importante tener en cuenta el status de la norma o decisión correspondiente en el Derecho Internacional, y el curso dado a esta categoría de norma o decisión en el Derecho interno donde se ubique el foro. Sin embargo, es posible que también sea necesario indagar otros temas: la autoridad formal y el status de la regla o decisión dentro del sistema en el que se elaboró; *cómo* se adoptó (cuestiones de procedimiento); cómo funciona en la práctica el sistema global y cómo se concibe por sus principales participantes o grupos; cómo se alinea todo ello con la política pública del foro, y tal vez con los intereses públicos y gubernamentales de mayor espectro; y qué papel puede desempeñar correctamente el tribunal nacional. Un tribunal nacional responde, en cuanto al ejercicio de su poder, principalmente ante la ciudadanía y ante el Estado; sin embargo, el tribunal también puede ejercer una potestad de carácter funcional –aunque no se halle muy articulada– en el régimen de gobernanza global correspondiente, e incluso puede ser responsable del impacto de su decisión respecto de otras personas involucradas o afectadas por ese régimen regulatorio, aunque no sean partes en el caso concreto. La puesta en práctica de esta visión, contextualmente más amplia, sobre la gobernanza del problema puede resultar muy compleja: ¿Cómo puede un tribunal estar seguro de que está adecuadamente informado acerca de estas cuestiones globales? ¿Cuáles son las fuentes del Derecho que se debe aplicar dentro de tal sistema de gobernanza?; y en cualquier caso ¿en qué medida –si procede– deben estas consideraciones sobre la gobernanza desplazar el resultado que produciría la aplicación de la ley formal del foro (incluido el Derecho Internacional general cuando esta la legislación del foro así lo prevé)?*

Podría pensarse que los problemas asociados a la puesta en práctica de esta concepción más amplia de «gobernanza» sugieren que no se deba seguir por ese camino. En mi opinión, sin embargo, estos problemas deben abordarse con independencia del marco utilizado. Por tanto, aunque no se utilizara el lenguaje de la gobernanza en el caso de la «Asociación de Pilotos de Aerolíneas», el Tribunal de Apelación tuvo que hacer frente a algunas de esas cuestiones –tratando de determinar cómo funciona el sistema del Convenio de Chicago sobre gobernanza, y cómo el Tribunal de Nueva Zelanda debería ponderar los diferentes elementos– si el estatus formal de esos elementos no se ha establecido con precisión en las leyes de Nueva Zelanda, así como las consecuencias potenciales que todo ello tendría si los tribunales de Nueva Zelanda actúan de una manera determinada. Durante mucho tiempo, Nueva Zelanda ha sido parte de los tratados aplicables y ha desempeñado un papel activo en su desarrollo, gran parte del cual se ha incorporado a su legislación nacional. Así, el contexto que justificaba la intervención de los tribunales de Nueva Zelanda en el caso de la «Asociación de Pilotos de Aerolíneas» era razonablemente claro. Otros regímenes de gobernanza global plantean, sin embargo, problemas más difíciles a este respecto.

– Una segunda categoría de estructuras administrativas globales la constituyen las redes intergubernamentales integradas por representantes estatales, algunas de las cuales operan totalmente al margen de las estructuras de los tratados, en tanto que

---

* *Vid.* asimismo el capítulo quinto.

otras constituyen redes de trabajo aunque administren los propios tratados. Los diferentes tipos de redes de trabajo de empleados públicos (y a veces de representantes de la industria u otros actores privados) en la Organización para la Cooperación y el Desarrollo Económico (OECD por sus siglas en inglés) resultan ilustrativos.

En 2008, la Cámara de los Lores fue emplazada a considerar el significado y las implicaciones del artículo 5 de la Convención de la OECD de 1997 sobre la lucha contra el soborno de funcionarios extranjeros en transacciones de negocios internacionales, a la hora de determinar la legalidad de una decisión adoptada por la Oficina Antifraude del Reino Unido, que acordaba detener la investigación de las denuncias de soborno por parte de *BAE Systems** para conseguir contratos de venta de aviones militares a Arabia Saudí (la paralización se debió a preocupaciones políticas que tenían ver con el efecto sobre las relaciones entre el Reino Unido y Arabia Saudí)[8]. Se trataba de un Tratado internacional del que el Reino Unido es parte y en el que se basa parcialmente la legislación penal británica. El Tratado no se había traspuesto formalmente en la legislación del Reino Unido, pero la voluntad de evitar una violación de éste fue una de las principales preocupaciones del Fiscal General y del Director de la Oficina Antifraude. Estos habían decidido, teniendo en cuenta la seguridad nacional del Reino Unido y los intereses de la política exterior en Oriente Medio, que la resolución adoptada era adecuada en virtud del artículo 5, aunque los representantes de Arabia saudí respondieron a las investigaciones sobre el supuesto soborno con amenazas sobre las relaciones e intereses entre el Reino Unido y ese país[9]. Por su parte, la Cámara de los Lores considerando que el caso se podía resolver sobre la base de otros fundamentos jurídicos evitó hacer su propia interpretación del artículo 5, alegando que era mejor dejar esta cuestión –que no estaba resuelta a nivel internacional– al Grupo de Trabajo de la OCDE sobre la corrupción (WGB «*Working Group on Bribery*», por sus siglas en inglés), que estudia casos concretos amparadas en el Convenio, lo que comprende las denuncias relativas a este tipo de contratos de compraventa de aeronaves.

Las razones esgrimidas por la Cámara de los Lores para dejar la decisión a las futuras deliberaciones del Grupo de Trabajo sobre Corrupción (WGB) no giraron en torno a la competencia exclusiva o no del grupo, ni a una posible litispendencia (*litis pendens*) o prejudicialidad. En su lugar, la Cámara de los Lores razonó que una interpretación uniforme del artículo 5 sería altamente deseable[10], aún más dada la complejidad interpretativa de algunos aspectos y los riesgos concomitantes de una interpretación unilateral realizada por tribunales nacionales[11]. Era preferible, según la Cámara de los Lores,

---

* BAE Systems plc es el segundo mayor contratista militar del mundo· además de una constructora aeronáutica comercial (N. del E.).

[8] Convención para combatir la corrupción de funcionaros públicos extranjeros en los negocios internacionales (21 de noviembre de 1997) 37 ILM1 ar. 5: «La investigación y persecución de tal delito cometida por parte de un funcionario público debe quedar sujeto a las reglas aplicables y los principios de cada parte firmante. No debería quedar influenciada por consideraciones de interés económico nacional, o del efecto que pudiera tener con respecto a las relaciones con otros países o la identidad de las personas legales o naturales que estén envueltas».

[9] *R (Corner House Research and Campaign Against the Arms Trade) v Director o the Serious Fraud Office* [2008] UKHL 60, reversing the Queen's Bench Divisional Court decision [2008] EWHC 714 (Admin).

[10] *Ibíd.* paras 44-46 (per Lord Bingham) and 65-66 (per Lord Brown).

[11] *Ibíd.* paras 44-46 (per Lord Bingham) and 65-66 (per Lord Brown). La *Divisional Court* fijó su argumentación en que la uniformidad era el mecanismo esencial de Convención como un instrumento

intentar alcanzar un acuerdo sobre esta difícil cuestión a través del Grupo de Trabajo, que era el método estipulado en la Convención[12].

– El tercer grupo comprende sistemas híbridos público-privados en materia de gobernanza y sectores regulados. Entre éstos cabe citar los acuerdos de reconocimiento mutuo por los que una agencia privada en un país evalúa productos para certificar el cumplimiento de los estándares conforme a normas reguladoras de otro país, así como destacadas estructuras en las que Gobiernos y actores privados interactúan para promulgar y hacer efectivas tales normas de estandarización. Un acusado en un pleito por negligencia podría argumentar, por ejemplo, que un producto cumple con una norma en particular emitida por la Organización Internacional de Normalización (ISO), importantísima entidad creadora de normas de estandarización, que es, en gran medida, privada[13]. En Estados Unidos, los tribunales han estudiado en varias ocasiones la relación entre el establecimiento de estándares privados y el Derecho antitrust. Este es el caso, por ejemplo, del sector de las telecomunicaciones, en el cual la tecnología patentada de una empresa fue incorporado por el Instituto Europeo de Normas de Telecomunicaciones (ETSI, por sus siglas en inglés) y otros organismos de normalización para establecer la Norma Universal de Telecomunicaciones Móviles (UTMS por sus siglas en inglés), de uso para los teléfonos móviles; si bien tal compañía incumplió posteriormente el compromiso impuesto por el ETSI de otorgar licencias de uso en términos no discriminatorios, justos y razonables (FRAND por sus siglas en inglés)[14]. La Organización Internacional de Normalización y sus miembros comenzaron a ser objeto de control judicial en marzo de 2008, al hilo de la adopción de un estándar para *Open Office XML*, un estándar originario de Microsoft, fuertemente criticado por algunos de los defensores del software de código abierto[15].

---

efectivo en la lucha contra la corrupción: «El interés propio es el factor crítico en la derrota del esfuerzo por erradicar la corrupción internacional. A la Convención se le priva de efecto si los competidores no están dispuestos a adoptar la misma disciplina. El Estado que permita el soborno en su propio interés económico o diplomático está poniendo *una china en el zapato* de los intereses comerciales de los Estados que sí honran sus compromisos (internacionales). Hasta que no se establezca una distinción clara y uniforme entre el posible efecto sobre las relaciones con otro Estado y la seguridad nacional, algunos signatarios de la Convención podrán escapar de su disciplina apoyándose en una definición amplia de la seguridad nacional, privando, por lo tanto, de cualquier fuerza a estas prohibiciones en las relaciones con otros Estados».

[12] *Ibíd.* paras 45 y 46 (per Lord Bingham). La *Divisional Court* enfatizó también la ausencia de una interpretación definitiva realizada por el Grupo de Trabajo sobre corrupción (WGB): «Enfrentados con la manera en que aparentemente el WGB ha recogido las reglas internas y sus principios de persecución (de estos delitos) por parte del Reino Unido, Canadá y Alemania, y la ausencia de posteriores aclaraciones por parte del WGB, no podemos concluir una visión definitiva con respecto a si el Director actuó conforme al art. 5» (at para 157, por Moses LJ para la Corte).

[13] Para una correcta aproximación general de las decisiones judiciales de los Estados Unidos sobre estándares privados aplicables véase H Schepel «Constituting private governance regimes: standards bodies in American Law» en C Joerges, I Sand & G Teubner (eds.) *Transnational Governance and Constitutionalism* (2004) 161.

[14] Una de las varias decisiones en tal caso es *Broadcom v Qualcomm* (2007) 501 F 3d 297 (3d Cir).

[15] El Grupo de usuarios del sistema operativo Unix del Reino Unido señala que en la Sentencia de la High Court de Inglaterra de junio de 2008 Llody Jones J determinó la inaplicación, modificando la decisión del *British Standars Institute* de votar en favor de este estándar del ISO, e indicando su intención de interponer un recurso de apelación. Comunicación de prensa de 19 de junio de 2008, que puede verse en: www.ukuug.or/ooxml (último acceso el 27 de agosto de 2008).

– En cuarto lugar, se hallan las estructuras de gobernanza regulatoria global priva-da. Muchas áreas de gobernanza global están, en la práctica, dominadas por entidades e intereses no estatales (por ejemplo, las asociaciones de la industria que operan en régimen de autorregulación) y por acuerdos de cooperación para la regulación entre entres privados (como las asociaciones de ONG comerciales para la fabricación de ropa y zapatos en el seno de la Asociación para el Trabajo Justo). Los tribunales nacionales se han visto obligados con frecuencia a ponderar las normas y decisiones adoptadas por dichas entidades privadas sobre las que no existe ninguna acción reguladora interesta-tal o estatal. Por ejemplo, en 2005 el Tribunal de Derechos Humanos de Nueva Zelan-da tuvo que determinar qué valor había que atribuir a los estándares internacionales de la industria aérea para decidir si una aerolínea cometía una discriminación ilegal al exigir un pago específico por la provisión por adelantado de oxígeno adicional para los clientes que indiquen que lo necesitan a bordo del avión[16]. Por ejemplo, en aquellos ca-sos que tengan alguna relación con el sector forestal no es difícil imaginar que muchas disputas contractuales girarán en torno a una serie de criterios específicos establecidos por instituciones externas al Estado como, por ejemplo, el *Forest Stewardship Council* (Consejo de Administración Forestal), un organismo privado transnacional con sede en Alemania que certifica el uso sostenible de maderas[17].

Un caso particularmente ilustrativo sobre esta cuestión es el que tuvo lugar en Estados Unidos en relación con la *Corporación para la Asignación de Nombres y Números de Internet* («ICANN» por sus siglas en inglés), una organización privada constituida como una corporación sin ánimo de lucro en California (aunque la ICANN y su traba-jo se hallan cada vez más influenciados por los Gobiernos nacionales). ICANN adoptó una Política Uniforme de Solución de Disputas («UDRP» por sus siglas en inglés), en virtud de la cual unas comisiones administrativas habrían de resolver las controversias sobre los nombres de dominio en Internet mediante la aplicación –principalmente– de las normas de la ICANN sobre estas materias. En la URDP se reconoce expresamente la posibilidad de que las partes puedan acudir a los tribunales nacionales competentes en relación con una controversia concreta. El sistema establecido por la UDRP era aplicable al dominio de segundo nivel «Barcelona.com», registrado a nombre de una corporación estadounidense llamada Bcom, porque el contrato de Bcom con el provee-dor de servicios de Internet lo estipuló así (y de hecho así es requerido por la ICANN). El Ayuntamiento de Barcelona ganó el pleito que llevó ante la comisión administrativa, convocada a tal efecto por la Organización Mundial de la Propiedad Intelectual (WIPO por sus siglas en inglés, «OMPI» en español), una organización intergubernamental, que en este caso actuaba como organismo aprobado para la resolución de controversias en virtud de la UDRP. El Tribunal de Primera Instancia de Estados Unidos no otorgó ningún valor jurídico a la decisión de la OMPI aunque «procedió en esencia a aplicar la opinión del ponente de la OMPI»[18]. El Tribunal de Apelaciones destacó que al am-paro de la ley estadounidense que éste conoce, un tribunal de los Estados Unidos debe decidir el caso *de novo* y no otorgar consideración alguna al Panel administrativo de la OMPI, en contraste, por ejemplo, con la deferencia que los tribunales de los Estados

---

[16] *Smith c. Air New Zealand Ltd* (2005) 8 HRNZ 86.

[17] Puede verse E. Meidinger «The administrative law of global public-private regulation: the case of forestry» (2006) 17 *European Journal of International Law* 47.

[18] Esta es la interpretación de la decisión de la Corte de distrito «*District Court*» realizada por la Corte de Apelaciones «*Court of Appeals*» (*tribunal jerárquico superior NdT*) en *Barcelona.com v Excelentí-simo Ayuntamiento de Barcelona* (2003) 330 F.3d 617 (4th Cir).

Unidos otorgan a ciertos tipos de laudos arbitrales. El tribunal dio razones para ello, tanto desde el punto de vista de la legislación de Estados Unidos, como de la normativa de la ICANN. Señaló que «debido a que una decisión de la UDRP es susceptible de sustentarse en principios que son extraños u hostiles a la legislación estadounidense, la ACPA [la legislación de Estados Unidos sobre el particular] autoriza a revocar una decisión de la comisión, si tal resultado es requerido por la aplicación de la Ley Lanham». Sin embargo, el Tribunal explicó que esto es precisamente lo que pretendía la ICANN en el diseño de la UDRP que contiene un proceso rápido donde la comisión correspondiente (*panel* por su nombre en inglés) puede utilizar cualesquiera normas y principios de Derecho que considere aplicables:

Debido a que el proceso administrativo establecido ante la UDRP posee una naturaleza de resolución de controversia de carácter provisional, como consecuencia de su naturaleza simplificada y sus reglas no muy estrictas con respecto a la ley aplicable, la propia UDRP contempla la intervención judicial, que puede producirse antes, durante o después del comienzo del proceso de solución de controversias de la URDP.... Como reconoció la ICANN a la hora de diseñar la URDP, es necesario permitir el recurso antes de llegar a la resolución definitiva de conformidad con la ley de un país para evitar el abuso del proceso de la URDP [concretamente, revertir el secuestro de nombres de dominio][19].

III. ALGUNAS DOCTRINAS JURÍDICAS UTILIZADAS POR LOS TRIBUNALES NACIONALES PARA CONTROLAR LAS NORMAS Y DECISIONES CONCRETAS DE INSTITUCIONES EXTRANACIONALES

La esquemática tipología de las instituciones globales expuesta en el apartado anterior proporciona sólo un criterio un tanto rudimentario para categorizar el complejo abanico de casos en que las normas y decisiones de tales instituciones se fiscalizan ante los tribunales nacionales. En este epígrafe hemos de aportar otro criterio organizativo adicional, tras la revisión de algunos de los conceptos y categorías utilizados por los tribunales nacionales en la evaluación y ponderación de los actos y normas adoptados por estas instituciones regulatorias extranacionales.

La variedad de casos que pueden darse ante los tribunales nacionales es enorme. En algunos supuestos la ley nacional del foro donde radica la institución establecerá cómo se incorpora, o se da efecto, a una norma externa. En otros casos, más complejos, el Estado del foro puede haber delegado las competencias en favor de la entidad para el establecimiento de normas y decisiones sin facultades para la resolución de recursos, con efecto automático en el Derecho del país donde radica el foro en cuestión. Esta incorporación dinámica de nor-

---

[19] *Barcelona.com v Excelentísimo Ayuntamiento de Barcelona* (2003) 330 F.3d 617 (4th Cir).

mas, o de decisiones administrativas ajenas y externas al propio Estado, plantea problemas de difícil resolución. En algunos supuestos, podrá justificarse este hecho en el conocimiento experto incomparablemente superior en manos de la organización externa, o cuando la falta de consentimiento respecto de las decisiones externas pueda comportar elevados costes en términos económicos y políticos, o bien cuando los gastos de una reiterada incorporación de cada regla o decisión por separado a partir de una base estática resulta muy alto y propenso al error. Sin embargo, esa delegación produce, por otro lado, un impacto democrático muy alto (en lo que se refiere a la falta de legitimación política del emisor) y, de hecho, se prohíbe en algunos sistemas constituciones[20].

Los tribunales nacionales pueden buscar un término medio otorgando cierta deferencia a un organismo externo. Así, un tribunal nacional podría aceptar que los Estados miembros de las Naciones Unidas hayan delegado ciertos poderes al Consejo de Seguridad de la ONU y dar un peso decisivo a una acción del Consejo de Seguridad de la ONU sin más indagaciones. No obstante, este no parece ser el caso cuando el Consejo de Seguridad se comporta como minorista en vez de mayorista, es decir cuando sus actos se dirigen contra personas concretas de forma desproporcionada y arbitraria, sin dar razones, o sin derecho al recurso. En el otro extremo del espectro, un tribunal nacional podría decidir en virtud de la legislación nacional, que carezcan de relevancia alguna, o de validez, determinados tipos de normas o decisiones de organismos regulatorios externos. En cualquier caso, resulta muy raro que un tribunal nacional se considere competente para revisar directamente un acto de un regulador externo (aunque estos casos ocurren). Estos organismos suelen tener inmunidad, si son intergubernamentales, lo que significa que normalmente no se encuentran sujetos a la jurisdicción de un tribunal nacional y, si lo están, las normas procesales de legitimación limitan mucho las posibilidades de impugnación. Por ello, la función de revisión realizada por los tribunales nacionales suele ser más bien colateral, indirecta, normalmente en relación con casos basados en el Derecho nacional, o en procedimientos de ejecución o inejecución. Ello conlleva que las normas nacionales, tanto de Derecho sustantivo, como procedimental, de aplicación al caso, sean, por tanto, de vital importancia.

En la mayoría de las situaciones, la ley del foro constituye el punto de partida para el órgano jurisdiccional nacional; un punto de partida, casi axiomático, sobre el que volveremos al final de este epígrafe. No obstante, en un número no menos importante de casos, los tribunales nacionales han utilizado también otras doctrinas. El Derecho Internacional Público aspira a proporcionar algunas reglas de preeminencia jurídica (*trumping rules*); así, un tribunal nacional puede decidir, por ejemplo, no dar efecto alguno a una acto de una organización externa que viole el «*ius cogens*». Los actos de dichos organismos pueden ser fiscalizados también bajo el prisma de la propia norma constitutiva de la organización o del Tratado en cuya virtud se origina, por ejemplo, para determinar si la organización actuó dentro sus competencias «*intra vires*» (o para determinar el titular de la competencia para adoptar dicho acto). El Derecho Internacional consuetudinario (los principios generales del Derecho Internacional) también se pueden utilizar para evaluar decisiones o reglas emitidas por un organismo externo.

---

[20] M Dorf «Dynamic incorportation of foreign law» *Columbia Public Law Research Paper* No 08-163 (12 February 2008).

Si la decisión fuera de un tribunal de un Estado extranjero, el tribunal nacional podría tratar la cuestión como una norma de reconocimiento y ejecución de sentencias extranjeras, cosa juzgada (*res iudicata*) o, tal vez incluso, desde la perspectiva del principio de reciprocidad o de la cortesía. Cuando la cuestión gira en torno a una norma jurídica de un país extranjero, lo relevante será determinar la ley aplicable y los principios sobre conflictos de leyes (a continuación, veremos algunos ejemplos de tribunales nacionales). En algunos casos, estos análisis y modos de control permiten una resolución adecuada de la cuestión. En otros, sin embargo, los problemas actuales de la gobernanza global no casan muy bien con esas categorías jurídicas tradicionales.

De la lectura de estos casos, muchos de los cuales se trataba de cuestiones muy novedosas, queda claro que los jueces se enfrentan habitualmente a problemas complejos sin disponer de una construcción teórica integral o completa que les permita solventar cuestiones tales como las siguientes: ¿cuáles son las fuentes del Derecho que deben aplicarse? ¿cómo ha de entenderse el sistema de gobernanza en cuestión y la respectiva función del tribunal del foro? ¿Debe el tribunal del foro revisar los elementos de procedimiento o también el contenido de fondo de la decisión externa, y, de ser así, con referencia a qué reglas o criterios? Pues bien, esta es la clase de cuestiones que afrontan los tribunales nacionales y que el Derecho Administrativo Global puede ayudar a solventar.

1. EL FUNDAMENTO PARA EL CONTROL DEL DERECHO DEL FORO Y DE SUS INSTITUCIONES

La conclusión de que, en ausencia de una autoridad clara o superior que legalmente lo establezca, un tribunal no puede revisar la acción de una institución que no forme parte del ordenamiento jurídico en el que se inserta el tribunal competente, cuenta una larga tradición. En el caso *Hirota v MacArthur*, por ejemplo, la mayoría del Tribunal Supremo de los Estados Unidos de América dictaminó que carecía de jurisdicción para considerar una petición de *habeas corpus* por parte de personas que habían sido condenados por el Tribunal Militar Internacional en Tokio[21]. Los motivos fueron que ese Tribunal «había sido creado por el general MacArthur como un agente de las potencias aliadas», por lo que éste «no era un Tribunal de los Estados Unidos». Este caso ejemplifica los problemas que surgen al aplicar un enfoque restrictivo. Desde esta premisa, en la actual situación de la gobernanza global puede que no haya ningún tribunal adecuado para revisar los actos de estas instituciones, lo que genera un incentivo perverso para los Estados a fin de evadir los controles del Derecho nacional delegando la adopción de medidas a instituciones internacionales o, incluso, a entidades privadas u otros Estados.

---

[21] *Hirota c. MacArthur* (1948) 338 US 197.

La lógica de esta distinción se puede discernir ya en los primeros casos del Tribunal de Primera Instancia de la Unión Europea sobre sanciones antiterroristas contra personas y organizaciones concretas. Aun cuando en *Kadi* y en otros casos similares, el Tribunal de Primera Instancia no llegó a anular la ejecución de la entonces Comunidad Europea (CE) de las sanciones contra las personas listadas en la resolución del Consejo de Seguridad de la ONU (estos casos se discutirán más adelante, en el contexto de la decisión de anulación del Tribunal de Justicia de la Unión Europea), sin embargo, su análisis fue mucho más atrevido cuando aplicó la «ley del foro» directamente al listado de ciertas organizaciones, de acuerdo con el procedimiento interno de la Unión Europea sobre el listado de ciertas personas, entidades y grupos no recogidos por el Consejo de Seguridad de la ONU. En diciembre de 2006, el Tribunal de Primera Instancia anuló una decisión de este tipo, determinando que:

[L]a decisión revocada no contiene una justificación suficiente de los motivos y se adoptó en el curso de un procedimiento en el que no se respetó el derecho del demandante a ser oído. Por otra parte, el Tribunal no está en condiciones de examinar, ni siquiera en esta fase del procedimiento, la legalidad de dicha decisión[22].

El Tribunal del Circuito de Apelaciones del Distrito de Columbia de los Estados Unidos prefirió no enfrentarse a estos problemas en su importante decisión de agosto de 2006 en el litigio instado por el Consejo de Defensa de los Recursos Naturales contra una norma aprobada por la Agencia de Protección Medioambiental de los Estados Unidos[23]. El Consejo de Defensa de los Recursos Naturales cuestionaba la legalidad de una normativa aprobada por la Agencia (federal) de Protección Medioambiental que establecía exenciones, cuando el uso resultaba clave, a la prohibición general de utilización del bromuro de metilo. Según dicho Consejo, la normativa no cumplía con los criterios establecidos en una decisión administrativa de la «Reunión de las Partes del Protocolo de Montreal». Con motivo de dicho pleito, el Tribunal pudo examinar los actos de implementación (o no implementación) llevados a cabo por la Agencia de Protección Medioambiental. La Ley de Aire Limpio de Estados Unidos («*Clean Air Act*») estipulaba que la Agencia de Protección Medioambiental podía establecer exenciones para estos usos clave «[e]n la medida en que tal restricción fuera compatible con el Protocolo de Montreal»[24]. Dicho Protocolo prohíbe la producción o el consumo de bromuro de metilo, excepto «en la medida en que las Partes decidan permitir el nivel de producción o consumo que sea necesario para atender los usos por ellas convenidos como *usos fundamentales*». El razonamiento del Tribunal en este caso puede considerarse restrictivo: habida cuenta de que la decisión de la Reunión de las Partes no era equiparable estrictamente al Protocolo de Montreal a los efectos de enjuiciar la medida interna, éste no constituía una base jurídica válida para interponer un recurso. Formalmente, podría pensarse que el Tribunal se limitó a sentar el criterio de que su fiscalización sólo puede producirse a la luz exclusivamente de los parámetros establecidos a nivel nacional. Sin embargo, es cierto que algunas de las observaciones del Tribunal tienen un alcance potencialmente mayor alcance. El Tribunal afirma que las acciones posteriores a la ratificación de «las Partes» permiten pensar en que las decisiones constituyen compromisos políticos internacionales… que han de hacerse cumplir como una cuestión de carácter político, sobre la mesa de negociación. No cabe duda de

---

[22] Case T-228/02 *Organisation des Modjahedines du People d'Iran c. Council of the European Union* [2007] 1 CMLR 34.

[23] *Natural Resources Defense Council c. Environmental Protection Agency* (2006) 464 F 3d 1 (DC Cir).

[24] 24 Clean Air Act 42 USC § 7401, § 7671.

que se trata de compromisos políticos, pero el tribunal no se ocupa (ni siquiera menciona) la cuestión de si son también compromisos jurídicos internacionales. En cambio, afirma que las partes no tenían la intención de que estas decisiones se convirtiesen en Derecho interno judicialmente exigible. No se ofrece ninguna prueba directa de este punto de vista sobre las intenciones de las partes. El Tribunal pasa a una afirmación sobre el proceso legal de los Estados Unidos: sin la acción del Congreso, sin embargo, los acuerdos secundarios alcanzados tras un tratado que ya ha sido ratificado no son la ley de la tierra; no son aplicables a través de los tribunales federales, sino a través de negociaciones internacionales[25].

Ello puede representar simplemente una declaración en el sentido de que aun cuando un tratado sea directamente aplicable y se le dé efecto en los Tribunales de los Estados Unidos en virtud de la cláusula de supremacía, una decisión adoptada en el seno del proceso que sigue a la implementación de ese tratado no es de aplicación directa (al menos cuando el tratado depende de la aprobación del Senado, o de la Cámara y del Senado). Lo más probable, sin embargo, es que refleje una preocupación evidente acerca de la delegación *ex ante* del poder legislativo a un organismo internacional. Esta inquietud no se proyectaría sólo sobre las decisiones de la «Reunión de las Partes», al desconocerse cuál habría sido la intención inicial del legislador nacional al respecto, sino a todos los cambios derivados de las reglas que emanan de los tratados, a no ser que –y hasta que– éstas se incorporen a la legislación nacional con la intermediación del Congreso. Por tanto, la preocupación del Tribunal se extendería a los «ajustes» al Protocolo, que el Congreso pretendía aprobar como estándar o parámetro legal (en la Ley de Aire Limpio). Desde esa interpretación, el Tribunal expresa su preocupación acerca de cómo se elabora el Derecho en los Estados Unidos. Y, en consecuencia, sobre cuáles son las normas a cuyo trasluz la acción de la agencia puede ser controlada judicialmente. La Sentencia no pretendía revisar los actos de la Reunión de las Partes, ni decidir sobre el estatus de sus acciones en virtud del Derecho Internacional (aunque esta lectura sería ciertamente más convincente, si el Tribunal hubiera señalado, como tal vez debería haber hecho, que sus consideraciones acerca de decisión de la Reunión de las Partes, dado que sólo eran un compromiso político, no establecían consecuencias sobre el estatus jurídico internacional de esas decisiones).

El control del Tribunal Supremo de la Columbia Británica (lugar del arbitraje) del laudo arbitral en el caso *The United Mexican States v Metalclad Corporation*, iniciado por México, también se centra inicialmente en la aplicación de la legislación nacional pertinente, en este caso la correspondiente Ley de Arbitraje Comercial Internacional del Estado de Columbia[26]. El Tribunal consideró que dicha norma debía determinar no sólo las competencias y responsabilidades del Tribunal, sino también el alcance y el criterio de revisión. En este sentido, el Tribunal prefirió no utilizar una nueva jurisprudencia del tribunal Supremo de Canadá sobre lo que podríamos denominar como un «*common law de la justicia administrativa*», que representa una directriz «pragmática y funcional». En su lugar, el Tribunal Supremo de la Columbia Británica pasó directamente a cuestionarse la interpretación del Tratado sobre Libre Comercio en Norte América (NAFTA por sus siglas en inglés) y concluyó que la interpretación realizada por el Tribunal arbitral sobre el concepto de «Derecho Internacional» del artículo 1105 NAFTA fue más allá del significado clásico de «Derecho Internacional», sin una base sólida para ello, de tal manera que importó erróneamente una obligación de transpa-

---

[25] *Natural Resources Defense Council v Environmental Protection Agency* (n 23) 10, by Randolph J.

[26] *The United Mexican States v Metalclad Corporation* (2001) 664 BCSC.

rencia del capítulo 11 del NAFTA, excediéndose así del alcance de la sujeción a arbitra-je. Al introducirse en el Derecho Internacional, el Tribunal Supremo de la Columbia Británica no cambió de forma explícita a un modelo interpretativo diferente. En otras situaciones, los tribunales nacionales han intentado utilizar diferentes hermenéuticas a la hora de interpretar diversos tipos de instrumentos de Derecho Internacional, o incluso otras fuentes legales transnacionales. En lo que resta de este aparatado, hemos de analizar otros enfoques posibles para las reglas y decisiones de las instituciones de la gobernanza reguladora global.

2. IUS COGENS

La función que puede desempeñar el «ius cogens» ha sido objeto de debate en los recursos deducidos a nivel individual frente a la congelación de activos como conse-cuencia de medidas implementadas por Naciones Unidas (o por la UE) en ejecución de sanciones impuestas por el Consejo de Seguridad de las Naciones Unidas (CSNU) contra personas sospechosas de haber financiado actividades terroristas. El origen de estos casos fue el aumento, en la década de 1990, del uso de sanciones individuales por parte del Consejo de Seguridad de la ONU, que se intensificó aún más a partir de 2001. En la mayoría de los casos, ni los Estados que aplicaban estas medidas del Consejo de Seguridad de la ONU (ni la UE, que las ejecutaba de conformidad con su Derecho propio) ofrecieron un trámite adecuado de audiencia a las personas que figuraban en las listas, ni siguieron el procedimiento debido para que los interesados pudiesen ale-gar en contra de su inclusión en una determinada lista. En su lugar, simplemente se aplicaron directamente (como se exige a los Estados miembros de las Naciones Unidas en virtud de la Carta de las Naciones Unidas) las listas del Consejo de Seguridad de la ONU, por ejemplo, de conformidad con la Resolución del Consejo de Seguridad de la ONU 1.267.[27] Los Estados miembros no disponen habitualmente de información independiente a la hora de congelar los activos de una persona; de tal manera que lo hacen sencillamente porque el nombre aparece en la lista del Consejo de Seguridad de la ONU. Inicialmente el Consejo de Seguridad de la ONU no tenía nada que se pare-ciera ni remotamente a un procedimiento debido para que las personas que figuran en las listas pudieran impugnar su inclusión y solicitar su eliminación de las mismas, pues no existía un procedimiento *ex ante* que proporcionara la ocasión para que los afectados pudieran hacer alegaciones. El Estado de la nacionalidad o residencia de la persona podía solicitar su exclusión de la lista, pero ya la sola iniciación de tal proceso era dis-crecional; se requerían negociaciones bilaterales con el Estado que podían prolongarse en el tiempo o resultar inútiles, y esto no daba necesariamente lugar a la exclusión de la lista, a no ser que –y hasta que– el Comité de sanciones en cuestión del Consejo de Se-guridad de la ONU lo decidiese por consenso. Ello generó una notable insatisfacción y frustración entre los representantes de los Gobiernos de muchos Estados, entre ellos Alemania, Indonesia y Suecia. Los procedimientos de exclusión de las listas fueron objeto de mínimas reformas entre 2006 y 2008, mediante una serie de Resoluciones del Consejo de Seguridad de la ONU, y las modificaciones correspondientes de las Di-

---

[27] Resolución CSNU 1267 (15 de octubre 1999) S / RES / 1267/1999.

rectrices del Comité de Sanciones[28], haciéndose necesarias reformas de mayor calado para que el sistema fuera sostenible y defendible desde los postulados de unos mínimos parámetros de legalidad.

La principal Sentencia del Tribunal de Justicia de la Unión Europea (TJUE) tuvo lugar en 2008, en los asuntos acumulados *Kadi c. Consejo y Comisión (Kadi)*, y *Al Barakaat International Foundation c. Consejo y Comisión*, mediante la que se anularon en ambos casos las resoluciones del Tribunal Europeo de Primera Instancia, y se rechazaron cuestiones similares de la resolución del Tribunal de Primera Instancia en el caso *Hassan v Consejo y Comisión (Hassan)*[29]. Al abordar las demandas realizadas por los Señores Kadi y Hassan en el nombre de la organización *Al Barakaat International Foundation*, el tribunal de Primera Instancia había declarado que el Consejo de Seguridad de la ONU se encontraba sujeto tanto a la Carta de las Naciones Unidas como a las normas de «*ius cogens*». Confirmó su autoridad para determinar si el procedimiento de inclusión y exclusión de la lista utilizado por el Comité de Sanciones cumplía, en cada caso, con las normas de «*ius cogens*». Esta reivindicación fue fuertemente criticada en el Reino Unido, los Países Bajos y Francia, y fue sumariamente rechazada por este Tribunal, sobre la base de que la jurisdicción del Tribunal de la UE consiste en la revisión del acto de ejecución realizado mediante el Derecho de la UE, pero no le corresponde la revisión de la legalidad de la resolución del Consejo de Seguridad. Ello es congruente con la doctrina del TJUE sobre el Tratado CE como sistema jurídico autónomo, pero también es coherente con el punto fundamental de que el Tribunal de Justicia y el Tribunal de Primera Instancia no son instituciones de las Naciones Unidas, ni fueron creados por referencia a los Estados nacionales, y no recibieron ningún mandato expreso para pronunciarse sobre el cumplimiento por parte de los órganos de las Naciones Unidas de la Carta de las Naciones Unidas o el Derecho Internacional general. La afirmación de que es correcto que cualquier tribunal de justicia en cualquier sistema jurídico pueda formar su propia opinión acerca de la conformidad de una decisión de las Naciones Unidas con las normas de «*ius cogens*» definidas por el órgano competente del foro, en

---

[28] Resolución CSNU 1730 (19 de diciembre de 2006) S / RES / 1730/2006; Resolución CSNU 1735 (22 de diciembre de 2006) S / RES / 1735/2006; Resolución CSNU 1822 (30 de junio de 2008) S / RES / 1822/2008

[29] Asunto C-402/05 (en apelación de T-315/01) *Kadi v Consejo de la Unión Europea y la Comisión de las Comunidades Europeas*, la Gran Sala del tribunal de Justicia, Sentencia de 3 de septiembre de 2008 [en adelante: *Kadi*]; y el asunto C-415/05 (en apelación de T-306/01) *Al Barakaat International Foundation v Consejo de la Unión Europea* y la Comisión de las Comunidades Europeas, la Gran Sala del tribunal de Justicia, Sentencia de 3 de septiembre de 2008 (este caso fue conocido como *Yusuf* y *Al Barakaat* en el tribunal de Primera Instancia, ver [2005] II-3533, por *Yusuf* no prosiguió la apelación). Véase también la sentencia del tribunal de Primera Instancia de *Hassan v Consejo de la Unión Europea* T-49/04 y de la Comisión de las Comunidades Europeas [2006] II-52 (en lo sucesivo: *Hassan*). La situación institucional del tribunal de Justicia de la Unión Europea, así como la del tribunal de Primera Instancia de la Unión Europea y la del tribunal de la Función Pública, difiere en aspectos importantes de la de un juez nacional y colorea el enfoque adoptado en estos casos, pero me referiré a esta jurisprudencia por su significación en relación a las situaciones de Derecho Administrativo Global. Derecho Administrativo Global al que los tribunales nacionales se enfrentarán cada vez más. El tribunal Federal de Suiza en 2007, en un caso comparable, tomó un enfoque algo similar a la del tribunal de Primera Instancia, en la aceptación de que la revisión de la legalidad de las resoluciones del Consejo de Seguridad por referencia a una norma de ius cogens podría ser adecuado, aunque sostuvo que no se produjo en tal caso una violación del ius cogens. Ver *Nada v SECO, Bundesgericht*, 14 de noviembre de 2007, 133 *Entscheidungen des Schweizerischen Bundesgerichts* II 450 (Suiza).

los procedimientos en que las Naciones Unidas no están de ninguna forma representadas, fue implícitamente hecha por el Tribunal de Primera Instancia, aunque sin una mayor argumentación. De hecho, resulta llamativo el contraste entre esta decisión y los denodados esfuerzos de la Comisión Europea para evitar que los Estados miembros busquen pronunciamientos sobre legislación comunitaria en tribunales fuera de la Unión Europea, como por ejemplo, en el caso de la decisión del TJUE contra Irlanda en relación con la Planta MOX por comenzar un proceso de arbitraje ante el tribunal Internacional del Derecho del Mar[30].

Habiendo resuelto en favor de un pronunciamiento sobre la compatibilidad de las medidas del Consejo de Seguridad de la ONU con el *«ius cogens»*, el Tribunal de Primera Instancia tuvo dificultades a la hora de encontrar fuentes normativas autorizadas para articular el contenido preciso y los límites del *«ius cogens»*, entendido como una serie de normas superiores del Derecho Internacional Público de carácter vinculante y «sin derogación posible» para todos los sujetos de Derecho Internacional, incluidos los organismos de las Naciones Unidas[31]. En *Kadi*, el Tribunal de Primera Instancia concluyó que, a pesar de la falta de un mecanismo judicial efectivo para la revisión de las acciones del Comité de Sanciones, los procedimientos del Comité de Sanciones «constituyen otra vía razonable para otorgar una protección adecuada a los derechos fundamentales del demandante, reconocidos por *«ius cogens»*[32]. En *Hassan*, el Tribunal de Primera Instancia entendió que la congelación de activos «no es incompatible con los derechos fundamentales de la persona dentro del ámbito del *«ius cogens»*, a la luz del objetivo del interés fundamental para la comunidad internacional» de la lucha contra el terrorismo[33]. Este y otros extractos pueden interpretarse como la introducción de un criterio de proporcionalidad atenuada en la evaluación de las posibles infracciones de *«ius cogens»*: ¿La medida tiene un objetivo legítimo? ¿qué importancia tiene el objetivo? ¿las medidas adoptadas son desproporcionadas respecto a ese objetivo? Ello no es insostenible, pero va contra la perspectiva habitual ya aceptada por el Tribunal de Primera Instancia, que no admite excepción de normas de *«ius cogens»*.

En el caso *Kadi*, el TJUE esquivó hábilmente estas dificultades, sosteniendo que los Tribunales de la UE no tenían la competencia para controlar –ni siquiera en relación con un *«ius cogens»* «estándar»- las resoluciones del Consejo de Seguridad (no abordó la cuestión de si las inclusiones de las personas en esas listas podrían ser actos de naturaleza jurídica distintos a la adopción de resoluciones del Consejo de Seguridad). El Tribunal sostuvo además que los demandantes tenían derecho a una revisión completa de los actos de la UE, y no limitada a la evaluación de la compatibilidad con el *«ius cogens»*. Así, el TJUE pudo estructurar las normas específicas en conflicto en términos de derechos fundamentales, los cuales forman parte esencial de los principios generales del Derecho Comunitario, en lugar de *«ius cogens»*: el derecho a ser oído, a la tutela judicial efectiva a cargo de un tribunal, a la propiedad, y a plantear un recurso frente a las restricciones de la propiedad ante la autoridad competente. El TJUE se

---

[30] Tribunal de Justicia de la Unión Europea, asunto C-459/03, *Comisión Europea v Irlanda*, Sentencia de 30 de mayo de 2006. En el caso *Hierro del Rin*, los Países Bajos y Bélgica tuvieron cuidado de consultar a la Comisión Europea sobre el alcance antes de seguir adelante con el arbitraje: ver *Arbitraje respecto a la Plancha Rin Ferrocarril (Bélgica v Holanda)*, Award de 24 de mayo de 2005, disponible en http://www.pca-cpa.org (consultado el 27 de agosto de 2008).

[31] *Kadi*, tribunal de Primera Instancia (n 29), párr. 226.

[32] *Ibíd.* párrafo 290.

[33] *Hassan* (n 29) para 101.

limitó a valorar si los actos de las instituciones de la UE y de los Estados miembros resultaban acordes con la legislación de la UE (incluidos los Derechos Humanos, y las disposiciones de la legislación de la UE que permite y exige qué efecto debe darse a las obligaciones de la Carta de las Naciones Unidas); si todos ellos se pueden subsumir en las normas de «ius cogens», es una cuestión que el TJUE no abordó[34]. Desde esta perspectiva, el proceso de decisión del Consejo de Seguridad de la ONU podía ser, y fue, evaluado por los Tribunales europeos, aunque tan sólo a los efectos de establecer si cumplía los requisitos procedimentales mínimos y, por tanto, podía considerarse un equivalente de los mecanismos de revisión comunitarios o nacionales.

En la medida en que los particulares no contaron con mecanismos suficientes para desencadenar un proceso de revisión adecuada, resulta aceptable pensar que un remedio, útil incluso para la misma UE (poco probable en la práctica, aunque tal vez indirectamente con la conjunción de diversos tribunales nacionales), así como para los Estados miembros en la aplicación de la congelación de activos, podría consistir en el establecimiento de procedimiento de revisión específico, tal vez con un juez o tribunal especialmente designado al efecto, con acceso a información confidencial. Este mecanismo podría tener sentido en los casos en que una persona alega un error de identidad o falta de pruebas. También podría ser de utilidad en las revisiones periódicas, cuando una persona u organización, o bien afirma que se han encontrado nuevas pruebas exculpatorias, o que las mismas se han modificado. Una conclusión de un tribunal de que una persona no debería haber sido, o no debe ser ahora, incluida en la lista, habría de hacerse pública. Ello no supondría sin más la obligación de que el Estado o la UE lo eliminaran de la lista, aunque aumentaría la presión sobre el Consejo de Seguridad de la ONU y podría desencadenar una obligación de compensación, que se retendría en una cuenta de depósito en garantía. Un mecanismo de revisión tal podría controlar las acciones de los Estados que tengan que ver con cuestiones tales como los gastos del hogar, excepciones a la congelación de activos, bienes familiares y la transferencia de activos después del fallecimiento de la persona indicada en la lista.

En resumen, la conclusión de que una norma o decisión de una institución de gobernanza externa deviene contraria al «ius cogens» indudablemente proporciona una razón muy sólida para no reconocerle validez, aunque otras consideraciones *institucionales* aconsejan que los tribunales nacionales (y supranacionales) actúen con cautela antes de erigirse en jueces de la conformidad con el «ius cogens», salvo excepciones. Las consecuencias jurídicas que se derivan de concluir que existe una violación del «ius cogens» requieren un análisis jurídico más complejo que las sencillas propuestas que se contienen en la Convención de Viena sobre el Derecho de los Tratados y que postulan que un tratado resulta nulo si es incompatible con una norma de «ius cogens» que exista en el momento en que se firmó el tratado, o pierde sus efectos y queda derogado, si la norma de «ius cogens» emerge más tarde[35]. En la gobernanza administrativa global, el tema del sentido y de las consecuencias de la anulación, y de la incompatibilidad, conllevan problemas mucho más complejos que los que ya han preocupado tradicionalmente a los sistemas de Derecho Administrativo nacional[36], cuestiones éstas que, por lo demás, no han sido estudiados suficientemente todavía.

---

[34] *Kadi*, TJUE (n 29) párrafos 331-76.

[35] Convención de Viena sobre el Derecho de los Tratados (23 de mayo 1969), 1155 UNTS 331.

[36] Véase, por ejemplo, C. Forsyth, «The theory of the second actor revisited» (2006) *Acta Juridica* 209.

3. EL DERECHO INTERNACIONAL CONSUETUDINARIO

El «Derecho Internacional consuetudinario» se utiliza con frecuencia como base en los litigios que se plantean sobre cuestiones cotidianas y ordinarias de Derecho Administrativo Global (la dirección de procesos administrativos, que, aunque sean relevantes, no suelen implicar graves cuestiones de guerra y paz, crímenes de lesa humanidad y de naturaleza semejante).

Por citar uno de los muchos ejemplos posibles, un tribunal arbitral creado al amparo del Tratado NAFTA aplicó el Derecho Internacional consuetudinario en el caso *Pope & Talbot Inc v Canada*. En dicho caso, el tribunal debía determinar si las negociaciones de la Administración del Gobierno canadiense con un productor de madera blanda habían cumplido el estándar mínimo internacional[37]. Sin embargo, aun cuando se observaran los mínimos estándares internacionales regulatorios que un Estado debe cumplir en sus relaciones con extranjeros en relación con su propiedad –un área en la que hay numerosas decisiones y conjuntos de prácticas legales a nivel estatal generados a lo largo de muchas décadas–, se discute ampliamente sobre cómo se debe aplicar la ley a los diversos tipos de acciones administrativas. Ello se puso de manifiesto en la tensión creada entre el tribunal de *Pope y Talbott Inc v Canada* y las tres partes estatales del NAFTA, que emitieron una nota conjunta de interpretación que propugnaba un enfoque distinto al del tribunal[38].

Esta incertidumbre del Derecho consuetudinario resulta habitual en lo que respecta a las normas establecidas para la valoración y control de las acciones de los actores de la gobernanza global que no se sustente en una norma bien establecida sobre el tratamiento de los extranjeros por parte de los Estados. En tal sentido, tiene cierto peso la teoría de Bentham sobre la escasa validez de la costumbre en las condiciones modernas como principio de actuación. Es posible que el Derecho consuetudinario no resulte adecuado para las necesidades regulatorias de un capitalismo global avanzado: no es suficientemente preciso, cambia muy lentamente, otorga demasiado peso a los intereses del *statu quo* y demasiado poder de negociación a los sujetos más conservadores. Es más, las condiciones sociales del Derecho Internacional consuetudinario, que implican interacciones regulares entre los ministerios de exteriores (tradicionales), se han visto desplazadas por los innumerables nodos de interacción propios de la gobernanza global contemporánea. Las nuevas costumbres, fruto de interacciones casuales impulsadas por los mercados globales monetizados, no siempre

---

[37] *Pope & Talbott Inc v Canada*, NAFTA Arbitral Award on the Merits of Phase 2, 10 April 2001, disponible en: http://www.naftaclaims.com/disputes_canada_pope.htm (último acceso 26 August 2008).

[38] NAFTA Free Trade Commission Notes of Interpretation of Certain Chapter 11 Provisions, 31 July 2001; *Pope & Talbott v Canada*, NAFTA Arbitral Award in Respect of Damages, 31 May 2002, www.naftaclaims.com/disputes_canada_pope.htm (último acceso 27 August 2008).

surgirán con la suficiente vocación de estabilidad y vinculación para las partes.

Por tanto, aunque los principios generales del Derecho en relación con la elaboración de normas y la toma de decisiones (como el derecho a un proceso justo y la interdicción de la arbitrariedad) pueden constituir «Derecho Internacional consuetudinario» en el sentido tradicional, parece poco probable que el Derecho Internacional consuetudinario (en el sentido de práctica estatal generalizada acompañada por la *opinio juris*) proporcione una base suficiente o satisfactoria para la articulación de gran parte del acervo detallado que exige el Derecho Administrativo Global para que los tribunales nacionales pudieran utilizarlo para controlar los actos de sujetos de la gobernanza externa. La costumbre ofrece una base autorizada para interpretar el Derecho Internacional positivo; no obstante, su capacidad para proporcionar una base teórica para interpretar las cambiantes normas que influyen en los diversas clases de actores internacionales que existen hoy en día ha quedado truncada.

4. EL DERECHO INTERNACIONAL GENERAL

El recurso al Derecho Internacional general en la práctica jurídica internacional como instrumento para la reconciliación y el ajuste entre sistemas interestatales diversos cuenta con una larga historia.

Algunas de las razones para su uso se ilustran en la decisión del Tribunal de Apelaciones de Inglaterra y Gales en el caso *Occidental c. Ecuador*, un caso en el que Ecuador impugnó un laudo arbitral que le era contrario, dictado por un tribunal arbitral establecido de conformidad con el Tratado bilateral de inversiones entre Ecuador y Estados Unidos (BIT)[39]. El recurso se presentó ante los tribunales ingleses porque –aunque el caso no tenía ninguna relación con el Reino Unido– la sede del arbitraje era Inglaterra. *Occidental* sostenía que la impugnación de Ecuador carecía de fundamento, pues se trataba de una interpretación de un Tratado entre Estados que no formaba parte de la legislación del Reino Unido, por lo que el fallo interferiría en las relaciones entre estos dos Estados soberanos (es decir, las relaciones entre Estados Unidos y Ecuador). La Corte rechazó la alegación presentada por *Occidental*. Aunque el BIT es, de hecho, un Tratado entre Estados soberanos extranjeros, el acuerdo de arbitraje era entre Ecuador (cuyo consentimiento para arbitrar fue otorgado a través del BIT) y *Occidental* (cuyo consentimiento fue otorgado en la solicitud de arbitraje). Este acuerdo se encontraba disciplinado, a juicio del Tribunal, por el Derecho Internacional, a pesar de que *Occidental* no fuera una entidad gubernamental. Por tanto, las normas que el Tribunal de Justicia debía aplicar se encontraban en el Derecho Internacional, no en la legislación ecuatoriana u otra legislación nacional.

---

[39] *Occidental v Ecuador* 39 [2005] EWCA Civ 1116. El motivo sustantivo del caso se refiere a la preocupación por la negativa de Ecuador a conceder una exención del impuesto sobre el valor añadido para el petróleo exportado por la empresa *Occidental*.

El caso *Occidental v Ecuador* utiliza el Derecho Internacional ordinario como una forma legítima (dado su carácter generalista) para abordar una revisión interinstitucional sobre cuestiones relativas al comercio y a la inversión de ámbito global, y otras cuestiones conexas de propiedad y política social. Otra forma de servirse del Derecho Internacional general se encuentra en el principio de «consideraciones elementales de humanidad» (*elementary considerations of humanity*).

La Corte Internacional de Justicia invocó este principio en el caso del *Canal de Corfú* (en el cual Albania no advirtió a la marina británica de la presencia de las minas que representaban un peligro inminente para la vida);[40] o las mismas consideraciones que el juez Simma alegó a la hora de enjuiciar las agresiones físicas realizadas por parte de personal de la República Democrática del Congo a las personas que esperaban en el aeropuerto de Kinshasa, en el caso relativo a las actividades armadas en el territorio del Congo[41]; o por los jueces del Tribunal Internacional para el Derecho del Mar cuando condenaron la violencia innecesaria contra los marineros al apresar un Estado ribereño un barco[42]. En tales casos, los tribunales fueron más allá de los tratados aplicables y se basaron en el citado principio para establecer reglas contra la conducta infractora, sin tratar de demostrar (con ello) que la regla derivada de una práctica extendida, acompañada de una *opinio iuris* como interpretación habitual, sea una exigencia del Derecho Internacional consuetudinario.

Esta clase de análisis parece estar en consonancia con el entendimiento de finales del siglo XIX y comienzos del XX sobre el Derecho de las Naciones respecto de las grandes cuestiones morales, en el que primaba sobre todo la cuestión de la esclavitud. Joseph Stone puso de manifiesto esta visión en el caso *Estados Unidos v La Jeune Eugenie*, indicando que ninguna práctica habitual puede borrar la distinción fundamental entre el bien y el mal, y que cada nación tiene la libertad para aplicar a otro el principio correcto, siempre que ambas naciones, por sus actos públicos, se alejan de tal práctica, y admitan la injusticia o la crueldad en tales casos[43].

La costumbre puede forma parte de la capa que envuelve el Derecho positivo, que desplaza la aplicación de la ley natural y la moralidad basada en la razón, aunque la costumbre en sí no constituya una ley natural o moral.

El Derecho Internacional general podría representar una forma más adecuada para enmarcar el Derecho Administrativo Global. Se puede hacer una analogía con el *common law*; los jueces han sido capaces a lo largo de tiempo de construir sistemas de Derecho Administrativo (aun admitiendo que lo hayan hecho de manera algo diferente en los diversos países basados en el sistema del

---

[40] *The Corfu Cannal Case (Reino Unido v. Albania)* (Fondo) [1949] CIJ Rep 4, 22.

[41] *Case concerning Armed Activities on the Territory of the Congo (República Democrática del Congo c. Uganda)* (Merrits) [2005] ICJ Rep 116, voto particular del Magistrado Simma, párrafos 16-41.

[42] *MV Saiga (nº 2). (San Vicente y las Granadinas v Guinea)*, Tribunal Internacional del Derecho del Mar, Sentencia de 1 de julio de 1999, a 155: «Deben aplicarse consideraciones en el Derecho del mar, como se hace en otras áreas del Derecho Internacional».

[43] *Estados Unidos c. La Jeune Eugenie* (1822) 26 M Cas 832, 846 (CCD Mass) por Story J.

common law), pese a no disponer de preceptos constitucionales o legales precisos. Es plausible afirmar que ahora mismo algunos de estos principios esenciales se hallan tan profundamente arraigados en la cultura jurídica del *common law*, que los jueces los aplicarían serían habitualmente en casos difíciles, aun frente a leyes o disposiciones constitucionales que aparentemente resulten contrarias. No obstante, el método del *common law*, en cuanto sistema más o menos unificado, ha sido en su mayor parte construido merced a una formación unitaria de jueces y abogados educados para ese sistema, y contiene determinaciones más precisas que el Derecho Internacional general.[44] Si bien el «Derecho Internacional general» constituye una categoría aceptable en el sentido de que muchos participantes en los procesos jurídicos internacionales no lo rechazarían, no resulta muy preciso metodológicamente hablando. En este nivel de generalidad y abstracción, el contenido de sus normas, y su autoridad para resolver valores y normas en conflicto, resultan difíciles de concretar y evaluar.

5. LOS «PRINCIPIOS GENERALES DEL DERECHO» COMO DERECHO INTERNACIONAL

Un enfoque posible para solucionar algunos problemas concretos de Derecho Administrativo Global sería tratar de utilizar (y de extender) el concepto de «principios generales del Derecho» como una fuente del Derecho Internacional (aparece como tal en el Estatuto del Tribunal Internacional de Justicia, aunque el encaje con la *ius inter gentes* preocupa a parte de la doctrina). Este propósito de dar cabida a unos principios generales de Derecho Administrativo Global se enfrenta a dos obstáculos prácticos que, aunque no son insuperables, ciertamente no son fáciles de solventar. En primer lugar, las fuentes del Derecho Administrativo Global* son más diversas, su contenido es mucho más exhaustivo y su ámbito de aplicación mucho más amplio que las proposiciones establecidas por el del Tribunal Internacional de Justicia hasta la fecha en su muy delimitada jurisprudencia sobre los «principios generales del Derecho». En segundo lugar, tal estatus como «principios generales» supondría que los principios generales del Derecho Administrativo Global gozarían de la misma posición jerárquica que el Derecho Internacional frente a otros sistemas normativos, incluidas las leyes nacionales. Hoy en día, no obstante, la utilización de estos principios se encuentra muy alejada de estos problemas. Si bien es cierto que se aplican estos principios generales, no se les considera como fuentes formales, ni se les reconoce una sólida vinculación jerárquica.

---

[44] Además, el esquivo concepto de la costumbre sigue siendo mucho más central en el Derecho Internacional que en el *Common Law*.

* Sobre el tema, *vid.* el capítulo cuarto *in totum*. (N. del E.).

En cambio, se ha establecido una jurisprudencia más específica y diferente de «principios generales» en el seno de la Unión Europea (UE). Su aplicación en la gobernanza mundial se ilustra en el caso *Kadi*, donde el TJUE basó su afirmación en que el respeto de los Derechos Humanos, o de los derechos fundamentales, constituye un condición para la legalidad de todos los actos de la UE, sosteniendo que tales derechos fundamentales representan principios generales del Derecho. El Tribunal extrae esos principios generales de las comunes tradiciones constitucionales de los Estados miembros y de los instrumentos internacionales para la protección de los Derechos Humanos en los que los Estados han participado, y en donde adquiere un protagonismo particular el Convenio Europeo de Derechos Humanos y las Libertades Fundamentales.

Algunos de los problemas experimentados a la hora de extender este análisis (ya establecido) a casos difíciles se pusieron de relieve en el caso *Hassan*, cuando el Tribunal de Primera Instancia pretendió reforzar la posibilidad de que un individuo que había sido incluido en la lista de conformidad con una resolución sancionatoria del Consejo de Seguridad de la ONU pudiera obtener una revisión de tal hecho, alegando que el Derecho de la UE obligaba a proporcionar protección diplomática en los supuestos en que un ciudadano o residente buscara ser eliminado de tal lista. No obstante, dado que la solicitud carecía de base en un Reglamento de la UE, el fundamento legal de esta reclamación se extrajo, por tanto, de las afirmaciones genéricas sobre la tradición jurídica de ciertos Estados miembros de la UE, de la Carta Europea de Derechos Fundamentales o del Convenio Europeo de Derechos Humanos y Libertades Fundamentales. Lo endeble del argumento es evidente: ni una fuente es suficientemente convincente sobre la necesidad de establecer una obligación de protección diplomática[45].

6. EL CONFLICTO DE LEYES

La perspectiva que ofrece el conflicto de leyes es susceptible de proporcionar un atractivo pluralismo y una cierta claridad en las situaciones en las que un sistema legal o un tribunal reconoce que el Derecho del otro sistema es el que disciplina y rige la sustancia de la cuestión de que se trate. Este análisis comprende toda una suerte de métodos para decidir qué cuerpo normativo habría de ser de aplicación (elección del Derecho), y cuándo cabe hacer excepciones por razones tales como la realización de ciertas políticas públicas del foro. Ahora bien, el desacuerdo sobre cuáles sean los criterios para determinar la ley

---

[45] *Kadi*, ECJ (n 29) a 283-84 y 303-4; *Hassan*, el tribunal de Primera Instancia (n 29) párrafos 110-22. El TJUE en Kadi no abordó la obligación de protección diplomática formulado en Hassan. En la práctica, la eficacia de la protección diplomática es variable. Un Estado que solicite una exclusión de la lista sin mucha convicción tendrá poco efecto, de hecho, incluso países como Suiza, Suecia y Alemania, pese a solicitar enérgicamente una exclusión de la lista en los años inmediatamente anteriores a Hassan, tuvieron grandes dificultades en conseguir de la ONU la exclusión de la lista del Consejo de Seguridad e incluso modificar el procedimiento para alcanzar tal resultado.

aplicable, y cuál sea su contenido, o sobre las excepciones admisibles en función de las políticas públicas en juego, o sobre temas de carácter institucional o jurisdiccional, pueden determinar que las soluciones sean mucho menos claras.

Por ello, hasta el presente, esta metodología no se ha utilizado de modo muy sistemático a las normas administrativas y a las resoluciones más allá del foro. Un obstáculo ha sido la renuncia a aplicar la mayor parte del Derecho Público extranjero (la *revenue rule*)*, aunque tal resistencia parece atenuarse, como se desprende del ejemplo que proporciona el caso de Nueva Zelanda y el deseo de sus tribunales de prohibir la publicación del libro *Spycatcher* con el fin de dar efecto al Derecho Público del Reino Unido[46]. La asignación de potestades de supervisión y de poder de decisión entre autoridades administrativas de diferentes Estados (y en algunos casos a instituciones interestatales también) se ha convertido en un elemento básico de gobernanza regulatoria transnacional. Así, la Convención de La Haya sobre la adopción entre países[47] atribuye a los organismos del país de origen del niño la determinación de la condición del niño para ser «adoptable» y de obtener el consentimiento de los padres si fuera necesario, y a las autoridades administrativas del país de la familia adoptante la responsabilidad para establecer su idoneidad y las medidas post-adopción, si fueran necesarias. En situaciones en las que tal modelo de cooperación (con deberes de cooperación, etc.) no se haya establecido, los tribunales nacionales que se ocupen de un litigio sobre esta cuestión se pueden encontrar en la tesitura de tener que elaborar una serie de principios que guíen ese sistema de cooperación. Su propia experiencia en la asignación de la competencia judicial y la competencia entre los tribunales de diferentes países tendrá una relevancia limitada para una aplicación analógica, debido a que las instituciones de la gobernanza global funcionan normalmente mediante un sistema de capas o estratos, con solapamientos funcionales y estructuras de cooperación, que no reflejan la visión territorial, exclusiva y horizontal, propia de la distribución competencial de los tribunales nacionales. Los estudios sobre los «conflicto de leyes» se han centrado normalmente en la aplicación de leyes nacionales y en sus instituciones y no en la gran variedad de redes y ordenamientos híbridos y privados que integran la Administración global contemporánea en términos generales. En suma, sólo ahora comienzan a atisbarse ciertos esfuerzos en la literatura espe-

---

* La *revenue law* (norma o ley de ingresos) puede referirse, según un concepto proveniente del siglo XVII que se usa cada vez menos en el Derecho fiscal, a un principio aceptado en el Derecho Internacional según el cual los tribunales de un país no suelen hacer cumplir las obligaciones tributarias de otra jurisdicción. (N. del T.).

[46] *Attorney-General for the United Kingdom v Wellington Newspapers Ltd* [1988] 1 NZLR 129 (CA). Mientras que los tribunales australianos se negaron a adoptar las mismas medidas: *Attorney-General (United Kingdom) v Heinemann Publishers Australia Pty Ltd* (1988) 78 ALR 449 (HCA).

[47] *Hague Convention on Protection of Children and Cooperation in Respect of Intercountry Adoption* (29 May 1993) 1870 UNTS 167.

cializada para trasladar las doctrinas sobre los conflicto de leyes a los problemas de la gobernanza regulatoria global[48], doctrinas que se irán convirtiendo cada vez más en una fuente importante de ideas para los tribunales nacionales.*

7. LA CORTESÍA**

La cortesía, que connota un compromiso respetuoso, o la deferencia, hacia una resolución dictada sobre la misma cuestión por una organización diferente, se ha convertido en una característica notable de la actual jurisprudencia del Tribunal Supremo de los Estados Unidos en los asuntos de gobernanza global, señaladamente en las opiniones del magistrado Breyer.[49]***

Al basar esa deferencia en una decisión discrecional y no en una obligación internacional, y al proceder sin tener en cuenta el peso del Derecho Internacional en la regulación de las decisiones basadas en la cortesía, los tribunales de Estados Unidos han sido objeto de críticas. El caso *República de Austria v Altmann*, aunque sometido a la misma crítica porque aborda la inmunidad de los soberanos extranjeros ante los tribunales de Estados Unidos como una cuestión de cortesía, y no como una obligación jurídica internacional, tiene una gran potencial generador de jurisprudencia precisamente por tal razón.[50] En particular, las demandas ante tribunales nacionales dirigidas contra soberanos extranjeros por abusos de los Derechos Humanos han sido inadmitidas con base en la inmunidad, y no han conseguido hasta la fecha convencer al Tribunal Europeo de Derechos Humanos de que el mantenimiento de la inmunidad del acusado viola sus derechos. El argumento ha consistido en que el Derecho Internacional garantiza la inmunidad del soberano nacional en tales circunstancias. Sin embargo, el análisis

---

[48] He utilizado para esta sección un trabajo no publicado todavía de Horatia Muir Watt. Puede verse también H Buxbaum «Transnational regulatory litigation» (2006) 46 *Virginia Journal of International Law* 251; P S Ber R Wai «Transnational liftoff and juridical touchdown: the regulatory function of private international law in an era of globalization» (2002) 40 *Columbia Journal of Transnational Law* 209; C Joerges «Conflict of laws as constitutional form: reflections on the international trade law and the *Biotech* panel report» (RECON Online Working Paper 2007/03, May 2007), *www. reconproject.eu/ projectweb/portalproject/RECON Working Papers.html* (último acceso en 26 August 2008).

* Dentro de esta misma colección, resulta de sumo interés la obra de Sabino Cassese, *Los tribunales ante la construcción de un sistema jurídico global*, Global Law Press-Editorial Derecho Global, Sevilla, 2010. (N. del E.).

** *Comity*. Que podemos entender como el respeto entre países en sus decisiones judiciales o incluso político-administrativas cuando tienen efectos jurídicos exteriores (N. del T.).

[49]Véase, por ejemplo, *Hoffman-LaRoche c. Empagran* (2004) 542 US 155, Breyer J for the Court; y *Sosa c. Alvarez-Machain* (2004) 542 US 692, Breyer J concurring.

*** El último libro del citado magistrado es *The Court and the World: American Law and the New Global Realities*, Alfred A. Knoff, 2015, en el que sostiene que el conocimiento del Derecho comparado resulta clave para la comprensión de cuestiones que, aun debiendo resolverse en los propios tribunales nacionales, tienen una repercusión o trascedencia globales, como el medio ambiente o el comercio internacional. (N. del E.).

[50] *Republic of Austria c. Altmann* (2004) 541 US 677.

del caso *Altmann*, si se extendiera, facilitaría la revocación de esta doctrina y daría un mayor alcance a la competencia de los tribunales nacionales sobre las actividades del soberano extranjero, aunque fuera aplicable sólo en casos excepcionales. El concepto de cortesía o de deferencia, aunque carezca de una sólida apoyo teórico como obligación legal o fuente de autoridad, ejerce un enorme atractivo para aquellos que aspiran a una función supervisora de los tribunales nacionales de más largo alcance, y que hace de los tribunales una pieza del conjunto que forma la estructura jurídica de la gobernanza global.

IV. ¿UN NUEVO ENFOQUE? CRITERIOS SOBRE QUÉ SEA LO «PÚBLICO» EN LA REVISIÓN DE NORMAS O DECISIONES DE INSTITUCIONES EXTERNAS

Cuando a un juez nacional se le presenta una regla o decisión proveniente de un sistema jurídico diferente (en particular, de un ordenamiento jurídico de diversa naturaleza, como una norma de Derecho Internacional o una regla derivada de una institución de la gobernanza global sin base en un tratado internacional), en la práctica –con frecuencia– el juez no se limita a utilizar un simple análisis formal basado en el origen de la regla de Derecho Internacional (tratado o costumbre), ni se queda en el mero pragmatismo de considerarlo todo como una cuestión de opción política de acuerdo con las circunstancias de cada caso. Mattias Kumm sostiene que los jueces nacionales suelen, y así debe ser, comenzar asignando un determinado valor específico, importante aunque no determinante, al cumplimiento del Derecho Internacional para así mantener su propia integridad como sistema jurídico, y, a continuación, pasan a enjuiciar el acto externo específico de que se trate y las posibilidades del tribunal en términos de jurisdicción, competencia, proporcionalidad, protección de derechos individuales fundamentales y subsidiariedad.[51] Desde esta perspectiva, la cuestión no se reduce a la tradicional, esto es, a preguntarse cómo pueden acoger los tribunales nacionales el Derecho Internacional, sino que se trata de construir una teoría unificada más general, que, inversamente, también pueda utilizarse por los jueces internacionales cuando se enfrentan a la legislación nacional, e incluso por las mismas organizaciones regulatorias a nivel global para evaluar las normas u actos de otras instituciones. Kumm apunta las deficiencias, tanto del análisis tradicional, que se focaliza en las reglas de recepción o exclusión del Derecho Internacional, como de los planteamientos que se basan en el diálogo voluntario entre tribunales. Este autor, por el contrario, postula un análisis que pueda dar mayor preeminencia al concepto de autoridad, aunque con las debi-

---

[51] M Kumm «Democratic constitutionalism encounters international law: terms of engagement», en S Choudhry (ed.), *The Migration of Constitutional Ideas* (2006) 256.

das graduaciones, y que sea susceptible de establecer reglas de aplicación que proporcionen una base teórica normativa o prescriptiva (y no simplemente un sistema de fuentes) para resolver los casos que se susciten.

Existen, sin embargo, buenas razones para desconfiar de las posibilidades de que tal enfoque constitucionalista resulte viable en las complejas interacciones –a menudo incoherentes– y en las estructuras –con valores muy plurales– que predominan en la gobernanza global. Ello no obstante, el emergente Derecho Administrativo Global aporta algunos conceptos e ideas útiles para los tribunales nacionales a la hora de abordar estas cuestiones, cuando enjuician, por ejemplo, las normas subsiguientes o derivadas de los tratados, o actos específicos dictados por las instituciones globales[52]. En este apartado, razonaremos por qué el peso que se dé a un acto o norma adoptado en el seno de una institución regulatoria externa dependerá, en parte, del grado en que dicha institución, al adoptar dicha norma o decisión, haya cumplido con los criterios de lo «público» (*publicness*).

Este carácter o condición de lo público resulta necesario en una moderna concepción del Derecho, propio de los ideales democráticos. Tanto el componente «público» como la dimensión «general» del Derecho son factores necesarios para cualquier construcción del Derecho en una era de jurisprudencia democrática[53]. Por público se quiere afirmar aquí que el Derecho ha sido forjado por la entera sociedad, esto es, por el público en general, y que el Derecho responde a las cuestiones que preocupan a la sociedad como tal.

El carácter de *público*, pues, existe como un desiderátum, allí donde haya un Derecho de carácter democrático. Los componentes de lo público no necesariamente han de expresarse en términos jurídicos; también son parte del proceso de la organización política democrática y de las expectativas sociales que generan las instituciones existentes orientadas a la satisfacción de fines públicos. Ahora bien, en la justa medida en que esos elementos que conforman lo público se aplican en sede judicial se expresarán en típicos términos jurídicos. A nuestro juicio, es posible identificar diversos principios generales de Derecho público, y algunas reglas o preceptos más detallados que derivan de ellos, que se aceptan en la mayoría de los sistemas jurídicos democráticos, dando así contenido a las exigencias o aspiraciones de la condición de «público» en el Derecho. Desde esta perspectiva, entiendo que la aplicación de esos principios contribuye a valorar el grado o nivel del carácter público que preside la acción externa de una organización global en la producción normativa o en la adopción de decisiones, dimensión ésta que ha de ser enjuiciada por un tribunal nacional. Con carácter previo, se han de esbozar algunos de esos principios generales del Derecho público que llenan de contenido a las exigencias o a las aspiraciones por lo público.

---

[52] No se trataran aquí las cuestiones fundamentales sobre los «conflicto de leyes» en relación con la elección de ley aplicable o el valor de las decisiones judiciales firmes de un tribunal extranjero.

[53] J Waldron «Can there be a democratic jurisprudence?», NYU PILT Research Paper 08-35, November 2008 (SSRN). Las ideas de Waldron sobre «lo público» en los sistemas legales y democráticos han inspirado parte de mi proyecto sobre gobernanza global que es heredero de ese trabajo.

1. LOS COMPONENTES DE LO PÚBLICO: LOS PRINCIPIOS GENE-RALES DEL DERECHO PÚBLICO

Los principios generales del Derecho público combinan cualidades formales con compromisos normativos en la tarea de canalizar, gestionar, moldear y limitar el poder político. Estos principios proporcionan una cierta especificidad y dotan de contenido a los requisitos abstractos de lo público que el Derecho implica. Los que enumeran seguidamente son principios que, en mayor o menor medida, podrían aplicarse en cualquier sistema de Derecho público, así como a las relaciones entre los diferentes sistemas de Derecho Público. Aunque se trate de una lista meramente indicativa, sin pretensiones comparativas o doctrinales, es suficiente para sugerir que los principios inherentes en esta comprensión de lo público, propia del Derecho, son sin duda relevantes.[54] Se trata de principios jurídicos con un efecto real, aunque no constituyan principios de justicia sustantiva en el sentido de Dworkin. Al aceptar la noción de un Estado de Derecho, de la unidad de unos principios normativos de base, y no el imperio del poder arbitrario o de los criterios derivados de la filosofía, se obtiene la lista que sigue.

A) EL PRINCIPIO DE LEGALIDAD

Una de las principales funciones de Derecho público consiste en la canalización y organización del poder. Ello se logra en buena medida a través de un principio de legalidad: los actores que operan dentro del sistema de poder se ven obligados a actuar de acuerdo con las reglas de tal sistema. El principio de legalidad hace posible que el órgano que establece las reglas controle al que las gestiona y administra. El agente está obligado a cumplir los términos de la delegación que le ha otorgado el principal*. Cuando nos encontramos con un complejo sistema de delegaciones, resulta de ordinario preferible atribuir a un tercero controlar que el agente actúa de acuerdo con los criterios que el principal ha establecido. Se genera así una dinámica en favor de los derechos de terceros, apreciable también en el modelo del principal-agente.

En el caso de las instituciones interestatales, los Estados que establecen la institución se configuran a sí mismos con frecuencia como principales (sea de forma solidaria o colectiva) siendo la institución el agente, aun cuando el control y supervisión directos del agente pueden verse atenuados en tal contexto. Un problema éste que se compensa tanto a través de controles jurídicos, como de límites que restringen la capacidad operativa del agente. Por tanto, las instituciones internacionales de ordinario dependen de Estados singulares para actuar como agentes en su actividad operativa y de implementación.

---

[54] Puede verse de modo general, D. Dyzenhaus (ed.) *The Unity of Public Law* (2003); y especialmente M Taggart, «The tub of public law», en *ibíd.* 455.

* Como en los restantes capítulos, se utiliza el conocido paradigma del principal-agente para explicar éste y otros fenómenos. (N. del E.).

b) El principio de razonabilidad o racionalidad

La cultura de la motivación se ha visto acompañando de una cierta presión sobre los responsables de la ejecución y la adopción de decisiones singulares (y, en algunos países, también sobre los legisladores), cultura que se traduce en la obligación de explicar las razones que sirven de fundamento para la decisión de que se trate, y de generar todo un expediente relativo a los datos de hecho en que se sustenta. Esta concepción forma parte de la cultura jurídica y política. En ambos contextos, este principio determina que los órganos encargados de la revisión debatan habitualmente si se debe enjuiciar, y a la luz de qué estándar o parámetro, la razonabilidad sustantiva que subyace a una decisión: el criterio de lo manifiestamente irrazonable, el criterio de la incorrección, etc.

c) El principio de proporcionalidad

La exigencia de una relación de proporcionalidad entre los medios y los fines se ha convertido en una herramienta procedimental de gran alcance en el Derecho Público europeo, y cada vez más en el Derecho Internacional Público, aunque algunos tribunales nacionales (por ejemplo, en el Reino Unido) se opusieron durante muchos años a aceptar los argumentos, poco familiares, que se les presentaban con base en tal principio.

d) El Estado de Derecho o «*Rule of Law*»*

Las exigencias que se derivan del *rule of law* según la doctrina son muy variadas. No obstante, el enfoque predominante es de carácter procedimental[55]. Se hace referencia con ello a la aceptación general entre las autoridades y el personal al servicio de la Administración (y en la sociedad) de la necesidad de que se sigan particulares procedimientos deliberativos y de toma de decisiones. Tal visión se encuentra, *prima facie*, en contradicción, tanto con la concepción del «Estado de Derecho» como una mera estructura de reglas claras, previsibles e implementadas de manera justa, sin consideración alguna a su contenido sustantivo (se trata de la concepción de «libro de reglas», o *rule book*), como con el ideal de que las reglas se sustenten en una rigurosa concepción pública de los derechos individuales (la concepción denominada de los «derechos»)[56]. Los procedimentalistas abogan por los procedimientos, aun cuando ello pueda dar lugar a resultados insatisfactorios. No obstante, tienen dificultades para explicar por qué una decisión adoptada de conformidad con los procedimientos preestablecidos no

---

* Parece más adecuado mantener aquí, salvo en alguna ocasión, la fórmula anglosajona utilizada por el autor –«Rule of Law»- sin traducirla a nuestro «Estado de Derecho» en cuanto ambas fórmulas, pese a sus importantes conexiones, no son sinónimas en términos sustantivos ni procesales. Entendemos que la utilizada por el autor es de sobra conocida por el lector, por lo que no requiere más explicaciones. (N. del T.).

[55] Muy ilustrativo al respecto es, R Fallon «The rule of law as a concept in constitutional discourse» (1997) 97 *Columbia Law Review* 1.

[56] R Dworkin *A Matter of Principle* (1985) 12.

debería formar parte entonces del acervo normativo que los partidarios del «Estado de Derecho» deben respetar.[57] David Dyzenhaus ha postulado una perspectiva sobre el Estado de Derecho que pone el acento, no en el Derecho (y las reglas), sino en el establecimiento de la regla (*ruling*). De ahí infiere que la infracción de una norma de procedimiento no resulta impensable, aunque implica un compromiso con la legalidad que debe ponderarse cuidadosamente[58].

E) DERECHOS HUMANOS

Se hace referencia aquí a los derechos básicos, a la protección que resulta casi intrínseca o natural a los sistemas jurídicos en un ordenamiento jurídico-público moderno. Desde luego, esta categoría se halla presente en las cuatro categorías anteriores, pero se recoge por separado en este epígrafe para dejar cierto espacio al debate sobre si determinados Derechos Humanos (como, por ejemplo, la integridad corporal, la privacidad o la personalidad) han de ser protegidos por el Derecho Público como algo intrínseco (en caso de que no cuenten con la autoridad que un texto legal ofrece), aun cuando ello suponga que formalmente no quedarían dentro del acervo normativo de un Estado de Derecho o «rule of law».

2. LA APLICACIÓN DE CRITERIOS DE LO PÚBLICO A LAS ENTIDADES EXTERNAS QUE PRODUCEN NORMAS O DICTAN RESOLUCIONES EN EL CAMPO DE LA GOBERNANZA GLOBAL

Mi tesis es que, sin perjuicio de otras limitaciones y consideraciones, los tribunales nacionales darán, y deberían dar, más peso a las normas o decisiones que las entidades externas producen cuando estás satisfagan de manera más integral y comprensiva las exigencias de su carácter público.

El Consejo de Estado francés adoptó un enfoque análogo cuando procedió al enjuiciamiento de la denegación francesa de otorgar visados a personas que habían sido incluidos en el Sistema de Información de Schengen (SIS) por otros países firmantes de los acuerdos de Schengen, que regulan la libre circulación a través de las fronteras de la zona Schengen. La Sra. Hamssaoui, una ciudadana marroquí y residente legal, cuya solicitud de visado para visitar a su familia en Francia había sido denegada debido a un informe sobre ella que obraba en el SIS, consiguió la anulación de la denegación, ya que no se le había motivado, ni siquiera se le facilitó el nombre del país que había realizado el informe.[59] En otro caso, funcionarios alemanes habían incluido a la Sra. Forabosco (una ciudadana rumana que vive en Bucarest y pedía un visado para Francia) en una lis-

---

[57] J Waldron «The rule of law as a theater of debate», en J. Burley (ed.), *Dworkin and His Critics: with Replies by Dworkin* (2004) 319, 323.

[58] Véase D Dyzenhaus «Aspiring to the rule of law» en T Campbell, J Goldsworthy & A Stone (eds.) *Protecting Human Rights: Instruments and Institutions* (2003).

[59] Conseil d'Etat, 9 June 1999, No. 198344, Mme Hamssaoui.

ta en el SIS, sobre la base de que se le había negado el asilo en Alemania anteriormente. El Consejo de Estado (francés) efectivamente aplicó el principio de legalidad al determinar que los funcionarios alemanes habían cometido un error de Derecho, porque la denegación del asilo no es una razón válida, al amparo del artículo 96 del Acuerdo de Schengen, para incluir a una persona en el SIS. Esta valiente decisión de Tribunal francés en la fiscalización de los actos realizados por un funcionario alemán se basa en parte en la percepción del Tribunal francés de que los tribunales nacionales cumplían una función de gobernanza con ocasión de la corrección del error del informe del SIS, una estrategia de gobernanza que, sin duda, resulta preferible a requerirla a la demandante que inicie un proceso paralelo ante los tribunales alemanes.[60]

Este análisis o perspectiva de lo público podría aplicarse también al Convenio de Chicago y a la actividad de la Organización de Aviación Civil Internacional, en casos como el de la *Asociación de Pilotos de Líneas Aéreas.* Un tribunal nacional, enfrentado a la incierta cuestión de si la ley aplicable al foro o institución determina el carácter obligatorio o no de un estándar o práctica (globales), podría ponderar los siguientes factores: el grado en que la Organización de Aviación Civil Internacional y sus participantes actuaron de conformidad con las normas que les sean aplicables y el grado de aceptación de las mismas; el grado en que la pertenencia como miembro en tal Organización permite tener en cuenta todos los intereses en cuestión; la relación de proporcionalidad entre el fin legítimo y los medios empleados; los criterios sobre publicación, como los propuestos por Lon Fuller, a los que antes se ha hecho referencia*; la aplicación ecuánime o fórmulas de ese tipo; y el efecto del estándar o práctica recomendada sobre los derechos fundamentales básicos. Si se había conseguido un equilibrio entre la maximización de la seguridad de la navegación y el trato justo a los pilotos en cuanto al uso de las grabaciones de voz de cabina, por una parte, y la justicia para las víctimas de accidentes y sus familiares, por otro; así como el grado en que estos intereses habían sido plenamente representados y justamente ponderados en el proceso decisorio de la Organización de Aviación Civil Internacional, constituyen factores que un tribunal nacional ha de considerar y evaluar. Más allá de consideraciones acerca del carácter público, el órgano jurisdiccional nacional puede tener en cuenta también los posibles efectos de su decisión en relación con el régimen de gobernanza global, haciendo una ponderación distinta en función del contexto entero.

Es más fácil justificar desde la perspectiva de una estructura democrática la actividad de producción normativa y de dictado de resoluciones de las instituciones globales cuanto mayor sea su cumplimiento y encaje con las exigencias derivadas del carácter público. Además de su atractivo prescriptivo o normativo**, las exigencias de lo público

---

[60] Conseil d'Etat, 9 June 1999, No. 190384, M et Mme Forabosco.

* Se refiere básicamente a las ocho reglas para evitar que las leyes fracasen propuestas por este autor, catedrático de Filosofía del Derecho en Harvard (1902-1978): La ausencia de normas o leyes, lo que conduce a soluciones ad hoc o inconsistentes; Las leyes secretas o no publicadas: el no dar a conocer o dar a conocer las normas de la ley; La falta de claridad de la legislación, de modo que es imposible de entender; La legislación retroactiva; Las leyes contradictorias entre sí; Las leyes que exigen conductas imposibles o acciones que están más allá del poder de los sujetos y los gobernados; La legislación inestable (por ejemplo, las revisiones diarias de las leyes); La divergencia entre lo establecido legalmente y la práctica de las autoridades. (N. del T.).
Sobre el tema, *vid.* asimismo el capítulo tercero. (N. del E.).

** Sobre el sentido de este término, véanse las anotaciones a los capítulos anteriores, señaladamente al segundo. (N. del E.).

pueden servir instrumentalmente para mejorar sustancialmente la regla o la resolución, así como su aceptación social.

V. CONCLUSIÓN

Al valorar la pertinencia de que los tribunales nacionales actúen como órganos de revisión y control de las normas y decisiones adoptadas en el seno de las instituciones regulatorias globales, como ocurre cada vez más frecuentemente, deben tenerse en cuenta tanto los aspectos funcionales como los normativos o prescriptivos. Como ya notábamos, ello no supone de ordinario afirmar la jurisdicción sobre el organismo regulador internacional. Pocos, si es que alguno, de los casos esbozados en el apartado II implican una actuación contra una entidad externa. Las dimensiones procedimental y sustantiva del foro son, pues, de central importancia en cada caso concreto. En términos más abstractos, cabe observar que un único tribunal nacional podría dudar en ciertas circunstancias sobre la oportunidad de realizar tal examen. El control judicial nacional puede generar situaciones de desventajas para el Estado del foro o para las personas involucradas, lo que puede constituir en sí mismo un motivo para que el órgano jurisdiccional se resista a enjuiciar el tema. Desde un ángulo político, ello determina la necesidad de la prudencia si, a consecuencia de un control profundo, se pudieran generar una alteración de las condiciones en las que los distintos operadores económicos compiten o un desequilibrio grave con otros Estados. Es muy difícil que un único tribunal nacional sea capaz de establecer estándares comunes que permitieran un análisis uniforme de las mismas reglas o resoluciones regulatorias de alcance global en otros tribunales nacionales. Estos tribunales se enfrentan a un problema propio de las reclamaciones colectivas:[61] si no son capaces de llegar a un enfoque común, puede ser preferible para ellos ser cautos. Si existe una regla clara de Derecho Internacional, o una interpretación autorizada emitida por el organismo internacional competente, el órgano jurisdiccional nacional podrá seguirlas, aunque su resolución no sea vinculante a la luz de la ley nacional del foro. Si ya existe ese organismo internacional, pero aún no ha actuado, el juez nacional puede retrasar el proceso o emitir un veredicto lo más escueto posible, a fin de no dar a entender que el organismo internacional u otros tribunales nacionales se equivocarían si actuaran de manera diferente.

En muchos casos, el órgano jurisdiccional nacional puede ser el único foro plausible para un control riguroso, desplazando sobre el juez nacional la carga

---

[61] Este es el tema al que están dedicando sus estudios actuales Eyal Benvenisti and George Downs, y H. Joseph Weiler. Este párrafo y el siguiente son fruto de mis conversaciones con ellos.

de no exceder la competencia o la jurisdicción del tribunal, ni actuar de forma contraproducente, aunque al mismo tiempo sin incurrir en denegación de justicia: «¿si no actúo yo, entonces quién lo hará?». Un tribunal nacional puede ejercer un cierto liderazgo al enfrentarse a una práctica problemática de una organización externa[62]. Y esa resolución puede constituir una señal para otros tribunales nacionales. Si la reproducen y replican podrá establecerse entonces una dimensión normativa de naturaleza transnacional, de ordinario con base en las decisiones judiciales internacionales y las diferentes clases de fuentes internacionales a las que se ha hecho referencia en el apartado III. Los principios del Derecho Administrativo Global emergente y las ideas fundamentadoras de lo público, que lo hacen más persuasivos y sugerentes, ofrecen directrices respecto de las normas y los métodos de enjuiciamiento al que los tribunales nacionales pueden acabar adhiriéndose.

---

[62] Francesca Bignami ha demostrado cómo los tribunales ingleses, mediante un juicioso ejercicio de su función de revisión indirecta, empujaron a las autoridades de competencia de la UE a adoptar un proceso jurídico más adecuado en las investigaciones a empresas: F Bignami, «Creating European rights: national values and supranational interests» (2005) 11 *Columbia Journal of European Law* 241. Doy las gracias a Richard B. Stewart por el debate en este punto y las numerosas ideas para este artículo, el proyecto y el conjunto de esta investigación.

LA APLICACIÓN DEL DERECHO ADMINISTRATIVO GLOBAL: COMERCIO INTERNACIONAL E INSTITUCIONES DE INVERSIÓN

LA ORGANIZACIÓN MUNDIAL DEL COMERCIO: LAS MÚLTIPLES DIMENSIONES DEL DERECHO ADMINISTRATIVO GLOBAL*

RICHARD B. STEWART
y MICHELLE RATTON SANCHEZ BADIN

I. INTRODUCCIÓN: EL SURGIMIENTO DEL DERECHO ADMINISTRATIVO GLOBAL Y LA ORGANIZACIÓN MUNDIAL DEL COMERCIO

L A Organización Mundial del Comercio (OMC) constituye un rico e importante ejemplo para las muchas dimensiones que presenta y estructura en modo multinivel[1] el Derecho Administrativo Global en el marco de la gobernanza global. Este contexto plantea una serie de cuestiones generales sobre la naturaleza y la función que ha de cumplir el Derecho Administrativo Global, así como sobre sus fundamentos positivos y normativos*. Este capítulo se ocupa de esas complejas cuestiones, que constituyen todo un reto, en el marco del Derecho Administrativo Global y su proyección sobre la gobernanza regulatoria global.

1. EL SURGIMIENTO DEL DERECHO ADMINISTRATIVO GLOBAL

Tal y como se pone de manifiesto a propósito de la OMC, asistimos a un desplazamiento generalizado de las competencias que ejercen las autoridades nacionales hacia los organismos regulatorios globales, en respuesta a la creciente integración económica

---

* Traducción de Yolanda Gómez Lugo, profesora de Derecho Constitucional de la Universidad Carlos III de Madrid.

[1] Para una panorámica sobre el Derecho Administrativo Global y las cuestiones que plantea: B. Kingsbury, N. Krisch y R.B. Stewart, «The Emergence of Global Administrative Law», 68 *Law and Contemp. Probs* 15 (2005), que figura aquí como capítulo segundo. Asimismo es conveniente la lectura previa, por su orden, de los siguientes capítulos, señaladamente, de los capítulos tercero, cuarto y quinto. (N. del E.).

** Normativo se utiliza aquí como equivalente o sinónimo de prescriptivo. Véase a este respecto lo anotado en los capítulos segundo a cuarto del presente libro. (N. del E.).

y otras formas de interdependencia. Un ejemplo de ello lo constituye la creciente densidad de regulación que se establece más allá del Estado, lo que nos permite identificar un espacio normativo y administrativo global de carácter poliédrico, integrado por toda una gama de organismos reguladores mundiales de carácter especializado o sectorial, entre los que destacan no sólo las organizaciones internacionales formales, sino también las redes transnacionales de organismos reguladores nacionales, organismos privados que establecen estándares y entidades mixtas público-privadas*. El objetivo último de muchos de estos regímenes o sistemas jurídicos consiste en regular la acción de los actores privados, en lugar de que lo hagan los Estados. Estos actores privados –entre los que cabe citar ONG, empresas y asociaciones–, así como agencias e instituciones de los Gobiernos nacionales, desarrollan una función trascendental en la configuración de las decisiones de estos regímenes o aparatos. Los diversos organismos y actores están separados, operan de manera fragmentada, aunque a la vez se hallan vinculados por múltiples conexiones en un complejo modelo de gobernanza multinivel.

Buena parte de esta gobernanza regulatoria global –especialmente en ámbitos como el comercio, la inversión, o la regulación económica y financiera– puede llegar a entenderse y concebirse como Administración; término, con el que provisionalmente aludimos, por un lado, a todas las formas de creación del Derecho que no sean la celebración de tratados u otros acuerdos internacionales, y por otro, a la solución de diferencias que eventualmente pueda suscitarse. Como se desprende del sistema jurídico o régimen jurídico del comercio global, la potestad para dictar resoluciones en las organizaciones globales se ejerce cada vez más a través de la correspondiente organización administrativa, las comisiones, los grupos de expertos, o las redes que integran a los reguladores nacionales o los expertos.

En ese contexto, no son suficientes los tradicionales mecanismos políticos y jurídicos, nacionales e internacionales,** para garantizar que aquellos que adoptan esas decisiones regulatorias globales respondan y den cuenta de sus acciones, ni siquiera ante aquellos que se ven afectados directamente por esa regulación***. Para salvar esa distancia, se recurre a la observancia de normas de procedimiento –materialmente administrativo–, de modo que las organizaciones globales se sometan a criterios de transparencia, motivación, participación y control. Por ello, asistimos a la emergencia y nacimiento de un Derecho Administrativo Global, como elemento fundamental que pueda revisar el paradigma interestatal o intergubernamental característico del Derecho Internacional, en busca de un contexto o modelo más cosmopolita y pluralista.****[2]

---

* En particular, sobre las clases de estructuras u organizaciones globales, véase el capítulo segundo. (N. del E.).

** Esto es, no son suficientes el Derecho Administrativo y el Derecho Internacional Público de corte tradicional. A éstos escapan muchas cosas. Véase también el capítulo segundo y tercero. (N. del E.).

*** Sobre este tema, en particular, *vid.* capítulo quinto. (N. del E.).

**** Sobre este punto véase lo que los autores sostienen en los capítulos segundo y tercero. (N. del E.).

[2] *Íbid.*, D.C. Esty, «Good Governance at the Supranational Scale: Globalizing Administrative Law», 115 *Yale L. J.* 1490 (2006). La web del proyecto de investigación sobre Derecho Administrativo Global del *International Law and Justice* de la Facultad de Derecho de *New York University* recoge un amplio catálogo de trabajos de investigación y otros materiales sobre esta materia (www.iilj.org/gal). Véase también, S. Cassese, B Carotti, L. Casini, M. Macchia, E. MacDonald and M. Savino (eds.), *Global Administrative Law: Cases, Materials, Issues* (2 ed 2008) (www.iilj.org/GAL/GALCasebook.asp); Symposium, «The Emergence of Global Administrative Law», 68 *Law and Contemp. Prob.*, 1 (2005),

El enfoque y marco que aporta el Derecho Administrativo Global proporciona importantes contrastes con las múltiples nociones del constitucionalismo global, si bien un análisis acabado de esta cuestión excede en mucho del alcance de este capítulo*. En este contexto, el Derecho Administrativo Global no puede concebirse como un único o simple sistema de normas y prácticas bien definidas[3]. Las prácticas siguen en evolución constante y se aplican de forma bastante diversa en los diferentes estratos de la esfera administrativa global, como lo demuestra la compleja forma de gobernanza de la OMC que analizaremos en este capítulo.

2. LA ORGANIZACIÓN MUNDIAL DEL COMERCIO Y EL DERECHO ADMINISTRATIVO GLOBAL

La evolución del Derecho Administrativo Global ha de examinarse en relación con la compleja estructura de gobernanza de la OMC, así como con los importantes progresos de la organización y los profundos retos a los que actualmente se ha enfrentado. Para administrar más de dos mil normas sobre comercio internacional, la OMC posee una estructura de gobernanza tripartita relativamente excepcional, en la que intervienen tres ramas bien diferenciadas: legislativa, administrativa y de resolución de disputas. La rama que ha sido objeto de una mayor juridificación y que se encarga de solucionar controversias goza de una considerable independencia; sin embargo, las otras dos operan a modo de «*club*», que se basa en el modelo diplomático de consultas y negociaciones entre los representantes de los miembros, y en el que dominan los miembros más poderosos[4].

1-385; Symposium, «Global Governance and Global Administrative Law en the International Legal Order», 17 *European Journal of International Law* 1 (2006), 1-278; «Global Administrative Law Symposium», 37 *NYU Journal of International Law and Politics* (2005). El proyecto GAL, conjuntamente con otras facultades de derecho e institutos de investigación en África, Asia, Europa y Latinoamérica, ha organizado conferencias en Buenos Aires, Nueva Deli, Ciudad del Cabo, Ginebra, Pekín, and Abu Dabi. Las publicaciones e informes de estas iniciativas pueden consultarse en www.iilj.org/GAL; actualmente se encuentra en imprenta los libros de los Simposio GAL que tuvieron lugar en Buenos Aires (Res Publican Argentina press), Deli (OUP), y Ciudad del Cabo (Acta Jurídica).

* Para un mayor desarrollo de esta temática, *vid.* capítulos segundo y quinto.

[3] S. Chesterman, «Globalization Rules: Accountability, Power, and the Prospects for Global Administrative Law» 14 *Global Governance* 39 (2008).

[4] Sobre el modelo club de gobernaza regulatoria global, véase R. Keohane y J. Nye, «The Club Model of Multilateral Cooperation and the Problem of Democratic Legitimacy», en R. Keohane, *Power and Governance in a Partially Globalized World* (Routledge 2002), 219. Sobre los comportamientos diplomáticos en la OMC, J. Weiler, «The Rule of Lawyers and the Ethos of Diplomats: Reflections on the Internal and External Legitimacy of WTO Dispute Settlement», en R. Porter, P Sauvè`, A Subramanian y A Beviglia Zampetti (eds.) *Equity, Efficiency, Legitimacy; The Multilateral Trading System at the Millennium* (Brooking 2001) 334.

El régimen de la OMC muestra diferentes dimensiones de la gobernanza regulatoria global, con contextos institucionales distintos en los que hace a la aplicación del Derecho Administrativo Global:

– La gobernanza interna de la OMC, que comprende la Conferencia Ministerial, el órgano de solución de diferencias, y, en particular, sus órganos administrativos; aquí el Derecho Administrativo Global apenas ha encontrado desarrollo.

– La normativa de la OMC, que se establece para regular cómo han de tomar sus decisiones las autoridades nacionales de los Estados miembros; en este nivel el Derecho Administrativo Global ha establecido numerosas reglas de procedimiento.

– La relación horizontal entre la OMC y otros organismos reguladores internacionales de establecimiento de estándares, y en donde el Derecho Administrativo Global presenta un enorme potencial para ejercer una notable influencia de carácter sustantivo –aunque informal–, sobre la toma de decisiones.

Los siguientes tres apartados de este capítulo abordan algunos elementos relacionados con la práctica actual y el posible desarrollo futuro de normas y mecanismos de transparencia, participación, motivación y revisión del Derecho Administrativo Global. Se abordarán asimismo algunas de las relaciones que mantienen la OMC con la sociedad civil, y en donde los procedimientos del Derecho Administrativo Global se aplican de forma desigual dependiendo del contexto de que se trate.

Estos elementos de la gobernanza de la OMC han de enjuiciarse desde un contexto más amplio: el que proporciona el cumplimiento de las funciones encomendadas y la trayectoria del sistema de regulación del comercio a nivel global. Ha de notarse, en ese sentido, que OMC ha obtenido un relevante reconocimiento, al implementar los Acuerdos de Marrakech, puesto que ha extendido la liberalización del comercio más allá de las bienes y mercancías, para ocuparse de las barreras no arancelarias del comercio, y de los derechos de propiedad intelectual.

A pesar de ello, la OMC también se ha visto sometida a duras críticas por parte de ciertas organizaciones de la sociedad civil y de algunos de sus miembros, señaladamente por su procedimiento decisorio cerrado, una desproporcionada e indebida focalización en la dimensión comercial, la presencia dominante de Estados poderosos y fuertes intereses financieros y económicos, en detrimento todo ello de los valores e intereses sociales y medioambientales de los países en vías de desarrollo y de sus ciudadanos. No ha de olvidarse que estas corrientes críticas se han visto espoleadas a consecuencia de la fuerte expansión de la OMC y de sus políticas en lo que hace a su programa de liberalización del comercio; de la consiguiente emergencia de otros problemas económicos y sociales que traen consigo las normas sobre comercio; y a resultas de la honda penetración de estas normas en las Administraciones nacionales.

Actualmente, la OMC se enfrenta a dos grandes desafíos: 1) la continua adaptación de las normas relativas al comercio para asegurar y expandir un comercio liberalizado; y 2) el reforzamiento de su legitimidad institucional ante las críticas de que es objeto por el proceso decisorio secreto, y la falta de atención de los valores e intereses no comerciales[*]. Estos problemas se han visto agravados por el fracaso de la Ronda de Doha, por las profundas divisiones entre los países desarrollados y en vías de desarrollo, y el surgimiento de otras potencias mundiales como China, Brasil, India y Sudáfrica.

---

[*] Sobre el tema, *vid.* el capítulo quinto. (N. del E.)

El Derecho Administrativo Global no puede resolver las dificultades más importantes a las que se enfrenta la OMC, sobre todo aquellas causadas por los intensos conflictos de intereses y valores que se suceden en la esfera de la alta política. Sin embargo, el fortalecimiento interno de la rama administrativa de la OMC, al mismo tiempo que se le somete a ésta a normas de Derecho Administrativo Global, puede impulsar la liberalización del comercio, mejorar los aspectos de su déficit de legitimidad y aliviar en parte la actual sobrecarga decisoria que pesa sobre las otras dos ramas. Este análisis pone de manifiesto también que la OMC ha inoculado en las Administraciones de los miembros normas del Derecho Administrativo Global, y permite pensar en la extensión de esas normas a otras organizaciones regulatorias globales como condición para el reconocimiento de los estándares que lleva a cabo la OMC.

El apartado conclusivo del presente capítulo aborda las implicaciones del estudio de la OMC para el Derecho Administrativo Global en general, lo que comprende: i) las razones por las que existe un desigual desarrollo del Derecho Administrativo Global entre los diferentes órganos de la OMC; ii) los problemas derivados de la aplicación del concepto de «Administración» y los instrumentos propios del Derecho Administrativo a la gobernanza regulatoria global; y, iii) la función que cumplen las normas y prácticas del Derecho Administrativo Global en relación con las distintas modalidades que presentan los procesos decisorios, en función de que éstos se basen en la negociación política, en el conocimiento experto o en las interacciones entre redes de reguladores y otras organizaciones. También se examinan, desde la perspectiva del análisis positivo, los factores que promueven o impiden la adopción de normas de Derecho Administrativo Global en la Administración de la OMC y las dimensiones normativas del Derecho Administrativo Global a los efectos de la rendición de cuentas (*accountability*), y la situación jurisprudencial del Derecho Administrativo Global.

II. GOBERNANZA INTERNA DE LA OMC: ESTRUCTURA Y PROCEDIMIENTOS DECISORIOS

Este apartado trata de examinar al Derecho Administrativo Global en conexión con las tres ramas en que se estructura la OMC: sus instituciones legislativas, ancladas en la Conferencia Ministerial; sus órganos administrativos, que comprenden el Director General, la Secretaría, los diferentes Consejos y Comités, y el Órgano de examen de las políticas comerciales (*Trade Policy Review Body, TPRB*); y su sistema de solución de diferencias, que integra a los Grupos especiales de solución de diferencias y al Órgano de Apelación. Los compromisos de gobernanza presentan una dinámica interna –en relación con los miembros de la OMC– y otra externa –con respecto a demás actores y organismos globales no estatales–.

Aunque lo lógico sería que el Derecho Administrativo Global regulara las decisiones que adoptan los órganos administrativos de la OMC, lo cierto es que su aplicación a estos órganos, hasta el momento, resulta bastante rudimentaria o escasa. Esta situación refleja la pervivencia del modelo de «*club*» en la adopción de decisiones en el seno de la OMC, esto es, el recurso a negociaciones diplomáticas confidenciales entre los miembros[5], y ello pese a las limitaciones que este modelo comporta, habida cuenta de la complejidad y de la dinámica que las cuestiones comerciales poseen, y que cada día adquieren mayor relevancia.

El grado de subdesarrollo del Derecho Administrativo Global en el marco de la OMC tiene también su explicación en el hecho de que la autoridad para establecer normas y decisiones se encuentra concentrada en el legislativo y en el órgano de resolución de disputas, mientras que los órganos administrativos desempeñan un papel relativamente débil. En las últimas dos décadas, en respuesta a las demandas de ONG y otras críticas a favor de una mayor apertura y participación, los órganos legislativo y de resolución de diferencias de la OMC se han abierto progresivamente al control y a las recomendaciones externos[6]. Con todo, la OMC presenta un marcado carácter intergubernamental y algunos de sus órganos siguen actuando de una manera cerrada y opaca. Ese doble reto de eficacia y legitimidad al que se enfrenta la OMC, debería abordarse de forma simultánea fortaleciendo la función legislativa que habrían de desplegar sus órganos administrativos, para, después, someter a éstos en esa tarea a las normas del Derecho Administrativo Global[7].

---

[5] Sobre el modelo «club», consúltense las Fuentes citadas en la nota 4. El Acuerdo General sobre Aranceles Aduaneros y Comercio (GATT) se basa en un sistema de negociaciones confidenciales entre los miembros más poderosos miembros con el fin de lograr concesiones mutuas en aranceles y cotizaciones, limitando la influencia de lobbies nacionales y aislando cuestiones comerciales de otros temas relativos a las relaciones internacionales. J. Steffek y C. Kissling, «Why Cooperate? Civil Society Participation at the WTO» en C. Joerges y E-U. Petersmann (eds.), *Constitutionalism, Multilevel Trade Governance and Social Regulation* (2006 Hart Publishing) (hereinafter «Joerges & Petersmann»), 135.

[6] Véase *id*, que proporciona una descripción y un análisis de la participación de las organizaciones no gubernamentales en la OMC desde la perspectiva institucional, haciendo hincapié en los incentivos de varios actores para aceptar o comprometerse en la participación. Véase también, el «Mini-Symposium on Transparency in the WTO» en 11 *J. Int'l Econ. L.* (2008), que incluye D.P. Steger, «Introduction to the Mini-Symposium on Transparency in the WTO» 11(4) J. Int'l Econ. L. 705 (2008); P. Van den Bossche, «NGO Involvement in the WTO: A Comparative Perspective», 11 J. Int'l Econ. L. 717 (2008); Y. Bonzon, «Institutionalizing Public Participation in WTO Decision Making: Some Conceptual Hurdles and Avenues», 11 *J. Int'l Econ. L.* 751 (2008). Véase además, S. Charnovitz, «Transparency and Participation in the World Trade Organization», 56 Rutgers L. Rev. 927 (2004). Para este debate, véase Julio A. Lacarte, «Transparency, Public Debate and Participation by NGOs in the WTO: A WTO Perspective», 7 *J. Int'l Econ. L.* 683 (2004); P. Van den Bossche y I. Alexovicová, «Effective Global Economic Governance by the World Trade Organization», 8 *J. Int'l Econ. L.* 667 (2005); R. Wolfe, «Decision-Making and Transparency in the 'Medieval' WTO: Does the Sutherland Report have the Right Prescription?» 8 *J. Int'l Econ. L.* 631 (2005).

[7] Para el debate sobre la aplicación del Derecho Administrativo Global a la gobernanza de la OMC, véase D.C. Esty, «Good Governance at the World Trade Organization: Building a Foundation of Administrative Law», 10(3) *J. Int'l Econ. L.* 509 (2007)

1. LOS PROCEDIMIENTOS DE LA CONFERENCIA MINISTERIAL PARA LA LEGISLACIÓN REGULADORA DEL COMERCIO

La Conferencia Ministerial (*Ministerial Council*), órgano legislativo de la OMC, se compone de los representantes de todos los miembros y se reúne cada dos años. Actualmente el número de miembros asciende a 161, respecto de los 18 que originariamente fundaron el Acuerdo General sobre Aranceles Aduaneros y Comercio (GATT). El alcance y ámbito de este programa regulador se ha ampliado considerablemente; el Consejo continúa aplicando la regla básica del consenso para adoptar sus decisiones, y dado que la negociación y toma de decisiones en un órgano de esta naturaleza resulta poco operativa, la mayor parte de la verdadera negociación y toma de decisiones se ha desplazado hacia otros mecanismos e instrumentos.

En la Ronda de Uruguay, las negociaciones fueron objeto de duras críticas por su opacidad, tanto en lo que hace al establecimiento de reglas, como por lo que se refiere al recurso conocido como «sistema de la sala verde», para resolver las grandes cuestiones[8]. Como consecuencia, el mandato de Doha incluyó una sección sobre la organización y gestión del programa de trabajo, con la finalidad de promover el acceso a, y el compromiso de, todos los miembros y, en un grado más limitado, de los no miembros[9]. Se crearon comités de negociaciones comerciales sobre temas específicos[10], aunque los coordinadores de los comités fueron criticados por ser demasiado dominantes al organizar las actividades de dichos comités, ignorando a muchos miembros, y por permitir pocas oportunidades de participación. Gran parte de la negociación real se trasladó a minireuniones organizadas por la CE, Estados Unidos, Japón, Brasil e India[11]. En respuesta a las críticas de muchos países en vías de desarrollo y organizaciones no gubernamentales, se tomaron algunas medidas para aumentar la apertura, adoptadas principalmente por parte de la Secretaría. Por ejemplo, en el proceso ministerial las cuestiones serían debatidas en las reuniones de los consejos y comités facilitando, junto con iniciativas para fomentar la capacidad, la participación

---

[8] R. Blackhurst y D. Hartridge, «Improving The Capacity Of WTO Institutions To Fulfill Their Mandate,» 7 *J. of Int'l Econ. L.* 705 (2004); Global Economic Governance Programme, «A Governance Audit of the WTO: Roundtable Discussion on Making Global Trade Governance Work for Development»; E-U Petersmann, «Challenges to the legitimacy and efficiency of the World Trading System: democratic governance and competition culture in the WTO – introduction and summary», 7 *J. of Int'l Econ. L.* 585 (2004).

[9] Véase par. 45 y ff. de la Declaración de Doha, adoptada el 14 de noviembre de 2001. Disponible en: <http://www.wto.org/english/thewto_e/minist_e/min01_e/mindecl_e.htm#organization> (July 2010).

[10] Además del Comité de negociaciones comerciales (TNC), que se encuentra bajo la autoridad del Consejo General, se crearon dos grupos subsidiarios para tratar temas individuales de negociación: acceso a los mercados y normas de la OMC (antidumping, subvenciones, acuerdos comerciales regionales). Pueden crearse otros por la TNC, sin embargo, las cuestiones pendientes y trabajos preparatorios para nuevos acuerdos han sido incorporados en la agenda de trabajo de los comités y consejos ya existentes, y otros órganos de la OMC.

[11] G. Shaffer, «The role of Director-general and Secretariat: Chapter IX and Sutherland Report» 4 *World Trade Review* 429 (2005). Robert Woolfe proporciona una interesante descripción de la dinámica del proceso de negociación de la OMC en «Can the Trading System be Governed? Institutional Implications of the WTO's Suspended Animation», Centre for International Governance Innovation, Working Paper 30, septiembre 2007.

y el desarrollo de los países con recursos limitados y pequeñas delegaciones. La Secretaría ha mostrado su conformidad sobre todo en relación con el art. V.2 del Acuerdo por el que se promueven ciertas formas de apertura y de implicación en los procesos ministeriales[12], tanto de los miembros como de los no miembros, incluidas las ONG. Todos estos pasos han contribuido a resolver los procesos de negociación de los tratados de la OMC y a promover el compromiso con grupos externos[13]. No obstante, aún perviven muchos elementos del modelo de *«club»*, en contraste con otros organismos reguladores globales[14], y varios países del Sur y ONG se quejan de que sus opiniones se hallan sistemáticamente infrarepresentadas[15]. Sin embargo, también debe reconocerse que las propuestas de cambios estructurales de amplio alcance presentadas por académicos y ONG para establecer un sistema legislativo más «democrático»[16] son poco realistas a la luz del fracaso de la Ronda de Doha y ha de admitirse que es necesario negociar acuerdos al más alto nivel entre los países más poderosos y en vías de desarrollo.

---

[12] Los procedimientos fueron establecidos por la Secretaría para registrar a dichos representantes, proporcionales instrucciones (o sesiones informativas) tras reunirse con los delegados de los Miembros, y también instalaciones para reuniones y debates públicos. Otras iniciativas han incluido una reunión anual en Ginebra para organizaciones no gubernamentales y delegados sobre cuestiones de la OMC (*WTO Public Forum*), la creación de grupos de discusión para consultar con la Secretaría y el Director General, tales como los comités informales creados por los Directores Generales Mike Moore en 2001, y Supachai Panitchpakdi en 2003. Véase «Moore appoints advisory panel on WTO affairs» Press/236, 5 julio 2001, y una invitación abierta para publicar informes de situación en la web de la OMC (la sección *GO Forum*). Cf. Doha WTO Ministerial 2001, «WTO Secretariat activities with NGOs» WT/INF/30, 12 abril 2001. Aparte de estas reformas institucionales, las organizaciones no gubernamentales se involucran cada vez más en las negociaciones como parte de las delegaciones de los Estados Miembros, y aunque a través de la prestación de asistencia a los negociadores de los países en desarrollo. Véase el debate en S. Sapra, «The WTO System of Trade Governance: The Stale NGO Debate and the Appropriate Role for Non-state Actors» 11 *Or. Rev. Int'l L.* 71 (2009).

[13] Véase S. Charnovitz, «Transparency and Participation in the World Trade Organization», 56 *Rutgers L. Rev.* 927 (2004). Véase también Mini-Symposium on Transparency in the WTO, 11(4) *J. Int'l Econ. L.*, 2008 (note 6).

[14] S. Charnovitz, «Two centuries of participation: NGOs and international governance», 18 *Mich. J Int'l L.* 183 (1997); J. Aart Scholte, R. O'Brien and M. Williams, «The WTO and Civil Society», CSGR Working Paper 14/98, July 1998. Para una perspectiva adicional, véase J.L. Dunoff, «The Misguided Debate Over NGO Participation at the WTO,» 1 *J. Int'l Econ. L.* 433 (1998); D.C. Esty, «Non-governmental Organizations at the World Trade Organization: Cooperation, Competition, or Exclusion,» 1 *J. Int'l Econ. L.* 123 (1998).

[15] S. Charnovitz, «WTO Cosmopolitics», 34 *N.Y.U. J. Int'l L. & Pol.* 299 (2002); Saif Al-Islam Alqadhafi, «Reforming the WTO: Toward More Democratic Governance and Decision-Making», Gaddaffi Foundation for Development, 2007 (disponible en <http://www.wto.org/english/forums_e/ngo_e/posp67_gaddafi_found_e.pdf>, julio 2010).

[16] A.R. Ziegler and Y. Bonzon, «How to Reform WTO Decision-Making?An Analysis of the Current Functioning of the Organization from the Perspectives of Efficiency and Legitimacy», NCCR trade regulation, Swiss National Center of Competence in Research, Working Paper No. 2007/23, May 2007; C-D. Hermann and L. Ehring, «The Authoritative Interpretation Under Article IX:2 of the Agreement Establishing the World Trade Organization: Current Law, Practice and Possible Improvements,» 8 *J Int'l Econ. L.* 803 (2005).

2. EL SISTEMA DE RESOLUCIÓN DE DISPUTAS DE LA OMC

Los cambios realizados en el proceso de solución de diferencias de la OMC en 1994 facilitaron a la rama encargada de la resolución de controversias un mayor poder e independencia, y un carácter más judicializado. El Entendimiento sobre la Solución de Diferencias (ESD o *Dispute Settlement Understanding*, DSU) fijó los procedimientos y plazos para ello, estableciendo un Órgano de Apelación permanente y convirtiendo prácticamente en vinculantes sus resoluciones.

Se trata, pues, de un sistema de solución de diferencias más judicializado que ha acaparado un gran número de asuntos, elevando el sistema de la OMC a una posición de liderazgo entre los tribunales internacionales. Desde su creación, los miembros han planteado 390 casos al OSD, resultando aprobados 124 informes por los grupos especiales (paneles) y 76 informes por el Órgano de Apelación. En el 88% de los casos se concluyó que se había producido al menos una vulneración de los Acuerdos de la OMC. La creación de instrumentos de apelación, junto a la publicación de los informes, ha ayudado a transformar el proceso de solución de diferencias, pasando de la mediación diplomática a la resolución de la controversia, motivada y de alta calidad. Ha promovido la clarificación de las normas reguladoras del comercio, estimulando la formación de una comunidad epistémica compuesta de abogados y académicos, lo que ha favorecido su aplicación. Un detallado análisis estadístico pudo advertir que el sistema de la OMC ha sido utilizado con más frecuencia que el sistema GATT, obteniendo mejores resultados en la fase de implementación, en particular, al reducir el número de casos en que los miembros toman la justicia por su propia mano al imponer sanciones comerciales no autorizadas[17].

La ruptura del esquema ministerial en la producción legislativa, y el subdesarrollo de las normas administrativas en manos de la rama administrativa, ha permitido que el sistema de solución de diferencias de la OMC asuma la responsabilidad de actualizar la regulación del comercio y determine así su relación con las normas no comerciales, lo que comprende también aquellas normas que se reflejan tanto en el Derecho nacional como Internacional. Estas circunstancias podrían explicar, en parte, el mayor volumen de casos planteado ante la OMC en comparación con el GATT[18]. También han contribuido a desplazar el proceso de solución de diferencias de un sistema puramente bilateral y recíproco de solución de eventuales conflictos[19], hacia un sistema multilateral

---

[17] A. Helmedach y B. Zangl, «Dispute Settlement under the GATT and WTO: An Empirical Inquiry into a Regime Change» en Joerges y Petersmann, nota 5, 101-105.

[18] *Supra.*

[19] Véase J. Pauwelyn, *Conflict of Norms in Public International Law* (CUP, 2003) 54; C. Carmody, «A Theory of WTO law» 11 *I. Int'l Eco. L.* 527 (2008).

de carácter normativo[20]. Se trata, sin embargo, de una evolución tan sólo parcial, y el análisis más tradicional, de impulso a través de los miembros, se deja sentir aún con fuerza en muchos casos. Ahora bien, en otros supuestos, el Órgano de Apelación ha tratado de promover un sistema transparente y ordenado del Derecho del comercio global para incorporar las prácticas de los miembros y las expectativas de los actores económicos globales[21]. En este sentido, el sistema de solución de diferencias ha asumido un carácter regulatorio y, en forma incipiente, administrativo.

El aumento de poder y de las funciones de la OSD (DSB), así como el cada vez más profundo compromiso de la OMC con el medio ambiente, la salud, la seguridad y otros temas sociales que se han entrelazado con la normativa del comercio mundial, ha supuesto que el OSD (DSB) tenga que ocuparse, de forma progresiva, de cuestiones delicadas que los miembros no han podido resolver a través de acuerdos, tales como la relación entre materias comerciales, sociales y regionales. A su vez, esta evolución ha acentuado las pretensiones de acceder y participar más en el proceso decisorio de la OSD (DSB). Muchos países desarrollados carecen de recursos y capacidades para desempeñar una función efectiva y real en estos procesos. Al mismo tiempo, las ONG representantes de los intereses sociales afectados han reclamado el derecho a formular propuestas en los procedimientos de resolución de conflictos. Las decisiones del Órgano de Apelación en los casos *US-Shrimp*[22] y *EC-Asbestos*[23] han abierto

---

[20] La tendencia multilateral, sistémica, del proceso contencioso de la OMC resulta evidente en casos relacionados con medidas medioambientales, véase – e.g. WT/DS2, *United States – Standards for Reformulated and Conventional Gasoline* (Complainant: Venezuela), 24 enero 1995 (manteniendo que la normativa de Estados Unidos vulnera los requisitos nacionales); WT/DS332, *Brazil – Measures Affecting Imports of Retreaded Tyres* (demandante: *European Communities*), 20 junio 2005 (encontrando vulnerados los requisitos del MFN). La misma tendencia es evidente en casos de propiedad intelectual, véase e.g. WT/DS28, *Japan – Measures Concerning Sound Recordings* (Complainant: United States), 9 febrero 1996.

[21] D. Steger, «The culture of the WTO: why it needs to change», y J.P. Trachtman, «Regulatory jurisdiction and the WTO», ambos en W.J. Davey y J. Jackson, *The Future of International Economic Law* (OUP, 2008), 45 y 193.

[22] WT/DS58, *United States – Import Prohibition of Certain Shrimp and Shrimp Products (US-Shrimp)* (Demandantes: India; Malaysia; Pakistan; Thailand), 8 octubre 1996. El órgano demandado sostuvo que los grupos tenían poderes inherentes para aceptar solicitudes de quienes no son parte, incluyendo la de los no Miembros, afirmando que «los procedimientos de los grupos deben ofrecer flexibilidad suficiente para garantizar informes de alta calidad, mientras no se retrase excesivamente el proceso del grupo»: WT/DS58/AB/R, par.105, citando Art 12.2 del Entendimiento sobre la Solución de Diferencias, en especial en lo añadido por AB.

[23] WT/DS135, *European Communities – Measures affecting Asbestos and Products Containing Asbestos* (Demandante: Canada), 28 mayo 1998. El Órgano de Apelación sostuvo en el par.50: «...hemos reconocidos la posibilidad de que puedan recibirse solicitudes de apelación de personas ajenas a las partes y terceras partes en los conflictos, y hemos declarado que, en nuestra opinión, de que la conducta ordenada y justa de este recurso podría facilitarse por la adopción de procedimientos adecuados, solo para los propósitos de esta apelación de conformidad con la norma 16(1) de los Procedimientos de trabajo para resolver cualquier presentación recibida por tales sujetos» (WT/DS135/AB/R,). Para el debate,

la puerta a actores no estatales para que presenten las denominadas cartas de amigos ante el órgano (*amicus briefs*), sobre una variedad de cuestiones reguladoras del comercio, del mismo modo que algunas audiencias practicadas en el procedimiento de solución de diferencias también se han abierto a los no miembros con el consentimiento de las partes interesadas[24]. Sin embargo, muchos países en vías desarrollo se oponen a ambas prácticas (cartas y audiencias) en la medida en que minan la soberanía de los miembros y abren la puerta a la indebida influencia de ONG que impulsan los intereses occidentales en materias de medio ambiente, laboral y en otras cuestiones sociales.[25] Por consiguiente, el actual sistema de solución de diferencias representa un híbrido desigual entre el paradigma bilateral destinado a solucionar conflictos específicos (con fuertes componentes propios de los procesos cerrados anteriores a la OMC), y un enfoque más legalizado y cosmopolita, orientado a la regulación.

3. LOS ÓRGANOS ADMINISTRATIVOS DE LA OMC Y EL DERECHO ADMINISTRATIVO GLOBAL

Aun cuando el trabajo de los órganos administrativos de la OMC (Director General y Secretaría, Consejo General, Consejos del Comercio de Mercancías, del Comercio de Servicios y de los Aspectos de los Derechos de Propiedad Intelectual relacionados con el Comercio –ADPIC–, el Órgano de revisión de las Políticas Comerciales y un amplio número de comités) sea menos relevante que las Conferencias Ministeriales ocasionales y el resultado de las decisiones del OSD, ello no quita para que ese conjunto de órganos tenga una considerable importancia para el desarrollo y la aplicación de la gobernanza global del comercio, para su desarrollo e implementación. Los órganos administrativos, integrados por representantes de los miembros, ejercen una trascendente –aunque en gran medida *interstitial*– función *normativa* y de *interpretación*, cuando aplican los Acuerdos de la OMC, que han aumentado considerablemente, en tanto las competencias legislativas de la OMC se han visto un tanto atrofiadas aun cuando la necesidad de la adaptación y evolución ante las cambiantes circunstancias haya ido en

---

véase G. Marceau y J. Morrissey, «Clarification of the Dispute Settlement Understanding brought by WTO Jurisprudence», en J.A. McMahon (ed), *Trade and Agriculture: Negotiating a New Agreement?* (Cameron Mayo 2001), 143-194; E. Hernandez-Lopez, «Recent trends and perspectives for non-state actor participation in the World Trade Organization disputes», 35 *Journal of World Trade* 469 (2001).

[24] Véase WT/DS320, *United States: Continued Suspension of Obligations in the EC – Hormones Dispute* (Demandante: EC), 8 noviembre 2004; WT/DS 321, *Canada – Continued Suspension of Obligations in the EC – Hormones Dispute* (Demandante: EC), 8 noviembre 2004.

[25] Véase, e.g., «Decision by the Appellate Body Concerning Amicus Curiae Briefs; Statement by Uruguay at the General Council,» WT/GC/38, 22 noviembre 2000; «Negotiations on the Dispute Settlement Understanding, Proposal by the African Group», TN/DS/W/15, 25 septiembre 2002 (Kenya representando un grupo africano; «Negotiations on the Dispute Settlement Understanding, Proposals on DSU by Cuba, Honduras, India, Malaysia Pakistan, Sri Lanka, Tanzania and Zimbabwe», TN/DS/W/18, 7 octubre 2002 ; «Contribution by the Separate Customs Territory of Taiwan, Penghu, Kinmen and Matsu», TN/DS/W/25, 27 noviembre 2002.

aumento. Esta función normativa se ejerce a través de una variedad de mecanismos de escasa visibilidad, que comprenden el intercambio de información, el debate, la negociación y el control que ejercen los representantes de los miembros en Ginebra.

En algunos casos los órganos administrativos pueden aprobar normas obligatorias y autorizadas a través de instrumentos formales. Por ejemplo, el Consejo General y los Consejos de Comercio de Mercancías, de Comercio de Servicios y de los ADPIC son competentes para conceder, en ciertos casos y por tiempo limitado, exenciones a ciertas normas aplicables de la OMC[26], aunque por lo general carecen de poder para adoptar decisiones con efectos jurídicos vinculantes. Es más, de ordinario actúan a través de procedimientos relativamente cerrados al debate, a la consulta y a la revisión, y por ello dictan directrices o recomendaciones, o interpretan y clarifican las disposiciones que han de aplicarse a la OMC ante circunstancias y problemas concretos.

En un reciente estudio, realizado por Andrew Lang y Joanne Scott[27], sobre las organizaciones administrativas que operan dentro del Acuerdo General sobre Comercio de Servicios (AGCS) y las Medidas Sanitarias y Fitosanitarias (MSF), se identificaron una serie de funciones características que la OMC ejerce, entre las que se pueden citar el intercambio de información sobre prácticas y problemas de interés a nivel nacional, así como el debate, las consultas y la elaboración de normas en materia de comercio. El Consejo AGCS y sus comités obtienen información y datos y sirven de foros para el intercambio de información entre sus miembros sobre sus experiencias en el ámbito de la regulación y de la liberalización de los servicios financieros, entre otros. De esta forma asesoran a los miembros, especialmente a aquellos de países en vías de desarrollo, para que puedan llevar a cabo sus programas regulatorios nacionales y tomar decisiones negociadas en materia de acuerdos sobre liberalización de servicios dentro del AGCS. Aun cuando no se plasmen todos estos objetivos en la realidad, al menos los debate permiten exponer y compartir opiniones con respecto a las disposiciones del AGCS, en la medida en que facilitan y proporcionan a la «comunidad interpretativa» un «mecanismo por el cual determinadas formas de conocimiento experto ayudan a construir e informar la interpretación jurídica»[28]. El Comité MSF actúa como instrumento a través del cual los miembros asisten para explicar y justificar nuevas medidas regulatorias sobre la materia, pudiendo así reducir o eliminar por completo los potenciales conflictos comerciales que tales medidas pudieran provocar. El Comité también emite directrices, decisiones y recomendaciones para implementar las disposiciones de los Acuerdos MSF sobre cuestiones tales como la transparencia y otras equivalentes. La mayoría de estos instrumentos «representan la elaboración de un *soft law* en cuanto a las obligaciones de las MSF; ello no obstante, producen un efecto práctico significativo[29]. Finalmente, los órganos AGCS y MSF cooperan e interactúan con otras organizaciones reguladoras internacionales y, en el caso del Comité MSF, supervisa las

---

[26] Consúltese, I. Feichtner, «The Waiver Power of the WTO: Opening the WTO for Political Deliberation on the Reconciliation of Public Interests» 20 Eur. J. Int'l L. 615 (2009) (argumentando que las decisions sobre exenciones deberían ser un foro para dialogar y resolver intereses y normas en conflict). Un ejemplo entre otros muchos es la competencia del Consejo de Mercancías para renunciar a la Cláusula de Nación más favorecida (Art. I:1 GATT 1994) con el fin de permitir que los países desarrollados miembrosmiembros concedan, en determinadas condiciones, *duty-free* y un trato preferencial a las mercancías de países y regiones menos desarrollados.

[27] A. Lang and J. Scott, «The Hidden World of WTO Governance», 20 Eur. *J. Int'l* L. 575 (2009)

[28] *Id.*, 587.

[29] *Id.*, 600.

prácticas que siguen los miembros en lo que hace a los estándares más relevantes que tales órganos –AGCS y MSF– hayan adoptado.

Quizás la función más importante de entre las distintas funciones administrativas que desempeñan sea el control, la supervisión y el aseguramiento de la implementación tanto de las normas sustantivas como de procedimiento (inducidos del Derecho Administrativo Global) que deriven de los distintos acuerdos de la OMC. Estas actividades favorecen el cumplimiento recíproco de los entendimientos y declaraciones compartidos en el ámbito de las normas en materia de comercio, y previenen *de facto* la desviación del sistema de la OMC; en suma, generan así ventajas para todos en la liberalización del comercio. Con frecuencia, el control se ha establecido y previsto en los acuerdos de la OMC, en virtud de las cuales los miembros han de informar a concretos órganos administrativos de la OMC acerca de los cambios relevantes que se hayan producido a nivel interno y que puedan afectar a otros miembros[30], si bien otros órganos, especialmente el Órgano de Examen de las Políticas Comerciales (OEPC), también obtienen por su cuenta la información necesaria sobre las políticas y medidas comerciales de los miembros con la ayuda de la Secretaría. Ésta prepara un proyecto de informe sobre cada miembro a evaluar (previa consulta con el mismo) que se pone luego a disposición de los demás miembros. Estas directrices y evaluaciones les sirven a los miembros para adoptar una actitud más cooperativa a la hora de tratar las complejidades que presenta la Administración del comercio. Así, por ejemplo, muchos miembros solicitaron expresamente que el OEPC revisara las medidas adoptadas en respuesta a la crisis financiera de 2008-2009, en lugar de notificar simplemente tales medidas a los respectivos grupos y comités.[31]

Recientemente el Director General *Pascal Lamy* y la Secretaría han introducido exitosamente iniciativas administrativas importantes como medio para responder a la crisis financiera de 2008-2009[32]. Para ello, convocaron reuniones de los miembros y propusieron medidas a las autoridades financieras nacionales e internacionales con el fin de remediar la escasez de crédito destinado a la financiación del comercio internacional. Asimismo, obtuvieron la información necesaria para supervisar la medidas nacionales de los miembros ante la crisis, entre las que cabe citar las intervenciones y otras medidas de carácter proteccionista, con la intención de evitar la reincidencia en aquellas políticas destinadas a «empobrecer al vecino» (*beggar-thy-neighbor policies*) que Estados Unidos adoptó durante la Gran Depresión.

El control y revisión que sobre la implementación de los miembros llevan a cabo los diversos órganos administrativos de la OMC necesariamente comprende debates, clari-

---

[30] Por ejemplo, el Comité Anti-Dumping reciben notificaciones sobre todas las nuevas investigaciones y medidas adoptadas por los Miembros. Las notificaciones son recopiladas y publicadas de forma accesible en la web de la OMC. Véase <http://www.wto.org/english/tratop_e/adp_e/adp_e.htm> (julio 2010).

[31] Missão do Brasil em Genebra (Brazilian Mission in Geneva), Carta de Genebra, ano VIII, n. 1, maio de 2009, p. 17. Se refiere a los reuniones formales e informales en los que se discutió La cuestión y las opiniones de los miembros. Véase también J. Pauwelyn y A. Berman, «Administrative action in the WTO: the WTO's Initial Reaction to the Financial Crisis» (próxima publicación). Los autores citan las iniciativas informales acogidas por el Director General como una «acción administrativa» adoptada por la rama directiva de la OMC (la Secretaría y el Director General).

[32] Consúltese J. Pauwelyn & A. Berman, «Emergency Action by the Director General: Global Administrative Law and the WTO's Initial Response to the 2008-2009 Financial Crisis» 6 *Int. Orgs. Law Rev.* 499 (2009).

ficación de interpretaciones dispares y el establecimiento de entendimientos y declaraciones recíprocos sobre el significado y aplicabilidad de los acuerdos de la OMC. Como se abunda seguidamente, gran parte de este trabajo va encaminado a que los miembros adopten en el seno de sus Administraciones nacionales los procedimientos de transparencia, participación, motivación y revisión propios del Derecho Administrativo Global. Los órganos administrativos de la OMC también proporcionan asistencia técnica a los países en vías de desarrollo para el cumplimiento de sus compromisos asumidos en el seno de la OMC y para su participación en las organizaciones internacionales de establecimiento de estándares. Esta asistencia inevitablemente implicará propuestas de buenas prácticas, que en algunos casos se entremezclan con la interpretación de las normas jurídicas por las que se rigen. Estas actividades en su conjunto, teniendo también en cuenta las analizadas por los citados Lang y Scott, implican una serie de prácticas normativas cuyo significado e influencia resultan realmente prácticos.

Todos los miembros de la OMC tienen derecho a asistir y participar en las reuniones de los diversos órganos administrativos. Muchos de los países más pequeños y menos desarrollados con delegaciones más pequeñas en Ginebra se lamentan de que tienen serias dificultades para mantenerse al tanto del gran número de actividades administrativas en las que difícilmente pueden participar[33]. En la medida en que los procesos de intercambio de información, debate y negociación produzcan decisiones más o menos concretas, éstas se alcanzarán a través de consenso[34]. Desde una perspectiva externa, y desde el punto de vista de muchos miembros –que carecen de recursos para enviar representantes a todas y cada una de las reuniones organizadas por los todos los comités–, los órganos administrativos de la OMC actúan de manera cerrada y opaca, pese al impacto y significado de muchas de sus actividades.

Los procedimientos que derivan del Derecho Administrativo Global, marcados por la transparencia, la participación, la motivación y el control, son susceptibles de aplicación desde luego a las funciones de producción normativa más relevantes que llevan a cabo los órganos de la OMC. En la práctica, sin embargo, apenas se cursan esta clase de procedimientos. La transparencia es muy limitada. Si bien es cierto que la OMC ha adoptado la decisión, mediante la modificación de sus normas generales, de publicar automáticamente los documentos internos, no lo es menos, sin embargo, que se dan importantes excepciones, como las relativas a las notas de las reuniones del Consejo y de los comités –que son los órganos de gobierno ordinario de la OMC–, cuya publicación no puede hacerse antes de transcurridos cuarenta y cinco días[35].

[33] Véase C. Michalopoulos, «Developing countries' participation in the World Trade Organization», World Bank Policy Research Working Paper No. 1906, marzo 1998; Håkan Nordström, «Participation of developing countries in the WTO,» mimeo, 2006 (available at < www.noits.org/noits06/Final_Pap/Hakan_Nordstrom.pdf>, julio 2010).

[34] La mayoría de grupos y comités siguen las disposiciones de las Normas de Procedimiento del Consejo (WT/L/28), a veces con enmiendas sobre asuntos tales como la asistencia a reuniones o procesos de adopción de decisiones,

[35] Desde 2002, todos los documentos de la OMC sin restricciones están disponibles en la web de la OMC, a menos que un miembro u órgano constituyente de la OMC solicite otra cosa, en cuyo caso los

Por contraste con otros muchos órganos administrativos de otras organizaciones internacionales[36], los órganos administrativos de la OMC no han adoptado mayores medidas para mejorar la participación y la involucración efectivas de los no miembros en sus actividades. Los órganos administrativos de la OMC no están obligados a motivar públicamente sus decisiones, ni en la práctica se da. Tampoco se ha establecido un sistema de publicidad y control de concretas interpretaciones y directrices. El paradigma del proceso decisorio radica en el debate y en el consenso exclusivamente, entre los representantes de los miembros de la OMC.

A pesar del carácter opaco del proceso decisorio de los órganos administrativos de la OMC, las exigencias en favor de una mayor apertura por parte de ONG y otros no miembros han sido sorprendentemente escasas[37], una situación que acaso sea reflejo de que estos órganos administrativos ejercen un poder notablemente inferior al de las otras dos ramas de la OMC, y a su menor visibilidad y elevado número. Estos órganos han de dar respuesta a corto plazo a las necesidades y estrategias políticas de sus miembros, y evitar el enfrentamiento con temas controvertidos, tales como los relativos a las reglas sobre la regulación originaria o las excepciones que se establecen en los acuerdos regionales, y que se aplazan indefinidamente sin una fecha cierta de resolución[38]. Mientras que las ramas legislativa y de resolución de disputas ejercen sus competencias de modo vinculante, la producción normativa de los órganos administrativos resulta informal e *interstitial*, aunque por lo general sea también relevante.

La OMC podría fortalecer tanto su efectividad como su legitimidad –y de un modo apreciable–, si adoptara dos iniciativas, íntimamente relacionadas. En primer lugar, si hace que los órganos administrativos asuman una función normativa más explícita, reconociendo a las normas que generan un mayor peso específico en el seno de la OMC. En segundo término, si admite que los principios del Derecho Administrativo Global presidan el procedimiento administrativo decisorio (transparencia, participación, motivación y control de las decisiones). De este modo el organismo de solución de diferencias podría desempeñar un papel decisivo y apoyar estas iniciativas. Ya se ha dado algún caso en el que un panel de ese órgano se ha servido de una recomendación de un comité de la OMC como norma legal aplicable en la interpretación del

---

documentos se restringen de 60ª o días. Cf. WTO Decision WT/L/452, «Procedures for the Circulation and Destruction of WTO Documents», 14 mayo 2002.

[36] Véase S. Charnovitz, nota 14 y J. Aart Scholte, R. O'Brien y M. Williams, nota 14.

[37] Un par de propuestas de enmienda sobre las dinámicas de los Consejos y Comités se refiere a las exigencias de los actores no estatales para la partición en sus sesiones, con derecho de voz, y para participar en los procedimientos TPM. Hoekman y Mavroidis sostienen que este tipo de participación podría incrementar la efectividad de los Acuerdos de la OMC) cf. B.M. Hoekman y P.C. Mavroidis, «WTO dispute settlement, transparency and surveillance», 23 *World Economy* 527 (2000)

[38] Véase WTO Annual Report, 2008 «Trade in a Globalizing World». Available at: http://www.wto.org/english/res_e/booksp_e/anrep_e/world_trade_report08_e.pdf (julio 2010).

problema[39]. Por su parte, el Órgano de Apelación podría hacer una aportación relevante si se le reconoce una mayor deferencia o margen de apreciación en favor de la interpretación que sobre los acuerdos de la OMC hayan llevado a cabo sus órganos administrativos. Para ello, sin embargo, ha de establecerse un procedimiento participativo en el que puedan formular alegaciones los interesados y el público, de modo que puedan aportar su interpretación respecto de los documentos generados durante el procedimiento decisorio de base.

En el ámbito jurídico jurídico-administrativo de los EE.UU., tal es la práctica que siguen los tribunales federales de conformidad con la doctrina *Chevron*[*], a la hora de determinar si se le reconoce a la decisión de la Administración (agencia federal) una mayor o menor deferencia respecto de la ley que ésta administra y gestiona[40]. El Órgano de Apelación no sólo podrá así promover la aplicación de esos principios (transparencia, participación y motivación), sino también la observancia del fondo, mediante el enjuiciamiento de la interpretación que sobre las normas haya realizado el órgano administrativo de la OMC. Con ello, se ejerce un control y revisión efectivo –otro elemento capital del Derecho Administrativo Global, como se ha insistido–, generando así un mecanismo de rendición de cuentas. Si se produjeran las reformas en esa dirección, se garantizaría al mismo tiempo la independencia y la autoridad de los órganos administrativos de la OMC, estableciéndose así una suerte de círculo virtuoso.

Tales reformas mejorarían la participación de las ONG y otras instituciones de la sociedad civil, de los legisladores estatales y de las Administraciones que se hallan fuera del ámbito del comercio, también de otros miembros de la OMC. Les sería a todos más fácil seguir las decisiones que adoptan los órganos administrativos de la OMC, e implicarse más en su aplicación y desarrollo.

El fortalecimiento de la función normativa de los órganos administrativos de la OMC permitiría a la organización en su conjunto desempeñar sus funciones regulatorias de modo más eficaz y adaptativo en función de las cambiantes circunstancias. Esta alternativa es mejor que la actual, en la que la función de normación recae sobre la Comisión Ministerial, cuyo actuar es más lento, y sobre el Órgano de Resolución de Disputas, que se ocupa de las cuestiones puntuales que de forma aleatoria se le plantean. La mayor parte de las principales organizaciones internacionales han establecido un relevante aparato administrativo que garantiza la aprobación y desarrollo normati-

---

[39] Véase *European Communities – Antidumping Duties on Malleable Cast Iron Tube or Pipe Fittings from Brazil*, WT/DS219/R, 7 marzo 2003, 7.321, donde el grupo se refiere a la «Recommendation Concerning the Periods of Data Collection for Anti-Dumping Investigations», G/ADP/6, adoptada el 5 mayo 2000 por el Comité sobre prácticas Anti-Dumping. En terminos más generales, véase I. Van Damme, «Jurisdiction, Applicable Law, and Interpretation», en D. Bethlehem, D. McRae, R. Neufeld y I. Van Damme (eds.) *The Oxford Handbook of International Trade Law* (OUP 2009) 298.

* Constituye un clásico de la jurisprudencia norteamericana, por cuanto establece los límites del control discrecional de la Administración. Sobre el tema, puede verse Peter L. Strauss, «Los procedimientos de elaboración de reglamentos y disposiciones administrativas en los EE. UU.», en *La transformación del procedimiento administrativo* (editado por Javier Barnes), Global Law Press -Editorial Derecho Global, Sevilla, 2008. (N. del E.).

[40] V. *Chevron USA., Inc. v. NRDC*, 467 U.S. 837 (1984)

vos, su constante actualización, y su implementación. De estas tareas se encargan, en esas organizaciones, aparatos dotados de una notable independencia y autoridad[41]. Si la OMC se sumara a esta tendencia, lograría equilibrar mejor las funciones de cada una de las tres ramas, descargaría o disminuiría el número de procesos contra el Consejo Ministerial y ante el Órgano de Resolución de Disputas, y haría posible una renovación sistemática y evolutiva de las normas de la OMC en materia de comercio. Y como se ha notado, con la proyección de los procedimientos del Derecho Administrativo Global, que reclaman transparencia, participación y motivación, se mejoraría la eficacia y la legitimidad al asegurar que el desarrollo administrativo y la aplicación de las normas reguladoras del comercio se llevan a cabo sobre una base bien informada (pruebas, informes, alegaciones sobre derechos e intereses, evaluaciones). De este modo se conseguiría también que la OMC se implique de un modo más eficaz con otros intereses económicos y sociales que se pueden ver afectados a consecuencia de la regulación del comercio[42*].

Innovaciones como estas pueden encontrar cierta oposición incluso en los mismos miembros de la OMC, en particular por parte de las economías emergente, que están adquiriendo un mayor poder político en el seno de la organización con su enorme potencial económico y su capacidad negociadora. Por otra parte, la política regulatoria del comercio se encuentra sometida a fuertes presiones políticas internas de manera que resulta necesario mantener parte del método negociador a puerta cerrada con el fin de afrontar y equilibrar los intereses nacionales en conflicto. Por lo demás, aun cuando se implementaran por completo las normas derivables del Derecho Administrativo Global, las posibilidades de las ONG y de otras entidades externas a la OMC, muy distintas a las de los grupos de intereses financieros y empresariales bien organizados –y que *de facto* se pueden considerar como sujetos internos a la organización, habida cuenta su estrecha relación con los ministros nacionales en materia de comercio– se verían ciertamente limitadas a la hora de seguir e implicarse en las múltiples actividades que realizan los numerosos órganos administrativos de la OMC[43]. Sin embargo, ese cambio, que podría realizarse de forma gradual, resulta prometedor a largo plazo y generará beneficios netos a la buena salud de la organización.

---

[41] Véase, M. Livermore, «Authority and Legitimacy in Global Governance: Deliberation, Institutional Differentiation, and the Codex Alimentarius,» 81 *NYU L. Rev* 766 (2006). Steger enfatiza la flaqueza de la Secretaría de la OMC, en comparación con otras organizaciones internacionales, en D. Steger, «The future of the WTO: the case for institutional reform» 12 *J. Int'l J. Econ. L.* 803 (2009).

[42] Cooney y Lang hacen una recomendación similar en apoyo de su petición de mayor «gobernanza adaptativa» en la OMC, en R. Cooney, A. Lang, «Taking Uncertainty Seriously: Adaptive Governance and International Trade» 18 *Eur. J. Int'l. L.* 523 (2007).

* Sobre el tema, *vid.* el capítulo quinto.

[43] Consúltese, M. Livermore, nota 41 (sobre el debate de estos problemas en el Código de CODEX).

III. DERECHO ADMINISTRATIVO GLOBAL Y GOBERNANZA REGULADORA DEL COMERCIO NACIONAL EN VIRTUD A LOS ACUERDOS DE LA OMC

La OMC proyecta ciertas exigencias derivables del Derecho Administrativo Global (en punto a la transparencia, participación, motivación y control) a, y sobre, las Administraciones nacionales, con la finalidad de asegurar que se dispensa un tratamiento imparcial a los inversores y operadores económicos nacionales y extranjeros, e impedir un proteccionismo enmascarado. Tales exigencias constituyen lo que probablemente pueda considerarse como el más avanzado y transformador programa de Derecho Administrativo impuesto por ninguna otra organización global. A la vista de la claridad y la fuerza con la que se expresan y disponen esos requisitos, la casi pertenencia universal a la OMC y su mecanismo obligatorio de resolución de disputas, puede afirmarse que la OMC se ha erigido en uno de los actores principales del emergente Derecho Administrativo Global en la gobernanza multinivel.

La causa principal de este progreso obedece al artículo X del GATT 1947, que se ha mantenido sin modificaciones en la versión del GATT de 1994[44]. Esta disposición establece en sustancia el principio del Estado de Derecho* para la regulación del comercio, lo que se traduce en la necesidad de la transparencia de las medidas comerciales, en una Administración uniforme e imparcial, y en el control. Es interesante observar que estas exigencias fueron inicialmente propuestas por el Gobierno norteamericano, claramente inspirado en su Ley federal de Procedimiento Administrativo de 1946**. Pocos ejemplos mejores sobre la «vuelta hacia el Derecho Administrativo» se pueden encontrar en la normativa de la OMC que el señalado cambio en la práctica y la jurispruden-

---

[44] El Art. X GATT establece lo siguiente: «Publication and Administration of Trade Regulations:

    1.Laws, regulations, judicial decisions and administrative rulings of general application, made effective by any contracting party, pertaining to [exports or imports], shall be published promptly in such a manner as to enable governments and traders to become acquainted with them…

    2…

    3. (a) Each contracting party shall administer in a uniform, impartial and reasonable manner all its laws, regulations, decisions and rulings of the kind described in paragraph 1 of this Article.

    (b) Each contracting party shall maintain, or institute as soon as practicable, judicial, arbitral or administrative tribunals or procedures for the purpose, inter alia, of the prompt review and correction of administrative action relating to customs matters…»

Para una excelente descripción de la historia, evolución y jurisprudencia del art. X, véase P. Ala'i, From the Periphery to the Center? The Evolving WTO Jurisprudence on Transparency and Good Governance, 11 *J. Int'l Econ. L.* 779 (2008), que examina el artículo X y su aparición desde el olvido a norma regulatoria del comercio de «fundamental importancia».

* En el sentido angloamericano del término. Pueden verse sobre este punto la nota del editor y el capítulo segundo y noveno. (N. del E.).

** Sobre el tema, puede verse la nota del editor, núm. I, así como el trabajo de P. Strauss, «Los procedimientos de elaboración de reglamentos y disposiciones administrativas en EE.UU.», en *La transformación del procedimiento administrativo*, Global Law Press-Editorial Derecho Global, Sevilla, 2008.

cia del artículo X, antes y después de la creación de la OMC en 1994. Antes de 1994 las pocas decisiones del panel referentes al artículo X explícitamente lo consideraban como «subsidiario» de otras disposiciones sustantivas de los Acuerdos GATT[45]. En la década y media desde la creación de la OMC, se ha declarado la violación del artículo X nada menos que en veinte casos y ya no se tratan o presentan como cuestiones menores o subsidiarias. Además, casi la totalidad de los nuevos acuerdos de la OMC, o bien contienen alguna referencia al artículo X, o, lo que es más usual, establecen su propia versión de esos requisitos, añadiendo con frecuencia no pocos detalles para los procesos decisorios que han de seguir las Administraciones nacionales. Abundantes ejemplos de esas exigencias dimanantes del Derecho Administrativo Global se encuentran, por ejemplo, en acuerdos como los siguientes: Acuerdo General sobre el Comercio de Servicios (AGCS)[46], Medidas Sanitarias y Fitosanitarias (MSF)[47], Obstáculos Técnicos al Comercio (OTC)[48] y Aspectos de los Derechos de Propiedad Intelectual relacionados con el Comercio (ADPIC)[49]. Estos avances coinciden con la evolución del sistema del comercio global que tiene por objeto la regulación y tiene en cuenta las expectativas de los agentes del mercado. Por otra parte, estas exigencias del Derecho Administrativo Global pueden operar en la práctica en beneficio de los ciudadanos nacionales, así como de las naciones extranjeras u actores económicos.

Los paneles de solución de diferencias y el Órgano de Apelación han aplicado regularmente estos requisitos[50]. Resulta también sorprendente que el Órgano de Apelación,

---

[45] Véase e.g. GATT Panel Report, *Canada – Import Restrictions on Ice Cream and Yoghurt (Canada – Ice Cream and Yoghurt)*, L/6568 (5 diciembre 1989); GATT Panel Report, *Republic of Korea – Restrictions on Imports of Beef (Korea – Beef (US))*, L/6503 (7 noviembre 1989). En *European Communities – Selected Customs Matters (EC – Selected Customs Matters)*, WT/DS315/AB/R (11 diciembre 2006), la única exigencia avanzada por Estados Unidos era sobre el artículo X.

[46] Consúltese P. Delimatsis, «Due Process and 'Good' Regulation Embedded in the GATS: Disciplining Regulatory Behaviour in Services through Article VI of the GATS», 10 *J. Int'l Eco. L.* 13 (2006).

[47] Artículos 7 y8 MSF (como parte de los Anexos B y C respectivamente), incluyen obligaciones concretas a los Miembros para publicar las normas MSF, para dejar un periodo de tiempo razonable entre la publicación y la entrada en vigor, y para proporcionar un procedimiento de notificación y observaciones para cualquier medida no basada en las normas internaciones. También requiere la pronta aplicación de los requisitos MSF, establecimiento de puntos de información, acceso a la información y revisión independiente de la toma de decisiones.

[48] Los arts. 2.11-2.12, 5-9, y 10, y el Anexo 3 de los OTC proporcionan acceso detallado al requerimiento de información y un «Código de Buenas Prácticas para la preparación adopción y aplicación de normas», incluyendo los requisitos de notificación y observaciones, publicación y consulta; y los requisitos para una Administración oportuna e imparcial, y de revisión.

[49] El art.41 ADPIC requiere procedimientos justos y equitativos para aplicar los derechos de propiedad intelectual, incluyendo los requisitos de que deben ser escritos, razonados y basados solo en pruebas ante una audiencia con derecho a revisar la decisión adoptada. Los artículos 41, 42, 49 y 62 impone los requisitos jurídicos del debido proceso para la adquisición y aplicación de los derechos de propiedad intelectual, incluyendo el derecho de revisión. Los artículos 54-58 estipulan los requisitos de un número de notificaciones y revisión, particularmente donde las autoridades aduaneras rechazan liberar productos sospechosos de vulnerar el Acuerdo. El artículo 62 regula los procedimientos para la adquisición de los derechos de propiedad intelectual, incluyendo plazos razonables y derecho de revisión, mientras el artículo 63 contiene un requisito general de transparencia.

[50] Consúltese, e.g., WTO Appellate Body Report, *Japan – Measures Affecting Agricultural Products (Japan – Agricultural Products II)*, WT/DS76/AB/R (19 marzo 1999); WTO Panel Report, *Canada*

en la decisión *US-Shrimp**, haya configurado una serie normas generales sobre el debido proceso, establecidas en el preámbulo del artículo XX del GATT, sometiendo a las Administraciones nacionales de los Estados Unidos a las obligaciones de notificación y de audiencia a los Estados extranjeros y otros actores económicos afectados[51]. En esa continua creación del Derecho Administrativo Global, la decisión resulta ser un claro ejemplo del papel potencialmente expansivo y creador del Derecho (*juris-generative*) del OSD, aun cuando el Órgano de Apelación en su más reciente jurisprudencia haya comenzado a alejarse de una interpretación amplia sobre el debido proceso del preámbulo del artículo XX[52].

Los órganos administrativos de la OMC también desempeñan un papel muy destacado en el marco de los Acuerdos de la OMC a la hora de interpretar y aplicar las normas procedimentales del Derecho Administrativo Global, así como para asegurar que los miembros los cumplen. Y ello lo consiguen mediante el establecimiento de directrices y recomendaciones, así como a través del proceso de supervisión y control de la implementación que a los miembros incumbe llevar a cabo. En este sentido, el Comité OTC, por ejemplo, ha establecido una serie de recomendaciones y decisiones detalladas, relativas a la publicación de las normas, los procedimientos para evaluar su conformidad a Derecho, y los mecanismos para responder a la información facilitada y a las solicitudes de información sobre los programas nacionales[53]. Por su parte, el Comité MSF análogamente ha dispuesto un conjunto de procedimientos para fortalecer la transparencia cuando se dispense un trata especial o diferenciado en favor de países

– *Term of Patent Protection (Canada – Patent Term)*, WT/DS170/R (12 octubre 2000); WTO Panel Report, *Argentina – Definitive Anti-Dumping Duties on Poultry from Brazil (Argentina – Poultry Anti-Dumping Duties)*, WT/DS241/R (19 mayo 2003), WTO Panel Report, *Guatemala – Definitive Anti-Dumping Measures on Grey Portland Cement from Mexico (Guatemala – Cement II)* WT/DS156/R (17 noviembre 2000). Ver para. 8.179 del Informe. El grupo también consider que la investigación anti-dumping tuvo otras deficiencias procedimentales según el Art.6 del Acuerdo Anti-Dumping; WTO Appellate Body Report, European Communities – Selected Customs Matters (EC-Customs Matters), WT/DS315/AB/R (11 noviembre 2006), en A.D. Mitchell, E. Sheargold, «Global governance: the World Trade Organization's contribution» 46 *Alta. L. Rev.* 1061 (2009).

* A este conocido caso se hace referencia en la mayor parte de los capítulos de esta obra por uno u otro concepto. (N. del E.).

[51] WTO Appellate Body Report, *United States-Import Prohibition of Certain Shrimp and Shrimp Products (US – Shrimp)*, WT/DS58/AB/R (octubre 12, 1998). Para un comentario de este caso desde la perspective del Derecho Administrativo Global véase e.g., S. Cassese, «Global Standards for National Administrative Procedures», 68 *Law and Contemp. Probs* 109 (2005); G. della Cananea, «*Beyond the State: the Europeanization and Globalization of Procedural Administrative Law*», 9 *European Public Law* 563 (2003). También puede consultarse e.g. G. de Búrca y J. Scott, «The Impact of the WTO on EU Decision-Making», en G. de Búrca y J. Scott (eds.), *The EU and the WTO: Legal and Constitutional Issues* 1 (Hart 2001), 16-22.

[52] Para una exposición del desarrollo de la jurisprudencia de la OMC sobre el artículo XX tras la decisión *US – Shrimp* centrada en el conexión comercio-medio ambiente, véase G. van Calster, «*Faites Vos Jeux*: Regulatory Autonomy and the World Trade Organization after *Brazil Tyres*», 20 *J. Envtl. L.* 121 (2008).

[53] Las decisiones y recomendaciones del comité OTC pueden encontrarse en un documento consolidado: «Decisions and Recommendations adopted by the Committee since 1 January 1995», G/TBT/1/Rev.8 23 May 2002

miembros en vías de desarrollo[54]. Las recomendaciones y decisiones de éstos y otros comités no son vinculantes jurídicamente; por ello, los proyectos de recomendaciones sobre transparencia del Comité MSF, por ejemplo, declaran que esas directrices no añaden ni quitan valor a los derechos y a las obligaciones existentes que los miembros tengan contraídos en virtud de los Acuerdos MSF o de cualquier otro establecido al amparo de la OMC, por lo que no proporcionan ninguna directriz para interpretar o modificar el acuerdo MSF[55]. Ahora bien, pensar que carecen de significado jurídico por su carácter no vinculante supondría negar la realidad. Piénsese, por ejemplo, que no es fácil imaginar una declaración de condena por no respetar la obligación de publicación que se desprenden del MSF y del OTC, si se han respetado los procedimientos recomendados por los correspondientes comités. Es más, las especificaciones y las recomendaciones de los comités están llamadas a persuadir sobre las prácticas que hayan de seguirse y sobre los entendimientos mutuos relativos a la normativa aplicable. De esta manera, los órganos administrativos pueden considerarse como «fuente» de Derecho Administrativo Global.[56]

Al menos sobre el papel, la OMC parece haber establecido un sistema multinivel de Derecho Administrativo Global para la Administración regulatoria del comercio. ¿Cómo se trasvasan estas exigencias a los Estados miembros? Aunque un análisis más detenido excede en mucho del propósito de este capítulo, la adhesión de China a la OMC en 2001 ofrece un ilustrativo ejemplo para el estudio, sobre todo porque, como sucede con muchas disposiciones de Derecho Administrativo de la OMC, derivadas de la tradición anglosajona, éstas carecen de analogías estructurales dentro del sistema administrativo chino[57]. Pese a los desafíos que ello comporta, puede decirse que la valoración global sobre la evolución que la implementación de las normas jurídico-administrativas emanadas de la OMC ha experimentado es de un (moderado) optimismo. Así, por ejemplo: en el curso de la solicitud de adhesión a la OMC, China se embarcó en una serie de profundas reformas de Derecho Administrativo. Estas reformas pretendían establecer un sistema de distribución de competencias y de control a nivel nacional, provincial y local. Además, las reformas tenían por objeto crear procedimientos transparentes, simplificados y coherentes, que permitieran a las personas cuestionar leyes, normas y decisiones, y hacer valer sus derechos ante los organismos administrativos[58].

---

[54] Véase el Comité de Medidas sanitarias y fitosanitarias, «Recommended Procedures for Implementing the Transparency Obligations of the SPS Agreement (Article 7)», G/SPS/7/Rev.3 (20 junio 2008, en vigor el 1 diciembre 2008).

[55] *Ibíd.*, para. 3.

[56] Consúltese S. Cassese, «Global Standards for National Administrative Procedure,» 68 *Law and Contemp. Probs* 109 (2005).

[57] Estos desafíos incluyen la complejidad del sistema administrativo chino, la amplia discreción normalmente concedida a los funcionarios al aplicar el derecho, el uso generalizado de «documentos normativos» no publicados en lugar de leyes y normas completamente transparentes; la casi total ausencia de notificación y oportunidad de alegaciones, y la doctrina de «separación de funciones», que impide que los tribunales interfieran en la gestión administrativa. Véase S. Ostry, «China and the WTO: The Transparency Issue», 3 *UCLA J. Int'l L. & Foreign Aff.* 1 (1998) 2, 12-13.

[58] L. Biukovic, «Selective Adaptation of WTO Transparency Norms and Local Practices in China and Japan», 11 J. Int'l Eco. L. 803 (2008), 819, y para una descripción general de estos desarrollos, pp. 819-824. Biukovic también examina el impacto de las medidas de transparencia de la OMC en la Administración en Japón. Véase C-H. Wu, «How Does TRIPS Transform Chinese Administrative Law?», 8 *Global Jurist* Article 6 (2008), 5.

No faltan signos de que las normas de Derecho Administrativo Global de la OMC se transponen en prácticas concretas a nivel nacional, aunque con resultado desigual. Así, se ha avanzado, por ejemplo, en el derecho a realizar alegaciones a los proyectos de ley, de reglamentos nacionales y de reglamentos regionales, entre los que destacan los relativos a la concesión de permisos administrativos[59], y en lo que hace al derecho a un control judicial de las decisiones administrativas internas relativas al comercio[60]. Es más, hay ya precedentes de que los tribunales chinos comienzan a aplicar las normas de procedimiento derivables del Derecho Administrativo Global, más allá del ámbito del comercio[61], y de que la adhesión de China propiciado la incorporación de la perspectiva medioambiental en el ámbito comercial[62], lo que supone un beneficio potencialmente mucho mayor para los ciudadanos chinos[63]. A pesar del reducido número de estudios disponibles, hay base suficiente para afirmar la fuerza transformadora y positiva que ejerce el Derecho Administrativo Global de la OMC en la Administración y gobernanza nacionales, detectándose incluso una tendencia favorecedora de la democracia[64].

Por más que las exigencias del Derecho Administrativo Global en favor de la transparencia, la participación, la motivación y el control para promover la rendición de cuentas, o la que depara la propia cláusula del Estado de Derecho sean benignas, no han escapado, sin embargo, a las críticas. Se ha argumentado, por ejemplo, que el Derecho Administrativo en sí mismo constituye un producto occidental, que ha crecido en un entorno particular, y resulta intrínsecamente favorable a determinados intereses[65]. De ahí que, se arguye, esas tendencias estructurales, instaladas en el contexto regulatorio del comercio, servirán para fortalecer la posición dominante de las corporaciones occidentales. Estas críticas se han vertido naturalmente contra los Acuerdos sobre los ADPIC y sus muchas disposiciones de Derecho Administrativo[66]. Del mismo modo, se

---

[59] C-H Wu, nota 58, 17-19. También, J.Y. Qin, «Trade, Investment and Beyond: The Impact of WTO Accession on China's Legal System», 191 *The China Quarterly* 720 (2007), 735; L. Biukovic, nota 58, 819-824.

[60] J.Y. Qin, nota 59, 736; también, C-H.Wu, nota 58, 19.

[61] C-H. Wu, nota 58 21-23; J.Y. Qin, nota 59.

[62] *Vid.* R.J. Ferris & H. Zhang, «Reaching out to the Rule of Law: China's Continuity Effects to Develop and Effective Environmental Law Regime», 11 Wm & Mary Bills Rts. J. 569 (2003).

[63] Un comentarista ha concluido que: «durante los años previos y a partir de la adhesión, el Gobierno y los académicos participaren en una serie, sin precedentes, de educación pública sobre la OMC, retratando la OMC como una fuerza mayoritariamente progresiva para China. Como consecuencia, los principios y conceptos de la OMC, tales como no discriminación, transparencia, proceso debido y revisión judicial, han ganado una amplia aceptación en China como normas para el buen gobierno en una sociedad moderna». J.Y. Qin, nota 59, 737. Bukovic (nota 58) sostiene que el Derecho Administrativo de la OMC ha tenido un efecto positive general sobre la Administración tanto en Japón como en China. Véase A. Green, «Trade Rules and Climate Change Subsidies,» 5 *World Trade Rev.* 377 (2006), 411 (debatiendo sobre las ventajas locales de los requisitos procesales de la OMC tales como la notificación y observaciones y adopción de decisiones razonadas).

[64] Consúltese R O. Keohane, Macedo &, A. Moravcsik, «Democracy-Enhancing Multilateralism» 63 Int'l Org. 1 (2009).

[65] Véase C. Harlow, «Global Administrative Law: The Quest for Principles and Values», 17 *Eur. J. Int'l L* 187 (2006) 207.

[66] Para una descripción detallada de los orígenes de los Acuerdos sobre los ADPIC dentro de la OMC, y del fuerte apoyo occidental frente a la oposición de los países en desarrollo, véase J. Braithwaite and P. Drahos, *Global Business Regulation* (2000) Cap. 7.

ha sostenido que las disposiciones del Acuerdo General sobre el Comercio de Servicios (AGCS) sobre la no discriminación y la transparencia en la contratación pública pueden afectar a la capacidad de los Gobiernos de países en vías de desarrollo para utilizar formas de acción positiva dirigidas a promover el desarrollo económico de grupos étnicos locales[67]. Desde una perspectiva diferente, Chimni ha advertido que el foco en la dimensión procedimental del Derecho Administrativo, supuestamente basada en valores neutrales, en ciertas circunstancias puede servir para legitimar resultados y procedimientos en el fondo injustos[68]. A nuestro juicio, y aun reconociendo la legitimidad de este debate y la necesidad de una investigación más profunda, sin embargo, el sorprendente progreso de la OMC en la promoción de normas y prácticas propias del Derecho Administrativo Global en el seno de los sistemas administrativos nacionales resulta positivo en términos generales, puesto que ha permitido un trato equitativo y justo a los sujetos externos y ha inducido un indudable avance del Estado de Derecho.

IV. EL RECONOCIMIENTO DE LA OMC DE NORMAS DE OTROS ORGANISMOS REGULADORES GLOBALES: LA DIMENSIÓN HORIZONTAL DEL DERECHO ADMINIS-TRATIVO GLOBAL

Otra dimensión del Derecho Administrativo Global deriva de las relaciones de la OMC con otros sistemas globales, especialmente cuando se plantea si la OMC ha de tener en cuenta los estándares que han establecido en sus correspondientes procedimientos decisorios otras organizaciones.

A través de sus órganos administrativos, la OMC interactúa en una densa y compleja red con otras instituciones globales. Más de cien organizaciones poseen el estatus de observadoras dentro de la OMC, y ésta misma participa como observadora en otras

---

[67] C. McCrudden y S.G. Gross, «WTO Government Procurement Rules and the Local Dynamics of Procurement Policies: A Malaysian Case Study,» 17.*Eur. J. Int'l L.* 151 (2006).

[68] Consúltese B.S. Chimni, «Co-Option and Resistance: Two Faces of Global Administrative Law», 37 NYU J. Int'l L. and Pol. 799 (2005), 805. En lugar de ver la primera decisión del caso *US-Shrimp* como una victoria para los países en desarrollo, impugnando la normativa de EEUU de sus prácticas pesqueras o como un paso para el Derecho Administrativo Global en general, Chimni señala que la segunda decisión del caso *US-Shrimp* habilitó a los EEUU para mantener tal capacidad reguladora haciendo solo unos ajustes procedimentales. B.S. Chimni, «WTO and Environment: Legitimisation of Unilateral Trade Sanctions», 37 *Economic and Political Weekly* (2002) 133. Chimni también alega que el Derecho Administrativo Global se utilizó aquí para suplantar los principios básicos de la soberanía estatal y legitimar la adopción unilateral de medidas de «proteccionismo verde» por Estados desarrollados, altamente perjudiciales para los intereses de los países en desarrollo, y ello, a través de la puerta trasera. Consúltese también G. Shaffer, «Power, Governance and the WTO: A Comparative Institutional Approach», en M. Barnett and R. Duvall (eds.), *Power in Global Governance* (CUP 2004) 130-61.

muchas instituciones[69]. Como ha señalado el informe de Lang y Scott, un número considerable de órganos administrativos de la OMC supervisa el uso de los estándares internacionales en el seno de las Administraciones nacionales de los miembros, al tiempo que coopera con organizaciones intergubernamentales y otras internacionales, así como asociaciones, en la creación de estándares regulatorios, directrices y recomendaciones[70]. Esas relaciones adquieren un sentido jurídico más específico en el marco de los acuerdos MSF y OTC, que presumen la validez de un alto número de regulaciones nacionales que se basen en estándares internacionales. El Acuerdo MSF otorga ese reconocimiento a las normas adoptadas en la Comisión Codex Alimentarius (CCA), en la Oficina Internacional de Epizootias (OIE), y en la Secretaría de la Convención Internacional de Protección Fitosanitarias (CIPF), en sus respectivas áreas de competencias. Con respecto a las materias no cubiertas por estas organizaciones, la presunción de validez se aplica a los estándares, las directrices y las recomendaciones establecidas por otras organizaciones internacionales relevantes, si están abiertas a la adhesión de todos los miembros de la OMC, como señala el Comité MSF[71]. El Acuerdo OTC (art.2.4) no sólo otorga presunción de validez a las regulaciones técnicas de los miembros que son conformes con las normas internacionales relevantes, sino que imponen obligaciones positivas a los miembros a utilizarlas como base de su regulación técnica, excepto cuando fueran «ineficientes o inadecuadas»[72]. Aunque no se especifica ninguna institución concreta cuyos estándares deban reconocerse, el Acuerdo OTC fija algunos criterios genéricos para su reconocimiento y dispone un concepto amplio de estándar. De esta forma, se pueden reconocer los estándares adoptados, no sólo por las organizaciones internacionales, sino también por organizaciones privadas o híbridas, tales como la Organización Internacional de Normalización (ISO) o por organizaciones basadas en ONG que adoptan estándares sobre materias tales como el aprovechamiento sostenible de madera o los métodos de pesca[73]. Por último, el AGCS establece que para determinar la conformidad de los miembros con las obligaciones provisionales en materia de

---

[69] Consúltese «The WTO and Other Organizations» at http://www.wto.org/english/thewto_e/coher_e/coher_e.htm>. Por ejemplo, conforme al Anexo sobre Telecomunicaciones del AGCS, párr..6, la OMC y la Unión Internacional de Telecomunicaciones participan recíprocamente como observadores en sus reuniones y colaboran a nivel de personal en actividades como investigación, publicaciones, conferencias y talleres.

[70] A. Lang and J. Scott, nota 27, pp. 588-590, 595-597.

[71] Acuerdo sobre MFS, art.3.2; Anexo A (art 3.d). Hasta la fecha, el Comité MSF no ha extendido el reconocimiento a las normas de otros órganos internacionales de normalización, ni ha presentado una propuesta para hacerlo. Véase T. Büthe, «The Globalization of Health and Safety Standards: Delegation of Regulatory Authority in the SPS Agreement of the 1994 Agreement Establishing the World Trade Organization», 71 *Law and Contemp. Probs* 219 (2008), 226). Esto podría suceder en el futuro, por ejemplo con respect a las normas adoptadas de acuerdo con el Protocolo de Cartagena sobre bioseguridad, aunque el consenso exigido para las decisiones del Comisión podría dificultar alcanzar acuerdos. (Véase J. Scott, *The WTO Agreement on Sanitary and Phytosanitary Measures, A Commentary* (OUP 2007), 245).

[72] Arts 2.4, 2.5. del Acuerdo OTC.

[73] «Norma» se define en el Anexo 1 del Acuerdo sobre OTC. Para el análisis de la cuestión plateada por la disposición para el reconocimiento de normas internacionales según el Acuerdo sobre la OTC, véase R. Howse, «A New Device for Creating International Legal Normativity: The WTO Technical Barriers to Trade Agreement and 'International Standards'» y H. Schepel, «The Empire's Drains: Sources of Legal Recognition of Private Standardization Under the TBT Agreement», en Joerges y Petersmann, nota 5, 383 y 397; C.S. Gibson, «Globalization and the Technology Standards Game:

licencias, cualificación y requisitos técnicos, «deberán tenerse en cuenta los estándares internacionales de las organizaciones internacionales relevantes»[74]. Además, permite que los miembros «trabajen en cooperación con las organizaciones intergubernamentales y no gubernamentales relevantes» para la adopción de los estándares internacionales comunes[75].

Este fenómeno de «préstamo», que en rigor suponen una delegación de autoridad para establecer normas[76], permite a los órganos de la OSD de la OMC confiar en el conocimiento experto y técnico y en la capacidad para decidir que tienen otras organizaciones globales, especializadas en áreas de regulación altamente tecnificadas y complejas, en unos tiempos en los que los estándares internacionales cumplen una función cada vez más relevante para el sistema de la OMC y su acción regulatoria. A través de este esquema de presunción de validez que la OMC otorga a las medidas nacionales que se basen en estándares internacionales, se fomenta la evolución y la adopción de estándares internacionales y se promueve una armonización regulatoria, que puede ser potencialmente beneficiosa. En muchos campos, sin embargo, las organizaciones regulatorias públicas, privadas o mixtas (público-privadas) compiten en el establecimiento de estándares[77]. Un ejemplo de ello lo constituyen los estándares del programa de seguridad alimentaria, el etiquetado de huellas de carbón y las prácticas forestales sostenibles, entre otras. Cuando los acuerdos más relevantes celebrados al amparo de la OMC no especifican cuáles son las organizaciones cuyos estándares han de observarse, las autoridades de la OMC tendrá que elegir entre muchos competidores. El Acuerdo sobre MSF atribuye capacidad al Comité MSF para decidir qué estándares internacionales reconoce en las áreas que se encuentran fuera de la competencia de las tres organizaciones internacionales que identifica; sin embargo los Acuerdos sobre OTC y AGCS guardan silencio sobre la cuestión. De acuerdo con el análisis realizado en el apartado anterior del presente capítulo, el Comité OTC y el Consejo AGCS deberán decidir cuáles son las organizaciones globales cuyos estándares se reconocen, decisión que se halla sujeta al control del OSD.

Este contexto abre una vía horizontal de evolución del Derecho Administrativo Global. A la hora de decidir cuáles son los estándares de organismos internacionales que han de reconocerse, los órganos administrativos y de solución de diferencias habrán de tener en cuenta que ese reconocimiento sólo puede producirse si se han generado a través de procedimientos transparentes y abiertos, con derechos de amplia par-

---

Balancing Concerns of Protectionism and Intellectual Property en International Standards», 22 *Berkeley Tech. L.J.* 1403 (2007).

[74] Art. VI.5(b) AGCS. Las organizaciones internacionales competentes son definidas como aquellas abiertas a todos los Miembros de la OMC. Id, 3.

[75] Art. VII.5 AGCS.

[76] T. Büthe, «The Globalization of Health and Safety Standards: Delegation of Regulatory Authority in the SPS Agreement of the 1994 Agreement Establishing the World Trade Organization,» 71 *Law and Contemp. Probs* 219 (2008).

[77] J. Pauwelyn, «Non-Traditional Patterns of Global Regulation», en Joerges y Petersmann, nota 5,199 y 209. La Red Mundial de Servicios de Normalización (WSNN) enumera más de 40 órganos internacionales de normalización (R. Wolfrum, P-T. Stoll, A. Seibert-Fohr (eds.), *WTO – Technical Barriers and SPS Measures* (Martinus Nijhoff 2007) 203-204). Para un análisis de la configuración de normas privadas sobre medio ambiente y cuestiones sociales por organizaciones no gubernamentales basadas en el mercado, véase S. B. and E. Hannah, «Non-State Global Standard Setting and the WTO: Legitimacy and the Need for Regulatory Space», 11 *J. Int'l Econ. L.* 575 (2008).

ticipación y consulta, con decisiones motivadas, acompañadas de todo un expediente en el que se sustenten. Esos procedimientos contribuirán a que los estándares resultantes sean fruto de una adecuada ponderación de los intereses en presencia, con el apoyo en una justificación razonada y justificante de por qué la OMC le otorga tal reconocimiento y efectos; sólo así cabe que la OMC exija su adopción en los países miembros. La utilización de esta clase de procedimientos –derivados del Derecho Administrativo Global– reduce el riesgo de desconocer la autonomía regulatoria local con la mera invocación de unos estándares internacionales que carecen de la debida legitimidad[78]. La fiscalización y supervisión de la OMC de los procedimientos de otras organizaciones permitirá al mismo tiempo la introducción de mecanismos de revisión propios del Derecho Administrativo Global.

Un elevado número de reconocidos especialistas coinciden en que la OMC debería exigir que tales organizaciones cumplan las normas básicas del Derecho Administrativo Global de regulación del debido proceso como una condición *sine qua non* para el reconocimiento de sus estándares[79], y que el OSD debiera ejercer de alguna forma la revisión judicial de estos procedimientos[80]. Aunque ningún caso de la OMC se ha enfrentado directamente esta cuestión, el Órgano de Apelación de la OMC en el caso *EC – Sardines* admitió a trámite una cuestión interpuesta por la UE en la que se pretendía que un determinado estándar del Codex no fuera reconocido como «estándar internacional relevante», de conformidad con el Acuerdo sobre MSF, ya que no había sido aprobado por consenso, y ello vulneraba los requisitos procedimentales de Codex[81]. El Órgano de Apelación no entró a revisar esta cuestión relativa al procedimiento decisorio del Codex; sin embargo, la resolución del Órgano de Apelación pudo haberse visto condicionada por el hecho de que se trataba del Codex, una de las organizaciones filiales del Acuerdo sobre MSF. A la luz del Acuerdo sobre OTC, especialmente en aquellos casos en los que hay una cierta competencia regulatoria en materia de estándares, el Órgano de Apelación podría ser más propenso a revisar el procedimiento decisorio, e incluso la conformidad del estándar aprobado con las garantías del proceso debido, entendido éste en sentido vertical, y a las que la resolución del caso *US-Shrimp* se había referido para determinar si se concedía o no el reconocimiento al estándar en cuestión. Y puede hallarse incluso más dispuesto a hacerlo, si el Comité OTC se pronuncia sobre este tema.

---

[78] Para un examen de tales riesgos, consúltese R. Howse, «A New Device for Creating International Legal Normativity: The WTO Technical Barriers to Trade Agreement and 'International Standards'», Jorges y Petersmann, nota 5, 383.

[79] J. Scott, «International Trade and Environmental Governance: Relating Rules (and Standards) in the EU and WTO», 15 *Eur. J. Int'l L.* 307 (2004), 311-312.

[80] M.A. Livermore, nota 41. Véase también M.D. Masson-Matthee, *The Codex Alimentarius Commission and Its Standards* (T.M.C. Asser 2007), 188, quien observa que «desafortunadamente, la decisión del Órgano de Apelación en EC-Sardines no proporciona suficiente espacio para que futuros grupos examinen la valide zde las medidas del Codex según el Acuerdo sobre MSF.

[81] *European Communities – Trade Description of Sardines (EC – Sardines)*, WT/DS231/AB/R, 23 octubre 2002, parr. 227. Puede consultarse una crítica en H. Horn, J.H.H. Weiler, «European Communities – Trade Description of Sardines: Textualism and its Discontent», en H. Horn y P. Mavroidis (eds.), *The WTO Case Law of 2002* (CUP 2005), 248. Con respecto a la MSF, véase también *European Communities – Measures Concerning Meat and Meat Products (EC-Hormones)*, WT/26/R/USA (1997) 5 (parte II), y 177 (parte VIII) (Informe del grupo).

Dejando al margen el potencial que encierra el control formal de los órganos de la OMC sobre los procedimientos decisorios de otras organizaciones que establecen estándares, como han puesto de relieve Lang y Scott los órganos administrativos de la OMC interactúan y cooperan a través de diversas fórmulas con otras autoridades globales en la elaboración de estándares[82] En consecuencia, se encuentran en una posición desde la que pueden influir en la prácticas de esas organizaciones.[83] El Comité OTC ha adoptado un enfoque proactivo al aprobar un documento denominado «Principios para el desarrollo de normas internacionales, guías y recomendaciones», que ofrece una relación de principios y procedimientos para alcanzar una mayor transparencia, apertura e imparcialidad en la toma de decisiones sobre estándares internacionales, directrices y recomendaciones, con expresa previsión de procedimientos de amplia consulta y participación sobre los estándares proyectados[*][84]. En realidad, ese documento hace extensivos a las organizaciones regulatorias internacionales los requisitos que para las Administraciones nacionales dispone el «Código de Buenas Prácticas para la elaboración, adopción y aplicación de estándares», que constituyen un anexo a los Acuerdos sobre la OTC[85]. Estos principios han ejercido sin duda una notable influencia en la práctica, como se pone de manifiesto en el caso del sistema ISO, en el que se consideran de cumplimiento obligatorio. A esa influencia no es ajeno el hecho de que esos principios pueden invocarse para determinar si se les da o no un reconocimiento externo de conformidad con el préstamo que hace en la materia del OTC.

Las normas de Derecho Administrativo establecidas en el Comité OTC pueden deparar, pues, una influencia muy relevante, aunque sea por una vía informal, sobre las prácticas decisorias de otras organizaciones globales de establecimiento de estándares. Asimismo, esas normas le pueden servir al Comité como base para un control formal de esas prácticas; lo mismo pueden hacer los paneles de resolución de disputas y el Órgano de Apelación, a fin de determinar si reconocen o no los estándares de tales organizaciones a los efectos del Acuerdo OTC[86]. Además, el Comité MSF podría aplicar normas del Derecho Administrativo Global para evaluar los procedimientos decisorios de otras organizaciones regulatorias globales, y así decidir si amplia o no el reconocimiento a sus estándares a la luz del Acuerdo MSF.

---

[82] A. Lang y J. Scott, nota 27.

[83] S. Charnowitz, «International Standards and the WTO», 11 Geo. Wash. Law Legal Studies Research Paper No 133 (2002), 19-20, en el que hay un documento mostrando la cooperación entre la OMC y otras organizaciones reguladoras.

* Sobre estos procedimientos, de claro origen norteamericano (APA 1946), ya se ha hablado en los capítulos segundo, cuarto y quinto, en particular. (N. del E.)

[84] Véase «Decisions and Recommendations adopted by the WTO Committee on Technical Barriers to Trade since 1 January 1995», WTO TBT Committee, G/TBT/1/Rev. 9, 8 septiembre 2008, p. 37 ff.; S. Charnowitz, «International Standards and the WTO», nota 83, 21-22.

[85] S. Charnowitz, «International Standards and the WTO», nota 83, 9.

[86] El mismo Acuerdo OTC establece, aunque indirecto, una norma para los órganos reguladores internacionales referente a la participación: «Los Miembros tomarán las medidas razonables que estén a su alcance para asegurarse de que las instituciones internacionales con actividades de normalización y los sistemas internacionales de evaluación de la conformidad estén organizados y funcionen de modo que faciliten la participación activa y representativa de las instituciones competentes de todos los Miembros, teniendo en cuenta los problemas especiales de los países en desarrollo Miembros» (artículo 12.5)

Los incentivos para promover la adopción de principios y procedimientos de Derecho Administrativo Global en el seno de las instituciones reguladoras globales pueden, parcial e indirectamente, aunque de modo significativo, hacer frente a los problemas y a las preocupaciones de captura del interés general, de la visión de túnel y de la falta de rendición de cuentas[87]. En consecuencia, las autoridades de la OSD y los órganos administrativos de la OMC deberían aprovechar esta oportunidad para extender los principios y normas del Derecho Administrativo Global. Sin embargo, una de las razones que explican una cierta resistencia a ejercer esa influencia obedece a un hecho elemental, esto es, a que las demás organizaciones globales en justa reciprocidad o equivalencia presionen a la OMC para que actúe de igual manera e incorpore los mismos principios y normas en sus procedimientos decisorios. Así, por ejemplo, el Órgano de Apelación declaró en el caso *EC-Sardines* que no le concernía decidir si un órgano internacional de normalización debía o no exigir consenso para la adopción de sus estándares, señalando que, sin duda, la OMC espera recíproca deferencia respecto a sus procedimientos internos. Sin embargo, si la OMC hiciera un mayor uso de los procedimientos del Derecho Administrativo Global para sus respectivos procedimientos decisorios, como se ha indicado más arriba, podría hallarse en mejor disposición para exigir medidas similares a otras organizaciones regulatorias globales.

V. CONCLUSIONES Y REFLEXIONES SOBRE EL DERECHO ADMINISTRATIVO GLOBAL

La OMC representa un interesante caso para el estudio de las múltiples proyecciones del Derecho Administrativo Global y de sus componentes más relevantes (transparencia, participación, motivación y revisión). Su real o potencial aplicación a la gestión interna de la OMC, a las prácticas administrativas nacionales de sus miembros y a las relaciones de la OMC con otros organismos reguladores globales no son sino una expresión de las variadas manifestaciones en que pueden traducirse las normas de procedimiento derivables del Derecho Administrativo Global, con plasticidad y eficacia, en el contexto de la fragmentada gobernanza global*.

1. EL DERECHO ADMINISTRATIVO GLOBAL Y LA GOBERNANZA REGULATORIA DEL COMERCIO GLOBAL

En la *gobernanza interna* de la OMC, como se ha notado, el procedimiento decisorio de su organización administrativa (la Secretaría, los consejos, los comités y el

---

[87] G. De Búrca, «Developing Democracy Beyond the State», 46 *Colum. J. Transnat'l L.* 221 (2008), 233-234. Referente a la Comisión del Código AlimentarioCommission, R. Afonso Pereira, «Why Would International Administrative Activity Be Any Less Legitimate? – A Study of the Codex Alimentarius Commission», 9 *German L.J.* 1693(2008), y M.D Masson-Matthee, nota 80.

* Sobre este tema, *vid.* el capítulo segundo. (N. del E.).

órgano de revisión de las políticas comerciales) sigue presidido en gran medida por una cierta opacidad; no resulta accesible a los no miembros, como las ONG y otros sujetos privados. Para cumplir el doble reto de eficacia y legitimidad, la OMC debería fortalecer la potestad normativa de sus órganos administrativos, y al mismo tiempo garantizar la transparencia, la participación y la motivación en su toma de decisiones. Estas medidas permitirían alcanzar un equilibrio más efectivo entre las tres ramas de la OMC y facilitarían que la organización adaptara las normas reguladoras del comercio a las circunstancias cambiantes (como las que han provocado la crisis financiera de los últimos años), y a los intereses y valores no comerciales que se ven afectados a consecuencia de la regulación del comercio*. El establecimiento de funciones significativas propias del Derecho Administrativo por parte de otras organizaciones internacionales de cierta relevancia parece indicar que los esfuerzos de los miembros de la OMC para gestionar la implementación de detalle en materia de comercio es, a largo plazo, disfuncional y contraproducente. Al mismo tiempo, si los órganos administrativos de la OMC consiguieran mayor poder e independencia, el Derecho Administrativo Global tendrá que regular los mecanismos de rendición de cuentas para tutelar los intereses de los miembros y de los no miembros. El Órgano de Apelación debería apostar por este avance, otorgando una cierta deferencia en favor de los órganos administrativos de la OMC para que fijen la interpretación de los Acuerdos de la OMC, siempre y cuando esas interpretaciones se sustenten en procedimientos de amplia participación y consulta, transparentes y sean motivadas.[88] Una transformación institucional de este calado requeriría un cambio de estrategia en los miembros para abandonar la búsqueda de beneficios inmediatos merced a la negociación, en favor de una mayor ganancia a largo plazo derivada de una OMC más eficaz y con mayor legitimidad. Los miembros, también los más poderosos, aceptaron una negociación institucional análoga cuando crearon el sistema de solución de diferencias de la OMC.

En cuanto a la *Administración estatal*, la OMC ha establecido relevantes exigencias de transparencia, participación, motivación y control de las Administraciones nacionales de sus miembros con el fin de proteger a las naciones extranjeras y a otros agentes económicos frente al proteccionismo normativo local y los derechos de propiedad intelectual. Estas Administraciones nacionales operan como Administraciones diseminadas o descentralizadas** al servicio del sistema del comercio mundial. Este conjunto de condiciones y requisitos derivados del Derecho Administrativo Global acaso constituya lo que puede considerarse como el acervo de normas de procedimiento más elaborado a nivel global, y ha tenido un considerable impacto en la Administración nacional de muchos países. Esas normas de procedimiento han servido no sólo para garantizar la aplicación de normas sustantivas del comercio liberalizado, sino también para promover objetivos más amplios, como son la instauración de una Administración más abierta y transparente, el trato equitativo de ciudadanos extranjeros, y los componentes del Estado de Derecho. Si bien es cierto que ello supone una carga para los países en vías

---

* Sobre este tema, *vid.* el capítulo quinto. (N. del E.).

[88] Además, los tribunales nacionales, que hasta ahora generalmente han deferido a los poderes políticos las cuestiones referentes a la aplicación del Derecho Administrativo Global, pueden llegar a exigir un procedimiento similar para las normas de la OMC. Véase R.B. Stewart, «U.S. Administrative Law: A Model for Global Administrative Law?» 68 *Law & Contemp. Probs.* 63 (2005) (examinando el enfoque «*bottom up*» para el desarrollo del Derecho Administrativo Global).

** O Administraciones indirectas de una organización superior, como la OMC. Sobre la caracterización de esta clase de Administración global, *vid.* el capítulo segundo. (N. del E.).

de desarrollo, lo cual puede ser aprovechado por grupos económicos bien organizados, no lo es menos, sin embargo, que la gobernanza nacional del comercio parece haber mejorado. El mayor desarrollo del respectivo Derecho Administrativo nacional supone un beneficio para los ciudadanos locales.

La *dimensión horizontal* del Derecho Administrativo Global presenta igualmente un enorme potencial para la evolución de la OMC y los Acuerdos OTC y MSF, en la medida en que proporciona un «puerto seguro» frente a aquellas medidas reguladoras nacionales que se basan en normas internacionales aprobadas por otras organizaciones globales. Aun cuando el cumplimiento de las normas de procedimiento del Derecho Administrativo Global de otras organizaciones internacionales no haya sido objeto de un control formal por parte de los órganos de resolución de disputas o de otros comités de la OMC, las normas para la aprobación de estándares de los comités de la OMC ejerce ya una influencia manifiesta, siquiera sea por vía informal. Si la OMC, a través de sus órganos administrativos y de resolución de disputas, condicionara el reconocimiento de los estándares elaborados por otras organizaciones a la observancia de las normas del Derecho Administrativo Global (transparencia, participación, motivación) por parte de éstas, es claro que se lograría un mejor y consensuado reconocimiento, basado en una información suficiente, y en la ponderación de todos los intereses en juego. Si se produce esa evolución –que entraña desde luego una suerte de control horizontal por parte de una organización regulatoria global, de los procedimientos y estándares de otra– se pondría de manifiesto el carácter «interpúblico» del Derecho y de la Administración globales, como sugiere Benedict Kingsbury[*], y crearía una plataforma para la difusión de las normas de Derecho Administrativo Global a través de un espacio administrativo global.[89]

2. EL DESARROLLO DEL DERECHO ADMINISTRATIVO GLOBAL: ANÁLISIS POSITIVO

¿Cuáles son los factores que explican, desde la perspectiva de la teoría o análisis positivo, la muy desigual y variable recepción del Derecho Administrativo Global, dentro del espacio administrativo global, y, más aún, como se pone de manifiesto en este capítulo, dentro de un mismo aparato o sistema regulatorio global? Esta desigualdad, en efecto, se manifiesta de forma sorprendente en el seno de la gobernanza de la OMC. Ahora bien, ¿cómo podría explicarse ese fuerte contraste entre el desarrollo del Derecho Administrativo Global en las Administraciones de los Estados miembros, respecto de la gobernanza interna de la OMC, o en su relación horizontal con otros organismos globales?, ¿cuáles son las conclusiones que pueden inferirse, con carácter más general, de la expe-

---

[*] Véase en particular el capítulo tercero y noveno. (N. del E.).

[89] El concepto «interpúblico» y su relación con el Derecho Administrativo Global es desarrollado en B. Kingsbury, «International Law as Inter-Public Law,» in *NOMOS XLIX: Moral Universalism and Pluralism* (Henry R. Richardson y Melissa S. Williams –ed.–, New York University Press, 2009).

riencia de la OMC, para la adopción del Derecho Administrativo Global? Lo que sigue es un esfuerzo que trata de abordar estos interrogantes.

A) LOS INTERESES PARTICULARES DE LOS MIEMBROS, ESPECIAL-MENTE DE LOS MÁS PODEROSOS

Como se desprende de la historia del Panel de Inspección del Banco Mundial, en algunos organismos reguladores internacionales, los procedimientos del Derecho Administrativo Global se establecieron para promover entre los miembros más poderosos la rendición de cuentas interna de sus respectivas Administraciones. Sin embargo, en la OMC, la tradicional forma de organización administrativa, basada en la fórmula de un Director General y un Secretariado, es relativamente pequeña y carece de autonomía significativa. Como se ha visto, la adopción de las decisiones administrativas se lleva a cabo a través de consejos, comités, y la OEPC, donde los miembros más poderosos pueden ejercer una mayor influencia en el contexto de un modelo que se asemeja al del club privado en cuanto a la toma de decisiones. En tales circunstancias, los miembros sienten menos la necesidad de introducir medidas internas para el control y la rendición de cuentas. Sin embargo, en respuesta a la crisis financiera, algunas iniciativas recientes de la Dirección General y la Secretaría presagian el comienzo de ciertos cambios en la configuración del poder y con ello el cálculo del Derecho Administrativo Global.

Por el contrario, la aplicación de los procedimientos del Derecho Administrativo Global a las Administraciones nacionales tiende a promover los intereses de los Estados Unidos y de los miembros europeos, que tradicionalmente han dominado la OMC. Sus Administraciones nacionales siguen ya procedimientos de Derecho Administrativo Global por imperativos de su propio Derecho interno. Estos miembros temen correr el riesgo de que los restantes –cuyas Administraciones nacionales no observan las normas del Derecho Administrativo Global– tengan carta blanca para favorecer a sus respectivas empresas nacionales, o caigan en prácticas discriminatorias y proteccionistas. La exigencia a estos miembros de las normas de procedimiento derivadas del Derecho Administrativo Global en la actuación de sus Administraciones nacionales «nivela el campo de juego» de la competencia internacional.

Ahora bien, los intereses subyacentes a la proyección del Derecho Administrativo Global a las relaciones horizontales entre la OMC y otras organizaciones internacionales de establecimiento de estándares son menos claros. Las razones no son tan evidentes. Podría ser que los miembros más poderosos de la OMC prefieran simplemente tener más libertad respecto de la gobernanza interna de esas organizaciones, o bien podrían temer que la exigencia de tales normas procedimentales a las demás organizaciones suponga la aplicación paralela en el seno de la OMC, y que ello genere consecuencias adversas.

Pese a los deseos de los más poderosos de disfrutar de más libertad para ejercer su influencia de acuerdo con las cambiantes circunstancias, lo cierto es que la aplicación de los procedimientos del Derecho Administrativo Global a los órganos administrativos de la OMC, como ha quedado dicho, puede beneficiar a sus propios intereses a largo plazo, puesto que ello supone una mejora de sus procedimientos decisorios –y de sus resultados (las decisiones administrativas)– y del funcionamiento de la organización. Las reformas del sistema de la OSD resultan ilustrativas por analogía, puesto que el margen de maniobra de los Estados más poderosos se ha visto limitado en el corto plazo en aras de obtener más ventajas a largo plazo.

La eficacia de la OMC en la promoción de los intereses de los miembros más poderosos también depende en buena parte de que se perciba una mayor legitimidad en su acción respecto del resto de grupos que los apoyan o, al menos, les prestan consentimiento, y de la que la organización como tal tiene necesidad para avanzar, señaladamente cuando tenga que enfrentarse a la competencia de los sistemas del comercio regional y bilateral[90]. La adopción de procedimientos derivados del Derecho Administrativo Global en el seno de la OMC puede fortalecer su legitimación respecto de un buen número de «instancias de legitimidad», en particular ante las ONG nacionales e internacionales, y posiblemente también ante los miembros menos poderosos de la OMC. Por otra parte, la adopción del Derecho Administrativo Global como método de los procedimientos decisorios en la OMC puede generar una suerte de «legitimidad pragmática», que permita a tales grupos avanzar en sus intereses, suministrándoles medios para conocer e influir en las decisiones. Además, los procedimientos del Derecho Administrativo Global pueden promover la llamada «legitimidad conceptual», que apela a nociones constructivistas para la toma de las decisiones más adecuadas, que tales grupos, en particular las ONG, postulan. En otro orden de consideraciones, la aceptación del *amicus briefs*[*] en el Órgano de Apelación refleja la recepción del Derecho Administrativo Global para fortalecer la legitimidad de la organización, pero también responde a los intereses de los Estados poderosos, como los Estados Unidos. La aplicación de las normas de Derecho Administrativo Global al procedimiento decisorio interno de la OMC, o de otros organismos reguladores internacionales como condición para el reconocimiento de sus estándares, también promovería la legitimidad de la organización respecto de estos grupos u organizaciones externos, aunque probablemente algunos miembros se opondrían a estos avances, especialmente algunos países en vías de desarrollo y las nuevas economías emergentes, que pueden ver en la adopción de los procedimientos de Derecho Administrativo Global una barrera contraria a sus intereses y a su capacidad negociadora. De esta manera, y como en cualquier otra organización, la OMC deberá equilibrar las demandas, con frecuencia, enfrentadas en sus diversos grupos, sectores y ámbitos.

B) INFLUENCIAS CONSTRUCTIVISTAS

Merced a la influencia y a los mecanismos de carácter constructivista, los procedimientos del Derecho Administrativo Global pueden llegar a considerarse por los representantes de los miembros, los administradores y otras organizaciones internacionales, incluida la OMC, como los instrumentos y los medios más apropiados para la adopción de decisiones. Los principales modelos nacionales de Derecho Administrativo, en particular los de los países con mayor liderazgo, pueden influir en la configura-

---

[90] J. Black, «Legitimacy and the Competition for Regulatory Share», LSE Legal Studies Working Paper Series, WPS 14/2009, julio 2009.

[*] A ello se hace referencia en otros capítulos de la presente obra. Literalmente, siginfica, como es sabido, «amigo del tribunal» o de la «corte». Se trata de escritos presentados por personas con interés o particular opinión sobre alguna materia a debate, aunque no sean parte del procedimiento o del proceso. Son frecuentes en foros a todos los niveles, en paticular cuando se enjuician casos de amplio interés público, como los relacionados con los derechos humanos (N. del E.).

ción de los procedimientos decisorios que han de seguir las autoridades administrativas globales. Y, una vez asumidos por las organizaciones internacionales con una mayor relevancia, podrían a su vez servir de modelo e «irradiarse» hacia otras organizaciones globales. Pero, como señala Joseph Weiler, las normas del modelo *club* están, cultural e institucionalmente, muy arraigadas en la OMC y en otros muchos organismos internacionales[91].

c) Estructura institucional y la problemática de la «Administración»

No es difícil proyectar las exigencias del Derecho Administrativo Global sobre las Administraciones nacionales de los miembros, compuestas principalmente de órganos administrativas que emanan normas y decisiones jurídicamente vinculantes y que se hayan ya sujetas en mayor o menor medida al Derecho Administrativo. Algunas organizaciones administrativas globales, como el Banco Mundial, también se articulan en torno a esta forma administrativa tradicional, y, por tanto, resultan más receptivas a asumir y aplicar las normas de Derecho Administrativo Global. La Dirección y Secretaría Generales de la OMC también entran en esta categoría[92]. Sin embargo, resulta más complejo aplicar con éxito los requisitos del Derecho Administrativo Global a los procedimientos decisorios que tienen lugar con carácter horizontal», como aquellos que se dan dentro de los comités reguladores compuestos por representantes de los miembros (y en muchos casos por expertos no miembros), o en el seno de las redes reguladoras de otros actores, que no se encuentran jerárquicamente organizados y cuya producción normativa está por lo general menos formalizada. Los procedimientos decisorios dentro de los comités de carácter no jerárquico y a través de redes resultan bastante frecuentes en la OMC y, en general, a nivel global (como también a nivel supranacional, como testimonia el caso de la UE). Ahora bien, y pese a las mayores dificultades que de ese hecho emergen, tales características no debieran constituir una barrera infranqueable para la adopción de procedimientos de Derecho Administrativo Global, como se ha notado.

Estas consideraciones de carácter institucional ponen de relieve los problemas que presenta la definición del concepto de lo «administrativo» –de qué es Administración, en definitiva– a los efectos del Derecho Administrativo Global. Como se ha observado al comienzo del presente capítulo, la definición operativa propuesta* resulta muy amplia y comprende todas las formas de elaboración del Derecho distintas a la aprobación de tratados y otros acuerdos internacionales, de un lado, así como la resolución de controversias o disputas, de otro.[93] Desde esa perspectiva, se incluyen dentro del concepto de Adminis-

---

[91] J. Weiler, nota 4

[92] J. Pauwelyn y A. Berman, nota 32, dan una evaluación positiva de su conformidad con las normas de Derecho Administrativo Global en sus actuaciones con respecto a la crisis financiera.

* Se trata de una definición amplia, que se sitúa en las premisas del proyecto mismo de investigación en torno al Derecho Administrativo Global. *Vid.* capítulo segundo y nota del editor. (N. del E.).

[93] Cfr. capítulo segundo.

tración toda una variada gama de organizaciones, entre las que cabe citar, por ejemplo, las organizaciones subordinadas que establecen las conferencias de las partes de los tratados; los comités y consejos compuestos por representantes de los miembros, como sucede en la OMC; las grandes organizaciones administrativas como las del Banco Mundial o de la OMS; los comités de expertos, que pueden incluir o no a representantes de los miembros; los órganos de coordinación; numerosos fórmulas de redes de organismos nacionales, públicos, privados o mixtos; o también tribunales, como el Órgano de Apelación o el Panel de Inspección del Banco Mundial, que desempeñan una clara función normativa de modo sistemático. Las concepciones del Derecho Administrativo que se toman prestadas de los modelos burocráticos de organización de las Administraciones nacionales –a su vez cuestionados internamente a resultas de los modos de regulación propios de la «nueva gobernanza»– no encajan en esa comprensión tan amplia y heterogénea de la Administración global, muchas de cuyas especies se mueven en otras coordenadas, bien sea en términos funcionales, o bien desde una perspectiva constructivista, y, en consecuencia, no son extrapolables. Si se acepta, como se admite, que algunas de esas organizaciones –o de sus órganos– se resisten a ser considerada como «administrativos», o que son algo más que eso, surge entonces la cuestión relativa al procedimiento adecuada para ellas. ¿Cuál es, por ejemplo, el procedimiento que han de seguir organizaciones de carácter «legislativo», como el Consejo Ministerial de la OMC o el Consejo de Seguridad de Naciones Unidas? Estas cuestiones abren un amplio espectro de vacíos de orden conceptual y prescriptivo en la gobernanza global, que tanto el Derecho Administrativo Global como el Constitucionalismo Global aspiran colmar.

D) Órganos de control y revisión

La experiencia demuestra que la madurez del Derecho Administrativo Global depende en buena medida de un sólido sistema de controles.

Así, por ejemplo, el Entendimiento de Solución de Diferencias (ESD) constituye un mecanismo de control que responde a esa característica de solidez respecto de las Administraciones nacionales de los Estados miembros de la OMC. En ese sentido, el Órgano de Apelación podría hacer extensivo el control a los órganos administrativos de la OMC o a los de otras organizaciones globales, aunque por razones de prudencia hasta el momento se ha autolimitado y no ha hecho pronunciamiento alguno en esa dirección. La experiencia de la OMC parece confirmar el argumento de Eyal Benvenisti de que los tribunales situados dentro de un sistema global y no fuera (y, por tanto, sin gozar de la misma independencia), como sucede con los paneles de la OMC y el Órgano de Apelación, se muestra reacios generalmente, por razones de prudencia, a realizar un control intenso de las resoluciones de otros órganos del mismo aparato o sistema, o a enfrentarse –en sus relaciones horizontales– a las resoluciones de otros sistemas que, en reciprocidad, a su vez, podrían controlar las de éste[94]. Los tribunales nacionales no pueden controlar en principio las decisiones de los órganos de la OMC. En suma, pues, aun cuando la función de los tribunales intencionales sigue en constante crecimiento, como sucede con el control de los tribunales nacionales sea en forma directa o indirecta, sin embargo, cuando se trata de resoluciones de los órganos u organizaciones administrativas globales, sus funciones resultan hasta el presente limitadas.

3. EL CARÁCTER PRESCRIPTIVO DEL DERECHO ADMINISTRATIVO GLOBAL[*]

Aunque muchas ONG y algunos académicos postulan una mayor responsabilidad –en el sentido de rendición de cuentas– de la OMC, con frecuencia no aciertan a reflexionar sobre qué ha de entenderse por tal, y si en efecto esa rendición de cuentas es susceptible de alcanzar los objetivos a los que se aspira[95][**]. La rendición de cuentas (*accountability*) representa una relación entre un sujeto (*accountor*) que está obligado a rendir cuentas de sus acciones ante uno o más actores (*account holders*), que tienen derecho a recibir explicaciones e imponer sanciones al *accountor* en caso de una actuación deficiente o inadecuada. Hay dos tipos esenciales de relaciones en la rendición de cuentas: la primera, en la que los titulares (*account holders*) han concedido poder y/o recursos al *accountor*, y éste debe dar cuenta del uso de los mismos. En este tipo de relación, los mecanismos jerarquizados electorales, fiscales, y de supervisión garantizan la rendición de cuentas. Una segunda clase consiste en la responsabilidad o rendición de cuentas de carácter jurídico, en la que los titulares de derechos pueden controlar al responsable para que dé cuentas a través de procedimientos judiciales. Una tercera categoría, que dejamos por completo fuera de nuestra consideración, es la que se refiere a los mecanismos de responsabilidad a través de pares o iguales, en cuya virtud se fomenta que el sujeto actúe de forma tal que mantenga su prestigio ante los demás, en un escenario en el que éste es necesario[96][***].

Normalmente, en el caso de las organizaciones globales que los Estados crean, los Estados con mayor poder serán los primeros en otorgar competencias y autoridad y, por tanto, las partes ante quienes los responsables han de rendir cuentas. Y ello lo hacen a través de mecanismos electorales, fiscales y de supervisión. Tal es el caso de la gobernanza interna de la OMC, esto es, del Director General, de la Secretaría, de los

---

[94] E. Benvenisti, G.W. Downs, «Lawmaking in international tribunals: Conditions, impact and democratic legitimacy» (June 2010 draft on file with author).

[*] Como base y para mayor abundamiento, *vid.* capítulo segundo. (N. del E.).

[95] R.B. Stewart, «Accountability, Participation, and the Problem of Disregard in Global Regulatory Governance» (próxima publicación).

[**] Sobre esta temática, que recorre transversalmente la entera obra y el proyecto de investigación en sí, pueden verse en particular los capítulos segundo, cuarto y sexto, así como la nota del editor. (N. del E.).

[96] Estoy en deuda con Bob Keohane por persuadirme para considerar seriamente este posible modo de *accountability*. R. Grant y R.O. Keohane, «PaAccountability and Abuses of Power in World Politics» 99 *Am. Pol. Sci. Rev.* 1 (2005).

[***] Para mayor abundamiento, *vid.* el capítulo quinto.

consejos y comités, y del Órgano de Examen de las Políticas Comerciales (OEPC), que dan cuentas en modo informal ante los intereses de los Estados miembros con mayor poder. La problemática que plantea esta estructura consiste en que deja desprotegidos de forma sistemática los intereses de los miembros más débiles o de terceras partes. Aun cuando los instrumentos del control por pares o iguales opera en el seno de los consejos y comités de la OMC, y de la OEPC, sin embargo, en la práctica no sirven sino para fortalecer la influencia de la que disfrutan los miembros con mayor poder.

La responsabilidad o dación de cuentas de carácter jurídico puede compensar el problema de la indiferencia hacia los intereses de los miembros menos poderosos y de terceras partes, en especial cuando hay un órgano de control fuerte e independiente, con facultades de fiscalización significativas. Así sucede en el caso de la OMC: de conformidad con el ESD, las instituciones administrativas nacionales de un miembro se hallan sujetas a un intenso escrutinio en términos de responsabilidad legal ante los restantes miembros. A este sistema acuden cada vez más los países en vías de desarrollo miembros de la OMC, y cuyos intereses pueden verse ignorados en el ámbito nacional de los miembros más desarrollados. Sin embargo, ni los órganos administrativos internos de la OMC, ni otras organizaciones globales de establecimiento de estándares, responden en términos de dación de cuentas de carácter jurídico, aunque ello pueda evolucionar en el futuro. En el caso de los órganos administrativos de la OMC, el sistema de responsabilidad jurídica, como se ha notado, puede traducirse en un control análogo al que fijara la doctrina del Tribunal Supremo de los EE.UU. *Chevron*, sobre las interpretaciones administrativos de los acuerdos de la OMC que aquéllos lleven a cabo, en el contexto de la resolución de disputas o controversias. En sus relaciones horizontales, ante otras organizaciones globales, la rendición de cuentas de carácter jurídico podría obtenerse mediante la ponderación de los órganos administrativos de la OMC, los paneles y el Órgano de Apelación en el sentido de otorgarle o no reconocimiento jurídico a los respectivos estándares. Por otra parte, y habida cuenta de que los Acuerdos sobre OTC y MSF delegan efectivamente una parte de competencia regulatoria a los órganos administrativos de la OMC y el Órgano de Apelación–, la posibilidad de revocar dicha delegación constituye un instrumento informal de supervisión de los miembros dominantes de la OMC.

Sin embargo, es importante notar que la rendición de cuentas no constituye en modo alguno una condición *sine quo non* de la legitimidad de una institución, ni desde la perspectiva del análisis positivo, ni desde una óptica normativa o prescriptiva[*97]. Cuando la rendición de cuentas favorece a los países más poderosos o a intereses económicos bien organizados hace poco para fortalecer la legitimidad de la organización y mucho menos por la justicia. Por otro lado, aunque los procedimientos decisorios no incorporen ninguno de los instrumentos de rendición de cuentas señalados antes, pueden, sin embargo, constituir un mecanismo eficaz para tener en cuenta y ponderar todos los intereses afectados, que, de otro modo, serían ignorados. En consecuencia, aun cuando

---

* Sobre el sentido de estos términos y postulados, véanse las notas de editor del presente capítulo, así como el capítulo segundo. (N. del E.).

[97] J. Black, nota 90; A. Buchanan y R.O. Keohane, «The Legitimacy of Global Governance Institutions», 20 *Ethics and International Affairs* 405 (2006).

no haya un instrumento de control o revisión, o éste sea débil, lo cierto es que la implantación de las normas de procedimiento derivables del Derecho Administrativo Global (transparencia, participación, motivación) pueden facilitar una mejor ponderación de los intereses en presencia, en particular los de los Estados más débiles y de terceras partes, un procedimiento más abierto, una mayor sensibilidad o receptividad y una resolución más ponderada[98]. Por otro lado, la dimensión procedimental –acaso menospreciada como un Derecho Administrativo de baja intensidad o «light»– puede evitar algunos de los inconvenientes que genera la juridificación excesiva, que en ocasiones desemboca en mecanismos altamente judicializados. Por ello, y en relación con los asuntos de mayor interés, los órganos administrativos de la OMC podrían, en la práctica, publicar sus agendas y prioridades, la motivación de sus resoluciones, y las recomendaciones. Ello mejoraría y ampliaría el procedimiento decisorio sin imponer excesivas rigideces o dilaciones indebidas, ni anticipar la fiscalización judicial. Por lo demás, los procedimientos administrativos del Derecho Administrativo Global son susceptibles de una aplicación flexible y se acomodan fácilmente a fórmulas no burocratizadas de administración y de adopción de decisiones, como en el caso de los comités u otras redes globales. La medida o el alcance con que esos procedimientos se apliquen –en ocasiones con la incorporación de algún elemento de control– reflejará necesariamente el compromiso entre el ideal de adopción de decisiones motivadas en un expediente abierto, de un lado y, de otro, las decisiones basadas en la negociación, el conocimiento experto y técnico. Recomendaciones de este género resultan familiares igualmente en los sistemas nacionales de Derecho Administrativo.

En la medida en que los procedimientos del Derecho Administrativo Global se expanden gradualmente a través del espacio administrativo global, crece en paralelo la probabilidad de que su utilización se extienda al ejercicio de autoridad por parte de las organizaciones regulatorias de carácter público, que se mueven en ese espacio, por entenderse adecuada su aplicación, cuando no obligatoria. Benedict Kingsbury sostiene que la clave para determinar cuándo los procedimientos del Derecho Administrativo Global constituyen «Derecho», y no una mera práctica prudencial o de utilidad, radica en las prácticas y expectativas sociales de los diferentes actores de la gobernanza regulatoria global y, más concretamente, en la regla de reconocimiento en virtud de la cual pueda sostenerse que los procedimientos de Derecho Administrativo Global son obligatorios *prima facie* cuando un órgano global ejerza una competencia pública[99]. Además de su aplicación al procedimiento decisorio interno de esas organiza-

---

[98] *Vid.* capítulo quinto.

[99] Capítulo tercero de la presente obra colectiva. B. Kingsbury, «The Concept of 'Law' in Global Administrative Law», 20 *Eur. J. Int'l L.* 23 (2009), en respuesta a la petición de Dyzenhaus. D. Dyzenhaus, «Accountability and the Concept of (Global) Administrative Law», Acta Jurídica 3 (2009).

ciones, aboga por una concepción «interpública» del Derecho Administrativo Global, según la cual los procedimientos resultan también obligatorios *prima facie* cuando se trata de que una autoridad pública del espacio global adopte decisiones que afectan a otras autoridades públicas[100]. Según esta concepción, las instituciones que ejercen potestades públicas, sean Administraciones estatales u organizaciones globales, han de seguir procedimientos decisorios abiertos, con la debida motivación de sus decisiones, no sólo de cara a sus respectivos ciudadanos o miembros, sino también en relación a las otras autoridades públicas, e, indirectamente, a los ciudadanos y miembros de esas organizaciones. Ello supone, en consecuencia, que, en la medida en que los procedimientos del Derecho Administrativo Global no son sólo apreciados, sino reconocidos –en el sentido antes indicado– y en algunos casos considerados obligatorios –cuando se ejerza autoridad pública–, es evidente que resultará cada vez más incoherente que la OMC insista en que las Administraciones de los Estados miembros adopten esos procedimientos, mientras que ésta se niega a adoptar siquiera sea una versión simplificada o modesta de los mismos, cuando ella ejerce ese autoridad pública. Del mismo modo, la lógica interpública implica que la OMC debería adoptar los procedimientos del Derecho Administrativo Global para sus propias decisiones administrativas respectos a los estándares aprobados por otras autoridades públicas globales, y además insiste en que ellos también adoptan procedimientos propios del Derecho Administrativo Global para decidir sobre tales estándares.

Aunque lo anterior no es más que una rápida valoración prescriptiva de líneas muy generales, cabe añadir que la recepción generalizada de normas y prácticas de Derecho Administrativo Global en la OMC constituiría un mecanismo efectivo para promover la rendición de cuentas y/o la capacidad de respuesta, la receptividad, ante la amplia variedad de intereses afectados, en particular de aquellos que, de lo contrario, podrían resultar ignorados*. Al establecer estas normas y procedimientos de adopción de decisiones, en lugar de acuerdos y soluciones *ad hoc*, el Derecho Administrativo Global pretende garantizar la protección frente a los abusos de poder y la captura del regulador, y moderar la visión segmentada o de túnel en la que incurren las organizaciones sectoriales altamente especializadas. Ha de procederse con cierta prudencia a la hora de extrapolar las conclusiones extraídas aquí en punto al Derecho Administrativo Global. Y es que el Derecho Administrativo Global no puede valorarse de forma genérica, sino que ha estudiarse en relación con determinados tipos de sistemas, con cuestiones determinadas y aplicaciones específicas. En ese sentido, son relevantes la clase de organización en cuestión (organización internacional, red global, estructura privada o híbrida, nacional o global); las funciones que

---

[100] Capítulo tercero de la presente obra colectiva. B. Kingsbury, nota 89.

* Cfr. capítulo quinto. (N. del E.).

ejerce; sus fundadores; los mecanismos de gobernanza; y la capacidad de los diferentes participantes para utilizar mecanismos de Derecho Administrativo Global.

Como se ha puesto de manifiesto en este capítulo, la OMC ofrece un contexto especialmente rico para la aplicación y explicación del Derecho Administrativo Global, así como para su desarrollo y aporte a la gobernanza regulatoria global. Además de ofrecer una perspectiva útil para examinar el funcionamiento actual de la OMC, la teoría del Derecho Administrativo Global proporciona también referencias de carácter prescriptivo y constructivo para los críticos y para los cambios institucionales que promuevan una regulación del comercio más efectiva y receptiva en un escenario global colmado de valores enfrentados y complejos, y en el que se involucran una gran variedad de participantes.

CAPÍTULO UNDÉCIMO

EL ARBITRAJE DE INVERSIÓN COMO SISTEMA DE GOBERNANZA: EL TRATO JUSTO Y EQUITATIVO, EL TEST DE PROPORCIONALIDAD, Y EL EMERGENTE DERECHO ADMINISTRATIVO GLOBAL[*]

BENEDICT KINGSBURY Y STEPHAN SCHILL[**]

RESUMEN

E L arbitraje de inversión constituye no solo un mecanismo para resolver las disputas que surjan en el marco de una inversión entre un Estado receptor y un inversor; representa también una forma de gobernanza global que implica el ejercicio de poder por parte de un tribunal de arbitraje en el espacio administrativo global. Al proyectar ciertos estándares de conducta –o parámetros de actuación– respecto de la acción de los Estados en relación con los inversores extranjeros –por ejemplo, declarando que una actuación ha sido impropia o que ha vulnerado el derecho al proceso debido desde la perspectiva del trato justo y equitativo–, los tribunales establecen criterios que tendrán sin duda influencia sobre la acción futura del Estado demandado y la de otros Estados, y muy probablemente condicionarán también las resoluciones de los tribunales en otros casos similares.

Al resolver las controversias entre los inversores y los Estados, los tribunales arbitrales también operan como agencias, sobre la base de un acuerdo previo, para enjuiciar una específica actuación del Estado, en algunos casos aplicando el test de proporcionalidad y otros parámetros de control propios del Derecho Público, a la hora de enfrentarse a difíciles y complejas situaciones de ponderación de intereses entre la tutela del inversor, de un lado, y las opciones políticas del Estado en defensa del interés general, sea en el ámbito económico o medioambiental, por ejemplo, de otro.

En este sentido, el arbitraje entre el Estado y el inversionista forma parte de la estructura de la gobernanza a nivel global y contribuye a configurar el naciente acervo

---

* Traducción revisada por Javier Barnes.

** Investigador asistente para el árbitro internacional Hon. Charles N. Brower, 20 Essex Street Chambers, Londres; Rechtsanwalt (admitido a la barra de abogados en Alemania); Abogado, New York; Dr. iur., Johann Wolfgang Goethe-Universität Frankfurt am Main, 2008; LLM International Legal Studies, New York University, 2006; LLM Europäisches und Internationales Wirtschaftsrecht, Universität Augsburg, 2002. Queremos agradecer a José Álvarez, Robert Howse, Jürgen Kurtz y a los comentaristas y participantes de la Conferencia ICCA en Dublín sus valiosos aportes a los primeros borradores de este capítulo.

jurídico del Derecho Administrativo Global. Así mismo, la actividad de carácter regulatorio que estos tribunales desempeñan suscita no pocas críticas, no ya sólo respecto de resoluciones singulares que puedan dictar, sino en particular en lo que respecta a la legitimidad del poder que como tal ejercen.

Este capítulo argumenta que estas preocupaciones pueden atenderse, al menos en parte, mediante la aplicación de los principios del emergente Derecho Administrativo Global a los tribunales arbitrales, al tiempo que éstos también los aplican al ejercer su actividad.

I. INTRODUCCIÓN: EL ARBITRAJE DE INVERSIÓN Y EL NACIENTE DERECHO ADMINISTRATIVO DE LA GOBERNANZA GLOBAL

El arbitraje de inversión, y particularmente el arbitraje basado en tratados de inversión internacional, no es simplemente un mecanismo para la resolución de controversias, como se ha avanzado.[1] El arbitraje forma parte también de la estructura de la gobernanza global.

---

[1] Este capítulo trata principalmente el arbitraje de inversión bajo los más de 2,500 tratados de inversión bilaterales, regionales y sectoriales, incluyendo el Tratado de Libre Comercio de América del Norte (TLCAN), en inglés North American Free Trade Agreement (NAFTA, en inglés) y el Tratado de la Carta Energética (ECT, en inglés). Para un recuento general de los tratados de inversión y otros instrumentos relativos a la protección de la inversión *vid.*, Rudolf DOLZER y Margrete STEVENS, *Bilateral Investment Treaties* (1995); Giorgio SACERDOTI, *Bilateral Treaties and Multilateral Instruments on Investment Protection*, 269 Recueil des Cours (1997) 251; M. SORNARAJAH, *The International Law of Foreign Investment, 2nd edn.* (2004), pp. 204-314; Campbell MCLACHLAN, Laurence SHORE y Matthew WEINIGER, *International Investment Arbitration – Substantive Principles* (2007); Andreas LOWENFELD, *International Economic Law*, 2nd edn. (2008), pp. 467-591; Rudolf DOLZER y Christoph SCHREUER, *Principles of International Investment Law* (2008); Peter MUCHLINSKI, Federico ORTINO y Christoph SCHREUER (eds.), *The Oxford Handbook of International Investment Law* (2008); Campbell MCLACHLAN, *Investment Treaty Arbitration: The Legal Framework*,. Este tipo de arbitraje difiere del arbitraje basado exclusivamente en relaciones contractuales, en el cual la ley que rige la resolución de la disputa, el consentimiento del Estado para llevar a cabo el arbitraje, y las reglas de arbitraje dependen del contrato entre el Estado y el inversor, y no de un tratado internacional. A pesar de que este capítulo se enfoca en el arbitraje de inversión, varias de las observaciones presentadas en él se pueden aplicar, con sus debidas modificaciones, al arbitraje de inversión basado en contratos y no en tratados internacionales. Si estas observaciones pueden trasladarse al arbitraje que nace de un contrato o no, no es un tema tratado en este capítulo. Sin embargo, la existencia de un contrato vigente entre un inversor y un Estado puede tener un efecto modificatorio sobre el análisis que este capítulo hace a los tratados y a las instituciones. Por ende, las cuestiones acerca de cómo deben los tribunales de inversión tratar el tema de las implicaciones del arbitraje de inversión sobre el Derecho público administrativo, como por ejemplo, el test de proporcionalidad o las implicaciones del trato justo y equitativo, pueden ser consideradas de manera diferente, siempre y cuando exista una relación contractual entre el Estado y el inversor implicado. Por ejemplo, los contratos de inversión contienen generalmente cláusulas más precisas y elaboradas respecto a los derechos y obligaciones de las partes, y por ello, los contratos aplicables a cada situación pueden tener implicaciones sobre la aplicación de

Téngase en cuenta, en efecto, que a través de los laudos arbitrales, que gozan de una notable publicidad y son objeto de numerosos estudios, los tribunales de inversión contribuyen a definir ciertos principios específicos del Derecho Administrativo Global, al tiempo que establecen criterios que resultan de aplicación en los Estados en sus procedimientos administrativos internos.[2] Asimismo, el arbitraje de inversión opera como un mecanismo de enjuiciamiento y control para evaluar la ponderación de intereses que un Gobierno haya realizado en un momento determinado entre la protección del inversor y los fines de interés general que haya de atender, haciendo uso, por ejemplo, del principio de proporcionalidad. A su vez, las resoluciones *ex post* que adopten estos tribunales de inversión respecto de esas ponderaciones realizadas previamente por los Estados podrán influir en las actuaciones futuras de otros tribunales arbitrales, y pueden llegar a condicionar *ex ante* las actuaciones futuras de otros Estados e inversores.

Evidentemente, la mayoría de árbitros redactan sus laudos y los demás documentos públicos en el ejercicio de su función primaria e inmediata, que es la de resolver las disputas específicas que surgen entre los inversores y los Estados en el marco de las actividades de inversión extranjera. Sin embargo, los laudos que dictan estos tribunales generan importantes efectos, trascendiendo las concretas disputas de las que conocen. Estos tribunales arbitrales implementan estándares internacionales ampliamente conocidos y que se contienen en términos muy similares en múltiples tratados de inversión, y concretan, expanden o restringen su significado mediante su interpretación, definiendo en forma creciente y para la mayoría de los Estados del mundo el contenido y alcance de ciertos estándares de buena gobernanza, así como otros criterios derivables del principio del Estado de Derecho, con fuerza imperativa y oponibles, por tanto, frente al Estado en favor del inversor extranjero.[3] Y a ello se añade que los tribunales revisan las actuaciones de los Estados a través de vías que pueden llegar a tener implicaciones para otros intereses generales y políticas públicas que exceden con mucho del objeto de la controversia, lo que plantea también cuestiones acerca de cómo justificar la legitimidad y la metodología que esos tribunales siguen.

Los estándares que los tribunales de inversión aplican o crean son un reflejo de los principios generales que han de ser observados en el ejercicio del poder público, y, por tanto, resultan no sólo de aplicación a la actuación estatal, sino que, con el paso del

---

las reglas convencionales y de la costumbre internacional. Este capítulo no hace ningún comentario en ese sentido.

[2] El proyecto de investigación del «New York University School of Law Institute for International Law and Justice's (IILJ)» sobre Derecho Administrativo Global incluye un sitio web con un importante número de artículos y una amplia bibliografía, así como links a artículos de otros investigadores de todas partes del mundo <www.iilj.org/GAL>. Entre los primeros artículos de este proyecto figuran: Benedict KINGSBURY, Nico KRISCH, Richard STEWART y Jonathan WIENER (eds.), *The Emergence of Global Administrative Law*, 68 Law and Contemporary Problems (Summer-Autumn 2005, nos. 3-4), pp. 1-385; Nico KRISCH y Benedict KINGSBURY (eds.), *Global Governance and Global Administrative Law in the International Legal Order*, 17 Eur. J. Int'l L. (2006), pp. 1-278; and the Global Administrative Law symposium in 37 NYU Journal of International Law and Politics (2005, no. 4). Las publicaciones subsiguientes incluyen una serie de artículos sobre conferencias dictadas por el IILJ e instituciones asociadas: Universidad de San Andrés en Buenos Aires, Res Public Argentina (2007-3), 7-141; University of Cape Town, Acta Juridica (2009); The Centre for Policy Research in New Delhi (próxima a publicar); Tsinghua Law School in Beijing (próxima a publicar); y University of Geneva, International Organizations Law Review (próxima a publicar).

[3] Ver David SCHNEIDERMAN, *Constitutionalizing Economic Globalization* (2008).

tiempo, muy probablemente habrán de ser aplicados, *mutatis mutandi*, a la acción de los propios tribunales arbitrales.

El arbitraje de inversión se convierte así en una forma de gobernanza global. Estos tribunales ejercen su poder dentro del espacio administrativo global y lo hacen de forma directa al fallar sobre el tema de fondo que se les plantea, ya sea a favor del inversor o del Estado, y lo hacen no sólo mediante el laudo que dictan, sino también cuando fijan los hechos o resuelven lo que proceda en relación con las cartas de los *amicus curiae*, las costas o los intereses devengados, plazos, suspensión del procedimiento para abrir un trámite de negociaciones, etc.

Lo más importante, sin embargo, a nuestro limitado propósito, es que los tribunales, en cuanto que conforman un conglomerado que ejerce un evidente poder público, contribuyen al desarrollo de un acervo de Derecho Administrativo Global que sirve de directriz al propio Estado, a través de múltiples vías, a su vez influenciadas por la actividad de estos tribunales: el Derecho Internacional consuetudinario, los criterios derivables de los derechos humanos, el comercio internacional, la ponderación de los intereses en conflicto entre el inversor y el Estado, etc. Y lo hacen en una forma que condiciona la realización de las políticas públicas de los Estados. Ese condicionamiento en realidad afecta tanto a la futura acción del Estado como a la conducta del inversor.

Cualquier ejercicio de poder con alguna relevancia en la esfera pública o administrativa suscita siempre la cuestión de que ese ejercicio sea legítimo. Y ello vale no sólo para lo que hace o deja de hacer el tribunal o el árbitro, individualmente considerado, o respecto de los concretos nombramientos de autoridades o de la actividad de un comité de anulación, sino también, y sobre todo, para el sistema del arbitraje de inversión como tal y en su conjunto. En este sentido, el Derecho Administrativo Global puede aportar elementos sustanciales en la resolución de la cuestión de la legitimidad. A tal efecto, se trata de proyectar sobre el sistema de arbitraje el cuerpo de reglas y principios que componen el Derecho Administrativo Global, y que éste sea, a su vez, aplicado por los propios tribunales de arbitraje en los casos que resuelven.

El arbitraje de inversión tiene su base en más de dos mil quinientos tratados bilaterales de Inversión (TBI) y en otros tratados regionales de importancia, como el Tratado de Libre Comercio de América del Norte (TLCAN), en inglés *North American Free Trade Agreement* (NAFTA) y el de la Asociación de Naciones del Sudeste Asiático (ANSA), en inglés *Association of Southeast Asian Nations* (ASEAN), y constituye un campo en vía de expansión con más de trescientas disputas conocidas y otras más iniciadas cada año.[4] Ello no obstante, al mismo tiempo puede considerarse como un campo frágil. Algunos Estados se han tornado especialmente cautelosos frente al arbitraje de inversión y la protección de la inversión extranjera a través esos tratados. Los

---

[4] *Vid.* UNCTAD, *Latest Developments in Investor-State Dispute Settlement, Dispute Settlement* (2008), pp. 1-2, disponible en <www.unctad.org/en/docs/iteiia20083_en.pdf> (dando cuenta de 290 arbitrajes de inversión a finales del 2007).

casos relacionados con la crisis económica argentina[5] y la postura asumida por varios Gobiernos latinoamericanos,[6] ponen de manifiesto las obvias preocupaciones respecto a la idoneidad e incluso la legitimidad del sistema actual de arbitraje para resolver los problemas que en esta sede se suscitan.[7] Por otro lado, también países tradicionalmente exportadores como EE.UU. se han venido preocupando por las restricciones que pueden llegar a imponer los tratados de inversión y el arbitraje de inversión sobre sus potestades regulatorias. La experiencia de EE.UU., en relación con el capítulo 11 del NAFTA, por ejemplo, ha tenido una influencia directa en las actitudes del Gobierno estadounidense en las ulteriores negociaciones de tratados de libre comercio y de inversión bilaterales y ha sido la causa de ciertas modificaciones en el modelo estadounidense de tratados de inversión bilaterales.[8]

---

[5] Por ejemplo el Ministro de Justicia en Argentina (Rosatti), después de que Argentina perdió su primer caso en relación con las medidas de emergencia adoptadas a las crisis económicas del 2001 y 2002 (*CMS Gas v. Argentina*, 2005) señaló: «Hemos insistido en que este tribunal no está preparado para este caso, que no está listo para atender tal cantidad de casos relativos a un solo país, que tiene una posición pro-negocios, y que no está calificado para juzgar la política económica de un país» (*Vid.* BBC Monitoring Latin America – Political, supplied by BBC Worldwide Monitoring, mayo 17 de 2005).

[6] El 30 de abril de 2008, Venezuela manifestó a Holanda su intención de terminar el Tratado Bilateral de Inversión suscrito entre los dos países a más tardar el 1 de noviembre de 2008. Luke Eric PETERSON (ed.), *Investment Arbitration Reporter* (mayo 16 de 2008), disponible en la web en <www.iareporter.com/Archive/IAR-05-16-08.pdf> (señalando que Venezuela había decidido dar por terminado el tratado por razones de «política nacional»). Bolivia se retiró de la Convención del del Centro Internacional de Arreglo de Diferencias Relativas a Inversiones (ICSID en inglés) el 3 de noviembre de 2007. *Vid.* «Bolivia Denounces ICSID Convention», 46 ILM (2007), p. 973. El 12 de junio de 2009 el congreso ecuatoriano votó para retirarse de la convención del ICSID. Discusiones similares se han dado en Nicaragua, Venezuela, y Cuba. *Vid.* Marco E. SCHNABL y Julie BÉDARD, «*The Wrong Kind of 'Interesting'*», Nat'l L. J. (30 de julio de 2007).

[7] Varios trabajos sobre el tema argumentan que existe, o que pronto se desarrollará, una «crisis de legitimidad» en el arbitraje de inversión. Algunos de estos trabajos se refieren a problemas tales como: el diseño del mecanismo de resolución de disputas basado en un arbitraje *ad hoc*, con el riesgo inherente de unas decisiones inconsistentes, la vaguedad y ambigüedad de varios de los principales derechos conferidos a los inversores, y la percibida ceguera de los tribunales de inversión frente a temas no relacionados con la inversión. *Vid.* Charles N. BROWER, «*A Crisis of Legitimacy*», Nat'l L. J. (7 Oct 2002); Charles H. BROWER II, «*Structure, Legitimacy, and NAFTA's Investment Chapter*», 36 Vand. J. Transnat'l L. (2003), p. 37; Charles N. BROWER, Charles H. BROWER II y Jeremy K. SHARPE, «*The Coming Crisis in the Global Adjudication System*», 19 Arb. Int'l (2003), p. 415; Ari AFILALO, «*Towards a Common Law of International Investment: How NAFTA Chapter 11 Panels Should Solve Their Legitimacy Crisis*», 17 Georgetown Int'l Envt'l L. Rev. (2004), p. 51; Ari AFILALO, «*Meaning, Ambiguity and Legitimacy: Judicial (Re-)construction of NAFTA Chapter 11*», 25 Nw. J. Int'l L. & Bus. (2005), p. 279 at p. 282; M. SORNARAJAH, «*A Coming Crisis: Expansionary Trends in Investment Treaty Arbitration*», en Karl P. SAUVANT (ed.), *Appeals Mechanism in International Investment Disputes* (2008), pp. 39-45; Gus VAN HARTEN, *Investment Treaty Arbitration and Public Law* (Oxford 2007); Olivia CHUNG, «*The Lopsided International Investment Law Regime and Its Effect on the Future of Investor-State Arbitration*», 47 Va. J. Int'l L. (2007), p. 953 (argumentando que los tratados de inversión bilaterales actuales favorecen de mayor forma a los inversores y que esta inequidad llevará a mayores dificultades en la aplicación de dichos tratados); Naveen GURUDEVAN, «*An Evaluation of Current Legitimacy-based Objections to NAFTA's Chapter 11 Investment Dispute Resolution Process*», 6 San Diego Int'l L. J. (2005), p. 399.

[8] *Vid.* Kenneth VANDEVELDE, «*A Comparison of the 2004 and 1994 U.S. Model BITs: Rebalancing Investor and Host Country Interests*» en Karl SAUVANT (ed.), 1 Yearbook on International Investment

Las críticas frente al sistema de arbitraje de inversión pueden ir en aumento, en la medida en que los países tradicionalmente exportadores de capital vislumbren la posibilidad de verse demandados ante los tribunales de inversión con más frecuencia. Es probable que, si concurren ciertas circunstancias, algunas compañías comiencen a reestructurar sus inversiones en sectores sensibles de las economías occidentales, al objeto de acogerse a la protección que dispensan los TBI, de la misma forma en que ya tienen en cuenta la legislación comercial al decidir dónde ubicar sus sedes y centros de producción, y o del mismo modo que atienden a la legislación tributaria cuando planifican sus operaciones transnacionales. Si saben acogerse hábilmente a los TBI y se apoyan en ciertas interpretaciones expansivas[9] acerca de lo que estos tribunales han declarado que queda a cubierto por un concreto TBI, sería posible que estructuraran muchos activos en las economías occidentales a través de multinacionales, de forma que sus activos obtengan la protección que dispensan los TBI y, en consecuencia, los inversores puedan demandar ante un tribunal de inversión las medidas adoptadas por países tradicionalmente considerados como exportadores de capital. En este orden de ideas, la protección que otorgan los TBI y los tribunales de inversión puede tornarse en una salvaguardia cada vez más atractiva para los actores económicos privados frente a posibles opciones políticas que puedan tomar los Gobiernos occidentales. Otra consideración adicional se desprende de la dinámica en la que se sitúan algunos países típicamente importadores de capital, como China; estos Estados representan ahora una fuente importante de inversión extranjera, y de inversiones en los Estados occidentales, algunas de las cuales podrían verse perjudicadas a consecuencia de los cambios que experimentan las políticas nacionales de los países típicamente exportadores de capital. Por ejemplo, las medidas adoptadas por los Gobiernos occidentales en respuesta a la crisis financiera de 2008-2009 han llevado a serias observaciones y consideraciones relacionadas con el tema de los tratados de inversión.

Además, y aun cuando la jurisprudencia se ha venido desarrollando de un modo refinado y bien elaborado, cabe percibir una inquietante desigualdad en la calidad de los razonamientos de algunos laudos y decisiones; y en todo caso los tribunales no pueden fácilmente hacer abstracción del caso singular que enjuician, y tener en cuenta

---

Law and Policy 2008/2009 p. 283; Gilbert GAGNÉ y Jean-Frédéric MORIN, «*The Evolving American Policy on Investment Protection: Evidence from Recent FTAs and the 2004 Model BIT*», 9 J Intl Econ L (2006), p. 357 at p. 363; Mark KANTOR, «*The New Draft Model U.S. BIT: Noteworthy Developments*», 21 J. Int'l Arb. (2004), p. 383 at p. 385; Stephen SCHWEBEL, «*The United States 2004 Model Bilateral Investment Treaty: An Exercise in the Regressive Development of International Law*», 3 TDM (April 2006). *Vid.* en general Guillermo AGUILAR ALVAREZ y William W. PARK, «*The New Face of Investment Arbitration: NAFTA Chapter 11*», 28 Yale J Intl L (2003), p. 365 (discutiendo el fenómeno de los países desarrollados como sujetos demandados en el arbitraje de inversión).

[9] Cfr. también, Anthony SINCLAIR, «The Substance of Nationality Requirements in Investment Treaty Arbitration», ICSID Rev. – For. Inv. L. J. (2005), p. 357; Markus BURGSTALLER, «Nationality of Corporate Investors and International Claims against the Investor's Own State», 7 J. World Inv. & Trade (2006), p. 857. Por ejemplo, en el caso *Aguas del Tunari, S.A. v. Republic of Bolivia* (ICSID Case No. ARB/02/3), Decisión sobre las objeciones del demandado relativas a la jurisdicción del tribunal, octubre 21 de 2005, párr. 206 y ss., en la cual el tribunal aceptó que la operación de mantener activos de agua en Cochabamba a través de una compañía incorporada en Holanda, era suficiente para determinar la aplicación del Tratado de Inversión Bilateral entre Holanda y Bolivia, aún a pesar de que no existían conexiones materiales con Holanda más allá de la incorporación de un vehículo de inversión. *Vid.* en general Stephan SCHILL, *The Multilateralization of International Investment Law*, Chapter V (Cambridge University Press, próxima a publicarse en el 2009).

los intereses y preocupaciones que el sistema en su conjunto genera, habida cuenta de que su mandato y responsabilidad principal se circunscribe a resolver la disputa en particular sometida por las partes. Por ello, se han producido decisiones incoherentes y contradictorias, que además se han visto precipitadas por la naturaleza *ad hoc* de los paneles arbitrales y la falta de un tribunal de apelación u otro organismo que garantice la necesaria coherencia en la jurisprudencia y, por tanto, una mayor predictibilidad o previsibilidad en el arbitraje de inversión.[10] Por último, el diseño arquitectural del sistema institucional, junto con la vasta extensión de tratados bilaterales conectados por las cláusulas de nación más favorecida, y la unanimidad requerida para modificar los convenios multilaterales más relevantes, no hace tampoco fácil que otros actores puedan reformarlo; y además, en todo caso, las condiciones políticas que lo hagan posible tampoco parecen darse en la actualidad.[11]

En este contexto de severas limitaciones impuestas sobre el actual diseño del sistema de arbitraje de inversión, algunas propuestas doctrinales para su mejora han adquirido una considerable importancia. Entre éstas, cabe destacar la propuesta de una aplicación más integral de los métodos del Derecho Internacional general sobre interpretación de los tratados, tal como se recoge en la Convención de Viena sobre el Derecho de los Tratados; un análisis más profundo del Derecho Internacional consuetudinario, que especifica o complementa algunas disposiciones normativas centrales de los tratados de inversión; el recurso a los principios de integración sistemática y a las técnicas de desfragmentación identificadas en la Comisión de Derecho Internacional de Naciones Unidas y otros foros, preocupados por la «fragmentación» del Derecho Internacional.

Este capítulo no pretende reiterar la extensa e interesante literatura vertida sobre esos temas. Por el contrario, lo que persigue es subrayar la idea complementaria, aunque con frecuencia desatendida, de que la fragilidad del sistema de arbitraje de inversión refleja no solamente la falta de sistematicidad de su diseño y construcción, sino también el fracaso del intento de incluir en él las teorías de la gobernanza que tomen en cuenta seriamente los intereses estatales y públicos. Mientras que la teoría y la práctica del ejercicio del poder público y de la expresión de los intereses públicos han ido avanzando considerablemente, los analistas del sistema de arbitraje de inversión consideran esas dimensiones como algo fuera de esta disciplina. Este capítulo sostiene que la teoría y la práctica del espacio administrativo global, en el que ocupan un papel destacado el Derecho Administrativo Global y la concepción de lo público

---

[10] Sobre las inconsistencias en el arbitraje de inversión y sus motivos procesales e institucionales *vid.* Stephan SCHILL, *ibid.*, p. 281 y ss. *Vid.* también Susan D. FRANCK, *«The Legitimacy Crisis in Investment Treaty Arbitration: Privatizing Public International Law through Inconsistent Decisions»*, 73 Fordham L. Rev. (2005), p. 1521 at p. 1523.

[11] Por ello la propuesta de cambio presentada por la secretaría de la ICSID recibió poca atención. *Vid.* ICSID Secretariat, *Possible Improvements of the Framework for ICSID Arbitration*, para. 20 y ss., disponible en <www.worldbank.org/ICSID/highlights/improve-arb.pdf>. *Vid.* también Christian TAMS, *«An Appealing Option? The Debate about an ICSID Appellate Mechanism»*, 57 Beiträge zum Transnationalen Wirtschaftsrecht (2006).

como algo inherente al Derecho*, ofrece una forma más ambiciosa de conceptualizar lo que el sistema de arbitraje de inversión puede llegar a ser, y armonizarlo con las necesidades actuales y las orientaciones futuras, sin llevar a cabo un cambio abrupto en su paradigma. Cualquier reforma radical, cualesquiera que fueren las razones en que se apoye, está condenada a enfrentarse a graves dificultades políticas y económicas, a no ser que este cambio se vea precipitado por una noción de crisis que se comparta ampliamente en múltiples sectores.[12]

El concepto de Derecho Administrativo Global parte de la premisa de que buena parte de la gobernanza global puede analizarse adecuadamente como Administración**. En lugar de entenderla como una serie de niveles de regulación claramente separados (privado, local, nacional, interestatal), una conjunción de diferentes actores y diferentes estratos forman un «espacio administrativo global» heterogéneo, que incluye instituciones internacionales y redes transnacionales, así como organismos administrativos nacionales que operan dentro de los sistemas internacionales o que tienen efectos regulatorios transnacionales.[13] La idea de un «espacio administrativo global» difiere de las concepciones ortodoxas del Derecho Internacional, en las que lo «internacional» es en buena medida intergubernamental, y por ende, plantean una clara distinción entre la esfera nacional y la internacional. En la práctica de la gobernanza global, las redes transnacionales de productores de normas, de intérpretes y de aplicadores de las mismas, hacen que esa clara distinción se desvanezca.

Este espacio administrativo global aparece cada vez más poblado por reguladores privados transnacionales, y organismos híbridos (públicos y privados), tales como asociaciones público-privadas que involucran a organizaciones estatales o interestatales, reguladores públicos nacionales, cuyas acciones generan efectos externos aun cuando no sean controlados por la autoridad ejecutiva central, organismos interestatales, más o menos informales, que no tienen sustento convencional (entre los que destacan las «coaliciones de intereses»), e instituciones interestatales formales (como las de Naciones Unidas), que afectan a terceros a través de acciones de carácter administrativo. Buena parte de la Administración de la gobernanza global se halla altamente descentralizada*** y es poco sistemática. A algunas entidades se les asignan funciones en la gobernanza global regulatoria que no quieren asumir o para los cuales no están diseñadas

---

* Este carácter de lo «público» propio del Derecho se encuentra a lo largo de la presente obra, señaladamente, desde el capítulo segundo y, sobre todo, del tercero. Constituye una tesis central de B. Kinsbury. (N. del E.).

[12] Cfr. también VAN HARTEN, *supra* nota 7; Gus VAN HARTEN, «The Public-Private Distinction in the International Arbitration of Individual Claims Against the State», 56 Int'l & Comp. L. Q. (2007), p. 371.

** *Vid.* el capítulo segundo. (N. del E.).

[13] Benedict KINGSBURY *et al.*, «Foreword: Global Governance as Administration», 68 Law & Contemp. Probs. (2005, nos. 3-4), p. 1.

*** Es lo que aquí se ha traducido, desde el capítulo primero, como «Administración descentralizada», o «Administración diseminada». (N. del E.).

o preparadas: en este sentido, algunos árbitros de los tribunales de inversión pueden considerar a estos tribunales dentro de dicha categoría, esto es, como una institución que no se halla suficientemente capacitada para la función que ha de cumplir.

El Derecho Administrativo Global surge al tiempo que las cambiantes estructuras regulatorias reciben fuertes demandas de transparencia, consulta, participación, motivación de sus decisiones y mecanismos de revisión que promuevan la rendición de cuentas (*accountability*). Estas exigencias, y las respuestas a ellas, se articulan en términos que comparten un carácter normativo o prescriptivo común y, más específicamente, un carácter de Derecho Administrativo. La convicción de que existe una cierta unidad de principios y prácticas en esta área a lo largo de todos los sectores es de suma importancia para el fortalecimiento (o el debilitamiento) de la legitimidad y de la eficacia de estos múltiples regímenes o sistemas de gobernanza. Al dar cuenta de estos fenómenos, un enfoque concreto, que es el que aquí se postula, concibe al Derecho Administrativo Global como el conjunto de mecanismos jurídicos, principios y prácticas, junto con las concepciones sociales que los sustentan, que promueven, o afectan a, la rendición de cuentas de estas organizaciones administrativas globales, garantizando en particular que satisfagan estándares adecuados de transparencia, consulta, participación, racionalidad y legalidad, así como un control o revisión efectivos de las reglas y decisiones que toman estos organismos.[14]

El Derecho Administrativo Global se preocupa por el ejercicio de la autoridad pública que llevan a cabo las organizaciones que operan más allá del Estado, y la que despliegan los mismos Estados cuando los efectos de su actuación exceden de sus fronteras y de su propio ordenamiento jurídico.[15] Le concierne, por tanto, al menos como ideal, su deseo de disciplinar el carácter público.[16] Lo público constituye un elemento necesario para el concepto del Derecho en las modernas sociedades democráticas*. El postulado consiste en afirmar que la condición de lo público, así como, por consecuencia, la cualidad de la generalidad, son inherentes al concepto de Derecho en una era de jurisprudencia democrática.[17] Lo público, en ese contexto, hace referencia a la idea de que el Derecho debe ser un producto de toda la sociedad como tal, del público, pues regula y

---

[14] Cfr. capítulo segundo la presente obra colectiva: Benedict KINGSBURY, Nico KRISCH y Richard STEWART, «The Emergence of Global, Administrative Law», 68 Law & Contemp. Probs. 15 (2005, nos. 3-4).

[15] Armin von BOGDANDY, «General Principles of International Public Authority: Sketching a Research Field», 9 German L. J. (2008), p. 1909.

[16] Benedict KINGSBURY, «The Concept of 'Law' in Global Administrative Law», 20 Eur. J. Int'l L. (2009), p. 23.

* *Vid.* especialmente el capítulo tercero. En esta idea insiste el autor a lo largo de la presente obra. (N. del E.).

[17] Jeremy WALDRON, «Can There Be a Democratic Jurisprudence?», NYU School of Law, Public Law \ Research Paper 08-35 (2008) disponible en <http://papers.ssrn.com/sol3/papers.cfm? abstract_id=1280923&rec=1&srcabs=1299017>.

pretende resolver temas de interés compartidos por todos sus miembros. Este Derecho se describe como «global», y no como «internacional», para evitar la presunción de que el Derecho Administrativo Global forma parte del Derecho reconocido como *lex lata* o *lex ferenda*, y para incluir una mayor diversidad de fuentes del Derecho que las comúnmente comprendidas dentro del concepto tradicional de «Derecho Internacional».

Este capítulo explora tres implicaciones jurídicas que derivan de concebir el arbitraje de inversión como una categoría comprendida dentro del Derecho Administrativo Global y sus postulados sobre lo público, como inherente al Derecho (números II – IV).

El número II expone la forma en que los tribunales de inversión configuran, y aplican de modo creciente, un conjunto de estándares generales, cuando los Estados ejercen sus potestades administrativas de manera que afectan a los inversores extranjeros. Los tribunales arbitrales contribuyen de este modo a definir los criterios de una buena administración pública por parte de los Estados, lo cual supone un importante avance. Este capítulo responde a dos preocupaciones específicas en la materia. Primero, ¿de dónde extraen los tribunales estos estándares más detallados? En la medida en que interpretan estándares de los tratados concebidos en términos muy amplios (tales como el estándar de trato justo y equitativo), los principios generales para la interpretación de los mismos y el análisis jurídico pueden requerir (y deben ser apoyados por) el recurso al Derecho Administrativo comparado y el estudio sistemático de cómo pueden y deben los Estados llevar a cabo una buena administración. Sin embargo, no pocos laudos llenan ese vacío haciendo referencia a otros laudos (los cuales, a su vez, pueden hallarse débilmente fundamentados) y a laxas opiniones y experiencias subjetivas de los propios árbitros. Ello nos lleva a una segunda preocupación, y es que los estándares están siendo creados –o inventados– en el muy limitado contexto, y a la sola luz, de las reclamaciones del inversor, sin la adecuada consideración de lo que se infiere de otros organismos y materiales acerca de lo que haya de entenderse por buena administración en el seno de los Estados, concepto éste de buena administración que podría ser diferente según los escenarios y sectores. Y tampoco toman en consideración los criterios de buena administración que la Organización Mundial del Comercio (OMC)* ha impuesto a los Estados en materia de acción gubernamental relacionada con el comercio; o por tribunales internacionales de derechos humanos, o por las instituciones financieras y de cooperación internacionales en lo relacionado con las condiciones de los préstamos o sus consejos técnicos para los países en vía de desarrollo.

El número III de este capítulo se ocupa de los retos que surgen a medida que los procedimientos y laudos de los tribunales de inversión se enfrentan a las críticas relativas a su falta de sensibilidad frente a temas ambientales, laborales, estándares sociales y gestión gubernamental de crisis económicas u otros temas de especial relevancia para toda la sociedad. La suspensión sobre el aumento de aranceles y la convertibilidad del peso adoptada como medida de emergencia por el Gobierno argentino, la cancelación por parte del Gobierno boliviano del contrato de agua suscrito con la multinacional Bechtel tras las protestas populares, la negativa de Ontario a proseguir con un plan para depositar los residuos procedentes de Toronto en un lago, o la prohibición del Gobier-

---

*En particular, sobre el tema, *vid.* el capítulo décimo. (N. del E.).

no costarricense al desarrollo de una explotación ganadera en un terreno de propiedad extranjera debido a su declaración como reserva natural, son sólo algunos ejemplos de los numerosos conflictos que surgen entre la protección a la inversión extranjera y los intereses públicos en presencia. Los planes de rescate, los subsidios y otras medidas de emergencia adoptadas en respuesta a la crisis financiera global acaecida en el 2008-2009 suscitan cuestiones similares. En estas situaciones los tribunales de inversión son llamados a ponderar la medida adoptada por el Estado como consecuencia de su poder regulatorio, y el daño causado al inversor extranjero a consecuencia de la adopción de la medida. Sin embargo, los métodos empleados por los tribunales de inversión para evaluar estas situaciones difieren con frecuencia, y son menos elaborados, que los métodos que utilizan otros muchos tribunales nacionales e internacionales. Mientras que muchos tribunales internacionales de derechos humanos, y numerosos tribunales nacionales, emplean tests de proporcionalidad con el fin de sopesar intereses y políticas públicas que entran en conflicto con algunos derechos, muy pocos tribunales de inversión siguen este enfoque. Por el contrario, la complejidad y la naturaleza polivalente de los asuntos en cuestión se analizan y ponderan con mucha menos atención por parte de estos tribunales en una serie de casos donde sería deseable utilizar una metodología mucho más consistente y rigurosa, y entre los que se incluyen algunos casos relativos a medidas legislativas de aplicación general, que afectan tanto a los inversores extranjeros como a los actores locales, y otros donde se otorgan funciones discrecionales a las agencias administrativas de acuerdo con la ley nacional, que, sin embargo, cuando se ejercen imponen limitaciones regulatorias que terminan perjudicando a los inversores extranjeros. La parte III examina el análisis que adoptan diferentes organismos de resolución de disputas frente a tales conflictos sobre derechos y principios. Se examina el hecho de que unos cuantos tribunales de inversión han recurrido a los tests de proporcionalidad en el momento de enfrentarse a un conflicto entre la protección de la inversión y un interés ajeno a ella, y se argumenta que la aplicación de tal principio puede ser no sólo algo permitido, sino también necesario en la interpretación de los tratados de Derecho Internacional, en ciertos casos. Se sugiere que los tribunales de inversión no tienen mucha elección en determinados supuestos, y que, en consecuencia, han de actuar en su enjuiciamiento como lo hacen los tribunales estatales y otros tribunales internacionales cuando se enfrentan a conflictos equivalentes entre intereses importantes que deben adecuadamente ponderarse. A pesar de que el uso del test de proporcionalidad puede implicar ciertos problemas de relevancia –señaladamente, el riesgo de conferir a dichos tribunales de más poderes en el ámbito de la gobernanza y, con ello, exigirles más de lo que podrían hacer–, la aplicación de este tipo de herramientas, al menos en el largo plazo, sería congruente con el surgimiento de unos principios de Derecho Público para la regulación de la gobernanza global.

La parte IV responde a la observación de que el arbitraje de inversión entre el Estado y el inversor extranjero, como forma de gobernanza global, se ha convertido en objeto de aceradas críticas en lo que hace a su legitimidad y a las exigencias de adecuación a los estándares normativos o prescriptivos que derivan del emergente Derecho Administrativo Global. De la misma forma que ocurre con otras instituciones que ejercen poder en la gobernanza global, el arbitraje de inversión se enfrenta a las exigencias de una mayor responsabilidad o rendición de cuentas, en asuntos tales como el diseño de estas instituciones, la selección y recusación de los árbitros, la transparencia de los materiales accesibles al público, la recepción de escritos e información de grupos que se puedan ver afectados por la resolución arbitral, la celebración de audiencias públicas, la motivación de las decisiones, o la susceptibilidad de una efectiva revisión de las resoluciones que dicten, entre otras. La primera sección de la parte IV argumenta que las consideraciones normativas y los principios jurídicos aplicables a diversas estructuras gubernamentales transnacionales se solapan e interactúan, aun cuando cada institución sea diferente. Todo ello supone el ejercicio de poder público más allá del Estado, y, en consecuencia, que en su mayor parte sean potenciales productores del, y actores sometidos al, Derecho Administrativo Global. Muchos de ellos se hallan también conectados a través de las diversas unidades de un ordenamiento público internacional.[18] Por ello, constituye un error debatir estos asuntos aisladamente como si fueran independientes de las normas y prácticas de otras áreas de la gobernanza global. La adhesión a estas normas más amplias, particularmente a la costumbre internacional y a las normas relativas a la interpretación de los tratados, junto con las emergentes normas del Derecho Administrativo Global, y las demás normas relacionadas con las autoridades públicas internacionales, resulta sumamente importante para abordar las objeciones respecto a la legitimidad del arbitraje de inversión. La segunda sección de el número IV aborda un solo elemento de esta amplia panorámica, argumentando, de forma más específica, que los tribunales de inversión pueden ayudar a satisfacer dichas exigencias de legitimidad aun sin llegar a realizar un cambio radical del sistema actual, mediante una mejor fundamentación y razonamiento de sus fallos y una mayor implicación y coherencia con resoluciones previas.

La conclusión (núm. V) conecta la reflexión anterior con la cuestión central sobre cuáles pueden ser las razones jurídicas para la existencia de un sistema de arbitraje de inversión, que vayan más allá de los argumentos comunes, aunque insuficientes (además de discutibles), que señalan que el arbitraje de inversión promueve una inversión óptima y un uso adecuado de los recursos. Dentro de esas justificaciones más profundas, puede hallarse la promoción de la participación y del control democrático y de una mejor y más ordenada Administración pública, y la protección de derechos y de otros intereses relevantes. Ciertamente, el sistema actual del arbitraje de inversión resulta limitado para justificarse con plenitud en términos normativos o prescriptivos, en lo que hace a las dimensiones relativas a la gobernanza y a la ponderación de lo público. La reivindicación de estos valores constituye un bien público, aunque, por razones estructurales, es posible que no se llegue a alcanzar en la medida que realmente se requiere. Una reforma integral puede ser necesaria. Pero las reformas graduales pueden ser importantes y algunas de ellas ya se están llevando a cabo. El Derecho Administrativo Global emergente provee una importante orientación normativa y práctica a tales efectos.

II. EL ARBITRAJE DE INVERSIÓN COMO REGULACIÓN DE LA ACCIÓN ESTATAL: LA JURISPRUDENCIA SOBRE EL ESTÁNDAR DE «TRATO JUSTO Y EQUITATIVO»

La obligación de los Estados de proveer un «trato justo y equitativo» a los inversores extranjeros constituye una disposición bastante común en los

---

[18] Cfr. Armin von BOGDANDY, Philipp DANN, Matthias GOLDMANN, «Developing the Publicness of Public International Law: Towards a Legal Framework for Global Governance Activities», 9 German L. J. (2008), p. 1375; y Benedict KINGSBURY, «The International Legal Order», en P. CANE y M. TUSHNET (eds.), *The Oxford Handbook of Legal Studies* (2003), p. 271.

TBI y en los demás tratados multilaterales contemporáneos sobre inversión, al igual que en algunos tratados comerciales y de navegación.[19] Por ello, se ha convertido en la base textual para la formación de un creciente cuerpo de pronunciamientos interpretativos y de resoluciones de los tribunales arbitrales. En diversos extremos, esta jurisprudencia se basa en parámetros y análisis que ha establecido el Derecho Internacional consuetudinario y en construcciones que se remontan a varias décadas. Por ello, los debates que se han planteado respecto a la supuesta separación entre este estándar recogido en algunos tratados y la costumbre internacional, particularmente en el ámbito del artículo 1105(1) del NAFTA*, no debieran hacer perder de vista las fuertes conexiones que guardan los estándares de estos tratados y los mecanismos y estándares propios de la costumbre internacional.[20]

Sin embargo, las estructuras tradicionales de la responsabilidad internacional del Estado y de la protección diplomática, y los estándares establecidos a lo largo del tiempo en el Derecho Internacional consuetudinario sobre materias como la denegación de justicia y el proceso debido, probablemente no resulten actualmente suficientemente efectivos, o no estén lo bastante desarrollados, como para hacer frente a muchas de las cuestiones específicas que se plantean respecto de los problemas relacionados con la inversión extranjera en la moderna práctica regulatoria de los Estados. Por el contrario, la costumbre internacional, la práctica estatal y la creciente jurisprudencia interpretativa de los tribunales de inversión, han elaborado, en su conjunto, un importante com-

---

[19] Sobre la historia del estándar del trato justo y equitativo, *vid.* Stephen VASCIANNIE, «The Fair and Equitable Treatment Standard in International Investment Law and Practice», 70 Brit. Yb. Int'l Law (1999), p. 99.

* «Artículo 1101: Ámbito de aplicación
 1. Este capítulo se aplica a las medidas que adopte o mantenga una Parte relativas a:
  (a) los inversionistas de otra Parte;
  (b) las inversiones de inversionistas de otra Parte realizadas en territorio de la Parte; y
  (c) en lo relativo al Artículo 1106 Y 1114, todas las inversiones en el territorio de la Parte.
 2. Una Parte tiene el derecho de desempeñar exclusivamente las actividades económicas señaladas en el Anexo III, y de negarse a autorizar el establecimiento de inversiones en tales actividades.
 3. Este capítulo no se aplica a las medidas que adopte o mantenga una Parte en la medida en que estén comprendidas en el Capítulo XIV, «Servicios financieros».
 4. Ninguna disposición de este capítulo se interpretará en el sentido de impedir a una Parte prestar servicios o llevar a cabo funciones tales como la ejecución y aplicación de las leyes, servicios de readaptación social, pensión o seguro de desempleo o servicios de seguridad social, bienestar social, educación pública, capacitación pública, salud y protección a la infancia cuando se desempeñen de manera que no sea incompatible con este capítulo.»

[20] Sobre el debate relativo a la relación entre el trato justo y equitativo y el estándar mínimo internacional establecido por la costumbre internacional *vid.* Rudolf DOLZER y Christoph SCHREUER, *Principles of International Investment Law* (2008), pp. 124-128; Andrew NEWCOMBE y Lluís PARADELL. *Law and Practice of Investment Treaties: Standards of Treatment* (2009), pp. 263-275; Campbell MCLACHLAN, «Investment Treaties and General International Law», 57 Int'l & Comp. L. Q. (2008), p. 361.

pendio de criterios que rigen la conducta del Estado, que comprende la actividad e inactividad de la Administración nacional que de algún modo afecte a los inversores extranjeros. Estos estándares se hallan inevitablemente vinculados, en general, con la buena gobernanza administrativa, especialmente en aquellas economías abiertas en las cuales la mayor parte de las prácticas y medidas administrativas, como regla general, se aplican a todos por igual, y no de forma diferenciada a los inversores extranjeros. La jurisprudencia sobre el trato justo y equitativo es, pues, cuando menos en parte, una jurisprudencia de la Administración pública moderna.

No obstante, algunos de los criterios más extendidos entre los tribunales arbitrales acerca de lo que haya de entenderse por «trato justo y equitativo», sugieren –erróneamente– que éste consiste en un estándar global que se aplica de manera uniforme a la Administración estatal, conforme a criterios análogos a los que se mantienen en el Derecho Administrativo (o, en algunos puntos, en el Derecho Constitucional) de los países desarrollados, al margen y con independencia de las singularidades que puedan resultar de una emergente economía global, de los intereses nacionales y de otras circunstancias que puedan concurrir. Hay, por supuesto, algunos estándares globales de larga tradición en el Derecho Internacional consuetudinario que buscan la consecución de los mismos objetivos y finalidades que los tratados de inversión, y particularmente, la promoción de los flujos de inversión y la creación de un marco jurídico para el funcionamiento de la economía global. Se han dado casos significativos en los que se han producido interferencias estatales flagrantes respecto de activos u operaciones del inversor extranjero por razones de corrupción u oportunismo, que violan sin duda dicho estándar global. Muchos de esos casos se constituyen como clásicas denegaciones de justicia o violaciones del debido proceso, y pueden resolverse sin hacer uso de construcciones interpretativas muy elaboradas o de análisis basados en la gobernanza.

No obstante, principios abstractos del Derecho Internacional de las inversiones, como el «trato justo y equitativo», pueden entenderse, a la luz de los principios de la interpretación ordinaria de los tratados, como algo que va más allá de un contenido mínimo tradicional y uniforme (aunque modesto), de modo que incluyan exigencias mayores. Ahora bien, al mismo tiempo, esos estándares más exigentes necesitarían atender el contexto y la situación específica del Estado receptor en cuestión, así como las circunstancias del inversor y las actuaciones realizadas respecto a la inversión. En este orden de ideas, los tribunales de los tratados de inversión no solo participan en, sino que forma parte de, los retos a los que de ordinario se enfrenta el Derecho Administrativo Global, como el que deriva de la necesidad de construir técnicas efectivas de comparación y de análisis de principios, capaces de establecer no sólo un conjunto sólido de fuentes del Derecho que den contenido a principios muy generales, sino también una metodología adecuada para su correcta aplicación en cada contexto, en línea con lo que prescribe la emergente sociedad global. De este modo cabe abordar las situaciones en las que el estándar, entendido en términos muy exigentes, de trato justo y equitativo no sea susceptible de aprehender los problemas de capacidad y de recursos que la Administración de un país en vías de desarrollo pueda padecer en un caso concreto, y que no debieran haber sorprendido a un inversor diligente. Un punto de partida en esas situaciones podría descansar en una simple distinción entre los casos en que un Estado interfiere activamente en la inversión extranjera, de aquellos otros en los que se producen fallos a la hora de actuar, o una inadecuada respuesta del aparato administrativo del Estado receptor ante un concreto requerimiento del inversor. Además, la interpretación y aplicación del principio abstracto de «trato justo y equitativo» implica una especial hermenéutica fundada en la interpretación del Derecho Internacional de los tratados plasmada en la Convención de Viena sobre Derecho de los Tratados, lo que comprende también referencias a otras normas aplicables de Derecho Internacional. Esta hermenéutica tiene que adecuarse a las instituciones, actores y asuntos implicados. Por otro lado, en la aplicación de esa hermenéutica, al menos cuando se trate de casos ominosos y en los supuestos en que se establezcan criterios más depurados en materia de buena gobernanza y de buena administración, cabría utilizar el análisis comparado para extraer principios generales de los ordenamientos jurídicos estatales y de otros sistemas jurídicos internacionales que prescriben estándares para el ejercicio de los poderes del Ejecutivo o de otros poderes públicos tanto respecto del procedimiento administrativo, como del legislativo y de los procesos judiciales.

El apartado III de este capítulo examinará el uso del test de proporcionalidad y de los criterios relacionados con su aplicación. En ese apartado, en contraste con lo que se hace en otros, se pretende esbozar un conjunto de elementos del «trato justo y equitativo», que tenga apoyo tanto en los principios generales del Derecho nacional, como en las incipientes prácticas de las organizaciones administrativas globales en ámbitos no relacionados con la inversión, así, como, sobre todo, en la práctica del arbitraje de inversiones. El objetivo reside en esbozar algunos de los elementos más específicos del principio de trato justo y equitativo que sean de especial aplicación a la Administración estatal, aunque con implicaciones también en una mayor concreción de los principios del Derecho Administrativo Global.

En el análisis que realizan los tribunales de inversión sobre el concepto de «trato justo y equitativo», cabe distinguir cinco grupos de principios comunes de carácter normativo o prescriptivo.[21] Estos son los siguientes: (i) el requisito de estabilidad, predictibilidad y coherencia del marco jurídico; (ii) la protección

---

[21] Esta parte se basa en el trabajo de Stephan SCHILL, «Fair and Equitable Treatment under Investment Treaties as an Embodiment of the Rule of Law», IILJ Working Paper 2006/6 (Global Administrative Law Series), disponible en <www.iilj.org/publications/2006-6Schill.asp>.

de la confianza legítima; (iii) la garantía del debido proceso administrativo y procesal, y la prohibición de denegación de justicia; (iv) la transparencia; y (v) el requisito de razonabilidad y de la proporcionalidad. Estos principios también aparecen de forma preeminente como elementos parciales, subprincipios o expresiones de un concepto más amplio del principio de legalidad o del Estado de Derecho en los sistemas jurídicos nacionales. También pueden conectarse y ejercer una cierta influencia sobre conocidos principios que las organizaciones internacionales reconocen como obligatorios en el ejercicio del poder público, dentro y fuera del Estado. Esas vinculaciones o conexiones se ponen de manifiesto en algunos de los análisis que se realizan en el marco del Derecho Internacional consuetudinario, así como en algunas decisiones relevantes de tribunales internacionales y comisiones mixtas. No obstante, ha de notarse que hasta ahora las bases comparativas y normativas de estos principios no han sido completamente exploradas en el sistema de arbitraje moderno. Los siguientes apartados reflexionan sobre algunos de los últimos laudos relacionados con cada uno de los cinco grupos de principios, con el fin de indicar algunas de las vías a través de las que cabe llenar ese vacío.

1. ESTABILIDAD, PREDICTIBILIDAD, COHERENCIA

Los tribunales de los tratados internaciones de inversiones han reiterado la vinculación del trato justo y equitativo con la estabilidad, la predictibilidad y la coherencia del marco jurídico del Estado receptor. Por ejemplo, el laudo *CMS v. Argentina*, señaló que «no puede haber duda... de que un entorno jurídico y de negocios estable constituye un elemento esencial del trato justo y equitativo».[22] La predictibilidad del marco jurídico que gobierna la actividad de los inversores extranjeros ha recibido una atención similar. Por ejemplo, el laudo *Metalclad v. México* basó su decisión sobre la violación del artículo 1105(1) del NAFTA, precisamente, en el argumento según el cual México «falló en garantizar un marco legislativo predecible para los planes de inversión y negocios de Metalclad».[23] Igualmente, el laudo *Tecmed v. México* razonó que el inversor necesita «saber de antemano todas y cualesquiera reglas y regulaciones que vayan a regir sus inversiones, así como los objetivos de las políticas, prácticas y directrices administrativas relevantes, para poder planear sus inversiones y cumplir con tales regulaciones».[24] Algunos tribunales han añadido que la falta de claridad del marco legal, o la existencia

---

[22] *CMS Gas Transmission Company v. The Republic of Argentina* (ICSID Case No. ARB/01/8), Laudo de mayo 12 de 2005, Parr. 274. Igualmente en, *Occidental Exploration and Production Company (OEPC) v. The Republic of Ecuador* (CNUDMI, LCIA Case No. UN3467), Laudo Final de julio 1 2004, Parr. 183

[23] *Vid. Metalclad Corporation v. The United Mexican States* (ICSID Case No. ARB(AF)/97/1 (NAFTA)), Laudo de 30 dse agosto de 2000, párr. 99.

[24] *Tecnicas Medioambientales Tecmed S.A. v. The United Mexican States* (ICSID CASE No. ARB (AF)/00/2), Laudo de 29 de mayo de 2003, párr. 154.

de reglas excesivamente vagas, puede llegar a violar el trato justo y equitativo.[25] De la misma forma, la jurisprudencia ha enfatizado la importancia de una acción coherente del Gobierno. De esta forma, en el caso *Tecmed* se afirmó la necesidad de que sean coherentes las decisiones de una agencia nacional para poder satisfacer el requisito de un trato justo y equitativo.[26] Igualmente en *MTD v. Chile*, el tribunal declaró que el trato justo y equitativo había sido violado, debido a «la incoherencia de las actuaciones de las dos ramas del mismo Gobierno en relación con el mismo inversor».[27]

En su conjunto, los criterios manejados en estos fallos contienen algunos de los requisitos básicos que el Derecho ha de satisfacer, tal y como los esbozara Lon Fuller en su trabajo «moralidad interna del Derecho».[28]* Muchos sistemas jurídicos nacionales dan una importancia similar a la certeza o seguridad jurídica. Tal vez el ordenamiento que lo exprese con más firmeza sea el alemán, con su *Rechtssicherheit* (seguridad jurídica).[29] Este aspecto esencial del carácter normativo de la Ley permite a los individuos y a las entidades adaptar sus conductas a los requerimientos del ordenamiento jurídico, a fin de crear relaciones sociales y económicas estables. Tal es una aspiración de la mayor parte de los sistemas jurídicos y, más aún, en aquellos sistemas que se desarrollan en el esquema de las condiciones democráticas de un capitalismo avanzado. El Derecho Internacional y las instituciones jurídicas de la gobernanza global se orientan también desde luego hacia la promoción y consecución de esta aspiración.

Sin embargo, no puede entenderse que la estabilidad y la predictibilidad del ordenamiento jurídico impidan toda reforma o posibilidad de cambio, ni tampoco significan por sí mismas una garantía del negocio empresarial del proyecto de inversión.[30] Análogamente, los ordenamiento jurídicos nacionales rara vez están completamente exentos de inconsistencias o incoherencias.[31] A ello ha de añadirse que el grado de estabilidad de

---

[25] *Vid.* por ejemplo *OEPC v. Ecuador, supra* nota 22, para. 184 (criticando la vaguedad en un cambio de la ley tributaria que no «proveía claridad alguna sobre su contenido y alcance»).

[26] *Tecmed v. Mexico, supra* nota 24, párr. 154, 162 y ss. *Vid.* también, *OEPC v. Ecuador, supra* nota 22, párr. 184. Igualmente, *Ronald S. Lauder v. Czech Republic*, Laudo Final, 3 de septiembre de 2001, párr. 292 y ss.

[27] *MTD Equity Sdn. Bhd. and MTD Chile S.A. v. Republic of Chile* (ICSID Case No. Arb/01/7), Laudo de 25 de mayo de 2004, párr. 163.

[28] Lon FULLER, *The Morality of Law* (1969). *Vid.* KINGSBURY, *supra* nota 16, p. 23.

* Sobre este tema, *vid.* el capítulo tercero. (N. del E.).

[29] Este aspecto del principio de legalidad está reconocido, en la mayoría de casos, como un estándar constitucional que forma parte de la mayoría de sistemas legales nacionales. Para su implementación en la Constitución alemana *vid.* Helmuth SCHULZE-FIELITZ en: Horst DREIER (ed.), *Grundgesetz – Kommentar*, Vol. II (1998) Art. 20, párr. 117 y ss.; *vid.* Richard H. FALLON, «*'The Rule of Law' as a Concept in Constitutional Discourse*», 97 Columb. L. Rev. (1997, no. 1), p. 14 y ss. con referencias a la práctica constitucional estadounidense; en general, *vid.* también Joseph RAZ, «*The Rule of Law and its Virtue*», 93 L. Quart. Rev. (1977), p. 195, en p. 198.

[30] *Vid. Emilio Agustín Maffezini v. The Kingdom of Spain* (ICSID Case No. ARB/97/7), Laudo de 13 de noviembre de 2000, párr. 64 («enfatizando que los Tratados Bilaterales de Inversión no son unas polizas de seguros frente a decisiones equivocadas en materia de negocios»); *Marvin Roy Feldman Karpa v. The United Mexican States* (ICSID Case No. ARB(AF)/99/1), Laudo de 16 de diciembre de 2002, Párr. 112 (señalando «que no todo problema sufrido por un inversor extranjero es una expropiación indirecta o encubierta bajo el artículo 1110, o una negación al debido proceso o una denegación de un trato justo y equitativo bajo el artículo 1110(1)(c)»).

[31] Cfr. FRANCK, *supra* nota 10, p. 675 en p. 678.

cada sistema legal dependerá y variará de acuerdo con las circunstancias a las que se enfrente el Estado. De este modo, una crisis grave o una situación de emergencia pueden requerir reacciones urgentes que difieren del ejercicio del poder público en situaciones de normalidad.[32] En este sentido, pues, la estabilidad, la predictibilidad y la coherencia del ordenamiento jurídico han de implementarse y hacerse realidad a la vista de las circunstancias de cada caso.

2. LA PROTECCIÓN DE LA CONFIANZA Y DE LAS EXPECTATIVAS LEGÍTIMAS

En el caso *Saluka v. República Checa*, el tribunal se refirió al concepto de confianza legítima como el «elemento dominante de ese estándar [de trato justo y equitativo]».[33] El concepto de confianza legítima se encuentra, en diferentes expresiones, en numerosos sistemas jurídicos nacionales[34] y quizás en el Derecho Internacional general[35]. Su principal característica radica en la protección de la confianza frente a algunas clases de acciones administrativas y legislativas. Por ello, en el caso *Tecmed v. México* se sostuvo que el trato justo y equitativo requiere «proveer a la inversión extranjera de un trato que no afecte a las expectativas básicas que fueron tenidas en cuenta por el inversor extranjero en el momento de llevar a cabo su inversión».[36] De modo análogo, en el caso *International Thunderbird Gaming Corporation v. México*, se señaló que «el concepto de

---

[32] *Vid.* por ejemplo, *Elettronica Sicula SpA (ELSI) Case (United States of America v. Italy)*, Sentencia de 20 de julio de 1989, I.C.J. Reports 1989, p. 15, párr. 74: «Claramente el derecho [a controlar y administrar una compañía] no puede ser interpretado como una suerte de garantía bajo la cual el ejercicio normal, el control y administración nunca va a verse afectado. Todos los sistemas legales deben contemplar, por ejemplo, medidas que permitan interferir con el ejercicio normal de los derechos en circunstancias de emergencia pública y casos similares».

[33] *Saluka Investments BV v. The Czech Republic* (CNUDMI), Laudo Parcial de 17 de marzo de 2006, Parr. 302. *Vid.* también, Elizabeth SNODGRASS, «*Protecting Investors' Legitimate Expectations*», 21 ICSID Rev. – For. Inv. L. J. 1 (2006, no. 1), pp. 1-58.

[34] *Vid.* David DYZENHAUS, «*The Rule of (Administrative) Law in International Law*», 68 Law & Contemp. Probs. (2005), p. 127 en p. 133 y ss. en referencia a la jurisprudencia en Australia y el Reino Unido; SCHULZE-FIELITZ (*supra* nota 29), Art. 20, párr. 134 y ss. con relación al Derecho Constitucional Aleman; Søren SCHØNBERG, *Legitimate Expectations in Administrative Law* (2000) sobre el Derecho de la EC/EU; Bruce DYER, «*Legitimate Expectations in Procedural Fairness after Lam*», en Matthew GROVES (ed.), *Law and Government in Australia* (2005), p. 184 y ss. sobre el Derecho australiano; *vid.* también Jean-Marie WOEHRLING, «*Le Principe de Confiance Légitime dans la Jurisprudence des Tribunaux*», en John W. BRIDGE (ed.), Comparative Law Facing the 21st Century (1998), p. 815 y ss. resumiendo un estudio comparativo realizado en el XV Congreso Internacional de Derecho Comparado en el Reino Unido en 1998.

[35] *Vid.* Jörg P. MÜLLER, *Vertrauensschutz im Völkerrecht* (1971). Mas específicamente sobre el contexto de la expropiación a extranjeros, *vid.* Rudolf DOLZER, «*New Foundations of the Law of Expropriation of Alien Property*», 75 A.J.I.L. (1981), p. 553, en p. 579 y ss.

[36] *Tecmed v. Mexico*, *supra* nota 24, párr. 154. El enfoque del tribunal se tuvo en cuenta en muchos otros casos. *Vid. ADF v. United States*, Laudo de 9 de enero de 2003, párr. 189; *MTD v. Chile*, *supra* nota 27, párr. 114 y ss.; *OEPC v. Ecuador*, *supra* nota 22, párr. 185; *CMS v. Argentina*, *supra* nota 22, párr. 279; *Eureko B.V. v. Republic of Poland*, Laudo Parcial de 19 de agosto de 2005, párrs. 235, 241.

expectativas legítimas se refiere…a una situación en la cual la conducta de una de las partes contratantes genera una expectativa justificada y razonable en el inversor (o en la inversión) lo que hace que éste actúe de forma acorde con dicha conducta, de manera que el fallo de una parte contratante del NAFTA en lo que hace al respeto de dichas expectativas podría causar en el inversor (o en la inversión) algún tipo de daños».[37]

El alcance y la aplicabilidad de esta doctrina adolecen de ciertas limitaciones, lo que requiere un mayor perfeccionamiento. De ordinario, este tipo de expectativas solo pueden generarse a resultas de ciertas declaraciones explícitas o implícitas hechas por el Estado receptor (lo que puede inferirse a través de las actuaciones de una agencia, de la ratificación y de otros mecanismos que evidencien una conexión con la voluntad del Estado, aunque sujetas en todo caso a ciertas limitaciones).[38] Por otro lado, las expectativas del inversor respecto de la acción futura del Estado en circunstancias ordinarias, no pueden extrapolarse necesariamente a la «confianza legítima» (o expectativas legítimas) acerca de la acción del Estado en circunstancias extraordinarias, lo que significa que las expectativas debieran admitir en muchos casos la posibilidad de que el Estado pueda adoptar algunas medidas regulatorias en tales casos. Los Estados son reguladores con responsabilidades públicas. Esta consideración se pone de manifiesto en la afirmación que el Tribunal en *Eureko v. Polonia* hizo, según la cual el incumplimiento de las expectativas del inversor no constituye una violación del trato justo y equitativo, si existen buenas razones por las que las expectativas del inversor no puedan satisfacerse.[39] Igualmente, en *Saluka v. República Checa*, el Tribunal advirtió expresamente sobre el peligro de tomar la idea de la expectativa del inversor de manera en exceso literal, pues ello podría «imponer sobre el Estado receptor obligaciones que serían inapropiadas y no realistas» (*sic*).[40] De hecho, el Tribunal consideró que las expectativas legítimas del inversor podían desconocerse, siempre y cuando tal desconocimiento sea proporcionado, lo que supone que para determinar si se ha producido o no una violación del trato justo y equitativo se han de ponderar las legítimas y razonables expectativas del reclamante, de un lado, y los legítimos intereses públicos que subyacen a la regulación del Estado, de otro.[41] Ante este acervo el concepto de confianza legítima o de expectativa legítima requiere un cuidadoso análisis de Derecho comparado, y una refinada metodología para su aplicación. Si bien es cierto que la jurisprudencia ya ha avanzado por esa vía, no lo es menos, sin embargo, que queda mucho por hacer en esa dirección.

---

[37] *International Thunderbird Gaming Corporation v. The United Mexican States* (CNUDMI/NAFTA), Laudo de 26 de enero de 2006, párr. 147 (cita interna omitida).

[38] Sobre la conexión entre las expectativas legítimas y la conducta del gobierno, *vid. ADF v. United States*, *supra* nota 36, párr. 189, en el cual el tribunal no declaró violación alguna al artículo 1105(1) NAFTA, en un caso en el cual el demandante argumentaba que la jurisprudencia vigente sugería que una agencia estatal debía otorgar una exención frente a un requerimiento realizado por una autoridad local. El tribunal señaló que «cualquier expectativa que el inversor tuviere con base en la relevancia o aplicabilidad de la jurisprudencia que el mismo cita, no habría surgido por alguna interpretación equivocada que hubieren hecho las autoridades oficiales del gobierno estadounidense, sino que, por el contrario, y probablemente, habría surgido por una asesoría legal recibida por el inversor de parte de un asesor privado estadounidense».

[39] *Vid. Eureko v. Poland*, *supra* nota 36, párr. 232 y ss.

[40] *Saluka v. Czech Republic*, *supra* nota 34, párr. 304.

[41] *Saluka v. Czech Republic*, *supra* nota 34, párr. 306.

3. EL DEBIDO PROCESO ADMINISTRATIVO Y LA DENEGACIÓN DE JUSTICIA

De acuerdo con la costumbre internacional, y los criterios mantenidos en diversas resoluciones de los tribunales cuando aplican los tratados de inversión, el trato justo y equitativo comprende ciertos elementos del debido proceso: concretamente, del debido proceso administrativo y judicial.[42] En este sentido, el trato justo y equitativo está íntimamente ligado a la correcta administración de la justicia civil y penal.[43] Por ello, en el caso *Waste Management v. México*, el Tribunal definió la violación del trato justo y equitativo como aquella que «comprende la ausencia del debido proceso determinante de un resultado que ofende la honestidad de la actividad judicial –como en el caso de una manifiesta falta de *justicia natural** en los procesos judiciales o una completa ausencia de transparencia y sinceridad en un procedimiento administrativo».[44] De la misma forma, en *S.D. Myers v. Canadá* se consideró que el trato justo y equitativo comprendía, aparte de otros elementos, «los requisitos del debido proceso del Derecho Internacional».[45] En el caso *International Thunderbird Gaming v. México*, igualmente, el Tribunal sostuvo que los procedimientos cursados por una agencia gubernamental «deberían examinarse a la luz de los estándares del debido proceso y de la equidad procesal aplicable a los funcionarios administrativos».[46]

La estrecha conexión con el debido proceso también se refleja en la jurisprudencia que vincula el trato justo y equitativo con la prohibición de arbitrariedad y discriminación.[47] Por ejemplo, en la motivación del laudo dictado en el caso *Loewen v. Estados*

---

[42] Hasta el momento el legislador nacional no ha estado sujeto a concepto o noción alguna de debido proceso en el contexto del arbitraje de inversión. No obstante, esto podría empezar a concebirse en el contexto de las expropiaciones ordenadas desde el legislativo, pues la mayor parte de Tratados Bilaterales de Inversión exigen que el Estado receptor otorgue a los inversores afectados un debido proceso. *Vid.* Rudolf DOLZER y Margrete STEVENS, *Bilateral Investment Treaties* (1995), p. 106 y ss.

[43] Para un examen comprehensivo acerca de la denegación de justicia en el Derecho Internacional, *vid.* Jan PAULSSON, *Denial of Justice in International Law* (2005). La práctica, elaboración, y negociación de los tratados en los cuales es parte EE.UU ha venido incluyendo recientemente una referencia explícita al debido proceso y al concepto de denegación de justicia como parte integrante del trato justo y equitativo. *Vid.* por ejemplo el Art. 10.5(2)(a) del Tratado de Libre Comercio entre República Dominicana – Centro América y Estados Unidos, el cual estipula que «el trato justo y equitativo comprende la obligación de no denegar justicia en procedimientos penales, civiles o administrativos de acuerdo al principio del debido proceso contenido en los principales sistemas legales del mundo» Tratado de Libre Comercio entre la República Dominicana – Centro América – Estados Unidos firmado en agosto 5 de 2004. Disponible en <www.ustr.gov/Trade_ Agreements/Bilateral/CAFTA/Section_Index.html>.

* Concepto éste proveniente del *common law*, y equivalente a los derechos de defensa en la concepción francesa, o a la audiencia del interesado, en nuestra terminología. Por lo demás, el derecho al debido proceso contiene, entre otros elementos, la contradicción o no indefensión de las partes. La cursiva no es original. (N. del E.).

[44] *Waste Management v. Mexico* (ICSID Case No. ARB(AF)/00/3), Laudo de abril 30 de 2004, párr. 98.

[45] *S.D. Myers v. Canada* (CNUDMI/NAFTA), Laudo parcial de noviembre.

[46] *International Thunderbird Gaming v. Mexico*, *supra* nota 37, párr. 200.

[47] Sobre el particular *vid.*, *Elettronica Sicula S.p.A. (ELSI) (United States v. Italy)*, *supra* nota 32, p. 76, párr. 128 (expresando que «la arbitrariedad en realidad no es algo totalmente opuesto a una «regla

Unidos, se señaló que el trato justo y equitativo puede verse vulnerado por «una decisión que viola una ley nacional y que es discriminatoria frente al litigante extranjero».[48] De manera similar, en el caso *Waste Management v. México* el Tribunal apuntó que «infringe el deber de trato justo y equitativo una conducta atribuible al Estado que es perjudicial para el reclamante, si la misma resulta arbitraria, abiertamente injusta, inequitativa, desigual, discriminatoria y expone al reclamante a un prejuicio racial o de segregación.[49]

No obstante, lo que no se halla plenamente definido todavía es cómo se vinculan o conectan exactamente los requisitos del debido proceso en el estándar del Derecho Internacional con el Derecho nacional. La violación por parte del Estado de su propia ley puede representar un dato importante a tales efectos, como lo demuestran varios casos. Por ejemplo, en el caso *Metalclad v. México*, el Tribunal consideró que la aparente aplicación errónea de una Ley de construcción por parte de una municipalidad local constituía un elemento relevante para determinar la violación del trato justo y equitativo.[50] Igualmente, en *Pope & Talbot v. Canadá*, el Tribunal consideró la falta de competencia de la Administración para iniciar procedimientos administrativos contra el inversor, de acuerdo con la legislación nacional. En lugar de basarse en «falsas afirmaciones de autoridad y en amenazas de que la inversión podría verse cancelada, reducida o suspendida por negarse a aceptar su verificación», el Tribunal sostuvo que «antes de tomar medidas para forzar a su cumplimiento, el SLD [es decir, la autoridad canadiense actuante] debía haber resuelto cualquier duda sobre la materia y debía haber aconsejado a los inversores sobre el fundamento legal de su actuación».[51] De manera similar, en el caso *GAMI Investments, Inc. v. México*, el Tribunal dedujo que del principio del trato justo y equitativo se derivaba una obligación no solo de acatar la ley nacional, sino además, de hacerla efectiva.[52] En *Tecmed v. México*, el Tribunal señaló que los Estados receptores tienen que hacer uso de «los instrumentos legales que disciplinen o

---

de Derecho» ('rule of law',) sino al Estado de Derecho ('the rule of law'). Esta idea fue expresada por la Corte en *Asylum case*, en la cual se aludió a la 'acción arbitraria' que es 'sustituida por el Estado de Derecho». Un acto que ataca o por lo menos sorprende el decoro jurídico, es uno que ataca plenamente y desconoce de lleno el debido proceso» (citas internas omitidas)).

[48] *Loewen v. United States*, párr. 135.

[49] *Waste Management v. Mexico*, *supra* nota 44, párr. 98; igualmente en *Eureko v. Poland*, párr. 233 (donde el tribunal encontró que el Estado «actuó sin una razón adecuada, sino bajo razones arbitrarias relacionadas con el acontecer político Polaco y razones nacionalistas de carácter discriminatorio» por lo cual incumplió con el trato justo y equitativo). *S.D. Myers v. Canada*, *supra* nota 45, párr. 266, también realiza un paralelo entre el trato nacional y el trato justo y equitativo al señalar que: « A pesar de que el tribunal no expresa que la denegación de las disposiciones de trato nacional contenidas en el NAFTA necesariamente impliquen la violación las disposiciones que contienen los estándares mínimos, la mayoría del tribunal determina que según los hechos del caso en particular, la violación al Art. 1102, implica prácticamente una violación al Art. 1105».

[50] *Metalclad v. Mexico*, *supra* nota 23, párr. 93.

[51] *Pope & Talbot, Inc. v. The Government of Canada* (CNUDMI/NAFTA), Laudo sobre el fondo de la fase II, de abril 10 de 2001, párr. 174 y ss.

[52] *GAMI Investments, Inc. v. The Government of the United Mexican States* (CNUDMI/NAFTA), Laudo final de 15 de noviembre de 2004, párr. 91: «Es en este sentido que la omisión o falla del gobierno en implementar o hacer cumplir sus propias leyes, de forma tal que esta falla afecte adversamente a un inversor extranjero, puede conllevar, aunque no necesariamente, una violación del artículo 1105».

regulen las acciones del inversor o de la inversión, de conformidad con la función que habitualmente cumplen tales instrumentos».[53]

Y, a la inversa, la conformidad de una medida administrativa con la legislación nacional ha sido entendida en algunos casos como una señal indicativa de que no ha habido violación del estándar de trato justo y equitativo. En *Noble Ventures v. Romania*, por ejemplo, el Tribunal observó que ciertos procedimientos concursales «fueron iniciados y cursados de acuerdo a la ley y no en contra de ella»[54] y, consecuentemente, no declaró violación alguna del trato justo y equitativo. Igualmente, en *Lauder v. República Checa*, el Tribunal puso de relieve que, por lo general, no había violación del trato justo y equitativo en los casos en los que «un organismo regulador emprendía las acciones necesarias para hacer cumplir la ley».[55] Estos antecedentes se alinean por completo con la exigencia democrática según la cual el poder público deriva su autoridad de una base legal, y cuyo ejercicio ha de moverse dentro del perímetro de las reglas sustantivas y de procedimiento preestablecidas. Como tal, una vulneración del Derecho interno puede convertirse en una violación del estándar del trato justo y equitativo; ahora bien, el estándar del Derecho Internacional sobre el trato justo y equitativo no es un mero reflejo naturalmente de lo que el Derecho estatal tenga establecido.

4. TRANSPARENCIA

El Derecho Internacional consuetudinario sobre el trato a extranjeros y a la inversión extranjera ha tenido muy poco desarrollo en lo que se refiere a la transparencia de la información gubernamental y de los procedimientos decisorios. En el Derecho Internacional general el diseño y aplicación de estándares legales internacionales referidos a la transparencia del Gobierno nacional ha experimentado un singular avance. No obstante, sigue siendo una rama de la práctica legal internacional que aún presenta muchos retos, ya sea en la OMC, en la Convención Aarhus inspirada en el Derecho Internacional Ambiental, o en la jurisprudencia de los tribunales internacionales de derechos humanos. Muchos países, particularmente los países en transición y en vías de desarrollo, se esfuerzan por cumplir sus obligaciones vigentes en este punto, y algunos han adoptado enmiendas constitucionales (como en el caso de Chile) o han aprobado legislaciones orientadas a impulsar tanto los cambios de la cultura administrativa, como la prácticas adecuadas para poner a disposición de los ciudadanos la información necesaria. Por otro lado, resulta muy complejo establecer los límites apropiados a la transparencia, con otros valores enfrentados, como los relativos a la protección de la intimidad, de la confidencialidad comercial o de la seguridad nacional.

En consecuencia, para los tribunales de inversión insistir en esos programas de transparencia tan complejos a través de un estándar tan genérico como el del trato justo y equitativo resulta una tarea bien difícil, aun cuando algunos tribunales hayan ido en esa dirección. Por ejemplo en *Metalclad v. México* el Tribunal concluyó que México había incumplido el artículo 1105 del NAFTA porque «falló en garantizar un marco de trabajo *transparente* y predecible para la planificación de negocios e inversiones de

---

[53] *Tecmed v. Mexico, supra* nota 24, párr. 154.

[54] *Noble Ventures v. Romania*, Laudo de octubre 12 de 2005, párr. 178.

[55] *Lauder v. Czech Republic, supra* nota 26, párr. 297.

Metalclad».[56] La referencia en esta decisión a la necesidad de transparencia fue anulada por la Corte Suprema de la Columbia Británica, la cual ejerció jurisdicción de conformidad con la *British Columbia International Arbitration Act*.*[57] A pesar de que la decisión de la Corte Suprema de Columbia puede ser discutible en algunos extremos, lo cierto es que ella acredita la existencia de dudas sobre las afirmaciones contenidas en el laudo arbitral, según las cuales «todos los requisitos legales relevantes para iniciar, completar y operar de manera exitosa las inversiones… deberían ser fácilmente accesibles a todos los inversores afectados» y que el Estado receptor está llamado a «garantizar que la posición correcta sea prontamente determinada y claramente establecida de manera que los inversores puedan proceder con la agilidad apropiada en la confianza de que están actuando de acuerdo a lo dispuesto por las leyes que regulen la materia».[58] Afirmaciones de tal amplitud podrían implicar una redefinición de la posición y función de la Administración pública, obligándole a reorientar sus prioridades y funciones para actuar como una especie de unidad de consulta, e incluso, como aseguradora *de facto* de la implementación de los proyectos de inversión extranjera.[59]

También puede ser discutible el criterio mantenido en el laudo *Tecmed v. México*, en el que se puso en conexión el elemento de las expectativas legítimas con el requerimiento de la transparencia. En ese laudo se señaló lo siguiente: «el inversor extranjero espera que el Estado receptor actúe de manera coherente, sin ambigüedades y de forma totalmente transparente en sus relaciones con él, de manera que pueda conocer de antemano todas las reglas que regirán sus inversiones, así como los objetivos de las políticas más relevantes, de las prácticas o de las directrices administrativas, con el fin de poder planificar sus inversiones y cumplir con tales normas».[60]

Sin embargo, parece posible una lectura más restrictiva de la transparencia dentro del estándar de «trato justo y equitativo». De hecho, en el caso *Tecmed*, el principio de transparencia se proyectó fundamentalmente sobre ciertos aspectos procedimentales de Derecho Administrativo, tales como el deber de motivar las decisiones[61] y la obligación de actuar de una forma comprensible y predecible.[62] Este planteamiento fortalece

---

[56] *Metalclad v. Mexico, supra* nota 23, párr. 99.

* Ley de Arbitraje Internacional de la Columbia Británica. (N. del E.).

[57] *Vid.* Corte Suprema de British Columbia, *The United Mexican States v. Metalclad Corporation*, 2001 BCSC 644.

[58] *Metalclad v. Mexico, supra* nota 23, párr. 76.

[59] Stephan SCHILL, «Revisiting a Landmark: Indirect Expropriation and Fair and Equitable Treatment in the ICSID Case Tecmed», 3 TDM (abril 2006), p. 15.

[60] *Tecmed v. Mexico, supra* nota 24, párr. 154; igualmente *Maffezini v. Spain*, párr. 83.

[61] *Vid. Tecmed v. Mexico, supra* nota 24, párr. 123 (expresando que «las decisiones administrativas deben estar debidamente fundadas para poder tener, entre otras cosas, la transparencia requerida para que las personas que no estén plenamente de acuerdo con ellas puedan atacarlas a través de los recursos legales disponibles»). Igualmente, *Tecmed v. Mexico*, párr. 164.

[62] *Vid. Tecmed v. Mexico, supra* nota 24, párr. 160 (señalando que «los pronunciamientos incidentales contenidos en la correspondencia cruzada entre INE y Cytar o Tecmed, en relación a la reubicación del relleno sanitario… no pueden llegar a considerarse como una expresión clara y unívoca de la voluntad de las autoridades mexicanas de cambiar su posición en relación al alcance del permiso, pues el negocio de Cytar no fue reubicado. Tampoco pueden llegar a considerarse como un claro, transparente y explícito aviso dirigido a Cytar por parte de las autoridades mexicanas, las cuales se rehusaron a condicionar la revocatoria del permiso a la reubicación de las operaciones que Cytar llevaba a cabo en la instalación de depuración de aguas»).

una razonable posición procedimental del inversor extranjero en el seno de los procedimientos administrativos. La transparencia, pues, puede resultar relevante aun cuando no se trate de un requisito material adicional y bien definido. Además, el principio de transparencia satisface otras funciones específicas igualmente relevantes, como por ejemplo la de contribuir a resolver –a través del correspondiente procedimiento– las dudas existentes en la legislación nacional en temas tales como la carga de la prueba. En este sentido, el método comparado y un elaborado análisis del uso que se hace de los estándares normativos en otras áreas del Derecho Internacional puede representar una importancia aportación.

5. RAZONABILIDAD Y PROPORCIONALIDAD

Los tribunales en el arbitraje de inversión asocian el trato justo y equitativo con los conceptos de razonabilidad y proporcionalidad. Tal y como se hace con el principio de proporcionalidad, aunque con una metodología menos precisa, la razonabilidad puede utilizarse para controlar los grados de interferencia que puede tener el Estado receptor frente a la inversión extranjera. En *Pope & Talbot v. Canadá*, el Tribunal reiteradamente aludió a la razonabilidad de la acción administrativa, a fin de considerar que no se había violado el estándar del «trato justo y equitativo».[63] El elemento de la razonabilidad también puede incorporarse en el seno del test de proporcionalidad, como se hizo en el caso *Tecmed v. México*, en el cual se señaló que «debe existir una relación razonable de proporcionalidad entre la carga impuesta al inversor extranjero y el fin que se persigue alcanzar a través de la medida expropiatoria».[64]

6. REPERCUSIONES DEL REQUISITO DEL «TRATO JUSTO Y EQUITATIVO» SOBRE EL DERECHO NACIONAL Y LA ADMINISTRACIÓN NACIONAL

Las cinco dimensiones del trato justo y equitativo apuntadas se relacionan con el ejercicio del poder público tanto por parte de la Administración Pública como de los tribunales y los legisladores. Esas cinco dimensiones sirven como parámetro para evaluar la actividad de la Administración (lo cual representa una función típica del Derecho Administrativo), aun cuando esa evaluación no la lleven a cabo los tribunales nacionales, sino los tribunales de inversión establecidos en tratados internacionales. Si bien el trato justo y equitativo no constituye un estándar legal de aplicación directa en el Derecho Administrativo o Constitucional, las cinco dimensiones esbozadas tienen su reflejo o correlato en buena parte del Derecho nacional. No obstante, la concurren-

---

[63] *Vid. Pope & Talbot v. Canada, supra* nota 51, párr. 123, 125, 128, 155; *vid.* también *MTD v. Chile, supra* nota 27, párr. 109 haciendo referencia a la opinión experta de Schwebel.

[64] *Tecmed v. Mexico, supra* nota 24, párr. 122. Es posible que se establezca una línea jurisprudencial independiente con mayor énfasis en la razonabilidad. *Vid.* Olivier CORTEN, *L'utilisation du raisonnable par le juge international: discours juridique, raison et contradictions* (1997). No obstante, el enfoque de este capítulo será sobre la proporcionalidad, el cual será discutido a fondo en la parte III.

cia de múltiples procesos de difusión o influencia pueden determinar que este estándar internacional, junto con sus componentes específicos, pueda generar efectos a lo largo del tiempo sobre las leyes sectoriales y las prácticas administrativas dentro del Estado.

Así sucede, por ejemplo, cuando otras instituciones internacionales (como el Banco Mundial, o la Conferencia sobre Comercio y Desarrollo de Naciones Unidas, la «UNCTAD» en inglés) se remiten a los estándares contemplados en los Tratados Bilaterales de Inversión, o a la jurisprudencia de los tribunales arbitrales, para dar asesoramiento específico a los países acerca de las reformas legales o institucionales que hayan de emprender. Igualmente, las agencias gubernamentales de los Estados que han perdido casos de arbitraje de inversión pueden intentar influir en la estructura y en los procedimientos administrativos de carácter decisorio, a fin de adecuarse a ese estándar. Esta interacción, junto a la difusión del contenido de los Tratados Bilaterales de Inversión y de la jurisprudencia de los tribunales arbitrales, puede llegar a tener efectos futuros sobre el Derecho Administrativo nacional, así como sobre el trato dado por la Administración a los inversores extranjeros. Igualmente, ello puede incidir sobre los inversionistas nacionales, e incluso, sobre el ejercicio y la revisión de la discrecionalidad administrativa.

Con respecto al procedimiento administrativo, y en particular al que tiene por objeto el otorgamiento, renuncia, o renovación de licencias, el trato justo y equitativo exige que las Administraciones nacionales le otorguen al inversor extranjero la audiencia necesaria para conocer su caso y para que haga las alegaciones que estime convenientes; impulsar los procedimientos de una forma racional y comprensible; y motivar la decisión que se adopte. El derecho a la audiencia del interesado y a la participación en los procedimientos administrativos jugó un papel central en el caso *Metalclad v. México*, en el cual el Tribunal declaró una violación del trato justo y equitativo, por cuanto no se le permitió al inversor participar de una manera adecuada en el correspondiente procedimiento. Según la opinión del Tribunal, al inversor se le debió haber dado la oportunidad de participar en una reunión del consejo local en la cual se debatió si se le otorgaría o no un permiso de construcción de una instalación para el tratamiento de residuos.[65] De manera similar, en *Tecmed v. México* el Tribunal puso de relieve que la equidad y justicia en las audiencias son parte del trato justo y equitativo. Tal criterio se sostuvo en relación con el procedimiento administrativo iniciado para decidir sobre la terminación de una licencia por vencimiento del término, en relación con la explotación de una instalación de tratamiento de residuos. También expresó que el estándar del trato justo y equitativo obligaba a la Administración nacional a decidir sobre las peticiones formuladas por el inversor extranjero.[66]

La exigencia de trato justo y equitativo puede fomentar que la Administración pública nacional motive sus decisiones y que éstas se basen en hechos suficientemente probados. Esta consecuencia representa un efecto potencial de ese influjo en el contexto de los laudos adoptados en el marco del NAFTA, como, por ejemplo, *Metalclad v. México*. En ese laudo, el Tribunal determinó que México había incumplido el estándar

---

[65] De manera particular el Tribunal señaló que «el permiso se negó en una reunión llevada a cabo en el consejo municipal, reunión que nunca fue notificada a Metalclad y a la cual nunca fue invitada y a la cual nunca se le dio oportunidad de asistir»; *vid. Metalclad v. Mexico, supra* nota 23, párr. 91.

[66] *Vid. Tecmed v. Mexico, supra* nota 24, párr. 161 y ss. Más específicamente sobre los elementos de una audiencia justa, bajo el estándar del trato justo y equitativo, Todd G. WEILER, «*NAFTA Article 1105 and the Principles of International Economic Law*», 42 Columbia J. Transnat'l L. (2003), p. 35 at p. 79 y ss.

del trato justo y equitativo ante la decisión del consejo local de denegar la licencia de construcción, por cuanto esa decisión no había tenido como base los «aspectos de construcción o los problemas sobre la construcción a realizar»[67], sino que tuvo como sustento la oposición de la población local a esa construcción en cuestión. En opinión del Tribunal, la decisión no se basó en criterios legítimos establecidos en la Ley urbanística. El requisito de motivar las decisiones con base en la instrucción y en las pruebas existentes, abarca igualmente el deber de investigar los hechos y de verificar diligentemente la prueba, antes de adoptar la decisión final. Además, el requisito de motivar debidamente las decisiones administrativas tiene como objetivo facilitar la revisión judicial de tales decisiones.[68]

Las exigencias de trato justo y equitativo pueden también llegar a atemperar el ejercicio de las potestades discrecionales. Si, por ejemplo, la Administración nacional ha tolerado reiteradamente una concreta actuación ilegal, el estándar y requisito del trato justo y equitativo puede implicar que no se impongan restricciones o se emprendan acciones tan sólo contra el inversor extranjero que realiza la misma acción.[69] De la misma forma, las expectativas legítimas del inversor pueden imponer ciertos límites a la potestad discrecional de la Administración. Actuar en contra de las representaciones que han conferido las autoridades, por ejemplo, puede en ciertas circunstancias, constituir una vulneración del estándar de trato justo y equitativo.[70]

Algunas de esas exigencias también pueden tener implicaciones sobre la práctica judicial nacional. Por ejemplo, en *Mondev v. Estados Unidos*, el Tribunal sostuvo que «la concesión de inmunidad general a una autoridad pública que impida demandarla por una actuación que afecte a una inversión comprendida bajo la cobertura del NAFTA, podría entenderse como una violación al artículo 1105(1) del NAFTA».[71] En *Azinian v. México*, el Tribunal señaló que «podría invocarse la denegación de justicia, si los tribunales competentes rehusaran estudiar un caso, si lo sometieran a una dilación indebida, o si administraran justicia de una forma manifiestamente inadecuada».[72] Estos criterios pueden justificar que los inversores extranjeros accedan a los tribunales nacionales, con la posibilidad de esgrimir argumentos tanto de carácter global como nacional para debatir las obligaciones que tienen los Estados de garantizar el acceso a la justicia. Generalmente, los tribunales deben analizar los casos en un tiempo razonable; llevar a cabo una audiencia justa; escuchar todas las opiniones de los inversores en temas esenciales, y basar sus decisiones en argumentos y criterios jurídicos.[73] Estos estándares para los procesos judiciales, derivados del «trato justo y equitativo», pueden ser fácilmente comparables a aquellos establecidos en los instrumentos internacionales

---

[67] *Metalclad v. Mexico, supra* nota 23, párr. 93.

[68] *Vid. Tecmed v. Mexico, supra* nota 24, párr. 123.

[69] Cfr. Steffen HINDELANG, «'No Equals in Wrong?' The Issue of Equality in a State of Illegality – Some Thoughts to Encourage Discussion», 7 J. World Inv. & Trade (2006), p. 883.

[70] *Vid. International Thunderbird Gaming v. Mexico, supra* nota 37, párr. 137 y ss.; *Metalclad v. Mexico*, párr. 85 y ss.

[71] *Vid. Mondev v. United States* (ICSID Case No. ARB(AF)/99/2 (NAFTA)), Laudo octubre 11 de octubre de 2002, párr. 151 (concluyendo, no obstante, que la inmunidad otorgada a la autoridad local en el caso específico no había sido una violación al trato justo y equitativo).

[72] *Robert Azinian, Kenneth Davitian, & Ellen Baca v. The United Mexican States* (ICSID Case No. ARB (AF)/97/2 (NAFTA)), Laudo de 1 de noviembre de 1999, párr. 102.

[73] *Vid.* Azinian, *íbid.*, párr. 102.

en materia de derechos humanos, como el artículo 6 del Convenio Europeo de Derechos Humanos.[74] En todo caso, el impacto de estos requisitos sobre los procedimientos administrativos en particular puede ser superior.

En conclusión, el trato justo y equitativo exige que los procedimientos administrativos nacionales, así como los procesos judiciales, se ajusten a los estándares derivables de procesos concebidos desde la perspectiva del principio de legalidad y de buena gobernanza.[75] Lo que representa un completo interrogante en el presente es determinar hasta qué punto y con qué intensidad la jurisprudencia de los tribunales de inversión, y las normas administrativas globales que se desarrollan junto con ella, tienen de hecho un carácter prospectivo sobre las prácticas administrativas nacionales. No obstante, es obvio que el estándar del trato justo y equitativo, ahora incluido en múltiples tratados, tal como ha venido siendo interpretado recientemente, puede llevar a condicionar la forma en la que el Estado considera y estudia –con el asesoramiento de sus consejeros o letrados– las reformas de su marco regulatorio una vez que ya se ha realizado una inversión.[76] Y, más ampliamente, ello puede llevar a los Estados a adaptar sus sistemas jurídicos nacionales a los estándares internacionales comúnmente aceptados, como integrantes del concepto de Estado de Derecho.

Aun cuando en lo que se refiere a la buena administración y al trato de los inversores extranjeros el Banco Mundial y otras organizaciones globales han ofrecido ayuda experta para las reformas necesarias, señaladamente para los países más pobres o en transición, lo cierto es que el impulso internacional institucionalmente organizado para las reformas *ex ante*, en esta área, es muy inferior al que se produce por parte de las organizaciones regionales en materia de derechos humanos, el acceso a la UE, o a la OMC. El riesgo de un arbitraje *ex post* no parece condicionar la realización de reformas con carácter previo o preventivo.[77] En todo caso, siempre existen excepciones. Académicos chinos han señalado que la posibilidad de que inversores extranjeros demanden a China ha sido tomado en cuenta para implementar reformas favorables.[78] Un tribunal de Namibia, estudiando una posible violación de un TBI entre Alemania y Namibia, declaró que la forma en la cual el Gobierno pretendía llevar a cabo la expropiación de fincas abandonadas, constituía una violación del TBI, teniendo en cuenta la omisión de consultas con los interesados (los propietarios alemanes de esas fincas) y otros aspectos procedimentales. Este es un tema urgido a una investigación sistemática, y es probable

---

[74] Convenio Europeo para la Protección de los Derechos Humanos y las Libertades Fundamentales y sus protocolos, noviembre 4 de 1950, 213 U.N.T.S. 222. Para esta analogía *vid. Mondev v. United States, supra* nota 71, párr. 144. Ver también Andrea BJORKLUND, «*Reconciling State Sovereignty and Investor Protection in Denial of Justice Claims*», 45 Va. J. Int'l L. (2005), p. 809.

[75] Para desarrollos paralelos sobre el Derecho administrativo transnacional en el contexto de los procedimientos administrativos de la UE y una análoga evolución de la OMC, *vid.* Giacinto DELLA CANANEA, «*Beyond the State: the Europeanization and Globalization of Procedural Administrative Law*», 9 Eur. Publ. L. (2003), p. 563.

[76] Cfr. Tom GINSBURG, «*International Substitutes for Domestic Institutions*», 25 Int'l Rev. L. & Econ. (2005), p. 107; Susan D. FRANCK, «*Foreign Direct Investment, Investment Treaty Arbitration and the Rule of Law*», 19 McGeorge Global Bus. & Dev. L. J. (2007), p. 337.

[77] Cfr. Tom GINSBURG, «*International Substitutes for Domestic Institutions*», 25 Int'l Rev. L. & Econ. (2005), p. 107; Susan D. FRANCK, «*Foreign Direct Investment, Investment Treaty Arbitration and the Rule of Law*», 19 McGeorge Global Bus. & Dev. L. J. (2007), p. 337.

[78] Xiuli HAN, «*The Application of the Principle of Proportionality in Tecmed v. Mexico*», 6 Chinese J. Int'l L. (2007), p. 635, provee indicaciones de ese tipo en relación a la expropiación indirecta

que esta investigación afecte a las prácticas y a las políticas dentro del Estado. En todo caso, la jurisprudencia de los tribunales de inversión puede tener efectos en la gobernanza futura, y esta realidad impone un alto grado de responsabilidad sobre aquellos que establecen esta jurisprudencia, de modo que la construyan sobre una comprensión profunda y depurada de las cuestiones planteadas, y sobre un análisis sólido de los problemas específicos en cuestión.

7. REFORMANDO LA METODOLOGÍA PARA LA APLICACIÓN DEL ESTÁNDAR DEL TRATO JUSTO Y EQUITATIVO

La vaguedad del estándar de trato justo y equitativo ha contribuido de manera significativa a generar los problemas que se han producido en la interpretación que han llevado a cabo los tribunales de inversión. La jurisprudencia sobre el tema varía frecuentemente, sin sostener una concepción más profunda que tenga en cuenta la función e influencia que ese principio ejerce sobre la acción administrativa de los Estados. La argumentación en los laudos arbitrales es, pues, con frecuencia débil y su análisis jurídico resulta, en algunos casos, poco convincente. A menudo los tribunales se limitan a citar precedentes igualmente débiles en términos argumentativos, o se refieren de manera poco convincente al objeto y finalidad del TBI, sin una justificación más profunda y elaborada que razone específicamente acerca de cómo fundamentar sus argumentos en el complejo Derecho Internacional relativo a la interpretación de los tratados. En definitiva, estos déficits ponen en peligro la viabilidad del principio del trato justo y equitativo como concepto desde el que el cual pueda valorarse, de manera predecible, la acción del Estado receptor.

Además, la jurisprudencia ha llegado a algunas conclusiones, y ha hecho algunas afirmaciones, que no resultan por lo general aceptables para los Estados afectados –y que apenas sirven para hacer una valoración prospectiva–. Además, algunos de estos laudos promueven, cuando no celebran, un amplio control *ex post facto* del tipo «lo sabré cuando lo vea» («*I will know it when I see it*») de la acción del Estado donde se produce la inversión[79]. La predecibilidad o predictibilidad resulta esencial, sin embargo, no sólo para el inversor, sino también para el Estado receptor, que necesita saber con antelación cuáles son las medidas que generan responsabilidad internacional del Estado, y, en consecuencia, cuál es la clase de riesgo administrativo y político que el principio del trato justo y equitativo protege, y, a la inversa, cuál es el riesgo que el inversor asume o debiera asegurar por su cuenta.

---

[79] Cfr. Yves FORTIER y Stephen L. DRYMER, «Indirect Expropriation in the Law of International Investment: I Know It When I See It, or Caveat Investor», 19 ICSID Rev. – For. Inv. L. J. (2004), p. 293, sobre el contexto del proceso de definición de expropiación indirecta.

Para poder precisar lo que el trato justo y equitativo requiere de las agencias administrativas del Estado hace falta realizar un análisis sobre la interpretación y la aplicación de las cláusulas sobre «trato justo y equitativo» mucho más ambicioso de lo que los tribunales arbitrales llevan a cabo de ordinario. En lugar de basarse en una serie de citas abstractas extraídas de otros fallos anteriores (un enfoque que es de poca ayuda, particularmente cuando la disputa plantea cuestiones nuevas), o de describir el contenido del trato justo y equitativo de una manera muy abstracta sin una fundamentación suficiente, los tribunales de inversión deberían usar, como parte de la hermenéutica propia del Derecho Internacional relacionado con la interpretación del Derecho de los tratados y de la hermenéutica del proceso de elaboración de normas, un método de análisis comparado que se centre en la buena administración en el Derecho interno y en el Derecho Internacional. De acuerdo con este planteamiento, los tribunales de inversión deberían implicarse, pues, en el análisis comparado de los sistemas jurídico nacionales más relevantes, así como en los análisis más importantes del Derecho Internacional, para poder sintetizar las características comunes de esos sistemas que puedan incidir en el ejercicio del poder público.

Este análisis comparado del Derecho nacional puede influir y condicionar la jurisprudencia de los tribunales de inversión en, al menos, dos sentidos. Primero, puede permitir a los tribunales de inversión deducir positivamente cuáles son los requisitos institucionales y procedimentales que cabe derivar de los estándares del Estado de Derecho en el respectivo ámbito nacional, para poner en su debido contexto interpretativo el principio de trato justo y equitativo. Un análisis comparado de la comprensión o entendimiento del Estado de Derecho en los diferentes ordenamientos jurídicos podría, por ejemplo, utilizarse para justificar y entender los estándares de los procedimientos administrativos establecidos que afectan a los inversores extranjeros y con los que éstos han de convivir.[80]

Segundo, un análisis comparado de las implicaciones del principio del Estado de Derecho en el ordenamiento nacional puede servir para justificar la acción del Estado en relación con los inversores extranjeros desde la perspectiva del estándar del trato justo y equitativo. Si una determinada actuación, como, por ejemplo, la orden del Estado de modificar las disposiciones de ejecución de los contratos privados de hipoteca en una situación de emergencia, resulta aceptable en términos generales dentro del propio ordenamiento en cuanto conforme a su comprensión (nacional) de la cláusula del Estado de Derecho, los tribunales de inversión podrán transponer esas conclusiones al nivel del tratado internacional de inversiones como expresión de un principio general del Derecho.

Sin embargo, el análisis comparado no debiera limitarse a los sistemas jurídicos nacionales. Una comparación de carácter transversal, que tenga en cuenta los siste-

---

[80] *Vid.* también della CANANEA, *supra* nota 75, p. 563 at p. 575 (explicando que el Panel de Apelaciones de la OMC en el caso *Shrimp-Turtle* ha «extraído de algunos sistemas jurídicos nacionales algunos principios generales o 'globales' de Derecho Administrativo» con el fin de imponer elementos procesales impregnados por el principio de legalidad en el ejercicio del poder público de los Estados parte de la OMC).

mas de Derecho Internacional, puede resultar muy fructífera. Ya se ha mencionado el ejemplo de la jurisprudencia relativa al artículo 6 del Convenio Europeo de Derechos Humanos. Otro ejemplo lo proporcionan los principios emergentes del Derecho Administrativo Europeo, que son objeto también de una considerable atención académica y política.[81] La jurisprudencia del Órgano de Apelación de la OMC constituye otra fuente importante en lo que se refiere a los requisitos que debe cumplir el ejercicio del poder público. Así, en su primera resolución sobre el caso *Shrimp-Turtle*, el Órgano de Apelación sostuvo que el camarón proveniente de la India, Tailandia y otros países había sido excluido de manera incorrecta del mercado de EE.UU. En opinión del citado órgano, los procedimientos administrativos que se habían llevado a cabo en EE.UU., al aplicar su legislación para la protección de tortugas, constituían una «discriminación injustificada y arbitraria entre los miembros», y en consecuencia, quedaron invalidadas esas medidas nacionales en defensa de las tortugas por carecer de cobertura dentro de las excepciones del artículo XX del GATT. El Órgano de Apelación concluyó que el procedimiento establecido por EE.UU. para certificar a las industrias pesqueras de camarón de algunos Estados particulares, en cuanto al cumplimiento de los estándares de protección para las tortugas, no proveía un trámite o audiencia formal para que el Estado solicitante pudiera ser oído, o pudiera responder a cualquier alegación o argumento vertido en su contra; las decisiones carecían de motivación escrita sea sobre la aceptación o rechazo; no se había producido notificación alguna; y no estaba prevista la reconsideración de la resolución ante un órgano superior en caso de denegación.

La técnica del análisis comparado supone el reconocimiento de diferencias y similitudes. Los Tratados Internacionales de Inversión, o TIB, presentan características de fondo o sustantivas propias y específicas. Lo mismo sucede con su arquitectura funcional y las características instituciones que presiden esta clase de tribunales. En ese sentido, ha de notarse que los mecanismos para la protección y la promoción de la inversión extranjera no constituyen un fin en sí mismo. Por el contrario, éstos se hallan íntimamente vinculados al, y entrelazados con, el crecimiento económico y el desarrollo de los países en vías de desarrollo. Así se recogió expresamente, como objetivo mismo de la Convención del Centro Internacional de Arreglo de Diferencias Relativas a Inversiones (ICSID, en inglés), que advirtió de «la necesidad de la cooperación internacional para el desarrollo económico y la función de la inversión internacional privada en su seno».[82] El vínculo entre la inversión extranjera directa y el desarrollo económico se ve a su vez retroalimentado a consecuencia del carácter que presenta el Banco Mundial como institución para la

---

[81] *Vid.* por ejemplo, Paul CRAIG, *EU Administrative Law* (2006); Carol HARLOW, *Accountability in the European Union* (2003); Francesca BIGNAMI y Sabino CASSESE (eds.), «The Administrative Law of the European Union», 68, Law & Contemp. Probs. (2004), p. 1; Sabino CASSESE (ed.), *Trattato di Diritto Amministrativo*, 2nd edn. (2003); Jürgen SCHWARZE, *Europäisches Verwaltungsrecht*, 2nd edn. (2005).

[82] *Vid.* el preámbulo de la Convención ICSID.

promoción del desarrollo.[83] La implementación de un mecanismo de solución de disputas al amparo de la Convención ICSID tenía por objeto precisamente reducir el riesgo político que es inherente a las inversiones en países en vías de desarrollo, dotados de unas instituciones estatales frágiles y una infraestructura jurídica y política más débil, y todo ello con el fin de promover el crecimiento y el desarrollo.[84] En consecuencia, determinar si estos objetivos han sido realmente alcanzados dentro del sistema tal y como funciona en la realidad, y determinar si la aparición de nuevos y más complejos objetivos o limitaciones pueden formar parte de la finalidad del tratado de inversión en cuestión y del sistema en su conjunto en sí, constituyen desde luego también temas de vital importancia que han de tenerse en cuenta. La construcción de una jurisprudencia que tenga en cuenta adecuadamente todo ese conjunto de temas relevantes constituye una empresa que ha de conectarse, cuando menos en el plano de lo ideal, con las justificaciones o fundamentos prescriptivos subyacentes a la actividad del arbitraje de inversión. Sobre tales justificaciones de carácter normativo o prescriptivo volveremos en el número V de este capítulo. Seguidamente, se tratarán de nuevo los temas relacionados con la actuación actual de los tribunales de inversión en su función de gobernanza cuando controlan la acción estatal, y, en particular, el análisis comparado de las técnicas de gobernanza establecidas para los supuestos en que los tribunales ejercen esas funciones de control y enjuiciamiento, como es el test de proporcionalidad.

---

[83] Aron BROCHES, The Convention on the Settlement of Investment Disputes between States and Nationals of Other States, 136 Recueil des Cours (1972-II), p. 331 at p. 342 y ss.; Burkhard SCHÖBENER y Lars MARKERT, «Das International Centre for Settlement of Investment Disputes (ICSID)», 105 ZVglRWiss (2006), p. 67.

[84] Sobre el debate de la relación entre instituciones y desarrollo, *vid.*: Edgardo BUSCAGLIA, William RATCLIFF y Robert COOTER, *The Law and Economics of Development* (1997); Jean-Philippe PLATTEAU, *Institutions, Social Norms, and Economic Development* (2000); Dani RODRIK, Arvind SUBRAMANIAN y Francesco TREBBI, «*Institutions Rule: The Primacy of Institutions Over Geography and Integration in Economic Development*», 9 J. Econ. Growth (2004), p. 131; Daron ACEMOGLU, Simon JOHNSON y James ROBINSON, «*Institutions as the Fundamental Cause of Long-Run Growth*», en Philippe AGHION y Stephen DURLAUF (eds.), *Handbook of Economic Growth* (2005). Sobre una visión escéptica acerca de la relación positiva entre instituciones políticas y crecimiento económico *vid.* Edward L. GLAESER, Rafael LA PORTA, Florencio LOPEZ-DE-SILANES y Andrei SHLEIFER, «*Do Institutions Cause Growth?*», 9 J. Econ. Growth (2004), p. 271.

III. LA PROPORCIONALIDAD EN EL ARBITRAJE INTERNACIONAL DE INVERSIONES: LOS TRIBUNALES DE INVERSIÓN COMO AGENCIAS ENCARGADAS DE REVISAR EL EJERCICIO DE LOS PODERES REGULATORIOS DEL ESTADO RECEPTOR

Como se ha notado, los tribunales de inversiones ejercen un notable poder sobre el Estado. De ahí que las primeras críticas que se esgrimen se refieran a la legitimidad de ese control. Pero, más allá de ello, las críticas se extienden con frecuencia también al uso de un lenguaje vago y poco preciso en punto a las disposiciones que se refieren a los derechos del inversor. Sea como fuere, lo cierto es que existe una clara preocupación por que esos tribunales puedan sustituir al Estado en el ejercicio de su función regulatoria en defensa del interés público, ya sea en su versión ambiental, de derechos humanos, o en el caso de emergencias nacionales, y ello además con el único fin de proteger los derechos de propiedad y los intereses económicos del inversor extranjero. Ello ocurre, particularmente, cuando el Estado opera como un regulador que establece normas y medidas abstractas y de carácter general. Esta parte del capítulo responde, por tanto, a esa situación: cuando los tribunales de inversión se enfrentan a este tipo de medidas generales y abstractas parece más necesario aplicar el test de proporcionalidad. Téngase en cuenta que los tratados de inversión establecen el marco jurídico de los deberes de los Estados en relación con los inversores y las inversiones, sin establecer, por el contrario, criterios textuales claros que les permitan separarse de, o limitar, esos deberes por razones de interés público en orden a proteger otros bienes o valores de interés general.

El test de proporcionalidad constituye un método de la interpretación jurídica y un principio que ha de presidir los procesos decisorios, en situaciones justamente de conflicto o colisión entre diferentes principios y (legítimas) finalidades públicas. Constituye una nota característica inherente a este método el hecho de que permite apreciar y distinguir que los principios no interactúan entre sí, ni operan, en términos absolutos (o todo o nada), sino más bien en términos relativos (de más o menos), admitiendo una variedad de matices.[85] Por el contrario, las normas típicas «contienen puntos fijos en el campo de lo fáctico y de lo legalmente posible», lo que quiere decir que una norma constituye una regla que se «cumple o no».[86] Los principios, sin embargo, operan de forma distinta, en la medida en que su aspiración consiste en que «algo se cumpla en

---

[85] Ronald DWORKIN, *Takings Rights Seriously* (1978), p. 24.

[86] Robert ALEXY, *A Theory of Constitutional Rights* (1986; traducción de Julian Rivers, OUP 2002), pp. 47-48.

el grado más alto jurídicamente posible».[87] Tal y como uno de los grandes exponentes alemanes de la doctrina de la proporcionalidad señaló: «los conflictos entre reglas se mueven en el plano de la validez», mientras que «la competición entre principios se sitúa en la dimensión del peso o valor».[88] Cabe notar, en contraste con el éxito de que disfruta este principio, que entre los jueces estadounidenses goza de un entusiasmo muy moderado,[89] e históricamente también en los sistemas jurídicos influidos por el Derecho anglosajón, aun cuando el proceso de integración europea deja sentir sus efectos en el Reino Unido, en lo que se refiere a la incorporación de este test.[*]

El principio de proporcionalidad plantea problemas relevantes, aunque existen también buenas razones para su utilización. De un lado, el test de proporcionalidad hace más fácil la aplicación de los estándares en materia de protección de la inversión, y puede encajar, hasta cierto punto, dentro del concepto de expropiación indirecta y de trato justo y equitativo, siempre que la restricción del margen de apreciación o de libertad con que cuente el Estado regulador lo haga posible.[90] En este contexto, el principio de proporcionalidad permite, pues, realizar un balance o una ponderación entre los intereses del inversor extranjero –y más en concreto de sus derechos de propiedad–, y otros intereses públicos que entran en conflicto.

---

[87] Robert ALEXY, *On the Structure of Legal Principles*, 13 Ratio Juris (2000), p. 294 at p. 295. *Vid.* también ALEXY, *supra* fn. 86, p. 47, señalando que los principios son normas que «requieren que algo se cumpla o alcance en el mayor grado posible de acuerdo a los posibilidades fácticas y legales».

[88] ALEXY, *ibíd.*, p. 50.

[89] En relación al alcance del test de proporcionalidad en el Derecho Constitucional estadounidense, y en particular frente al Derecho Penal en el contexto de la Enmienda XVIII, *vid.* Alice RISTROPH, «*Proportionality as a Principle of Limited Government*», 55 Duke L. J. (2005), p. 263; sobre la Resistencia del Derecho Constitucional estadounidense para aceptar el uso del test de proporcionalidad, *vid.* Vicki C. JACKSON, «*Ambivalent Resistance and Comparative Constitutionalism: Opening up the Conversation on 'Proportionality', Rights And Federalism*», 1 U. Pa. J. Const. L. (1999), p. 583.

* En español, puede ser de interés el número monográfico sobre el principio de proporcionalidad de la revista Cuadernos de Derecho Público, núm. 5, 1998 in totum, en el que se analiza el estándar común y su impacto en los distintos ordenamientos nacionales y *supra*nacionales, así como el uso que de este principio hace la jurisprudencia constitucional. (N. del E.).

[90] Esto limita el alcance o aplicación del test de proporcionalidad como instrumento legal. Por ello, los casos en los cuales el Estado es parte en un contrato de inversión no estarían cubiertos por el test. Sobre las limitaciones al poder de los Estados en su capacidad como parte de un contrato, *vid.* Stephan SCHILL, «*Enabling Private Ordering – Function, Scope and Effect of Umbrella Clauses in International Investment Treaties*», 18 Minn. J. Int'l L. (2009), p. 1. Además, cuando las reglas que dirimen conflictos entre intereses relacionados con derechos de propiedad e intereses no basados en derechos de propiedad están claramente establecidas, los conflictos o casos que surjan en el marco de estos conflictos no serán sometidos a test de proporcionalidad. Por el contrario, el test de proporcionalidad se torna útil en casos en los cuales el Estado mismo redistribuye o interfiere sobre los derechos de propiedad de terceros con el interés de proteger intereses no-económicos a través de una legislación de aplicación general o a través de la regulación administrativa.

Ciertamente, el test de proporcionalidad puede utilizarse como un instrumento para justificar ciertas preferencias judiciales, cuando lo utilizan tribunales nacionales o internacionales en su jurisprudencia para enfrentarse a conceptos vagos y de difícil ponderación. Ahora bien, se ha demostrado que en términos metodológicos resulta más operativo, coherente y generalizable que otras formas de razonamiento de las que se sirven muchos tribunales a la hora de interpretar las cláusulas de trato justo y equitativo o el concepto de expropiación indirecta. La diversidad de usos de que es susceptible el principio de proporcionalidad hace posible un amplio e instructivo análisis comparado y un estudio de lo que se considera proporcionado en cada ordenamiento jurídico nacional, transnacional e internacional.

A ello cabe añadir que el test de proporcionalidad puede facilitar en ciertos casos un marco de trabajo más estricto y preciso para las decisiones de los tribunales de inversión en contraste con la jurisprudencia actual. Su utilización obliga a los árbitros a implicarse en un método de evaluación entre intereses jurídicos contrapuestos, ponderándolos, y considerando alternativas, entre otras cosas, lo que a la postre puede ofrecer un fundamento argumental más sólido para sus resoluciones.

Ciertamente, su utilización puede ser objeto de críticas que pongan de relieve que a través de este principio se legitima una especie de «legislación judicial» o un «gobierno de los jueces». Sin embargo, ha de notarse que el test de proporcionalidad resulta más sólido y riguroso que otros métodos alternativos que se utilizan actualmente para resolver esas difíciles ponderaciones en el seno del Derecho Internacional de inversiones. Por ejemplo, sin el test de proporcionalidad, el concepto de expropiación indirecta corre el riesgo de degenerar en un análisis sin racionalidad predecible, del tipo «lo sabré cuando lo vea» (*I know it when I see it*).[91] De la misma forma, algunos subprincipios que contiene el estándar del trato justo y equitativo podrían quedar abiertos a las valoraciones subjetivas de los propios árbitros sobre lo que ellos consideran justo y equitativo –es decir, convertirse en un estándar de equidad, y no en un estándar jurídico con un contenido normativo–. En otras palabras, esos subprincipios del trato justo y equitativo no suelen ser objeto de un análisis estructurado que permita ponderar las relaciones entre las expectativas del inversor de un trato favorable, de un lado, y los intereses públicos contrapuestos, de otro, a la hora de aplicar los criterios del Estado de Derecho. En este contexto, el test de proporcionalidad puede ofrecer una mayor previsibilidad ante la ausencia de cualquier otro parámetro o estándar racionalizable e inteligible, capaz de sopesar y ponderar los intereses en juego, señaladamente cuando se subraya la dimensión o versión procedimental del test de proporcionalidad, y no las versiones sustantivas o materiales de que hacen uso algunos tribunales nacionales.

Para la aplicación del test de proporcionalidad (y otras técnicas similares de ponderación) en el arbitraje de inversión, resulta fundamental el tema de la relación entre el test de proporcionalidad y el Derecho aplicable, especialmente el Derecho Internacional.[92] El punto de partida es la interpretación del principio de buena fe del tratado que resulte de aplicación. Una característica particular

---

[91] FORTIER y DRYMER, *supra* 80, p. 293.

[92] Cuando un tribunal analiza o aplica la Ley nacional, el uso del test de proporcionalidad u otras técnicas similares establecidas en el Derecho nacional pueden ser obviamente importantes, pero este no es el tema principal de este capítulo.

de la mayor parte de tratados de inversión es que contienen disposiciones en favor de los derechos de los inversores sin tener en cuenta, de una manera integral, las funciones regulatorias que asisten al Estado de forma permanente. Es probable que los Estados partes, al suscribir esos tratados, no pretendan limitar drásticamente sus potestades regulatorias. Y ello supone que una lectura de buena fe del texto del tratado aplicable, que además tenga en cuenta su contexto, objeto y propósito, haga necesaria una interpretación del tratado que pondere los intereses del inversor y los poderes regulatorios del Estado. A la hora de interpretar el texto del tratado con el fin de aplicarlo a una controversia en particular, el intérprete puede recurrir a otras reglas del Derecho Internacional aplicable entre las partes [art. 3 (3)(c) de la Convención de Viena sobre el Derecho de los Tratados], y, con ello, a los principios generales del Derecho. De esta forma, la aplicación del test de proporcionalidad puede resultar más consistente, y además formar parte de la interpretación y aplicación de las disposiciones sustantivas de los tratados de inversión.

Los tribunales de inversión también se involucran e implican, al menos tácitamente, en la interpretación y aplicación de las disposiciones institucionales de los tratados, esto es, con las disposiciones en virtud de las cuales se han creado y trabajan dichos tribunales. Estas disposiciones no cubren exclusivamente el diseño institucional de los tribunales y su campo o ámbito de trabajo, sino que además establecen los fundamentos de sus funciones de gobernanza, que, como se ha notado en los epígrafes I y II, constituyen una dimensión inescindible de su actuación. Los preceptos legales que contienen los tratados a este respecto son de ordinario escasos en relación con la función de gobernanza que ejercen, y su interpretación invita a considerar su contexto, objeto y propósito, así como otros elementos o materiales relevantes. En tal sentido, los principios generales del Derecho relativos a las funciones y responsabilidades que satisfacen estas instituciones jurídicas llamadas a decidir pueden devenir de suma importancia. Por su parte, los principios del Derecho Administrativo Global que afectan a la actuación adecuada que ha de seguir el tribunal en su proceso adquieren una importancia evidente. Sin embargo, algunos principios jurídicos de amplio espectro, como el de proporcionalidad, pueden contribuir a otorgar mayor sustancia a las responsabilidades y funciones que esos tribunales han de atender en su enjuiciamiento de la acción estatal, con base en los tratados constitutivos. La relación entre las funciones hermenéuticas (la interpretación de textos) y las funciones de gobernanza, implica, para cualquier tribunal, cuestiones complejas, que no se abordan en detalle en este capítulo. El punto central radica en que los conflictos entre la garantía de la inversión y la protección de otros intereses públicos legítimos deben ponderarse de forma completa y justa en los procesos que se siguen ante los tribunales, habida cuenta de que los Estados parte no subordinaron necesariamente todos sus intereses públicos a un concreto tratado internacional. En este sentido, el test de proporcionalidad se traduce en un proceso racional de ponderación y equilibrio, que puede fundarse en la misma interpretación de los tratados de inversiones.[93]

En este contexto, el presente apartado realiza un breve resumen sobre la evolución y difusión del test de proporcionalidad en las resoluciones de controversias nacionales e internacionales, analiza su estructura metodológica y estudia el uso del test por parte de algunos tribunales de inversión en casos específicos.

1. EVOLUCIÓN Y DIFUSIÓN DEL TEST DE PROPORCIONALIDAD

Este apartado ofrece algunos ejemplos básicos de instituciones jurídicas nacionales e internacionales que aplican el test de proporcionalidad frente a acciones estatales que pueden colisionar con derechos de terceros. El objetivo consiste simplemente en demostrar que podemos estar en presencia del surgimiento de un principio general del Derecho. Es obligado subrayar la diferencia fundamental que existe entre los componentes institucionales, y los textos subyacentes, por lo que un análisis riguroso y las premisas de base impiden el trasvase de un sistema a otro, tampoco de una organización originada en un tratado a otra.

En sus orígenes en el contexto jurídico nacional, el test de proporcionalidad se entiende como un método para definir las relaciones entre el Estado y sus ciudadanos. El test ayuda a resolver los conflictos, de un lado, entre los derechos de los ciudadanos y el interés público tutelado por el Estado, y, de otro, entre diferentes derechos de los individuos cuando entran en conflicto entre sí. El test de proporcionalidad «impone límites materiales a la injerencia de las autoridades públicas sobre la esfera privada de los ciudadanos»[94] y «ofrece una herramienta para definir y restringir la libertad reguladora de los gobiernos».[95] El test ayuda a definir y a ponderar entre lo público, representado por la intervención pública y el interés subyacente del Estado o la comunidad implicada, y lo privado, representado por los intereses de los individuos afectados.

El principio de proporcionalidad en su formulación tradicional trae su origen del Derecho Administrativo y Constitucional alemán y de ahí ha migrado como fórmula de ponderación entre derechos e intereses en conflicto a otros muchos países en América del Sur, Europa, así como a otros países del *common law*.[96] El Tribunal Constitucional Federal alemán (*Bundesverfassungsgericht*) formuló por primera vez el test de proporcionalidad en un caso relativo a la injerencia estatal sobre el libre ejercicio de la profesión (en este caso, de los farmacéuticos), a través de un sistema de licencias que li-

---

[93] *Vid. MTD v. Chile, supra* fn. 27, párr. 113; *Saluka v. Czech Republic, supra* fn. 33, para. 297.

[94] Jürgen SCHWARZE, «The Principle of Proportionality and the Principle of Impartiality in European Administrative Law», 1 Rivista Trimestrale di Diritto Pubblico (2003), p. 53.

[95] Mads ANDENAS y Stefan ZLEPTNIG, «Proportionality: WTO Law in Comparative Perspective», 42 Tex. Int'l L. J. (2007), p. 371 at p. 383.

[96] Sobre este tema Alec STONE SWEET y Jud MATHEWS, *Proportionality Balancing and Global Constitutionalism*, Yale Law School Faculty Scholarship Series No. 14 (2008). Este artículo también fue publicado en 47 Columbia J. Transnat'l L. (2008), p. 72, pero las páginas citadas hacen referencia al artículo publicado por Yale.

mitaba el número de permisos para establecer farmacias con el objetivo de garantizar el suministro de medicamentos a toda la población. Al resolver el conflicto de derechos, el Tribunal Constitucional de Alemania señaló que el derecho individual y la finalidad de interés general que perseguía la Ley debían ponderarse:

«El [propósito de] el Derecho Constitucional debe ser el de proteger la libertad del individuo [mientras que el propósito de] la regulación debería consistir en garantizar la protección suficiente a los intereses de la sociedad. La reivindicación del individuo respecto a su libertad tendrá un efecto más fuerte… cuanto más sea puesto en cuestión su derecho a elegir una profesión; la protección del interés público se hará más urgente cuanto mayores sean las desventajas que surjan de la libre elección de profesión. Cuando se busca maximizar ambos extremos de la manera más efectiva, la solución solo se puede alcanzar a través de una cuidadosa ponderación (*Abwägung*) del significado de los dos intereses en oposición y quizás en conflicto»[97].

El Tribunal Supremo de Canadá ha venido aplicando un test de proporcionalidad similar desde *Regina v. Oakes*, un caso en que se analizaba si una disposición de la Ley de narcóticos resultaba conforme con la Carta de Derechos y Libertades de Canadá, pues la mencionada Ley establecía una presunción legal de que la persona que poseyera drogas estaba traficando con las mismas, por lo que incurría en responsabilidad penal. La Corte anuló la disposición en cuestión, al considerar que violaba la presunción de inocencia contenida en la Carta. Para ello, basó su análisis en un test de proporcionalidad de tres escalones:

«Primero, las medidas adoptadas deben diseñarse cuidadosamente para alcanzar el objetivo en cuestión. No deben resultar arbitrarias, injustas, o fundarse en consideraciones irracionales. En pocas palabras, deben estar racionalmente conectadas con el fin que persiguen. Segundo, los medios, aun cuando se hallen racionalmente conectados con el fin, deben afectar en el menor grado posible el derecho a la libertad en conflicto. Tercero, debe existir una proporcionalidad entre los efectos de las medidas que limitan el derecho y el fin que ha sido considerado como de 'suficiente importancia'»[98]

Para ofrecer otro ejemplo, la Corte Constitucional de Sudáfrica también ha aplicado el test de proporcionalidad para ponderar derechos individuales con los intereses del Gobierno. En el caso *Estado v. Makwanyane*, la Corte analizó si la pena de muerte violaba el derecho constitucional a no ser sometido a tratos inhumanos, crueles y degradantes. A través de la opinión del Presidente de la Corte, Juez Chaskalzon, la Corte decidió resolver el caso a través del test de proporcionalidad: «cuando surge una limitación a los derechos constitucionales, la cual tiene como propósito alcanzar un fin razonable y legítimo en una sociedad democrática, se debe realizar una valoración que tenga en cuenta el peso de los valores en conflicto; esto es, una valoración basada en la proporcionalidad.[99] La Corte señaló que los siguientes factores debían ser tenidos en cuenta: «en el proceso de valoración, las consideraciones relevantes incluirán la naturaleza del derecho que está siendo limitado y su importancia en el contexto de una sociedad abierta y democrática basada en la libertad y la igualdad; el fin por el cual el derecho está siendo limitado y la importancia de tal fin para la sociedad; el alcance de la limitación, su eficacia, y especialmente, cuando la limitación al derecho sea necesaria,

---

[97] BVerfGE 7, 377, 404-405.

[98] *R. v. Oakes*, [1986] 1 S.C.R. 103, 139.

[99] *State v Makwanyane & Another*, 1995 (3) SA 391, 436 (CC).

ha de analizarse si los fines buscados podrían ser razonablemente alcanzados a través de otros medios menos lesivos para el derecho en conflicto».[100]

El test de proporcionalidad también ha sido usado con cierta regularidad en sistemas internacionales como una técnica para delimitar y ponderar los intereses en conflicto, generalmente, entre el ordenamiento jurídico internacional y las políticas públicas nacionales. En el contexto de la actual Unión Europea (UE), por ejemplo, el concepto de proporcionalidad se ha utilizado con profusión desde el entonces Tribunal de Justicia de las Comunidad Económica Europea (TJCEE) para ponderar las libertades fundamentales de la Comunidad –la libre circulación de bienes, servicios, personas y capital– con otros intereses legítimos en conflicto de los Estados miembros.[101] Por ejemplo, en el caso *Cassis de Dijon* el Tribunal decidió que la libre circulación de bienes, garantizada en el artículo 28 del –entonces vigente– Tratado de la Comunidad Económica Europea (TCEE), podría vulnerarse no solo ante regulaciones discriminatorias de los Estados parte, sino también a través de regulaciones no discriminatorias que limitaran el comercio dentro de la Comunidad. No obstante, al mismo tiempo, y como corolario de esta amplia noción de libertad fundamental, el Tribunal reconoció que los Estados miembros podían limitar la libre circulación de bienes por motivos de interés público, si este interés constituía un «requerimiento imperioso». El Tribunal sostuvo que «los obstáculos a la libre circulación dentro de la Comunidad que resulten de disparidades entre las leyes nacionales relativas al marketing de productos, deben aceptarse siempre y cuando dichos obstáculos o restricciones se consideren necesarios con el fin de satisfacer requerimientos imperativos relacionados, particularmente, con la efectividad de la supervisión fiscal, la protección de la salud pública, y la equidad en las transacciones comerciales y la defensa del consumidor».[102]

A pesar de que este test se formula más como un test de necesidad de la injerencia focalizado en las alternativas menos restrictivas a la libertad, el Tribunal lo aplica de manera muy similar a los test de proporcionalidad descritos previamente en relación con los tribunales nacionales.

De igual forma, el Tribunal de Justicia de la Unión Europea (TJUE) y el Tribunal de Primera Instancia exigen que las medidas de la Comunidad relacionadas con los Estados miembros, así como las medidas que afectan a los individuos sujetos al ordenamiento jurídico de la Comunidad, deben evaluarse de conformidad con el estándar de proporcionalidad. El Tribunal de Primera Instancia argumentó lo siguiente, en un caso en el cual revisó una norma de la Comunidad: «el principio de proporcionalidad, que es uno de los principios generales del Derecho de la Comunidad, requiere que las medidas adoptadas por instituciones de la Comunidad no excedan de los límites de lo apropiado y necesario con el fin de alcanzar los objetivos legítimos perseguidos por la legislación, y cuando sea necesario elegir entre varias medidas, se deberá elegir la

---

[100] *Ibíd.*

[101] *Vid.* también Evelyn ELLIS (ed.), *The Principle of Proportionality in the Laws of Europe* (1999); sobre la proporcionalidad como principio en el derecho de la UE/EC Nicholas EMILIOU, *The Principle of Proportionality in European Law: A Comparative Study* (1996), p. 23 y ss.; Georg NOLTE, «*General Principles of German and European Administrative Law – A Comparison in Historic Perspective*», 191 Mod. L. Rev. (1994), p. 191; *vid.* también T. Jeremy GUNN, «*Deconstructing Proportionality in Limitations Analysis*», 19 Emory Int'l L. Rev. (2005), p. 465.

[102] *Cassis de Dijon*, ECJ 120/78, Sentencia de 20 de febrero de 1979 – *vid.* [1979] ECR 649, párr. 8.

menos onerosa o lesiva, y las desventajas causadas no deben ser desproporcionadas en relación a los fines perseguidos».[103]

En la jurisprudencia del Tribunal, el test de proporcionalidad se usa, en efecto, para «resolver las tensiones y conflictos entre derechos y libertades, por un lado, y el poder de la UE y los Estados miembros, por otro».[104] Por ello, no solo se constituye como un método para delimitar los derechos individuales y el derecho de los Estados miembros para limitar los derechos de los individuos, sino también «como un mecanismo entre el ordenamiento jurídico supranacional y los ordenamientos nacionales».[105]

En otras áreas del Derecho Público Internacional, el principio de proporcionalidad desempeña una función similar en la resolución de conflictos en las relaciones entre Estados igualmente soberanos. En lo que hace a las medidas de retorsión, por ejemplo, la proporcionalidad se utiliza para limitar la reacción de un Estado frente a la violación a una obligación internacional por parte de otro Estado.[106] En este caso, la proporcionalidad limita tanto los medios como el alcance de la contramedida aplicada.[107] Particularmente, la medida de retorsión no debe establecerse para privar de manera permanente al Estado que incumplió su obligación de su cuota común de beneficios. Tal y como observó la Corte Internacional de Justicia (CIJ) en el caso *Gabcíkovo-Nagymaros*, «los efectos de una medida de retorsión han de ser proporcionados al perjuicio sufrido, teniendo en cuenta los derechos en presencia».[108] De la misma forma, la proporcionalidad constituye un elemento de legalidad en el uso de la fuerza en el contexto del ejercicio del derecho a la legítima defensa. A pesar de no estar contenido explícitamente en el artículo 51 de la Carta de la Organización de Naciones Unidas, la CIJ ha sostenido que ese principio forma parte de la costumbre internacional, según la cual «la legítima defensa comprende solo medidas que sean proporcionadas al ataque armado y necesarias para responder a él».[109]

De conformidad con el Derecho de la OMC, el test de proporcionalidad ha adquirido una función mayor para ponderar los intereses entre el régimen del comercio internacional (en particular la liberalización del mercado); la no discriminación en el ámbito del comercio, la limitación y el análisis ponderado de las restricciones no tarifarias al comercio, de un lado y, de otro, las finalidades legítimas del Gobierno, tales como la protección de la salud pública, la moral pública o el medio ambiente, algunas de las cuales enumera el propio artículo XX del GATT. Aun cuando los académicos sostienen que no se ha establecido una jurisprudencia uniforme sobre el tema en el

---

[103] Case T-13/99, Sentencia de 23 de noviembre de 2002 – *Pfizer Animal Health SA v. Commission*, [2002] ECR II-3305, párr. 411 (citando [1990] ECR I-4023, párr. 13).

[104] STONE SWEET y MATHEWS, *supra* fn. 96, p. 48.

[105] *Ibíd.*

[106] Thomas M. FRANCK, «On Proportionality of Countermeasures in International Law», 102 A.J.I.L. (2008), p. 715.

[107] Enzo CANNIZZARO, «The Role of Proportionality in the Law of International Countermeasures», 12 Eur. J. Int'l L. (2001), p. 889, at p. 897.

[108] *Gabcíkovo-Nagymaros Project (Hungary/Slovakia)*, Sentencia de 25 de septiembre de 1997, I.C.J. Reports 1997, p. 7, párr. 85.

[109] *Military and Paramilitary Activities in and against Nicaragua*, Sentencia de junio 27 de 1986, I.C.J. Reports 1986, p. 14, párr. 176, 194; *vid.* también *Legality of the Threat or Use of Nuclear Weapons*, Opinión consultiva de julio 8 de 1996, I.C.J. Reports 1996, p. 226, párr. 41-42 (expresando de manera general que «el ejercicio del derecho de legítima defensa está sometido por la costumbre internacional a las condiciones de necesidad y proporcionalidad»).

seno del Órgano de Solución de Disputas de la OMC,[110] los múltiples test que se han aplicado en este contexto pueden en todo caso considerarse como expresiones del test de proporcionalidad, en un nivel abstracto.

Por ejemplo, en el caso *Korea Beef*, relacionado con la clasificación y venta de carne de acuerdo a su procedencia, con el fin de proteger la salud pública, el Órgano de Apelaciones declaró lo siguiente: cuanto más importantes o vitales sean los intereses o valores comunes, será más fácil aceptar como «necesaria» una medida diseñada como instrumento de ejecución obligatoria. No obstante, existen otros aspectos de la medida que deben considerarse para valorar su necesidad. Uno es el grado en que ella contribuye a la realización del fin perseguido; cuanto más contribuya, será más probable que la medida se considere como necesaria... La determinación sobre si una medida, que no es indispensable, pero que en todo caso puede llegar a ser necesaria dentro de lo que contempla el artículo XX (d), exige, en cada caso particular, un proceso de valoración y ponderación de una serie de factores que comprenden, de manera particular, entre otros, examinar si la medida contribuye al cumplimiento de la ley o del reglamento de que se trate; sopesar la relevancia de los intereses o valores comunes que la ley o el reglamento pretenden proteger; y evaluar el impacto y los efectos generados por esas normas sobre la importación o exportación.[111]

Por último, el test de proporcionalidad juega un papel crucial en la jurisprudencia del Tribunal Europea de Derechos Humanos (TEDH) cuando surgen conflictos entre los derechos de los individuos reconocidos en el Convenio Europeo de Derechos Humanos y las políticas públicas de los Estados parte. A pesar de que el Convenio exige, por ejemplo, que las restricciones a la libertad de expresión adoptadas por un Estado sean «necesarias en una sociedad democrática», el Tribunal ha desarrollado un test de proporcionalidad similar al contenido en el Derecho Constitucional alemán, esto es, más completo. En el caso fundamental de *Handyside v. Reino Unido*, relativo a la censura de un libro basado en violaciones de la moral pública, el Tribunal señaló que el adjetivo «necesario» en el contexto del artículo 10 no es sinónimo de indispensable y no resulta equivalente a 'admisible', 'útil', 'razonable' o 'deseable'».[112] Posteriormente, en *Dudgeon v. Reino Unido*, el Tribunal declaró que una medida que penalizaba ciertas conductas homosexuales, interfería «desproporcionadamente» con el derecho a la privacidad.[113] Mientras tanto, el Tribunal ha utilizado el test de proporcionalidad con casi todos los derechos contenidos en el Convenio.[114]

Sin embargo, al mismo tiempo, este Tribunal reconoce un margen de apreciación a los Estados parte «para realizar la evaluación inicial sobre la necesidad social implícita en la noción de necesidad dentro del contexto del test de proporcionalidad», como sucedió por ejemplo en el caso *Handyside*[115] En este sentido, son los Estados los que deben determinar en primera instancia lo que ellos consideran necesario para una sociedad

---

[110] *Vid.* Axel DESMEDT, «*Proportionality in WTO Law*», 4 J. Int'l Econ. L. (2001), p. 441.

[111] Panel de Apelación de la OMC, *Korea – Measures Affecting Imports of Fresh, Chilled and Frozen Beef*, párr. 164, WT/DS161/AB/R (diciembre 11 de 2000).

[112] *Handyside v. United Kingdom*, App. No. 5493/72 (Eur. Ct. H.R. diciembre 7 de 1976), párr. 48.

[113] *Dudgeon v. United Kingdom*, App. No. 7525/76 (Eur. Ct. H.R. octubre 22 de 1981).

[114] Julian RIVERS, «*Proportionality and Variable Intensity of Review*», 65 Cambridge L. J. (2006), p. 174, en p. 182. Realiza una fuerte crítica a la indulgencia de los estándares aplicados en un principio por las cortes del Reino Unido, vid. STONE SWEET y MATHEWS, *supra* fn. 96, pp. 51-53.

[115] *Ibíd.*

democrática, y es esa elección la que el Tribunal puede examinar posteriormente. El margen de apreciación varía en función del derecho afectado, el propósito perseguido por el Gobierno y el grado de injerencia. Análogamente a la función que cumple la proporcionalidad en la UE, el TEDH no se limita exclusivamente a hacer una ponderación entre los derechos del individuo y el interés público, sino que también utiliza el test como un mecanismo básico de coordinación entre el TEDH y los ordenamientos nacionales, y entre diversos ordenamientos nacionales».[116]

2. LA ESTRUCTURA DEL PRINCIPIO DE PROPORCIONALIDAD

La proporcionalidad implica una adecuada relación de medio a fin, entre los fines que persigue una acción específica del Gobierno y los medios empleados para alcanzar tales fines.[117] Ciertamente, existen profundas diferencias entre las múltiples versiones y metodologías empleadas en el test de proporcionalidad. En especial, esas diferencias son claras entre un test completo de proporcionalidad, que implica una revisión sustantivo o de fondo de la ponderación de los intereses en juego, y un test de carácter más procedimental, como los estándares más laxos sobre el medio menos restrictivo, o el mínimo posible.[*118] La ponderación, por tanto, entre los derechos e intereses en conflicto dependerá de elementos culturales, y de los valores relacionados con cada institución, su hermenéutica, los textos jurídicos fundamentales y otros materiales o documentos, y de las finalidades del sistema concreto de que se trate.

No obstante estas divergencias, el análisis de la proporcionalidad, en términos generales, ofrece una guía o directriz bien estructurada para quienes han de tomar decisiones o realizar políticas públicas, en la medida en que les impone que actúen de conformidad con sus exigencias en la gestión de los asuntos públicos y evalúen si las medidas que el Estado adopta tienen en cuenta suficientemente los derechos e intereses que puedan verse afectados. De conformidad con la construcción jurisprudencial de algunos tribunales nacionales e internacionales, el principio de proporcionalidad contiene tres elementos o criterios: el principio de idoneidad, el principio de necesidad y el principio de proporcionalidad en sentido estricto.

A) Idoneidad de la medida para alcanzar el fin legítimamente perseguido

El primer escalón del test de proporcionalidad es el análisis acerca de si la medida adoptada por el Estado o el Gobierno sirve a un fin legítimamente perseguido, y si es idónea o útil para alcanzar dicho objetivo. Este paso comprende en realidad dos aspectos, los cuales imponen un estándar poco exigente para la medida del Estado en el

---

[116] STONE SWEET y MATHEWS, *supra* fn. 96, p. 53.

[117] *Vid.* EMILIOU, *supra* fn. 101, pp. 23-24.

* Dentro de la construcción convencional, el autor hace referencia al subprincipio de la necesidad de la intervención o injerencia, en el sentido de que no exista una medida menos gravosa –patentemente– que sea capaz de alcanzar en el mismo grado los fines perseguidos. (N. del E.).

[118] ANDENAS y ZLEPTNIG, *supra* fn. 95, p. 388.

contexto específico del arbitraje de inversión. El primer aspecto consiste en valorar si la medida se orienta realmente al fin legítimamente perseguido. Consecuentemente, los fines ilegítimos pueden ser descartados en esta primera fase, pues ellos constituyen, por definición, una injerencia desproporcionada frente al derecho o interés protegido.

En el contexto del arbitraje de inversión, los fines públicos más comunes del Estado resultan legítimos, y solo en casos marginales será necesario valorar la legitimidad del fin perseguido, basándose en una aproximación comparativa o teniendo en cuenta su reconocimiento en los tratados internacionales. Una acción estatal que sea manifiestamente corrupta y se haya realizado con el único objetivo de beneficiar a una selecta minoría, o que constituya en una violación manifiesta al *ius cogens*, como, por ejemplo, sucede con los delitos contra la humanidad, obviamente no constituirá a un fin legítimo. Sin embargo, por lo general de muy pocas medidas estatales se puede concluir que no persiguen un fin de interés general legítimo.

Una vez declarada la legitimidad de la finalidad pretendida, el aplicador habrá de determinar, como segundo elemento de este primer escalón, si la medida adoptada es susceptible o apta para alcanzar el fin que dice perseguir. Ello requiere identificar la relación de causalidad existente entre la medida y su objetivo.[119] El órgano competente para adoptar la decisión habrá de determinar si la medida restrictiva en cuestión es capaz de promover el propósito perseguido en alguna forma. De nuevo, sólo en caso muy contados no se supera el test de idoneidad o aptitud, en la medida en que las injerencias públicas, basadas en la buena fe, no suponen el uso de medios por completo ineficaces para alcanzar el fin que se dice perseguir.

B) NECESIDAD

El segundo paso del principio de proporcionalidad consiste en el análisis de la necesidad de la intervención. Ello supone indagar si hay otras alternativas menos restrictivas respecto de los derechos o intereses afectados, que sean, sin embargo, igualmente eficaces de alcanzar el objetivo que se pretende (sin infringir otros intereses protegidos). La necesidad exige, pues, que no haya otra medida menos lesiva o gravosa que sea igualmente efectiva a la inicialmente propuesta.[120] Este subprincipio ha de responder a dos cuestiones: primero, ¿hay una medida menos restrictiva?; segundo, ¿es ésta medida menos restrictiva, pero igualmente eficaz (y razonablemente realizable)? En el fondo de este test se encuentra de nuevo la idea de optimizar todos los bienes, derechos, intereses o principios en presencia, con frecuencia enfrentados, de la mano de una adecuada ponderación[121]. Si el derecho afectado se encuentra protegido, no existe justificación alguna para que se le permita al Estado restringir esos derechos más allá de lo estrictamente necesario, al existir otras medidas alternativas igualmente efectivas para alcanzar el fin perseguido.

---

[119] Jan H. JANS, «*Proportionality Revisited*», 27 Legal Issues of Econ. Integration (2000), p. 239 at p. 240.

[120] *Ibid.*

[121] Cf. Robert ALEXY, *A Theory of Constitutional Right*, p. 399.

c) Proporcionalidad *stricto sensu*

Por último, el test de proporcionalidad en sentido estricto requiere ponderar los efectos de la medida estatal sobre los derechos e intereses afectados y la importancia del objetivo que el Estado persigue a través de esa medida. La proporcionalidad *stricto sensu* prescribe, pues, que la medida no sea excesiva respecto del objetivo perseguido y del peso relativo que se le haya asignado a cada principio en cuestión.[122] Cuanto mayor sea el grado de no satisfacción, o el detrimento causado, en relación con un principio, tanto más importante habrá de ser la satisfacción del otro principio contrapuesto.[123] La proporcionalidad *stricto sensu* exige tener en cuenta y ponderar todos los criterios disponibles, tales como el análisis costo-beneficio, la importancia del derecho afectado, la importancia del derecho o interés protegido, el grado de injerencia o intervención que supone la medida (leve *vs.* fuerte), la duración de la injerencia (permanente *vs.* temporal), la existencia de medidas alternativas que puedan ser menos efectivas aunque proporcionalmente menos restrictivas frente al derecho afectado, etc.

Este último escalón resulta pertinente porque si la proporcionalidad se limitara al análisis de la necesidad de la medida, cabrían restricciones fuertes o severas con el fin de proteger intereses públicos insignificantes.[124] Adicionalmente, la mayor ventaja de este tipo de razonamiento, en contraste con otros parámetros que conceden una mayor deferencia, reside en que el juez o el aplicador ha de resolver los problemas de un modo creativo poniendo en relación el propósito perseguido con la importancia de los derechos afectados. Al órgano responsable de la resolución de la controversia se le exige ponderar de modo activo políticas alternativas, que podrán haber desembocado en una mejor optimización de los derechos e intereses de las partes en conflicto, sin quedarse en meras consideraciones de razonabilidad, un estándar éste que por definición deja más libertad o margen de apreciación –deferencia– a las políticas públicas que realiza el Gobierno, aunque otorga menos protección a los derechos afectados.

No obstante, ello no implica que el órgano encargado de resolver la controversia deba sustituir sus propias preferencias por aquellas que haya realizado el Gobierno, sino tan sólo evaluar si el razonamiento y los objetivos que persigue la política del Gobierno o del Estado se sitúan dentro de un marco que se base en el reconocimiento de la existencia de una diversidad de derechos e intereses, eventualmente en conflicto, que el Estado ha de intentar proteger, minimizando, por tanto, la injerencia.

En función de las cuestiones interpretativas y de las normas jurídicas implicadas, lo que el órgano llamado a resolver una controversia podría hacer es, por ejemplo, verificar si el Estado se ha mantenido dentro de un perímetro que abarque el reconocimiento de la propiedad y la protección del inversor, de un lado, y el legítimo interés público, de otro.

---

[122] Alexy, *supra* 87, 13 Ratio Juris p. 294 en p. 298.

[123] Alexy, *supra* 86, p. 102.

[124] Rupprecht von Krauss, Der Grundsatz der Verhältnismäßigkeit in seiner Bedeutung für die Notwendigkeit des Mittels im Verwaltungsrecht (1955), p. 15 (señalando que «si el requisito [de la legalidad de la medida adoptada] es únicamente la necesidad» (por ejemplo el test de los medios menos restrictivos), un «interés público no importante o insignificante podría llevar a una restricción de otro derecho sin que la medida se considerara ilegal»).

3. LA APLICACIÓN DEL TEST DE PROPORCIONALIDAD EN EL ARBITRAJE DE INVERSIÓN

Aun cuando se trate de una práctica todavía poco frecuente, los tribunales de inversión han empezado a aplicar el principio de proporcionalidad. Lo han hecho, en especial, cuando deben de resolver la cuestión de si una medida regulatoria se encuadra dentro del marco de los requisitos que establece un tratado de inversión, en cuya virtud se han de respetar los intereses de los inversores extranjeros (a través de los conceptos del trato justo y equitativo, y de la expropiación indirecta). Esta nueva tendencia se hace particularmente evidente en dos tipos de supuestos a los que se hace referencia de inmediato. El primero se refiere al problema de cómo delimitar los supuestos de expropiación indirecta (que dan derecho a una compensación, en virtud del tratado aplicable o del Derecho Internacional consuetudinario), de aquellas otras regulaciones que no dan derecho a compensación alguna. El segundo afecta al tema del contexto del estándar de trato justo y equitativo y, más en concreto, a la cuestión relativa a determinar cuándo las expectativas legítimas del inversor suponen una prohibición a regular otros intereses ajenos o contrarios a los del inversor y que, por consecuencia, afectan negativamente las expectativas que tenían los inversores en el momento de realizar su inversión.

A) EL TEST DE PROPORCIONALIDAD Y EL CONCEPTO DE EXPROPIACIÓN INDIRECTA

El Derecho Internacional de la expropiación representa un campo en el que cristaliza claramente la tensión entre la protección a la inversión y los intereses del Estado. Casi todos los tratados de inversión contienen una prohibición de las expropiaciones sin una compensación adecuada.

Una previsión típica es, por ejemplo, la que contiene el Tratado Bilateral de Inversión entre Alemania y China, en el que se establece que «las inversiones de cualquiera de los Estados partes del tratado, no podrán ser expropiadas directa o indirectamente, nacionalizadas, o sujetas a cualquier otra medida cuyos efectos puedan asemejarse a aquellos de una expropiación o nacionalización en el territorio de la otra parte, excepto por razones de interés público y mediante compensación»[125].

La expropiación no se circunscribe necesariamente a la expropiación directa o a las nacionalizaciones, que implican la transferencia de la propiedad de un inversor extranjero al Estado o a un tercero. En virtud de la disposición del tratado u otro estándar o parámetro de control (como la costumbre internacional), el concepto de expropiación puede también cubrir la denominada «expropiación indirecta» o *de facto*, que tiene lugar cuando las medidas del Estado no suponen injerencia alguna sobre el título del propietario, pero afectan

---

[125] Art. 4 (2) del Tratado Bilateral de Inversión entre China y Alemania.

negativamente a la sustancia de la propiedad, o vacían de contenido el control del propietario sobre ella.[126]

En este sentido, un Tribunal Arbitral, en el marco del NAFTA, señaló que el concepto de expropiación «incluye no solo expropiaciones abiertas, deliberadas y reconocidas por el propio Estado, tales como la confiscación manifiesta, o la transferencia formal u obligatoria del título de propiedad a favor del Estado receptor de la inversión, sino también la injerencia incidental o encubierta sobre el uso de la propiedad que produce el efecto de privar al propietario, en todo o en una parte significativa, del aprovechamiento o del beneficio económico legítimamente esperable, aun cuando ello no sea en claro provecho o beneficio del Estado receptor de la inversión».[127]

De conformidad con el Derecho Internacional consuetudinario y la jurisprudencia de los tratados, la expropiación directa e indirecta son legítimas a la luz de los Tratados Bilaterales de Inversión solamente si a través de ellas se persigue un objetivo de interés público, se llevan a cabo sin incurrir en trato discriminatorio, y se observa el derecho al proceso debido. Finalmente, y aún más importante, tanto la expropiación directa como la indirecta requieren de ordinario una compensación adecuada.[128]

La expropiación indirecta puede ser fruto también de leyes y normas del Estado receptor. La jurisprudencia de los tribunales de inversión aquí es variada, en relación con cuestiones tan básicas, como la relativa a la distinción

---

[126] Sobre el concepto de expropiación indirecta *vid.* George C. CHRISTIE, «What Constitutes a Taking of Property Under International Law?», 38 Brit. Yb. Int'l L. (1962), p. 307; Burns H. WESTON, «'Constructive Takings' under International Law: A Modest Foray into the Problem of 'Creeping Expropriation'», 16 Va. J. Int'l L. (1975), p. 103; Rosalyn HIGGINS, *The Taking of Property by the State: Recent Developments in International Law*, 176 Recueil des Cours (1982), p. 259 en p. 322 y ss.; Rudolf DOLZER, «Indirect Expropriation of Alien Property», 1 ICSID Rev. – For. Inv. L. J. (1986), p. 41; Thomas W. WÄLDE y Abba KOLO, «Environmental Regulation, Investment Protection and 'Regulatory Taking' in International Law», 50 Int'l & Comp. L. Q. (2001), p. 811; Catherine YANNACA-SMALL, «'Indirect Expropriation' and the 'Right to Regulate' in International Investment Law», OECD Working Paper on International Investment, No. 2004/4, disponible en <www.oecd.org/dataoecd/22/54/33776546.pdf>; Jan PAULSSON y Zachary DOUGLAS, «Indirect Expropriation in Investment Treaty Arbitrations», en Norbert HORN y Stefan KRÖLL (eds.), *Arbitrating Foreign Investment Disputes* (2004), pp. 145-158; FORTIER y DRYMER, *supra.* 79, p. 293; Andrew NEWCOMBE, «The Boundaries of Regulatory Expropriation», 20 ICSID Rev. – For. Inv. L. J. (2005), p. 1; Bjørn KUNOY, «Developments in Indirect Expropriation Case Law in ICSID Transnational Arbitration», 6 J. World Inv. & Trade. (2005), p. 467; Charles LEBEN, «*La liberté normative de l'etat et la question de l'expropriation indirecte*», en Charles LEBEN (ed.), *Le contentieux arbitral transnational relatif a l'investissement international: nouveaux développements* (2006), p. 163.

[127] *Metalclad vs México, supra.* 23, párr. 103.

[128] Para la pregunta acerca de si el monto de la compensación varía cuando la expropiación es indirecta *vid.* Yves NOUVEL, «L'indemnisation d'une expropriation indirecte», 5 Int'l L. FORUM du droit int. (2003), p. 198; Thomas W. MERILL, «Incomplete Compensation for Takings», 11 N.Y.U. Envt'l L. J. (2002-2003), p. 110. Cf. también W. Michael REISMAN y Robert D. SLOANE, «Indirect Expropriation and Its Valuation in the BIT Generation», 74 Brit. Yb. Int'l L. (2003), p. 115.

entre la regulación de la propiedad, que no da derecho a compensación, de la expropiación, que sí da derecho a la debida compensación.[129]

En este contexto, algunos tribunales tan sólo examinan los efectos que ha producido la medida del Estado receptor, y, en consecuencia, concluyen en la existencia de una expropiación indirecta, bien porque el impacto o efecto de la medida alcanza una cierta intensidad, ya sea debido a la interferencia permanente sobre elementos fundamentales del derecho a la propiedad,[130] o por la disminución sustancial o la destrucción del valor de la propiedad en cuestión[131]. No obstante, la mayoría de tribunales tienen en cuenta el propósito de la medida del Gobierno y aplica la llamada doctrina del «poder de policía», al objeto de decidir si una medida general le otorga al inversor el derecho a una compensación a la luz del concepto de la expropiación indirecta.[132] De acuerdo con esta doctrina del poder de policía, se admite que el Estado tiene el poder de restringir los derechos de propiedad privada sin compensación cuando persigue un objetivo legítimo*. Desde esta perspectiva, no basta con determinar los efectos de una medida estatal; es más, esos efectos han de ponderarse en relación con el objeto y la finalidad de la injerencia.

Aun cuando la mayoría de los TBI no contienen excepciones explícitas de este tipo para la protección de la propiedad,[133] los tribunales de inversión reconocen que los Es-

---

[129] *Vid.* Rudolf DOLZER, *Eigentum, Enteignung und Entschädigung im geltenden Völkerrecht* (1985), p. 186 y ss.; Rudolf DOLZER, «Indirect Expropriation: New Developments?», 11 N.Y.U. Envt'l L. J. (2002-2003), p. 64 con más referencias.

[130] *Vid. Starrett Housing Corp. v. Iran*, AWD ITL 32-24-1, 19 de diciembre de 1983, 4 Iran-U.S. Claims Tribunal Reports 122, 154; *Tippetts, Abbett, McCarthy, Stratton v. TAMS-AFFA et al.*, AWD 141-7-2, 22 de junio de 1984, 6 Iran-U.S. Claims Tribunal Reports, 219, 225 y ss.; para la jurisprudencia relativa a expropiaciones en el tribunal Iran-Estados Unidos *vid.* George ALDRICH, «What Constitutes a Compensable Taking of Property? The Decisions of the Iran-United States Claims Tribunal», 88 A.J.I.L. (1994), p. 585.

[131] *Phelps Dodge Corp. v. Iran*, AWD 217-99-2, 19 de marzo de 1986, 10 Iran-U.S. Claims Tribunal Reports 121, 130; *vid.* también SWANSON, «Iran-U.S. Claims Tribunal: A Policy Analysis of the Expropriation Cases», 18 Case W. Res. J. Int'l L. (1986), p. 307 at p. 325 y ss.; WESTON, *supra* 1265, p. 103 en p. 119 y ss.

[132] Maurizio BRUNETTI, «Indirect Expropriation in International Law», 5 Int'l L. FORUM du droit int. (2003), p. 150; DOLZER, «Indirect Expropriation: New Developments?», *supra*. 1298, p. 64 en p. 79 y ss. (2002-2003); Rudolf DOLZER y Felix BLOCH, «Indirect Expropriation: Conceptual Realignments?», 5 Int'l L. FORUM du droit int. (2003), p. 155 en p. 158 y ss.; *vid.* por ejemplo Allen S. WEINER, «Indirect Expropriation: The Need for a Taxonomy of 'Legitimate' Regulatory Purposes», 5 Int'l L. FORUM du droit int. (2003), p. 166; *Sea-Land Service Inc. v. Iran*, AWD 135-33-1, 22 de junio de 1984, 6 Iran- U.S. Claims Tribunal Reports 149, 165; *Sedco Inc. v. NIOC and Iran*, AWD ITL 55-129-3, 24 de octubre de 1985, 9 Iran-U.S. Claims Tribunal Reports 248, 275 y ss.; *Too v. Greater Modesto Insurance Associates and The United States of America*, AWD 460-880-2, 29 de diciembre de 1989, 23 Iran-U.S. Claims Tribunal Reports 378, 387 y ss.

* «Poder de policía» implica, en este contexto, que el Estado ejerce sus potestades o poderes para promover la salud, la seguridad o, en términos más generales, el bienestar de la comunidad. Se trata, pues, de fines cualificados de interés general. (N. de E.).

[133] Las excepciones de seguridad u otro tipo de medidas similares, como las incluidas en los tratados bilaterales de EE.UU., requieren de mayores discusiones no contenidas en este capítulo. *Vid.* por ejemplo el Art. 10 (1) del Tratado entre EE.UU. y Egipto relativo a la Protección y Promoción Recíproca de la inversión firmado el 11 de marzo de 1986 y vigente desde el 27 de junio de 1992 (seña-

tados receptores tienen el poder para restringir los derechos de propiedad sin otorgar derecho a una compensación, cuando a través de la medida se persigue un fin legítimo, siempre y cuando dicho propósito esté razonablemente ponderado respecto a los efectos que produzca la regulación sobre la inversión. Así, en *Tecmed v México*, el Tribunal sostuvo que la excepción del poder de policía formaba parte del Derecho Internacional en materia expropiatoria: el principio de que el Estado en el ejercicio de su soberanía dentro del marco de su poder de policía puede generar daños económicos a aquellos que se hayan sometidos a su jurisdicción, sin otorgarles derecho a exigir compensación económica alguna, es algo indiscutible.[134]

Igualmente, en *Methanex v. Estados Unidos*, el Tribunal señaló que con carácter general cabe afirmar que, de conformidad con el Derecho Internacional, una regulación no discriminatoria, que persiga un interés público, y se promulgue con respeto del debido proceso y que afecte, *inter alios*, a un inversor extranjero o a su inversión, no se puede considerar como expropiatoria y, por ende, compensable, a menos que el Gobierno haya pactado compromisos específicos con el inversor extranjero en el sentido de abstenerse de aprobar esa clase de normas.[135]

No obstante, la forma en la que se debe realizar esta ponderación de intereses no siempre la explicitan los tribunales de inversión. En todo caso, el análisis que se analizó en *Tecmed v. México* resulta ilustrativo en lo que hace al test de proporcionalidad para hallar el equilibrio entre la protección del inversor y los intereses públicos en conflicto. En este caso, las autoridades mexicanas no renovaron las licencias temporales de funcionamiento de una instalación de tratamiento de residuos, que era de vital importancia para la empresa subsidiaria mexicana de la casa matriz española, que era la inversora. Según el Tribunal, se había producido una expropiación indirecta que daba derecho a una compensación. En su argumentación respecto a la distinción entre expropiación indirecta y regulación, el Tribunal se basó en la jurisprudencia del artículo 1° del Protocolo Adicional Primero del Convenio Europeo de Derechos Humanos, y ponderó los intereses en conflicto, haciendo uso del principio de proporcionalidad, tan familiar a la jurisprudencia del TEDH.

Aunque la Administración había justificado la no renovación de la licencia con base en la no fiabilidad del operador, argumentando, entre otras cosas, que éste había procesado desechos biológicos y otros residuos tóxicos en vulneración de lo previsto en

---

lando que «este Tratado no restringe a las partes a adoptar las medidas que consideren necesarias para el mantenimiento del orden público y la moral pública, el cumplimiento de otras obligaciones internacionales vigentes, la protección de sus propios intereses en materia de seguridad o demás medidas que las partes consideren adecuadas para cumplir con sus obligaciones internacionales futuras). Sobre estas cláusulas, *vid.* José E. ALVAREZ y Kathryn KHAMSI, «The Argentine Crisis and Foreign Investors: A Glimpse into the Heart of the Investment Regime», en Karl SAUVANT (eds.), 1 Yearbook on International Investment Law and Policy, 2008/2009, p. 379. Para un enfoque distinto *vid.* William BURKE-WHITE y Andreas von STADEN, «Investment Protection in Extraordinary Times: The Interpretation and Application of Non- Precluded Measures Provisions in Bilateral Investment Treaties», 48 Va. J. Int'l L. (2008), p. 307.

[134] *Tecmed v. México, supra.* 24, párr. 119.

[135] *Methanex Corporation v. United States of America* (CNUDMI/NAFTA) Laudo Final de 3 de agosto de 2005, parte IV, capítulo D, párr. 7. Igualmente, *International Thunderbird Gaming Corporation v. The United Mexican o States* (CNUDMI/NAFTA), *supra.* 37, párr. 127; *Saluka Investments BV v. The Czech Republic, supra.* 33, párr. 254-262; *LG&E Energy Corp., LG&E Capital Corp., LG&E International Inc. v. Argentine Republic* (ICSID Case No. ARB/02/1), Decision on Liability of 3 October 2006, párr. 194-197; *Marvin Roy Feldman Karpa v. Mexico, supra.* 30, párr. 103-106.

la licencia, y que había excedido la capacidad de las instalaciones,[136] el Tribunal concluyó, por el contrario, que las consideraciones políticas habían constituido en realidad el factor decisivo para la no renovación de la licencia.[137] El Tribunal afirmó así que solo después de que se hubieran producido importantes protestas de la población local, la Administración intentó acelerar el proceso de reubicación de esas instalaciones oponiéndose a renovar la licencia.[138] Pese a que el inversor ya había aceptado reubicar la instalación, su solicitud de mantener la licencia por otros cinco meses provisionalmente, mientras se producía el traslado, fue denegada. La agencia había ordenado el cese inmediato de actividades.[139]

La aplicación del concepto de expropiación indirecta se llevó a cabo a través de un análisis en dos escalones. En el primer escalón, determinó si la medida era en sí misma suficientemente intensa como para convertir una regulación no compensable en una expropiación indirecta compensable. Para el Tribunal, ello dependía de dos factores: uno temporal y otro sustantivo. Primero, la injerencia sobre la propiedad en cuestión no debe ser de naturaleza simplemente temporal o de transición; segundo, la intervención debe llevar a una absoluta pérdida del valor de la propiedad. Habida cuenta de que esas instalaciones no podían servir para otro uso distinto y de que no podían venderse a resultas de la contaminación existente,[140] el efecto de la no renovación de la licencia equivalía, potencialmente, a una expropiación.

No obstante, el análisis del Tribunal no concluyó aquí. Por el contrario, en un segundo paso, entendió que los efectos de la falta de renovación de la licencia no eran más que un factor entre otros, a la hora de discernir entre la regulación y la expropiación indirecta. La razón para adoptar este enfoque, según el Tribunal, obedece al criterio, antes citado, según el cual el principio de que el Estado en el ejercicio de su soberanía dentro del marco de su poder de policía puede generar ciertos daños económicos a aquellos que se hayan sometidos a su jurisdicción, sin otorgarles por ello derecho a exigir compensación económica alguna es algo indiscutible.[141] Por esta razón, el Tribunal afirmó que los TBI, en principio, no excluyen el ejercicio del poder regulatorio del Estado, aun cuando el texto del tratado no contenga una disposición expresa en la cual se establezca que el Estado mantiene el ejercicio de dicho poder de policía. Por esta razón, el Tribunal declaró que los TBI solo exigen que los efectos de la medida estatal con consecuencias sobre la propiedad privada resulten proporcionados al ejercicio del poder de policía del Estado. En esencia, el Tribunal consideró que la propiedad está inherentemente ligada y restringida a los poderes de policía del Estado, aun cuando el texto del tratado no señala nada al respecto.

De acuerdo con este razonamiento, el Tribunal pasó a ocuparse de la proporcionalidad. En tal sentido, sopesó y ponderó los intereses en conflicto, a fin de determinar cuándo una regulación legítima se convertía en una expropiación indirecta. En esa tarea, el Tribunal buscó la coherencia o concordancia (*Konkordanz*) entre los múltiples

---

[136] *Tecmed, supra* 24, párr. 99 y ss.

[137] *Tecmed, ibíd.*, párr. 127 y ss.

[138] *Tecmed, ibíd.* párr. 106 y ss.

[139] *Vid. Tecmed, íbid.*, párr. 45, 110 y ss.

[140] *Tecmed, ibíd.*, párr. 117.

[141] *Tecmed, ibíd.*, párr. 118 y ss.

derechos e intereses afectados.[142] Desde este punto de vista, una expropiación indirecta solo se da en los casos en que la medida implique una restricción desproporcionada sobre el derecho de propiedad. En este sentido, el Tribunal señaló que, para determinar si se da o no una expropiación indirecta, es necesario valorar si las actuaciones o las medidas son proporcionadas tanto para el interés público en presencia como para la protección jurídica de las inversiones, teniendo en cuenta que la importancia de este impacto juega un papel decisivo a la hora de aplicar la proporcionalidad. Aunque el análisis empieza reconociendo y respetando el derecho que le asiste al Estado para definir los asuntos que afecten a sus políticas públicas o los intereses globales de la sociedad, así como las acciones que implementará para proteger dichos intereses, ello no significa que el Tribunal no pueda examinar las acciones del Estado a la luz del artículo 5 (1) del Acuerdo, para determinar si dichas medidas son razonables respecto a sus objetivos, la afectación a los derechos económicos, y el daño producido a las personas que tenían expectativas legítimas respecto a esos derechos económicos. Ha de existir una razonable relación de proporcionalidad entre la carga impuesta al inversor extranjero, y el bien perseguido a través de la medida expropiatoria. Para valorar esa carga, es fundamental medir el grado en el que el derecho económico se vio afectado por la medida del Estado, y si la privación o perjuicio sobre dicho derecho económico fue compensada o no.[143]

Los criterios particulares que el Tribunal tuvo en consideración en la aplicación del test de proporcionalidad se basaron en las expectativas legítimas del inversor; la importancia del interés que el Estado receptor pretendía atender; el peso y efecto de la restricción; así como otras circunstancias relativas a la posición del inversor (como, por ejemplo, los incumplimientos previos de los términos de la licencia por parte de la empresa).[144] Además, en su enjuiciamiento de la proporcionalidad, el Tribunal otorgó importancia al tema de si algún inversor se había visto afectado de forma especial y discriminatoria a consecuencia de la medida[145]. En conclusión, el Tribunal determinó que la falta de renovación de la licencia restringía el derecho a la propiedad del demandante desproporcionadamente, y, por ende, constituía una expropiación indirecta. El Tribunal concedió particular relevancia al hecho de que el grado de incumplimiento

---

[142] El término «Konkordanz» o «praktische Konkordanz» fue acuñado por el constitucionalista alemán Konrad Hesse y hace referencia al método a través del cual se busca una reconciliación o una ponderación entre derechos fundamentales en conflicto. En caso de que dos derechos fundamentales entren en conflicto, la «Konkordanz» requiere que ambos derechos sean conciliados sin renunciar a ninguno de ellos. Básicamente, lo que se busca a través de ello es excluir la idea de que un derecho fundamental es superior frente a otro derecho fundamental. Por el contrario, ambos derechos deben ser conciliados de diferente manera, tarea que se logra al realizar una ponderación entre los distintos derechos e intereses sobre bases de proporcionalidad, buscando encontrar una solución que proteja ambos derechos en el mayor grado posible. *Vid.* Konrad HESSE, Grundzüge des Verfassungsrechts der Bundesrepublik Deutschland, no. 72, 20th edn. (1995). Este concepto ha sido reconocido como un principio fundamental en la Corte Constitucional Alemana, *vid.* BVerfGE 41, 29; BVerfGE 77, 240; BVerfGE 81, 298; BVerfGE 8 3, 130; BVerfGE 108, 282. Este concepto también se puede encontrar en la jurisprudencia del Tribunal Constitucional Francés, CC décision no. 94-352 DC, 18 Ene. 1995, disponible en <www.conseil-constitutionnel.fr/decision/1994/94352dc.htm>.

[143] *Tecmed, supra* 24, párr. 122.

[144] *Tecmed, ibíd.*, párr. 149 y ss.

[145] *Tecmed, íbid*, párr. 122. Esta idea deriva del importante esfuerzo de la jurisprudencia alemana sobre expropiación, que determina cuándo el propietario ha sufrido un sacrificio especial en beneficio del interés público («*Sonderopfer*»). Véase sobre ello a WÄLDE y KOLO, *supra* 126, pp. 811 y 845 y ss.

de las obligaciones de la compañía era marginal, razón por la cual no podían argüirse como razones validas para justificar la falta de renovación de la licencia.

Asimismo, el Tribunal también se pronunció sobre qué tipo de restricciones del derecho de propiedad podrían considerarse como proporcionadas. Entre éstas, consideró, por ejemplo, admisibles las medidas de policía que tienen por objeto hacer frente a las amenazas de la seguridad pública, es decir, medidas que se dirigen, o bien a una persona que genera una amenaza, o en caso de emergencia, también a terceros aunque no produzcan por sí mismos una amenaza a la seguridad pública.[146] En este sentido, las injerencias sobre el derecho de propiedad que tengan por objeto la prevención de un peligro son acordes con el Derecho Internacional y no implican, *per se*, el derecho a exigir una compensación.

Un test de proporcionalidad similar lo realizó el Tribunal en el caso *LG&E v. Argentina*. Este caso versaba sobre las medidas de emergencia adoptadas por el Gobierno argentino en el contexto de la crisis económica ocurrida entre 2001 y 2002. Entre esas medidas, figuraban la conversión de la deuda en dólares en pesos, reclamaciones y garantías en dólares que se habían otorgado a los inversores extranjeros en los sectores de la energía y del gas. LG&E interpuso un reclamo al amparo del TBI entre Estados Unidos y Argentina, argumentando que los efectos de las medidas había afectado significativamente a su accionariado en una filial argentina que operaba en el sector de gas y, por ello, dichas medidas debían considerarse como una expropiación indirecta.[147]

No obstante, el Tribunal no declaró la existencia de una expropiación indirecta, en parte porque para alcanzar esa conclusión era necesario que concurriera un nivel más alto en cuanto al grado de injerencia sobre las inversiones. En opinión del Tribunal, para que se dé una expropiación indirecta en los casos de acciones o participaciones, las «medidas gubernamentales deben haber 'neutralizado efectivamente el beneficio o propiedad del propietario extranjero'. El goce o la propiedad se consideran 'neutralizados' cuando una parte ya no tiene control sobre la inversión, o cuando no puede dirigir las operaciones diarias de la inversión».[148] Además, el Tribunal enfatizó que las injerencias que equivalen a expropiaciones indirectas generalmente provienen de medidas permanentes.[149]

Adicionalmente, el Tribunal reiteró el argumento utilizado en *Tecmed v. México* e hizo uso de él en su enjuiciamiento de la proporcionalidad, a efectos de distinguir entre la regulación legítima, que no es compensable, y la expropiación indirecta compensable. En *LG&E* el Tribunal señaló que la cuestión persiste en cuanto a si se deberían tener en cuenta únicamente los efectos producidos por la medida, o si también se debería considerar el contexto dentro del cual la medida fue adoptada y el propósito de

---

[146] Tecmed, *supra*. 24, párr. 136.

[147] *Vid. LG&E v. Argentina, supra*. 135, párr. 177. En comparación con una decisión anterior en el laudo del caso *CMS v. Argentina, vid.* Stephan SCHILL, «International Investment Law and the Host State's Power to Handle Economic Crises», 24 J. Int'l Arb. (2007), p. 265.

[148] *LG&E v. Argentina, supra*. 135, párr. 188 (citando *CME Czech Republic B.V. v. The Czech Republic* (CNUDMI), Laudo Parcial de 13 de septiembre 2001, párr. 604 y *Pope & Talbot, Inc. v. The Government of Canada* (CNUDMI), Laudo Provisional de junio 26 de 2000, párr. 100).

[149] *LG&E v. Argentina, supra* 135, párr. 193. *Vid.* también *LG&E v. Argentina*, párr. 191 (citando *Pope & Talbot, supra* 148, párr. 101 y ss.) (observando que «la interferencia sobre el manejo de la inversión no se hace efectiva cuando la inversión continúa operando, aún si sus ganancias disminuyen. El impacto sobre la inversión debe ser sustancial para que pueda reclamarse una compensación por la expropiación»). 148 *LG&E v. Argentina, supra* 135, párr. 194 (citando a *Tecmed v. Mexico, supra*. 24, párr. 115).

la misma. El Tribunal entendió que debe hacerse una ponderación en el análisis, tanto de las causas, como de los efectos de la medida, con el fin de que se pudiera determinar si efectivamente ésta es una medida de naturaleza expropiatoria. Resulta fundamental, añadió, no confundir el derecho de un Estado a adoptar las políticas que considere convenientes, con su poder para emprender una medida expropiatoria. Esta distinción es importante por cuanto constituye uno de los principales elementos a distinguir, desde la perspectiva de un tribunal internacional, entre una medida regulatoria –expresión común del poder de policía del Estado que implica una disminución en los activos o derechos– y una expropiación *de facto*, que priva a esos activos o derechos de cualquier valor real. [150]

En *LG&E* el Tribunal advirtió que los Tratados Internacionales de Inversión generalmente no excluyen la facultad del Estado para regular ciertas actividades en interés público. Por el contrario, enfatizó que el Estado «tiene el derecho a adoptar medidas que tienen un propósito social o de bienestar general».[151] Se trata de una posición que es conforme con la opinión de diversos tribunales internacionales, en el sentido de que generalmente un Estado no es internacionalmente responsable por una regulación realizada de buena fe.[152] Sin embargo, al mismo tiempo, en *LG&E* el Tribunal expresó que en casos excepcionales, aun cuando la regulación tenga por objeto satisfacer intereses públicos requiere una compensación, siempre y cuando la medida sea «obviamente desproporcionada».[153]

Esta perspectiva se refleja también en la reciente práctica estatal en materia de tratados, como los recientes acuerdos que ha celebrado EE.UU. y en los que se incluyen una interpretación del concepto del expropiación indirecta, según la cual «excepto en circunstancias extraordinarias, las acciones regulatorias no discriminatorias de una de las Partes, diseñadas y aplicadas para proteger objetivos públicos legítimos como la salud pública, la seguridad y el medio ambiente, no constituyen una expropiación indirecta».[154] Este concepto incorpora un test de proporcionalidad en su base respecto de la expropiación indirecta, y contribuye a ponderar la protección a la inversión y otros intereses públicos en conflicto con ella.

---

[150] *LG&E v. Argentina, supra* 135, párr. 194 (citando a *Tecmed v. Mexico, supra*. 24, párr. 115).

[151] *LG&E v. Argentina, supra*. 135., párr. 195.

[152] LG&E, *ibíd.* párr. 196 (citando American Law Institute, Restatement (Third) of the Foreign Relations Law of the United States, Vol. I (1987) Sect. 712, Commentary g, *Too v. Greater Modesto Insurance Associates and The United States of America, supra*. fn. 132, 23 Iran-U.S. Claims Tribunal Reports 378, 387 y ss. y The Oscar Chinn Case (*United Kingdom v. Belgium*), Decisión N° 23 de 12 de diciembre de 1934, PCIJ Series A/B, Case No. 63, 1934). Similarmente, *Sea-Land Service Inc. v. Iran, supra*. fn. 132, 6 Iran-U.S. Claims Tribunal Reports, 149, 165; *Sedco Inc. v. NIOC and Iran, supra*. fn. 132, 9 Iran-U.S. Claims Tribunal Reports, 248, 275 y ss.; *Methanex v. United States, supra*. fn. 135, Part IV Chap. D, párr. 7; *International Thunderbird Gaming v. Mexico, supra*. 37, párr. 123 y ss.; *Saluka v. Czech Republic, supra* fn. 32, párr. 253 y ss.

[153] *LG&E v. Argentina, supra*. 135, párr. 195 (citando *Tecmed v. Mexico, supra*. 24, párr. 122).

[154] *Vid.* por ejemplo, Art. 15.6, del Tratado de Libre Comercio entre EE.UU y Singapur, firmado el 15 de enero de 2003 y en vigor desde enero de 2004, en conexión con un intercambio de notas sobre el alcance del concepto del expropiación indirecta, disponible en <www.ustr.gov/Trade_Agreements/Bilateral/Singapore_FTA/Final_Texts/Section_Index.html>.

B) Principio de proporcionalidad y las cláusulas del trato justo y equitativo

El test de proporcionalidad puede también proyectarse, en ciertas condiciones, sobre algunos de los elementos que integran el estándar del trato justo y equitativo. Como se puso de manifiesto en el número II de este capítulo, numerosos tribunales han considerado que el estándar del trato justo y equitativo comprende la estabilidad y la predictibilidad del marco jurídico, la coherencia del procedimiento decisorio del Estado receptor, la protección a la confianza del inversor o a sus expectativas legítimas, el debido proceso y la prohibición de denegación de justicia, así como los estándares de transparencia y los conceptos de razonabilidad y proporcionalidad.[155] En realidad, la aplicación de cualquiera de estos conceptos implica de ordinario una ponderación de los intereses en conflicto, el establecimiento de un estándar de revisión, la determinación de quién tiene la carga de la prueba, así como el grado de deferencia hacia la medida en cuestión que pueda asumir el órgano revisor.

Por ejemplo, la protección de la confianza legítima o de las expectativas del inversor no puede implicar la petrificación del marco jurídico de un Estado o que cualquier cambio que sufra sea motivo para otorgar una compensación al inversor extranjero. Por el contrario, para determinar si puede haber lugar a una compensación en supuestos como estos, es más conveniente, en algunos casos, aplicar el test de proporcionalidad. Este y otros elementos del trato justo y equitativo pueden requerir el uso del test de proporcionalidad.[156] En este sentido, en *Saluka v. Czech Republic*, el Tribunal advirtió sobre el peligro que podría implicar la interpretación literal de la protección de las expectativas del inversor, pues ello «impondría a los Estados receptores obligaciones inapropiadas y no realistas»[157]. Por el contrario, el Tribunal decidió sopesar las expectativas legítimas del inversor con el interés público del Estado en un test de proporcionalidad amplio: «ningún inversor puede esperar que las circunstancias existentes al momento de iniciar su inversión se mantengan absolutamente intactas. Para poder determinar si la frustración de las expectativas legítimas del inversor resulta justificada y razonable, se debe también tener en cuenta el derecho legítimo del Estado receptor a regular sus asuntos internos de acuerdo con el interés público (...) La resolución acerca de la posible violación del artículo 3.1 por parte de la República Checa requiere, pues, una ponderación entre las expectativas legítimas del demandante, por un lado, y el interés regulatorio legítimo del demandado, por otro. Un inversor extranjero amparado

---

[155] *Vid. supra* núm. II.1.-5.

[156] La principal diferenci entre el concepto de expropiación indirecta y la protección a las expectativas legítimas bajo el estándar del trato justo y equitativo, es que la expropiación indirecta requiere una interferencia sobre un título de propiedad, mientras que la protección a las expectativas legítimas, bajo el estándar del trato justo y equitativo, es más amplia y puede comprender la expectativa de la existencia y funcionamiento de un marco legal regulatorio específico. Distintos test de proporcionalidad han empezado a ser utilizados en la jurisprudencia de los tribunales de inversión incluyendo, entre otros temas, la interpretación de las cláusulas paraguas.

[157] *Saluka v. Czech Republic, supra.* 33, párr. 304.

por el Tratado puede esperar razonablemente que la República Checa implemente sus políticas de buena fe mediante una conducta que, en tanto afecte las inversiones del inversor, resulte razonablemente justificada en las políticas públicas y que además tal acción no vulnere manifiestamente los requisitos de coherencia, transparencia, trato equitativo y no discriminación. Particularmente, cualquier trato diferenciado dado a un inversor extranjero no puede basarse en distinciones o exigencias no razonables, y debe justificarse demostrando que dicha medida guarda una relación razonable con políticas que no se hallen motivadas por una preferencia de unas inversiones sobre la inversión extranjera».[158]

La doctrina general del Tribunal en *Saluka* ha sido reiterada por otros tribunales.[159] De esa manera, cada vez más tribunales conectan el trato justo y equitativo con los conceptos de razonabilidad y proporcionalidad, controlando así las injerencias de los Estados receptores sobre la inversión extranjera. La evaluación del Tribunal en *Pope & Talbot v. Canada* acerca de la razonabilidad de la acción de una agencia administrativa,[160] y los comentarios del Tribunal en *Eureko v. Polonia*, sobre la validez de las razones por las cuales las expectativas del inversor no pudieron garantizarse, pueden entenderse como una importación del concepto de razonabilidad dentro del estándar de trato justo y equitativo[161].

La proporcionalidad y los análisis que implica pueden tener también su relevancia en aquellos casos en que los tribunales arbitrales enjuician si el ejercicio de la discrecionalidad administrativa es conforme con el estándar del trato justo y equitativo. Así, por ejemplo, el caso *Middle East Cement Shipping and Handling Co S.A. v. Egypt*[162] se ocupó del embargo y la posterior subasta del barco del demandante, con el fin de recuperar las deudas que el inversor había contraído en relación con una entidad estatal. Uno de los temas centrales del caso consistía en determinar si el procedimiento de la subasta era válido, y, señaladamente, si se había dado suficiente publicidad al embargo.[163] De acuerdo con la Ley egipcia, podía argumentarse que se

---

[158] *Saluka v. Czech Republic* (CNUDMI), * íbid. supra* 33, párr. 305 y ss.

[159] *Vid.* e.g. *BG Group Plc. v. The Republic of Argentina* (CNUDMI), Laudo Final de 24 de diciembre 2007, párr. 298: «Las obligaciones del Estado receptor deben ser analizadas a la luz del marco legal y de negocios existente al momento en que el inversor decidió hacer su inversión». Esto no implica un congelamiento del sistema legal como lo sugiere Argentina. Por el contrario, para poder adaptarse a las circunstancias políticas, económicas y sociales cambiantes, el Estado mantiene su poder regulatorio en todo momento. Como argumentaron otros tribunales al tratar temas similares «...el derecho legítimo del Estado a regular sus asuntos domésticos de acuerdo al interés público también debe ser tenido en cuenta» (citando *Saluka v. República Checa, supra* 33, párr. 304). *Vid.* también *Feldman v. Mexico, supra.* 30, párr. 112 (señalando que «los gobiernos en el ejercicio de su poder regulatorio, cambian frecuentemente sus Leyes y regulaciones en respuesta a situaciones económicas cambiantes o consideraciones políticas, económicas o sociales cambiantes. Aquellos cambios pueden hacer que algunas actividades no sean tan lucrativas, o incluso, que dejen de generar algún tipo de ganancia»).

[160] Véase *Pope & Talbot v. Canada, supra* 51, párr. 123, 125. 1328. 155. Véase también *MTD v. Chila supra* 27, párr. 109, con referencia a una opinión de testigo experto de Schwebel.

[161] Véase *Eureko v. Polonia, supra* 36, párr. 232 y siguiente. Véase igualmente la discusión referida en la nota 39, junto con el texto de acompañamiento.

[162] *Middle East Cement Shipping and Handling Co S.A. v. Arab Republic of Egypt* (ICSID Case No. ARB/99/6), Laudo de 12 de abril de 2002.

[163] El asunto apuntó hacia la pregunta de si el embargo violaba el requisito del debido proceso en la disposición que prohíbe las expropiaciones directas e indirectas sin compensación en el TBI entre Egipto y Grecia, y el principio de trato justo y equitativo.

dio aviso al dejar en el barco una copia de la notificación del embargo, pues el demandante no se encontraba a bordo de la nave. No obstante, el Tribunal consideró que la autoridad había ejercido su discrecionalidad de manera equivocada al usar un método de notificación en ausencia del interesado, en lugar de haber notificado el acuerdo al demandante personalmente en su domicilio de residencia. De conformidad con el principio del trato justo y equitativo a la hora de interpretar la garantía del debido proceso que acompaña a la disposición relativa a las expropiaciones en el TBI entre Grecia y Egipto, el Tribunal señaló que «un asunto tan importante como el embargo y subasta de un barco del demandante, debió haber sido notificado a través de una comunicación directa con acuse de recibo... independientemente de que existiera una obligación legal o práctica al respecto».[164]

Este razonamiento entraña, aunque no se formule de forma explícita, un juicio de proporcionalidad que pondere la importancia de la protección a la inversión, con el interés legítimo que persigue el Gobierno, teniendo en cuenta la existencia de medidas menos restrictivas pero con igual efectividad, a fin de practicar la debida notificación al demandante sobre el embargo de su barco.

4. EL PRINCIPIO DE PROPORCIONALIDAD Y EL RAZONAMIENTO EN LOS ARBITRAJES DE INVERSIÓN

Los tribunales de arbitraje de inversiones utilizan cada vez con más frecuencia el test de proporcionalidad de modo análogo a como se hace en los ordenamientos nacionales y en otros órganos de solución de disputas internacionales, entre los que destacan la UE, el Tribunal Europeo de Derechos Humanos o el mecanismo de solución de disputas de la OMC. Su aplicación sobre todo se ha se ha ocupado del problema de determinar si la medida adoptada por el Estado receptor de la inversión puede considerarse como expropiación indirecta o como vulneración de alguno de los elementos que integran el trato justo y equitativo. Ello no obstante, el test de proporcionalidad ha sido objeto de críticas por entender que otorga a los jueces unas potestades para adoptar resoluciones que afectan a la dirección de las políticas públicas cuando ponderan la adecuada relación de proporcionalidad entre los derechos e intereses en conflicto, y porque pone el acento en los principios por encima de las reglas o normas.

Estas críticas pueden ser menos problemáticas en los contextos nacionales en los cuales la rama legislativa tiene poder para modificar o revertir las resoluciones de los tribunales en lo relacionado a estándares legales y administrativos, al menos en lo que se refiere a casos futuros. Sin embargo, en el contexto de los TBI, la revisión de éstos es lenta y exige un proceso largo que requiere del consentimiento de ambas partes del tratado. Además, la mayoría de tratados de inversión no contienen mecanismos que puedan desencadenar la adaptación del texto del tratado en respuesta a las interpre-

[164] *Middle East Cement Shipping v. Egypt, supra* 162, párr. 143.

taciones de tribunales de inversión. Un caso excepcional es la Comisión para el Libre Comercio de NAFTA, que es el órgano a través del cual los Estados Parte pueden emitir interpretaciones conjuntas y vinculantes sobre el alcance de las reglas y de los estándares aplicables a las disputas entre inversores y Estados.[165]

Ha de notarse que la aplicación del principio de proporcionalidad en el contexto de los derechos constitucionales guarda cierta semejanza con su aplicación en el entorno de los derechos del inversor al amparo de los TIB, en los tribunales constitucionales y en los internacionales con base en tratados, como el TJUE o el TEDH. Ahora bien, éstos se hallan en una mejor posición institucional para llevar a cabo la ponderación que la proporcionalidad entraña que los tribunales de inversión, algo más evanescentes y *ad hoc*.

Así y todo, como se ha observado en este capítulo, los tribunales de inversión ejercen de hecho funciones de gobernanza y aplican estándares sumamente abiertos, en situaciones en las que se hallan en juego importantes intereses públicos. Ha de reconocerse, sin embargo, que si se tiene en cuenta esa realidad y la existencia de una débil estructura de control o de supervisión institucional y de revisión por parte de otros tribunales, y de una falta de atención por parte del mundo académico, de las ONG o de los *think-tanks*, lo cierto es que la metodología de la proporcionalidad establece unos mínimos criterios y un marco para asegurar que los tribunales de inversión consideran todos los intereses en conflicto y los ponderan a la luz de ciertos criterios preestablecidos. Ello puede aportar más y mejores argumentos, evaluaciones más claras, críticas y rendición de cuentas de los tribunales, porque toda resolución ha de argumentarse y racionalizarse a la luz del principio de proporcionalidad y de una metodología. El análisis de la proporcionalidad de la medida parece preferible –en cuanto proceso racional de ponderación de los intereses del inversor y de los intereses contrapuestos– a una extensa relación de hechos del caso en cuestión, seguida por una abrupta resolución basada en un razonamiento jurídico poco inteligible en el sentido de que la medida vulnera o no el principio del trato justo y equitativo, o constituye una medida equivalente a una expropiación basada en esa criticable forma de razonar que se asimila al «lo sabré cuando lo vea» (*I know it when I see it*).

---

[165] *Vid.* Art. 1131(2) NAFTA. Para una interpretación de este tipo, véasse por ejemplo, Comisión de Libre Mercado del NAFTA, *Notes of Interpretation of Certain Chapter 11 Provisions*, 31 de julio 2001, disponible en <www.international.gc.ca/trade-agreements-accords-commerciaux/disp-diff/NAFTA-Interpr.aspx?lang=en>. De igual forma el nuevo modelo de TBI de EE.UU contiene una disposición sobre un órgano similar. *Vid.* Art. 30(3) US Model BIT 2004: «Una declaración conjunta de las Partes, realizada por el representante designado para los propósitos del artículo, estableciendo su interpretación de una disposición de este tratado será vinculante para un tribunal, y cualquier decisión o laudo emitido por un tribunal deberá ser consistente con dicha declaración conjunta».

El test de proporcionalidad presenta también la ventaja de que está abierto a los diferentes niveles de la teoría política y a las diversas preferencias materiales o sustantivas respecto en lo que hace a la protección de la inversión.[166] El test resulta atractivo tanto para los que argumentan que los tribunales deben prestar mayor atención a los intereses no relacionados con la inversión de los terceros afectados y no representados en el proceso, como para aquellos que apuestan por unos parámetros más rigurosos para enjuiciar las injerencias del Estado sobre las inversiones extranjeras. Además, la estructura metodológica del test de proporcionalidad puede tener el efecto de que los árbitros sean más responsables, pues han de justificar sus resoluciones de una forma más detallada. Por ello, el test de proporcionalidad puede llegar a convertirse en una herramienta que promueva la rendición de cuentas y la justificación tanto de las acciones estatales como de la actividad de los tribunales arbitrales.

En pocas palabras, a pesar de que aún existen dudas, el test de proporcionalidad presenta un claro potencial de cara a ayudar a estructurar tanto la relación entre Estados e inversores extranjeros, como la relación entre Estados y tribunales de inversión. Igualmente, puede promover una mayor legitimidad de las instituciones que lo aplican. Como concluye un análisis sobre el incremento en el uso del test de proporcionalidad por parte de los tribunales nacionales e internacionales, «al adoptar el test de proporcionalidad, los tribunales constitucionales adquieren un medio coherente y práctico de dar respuesta a las cuestiones básicas sobre su legitimidad».[167] Las profundas suspicacias y preocupaciones sobre la legitimidad en el arbitraje de inversión deberían llevar a una pronta adopción del test de proporcionalidad como una técnica de común aplicación. De esta forma, los tribunales de inversión darían un paso adelante para reconocer y satisfacer las demandas que la gobernanza regulatoria global requiere de ellos.

IV. RESPUESTAS A LAS DEMANDAS DE LEGITIMIDAD EN EL ARBITRAJE DE INVERSIÓN: LAS FUNCIONES DEL DERECHO ADMINISTRATIVO GLOBAL

Como ya nos consta, los tribunales de inversión ejercen un poder relevante cuando formulan los estándares que han de guiar la actividad de los Estados receptores en relación con los inversores extranjeros, y contrastan la acción de los Estados de acuerdo con esos estándares. Tal y como se ha señalado en los en números II y III de este capítulo, ese poder se multiplica en la medida en que estos tribunales forman parte del sistema de gobernanza global. Numerosos académicos y profesionales del Derecho han puesto de manifiesto su preocupación sobre la legitimidad del ejercicio del poder

---

[166] Cf. ANDENAS y ZLEPTNIG, *supra*. 95, p. 371 en p. 387, basándose en el trabajo de Paul Craig sobre la revisión judicial a acciones emprendidas por agencias administrativas en el Reino Unido.

[167] STONE SWEET y MATHEWS, *supra* fn. 95, p. 5.

que ostentan los tribunales de inversión, afirmando que ya hay, o pronto habrá, una verdadera «crisis de legitimidad».[168] El apartado primero de este número IV aborda la relación entre la mayor exigencia de legitimidad y lo que se ha descrito anteriormente como la función de gobernanza que entraña el arbitraje de inversión; igualmente, sugiere algunas reformas que los propios árbitros pueden implementar fácilmente. Estas reformas podrían promover la legitimidad, haciendo que la práctica de estos tribunales y de otras agencias sean más acordes con los principios del emergente Derecho Administrativo Global. El apartado segundo sostiene que un elemento particularmente importante a estos efectos guarda relación con los tribunales, su nombramiento y las agencias de supervisión a fin de asegurar la calidad y la profundidad del razonamiento, del análisis y de la interpretación jurídicos de los tribunales.

1. LOS TRIBUNALES DE INVERSIÓN COMO REGULADORES MÁS ALLÁ DEL ESTADO: DELIMITACIÓN DE LOS DISTINTOS PROBLEMAS DE LEGITIMIDAD

En los pueblos de las sociedades democráticas está muy enraizada la idea de que el ejercicio del poder en los asuntos públicos, particularmente cuando se trata de organizaciones públicas que ejercen potestades públicas y de organizaciones autorizadas por el Estado para ocuparse de actividades públicas, ha de sustentarse sobre una base de legitimidad. Esta idea también se proyecta sobre el arbitraje de inversión, puesto que los tribunales arbitrales ejercen poderes en la esfera pública: revisan acciones que realizaron los Estados en el pasado; ayudan efectivamente a establecer los límites de las futuras acciones del Estado; y adoptan posiciones en asuntos que afectan a poblaciones enteras y a la forma en la que esas poblaciones se gobiernan. Estos tribunales operan y ejercen sus poderes en el espacio administrativo global, espacio que en buena medida los Estados crean a través de sus acuerdos, entre los que se encuentran a nuestro propósito, por ejemplo, los tratados de inversión y las Convenciones ICSID y de Nueva York de 1958. Las exigencias de una mayor legitimidad y su justificación o fundamento respecto de los tribunales arbitrales de inversión son, por tanto, diferentes, cuando no radicalmente distintas, de las que se dan en el caso del arbitraje comercial.

El arbitraje comercial transnacional entre multinacionales constituye una forma de resolución de disputas muy distinta, en lo que hace a la legitimidad. Téngase en cuenta, en efecto, que el arbitraje de inversión requiere una particular base legitimadora por el hecho de que los tribunales de inversión ejercen un control sobre la acción del Estado receptor, acción que de ordinario se mueve en la esfera pública, no en la privada. En cambio, el arbitraje comercial se ciñe normalmente a resolver las disputas entre las

---

[168] *Vid.* la literatura citada en *supra* 7.

partes y sus respectivos interesados, aun cuando en ocasiones sus resoluciones pueden servir de precedentes o incluso producir efectos más generales o sistémicos.[169]

El concepto de legitimidad puede entenderse en términos weberianos, o en términos democráticos, o, si se prefiere, a través de procesos electorales democráticos u otros mecanismos sustitutorios equivalentes. Veámoslo más despacio.

– Max Weber analizó la legitimidad –y, por tanto, la afirmación de autoridad al margen del poder coercitivo para imponer la obediencia– que poseen las leyes y las instituciones en función de las tres fuentes de las que, a su juicio, puede dimanar: la tradición (v.gr. una práctica históricamente aceptada de solucionar las disputas), la dirección carismática y la racionalidad burocrática. [170] Los tribunales de inversión desde luego están lejos de moverse dentro de la tradición desde el punto de visto del público no experto, y pocas veces se puede decir que su actuación se ha basado en el carisma de sus miembros. Ello quiere decir que, en términos weberianos, la legitimidad de los tribunales de inversión depende, al menos en parte, de la legalidad y racionalidad de su diseño, de sus procesos y de las cualidades técnicas y del poder de convicción de sus razonamientos a la hora de explicar y justificar sus resoluciones. Sobre este punto volveremos en el siguiente apartado.

– Por su parte, la democracia electoral ofrece unos métodos distintos y más elaborados para entender que una acción o decisión es legítima.[171] Una característica particular de las elecciones democráticas mediante voto secreto reside en que facilitan la libertad de los votantes para manifestar sus expresiones políticas en los términos que tengan por conveniente. A los votantes no se les pide que justifiquen su voto. Son libres

[169] Sobre la diferencia entre el arbitraje de inversión y el arbitraje comercial *vid.* Gus VAN HARTEN y Martin LOUGHLIN, «Investment Treaty Arbitration as a Species of Global Administrative Law», 17 Eur. J. Int'l L. (2006), p. 121 en p. 139 y ss.; Stephan SCHILL, «Arbitration Risk and Effective Compliance: Cost-Shifting in Investment Treaty Arbitration», 7 J. World Inv. & Trade (2006), p. 653, en p p. 676-679. La experiencia en el arbitraje comercial tiene efectos sistemáticos al determinar el juicio que realizan los actores económicos sobre si deben o no incluir cláusulas de arbitraje en contratos futuros y sobre qué instituciones arbitrales y que reglas deberían usarse. Loukas MISTELIS, Crina BALTAG, Stavros BREKOULAKIS, *Corporate Attitudes and Practice: Recognition and Enforcement of Foreign Awards* (2008); Loukas MISTELIS, «International Arbitration: Corporate Attitudes and Practices», 15 Am. Rev. Int'l Arb. (2004), p. 525; Theodore EISENBERG, Geoffrey MILLER y Emily SHERWIN, «Arbitration's Summer Soldiers: An Empirical Study of Arbitration Clauses in Consumer and Nonconsumer Contracts», 41 U. Mich. J. L. Ref. (2008), p. 871. Respecto al arbitraje de inversión basado en contratos, o el arbitraje de inversión en el cual un contrato es vital respecto de los temas de fondo, los asuntos referentes a la legitimidad pública de los tribunales son generalmente los mismos que surgen cuando un tratado de inversión es la fuente para la demanda. *Vid.* José ALVAREZ, «Book review», 102 AJIL (2008), p. 909, en pp. 911-912.

[170] Max WEBER, *Economy and Society: An Outline of Interpretive Sociology* (Guenther Roth and Claus Wittich eds., 1968).

[171] *Vid.* John FEREJOHN, «Accountability in a Global Context», IILJ Working Paper 2007/5 (Global Administrative Law Series) disponible en <http://iilj.org/publications/documents/2007-5. GAL.Ferejohn.web.pdf>.

de quitar el Gobierno de turno, simplemente porque están cansados de él.[172] La legitimidad básica en las formas democráticas de gobierno proviene entonces de su elección a través de votantes libres. Los gobernantes electos pueden a su vez conferir legitimidad a las organizaciones internacionales que ellos mismos establecen, controlan o apoyan como fundadores y como donantes, y también a las instituciones sobre las cuales ellos ejercen lo que se puede llamar una potestad política discrecional, por ejemplo, para remover de su cargo a un ministro o a un director de una agencia administrativa. No obstante, extender esta legitimidad democrática a las instituciones transnacionales resulta sumamente complejo, y más aún para los Estados más débiles que tienen una influencia muy limitada en aquellas instituciones.[173]

En consecuencia, puede decirse que la legitimidad democrática directa de los tribunales de inversión resulta sumamente tenue. Ciertamente, los tribunales se establecen en virtud del consentimiento de los Estados en cuestión a través de fórmulas diversas: ya sea a través del consentimiento otorgado en un TBI o acuerdo regional, la Convención ICSID y, más privadamente –y dejando al margen ciertas cuestiones– a través de un contrato celebrado entre una agencia estatal y el inversor. Sin embargo, esta delegación del poder para dictar resoluciones en favor del tribunal de inversión resulta generalmente muy débil para entender que se transmite mediante esa delegación una legitimidad democrática suficiente. Los compromisos adquiridos en el tratado duran bastante tiempo y no se supervisan a través de instituciones que sigan un proceso ordinario de participación democrática. A ello se suma que los procesos electorales que dotan de la legitimidad de base a las autoridades gubernamentales en los Estados democráticos rara vez juegan algún papel cuando una demanda da inicio a una disputa ante un tribunal de inversión y éste comienza su actividad. Finalmente, no está de más recordar que el Estado receptor de ordinario tan sólo escoge a uno de los tres árbitros que componen el tribunal que se ocupará de la resolución de la disputa.

¿Cuáles son entonces los mecanismos de legitimación no electorales capaces de otorgar legitimidad a las instituciones transnacionales que ejercen poderes públicos, como por ejemplo los tribunales de inversión? Este tema de la legitimidad a través de métodos no electorales es de vital importancia en cualquier tipo de institución transnacional que tenga poderes de gobernanza que puedan afectar los derechos y responsabilidades de individuos, empresas, Estados y otros grupos. De hecho, la preocupación por la legitimidad, la efectividad y la justicia de las actuaciones de estas instituciones, unida a ciertas críticas y presiones políticas, ha determinado que muchas instituciones transnacionales cambien sus prácticas y su visión sobre cuáles son las normas aplicables que les confieren legitimidad y cuál es su función como instituciones regulatorias y actores públicos en la gestión de intereses públicos.

---

[172] *Vid. íbid.*, p. 20 y ss. (discutiendo sobre el antiguo relato griego sobre un campesino que votó para mandar a Aristides el Justo al ostracismo, simplemente porque estaba cansado de que lo llamaran Aristides «El Justo»).

[173] Grainne de BURCA, «Developing Democracy Beyond the State», 46 Columbia J. Transnat'l L. (2008), p. 221.

Por ejemplo, el Comité de Basilea ahora publica sus proyectos en su página Web e invita a que los visitantes hagan comentarios antes de adoptar su nueva política sobre supervisión de los bancos comerciales.[174] El Banco Mundial sigue un proceso de consulta similar para la realización de sus políticas sociales, y tiene un Panel de Inspección al cual pueden acudir las personas que se consideren afectadas por vulneración de las propias políticas del Banco.[175] De igual manera, la Convención ICSID practica la transparencia en relación a los documentos y audiencias que celebra durante los arbitrajes de inversión, lo cual era algo inimaginable hace unos pocos años.[176]

Por lo demás, estas reformas en la dirección adecuada, aun cuando no sean universales, no pueden considerarse aisladas. Forman parte de las incipientes, aunque desiguales, normas de Derecho Administrativo Global, que se ocupan de la participación, la transparencia, el debido proceso, la motivación de las resoluciones, la revisión y el control, la rendición de cuentas y el respeto de los valores básicos del Derecho Administrativo, entre los que destaca el principio del Estado de Derecho.[177] Estas normas del Derecho Administrativo Global se aplican ya como Derecho positivo en determinadas instancias o sectores es-

---

[174] Michael BARR y Geoffrey MILLER, «Global Administrative Law: The View from Base», 17 Eur. J. Int'l L. (2006), p. 15.

[175] Benedict KINGSBURY, «Operational Policies of International Institutions as Part of the Law-Making Process: The World Bank and Indigenous Peoples», en Guy S. GOODWIN-GILL y Stefan TALMON (eds.), *The Reality of International Law* (1999), p. 323; David SZABLOWSKI, *Transnational Law and Local Struggles: Mining Communities and the World Bank* (2007).

[176] *Vid.* las modificaciones a las reglas de la Convención ICSID: Regla 48(4) (relativo a la publicación de los argumentos legales de los tribunales); Regla 37(2) (en relación a la participación de terceros a través de *amicus curiaes*); Regla 32(2) (relativa a la posibilidad de llevar a cabo audiencias públicas). Sobre los nuevos cambios a las reglas de la Convención ICSID *vid.* Aurélia ANTONIETTI, «The 2006 Amendments of the ICSID Rules and Regulations and the Additional Facility Rules», 21 ICSID Rev. – For. Inv. L. J. (2007), p. 427. Sobre transparencia y participación de terceros, *vid.* Jack J. COE, «Transparency in the Resolution of Investor-State Disputes – Adoption, Adaptation, and NAFTA Leadership», 54 U. Kan. L. Rev. (2006), p. 1339; Carl-Sebastian ZOELLNER, «Third-Party Participation (NGO's and Private Persons) and Transparency in ICSID Proceedings», en Rainer HOFMANN y Christian J. TAMS (eds.), *The International Convention for the Settlement of Investment Disputes (ICSID) – Taking Stock After 40 Years* (2007), p. 179; Christian J. TAMS y Carl-Sebastian ZOELLNER, «Amici Curiae *im internationalen Investitionsschutzrecht*», 45 Archiv des Völkerrechts (2007), p. 217; Christina KNAHR, «Transparency, Third Party Participation and Access to Documents in International Investment Arbitration», 23 Arb. Int'l (2007), p. 327. No obstante, es importante señalar que las reglas de CNUDMI han cambiado de forma mucho más lenta, y es posible que algunas de las partes en un litigio prefieran un foro en el cual no existan tantas reglas relativas a la publicidad.

[177] Para una discusión profunda sobre los principios específicos del Derecho Administrativo Global *vid.* las lecturas citadas *supra* en los pies de página 2, 12 y 16, así como los escritos de Jean-Bernard AUBY, Armin von BOGDANDY, Sabino CASSESE, Richard STEWART, y otros académicos destacados en este campo. Una bibliografía extensa está disponible en <www.iilj.org/GAL>. *Vid.* también el análisis de Robert HOWSE, «Adjudicative Legitimacy and Treaty Interpretation in International Trade Law: The Early Years of WTO Jurisprudence», en Joseph WEILER (ed.), *The EU, The WTO and the NAFTA: Towards a Common Law of International Trade* (2000), p. 35, enfocándose en los procedimientos equitativos, coherencia e integridad en la interpretación legal y sensibilidad frente a otros

pecíficos. A ello debe añadirse otra dimensión. Y es que con frecuencia tales normas podrán influir en otras instituciones –por ejemplo en los tribunales nacionales– cuando tengan que determinar qué valor y peso ha de reconocérsele a las decisiones adoptadas en otras organizaciones transnacionales. En términos más generales, puede afirmarse en ese sentido que tales instituciones juegan un papel fundamental en el debate sobre la legitimidad del ejercicio de poder que llevan a cabo las organizaciones transnacionales, que en su actuar afectan a la vida y el bienestar de los seres humanos.

En el ámbito del arbitraje de inversión, la participación del Estado, y de su pueblo, en la operatividad del tribunal, puede aportar algo de legitimidad, en la medida en que los miembros electos del Gobierno son los que eligen a un miembro del tribunal, consienten su establecimiento y defienden el caso. Ahora bien, ha de notarse de inmediato que ello apenas resulta suficiente en los casos en que los tribunales deben de interpretar disposiciones como el «trato justo y equitativo» o el concepto de expropiación indirecta, que son generalmente conceptos vagos y ambiguos, lo que supone a la postre el reconocimiento de un amplio margen de apreciación en favor del tribunal. Ello es muy relevante porque las resoluciones del tribunal de inversión acerca de cómo interpretar y aplicar algunos de esos abstractos estándares no sólo afecta a las partes del proceso, sino a otros muchos que no participan en él, como, por ejemplo, a docenas de Estados y a innumerables inversiones en todo el mundo, puesto que esos mismos estándares, u otros análogos, resultan de obligado cumplimiento en la casi totalidad de los TIB. No cabe duda de que la interpretación que realice el tribunal arbitral tiene potenciales efectos para configurar o condicionar las futuras actuaciones de los Estados, sus órganos legislativos, sus agencias administrativas, del mismo modo que también tendrá una incidencia sobre las expectativas y decisiones de los inversores, y quizás de otros actores que puedan verse afectados por las cuestiones relacionadas con la inversión. En pocas palabras, los efectos de las decisiones de los tribunales de inversión no se limitan a la disputa planteada en el marco de un tratado concreto. De ahí la relevancia que adquiere el precedente y su referencia a los arbitrajes y en las mismas disposiciones de los tratados.[178]

La adhesión de los tribunales de inversión a los principios de Derecho Administrativo Global –cuando resulten de aplicación a su actuación– puede jugar un papel fundamental para generar y/o promover la legitimidad de este tipo de arbitraje. Y, al contrario, su inaplicación provoca una crítica bien fundamentada. En el número II anterior se ha aludido a la aportación de la jurisprudencia en la definición del marco jurídico de los Estados en lo que hace a los principios de buena gobernanza y del Estado

---

regímenes legales relevantes (V.gr Derecho Internacional Ambiental y sus instituciones), como elementos usados por el Panel de Apelaciones de la OMC para construir su legitimidad.

[178] *Vid*. infra. 183

de Derecho, señaladamente con ocasión de la interpretación de las obligaciones que derivan del trato justo y equitativo para la inversión extranjera. Esa jurisprudencia, sin embargo, constituye un amable recordatorio de que también los tribunales de inversión han de sujetarse a iguales parámetros, que en ocasiones no observan, señaladamente en lo que hace a la transparencia, predictibilidad, argumentación y participación de los intereses afectados, criterios éstos que los tribunales consideran inherentes al trato justo y equitativo. Ciertamente, los tribunales no son Estados y no se hallan vinculados formalmente a los mismos estándares o criterios a la luz de los tratados que en cada caso aplican. Sin embargo, a medida que el Derecho Administrativo Global crezca y evolucione, las exigencias que los tribunales proyectan sobre los Estados terminarán por convertirse en indicadores jurídicos de su propia actividad.

Entre los principios fundamentales el Derecho Administrativo Global que resultan de aplicación a los tribunales de inversión se pueden citar la lealtad procesal, el principio de legalidad y la ausencia de conflictos de intereses o de arbitrariedad a lo largo del proceso decisorio. Resulta más difícil, sin embargo, pensar en una instancia independiente de revisión del trabajo del tribunal de inversiones, por sus costes y la dilación que implica, pero acaso termine por imponerse probablemente en el futuro. La revisión razonada del fallo en una especie de segunda instancia –formada por árbitros o constituida en una autoridad– parece ser algo esencial y por ello ya existe, en alguna medida, cuando se impugna el nombramiento de uno de los árbitros con argumentos sólidos, o cuando se alega que un árbitro incurre en conflicto de intereses con la materia del litigio. De particular valor para la legitimidad y para una revisión del laudo que entre también en el fondo del asunto, es que las resoluciones de los tribunales de inversión aborden las cuestiones objeto de su análisis con la debida argumentación y razonamiento. En los Estados democráticos se espera que los tribunales sustenten sus decisiones con argumentos jurídicos convincentes, en parte también porque ellos no responden directamente ante el pueblo.

Ciertamente, el arbitraje puede encontrar fundamento en la confianza que deposite en él el pueblo –si el público confía en el tercero imparcial lo suficiente como para admitir que resuelva sin especificar ni siquiera las reglas concretas a las que ha de someterse el tribunal, ni exigir mucho razonamiento en sus decisiones–. Pero es difícil de imaginar que esta confianza pueda actuar como criterio de legitimidad, cuando las relaciones entre el Estado y el inversor se han deteriorado hasta tal punto que requieren la intervención de un tribunal. Cuando dicha confianza no existe, o hay serias dudas acerca de la legitimidad del tribunal, las reglas a las que éste ha de someterse habrán de definirse a través del proceso político, y, en ese caso, la motivación del fallo adquiere mayor importancia, puesto que es la forma de justificar que las decisiones del tribunal se ajustan al Derecho preestablecido. El siguiente apartado se ocupa de esta cuestión –la motivación–, y examina los laudos de los tribunales de inversión en la jurisprudencia reciente.

2. RAZONAMIENTO ADECUADO Y LA REFERENCIA A OTROS LAUDOS COMO ELEMENTOS DE UNA LEGITIMIDAD SISTEMÁTICA

La motivación de los fallos resulta importante, en primer lugar, como respuesta a los argumentos esgrimidos y los hechos alegados por las partes en conflicto. Asimismo, es fundamental para el propio Estado, que podría volver a ser demandado, y también lo es para otros sujetos no relacionados con el proceso, pues la motivación del laudo arbitral opera como guía para futuras acciones, y a la vez, da forma a las expectativas normativas de una mayor audiencia, en la medida en que los tribunales de inversión se sirven cada vez con mayor frecuencia de formas de razonar propios del *common law* y aplican estructuras lógicas que se basan en buena parte en los precedentes arbitrales de otros tribunales de inversión. Es precisamente este efecto prospectivo o de impacto sobre actuaciones futuras donde reside la clave de la concepción, que aquí se mantiene, de que los tribunales de inversión operan como verdaderos reguladores de la gobernanza global.

El razonamiento de los laudos arbitrales adquiere, pues, una enorme relevancia, no solo en lo que hace a la legitimidad de carácter no electoral del tribunal, sino también en punto a su impacto regulatorio sobre las futuras funciones administrativas y regulatorias que pueda adoptar el Estado en cuestión. El artículo 48 (3) de la Convención ICSID dispone naturalmente que el laudo «debe señalar las razones sobre las cuales se fundamenta».[179] Sin embargo, el texto no explica las razones ni finalidad de esta exigencia. A mayor abundamiento, las resoluciones recientes del comité de anulaciones, cuando ha establecido modestos criterios sobre la calidad y necesidad de la motivación de cara a la anulación, no ha puesto esta exigencia de motivar en un contexto público más amplio, de democracia deliberativa y de legitimidad. Por el contrario, se ha centrado en la cuestión de si el razonamiento resulta o no inteligible o comprensible para las partes, sin prestar atención necesariamente a si las razones aportadas resultan adecuadas para una audiencia más amplia a la del tribunal (legisladores, tribunales, el pueblo de los Estados afectados, y el de otros Estados potencialmente afectados, inversores, aseguradores, y otros grupos de intereses).[180]

Una consecuencia de proyectar el Derecho Administrativo Global sobre la gobernanza global, como se apuntó al inicio del presente capítulo, es que el razonamiento de los fallos y desde luego de las decisiones judiciales que se dicten en las disputas de los arbitrajes de inversión habrán de reflejar la condición o carácter de lo «público», propio del Derecho. Y ello va mucho más lejos de la elemental obligación de explicarle a las partes de forma comprensible la *ratio decidendi* de la resolución, para extenderse hacia esa audiencia más amplia,

---

[179] La falta de motivación del laudo constituye una de las razones para solicitar su anulación (art. 52(1)(e) ICSID). Igualmente, otras reglas especifican que los laudos deben estar debidamente razonados, *vid.* por ejemplo, Art. 32(3) reglas de arbitraje CNUDMI (no obstante, la misma norma provee que las partes pueden acordar no requerir un fallo motivado).

[180] Si bien es cierto que suministrar razones no implica que no haya lagunas jurídicas, el razonamiento debe permitir al lector «seguir el razonamiento»; *vid. CMS Gas Transmission Company v. Argentine Republic* (ICSID Case No. ARB/01/8), Decisión del Comité *Ad Hoc* para la Solicitud de Nulidad de la República Argentina de 25 de septiembre de 2007, para. 97; *vid.* también *Wena Hotels Ltd. v. Arab Republic of Egypt* (ICSID Case No. ARB/98/4), Decisión de la Solicitud por la República Árabe de Egipto para la Nulidad del Laudo Arbitral de 28 de enero 2002, para. 81.

a la que antes de ha hecho referencia (los intereses de los que no se encuentran representados, ni participan, en el proceso). Señaladamente, y en la medida en que las resoluciones de estos tribunales afectan a los principios generales de la inversión internacional y el arbitraje, el razonamiento tendrá que implicarse con estas cuestiones, de mayor espectro y carácter sistémico. Ello no quiere decir que se deban pronunciar expresamente y de forma necesaria sobre tales temas y cuestiones. Al fin y al cabo, la prudencia, el rigor y el minimalismo constituyen virtudes de un juez y de un árbitro. Lo que sí es cierto, sin embargo, es que el razonamiento ha de ser transparente y accesible, no sólo para las partes procesales, sino también para esas audiencias más amplias y ajenas al tribunal (como los Estados que no participan, la comunidad de la inversión, y los grupos que pueden verse afectados por una resolución dictada en el contexto de una inversión extranjera). Y ello resulta de particular relieve, nótese bien, porque los laudos arbitrales adquieren el valor de precedente en la práctica.

En ocasiones se ha afirmado que, debido a que los tribunales de inversión no están obligados formalmente a seguir los precedentes cuando resuelven sus casos –es decir, que deciden como si fuera el primer caso en resolverse dentro del sistema–, no tienen que preocuparse sobre si sus laudos producen efectos regulatorios *ex ante* respecto de la conducta futura del Estado demandado, o sobre la acción futura de otros Estados no involucrados en la disputa.[181] Cualesquiera que sean las razones o las virtudes de esta posición jurisprudencial, o del argumento para reducir el alcance e impacto de la decisión de cada tribunal, y así poder disipar las dudas o problemas de legitimidad que se puedan presentar, lo cierto es que tal argumento no coincide con lo que sucede en la práctica actual. Los Estados y sus asesores legales serían muy ingenuos si no estudiaran la jurisprudencia arbitral sobre un tema específico a fin de determinar cómo actuar en relación con una inversión extranjera. El interés por los laudos arbitrales se evidencia también en los cambios que se han producido en la práctica de los Estados, en concreto por el efecto de esos precedentes en la redacción de los nuevos TBI y en la revisión de los tratados ya existentes. Por ejemplo, la interpretación amplia del concepto de trato

---

[181] Este razonamiento fue utilizado en *RosInvestCo v. Rusia* en relación a la decisión del Tribunal de apartarse de un precedente que hacía referencia acerca de si el principio de «Nación Más Favorecida» podría llegar a implicar un consentimiento del Estado receptor respecto a temas relacionados con la jurisdicción contenidos en otros tratados celebrados entre el Estado receptor y otros Estados. *Vid. RosInvestCo UK Ltd. v. The Russian Federation* (SCC Case No. V 079/2005), Decisión de Jurisdicción, October de 2007, para. 137 (señalando en un caso en el cual existía una profunda discrepancia sobre la interpretación de una cláusula de «Nación Más Favorecida»: «Después de haber examinado [v.gr otros laudos que hubiesen estudiado el tema de las cláusulas de Nación Más Favorecida], el Tribunal considera que no hay necesidad de entrar en una discusión minuciosa sobre lo decidido en casos anteriores. El Tribunal comparte el argumento de las partes en el sentido que se pueden extraer distintas conclusiones de cada decisión dependiendo de cómo se interprete la redacción de la cláusula de arbitraje y de la cláusula de nación más favorecida. No obstante, por ser la función principal de este Tribunal la de decidir el caso ante el sometido, antes que desarrollar una discusión general sobre la aplicabilidad de las cláusulas de 'Nación Más Favorecida' a las disposiciones relacionadas con la solución de disputas, este Tribunal observa que la redacción de la cláusula de 'Nación Más Favorecida', y la cláusula de arbitraje del TBI aplicable al caso concreto, no es idéntica a aquellas cláusulas estudiadas en decisiones proferidas anteriormente por otros tribunales»).

justo y equitativo y del concepto de expropiación indirecta, ha influido en la decisión de Estados Unidos de redactar de manera más estricta las cláusulas de sus nuevos TBI y los tratados de libre comercio.[182] En cierta forma, la jurisprudencia ha sido entendida por los Estados como una regulación *de facto*.

Casi todas las decisiones recientes de la ICSID y del NAFTA toman como referencia decisiones previas de la ICSID en materia de jurisdicción y sobre los temas de fondo[183]. Un estudio estadístico reciente confirma la evidente impresión que produce la lectura de tantos laudos de arbitraje y sus constantes referencias a otros casos: «en los laudos arbitrales recientes predominan las citas y referencias a lo que se supone son fuentes subsidiarias, tales como decisiones judiciales, entre las que se encuentran los laudos arbitrales».[184] Que la cita de casos anteriores tiene un peso específico y que sirve de precedente es algo que confirman algunas declaraciones de los tribunales de arbitraje cuando se han pronunciado expresamente sobre el valor de los precedentes. Aun cuando subrayen la ausencia del principio del precedente judicial (*iure stare decisis*), sin embargo, los tribunales sienten de inmediato la inevitable necesidad de observar las decisiones adoptadas previamente, como guía para tomar su propia decisión.[185] En el caso *El Paso v. Argentina*, por ejemplo, el Tribunal señaló que «segui[rá] la misma línea [tal como lo han hecho laudos anteriores], ya que ambas partes han basado sus argumentos escritos y orales en precedentes».[186] La forma en que las partes basan sus argumentos en los precedentes sugiere, pues, que existe la expectativa de que el Tribunal decida los casos no solo con base en una interpretación abstracta del TBI, sino también mediante

---

[182] Art. 10.5(2)(a) del TLC entre República Dominicana – Centro América y EE.UU., disponible en<www.ustr.gov/Trade_Agreements/Bilateral/CAFTA/Section_Index. html>, por ejemplo señala – alejándose del lenguaje más laxo usado en tratados celebrados con anterioridad – que el «trato justo y equitativo» incluye la obligación de no denegar justicia en procedimientos criminales, civiles, o contencioso administrativos, de acuerdo con el principio del debido proceso incorporado en los principales sistemas legales del mundo;» *vid.* también Art. 15.6 del TLC entre EE.UU. y Singapur, firmado el 15 de enero de 2003 y vigente desde el 1 de enero de 2004, en relación a un canje de notas sobre el concepto de expropiación indirecta que clarifica que la regulación realizada de buena fe, no constituye generalmente una expropiación indirecta compensable. Sobre la interacción entre el arbitraje de inversión y la práctica de los TIBs *vid.* UNCITRAL, Investor-State Dispute Settlement and Impact on Investment Rulemaking (2007), pp. 71-89.

[183] Jeffrey P. COMMISSION, «Precedent in Investment Treaty Arbitration – A Citation Analysis of a Developing Jurisprudence», 24 J. Int'l Arb. (2007), p. 129 en pp. 142-154.

[184] *Ibid.* en p. 148. En particular, sus resultados muestran un «marcado incremento de las citas de decisiones ICSID por Tribunales ICSID» (*ibid*, p. 149). Mientras los Tribunales ICSID entre 1990 y 2001 citaban un aproximado de dos decisiones previas, este número se incremento a un promedio de más de siete citas en el período comprendido entre 2002 y 2006. Las decisiones ICSID sobre jurisdicción citan incluso un promedio de nueve antecedentes (véanse las tablas 3-5 en p. 149-150).

[185] *Vid.* también Gabriele KAUFMANN-KÖOHLER, «Arbitral Precedent: Dream, Necessity or Excuse?», 23 Arb. Int'l (2007), p. 357

[186] *El Paso Energy International Company v. The Argentine Republic* (ICSID Case No. ARB/03/15), Decisión de Jurisdicción de 27 de abril de 2006, párr. 39. *Vid.* también *AES Corporation v. The Argentine Republic* (ICSID Case No. ARB/02/17), Decisión de Jurisdicción de 26 de abril de 2005, párr. 18 (señalando que el inversor se basó en laudos previos «casi como si estos fueran precedentes [buscando] señalar que las objeciones levantadas por Argentina sobre la jurisdicción de este tribunal resultaban irrelevantes, pues estos tribunales ya habían decidido hechos y argumentos idénticos en casos anteriores»).

la proyección en éste de la estructura argumental preexistente y del contenido discursivo que se ha producido en otros laudos previos.[187]

La importancia del precedente resulta particularmente evidente en el caso *Waste Management v. Mexico*, puesto que concentra y sintetiza los precedentes en el ámbito del NAFTA, y, por consecuencia, se ha convertido ahora en un referente obligado y general (*locus classicus*), no solo del trato justo y equitativo en el contexto de NAFTA, sino también de otros TBI. En un estilo y modelo análogo a como se realiza en un sistema basado en el precedente judicial (*stare decisis*), el Tribunal definió el estándar de trato justo y equitativo tomando como referencia otras resoluciones previas al amparo del NAFTA: «Observando lo expresado en las decisiones adoptadas en *S-D Myers, Mondev, ADF and Loewen*, éstas sugieren que el estándar mínimo del trato justo y equitativo se infringe a resultas de una conducta atribuible al Estado que cause un daño al demandante, si tal conducta es arbitraria, manifiestamente parcial, injusta o idiosincrática, resulta discriminatoria y expone al demandante a la segregación racial o sectaria, o implica una ausencia de debido proceso que desemboque en una falta de honestidad judicial –como pudiera ser el caso de una manifiesta falta de justicia natural* en un proceso judicial–, o la completa ausencia de transparencia y lealtad en un procedimiento administrativo».[188]

El tribunal, en efecto, construyó el significado del estándar del trato justo y equitativo primariamente a partir de otras decisiones previas, y no mediante una interpretación genuina y autónoma del texto del NAFTA. En consecuencia, en este caso, el tribunal se circunscribió a proyectar sobre los hechos específicos un estándar creado en decisiones adoptadas anteriormente[189].

---

[187] Cf. sobre el surgimiento de expectativas respecto a la aplicación y justificación de un cambio en la línea jurisprudencial *vid. Appellate Body Report, Japan – Taxes on Alcoholic Beverages WT/DS8/AB/R, WT/DS10/AB/R, WT/DS11/AB/R*, decisión de 4 de octubre de 1996, p. 14 (señalando que las decisiones adoptadas por el panel son parte importante del *corpus iuris* del GATT. Generalmente son usadas por otros paneles en el futuro. Asimismo, crean unas expectativas legítimas entre los Estados miembros de la OMC y por ello deben ser tenidas en cuenta cuando resultan ser pertinentes en alguna disputa. No obstante, no son vinculantes, con excepción de las partes que conforman el litigio en particular). De manera similar, véase *Saipem S.p.A. v. The People's Republic of Bangladesh* (ICSID Case No. ARB/05/07), Decisión de Jurisdicción y Recomendación de Medidas Preventivas de 21 de marzo de 2007, párr. 67 «El tribunal considera que no está atado por decisiones previas. Al mismo tiempo, es de la opinión que debe prestar particular atención a las decisiones previas adoptadas por tribunales de inversión. Considera también de que a menos que las razones y hechos sean totalmente opuestos a los de casos anteriores, tiene el deber de adoptar decisiones consistentes con series de casos decididos previamente. También considera que, teniendo especial atención al tratado específico y a las circunstancias particulares del caso, tiene el deber de buscar contribuir al desarrollo armónico del Derecho Internacional de inversión y consecuentemente, de cumplir con las expectativas legítimas de la comunidad de Estados e inversores para apuntar así a una seguridad jurídica». *Vid.* también *International Thunderbird Gaming Corporation v. The United Mexican States (UNCITRAL/NAFTA), supra.* 37, Opinión disidente de Thomas Wälde, Párr. 16 (señalando que si bien los laudos no se constituyen como un precedente vinculante, se debe buscar y se debe respetar el propósito de buscar una línea de razonamiento y una interpretación particular de las obligaciones que emanan de un tratado; si esta jurisprudencia se desarrolla, y adquiere el status de costumbre internacional, debe ser respetada»). *Vid. ibid.*, párr. 129-130.

* Sobre el concepto de justicia natural (natural justice) en el sistema del common law, véase la nota del editor anterior (violación de derechos de defensa, indefensión). (N. del E.)

[188] *Waste Management v. Mexico, supra.* 44, párr. 98.

[189] *Waste Management v. Mexico, supra.* 44, párr. 88 y ss.

Una vez asumido que la interpretación jurídica y el razonamiento de los tribunales constituyen una cuestión de primer grado en la práctica, tanto para los futuros tribunales, como para los Estados, y que esas operaciones adquieren una enorme relevancia en punto a la legitimidad de los laudos, tanto para las partes del proceso, como para las que no lo son, cabe destacar una serie de temas de interés en la praxis del razonamiento.

Una primera cuestión deriva del mismo hecho de establecer en abstracto el contenido normativo de los genéricos estándares de protección de la inversión –como el trato justo y equitativo–, acaso con el apoyo o el sustento de algunas citas igualmente abstractas, extraídas de otros precedentes, sin mayores explicaciones ni fundamento, para después afirmar que los hechos del caso encajan o no en tal estándar.[190] Si bien ese método podría satisfacer los requerimientos mínimos de razonamiento y justificación que tienen establecidos los comités de anulación del ICSID[191], los tribunales que siguen este patrón pueden mostrarse incapaces de demostrar que fundamentan esas abstractas explicaciones del trato justo y equitativo en un formato jurídico susceptible de un análisis y un debate rigurosos. De ahí que tengan más difícil rebatir el reproche de que el contenido de estos estándares o conceptos es un fruto de los estándares subjetivos y preferencias individuales de los árbitros.

Una segunda cuestión problemática consiste en que los tribunales en tales escenarios no expresan las premisas normativas sobre las que se basan cuando resuelven el caso mediante la interpretación de esos abstractos principios, como el del trato justo y equitativo, limitándose, por el contrario, a presentar de modo muy extenso la relación de hechos, con una somera consideración de las cuestiones jurídicas implicadas y una aseveración final, a modo de argumento de autoridad, en lugar de llevar a cabo una argumentación y razonamiento jurídicos. Un ejemplo de problema lo representa el laudo parcial en *Eastern Sugar B.V. v. Czech Republic*, que trataba de una disputa en el marco del TBI celebrado entre Holanda y la República Checa, a consecuencia de unas reformas del Derecho interno en cuanto a la asignación de cuotas de azúcar.[192] El laudo relata en más de cien párrafos[193] los hechos que considera relevantes para la demanda basada en la violación de trato justo y equitativo. El laudo concluye que se ha producido una vulneración de tal principio sin identificar su contenido normativo y su significado jurídico, y sin tan siquiera invocar otros «precedentes» arbitrales o a las fuentes relevantes para la interpretación del tratado, o la doctrina de Derecho Internacional sobre la materia. Por el contrario, el laudo se limita a esbozar un marco sumamente genérico donde situar el contenido normativo del trato justo y equitativo. Por ello, al poner las cosas en este contexto tan genérico, el tribunal pudo sostener que una violación del trato justo y equitativo, por un lado, se produce a consecuencia de una injerencia evidente y flagrante, y, por otro, no puede invocarse cada vez que el Estado vulnera una ley o no la ejecuta de forma completa y adecuada.[194] Basar una decisión en un marco tan

---

[190] *Vid.*, por ejemplo, S.D. Myers, *Inc. v. Government of Canada, supra* 45, párr. 134.

[191] Véase *supra* 180.

[192] *Eastern Sugar B.V. v. The Czech Republic* (SCC Case No. 88/2004), Decisión Parcial de 27 de marzo de 2007.

[193] Eastern Sugar, *ibíd..*, paras. 222-343.

[194] Eastern Sugar, *ibíd.*, para. 272.

amplio como el utilizado en este laudo resulta inadecuado no solo en vista del consenso existente actualmente, y que reconoce que el principio de trato justo y equitativo constituye un estándar legal con un contenido normativo independiente[195], sino también por el tratamiento concreto que este estándar ha recibido en la jurisprudencia arbitral y en otros escritos académicos.[196]

Esta clase de razonamiento y argumentación que se sigue en *Eastern Sugar* podría bastar cuando la disputa afecta tan sólo a las partes del proceso. Sin embargo, una argumentación tal no satisface el nivel y la calidad que se requieren cuando estos mecanismos de solución de disputas operan en el contexto de la gobernanza pública. Aun cuando no quepa esperar el pronunciamiento sobre todo posible precedente de las cuestiones de Derecho Internacional que susciten las partes, y sea evidente que los tribunales dependen tanto de la calidad de los escritos que las partes presentan, como, en última instancia, de los costes y recursos de que dispongan, lo cierto es que resulta sencillamente insuficiente en este contexto establecer el contenido de ciertos principios jurídicos de protección de la inversión sin una cuidada ponderación de las fuentes del Derecho Internacional, y sin el recurso a una convincente metodología interpretativa. Ello constituye una tarea insoslayable respecto del arbitraje basado en el Derecho Internacional y en los arbitrajes de inversión, puesto que se tendrán en cuenta los precedentes. En términos más generales, cabe afirmar que el razonamiento débil y el análisis incorrecto de la jurisprudencia anterior genera un problema evidente. Y es que los tribunales de inversión no sean responsables –no rindan cuentas– ante la comunidad afectada, y que se limiten a aplicar estándares jurídicos vagos e impredecibles en su resultado, a la postre condicionados por las inclinaciones de los propios árbitros.

De modo análogo, y aun cuando los tribunales de inversión no se hallen vinculados por las resoluciones anteriores y puedan separarse de los precedentes sin incurrir por ello en un error de Derecho, lo cierto es que deberían de explicar, en su caso, por qué se separan del razonamiento de resoluciones bien conocidas, recaídas sobre un mismo punto.[197] En la mayor parte de los casos de «resoluciones incoherentes» los tribunales arbitrales lo hacen. En el caso *SGS v. Filipinas*, por ejemplo, el Tribunal se enzarzó en un debate profundo sobre el laudo anterior *SGS v. Pakistán*, que sugería o implicaba una interpretación contraria respecto de la cláusula paraguas (trato justo y equitativo).[198] Igualmente, en *El Paso Energy v. Argentina* el Tribunal optó por la interpretación adoptada en *SGS v. Pakistán*, descartando la interpretación mantenida en *SGS v. Filipinas*. Para ello, el Tribunal realizó una extensa consideración sobre las

---

[195] *Vid.* Oil Platforms (*Islamic Republic of Iran v. United States of America*), Objeciones Preliminares, Decisión de 12 de diciembre de 1996, Opinión Disidente del Juez Higgins, I.C.J. Reports 1996, 803, 858, párr. 39 (señalando que el trato justo y equitativo constituye «un término legal ampliamente conocido en el campo de la protección a la inversión» y que ha recibido «un significado claro y definido en dicha disciplina»).

[196] *Vid.* Barnali CHOUDHURY, «Evolution or Devolution? – Defining Fair and Equitable Treatment in International Investment Law», 6 J. World Inv. & Trade (2005), p. 297; Christoph SCHREUER, «Fair and Equitable Treatment in Arbitral Practice», 6 J. World Inv. & Trade (2005), p. 357; DOLZER, *supra* 76, p. 87; SCHILL, *supra* 21.

[197] *Vid.* FRANCK, *supra* 10, p. 1521.

[198] *SGS Société Générale de Surveillance S.A. v. Republic of the Philippines* (ICSID Case No. ARB/02/6), Decisión del Tribunal sobre Objeciones de Jurisdicciones de 29 de febrero de 2004, párr. 119-126.

razones por las que otorgaba prevalencia a una interpretación sobre la otra.[199] Lo mismo ocurre con las decisiones relativas a la interpretación de las cláusulas de nación más favorecida, en las que se detalla de ordinario el motivo por el que otras resoluciones se consideran incoherentes o sin consistencia argumental.[200]

Los casos *LG&E v. Argentina* y *Enron v. Argentina*, relativos a la legalidad de las leyes de emergencia promulgadas por Argentina a la luz del TBI entre Argentina y EE.UU., pueden levantar algunas dudas en este sentido. Aunque la resolución del caso *LG&E* siguió el criterio establecido en el laudo anterior *CMS v. Argentina* relativo a la evaluación de la conducta del Estado argentino respecto de las obligaciones sustantivas contraídas en el TBI, se separó, sin embargo, de lo que se había sentado en este laudo en relación al argumento del estado de necesidad.[201] No obstante, y pese a confirmar buena parte de la argumentación del fallo anterior en *CMS* y citarlo como base en su interpretación de los obligaciones materiales derivadas del TBI –trato justo y equitativo, expropiación indirecta, entre otros elementos–[202], omitió toda referencia a que el laudo de *CMS* había llevado a cabo una interpretación absolutamente distinta respecto del concepto de necesidad en el Derecho Internacional. Lo que hizo, en cambio, el laudo del caso *LG&E* fue sentar su propia decisión sobre el concepto de necesidad, sin rebatir los argumentos establecidos en el caso *CMS*, relativos a la inaplicabilidad del concepto de estado de necesidad. Por su parte, en *Enron*, el Tribunal invocó la decisión de *LG&E* en referencia a la interpretación de los estándares sustantivos de tratamiento del inversor,[203] aunque luego siguió en gran medida la doctrina del laudo de *CMS* en relación al argumento de estado de necesidad, sin considerar que el Tribunal en *LG&E* había adoptado una decisión en el sentido contrario.[204]

Sin duda, la mejor forma de llegar a una *jurisprudencia constante*, que sea aceptable tanto para los Estados como para los inversores, es que los tribunales

---

[199] *El Paso Energy v. Argentina, supra* 1865, párr. 71-82.

[200] *Vid.*, por ejemplo *Plama Consortium Ltd. v Bulgaria* (ICSID Case No. ARB/03/24), Decisión de Jurisdicción de 8 de febrero de 2005 párr. 210-226. No obstante, esto mismo no ocurrió en el caso de RosInvestCo (*vid. supra* 1810), a pesar de que la argumentación para el resultado de la decisión resulte ser convincente. *Vid.* en general Stephan SCHILL, «Most-Favored-Nation Clauses as a Basis of Jurisdiction in Investment Treaty Arbitration: Arbitral Jurisprudence at a Crossroads», 10 J. World Inv. & Trade (a publicarse en 2009), p. 189; y Martins PAPARINSKIS, «MFN Clauses in Investment Arbitration between Maffezini and Plama – A Third Way?» ICSID Review – Foreign Investment Law Journal (próximo a publicarse).

[201] *LG&E v. Argentina, supra* fn135, párr. 226-266. Comparar con *CMS v. Argentina, supra* 22, párr. 323-331, 353-394. Para más detalle sobre las dos decisiones, *vid.* SCHILL, *supra* 147, p. 265; *vid.* también August REINISCH, «Necessity in International Investment Arbitration – An Unnecessary Split of Opinions in Recent ICSID Cases? Comments on *CMS v. Argentina and LG&E v. Argentina*», 8 J. World Inv. & Trade (2007), p. 191; Michael WAIBEL, «Two Worlds of Necessity in ICSID Arbitration: *CMS and LG&E*», 20 Leiden J. Int'l L. (2007), p. 637.

[202] *LG&E v. Argentina, supra* fn. 134, párr. 125, 128, 171.

[203] *Enron Corporation and Ponderosa Assets, L.P. v. Argentine Republic* (ICSID Case No. ARB/01/3), Decisipoin de 22 de mayo de 2007, párr. 260, 262, 263, 274.

[204] *Enron, íbid,* párr. 288-345. Sobre estos casos, *vid.* Jürgen KURTZ, «Adjudging the Exceptional at International Law: Security, Public Order and Financial Crisis», IILJ Working Paper 2008/6 disponible en <http://iilj.org/publications/documents/2008-6.Kurtz.pdf>.

expliquen claramente los argumentos que utilizan y refuten los argumentos contrarios, para alcanzar de forma deliberativa un resultado convincente acerca de la debida interpretación del Derecho de Inversión y de los principios del Derecho Internacional.

V. CONCLUSIÓN: PROBLEMA PARA HACER REALIDAD LAS JUSTIFICACIONES NORMATIVAS DE LAS DIMENSIONES PÚBLICA Y DE GOBERNANZA QUE HAN DE PRESIDIR EL SISTEMA DE ARBITRAJE ENTRE LOS INVERSORES Y EL ESTADO

Aquí se ha argumentado que el arbitraje de inversión constituye una forma de gobernanza global. Se ha sostenido que los tribunales de arbitraje ayudan a definir los estándares para la acción estatal frente a los inversores extranjeros, y que además actúan como agencias de revisión cuando enjuician la ponderación que el Gobierno ha realizado entre los intereses del inversor y los intereses públicos. Naturalmente, estos tribunales están sujetos al Derecho bajo el que operan, y, por tanto, a los tratados que los establecen, a las leyes nacionales, a los contratos y a otros instrumentos legales. También se sujetan a un marco normativo más amplio, en el cual se encuentra la amplia estructura que conforma el Derecho Internacional consuetudinario, los principios generales del Derecho, y otros tratados y decisiones internacionales. Todo esto informa su trabajo. Sin embargo, estos elementos no nos explican exhaustivamente cómo funcionan estos tribunales, ni tampoco permiten identificar qué es lo importante en términos prescriptivos para evaluar el funcionamiento del sistema de arbitraje de inversión.

Por el contrario, es necesario reflexionar sobre un tema que recibe menos atención de la que merece: ¿sobre qué base, si es que existe, se puede justificar en esos términos normativos o prescriptivos el sistema actual de arbitraje de inversión? La proposición común según la cual se halla justificado porque sirve para hacer viables las aspiraciones del Estado de promover la inversión extranjera (si es que en realidad es así), solo explica la concepción funcional y ordinaria de los tribunales de inversión como mecanismos para hacer aplicar el Derecho y resolver disputas. En el mejor de los casos cabe decir que se trata de una justificación muy pobre, si en verdad se quiere aprehender la idea de que los tribunales forman parte de la gobernanza global y ejercen funciones de gobernanza, como se ha notado. Por el contrario, las justificaciones normativas para la existencia del sistema de arbitraje actual *como una forma de gobernanza* que produce, y al mismo tiempo está sujeta al, Derecho Administrativo Global, han de alinearse con algunos otras concepciones normativas básicas de la función que el Derecho Administrativo Global en su conjunto cumple. Cabría traer a nuestra consideración, entre otras, los valores de la eficacia regulatoria, del bienestar social, de la democracia y de la justicia. Desde luego, podría debatirse si el Derecho Administrativo Global debe, o realmente puede, satisfacer esos ideales y promover por todos lados bienestar social, equidad y el trato justo de los intereses sociales y económicos que de ordinario se marginan o se ignoran, o si debería preocuparse más modestamente por promover una Administración adecuada y responsable. Si ceñimos algo más todas estas cuestiones de enorme amplitud, podemos identificar tres concepciones normativas de base para un Derecho Administrativo de la gobernanza global: promoción de la democracia, promoción de instrumentos internos de dación de cuentas o responsabilidad, y protección de los derechos privados y de los derechos de los Estados.[205]

La primera de estas tres concepciones normativas, de acuerdo con la cual una de las funciones del Derecho Administrativo Global, consiste en promover la democracia, acaso resulte muy exigente para constituirse en un objetivo sistemático del arbitraje de inversión, debido a los limites reales de este mecanismo de solución de disputas, si bien, en algunos casos concretos, la dimensión democrática puede resultar muy relevante. Ciertamente, el Derecho Administrativo de muchos países contiene un claro componente democrático: garantiza la responsabilidad o rendición de cuentas de la Administración ante el Parlamento en el cumplimiento de la leyes que de éste emanan, y ante los grupos o colectivos de intereses económicos y sociales mediante su participación en los procedimientos administrativos decisorios. Desde luego, la construcción del Derecho Administrativo Global podría contribuir a fortalecer esta dimensión de la democracia representativa a nivel nacional, también en el seno de los tribunales de arbitraje de inversiones, en la medida en que consiga que las instituciones y las decisiones que se sitúan en el plano global resulten más visibles y fiscalizables dentro de cada Estado, es decir, en otras palabras, haciendo que estas instituciones den cuenta de su actividad a través de los sistemas nacionales.[206] Ello exige, entre otras consecuencias, que los instrumentos de rendición de cuentas y de transparencia dentro del Estado se erijan en parte de los estándares que han observarse en el marco de los tratados de inversión.

La segunda de estas concepciones normativas reside, como se ha dicho, en la promoción de la rendición de cuentas, señaladamente de los aparatos periféricos o subordinados de un sistema o institución administrativa ante el centro legitimador que corresponda –sea éste el Legislativo o el Ejecutivo–, asegurando ante todo que la acción

---

[205] Sobre concepciones normativas similares en el Derecho Administrativo nacional *vid.* Eberhard SCHMIDT-ASSMANN, *Das Allgemeine Verwaltungsrecht als Ordnungsidee*, 2nd edn. (2004). Los siguientes apartes se derivan del trabajo conjunto de Benedict Kingsbury y Richard Stewart.

[206] Los sistemas del Derecho Administrativo Global también pueden promover el desarrollo de la democracia deliberativa al nivel de los regímenes regulatorios globales. No obstante, los elementos para ello, así como las condiciones para su efectiva realización, aún no han sido resueltos. *Vid.* Robert HOWSE, «Transatlantic Regulatory Cooperation and the Problem of Democracy», en George A. BERMANN, Matthias HERDEGEN y Peter L. LINDSETH (eds.), *Transatlantic Regulatory Cooperation: Legal Problems and Political Prospects* (2000), p. 469.

administrativa se sujeta a la legalidad establecida*. Desde esta concepción, el acento se pone en la dimensión organizativa y en las funciones políticas, y en la integridad y coherencia del aparato, y no tanto en la observancia de la legalidad material. A esta comprensión subyace, cuando menos potencialmente, una visión del ordenamiento internacional de carácter pluralista**, caracterizado por la falta de un claro consenso en punto a la normas sustantivas que hayan de establecerse. Esta concepción otorga una base sólida en favor de que el Derecho Administrativo Global se aplique (cuando resulte pertinente) al sistema de arbitraje de inversión.

La tercera concepción normativa es de carácter liberal y se centra en la tutela de derechos: el Derecho Administrativo protege los derechos individuales y los de otros actores de la sociedad civil, particularmente a través de su participación en los procedimientos administrativos y por medio del derecho de acceso al control judicial en defensa de la legalidad de la decisión. La protección de los inversores extranjeros es una manifestación de esta concepción. Por otra parte, esta concepción puede hacerse extensiva a los derechos de los Estados, lo cual contribuiría a que se puedan proteger mejor los intereses públicos en presencia y del público en general, tanto en los países más avanzados, como, sobre todo, en los países en vías de desarrollo, fortaleciendo por cierto la debilidad de éstos a efectos de poder e influencia política y económica. Esta concepción se solapa o coincide con la pretensión del Derecho Administrativo Global de promocionar las exigencias dimanantes del Estado de Derecho, garantizando el carácter público de las normas, su elaboración razonada y su aplicación imparcial y predecible.

Estas tres concepciones normativas tienen consecuencias en relación con los problemas de legitimidad y de rendición de cuentas de las actuaciones de las instituciones internacionales. Afectan de modo inmediato al diseño y funcionamiento de los tribunales de inversión, y a su legitimidad, en la medida en que éstos ejercen funciones de gobernanza que son irrenunciables e intrínsecas a sus actuales cometidos.

Resulta útil el análisis de las posibles implicaciones de estas concepciones normativas para justificar el sistema del arbitraje de inversión, señaladamente porque, como acaba de notarse, ello incide sobre el conjunto de condiciones y características que determinan su diseño institucional y su lógica de trabajo.

Al mismo tiempo, sin embargo, ha de admitirse que los problemas de estructura y de diseño institucional pueden constituir un obstáculo insalvable en la actualidad para convertir el arbitraje de inversión en un medio totalmente efectivo y absolutamente legítimo de ejercicio de poder, habida cuenta de las múltiples tareas que estas instituciones deben de realizar. Se trata, en efecto, de instituciones regulatorias que deben a la vez: (1) solucionar las disputas entre las partes (generalmente *ex post*, aunque en algunos casos las relaciones eco-

---

* En este contexto las referencias a «instituciones administrativas» se entienden hechas a las instituciones de la gobernanza global y, por consiguiente también, en la opinión del autor, a los tribunales de inversión. (N. del E.).

** Sobre este extremo, véanse en particular los capítulos segundo y tercero. (N. del E.).

nómicas entre las partes son lo suficientemente buenas como para que puedan continuar su actividad, aun cuando se haya llevado la disputa ante el tribunal); (2) resolver esas mismas disputas a través de formas que supongan un ejercicio del poder público que conecte con todos los afectados por esa concreta cuestión político-económica suscitada, de conformidad con todos los parámetros o criterios sustantivos que sean de ampliación, y haciendo realidad el carácter público que es inherente al Derecho; y (3) regular, lo que resulta de la interpretación de los estándares aplicables, puesto que ello tendrá efectos prospectivos o *pro futuro* sobre la acción de los Estados y de otros muchos actores.

Ello ha determinado que se formulen propuestas en favor de una reforma más radical del sistema, como la que hace Gus Van Harten, que sugiere el abandono del modelo vigente, dominado, a su juicio, por una suerte de gobernanza privatizada, para crear en su lugar una institución pública con jueces permanentes, es decir, una Corte Internacional de Inversión.[207] En términos prácticos, sin embargo, esa propuesta u otras, como la establecer un órgano de apelación, parecen poco viables al menos a corto plazo. Por ello, parece más idóneo, e igualmente imperativo, que los que trabajan y se encuentran involucrados en el sistema actual intenten alcanzar una mayor legitimidad dentro del mismo sistema y no fuera de él. Este ha sido el planteamiento de este análisis y de las modestas recomendaciones que se contienen en este capítulo.

Hay un problema estructural fundamental en la aspiración de que el diseño institucional y el razonamiento arbitral tengan en cuenta que forman parte de la gobernanza global y que afectan a la dimensión pública del Derecho. Y es que las partes y, en particular, el inversor, pueden tener poco interés en hacer tal esfuerzo y, desde luego, en correr con los costes asociados en la realización de este bien público, esto es, una gobernanza prospectiva de la acción del Estado y una compleja ponderación de los intereses públicos en presencia y los intereses del inversor, a través de un arbitraje retrospectivo o *ex post*. Por ello, no sorprende que este bien público resulte infravalorado. A ello se añade el hecho de que no se establecen impuestos o un sistema general de contribución dentro de los Estados para financiar la mayor parte del sistema de arbitraje. Ha de notarse asimismo que los problemas aludidos de extensión de los efectos más allá del caso y de la pobre legitimidad del sistema de arbitraje, que pueden incluso afectar a su propia viabilidad, constituyen objeto de acciones colectivas que ningún inversor, y probablemente pocos defensores del Estado a nivel individual, están dispuestos a arrostrar y a costear.[208]

Algunos árbitros o paneles de arbitraje podrán estar particularmente capacitados para desempeñar su tarea y, en consecuencia, sentirse motivados para poner algo de trabajo y de esfuerzo adicionales en un laudo, aunque ello no tenga en contraprestación

---

[207] VAN HARTEN, *supra* 7, pp. 180 y ss. Sobre cuestionamientos a la idoneidad del sistema de arbitraje como mecanismo para revisar los actos soberanos de los Estados receptores *vid.* Vicki L. BEEN y Joel C. BEAUVAIS, «The Global Fifth Amendment? NAFTA's Investment Protections and the Misguided Quest for an International 'Regulatory Takings' Doctrine», 78 N.Y.U. L. Rev. (2003) p. 30; Marc R. POIRIER, «The NAFTA Chapter 11 Expropriation Debate Through the Eyes of a Property Theorist», 33 Envt'l L. (2003), p. 851.

[208] Una forma de financiar los casos que tienen importancia general, es poner los costos en cabeza del Estado parte en caso de que la reclamación del inversor haya sido de buena fe. *Vid.* SCHILL, *supra* 169, p. 653.

ninguna recompensa económica. Pero no necesariamente muchos árbitros estarían dispuestos a asumir enormes responsabilidades sin una compensación adicional. Es más, puede ocurrir que una o ambas partes muestren su rechazo a este tipo de árbitros que podrían contextualizar el caso en una perspectiva más amplia, dejando al margen que el procedimiento de designación de los árbitros puede producir combinaciones extrañas e idiosincrásicas. El apoyo institucional, como el que provee la Secretaría de la ICSID u otras instituciones arbitrales, puede contribuir a la realización de esas tareas de mayor amplitud de miras, señaladamente si el personal que sirve en esas instituciones adopta una visión más sistémica o integral. Sin embargo, la disponibilidad de esta ayuda varía significativamente, dependiendo de la institución y de otros factores.

Este problema crece y se exacerba a consecuencia de la variada y desigual tipología de casos que se suscitan ante los tribunales de inversión. Excepto en circunstancias muy excepcionales, los Estados son los únicos demandados en estos casos. Las organizaciones de interés público no plantean estas acciones contra los Estados, al menos hasta ahora, aunque no es imposible imaginar que, si encuentran los medios económicos para hacerlo, las ONG se constituyan en inversores a los efectos de demandar al Estado a través del arbitraje, de la misma manera que algunas de ellas demandan a Estados extranjeros ante sus propios tribunales, u otras han adquirido acciones de las corporaciones para influir en sus órganos internos.[209] En todo caso, lo usual es que sean los inversores con altos intereses económicos en el resultado los que inicien la disputa y que lo hagan porque esperan recibir a cambio un beneficio económico directo, no para generar jurisprudencia sobre nuevas cuestiones o arrancar una determinada calidad en el razonamiento del tribunal. Se dan, sin embargo, otras situaciones distintas, como, por ejemplo, que los inversores con motivos suficientes para demandar al Estado no lo hagan para no ser excluidos del mercado. Igualmente, los inversores de pequeñas cuantías pueden no estar dispuestos a iniciar una disputa por los altos costos que implica un arbitraje de inversión.[210]

El diseño institucional del arbitraje de inversión, y su capacidad para generar bienes públicos internacionales en los términos indicados, contrasta, pues, enormemente con los tribunales internacionales de derechos humanos, por ejemplo. Éstos imponen algunos límites en lo que hace al *locus standi* y de ordinario exigen también el agotamiento previo de los recursos internos, pero están abiertos a personas individuales que aleguen haber ser sido víctimas de una violación material de algún derecho humano, con un coste relativamente bajo.[211] El Panel de Inspección del Banco Mundial y otras instituciones que promueven el desarrollo poseen las mismas características. En la OMC, no se

---

[209] Sobre este punto *vid.* Luke PETERSEN y Nick GALLUS, «International Investment Treaty Protection of Not-for-Profit Organizations», 10 Int'l J. of Not-for-Profit Law (December 2007), p. 47, disponible en <www.icnl.org/knowledge/ijnl/vol10iss1/ijnl_vol10iss1.pdf> (este artículo discute la protección que otorgan los TBI's a las actividades de las ONG's en territorio extranjero).

[210] De nuevo, la idea de cambiar la forma en que se distribuyen los costos de un arbitraje de inversión puede ser útil para evitar que las partes decidan no lleven sus disputas al sistema por lo oneroso que esto resulta. *Vid.* SCHILL, *supra* fn. 168, p. 653.

[211] Generalmente las víctimas no tienen que pagar ninguna suma a la institución o a la defensa del Estado, y generalmente hay ONG's o abogados pro-bono dispuestos a representarlas.

reconoce el derecho directo de las corporaciones o de otros actores privados a litigar, y ello sin duda limita el número de casos que le llegan. Sin embargo, el problema estructural de escasa generación de esos bienes públicos (sobre todo, en el caso de los Paneles *ad hoc* del GATT), se ha resuelto en parte –en el plano interestatal– con la creación del órgano de apelación en 1994, compuesto por siete miembros, con una función jurisprudencial de suma relevancia.[212]

Los tribunales de inversión, en el sistema actual, operan como reguladores muy descentralizados y fragmentados. De ordinario, no se encuentran vinculados a través de una institución unificadora, aun cuando se da alguna forma, un tanto relajada, de supervisión en lo que hace a la designación de los miembros de los tribunales. Por otra parte, instituciones como la Organización para la Cooperación y el Desarrollo Económico (OCDE, u OECD en inglés), la Conferencia de las Naciones Unidas sobre Comercio y Desarrollo (UNCTAD, en inglés), el Banco Mundial y el Comité de Medidas en Materia de Inversiones Relacionadas con el Comercio, ofrecen alguna forma de supervisión institucional y facilitan experiencias y asesoramiento sobre las teorías y las políticas relacionadas con la inversión extranjera. Además, se suelen establecer unidades de apoyo y asesoramiento experto dentro de los propios tribunales (sus actividades consisten en el estudio de los precedentes y de las metodologías comunes); las instituciones intergubernamentales seleccionan y publican sus trabajos y forman en el Derecho de Inversiones (como lo hace la UNTAD o la OECD); o se celebran foros informales, como congresos de arbitrajes o comentarios académicos, que analizan la jurisprudencia y las cláusulas de los tratados vigentes, o proponen nuevas disposiciones.

No obstante, los tribunales de inversión están involucrados en un nivel mucho menor con instituciones políticas que sean capaces de ayudarles a alcanzar sus objetivos de gobernanza, como el órgano de solución de disputas de la OMC o los organismos supervisores de la OECD, tales como el Grupo de Trabajo sobre Corrupción que trabaja al amparo de la Convención de la OECD contra la Corrupción Transnacional. La combinación de los fuertes efectos regulatorios que la actividad de los tribunales de inversión genera sobre los Estados, junto con la falta de instituciones intergubernamentales en las que los tribunales puedan trabajar con mayor apoyo, hacen que la necesidad de unos estándares de buena administración más razonados e informados resulte más alta y apremiante. El reconocimiento por parte de los tribunales de inversión de que no son solo productores de normas de Derecho Administrativo Global, sino también de que se hallan sujetos a éstas, parece inevitable y comienza a cobra fuerza.

---

[212] Para una panorámica general, *vid.* Joel TRACHTMAN, «The Domain of WTO Dispute Resolution», 40 Harv. Int'l L. J. (1999), p. 333.

CAPÍTULO DUODÉCIMO

LOS MECANISMOS DE EJECUCIÓN Y CUMPLIMIENTO DE LA REGULACIÓN TRANSNACIONAL EN UN MUNDO GLOBALIZADO*

RICHARD STEWART[1]

I. INTRODUCCIÓN

EL cumplimiento y ejecución de la regulación pública de carácter transnacional constituye un tema de una enorme amplitud. Este capítulo se centra en aquellos aspectos que resultan más ilustrativos para indagar las posibles sinergias y relaciones con las regulación privada transnacional.

En este trabajo se analizarán los regímenes o sistemas que se establecen por medio de tratados celebrados entre Estados o por acuerdos entre organizaciones internacionales (como el Codex Alimentarius), o mediante convenios entre redes de agencias gubernamentales y autoridades, que tienen por objeto –directa o indirectamente– la regulación coordinada de la actuación de los operadores de los mercado privados.[2] También examina el papel clave que ejercen las autoridades administrativas a la hora de hacer cumplir la regulación transnacional establecida a través de tales mecanismos, así como, en este contexto, la función que le cabe satisfacer al Derecho Administrativo Global.

Como ejemplos de ámbitos que son objeto de la regulación pública transnacional, se pueden citar la salud y la seguridad medioambiental (SSM), la protección del consumidor, los productos y servicios financieros y de inversión, la propiedad intelectual o la competencia. Tratar de establecer generalizaciones cuando nos enfrentamos a esta amplia variedad de aparatos y ámbitos de regulación, con circunstancias y singularidades tan diversas, representa siempre un reto arriesgado. Aquí se propone un marco general. Puesto que estoy más familiarizado tanto con los regímenes de la SSM como con el Derecho norteamericano, muchos de los ejemplos que utilizaré a lo largo de este texto los extraeré de estos dos planos.

---

* Traducción de Alicia Cebada, profesora titular de Derecho Internacional Público de la Universidad Carlos III de Madrid.

[1] Agradezco la ayuda que Kiri Mattes me ha prestado en el desarrollo de la investigación, y las útiles sugerencias de Sabino Cassese y de Lorenzo Casini.

[2] Aunque estos regímenes frecuentemente son denominados de diversas maneras, como «internacionales», «intergubernamentales», etc., Yo los denominaré a todos «transnacionales» para ajustarme a la terminología utilizada en este volumen.

Este capítulo no se ocupa de los mecanismos de reconocimiento mutuo o de regulaciones de efecto equivalente. Por otro lado, y habida cuenta de que la Unión Europea representa una estructura jurídica y administrativa peculiar, no se caracteriza aquí como un sistema regulatorio de carácter transnacional. Tampoco se analizan los regímenes o sistemas de responsabilidad transnacional que garantizan una compensación por los daños causados por los sujetos privados, aun cuando puedan generar relevantes efectos regulatorios.[3] Queda asimismo fuera de nuestra consideración la aplicación transnacional, a los sujetos que operan en el exterior, de leyes nacionales de carácter regulatorio o en materia de responsabilidad (entre las que se podrían citar las leyes que se basan o se dicen basadas en normas globales).[4] Tampoco se encontrará en este capítulo un tratamiento sistemático de las relaciones entre la regulación pública transnacional y la regulación privada transnacional, como pueden ser la corregulación o los sistemas híbridos, de regulación pública y privada, y otras fórmulas complementarias.

II. EL CUMPLIMIENTO DE LA REGULACIÓN

Este capítulo se centra en el análisis de los sistemas que cuentan con mecanismos para asegurar el cumplimiento, ya sean instados por las autoridades públicas o por sujetos privados, y que se ejercen contra los actores que se hallan sometidos a ciertos requisitos públicos. Entre esas actuaciones, se pueden citar las órdenes administrativas reclamando o prohibiendo una conducta específica, la imposición de sanciones administrativas, la persecución penal y las acciones civiles interpuestas por autoridades gubernamentales para lograr una reparación específica, o las sanciones en el orden civil –en todos los casos con el apoyo que brinda el poder coercitivo del Estado–. En la era del Estado de Bienestar regulador, la imposición del cumplimiento puede suponer la denegación gubernativa o la revocación de permisos o licencias para realizar actividades productivas, así como la denegación o la retirada de ayudas de Estado y otras formas de asistencia financiera, por incumplimiento de condiciones o requerimientos debidamente especificados. Tales condiciones se han convertido en una herramienta reguladora de enorme relevancia. Los ordenamientos nacionales, en particular los sistemas de Derecho Constitucional y Administrativo, ofrecen con frecuencia una protección jurídica que se asimila a la de los supuestos de sanciones coercitivas dirigidas

---

[3] Los acuerdos internacionales cada vez más establecen regímenes de responsabilidad estricta (objetiva), frecuentemente de actores privados, por daños medioambientales a otros Estados o a recursos compartidos. Los ejemplos incluyen acuerdos relativos a la polución del mar por petróleo, el transporte por mar de substancias peligrosas y nocivas; los impactos interestatales de los accidentes nucleares; y el transporte transnacional de residuos peligrosos. Están pendientes las negociaciones para establecer sistemas de responsabilidad en el transporte transnacional de organismos modificados genéticamente (OMG) sobre la base del Protocolo de Cartagena. La característica de estos regímenes es que establecen una responsabilidad estricta u objetiva, el procedimiento para sustanciar la responsabilidad, sus límites y el seguro obligatorio.

[4] *Vid.* Hannah Buxhaum, «Transnational regulatory litigation», 46 *Va. J. INt'l L.* 252 (2006); Christopher Whytock, «Domestic courts and global governance», 84 *Tulane L. Rev* 67 (2009).

contra las personas, que, por no cumplir las condiciones establecidas, no pueden acceder a ciertas posiciones de ventaja.

En garantía del cumplimiento también se puede hacer uso de acciones civiles –a veces denominadas «acciones ciudadanas», o acciones populares–, interpuestas por demandantes privados contra sujetos que son objeto de una determinada regulación para forzar la observancia de las regulaciones establecidas o para que se sancione su incumplimiento.

Cuando en este capítulo se hace referencia a la regulación, como comprensiva de las medidas para hacer cumplir ciertos requisitos o prohibiciones, se sigue lo que Neil Walker ha denominado como una visión restringida de regulación –compartida por la mayoría de juristas–, que contrastaría con la visión más amplia de regulación, que integra otras prácticas e instituciones basadas en normas, que condicionan los patrones de conducta, y entre los que cabe citar la regulación en forma de red y algunos elementos de la nueva gobernanza.[5]

Además del tema del cumplimiento, este capítulo se ocupa de las medidas legislativas y administrativas que se adoptan para el desarrollo e implementación de programas regulatorios y para garantizar que los actores del mercado los cumplen, como, por ejemplo, los instrumentos de supervisión, el registro de expedientes, o los informes. También se examinan brevemente los incentivos colaterales para que los actores regulados cumplan con las normas públicas establecidas, tales como la exención de la responsabilidad patrimonial o la participación en la cadena de suministro. En cambio, aunque también son muy relevantes, no se analizan de manera sistemática en este trabajo, las herramientas de la denominada «regulación reflexiva» («*responsive regulation*»), distintas de las coercitivas, que las autoridades públicas, transnacionales o nacionales, pueden aplicar para promover el cumplimiento.[6]

Una premisa central (aunque pueda discutirse) de este capítulo es que la coerción efectiva, tal y como se ha definido en los párrafos precedentes, resulta esencial para muchos –probablemente la mayoría– de los sistemas regulatorios públicos, también de los transnacionales. La acción coercitiva para imponer el cumplimiento lleva consigo una premisa de carácter epistemológico, esto es, que el sistema legal es capaz de diferenciar si un actor regulado está o no cumpliendo las condiciones impuestas por la regulación, lo que a su vez implica que las normas tienen un carácter claro, que haga posible esa diferenciación.[7] Por tanto, quedan también fuera de nuestra consideración los sistemas que se basan única y exclusivamente en normas blandas (*soft law*), así como los mecanismos de revisión por pares y otros instrumentos de fomento vinculados al prestigio, aun cuando sean efectivos en lo que a la promoción del cumplimiento se refiere. No obstante, sí resulta necesario reconocer que este tipo de mecanismos pueden integrar o complementar a los sistemas reguladores que se basan en instrumentos de ejecución y cumplimiento obligatorios.

---

[5] Neil Walker, «On regulating the regulation of regulation», en Fabrizio Cafaggi (ed.) Reframing Self-regulation in European Private Law (Kluwer, 2006), pp. 347-357.

[6] *Vid.* Por ejemplo, John Braithwaite, Regulatory Capitalism: How it Works, Ideas for Making it Work Better (Edward Elgar, 2008) (hereafter, *REgulatory Capitalism*)

[7] Mi agradecimiento a Bill Simon por esta precisión.

1. ADMINISTRACIÓN REGULATORIA TRANSNACIONAL Y DERECHO ADMINISTRATIVO GLOBAL

Un rasgo relevante de la regulación pública transnacional contemporánea, que comparte con muchos otros rasgos de la gobernanza global, es la importante función decisoria que desempeñan las organizaciones administrativas transnacionales, entre las que cabe entender comprendidas la gestión y el personal de las organizaciones internacionales, las instituciones en red, los diversos comités y consejos, y otros grupos especializados y de expertos. Los Estados y las agencias que participan en los sistemas regulatorios transnacionales han delegado en estos organismos la responsabilidad de concretar y revisar las normas, y la de dar los pasos adecuados para promover y supervisar su desarrollo y cumplimiento. Estas organizaciones administrativas responden a la necesidad de supervisión y de gestión del desarrollo e implementación necesarios, y de realizar los ajustes oportunos para mejorar su cumplimiento, antes las cambiantes circunstancias, todo lo cual exige especialización organizativa, iniciativa, flexibilidad y capacidad de gestión. El clásico modelo de los tratados tradicionales, cuya interpretación y aplicación se difiere en forma descentralizada a cada uno de los Estados signatarios, no resulta adecuado para responder a las exigencias actuales, que requieren una regulación coordinada y coherente de los operadores que actúan en los mercados globales con el objetivo de gestionar los fallos de mercado y de asegurar el logro de los objetivos colectivos.

En efecto, las organizaciones regulatorias globales definen con frecuencia el contenido detallado de las *normas reguladoras primarias* cuando establecen cuáles son las acciones que éstas prescriben o recomiendan. Lo mismo hacen con las *normas secundarias* que establecen instrumentos y procedimientos para su ejecución y cumplimiento. El crecimiento de estas autoridades administrativas extraestatales, que operan por debajo y más allá del alcance del consentimiento de los Estados basado en los tratados, plantea importantes desafíos tanto en lo que hace a la legitimidad como a la rendición de cuentas que habrá que resolver. La premisa del Derecho Administrativo Global* reside en que en buena medida se puede hacer frente a estos desafíos a través de la aplicación de técnicas de Derecho Administrativo relativas a la transparencia, la participación, la motivación y el control, a los procedimientos decisorios de las nuevas organizaciones administrativas globales. Estas prácticas y principios del Derecho Administrativo Global están siendo gradualmente reconocidos y seguidos por las organizaciones administrativas transnacionales y por los tribunales.[8]

---

* Véase el capítulo segundo, en particular. (N. del E.).

[8] Un repaso de Derecho Administrativo Global se puede encontrar en Benedict Kingsbury, Nico Krisch y Richard B. Stewart, «The emergence of global administrative law», 68 Law and Contemp. Probs 15 (2005). *Vid.* También S. Cassese, B. Carotti, L. Casini, M. Macchia, El McDonald and M. Savino (eds. Global Administrative Law: Cases, Materials and Issues (2nd Ed. 2008). Se puede encontrar información sobre las actividades, incluyendo congresos y publicaciones en el marco del Proyecto

Uno de los objetivos de este capítulo consiste en analizar la existencia de los remedios legales y de otros instrumentos para promover el desarrollo y el cumplimiento efectivos de los programas reguladores transnacionales, al objeto de poder extender la protección de los beneficiarios de la regulación, lo que exige también el estudio de las herramientas para hacer frente a los fallos que puedan experimentar tanto las autoridades administrativas nacionales, como las transnacionales, en lo que hace a la ejecución y cumplimiento efectivos de las normas. Entre esos instrumentos sobresalen las normas de carácter procedimental que derivan del Derecho Administrativo Global y los medios de que los beneficiarios pueden hacer uso contra las agencias regulatorias, sean nacionales o transnacionales, ante los fallos o negligencias que puedan producirse. También cabe aludir a los mecanismos de cumplimiento privado y a las acciones por daños y perjuicios que los beneficiarios –en cuanto «fiscales generales privados»– pueden ejercer contra los sujetos que operan en los sistemas o aparatos regulatorios públicos. Los instrumentos se establecen en el Derecho nacional o en el transnacional, y su cumplimiento se confía a las organizaciones administrativas nacionales o transnacionales, o a los tribunales. Ha de tenerse en cuenta en este sentido las relaciones que guardan todos estos instrumentos, sean de complementariedad o subsidiariedad, así como la existencia de mecanismos colaterales que incentivan al cumplimiento. Una cuestión clave reside en la interacción entre el cumplimiento público de las normas, las acciones privadas y esos instrumentos colaterales.

III. TRATADOS TRANSNACIONALES O REDES DE SISTEMAS REGULATORIOS

1. PARA HACER FRENTE A LOS FALLOS DEL MERCADO Y DE LA DESCENTRALIZACIÓN

Los aparatos o sistemas reguladores transnacionales se crean, al menos en teoría, para afrontar dos fallos de carácter estructural o institucional: 1) fallos del mercado; y 2) fallos de la descentralización, derivados de la incapacidad de los Estados para actuar de modo autónomo a través de medidas puramente internas para regular de modo adecuado a los operadores de mercado en las circunstancias que imponen la regulación económica global y el surgimiento de externalidades transnacionales. También pueden concebirse –de nuevo idealmente– como respuestas a los fallos y limitaciones de la regulación privada transnacional.[9]

---

de investigación Derecho Administrativo Global, en la Facultad de Derecho de la Universidad de Nueva York, en el que participan socios de otros muchos países: http://www.iilj.org/GAL.

[9] La regulación privada transnacional podría ser también entendida como una respuesta a los fallos de descentralización y del mercado y a los fallos o limitaciones de la regulación pública transnacional. Los regímenes de certificación forestal sostenible serían un ejemplo.

No se pueden analizar aquí los diversos elementos y dimensiones de los fallos de mercado. Baste destacar que los análisis clásicos de la regulación pública generalmente no tienen en cuenta el potencial que encierra, y las distintas funciones que pueden satisfacer, tanto la regulación privada como la corregulación.

En el caso de los productos, los fallos de la descentralización se traducen frecuentemente en costes de transacción y en obstáculos a las economías de escala a consecuencia de la divergencia y potencial conflicto de los diversos estándares nacionales. La respuesta ante este problema es la creación de un régimen transnacional, público, privado o mixto, para establecer estándares reguladores uniformes o equivalentes. Las asimetrías informativas y los fallos regulatorios nacionales en los países en desarrollo explican también la existencia de regímenes o sistemas regulatorios, tales como el Protocolo de Cartagena sobre Bioseguridad a la Convención sobre Biodiversidad o la Convención de Basilea sobre el Control de los Movimientos Transfronterizos de Desechos Peligrosos y su Eliminación. La regulación relativa a la producción y a los procesos se justifica con base en la aparición de múltiples externalidades transnacionales, de carácter no pecuniario (contaminación regional o global, pérdida de biodiversidad) o, más dudosamente, ante el riesgo de una competición a la baja en la regulación nacional, a consecuencia de los factores de competitividad internacional y de las externalidades económicas. La regulación transnacional de los servicios financieros y de otros servicios (regulación bancaria, por ejemplo) representa frecuentemente un caso intermedio que presenta características de ambas regulaciones, las de productos y la relativa a los procesos. De contrario confluyen otros factores, como la conveniencia de una regulación adaptada a las diferentes circunstancias y a las preferencias locales, o los potenciales efectos positivos de la competencia entre los distintos sistemas reguladores, para limitar la armonización de la regulación.

No faltan consideraciones funcionales derivadas de las ventajas del beneficio mutuo que genera la coordinación regulatoria o la cooperación entre Estados, así como los factores constructivistas, para explicar y justificar la existencia de los aparatos o regímenes regulatorios transnacionales. Ahora bien, las motivaciones de carácter económico y político juegan también un papel destacado en la misma dirección. Estos intereses de carácter económico y político pueden resultar modestos y manejables en situaciones de simple coordinación, y en donde todos los participantes tienen interés en que existan unas reglas uniformes sobre el camino a seguir tanto para las transacciones como para otras actividades, y en las que además la selección de la regla aplicable no plantea problemas significativos en lo que hace a los efectos distributivos. Los estándares técnicos para productos y servicios se incardinan frecuentemente en este tipo de situaciones. En cambio, en escenarios que pueden caracterizarse por una cooperación necesitada de una acción concertada para la consecución de ciertos bienes de interés colectivo en condiciones que invitan al parasitismo, sobre todo cuando la concreción de esa cooperación resulta problemática por lo que se refiere a la distribución de cargas y beneficios, las dificultades para establecer un sistema global resultan mucho mayores, en la medida en que cada Estado participante o agencia interna o global debe consentir voluntariamente un esquema de cooperación, y los intereses internos ejercen una enorme influencia.

En circunstancias de libre comercio de bienes y servicios y de libre circulación de capital, las industrias en países con una regulación intensa normalmente favorecen la extensión de esa regulación más exigente a otros países con una regulación menos gravosa para evitar desventajas competitivas, aun cuando las compañías de estos últimos tienden a resistirse a la armonización. Si las primeras no consiguen una armonización hacia arriba, la competencia reguladora entre Estados puede, en algunos casos, reducir el nivel de la regulación. En otras circunstancias, los incentivos para subir la calidad de los productos o de la tecnología pueden desembocar en una regulación de alto nivel en numerosos países como resultado de la competencia entre empresas y Estados reguladores. Los beneficiarios de la regulación en un país determinado a veces se oponen a la regulación transnacional por suponer una nivelación hacia abajo, pero en otras circunstancias la pueden ver como una oportunidad para ampliar el nivel de protección nacional. Las ONG transnacionales e internacionales normalmente apoyan la armonización regulatoria para incrementar globalmente el nivel de protección en algunos países, como la de los países en vías de desarrollo. Pero la armonización puede rechazarse o puede quedar distorsionada por una multiplicidad de factores políticos locales o institucionales. La armonización regulatoria transnacional puede ser parcial, centrándose en algunos elementos y dejando de lado otros, o puede asegurar un nivel de convergencia que se aleja de la uniformidad, por ejemplo, estableciendo estándares mínimos que dejan un amplio margen de maniobra a los Estados para optar por estándares más exigentes, de manera general o en circunstancias especiales.

IV. IMPLEMENTACIÓN Y CUMPLIMIENTO DE LA REGULACIÓN PÚBLICA TRANSNACIONAL

No se podran alcanzar los objetivos que persigue la regulación transnacional, a no ser que las normas adoptadas –ya sea mediante acuerdo entre Estados, organizaciones internacionales o redes de autoridades gubernamentales o a través de las decisiones de las organizaciones administrativas transnacionales– se implementen de modo efectivo y se asegure su cumplimiento frente a actores de mercado que operan en y a través de diferentes países. Desde una perspectiva *vertical*, la regulación pública transnacional, ya se establezca mediante tratado o por acuerdo de una red, opera tradicionalmente a dos niveles: las normas reguladoras se pueden adoptar en el nivel transnacional, mientras que la responsabilidad de su implementación y cumplimiento se deposita en los Estados y en las agencias nacionales. Aun cuando hayan surgido autoridades administrativas transnacionales que establecen regulaciones de efecto directo sobre los actores privados, los mecanismos de cumplimiento raramente se sitúan en el nivel transnacional. Desde una perspectiva *horizontal*, los instrumentos para asegurar el cumplimiento de todos los actores del mercado han de ser sólidos, si se quieren alcanzar los beneficios esperados de las medidas coordinadas o cooperativas establecidas para gestionar los fallos de mercado y de la descentralización, y de la armonización hacia arriba. De ahí que pueda ser necesario el establecimiento a nivel global de normas secundarias más o menos uniformes para armonizar y promover una efectiva implementación y cumplimiento, tanto de los Estados como de las agencias nacionales, de las normas primarias de carácter global. Es más, deberán existir los instrumentos globales necesarios para asegurar que los Estados y las agencias nacionales cumplen con estas normas y medidas secundarias.

La implementación nacional descentralizada y el cumplimiento de las normas transnacionales pueden fallar por varias razones básicas.

Primero, porque los Gobiernos o las agencias no logren el acuerdo necesario en la interpretación sobre una específica norma primaria o secundaria, bien porque discrepen o porque haya incertidumbre sobre su significado, se produzcan fallos o problemas en la negociación o resulte necesaria una cierta flexibilidad para poder gestionar las cambiantes circunstancias políticas y económicas o ante la información disponible. En consecuencia, las diferentes agencias nacionales y los tribunales de los distintos Estados pueden acabar interpretando de manera diferente normas que han sido consensuadas, pero que han quedado definidas de manera muy general o ambigua.[10] En segundo lugar, los Gobiernos o las agencias pueden decidir, por diversas razones políticas, no hacer honor a sus compromisos. Pueden preferir no imponer cargas normativas a los productores internos y, por tanto, aprovecharse de los esfuerzos de los otros Estados. La obtención de nueva información o un cambio en las circunstancias puede llevarlos (en ocasiones influenciados por electores poderosos) a contemplar las condiciones acordadas como imprudentes, inaplicables o como una prioridad menor.[11] En tercer lugar, los Estados o las agencias nacionales pueden no disponer de la capacidad jurídica o administrativa para implementar efectivamente las normas acordadas. En cuarto lugar, los instrumentos reguladores consensuados o las estrategias pueden tener su eficacia intrínsecamente limitada.

Los sistemas regulatorios públicos de carácter transnacional emprenden toda una diversidad de medidas para resolver las diferentes fuentes de problemas y de fallos que se producen respecto de la implementación y el cumplimiento, y entras esas medidas se encuentra el establecimiento de organizaciones administrativas transnacionales.

Estos organismos a su vez desarrollan y adoptan más normas reguladoras primarias de alcance específico en forma de reglamentos, estándares y directrices, y los revisan periódicamente en función de la evolución de las cambiantes condiciones y sobre la base de la experiencia acumulada. Pueden incluirse en esta categoría los mecanismos centralizados de resolución de controversias creados para interpretar, clarificar y, en última instancia, promover una aplicación más consistente de las normas reguladoras.

---

[10] Catherine, Redgewell, «National Implementation», en Ellen Hay, Jutta Brunée and Daniel Bondansky (eds.) The Oxford Handbook of International Environmental Law (OUP, 2007, 936-937 (de aquí en adelante, Oxford Handbook)

[11] Pierre-Hugues Verdier, «Transnational regulatory networks and their limits», 34 Yale J. Int'l L. 113 (2009); Kenneth Abbott and Duncan Sindal, «Strengthening international regulation through transnational new governance: overcoming the orchestration deficit», 42 Vand. J. Transnat'l L, 501 (2009) (analizando el fracaso de la implementación e imposición de la regulación bancaria del Comité de Basilea debido a las divergencias entre los intereses de los principales bancos debido al cambio de circunstancias).

Muchos regímenes o sistemas incorporan organismos administrativos que se ocupan de controlar el cumplimiento, de facilitar el cumplimiento y de sancionar. Pueden establecer incentivos para fomentar el cumplimiento, como la imposición de sanciones comerciales y la concesión de subsidios supervisados por organismos administrativos; pueden aprobar programas de desarrollo y de capacitación a través de organismos administrativos; y pueden adoptar estrategias e instrumentos reguladores más efectivos. Más aún, los sistemas regulatorios transicionales establecen con frecuencia, de ordinario por medio de decisiones administrativas, normas secundarias que definen los procedimientos y las medidas relativos a la ejecución de las normas (y a veces a su cumplimiento), que los Estados participantes y las agencias deben seguir. Las organizaciones administrativas transnacionales orquestan redes de agencias nacionales para compartir experiencias y buenas prácticas, promover la revisión por pares, recibir y procesar informes de los participantes y hacer el seguimiento de su cumplimiento. Las organizaciones administrativas que diseñan y gestionan estos sistemas de información y control pueden también hacer los ajustes necesarios para mejorar la eficacia reguladora y recomendar cambios a los Estados fundadores.[12] Los programas bilaterales de ayuda y los bancos multilaterales de desarrollo juegan un papel complementario muy relevante a través de programas para fortalecer la capacitación jurídica y administrativa de los países en desarrollo, ampliando –por tanto– su aptitud para desarrollar normas reguladoras globales.

Además, cuando Estados poderosos, como los EE.UU., confieren una alta prioridad a la eficacia reguladora global en ciertas áreas, ejercen su influencia política y económica para forzar a otros Estados a adoptar e imponer controles. Un ejemplo ilustrativo es la *Financial Action Task Force* (FATF), un régimen destinado a combatir el lavado de dinero.[13] En el marco de sistemas reguladores basados en el comercio o en las transacciones, como CITES, la Convención de Basilea sobre el Movimiento Transfronterizo de Desechos Peligrosos y su Eliminación, el Protocolo de Cartagena sobre Bioseguridad, y el FATF, el cumplimiento de las normas reguladoras globales puede ser controlado por los dos Estados involucrados en una transferencia o transacción transnacional.

Por otra parte, el acceso a la información y la participación en el procedimiento decisorio a nivel estatal contribuyen eficazmente a la implementación y al cumplimiento de la regulación pública transnacional, señaladamente en ámbitos como la tutela del medio ambiente, la protección de los consumidores o los derechos humanos. La Convención de Aarhus ha establecido un sistema transnacional de normas reguladoras secundarias sobre el acceso a la infor-

---

[12] Kal Raustiala, «Compliance and effectiveness in regulatory cooperation», 32 *Case West. Res. J. Int'l L*, 387 (2000) en p. 451-452. El régimen de red de la OCDE para el seguro mutuo de los datos sobre puebas de seguridad química no clínicos, ilustra perfectamente muchas de estas estrategias. Véase James Salzman, «Decentralized Administrative Law in the Organization for Economic Cooperation and Development», 68 *Law & Contemp. Probs* 189 (2005) en 200-206 (en adelante «Decentralized Administrative Law»).

[13] Véase Kal Raustiala, «The architecture of international cooperation: transgovernmental networks and the future of international law» 43 *Va. J. Int'l L* 1 (2002), en pp. 73-74 (en adelante, «The architecture of international cooperation»).

mación pública, la participación y el acceso a la justicia en materia de medio ambiente. Estos mecanismos fortalecen la influencia política a nivel nacional de las ONG beneficiarias de la regulación y ofrecen asimismo una plataforma para el ejercicio de las acciones judiciales y administrativas pertinentes para garantizar el cumplimiento, como luego se abunda. También facilitan la organización y la movilización de las redes de las ONG transnacionales para promover iniciativas regulatorias y la implementación, tanto en el ámbito global como en el nacional.

Han de subrayarse por otro lado los mecanismos para armonizar la regulación nacional cuando no existen acuerdos entre los Estados o las agencias nacionales. La competencia entre los Estados en el ámbito de la regulación, junto con la habilidad de las empresas reguladas o de las personas para ubicarse o elegir la regulación de un Estado determinado, pueden promover la armonización en algunos ámbitos. Ello también puede facilitar estándares comunes sobre productos o servicios sin que haya ningún acuerdo transnacional. El régimen de la OMC puede establecer ciertos incentivos para que los Estados adopten los estándares internacionales aplicables a fin de defenderse de los desafíos a que se verán sometidas sus regulaciones internas en el marco de los acuerdos sobre medidas sanitarias y fitosanitarias o sobre barreras técnicas al comercio. La emulación y otras influencias constructivas también pueden generar una cierta convergencia regulatoria. Estos mecanismos, no obstante, carecen de instrumentos transnacionales de gobernanza, y, en consecuencia, pueden fracasar a la hora de asegurar una implementación y cumplimiento armonizados y efectivos.

V. INSTRUMENTOS REGULADORES Y MECANISMOS DE CUMPLIMIENTO

Un componente importante en el diseño y la actuación de regímenes reguladores públicos transnacionales es el tipo de instrumento regulador usado para asegurar el cumplimiento de las obligaciones impuestas por la regulación.[14]

---

[14] Para un análisis en el ámbito de la regulación medioambiental, véase Richard Stewart, «Instrument Choice», en *Oxford Handbook*, pp. 936-937.

1. TÉCNICAS DE «ORDENO Y MANDO» O PROPIOS DE LA ACTIVIDAD ADMINISTRATIVA DE POLICÍA* (*COMMAND AND CONTROL INSTRUMENTS*)

De ordinario, los sistemas regulatorios públicos de carácter transnacional, o bien establecen las normas en términos genéricos de manera que se deja un margen de discreción a los Estados a la hora de elegir los instrumentos específicos para el cumplimiento de las medidas adoptadas, o bien utilizan medidas propias de la actividad administrativa de policía, mediante prohibiciones u órdenes dirigidas a los sujetos regulados. Cuando se concede cierta discrecionalidad, los Estados y las agencias nacionales prefieren hacer uso de los instrumentos de mando.

En los sistemas en los que estos instrumentos son efectivos, la autoridades nacionales especifican más detalladamente los requisitos de las actividades a través de la adopción de reglas administrativas o de los tribunales (estableciendo, por ejemplo, las condiciones para el otorgamiento de licencias, de subvenciones u otras formas de asistencia gubernamental) y las imponen a los actores regulados en caso de incumplimiento. Cabe detectar también una cierta tendencia de los sistemas regulatorios transnacionales a solicitar de las agencias nacionales que establezcan condiciones para la financiación. A título de ejemplo, se puede citar el programa de la OCDE que pide a las agencias nacionales en materia de crédito a la exportación que garanticen que sí cumplen determinadas condiciones sociales y medioambientales a la hora de otorgar asistencia a las empresas nacionales.[15] Las organizaciones administrativas transnacionales también se sirven de esa suerte de condicionamiento financiero, con la finalidad de promover el cumplimiento de las agencias nacionales. Por ejemplo, el Banco Mundial y el FMI otorgan ayuda financiera a los Gobiernos con la condición de que éstos impongan las normas reguladoras de Basilea a sus bancos.

En muchos ordenamientos nacionales, su Derecho Administrativo y Constitucional admiten que los actores regulados pueden impetrar la tutela judicial frente a la acción del Ejecutivo y de la Administración cuando adoptan medidas para la ejecución y cumplimiento de sus resoluciones.

En algunos sistemas, estos derechos se pueden ejercer frente a las actuaciones administrativas, sean generales –normas– o singulares –como la denegación de una licen-

---

* La expresión «command and control regulation» –ordeno y mando–, en realidad, se puede considerar, en efecto, equivalente, a los efectos del presente capítulo a la concepción continental de la actividad administrativa de policía en sentido amplio, basada, como es sabido, en el control y en la imposición de limitaciones (actividades reservadas a autorización previa, medidas de ejecución forzosa, sanciones), y caracterizadas, en lo que aquí interesa, por su carácter imperativo y coercitivo. Las prerrogativas de la ejecutividad y de la ejecutoriedad encuentran también aquí su acomodo, a nuestro limitado propósito. (N. del E.).

[15] Los «Common Approaches» de la OCDE se analizan con más detalle en James Salzman, «Decentralized administrative law», *op. cit.*, en pp. 206-212.

cia–, que se adoptan en una fase intermedia entre la norma primaria o general y la fase de ejecución. Resulta frecuente en otros muchos países que el Derecho Constitucional y Administrativo extiendan esa protección a los derechos de carácter procedimental y procesal, a fin de que los afectados puedan hacer valer sus derechos e intereses materiales. En ciertos casos, se le reconoce también a los beneficiarios de esas actuaciones públicas en el ordenamiento jurídico interno el derecho a ejercer acciones de responsabilidad por daños contra las empresas que vulneren la regulación de que se trate. En EE.UU., por ejemplo, en el Derecho de la Competencia, cabe ejercer acciones de carácter multilateral para la reparación de los daños causados.

Si bien es cierto que los sistemas regulatorios globales, como se ha dicho, dejan un notable margen de maniobra a los Estados y a las agencias nacionales para que dispongan las medidas que consideren adecuadas en punto a la ejecución y al cumplimiento, no lo es menos, sin embargo, que ello conviven con otros modelos, algunos de ellos recientes.

El campo de la seguridad internacional, que los Estados más fuertes consideran esencial, resulta paradigmático. Por ejemplo, el Consejo de Seguridad y sus Comité 1267 ordenaron a todos los Estados Miembros de las Naciones Unidas que congelaran los activos de las personas sospechosas de terrorismo y que impidieran la entrada en su territorio a las personas incluidas en la listas que el propio Comité redactó por sospechosas de financiar actividades terroristas. El Grupo de Acción Financiera Internacional (*Financial Action Task Force*) ha establecido un régimen riguroso en el que se insta a los Gobiernos participantes a controlar el lavado de dinero mediante una estricta regulación de instituciones financieras nacionales y de sus transacciones. El Protocolo de Montreal constituye otro ejemplo en el ámbito medioambiental de un aparato regulador transnacional en el que los países desarrollados más importantes consideran que la protección del ozono representa un objetivo global prioritario, disponiendo el uso de sanciones comerciales, apoyo a los países en desarrollo, y un sistema de cumplimiento administrativo transnacional de cierta consistencia, para garantizar que todos los Estados cumplen con las restricciones a la producción y uso de químicos que agotan la capa de ozono.

2. TÉCNICAS E INSTRUMENTOS REGULATORIOS BASADOS EN EL MERCADO Y EN LA INFORMACIÓN

Habida cuenta de las disfunciones que los Gobiernos han encontrado a la hora de extender e intensificar las medidas establecidas para el cumplimiento, propias de la actividad administrativa de policía, de cara a alcanzar los cada vez más ambiciosos objetivos regulatorios que se adoptan a nivel global, muchos países desarrollados y en vías de desarrollo han recurrido a instrumentos regulatorios basados en el mercado y en la información como complemento o como alternativa a los enfoques tradicionales de carácter imperativo y coercitivo. Más que imponer conductas, estos instrumentos inducen o fomentan la actuación de las empresas reguladas en la dirección deseada imponiendo directamente un precio a la conducta indeseada o movilizando a los consumidores, inversores y al público en general para que recompensen a aquellas empresas y productos que cumplen mejor con los objetivos del regulador y para que penalicen a las que siguen una trayectoria más dudosa.

Aunque el Estado regulador moderno, al menos en los países desarrollados, goza de un amplio poder o margen de maniobra en la elección de las técnicas adecuadas para la ejecución y cumplimiento de las medidas establecidas, lo cierto es que su excesiva confianza en las técnicas administrativas de policía lo ha convertido en un regulador torpe y arbitrario. En el ámbito global, de otro lado, el problema radica en la debilidad relativa que padecen las instituciones. En este contexto, los programas basados en el mercado y en la información pueden contribuir a superar estos dos problemas. La cuestión fundamental a resolver aquí consiste en determinar si los instrumentos regulatorios basados en el mercado y en la información (regulación por información), a través de la movilización del sistema de mercado y de precios y de intereses e incentivos privados, pueden compensar, en la regulación transnacional, los déficits que presentan esa debilidad institucional en el plano global y las regulaciones nacionales exclusivamente fundadas en las técnicas de la coerción y de la imposición.

En este sentido, una cuestión que se ha debatido mucho en lo que hace al cambio climático, y su regulación, es la relativa a las exigencias institucionales –de supervisión, verificación y cumplimiento– de las tasas de emisión de gases y los derechos de emisión, desde la perspectiva de las técnicas coercitivas y de control. Y es que, aun cuando las empresas tengan una cierta flexibilidad en cuanto a los medios para conseguir los objetivos, las nuevas técnicas de ordinario requieren a la postre el recurso a alguna técnica coercitiva para garantizar que los regulados cumplen lo establecido. En efecto, en los sistemas de comercio de derechos de emisión o en el esquema de la fiscalidad medioambiental, las empresas deben atenerse a las cuotas o pagar los impuestos que correspondan en función de sus emisiones reales. Y en la regulación por información, las empresas deben informar rigurosamente acerca de cuanto sea necesario. Pues bien, las empresas reguladas han de satisfacer las exigencias que derivan de los incentivos establecidos en el mercado (por ejemplo, el pago de las tasas de emisión) e informar en los términos establecidos. Una y otra cosa han de ser llevadas a su puro y debido efecto, han de hacerse cumplir. Sin embargo, como estos instrumentos basados en el mercado y en la información no suelen establecen unos requisitos precisos y detallados resulta más difícil hacer uso de las acciones de los beneficiarios de la regulación respecto de la implementación y de la ejecución del programa regulatorio establecido.

El desarrollo de estos instrumentos regulatorios más innovadores en el contexto público transnacional se halla todavía en sus primeras fases.

El ejemplo más destacado de instrumentos de mercado es el uso de los esquemas de comercio de derechos de emisión en el marco del Protocolo de Kioto a la Convención Marco de Naciones Unidas sobre el Cambio Climático, que comprende la Implementación Conjunta (IC) y el Mecanismo de Desarrollo Limpio (MDL). El MDL y los sistemas de comercio de derechos de emisión transnacionales pueden desempeñar un papel fundamental en la movilización de la inversión privada desde los países desarrollados para conseguir que la reducción de las emisiones de gases de efecto invernadero

hacia los países en desarrollo y mitigar así el cambio climático[16]. La aplicación de estos mecanismos requiere hacer un seguimiento de los derechos de emisión, y exige tanto un control preciso de las emisiones, por medio, por ejemplo, de la elaboración de informes, al tiempo que requiere que se impongan sanciones cuando se emita por encima del derecho correspondiente. Otro mecanismo regulador basado en el mercado es el uso de las cuotas individuales transferibles (CIT) para la gestión de las zonas pesqueras. Un rasgo significativo de estos instrumentos radica en que los mercados regulatorios operan transnacionalmente, esto es, a través de transacciones que tienen lugar entre diversos países y también dentro de los propios Estados participantes. Ello exige la existencia de autoridades administrativas transnacionales que garanticen el adecuado y uniforme funcionamiento de los mercados transnacionales, así como de los mercados internos que lo integran.

Los mecanismos regulatorios basados en el mercado obligan a la creación de una efectiva supervisión y ejecución, porque el incumplimiento erosiona la integridad financiera del mercado, así como el logro de los objetivos medioambientales. El Consejo Ejecutivo del MDL, una autoridad administrativa transnacional, ha desarrollado un sistema muy elaborado de control, verificación y cumplimiento de estos requisitos. Los actores no estatales, como las ONG, juegan asimismo un papel muy importante en los procesos de control y de verificación, y de cumplimiento. Los sistemas regulatorios transnacionales basados en el mercado pueden también movilizar los mecanismos del mercado para promover el cumplimiento, por ejemplo mediante el establecimiento de la responsabilidad del comprador de un vendedor que incurre en el exceso de emisiones en el marco de sistemas de comercio de emisiones. Desde esta estrategia de responsabilidad del comprador de los derechos adquiridos de un actor incumplidor porque excede de las emisiones, pueden invalidarse o descontarse en la parte que corresponda los derechos de emisión adquiridos como consecuencia del incumplimiento. Sobre el comprador recae, pues, la carga de velar por un buen funcionamiento. Esta posibilidad lleva a los compradores de derechos de emisión a exigir que se garantice el cumplimiento de las reglas, sea mediante contrato o por cualquier otro medio, lo que, a su vez, contribuye a fomentar un mejor cumplimiento dentro del mercado. mediante cláusulas contractuales u otros mecanismos, que en definitiva acaban promoviendo el cumplimiento.

Los sistemas basados en la regulación por información son susceptibles de movilizar a los consumidores, a los inversores socialmente responsables, y a otros beneficiarios de la regulación, con el fin de favorecer a aquellos productos, servicios y empresas que mejor satisfagan las reglas establecidas, evitando eludir a los que tengan una trayectoria menos impecable.

La regulación por información puede llevarse a cabo mediante el etiquetado de los productos, o la publicidad de la información que evalúa el cumplimiento de los estándares establecidos. Entre los ejemplos de organizaciones públicas transnacionales que han creado programas sobre esta base y consiguen una efectiva regulación de los sujetos privados, se pueden citar el programa anticorrupción de la OCDE, las políticas del Banco Mundial, y las condiciones del Protocolo sobre bioseguridad en relación con

---

[16] Richard Stewart, Benedict Kingsbury y Bryce Rudyk (eds.) Climate Finance: Regulatory and Funding Strategies for Climate Change and Sustainable Development (NYUP, 2009)

el etiquetado de los productos genéticamente modificados y la publicación de información sobre su riesgo. Aun cuando el régimen de información previsto en este último Protocolo sobre bioseguridad tiene por objeto en buena parte ayudar a los Estados a que decidan si consiente o no la importación de productos genéticamente modificados (los Estados pueden considerarse beneficiarios de la regulación en este caso), lo cierto es que este sistema lo utilizan también otros beneficiarios, como los consumidores y las ONG. Son numerosas las organizaciones transnacionales, como el Banco Mundial, que recurren de forma creciente al uso de indicadores para evaluar y clasificar la realización y las prácticas de cada Gobierno en la consecución de los objetivos que en el plano del desarrollo se establezcan. Y el Banco Mundial sigue esos indicadores para resolver si otorga o no ayudas al desarrollo[17]. Es probable que estos indicadores sean utilizados más en el futuro como medio de la regulación privada de los actores económicos privados.

3. ESTRATEGIAS DE LAS REDES DE REGULADORES

En respuesta a las limitaciones de la regulación de carácter coercitivo, los Gobiernos han establecido diversas fórmulas de regulación en red, involucrando a todo un conjunto de instituciones privadas o público-privadas, como sucede en los acuerdos de corregulación. Estos esquemas organizativos pretenden de alguna manera reducir la función de ejecución o cumplimiento obligatorio, que, de ordinario, inevitablemente conlleva relaciones un tanto conflictivas entre regulador y regulado, y para ello apuestan por estrategias institucionales de carácter no jerárquico que hacen hincapié en la cooperación, la experimentación y el intercambio horizontal de información.[18] No nos ocuparemos aquí de estas estrategias, pues este capítulo se centra en los mecanismos públicos de ejecución y cumplimiento de la regulación. Cuando los Gobiernos nacionales trabajan en red, la implementación y la ejecución de las normas públicas transnacionales pueden basarse a su vez en estas estrategias complementadas en su caso con las técnicas más tradicionales.

4. MECANISMOS DE CUMPLIMIENTO COLATERAL DE LA REGULACIÓN PÚBLICA

La ejecución de la regulación pública transnacional puede confiarse, como ha quedado dicho, a las Administraciones nacionales. Sin embargo, al mismo tiempo esa regulación transnacional puede desencadenar un conjunto de mecanismos e incentivos *colaterales* para asegurar que los actores del mercado la observan.

---

[17] Kevin Davis, Benedict Kingsbury y Sally Engle Merry, «Indicators as a techonology of global governance», GAL Working Paper 2012/2, en la web del *GAL Project*: http://www.iilj.org/gal/. *Vid.* asimismo el capítulo segundo.

[18] Véase John Braithwaite, Regulatory Capitalism, *op. cit.*, Charles Sabel y Jonathan Zeitlin (eds.) *Experimentalist Governance in the European Union, Towards a New Architecture* (OUP, 2010).

Entre los muchos ejemplos que se pueden traer aquí (aplicables en buena medida también a los sistemas regulatorios transnacionales privados), cabe citar los siguientes:

– En algunos sectores, los estándares transnacionales, principalmente los estándares técnicos para la identificación o la calidad de los productos o los servicios, pueden servir también como instrumento en beneficio de la coordinación entre las empresas en el mercado global, y, en consecuencia, las empresas los adoptan sin necesidad de que las autoridades públicas se vean obligadas a seguir mecanismo alguno de ejecución forzosa.

– Las empresas también pueden encontrar un incentivo de mercado para adherirse a las normas públicas transnacionales porque ello les aporta credibilidad y prestigio en orden a la calidad de sus productos y servicios, ante la cadena de suministros, los consumidores y los inversores.

– Las aseguradoras y los terceros independientes que certifican las actividades de las empresas pueden exigir el cumplimiento de ciertos estándares transnacionales, como, por ejemplo, los estándares para prevenir la contaminación del petróleo procedente de los buques.[19]

– Para asegurar su propio cumplimiento y su reputación, las firmas reguladas normalmente exigen a otras empresas con las que contratan que les certifiquen y garanticen el cumplimiento de ciertos estándares públicos relevantes. Estos mecanismos pueden servir para ampliar el alcance real del sistema regulatorio transnacional, más allá de los Estados que lo han acordado, como acreditan los ejemplos de la regulación en materia de seguridad bancaria de Basilea I y la regulación contra el lavado de dinero de la *Financial Action Task Force*, a través del poder de mercado que ejercen las instituciones financieras de las economías más importantes.

– Los tribunales –y en particular los tribunales de arbitraje– pueden enjuiciar el cumplimiento de las normas públicas transnacionales que sean de aplicación, para cuantificar la responsabilidad contractual o extracontractual de los actores privados.

– La información generada a partir del proceso de implementación y aplicación de las normas reguladores públicas transnacionales, también de la información obtenida y distribuida y los indicadores elaborados por las organizaciones transnacionales, puede servir de guía o directriz a los socios, a los consumidores o a los inversores para que puedan descartar a aquellas empresas con un cumplimiento inferior o para que opten por aquellas cuyo historial es mejor en este sentido, contribuyendo de esta manera a fomentar el cumplimiento de la regulación. Las ONG transnacionales o las asociaciones de inversores socialmente responsables, así como los medios de comunicación, pueden organizar y difundir esta información. El cumplimiento de los regímenes reguladores públicos se puede ver ampliado y reforzado, en consecuencia.

Como todos estos ejemplos demuestran, los estándares transnacionales públicos se ejecutan con frecuencia a consecuencia de la acción de unos operadores privados sobre otros.

---

[19] Véase Kal Raustiala, «The architecture of international cooperation», *op. cit,*. en 413-415.

5. LA EJECUCIÓN DIRECTA POR PARTE DE LAS AUTORIDADES TRANSNACIONALES

Las organizaciones administrativas globales en el escenario de los sistemas regulatorios transnacionales no sólo han dispuesto mecanismos para que los Estados implementen y ejecuten las normas que establecen, como ha quedado dicho, sino que también, en ciertos casos, se invisten de la autoridad para ejercer su poder ejecutivo directamente, mediante autorizaciones o prohibiciones, ante los actores privados. Esas medidas que directamente adoptan las organizaciones transnacionales tiene su reconocimiento en los Estados, puesto que las organizaciones globales se sirven de instrumentos económicos y del establecimiento de condiciones de carácter financiero.

El Mecanismo de Desarrollo Limpio (MDL) del Protocolo de Kioto constituye un ejemplo ilustrativo en este sentido. El Consejo de Dirección del MDL establece y administra las normas y los procedimientos pertinentes para el registro de los proyectos que se llevan a cabo en países en vías de desarrollo con el objetivo de reducir las emisiones de gases con efecto invernadero, y emite los créditos de reducción de emisiones, que se certifican sobre la base de las reducciones alcanzadas. Estos derechos se intercambian internacionalmente y tienen, por tanto, un valor comercial porque las empresas pueden adquirirlos para cumplir sus obligaciones medioambientales en los Estados europeos, o porque los países más desarrollados los compran para cumplir las obligaciones asumidas en el marco del Protocolo de Kioto. Estos créditos de reducción de emisiones suponen una parte importante del retorno económico que obtienen los inversores y los desarrolladores de los proyectos en el marco del MDL. Si el MDL deniega el registro o la emisión de estos créditos porque haya habido un incumplimiento de las obligaciones derivadas de la regulación, en realidad no hace sino forzar el cumplimiento de los actores económicos privados implicados. Por otra parte, un registro sin el rigor necesario o una certificación laxa conducirían a mayores emisiones, en detrimento de los beneficiarios de la estrategia medioambiental.

Algunas instituciones financieras multilaterales, como el Banco Mundial (y su fondo para la comercialización de derechos de emisión de carbono), la Corporación Financiera Internacional, el FMI y los bancos regionales de desarrollo también participan en la ejecución de la regulación, condicionando su ayuda financiera al cumplimiento de determinadas reglas globales. Deniegan la financiación o cualquier otra forma de asistencia financiera a los proyectos que no cumplan las condiciones establecidas en sus directrices sociales o medioambientales. En el caso de la Corporación Financiera Internacional (CFI), la ejecución queda en sus manos, puesto que se le exige directamente a las empresas privadas que acuden a ella en busca de ayuda financiera. [20] La Agencia Multilateral de Garantía de Inversiones (AMGI) regula directamente la actuación de las empresas privadas que realizan inversiones extranjeras

---

[20] Véase IFC, International Finance Corporation's performance standard son social & environmental sustainability», 30 de abril de 2006. Los estándares de desempeño definen los papeles de los clientes y las responsabilidades por la gestión de proyectos, así como las condiciones para recibir y mantener el apoyo de la CFI en las áreas de: evaluación y gestión social y medioambiental; condiciones laborales y de trabajo; prevención de la contaminación; salud comunitaria, seguridad; adquisición

a través de la concesión de su seguro de riesgo político, con la condición de que los proyectos cumplan ciertos requisitos, como la evaluación del impacto medioambiental.[21] El Banco Internacional para la Reconstrucción y el Desarrollo (Banco Mundial) y los bancos regionales de desarrollo establecen condiciones para conceder ayuda financiera a los Gobiernos de países en vías de desarrollo en relación con ciertos proyectos o programas. Puesto que los acreedores privados y los inversores dependen de las ayudas del Banco, o trabajan en el marco de programas financiados por el Banco, la sujeción a esas condiciones produce también unos efectos regulatorios evidentes respecto de estos operadores privados. Es más, los organismos financieros reguladores privados, como la Asociación de Principios del Ecuador, adoptan las normas reguladoras de la CFI y de otras instituciones multilaterales, multiplicando por tanto su efecto regulador.

6. LÍMITES DE LA REGULACIÓN PÚBLICA TRANSNACIONAL ARMONIZADA

Si bien es cierto que la armonización transnacional de normas secundarias y las instituciones para su desarrollo y cumplimiento en el ámbito nacional contribuyen de manera decisiva a la armonización y eficacia de la regulación substantiva, no lo es menos, sin embargo, que este proceso tiene sus límites. Esos límites derivan de una diversidad de factores: el deseo de los Estados y de las agencias nacionales de conservar cierta flexibilidad para regulaciones futuras; las diferentes circunstancias de cada país, con tradiciones, ordenamiento y sistemas administrativos muy diversos; o la resistencia a la interferencia sobre lo que se considera un asunto interno, señaladamente cuando se trata de acciones, procesos judiciales o procedimientos administrativos. Esta discrecionalidad nacional puede a su vez provocar fallos en la ejecución y en el cumplimiento de las normas globales, que dejan desprotegidos a los beneficiarios de la regulación, y que pueden también erosionar la coherencia de la regulación a escala global.

Debido a la heterogeneidad de los múltiples sistemas regulatorios transnacionales, no cabe hacer generalizaciones en lo que se refiere a lo que es posible hacer en cada caso. El grado de armonización alcanzado y la medida en que sus objetivos se satisfacen resulta muy variable. Entre otros factores que han de tenerse en cuenta figuran el ámbito o sector de la regulación; el objetivo o finalidad regulatoria; el número, identidad e intereses de cada Estado y agencia nacional; la participación de las organizaciones administrativas globales; el diseño o configuración del sistema regulatorio, y los instrumentos de que sirve; o

---

de tierras y reasentamiento involuntario; conservación de la biodiversidad y gestión sostenible de los recursos naturales; pueblos indígenas; y patrimonio cultural.

[21] Véase AMGI, «Multilateral Investment Guarantee Agency's performance standard son social & environmental sustainability», October 1, 2007

los mecanismos transnacionales de implementación y ejecución. Cabe añadir el peso específico que aquí tiene la enorme diversidad de prioridades de los Estados más grandes y poderosos y la variedad de intereses afectados, organizados o no. La uniformidad nunca será alcanzada, ni resulta deseable en la mayoría de los casos.

Desde las últimas dos décadas, los beneficiarios de la regulación, organizados a través de ONG nacionales y transnacionales, llevan a cabo un papel fundamental en la promoción de una ejecución y cumplimiento más efectivos de los sistemas regulatorios transnacionales a través de distintas campañas. Muchos de estos esfuerzos se apoyan en los mecanismos de ejecución y cumplimiento que las organizaciones administrativas globales de carácter transnacional han establecido, a menudo en cooperación con ellos. Los beneficiarios de la regulación tienen frecuentemente más interés en que la regulación sea fuerte, más que en la armonización como tal, aunque sus esfuerzos para promover la implementación y ejecución en Estados más débiles pueden acabar por promover un cierto grado de convergencia.

VI. ACCIONES Y MECANISMOS PARA LA PROTECCIÓN DE LOS BENEFICIARIOS DE LA REGULACIÓN

Este apartado se centra en el análisis de las opciones que tienen los beneficiarios para hacer uso de procedimientos y acciones legales, entre los que cabe destacar el derecho a la transparencia, la participación, la motivación y el control, o las acciones civiles. Y ello tanto a nivel estatal como transnacional, y a los efectos de conseguir la implementación y la ejecución de normas globales, que a ellos benefician. Una clasificación jurídica e institucional básica de las acciones y mecanismos a disposición de los beneficiarios se podría resumir de la siguiente manera:

Derecho aplicable:
  – Nacional
  – Transnacional
Objetivo del instrumento o mecanismo:
  – Administración nacional
  – Operador regulado
  – Administración transnacional
Clase de Tribunal u órgano judicial:
  – Nacional
  – Transnacional o internacional
Clase de acción, derecho o mecanismo:
  – La sujeción de la Administración o del Gobierno a normas de procedimiento que garanticen la transparencia, la participación, la motivación y el control.

- Iniciación por parte de la Administración o del Gobierno de medidas de ejecución para garantizar la regulación frente a las empresas reguladas
- Resarcimiento por daños a los beneficiarios por parte de órganos administrativos por fallos en la regulación.
- Resarcimiento por daños a los beneficiarios por parte de los operadores que incumplan la regulación
- Solicitud de medidas cautelares por los beneficiarios frente a los que incumplen la regulación.
- Imposición de sanciones contra los incumplidores.

En este apartado, primero nos ocuparemos de analizar en qué medida el Derecho nacional pone a disposición de los beneficiarios de la regulación derechos de carácter procedimental y procesal y les reconoce el derecho a una compensación por la defectuosa implementación de las normas reguladoras transnacionales. A continuación, se examinarán los derechos de ejecución y cumplimiento conferidos a los beneficiarios por medio de normas transnacionales. Finalmente, se consideran estos derechos, independientemente de que hayan sido reconocidos por el Derecho nacional o transnacional, con respecto a los organismos reguladores transnacionales y su personal. Todos estos derechos, en la medida en que se ejercen frente a administradores nacionales o transnacionales, se encuadran en el dominio del Derecho Administrativo Global, pero algunos se encuadran también entre los derechos que son directamente ejercitables por los beneficiarios frente a los actores regulados.

1. DERECHOS DE LOS BENEFICIARIOS DE LA REGULACIÓN EN EL MARCO DEL DERECHO ADMINISTRATIVO ESTATAL, CON RESPECTO A LA IMPLEMENTACIÓN ADMINISTRATIVA NACIONAL DE NORMAS REGULADORAS TRANSNACIONALES PÚBLICAS

A) Derechos e instrumentos reconocidos sobre la base de los principios generales del procedimiento administrativo y del control judicial

Aunque se dan ciertas diferencias entre países, el Derecho Administrativo nacional se ocupa de ordinario de regular la implementación y el cumplimiento de las normas transnacionales, de acuerdo con el mismo esquema de que se sirve para las normas nacionales. De hecho, en muchas ocasiones resulta imposible distinguir entre los dos planos, porque cuando las autoridades nacionales se ocupan de la regulación transnacional, hacen uso frecuentemente de la autoridad que se le has conferido por las leyes nacionales preexistentes, y puede que no identifiquen con claridad o de modo específico el origen transnacional de la norma que está siendo aplicada. En pocos casos (generalmente en el contexto de nuevos compromisos basados en tratados) se hace necesario una nueva legislación nacional y una identificación clara del origen transnacional de la regulación. En otros supuestos, la influencia que las normas transnacionales, las decisiones de los organismos administrativos globales y de los tribunales tienen sobre las decisiones de la Administración nacional suele ser opaca y difícil de identificar.[22]

De acuerdo con el Derecho nacional –Constitucional y Administrativo–, los operadores regulados normalmente disfrutan de derechos de defensa frente a la potestad ejecutiva, ejercida de modo coercitivo, por parte del Gobierno. Entre esos derechos cabe citar el derecho a ser oídos (bien ante la propia agencia o ante un tribunal) y el derecho al control judicial de legalidad. Estos derechos podrían, no obstante, no reconocerse en casos en los que las agencias disfruten de una muy amplia discrecionalidad para conceder fondos o establecer otras posiciones de ventaja. En función del sistema jurídico nacional de que se trate en cada caso, los operadores regulados pueden disfrutar también de derechos de carácter procedimental y del derecho a una revisión en las fases o etapas previas a su ejecución en el seno de los procedimientos administrativos decisorios, como pueden ser la elaboración de una norma o disposición general, o la fijación de una interpretación autorizada del Derecho aplicable. Estos derechos de carácter procedimental y el derecho a un control previo que muchos ordenamientos estatales reconocen pueden invocarse también frente a la ejecución nacional de normas transnacionales, contribuyendo de esta forma a la creación del Derecho Administrativo Global.

Un ejemplo conocido son las decisiones del Consejo de Estado francés, cuando amparan a los nacionales de terceros países a los que se les ha denegado un visado sobre la base de una notificación al Sistema de Información de Schengen (SIS).[23] *Kadi*[24] y otros casos relativos al régimen del Comité 1267 del Consejo de Seguri-

---

[22] Vésae Cahterine Redgewell «National Implementation», en Oxford Handbook, *op. cit.* (influencia de las decisiones de tribunales transnacionales en la toma de decisiones doméstica). Para los problemas que esta circunstancia crea para los tribunales de revisión que tratan de controlar la delegación de poderes de adopción de decisiones reglamentarias a los organismos transnacionales, véase: Richard Stewart, «The global regulatory challenge to US administrative law», 37 NYU J. Int'l L. & Pol 695 (2005) (de ahora en adelante, «The global regulatory challenge»).

[23] Los casos de 199, Madame Hamssaoui y Madame Forabosco, son analizados en M. Benedetti, «The Conseil d'Etat and Schengen», en Cassese *et al.* (eds.), Global Administrative Law, *op. cit.*, en p. 208. El hecho de que una de las demandantes en uno de los casos no pudiera siquiera saber qué Estado había notificado al SIS condujo al Tribunal a concluir que la decisión estaba insuficientemente motivada y que, por tanto, debía ser anulada. En el otro caso, el Tribunal entendió que las autoridades alemanas habían cometido un error jurídico al notificar al SIS.

[24] *Kadi v. Council of the European Union and Commission of the European Communities Case* T-315/01 (2005) (Court of First Instance) and Case C-402/05 P (2008) ante el Tribunal de Justicia. Otros ejemplos destacados relativos a la implementación nacional de sanciones internacionales incluyen *Bosphorus Hawa Yollari Turzim ve Ticaret AS v. Minister of Transport, Energy and Communications and Others* 1996 ECR-I-3953 («Bosphorus» y Segi, Araitz Zubimendi Izaga, Aritza Galarraga v. *Council of European Union* 2007 ECR I-01657 («Segi»), ambos junto con Kadi analizados en: Erika de Wet «Holding Interna-

dad de Naciones Unidas en materia antiterrorista*, suscitan la relevante cuestión de determinar hasta qué punto el sistema regulatorio transnacional puede invalidar los derechos de defensa frente a la ejecución de la medida que el Derecho nacional establece.

En el modelo tradicional del Derecho Constitucional y Administrativo de los Estados Unidos** y de otros muchos países, los derechos de audiencia formal y de acceso a la jurisdicción se limitaban a aquellos actores regulados cuya libertad o propiedad pudieran verse afectadas directamente a resultas de las acciones gubernamentales de ejecución de la regulación. Estos derechos no estaban normalmente a disposición de los beneficiarios de la regulación o de otros sujetos indirectamente afectados, como, por ejemplo, los competidores, aunque las leyes sectoriales podían reconocer esos derechos en favor de terceros en circunstancias específicas. En los últimos cuarenta años, sin embargo, se ha establecido un modelo de representación de intereses*** en los Estados Unidos, en Europa y en otros muchos países avanzados, a través de ciertas innovaciones jurisprudenciales relativas a la legitimación activa, la intervención, la revisión de las interpretaciones legales realizadas por las agencias, y en algunos casos, de resoluciones basadas en normas constitucionales o en materia de derechos humanos reconocidos por instrumentos internacionales. Como resultado de estas innovaciones, el Derecho nacional ha extendido, a los beneficiarios de la regulación y a otros interesados indirectamente afectados, numerosos derechos de participación y de revisión judicial anteriormente reservados a los actores regulados. También se han establecido regímenes generales de acceso a la información del Gobierno. Además, los tribunales han reconocido gradualmente que los beneficiarios de la regulación y otras personas indirectamente afectadas, así como los regulados, tienen derecho a pedir que los organismos reguladores motiven adecuadamente sus decisiones.[25]

Aunque hay excepciones, las autoridades gubernamentales generalmente ostentan la competencia exclusiva (y, en muchos países, se trata de una competencia ejercitable con una discrecionalidad extremadamente amplia) para de-

---

tional institutions accountable: the complementary role of non-judicial oversight mechanisms and judicial review» 9 German L J 1987 (2008)

* Sobre estos casos, hay referencias frecuentes en los capítulos precedentes. En particular, segundo, quinto o undécimo. (N. del E.).

** *Vid.* en particular el capítulo cuarto. (N. del E.).

*** Sobre esta conocida teoría del autor, puede verse su artículo originario «The Reformation of American Administrative Law», *Harvard Law Review*, vol. 88, 1975, pp. 1669 y ss. Más recientemente, «Il Diritto Amministrativo nel XXI Secolo», *Rivista trimestrale di diritto pubblico*, Nº 1, 2004, págs. 1-30. Véase también el capítulo cuarto de la presente obra colectiva. (N. del E.).

[25] Richard Stewart, «The reformation of American administrative law», 88 Harv. L. Rev. 1669 (1975).

cidir si inician o no un proceso judicial civil, penal o administrativo para asegurar el cumplimiento de la regulación establecida. Las terceras partes, lo que comprende a los beneficiarios de la regulación, de ordinario no tienen derecho a intervenir en esos procedimientos, ni a recabar la tutela judicial de las decisiones que las autoridades hayan adoptado en el sentido de iniciar o no un proceso judicial. No obstante, los beneficiarios de la regulación disfrutan frecuentemente del derecho de participación y de revisión de las decisiones administrativas previas a la fase de ejecución, y entre las que se encuentran las relativas a la interpretación e implementación de la regulación y los aspectos relacionados con los mecanismos para su implementación, como la concesión de licencias, la supervisión, la elaboración de informes y otras exigencias relativas a la transparencia y a la información disponible. Por otra parte, los beneficiarios de la regulación normalmente ven reconocidos algunos derechos de participación y de revisión judicial con respecto a los procedimientos administrativos que se siguen para otorgar, renovar o revocar licencias, permisos, registros, etc. a las empresas reguladas. En tales procedimientos, los beneficiarios pueden avanzar sus puntos de vista sobre las normas reguladoras, así como la adecuación de los mecanismos administrativos para asegurar el cumplimiento de las normas. Los beneficiarios de la regulación pueden disfrutar de derechos análogos con respecto a las condiciones que los administradores han de imponer para poder conceder ciertas ayudas financieras o de otro tipo a los actores privados.

Por ejemplo, en muchos países se exige a los administradores o a los titulares de una licencia o de una ayuda que elaboren los estudios sobre el impacto medioambiental en relación con proyectos o actividades que pueden tener consecuencias medioambientales significativas. En algunos casos tales condiciones provienen de una fuente transnacional, como la Convención sobre la Evaluación del Impacto Ambiental en un contexto transfronterizo (la Convención ESPOO, por sus siglas en inglés). Cuando estos instrumentos y derechos del beneficiario se despliegan en el contexto de la regulación transnacional o global, se contribuye de manera significativa al nacimiento del Derecho Administrativo Global.

Formalmente, estos derechos de los beneficiarios de la regulación se ejercen contra los Gobiernos, las agencias o autoridades, y el remedio de ordinario disponible tiene por objeto la anulación de la acción ilegal de estas agencias. No obstante, sus efectos habitualmente se traducen en regular la actividad de los actores privados involucrados en proyectos o actividades emprendidas, autorizadas o financiadas por los Gobiernos.

B) ACCIONES E INSTRUMENTOS DE LAS LEYES SECTORIALES CUANDO LA ADMINISTRACIÓN FALLA Y NO HACE CUMPLIR LA REGULACIÓN

Además de los derechos de carácter procedimental y del derecho a la revisión ejercitable en el seno de los procedimientos decisorios, los beneficiarios de una regulación también pueden disfrutar de *derechos privados* para *instar* una actuación determinada, concebidos como derechos judicialmente exigibles, para que requieran, por ejemplo, de los administradores que implementen y cumplan una determinada regulación.[26]

Así, por ejemplo, la legislación sectorial en materia de medio ambiente en los EE.UU. ha reconocido una suerte de «demanda ciudadana», en cuya virtud cualquier persona (que satisfaga los requisitos constitucionales establecidos para el reconocimiento de la legitimación activa) puede ejercitar las acciones pertinentes para forzar a los administradores a que cumplan las obligaciones que les impongan las leyes, como puede ser la elaboración de un programa regulatorio específico o el desarrollo de una regulación de conformidad con los plazos establecidos por la ley.[27] También pueden ejercerse en ausencia de tales disposiciones sectoriales; así, los tribunales pueden exigir el ejercicio de controles sobre la base de los principios generales de Derecho Administrativo y de la interpretación de las normas. Un ejemplo concluyente es la decisión del Tribunal Supremo de los Estados Unidos en *Massachusetts v EP*, desestimando la denegación de la Agencia de Medio Ambiente (EPA) a iniciar la regulación de las emisiones de dióxido de carbono de los vehículos a motor.[28] La resolución del Tribunal no aceptó las razones políticas esgrimidas por la agencia para no regular las emisiones, entendiendo que eran inadmisibles a la luz de la Ley de Aire Limpio, la *Clean Air Act*, y sosteniendo que esta norma exige que se adopte esa regulación, si la evidencia científica demuestra que las emisiones de los vehículos ponen en peligro la salud pública. La condición de que las agencias motiven sus decisiones, también de las que tradicionalmente se han considerado discrecionales, se ha convertido en una potente arma en manos de los jueces.[29]

Un segundo remedio innovador para los beneficiarios son los *derechos privados para exigir el cumplimiento* frente a los actores regulados. Tales derechos han sido igualmente reconocidos en esa legislación medioambiental en favor de los ciudadanos, autorizando a cualquier persona –que reúna los requisitos de legitimación exigibles– a ejercer acciones judiciales contra los actores regulados que no hayan cumplido determinadas exigencias específicas de la regulación. Los tribunales pueden decretar medidas provisionales e imponer sanciones a los incumplidores. Si el demandante ve acogida su pre-

---

[26] Richard Stewart y Cass Sunstein, «Public Programs and private rights», 95 Harv. L. Rev. 1193 (1982)

[27] Véase, por ejemplo, la Clean Air Act, section 404.

[28] 549 US 497 (2007)

[29] Otros ejemplo de regímenes reguladores que no alcanzaban el grado de protección exigido y que han sido impugnados tras *Massachusetts v. EPA*, incluyen: *Center for Biological Diversity v National Highway Traffic and Safety Administration* 538 F. 3d 1172 (2008) (en que el Tribunal de Apelación del Noveno Circuito exigió a NHTSA que reconsiderara sus estándares de eficiencia de combustible para los camiones ligeros) y *Natural Resources Defence Council v Kempthorne* 506 F Supp 2d 322 (2007) (en que el Tribunal de Distrito sostuvo que el Fish and Wildlife Service había cometido un error por no haber considerado el impacto del cambio climático en una opinión biológica, concluyendo que la desviación de agua planeado por California Via Delta no pondría en peligro una serie de especies consideradas). Estos casos, junto con *Massachusetts v. EPA* son analizados en Andrew Long, «Standing and consensus: globalism in *Massachusetts v EPA*», *23 J. Envitl L. & Litig*, 73 (2009) y Andrew Long, «International consensus and US climate change litigation», 33 *Wm & Mary Envitl L. & Pol' y Rev.* 177 (2008).

tensión puede también obtener el reembolso de las costas. Se podría sostener incluso que, a falta de autorización legal expresa, los tribunales podrían adoptar esas medidas cautelares en los casos en que la regulación haya resultado violada.

La iniciativa privada y los derechos para asegurar el cumplimiento suponen una verdadera movilización que pueden compensar las fallas y los déficits de la ejecución pública. Ha de reconocerse, sin embargo, que en numerosos países no se admiten esos remedios, puesto que en ello se admite la existencia de amplia discrecionalidad en favor de la Administración, que abarca la opción de iniciar o no determinadas actuaciones en pro del cumplimiento de la regulación, sean en el seno del ejecutivo o del poder judicial. Por otra parte, estos derechos privados tienen también sus desventajas.

Ha de notarse, en efecto, que la iniciativa privada en este ámbito puede obstaculizar la capacidad de las autoridades responsables para establecer prioridades en el reparto de unos recursos que son siempre escasos, e imponer el cumplimiento en supuestos en que la aplicación podría llevar a resultados injustos o contraproducentes. Estas acciones privadas en materia de ejecución pueden también implicar el riesgo de imponer la ejecución de una manera desproporcionada, o determinar interpretaciones divergentes de las mismas normas legales por parte de los tribunales y las autoridades públicas que están involucradas en estas acciones privadas.

Las acciones de responsabilidad civil contra las agencias públicas reguladoras o las autoridades por fallos en la ejecución constituyen otro remedio potencial para los beneficiarios de la regulación. Con carácter general, estos mecanismos no se utilizan en los EE.UU., pero podrían estarlo en otros países, por ejemplo, contra las autoridades de un Estado miembro de la UE de acuerdo con el principio de la doctrina jurisprudencial *Frankovich*.[30]

C) ACCIONES DE RESPONSABILIDAD CIVIL CONTRA LOS ACTORES REGULADOS POR DAÑOS CAUSADOS POR INCUMPLIMIENTOS DE LA REGULACIÓN

Las acciones legales por daños causados por incumplimiento de la regulación, deducidas por las autoridades gubernamentales o por demandantes privados, también se pueden contemplar como una forma de ejecución y cumplimiento de la regulación, porque la amenaza que suponen representa un incentivo para el cumplimiento por los actores regulados.

---

[30] Formulado por el TJUE en *Adrea Frankovich v. Italian Republic*, Joined Cases C-6/90 y C-9/90 (1991) ECRI-5357.

En los EEUU, algunas leyes federales y estatales, como en el ámbito del Derecho de la Competencia y en materia de defensa del consumidor, reconocen el derecho a interponer una de acción por daños a los sujetos lesionados, entre los que se encuentran los consumidores y los competidores. En algunos casos, por ejemplo en el marco de las leyes sobre títulos valores, los tribunales reconocen un derecho implícito privado a ejercer la acción por daños aun cuando la ley no lo haya establecido expresamente. A ello se añade que los beneficiarios pueden invocar las vulneraciones de las empresas reguladas como fundamento de la responsabilidad patrimonial y la correspondiente indemnización, en el contexto de la legislación contractual o de responsabilidad por daños. Las denominadas acciones de clase* son un instrumento para exigir responsabilidad colectiva en situaciones en que hay un gran número de consumidores lesionados u otros afectados con pequeñas pérdidas individuales; aquí los objetivos disuasorios prevalecen sobre los indemnizatorios. Estos métodos para exigir responsabilidad civil basados en el incumplimiento de la regulación descansan en la considerable energía y habilidades de los abogados de los demandantes (fundamentalmente en EEUU, pero cada vez más en otros lugares) y de las organizaciones de consumidores, que movilizan una cantidad nada desdeñable de recursos para ejercer este tipo de acciones.

D) Aspectos particulares relativos a la revisión judicial de las decisiones administrativas nacionales referidas a normas transnacionales

Como se ha destacado, los administradores nacionales generalmente desarrollan y ejecutan las normas transnacionales de acuerdo con las competencias y potestades preexistentes que le fueron conferidas para aplicar y ejecutar el Derecho nacional. En este contexto, los tribunales no tratan los casos relativos a las normas transnacionales de manera diferente a como lo hacen con aquellos casos y supuestos referidos exclusivamente a normas nacionales. No obstante, han surgido algunas decisiones que distinguen estas dos situaciones y, por tanto, se plantea el problema de que haya un tratamiento diferenciado por parte de los tribunales de las decisiones administrativas referidas a normas transnacionales.

Dejando de lado cuestiones importantes sobre cómo deben los tribunales nacionales interpretar las normas nacionales en los casos en que se podrían aplicar normas transnacionales, y los principios de deferencia que los tribunales deberían respetar con respecto a las interpretaciones de esas leyes y normas por parte de las agencias nacionales y de las organizaciones administrativas transnacionales, los tribunales nacionales, como ilustra la práctica de EE.UU.,

---

* *Class action* o acción representativa es aquella se ejerce en un proceso en el que una de las partes es un grupo, representado en su conjunto por uno de sus miembros. Se trata de un tipo de acción propio de los EE.UU., aun cuando en otros países comience a reconocerse, por ejemplo en materia de defensa de los consumidores, que una asociación de consumidores puede ejercer acciones en nombre de los consumidores. (N. del E.).

pueden adoptar tres enfoques básicos a la hora de revisar las decisiones de la Administración nacional relativas a normas transnacionales.

Primero, los tribunales pueden enjuiciar las decisiones de las agencias, con aplicación o no de las normas transnacionales, en virtud del mismo fundamento e interpretación de las exigencias procedimentales a como sucede en los supuestos en los que se enfrentan a cuestiones exclusivamente nacionales (análisis o perspectiva de la paridad). O pueden someter las decisiones administrativas relativas a normas transnacionales a requisitos procesales menos estrictos y aplicar un estándar de revisión más laxo, en un reconocimiento de la discrecionalidad del Ejecutivo para conducir la política exterior (el enfoque de la paridad en menos). Finalmente, pueden aplicar el enfoque contrario y más exigente respecto de las normas transnacionales, ante la preocupación de que la delegación del poder legislativo a las autoridades exteriores que han adoptado la norma en cuestión, así lo exige (paridad en más). En la experiencia de los EE.UU., los tribunales normalmente han aplicado o bien el primer enfoque o el segundo.[31]*

Una cuarta opción, reflejada en la decisión de la *US DC Circuit* en *NRDC v EPA*,[32] consiste en no reconocer en absoluto la norma transnacional.[32] El Tribunal rechazó la pretensión de una ONG medioambiental contra una regulación medioambiental, que permitía a los agricultores usar un producto químico que daña la capa de ozono, en cantidades mayores que las autorizadas en una decisión adoptada por la Conferencia de los Estados Parte (COP) en el Protocolo de Montreal, que establecía límites cuantitativos sobre el uso de esta substancia en los EE.UU. El Tribunal consideró que la decisión de la COP era tan solo un compromiso político, no vinculante jurídicamente; para justificar su decisión expresó su preocupación por la delegación del poder de adoptar decisiones a organismos globales como el COP. NRDC trató posteriormente de impugnar la decisión de EPA por distintos motivos, alegando que era arbitraria y caprichosa a la vista de los acuerdos de EE.UU. con otras nacionales en relación con el uso de ese producto. Esta impugnación fue desestimada con el argumento de que el asunto era ya *res judicata*.[33]

Al contrario que en *NRDC*, hay ejemplos fuera de los Estados Unidos de decisiones en las que se rechaza la impugnación de la aplicación interna de normas transnacionales. Por ejemplo, Holanda, siguiendo la opinión del Consejo de Estado, confirmó la decisión del Gobernador general de Las Antillas para anular el alquiler y el permiso de construcción para construir un *resort* adyacente a un humedal, basándose en decisiones de la COP de la Convención RAMSAR (Convención internacional para la conservación y el correcto uso de los humedales), estableciendo la obligación de realizar un estudio de impacto medioambiental en casos análogos.[34]

---

[31] Véase Richard Stewart, «The global regulatory challenge», *op. cit.*

* Sobre el tema, *vid.* el capítulo cuarto.

[32] *NRDC v. EPA* 464 F. 3d 1 (D.C. Cir 2006). La preocupación por la delegación del poder regulador a organismos extra-estatales se reflejaba en la decisión del tribunal y es paralela a la expresada y analizada explícitamente en la decisión del Tribunal Constitucional alemán sobre el Tratado de Lisboa (junio 30, 2009) en relación con la constitucionalidad de la delegación de poderes a la Unión Europea.

[33] 513 F 3d 257 (2008).

[34] El Gobernador General de las Antillas holandesas anuló el alquiler y el permiso sobre la base de que eran contrarios a la Convención Ramsar, fundamentalmente porque no se había cumplido la obli-

E) La imposición de estándares internacionales de derechos humanos a las Administraciones nacionales

Los beneficiarios de la regulación han conseguido abrir una vía a la hora de impugnar decisiones de la Administración nacional sobre la base de que no cumplían con las normas internacionales de derechos humanos –otro desarrollo del Derecho Administrativo Global. En *Mazibuko v. City of Johannesburg*, la Corte Constitucional de Sudáfrica concluyó que la decisión de la ciudad de limitar el libre suministro de agua a veinticinco litros por día para cada residente, iba en contra del derecho constitucional de acceso al suministro de agua potable. Para definir qué es «agua suficiente» de acuerdo con esta disposición constitucional, el Tribunal invocó el derecho a un estándar de vida adecuado para la salud y el bienestar de acuerdo con la Declaración Universal de los Derechos Humanos y de diversas resoluciones de Naciones Unidas, el Pacto Internacional de Derechos Económicos, Sociales y Culturales y las directrices de la Organización Mundial de la Salud.[35] En *Gbemre v Shell Petroleum Development Company of Nigeria*,[36] el Tribunal Supremo Federal nigeriano declaró que las actividades de quema de gases de Shell violaban los derechos a la vida y a la dignidad garantizados por la Constitución nigeriana, que se veían reforzados por la Carta Africana de los Derechos Humanos y de los Pueblos; que el hecho de que Shell no hubiese llevado a cabo una evaluación de impacto medioambiental había contribuido a esta violación; y que la normativa nacional que permitía estas actividades era nula.[37]

---

gación de realizar un estudio de impacto medioambiental de acuerdo con las directrices Ramsar. Es importante destacar que la Convención no requiere ese estudio explícitamente, pero sí hay resoluciones y recomendaciones del COP en que se recoge esa obligación. La Corono rechazó la apelación de las autoridades locales, siguiendo en este punto la opinión del Consejo de Estado de que las resoluciones, decisiones y directrices aceptadas unánimemente por el COP debían ser consideradas como parte de las obligaciones de Holanda en el marco de la convención:E.C. Newton, «Annulment of decisions for building near Ramsar site on Bonaire was justified», 12 November 2007.

[35] *Mazibuko v Cit of Johannesburg* (2009) ZACC 28. El tribunal anuló la decisión de la Ciudad, definió lo que se debía considerar agua suficiente en los términos del artículo 27 (1) de la Constitución y reclamó a la Ciudad a reconsiderar y a reformular su política de agua gratuita a la luz de estas declaraciones.

[36] *Gbenre v. Shell Petroleum Development Company of Nigeria* B/CS/53/05 Federal Hight Court, Benin Judicial Division, 14 de noviembre de 2005, analizada en Oxford Reports on International Law, International Law in Domestic Courts. Véase también el análisis en Olufemi O. Amao, «Corporate Social Responsibility, multinational corporations and the law in Nigeria: controlling multinationals in host states», 52 Journal of African Law 89 (2008), en 102; y Amy Sinden, «The emerging human right to security from climate change: the case against gas flaring in Nigeria», en William C.G. Burns and Hari M. Osofsky (eds.), Adjudicating Climate Change (CUP, 2009), en 173.

[37] El demandante actuaba en interés propio y como representante de la comunidad Iwherekan en el Estado de Delta, para buscar decisiones que garantizaran los derechos fundamentales a la vida y la dignidad recogidos en las secciones 33 y 34 de la Constitución de la República Federal de Nigeria, y artículos 4, 16 y 24 de la Carta Africana de los Derechos Humanos y de los Pueblos. El Tribunal concluyó que las actividades de quema de gases de Shell constituían una grave violación de los derechos humanos. También concluyó que el hecho de que Shell no hubiese realizado la evaluación de impacto ambiental era una violación clara de la legislación nacional y contribuyó a la violación de los derechos humanos. Aunque el demandante no había impugnado ninguna disposición nacional específfca, el tribunal concluyó que las normas que permitían la quema de gases eran incompatibles con los derechos a la vida y a la dignidad, y que eran, por tanto, inconstitucionales y nulas de pleno derechos. Sobre la

f) Derechos que la regulación pública transnacional confiere a los beneficiarios frente a la Administración nacional

Los sistemas regulatorios transnacionales establecen normas de Derecho Administrativo Global y otras normas que los beneficiarios pueden invocar dentro del Estado en los procedimientos internos frente a sus respectivas autoridades, para hacer efectiva la implementación y el cumplimiento de los actores objeto de la regulación material proveniente de normas transnacionales.

Un ejemplo ilustrativo lo proporciona el acuerdo ADPIC (TRIPS, por sus siglas en inglés), que representa un régimen o sistema regulatorio global para la protección de los titulares de derecho de propiedad intelectual e industrial. El ADPIC dispone que los Estados miembros de la OMC reconozcan a los titulares de los derechos de propiedad industrial e intelectual un conjunto de derechos de información, de control y de carácter procedimental, para prevenir y denunciar las violaciones de sus derechos. Los Estados miembros de la OMC pueden acudir a los poderosos mecanismos de resolución de controversias de la OMC para promover el cumplimiento de las normas en beneficio de los titulares de derecho de propiedad industrial e intelectual. Estos y otros elementos similares, si no aún más generosos, de Derecho Administrativo Global que se derivan de otros acuerdos de la OMC, como el Acuerdo sobre Medidas Sanitarias y Fitosanitarias y el Acuerdo sobre Barreras Técnicas al Comercio, han generado un amplio impacto en la Administración reguladora nacional en China y en otros países, reforzando la protección, no solo de los titulares de los derechos de propiedad industrial e intelectual, sino de manera más general de los operadores económicos extranjeros. [38]

Otro ejemplo paradigmático lo ofrece la Convención Aarhus, que exige a los Estados partes que garanticen el acceso de los grupos medioambientales y de los particulares a información gubernamental relativa al medio ambiente, a la participación en los procedimientos administrativos relacionados con el medioambiente, y los derechos de acceso a la jurisdicción. Los derechos a la información y de la participación en la evaluación del impacto medioambiental, como los conferidos por la Convención Espoo, constituyen otro ejemplo de Derecho Administrativo Global en el ámbito del medioambiente. Tales derechos sólo se pueden ejercer en principio frente a las autoridades gubernamentales, y pueden ejercitarse para bloquear o garantizar la modificación de proyectos privados realizados con licencia o financiados por las agencias estatales, ofreciendo a las ONG la oportunidad para negociar. Es más, el Comité de Cumplimiento de Aarhus ha establecido que las normas procedimentales se aplican también a empresas privadas que desempeñan funciones públicas.[39]

---

base de estas conclusiones el Tribunal ordenó a Shell que cesara todas sus actividades de quema de gases en la comunidad del demandante.

[38] Richard Stewart y Michelle Ratton-Sanchez, «The World Trade Organization and global administrative law», en Christian Joerges and E-U. Petersmann (eds.) Constitutionalism, Multilevel Trade Governance and International Economic Law (Hart Publishing, 2011).

[39] Marco Macchia, «Legality: the Aarhus Convention and the Compliance Committee», en Cassese *et al.* (eds.) Global Administrative Law, *op. cit.*, en 71.

El Acuerdo Norteamericano sobre Cooperación Medioambiental (NAAEC, por sus siglas en inglés) establece un proceso innovador por el que las ONG de cualquiera de los tres Estados partes del NAFTA (o TLCAN, en español) pueden presentar una petición ciudadana relativa al control del cumplimento en la Secretaria, denunciando que una de las partes incumple su obligación de aplicar la legislación medioambiental. Este procedimiento puede generar un enjuiciamiento independiente ante un órgano de control de NAFTA, en el Estado de la ONG, o en cualquiera de los otros Estados parte, lo cual puede dar a conocer más el asunto e incrementar la presión para que se corrija la situación de incumplimiento. [40] Un mecanismo similar para promover el cumplimiento de las normas laborales por parte de los Estados del NAFTA se ha establecido en el marco del Acuerdo Norteamericano sobre Cooperación Laboral (NAALC, por sus siglas en inglés). Y otro mecanismo diferente es el de la intervención, solicitada por los grupos de presión de las ONG, del Centro para el Patrimonio Mundial de la UNESCO en la controversia nacional de Estados Unidos sobre la concesión de una licencia a un proyecto privado de una mina de oro en un área cercana al Parque Nacional de Yellowstone. Consiguieron que el Parque fuera declarado patrimonio cultural mundial, lo que obligó finalmente al patrocinador a abandonar el proyecto.[41]

Adicionalmente, se podrían traer a colación otros ejemplos. El régimen del Centro Internacional para la Resolución de las Disputas de Inversión (ICSID, por sus siglas en inglés) ofrece instrumentos a los inversores extranjeros frente a los Gobiernos estatales que pretenden expropiar sus inversiones en contra de disposiciones de tratados bilaterales de inversiones; las reclamaciones por expropiación pueden referirse tanto a cuestiones de procedimiento como de carácter material*. En otro ámbito completamente diferente, los atletas que han sido sancionados disciplinariamente pueden invocar el derecho a ser oídos ante las autoridades estatales de acuerdo con el Código Mundial Antidopaje adoptado por la Agencia Mundial Antidopaje y mencionado en la Convención Internacional UNESCO contra el Dopaje en el Deporte. Las sanciones disciplinarias impuestas por las autoridades deportivas nacionales pueden ser objeto de control por parte del Tribunal de Arbitraje para el Deporte.[42] La Organización Internacional del Trabajo (OIT) dispone de varios mecanismos de revisión por los cuales los organismos de la OIT pueden estudiar las quejas presentadas por los sindicatos o las asociaciones de empleadores por la falta de cumplimiento de las Convenciones OIT por parte de los Estados miembros.

---

[40] Un arreglo similar se ha establecido también en el Acuerdo de Cooperación Medioambiental entre Canadá y Chile. Para un análisis del procedimiento de petición ciudadana en el NAFTA, véase Kal Raustiala «International «enforcement of enforcement»under the North American Agreement on Environmental Cooperation» 36 Va. J. Int'l L. 721, 723 (1996); Marirose J. Pratt, «The citizen submission process of the NAAEC: filling the gap in judicial review of federal agency failures to enforce environmental laws», 20 Emory Int'l L. Rev. 741 (2008); y para una evaluación de la efectividad del proceso en el marco del NAEEC desde su puesta en marcha: David L. Markell, «The role of spotlighting procedures in promoting citizen participation, transparency and accountability», 45 Wake Forest L. Rev. 425 (2010).

[41] Benedetto Cimini, «Global bodies reviewing national decisions: the Yellowstone case» en Cassese *et al.* (eds.) Global Administrative Law, *op. cit.*, p. 192.

* Sobre el tema, *in extenso*, *vid.* capítulo undécimo.

[42] Véase Lonrenzo Casini, «Il Diritto Globale dello Sport» (Giuffrè Editore, 2010).

Otra posible vía para la revisión transnacional de la acción nacional reguladora es la admisión de intervenciones *amici curiae* en los mecanismos de resolución de disputas de la OMC, aunque esta posibilidad hasta ahora no ha producido resultados significativos. El Órgano de Apelación confirmó en *United States – Import Prohibition of Certain Shrimp and Shrimp Products (US Shrimp)* (1998) que los paneles podían aceptar intervenciones *amici curiae* como parte de un derecho general a recibir información y adoptó un procedimiento para que se pudieran realizar dichas aportaciones en *European Communities – Measures Affecting Asbestos and Asbestos-Containing Products (EC-Asbestos)* (2000). En cualquier caso, la capacidad de los paneles para admitir las aportaciones no solicitadas de terceras partes, es un asunto que se discute en numerosos Estados en vías desarrollo, y que son partes de la OMC.[43] Y aunque es cierto que los paneles siguen aceptando tales escritos (y destacando el derecho que tienen a hacerlo), lo cierto es que normalmente no los toman en consideración de forma relevante.[44]

La proliferación de mecanismos reguladores transnacionales para la revisión de las decisiones estatales ha creado situaciones donde más de un mecanismo resulta de aplicación a un mismo caso. Un ejemplo lo constituye el caso *Vlora Thermal Power Plant* en Albania, donde los beneficiarios de la regulación consiguieron movilizar con éxito tanto al Panel de Inspección del Banco Mundial,[45] como al Mecanismo de Cumplimiento Aarhus,[46] forzando a las dos instituciones a coordinar y secuenciar sus actuaciones de control.

---

[43] Véase General Council, Minutes of the Meeting of 22 November 2000, WT/GC/M/60; y WTO, «Participation in dispute settlement proceedings» en Dispute Settlement System Training Module, en 9.3

[44] Véase por ejemplo, US – Imposition of Countervailing Duties on Certain Hot-Rolled Lead and Bismuth Carbon Steel (May 2000) en para 39-43; y US – Final Countervailing Duty Determination with Respect to Certain Softwood Lumber from Canada (January 2004), AB-2003-6, en para 9. Aánalisis en Peter Van den Bossche, «NGO involvement in the WTO: comparative perspective», 11 J. Intl Econ. L. 717 (2008) en 738-741; Yves Bonzon, «Institutionalizing public participation in WTO decision making: some conceptual hurdles and avenues», 11 J. Intl Econom. L. 751 (2008), en p. 758.

[45] El demandante en ambos procesos era una ONG local que representaba a los residentes de Vlora afectados por el proyecto. La solicitud de investigación realizada al Panel de Inspección argumentaba que el proyecto estaba basado en una mala representación material de la sede, que el informe de evaluación medioambiental en que se había basado la decisión del Banco para otorgar financiación era erróneo y llevaba a confusión y que los procedimientos del Banco eran contrarios a la legislación albanesa y de la UE en relación con el medio ambiente, la participación pública, el patrimonio cultural y las evaluaciones de impacto ambiental. El Panel en última instancia recomendó una investigación a fondo de algunas de las cuestiones planteadas: World Bank Inspection Panel, «Report and Recommendations, Albania: power sector generation and restructuring project (IDA Credit N° 3872-ALB) julio 2, 2007, REport 40213-AL

[46] El Comité Aarhus concluyó que Albania incumplía la Convención por no haber ofrecido oportunidades adecuadas para la participación pública en la toma de decisiones en relación con el proyecto, y por no haber establecido un marco claro, transparente y coherente para implementar las disposiciones de la Convención en el ámbito del ordenamiento jurídico albanés: Véase «Meetin of the parties to the convention on Access to information, public participation in decisión-making and access to justice in environmental matters», Report by the Complicance Committee, «Compliance by Albania with its obligations under the Convention», ECE/MP.pp/2008/5/Add 1, 2 abril 2008.

G) Derechos de los beneficiarios de la regulación en relación con las decisiones de las organizaciones administrativas transnacionales

El rápido crecimiento de los organismos administrativos reguladores transnacionales ha hecho surgir la necesidad de establecer mecanismos de Derecho Administrativo Global para asegurar su responsabilidad o rendición de cuenta, y su respuesta frente a los actores e intereses privados afectados, entre los que se encuentran los actores regulados y los beneficiarios de la regulación. De hecho, estos instrumentos comienzan a florecer. Pueden facilitar a que las ONG beneficiarias de la regulación fomenten el control sobre el cumplimiento de la regulación por parte de las organizaciones administrativas transnacionales directamente frente a actores privados regulados, y a inducir que estas organizaciones promuevan la implementación y el control del cumplimiento de las autoridades estatales.

Un mecanismo de este tipo está previsto en los instrumentos acordados por el Banco Mundial, la Corporación Financiera Internacional (CFI) y otras instituciones multilaterales de desarrollo, con el fin de asegurar que los proyectos que reciben ayudas cumplen con las directrices medioambientales y sociales establecidas por el donante. Estos requisitos incluyen condiciones de carácter procedimental, como, por ejemplo, la obligación de elaborar un informe de impacto medioambiental,[47] y normas substantivas, que exigen que se eviten o se mitiguen impactos adversos en el ámbito medioambiental o social. El Panel de Inspección del Banco Mundial, por ejemplo, se ha convertido en un mecanismo por el que los residentes afectados, así como las ONG sociales y medioambientales en países en vías de desarrollo, donde se tienen lugar esos proyectos, puedan promover su cumplimiento mediante la participación en los procedimientos de evaluación y revisión del Panel, presentando reclamaciones por incumplimiento y a veces participando en el proceso de revisión de los proyectos para incentivar el cumplimiento. Los beneficiarios de la regulación tienen derechos procedimentales a participar en la evaluación de cumplimiento del Panel, de los que pueden hacer uso para presionar y conseguir la modificación de los proyectos o también la decisión de terminar con el patrocinio.[48] Los informes del Panel tienen por objeto formalmente la acción del Banco, y afectan a la financiación a Gobiernos de países en desarrollo, pero el efecto que genera se traduce en garantizar que los proyectos que se subvencionan en

---

[47] Véase David Collins, «Environmental impact statements and public participation in international investment law», 7 Mancheste J. Int'l Econom. L 4 (2010), para una revisión de las políticas del Banco Mundial y de los Bancos de Desarrollo regionales, que imponen a las empresas privadas la obligación de evaluar el impacto ambiental y de facilitar la participación pública y la consulta a los afectados.

[48] Para un análisis más detallado del Panel de Inspección, véase Daniel D. Bradlow & David B. Hunter (eds.), *International Financial Institutions and International Law* (Kluwer, 2010), especialmente Bradlow, «International law and the operations of the international financial institutions», Ch. 1, p. 27-28; y Chimini «International financial institutions and international law: a third world perspective», Ch. 2, en 48-52. También Dana Clarck, Jonathan Fox y Kay Treakle (eds.), *Demanding Accountability: Civil Society claims and the world ban. Inspection Panel* (Rowman & Littlefield, 2003).

una parte substancial a través operadores económicos privados cumplen con la regulación. La CFI, que facilita asistencia financiera a las empresas privadas, otorga derechos similares a los beneficiarios de la regulación, que han ejercitado con éxito, por ejemplo, en el caso de una mina de oro en Guatemala financiada por la CFI.[49] Aquí la conexión con los actores privados es todavía más directa.

El sistema de Aarhus contiene fórmulas para el caso de incumplimiento y autoriza a las ONG medioambientales a presentar quejas ante el Comité de Cumplimiento cuando los Estados las obligaciones derivadas de la Convención. Las ONG también tienen derecho de representación ante el Comité mismo. Por tanto, el régimen Aarhus representa una clarísima aplicación del Derecho Administrativo Global, mediante un mecanismo en favor de los beneficiarios de la regulación a dos niveles, Administración nacional y Administración transnacional.

Numerosos regímenes reguladores transnacionales, como el *Codex Alimentarius*, ofrecen ocasión para la participación de las ONG que representan los intereses de los beneficiarios de las normas transnacionales, lo que comprende en algunos casos normas secundarias relativas a la implementación y a otros pasos que los Estados parte y las agencias deben dar para garantizar que los actores regulados cumplen las normas establecidas. Se trata de actividades que pueden promover la tutela de los beneficiarios.

La junta ejecutiva del Mecanismo de Desarrollo Limpio (MDL) representa un ejemplo de organización administrativa global que ejerce el poder de controlar directamente el cumplimiento de las normas sobre los actores privados, pero no ha establecido procedimientos Derecho Administrativo Global o mecanismos de revisión judicial para proteger los intereses de los actores regulados (aquí, los desarrolladores de proyectos e inversores) o de los beneficiarios de la regulación. Se han avanzado dos tipos de propuestas para revisar las decisiones de la Junta; las primeras se refieren al control de los tribunales nacionales, y las segundas al control a cargo de una organización transnacional de control en el marco del régimen Kioto/MDL.[50] Parece poco probable que esta laguna persista; de hecho el organismo subsidiario de ejecución (SBI, por sus siglas en inglés), del MDL ha establecido recomendaciones para fijar los procedimientos de apelación, con la idea de que los Estados parte puedan adoptar una decisión sobre este asunto.[51]

---

[49] En junio de 2004, el IFC otorgó una financiación de 45 millones de dólares a Glamis Ltd para actividades de excavación a gran escala en Guatemala. En enero de 2005, el Colectivo ecologista Madreselva, una ONG que representaba los intereses de los pueblos indígenas locales, presentó una reclamación ante el Ombudsman y asesor en materia de observancia (CAO, por sus siglas en inglés) (un mecanismo independiente e instrumento del Banco Mundial para el sector privado), alegando que el proyecto tenía un impacto negativo en el medio ambiente y que no se había consultado adecuadamente a los pueblos indígenas afectados. El CAO admitió la reclamación, entendiendo que los mecanismos de consulta habían sido inadecuados. En posteriores consultas con el pueblo Sikapapa, organizadas por el gobierno de Guatemala, 11 de los 13 distritos votaron contra la continuación de las actividades mineras, un resultado que fue posteriormente confirmado por la Corte Constitucional: Gianluca Sgueo, «Participation of indigenous people: The Guatemala Marlin Gold Mine», en Cassese *et al.* (eds.), Global Administrative Law, *op. cit.*, p. 133.

[50] Ernestine Meijer, «The international institutions of the clean development mechanism brought before national courts: limiting jurisdictional immunity to achieve Access to justice», 39 NYU J. Int'l L & Pol. 877 (2007).

[51] Véase: Organismo subsidiario de ejecución, Procedimientos, mecanismos y arreglos institucionales relativos a la apelación de las resoluciones de la junta ejecutiva del Mecanismo para un Desarrollo Limpio, 3 de diciembre de 2011, FCCC/SBI/2011/L.30 (Nota de la traductora).

IV. OBSERVACIONES FINALES

En este capítulo se ha tratado de elaborar una taxonomía de las diversas clases de procedimientos e instrumentos a disposición de los beneficiarios de la regulación en el marco de sistemas regulatorios públicos de carácter transnacional. Se puede decir que un amplio campo de actividades se halla presidido por los procedimientos y mecanismos del Derecho Administrativo Global. Sin embargo, no era el propósito de este capítulo identificar o establecer un patrón funcional o de otro tipo en la disponibilidad de los diferentes remedios en el marco de los diversos regímenes. Tampoco se ha pretendido desarrollar un análisis sistemático de las ventajas y desventajas relativas de los diferentes procedimientos e instrumentos, sus relaciones y su contribución última a la actividad del regulador o a su legitimidad. En la literatura sobre el tema no se encuentra un análisis sólido sobre todas estas cuestiones. En este sentido, el estudio de la regulación pública transnacional se encuentra menos avanzado que el de la regulación privada transnacional, en el que sí se ha progresado significativamente, gracias al trabajo del Profesor Cafaggi y de sus colegas. El déficit en el ámbito de la regulación pública podría explicarse por la enorme variedad de normativa pública, y por el hecho de que las autoridades públicas que establecen la regulación pública son a su vez muy diversas. Además, los actores privados que juegan un papel trascendental en la constitución y el funcionamiento de la regulación privada transnacional, disfrutan, sobre la base del contrato privado y la libertad para crear y vincular diferentes organizaciones privadas regulatorias con objetivos específicos, de una mayor flexibilidad institucional que los actores públicos. Esta flexibilidad transaccional y organizativa puede facilitar el desarrollo de una mayor coherencia, consistencia y funcionalidad de los instrumentos establecidos por las normas privadas en comparación con la regulación pública. Los tribunales juegan un papel fundamental en ambos regímenes, pero son muy diferentes las funciones que asumen frente a los actores privados y las autoridades públicas que constituyen sus respectivos sistemas regulatorios.

Una cuestión que merece un ulterior análisis es el papel que desempeñan las ONG que se benefician de la regulación. La economía política de las ONG hace que éstas desarrollen un papel más activo en ciertas áreas de regulación, como, por ejemplo, en el medioambiente, las condiciones de trabajo, o la protección del consumidor. Las ONG que velan por la protección del consumidor desarrollan una actividad más intensa y muestran mayor interés en el ámbito de la regulación de los organismos genéticamente modificados que en las áreas de la regulación financiera o de la política de competencia, aunque estas últimas tienen una enorme incidencia en el bienestar de los consumidores. Los factores que determinan la orientación de la actividad de las ONG y sus implicaciones para el desarrollo de regulación pública y privada en diferentes ámbitos de regulación merecen un mayor estudio con vistas a desarrollar una comprensión más completa y sistemática de la función y el impacto de la regulación pública transnacional y del papel del Derecho en su gobernanza.

EL DERECHO ADMINISTRATIVO GLOBAL Y LA DEMOCRACIA DELIBERATIVA*

BENEDICT KINGSBURY, MEGAN DONALDSON
Y RODRIGO VALLEJO**

L
AS primeras enunciaciones del Derecho Administrativo Global pusieron entre paréntesis la cuestión de la democracia, por considerarla en exceso ambicio- sa en el marco de una Administración global.[1] Ello le pareció a muchos poco convincente desde el punto de vista analítico y cuestionable en el plano normativo o prescriptivo. El presente capítulo constituye un primer intento de abrir ese paréntesis y retomar la cuestión del Derecho Administrativo Global y la democracia. Se hacen dos reflexiones distintas: la primera consiste en que la democracia carece actualmente de las herramientas necesarias para responder a los procesos de globalización y difusión de la autoridad política que estamos experimentando; y segundo, que el Derecho Administrativo Global no es democrático en la actualidad en el sentido de que las normas que hasta ahora han nacido en su seno se mueven en otro plano y no se preocupan primariamente por la instauración de la democracia global. No obstante, el capítulo termina argumentando que de la yuxtaposición analítica entre democracia y Derecho Administrativo Global surgen algunos puentes o vías en las que cada uno de los tér- minos del binomio podría contribuir a una atractiva e imaginativa reelaboración de la gobernanza global.

«En su primera parte, el capítulo aborda la idea del Derecho Administrativo Glo- bal y da cuenta de algunas de sus contribuciones a la teoría del Derecho Internacional, particularmente en sus aplicaciones a los conceptos de Administración y de Derecho, así como al problema de la justificación de las prácticas de la Administración global. Su segunda parte explora cómo la implantación del Derecho Administrativo Global en distintos niveles capilares de una serie de entidades que ejercen de hecho poderes regu- ladores a nivel transnacional podría abrir un prometedor espacio para la instauración de la democracia y, particularmente, de la democracia deliberativa, más allá del Estado.

---

* En realidad, el presente capítulo puede entenderse, en el contexto de esta obra colectiva, como un epílogo, y no como un capítulo más que pone fin a esta tercera parte del libro –relativa a ciertos ám- bitos o sectores de aplicación del Derecho Administrativo Global–. Supone sin duda un reflexión que conecta de nuevo con la primera parte, con los fundamentos de este campo en construcción. Su ubica- ción aquí, sin embargo, se justifica por razones prácticas o de itinerario intelectual. Mucho de lo que aquí se dice no podría entenderse cabalmente sin la lectura de los capítulos precedentes. (N. del E.)

** Capítulo traducido por Rodrigo Vallejo.

[1] Cfr. capítulo segundo. B Kingsbury, N Krisch and R Stewart, «The Emergence of Global Ad- ministrative Law» (2005) 68 *Law & Contemporary Problems* 15-61, at 50; este trabajo constituye el capítulo segundo de la presente obra colectiva.

La tercera parte observa dicha perspectiva a la inversa, considerando diversas maneras en las que el Derecho Administrativo Global podrían verse enriquecido por lo que la democracia deliberativa aporta. Finalmente, en su cuarta parte, el capítulo observa el impacto y el potencial que encierra la democracia como fuerza motriz en la práctica del Derecho Administrativo Global.

I. EL DERECHO ADMINISTRATIVO GLOBAL Y SUS CONTRIBUCIONES A LA TEORÍA DEL DERECHO INTERNACIONAL

El Derecho Administrativo Global es el conjunto de normas jurídicas o de principios y mecanismos asimilables a los jurídicos que disciplinan la dimensión procedimental de una cada vez más importante «Administración» de carácter global o, al menos, transnacional. Como campo de estudio, ha centrado su atención en el diseño que han adoptado las instituciones de la gobernanza global, así como en sus interacciones con organismos de carácter nacional o supranacional, en las reglas o decisiones que éstas producen y en los estándares o mecanismos que regulan sus respectivos procedimientos, entre los que se encuentran los relativos a la transparencia, participación, motivación y revisión, así como en los mecanismos de rendición de cuentas. A diferencia de otros análisis, en particular de los que apuntan una cierta «constitucionalización» del orden mundial[2], el Derecho Administrativo Global no pretende dotar de sentido integral a todo el conjunto de ordenamientos jurídicos existentes y a sus relaciones recíprocas, sino que más bien orienta sus observaciones hacia los raídos contornos de dichos ordenamientos, hacia las abundantes nuevas formas institucionales que están brotando en cada uno de ellos y que no son fácilmente clasificables en las categorías existentes, así como a la circulación y metamorfosis de las ideas y principios que se han utilizado para dotar de sentido a este fluido «espacio administrativo global»[3].

La metodología del Derecho Administrativo Global es distinta. Sus estudios se han concentrado en identificar y clasificar las prácticas de la Administración global y, de manera inductiva, discernir y, hasta cierto punto, desarrollar, los estándares procedimentales aplicables a éstas[4]. En un ámbito en el que

---

[2] *Vid.*, por ejemplo, A Petters «Fragmentation and Constitutionalization» en A Orford and F Hoffmann (eds), *Oxford Handbook of International Legal Theory* (forthcoming OUP Oxford 2015).

[3] *Vid.* N Krisch, «Global Administrative Law and the Constitutional Ambition» en P Dobner and M Loughlin (eds), *The Twilight of Constitutionalism?* (OUP Oxford 2010) 245-66.

[4] Sobre el proyecto de Derecho Administrativo Global, *vid.* los materiales reunidos en Institute for International Law and Justice, New York University School of Law, «Global Administrative Law Project» http://www.iilj.org/GAL.

la teoría del Derecho Internacional se ha visto saturada por la formulación, en términos de Derecho público, de diversas concepciones acerca de lo transnacional que compiten entre sí[5], el Derecho Administrativo Global se distingue por su renuncia tanto a cualquier visión sistemática de conjunto, como a cualquier juicio de valor *a priori* que lo fundamente. Ello no significa en absoluto que el proyecto del Derecho Administrativo Global no se preocupe, lo cual le es inherente, por el plano del *deber ser*. Los estudios sobre Derecho Administrativo Global tienden a vincular descripción con prescripción. Sus principales elementos surgen a partir de la praxis de las instituciones y, al mismo tiempo, el Derecho Administrativo Global representa hasta cierto punto un intento por sistematizar y extender dichos estándares. En este sentido, el esfuerzo de la doctrina por elaborar una tipología y por estimular, en cierta medida, la adopción de los estándares procedimentales que colectivamente han sido denominados como Derecho Administrativo Global, constituye una dimensión prescriptiva en sí misma[6]. Ello deja al descubierto la necesidad de reflexionar más profundamente sobre una serie de realidades de la gobernanza global que hasta ahora no han sido conceptualizadas por explicaciones doctrinales, que, en la lógica del Derecho Internacional, son más formalistas.

La doctrina del Derecho Administrativo Global contribuye así a la teoría del Derecho Internacional al menos de tres maneras: primero, atrayendo la atención hacia la rápida expansión y los nuevos patrones de conducta de una distintiva «Administración» de carácter global; segundo, ofreciendo un novedoso enfoque en los debates sobre el concepto de «Derecho» en el ámbito transnacional; y, tercero, reformulando las narrativas de la justificación que han fundamentado tradicionalmente las atribuciones o las potestades de ciertas entidades para adoptar decisiones con efectos transnacionales o de carácter global.

1. ADMINISTRACIÓN

La doctrina que se ha ocupado del Derecho Administrativo Global ha dedicado muchos esfuerzos a la inmensa variedad de formas en el ejercicio del

---

[5] N Walker, «Beyond Boundary Disputes and Basic Grids: Mapping the Global Disorder of Normative Orders» (2008) 6 *International Journal of Constitutional Law* 373-96.

[6] S Marks, «Naming Global Administrative Law» (2005) 37 *New York University Journal of International Law & Politics* 995-1001. *Vid.* también C Harlow, «Global Administrative Law: The Quest of Principles and Values» (2006) 17 *European Journal of International Law* 187-214 (advirtiendo sobre las posibles ideologías que subyacen al desarrollo del Derecho Administrativo Global, y remarcando que se podría preferir una comprensión pluralista de las prácticas de administración global estructurada en torno al principio de subsidiariedad); y C Bories (ed), *Un droit administratif global?* (Pedone Paris 2012).

poder por las organizaciones globales. De no haber sido así habrían pasado desapercibidos estos fenómenos para muchos. Constituye una seña de identidad del análisis del Derecho Administrativo Global entender el flujo cotidiano, de ordinario capilar, de múltiples decisiones de toda clase y condición como «Administración» en el contexto de la gobernanza global. Esta «Administración» se extiende mucho más allá del tradicional campo de estudio del Derecho Administrativo a nivel interno o estatal. Las instituciones cuya organización y actuaciones son objeto de estudio en el marco del Derecho Administrativo Global van desde organizaciones internacionales sustentadas formalmente en tratados internacionales[7], pasando por redes menos formales de reguladores o autoridades político-administrativas nacionales[8], hasta organizaciones transnacionales de carácter híbrido, o íntegramente privadas[9], a los que se añaden formas de descentralización (Administraciones nacionales que hacen de Administración indirecta de lo establecido a nivel global), o bien organizaciones no gubernamentales sin ánimo de lucro (ONG) o empresas especializadas en certificación, verificación, inspección o auditoría.

Transformar estas formas de poder regulador en objeto de análisis abre un nuevo campo de estudio relativo a las cuestiones sobre cuándo, dónde, cómo y con qué efectos se ejercen tales poderes. La perspectiva del Derecho Administrativo Global a dichas cuestiones es «de abajo hacia arriba» (*bottom-up*) y, por tanto, no se encuentra inicialmente limitada por el tipo de análisis que suele realizar el Derecho Internacional (por ejemplo, si existe alguna fuente formal de Derecho Internacional que sustente el ejercicio del respectivo poder o autoridad). Desde esta perspectiva, para el análisis resulta irrelevante si dicha actividad de administración tiene lugar en los intersticios de las regulaciones contenidas formalmente en tratados, en meros contratos privados, o bien si se lleva a cabo íntegramente a través de organizaciones autoconstituidas de expertos o incluso mediante negociaciones entre partes interesadas[10]. Así, el concepto de Derecho Administrativo Global inserto en un «espacio administrativo global» pro-

---

[7] Como el Fondo Monetario Internacional, los respectivos bancos internacionales y regionales de desarrollo, la Organización para la Cooperación y Desarrollo Económico, la Organización Mundial del Comercio, la Organización Mundial de la Salud y otras «organizaciones relacionadas» o «agencias especializadas» de Naciones Unidas, así como organizaciones regionales del mismo tipo como la Asociación de Naciones del Sudeste Asiático, la Organización de Estados Americanos, la Unión Africana y la Liga de Estados Árabes. Sobre la relación entre el Derecho de las organizaciones internacionales y el Derecho Administrativo Global, *vid.* por ejemplo B Kingsbury and L Casini, «Global Administrative Law Dimensions of International Organizations Law» (2009) 6 *International Organizations Law Review* 319-58.

[8] Como la Organización Internacional de Comisiones de Valores, la Red Internacional de Competencia, o la Red Internacional para el Cumplimiento y Control Ambiental. Este tipo de redes pueden encontrarse en docenas de diferentes sectores regulados, desde anticorrupción hasta salud y derechos humanos.

[9] Como la Comisión del Codex Alimentarius, la Corporación de Internet para la Asignación de Nombres y Números o la Agencia Mundial Antidopaje.

[10] *Vid.* S Cassese, «Administrative Law without the State: The Challenge of Global Regulation» (2005) 37 *New York University Journal of International Law & Politics* 663-94.

vee una óptica que permite entender fenómenos tales como la creciente imbricación de estándares reguladores globales, regionales, nacionales e incluso «privados» a nivel mundial, la proliferación de sistemas o aparatos de carácter global que regulan directamente la acción de los individuos o de las empresas, así como la creciente importancia que ha adquirido la «metaregulación» en la determinación del contenido sustantivo del Derecho Internacional.

El Derecho Administrativo Global se concentra en el análisis de esta amplia panoplia de formas cotidianas de ejercicio de poder, y permite indagar así en los fundamentos, argumentos, perspectivas normativas o prescriptivas que manejan los participantes en ese ejercicio del poder[11].

2. DERECHO

La tesis de que hay un «Derecho» en sentido extensivo o amplio de la Administración global* ofrece nuevos espacios de análisis en los eternos debates acerca de la naturaleza y definición del concepto de «Derecho» en las prácticas de la gobernanza transnacional[12]. Algunas normas de carácter procedimental relativas al Derecho Administrativo Global (como las que instituciones nacionales han de aplicar en buena medida en el ejercicio o al amparo de sistemas globales) tienen su origen en tratados, o en el Derecho Internacional consuetudinario, y forman parte sin duda alguna del corpus del Derecho Internacional. Otras normas, por el contrario, se extraen, por ejemplo, de las reglas procedimentales internas que las organizaciones internacionales establecen para sus operaciones; o provienen de los «comentarios generales» que realizan los organismos competentes de las Naciones Unidas, y se suelen describir (aunque ello no sea muy útil) como *soft law* dentro de la jerga jurídico-internacional. Sin embargo, muchas de las más intensas y avanzadas formas de generación y perfeccionamiento de normas procedimentales tienen lugar actualmente en el seno de las instituciones globales (sean interestatales, híbridas o privadas). Y ello porque obligan a modificar su praxis en lo que hace a las consultas en el seno de los procedimientos, al control y a la transparencia y acceso a la información, y codifican esas reformas en directrices, guías o directivas formales

---

[11] E Benvenisti and G Downs, «Toward Global Checks and Balances» (2009) 20 *Constitutional Political Economy* 366-87 (destacando motivaciones facciosas en el desarrollo de algunos elementos que caracterizan al Derecho Administrativo Global); E Benvenisti, *The Law of Global Governance* (Brill The Hague 2014).

* *Vid.* capítulo tercero. (N. del E.).

[12] B Kingsbury, «The Concept of 'Law' in Global Administrative Law» (2009) 20 *European Journal of International Law* 23-57; Liam Murphy, *What Makes Law: An Introduction to the Philosophy of Law* (CUP Cambridge 2014) 145-82; Edouard Fromageau, «La théorie des institutions du droit administratif global. Étude des interactions avec le droit international public» (PhD thesis, Université de Genève / Aix-Marseille Université, 2014).

bien detalladas[13]. Estas reformas bien pueden haberse visto influenciadas por el respectivo Derecho Constitucional nacional, el Derecho de la Unión Europea, o constituir el fruto de las exigencias mínimas que el Derecho interno impone para que las normas y decisiones de origen global puedan ejecutarse y llevadas a su cumplimiento por las autoridades nacionales[14].

Aunque actualmente no tengan un estatus jurídico cierto, con el paso del tiempo estas diversas prácticas, en cooperación con el Derecho Público nacional, podrían derivar en «principios generales de Derecho», con un amplio reconocimiento, y por esta vía podrían incorporarse a los paradigmas dominantes de Derecho Internacional. En todo caso, su caracterización como estándares de naturaleza asimilable a la jurídica descansa en una concepción del Derecho como hecho social, muy relacionada con el positivismo de H. L. A. Hart[15]*, un enfoque que no obstante ha recibido fuertes objeciones[16]. Para aquellos dispuestos a aceptar esta visión expansiva del concepto de

---

[13] Este fenómeno es particularmente notorio en la creciente formalización que los compromisos pro transparencia han ido adoptando en las organizaciones de gobernanza global, así como en la creación o reforma de arreglos institucionales más estructurados para la revisión de sus decisiones internas. *Vid.* por ejemplo M Donaldson and B Kingsbury, «Power and the Public: The Nature and Effects of Formal Transparency Policies in Global Governance» in A Bianchi and A Peters (eds), *Transparency in International Law* (CUP Cambridge 2013) 502-32; E Suzuki and S Nanwani, «Responsibility of International Organizations: The Accountability Mechanisms of Multilateral Development Banks» (2006) 27 *Michigan Journal of International Law* 177-225.

[14] *Vid.* por ejemplo R Stewart, «US Administrative Law: A Model for Global Administrative Law?» (2005) 68(3) *Law and Contemporary Problems* 63-108 (sugiriendo que el Derecho Administrativo Global probablemente se desarrollará mediante una iterativa e incluso conflictiva aproximación «desde arriba hacia abajo» y «desde abajo hacia arriba»); S Cassese, «Global Standards for National Administrative Procedures» (2005) 68(3) *Law and Contemporary Problems* 109-26 (proveyendo un detallado análisis de algunas de estas aproximaciones «desde arriba hacia abajo» y advirtiendo contra la tendencia a realizar una irreflexiva transposición de concepciones nacionales sobre el Derecho Administrativo a los muy diversos contextos institucionales que existen en el ámbito transnacional); N Krisch, «The Pluralism of Global Administrative Law» (2006) 17 *European Journal of International Law* 247-78 (sugiriendo una estructura pluralista para la comprensión del Derecho Administrativo Global, basado en que ésta sería no sólo más rigurosa analíticamente, sino también preferible en el plano del *deber ser*); E Benvenisti, «The Interplay between Actors as a Determinant of the Evolution of Administrative Law in International Institutions» (2005) 68(3) *Law and Contemporary Problems* 319-40 (utilizando la teoría de la elección pública para examinar cómo el Derecho Administrativo Global podría estar siendo moldeado en distintos contextos institucionales); y los ensayos en S Cassese (ed), *Research Handbook on Global Administrative Law* (forthcoming 2015).

[15] B Kingsbury, «The Concept of 'Law' in Global Administrative Law» (2009) 20 *European Journal of International Law* 23-57.

* Véase para mayor abundamiento el capítulo tercero de la presente obra colectiva.

[16] Sobre el Derecho Administrativo Global como sólo política, o bien como meras prácticas de buena gobernanza de una naturaleza gerencial, *vid.* M-S Kuo, «Inter-Public Legality or Post-Public Legitimacy? Global Governance and the Curious Case of Global Administrative Law as a New Paradigm of Law» (2012) 10 *International Journal of Constitutional Law* 1050-75; D Dyzenhaus, «Accountability and the Concept of (Global) Administrative Law» en H Corder (ed), *Global Administrative Law: Innovation and Development* (Clarendon Press Oxford 2009) 3-31; A Somek, «Administration without Sovereignty» en *The Twilight of Constitutionalism?* (nError: no se encontró el origen de la referencia) 267-87.

Derecho, el Derecho Administrativo Global podría representar entonces un prometedor espacio para la elaboración de una nueva concepción del Derecho Internacional en sentido amplio: un renovado *jus gentium* o «Derecho interpúblico», en el marco del cual los Estados soberanos mantendrían no obstante un papel privilegiado[17]. En cualquier caso, la doctrina del Derecho Administrativo Global pretende dirigir la atención a la resonancia que está teniendo actualmente una cierta idea de Derecho (Público), o al menos un cierto vocabulario de tipo jurídico, más allá de los ordenamientos jurídicos nacionales e internacionales estrictamente concebidos.

3. JUSTIFICACIÓN

Al hacerse más visible el panorama que conforman las instituciones y las prácticas decisorias del ordenamiento transnacional contemporáneo, la doctrina del Derecho Administrativo Global invita a reflexionar de inmediato acerca de la apremiante cuestión relacionada con la justificación (o legitimación) de ese ejercicio de poder. La justificación ortodoxa o tradicional, que pone el fundamento de tal ejercicio en la delegación que voluntariamente realizan los propios Estados en uso de sus competencias regulatorias (democrática o empíricamente legitimadas), pocas veces puede considerarse suficiente en el ámbito de la gobernanza global. Tampoco se justifica directamente el ejercicio del poder transnacional, en la mayoría de los casos, por su contribución al progreso de los derechos humanos, la paz mundial o el Estado de Derecho[18].

Resulta más convincentes, como justificación, las perspectivas que ponen el acento en la valoración de las contribuciones que reciben estas organizaciones globales, los procesos que siguen, y los resultados que alcanzan. Las crecientes reivindicaciones en favor de una mayor transparencia, de ampliar la participación a los diversos grupos afectados, de motivación en las decisiones y de la existencia de un derecho al recurso o a alguna forma de revisión, guardan de hecho una relación directa con las contribuciones y los procesos de ejercicio de poder transnacional. En este sentido, tales reivindicaciones pueden servir para tutelar los derechos, sean de los Estados, de los individuos, o de los grupos o entidades colectivas. Y también pueden contribuir a producir mejores resultados, por cuanto permiten no sólo la corrección de errores, sino el fortalecimiento de, y la adhesión a, los objetivos que originalmente inspiraron la atribución de los respectivos poderes de decisión o de regulación a nivel global. Por tanto, se puede afirmar que esos elementos procedimentales del Derecho Administrati-

---

[17] *Vid.* B Kingsbury, «International Law as Inter-Public Law» en HR Richardson and MS Williams (eds), *Nomos XLIX: Moral Universalism and Pluralism* (New York University Press New York 2009) 167-204.

[18] *Vid.* D Dyzenhaus, «The Rule of (Administrative) Law in International Law» (2005) 68(3) *Law and Contemporary Problems* 127-66; K-H Ladeur, «The Emergence of Global Administrative Law and Transnational Regulation» (2012) 3 *Transnational Legal Theory* 243-67.

vo Global (transparencia, participación, motivación y control) verosímilmente pueden tener un fundamento normativo susceptible de ser compartido incluso donde exista escaso consenso acerca de los valores sustantivos o los objetivos últimos que ha de perseguir o salvaguardar la institución global de que se trate.

La vida dual del Derecho Administrativo Global en tanto práctica y teoría –esto es, a un tiempo, un esfuerzo tanto por cartografiar un fenómeno de la vida real, como por (re)formularlo en términos intelectuales– significa que su normatividad resulta necesariamente compleja y se proyecta con gradualidad en distintas actuaciones de la práctica. Por una parte, la identificación del Derecho Administrativo Global como un conjunto coherente y sistemático de prácticas y la consideración de éstas como «Derecho» implica inocular en la noción de Derecho Administrativo Global una aspiración normativa. Y, por otra, la consideración del Derecho Administrativo Global como un conjunto de cualidades y requisitos de orden procedimental de las instituciones existentes, y, en consecuencia, el énfasis en las dimensiones meramente procedimentales de la Administración –en lugar de subrayar cuestiones de segundo orden relativas a qué tipo de instituciones debieran enfrentar qué tipo de problemas–, pueden resultar serviciales a simplemente legitimar una variada y desigual gama de aparatos o sistemas que se mueven en el espacio global, inercialmente sesgados en beneficio de los intereses de los más poderosos[19]. Al mismo tiempo, las exigencias de coherencia interna dentro del Derecho Administrativo Global y la capacidad de éste para ofrecer una cierta comprensión del *statu quo*, obliga a que el Derecho Administrativo Global se mantenga a una cierta distancia y perspectiva respecto de las fluctuantes circunstancias en punto a cómo las instituciones de la gobernanza global toman decisiones y justifican sus procedimientos. Los estándares procedimentales que conforman el Derecho Administrativo Global deben por tanto conectarse con, e inspirarse por, más

---

[19] Analíticamente, puede ser complejo desenlazar prácticas juridificadoras de formas más superficiales de cambio institucional. Por una parte, dentro de diversas organizaciones internacionales, y particularmente en los bancos multilaterales de desarrollo, la creciente formalización de sus políticas internas, la creación de organismos cuasi-independientes con competencias para su control, y la descripción de estos organismos bajo una terminología obtenida desde instancias contencioso-administrativas, confiere una apariencia cuasi-legal a determinaciones que no son en realidad íntegramente jurídicas. En particular, estos organismos son llamados a interpretar y aplicar lo que comúnmente son textos redactados en términos algo indeterminados, y a realizarlo sin ninguna aparente intención de adherirse a las normas de interpretación desarrolladas en el Derecho Internacional. Esta tendencia forma parte de un patrón relativo a tomar el atuendo del Derecho, o de instituciones legales, para revestir procedimientos que en realidad tienen un carácter puramente gerencial. Ahora bien, por otra parte, la pretensión de tener algún atributo jurídico puede tener de hecho el efecto de generar una íntima convicción en las autoridades o funcionarios de dichos organismos relativa al deber de respetar imperativos de coherencia o consistencia en sus determinaciones, u otras aspiraciones valorativas que ciertamente contribuyen a fortalecer estándares procedimentales. *Vid.* M Donaldson and B Kingsbury, «Ersatz Normativity or Public Law in Global Governance: The Hard Case of International Prescriptions for National Infrastructure Regulation» (2013) 14 *Chicago Journal of International Law* 1-51.

altos objetivos. Si la democracia deliberativa resulta relevante a tal propósito, esto es, para la consecución de un más alto objetivo es la cuestión que pretende explorarse seguidamente.

II. ¿EL DERECHO ADMINISTRATIVO GLOBAL COMO TO-POGRAFÍA PARA UNA DEMOCRACIA DELIBERATIVA GLO-BALIZADA?

En la medida en que la realización de las políticas públicas deviene más extensiva, y también exigente, en lo que hace a sus formas institucionales y a la amplitud de sus efectos, parece que la teorización del Estado como único lugar o *locus* de la democracia deviene progresivamente insuficiente. Los ciudadanos de los Estados democráticos se muestran insatisfechos cuando ven que la profundización de los ideales democráticos se proyecta sobre un espacio cada vez más pequeño o reducido, que es sobre el que los sistemas nacionales todavía tienen un genuino poder de control y de dirección[20]. Ciertamente la evolución historiográfica ha demostrado que es posible renovar el ideal democrático bajo nuevas condiciones culturales. En efecto, a nivel estatal, la democracia ha demostrado una admirable resistencia frente a las cambiantes circunstancias y exigencias funcionales como la consolidación del Estado administrativo, el arraigo y fortalecimiento de las competencias de control judicial sobre decisiones legislativas, o la proliferación de diversos mecanismos de supervisión y representación que carecen de una legitimidad electoral directa[21]. En el contexto actual, sin embargo, la problemática sobre cómo concebir e implementar el ideal democrático más allá del Estado se ha convertido en un asunto considerablemente más proteico y urgente de lo que era en etapas anteriores.

---

[20] *Vid.* por ejemplo S Battini, «The Globalization of Public Law» (2006) 18(1) *European Review of Public Law,* available at SSRN: http://ssrn.com/abstract=895263 (distinguiendo entre «control» y «substitución» de las autoridades nacionales en el ejercicio de sus poderes reguladores, como las maneras en que dichos procesos están operando); y las contribuciones al simposio sobre bienes públicos de carácter global en «Symposium: Global Public Goods and the Plurality of Legal Orders» (2012) 23 *European Journal of International Law* 643-791. Los desafíos de la gobernanza bajo las condiciones contemporáneas son tales que algunos han llegado a argumentar que resulta imposible actualmente entender en términos democráticos los términos bajo los cuales se adoptan decisiones sociales incluso dentro del Estado: *vid.* por ejemplo E Rubin, «Getting Past Democracy» (2001) 149 *University of Pennsylvania Law Review* 711-92; E Rubin, *Beyond Camelot—Rethinking Politics and Law for the Modern State* (Princeton University Press Princeton 2005) ch 4.

[21] J Keane, *The Life and Death of Democracy* (Norton London 2009); F Vibert, *The Rise of the Unelected: Democracy and the New Separation of Powers* (CUP Cambridge 2007).

Los argumentos para el establecimiento de instituciones globales democráticas, esto es, para el diseño de una democracia global «de arriba hacia abajo» (*top-down*),* en cualquiera de sus formas, se han recibido con un fuerte escepticismo tanto por razones vinculadas a lo normativo –lo que *debiera ser*– como desde la teoría política positiva[22]. En este contexto, cuando el Derecho Administrativo Global promueve una perspectiva de abajo hacia arriba a través de la que se controlen muy concretos y sectoriales ejercicios del poder, y se establezcan medidas organizativas o de diseño institucional, abre en realidad un espacio para determinar e investigar si dicha metodología de análisis, focalizada en los mecanismos ordinarios en favor de la democracia que tenuemente se van incorporando en la organización o practicas cotidianas de tales instituciones, podría constituir una premisa más sólida. En ese sentido, a nuestro juicio, algunas de las inquietudes centrales del Derecho Administrativo Global conectan con los argumentos en favor de la democracia deliberativa; y abonan además el terreno en el que ésta puede echar raíces y crecer[23].

Probablemente, en su sentido más básico, la democracia se asocia con la preocupación por una genuina capacidad de autogobierno. En todo caso, la resonancia de la democracia como un ideal político para la era de la gobernanza podría vincularse más específicamente con un compromiso social fundacional con la no dominación: la invocación del ideal democrático apuesta por la resistencia a la dominación del común por unos pocos[24]. Esta dimensión presenta una particular importancia para la gobernanza global, donde la abrumadora mayoría de individuos afectados cuenta con una escasísima capacidad para influir en las determinaciones, en parte debido a la ausencia de recursos y estructuras administrativas, políticas, la falta de la capacidad de respuesta de sus respectivos Estados, o bien de una sociedad civil incapaz de articular sus posiciones en la esfera global, a lo que no es ajeno, por lo demás, la existencia de graves desigualdades en el orden económico contemporáneo. Desde este ángulo, el ímpetu nivelador y emancipador del ideal democrático plantea un

---

* Véanse sobre esta temática los capítulos segundo y cuarto, en particular.

[22] *Vid.* por ejemplo T Nagel, «The Problem of Global Justice» (2005) 33 *Philosophy & Public Affairs* 113-47.

[23] Para un breve análisis de las diversas aproximaciones a la idea de «democracia» en la gobernanza global, *vid.* S Wheatley, «A Democratic Rule of International Law» (2011) 22 *European Journal of International Law* 525-48, 528. *Vid.* también J Bohman, *Democracy across Borders: From Demos to Demoi* (MIT Press Cambridge MA 2007) at 3-5; G de Búrca, «Developing Democracy beyond the State» (2008) 46 *Columbia Journal of Transnational Law* 221-78. Para un pormenorizado análisis de la manera en que diversas teorías democráticas podrían informar el régimen de gobernanza alimentaria transnacional, *vid.* B Adamson, «The New Zealand Food Bill and Global Administrative Law: A Recipe for Democratic Engagement?» (LLM thesis, University of Toronto, 2012).

[24] *Vid.* por ejemplo S Slaughter, «Transnational democratization and republican citizenship: Towards critical republicanism» (2014) 3 (3) *Global Constitutionalism*, 310-37.

profundo desafío para el orden existente y el sistema de Derecho Internacional que lo sustenta[25].

Cierto es que a primera vista la «Administración» representa un lugar algo inadecuado para desplegar esfuerzos democratizadores. Cualquiera que sea su definición, las prácticas administrativas suelen estar hasta cierto punto distanciadas de las cuestiones fundamentales acerca de la naturaleza de las instituciones existentes o de la dirección general de las normas sustantivas, cuya realización se persigue[26]. No obstante, el interés del Derecho Administrativo Global en el uso que se da a los mencionados estándares y mecanismos procedimentales para asegurar una efectiva rendición de cuentas –esto es, la posibilidad de exigir responsabilidades por sus acciones a aquellos que ejercen el poder regulador y la posibilidad de imponer sanciones en sentido amplio en caso de que éstos no cumplan con los estándares aplicables– es al menos uno de los elementos necesarios para dar operatividad a las nociones de autogobierno y de no dominación. Además, la rendición de cuentas –como acontece con el Derecho Internacional en sí– se relaciona de forma coherente con toda una gama de concepciones más amplias e integrales de carácter prescriptivo, esto es, en orden a cómo debiera transformarse el orden internacional. En ese sentido, las reiteradas demandas por una mayor rendición de cuentas en el ejercicio del poder regulador más allá del Estado se formulan cada vez más como un medio para superar al «problema de la indiferencia» –es decir, de la falta de ponderación y atención– de todos los potenciales afectados en el contexto de la gobernanza global, procurando por este medio dar mayor peso a los intereses, las circunstancias o el destino de individuos y comunidades afectadas a resultas del ejercicio de dichos poderes, aunque erróneamente subestimadas o desatendidas en sus respectivos procesos reguladores[27].

El ámbito de la «Administración» puede, en consecuencia, resultar de relevancia para los fines u objetivos relacionados con la democracia. Por otra parte, analizar de forma inductiva el ejercicio del poder en las instituciones globales

---

[25] Para un argumento acerca de la evolución que ha experimentado el núcleo valorativo del Derecho Internacional, *vid.* B Simma, «From Bilateralism to Community Interest in International Law» (1994) 250 *Receuil des Cours* 217-384. *Vid.* también los ensayos en la primera parte de A Cassese (ed), *Realizing Utopia: The Future of International Law* (OUP Oxford 2012).

[26] Sobre las potenciales tensiones que en la práctica existen entre campañas por cambios procedimentales y por transformaciones más comprehensivas o substantivas en las instituciones de gobernanza global, *vid.* R Buchanan, «Perpetual Peace or Perpetual Process: Global Civil Society and Cosmopolitan Legality at the World Trade Organization» (2003) 16 *Leiden Journal of International Law* 673-99.

[27] Sobre el «problema de la indiferencia» *vid.* R Stewart, «Remedying Disregard in Global Regulatory Governance: Accountability, Participation and Responsiveness» (2014) 108 *American Journal of International Law* 211-70. Sobre las transformaciones en la idea de «rendición de cuentas» dentro del orden global, *vid.* RW Grant and RO Keohane, «Accountability and Abuses of Power in World Politics» (2005) 99 *American Political Science Review* 29-43.

desde sus prácticas cotidianas –en vez hacerlo al estilo «constitucional» (es decir, de forma deductiva, desde los «grandes» principios e instituciones)–, ayuda a identificar aspectos claves de las relaciones entre Constitución y Administración que han demostrado ser de suma importancia para localizar áreas en las que el desarrollo de los impulsos democratizadores pueden generar alguna genuina diferencia. El énfasis constitucional en la asignación de competencias institucionales necesita, por tanto, combinarse con la perspectiva que aporta el Derecho Administrativo Global, en el sentido de que éste pone el acento en el trabajo institucional y en las interacciones entre las diversas instituciones dentro del espacio administrativo global. En la actividad cotidiana y ordinaria de los diversos sistemas de poder, las normas o las decisiones «administrativas» de bajo rango suelen alterar o incluso modificar las normas de más alto rango, en especial en los sistemas de poder que trascienden a un único Estado, donde generalmente hay un escaso espacio para la revisión constitucional de dicho proceder. Por tanto, la lógica interna de los sólidos ordenamientos jurídicos nacionales –donde las decisiones «administrativas» se adoptan en el marco de ciertos límites constitucionales predeterminados– no se sostiene tan firmemente en el espacio administrativo global. Un corolario que de ello se desprende es que las premisas históricas y sociológicas acerca de cómo evolucionan los sistemas de poder –desarrolladas a partir de la experiencia de los procesos de transición o consolidación política dentro de los respectivos Estados–, ya no se sostienen necesariamente en este contexto transnacional. El ejercicio del poder más allá del Estado se halla actualmente organizado en diversas formas –formas que probablemente están más abiertas a ser alteradas desde instancias –y comprensiones– más bajas[28].

En un sentido superficial, puede afirmarse que la democracia presenta un carácter espectral en el Derecho Administrativo Global, aun en la forma en que actualmente aparece caracterizado. Por una parte, la separación de poderes que se encuentra implícita en la idea de que existe un ámbito propiamente «administrativo» en la gobernanza global, evoca un rasgo distintivo de las democracias occidentales. Por otra, la noción de lo «público» (*publicness*) que subyace a sus prácticas, se encuentra estrechamente alineada con los imperativos de la democracia[29]. A mayor abundamiento, y en un nivel más substantivo, bien se

---

[28] P Lindseth, *Power and Legitimacy: Reconciling Europe and the Nation-State* (OUP Oxford 2010); «Supranational Organizations» en I Hurd, I Johnstone and JK Cogan (eds), *Oxford Handbook of International Organizations* (OUP Oxford 2015).

[29] *Vid.* «The Concept of 'Law' in Global Administrative Law». Por «lo público» entendemos aquella pretensión inherente al Derecho relativa al haber sido forjado por la sociedad toda, esto es por el pueblo, y por tanto –conectado con ello– la pretensión de abordar materias que conciernen a la sociedad toda en cuanto tal. *Vid.* J Waldron, «Can There Be a Democratic Jurisprudence?» (2009) 58 *Emory Law Journal* 675-712. Elaboraciones más a fondo de esta idea, en N Walker, «On the Necessarily Public Character of Law» in C Michelon et al (eds), *The Public in Law: Representations of the Political*

podrían advertir algunas características de la democracia deliberativa en las normas de naturaleza procedimental del Derecho Administrativo Global.

En efecto, las teorías deliberativas de la democracia sostienen generalmente que una deliberación abierta e inclusiva aumenta de forma intrínseca la legitimidad democrática de las decisiones gubernamentales a través del expediente de garantizar las condiciones y estructuras procedimentales que presumiblemente serán capaces de reconducir estas decisiones de alguna forma hacia el colectivo afectado[30]. Estas teorías suelen recomendar o exigir deliberación, participación y publicidad como prerrequisitos esenciales. La deliberación se entiende con distintos sentidos, más amplios o estrictos, pero en todo caso exige alguna forma de diálogo discursivo en al menos ciertas etapas del procedimiento decisorio para la producción normativa, más que simples votaciones o negociaciones meramente episódicas o eventuales. Por su parte, la participación que esta deliberación requiere debe realizarse en condiciones de igualdad. Y, finalmente, la publicidad evoca y llama a una cierta orientación hacia la razón «pública», exigiendo –la mayor parte de las veces de modo minimalista– la publicidad de las razones que han puesto de manifiesto o alegado los participantes, aunque en ocasiones pueda también integrar elementos materiales que van desde un compromiso serio de los participantes en pro de los intereses generales en vez de apelar al mero interés propio, hasta algún criterio más exigente respecto del tipo de razones que puedan hacerse valer.

En términos más amplios, las normas que comprende el Derecho Administrativo Global tienen por objeto la transparencia, la participación, la motivación, la revisión y la rendición de cuentas de quienes adoptan las decisiones. Pues bien, la institucionalización de estos principios habrá de facilitar probablemente la deliberación y abrirá los procesos decisorios a la participación de comunidades deliberativas más amplias y extensas. Las concepciones del Derecho Administrativo Global representan un ejemplo de «Derecho interpúblico», y tienen su eco con la idea de la razón pública, y ello mediante la identificación de los intereses colectivos que se ven afectados incluso por decisiones formalmente privadas, trasladando estas formas de gobernanza hacia instancias institucionales y por tanto sujetándolas a procesos institucionalizados que exigen apelar a intereses generales, más que a los meramente individuales, o sectoriales.

---

in Legal Discourse (Ashgate Publishing Farnham 2012) 9-31; D Dyzenhaus, «The Public Conscience of the Law» [2014] 2 *Netherlands Journal of Legal Philosophy* 115-26.

[30] Dicho aquello, existe una importante tensión en la teorización de la democracia deliberativa entre la legitimidad moral que conferirían estos idealizados procedimientos y las ventajas epistémicas de la deliberación. Sobre las diversas versiones de la democracia deliberativa, *vid.* J Bohman, «Survey Article: The Coming of Age of Deliberative Democracy» (1998) 6 *Journal of Political Philosophy* 400-25. *Vid.* también A Bächtiger et al, «Disentangling Diversity in Deliberative Democracy: Competing Theories, Their Blind Spots and Complementarities» (2010) 18 *Journal of Political Philosophy* 32-63, pp. 35-53.

Por lo tanto, el Derecho Administrativo Global bien puede concebirse como una doctrina que fortalece la creación de una red interconectada de espacios o plataformas deliberativas en la Administración global. Estas plataformas obligan a los distintos actores a escrutar y exponer intereses muy heterogéneos (nacionales, sectoriales, técnicos, o abiertamente orientados al bien común o intereses públicos) que eventualmente pueden servir para transformar sus preferencias como parte de la construcción de interpretaciones compartidas. El espacio deliberativo obliga igualmente a los sujetos privados –a los actores no estatales– a justificar sus posiciones a la luz de razones públicas, y a hacer que quienes han de tomar las decisiones pertinentes respondan y den cuentas de ellas ante todos los que en última instancia pueden verse afectados por éstas. La crítica constante y la experimentación sustentarían el continuo diseño y rediseño de estos diversos marcos institucionales con el objetivo de nutrir y fortalecer los respectivos procesos deliberativos, satisfaciendo así los evolutivos estándares de legitimidad democrática y aumentando su capacidad de respuesta. Si el Derecho Administrativo Global cumple de forma efectiva esta esencial función de fomentar la creación de espacios deliberativos, pasaría entonces a formar parte de aquellas otras perspectivas y doctrinas que hacen de la democracia una fuerza motriz en la gobernanza más allá del Estado[31].

III. LOS DESAFÍOS DEL DERECHO ADMINISTRATIVO GLOBAL ANTE LA DEMOCRACIA DELIBERATIVA

Si bien el proyecto de articular una aspiración democratizadora en el seno del Derecho Administrativo Global podría resultar prometedor como una forma de crítica, éste carece –tal como ha sido teorizado hasta ahora– de ciertos elementos esenciales para que sus espacios administrativos puedan ser escenarios de una genuina democracia deliberativa. En efecto, hasta la fecha el Derecho Administrativo Global ha renunciado a adoptar cualquier marco teórico sistemático e integrador a través del cual evaluar la praxis, de un lado y, de otro, se ha construido y examinado a través de un amplio conjunto de contextos institucio-

---

[31] *Vid.* «Developing Democracy beyond the State». *Vid.* también J Cohen and CF Sabel, «Global Democracy?» (2005) 37 *New York University Journal of International Law and Politics* 763-97; T MacDonald and K MacDonald, «Non-Electoral Accountability in Global Politics: Strengthening Democratic Control within the Global Garment Industry» (2006) 17 *European Journal of International Law* 89-119; and D Rached «Doomed aspiration of pure instrumentality: Global Administrative Law and accountability»(2014) 3 (3) *Global Constitutionalism*, at 368. Sin embargo *vid.* M-S Kuo, «Taming Governance with Legality? Critical Reflections upon Global Administrative Law as Small-C Global Constitutionalism» (2011) 44 *New York University Journal of International Law and Politics* 55-102 (argumentando que la aproximación que el Derecho Administrativo Global ofrece necesariamente conlleva una privatización tecnocrática de la legitimidad).

nales que en realidad trascienden las distinciones convencionalmente consideradas como esenciales para la democracia deliberativa (por ejemplo, la distinción entre autoridad pública y privada)[32]. Por consiguiente, el Derecho Administrativo Global poco tiene que decir allá donde no hay (o no existe todavía un acuerdo sobre) comunidades políticas definidas o preexistentes o bien estructuras de representación que hayan sido previamente aceptadas[33]. Tales son los temas que se hallan en juego en el desarrollo futuro del Derecho Administrativo Global. A pesar de sus afinidades que éste presenta con ciertos rasgos descriptivos de la democracia deliberativa, no faltan otros elementos del Derecho Administrativo Global que parecen limitar la medida en que éste puede establecer por sí mismo un ambiente creíble para el desarrollo de aquella. Si bien es cierto que algunas de dichas limitaciones resultan inherentes a cualquier intento de introducir democracia deliberativa dentro de la gobernanza global en general, no lo es menos, sin embargo, que otras son específicas del Derecho Administrativo Global.

Si se quiere hacer algún avance en este contexto, resulta útil preguntarse qué ideas podría ofrecer la democracia deliberativa para la evolución futura del Derecho Administrativo Global. Prestar atención a la democracia deliberativa en su función crítica permite en efecto advertir una serie de cuestiones para el proyecto del Derecho Administrativo Global que su formulación original no sugirió, ni, quizás, permitió*. En los siguientes apartados se describirán estos desafíos y se detallarán las contribuciones que la atención a la democracia deliberativa puede realizar en un futuro para la construcción del Derecho Administrativo Global.

1. SUBORDINACIÓN A LA ESTRUCTURA

En primer lugar, el énfasis en la dimensión meramente procedimental puede contribuir a desviar la atención sobre la necesidad de examinar críticamente

---

[32] Para una aproximación a la administración global que comienza a partir de la teoría habermassiana, y elabora a partir de dicha teoría una explicación para hacer sentido de dicha praxis, *vid.* M Goldmann, «A Matter of Perspective: Global Governance and the Distinction between Public and Private Authority (and Not Law)» http://ssrn.com/abstract=2260293 (4 November 2013). *Vid.* también M Kumm, «The Legitimacy of International Law: A Constitutionalist Framework of Analysis» (2004) 15 *European Journal of International Law* 907-31; A von Bogdandy and I Venzke, *In Whose Name? A Public Law Theory of International Adjudication* (OUP Oxford 2014).

[33] Asimismo, tampoco está claro qué significaría adoptar alguna variante de la democracia deliberativa desacoplada del Estado como un fin para el Derecho Administrativo Global, sin contemplar algún tipo de programa de redistribución que también trascienda al Estado. En un sentido estricto, esta es una cuestión relacionada con qué ocurre con aquellas concepciones específicas de la democracia deliberativa cuando se eliminan las premisas del Estado de bienestar que garantiza ciertas necesidades básicas. Aunque también guarda relación con cuestiones más generales acerca de la naturaleza de una deliberación que puede ser estructuralmente posible en las actuales prácticas de administración global, así como en las concepciones que la sustentan.

* *Vid.* en tal sentido el capítulo segundo.

otros aspectos «constitucionales» de la gobernanza global. El Derecho Administrativo Global trabaja sobre las instituciones existentes y del análisis que ofrece no se deriva razón alguna para sostener que la competencia para resolver determinados asuntos asignarse a una institución concreta o clase de institución[34]. En función de cómo evolucione, el Derecho Administrativo Global podría excluir que los asuntos de interés público no se resuelvan por instituciones cuyo funcionamiento no respete ciertos estándares procedimentales mínimos, también en los casos en que exista una absoluta discrecionalidad o las resoluciones sean fruto de negociaciones exclusivamente privadas. Por ahora, sin embargo, el Derecho Administrativo Global poco tiene que añadir en cuestiones de tipo fundacional o estructural que lleven a valorar la manera en que se han distribuido las competencias de regulación global entre las instituciones existentes.

Ello es muy importante, habida cuenta de que el acervo institucional de la gobernanza global resulta actualmente muy asimétrico, y puede responder de forma desproporcionada a intereses y preocupaciones de los Estados más poderosos (o de los sectores mejor organizados dentro de dichos Estados)[35]. Las sedes institucionales del proceso decisorio, por consiguiente, pueden resultar sesgadas con frecuencia por esta clase de intereses, predeterminando los términos del debate de modo que no puedan ser en sí mismas objeto de una deliberación libre entre iguales[36].

No obstante, el Derecho Administrativo Global comienza a ofrecer algunos espacios para el progreso en este sentido, ya que presta una mayor atención analítica y normativa a otras alternativas y visiones, hasta ahora descuidadas o desatendidas, que abren un panorama más amplio y comprensivo del espacio administrativo global: la interrelación entre instituciones; análisis multiinstitucionales de carácter compensatorio para la participación, la transparencia y el reconocimiento; el control institucional cruzado o entre instituciones; y las funciones de contrapeso. La preocupación por alcanzar una democracia delibe-

---

[34] En el Derecho Internacional en si mismo son también escasos los recursos para argumentar, por ejemplo, que alguna nueva organización internacional deba ser creada, o bien que una organización internacional deba ser la competente para abordar un determinado asunto en vez de, digamos, una red informal de reguladores o un equipo *ad hoc*.

[35] Es revelador en dicho sentido que los regímenes internacionales de comercio e inversión transnacional, que principalmente protegen intereses comerciales, estén en la actualidad dentro de aquellos que cuentan con las normas más detalladas y agudas de Derecho Administrativo Global. *Vid.* BS Chimni, «Co-Option and Resistance: Two Faces of Global Administrative Law» (2005) 37 *New York University Journal of International Law and Politics* 799-827.

[36] De Búrca nota esto en su discusión acerca de los límites de la participación y deliberación dentro del Programa para la Reducción Estratégica de la Pobreza del Banco Mundial y el Fondo Monetario Internacional: «Developing Democracy beyond the State» 235-6. Para una articulación más amplia acerca de este problemático aspecto del Derecho Administrativo Global, *vid.* «Global Administrative Law and the Constitutional Ambition» 259-62.

rativa alimenta y prioriza el análisis de estas cuestiones de carácter estructural, de un modo que la rendición de cuentas por sí sola, y otros elementos del actual Derecho Administrativo Global, no es capaz de lograr.

2. AQUIESCENCIA PASIVA ANTE LAS NORMAS SUSTANTIVAS

En segundo lugar, ha de notarse que el fenómeno de la «Administración» tiene lugar típicamente bajo la sombra de, o en respuesta a, normas de más alto rango o de decisiones singulares, que no han sido susceptibles de impugnación durante el procedimiento administrativo, o cuando menos no lo han sido de una forma directa.

Ello es claro en instituciones como el Banco Mundial, que cuenta de hecho, en términos relativos, con mecanismos avanzados de Derecho Administrativo Global. Por ejemplo, los interesados y las ONG pueden acceder a ciertos documentos del Banco relacionados con los respectivos proyectos en que tengan interés y deben ser consultados previamente cuando se trate de proyectos más relevantes que les afecten de conformidad con sus correspondientes «políticas de salvaguardia», pudiendo incluso elevar solicitudes de revisión ante el Panel de Inspección del Banco Mundial, si estiman que éste ha incumplido con lo que sus propias políticas exigían. Sin embargo, aun en el caso de que una solicitud de inspección tenga éxito y el Panel de Inspección ponga en marcha una prolongada investigación, que podrá incluir reuniones con los reclamantes y largos procesos de consulta con el país afectado[37], la cuestión que será objeto de análisis no es un asunto completamente abierto. En efecto, al Panel de Inspección no le corresponde evaluar si (considerando todas las posibles variables) el proyecto objetado debe ser realizado en su forma actual, sino que se limitará a realizar un análisis mucho más limitado y de un carácter estrictamente forense con respecto a si las autoridades del Banco efectivamente cumplieron con las políticas internas que le eran aplicables en la planificación y aprobación del respectivo proyecto. Si bien las recomendaciones que finalmente emita el Panel como resultado de esta revisión pueden hacer reflexionar a las autoridades o personal del Banco acerca del fondo del asunto, o bien suministrar material para que las ONG o los interesados puedan hacer campañas mediáticas para promover su cancelación o redefinición, las recomendaciones del Panel de Inspección no guardan relación directa con cuestiones realmente sustantivas como las señaladas.

La inclusión de la democracia deliberativa como una herramienta fundamental dentro del Derecho Administrativo Global podría contribuir a abrir el debate sobre estas cuestiones materiales o sustantivas. Desde esta perspectiva, no bastaría con cumplir los estándares procedimentales orientados a la rendición de cuentas o al seguimiento de reglas internas, sino que las decisiones

---

[37] Acerca de los encuentros entre el Panel de Inspección y los afectados por los respectivos proyectos, *vid.* E Brown Weiss, «On Being Accountable in a Kaleidoscopic World» (2010) 104 *Proceedings of the American Society of International Law* 477-90, p. 484.

habrán de justificarse en fundamentos y motivos más amplios. Las reformas en tal dirección podrían desde luego aprovechar las aportaciones que ya ha hecho el Derecho Administrativo Global en punto a las actuaciones previas a la toma de decisiones, esto es, a las deliberaciones *ex ante*, a la competencia organizada, a los procesos de aprendizaje, al control y revisión, como instrumentos para alcanzar cambios que, al provenir «desde abajo hacia arriba» (*bottom-up*), terminen siendo de larga proyección o bien puedan tener un cierto alcance en direcciones deseables en términos normativos.

3. DIFICULTADES PARA ALINEAR MÚLTIPLES SISTEMAS JURÍDICOS Y CONCEPTOS DE REPRESENTACIÓN

En tercer lugar, el panorama de la Administración global representa un mosaico de organizaciones institucionales con estructuras de representación y participación potencialmente divergentes. Buena parte de la Administración global tiene lugar a través de, o bajo la sombra de, un denso y avanzado cuerpo de Derecho Internacional, que si bien se sustenta en todo un edificio teórico de afiliación y representación política a modo de premisa (al menos en lo que a sus formas primordiales de interacción interestatal respecta), no puede calificarse como «democrático» sin más[38]. Es más, la norma mínima y elemental de la igualdad entre los Estados puede ser objeto de matices y modulaciones en muchas organizaciones interestatales, como sucede con las Naciones Unidas, que privilegian a algunos Estados sobre otros sobre la base de una consideración realista. A mayor abundamiento, la Administración global interactúa regularmente y de modo intenso con el Derecho Público nacional e infraestatal de ciertos Estados sustentados en idiosincrásicas estructuras representativas que no reflejan adecuadamente las prestaciones y obligaciones que sus decisiones pueden generar más allá de sus respectivas fronteras. Hasta la fecha, el Dere-

---

[38] A pesar del creciente respaldo que la democracia (liberal, electoral) ha tenido como norma substantiva en el Derecho Internacional (por ejemplo, en el contexto del reconocimiento y desarrollo de los derechos civiles y políticos, como un criterio para permitir el ingreso a instituciones o regímenes interestatales de carácter regional o global, o bien en el énfasis que se ha puesto en políticas percibidamente democratizadoras en materia de asistencia para el desarrollo), no se ha entendido en general que las *fuentes* predominantes de Derecho Internacional tengan un componente real, en lugar de simplemente formal, de consenso popular. Con independencia de que los marcos regulatorios establecidos en tratados internacionales puedan ser objeto de control constitucional se trata más de una característica de los ordenamientos jurídicos nacionales que del internacional, mientras que en el Derecho Internacional la infracción de alguna disposición constitucional no necesariamente afecta a la validez de un tratado. Finalmente, muchos de los actos o pronunciamientos que pueden constituir prueba acerca de la existencia de una norma consuetudinaria de Derecho Internacional esencialmente emanan de las autoridades ejecutivas nacionales. Sobre la trayectoria de un aseverado «derecho» a la democracia en el orden internacional, *vid.* S Marks, «What Has Become of the Emerging Right to Democratic Governance?» (2011) 22 *European Journal of International Law* 507-24.

cho Administrativo Global no ha construido ninguna teoría integral sobre la representación como tal, aunque inevitablemente a él subyacen ciertas nociones latentes de la comunidad política y de la representación en la construcción de sus mecanismos (por ejemplo, cuando las instituciones de la gobernanza global reconocen legitimación para participar en sus respectivos procedimientos reguladores de un modo antiformalista, ya sea para que puedan hacerse alegaciones individuales sobre los efectos de una medida concreta, o ya, en términos corporativos, para permitir el acceso de un cierto número de participantes de determinados sectores)[39]. Estos planteamientos podrían considerarse óptimos, pero presentan evidentes peligros también. En los sistemas *laissez-faire* los actores con mayores recursos suelen tener más capacidad para dominar los procedimientos administrativos y una mero corporativismo bien puede resultar insuficiente para representar a todos los potenciales afectados a resultas de determinadas decisiones.

Si se quiere preservar las actuales estructuras y fuentes del Derecho Internacional, los ideales y prácticas democráticos habrán de convivir con esquemas más formalistas de representación a través del consentimiento y la delegación, provenientes del Derecho Público nacional. Un proyecto de Derecho Administrativo Global que incorpore la democracia deliberativa como piedra angular tendrá que prestar atención a cómo poder enlazar, reconciliar o incluso reestructurar estas divergentes formas de representación, y corregir sus respectivos déficits, en vez de apuntar a construir desde una *tabula rasa* una democracia deliberativa a escala global.

4. LA EXTENSIÓN DE LA ADMINISTRACIÓN

Finalmente, la notoria diversidad de la «Administración» global constituye un obstáculo para articular criterios valorativos generales que sean suficientemente persuasivos para fundamentar qué procedimientos *debieran ser* aplicados y a qué organismos o áreas específicas[40]. En todo caso, la atención a la democracia

---

[39] La ausencia de un criterio estricto de representación no implica la ausencia de una orientación prescriptiva a este respecto, sino que supone una orientación prescriptiva en sí misma: *vid.* por ejemplo B Kingsbury, «First Amendment Liberalism as Global Legal Architecture: Ascriptive Groups and the Problems of the Liberal NGO Model of International Civil Society» (2002) 3 *Chicago Journal of International Law* 183-95.

[40] Para alguna noción respecto de la variedad de mecanismos que actualmente se están aplicando a lo largo de diversos tipos de instituciones, *vid.* la detallada revisión que de los mecanismos de participación ofrecen S Cassese, «A Global Due Process of Law?» en G Anthony et al (eds), *Values in Global Administrative Law* (Hart Publishing Oxford 2011) 17-60; y Stewart, «Remedying Disregard in Global Regulatory Governance».

deliberativa dota de una perspectiva orientadora dentro de este vertiginoso eco-sistema.

Por ejemplo, con frecuencia se ha argumentado en el seno del Derecho Administrativo Global que cualquier decisión que provoque un impacto nocivo sobre personas o grupos de personas exige alguna forma de participación o de consulta previa, así como el establecimiento de procedimientos para la revisión de dicha decisión susceptibles de ser activados por todos los potenciales afecta-dos. La justificación de esta afirmación radica en que las decisiones acerca de la aplicación de sanciones o la determinación del estatus de refugiado pueden tener graves e irreversibles efectos para ciertas personas en particular, o bien que las decisiones acerca de la distribución de recursos tratándose de desas-tres naturales o de situaciones de posguerra pueden ser cuestiones vitales para comunidades enteras. La democracia deliberativa añadiría a esta justificación –fundada exclusivamente en la afectación de intereses (sean individuales, co-lectivos o difusos)–, un componente «público»: las razones que se den como motivación han de ser razones que razonablemente puedan haber sido expre-sadas por todas las partes en el marco de un proceso de deliberación pública, y, por tanto, equitativamente considerar y tener en cuenta a todos los públicos afectados.

IV. EL FACTOR DEMOCRATIZADOR EN LAS PRÁCTICAS DE ADMINISTRACIÓN GLOBAL

En suma, el Derecho Administrativo Global cumple una valiosa función analítica al complementar los paradigmas convencionales del Derecho Inter-nacional, añadiendo elementos de enganche con las complejas realidades en las que se mueve la Administración global, y abriendo vías para la exploración, reflexión o discrepancia acerca de sus fines, formas y procedimientos[41]. El pro-grama del Derecho Administrativo Global ofrece, por tanto, una alternativa al actual *impasse* entre las grandes narrativas de una legitimación indulgente o de

---

[41] *Vid.* por ejemplo AC Deshman, «Horizontal Review between International Organizations: Why, How, and Who Cares about Corporate Regulatory Capture» (2011) 22 *European Journal of Interna-tional Law* 1089-1113 (usando la tipología del Derecho Administrativo Global para analizar la dis-puta entre la Organización Mundial de la Salud y el Consejo de Europa vinculada con la reacción de aquella respecto de la percibida pandemia que la irrupción del virus H1N1 habría implicado, así como para explorar las condiciones, formatos y procedimientos bajo los cuales la revisión horizontal entre organizaciones internacionales estaría ocurriendo dentro del espacio administrativo global); D Richemond-Barak, «Regulating War: A Taxonomy in Global Administrative Law» (2011) 22 *Eu-ropean Journal of International Law* 1027-69 (usando la tipología del Derecho Administrativo Global para describir y evaluar la efectividad de diversas iniciativas regulatorias que han estado emergiendo respecto de las empresas militares y de seguridad privadas).

resistencia absoluta frente a la gobernanza global, al poner el foco de atención en aquellas estructuras de autonomía y racionalidad que (aunque imperfectas o distorsionadas) continúan presentes en el acontecer de nuestras sociedades, para alinearse así con los esfuerzos de aquellos a los que la esperanza de un futuro mejor les dota de coraje para seguir viviendo en el presente[42].

La proliferación de diversas formas de una tutela de carácter procedimental dentro de la gobernanza global forma parte de un fenómeno macrosociológico relacionado con el masivo crecimiento a lo largo del planeta, tanto en el número de organizaciones, como en el de expertos y procesos altamente especializados, expresado en el establecimiento de diversas formas de organización muy sectorializadas y de una serie de códigos que las acompañan[43]. En algunos casos, y quizás en términos estructurales, este fenómeno tiene causas políticas identificables (entre las que cabría incluir el establecimiento de programas liberales o neoliberales por parte de beneficiarios globales), tales como el propósito de brindar respuestas apropiadas a presiones externas; el afán de resguardar las apariencias (*window-dressing*); de fomentar la competitividad interinstitucional; la mímesis; o la resolución de previsibles problemas a un menor costo. Pero aunque en un supuesto particular las motivaciones inmediatas para la reforma institucional o procedimental sean por completo estratégicas, podrán surtir efecto justamente porque una mayor participación, motivación o control independiente, por ejemplo, se concibe como una aspiración normativa, con independencia de quien la promueva (ONG, Estados, personal al servicio de la organización). Quienes promueven cambios procedimentales en instituciones particulares ofrecen justificaciones valorativas muy dispares. Algunas de ellas responden a la aspiración de una mayor democracia deliberativa (por ejemplo, cierto factor democratizador en relación con la institución objeto de consideración, o respecto de ciertas normas de la Administración global en términos más amplios). Esta aspiración ciertamente tiñe al Derecho Administrativo Global, aunque no tanto en su doctrina académica, como en su dimensión activista. Las prácticas de emprendimiento institucional y la praxis del Derecho Administrativo Global, aun cuando explícitamente no aboguen por la democracia delibe-

---

[42] Cf S Benhabib, *Critique, Norm, and Utopia: A Study of the Foundations of Critical Theory* (Columbia University Press New York 1986), p. 15. *Vid.* también «Doomed aspiration» (n 31) p. 372; y M Donaldson and B Kingsbury, «The Global Governance of Public Law» in C Mac Amhlaigh, C Michelon and N Walker (eds), *After Public Law* (OUP Oxford 2013) 264-85, p. 285 (concluyendo que «...el más fructífero enfoque con respecto a un putativo Derecho público global, y particularmente a un Derecho Administrativo Global, es aquel que reconoce su actual fluidez, comprendiéndolo no como fuente de una particular fórmula de legitimidad o lista de requisitos que debieran cumplirse para dicho efecto, sino como un ámbito donde estos requisitos y sus respectivos fundamentos están siendo articulados y disputados»).

[43] JW Meyer and P Bromley, «The Worldwide Expansion of 'Organization'» (2013) 31 *Sociological Theory* 366-89; GS Drori, JW Meyer and H Hwang (eds), *Globalization and Organization: World Society and Organizational Change* (OUP Oxford 2006).

rativa, en muchos casos han propiciado modestos cambios democratizadores en las actividades de la gobernanza global.

En las condiciones de una intensificación de la globalización y de una notable dispersión de la autoridad política, la democracia deliberativa ofrece, pues, un punto de referencia, una especie de faro, para resaltar lo que es importante y, en consecuencia, también el lugar donde yacen los mayores peligros para la buena gobernanza en el contexto posnacional. Concebida como un ideal regulatorio, podría decirse que ésta permitiría a las formas transnacionales del ordenamiento político continuar siendo al menos inteligibles desde una cosmología democrática, proveyendo así un atractivo sendero para una comprensión, evaluación y crítica, que presten atención ya no sólo a las dimensiones institucionales o procedimentales de la gobernanza, sino también al *ethos* que debería inspirar sus actuaciones.

SE ACABÓ DE IMPRIMIR ESTE
LIBRO EL 9 DE DICIEMBRE DE
2 0 1 5

www.ingramcontent.com/pod-product-compliance
Lightning Source LLC
Chambersburg PA
CBHW081753200326
41597CB00023B/4020